河南省教育统计年鉴

HENANSHENG JIAOYU TONGJI NIANJIAN

（2023）

河南省教育厅 编

河南大学出版社
HENAN UNIVERSITY PRESS

· 郑州 ·

图书在版编目(CIP)数据

河南省教育统计年鉴. 2023 / 河南省教育厅编.
郑州:河南大学出版社,2024.10.--ISBN 978-7
-5649-6104-6

Ⅰ.G527.61-54
中国国家版本馆CIP数据核字第2024TX8806号

责任编辑	郑　鑫　辛德萱
责任校对	柳　涛
装帧设计	郭　灿
出版发行	河南大学出版社
	地址:郑州市郑东新区商务外环中华大厦2401号　邮编:450046
	电话:0371-86059750(高等与职业教育出版中心)
	0371-86059701(营销部)　　网址:hupress.henu.edu.cn
排　版	济源佳彩印务传媒设计有限公司
印　刷	济源佳彩印务传媒设计有限公司
版　次	2024年10月第1版
印　次	2024年10月第1次印刷
开　本	890mm×1240mm　1/16
印　张	57.25
字　数	1069千字
定　价	180.00元

(本书如有印装质量问题,请与河南大学出版社营销部联系调换。)

《河南省教育统计年鉴》
编纂委员会

主　　任：毛　杰

副 主 任：尹洪斌　　刘昭阳　　张传广　　朱自锋

　　　　　付春亚　　何秀敏　　吕　冰　　董学胜

　　　　　刘林亚　　张国强　　杨　光

主　　审：宋　振　　孙家栋

主　　编：杨　冰　　张　琳

参与人员：李辰光　　撒学治　　姚　庚　　宋国华

　　　　　翟泽鑫　　常小明　　史　璞　　段冬梅

　　　　　蔡玎琰　　文永涛　　苏志力　　李冠澄

编 辑 说 明

一、《河南省教育统计年鉴(2023)》是一部全面反映全省教育事业发展情况的资料性年刊,由河南省教育厅发展规划处根据全省教育事业统计年报及其他相关资料整理汇编,河南省教育资源保障中心参与了数据的计算机处理汇总工作。

二、本书详细地反映了2023年全省各级各类教育事业发展的规模、速度、结构、比例等方面的基本情况。全书共分七部分:一、综合部分;二、高等教育;三、中等职业教育;四、基础教育;五、各省辖市直管县教育基本情况;六、各县(市)区教育基本情况;七、全国及各省区市教育基本情况。

三、书中所用的“-”号表示该数字实际中不存在;“…”号表示数字不详;加“()”号的数字表示按规定不计入相应合计数中;学校名称前标注“○”号者,表示按统计规定该学校不计算校数。凡未注明计算单位的表格、栏目,计算单位一律为“人”。凡未注明年份的均为2023年数据。

为便于使用,书中第五部分即各省辖市直管县教育基本情况均把10个省直管县有关数据进行单列。

四、本书是各有关部门研究教育改革和发展的必备工具书,是教育界各机关、学校指导部门制定教育规划,指导教育管理和改革必不可少的依据。

五、由于时间紧促,数据量大,书中难免有不足之处,敬请各使用单位和个人批评指正。

二〇二四年六月

目 录

2023 年河南省教育事业发展统计公报 ·· (1)

一、综合部分

各级各类教育基本情况 ··· (8)
各级各类教育基本指标变化情况 ··· (10)
各级各类民办教育基本情况 ··· (12)
各级各类教育中女性基本情况 ·· (13)
各级少数民族教育基本情况 ··· (13)
2015－2023 年各级各类教育基本指标变化情况 ································ (14)

二、高等教育

高等教育学校(机构)数 ·· (23)
高等教育学校(机构)学生数(总计) ·· (24)
高等教育学校(机构)学生数(普通高等学校) ··································· (24)
高等教育学校(机构)学生数(职业高等学校) ··································· (26)
高等教育学校(机构)学生数(成人高等学校) ··································· (26)
高等教育学校(机构)学生数(科研机构) ·· (28)
普通专科分形式、分举办者学生数 ·· (28)
普通专科分专业大类学生数 ··· (30)
高职本科分形式、分专业大类学生数 ··· (32)
普通本科分形式、分学科学生数 ··· (33)
普通、职业本专科学生数(普通高等学校分类型、性质类别) ·············· (34)
成人专科分形式、分专业大类学生数 ··· (36)
成人本科分形式、分学科学生数 ··· (38)
成人本科、专科分举办者、成人高等学校分类型学生数 ···················· (40)
网络专科分专业大类学生数(普通高等学校) ··································· (42)
网络本科分学科学生数(普通高等学校) ·· (43)
分部门、分计划研究生数(总计) ··· (44)

— 1 —

分部门、分计划研究生数(普通高等学校) …… (46)
分部门、分计划研究生数(科研机构) …… (48)
分学科研究生数(总计) …… (50)
分学科研究生数(普通高等学校) …… (52)
分学科研究生数(科研机构) …… (54)
分学位类型、分学科研究生数(总计) …… (56)
分学位类型、分学科研究生数(普通高等学校) …… (58)
分学位类型、分学科研究生数(科研机构) …… (60)
在校生年龄情况(总计) …… (62)
在校生年龄情况(普通高等学校) …… (64)
在校生年龄情况(职业高等学校) …… (64)
在校生年龄情况(成人高等学校) …… (66)
在校生年龄情况(科研机构) …… (66)
招生、在校生来源情况(总计) …… (68)
招生、在校生来源情况(普通高等学校) …… (70)
招生、在校生来源情况(职业高等学校) …… (72)
招生、在校生来源情况(成人高等学校) …… (74)
招生、在校生来源情况(科研机构) …… (76)
学生休退学的主要原因(总计) …… (78)
学生休退学的主要原因(普通高等学校) …… (78)
学生休退学的主要原因(职业高等学校) …… (79)
学生休退学的主要原因(成人高等学校) …… (79)
学生变动情况(总计) …… (80)
学生变动情况(普通高等学校) …… (80)
学生变动情况(职业高等学校) …… (82)
学生变动情况(成人高等学校) …… (82)
学生变动情况(科研机构) …… (84)
在校生中其他情况(总计) …… (84)
在校生中其他情况(普通高等学校) …… (85)
在校生中其他情况(职业高等学校) …… (86)
在校生中其他情况(成人高等学校) …… (86)

在校生中其他情况(科研机构)	(87)
对外开展培训情况(总计)	(87)
对外开展培训情况(普通高等学校)	(88)
对外开展培训情况(职业高等学校)	(88)
对外开展培训情况(成人高等学校)	(89)
国际学生情况(普通高等学校)	(89)
教职工情况(总计)	(90)
教职工情况(高等学校分类型、性质类别)	(90)
教职工情况(成人高等学校)	(92)
高等教育学校教师授课分类情况(普通高等学校)	(94)
高等教育学校教师授课分类情况(职业高等学校)	(94)
高等教育学校教师授课分类情况(本科层次职业高校)	(96)
高等教育学校教师授课分类情况(专科层次职业高校)	(96)
专任教师、聘请校外教师学历(位)情况(总计)	(98)
专任教师、聘请校外教师学历(位)情况(普通高等学校)	(100)
专任教师、聘请校外教师学历(位)情况(职业高等学校)	(102)
专任教师、聘请校外教师学历(位)情况(本科层次职业高校)	(104)
专任教师、聘请校外教师学历(位)情况(专科层次职业高校)	(106)
专任教师、聘请校外教师学历(位)情况(成人高等学校)	(108)
专任教师年龄情况(总计)	(110)
专任教师年龄情况(普通高等学校)	(112)
专任教师年龄情况(职业高等学校)	(114)
专任教师年龄情况(本科层次职业高校)	(116)
专任教师年龄情况(专科层次职业高校)	(118)
专任教师年龄情况(成人高等学校)	(120)
专任教师教学领域分学科门类情况(普通高等学校)	(122)
专任教师教学领域所属大类情况(职业高等学校)	(123)
专任教师教学领域所属大类情况(本科层次职业高校)	(124)
专任教师教学领域所属大类情况(专科层次职业高校)	(125)
专任教师教学领域分学科门类情况(成人高等学校)	(126)
专任教师变动情况	(126)

专任教师接受培训情况(总计) ……………………………………………………………… (128)
专任教师接受培训情况(普通高等学校) ………………………………………………… (128)
专任教师接受培训情况(职业高等学校) ………………………………………………… (129)
专任教师接受培训情况(成人高等学校) ………………………………………………… (129)
研究生指导教师情况(总计) ……………………………………………………………… (130)
研究生指导教师情况(普通高等学校) …………………………………………………… (130)
研究生指导教师情况(科研机构) ………………………………………………………… (131)
教职工中其他情况 …………………………………………………………………………… (131)
校舍情况(普通高等学校) ………………………………………………………………… (132)
校舍情况(职业高等学校) ………………………………………………………………… (134)
校舍情况(本科层次职业高校) …………………………………………………………… (136)
校舍情况(专科层次职业高校) …………………………………………………………… (138)
校舍情况(成人高等学校) ………………………………………………………………… (140)
资产情况(总计) …………………………………………………………………………… (142)
资产情况(普通高等学校) ………………………………………………………………… (143)
资产情况(职业高等学校) ………………………………………………………………… (144)
资产情况(本科层次职业高校) …………………………………………………………… (145)
资产情况(专科层次职业高校) …………………………………………………………… (146)
资产情况(成人高等学校) ………………………………………………………………… (147)

三、中等职业教育

中等职业学校(机构)数 …………………………………………………………………… (150)
中等职业学校(机构)各类学生数 ………………………………………………………… (150)
中等职业学校分办学类型及举办者的中职学生及教职工情况 ………………………… (152)
中职学生分科类情况(总计) ……………………………………………………………… (154)
中职学生分科类情况(全日制学生) ……………………………………………………… (155)
中职学生分科类情况(非全日制学生) …………………………………………………… (156)
中职在校生分年龄情况 ……………………………………………………………………… (157)
招生、在校生来源情况 ……………………………………………………………………… (158)
中职学生变动情况 …………………………………………………………………………… (160)
在校生中其他情况 …………………………………………………………………………… (160)
对外开展培训情况(总计) ………………………………………………………………… (162)

对外开展培训情况（普通中专学校） ………………………………………………………（162）

对外开展培训情况（成人中专学校） ………………………………………………………（163）

对外开展培训情况（职业高中学校） ………………………………………………………（163）

对外开展培训情况（其他中职机构） ………………………………………………………（164）

教职工情况（总计） …………………………………………………………………………（165）

教职工情况（普通中专学校） ………………………………………………………………（165）

教职工情况（成人中专学校） ………………………………………………………………（166）

教职工情况（职业高中学校） ………………………………………………………………（166）

教职工情况（其他中职机构） ………………………………………………………………（167）

中等职业学校教师授课分类情况（总计） …………………………………………………（168）

中等职业学校教师授课分类情况（普通中专学校） ………………………………………（168）

中等职业学校教师授课分类情况（成人中专学校） ………………………………………（170）

中等职业学校教师授课分类情况（职业高中学校） ………………………………………（170）

中等职业学校教师授课分类情况（其他中职机构） ………………………………………（172）

中等职业学校教师分学历（位）情况（总计） ……………………………………………（172）

中等职业学校教师分学历（位）情况（普通中专学校） …………………………………（174）

中等职业学校教师分学历（位）情况（成人中专学校） …………………………………（174）

中等职业学校教师分学历（位）情况（职业高中学校） …………………………………（176）

中等职业学校教师分学历（位）情况（其他中职机构） …………………………………（176）

专任教师分年龄情况（总计） ………………………………………………………………（178）

专任教师分年龄情况（普通中专学校） ……………………………………………………（179）

专任教师分年龄情况（成人中专学校） ……………………………………………………（180）

专任教师分年龄情况（职业高中学校） ……………………………………………………（181）

专任教师分年龄情况（其他中职机构） ……………………………………………………（182）

中等职业学校专任教师教学领域所属大类情况（总计） …………………………………（183）

中等职业学校专任教师教学领域所属大类情况（普通中专学校） ………………………（184）

中等职业学校专任教师教学领域所属大类情况（成人中专学校） ………………………（185）

中等职业学校专任教师教学领域所属大类情况（职业高中学校） ………………………（186）

中等职业学校专任教师教学领域所属大类情况（其他中职机构） ………………………（187）

专任教师变动情况 ……………………………………………………………………………（188）

教职工中其他情况 ……………………………………………………………………………（188）

专任教师接受培训情况(总计) ……… (190)
专任教师接受培训情况(普通中专学校) ……… (191)
专任教师接受培训情况(成人中专学校) ……… (192)
专任教师接受培训情况(职业高中学校) ……… (193)
专任教师接受培训情况(其他中职机构) ……… (193)
校舍情况(总计) ……… (194)
校舍情况(普通中专学校) ……… (196)
校舍情况(成人中专学校) ……… (198)
校舍情况(职业高中学校) ……… (200)
校舍情况(其他中职机构) ……… (202)
资产情况(总计) ……… (204)
资产情况(普通中专学校) ……… (205)
资产情况(成人中专学校) ……… (206)
资产情况(职业高中学校) ……… (207)
资产情况(其他中职机构) ……… (208)
附设中职班情况 ……… (209)
职业技术培训机构学生及教职工情况 ……… (210)
职业技术培训机构资产情况 ……… (212)

四、基础教育

基础教育校(园)数 ……… (215)
基础教育校(园)数(分城乡、分办别) ……… (216)
基础教育班数 ……… (218)
学前教育班数 ……… (219)
小学班数 ……… (220)
小学班额情况 ……… (221)
中学班数 ……… (222)
中学班额情况 ……… (223)
特殊教育班数 ……… (224)
基础教育学生数 ……… (226)
学前教育幼儿数(总计) ……… (228)
学前教育幼儿数(幼儿园) ……… (230)

学前教育幼儿数(附设幼儿班)	(232)
学前教育分年龄幼儿数(总计)	(234)
学前教育分年龄幼儿数(城区)	(238)
学前教育分年龄幼儿数(镇区)	(242)
学前教育分年龄幼儿数(乡村)	(246)
学前教育分年龄幼儿数(幼儿园)	(250)
学前教育分年龄幼儿数(附设幼儿班)	(254)
小学学龄人口入学及在校学生情况(总计)	(258)
小学学龄人口入学及在校学生情况(城区)	(258)
小学学龄人口入学及在校学生情况(镇区)	(260)
小学学龄人口入学及在校学生情况(乡村)	(260)
小学分办别、分城乡学生情况	(262)
小学进城务工人员随迁子女、农村留守儿童分城乡、分办别学生情况	(264)
初级中学学龄人口入学及在校学生情况(总计)	(268)
初级中学学龄人口入学及在校学生情况(城区)	(268)
初级中学学龄人口入学及在校学生情况(镇区)	(270)
初级中学学龄人口入学及在校学生情况(乡村)	(270)
初中分办别、分城乡学生情况	(272)
初中进城务工人员随迁子女、农村留守儿童分城乡、分办别学生情况	(274)
普通高中分年龄在校生情况(总计)	(278)
普通高中分年龄在校生情况(城区)	(278)
普通高中分年龄在校生情况(镇区)	(279)
普通高中分年龄在校生情况(乡村)	(279)
普通高中分办别、分城乡学生情况	(280)
特殊教育学生数(总计)	(282)
特殊教育学生数(城区)	(286)
特殊教育学生数(镇区)	(290)
特殊教育学生数(乡村)	(294)
中小学校学生体质健康情况	(298)
中小学、特殊教育学生变动情况	(300)
在校生中死亡的主要原因(总计)	(304)

项目	页码
在校生中死亡的主要原因（城区）	(304)
在校生中死亡的主要原因（镇区）	(306)
在校生中死亡的主要原因（乡村）	(306)
中小学、特殊教育学生退学的主要原因	(308)
在校生中其他情况	(310)
国际学生基本情况	(311)
基础教育学校（机构）教职工数	(312)
幼儿园教职工数	(313)
小学学校教职工数（小学、教学点）	(314)
中学学校教职工数（初级中学、九年一贯制学校、职业初中、完全中学、高级中学、十二年一贯制学校）	(315)
特殊教育学校教职工数	(316)
基础教育专任教师数	(317)
幼儿园专任教师年龄、职称情况	(318)
幼儿园园长、专任教师学历情况	(319)
中小学专任教师专业技术职务、年龄结构情况（总计）	(320)
中小学专任教师专业技术职务、年龄结构情况（城区）	(321)
中小学专任教师专业技术职务、年龄结构情况（镇区）	(322)
中小学专任教师专业技术职务、年龄结构情况（乡村）	(323)
小学分课程专任教师学历情况（总计）	(324)
小学分课程专任教师学历情况（城区）	(324)
小学分课程专任教师学历情况（镇区）	(326)
小学分课程专任教师学历情况（乡村）	(326)
初中分课程专任教师学历情况（总计）	(328)
初中分课程专任教师学历情况（城区）	(328)
初中分课程专任教师学历情况（镇区）	(330)
初中分课程专任教师学历情况（乡村）	(330)
普通高中分课程专任教师学历情况（总计）	(332)
普通高中分课程专任教师学历情况（城区）	(332)
普通高中分课程专任教师学历情况（镇区）	(334)
普通高中分课程专任教师学历情况（乡村）	(334)

中小学县级及以上骨干教师情况 ……………………………………………………… (336)
特殊教育专任教师分年龄职务情况 ……………………………………………… (336)
中小学、特殊教育专任教师变动情况 ……………………………………………… (338)
教职工其他情况 ……………………………………………………………………… (342)
专任教师接受培训情况（总计） …………………………………………………… (346)
基础教育学校办学条件（总计） …………………………………………………… (348)
基础教育学校办学条件（城区） …………………………………………………… (348)
基础教育学校办学条件（镇区） …………………………………………………… (350)
基础教育学校办学条件（乡村） …………………………………………………… (350)
幼儿园校舍情况 ……………………………………………………………………… (352)
小学学校校舍情况（小学、教学点） ……………………………………………… (354)
中学学校校舍情况（初级中学、九年一贯制学校、职业初中、完全中学、高级中学、十二年一贯制学校） ……………………………………………………………………………… (358)
初中学校校舍情况（初级中学、九年一贯制学校） ……………………………… (362)
普通高中学校校舍情况（完全中学、高级中学、十二年一贯制学校） ………… (366)
特殊教育学校校舍情况 ……………………………………………………………… (370)
幼儿园资产等办学条件情况 ………………………………………………………… (374)
小学学校占地面积及其他办学条件（小学、教学点） …………………………… (374)
中学学校占地面积及其他办学条件（初级中学、九年一贯制学校、完全中学、高级中学、十二年一贯制学校） …………………………………………………………………… (376)
特殊教育学校占地面积及其他办学条件 …………………………………………… (378)
小学学校办学条件 …………………………………………………………………… (378)
中学学校办学条件（初级中学、九年一贯制学校、完全中学、高级中学、十二年一贯制学校） ………………………………………………………………………………………… (380)
基础教育学校卫生、通电情况（总计） …………………………………………… (382)
基础教育学校卫生、通电情况（城区） …………………………………………… (382)
基础教育学校卫生、通电情况（镇区） …………………………………………… (383)
基础教育学校卫生、通电情况（乡村） …………………………………………… (383)
附设班情况 …………………………………………………………………………… (384)
成人中、小学基本情况 ……………………………………………………………… (384)

五、各省辖市直管县教育基本情况

小学基本情况（总计） ……………………………………………………………… (388)

小学基本情况(城区) …………………………………………………………………………………… (390)

小学基本情况(镇区) …………………………………………………………………………………… (392)

小学基本情况(乡村) …………………………………………………………………………………… (394)

初中基本情况(总计) …………………………………………………………………………………… (396)

初中基本情况(城区) …………………………………………………………………………………… (398)

初中基本情况(镇区) …………………………………………………………………………………… (400)

初中基本情况(乡村) …………………………………………………………………………………… (402)

普通高中基本情况(总计) ……………………………………………………………………………… (404)

普通高中基本情况(城区) ……………………………………………………………………………… (406)

普通高中基本情况(镇区) ……………………………………………………………………………… (408)

普通高中基本情况(乡村) ……………………………………………………………………………… (410)

学前教育基本情况(总计) ……………………………………………………………………………… (412)

学前教育基本情况(城区) ……………………………………………………………………………… (414)

学前教育基本情况(镇区) ……………………………………………………………………………… (416)

学前教育基本情况(乡村) ……………………………………………………………………………… (418)

特殊教育基本情况 ……………………………………………………………………………………… (420)

义务教育阶段学校基本情况 …………………………………………………………………………… (422)

义务教育阶段在校生分年级情况(总计) ……………………………………………………………… (426)

义务教育阶段在校生分年级情况(城区) ……………………………………………………………… (428)

义务教育阶段在校生分年级情况(镇区) ……………………………………………………………… (430)

义务教育阶段在校生分年级情况(乡村) ……………………………………………………………… (432)

义务教育阶段在校生分年级情况(其中:女) …………………………………………………………… (434)

义务教育阶段在校生分年级情况(其中:男) …………………………………………………………… (436)

中小学在校生、专任教师分学校类型和学生类型情况 ………………………………………………… (438)

小学班额及构成情况(总计) …………………………………………………………………………… (440)

小学班额及构成情况(城区) …………………………………………………………………………… (442)

小学班额及构成情况(镇区) …………………………………………………………………………… (444)

小学班额及构成情况(乡村) …………………………………………………………………………… (446)

初中班额及构成情况(总计) …………………………………………………………………………… (448)

初中班额及构成情况(城区) …………………………………………………………………………… (450)

初中班额及构成情况(镇区) …………………………………………………………………………… (452)

初中班额及构成情况(乡村) ……………………………………………………………………………… (454)

普通高中班额及构成情况 ………………………………………………………………………………… (456)

中小学在校生中随迁子女和农村留守儿童情况 ………………………………………………………… (458)

小学和初中专任教师专业技术职务及构成情况 ………………………………………………………… (460)

普通高中和幼儿园专任教师专业技术职务及构成情况 ………………………………………………… (462)

小学和初中专任教师学历及构成情况 …………………………………………………………………… (464)

普通高中和幼儿园专任教师学历及构成情况 …………………………………………………………… (466)

小学专任教师年龄及构成情况 …………………………………………………………………………… (468)

初中专任教师年龄及构成情况 …………………………………………………………………………… (470)

普通高中专任教师年龄及构成情况 ……………………………………………………………………… (472)

幼儿园专任教师年龄及构成情况 ………………………………………………………………………… (474)

小学专任教师分课程情况 ………………………………………………………………………………… (476)

初中专任教师分课程情况 ………………………………………………………………………………… (478)

普通高中专任教师分课程情况 …………………………………………………………………………… (480)

小学学校占地面积及其他办学条件(小学、教学点) …………………………………………………… (482)

初中学校占地面积及其他办学条件 ……………………………………………………………………… (484)

普通高中学校占地面积及其他办学条件 ………………………………………………………………… (486)

幼儿园占地面积、校舍建筑面积及其他办学条件 ……………………………………………………… (488)

特殊教育学校占地面积、校舍建筑面积及其他办学条件 ……………………………………………… (490)

小学学校校舍建筑面积(小学、教学点) ………………………………………………………………… (492)

初中学校校舍建筑面积 …………………………………………………………………………………… (496)

普通高中学校校舍建筑面积 ……………………………………………………………………………… (500)

小学学校办学条件达标及配套设施情况 ………………………………………………………………… (504)

初中学校办学条件达标及配套设施情况 ………………………………………………………………… (508)

普通高中学校办学条件达标及配套设施情况 …………………………………………………………… (512)

小学学校信息化建设情况 ………………………………………………………………………………… (516)

初中学校信息化建设情况 ………………………………………………………………………………… (517)

普通高中学校信息化建设情况 …………………………………………………………………………… (518)

各省辖市及省直管县普惠性幼儿园占比和普惠性幼儿园覆盖率 ……………………………………… (520)

小学毛入学率 ……………………………………………………………………………………………… (522)

初中毛入学率 ……………………………………………………………………………………………… (524)

小学毕业生升学率 …………………………………………………………………………………… (526)

初中毕业生升学率 …………………………………………………………………………………… (528)

中初等教育校均规模 ………………………………………………………………………………… (530)

中初等教育平均班额 ………………………………………………………………………………… (532)

中初等教育平均每一教职工负担学生数情况 ……………………………………………………… (534)

中初等教育生师比情况 ……………………………………………………………………………… (536)

中初等教育生均学校占地面积 ……………………………………………………………………… (538)

中初等教育生均校舍建筑面积 ……………………………………………………………………… (540)

中初等教育生均学生宿舍建筑面积 ………………………………………………………………… (542)

中初等教育生均固定资产总值 ……………………………………………………………………… (544)

中初等教育生均教学仪器设备值 …………………………………………………………………… (546)

中初等教育生均图书 ………………………………………………………………………………… (548)

中初等教育危房比例情况 …………………………………………………………………………… (550)

小学其他生均办学条件及相关比例情况 …………………………………………………………… (552)

初中其他生均办学条件及相关比例情况 …………………………………………………………… (554)

普通高中其他生均办学条件及相关比例情况 ……………………………………………………… (556)

中初等教育每万人口在校生数 ……………………………………………………………………… (558)

高中阶段教育在校生和招生结构情况 ……………………………………………………………… (560)

中等职业教育基本情况(总计) ……………………………………………………………………… (562)

中等职业教育基本情况(普通中专学校) …………………………………………………………… (564)

中等职业教育基本情况(成人中专学校) …………………………………………………………… (566)

中等职业教育基本情况(职业高中学校) …………………………………………………………… (568)

中等职业教育学生数 ………………………………………………………………………………… (570)

中等职业教育在校生中其他情况 …………………………………………………………………… (572)

中等职业教育专任教师专业技术职务、学历及构成情况 ………………………………………… (574)

中等职业教育专任教师年龄及构成情况 …………………………………………………………… (576)

中等职业教育分大类专任教师情况 ………………………………………………………………… (578)

中等职业教育专任教师授课和教职工、专任教师其他情况 ……………………………………… (580)

中等职业教育专任教师接受培训情况 ……………………………………………………………… (582)

中等职业学校占地面积及其他办学条件(总计:学校产权+非学校产权独立使用) ………… (584)

中等职业学校占地面积及其他办学条件(学校产权) ……………………………………………… (588)

— 12 —

中等职业学校占地面积及其他办学条件(非学校产权独立使用) ……………………………… (592)

中等职业学校占地面积及其他办学条件(普通中专学校:学校产权+非学校产权独立使用)
……………………………………………………………………………………………………… (596)

中等职业学校占地面积及其他办学条件(成人中专学校:学校产权+非学校产权独立使用)
……………………………………………………………………………………………………… (600)

中等职业学校占地面积及其他办学条件(职业高中学校:学校产权+非学校产权独立使用)
……………………………………………………………………………………………………… (604)

中等职业学校校舍建筑面积(总计:学校产权+非学校产权独立使用) ……………………… (608)

中等职业学校校舍建筑面积(学校产权) ………………………………………………………… (612)

中等职业学校校舍建筑面积(非学校产权独立使用) …………………………………………… (616)

中等职业学校校舍建筑面积(普通中专学校:学校产权+非学校产权独立使用) ……………… (620)

中等职业学校校舍建筑面积(成人中专学校:学校产权+非学校产权独立使用) ……………… (624)

中等职业学校校舍建筑面积(职业高中学校:学校产权+非学校产权独立使用) ……………… (628)

中等职业教育其他基本情况 ………………………………………………………………………… (632)

职业技术培训学校(机构)基本情况 ……………………………………………………………… (634)

成人中小学基本情况 ………………………………………………………………………………… (636)

技工学校基本情况 …………………………………………………………………………………… (638)

六、各县(市)区教育基本情况

学前教育基本情况(总计) ………………………………………………………………………… (640)

学前教育基本情况(城区) ………………………………………………………………………… (648)

学前教育基本情况(镇区) ………………………………………………………………………… (656)

学前教育基本情况(乡村) ………………………………………………………………………… (664)

小学基本情况(总计) ……………………………………………………………………………… (672)

小学基本情况(城区) ……………………………………………………………………………… (680)

小学基本情况(镇区) ……………………………………………………………………………… (688)

小学基本情况(乡村) ……………………………………………………………………………… (696)

初中基本情况(总计) ……………………………………………………………………………… (704)

初中基本情况(城区) ……………………………………………………………………………… (712)

初中基本情况(镇区) ……………………………………………………………………………… (720)

初中基本情况(乡村) ……………………………………………………………………………… (728)

普通高中基本情况(总计) ………………………………………………………………………… (736)

普通高中基本情况(城区)	(744)
普通高中基本情况(镇区)	(752)
普通高中基本情况(乡村)	(760)
中小学在校生中随迁子女和农村留守儿童情况	(768)
中等职业教育基本情况	(776)
特殊教育基本情况	(784)

七、全国及各省区市教育基本情况

高等教育学校(机构)数	(795)
高等学校(机构)研究生数	(796)
高等教育普通本科学生数	(798)
高等教育职业本、专科学生数	(800)
高等教育成人本、专科学生数	(802)
高等教育网络本科、专科生学生数	(804)
高等教育学校(机构)教职工情况	(806)
高等教育专任教师学历、专业技术职务情况	(808)
高等教育资产情况(学校产权)	(810)
高等教育资产情况(非学校产权独立使用)	(814)
高等教育校舍情况	(818)
普通高中校数、班数	(819)
普通高中教育学生数	(820)
普通高中教育专任教师分学历、分专业技术职务情况	(822)
普通高中学校校舍情况	(824)
普通高中学校资产情况	(828)
中等职业学校(机构)数	(830)
中等职业学校(机构)学生数	(832)
中等职业学校(机构)教职工数	(834)
中等职业学校(机构)专任教师专业技术职务、学历(学位)情况	(836)
中等职业学校(机构)资产情况(学校产权)	(838)
中等职业学校(机构)资产情况(非学校产权中独立使用)	(842)
中等职业学校(机构)校舍情况	(846)
初中校数、班数	(847)

初中教育学生数 ………………………………………………………………………（848）

初中教育专任教师学历、专业技术职务情况 ……………………………………（850）

初中学校校舍情况 ……………………………………………………………………（852）

初中学校资产情况 ……………………………………………………………………（856）

小学校数、教学点数及班数 …………………………………………………………（858）

小学教育学生数 ………………………………………………………………………（860）

小学学校教职工数 ……………………………………………………………………（862）

小学教育专任教师学历、分专业技术职务情况 …………………………………（864）

小学学校校舍情况 ……………………………………………………………………（866）

小学学校资产情况 ……………………………………………………………………（870）

专门学校基本情况 ……………………………………………………………………（872）

特殊教育基本情况 ……………………………………………………………………（874）

特殊教育学校教职工数 ………………………………………………………………（876）

特殊教育学校专任教师学历、分专业技术职务情况 ……………………………（878）

特殊教育学校校舍情况 ………………………………………………………………（880）

特殊教育学校资产情况 ………………………………………………………………（884）

学前教育基本情况 ……………………………………………………………………（886）

幼儿园教职工数 ………………………………………………………………………（887）

学前教育专任教师分学历、分专业技术职务情况 ………………………………（888）

幼儿园校舍情况 ………………………………………………………………………（890）

幼儿园资产情况 ………………………………………………………………………（894）

2023年河南省教育事业发展统计公报

2023年,在省委、省政府的坚强领导下,全省教育系统高举习近平新时代中国特色社会主义思想伟大旗帜,全面贯彻党的教育方针,落实立德树人根本任务,以加快建设教育强省为目标,纵深推进教育领域综合改革,加快构建教育高质量发展新格局,为中国式现代化建设河南实践贡献教育智慧。

一、综　　合

全省共有各级各类学校4.71万所,教育人口2815.22万人,其中,在校生2621.86万人,教职工193.36万人。

二、学前教育

全省共有幼儿园2.26万所,其中普惠性幼儿园1.93万所,占总园数的85.35%。在园(班)幼儿323.62万人,其中普惠性幼儿园在园幼儿288.57万人,普惠性幼儿园覆盖率89.17%。学前教育毛入园率92.46%。

幼儿园教职工37.98万人,其中,园长2.30万人;专任教师21.75万人,学前教育专业毕业占总数的93.36%。承担学前教育专任教师23.29万人,专任教师学历合格率99.93%,其中,专科及以上学历专任教师数占总数的86.55%。幼儿园占地面积9.04万亩,校舍建筑面积3346.16万平方米,图书3605.40万册,固定资产中的玩教具资产值69.96亿元。

三、义务教育

全省共有义务教育阶段学校2.11万所,在校生1471.01万人。共有班数37.39万个,其中,56-65人的大班4848个,占总班数的1.30%;66人及以上的超大班159个,占总班数的0.04%。教职工102.00万人,其中专任教师95.30万人。义务教育巩固率96.30%。

小学1.64万所,另有不计校数小学教学点0.89万个。毕业生169.14万人,招生148.95

万人,在校生962.88万人(其中,教学点在校生39.60万人)。共有26.82万个班,其中,56-65人的大班3305个,占总班数的1.23%,66人及以上的超大班100个,占总班数的0.04%。承担小学教学任务的专任教师60.10万人,专任教师学历合格率100.00%,其中专科及以上学历专任教师数占总数的99.31%,生师比16.02∶1。另有小学校外教师0.48万人。

初中4626所,其中九年一贯制学校1257所。毕业生153.67万人,招生168.74万人,在校生508.13万人。共有10.57万个班,其中,56-65人的大班1543个,占总班数的1.46%,66人及以上的超大班59个,占总班数的0.06%。承担初中教学任务的专任教师36.61万人,专任教师学历合格率99.88%,其中本科及以上学历专任教师数占总数的89.34%,生师比13.88∶1。另有初中校外教师0.30万人。

义务教育阶段学校寄宿生457.14万人,占义务教育阶段在校生总数的31.08%。其中,小学寄宿生145.00万人,占小学在校生总数的15.06%;初中寄宿生312.14万人,占初中在校生总数的61.43%。

义务教育阶段随迁子女在校生92.45万人,占义务教育阶段在校生总数的6.28%,其中,小学63.03万人,初中29.42万人,随迁子女入公办学校就读比例93.27%。进城务工人员随迁子女66.03万人,占随迁子女总数的71.42%,其中,小学45.03万人,初中20.99万人。

义务教育阶段农村留守儿童在校生126.13万人,占义务教育阶段在校生总数的8.57%,其中,小学78.95万人,初中47.18万人。

小学和初中学校占地面积分别为30.82万亩和21.33万亩;校舍建筑面积分别为7562.94万平方米和6862.48万平方米;图书分别为2.12亿册和1.60亿册;教学仪器设备资产值分别为114.69亿元和89.86亿元。

四、高中阶段教育

全省高中阶段教育学校1741所,招生141.21万人,在校生407.53万人。

全省高中阶段毛入学率92.90%。

普通高中1098所,其中,完全中学138所,十二年一贯制学校156所。毕业生77.47万人,招生90.06万人,在校生262.27万人。共有5.16万个班,其中,56-65人的大班1339个,占总班数的2.60%;66人及以上的超大班176个,占总班数的0.34%。承担普通高中教学任务的专任教师19.31万人,专任教师学历合格率98.72%,其中研究生及以上学历专任教师数占总数的11.61%,生师比13.58∶1。另有普通高中校外教师1073人。学校占地面积12.89万亩,校舍建筑面积4738.13万平方米,图书5126.10万册,教学仪器设备资产值54.68亿元。

中等职业学校643所,其中技工学校97所。毕业生48.09万人,招生51.15万人,在校生145.26万人。中等职业教育招生数和在校生数分别占高中阶段教育的36.22%和35.64%。教职工7.51万人,其中专任教师6.73万人。学校(不含技校)占地面积5.73万亩,校舍建筑面积2027.25万平方米,图书2538.79万册,教学科研实习仪器设备资产值53.00亿元。

五、特殊教育

全省共有特殊教育学校153所,共招收各种形式特殊教育学生1.01万人,在校生6.83万人。教职工0.53万人,其中专任教师0.48万人。特殊教育学校占地面积2086.05亩,校舍建筑面积65.42万平方米,图书72.52万册。

六、高等教育

全省共有普通、职业高等学校168所,其中,普通本科学校57所;本科层次职业学校1所;高职(专科)学校110所。成人高等学校10所。研究生培养机构27处,其中,科研机构8处。

全省高等教育毛入学率57.54%。

研究生毕业生2.75万人(其中,博士研究生771人),招生3.52万人(其中,博士研究生1588人),在学研究生9.90万人(其中,博士研究生6088人)。

普通、职业本专科毕业生83.29万人,其中,本专科毕业生分别为35.28万人和48.01万人,本专科毕业生之比为4.2∶5.8。招生98.40万人,其中,本专科招生分别为42.95万人和55.45万人,本专科招生之比为4.4∶5.6。在校生295.62万人,其中,本专科在校生分别为144.58万人和151.03万人,本专科之比为4.9∶5.1。

普通、职业高等学校教职工19.61万人,其中专任教师15.28万人,生师比18.29∶1。专任教师中副高级及以上专业技术职务4.71万人(其中,正高级1.05万人),占总数的30.85%;硕士研究生及以上学历9.74万人(其中,博士研究生2.80万人),占总数的63.71%;硕士及以上学位11.17万人(其中,博士学位2.84万人),占总数的73.09%。普通、职业高等学校占地面积23.58万亩;校舍建筑面积8129.90万平方米;图书2.29亿册,教学科研实习仪器设备资产值401.16亿元。

成人本专科毕业生 29.96 万人,招生 30.63 万人,在校生 69.74 万人。成人高等学校教职工 791 人,其中专任教师 528 人。专任教师中副高级及以上专业技术职务 152 人,占总数的 35.85%;硕士研究生及以上学历 215 人,占总数的 50.71%;硕士及以上学位 261 人,占总数的 54.53%。

七、民办教育

全省共有各级各类民办学校 1.89 万所,在校生总数 569.54 万人,其中,民办幼儿园 1.58 万所,在园(班)幼儿 186.56 万人;民办小学 1504 所,在校生 116.20 万人;民办初中 806 所,在校生 74.20 万人;民办普通高中 514 所,在校生 76.16 万人;民办中等职业学校 190 所,在校生 28.38 万人;民办普通、职业高等学校 52 所(其中,本科学校 20 所),普通、职业本专科在校生 87.99 万人(其中,普通、职业本科在校生 48.62 万人),占全省普通、职业本专科在校生总数的 29.76%。

注:

1.《公报》指标按教育年度统计,即从上学年度的学年初(9月1日)至学年末(8月31日);在校生数、教职工数、占地面积、固定资产总值等指标为统计时点数;毕业生数、复学学生数等指标为统计时期数。

2. 毛入学(园)率,是指某一级教育不分年龄的在校(园)学生总数占该级教育国家规定年龄组人口数的百分比。由于包含非正规年龄组(低龄或超龄)学生,毛入学率可能会超过100%。

3. 普惠性幼儿园包括公办幼儿园和普惠性民办幼儿园。

4. 学前教育在园幼儿含独立设置的幼儿园和附设幼儿班幼儿。

5. 普惠性幼儿园覆盖率,是指公办幼儿园和普惠性民办幼儿园在园(班)幼儿数之和占在园(班)幼儿总数的百分比。

6. 义务教育巩固率,是指初中毕业班学生数占该年级入小学一年级时学生数的百分比。

7. 随迁子女,是指户籍登记在外省(区、市)、本省外县(区),随父母到输入地(同住)并在校接受教育的适龄儿童少年。进城务工人员随迁子女,是指户籍登记在外省(区、市)、本省外县(区)的乡村,随务工父母到输入地的城区、镇区(同住)并在校接受义务教育的适龄儿童少年。

8. 农村留守儿童,是指父母双方外出务工连续半年以上,或一方外出务工另一方无监护能力,将其托留在户籍所在地家乡,由父母委托有监护能力的亲属或其他成年人代为监护接受义务教育的不满十六周岁的未成年人。

9. 按照规定,九年一贯制学校的校数和教职工数计入初中,完全中学的校数和教职工数计入普通高中,十二年一贯制学校的校数和教职工数计入普通高中。其中,专任教师按照教育层次进行归类,学前教育专任教师是指在独立设置的幼儿园和其他学校附设幼儿班中承担学前教育的专任教师;小学阶段教育专任教师是指在普通小学、小学教学点、九年一贯制学校小学段、十二年一贯制学校小学段和其他学校附设小学班中承担小学教育的专任教师,不包括上述学校附设其他层级教育教学班的专任教师;初中阶段教育专任教师是指在初级中学、职业初中、九年一贯制学校初中段、十二年一贯制学校初中段、完全中学初中段和其他学校附设初中班中承担初中教育的专任教师,不包括上述学校附设其他层级教育教学班的专任教师;普通高中教育专任教师是指在高级中学、完全中学高中段、十二年一贯制学校高中段和其他学校附设高中班中承担普通高中教育的专任教师,不包括上述学校附设其他层级教育教学班的专任教师。中等职业教育专任教师是指在普通中专、成人中专、职业高中和其他学校附设中职班中承担中职教育的专任教师,不包括上述学校附设其他层级教育教学班的专任教师;高等教育专任教师是指普通本科学校、本科层次职业学校、高职(专科)学校和成人高等学校中承担高等教育的专任教师,不包含上述附设其他层级教育教学班的专任教师。

10. 高中阶段教育包括普通高中、成人高中、中等职业学校;中等职业学校包括普通中等专业学校、职业高中、技工学校和成人中等专业学校。

11. 按照惯例,中等职业教育中技工学校有关数据采用2022年数据,其中,校数、学生数和教职工数均含技工学校,办学条件不含,生师比不含附设中职班和技工学校。

12. 学历合格专任教师比例,是指某一级教育具有国家规定的最低学历要求的专任教师数占该级教育专任教师总数的百分比。按照《中华人民共和国教师法》中的相关规定:取得小学教师资格,应当具备中等师范学校毕业及其以上学历;取得初级中学教师、初级职业学校文化、专业课教师资格,应当具备高等师范专科学校或者其他大学专科毕业及其以上学历;取得高级中学教师资格和中等专业学校、技工学校、职业高中文化课、专业课教师资格,应当具备高等师范院校本科或者其他大学本科毕业及其以上学历。

13. 普通、职业高等学校包括普通本科学校、本科层次职业学校和高职(专科)学校;普通、职业高等学校校均规模,仅含普通、职业本专科在校生,不含研究生和成人高等学校普通专科班学生数。

14. 中等职业学校和普通、职业高等学校的占地面积、校舍建筑面积、图书、教学科研实习仪器设备资产值包括学校产权和非学校产区独立使用。

15. 根据教育部办公厅《关于统筹全日制和非全日制研究生管理工作的通知》(教研厅〔2016〕2号)有关要求,研究生招生和在校生包含全日制和非全日制研究生。

16. 个别数据因单位换算或四舍五入的原因,总数和分项之和可能存在着不等的情况。

一、综合部分

各级各类教育基本情况（一）

	学校数（所、处）	学　生　数				教职工数	
		毕业生数	招生数	在校生数	预计毕业生数	计	其中：专任教师数
总　　计	47134	7489619	6709001	26218571	5896145	1933645	1623235
一、高等教育	186	1184507	1325464	3800445	1266680	197230	157945
（一）研究生	8	27533	35205	99012	32157	296	296
1.高等学校	(19)	27465	35143	98786	32084	(25981)	(25981)
2.科研机构	8	68	62	226	73	296	296
（二）普通、职业高等学校	168	832925	984001	2956157	889059	196143	157121
1.普通本科院校	57	425538	469310	1556041	428316	111267	84997
其中:独立学院	1	5064	7576	22924	6796	1427	1150
2.本科层次职业学校	1	7028	7832	25161	9438	1451	1219
3.专科层次高等学校	110	400359	506859	1374955	451305	83425	70905
其中:高等职业学校	98	353034	457346	1237837	402737	73394	62777
高等专科学校	12	47325	49513	137118	48568	10031	8128
（三）成人本专科教育	10	299631	306258	697356	345464	791	528
1.职工高校	8	1622	3842	6109	2263	380	249
2.教育学院	1	…	…	…	…	…	…
3.广播电视大学	1	115	3778	4250	472	307	224
4.其他机构	(3)	－	－	－	－	104	55
5.普通、职业高等学校成人班	(105)	297894	298638	686997	342729	…	…
（四）网络本专科	(1)	24418	…	47920	…	…	…
二、中等职业教育	643	480921	511488	1452579	390225	75109	64178
（一）普通中等专业学校	176	138289	142788	423420	147374	20309	17115
（二）成人中等专业学校	128	49973	48005	113253	41434	9919	7682
（三）职业高中	242	144815	162898	470828	155919	29618	26503
（四）其他机构	(27)	1443	781	3253	1131	1567	1314
（五）附设中职班	(114)	45288	27424	108751	44367	…	(4480)
（六）技工学校	97	101113	129592	333074	…	13696	11564
三、基础教育	44942	5426579	4868962	20595794	4239240	1654918	1396494
（一）普通中学	5724	2311394	2587961	7703985	2528777	697001	632882
1.普通高中	1098	774723	900599	2622690	841658	249834	221158
完全中学	138	93623	105418	308212	100818	36604	32485
高级中学	804	632822	716168	2099410	676826	172755	155956
十二年一贯制学校	156	43689	73145	198553	58542	40475	32717
附设普通高中班	(22)	4589	5868	16515	5472	…	(1079)
2.普通初中	4626	1536671	1687362	5081295	1687119	447167	411724

各级各类教育基本情况（二）

	学校数（所、处）	学生数				教职工数	
		毕业生数	招生数	在校生数	预计毕业生数	计	其中：专任教师数
其中：随班就读特教生	–	2567	3185	10632	…	…	…
送教上门特教生	–	516	790	2423	…	…	…
初级中学	3369	1149318	1266389	3830651	1266497	295809	282331
九年一贯制学校	1257	282376	318192	939392	312284	151358	129393
附设普通初中班	（19）	2606	2539	7372	2377	…	（496）
完全中学（初中部）	–	53066	54515	161132	54080	…	…
十二年一贯制（初中部）	–	49305	45727	142748	51881	…	…
（二）小　学	16429	1691383	1489465	9628783	1710463	572786	541235
其中：随班就读特教生	–	2270	2511	24649	…	…	…
送教上门特教生	–	425	369	3973	…	…	…
1. 小　学	16429	1359825	1253727	7991753	1381636	515941	486422
2. 小学教学点	（8917）	52167	67739	395997	43908	56845	54813
3. 附设小学班	（339）	35376	2864	57103	38092	…	（3570）
4. 九年一贯制（小学部）	–	214536	151714	1062518	218607	…	…
5. 十二年一贯制（小学部）	–	29479	13421	121412	28220	…	…
（三）幼儿教育	22633	1420650	788163	3236241	…	379763	217531
1. 幼 儿 园	22633	1281275	724269	2993053	…	379763	217531
2. 附设幼儿班	（8729）	139375	63894	243188	…	–	（15320）
（四）特殊教育	153	3036	3217	26655	–	5295	4779
1. 特殊教育学校	153	3036	3217	26655	…	5295	4779
2. 附设特教班	（1）	–	–	–	–	–	–
（五）专门学校	3	116	156	130	…	73	67
四、成人技术培训学校	**1329**	**394503**	…	**365186**	…	**6150**	**4426**
（一）职工技术培训学校	20	42102	…	52395	…	2390	2017
（二）农民技术培训学校	1292	348927	…	307732	…	3493	2194
（三）其他培训机构	17	3474	…	5059	…	267	215
五、成人中小学	**34**	**3109**	**3087**	**4567**	…	**238**	**192**
（一）成人中学	29	2864	2916	4376	…	221	179
1. 职工中学	…	…	…	…	…	…	…
2. 农民中学	29	2864	2916	4376	…	221	179
（二）成人小学	5	245	171	191	…	17	13
1. 职工小学	–	–	–	–	–	–	–
2. 农民小学	5	245	171	191	…	17	13

注：技工学校使用2022年数据。

各级各类教育基

	学校数（所、处）			毕业生数			招生数	
	上年	本年	本年比上年增减（+、-）	上年	本年	本年比上年增减（+、-）	上年	本年
一、研究生教育	27	27	-	20633	27533	6900	33234	35205
二、普通、职业高等学校	156	168	12	777999	832925	54926	936650	984001
其中：民　办	44	52	8	218010	240804	22794	292288	318563
（一）本　科	57	58	1	343607	352802	9195	409838	429462
（二）专　科	99	110	11	434392	480123	45731	526812	554539
三、中等职业学校	630	643	13	488589	480921	-7668	549418	511488
四、普通中学	5696	5756	60	2294053	2311394	17341	2560896	2587961
（一）普通初中	4658	4626	-32	1551883	1536671	-15212	1676411	1687362
（二）普通高中	1050	1098	48	742170	774723	32553	884485	900599
五、小　学	16925	16429	-496	1675980	1691383	15403	1483777	1489465
六、幼儿教育	23922	22633	-1289	1433941	1420650	-13291	933081	788163
七、特殊教育学校	151	153	2	2694	3036	342	3281	3217
八、成人高等教育	10	10	-	274798	299631	24833	334274	306258
九、成人技培学校	2357	1329	-1028	545915	394503	-151412	…	…
十、成人中学	29	29	-	3102	2864	-238	3277	2916
十一、成人小学	5	5	-	170	245	75	135	171

注：研究生教育教职工和专任教师仅指科研机构。

本指标变化情况

	在校生数			教职工数			其中:专任教师数		
本年比上年增减（＋、－）	上年	本年	本年比上年增减（＋、－）	上年	本年	本年比上年增减（＋、－）	上年	本年	本年比上年增减（＋、－）
1971	91916	99012	7096	…	…	…	307	296	－11
47351	2823270	2956157	132887	192046	196143	4097	149884	157121	7237
26275	808719	879867	71148	50821	54869	4048	37483	42543	5060
19624	1371413	1445816	74403	112660	112718	58	85267	86216	949
27727	1451857	1510341	58484	79386	83425	4039	64617	70905	6288
－37930	1501362	1452579	－48783	72778	75109	2331	62234	64178	1944
27065	7434663	7703985	269322	683053	697001	13948	618026	632882	14856
10951	4930153	5081295	151142	444814	447167	2353	406430	411724	5294
16114	2504510	2622690	118180	238239	249834	11595	211596	221158	9562
5688	9873924	9628783	－245141	582946	572786	－10160	550161	541235	－8926
－144918	3714844	3236241	－478603	413200	379763	－33437	237121	217531	－19590
－64	26163	26655	492	5138	5295	157	4620	4779	159
－28016	694437	697356	2919	861	791	－70	557	528	－29
…	581742	365186	－216556	12198	6150	－6048	5733	4426	－1307
－361	4787	4376	－411	231	221	－10	192	179	－13
36	265	191	－74	19	17	－2	10	13	3

各级各类民办教育基本情况

	学校数（所）	学生数			教职工数	
		毕业生数	招生数	在校生数	计	其中：专任教师数
总　　计	18915	1970122	1482779	5695352	567602	378248
一、普通、职业高等学校	52	240504	318563	879867	54869	42543
二、中等教育学校(机构)	1510	579317	622538	1787465	198057	152985
（一）高中阶段教育	704	291695	387642	1045469	106249	84186
其中:民办普通高中教育	514	188318	274892	761635	90681	72244
民办中等职业教育	190	103377	112750	283834	15568	11942
（二）初中阶段教育	806	287622	234896	741996	91808	68799
三、普通小学	1504	290388	125070	1162019	58213	42497
四、学前教育	15845	859866	416522	1865617	256366	140153
五、特殊教育	4	47	86	384	97	70

各级各类教育中女性基本情况

	学生数				专任教师数
	毕业生数	招生数	在校生数	预计毕业生数	
总　　计	3357974	3177459	12208520	2829559	1209308
一、研究生教育	16228	19657	55255	18144	48
二、普通、职业本专科教育	433090	502428	1507644	450196	86296
三、成人本专科教育	186225	180897	417601	211080	255
四、中等职业教育	163366	153062	467596	156699	32838
五、普通高中	387957	441564	1297101	420976	120407
六、普通初中	700284	781626	2344417	775961	255057
七、小　　学	786509	715115	4540034	796503	481052
八、幼儿教育	680889	379183	1552857	…	229782
九、特殊教育	3426	3927	26015	…	3573

注：本表专任教师是按教授对象界定。

各级少数民族教育基本情况

	校数（所）	学生数				教职工数	
		毕业生数	招生数	在校生数	预计毕业生数	计	其中：专任教师数
总　　计	185	60823	64653	327615	51236	19670	17179
一、研究生教育	-	…	…	2080	…	…	…
二、普通、职业本专科教育	-	…	…	56307	…	4386	3370
三、成人本专科教育	-	…	…	9860	…	7	3
四、中等职业教育	1	…	…	6471	…	574	536
五、普通高中	3	10461	12949	36586	11309	2825	2184
六、普通初中	25	18184	21300	61693	19927	4179	3671
七、小　　学	126	19259	23134	127130	20000	5398	5923
八、幼儿教育	30	12852	7207	27140	…	2216	1416
九、特殊教育	-	67	63	348	…	85	76

2015－2023年各级各类

指 标 名 称	单位	2015年	2016年	2017年	2018年
一、研 究 生					
1.培养机构数	处	27	27	27	27
2.毕业生数	人	10607	11954	12933	13556
3.招 生 数	人	13561	14206	18352	20043
4.在校生数	人	37559	39525	44830	50999
5.预计毕业生数	人	12501	13386	14084	16454
6.专任教师数	人	11324	11638	13242	15343
二、普通、职业高等学校					
1.校　数	所	129	129	134	140
其中:本　科	所	52	55	55	57
其中:民　办	所	37	37	37	39
2.毕业生数	万人	46.58	48.30	50.41	55.99
其中:本　科	万人	22.27	24.28	25.38	26.20
3.招 生 数	万人	55.92	60.60	63.57	70.87
其中:本　科	万人	26.72	28.72	29.78	32.97
4.在校生数	万人	176.69	187.48	200.47	214.08
其中:本　科	万人	99.55	103.42	107.71	114.08
5.预计毕业生数	万人	49.56	51.50	57.06	60.68
其中:本　科	万人	24.87	25.94	26.76	28.33
6.教职工数	万人	13.34	13.88	14.58	15.37
其中:专任教师数	万人	9.80	10.27	10.84	11.54
副高以上所占比例	%	34.56	34.54	34.03	33.63
硕士研究生以上学历所占比例	%	52.81	53.46	54.89	55.76
7.占地面积	万平方米	11791.36	11802.59	12262.79	12995.33
8.校舍建筑面积	万平方米	5927.04	6153.00	6441.31	6866.56
其中:教学及辅助用房	万平方米	2682.03	2780.93	2947.07	3180.51
学生公寓	万平方米	1552.61	1587.90	1703.86	1798.56
学生食堂	万平方米	232.52	238.21	246.36	256.81
9.一般图书	万册	14930.82	15891.32	16563.53	17761.74
10.固定资产总值	万元	7943208.76	8878264.57	9769003.40	11740827.75
其中:教学、科研仪器设备值	万元	1657659.21	1934342.57	2213450.36	2521317.78
三、成人高等教育					
1.校　数	所	12	11	11	10
2.毕业生数	万人	14.54	15.65	15.92	12.30
其中:本　科	万人	5.61	6.49	6.77	6.09
3.招 生 数	万人	15.20	11.78	12.50	18.17
其中:本　科	万人	6.21	5.86	6.36	9.39
4.在校生数	万人	35.91	31.55	28.22	33.86
其中:本　科	万人	15.94	15.19	15.16	18.46
5.预计毕业生数	万人	16.25	15.70	12.47	12.70

教育基本指标变化情况(一)

2019 年	2020 年	2021 年	2022 年	2023 年	2023年比2022年增减情况（＋、－）	2023年比2022年增减比例（％）
27	27	27	27	27	－	－
16107	16189	17397	20633	27533	6900	33.44
20962	28228	30546	33234	35205	1971	5.93
55395	67503	79744	91916	99012	7096	7.72
18244	20419	23771	30580	32157	1577	5.16
17512	19890	15941	24078	26277	2199	9.13
141	151	156	156	168	12	7.69
57	57	57	57	58	1	1.75
39	43	45	44	52	8	18.18
59.34	63.82	67.84	77.80	83.29	5.49	7.06
27.67	30.27	30.59	34.36	35.28	0.92	2.68
78.89	82.86	89.32	93.66	98.40	4.74	5.06
33.77	36.02	36.94	40.98	42.95	1.97	4.80
231.97	249.22	268.64	282.33	295.62	13.29	4.71
119.72	125.07	130.85	137.14	144.58	7.44	5.43
65.05	69.26	79.47	85.18	88.91	3.73	4.37
30.84	31.14	34.71	35.73	38.50	2.77	7.76
16.21	17.21	18.40	19.20	19.61	0.41	2.14
12.40	13.34	14.25	14.99	15.71	0.72	4.80
33.13	33.17	33.73	32.49	30.84	－1.65	－5.08
56.38	57.22	59.49	61.85	63.70	1.85	2.99
13294.66	14031.82	14722.45	14998.69	15723.13	724.44	4.83
7105.38	7479.31	7316.45	7620.88	8129.90	509.02	6.68
3276.08	3443.58	3407.63	3546.56	3837.53	290.97	8.20
1892.58	2025.75	2140.71	2239.58	2404.55	164.98	7.37
268.28	285.83	303.10	318.16	330.09	11.93	3.75
18913.63	20123.49	20860.00	22019.66	22860.98	841.32	3.82
11945276.41	13563420.38	14513742.57	16281441.59	18101257.20	1819815.61	11.18
2809876.06	3131182.72	3429504.75	3729857.24	4011557.09	281699.85	7.55
10	10	10	10	10	－	－
12.42	17.11	20.53	27.48	29.96	2.48	9.04
6.43	8.59	10.72	12.80	14.15	1.35	10.51
21.28	29.57	30.81	33.43	30.63	－2.80	－8.38
11.15	14.15	14.51	16.48	16.48	－	－
42.03	54.57	63.74	69.44	69.74	0.29	0.42
22.77	28.47	31.59	35.25	37.45	2.19	6.22
17.85	21.11	27.98	31.00	34.55	3.55	11.45

2015－2023年各级各类

指 标 名 称	单位	2015年	2016年	2017年	2018年
其中:本　　科	万人	6.74	6.51	6.09	6.49
6.教职工数	万人	0.29	0.23	0.15	0.09
其中:专任教师数	万人	0.20	0.16	0.11	0.06
副高以上所占比例	%	31.88	28.56	28.17	33.80
7.占地面积	万平方米	308.43	239.75	110.52	110.65
8.校舍建筑面积	万平方米	224.33	197.19	79.91	72.27
其中:教学及辅助用房	万平方米	116.86	103.81	44.93	41.66
学生公寓	万平方米	57.62	48.50	12.96	11.66
学生食堂	万平方米	10.02	8.83	3.01	2.52
9.一般图书	万册	650.25	563.84	342.43	295.02
10.固定资产总值	万元	160645.47	126237.95	90280.69	108394.17
其中:教学、科研仪器设备值	万元	41802.25	36558.62	24959.39	30272.86
四、高中阶段教育					
1.校　　数	所	1645	1592	1602	1607
2.招 生 数	万人	115.87	117.32	123.84	122.69
3.在校生数	万人	325.79	327.85	338.72	346.69
4.高中阶段毛入学率	%	90.30	90.40	90.61	91.23
五、中等职业教育					
1.校　　数	所	875	800	789	755
2.毕业生数	万人	47.28	42.37	40.38	39.94
3.招 生 数	万人	47.89	47.79	52.87	50.03
4.在校生数	万人	131.48	128.25	133.23	136.63
5.招生数占高中阶段教育的比例	%	41.33	40.73	42.69	40.77
6.在校生数占高中阶段教育的比例	%	40.36	39.11	39.33	39.41
六、基础教育					
（一）小　　学					
1.校　　数	所	24673	22822	20372	18622
2.毕业生数	万人	140.55	144.16	150.31	160.70
3.招 生 数	万人	169.30	173.16	172.38	173.56
4.在校生数	万人	937.05	965.59	982.06	994.60
5.教职工数	万人	50.20	50.23	51.77	52.93
6.专任教师数	万人	47.21	47.42	48.86	50.02
7.专任教师学历合格率	%	100.00	99.99	99.99	100.00
8.入 学 率	%	100.00	100.00	100.00	100.00
其中:女	%	100.00	100.00	100.00	99.99
9.升 学 率	%	98.35	99.98	99.42	99.47
其中:女	%	98.84	99.98	99.44	99.63
（二）普通初中					
1.校　　数	所	4565	4557	4515	4519

教育基本指标变化情况（二）

2019 年	2020 年	2021 年	2022 年	2023 年	2023年比2022年增减情况（＋、－）	2023年比2022年增减比例（％）
8.98	10.92	12.93	14.84	16.96	2.12	14.29
0.09	0.08	0.09	0.09	0.08	－0.01	－8.13
0.06	0.05	0.05	0.05	0.04	－0.003	－6.40
36.32	34.65	34.55	36.20	35.85	－0.35	－0.97
110.65	105.59	26.56	26.56	26.56	－	－
72.26	70.67	20.44	18.92	19.32	0.40	2.10
41.65	41.13	9.18	9.18	9.18	－0.004	－0.05
11.66	11.45	5.00	5.00	5.00	0.0003	0.01
2.52	2.52	0.56	0.56	0.56	－0.002	－0.41
295.80	283.69	221.48	221.53	228.44	6.91	3.12
108042.53	103232.71	73356.92	74144.86	79446.46	5301.59	7.15
30979.22	29097.67	22109.24	22321.77	24541.44	2219.68	9.94
1558	1564	1602	1680	1741	61	3.63
127.92	130.99	142.16	143.39	141.21	－2.18	－1.52
353.75	368.60	388.41	400.59	407.53	6.94	1.73
91.62	92.01	92.50	92.70	92.90	0.20	0.22
669	639	632	630	643	13	2.06
42.94	40.98	45.12	48.86	48.09	－0.77	－1.57
52.94	52.56	57.05	54.94	51.15	－3.79	－6.90
137.87	143.74	150.72	150.14	145.26	－4.88	－3.25
41.39	40.12	40.00	38.32	36.22	－2.10	－5.47
38.97	39.00	38.80	37.48	35.64	－1.84	－4.90
18117	17687	17500	16925	16429	－496	－2.93
158.13	154.17	167.67	167.60	169.14	1.54	0.92
173.76	165.99	162.93	148.38	148.95	0.57	0.38
1012.48	1021.59	1011.87	987.39	962.88	－24.51	－2.48
53.94	55.40	58.43	58.29	57.28	－1.02	－1.74
51.04	52.39	54.82	55.02	54.12	－0.89	－1.62
100.00	100.00	100.00	100.00	100.00	－	－
100.00	100.00	100.00	100.00	100.00	－	－
100.00	100.00	100.00	100.00	100.00	－	－
99.83	99.92	99.86	100.03	99.76	－0.27	－0.27
99.36	100.26	99.92	100.07	99.38	－0.69	－0.69
4603	4695	4726	4658	4626	－32	－0.69

2015－2023年各级各类

指 标 名 称	单位	2015年	2016年	2017年	2018年
2.毕业生数	万人	123.62	129.50	132.29	133.63
3.招 生 数	万人	138.23	144.13	149.45	159.86
4.在校生数	万人	404.81	415.83	429.16	451.88
5.教职工数	万人	33.15	33.21	34.91	37.14
6.专任教师数	万人	28.59	28.64	31.76	33.90
7.专任教师学历合格率	%	99.31	99.47	99.60	99.69
8.入 学 率	%	99.95	99.98	99.99	100.00
其中:女	%	99.95	99.99	99.99	100.00
(三)普通高中					
1.校 数	所	770	792	813	852
2.毕业生数	万人	61.05	63.31	63.14	66.08
3.招 生 数	万人	67.98	69.53	70.97	72.65
4.在校生数	万人	194.31	199.60	205.49	210.06
5.教职工数	万人	15.07	15.55	16.49	17.44
6.专任教师数	万人	11.40	11.79	14.45	15.33
7.专任教师学历合格率	%	97.11	97.09	97.56	98.23
(四)学前教育					
1.校 数	所	17481	18695	20613	22128
2.入园人数	万人	207.22	157.92	151.62	140.57
3.在园人数	万人	393.37	408.68	424.93	437.99
4.教职工数	万人	27.33	29.70	33.23	36.77
5.专任教师数	万人	16.53	17.82	19.78	21.45
6.学前教育毛入园率	%	83.18	85.14	86.45	88.13
(五)特殊教育					
1.校 数	所	144	146	148	149
2.毕业生数	万人	0.18	0.14	0.21	0.24
3.招 生 数	万人	0.39	0.50	0.65	0.99
4.在校生数	万人	2.01	2.39	3.07	4.39
5.教职工数	万人	0.40	0.40	0.42	0.44
6.专任教师数	万人	0.35	0.36	0.38	0.40
七、每万人口中各级教育平均在校学生数					
1.普通高等教育	人	187	197	210	224
2.中等职业教育	人	73	73	76	81
3.普通高中	人	206	209	217	220
4.普通初中	人	429	436	450	473
5.小 学	人	993	1013	1030	1040
6.学前教育	人	417	429	446	458
八、九年义务教育巩固率	%	94.00	94.05	94.25	94.62
九、高等教育毛入学率	%	36.49	38.80	41.78	45.60

注:1.中等职业教育含技工学校数据。
　　2.特殊教育学生数中均含义务教育阶段随班就读特教生。
　　3.高等学校办学条件均指学校产权部分,普通高等教育含在读研究生,成人高等教育学生数中含普通高等学校的成教生。
　　4.每万人口中平均在校学生数使用的是前一年全省常住人口数。

教育基本指标变化情况（三）

2019 年	2020 年	2021 年	2022 年	2023 年	2023年比2022年增减情况（＋、－）	2023年比2022年增减比例（％）
141.19	148.45	157.60	155.19	153.67	－1.52	－0.98
157.87	154.05	167.44	167.64	168.74	1.10	0.65
468.48	472.14	479.19	493.02	508.13	15.11	3.06
39.43	41.63	43.79	44.48	44.72	0.24	0.53
35.74	37.82	39.60	40.64	41.17	0.53	1.31
99.62	99.68	99.81	99.81	99.88	0.07	0.07
99.99	100.00	100.00	100.00	100.00	－	－
99.99	100.00	100.00	100.00	100.00	－	－
889	925	970	1050	1098	48	4.57
67.99	69.03	71.76	74.22	77.47	3.25	4.38
74.98	78.44	85.11	88.45	90.06	1.61	1.82
215.88	224.86	237.69	250.45	262.27	11.82	4.72
18.57	19.69	21.75	23.82	24.98	1.16	4.88
16.30	17.31	19.15	21.16	22.12	0.96	4.52
98.18	98.27	98.71	98.85	98.72	－0.13	－0.13
23181	24274	24365	23922	22633	－1289	－5.39
125.34	126.58	99.74	93.31	78.82	－14.49	－15.53
430.87	425.58	399.48	371.48	323.62	－47.86	－12.88
39.07	40.77	41.81	41.32	37.98	－3.34	－8.09
22.62	23.41	23.62	23.71	21.75	－1.96	－8.25
89.50	90.30	90.80	91.80	92.46	0.66	0.72
150	149	150	151	153	2	1.32
0.30	0.43	0.70	0.80	0.88	0.08	10.18
1.05	1.01	1.00	1.04	1.01	－0.03	－3.15
5.48	6.30	6.80	6.98	6.83	－0.15	－2.10
0.45	0.47	0.50	0.51	0.53	0.02	3.82
0.42	0.43	0.45	0.46	0.48	0.02	3.89
247	259	270	286	301	15	5.31
83	87	119	121	114	－7	－5.74
225	233	239	253	267	14	5.62
488	490	482	499	518	19	3.75
1054	1060	1018	999	981	－18	－1.80
449	441	402	376	330	－46	－12.31
95.45	96.00	96.10	96.15	96.30	0.15	0.16
49.28	51.86	53.13	55.50	57.54	2.04	3.68

二、高等教育

高等教育学校(机构)数

单位:所

	合计	中央部门			地方				民办	中外合作办
		计	教育部	其他部门	计	教育部门	其他部门	地方企业		
1.研究生培养机构(不计校数)	27	8	-	8	19	19	-	-	-	-
普通高等学校	19	-	-	-	19	19	-	-	-	-
科研机构	8	8	-	8	-	-	-	-	-	-
2.本科层次高等学校	58	1	-	1	37	35	2	-	20	-
本科院校	57	1	-	1	37	35	2	-	19	-
其中:独立学院	1	-	-	-	-	-	-	-	1	-
职业院校	1	-	-	-	-	-	-	-	1	-
3.专科层次高等学校	110	-	-	-	76	72	3	1	32	1
其中:高等职业学校	98	-	-	-	65	62	2	1	31	1
高等专科学校	12	-	-	-	11	10	1	-	1	-
4.成人高等学校	10	-	-	-	10	4	3	3	-	-

高等教育学校

	毕（结）业 生 数				授 予 学位数
	总计	其中：职业类证书	其中：职业技能等级证书	其中：师范生	
1．普通本科	349800	—	—	46270	349648
2．高职本科、专科生	483125	276317	116848	—	2972
专　　科	480123	274836	115727	—	—
本　　科	3002	1481	1121	—	2972
3．成人本科、专科生	299631	—	—	—	9843
专　　科	158134	—	—	—	—
本　　科	141497	—	—	—	9843
4．网络本科、专科生	24418	—	—	—	—
专　　科	1117	—	—	—	—
本　　科	23301	—	—	—	—
5．研 究 生	27533	—	—	—	27278
硕士研究生	26762	—	—	—	26489
博士研究生	771	—	—	—	789
6．国际学生	2024	—	—	—	614

高等教育学校

	毕（结）业 生 数				授 予 学位数
	总计	其中：职业类证书	其中：职业技能等级证书	其中：师范生	
1．普通本科	349800	—	—	46270	349648
2．高职本科、专科生	75738	24531	12362	—	—
专　　科	75738	24531	12362	—	—
本　　科	—	—	—	—	—
3．成人本科、专科生	251075	—	—	—	9843
专　　科	109592	—	—	—	—
本　　科	141483	—	—	—	9843
4．网络本科、专科生	24418	—	—	—	—
专　　科	1117	—	—	—	—
本　　科	23301	—	—	—	—
5．研 究 生	27465	—	—	—	27210
硕士研究生	26695	—	—	—	26422
博士研究生	770	—	—	—	788
6．国际学生	1298	—	—	—	614

（机构）学生数（总计）

招生数		在校生数			预计
总计	其中：师范生	总计	其中：现代学徒制	其中：师范生	毕业生数
423517	**56256**	**1428713**	-	**193687**	**379838**
560484	-	**1527444**	10925	-	**509221**
554539	-	1510341	10925	-	504037
5945	-	17103	-	-	5184
306258	-	**697356**	-	-	**345464**
141426	-	322904	-	-	175828
164832	-	374452	-	-	169636
-	-	**47920**	-	-	-
-	-	4947	-	-	-
-	-	42973	-	-	-
35205	-	**99012**	-	-	**32157**
33617	-	92924	-	-	30162
1588	-	6088	-	-	1995
3115	-	**6576**	-	-	-

（机构）学生数（普通高等学校）

招生数		在校生数			预计
总计	其中：师范生	总计	其中：现代学徒制	其中：师范生	毕业生数
423517	**56256**	**1428713**	-	**193687**	**379838**
45793	-	**127328**	-	-	**48478**
45793	-	127328	-	-	48478
-	-	-	-	-	-
209840	-	**507992**	-	-	**257106**
45522	-	134147	-	-	87563
164318	-	373845	-	-	169543
-	-	**47920**	-	-	-
-	-	4947	-	-	-
-	-	42973	-	-	-
35143	-	**98786**	-	-	**32084**
33557	-	92713	-	-	30089
1586	-	6073	-	-	1995
2263	-	**5914**	-	-	-

高 等 教 育 学 校

	毕（结）业生数				授予学位数
	总计	其中：职业类证书	其中：职业技能等级证书	其中：师范生	
1. 普通本科	-	-	-	-	-
2. 高职本科、专科生	**407387**	**251786**	**104486**	-	**2972**
专　科	404385	250305	103365	-	-
本　科	3002	1481	1121	-	2972
3. 成人本科、专科生	**46819**	-	-	-	-
专　科	46819	-	-	-	-
本　科	-	-	-	-	-
4. 网络本科、专科生	-	-	-	-	-
专　科	-	-	-	-	-
本　科	-	-	-	-	-
5. 研　究　生	-	-	-	-	-
硕士研究生	-	-	-	-	-
博士研究生	-	-	-	-	-
6. 国际学生	**726**	-	-	-	-

注：职业高等学校含本科层次和专科层次职业学校，下同。

高 等 教 育 学 校

	毕（结）业生数				授予学位数
	总计	其中：职业类证书	其中：职业技能等级证书	其中：师范生	
1. 普通本科	-	-	-	-	-
2. 高职本科、专科生	-	-	-	-	-
专　科	-	-	-	-	-
本　科	-	-	-	-	-
3. 成人本科、专科生	**1737**	-	-	-	-
专　科	1723	-	-	-	-
本　科	14	-	-	-	-
4. 网络本科、专科生	-	-	-	-	-
专　科	-	-	-	-	-
本　科	-	-	-	-	-
5. 研　究　生	-	-	-	-	-
硕士研究生	-	-	-	-	-
博士研究生	-	-	-	-	-
6. 国际学生	-	-	-	-	-

（机构）学生数（职业高等学校）

招 生 数		在 校 生 数			预 计 毕业生数
总计	其中：师范生	总计	其中：现代学徒制	其中：师范生	
-	-	-	-	-	-
514691	-	**1400116**	**10925**	-	**460743**
508746	-	1383013	10925	-	455559
5945	-	17103	-	-	5184
88798	-	**179005**	-	-	**85623**
88798	-	179005	-	-	85623
-	-	-	-	-	-
-	-	-	-	-	-
-	-	-	-	-	-
-	-	-	-	-	-
-	-	-	-	-	-
-	-	-	-	-	-
852	-	**662**	-	-	-

（机构）学生数（成人高等学校）

招 生 数		在 校 生 数			预 计 毕业生数
总计	其中：师范生	总计	其中：现代学徒制	其中：师范生	
-	-	-	-	-	-
-	-	-	-	-	-
-	-	-	-	-	-
-	-	-	-	-	-
7620	-	**10359**	-	-	**2735**
7106	-	9752	-	-	2642
514	-	607	-	-	93
-	-	-	-	-	-
-	-	-	-	-	-
-	-	-	-	-	-
-	-	-	-	-	-
-	-	-	-	-	-
-	-	-	-	-	-

高等教育学校

	毕（结）业生数				授予学位数
	总计	其中：职业类证书	其中：职业技能等级证书	其中：师范生	
1. 普通本科	-	-	-	-	-
2. 高职本科、专科生	-	-	-	-	-
专　科	-	-	-	-	-
本　科	-	-	-	-	-
3. 成人本科、专科生	-	-	-	-	-
专　科	-	-	-	-	-
本　科	-	-	-	-	-
4. 网络本科、专科生	-	-	-	-	-
专　科	-	-	-	-	-
本　科	-	-	-	-	-
5. 研究生	68	-	-	-	68
硕士研究生	67	-	-	-	67
博士研究生	1	-	-	-	1
6. 国际学生	-	-	-	-	-

普通专科分形式、

		合　计				毕业生数
		毕业生数	招生数	在校生数	预计毕业生数	
总　计		480123	554539	1510341	504037	75738
其中：女		233974	273331	728000	236961	40754
按举办者分	1. 中央部门办	132	-	178	97	132
	教育部	-	-	-	-	-
	其他部门	132	-	178	97	132
	2. 地方公办	355880	397884	1116106	384531	28224
	教育部门	340423	384049	1073554	369534	24286
	其他部门	9380	7757	23568	8227	3938
	地方企业	6077	6078	18984	6770	-
	3. 民　办	123928	156355	393640	119292	47382
	4. 中外合作办	183	300	417	117	-

（机构）学生数(科研机构)

招生数		在校生数			预计毕业生数
总计	其中：师范生	总计	其中：现代学徒制	其中：师范生	
-	-	-	-	-	-
-	-	-	-	-	-
-	-	-	-	-	-
-	-	-	-	-	-
-	-	-	-	-	-
-	-	-	-	-	-
-	-	-	-	-	-
-	-	-	-	-	-
-	-	-	-	-	-
62	-	**226**	-	-	**73**
60	-	211	-	-	73
2	-	15	-	-	-
-	-	-	-	-	-

分举办者学生数

普通本科学校			职业高校(含职业本科和专科院校专科生)			
招生数	在校生数	预计毕业生数	毕业生数	招生数	在校生数	预计毕业生数
45793	**127328**	**48478**	**404385**	**508746**	**1383013**	**455559**
24259	66449	24625	193220	249072	661551	212336
-	178	97	-	-	-	-
-	-	-	-	-	-	-
-	178	97	-	-	-	-
18291	50727	21401	327656	379593	1065379	363130
17711	48007	19892	316137	366338	1025547	349642
580	2720	1509	5442	7177	20848	6718
-	-	-	6077	6078	18984	6770
27502	76423	26980	76546	128853	317217	92312
-	-	-	183	300	417	117

普通专科分专

	合　计				毕业生数
	毕业生数	招生数	在校生数	预计毕业生数	
总　　计	480123	554539	1510341	504037	75738
其中:女	233974	273331	728000	236961	40754
农林牧渔大类	4748	7849	19447	5717	356
资源环境与安全大类	6181	9426	21399	6168	229
能源动力与材料大类	2477	4829	11724	3241	118
土木建筑大类	34112	34781	105471	37941	5143
水利大类	1235	1141	3776	1407	-
装备制造大类	40070	72005	175504	51367	4192
生物与化工大类	1540	3452	7301	1738	299
轻工纺织大类	1358	1603	4041	1477	500
食品药品与粮食大类	4879	10673	24283	5740	308
交通运输大类	27026	28230	81123	27591	1686
电子信息大类	88421	102177	280533	97747	16530
医药卫生大类	75176	75292	220896	77172	5182
财经商贸大类	77436	77841	218435	75801	16233
旅游大类	10805	16237	40799	12402	963
文化艺术大类	27984	35997	94389	29641	7521
新闻传播大类	3325	5761	14514	4062	1236
教育与体育大类	66023	59237	164384	57546	13957
公安与司法大类	3678	3780	11241	3750	397
公共管理与服务大类	3649	4228	11081	3529	888

业 大 类 学 生 数

普通高等学校			职业高校（含职业本科和专科学校专科生）			
招生数	在校生数	预计毕业生数	毕业生数	招生数	在校生数	预计毕业生数
45793	**127328**	**48478**	**404385**	**508746**	**1383013**	**455559**
24259	66449	24625	193220	249072	661551	212336
339	746	160	4392	7510	18701	5557
-	241	110	5952	9426	21158	6058
23	43	18	2359	4806	11681	3223
2882	8947	3520	28969	31899	96524	34421
-	-	-	1235	1141	3776	1407
3462	9007	3470	35878	68543	166497	47897
59	448	186	1241	3393	6853	1552
120	688	459	858	1483	3353	1018
521	1357	299	4571	10152	22926	5441
931	2302	776	25340	27299	78821	26815
12374	28784	11354	71891	89803	251749	86393
2745	9656	3867	69994	72547	211240	73305
8622	26986	10699	61203	69219	191449	65102
574	2124	853	9842	15663	38675	11549
4633	13642	4981	20463	31364	80747	24660
880	2547	721	2089	4881	11967	3341
7057	17408	6018	52066	52180	146976	51528
157	936	492	3281	3623	10305	3258
414	1466	495	2761	3814	9615	3034

高职本科分形式、分专业大类学生数

	毕业生数	招生数	在校生数	预　计 毕业生数
总　　计	**3002**	**5945**	**17103**	**5184**
其中:女	1670	3436	9812	3125
一、按办学形式分				
高中起点	1742	4370	12909	2565
专科起点	1260	1575	4194	2619
第二学士学位	－	－	－	－
二、按专业大类分				
农林牧渔大类	－	－	－	－
资源环境与安全大类	－	－	－	－
能源动力与材料大类	－	－	－	－
土木建筑大类	289	496	1057	296
水利大类	－	－	－	－
装备制造大类	356	646	1617	341
生物与化工大类	－	－	－	－
轻工纺织大类	－	－	－	－
食品药品与粮食大类	－	－	－	－
交通运输大类	95	125	237	68
电子与信息大类	780	1208	3910	981
医药卫生大类	666	1429	3978	1412
财经商贸大类	226	649	2087	720
旅游大类	－	－	－	－
文化艺术大类	89	626	1975	501
新闻传播大类	－	－	－	－
教育与体育大类	501	766	2242	865
公安与司法大类	－	－	－	－
公共管理与服务大类	－	－	－	－
三、按举办者分				
1. 中央部门办	－	－	－	－
教　育　部	－	－	－	－
其他部门	－	－	－	－
2. 地方公办	－	－	－	－
教育部门	－	－	－	－
其他部门	－	－	－	－
地方企业	－	－	－	－
3. 民　　办	3002	5945	17103	5184
4. 中外合作办	－	－	－	－

普通本科分形式、分学科学生数

	毕业生数	招生数	在校生数	预　计 毕业生数
总　　计	349800	423517	1428713	379838
其中:女	197446	225661	769832	210110
一、按办学形式分				
高中起点	281740	325561	1240380	290727
专科起点	67980	97319	187102	88517
第二学士学位	80	637	1231	594
二、按学科分				
哲　　学	53	135	519	109
经济学	16269	16091	61121	15719
法　　学	12228	12700	46999	12634
教育学	21519	27340	85043	25580
文　　学	29864	35142	125399	31727
历史学	1597	2176	8391	1753
理　　学	18816	21587	81975	19735
工　　学	119700	155600	518394	130575
农　　学	7050	8688	29975	8019
医　　学	19687	25534	93308	23749
管理学	67144	74081	229674	70919
艺术学	35873	44443	147915	39319
三、按举办者分				
1.中央部门办	1234	1394	5349	1447
教育部	-	-	-	-
其他部门	1234	1394	5349	1447
2.地方公办	234992	265860	954240	242048
教育部门	229877	259765	931407	236102
其他部门	5115	6095	22833	5946
地方企业	-	-	-	-
3.民　　办	113574	156263	469124	136343
4.中外合作办	-	-	-	-
总计中:师范生	46270	56256	193687	-

普通、职业本专科

	学校数(所)		毕业生数			
	计	其中:中央	合计	专科	本科	合计
总　计	**178**	**1**	**832925**	**480123**	**352802**	**984001**
一、普通高等学校	**168**	**–**	**832925**	**480123**	**352802**	**984001**
1.按类型分						
本科院校	58	1	432566	79764	352802	477142
其中:普通本科	57	1	425538	75738	349800	469310
独立学院	1	–	5064	384	4680	7576
职业本科	1	–	7028	4026	3002	7832
专科院校	110	–	400359	400359	–	506859
其中:高等职业学校	98	–	353034	353034	–	457346
高等专科学校	12	–	47325	47325	–	49513
其他机构(不计校数)	–	–	–	–	–	–
2.按性质类别分						
综合大学	5	–	55821	16458	39363	56599
理工院校	92	–	449082	300206	148876	536439
农业院校	5	–	32099	14547	17552	39813
林业院校	1	–	2616	2616	–	3188
医药院校	14	–	56582	44448	12134	67132
师范院校	14	–	81443	21321	60122	90815
语文院校	–	–	–	–	–	–
财经院校	24	–	135668	63639	72029	154306
政法院校	4	1	6147	3421	2726	7229
体育院校	2	–	2562	2562	–	6179
艺术院校	7	–	10905	10905	–	22301
民族院校	–	–	–	–	–	–
3.按举办者分						
(1)中央部门办	1	–	1366	132	1234	1394
教 育 部	–	–	–	–	–	–
其他部门	1	–	1366	132	1234	1394
(2)地方公办	114	–	590872	355880	234992	663744
教育部门	108	–	570300	340423	229877	643814
其他部门	5	–	14495	9380	5115	13852
地方企业	1	–	6077	6077	–	6078
(3)民　办	52	–	240504	123928	116576	318563
(4)中外合作办	1	–	183	183	–	300
二、成人高等学校	**10**	**–**	**–**	**–**	**–**	**–**

学生数（普通高等学校分类型、性质类别）

招生数		在校生数			预计毕业生数		
专科	本科	合计	专科	本科	合计	专科	本科
554539	**429462**	**2956157**	**1510341**	**1445816**	**889059**	**504037**	**385022**
554539	**429462**	**2956157**	**1510341**	**1445816**	**889059**	**504037**	**385022**
47680	429462	1581202	135386	1445816	437754	52732	385022
45793	423517	1556041	127328	1428713	428316	48478	379838
264	7312	22924	1067	21857	6796	141	6655
1887	5945	25161	8058	17103	9438	4254	5184
506859	–	1374955	1374955	–	451305	451305	–
457346	–	1237837	1237837	–	402737	402737	–
49513	–	137118	137118	–	48568	48568	–
–	–	–	–	–	–	–	–
8750	47849	179586	15218	164368	48887	4672	44215
352501	183938	1592172	979912	612260	498499	331169	167330
17815	21998	119504	43596	75908	34940	15387	19553
3188	–	9486	9486	–	3126	3126	–
51062	16070	201015	140018	60997	60212	45589	14623
21409	69406	293675	54577	239098	77685	19387	58298
–	–	–	–	–	–	–	–
67855	86451	470169	188990	281179	139800	61945	77855
4272	2957	23077	11864	11213	6722	3574	3148
6179	–	13933	13933	–	3644	3644	–
21508	793	53540	52747	793	15544	15544	–
–	–	–	–	–	–	–	–
–	1394	5527	178	5349	1544	97	1447
–	–	–	–	–	–	–	–
–	1394	5527	178	5349	1544	97	1447
397884	265860	2070346	1116106	954240	626579	384531	242048
384049	259765	2004961	1073554	931407	605636	369534	236102
7757	6095	46401	23568	22833	14173	8227	5946
6078	–	18984	18984	–	6770	6770	–
156355	162208	879867	393640	486227	260819	119292	141527
300	–	417	417	–	117	117	–
–	–	–	–	–	–	–	–

成人专科分形式、

	合　　计				普通高等学校		
	毕业生数	招生数	在校生数	预计毕业生数	毕业生数	招生数	在校生数
总　计	158134	141426	322904	175828	109592	45522	134147
其中:女	101645	83239	193898	107246	73691	28919	84659
一、按形式分							
函　授	124632	96194	236780	140059	99392	44139	128221
业　余	32380	43559	82676	33994	10200	1383	5926
脱　产	1122	1673	3448	1775	-	-	-
二、按专业大类分							
农林牧渔大类	1374	1739	3962	2223	1202	833	2610
资源环境与安全大类	1180	2037	3358	1321	1077	404	1336
能源动力与材料大类	283	157	399	242	272	139	344
土木建筑大类	15212	14125	34838	20665	9025	3426	12217
水利大类	754	892	1874	982	745	527	1302
装备制造大类	8070	10156	19969	9805	5270	2217	6348
生物与化工大类	1583	3132	6282	3148	874	593	1192
轻工纺织大类	4	-	-	-	-	-	-
食品药品与粮食大类	929	437	1275	813	622	195	701
交通运输大类	1117	497	1321	815	493	133	490
电子信息大类	10880	13424	26952	13485	6940	4305	10653
医药卫生大类	13208	11577	33071	16221	5767	3408	9644
财经商贸大类	51248	47556	106206	58414	34258	11808	39777
旅游大类	837	807	1845	1032	381	194	454
文化艺术大类	186	99	288	189	55	-	15
新闻传播大类	-	-	-	-	-	-	-
教育与体育大类	39528	21397	54327	32930	33711	11379	31876
公安与司法大类	2293	2180	5225	3045	1700	840	3009
公共管理与服务大类	9448	11214	21712	10498	7200	5121	12179

分专业大类学生数

职业高等学校					成人高等学校			
预计毕业生数	毕业生数	招生数	在校生数	预计毕业生数	毕业生数	招生数	在校生数	预计毕业生数
87563	**46819**	**88798**	**179005**	**85623**	**1723**	**7106**	**9752**	**2642**
55144	27022	50328	103798	50655	932	3992	5441	1447
83753	25240	51755	108259	56306	-	300	300	-
3810	21579	37043	70746	29317	601	5133	6004	867
-	-	-	-	-	1122	1673	3448	1775
1777	172	906	1352	446	-	-	-	-
932	103	1633	2022	389	-	-	-	-
205	2	18	51	33	9	-	4	4
8791	6187	10403	22325	11874	-	296	296	-
775	9	365	572	207	-	-	-	-
4131	2781	7728	13388	5652	19	211	233	22
599	709	2539	5090	2549	-	-	-	-
-	4	-	-	-	-	-	-	-
506	307	196	528	307	-	46	46	-
357	624	364	831	458	-	-	-	-
6348	3739	8411	15402	6948	201	708	897	189
5174	6141	5958	19227	9062	1300	2211	4200	1985
27969	16880	33131	63683	30316	110	2617	2746	129
260	456	613	1391	772	-	-	-	-
15	131	99	273	174	-	-	-	-
-	-	-	-	-	-	-	-	-
20497	5817	10018	22451	12433	-	-	-	-
2169	582	1340	2216	876	11	-	-	-
7058	2175	5076	8203	3127	73	1017	1330	313

成人本科分形式、

	合　　计				毕业生数
	毕业生数	招生数	在校生数	预计毕业生数	
总　计	141497	164832	374452	169636	141483
其中:女	84580	97658	223703	103834	84570
一、按形式分					
函　授	106260	142399	299785	138923	106260
业　余	35237	22433	74667	30713	35223
脱　产	-	-	-	-	-
二、按学科分					
哲　学	-	-	-	-	-
经济学	2053	1882	4336	2363	2053
法　学	7052	10698	20720	9291	7050
教育学	20116	27688	57017	28309	20116
文　学	9146	10129	23230	12000	9144
历史学	142	149	349	200	142
理　学	2874	2737	5907	3149	2874
工　学	30662	33877	72382	34272	30662
农　学	1574	1690	3343	1652	1574
医　学	34153	42065	105917	38950	34153
管理学	32868	32698	78588	38069	32858
艺术学	857	1219	2663	1381	857

分学科学生数

普通、职业高等学校			成人高等学校			
招生数	在校生数	预计毕业生数	毕业生数	招生数	在校生数	预计毕业生数
164318	**373845**	**169543**	**14**	**514**	**607**	**93**
97466	223478	103801	10	192	225	33
142399	299785	138923	-	-	-	-
21919	74060	30620	14	514	607	93
-	-	-	-	-	-	-
-	-	-	-	-	-	-
1882	4336	2363	-	-	-	-
10698	20663	9234	2	-	57	57
27688	57017	28309	-	-	-	-
10129	23217	11987	2	-	13	13
149	349	200	-	-	-	-
2737	5907	3149	-	-	-	-
33561	72066	34272	-	316	316	-
1690	3343	1652	-	-	-	-
42065	105917	38950	-	-	-	-
32500	78367	38046	10	198	221	23
1219	2663	1381	-	-	-	-

成人本科、专科分举办者、

	学校数(所)		毕业生数			
	计	其中：中央	合计	专科	本科	合计
总　　计	**110**	**-**	**299631**	**158134**	**141497**	**306258**
一、按举办者分						
(一)普通、职业高等学校	105	-	297894	156411	141483	298638
1.中央部门办	-	-	-	-	-	-
教育部	-	-	-	-	-	-
其他部门	-	-	-	-	-	-
2.地方公办	80	-	249435	118595	130840	249658
教育部门	75	-	248878	118297	130581	242698
其他部门	4	-	286	27	259	2322
地方企业	1	-	271	271	-	4638
3.民　　办	24	-	48459	37816	10643	48980
4.中外合作办	-	-	-	-	-	-
(二)成人高等学校	5	-	1737	1723	14	7620
1.中央部门办	-	-	-	-	-	-
教育部	-	-	-	-	-	-
其他部门	-	-	-	-	-	-
2.地方公办	5	-	1737	1723	14	7620
教育部门	2	-	325	311	14	4021
其他部门	2	-	1412	1412	-	2645
地方企业	1	-	-	-	-	954
3.民　　办	-	-	-	-	-	-
4.中外合作办	-	-	-	-	-	-
二、按类型分						
职工高等学校	4	-	1622	1622	-	3842
农民高等学校	-	-	-	-	-	-
管理干部学院	-	-	-	-	-	-
教育学院	-	-	-	-	-	-
独立函授学院	-	-	-	-	-	-
广播电视大学	1	-	115	101	14	3778
其他机构	-	-	-	-	-	-

成人高等学校分类型学生数

招生数		在校生数			预计毕业生数		
专科	本科	合计	专科	本科	合计	专科	本科
141426	**164832**	**697356**	**322904**	**374452**	**345464**	**175828**	**169636**
134320	164318	686997	313152	373845	342729	173186	169543
—	—	—	—	—	—	—	—
—	—	—	—	—	—	—	—
108712	140946	580093	246934	333159	290780	133993	156787
102057	140641	571542	239090	332452	289289	132804	156485
2017	305	2776	2069	707	354	52	302
4638	—	5775	5775	—	1137	1137	—
25608	23372	106904	66218	40686	51949	39193	12756
—	—	—	—	—	—	—	—
7106	514	10359	9752	607	2735	2642	93
—	—	—	—	—	—	—	—
—	—	—	—	—	—	—	—
—	—	—	—	—	—	—	—
7106	514	10359	9752	607	2735	2642	93
3507	514	4686	4079	607	665	572	93
2645	—	4719	4719	—	2070	2070	—
954	—	954	954	—	—	—	—
—	—	—	—	—	—	—	—
—	—	—	—	—	—	—	—
3842	—	6109	6109	—	2263	2263	—
—	—	—	—	—	—	—	—
—	—	—	—	—	—	—	—
—	—	—	—	—	—	—	—
3264	514	4250	3643	607	472	379	93
—	—	—	—	—	—	—	—

网络专科分专业大类学生数（普通高等学校）

	毕业生数	招生数	在校生数
总　　计	**1117**	-	**4947**
其中:女	418	-	1756
农林牧渔大类	-	-	-
资源环境与安全大类	-	-	-
能源动力与材料大类	13	-	90
土木建筑大类	149	-	565
水利大类	-	-	-
装备制造大类	124	-	566
生物与化工大类	-	-	-
轻工纺织大类	-	-	-
食品药品与粮食大类	-	-	-
交通运输大类	-	-	-
电子信息大类	129	-	740
医药卫生大类	101	-	383
财经商贸大类	456	-	1831
旅游大类	31	-	115
文化艺术大类	1	-	3
新闻传播大类	-	-	-
教育与体育大类	20	-	168
公安与司法大类	20	-	125
公共管理与服务大类	73	-	361

网络本科分学科学生数(普通高等学校)

	毕业生数	招生数	在校生数
总　　计	**23301**	-	**42973**
其中:女	11763	-	20393
哲　　学	-	-	-
经　济　学	568	-	1130
法　　学	1448	-	3158
教　育　学	1781	-	3150
文　　学	1051	-	2596
历　史　学	-	-	-
理　　学	1	-	7
工　　学	8107	-	15083
农　　学	-	-	-
医　　学	3889	-	5824
管　理　学	6456	-	12025
艺　术　学	-	-	-

分部门、分计划

	学校(机构)数(所)	毕业生数 合计	硕士	博士	合计
总　　计	27	27533	26762	771	35205
全 日 制	-	25187	24417	770	32390
非全日制	-	2346	2345	1	2815
一、中央部门办	8	68	67	1	62
全 日 制	-	68	67	1	62
非全日制	-	-	-	-	-
1.教育部	-	-	-	-	-
全 日 制	-	-	-	-	-
非全日制	-	-	-	-	-
2.其他部门	8	68	67	1	62
全 日 制	-	68	67	1	62
非全日制	-	-	-	-	-
二、地方公办	19	27465	26695	770	35143
全 日 制	-	25119	24350	769	32328
非全日制	-	2346	2345	1	2815
1.教育部门	19	27465	26695	770	35143
全 日 制	-	25119	24350	769	32328
非全日制	-	2346	2345	1	2815
2.其他部门	-	-	-	-	-
全 日 制	-	-	-	-	-
非全日制	-	-	-	-	-
3.地方企业	-	-	-	-	-
全 日 制	-	-	-	-	-
非全日制	-	-	-	-	-
三、民　　办	-	-	-	-	-
全 日 制	-	-	-	-	-
非全日制	-	-	-	-	-
四、中外合作办	-	-	-	-	-
全 日 制	-	-	-	-	-
非全日制	-	-	-	-	-

研 究 生 数 (总计)

招生数		在校生数			预计毕业生数		
硕士	博士	合计	硕士	博士	合计	硕士	博士
33617	**1588**	**99012**	**92924**	**6088**	**32157**	**30162**	**1995**
30802	1588	90060	83976	6084	28650	26659	1991
2815	—	8952	8948	4	3507	3503	4
60	**2**	**226**	**211**	**15**	**73**	**73**	**—**
60	2	226	211	15	73	73	—
—	—	—	—	—	—	—	—
—	—	—	—	—	—	—	—
—	—	—	—	—	—	—	—
—	—	—	—	—	—	—	—
60	2	226	211	15	73	73	—
60	2	226	211	15	73	73	—
—	—	—	—	—	—	—	—
33557	1586	98786	92713	6073	32084	30089	1995
30742	1586	89834	83765	6069	28577	26586	1991
2815	—	8952	8948	4	3507	3503	4
33557	1586	98786	92713	6073	32084	30089	1995
30742	1586	89834	83765	6069	28577	26586	1991
2815	—	8952	8948	4	3507	3503	4
—	—	—	—	—	—	—	—
—	—	—	—	—	—	—	—
—	—	—	—	—	—	—	—
—	—	—	—	—	—	—	—
—	—	—	—	—	—	—	—
—	—	—	—	—	—	—	—
—	—	—	—	—	—	—	—
—	—	—	—	—	—	—	—
—	—	—	—	—	—	—	—
—	—	—	—	—	—	—	—

分部门、分计划

	学校（机构）数（所）	毕业生数			
		合计	硕士	博士	合计
总　计	**19**	**27465**	**26695**	**770**	**35143**
全日制	–	25119	24350	769	32328
非全日制	–	2346	2345	1	2815
一、中央部门办	**–**	**–**	**–**	**–**	**–**
全日制	–	–	–	–	–
非全日制	–	–	–	–	–
1. 教育部	–	–	–	–	–
全日制	–	–	–	–	–
非全日制	–	–	–	–	–
2. 其他部门	–	–	–	–	–
全日制	–	–	–	–	–
非全日制	–	–	–	–	–
二、地方公办	**19**	**27465**	**26695**	**770**	**35143**
全日制	–	25119	24350	769	32328
非全日制	–	2346	2345	1	2815
1. 教育部门	19	27465	26695	770	35143
全日制	–	25119	24350	769	32328
非全日制	–	2346	2345	1	2815
2. 其他部门	–	–	–	–	–
全日制	–	–	–	–	–
非全日制	–	–	–	–	–
3. 地方企业	–	–	–	–	–
全日制	–	–	–	–	–
非全日制	–	–	–	–	–
三、民　办	**–**	**–**	**–**	**–**	**–**
全日制	–	–	–	–	–
非全日制	–	–	–	–	–
四、中外合作办	**–**	**–**	**–**	**–**	**–**
全日制	–	–	–	–	–
非全日制	–	–	–	–	–

研究生数（普通高等学校）

招生数		在校生数			预计毕业生数		
硕士	博士	合计	硕士	博士	合计	硕士	博士
33557	**1586**	**98786**	**92713**	**6073**	**32084**	**30089**	**1995**
30742	1586	89834	83765	6069	28577	26586	1991
2815	–	8952	8948	4	3507	3503	4
–	–	–	–	–	–	–	–
–	–	–	–	–	–	–	–
–	–	–	–	–	–	–	–
–	–	–	–	–	–	–	–
–	–	–	–	–	–	–	–
–	–	–	–	–	–	–	–
–	–	–	–	–	–	–	–
–	–	–	–	–	–	–	–
33557	**1586**	**98786**	**92713**	**6073**	**32084**	**30089**	**1995**
30742	1586	89834	83765	6069	28577	26586	1991
2815	–	8952	8948	4	3507	3503	4
33557	1586	98786	92713	6073	32084	30089	1995
30742	1586	89834	83765	6069	28577	26586	1991
2815	–	8952	8948	4	3507	3503	4
–	–	–	–	–	–	–	–
–	–	–	–	–	–	–	–
–	–	–	–	–	–	–	–
–	–	–	–	–	–	–	–
–	–	–	–	–	–	–	–
–	–	–	–	–	–	–	–
–	–	–	–	–	–	–	–
–	–	–	–	–	–	–	–
–	–	–	–	–	–	–	–
–	–	–	–	–	–	–	–

分部门、分计划

	学校（机构）数(所)	毕业生数			合计
		合计	硕士	博士	
总　　计	**8**	**68**	**67**	**1**	**62**
全 日 制	-	68	67	1	62
非全日制	-	-	-	-	-
一、中央部门办	**8**	**68**	**67**	**1**	**62**
全 日 制	-	68	67	1	62
非全日制	-	-	-	-	-
1.教 育 部	-	-	-	-	-
全 日 制	-	-	-	-	-
非全日制	-	-	-	-	-
2.其他部门	8	68	67	1	62
全 日 制	-	68	67	1	62
非全日制	-	-	-	-	-
二、地方公办	-	-	-	-	-
全 日 制	-	-	-	-	-
非全日制	-	-	-	-	-
1.教育部门	-	-	-	-	-
全 日 制	-	-	-	-	-
非全日制	-	-	-	-	-
2.其他部门	-	-	-	-	-
全 日 制	-	-	-	-	-
非全日制	-	-	-	-	-
3.地方企业	-	-	-	-	-
全 日 制	-	-	-	-	-
非全日制	-	-	-	-	-
三、民　　办	-	-	-	-	-
全 日 制	-	-	-	-	-
非全日制	-	-	-	-	-
四、中外合作办	-	-	-	-	-
全 日 制	-	-	-	-	-
非全日制	-	-	-	-	-

研 究 生 数（科研机构）

招生数		在校生数			预计毕业生数		
硕士	博士	合计	硕士	博士	合计	硕士	博士
60	**2**	**226**	**211**	**15**	**73**	**73**	**-**
60	2	226	211	15	73	73	-
-	-	-	-	-	-	-	-
60	**2**	**226**	**211**	**15**	**73**	**73**	**-**
60	2	226	211	15	73	73	-
-	-	-	-	-	-	-	-
-	-	-	-	-	-	-	-
-	-	-	-	-	-	-	-
60	2	226	211	15	73	73	-
60	2	226	211	15	73	73	-
-	-	-	-	-	-	-	-
-	-	-	-	-	-	-	-
-	-	-	-	-	-	-	-
-	-	-	-	-	-	-	-
-	-	-	-	-	-	-	-
-	-	-	-	-	-	-	-
-	-	-	-	-	-	-	-
-	-	-	-	-	-	-	-
-	-	-	-	-	-	-	-
-	-	-	-	-	-	-	-
-	-	-	-	-	-	-	-
-	-	-	-	-	-	-	-
-	-	-	-	-	-	-	-
-	-	-	-	-	-	-	-

分　学　科

	毕业生数			招生数		
	合计	硕士	博士	合计	硕士	博士
总　　计	27533	26762	771	35205	33617	1588
其中:女	16228	15834	394	19657	18860	797
哲　学	99	99	-	91	91	-
经济学	773	760	13	1049	1028	21
法　学	1476	1436	40	1696	1634	62
教育学	2898	2887	11	3417	3358	59
文　学	1034	1006	28	1257	1213	44
历史学	350	324	26	429	392	37
理　学	2101	1957	144	3108	2766	342
工　学	8386	8154	232	11201	10709	492
农　学	1953	1888	65	2359	2228	131
医　学	4254	4080	174	5376	5030	346
军事学	-	-	-	-	-	-
管理学	3410	3373	37	4233	4181	52
艺术学	760	759	1	906	904	2
交叉学科	39	39	-	83	83	-
总计中:学术型学位	9971	9258	713	12396	11145	1251
专业学位	17562	17504	58	22809	22472	337

研 究 生 数 (总计)

在校生数			预计毕业生数		
合计	硕士	博士	合计	硕士	博士
99012	**92924**	**6088**	**32157**	**30162**	**1995**
55255	52203	3052	18144	17142	1002
278	278	-	88	88	-
2307	2223	84	663	634	29
4700	4418	282	1578	1476	102
9206	8989	217	3530	3465	65
3280	3053	227	1100	1001	99
1303	1146	157	430	369	61
8970	7637	1333	2784	2357	427
31574	29608	1966	9812	9148	664
6994	6504	490	2201	2040	161
15620	14505	1115	4901	4605	296
-	-	-	-	-	-
11956	11748	208	4166	4078	88
2664	2655	9	868	865	3
160	160	-	36	36	-
37219	32064	5155	12020	10233	1787
61793	60860	933	20137	19929	208

分　学　科

	毕业生数			招生数		
	合计	硕士	博士	合计	硕士	博士
总　　计	27465	26695	770	35143	33557	1586
其中:女	16209	15815	394	19640	18843	797
哲　学	99	99	-	91	91	-
经济学	773	760	13	1049	1028	21
法　学	1476	1436	40	1696	1634	62
教育学	2898	2887	11	3417	3358	59
文　学	1034	1006	28	1257	1213	44
历史学	350	324	26	429	392	37
理　学	2101	1957	144	3108	2766	342
工　学	8321	8090	231	11139	10649	490
农　学	1953	1888	65	2359	2228	131
医　学	4254	4080	174	5376	5030	346
军事学	-	-	-	-	-	-
管理学	3407	3370	37	4233	4181	52
艺术学	760	759	1	906	904	2
交叉学科	39	39	-	83	83	-
总计中:学术型学位	9903	9191	712	12334	11085	1249
专业学位	17562	17504	58	22809	22472	337

研　究　生　数（普通高等学校）

在校生数			预计毕业生数		
合计	硕士	博士	合计	硕士	博士
98786	**92713**	**6073**	**32084**	**30089**	**1995**
55200	52148	3052	18128	17126	1002
278	278	-	88	88	-
2307	2223	84	663	634	29
4700	4418	282	1578	1476	102
9206	8989	217	3530	3465	65
3280	3053	227	1100	1001	99
1303	1146	157	430	369	61
8970	7637	1333	2784	2357	427
31353	29402	1951	9742	9078	664
6994	6504	490	2201	2040	161
15620	14505	1115	4901	4605	296
-	-	-	-	-	-
11951	11743	208	4163	4075	88
2664	2655	9	868	865	3
160	160	-	36	36	-
36993	31853	5140	11947	10160	1787
61793	60860	933	20137	19929	208

分　学　科

	毕业生数			招生数		
	合计	硕士	博士	合计	硕士	博士
总　　计	**68**	**67**	**1**	**62**	**60**	**2**
其中:女	19	19	-	17	17	-
哲　　学	-	-	-	-	-	-
经 济 学	-	-	-	-	-	-
法　　学	-	-	-	-	-	-
教 育 学	-	-	-	-	-	-
文　　学	-	-	-	-	-	-
历 史 学	-	-	-	-	-	-
理　　学	-	-	-	-	-	-
工　　学	65	64	1	62	60	2
农　　学	-	-	-	-	-	-
医　　学	-	-	-	-	-	-
军 事 学	-	-	-	-	-	-
管 理 学	3	3	-	-	-	-
艺 术 学	-	-	-	-	-	-
交叉学科	-	-	-	-	-	-
总计中:学术型学位	68	67	1	62	60	2
专业学位	-	-	-	-	-	-

研 究 生 数（科研机构）

在校生数			预计毕业生数		
合计	硕士	博士	合计	硕士	博士
226	**211**	**15**	**73**	**73**	**-**
55	55	-	16	16	-
-	-	-	-	-	-
-	-	-	-	-	-
-	-	-	-	-	-
-	-	-	-	-	-
-	-	-	-	-	-
-	-	-	-	-	-
221	206	15	70	70	-
-	-	-	-	-	-
-	-	-	-	-	-
-	-	-	-	-	-
5	5	-	3	3	-
-	-	-	-	-	-
-	-	-	-	-	-
226	211	15	73	73	-
-	-	-	-	-	-

分学位类型、

	毕业生数			招生数		
	合计	硕士	博士	合计	硕士	博士
总　　计	**27533**	**26762**	**771**	**35205**	**33617**	**1588**
其中:女	16228	15834	394	19657	18860	797
一、学术型学位	**9971**	**9258**	**713**	**12396**	**11145**	**1251**
哲　　学	99	99	-	91	91	-
经 济 学	291	278	13	298	277	21
法　　学	789	749	40	982	920	62
教 育 学	358	349	9	350	332	18
文　　学	482	454	28	549	505	44
历 史 学	246	220	26	318	281	37
理　　学	2101	1957	144	3108	2766	342
工　　学	2837	2615	222	3318	2950	368
农　　学	654	589	65	811	705	106
医　　学	1247	1119	128	1646	1447	199
军 事 学	-	-	-	-	-	-
管 理 学	677	640	37	721	669	52
艺 术 学	151	150	1	159	157	2
交叉学科	39	39	-	45	45	-
二、专业学位	**17562**	**17504**	**58**	**22809**	**22472**	**337**
哲　　学	-	-	-	-	-	-
经 济 学	482	482	-	751	751	-
法　　学	687	687	-	714	714	-
教 育 学	2540	2538	2	3067	3026	41
文　　学	552	552	-	708	708	-
历 史 学	104	104	-	111	111	-
理　　学	-	-	-	-	-	-
工　　学	5549	5539	10	7883	7759	124
农　　学	1299	1299	-	1548	1523	25
医　　学	3007	2961	46	3730	3583	147
军 事 学	-	-	-	-	-	-
管 理 学	2733	2733	-	3512	3512	-
艺 术 学	609	609	-	747	747	-
交叉学科	-	-	-	38	38	-

分学科研究生数(总计)

在校生数			预计毕业生数		
合计	硕士	博士	合计	硕士	博士
99012	**92924**	**6088**	**32157**	**30162**	**1995**
55255	52203	3052	18144	17142	1002
37219	**32064**	**5155**	**12020**	**10233**	**1787**
278	278	—	88	88	—
953	869	84	331	302	29
2857	2575	282	914	812	102
1134	1055	79	407	378	29
1710	1483	227	592	493	99
987	830	157	330	269	61
8970	7637	1333	2784	2357	427
10146	8559	1587	3300	2721	579
2428	1978	450	763	602	161
4781	4042	739	1494	1285	209
—	—	—	—	—	—
2334	2126	208	811	723	88
519	510	9	170	167	3
122	122	—	36	36	—
61793	**60860**	**933**	**20137**	**19929**	**208**
—	—	—	—	—	—
1354	1354	—	332	332	—
1843	1843	—	664	664	—
8072	7934	138	3123	3087	36
1570	1570	—	508	508	—
316	316	—	100	100	—
—	—	—	—	—	—
21428	21049	379	6512	6427	85
4566	4526	40	1438	1438	—
10839	10463	376	3407	3320	87
—	—	—	—	—	—
9622	9622	—	3355	3355	—
2145	2145	—	698	698	—
38	38	—	—	—	—

分 学 位 类 型、

	毕 业 生 数			招 生 数		
	合计	硕士	博士	合计	硕士	博士
总　　计	**27465**	**26695**	**770**	**35143**	**33557**	**1586**
其中:女	16209	15815	394	19640	18843	797
一、学术型学位	**9903**	**9191**	**712**	**12334**	**11085**	**1249**
哲　　学	99	99	—	91	91	—
经 济 学	291	278	13	298	277	21
法　　学	789	749	40	982	920	62
教 育 学	358	349	9	350	332	18
文　　学	482	454	28	549	505	44
历 史 学	246	220	26	318	281	37
理　　学	2101	1957	144	3108	2766	342
工　　学	2772	2551	221	3256	2890	366
农　　学	654	589	65	811	705	106
医　　学	1247	1119	128	1646	1447	199
军 事 学	—	—	—	—	—	—
管 理 学	674	637	37	721	669	52
艺 术 学	151	150	1	159	157	2
交叉学科	39	39	—	45	45	—
二、专业学位	**17562**	**17504**	**58**	**22809**	**22472**	**337**
哲　　学	—	—	—	—	—	—
经 济 学	482	482	—	751	751	—
法　　学	687	687	—	714	714	—
教 育 学	2540	2538	2	3067	3026	41
文　　学	552	552	—	708	708	—
历 史 学	104	104	—	111	111	—
理　　学	—	—	—	—	—	—
工　　学	5549	5539	10	7883	7759	124
农　　学	1299	1299	—	1548	1523	25
医　　学	3007	2961	46	3730	3583	147
军 事 学	—	—	—	—	—	—
管 理 学	2733	2733	—	3512	3512	—
艺 术 学	609	609	—	747	747	—
交叉学科	—	—	—	38	38	—

分学科研究生数（普通高等学校）

在 校 生 数			预 计 毕 业 生 数		
合计	硕士	博士	合计	硕士	博士
98786	**92713**	**6073**	**32084**	**30089**	**1995**
55200	52148	3052	18128	17126	1002
36993	**31853**	**5140**	**11947**	**10160**	**1787**
278	278	—	88	88	—
953	869	84	331	302	29
2857	2575	282	914	812	102
1134	1055	79	407	378	29
1710	1483	227	592	493	99
987	830	157	330	269	61
8970	7637	1333	2784	2357	427
9925	8353	1572	3230	2651	579
2428	1978	450	763	602	161
4781	4042	739	1494	1285	209
—	—	—	—	—	—
2329	2121	208	808	720	88
519	510	9	170	167	3
122	122	—	36	36	—
61793	**60860**	**933**	**20137**	**19929**	**208**
—	—	—	—	—	—
1354	1354	—	332	332	—
1843	1843	—	664	664	—
8072	7934	138	3123	3087	36
1570	1570	—	508	508	—
316	316	—	100	100	—
—	—	—	—	—	—
21428	21049	379	6512	6427	85
4566	4526	40	1438	1438	—
10839	10463	376	3407	3320	87
—	—	—	—	—	—
9622	9622	—	3355	3355	—
2145	2145	—	698	698	—
38	38	—	—	—	—

分 学 位 类 型 、

	毕业生数			招生数		
	合计	硕士	博士	合计	硕士	博士
总　　计	**68**	**67**	**1**	**62**	**60**	**2**
其中:女	19	19	-	17	17	-
一、学术型学位	**68**	**67**	**1**	**62**	**60**	**2**
哲　　学	-	-	-	-	-	-
经 济 学	-	-	-	-	-	-
法　　学	-	-	-	-	-	-
教 育 学	-	-	-	-	-	-
文　　学	-	-	-	-	-	-
历 史 学	-	-	-	-	-	-
理　　学	-	-	-	-	-	-
工　　学	65	64	1	62	60	2
农　　学	-	-	-	-	-	-
医　　学	-	-	-	-	-	-
军 事 学	-	-	-	-	-	-
管 理 学	3	3	-	-	-	-
艺 术 学	-	-	-	-	-	-
交叉学科	-	-	-	-	-	-
二、专业学位	**-**	**-**	**-**	**-**	**-**	**-**
哲　　学	-	-	-	-	-	-
经 济 学	-	-	-	-	-	-
法　　学	-	-	-	-	-	-
教 育 学	-	-	-	-	-	-
文　　学	-	-	-	-	-	-
历 史 学	-	-	-	-	-	-
理　　学	-	-	-	-	-	-
工　　学	-	-	-	-	-	-
农　　学	-	-	-	-	-	-
医　　学	-	-	-	-	-	-
军 事 学	-	-	-	-	-	-
管 理 学	-	-	-	-	-	-
艺 术 学	-	-	-	-	-	-
交叉学科	-	-	-	-	-	-

分学科研究生数(科研机构)

在 校 生 数			预 计 毕 业 生 数		
合计	硕士	博士	合计	硕士	博士
226	**211**	**15**	**73**	**73**	-
55	55	-	16	16	-
226	211	15	73	73	-
-	-	-	-	-	-
-	-	-	-	-	-
-	-	-	-	-	-
-	-	-	-	-	-
-	-	-	-	-	-
-	-	-	-	-	-
-	-	-	-	-	-
221	206	15	70	70	-
-	-	-	-	-	-
-	-	-	-	-	-
5	5	-	3	3	-
-	-	-	-	-	-
-	-	-	-	-	-
-	-	-	-	-	-
-	-	-	-	-	-
-	-	-	-	-	-
-	-	-	-	-	-
-	-	-	-	-	-
-	-	-	-	-	-
-	-	-	-	-	-
-	-	-	-	-	-
-	-	-	-	-	-
-	-	-	-	-	-
-	-	-	-	-	-
-	-	-	-	-	-
-	-	-	-	-	-

在 校 生

	合计	其中：女	高职专科生		高职本科生		普通本科生		成人
			计	其中：女	计	其中：女	计	其中：女	计
总　计	3800445	2002649	1510341	728000	17103	9812	1428713	769832	322904
17岁以下	109658	65393	58196	33935	551	349	50857	31067	46
18岁	533225	281366	309346	159981	2518	1444	220761	119527	549
19岁	752348	380160	451577	218785	3299	1777	292803	156477	4297
20岁	699984	353849	393413	187378	2896	1584	293904	158346	8569
21岁	517165	264421	197498	88609	3351	2009	298107	161975	10097
22岁	278800	148756	57133	24259	2773	1673	174806	94331	10829
23岁	159154	87528	18036	7110	1273	740	69314	35515	11684
24岁	96184	54192	6217	2245	307	163	19389	9029	12039
25岁	72486	39833	3310	1046	85	51	5870	2431	12812
26岁	53191	29198	2085	609	30	15	1723	692	12620
27岁	42771	23496	1578	454	10	3	626	242	12426
28岁	36911	20177	1327	390	4	-	258	90	12228
29岁	31895	17856	1036	326	2	2	106	34	11849
30岁	33956	19460	947	290	1	1	61	24	13666
31岁以上	382717	216964	8642	2583	3	1	128	52	189193

年 龄 情 况 (总计)

专科生 其中:女	成人本科生 计	其中:女	网络专科生 计	其中:女	网络本科生 计	其中:女	硕士研究生 计	其中:女	博士研究生 计	其中:女
193898	374452	223703	4947	1756	42973	20393	92924	52203	6088	3052
36	6	5	-	-	-	-	2	1	-	-
386	40	19	-	-	2	2	9	7	-	-
2908	326	179	-	-	4	3	42	31	-	-
5757	995	646	1	-	17	14	189	124	-	-
6467	5382	3784	195	74	100	46	2424	1451	11	6
6698	20281	14531	546	194	667	305	11724	6737	41	28
6816	35771	24494	450	124	2200	1062	20352	11625	74	42
6814	34521	23191	322	99	3304	1572	19916	10992	169	87
7062	30609	18740	252	95	4058	1972	15033	8195	457	241
6998	24339	14541	205	71	3855	1772	7715	4165	619	335
7006	19925	11636	180	54	3183	1444	4140	2295	703	362
7038	17111	9592	192	62	2660	1269	2448	1405	683	331
7022	14511	8185	190	59	2122	1037	1517	911	562	280
8380	15154	8618	204	78	2185	1073	1258	762	480	234
114510	155481	85542	2210	846	18616	8822	6155	3502	2289	1106

在 校 生

	合计	其中：女	高职专科生		高职本科生		普通本科生		成人
			计	其中：女	计	其中：女	计	其中：女	计
总　　计	**2210739**	**1221767**	**127328**	**66449**	**-**	**-**	**1428713**	**769832**	**134147**
17 岁以下	56271	34521	5392	3437	-	-	50857	31067	14
18 岁	248417	134845	27377	15128	-	-	220761	119527	228
19 岁	332336	177387	37640	19588	-	-	292803	156477	1521
20 岁	331624	178813	33086	17224	-	-	293904	158346	3433
21 岁	327052	178345	16572	8021	-	-	298107	161975	4280
22 岁	217833	121537	4981	2153	-	-	174806	94331	4835
23 岁	134796	76818	1502	649	-	-	69314	35515	5247
24 岁	83168	48257	441	146	-	-	19389	9029	5220
25 岁	61900	34965	162	43	-	-	5870	2431	5520
26 岁	43972	24864	64	23	-	-	1723	692	5497
27 岁	34189	19264	31	7	-	-	626	242	5434
28 岁	28621	16011	9	4	-	-	258	90	5281
29 岁	24140	13692	7	-	-	-	106	34	5152
30 岁	25205	14523	3	2	-	-	61	24	5890
31 岁以上	261215	147925	61	24	-	-	128	52	76595

在 校 生

	合计	其中：女	高职专科生		高职本科生		普通本科生		成人
			计	其中：女	计	其中：女	计	其中：女	计
总　　计	**1579121**	**775161**	**1383013**	**661551**	**17103**	**9812**	**-**	**-**	**179005**
17 岁以下	53365	30856	52804	30498	551	349	-	-	10
18 岁	284723	146469	281969	144853	2518	1444	-	-	236
19 岁	419740	202646	413937	199197	3299	1777	-	-	2504
20 岁	367986	174858	360327	170154	2896	1584	-	-	4763
21 岁	189692	85857	180926	80588	3351	2009	-	-	5415
22 岁	60595	27052	52152	22106	2773	1673	-	-	5670
23 岁	23898	10489	16534	6461	1273	740	-	-	6091
24 岁	12515	5666	5776	2099	307	163	-	-	6432
25 岁	10169	4647	3148	1003	85	51	-	-	6936
26 岁	8806	4096	2021	586	30	15	-	-	6755
27 岁	8199	4011	1547	447	10	3	-	-	6642
28 岁	7908	3914	1318	386	4	-	-	-	6586
29 岁	7344	3884	1029	326	2	2	-	-	6313
30 岁	8251	4593	944	288	1	1	-	-	7306
31 岁以上	115930	66123	8581	2559	3	1	-	-	107346

年 龄 情 况（普通高等学校）

专科生 其中:女	成人本科生 计	其中:女	网络专科生 计	其中:女	网络本科生 计	其中:女	硕士研究生 计	其中:女	博士研究生 计	其中:女
84659	373845	223478	4947	1756	42973	20393	92713	52148	6073	3052
11	6	5	−	−	−	−	2	1	−	−
162	40	19	−	−	2	2	9	7	−	−
1109	326	179	−	−	4	3	42	31	−	−
2460	994	645	1	−	17	14	189	124	−	−
2993	5375	3782	195	74	100	46	2412	1448	11	6
3270	20260	14527	546	194	667	305	11697	6729	41	28
3346	35720	24476	450	124	2200	1062	20289	11604	74	42
3169	34469	23176	322	99	3304	1572	19854	10979	169	87
3267	30572	18728	252	95	4058	1972	15009	8188	457	241
3277	24305	14531	205	71	3855	1772	7704	4163	619	335
3238	19897	11623	180	54	3183	1444	4135	2294	703	362
3266	17092	9584	192	62	2660	1269	2446	1405	683	331
3194	14486	8177	190	59	2122	1037	1515	911	562	280
3745	15126	8605	204	78	2185	1073	1256	762	480	234
48152	155177	85421	2210	846	18616	8822	6154	3502	2274	1106

年 龄 情 况（职业高等学校）

专科生 其中:女	成人本科生 计	其中:女	网络专科生 计	其中:女	网络本科生 计	其中:女	硕士研究生 计	其中:女	博士研究生 计	其中:女
103798	−	−	−	−	−	−	−	−	−	−
9	−	−	−	−	−	−	−	−	−	−
172	−	−	−	−	−	−	−	−	−	−
1672	−	−	−	−	−	−	−	−	−	−
3120	−	−	−	−	−	−	−	−	−	−
3260	−	−	−	−	−	−	−	−	−	−
3273	−	−	−	−	−	−	−	−	−	−
3288	−	−	−	−	−	−	−	−	−	−
3404	−	−	−	−	−	−	−	−	−	−
3593	−	−	−	−	−	−	−	−	−	−
3495	−	−	−	−	−	−	−	−	−	−
3561	−	−	−	−	−	−	−	−	−	−
3528	−	−	−	−	−	−	−	−	−	−
3556	−	−	−	−	−	−	−	−	−	−
4304	−	−	−	−	−	−	−	−	−	−
63563	−	−	−	−	−	−	−	−	−	−

在 校 生

	合计	其中：女	高职专科生		高职本科生		普通本科生		成人
			计	其中：女	计	其中：女	计	其中：女	计
总　　计	10359	5666	-	-	-	-	-	-	9752
17 岁以下	22	16	-	-	-	-	-	-	22
18 岁	85	52	-	-	-	-	-	-	85
19 岁	272	127	-	-	-	-	-	-	272
20 岁	374	178	-	-	-	-	-	-	373
21 岁	409	216	-	-	-	-	-	-	402
22 岁	345	159	-	-	-	-	-	-	324
23 岁	397	200	-	-	-	-	-	-	346
24 岁	439	256	-	-	-	-	-	-	387
25 岁	393	214	-	-	-	-	-	-	356
26 岁	402	236	-	-	-	-	-	-	368
27 岁	378	220	-	-	-	-	-	-	350
28 岁	380	252	-	-	-	-	-	-	361
29 岁	409	280	-	-	-	-	-	-	384
30 岁	498	344	-	-	-	-	-	-	470
31 岁以上	5556	2916	-	-	-	-	-	-	5252

在 校 生

	合计	其中：女	高职专科生		高职本科生		普通本科生		成人
			计	其中：女	计	其中：女	计	其中：女	计
总　　计	226	55	-	-	-	-	-	-	-
17 岁以下	-	-	-	-	-	-	-	-	-
18 岁	-	-	-	-	-	-	-	-	-
19 岁	-	-	-	-	-	-	-	-	-
20 岁	-	-	-	-	-	-	-	-	-
21 岁	12	3	-	-	-	-	-	-	-
22 岁	27	8	-	-	-	-	-	-	-
23 岁	63	21	-	-	-	-	-	-	-
24 岁	62	13	-	-	-	-	-	-	-
25 岁	24	7	-	-	-	-	-	-	-
26 岁	11	2	-	-	-	-	-	-	-
27 岁	5	1	-	-	-	-	-	-	-
28 岁	2	-	-	-	-	-	-	-	-
29 岁	2	-	-	-	-	-	-	-	-
30 岁	2	-	-	-	-	-	-	-	-
31 岁以上	16	-	-	-	-	-	-	-	-

年 龄 情 况 (成人高等学校)

专科生	成人本科生		网络专科生		网络本科生		硕士研究生		博士研究生	
其中:女	计	其中:女	计	其中:女	计	其中:女	计	其中:女	计	其中:女
5441	607	225	—	—	—	—	—	—	—	—
16	—	—	—	—	—	—	—	—	—	—
52	—	—	—	—	—	—	—	—	—	—
127	—	—	—	—	—	—	—	—	—	—
177	1	1	—	—	—	—	—	—	—	—
214	7	2	—	—	—	—	—	—	—	—
155	21	4	—	—	—	—	—	—	—	—
182	51	18	—	—	—	—	—	—	—	—
241	52	15	—	—	—	—	—	—	—	—
202	37	12	—	—	—	—	—	—	—	—
226	34	10	—	—	—	—	—	—	—	—
207	28	13	—	—	—	—	—	—	—	—
244	19	8	—	—	—	—	—	—	—	—
272	25	8	—	—	—	—	—	—	—	—
331	28	13	—	—	—	—	—	—	—	—
2795	304	121	—	—	—	—	—	—	—	—

年 龄 情 况 (科研机构)

专科生	成人本科生		网络专科生		网络本科生		硕士研究生		博士研究生	
其中:女	计	其中:女	计	其中:女	计	其中:女	计	其中:女	计	其中:女
—	—	—	—	—	—	—	211	55	15	—
—	—	—	—	—	—	—	—	—	—	—
—	—	—	—	—	—	—	—	—	—	—
—	—	—	—	—	—	—	—	—	—	—
—	—	—	—	—	—	—	—	—	—	—
—	—	—	—	—	—	—	12	3	—	—
—	—	—	—	—	—	—	27	8	—	—
—	—	—	—	—	—	—	63	21	—	—
—	—	—	—	—	—	—	62	13	—	—
—	—	—	—	—	—	—	24	7	—	—
—	—	—	—	—	—	—	11	2	—	—
—	—	—	—	—	—	—	5	1	—	—
—	—	—	—	—	—	—	2	—	—	—
—	—	—	—	—	—	—	2	—	—	—
—	—	—	—	—	—	—	2	—	—	—
—	—	—	—	—	—	—	1	—	15	—

招 生、在 校 生

	招 生 数				合计	高职专科生
	合计	高职专科生	高职本科生	普通本科生		
总　　计	984001	554539	5945	423517	3800445	1510341
北 京 市	226	1	–	225	889	4
天 津 市	1150	23	–	1127	4787	81
河 北 省	8437	2889	–	5548	33676	7707
山 西 省	4064	790	–	3274	18288	2350
内 蒙 古	1839	350	–	1489	7941	787
辽 宁 省	1390	82	–	1308	5921	205
吉 林 省	1432	106	–	1326	6125	399
黑 龙 江	1845	243	–	1602	7642	662
上 海 市	396	–	–	396	1587	2
江 苏 省	2600	118	–	2482	12338	292
浙 江 省	2522	352	–	2170	10626	803
安 徽 省	5123	822	–	4301	22127	2308
福 建 省	2843	132	–	2711	11270	303
江 西 省	3036	380	–	2656	13514	973
山 东 省	7682	2603	–	5079	32023	5620
河 南 省	910079	539775	5945	364359	3496925	1472598
湖 北 省	2154	402	–	1752	8671	886
湖 南 省	3131	351	–	2780	13225	925
广 东 省	1720	203	–	1517	6705	452
广 　 西	2337	224	–	2113	8917	631
海 南 省	1591	183	–	1408	6202	412
重 庆 市	1459	284	–	1175	5476	681
四 川 省	3389	791	–	2598	11846	2081
贵 州 省	2389	828	–	1561	9542	2229
云 南 省	1801	447	–	1354	7191	1251
西 　 藏	217	59	–	158	757	73
陕 西 省	2134	423	–	1711	8657	1015
甘 肃 省	2510	671	–	1839	9357	1766
青 海 省	1179	495	–	684	4113	1389
宁 　 夏	1211	263	–	948	4668	728
新 　 疆	2052	249	–	1803	9205	728
香 　 港	26	–	–	26	60	–
澳 　 门	10	–	–	10	25	–
台 　 湾	26	–	–	26	145	–
华 　 侨	1	–	–	1	4	–

来　源　情　况（总计）

在　校　生　数							
高　职 本科生	普　通 本科生	成　人 专科生	成　人 本科生	网　络 专科生	网　络 本科生	硕　士 研究生	博　士 研究生
17103	1428713	322904	374452	4947	42973	92924	6088
–	832	–	4	–	–	45	4
–	4522	–	3	–	–	169	12
–	20951	34	1392	299	1329	1853	111
–	12825	12	280	144	593	1936	148
–	6088	12	215	37	430	343	29
–	5346	1	15	–	–	323	31
–	5420	1	16	–	–	252	37
–	6509	7	18	–	–	400	46
–	1552	–	2	–	–	31	–
–	9927	8	28	822	567	657	37
–	8336	2	795	188	156	332	14
–	16158	25	96	579	1355	1514	92
–	10701	4	9	–	–	248	5
–	10461	7	14	1190	151	698	20
–	19120	39	3593	152	396	2890	213
17103	1199420	321171	367197	1068	37181	76283	4904
–	6878	31	87	–	–	732	57
–	11309	13	79	188	71	603	37
–	5637	5	121	3	150	323	14
–	8016	6	58	–	–	190	16
–	5539	121	1	–	43	82	4
–	4453	4	8	–	–	313	17
–	8807	17	45	–	41	811	44
–	6148	654	185	–	–	310	16
–	5237	4	8	255	220	192	24
–	621	46	1	–	–	15	1
–	6819	11	64	3	77	606	62
–	7019	12	47	4	21	437	51
–	2654	–	8	–	–	54	8
–	3693	–	26	–	108	103	10
–	7485	657	37	15	84	176	23
–	60	–	–	–	–	–	–
–	24	–	–	–	–	1	–
–	142	–	–	–	–	2	1
–	4	–	–	–	–	–	–

招生、在校生

	招生数					高职专科生
	合计	高职专科生	高职本科生	普通本科生	合计	
总　　计	469310	45793	–	423517	2210739	127328
北 京 市	226	1	–	225	885	1
天 津 市	1127	–	–	1127	4702	–
河 北 省	5572	24	–	5548	26062	117
山 西 省	3278	4	–	3274	15988	59
内 蒙 古	1490	1	–	1489	7198	46
辽 宁 省	1308	–	–	1308	5716	3
吉 林 省	1326	–	–	1326	5723	3
黑 龙 江	1612	10	–	1602	7058	87
上 海 市	396	–	–	396	1585	–
江 苏 省	2492	10	–	2482	12060	24
浙 江 省	2176	6	–	2170	9828	7
安 徽 省	4309	8	–	4301	19850	42
福 建 省	2712	1	–	2711	10967	2
江 西 省	2659	3	–	2656	12561	25
山 东 省	5082	3	–	5079	26412	24
河 南 省	410031	45672	–	364359	1945840	126585
湖 北 省	1759	7	–	1752	7819	42
湖 南 省	2781	1	–	2780	12299	7
广 东 省	1522	5	–	1517	6277	27
广　　西	2113	–	–	2113	8341	57
海 南 省	1409	1	–	1408	5671	2
重 庆 市	1180	5	–	1175	4807	16
四 川 省	2606	8	–	2598	9784	27
贵 州 省	1562	1	–	1561	6684	15
云 南 省	1354	–	–	1354	5939	1
西　　藏	158	–	–	158	638	–
陕 西 省	1715	4	–	1711	7647	17
甘 肃 省	1839	–	–	1839	7605	18
青 海 省	685	1	–	684	2728	4
宁　　夏	948	–	–	948	3955	16
新　　疆	1820	17	–	1803	7876	54
香　　港	26	–	–	26	60	–
澳　　门	10	–	–	10	25	–
台　　湾	26	–	–	26	145	–
华　　侨	1	–	–	1	4	–

来 源 情 况（普通高等学校）

	在	校	生	数			
高职本科生	普通本科生	成人专科生	成人本科生	网络专科生	网络本科生	硕士研究生	博士研究生
-	1428713	134147	373845	4947	42973	92713	6073
-	832	-	4	-	-	44	4
-	4522	-	3	-	-	165	12
-	20951	22	1392	299	1329	1842	110
-	12825	8	280	144	593	1931	148
-	6088	12	215	37	430	342	28
-	5346	1	15	-	-	320	31
-	5420	-	16	-	-	248	36
-	6509	5	18	-	-	393	46
-	1552	-	2	-	-	31	-
-	9927	4	28	822	567	651	37
-	8336	2	795	188	156	330	14
-	16158	19	96	579	1355	1509	92
-	10701	2	9	-	-	248	5
-	10461	5	14	1190	151	695	20
-	19120	31	3593	152	396	2883	213
-	1199420	133931	366590	1068	37181	76172	4893
-	6878	29	87	-	-	726	57
-	11309	11	79	188	71	597	37
-	5637	5	121	3	150	320	14
-	8016	5	58	-	-	189	16
-	5539	-	1	-	43	82	4
-	4453	4	8	-	-	309	17
-	8807	15	45	-	41	805	44
-	6148	10	185	-	-	310	16
-	5237	4	8	255	220	190	24
-	621	-	1	-	-	15	1
-	6819	9	64	3	77	596	62
-	7019	11	47	4	21	434	51
-	2654	-	8	-	-	54	8
-	3693	-	26	-	108	103	9
-	7485	2	37	15	84	176	23
-	60	-	-	-	-	-	-
-	24	-	-	-	-	1	-
-	142	-	-	-	-	2	1
-	4	-	-	-	-	-	-

招 生、在 校 生

	招 生 数				合计	高职专科生
	合计	高职专科生	高职本科生	普通本科生		
总　　计	514691	508746	5945	-	1579121	1383013
北 京 市	-	-	-	-	3	3
天 津 市	23	23	-	-	81	81
河 北 省	2865	2865	-	-	7598	7590
山 西 省	786	786	-	-	2295	2291
内 蒙 古	349	349	-	-	741	741
辽 宁 省	82	82	-	-	202	202
吉 林 省	106	106	-	-	397	396
黑 龙 江	233	233	-	-	577	575
上 海 市	-	-	-	-	2	2
江 苏 省	108	108	-	-	272	268
浙 江 省	346	346	-	-	796	796
安 徽 省	814	814	-	-	2272	2266
福 建 省	131	131	-	-	303	301
江 西 省	377	377	-	-	950	948
山 东 省	2600	2600	-	-	5604	5596
河 南 省	500048	494103	5945	-	1541950	1346013
湖 北 省	395	395	-	-	846	844
湖 南 省	350	350	-	-	920	918
广 东 省	198	198	-	-	425	425
广 　 西	224	224	-	-	575	574
海 南 省	182	182	-	-	531	410
重 庆 市	279	279	-	-	665	665
四 川 省	783	783	-	-	2056	2054
贵 州 省	827	827	-	-	2217	2214
云 南 省	447	447	-	-	1250	1250
西 　 藏	59	59	-	-	73	73
陕 西 省	419	419	-	-	1000	998
甘 肃 省	671	671	-	-	1749	1748
青 海 省	494	494	-	-	1385	1385
宁 　 夏	263	263	-	-	712	712
新 　 疆	232	232	-	-	674	674
香 　 港	-	-	-	-	-	-
澳 　 门	-	-	-	-	-	-
台 　 湾	-	-	-	-	-	-
华 　 侨	-	-	-	-	-	-

来 源 情 况 (职业高等学校)

在 校 生 数							
高职本科生	普通本科生	成人专科生	成人本科生	网络专科生	网络本科生	硕士研究生	博士研究生
17103	-	**179005**	-	-	-	-	-
-	-	-	-	-	-	-	-
-	-	-	-	-	-	-	-
-	-	8	-	-	-	-	-
-	-	4	-	-	-	-	-
-	-	-	-	-	-	-	-
-	-	-	-	-	-	-	-
-	-	1	-	-	-	-	-
-	-	2	-	-	-	-	-
-	-	4	-	-	-	-	-
-	-	-	-	-	-	-	-
-	-	6	-	-	-	-	-
-	-	2	-	-	-	-	-
-	-	2	-	-	-	-	-
-	-	8	-	-	-	-	-
17103	-	**178834**	-	-	-	-	-
-	-	2	-	-	-	-	-
-	-	2	-	-	-	-	-
-	-	-	-	-	-	-	-
-	-	1	-	-	-	-	-
-	-	121	-	-	-	-	-
-	-	-	-	-	-	-	-
-	-	2	-	-	-	-	-
-	-	3	-	-	-	-	-
-	-	-	-	-	-	-	-
-	-	-	-	-	-	-	-
-	-	2	-	-	-	-	-
-	-	1	-	-	-	-	-
-	-	-	-	-	-	-	-
-	-	-	-	-	-	-	-
-	-	-	-	-	-	-	-
-	-	-	-	-	-	-	-
-	-	-	-	-	-	-	-

招 生、在 校 生

	招 生 数					高职专科生
	合计	高职专科生	高职本科生	普通本科生	合计	
总　　计	-	-	-	-	10359	-
北 京 市	-	-	-	-	-	-
天 津 市	-	-	-	-	-	-
河 北 省	-	-	-	-	4	-
山 西 省	-	-	-	-	-	-
内 蒙 古	-	-	-	-	-	-
辽 宁 省	-	-	-	-	-	-
吉 林 省	-	-	-	-	-	-
黑 龙 江	-	-	-	-	-	-
上 海 市	-	-	-	-	-	-
江 苏 省	-	-	-	-	-	-
浙 江 省	-	-	-	-	-	-
安 徽 省	-	-	-	-	-	-
福 建 省	-	-	-	-	-	-
江 西 省	-	-	-	-	-	-
山 东 省	-	-	-	-	-	-
河 南 省	-	-	-	-	9013	-
湖 北 省	-	-	-	-	-	-
湖 南 省	-	-	-	-	-	-
广 东 省	-	-	-	-	-	-
广 　 西	-	-	-	-	-	-
海 南 省	-	-	-	-	-	-
重 庆 市	-	-	-	-	-	-
四 川 省	-	-	-	-	-	-
贵 州 省	-	-	-	-	641	-
云 南 省	-	-	-	-	-	-
西 　 藏	-	-	-	-	46	-
陕 西 省	-	-	-	-	-	-
甘 肃 省	-	-	-	-	-	-
青 海 省	-	-	-	-	-	-
宁 　 夏	-	-	-	-	-	-
新 　 疆	-	-	-	-	655	-
香 　 港	-	-	-	-	-	-
澳 　 门	-	-	-	-	-	-
台 　 湾	-	-	-	-	-	-
华 　 侨	-	-	-	-	-	-

来 源 情 况（成人高等学校）

在 校 生 数							
高 职 本科生	普 通 本科生	成 人 专科生	成 人 本科生	网 络 专科生	网 络 本科生	硕 士 研究生	博 士 研究生
-	-	**9752**	**607**	-	-	-	-
-	-	-	-	-	-	-	-
-	-	-	-	-	-	-	-
-	-	4	-	-	-	-	-
-	-	-	-	-	-	-	-
-	-	-	-	-	-	-	-
-	-	-	-	-	-	-	-
-	-	-	-	-	-	-	-
-	-	-	-	-	-	-	-
-	-	-	-	-	-	-	-
-	-	-	-	-	-	-	-
-	-	-	-	-	-	-	-
-	-	-	-	-	-	-	-
-	-	-	-	-	-	-	-
-	-	**8406**	**607**	-	-	-	-
-	-	-	-	-	-	-	-
-	-	-	-	-	-	-	-
-	-	-	-	-	-	-	-
-	-	-	-	-	-	-	-
-	-	-	-	-	-	-	-
-	-	-	-	-	-	-	-
-	-	-	-	-	-	-	-
-	-	-	-	-	-	-	-
-	-	641	-	-	-	-	-
-	-	-	-	-	-	-	-
-	-	46	-	-	-	-	-
-	-	-	-	-	-	-	-
-	-	-	-	-	-	-	-
-	-	-	-	-	-	-	-
-	-	655	-	-	-	-	-
-	-	-	-	-	-	-	-
-	-	-	-	-	-	-	-
-	-	-	-	-	-	-	-
-	-	-	-	-	-	-	-
-	-	-	-	-	-	-	-

招 生 、在 校 生

	招 生 数					高 职 专科生
	合计	高 职 专科生	高 职 本科生	普 通 本科生	合计	
总　计	-	-	-	-	**226**	-
北　京　市	-	-	-	-	1	-
天　津　市	-	-	-	-	4	-
河　北　省	-	-	-	-	12	-
山　西　省	-	-	-	-	5	-
内　蒙　古	-	-	-	-	2	-
辽　宁　省	-	-	-	-	3	-
吉　林　省	-	-	-	-	5	-
黑　龙　江	-	-	-	-	7	-
上　海　市	-	-	-	-	-	-
江　苏　省	-	-	-	-	6	-
浙　江　省	-	-	-	-	2	-
安　徽　省	-	-	-	-	5	-
福　建　省	-	-	-	-	-	-
江　西　省	-	-	-	-	3	-
山　东　省	-	-	-	-	7	-
河　南　省	-	-	-	-	**122**	-
湖　北　省	-	-	-	-	6	-
湖　南　省	-	-	-	-	6	-
广　东　省	-	-	-	-	3	-
广　　　西	-	-	-	-	1	-
海　南　省	-	-	-	-	-	-
重　庆　市	-	-	-	-	4	-
四　川　省	-	-	-	-	6	-
贵　州　省	-	-	-	-	-	-
云　南　省	-	-	-	-	2	-
西　　　藏	-	-	-	-	-	-
陕　西　省	-	-	-	-	10	-
甘　肃　省	-	-	-	-	3	-
青　海　省	-	-	-	-	-	-
宁　　　夏	-	-	-	-	1	-
新　　　疆	-	-	-	-	-	-
香　　　港	-	-	-	-	-	-
澳　　　门	-	-	-	-	-	-
台　　　湾	-	-	-	-	-	-
华　　　侨	-	-	-	-	-	-

来 源 情 况（科研机构）

在 校 生 数							
高职本科生	普通本科生	成人专科生	成人本科生	网络专科生	网络本科生	硕士研究生	博士研究生
-	-	-	-	-	-	**211**	**15**
-	-	-	-	-	-	1	-
-	-	-	-	-	-	4	-
-	-	-	-	-	-	11	1
-	-	-	-	-	-	5	-
-	-	-	-	-	-	1	1
-	-	-	-	-	-	3	-
-	-	-	-	-	-	4	1
-	-	-	-	-	-	7	-
-	-	-	-	-	-	-	-
-	-	-	-	-	-	6	-
-	-	-	-	-	-	2	-
-	-	-	-	-	-	5	-
-	-	-	-	-	-	-	-
-	-	-	-	-	-	3	-
-	-	-	-	-	-	7	-
-	-	-	-	-	-	**111**	**11**
-	-	-	-	-	-	6	-
-	-	-	-	-	-	6	-
-	-	-	-	-	-	3	-
-	-	-	-	-	-	1	-
-	-	-	-	-	-	-	-
-	-	-	-	-	-	4	-
-	-	-	-	-	-	6	-
-	-	-	-	-	-	-	-
-	-	-	-	-	-	2	-
-	-	-	-	-	-	-	-
-	-	-	-	-	-	10	-
-	-	-	-	-	-	3	-
-	-	-	-	-	-	-	-
-	-	-	-	-	-	-	1
-	-	-	-	-	-	-	-
-	-	-	-	-	-	-	-
-	-	-	-	-	-	-	-
-	-	-	-	-	-	-	-
-	-	-	-	-	-	-	-

学生休退学的主要原因（总计）

	合计	患病	停学实践（求职）	贫困	学习成绩不好	出国	其他
总　　计	25706	4317	11228	－	4874	397	4890
1. 普通本科生	3465	1512	542	－	481	287	643
2. 高职本科、专科生	13598	2655	5319	－	2713	93	2818
高职专科生	13587	2655	5319	－	2713	93	2807
高职本科生	11	－	－	－	－	－	11
3. 成人本科、专科生	4766	79	1968	－	1508	－	1211
成人专科生	2452	21	1127	－	626	－	678
成人本科生	2314	58	841	－	882	－	533
4. 网络本科、专科生	3427	－	3306	－	121	－	－
网络专科生	2529	－	2489	－	40	－	－
网络本科生	898	－	817	－	81	－	－
5. 研　究　生	450	71	93	－	51	17	218
硕　士　生	413	67	84	－	46	16	200
博　士　生	37	4	9	－	5	1	18

学生休退学的主要原因（普通高等学校）

	合计	患病	停学实践（求职）	贫困	学习成绩不好	出国	其他
总　　计	12896	1957	6087	－	2348	332	2172
1. 普通本科生	3465	1512	542	－	481	287	643
2. 高职本科、专科生	1454	295	653	－	228	28	250
高职专科生	1454	295	653	－	228	28	250
高职本科生	－	－	－	－	－	－	－
3. 成人本科、专科生	4100	79	1493	－	1467	－	1061
成人专科生	1790	21	652	－	585	－	532
成人本科生	2310	58	841	－	882	－	529
4. 网络本科、专科生	3427	－	3306	－	121	－	－
网络专科生	2529	－	2489	－	40	－	－
网络本科生	898	－	817	－	81	－	－
5. 研　究　生	450	71	93	－	51	17	218
硕　士　生	413	67	84	－	46	16	200
博　士　生	37	4	9	－	5	1	18

学生休退学的主要原因(职业高等学校)

	合计	患病	停学实践（求职）	贫困	学习成绩不好	出国	其他
总　　计	12804	2360	5141	-	2526	65	2712
1. 普通本科生	-	-	-	-	-	-	-
2. 高职本科、专科生	12144	2360	4666	-	2485	65	2568
高职专科生	12133	2360	4666	-	2485	65	2557
高职本科生	11	-	-	-	-	-	11
3. 成人本科、专科生	660	-	475	-	41	-	144
成人专科生	660	-	475	-	41	-	144
成人本科生	-	-	-	-	-	-	-
4. 网络本科、专科生	-	-	-	-	-	-	-
网络专科生	-	-	-	-	-	-	-
网络本科生	-	-	-	-	-	-	-
5. 研　究　生	-	-	-	-	-	-	-
硕　士　生	-	-	-	-	-	-	-
博　士　生	-	-	-	-	-	-	-

学生休退学的主要原因(成人高等学校)

	合计	患病	停学实践（求职）	贫困	学习成绩不好	出国	其他
总　　计	6	-	-	-	-	-	6
1. 普通本科生	-	-	-	-	-	-	-
2. 高职本科、专科生	-	-	-	-	-	-	-
高职专科生	-	-	-	-	-	-	-
高职本科生	-	-	-	-	-	-	-
3. 成人本科、专科生	6	-	-	-	-	-	6
成人专科生	2	-	-	-	-	-	2
成人本科生	4	-	-	-	-	-	4
4. 网络本科、专科生	-	-	-	-	-	-	-
网络专科生	-	-	-	-	-	-	-
网络本科生	-	-	-	-	-	-	-
5. 研　究　生	-	-	-	-	-	-	-
硕　士　生	-	-	-	-	-	-	-
博　士　生	-	-	-	-	-	-	-

学　生　变

	上学年初报表在校生数	增加学生数					
		合计	招生	复学	转入	退役复学	其他
总　　计	3685388	1340604	1325464	6447	66	7199	1428
1.普通本科生	1357256	428165	423517	1866	17	2452	313
2.高职本科、专科生	1466014	568962	560484	3547	5	4743	183
高职专科生	1451857	562994	554539	3542	5	4725	183
高职本科生	14157	5968	5945	5	-	18	-
3.成人本科、专科生	694437	308167	306258	937	44	1	927
成人专科生	341928	142113	141426	505	-	1	181
成人本科生	352509	166054	164832	432	44	-	746
4.网络本科、专科生	75765	-	-	-	-	-	-
网络专科生	8593	-	-	-	-	-	-
网络本科生	67172	-	-	-	-	-	-
5.研　究　生	91916	35310	35205	97	-	3	5
硕　士　生	86609	33716	33617	91	-	3	5
博　士　生	5307	1594	1588	6	-	-	-

学　生　变

	上学年初报表在校生数	增加学生数					
		合计	招生	复学	转入	退役复学	其他
总　　计	2235698	722422	714293	3326	61	3497	1245
1.普通本科生	1357256	428165	423517	1866	17	2452	313
2.高职本科、专科生	158767	47261	45793	426	-	1042	-
高职专科生	158767	47261	45793	426	-	1042	-
高职本科生	-	-	-	-	-	-	-
3.成人本科、专科生	552251	211748	209840	937	44	-	927
成人专科生	199853	46208	45522	505	-	-	181
成人本科生	352398	165540	164318	432	44	-	746
4.网络本科、专科生	75765	-	-	-	-	-	-
网络专科生	8593	-	-	-	-	-	-
网络本科生	67172	-	-	-	-	-	-
5.研究生	91659	35248	35143	97	-	3	5
硕士生	86366	33656	33557	91	-	3	5
博士生	5293	1592	1586	6	-	-	-

动　　情　　况（总计）

减少学生数									本学年初报表在校生数
合计	毕业	结业	休学	退学	死亡	转出	应征入伍	其他	
1225547	**1184507**	**8114**	**12384**	**13322**	**230**	**48**	**6776**	**166**	**3800445**
356708	349800	2030	2322	1143	123	9	1280	1	1428713
507532	483125	5186	4891	8707	102	3	5492	26	1527444
504510	480123	5186	4880	8707	102	3	5483	26	1510341
3022	3002	–	11	–	–	–	9	–	17103
305248	299631	851	1650	3116	–	–	–	–	697356
161137	158134	551	760	1692	–	–	–	–	322904
144111	141497	300	890	1424	–	–	–	–	374452
27845	24418	–	3306	121	–	–	–	–	47920
3646	1117	–	2489	40	–	–	–	–	4947
24199	23301	–	817	81	–	–	–	–	42973
28214	27533	47	215	235	5	36	4	139	99012
27401	26762	44	200	213	3	36	4	139	92924
813	771	3	15	22	2	–	–	–	6088

动　　情　　况（普通高等学校）

减少学生数									本学年初报表在校生数
合计	毕业	结业	休学	退学	死亡	转出	应征入伍	其他	
747381	**728496**	**3963**	**8368**	**4528**	**136**	**20**	**1730**	**140**	**2210739**
356708	349800	2030	2322	1143	123	9	1280	1	1428713
78700	75738	1054	925	529	8	–	446	–	127328
78700	75738	1054	925	529	8	–	446	–	127328
–	–	–	–	–	–	–	–	–	–
256007	251075	832	1600	2500	–	–	–	–	507992
111914	109592	532	710	1080	–	–	–	–	134147
144093	141483	300	890	1420	–	–	–	–	373845
27845	24418	–	3306	121	–	–	–	–	47920
3646	1117	–	2489	40	–	–	–	–	4947
24199	23301	–	817	81	–	–	–	–	42973
28121	27465	47	215	235	5	11	4	139	98786
27309	26695	44	200	213	3	11	4	139	92713
812	770	3	15	22	2	–	–	–	6073

学　生　变

	上学年初报表在校生数	增加学生数					
		合计	招生	复学	转入	退役复学	其他
总　　计	1444951	610500	603489	3121	5	3702	183
1.普通本科生	-	-	-	-	-	-	-
2.高职本科、专科生	1307247	521701	514691	3121	5	3701	183
高职专科生	1293090	515733	508746	3116	5	3683	183
高职本科生	14157	5968	5945	5	-	18	-
3.成人本科、专科生	137704	88799	88798	-	-	1	-
成人专科生	137704	88799	88798	-	-	1	-
成人本科生	-	-	-	-	-	-	-
4.网络本科、专科生	-	-	-	-	-	-	-
网络专科生	-	-	-	-	-	-	-
网络本科生	-	-	-	-	-	-	-
5.研　究　生	-	-	-	-	-	-	-
硕　士　生	-	-	-	-	-	-	-
博　士　生	-	-	-	-	-	-	-

学　生　变

	上学年初报表在校生数	增加学生数					
		合计	招生	复学	转入	退役复学	其他
总　　计	4482	7620	7620	-	-	-	-
1.普通本科生	-	-	-	-	-	-	-
2.高职本科、专科生	-	-	-	-	-	-	-
高职专科生	-	-	-	-	-	-	-
高职本科生	-	-	-	-	-	-	-
3.成人本科、专科生	4482	7620	7620	-	-	-	-
成人专科生	4371	7106	7106	-	-	-	-
成人本科生	111	514	514	-	-	-	-
4.网络本科、专科生	-	-	-	-	-	-	-
网络专科生	-	-	-	-	-	-	-
网络本科生	-	-	-	-	-	-	-
5.研　究　生	-	-	-	-	-	-	-
硕　士　生	-	-	-	-	-	-	-
博　士　生	-	-	-	-	-	-	-

动 情 况（职业高等学校）

	减 少 学 生 数								本学年初报表在校生数
合计	毕业	结业	休学	退学	死亡	转出	应征入伍	其他	
476330	**454206**	**4151**	**4016**	**8788**	**94**	**3**	**5046**	**26**	**1579121**
—	—	—	—	—	—	—	—	—	—
428832	407387	4132	3966	8178	94	3	5046	26	1400116
425810	404385	4132	3955	8178	94	3	5037	26	1383013
3022	3002	—	11	—	—	—	9	—	17103
47498	46819	19	50	610	—	—	—	—	179005
47498	46819	19	50	610	—	—	—	—	179005
—	—	—	—	—	—	—	—	—	—
—	—	—	—	—	—	—	—	—	—
—	—	—	—	—	—	—	—	—	—
—	—	—	—	—	—	—	—	—	—
—	—	—	—	—	—	—	—	—	—
—	—	—	—	—	—	—	—	—	—

动 情 况（成人高等学校）

	减 少 学 生 数								本学年初报表在校生数
合计	毕业	结业	休学	退学	死亡	转出	应征入伍	其他	
1743	**1737**	**—**	**—**	**6**	**—**	**—**	**—**	**—**	**10359**
—	—	—	—	—	—	—	—	—	—
—	—	—	—	—	—	—	—	—	—
—	—	—	—	—	—	—	—	—	—
—	—	—	—	—	—	—	—	—	—
1743	1737	—	—	6	—	—	—	—	10359
1725	1723	—	—	2	—	—	—	—	9752
18	14	—	—	4	—	—	—	—	607
—	—	—	—	—	—	—	—	—	—
—	—	—	—	—	—	—	—	—	—
—	—	—	—	—	—	—	—	—	—
—	—	—	—	—	—	—	—	—	—

学　生　变

	上学年初报表在校生数	增加学生数					
		合计	招生	复学	转入	退役复学	其他
总　　计	257	62	62	-	-	-	-
1.普通本科生	-	-	-	-	-	-	-
2.高职本科、专科生	-	-	-	-	-	-	-
高职专科生	-	-	-	-	-	-	-
高职本科生	-	-	-	-	-	-	-
3.成人本科、专科生	-	-	-	-	-	-	-
成人专科生	-	-	-	-	-	-	-
成人本科生	-	-	-	-	-	-	-
4.网络本科、专科生	-	-	-	-	-	-	-
网络专科生	-	-	-	-	-	-	-
网络本科生	-	-	-	-	-	-	-
5.研　究　生	257	62	62	-	-	-	-
硕　士　生	243	60	60	-	-	-	-
博　士　生	14	2	2	-	-	-	-

在校生中其他情况（总计）

	中共党员	共青团员	民主党派	香港	澳门	台湾	华侨	少数民族	残疾人
总　　计	132370	1753072	178	61	25	145	4	69216	5811
1.普通本科生	86885	1035651	-	61	24	142	4	34156	2460
2.高职本科、专科生	22303	654198	1	-	-	-	-	22151	3327
高职专科生	21453	644279	1	-	-	-	-	21951	3277
高职本科生	850	9919	-	-	-	-	-	200	50
3.成人本科、专科生	45	443	153	-	-	-	-	9860	-
成人专科生	44	389	56	-	-	-	-	4244	-
成人本科生	1	54	97	-	-	-	-	5616	-
4.网络本科、专科生	-	-	-	-	-	-	-	969	-
网络专科生	-	-	-	-	-	-	-	155	-
网络本科生	-	-	-	-	-	-	-	814	-
5.研　究　生	23137	62780	24	-	1	3	-	2080	24
硕　士　生	20938	61585	15	-	1	2	-	1912	22
博　士　生	2199	1195	9	-	-	1	-	168	2

动　　情　　况（科研机构）

减　少　学　生　数									本学年初报表在校生数
合计	毕业	结业	休学	退学	死亡	转出	应征入伍	其他	
93	**68**	–	–	–	–	25	–	–	226
–	–	–	–	–	–	–	–	–	–
–	–	–	–	–	–	–	–	–	–
–	–	–	–	–	–	–	–	–	–
–	–	–	–	–	–	–	–	–	–
–	–	–	–	–	–	–	–	–	–
–	–	–	–	–	–	–	–	–	–
–	–	–	–	–	–	–	–	–	–
–	–	–	–	–	–	–	–	–	–
–	–	–	–	–	–	–	–	–	–
–	–	–	–	–	–	–	–	–	–
93	68	–	–	–	–	25	–	–	226
92	67	–	–	–	–	25	–	–	211
1	1	–	–	–	–	–	–	–	15

在校生中其他情况（普通高等学校）

	中共党员	共青团员	民主党派	香港	澳门	台湾	华侨	少数民族	残疾人
总　　计	112481	1159055	154	61	25	145	4	46404	2925
1. 普通本科生	86885	1035651	–	61	24	142	4	34156	2460
2. 高职本科、专科生	2525	60760	–	–	–	–	–	2065	441
高职专科生	2525	60760	–	–	–	–	–	2065	441
高职本科生	–	–	–	–	–	–	–	–	–
3. 成人本科、专科生	1	–	130	–	–	–	–	7137	–
成人专科生	–	–	37	–	–	–	–	1541	–
成人本科生	1	–	93	–	–	–	–	5596	–
4. 网络本科、专科生	–	–	–	–	–	–	–	969	–
网络专科生	–	–	–	–	–	–	–	155	–
网络本科生	–	–	–	–	–	–	–	814	–
5. 研　究　生	23070	62644	24	–	1	3	–	2077	24
硕　士　生	20875	61450	15	–	1	2	–	1910	22
博　士　生	2195	1194	9	–	–	1	–	167	2

在校生中其他情况（职业高等学校）

	中共党员	共青团员	民主党派	香港	澳门	台湾	华侨	少数民族	残疾人
总　　计	19778	593438	15	-	-	-	-	22167	2886
1. 普通本科生	-	-	-	-	-	-	-	-	-
2. 高职本科、专科生	19778	593438	1	-	-	-	-	20086	2886
高职专科生	18928	583519	1	-	-	-	-	19886	2836
高职本科生	850	9919	-	-	-	-	-	200	50
3. 成人本科、专科生	-	-	14	-	-	-	-	2081	-
成人专科生	-	-	14	-	-	-	-	2081	-
成人本科生	-	-	-	-	-	-	-	-	-
4. 网络本科、专科生	-	-	-	-	-	-	-	-	-
网络专科生	-	-	-	-	-	-	-	-	-
网络本科生	-	-	-	-	-	-	-	-	-
5. 研　究　生	-	-	-	-	-	-	-	-	-
硕　士　生	-	-	-	-	-	-	-	-	-
博　士　生	-	-	-	-	-	-	-	-	-

在校生中其他情况（成人高等学校）

	中共党员	共青团员	民主党派	香港	澳门	台湾	华侨	少数民族	残疾人
总　　计	44	443	9	-	-	-	-	642	-
1. 普通本科生	-	-	-	-	-	-	-	-	-
2. 高职本科、专科生	-	-	-	-	-	-	-	-	-
高职专科生	-	-	-	-	-	-	-	-	-
高职本科生	-	-	-	-	-	-	-	-	-
3. 成人本科、专科生	44	443	9	-	-	-	-	642	-
成人专科生	44	389	5	-	-	-	-	622	-
成人本科生	-	54	4	-	-	-	-	20	-
4. 网络本科、专科生	-	-	-	-	-	-	-	-	-
网络专科生	-	-	-	-	-	-	-	-	-
网络本科生	-	-	-	-	-	-	-	-	-
5. 研　究　生	-	-	-	-	-	-	-	-	-
硕　士　生	-	-	-	-	-	-	-	-	-
博　士　生	-	-	-	-	-	-	-	-	-

在校生中其他情况(科研机构)

	中共党员	共青团员	民主党派	香港	澳门	台湾	华侨	少数民族	残疾人
总　　计	67	136	-	-	-	-	-	3	-
1. 普通本科生	-	-	-	-	-	-	-	-	-
2. 高职本科、专科生	-	-	-	-	-	-	-	-	-
高职专科生	-	-	-	-	-	-	-	-	-
高职本科生	-	-	-	-	-	-	-	-	-
3. 成人本科、专科生	-	-	-	-	-	-	-	-	-
成人专科生	-	-	-	-	-	-	-	-	-
成人本科生	-	-	-	-	-	-	-	-	-
4. 网络本科、专科生	-	-	-	-	-	-	-	-	-
网络专科生	-	-	-	-	-	-	-	-	-
网络本科生	-	-	-	-	-	-	-	-	-
5. 研　究　生	67	136	-	-	-	-	-	3	-
硕　士　生	63	135	-	-	-	-	-	2	-
博　士　生	4	1	-	-	-	-	-	1	-

对外开展培训情况(总计)

指　标　名　称	计量单位	上学年数　　量
培训项目数量	个	3306
财政资金支付	个	732
非财政资金支付	个	1606
免费公益项目	个	968
到账经费	万元	51882
培训时间	学时	468816
培训对象	人次	1530596
企业职工	人次	333887
党政领导干部	人次	495599
教　师	人次	264884
农村劳动者	人次	73041
在校学生	人次	244053
老　年　人	人次	4904
其　他	人次	114228
重点人群	-	-
退役军人	人次	3930
残　疾　人	人次	603
承担培训工作的校内教师	人	6045

对外开展培训情况（普通高等学校）

指 标 名 称	计量单位	上学年数量
培训项目数量	个	593
财政资金支付	个	346
非财政资金支付	个	139
免费公益项目	个	108
到账经费	万元	25241
培训时间	学时	59495
培训对象	人次	147725
企业职工	人次	16572
党政领导干部	人次	11023
教　师	人次	79924
农村劳动者	人次	1405
在校学生	人次	8326
老 年 人	人次	1393
其　他	人次	29082
重点人群	-	-
退役军人	人次	1629
残 疾 人	人次	11
承担培训工作的校内教师	人	3045

对外开展培训情况（职业高等学校）

指 标 名 称	计量单位	上学年数量
培训项目数量	个	2694
财政资金支付	个	375
非财政资金支付	个	1460
免费公益项目	个	859
到账经费	万元	25185
培训时间	学时	404882
培训对象	人次	886028
企业职工	人次	310142
党政领导干部	人次	15759
教　师	人次	167150
农村劳动者	人次	71030
在校学生	人次	234656
老 年 人	人次	2943
其　他	人次	84348
重点人群	-	-
退役军人	人次	2301
残 疾 人	人次	592
承担培训工作的校内教师	人	2918

对外开展培训情况（成人高等学校）

指 标 名 称	计量单位	上学年数量
培训项目数量	个	19
财政资金支付	个	11
非财政资金支付	个	7
免费公益项目	个	1
到账经费	万元	1456
培训时间	学时	4439
培训对象	人次	496843
企业职工	人次	7173
党政领导干部	人次	468817
教　师	人次	17810
农村劳动者	人次	606
在校学生	人次	1071
老年人	人次	568
其　他	人次	798
重点人群	-	-
退役军人	人次	-
残疾人	人次	-
承担培训工作的校内教师	人	82

国际学生情况（普通高等学校）

		毕(结)业生数	授予学位数	招生数	在校生数（注册）
	总　计	1298	614	2263	5914
按学历分	小　计	653	614	825	4905
	专　科	-	-	-	4
	其中:女	-	-	-	-
	本　科	523	506	572	3562
	其中:女	206	197	282	1554
	硕士研究生	73	68	145	665
	其中:女	29	27	57	264
	博士研究生	57	40	108	674
	其中:女	7	4	34	200
按大洲分	亚　洲	472	445	623	3921
	非　洲	164	156	176	839
	欧　洲	12	10	17	109
	北美洲	2	1	3	17
	南美洲	1	-	2	11
	大洋洲	2	2	4	8
另有非学历教育(培训)		645	-	1438	1009

教 职 工

	教职工数				
	合计	专任教师	行政人员	教辅人员	工勤人员
总　　计	**196934**	**157649**	**19981**	**9233**	**8321**
其中:女	107273	89148	9449	5400	2342
在编人员	109592	91037	9198	4225	3700

教 职 工

		教职工数				
		合计	专任教师	行政人员	教辅人员	工勤人员
	总　　计	**196934**	**157649**	**19981**	**9233**	**8321**
	其中:女	107273	89148	9449	5400	2342
	一、普通、职业高等学校	**196143**	**157121**	**19835**	**9149**	**8288**
按类型分	本科院校	112718	86216	13570	6479	5297
	普通本科	111267	84997	13509	6353	5252
	独立学院	1427	1150	131	99	47
	职业本科	1451	1219	61	126	45
	专科院校	83425	70905	6265	2670	2991
	高等职业学校	73394	62777	5491	2371	2674
	高等专科学校	10031	8128	774	299	317
	其他普通高教机构(不计校数)	–	–	–	–	–
按性质类别分	综合大学	17582	12473	2118	1078	1147
	理工院校	100441	82195	9464	4704	3805
	农业院校	7871	6295	706	604	264
	林业院校	493	421	39	9	24
	医药院校	14847	11800	1303	554	576
	师范院校	19823	16557	1661	919	633
	语文院校	–	–	–	–	–
	财经院校	28005	21917	3514	980	1562
	政法院校	1979	1139	591	141	98
	体育院校	1496	1268	118	46	64
	艺术院校	3606	3056	321	114	115
	民族院校	–	–	–	–	–
按举办者分	1.中央部门办	440	247	118	33	42
	教　育　部	–	–	–	–	–
	其他部门	440	247	118	33	42
	2.地方公办	140804	114311	12778	6753	5303
	教育部门	136098	111064	11800	6453	5139
	其他部门	3607	2343	886	242	119
	地方企业	1099	904	92	58	45
	3.民　　办	54869	42543	6932	2360	2943
	4.中外合作办	30	20	7	3	–
	二、成人高等学校	**791**	**528**	**146**	**84**	**33**

情况（总计）

专职科研人员	其他附设机构人员	校外教师	行业导师	外籍教师	离退休人员	附属中小学幼儿园教职工
908	**842**	**28864**	**20513**	**817**	**43216**	**721**
400	534	13229	8228	262	20187	562
686	746	-	-	-	-	-

情况（高等学校分类型、性质类别）

专职科研人员	其他附设机构人员	校外教师	行业导师	外籍教师	离退休人员	附属中小学幼儿园教职工
908	**842**	**28864**	**20513**	**817**	**43216**	**721**
400	534	13229	8228	262	20187	562
908	**842**	**26393**	**20449**	**817**	**42434**	**721**
844	312	15895	8907	668	28164	328
844	312	15697	8720	668	28164	328
-	-	279	236	3	-	-
-	-	198	187	-	-	-
64	530	10498	11542	149	14270	393
58	23	9845	10189	134	11985	240
6	507	653	1353	15	2285	153
-	-	-	-	-	-	-
598	168	2234	866	172	6181	139
152	121	13217	10957	367	20210	321
2	-	937	719	13	2291	44
-	-	183	53	-	42	-
98	516	2388	1994	21	2953	-
34	19	1716	2656	110	5258	210
-	-	-	-	-	-	-
14	18	5040	2244	121	3715	7
10	-	222	128	-	884	-
-	-	28	248	-	-	-
-	-	428	584	13	900	-
-	-	-	-	-	-	-
-	-	49	12	-	316	-
-	-	-	-	-	-	-
-	-	49	12	-	316	-
861	798	16374	17083	689	42118	721
844	798	15732	16700	687	40235	721
17	-	460	327	2	1413	-
-	-	182	56	-	470	-
47	44	9966	3348	125	-	-
-	-	4	6	3	-	-
-	-	**2471**	**64**	-	**782**	-

教 职 工

		\u3000教 职 工 数\u3000				
		合计	专任教师	行政人员	教辅人员	工勤人员
总 计		**791**	**528**	**146**	**84**	**33**
其中:女		439	319	59	58	3
按类型分	职工高等学校	380	249	55	51	25
	农民高等学校	-	-	-	-	-
	管理干部学院	-	-	-	-	-
	教育学院	-	-	-	-	-
	独立函授学院	-	-	-	-	-
	广播电视大学	307	224	53	25	5
	其他机构	104	55	38	8	3
按举办者分	1.中央部门办	-	-	-	-	-
	教育部	-	-	-	-	-
	其他部门	-	-	-	-	-
	2.地方公办	791	528	146	84	33
	教育部门	411	279	91	33	8
	其他部门	325	213	41	48	23
	地方企业	55	36	14	3	2
	3.民　办	-	-	-	-	-
	4.中外合作办	-	-	-	-	-

情　　　　况（成人高等学校）

专职科研人员	其他附设机构人员	校外教师	行业导师	外籍教师	离退休人员
-	-	**2471**	**64**	-	**782**
-	-	1248	26	-	354
-	-	74	60	-	574
-	-	-	-	-	-
-	-	-	-	-	-
-	-	-	-	-	-
-	-	-	-	-	-
-	-	2362	-	-	148
-	-	35	4	-	60
-	-	-	-	-	-
-	-	-	-	-	-
-	-	-	-	-	-
-	-	2471	64	-	782
-	-	2406	24	-	208
-	-	57	30	-	85
-	-	8	10	-	489
-	-	-	-	-	-
-	-	-	-	-	-

高等教育学校教师

	本学年授课专任教师	公共基础课		专业课	本学年授课校外教师	公共基础课		专业课
		计	思政课			计	思政课	
总　　计	**78416**	**17775**	**4505**	**60641**	**14363**	**2759**	**493**	**11604**
其中:女	43769	10103	2695	33666	6198	1184	203	5014
正 高 级	7522	1335	377	6187	3386	544	151	2842
其中:为本科生上课	7045	1270	354	5775	3283	521	144	2762
副 高 级	21413	4674	1031	16739	6289	1194	197	5095
其中:为本科生上课	20192	4499	977	15693	5966	1135	186	4831
中　　级	32975	7405	1641	25570	3610	703	104	2907
初　　级	10934	2948	974	7986	467	134	16	333
未定职级	5572	1413	482	4159	611	184	25	427

高等教育学校教师

	本学年授课专任教师	公共基础课		专业(技能)课程		本学年授课校外教师	公共基础课	
		计	思政课	计	双师型		计	思政课
总　　计	**67331**	**16105**	**4628**	**51226**	**25679**	**10515**	**2360**	**451**
其中:女	38819	9785	2901	29034	14877	5147	1326	224
正 高 级	2455	392	124	2063	1354	945	145	44
副 高 级	13958	2997	775	10961	7510	2648	557	111
中　　级	22648	5137	1425	17511	11893	3453	830	167
初　　级	17073	4540	1424	12533	4871	1425	388	62
未定职级	11197	3039	880	8158	51	2044	440	67

授课分类情况（普通高等学校）

本学年授课行业导师	公共基础课	专业课	本学年授课外籍教师	公共基础课	专业课	本学年不授课专任教师	进修	科研	病休	其他
7189	**449**	**6740**	**584**	**113**	**471**	**5929**	**1042**	**2923**	**159**	**1805**
2683	200	2483	170	42	128	3052	553	1406	76	1017
941	45	896	122	9	113	456	32	310	32	82
711	24	687	102	9	93	96	5	63	7	21
2925	136	2789	64	3	61	1056	162	617	27	250
2159	88	2071	57	3	54	269	41	179	4	45
2073	163	1910	88	4	84	2623	553	1337	82	651
275	39	236	19	9	10	603	196	156	11	240
975	66	909	291	88	203	1191	99	503	7	582

授课分类情况（职业高等学校）

专业(技能)课程计	双师型	本学年授课行业导师	专业(技能)课程	本学年授课外籍教师	公共基础课	专业(技能)课程	本学年不授课专任教师	进修	病休	其他
8155	**3135**	**11332**	**10563**	**113**	**47**	**66**	**1171**	**306**	**70**	**795**
3821	1521	4900	4517	51	24	27	656	197	40	419
800	440	606	570	20	8	12	51	3	6	42
2091	1110	2009	1849	25	12	13	226	66	10	150
2623	1277	2903	2755	16	8	8	399	122	28	249
1037	272	1146	1085	1	1	—	324	92	22	210
1604	36	4668	4304	51	18	33	171	23	4	144

高等教育学校教师

	本学年授课专任教师	公共基础课		专业(技能)课程		本学年授课校外教师	公共基础课	
		计	思政课	计	双师型		计	思政课
总　　计	1193	177	71	1016	388	198	41	9
其中:女	733	159	60	574	254	72	32	8
正 高 级	53	7	1	46	5	80	20	4
副 高 级	156	24	3	132	49	113	21	5
中　　级	367	57	10	310	198	5	－	－
初　　级	364	54	31	310	125	－	－	－
未定职级	253	35	26	218	11	－	－	－

高等教育学校教师

	本学年授课专任教师	公共基础课		专业(技能)课程		本学年授课校外教师	公共基础课	
		计	思政课	计	双师型		计	思政课
总　　计	66138	15928	4557	50210	25291	10317	2319	442
其中:女	38086	9626	2841	28460	14623	5075	1294	216
正 高 级	2402	385	123	2017	1349	865	125	40
副 高 级	13802	2973	772	10829	7461	2535	536	106
中　　级	22281	5080	1415	17201	11695	3448	830	167
初　　级	16709	4486	1393	12223	4746	1425	388	62
未定职级	10944	3004	854	7940	40	2044	440	67

授课分类情况（本科层次职业高校）

专业（技能）课程		本学年授课行业导师	专业（技能）课程	本学年授课外籍教师	公共基础课	专业（技能）课程	本学年不授课专任教师	进修	病休	其他
计	双师型									
157	**54**	**187**	**187**	-	-	-	**26**	**11**	**3**	**12**
40	15	77	77	-	-	-	14	7	2	5
60	22	12	12	-	-	-	3	1	1	1
92	31	70	70	-	-	-	4	2	1	1
5	1	71	71	-	-	-	6	2	1	3
-	-	27	27	-	-	-	8	3	-	5
-	-	7	7	-	-	-	5	3	-	2

授课分类情况（专科层次职业高校）

专业（技能）课程		本学年授课行业导师	专业（技能）课程	本学年授课外籍教师	公共基础课	专业（技能）课程	本学年不授课专任教师	进修	病休	其他
计	双师型									
7998	**3081**	**11145**	**10376**	**113**	**47**	**66**	**1145**	**295**	**67**	**783**
3781	1506	4823	4440	51	24	27	642	190	38	414
740	418	594	558	20	8	12	48	2	5	41
1999	1079	1939	1779	25	12	13	222	64	9	149
2618	1276	2832	2684	16	8	8	393	120	27	246
1037	272	1119	1058	1	1	-	316	89	22	205
1604	36	4661	4297	51	18	33	166	20	4	142

专任教师、聘请校外

	合　计			博士研究生		
	计	其中:获学位		计	其中:获学位	
		博士	硕士		博士	硕士
1. 专任教师	**153271**	**28394**	**83563**	**28045**	**28005**	**37**
其中:女	86551	11421	53240	11275	11263	11
正 高 级	10506	5006	3315	4834	4830	4
副 高 级	36783	8299	18155	8173	8167	6
中 级	58793	13692	31302	13637	13619	17
初 级	29040	130	19536	135	126	7
未定职级	18149	1267	11255	1266	1263	3
2. 校外教师	**28864**	**3600**	**11435**	**3498**	**3475**	**18**
其中:女	13229	1022	5913	983	978	4
两年以上	18828	2577	7213	2538	2526	4
正 高 级	4636	1402	1245	1352	1350	2
副 高 级	10121	1395	4294	1356	1346	9
中 级	8873	754	3943	752	742	7
初 级	2459	13	961	13	12	—
未定职级	2775	36	992	25	25	—
3. 行业导师	**20513**	**1099**	**5357**	**1077**	**1052**	**14**
4. 外籍教师	**817**	**359**	**273**	**367**	**359**	—

教师学历(位)情况(总计)

硕士研究生			本　科			专科及以下			高中阶段以下
计	其中:获学位		计	其中:获学位		计	其中:获学位		
	博士	硕士		博士	硕士		博士	硕士	
69529	**242**	**68745**	**54960**	**147**	**14752**	**736**	**－**	**29**	**1**
45515	96	45197	29493	62	8024	267	－	8	1
1831	88	1711	3830	88	1598	11	－	2	－
11588	85	11420	16899	47	6721	123	－	8	－
25969	62	25692	18899	11	5583	287	－	10	1
18979	3	18804	9760	1	716	166	－	9	－
11162	4	11118	5572	－	134	149	－	－	－
9627	**91**	**9265**	**15199**	**34**	**2147**	**529**	**－**	**5**	**11**
5015	31	4881	7069	13	1027	154	－	1	8
5985	23	5732	9987	28	1473	314	－	4	4
933	37	872	2327	15	367	23	－	4	1
3328	31	3176	5338	18	1109	91	－	－	8
3549	12	3439	4430	－	497	142	－	－	－
886	1	868	1459	－	93	101	－	－	－
931	10	910	1645	1	81	172	－	1	2
4843	43	4690	12526	4	652	1991	－	1	76
267	－	267	182	－	6	1	－	－	－

专任教师、聘请校外

	合　　计			博士研究生		
	计	其中:获学位		计	其中:获学位	
		博士	硕士		博士	硕士
1.专任教师	**84345**	**27450**	**48505**	**27213**	**27176**	**35**
其中:女	46821	11108	31587	10998	10987	11
正　高　级	7978	4763	2220	4640	4637	3
副　高　级	22469	7984	11476	7902	7897	5
中　　　级	35598	13365	19344	13326	13308	17
初　　　级	11537	121	10422	125	117	7
未定职级	6763	1217	5043	1220	1217	3
2.校外教师	**15697**	**3250**	**7234**	**3186**	**3171**	**14**
其中:女	6750	925	3640	901	899	2
两年以上	11130	2425	5076	2384	2379	4
正　高　级	3586	1274	993	1234	1233	1
副　高　级	6843	1273	3319	1252	1244	8
中　　　级	4137	674	2321	673	667	5
初　　　级	510	10	303	10	10	-
未定职级	621	19	298	17	17	-
3.行业导师	**8720**	**969**	**2997**	**949**	**932**	**9**
4.外籍教师	**668**	**328**	**183**	**336**	**328**	-

教师学历(位)情况(普通高等学校)

硕士研究生			本　　科			专科及以下			高中阶段以下
计	其中:获学位		计	其中:获学位		计	其中:获学位		
	博士	硕士		博士	硕士		博士	硕士	
40741	**160**	**40490**	**16208**	**114**	**7968**	**183**	**–**	**12**	**–**
27325	70	27218	8403	51	4353	95	–	5	–
1223	57	1146	2110	69	1070	5	–	1	–
7539	54	7463	6974	33	4001	54	–	7	–
16639	46	16562	5548	11	2762	85	–	3	–
10316	3	10302	1075	1	112	21	–	1	–
5024	–	5017	501	–	23	18	–	–	–
5677	**50**	**5586**	**6712**	**29**	**1629**	**120**	**–**	**5**	**2**
2890	16	2861	2906	10	776	51	–	1	2
3932	19	3855	4737	27	1213	77	–	4	–
688	27	649	1646	14	339	18	–	4	–
2373	15	2339	3173	14	972	45	–	–	–
2039	7	2022	1399	–	294	26	–	–	–
290	–	290	206	–	13	4	–	–	–
287	1	286	288	1	11	27	–	1	2
2634	**34**	**2575**	**4722**	**3**	**412**	**381**	**–**	**1**	**34**
177	**–**	**177**	**154**	**–**	**6**	**1**	**–**	**–**	**–**

专任教师、聘请校外

	合 计			博士研究生		
	计	其中:获学位		计	其中:获学位	
		博士	硕士		博士	硕士
1. 专任教师	**68502**	**917**	**34824**	**807**	**804**	**2**
其中:女	39475	299	21510	264	263	-
正 高 级	2506	241	1089	194	193	1
副 高 级	14184	311	6631	267	266	1
中 级	23047	306	11889	290	290	
初 级	17397	9	9019	10	9	-
未定职级	11368	50	6196	46	46	-
2. 校外教师	**10696**	**341**	**3779**	**303**	**295**	**4**
其中:女	5231	95	2062	80	77	2
两年以上	5291	147	1738	147	142	-
正 高 级	955	124	230	114	113	1
副 高 级	2679	118	866	100	98	1
中 级	3529	79	1440	78	74	2
初 级	1441	3	570	3	2	-
未定职级	2092	17	673	8	8	-
3. 行业导师	**11729**	**130**	**2355**	**128**	**120**	**5**
4. 外籍教师	**149**	**31**	**90**	**31**	**31**	**-**

教师学历(位)情况(职业高等学校)

硕士研究生			本科			专科及以下			高中阶段以下
计	其中:获学位		计	其中:获学位		计	其中:获学位		
	博士	硕士		博士	硕士		博士	硕士	
28598	**82**	**28075**	**38546**	**31**	**6730**	**550**	**–**	**17**	**1**
18066	26	17861	20972	10	3646	172	–	3	1
604	31	561	1702	17	526	6	–	1	–
4025	31	3935	9824	14	2694	68	–	1	–
9280	16	9087	13275	–	2795	201	–	7	1
8568	–	8407	8675	–	604	144	–	8	–
6121	4	6085	5070	–	111	131	–	–	–
3566	**41**	**3341**	**6523**	**5**	**434**	**295**	**–**	**–**	**9**
1947	15	1850	3126	3	210	72	–	–	6
1692	4	1562	3325	1	176	123	–	–	4
223	10	203	612	1	26	5	–	–	1
848	16	744	1677	4	121	46	–	–	8
1362	5	1286	2015	–	152	74	–	–	–
510	1	505	895	–	65	33	–	–	–
623	9	603	1324	–	70	137	–	–	–
2206	**9**	**2112**	**7744**	**1**	**238**	**1609**	**–**	**–**	**42**
90	**–**	**90**	**28**	**–**	**–**	**–**	**–**	**–**	**–**

专任教师、聘请校外

	合　计			博士研究生		
	计	其中:获学位		计	其中:获学位	
		博士	硕士		博士	硕士
1.专任教师	**1219**	**45**	**699**	**45**	**45**	**-**
其中:女	747	10	470	10	10	-
正　高　级	56	7	11	7	7	-
副　高　级	160	7	47	7	7	-
中　　　级	373	31	181	31	31	-
初　　　级	372	-	324	-	-	-
未定职级	258	-	136	-	-	-
2.校外教师	**198**	**12**	**29**	**12**	**12**	**-**
其中:女	72	2	14	2	2	-
两年以上	50	1	2	1	1	-
正　高　级	80	9	15	9	9	-
副　高　级	113	2	12	2	2	-
中　　　级	5	1	2	1	1	-
初　　　级	-	-	-	-	-	-
未定职级	-	-	-	-	-	-
3.行业导师	**187**	**-**	**17**	**-**	**-**	**-**
4.外籍教师	**-**	**-**	**-**	**-**	**-**	**-**

教师学历(位)情况(本科层次职业高校)

硕士研究生			本　科			专科及以下			高中阶段以下
计	其中:获学位		计	其中:获学位		计	其中:获学位		
	博士	硕士		博士	硕士		博士	硕士	
693	-	**693**	**481**	-	**6**	-	-	-	-
468	-	468	269	-	2	-	-	-	-
9	-	9	40	-	2	-	-	-	-
43	-	43	110	-	4	-	-	-	-
181	-	181	161	-	-	-	-	-	-
324	-	324	48	-	-	-	-	-	-
136	-	136	122	-	-	-	-	-	-
29	-	**29**	**157**	-	-	-	-	-	-
14	-	14	56	-	-	-	-	-	-
2	-	2	47	-	-	-	-	-	-
15	-	15	56	-	-	-	-	-	-
12	-	12	99	-	-	-	-	-	-
2	-	2	2	-	-	-	-	-	-
-	-	-	-	-	-	-	-	-	-
-	-	-	-	-	-	-	-	-	-
17	-	**17**	**153**	-	-	**17**	-	-	-
-	-	-	-	-	-	-	-	-	-

专任教师、聘请校外

	合　计			博士研究生		
	计	其中:获学位		计	其中:获学位	
		博士	硕士		博士	硕士
1.专任教师	67283	872	34125	762	759	2
其中:女	38728	289	21040	254	253	-
正　高　级	2450	234	1078	187	186	1
副　高　级	14024	304	6584	260	259	1
中　　　级	22674	275	11708	259	259	-
初　　　级	17025	9	8695	10	9	-
未定职级	11110	50	6060	46	46	-
2.校外教师	10498	329	3750	291	283	4
其中:女	5159	93	2048	78	75	2
两年以上	5241	146	1736	146	141	-
正　高　级	875	115	215	105	104	1
副　高　级	2566	116	854	98	96	1
中　　　级	3524	78	1438	77	73	2
初　　　级	1441	3	570	3	2	-
未定职级	2092	17	673	8	8	-
3.行业导师	11542	130	2338	128	120	5
4.外籍教师	149	31	90	31	31	-

教师学历(位)情况(专科层次职业高校)

硕士研究生			本科			专科及以下			高中阶段以下
计	其中:获学位		计	其中:获学位		计	其中:获学位		
	博士	硕士		博士	硕士		博士	硕士	
27905	**82**	**27382**	**38065**	**31**	**6724**	**550**	**–**	**17**	**1**
17598	26	17393	20703	10	3644	172	–	3	1
595	31	552	1662	17	524	6	–	1	–
3982	31	3892	9714	14	2690	68	–	1	–
9099	16	8906	13114	–	2795	201	–	7	1
8244	–	8083	8627	–	604	144	–	8	–
5985	4	5949	4948	–	111	131	–	–	–
3537	**41**	**3312**	**6366**	**5**	**434**	**295**	**–**	**–**	**9**
1933	15	1836	3070	3	210	72	–	–	6
1690	4	1560	3278	1	176	123	–	–	4
208	10	188	556	1	26	5	–	–	1
836	16	732	1578	4	121	46	–	–	8
1360	5	1284	2013	–	152	74	–	–	–
510	1	505	895	–	65	33	–	–	–
623	9	603	1324	–	70	137	–	–	–
2189	**9**	**2095**	**7591**	**1**	**238**	**1592**	**–**	**–**	**42**
90	**–**	**90**	**28**	**–**	**–**	**–**	**–**	**–**	**–**

专任教师、聘请校外

	合　计			博士研究生		
	计	其中:获学位		计	其中:获学位	
		博士	硕士		博士	硕士
1. 专任教师	**424**	**27**	**234**	**25**	**25**	**-**
其中:女	255	14	143	13	13	-
正　高　级	22	2	6	-	-	-
副　高　级	130	4	48	4	4	-
中　　　级	148	21	69	21	21	-
初　　　级	106	-	95	-	-	-
未定职级	18	-	16	-	-	-
2. 校外教师	**2471**	**9**	**422**	**9**	**9**	**-**
其中:女	1248	2	211	2	2	-
两年以上	2407	5	399	7	5	-
正　高　级	95	4	22	4	4	-
副　高　级	599	4	109	4	4	-
中　　　级	1207	1	182	1	1	-
初　　　级	508	-	88	-	-	-
未定职级	62	-	21	-	-	-
3. 行业导师	**64**	**-**	**5**	**-**	**-**	**-**
4. 外籍教师	**-**	**-**	**-**	**-**	**-**	**-**

教师学历(位)情况(成人高等学校)

硕士研究生			本 科			专科及以下			高中阶段以下
计	其中:获学位		计	其中:获学位		计	其中:获学位		
	博士	硕士		博士	硕士		博士	硕士	
190	–	**180**	**206**	**2**	**54**	**3**	–	–	–
124	–	118	118	1	25	–	–	–	–
4	–	4	18	2	2	–	–	–	–
24	–	22	101	–	26	1	–	–	–
50	–	43	76	–	26	1	–	–	–
95	–	95	10	–	–	1	–	–	–
17	–	16	1	–	–	–	–	–	–
384	–	**338**	**1964**	–	**84**	**114**	–	–	–
178	–	170	1037	–	41	31	–	–	–
361	–	315	1925	–	84	114	–	–	–
22	–	20	69	–	2	–	–	–	–
107	–	93	488	–	16	–	–	–	–
148	–	131	1016	–	51	42	–	–	–
86	–	73	358	–	15	64	–	–	–
21	–	21	33	–	–	8	–	–	–
3	–	**3**	**60**	–	**2**	**1**	–	–	–
–	–	–	–	–	–	–	–	–	–

专 任 教 师

		合计	29岁以下	30－34岁	35－39岁
总 计		153271	25729	31442	28193
其中:女		86551	17703	19605	16347
获博士学位		28394	768	6348	6762
获硕士学位		83563	17769	18838	15246
按专业技术职务分	正高级	10506	2	9	147
	副高级	36783	1	598	5172
	中级	58793	2361	15295	17415
	初级	29040	12358	10797	3848
	未定职级	18149	11007	4743	1611
按学历（学位）分	博士研究生	28045	769	6332	6734
	其中:获博士学位	28005	768	6328	6723
	获硕士学位	37	1	4	10
	硕士研究生	69529	17511	18072	13465
	其中:获博士学位	242	－	19	39
	获硕士学位	68745	17413	17977	13325
	本科	54960	7381	6975	7891
	其中:获博士学位	147	－	1	－
	获硕士学位	14752	355	857	1909
	专科及以下	736	68	63	103
	其中:获博士学位	－	－	－	－
	获硕士学位	29	－	－	2
	高中阶段以下	1	－	－	－

年　龄　情　况（总计）

40-44岁	45-49岁	50-54岁	55-59岁	60-64岁	65岁以上
28957	**15912**	**11865**	**10877**	**265**	**31**
15786	7822	5278	3947	60	3
6549	3710	2350	1729	165	13
16069	7744	4700	3137	53	7
1318	2024	2669	4063	243	31
11634	7736	6117	5505	20	-
14142	5486	2885	1207	2	-
1326	508	143	60	-	-
537	158	51	42	-	-
6470	3650	2271	1645	161	13
6458	3646	2266	1643	160	13
11	4	5	1	1	-
11097	5096	2664	1586	33	5
65	39	40	39	1	-
10959	4993	2574	1469	30	5
11330	7066	6772	7461	71	13
26	25	44	47	4	-
5095	2737	2114	1661	22	2
60	100	157	185	-	-
-	-	-	-	-	-
4	10	7	6	-	-
-	-	1	-	-	-

专 任 教 师

		合计	29岁以下	30-34岁	35-39岁
总　计		**84345**	**10051**	**16870**	**15781**
其中:女		46821	7445	10412	9014
获博士学位		27450	741	6220	6557
获硕士学位		48505	8724	9966	8261
按专业技术职务分	正　高　级	7978	2	9	144
	副　高　级	22469	-	497	3427
	中　　　级	35598	963	10023	10300
	初　　　级	11537	5127	4389	1334
	未定职级	6763	3959	1952	576
按学历（学位）分	博士研究生	27213	742	6211	6547
	其中:获博士学位	27176	741	6207	6536
	获硕士学位	35	1	4	10
	硕士研究生	40741	8727	9892	7747
	其中:获博士学位	160	-	13	21
	获硕士学位	40490	8719	9874	7718
	本　　　科	16208	577	754	1475
	其中:获博士学位	114	-	-	-
	获硕士学位	7968	4	88	532
	专科及以下	183	5	13	12
	其中:获博士学位	-	-	-	-
	获硕士学位	12	-	-	1
	高中阶段以下	-	-	-	-

年 龄 情 况（普通高等学校）

40-44岁	45-49岁	50-54岁	55-59岁	60-64岁	65岁以上
18278	**9854**	**6650**	**6573**	**258**	**30**
9986	4790	2787	2325	59	3
6333	3586	2218	1618	164	13
10562	5456	3198	2279	52	7
1160	1563	1836	2995	239	30
7650	4670	3260	2948	17	-
8847	3412	1474	577	2	-
447	152	54	34	-	-
174	57	26	19	-	-
6276	3539	2171	1554	160	13
6265	3535	2168	1552	159	13
11	4	3	1	1	-
7559	3717	1920	1141	33	5
46	33	16	30	1	-
7500	3671	1895	1078	30	5
4432	2577	2513	3803	65	12
22	18	34	36	4	-
3051	1778	1298	1194	21	2
11	21	46	75	-	-
-	-	-	-	-	-
-	3	2	6	-	-
-	-	-	-	-	-

专 任 教 师

		合计	29岁以下	30－34岁	35－39岁
总　　计		**68502**	**15607**	**14508**	**12360**
其中:女		39475	10212	9150	7303
获博士学位		917	26	120	195
获硕士学位		34824	8977	8821	6952
按专业技术职务分	正高级	2506	-	-	3
	副高级	14184	1	101	1742
	中级	23047	1397	5249	7075
	初级	17397	7177	6369	2505
	未定职级	11368	7032	2789	1035
按学历（学位）分	博士研究生	807	26	113	177
	其中:获博士学位	804	26	113	177
	获硕士学位	2	-	-	-
	硕士研究生	28598	8715	8129	5693
	其中:获博士学位	82	-	6	18
	获硕士学位	28075	8626	8052	5582
	本科	38546	6803	6216	6399
	其中:获博士学位	31	-	1	-
	获硕士学位	6730	351	769	1369
	专科及以下	550	63	50	91
	其中:获博士学位	-	-	-	-
	获硕士学位	17	-	-	1
	高中阶段以下	1	-	-	-

年　龄　情　况（职业高等学校）

40－44岁	45－49岁	50－54岁	55－59岁	60－64岁	65岁以上
10622	**6013**	**5131**	**4253**	**7**	**1**
5763	3007	2433	1606	1	－
211	123	130	111	1	－
5471	2271	1479	852	1	－
158	459	822	1059	4	1
3965	3042	2802	2528	3	－
5259	2057	1393	617	－	－
877	354	89	26	－	－
363	101	25	23	－	－
189	110	100	91	1	－
188	110	98	91	1	－
－	－	2	－	－	－
3517	1376	724	444	－	－
19	6	24	9	－	－
3438	1319	668	390	－	－
6867	4448	4195	3611	6	1
4	7	8	11	－	－
2029	945	804	462	1	－
49	79	111	107	－	－
－	－	－	－	－	－
4	7	5	－	－	－
－	－	1	－	－	－

专 任 教 师

		合计	29岁以下	30－34岁	35－39岁
总　计		1219	334	344	230
其中:女		747	246	226	133
获博士学位		45	-	1	13
获硕士学位		699	249	251	121
按专业技术职务分	正高级	56	-	-	-
	副高级	160	-	1	22
	中级	373	4	110	157
	初级	372	161	170	34
	未定职级	258	169	63	17
按学历（学位）分	博士研究生	45	-	1	13
	其中:获博士学位	45	-	1	13
	获硕士学位	-	-	-	-
	硕士研究生	693	249	251	121
	其中:获博士学位	-	-	-	-
	获硕士学位	693	249	251	121
	本科	481	85	92	96
	其中:获博士学位	-	-	-	-
	获硕士学位	6	-	-	-
	专科及以下	-	-	-	-
	其中:获博士学位	-	-	-	-
	获硕士学位	-	-	-	-
	高中阶段以下	-	-	-	-

年　龄　情　况（本科层次职业高校）

40－44岁	45－49岁	50－54岁	55－59岁	60－64岁	65岁以上
149	**67**	**45**	**50**	－	－
76	32	19	15	－	－
13	9	4	5	－	－
57	12	5	4	－	－
4	10	19	23	－	－
68	32	17	20	－	－
66	22	8	6	－	－
5	1	1	－	－	－
6	2	－	1	－	－
13	9	4	5	－	－
13	9	4	5	－	－
－	－	－	－	－	－
52	11	5	4	－	－
－	－	－	－	－	－
52	11	5	4	－	－
84	47	36	41	－	－
－	－	－	－	－	－
5	1	－	－	－	－
－	－	－	－	－	－
－	－	－	－	－	－
－	－	－	－	－	－

专 任 教 师

		合计	29岁以下	30-34岁	35-39岁
总　计		**67283**	15273	14164	12130
其中:女		38728	9966	8924	7170
获博士学位		872	26	119	182
获硕士学位		34125	8728	8570	6831
按专业技术职务分	正高级	2450	-	-	3
	副高级	14024	1	100	1720
	中级	22674	1393	5139	6918
	初级	17025	7016	6199	2471
	未定职级	11110	6863	2726	1018
按学历（学位）分	博士研究生	762	26	112	164
	其中:获博士学位	759	26	112	164
	获硕士学位	2	-	-	-
	硕士研究生	27905	8466	7878	5572
	其中:获博士学位	82	-	6	18
	获硕士学位	27382	8377	7801	5461
	本　科	38065	6718	6124	6303
	其中:获博士学位	31	-	1	-
	获硕士学位	6724	351	769	1369
	专科及以下	550	63	50	91
	其中:获博士学位	-	-	-	-
	获硕士学位	17	-	-	1
	高中阶段以下	1	-	-	-

年 龄 情 况（专科层次职业高校）

40－44岁	45－49岁	50－54岁	55－59岁	60－64岁	65岁以上
10473	**5946**	**5086**	**4203**	**7**	**1**
5687	2975	2414	1591	1	－
198	114	126	106	1	－
5414	2259	1474	848	1	－
154	449	803	1036	4	1
3897	3010	2785	2508	3	－
5193	2035	1385	611	－	－
872	353	88	26	－	－
357	99	25	22	－	－
176	101	96	86	1	－
175	101	94	86	1	－
－	－	2	－	－	－
3465	1365	719	440	－	－
19	6	24	9	－	－
3386	1308	663	386	－	－
6783	4401	4159	3570	6	1
4	7	8	11	－	－
2024	944	804	462	1	－
49	79	111	107	－	－
－	－	－	－	－	－
4	7	5	－	－	－
－	－	1	－	－	－

专任教师

		合计	29岁以下	30－34岁	35－39岁
总　　计		424	71	64	52
其中:女		255	46	43	30
获博士学位		27	1	8	10
获硕士学位		234	68	51	33
按专业技术职务分	正高级	22	-	-	-
	副高级	130	-	-	3
	中　级	148	1	23	40
	初　级	106	54	39	9
	未定职级	18	16	2	-
按学历（学位）分	博士研究生	25	1	8	10
	其中:获博士学位	25	1	8	10
	获硕士学位	-	-	-	-
	硕士研究生	190	69	51	25
	其中:获博士学位	-	-	-	-
	获硕士学位	180	68	51	25
	本　科	206	1	5	17
	其中:获博士学位	2	-	-	-
	获硕士学位	54	-	-	8
	专科及以下	3	-	-	-
	其中:获博士学位	-	-	-	-
	获硕士学位	-	-	-	-
	高中阶段以下	-	-	-	-

年 龄 情 况（成人高等学校）

40－44岁	45－49岁	50－54岁	55－59岁	60－64岁	65岁以上
57	**45**	**84**	**51**	-	-
37	25	58	16	-	-
5	1	2	-	-	-
36	17	23	6	-	-
-	2	11	9	-	-
19	24	55	29	-	-
36	17	18	13	-	-
2	2	-	-	-	-
-	-	-	-	-	-
5	1	-	-	-	-
5	1	-	-	-	-
-	-	-	-	-	-
21	3	20	1	-	-
-	-	-	-	-	-
21	3	11	1	-	-
31	41	64	47	-	-
-	-	2	-	-	-
15	14	12	5	-	-
-	-	-	3	-	-
-	-	-	-	-	-
-	-	-	-	-	-

专任教师教学领域分学科门类情况（普通高等学校）

	合计	正高级	副高级	中级	初级	未定职级
总　计	84345	7978	22469	35598	11537	6763
其中:女	46821	2904	11279	20290	7875	4473
哲　学	2764	221	610	1058	528	347
其中:马克思主义哲学	1692	134	371	598	369	220
经济学	3655	315	1001	1488	530	321
法　学	4297	333	1077	1787	741	359
教育学	7475	473	1830	3026	1467	679
文　学	9368	608	2615	4164	1375	606
历史学	1364	200	365	623	116	60
理　学	10840	1509	3064	4787	826	654
工　学	21668	2311	6241	9196	2261	1659
农　学	2652	441	728	1153	145	185
医　学	4209	721	1185	1592	476	235
管理学	8682	613	2211	3466	1583	809
艺术学	7371	233	1542	3258	1489	849

专任教师教学领域所属大类情况（职业高等学校）

		合计	其中：女	正高级	副高级	中级	初级	未定职级
总 计		68502	39475	2506	14184	23047	17397	11368
其中:女		39475	–	1070	7107	13402	10919	6977
实习指导课		12645	6175	373	2577	4915	3155	1625
专业课	农林牧渔大类	892	454	72	274	289	173	84
	资源环境与安全大类	793	387	27	143	284	216	123
	能源动力与材料大类	1427	595	59	402	461	323	182
	土木建筑大类	2984	1358	105	656	1077	743	403
	水利大类	231	113	27	64	74	38	28
	装备制造大类	4893	1939	201	1192	1602	1151	747
	生物与化工大类	961	532	66	280	385	143	87
	轻工纺织大类	187	104	3	37	58	62	27
	食品药品与粮食大类	1213	581	84	278	360	315	176
	交通运输大类	2051	930	88	366	690	572	335
	电子与信息大类	7433	3749	223	1528	2456	1783	1443
	医药卫生大类	7412	5170	568	1911	2764	1545	624
	财经商贸大类	6228	4081	205	1261	2039	1602	1121
	旅游大类	1531	904	39	244	521	432	295
	文化艺术大类	5400	3675	105	839	1838	1552	1066
	新闻传播大类	574	364	12	82	228	134	118
	教育与体育大类	5737	3467	181	1161	1800	1441	1154
	公安与司法大类	587	342	11	99	238	159	80
	公共管理与服务大类	1295	777	34	213	420	379	249
公共基础课		16673	9953	396	3154	5463	4634	3026

专任教师教学领域所属大类情况（本科层次职业高校）

		合计	其中：女	正高级	副高级	中级	初级	未定职级
总　　计		1219	747	56	160	373	372	258
其中:女		747	-	16	89	220	240	182
实习指导课		9	1	-	-	9	-	-
专业课	农林牧渔大类	22	16	1	1	6	6	8
	资源环境与安全大类	25	12	-	-	6	9	10
	能源动力与材料大类	25	7	1	2	4	15	3
	土木建筑大类	49	14	3	6	8	25	7
	水利大类	26	9	1	3	8	6	8
	装备制造大类	61	23	3	11	20	19	8
	生物与化工大类	41	26	3	13	13	4	8
	轻工纺织大类	23	15	1	2	5	8	7
	食品药品与粮食大类	33	5	1	1	3	25	3
	交通运输大类	34	9	1	2	7	20	4
	电子与信息大类	94	43	3	5	32	49	5
	医药卫生大类	282	221	22	51	130	48	31
	财经商贸大类	69	58	2	7	14	32	14
	旅游大类	14	10	-	-	3	5	6
	文化艺术大类	54	11	5	10	15	10	14
	新闻传播大类	22	16	-	2	4	5	11
	教育与体育大类	119	67	1	11	28	24	55
	公安与司法大类	15	9	-	4	2	4	5
	公共管理与服务大类	34	17	1	5	8	4	16
公共基础课		177	159	7	24	57	54	35

专任教师教学领域所属大类情况（专科层次职业高校）

		合计	其中：女	正高级	副高级	中级	初级	未定职级
总 计		67283	38728	2450	14024	22674	17025	11110
其中:女		38728	–	1054	7018	13182	10679	6795
实习指导课		12636	6174	373	2577	4906	3155	1625
专业课	农林牧渔大类	870	438	71	273	283	167	76
	资源环境与安全大类	768	375	27	143	278	207	113
	能源动力与材料大类	1402	588	58	400	457	308	179
	土木建筑大类	2935	1344	102	650	1069	718	396
	水利大类	205	104	26	61	66	32	20
	装备制造大类	4832	1916	198	1181	1582	1132	739
	生物与化工大类	920	506	63	267	372	139	79
	轻工纺织大类	164	89	2	35	53	54	20
	食品药品与粮食大类	1180	576	83	277	357	290	173
	交通运输大类	2017	921	87	364	683	552	331
	电子与信息大类	7339	3706	220	1523	2424	1734	1438
	医药卫生大类	7130	4949	546	1860	2634	1497	593
	财经商贸大类	6159	4023	203	1254	2025	1570	1107
	旅游大类	1517	894	39	244	518	427	289
	文化艺术大类	5346	3664	100	829	1823	1542	1052
	新闻传播大类	552	348	12	80	224	129	107
	教育与体育大类	5618	3400	180	1150	1772	1417	1099
	公安与司法大类	572	333	11	95	236	155	75
	公共管理与服务大类	1261	760	33	208	412	375	233
公共基础课		16496	9794	389	3130	5406	4580	2991

专任教师教学领域

	合 计	正高级
总　计	**424**	**22**
其中:女	255	12
哲　学	17	1
其中:马克思主义哲学	7	1
经济学	17	1
法　学	11	–
教育学	31	2
文　学	41	2
历史学	3	–
理　学	25	1
工　学	93	4
农　学	4	–
医　学	123	9
管理学	41	–
艺术学	18	2

专　任　教　师

	上学年初报表专任教师数	增加教师数						
		合计	招聘			调入		校内
			计	其中:应届毕业生	其中:师范生	计	其中:外校	计
总　计	**145945**	**18790**	**14656**	**7200**	**1004**	**779**	**578**	**2698**
其中:女	80703	11097	8702	4412	654	439	367	1592
一、普通高等学校	83185	8588	6658	4431	518	98	86	1663
其中:女	44952	5192	4043	2692	352	41	40	1015
二、职业高等学校	62307	10186	7982	2766	486	681	492	1035
其中:女	35478	5896	4650	1718	302	398	327	577
三、成人高等学校	453	16	16	3	–	–	–	–
其中:女	273	9	9	2	–	–	–	–

分学科门类情况（成人高等学校）

副高级	中级	初级	未定职级
130	**148**	**106**	**18**
78	84	69	12
1	5	6	4
1	-	4	1
6	3	7	-
3	4	4	-
8	8	10	3
6	14	16	3
-	1	2	-
14	5	5	-
20	40	25	4
1	3	-	-
64	44	6	-
3	17	20	1
4	4	5	3

变动情况

变动		减少教师数					校内变动			本学年初报表专任教师数
其中：学段调整	其他	计	退休	死亡	调出	辞职	计	其中：学段调整	其他	
571	**657**	**11464**	**2695**	**59**	**298**	**4999**	**2504**	**246**	**909**	**153271**
347	364	5249	1046	19	107	2430	1209	174	438	86551
71	169	7428	1845	33	173	2975	1860	69	542	84345
53	93	3323	716	12	63	1397	842	44	293	46821
500	488	3991	844	26	124	1990	644	177	363	68502
294	271	1899	326	7	44	1012	367	130	143	39475
-	-	45	6	-	1	34	-	-	4	424
-	-	27	4	-	-	21	-	-	2	255

专任教师接受培训情况（总计）

指 标 名 称	计量单位	上学年数量
接受过培训的专任教师	人	116636
36学时以下	人	52551
37-72学时	人	23820
73-108学时	人	22448
109学时以上	人	17817
按层次划分	-	-
国家级	人	30386
省级	人	34846
地级	人	8920
县级	人	304
校级	人	74378
国（境）外	人	245

专任教师接受培训情况（普通高等学校）

指 标 名 称	计量单位	上学年数量
接受过培训的专任教师	人	61836
36学时以下	人	34692
37-72学时	人	9620
73-108学时	人	10271
109学时以上	人	7253
按层次划分	-	-
国家级	人	22039
省级	人	18632
地级	人	1150
县级	人	7
校级	人	39057
国（境）外	人	193

专任教师接受培训情况（职业高等学校）

指 标 名 称	计量单位	上学年数量
接受过培训的专任教师	人	54550
36 学时以下	人	17729
37－72 学时	人	14132
73－108 学时	人	12151
109 学时以上	人	10538
按层次划分	-	-
国　家　级	人	8329
省　　　级	人	16165
地　　　级	人	7751
县　　　级	人	297
校　　　级	人	35148
国（境）外	人	52

专任教师接受培训情况（成人高等学校）

指 标 名 称	计量单位	上学年数量
接受过培训的专任教师	人	250
36 学时以下	人	130
37－72 学时	人	68
73－108 学时	人	26
109 学时以上	人	26
按层次划分	-	-
国　家　级	人	18
省　　　级	人	49
地　　　级	人	19
县　　　级	人	-
校　　　级	人	173
国（境）外	人	-

研究生指导教师情况(总计)

	合计	人事关系在本校	29岁以下	30-34岁	35-39岁	40-44岁	45-49岁	50-54岁	55-59岁	60-64岁	65岁以上
总　　计	26277	19323	211	2546	4288	6015	4611	3646	3331	1303	326
其中:女	9324	-	113	1073	1637	2242	1677	1278	962	272	70
一、按专业技术职务分											
正 高 级	9596	6435	7	83	335	1283	1777	2148	2566	1116	281
副 高 级	11061	8310	14	467	1990	3863	2505	1375	688	144	15
中　　级	5620	4578	190	1996	1963	869	329	123	77	43	30
二、按指导关系分											
博士导师	178	105	-	1	10	24	31	24	36	31	21
其中:女	31	-	-	-	4	9	5	5	4	2	2
硕士导师	23574	16894	209	2492	4066	5524	4093	3198	2797	989	206
其中:女	8742	-	113	1062	1586	2115	1551	1160	858	241	56
博士、硕士导师	2525	2324	2	53	212	467	487	424	498	283	99
其中:女	551	-	-	11	47	118	121	113	100	29	12

研究生指导教师情况(普通高等学校)

	合计	人事关系在本校	29岁以下	30-34岁	35-39岁	40-44岁	45-49岁	50-54岁	55-59岁	60-64岁	65岁以上
总　　计	25981	19067	211	2542	4257	5942	4559	3596	3263	1285	326
其中:女	9276	-	113	1072	1630	2227	1668	1272	954	270	70
一、按专业技术职务分											
正 高 级	9361	6237	7	82	329	1237	1730	2099	2498	1098	281
副 高 级	11000	8252	14	464	1965	3836	2500	1374	688	144	15
中　　级	5620	4578	190	1996	1963	869	329	123	77	43	30
二、按指导关系分											
博士导师	178	105	-	1	10	24	31	24	36	31	21
其中:女	31	-	-	-	4	9	5	5	4	2	2
硕士导师	23287	16647	209	2488	4035	5451	4042	3149	2732	975	206
其中:女	8695	-	113	1061	1579	2100	1542	1154	851	239	56
博士、硕士导师	2516	2315	2	53	212	467	486	423	495	279	99
其中:女	550	-	-	11	47	118	121	113	99	29	12

研究生指导教师情况（科研机构）

	合计	人事关系在本校	29岁以下	30-34岁	35-39岁	40-44岁	45-49岁	50-54岁	55-59岁	60-64岁	65岁以上
总　　计	**296**	**256**	－	**4**	**31**	**73**	**52**	**50**	**68**	**18**	－
其中:女	48	－	－	1	7	15	9	6	8	2	－
一、按专业技术职务分											
正　高　级	235	198	－	1	6	46	47	49	68	18	－
副　高　级	61	58	－	3	25	27	5	1	－	－	－
中　　　级	－	－	－	－	－	－	－	－	－	－	－
二、按指导关系分											
博士导师	－	－	－	－	－	－	－	－	－	－	－
其中:女	－	－	－	－	－	－	－	－	－	－	－
硕士导师	287	247	－	4	31	73	51	49	65	14	－
其中:女	47	－	－	1	7	15	9	6	7	2	－
博士、硕士导师	9	9	－	－	－	－	1	1	3	4	－
其中:女	1	－	－	－	－	－	－	－	1	－	－

教职工中其他情况

		中共党员	共青团员	民主党派	香港	澳门	台湾	华侨	少数民族
总计	教　职　工	**106821**	**7270**	**5077**	**4**	－	**20**	**6**	**4393**
	其中:女	**55580**	**4667**	**2531**	**1**	－	**9**	**3**	**2542**
	专任教师	**82308**	**5085**	**4106**	**1**	－	**15**	**6**	**3373**
	其中:女	**44433**	**3335**	**2031**	－	－	**6**	**3**	**2046**
一、普通高等学校	教　职　工	69448	3143	3819	4	－	20	6	2719
	其中:女	35735	2250	1817	1	－	9	3	1581
	专任教师	52095	1977	3003	1	－	15	6	2060
	其中:女	27893	1458	1395	－	－	6	3	1243
二、职业高等学校	教　职　工	36905	4087	1244	－	－	－	－	1667
	其中:女	19597	2389	708	－	－	－	－	958
	专任教师	29942	3079	1096	－	－	－	－	1310
	其中:女	16380	1857	634	－	－	－	－	800
三、成人高等学校	教　职　工	468	40	14	－	－	－	－	7
	其中:女	248	28	6	－	－	－	－	3
	专任教师	271	29	7	－	－	－	－	3
	其中:女	160	20	2	－	－	－	－	3

校 舍

	学校产权校舍建筑面积			
	上学年校舍建筑面积	增加面积	减少面积	本学年校舍建筑面积
总　　计	**12667839.32**	**1767742.84**	**1394438.18**	**13041143.98**
其中:C 级危房	36342.67	2650.00	—	38992.67
D 级危房	31659.94	—	—	31659.94
一、教学及辅助用房	**4963035.00**	**732550.03**	**739878.57**	**4955706.46**
教　　室	2028679.20	274957.70	295079.99	2008556.91
其中:艺术院校专业课教室	50909.10	—	17333.55	33575.55
实验实习用房	1509349.21	278922.20	191969.79	1596301.62
专职科研机构办公及研究用房	141413.25	27060.68	51435.66	117038.27
图 书 馆	639378.27	57178.80	66392.53	630164.54
室内体育用房	383051.47	29756.80	56203.20	356605.07
师生活动用房	148636.94	50135.26	71287.14	127485.06
会　　堂	107809.48	14171.95	4944.00	117037.43
继续教育用房	4717.18	366.64	2566.26	2517.56
二、行政办公用房	**719806.42**	**136247.83**	**80317.27**	**775736.98**
校行政办公用房	297205.80	40214.98	41313.11	296107.67
院系及教师办公用房	422600.62	96032.85	39004.16	479629.31
三、生活用房	**4358540.26**	**777329.52**	**468601.97**	**4667267.81**
学生宿舍(公寓)	3442826.00	552201.74	380021.40	3615006.34
食　　堂	394126.37	54208.34	41838.79	406495.92
单身教师宿舍(公寓)	367945.74	118818.68	13956.36	472808.06
后勤及辅助用房	153642.15	52100.76	32785.42	172957.49
四、教工住宅	**2474026.98**	**117753.49**	**95269.62**	**2496510.85**
五、其他用房	**152430.66**	**3861.97**	**10370.75**	**145921.88**
其中:被外单位租(借)用	2168.61	—	1038.29	1130.32

情 况（普通高等学校）

单位：平方米

正在施工校舍建筑面积	非学校产权校舍建筑面积		
	计	独立使用	共同使用
1663513.22	**33639048.16**	**32912372.73**	**726675.43**
-	38285.89	38285.89	-
-	11734.98	11734.98	-
666626.14	15198331.07	14719398.71	478932.36
84243.19	5254256.94	5230994.27	23262.67
-	64340.44	64340.44	-
309497.92	5335533.87	5134147.48	201386.39
94527.62	881786.68	881786.68	-
50292.19	1845508.52	1840912.45	4596.07
87871.00	895408.47	895408.47	-
4976.00	457773.57	457773.57	-
32960.66	211397.47	210862.47	535.00
2257.56	316665.55	67513.32	249152.23
59954.56	**2370644.45**	**2298864.65**	**71779.80**
54516.09	979805.65	970768.85	9036.80
5438.47	1390838.80	1328095.80	62743.00
481065.42	**14860025.48**	**14746731.98**	**113293.50**
310955.46	9981718.40	9946674.44	35043.96
11090.31	1344173.87	1328799.77	15374.10
130851.81	2901461.70	2840351.20	61110.50
28167.84	632671.51	630906.57	1764.94
210515.87	-	-	-
245351.23	1210047.16	1147377.39	62669.77
-	-	-	-

校　舍

	学校产权校舍建筑面积			
	上学年校舍建筑面积	增加面积	减少面积	本学年校舍建筑面积
总　计	**6411739.18**	**1274311.36**	**448672.73**	**7237377.81**
其中:C级危房	-	-	-	-
D级危房	-	-	-	-
一、教学及辅助用房	**3232380.38**	**772136.74**	**176943.55**	**3827573.57**
教　室	1218815.47	270762.01	85505.65	1404071.83
专业教学实训用房及场所	1350683.15	392362.76	51507.70	1691538.21
图书馆	401471.66	22388.82	15598.41	408262.07
培训工作用房	106962.97	3368.24	5485.99	104845.22
室内体育用房	74888.03	54410.86	8815.66	120483.23
大学生活动用房	79559.10	28844.05	10030.14	98373.01
二、行政办公用房	**347890.24**	**78294.31**	**24986.31**	**401198.24**
系及教师教研办公用房	171081.46	43990.89	12766.58	202305.77
校级办公用房	176808.78	34303.42	12219.73	198892.47
三、生活用房	**2176862.38**	**421820.70**	**127196.08**	**2471487.00**
学生宿舍(公寓)	1786246.97	207419.36	101226.25	1892440.08
食　堂	277990.09	32520.35	13077.65	297432.79
单身教师宿舍(公寓)	66591.82	171241.00	6839.08	230993.74
后勤及辅助用房	46033.50	10639.99	6053.10	50620.39
四、教工住宅	**636927.67**	**246.61**	**117141.41**	**520032.87**
五、其他用房	**17678.51**	**1813.00**	**2405.38**	**17086.13**
其中:被外单位租(借)用	-	1813.00	-	1813.00

情　　况（职业高等学校）

单位:平方米

正在施工校舍建筑面积	非学校产权校舍建筑面积		
	计	独立使用	共同使用
2318363.54	**29465685.07**	**28108107.81**	**1357577.26**
-	12142.59	12142.59	-
-	50415.10	50415.10	-
1184705.85	16026072.30	14872609.45	1153462.85
269210.88	5359215.01	5268027.86	91187.15
655311.02	7850056.28	6840476.03	1009580.25
151994.21	1524094.28	1491130.83	32963.45
36696.47	331850.53	327933.53	3917.00
48070.12	556359.57	552652.57	3707.00
23423.15	404496.63	392388.63	12108.00
51901.69	1838811.54	1779691.62	59119.92
24610.05	1061688.94	1010043.38	51645.56
27291.64	777122.60	769648.24	7474.36
955608.08	11157994.84	11027576.10	130418.74
746667.48	8696494.99	8591405.58	105089.41
125355.96	1291204.57	1268215.24	22989.33
27756.16	747529.08	745189.08	2340.00
55828.48	422766.20	422766.20	-
-	-	-	-
126147.92	442806.39	428230.64	14575.75
-	-	-	-

校 舍

	学校产权校舍建筑面积			
	上学年校舍建筑面积	增加面积	减少面积	本学年校舍建筑面积
总　计	-	-	-	-
其中:C级危房	-	-	-	-
D级危房	-	-	-	-
一、教学及辅助用房	-	-	-	-
教　室	-	-	-	-
专业教学实训用房及场所	-	-	-	-
图书馆	-	-	-	-
培训工作用房	-	-	-	-
室内体育用房	-	-	-	-
大学生活动用房	-	-	-	-
二、行政办公用房	-	-	-	-
校行政办公用房	-	-	-	-
院系及教师办公用房	-	-	-	-
三、生活用房	-	-	-	-
学生宿舍(公寓)	-	-	-	-
食　堂	-	-	-	-
单身教师宿舍(公寓)	-	-	-	-
后勤及辅助用房	-	-	-	-
四、教工住宅	-	-	-	-
五、其他用房	-	-	-	-
其中:被外单位租(借)用	-	-	-	-

情　　况（本科层次职业高校）

单位：平方米

正在施工校舍建筑面积	非学校产权校舍建筑面积		
	计	独立使用	共同使用
-	**522165.16**	**522165.16**	-
-	-	-	-
-	-	-	-
-	**289875.96**	**289875.96**	-
-	114895.62	114895.62	-
-	147209.99	147209.99	-
-	18902.30	18902.30	-
-	1247.83	1247.83	-
-	1625.40	1625.40	-
-	5994.82	5994.82	-
-	**10270.98**	**10270.98**	-
-	9150.98	9150.98	-
-	1120.00	1120.00	-
-	**222018.22**	**222018.22**	-
-	213408.30	213408.30	-
-	7544.80	7544.80	-
-	-	-	-
-	1065.12	1065.12	-
-	-	-	-
-	-	-	-
-	-	-	-

校 舍

	学校产权校舍建筑面积			
	上学年校舍建筑面积	增加面积	减少面积	本学年校舍建筑面积
总　　计	**6411739.18**	**1274311.36**	**448672.73**	**7237377.81**
其中:C级危房	-	-	-	-
D级危房	-	-	-	-
一、教学及辅助用房	**3232380.38**	**772136.74**	**176943.55**	**3827573.57**
教　　室	1218815.47	270762.01	85505.65	1404071.83
专业教学实训用房及场所	1350683.15	392362.76	51507.70	1691538.21
图　书　馆	401471.66	22388.82	15598.41	408262.07
培训工作用房	106962.97	3368.24	5485.99	104845.22
室内体育用房	74888.03	54410.86	8815.66	120483.23
大学生活动用房	79559.10	28844.05	10030.14	98373.01
二、行政办公用房	**347890.24**	**78294.31**	**24986.31**	**401198.24**
校行政办公用房	171081.46	43990.89	12766.58	202305.77
院系及教师办公用房	176808.78	34303.42	12219.73	198892.47
三、生活用房	**2176862.38**	**421820.70**	**127196.08**	**2471487.00**
学生宿舍(公寓)	1786246.97	207419.36	101226.25	1892440.08
食　　堂	277990.09	32520.35	13077.65	297432.79
单身教师宿舍(公寓)	66591.82	171241.00	6839.08	230993.74
后勤及辅助用房	46033.50	10639.99	6053.10	50620.39
四、教工住宅	**636927.67**	**246.61**	**117141.41**	**520032.87**
五、其他用房	**17678.51**	**1813.00**	**2405.38**	**17086.13**
其中:被外单位租(借)用	-	1813.00	-	1813.00

情 况（专科层次职业高校）

单位：平方米

正在施工校舍建筑面积	非学校产权校舍建筑面积		
	计	独立使用	共同使用
2318363.54	**28943519.91**	**27585942.65**	**1357577.26**
-	12142.59	12142.59	-
-	50415.10	50415.10	-
1184705.85	15736196.34	14582733.49	1153462.85
269210.88	5244319.39	5153132.24	91187.15
655311.02	7702846.29	6693266.04	1009580.25
151994.21	1505191.98	1472228.53	32963.45
36696.47	330602.70	326685.70	3917.00
48070.12	554734.17	551027.17	3707.00
23423.15	398501.81	386393.81	12108.00
51901.69	1828540.56	1769420.64	59119.92
24610.05	1052537.96	1000892.40	51645.56
27291.64	776002.60	768528.24	7474.36
955608.08	10935976.62	10805557.88	130418.74
746667.48	8483086.69	8377997.28	105089.41
125355.96	1283659.77	1260670.44	22989.33
27756.16	747529.08	745189.08	2340.00
55828.48	421701.08	421701.08	-
-	-	-	-
126147.92	442806.39	428230.64	14575.75
-	-	-	-

校 舍

	学校产权校舍建筑面积			
	上学年校舍建筑面积	增加面积	减少面积	本学年校舍建筑面积
总　　计	53619.95	5352.48	-	58972.43
其中:C级危房	-	-	-	-
D级危房	-	-	-	-
一、教学及辅助用房	25310.93	-	-	25310.93
教　　室	12498.95	-	-	12498.95
专业教学实训用房及场所	10156.16	-	-	10156.16
图 书 馆	1631.82	-	-	1631.82
培训工作用房	220.00	-	-	220.00
室内体育用房	-	-	-	-
大学生活动用房	804.00	-	-	804.00
二、行政办公用房	2723.83	5352.48	-	8076.31
校行政办公用房	1086.42	2189.00	-	3275.42
院系及教师办公用房	1637.41	3163.48	-	4800.89
三、生活用房	19462.94	-	-	19462.94
学生宿舍(公寓)	17121.60	-	-	17121.60
食　　堂	1561.50	-	-	1561.50
单身教师宿舍(公寓)	150.00	-	-	150.00
后勤及辅助用房	629.84	-	-	629.84
四、教工住宅	-	-	-	-
五、其他用房	6122.25	-	-	6122.25
其中:被外单位租(借)用	-	-	-	-

情 况（成人高等学校）

单位：平方米

正在施工校舍建筑面积	非学校产权校舍建筑面积		
	计	独立使用	共同使用
-	**1762715.84**	**134191.38**	**1628524.46**
-	-	-	-
-	-	-	-
-	**872493.02**	**66444.90**	**806048.12**
-	399549.52	42423.61	357125.91
-	300316.26	17065.19	283251.07
-	118018.05	2054.70	115963.35
-	-	-	-
-	47262.30	3400.88	43861.42
-	7346.89	1500.52	5846.37
-	**190863.81**	**19977.93**	**170885.88**
-	11925.40	4101.98	7823.42
-	178938.41	15875.95	163062.46
-	**672067.01**	**44234.40**	**627832.61**
-	475422.26	32881.26	442541.00
-	87221.65	4015.65	83206.00
-	32792.95	460.97	32331.98
-	76630.15	6876.52	69753.63
-	-	-	-
-	27292.00	3534.15	23757.85
-	-	-	-

资 产 情 况(总计)

指 标 名 称	计量单位	学校产权	非学校产权		
			计	独立使用	共同使用
一、占地面积	平方米	136253054.63	26597539.67	21243852.87	5353686.80
其中:绿化用地面积	平方米	39325842.03	5459747.13	4622244.56	837502.57
运动场地面积	平方米	9943953.48	1287341.92	1115901.12	171440.80
二、校园足球场	个	318	55	42	13
11人制足球场	个	263	46	34	12
7人制足球场	个	28	7	7	-
5人制足球场	个	27	2	1	1
三、图 书	册	222933617	14435151	7960650	6474501
其中:当年新增	册	13612503	1222923	811594	411329
四、数字资源量	-	-	-	-	-
电子图书	册	152396710	22733806	8143373	14590433
电子期刊	册	63893519	8858820	5621362	3237458
学位论文	册	527862368	131464586	90902116	40562470
音 视 频	小时	5509404	1103763	680163	423600
五、职业教育仿真实训资源量	套	14524	605	438	167
仿真实验软件	套	3403	130	119	11
仿真实训软件	套	10304	386	256	130
仿真实习软件	套	817	89	63	26
六、数字终端数	台	1012827	39793	14031	25762
其中:教师终端数	台	179468	5216	1964	3252
学生终端数	台	731744	32701	11166	21535
七、教 室	间	20219	58999	56119	2880
其中:网络多媒体教室	间	13632	32549	31524	1025
八、固定资产总值	万元	16574158.03	1673029.55	1606545.63	66483.92
其中:教学科研实习仪器设备资产值	万元	3941073.94	125804.99	95024.59	30780.40
其中:当年新增	万元	367913.71	22438.60	20536.69	1901.92

资 产 情 况（普通高等学校）

指 标 名 称	计量单位	学校产权	非学校产权		
			计	独立使用	共同使用
一、占地面积	平方米	80168323.45	6940769.64	5770223.31	1170546.33
其中:绿化用地面积	平方米	24433235.45	1922119.37	1635316.37	286803.00
运动场地面积	平方米	5604855.12	486386.38	414155.82	72230.56
二、校园足球场	个	168	13	8	5
11人制足球场	个	141	12	7	5
7人制足球场	个	10	1	1	—
5人制足球场	个	17	—	—	—
三、图　书	册	137106328	4385778	3422860	962918
其中:当年新增	册	5643708	336426	26671	309755
四、数字资源量	—	—	—	—	—
电子图书	册	104198640	13212525	5629798	7582727
电子期刊	册	52028017	5162674	4635821	526853
学位论文	册	370838368	82447905	67273809	15174096
音视频	小时	4478757	617662	491333	126329
五、职业教育仿真实训资源量	套	—	—	—	—
仿真实验软件	套	—	—	—	—
仿真实训软件	套	—	—	—	—
仿真实习软件	套	—	—	—	—
六、数字终端数	台	599831	10903	7601	3302
其中:教师终端数	台	112412	1512	1109	403
学生终端数	台	420706	8814	6267	2547
七、教　室	间	10143	23525	23383	142
其中:网络多媒体教室	间	7011	13008	12903	105
八、固定资产总值	万元	10844884.06	700765.56	694069.40	6696.16
其中:教学科研实习仪器设备资产值	万元	2665526.18	28468.90	26392.41	2076.50
其中:当年新增	万元	199281.69	8493.56	8078.17	415.39

资 产 情 况（职业高等学校）

指 标 名 称	计量单位	学校产权	非学校产权		
			计	独立使用	共同使用
一、占地面积	平方米	55974004.70	19206691.50	15318752.16	3887939.34
其中:绿化用地面积	平方米	14870127.84	3484836.83	2948037.48	536799.35
运动场地面积	平方米	4319971.44	778629.92	684669.92	93960.00
二、校园足球场	个	147	36	34	2
11人制足球场	个	122	28	27	1
7人制足球场	个	17	6	6	-
5人制足球场	个	8	2	1	1
三、图　书	册	85110988	3251644	2969644	282000
其中:当年新增	册	7899688	816923	784923	32000
四、数字资源量	-	-	-	-	-
电子图书	册	48129017	6641103	2513532	4127571
电子期刊	册	11856502	2834053	985541	1848512
学位论文	册	157024000	37595682	23628307	13967375
音视频	小时	1008703	303482	182961	120521
五、职业教育仿真实训资源量	套	14524	605	438	167
仿真实验软件	套	3403	130	119	11
仿真实训软件	套	10304	386	256	130
仿真实习软件	套	817	89	63	26
六、数字终端数	台	409235	9683	6185	3498
其中:教师终端数	台	66353	1449	837	612
学生终端数	台	308177	7555	4672	2883
七、教　室	间	9929	33008	32325	683
其中:网络多媒体教室	间	6570	18748	18492	256
八、固定资产总值	万元	5701659.15	879303.63	860644.59	18659.04
其中:教学科研实习仪器设备资产值	万元	1264978.12	64398.38	54660.38	9738.01
其中:当年新增	万元	167276.04	13827.74	12343.52	1484.22

资 产 情 况（本科层次职业高校）

指 标 名 称	计量单位	学校产权	非学校产权		
			计	独立使用	共同使用
一、占地面积	平方米	1141601.50	-	-	-
其中:绿化用地面积	平方米	173982.69	-	-	-
运动场地面积	平方米	113469.05	-	-	-
二、校园足球场	个	2	-	-	-
11人制足球场	个	2	-	-	-
7人制足球场	个	-	-	-	-
5人制足球场	个	-	-	-	-
三、图　书	册	1305191	-	-	-
其中:当年新增	册	20231	-	-	-
四、数字资源量	-	-	-	-	-
电子图书	册	1681026	-	-	-
电子期刊	册	5715	-	-	-
学位论文	册	141352	-	-	-
音视频	小时	792	-	-	-
五、职业教育仿真实训资源量	套	192	-	-	-
仿真实验软件	套	79	-	-	-
仿真实训软件	套	95	-	-	-
仿真实习软件	套	18	-	-	-
六、数字终端数	台	5890	-	-	-
其中:教师终端数	台	1248	-	-	-
学生终端数	台	4435	-	-	-
七、教　室	间	-	558	558	-
其中:网络多媒体教室	间	-	338	338	-
八、固定资产总值	万元	37189.69	72380.22	72380.22	-
其中:教学科研实习仪器设备资产值	万元	7928.11	10429.77	10429.77	-
其中:当年新增	万元	1969.04	-	-	-

资 产 情 况（专科层次职业高校）

指 标 名 称	计量单位	学校产权	非学校产权		
			计	独立使用	共同使用
一、占地面积	平方米	54832403.20	19206691.50	15318752.16	3887939.34
其中:绿化用地面积	平方米	14696145.15	3484836.83	2948037.48	536799.35
运动场地面积	平方米	4206502.39	778629.92	684669.92	93960.00
二、校园足球场	个	145	36	34	2
11人制足球场	个	120	28	27	1
7人制足球场	个	17	6	6	-
5人制足球场	个	8	2	1	1
三、图　书	册	83805797	3251644	2969644	282000
其中:当年新增	册	7879457	816923	784923	32000
四、数字资源量	-	-	-	-	-
电子图书	册	46447991	6641103	2513532	4127571
电子期刊	册	11850787	2834053	985541	1848512
学位论文	册	156882648	37595682	23628307	13967375
音视频	小时	1007911	303482	182961	120521
五、职业教育仿真实训资源量	套	14332	605	438	167
仿真实验软件	套	3324	130	119	11
仿真实训软件	套	10209	386	256	130
仿真实习软件	套	799	89	63	26
六、数字终端数	台	403345	9683	6185	3498
其中:教师终端数	台	65105	1449	837	612
学生终端数	台	303742	7555	4672	2883
七、教　室	间	9929	32450	31767	683
其中:网络多媒体教室	间	6570	18410	18154	256
八、固定资产总值	万元	5664469.46	806923.41	788264.37	18659.04
其中:教学科研实习仪器设备资产值	万元	1257050.01	53968.61	44230.61	9738.01
其中:当年新增	万元	165307.00	13827.74	12343.52	1484.22

资 产 情 况(成人高等学校)

指 标 名 称	计量单位	学校产权	非学校产权		
			计	独立使用	共同使用
一、占地面积	平方米	110726.48	450078.53	154877.40	295201.13
其中:绿化用地面积	平方米	22478.74	52790.93	38890.71	13900.22
运动场地面积	平方米	19126.92	22325.62	17075.38	5250.24
二、校园足球场	个	3	6	-	6
11人制足球场	个	-	6	-	6
7人制足球场	个	1	-	-	-
5人制足球场	个	2	-	-	-
三、图　　书	册	716301	6797729	1568146	5229583
其中:当年新增	册	69107	69574	-	69574
四、数字资源量	-	-	-	-	-
电子图书	册	69053	2880178	43	2880135
电子期刊	册	9000	862093	-	862093
学位论文	册	-	11420999	-	11420999
音　视　频	小时	21944	182619	5869	176750
五、职业教育仿真实训资源量	套	-	-	-	-
仿真实验软件	套	-	-	-	-
仿真实训软件	套	-	-	-	-
仿真实习软件	套	-	-	-	-
六、数字终端数	台	3761	19207	245	18962
其中:教师终端数	台	703	2255	18	2237
学生终端数	台	2861	16332	227	16105
七、教　　室	间	147	2466	411	2055
其中:网络多媒体教室	间	51	793	129	664
八、固定资产总值	万元	27614.82	92960.36	51831.63	41128.72
其中:教学科研实习仪器设备资产值	万元	10569.64	32937.70	13971.81	18965.90
其中:当年新增	万元	1355.98	117.30	115.00	2.30

三、中等职业教育

中 等 职 业

	合计	中央部门	计
一、中等职业学校	546	1	355
其中:调整后中等职业学校	-	-	-
中等技术学校	170	1	108
中等师范学校	6	-	6
成人中等专业学校	128	-	81
职业高中学校	242	-	160
二、其他机构(不计校数)	27	-	27
三、附设中职班	114	-	79

注:本表数据不含技工学校,下同。

中 等 职 业 学 校

	毕 业 生 数			招生数
	计	职业类证书	职业技能等级证书	
中职学生	379808	240366	138659	381896
其中:女	163366	103047	61390	153062
五年制高职中职段	41589	16219	9058	34109
全 日 制	349295	236548	136968	367368
非全日制	30513	3818	1691	14528

学 校 （ 机 构 ） 数

单位：所

地	方		民办	中外合作办
教育部门	其他部门	地方企业		
303	50	2	190	-
-	-	-	-	-
78	29	1	61	-
6	-	-	-	-
74	6	1	47	-
145	15	-	82	-
26	1	-	-	-
74	3	2	35	-

（机构）各类学生数

在 校 生 数						预计毕业生数
总计	其中：现代学徒制	一年级	二年级	三年级	四年级以上	
1119505	14208	382617	370202	365731	955	390225
467596	5177	153080	157099	156930	487	156699
108705	1540	34110	33883	40691	21	38959
1068012	14123	368089	354309	344659	955	364691
51493	85	14528	15893	21072	-	25534

中等职业学校分办学类型及

		学　生　数						
		合　计			其中:全日制			其中:
		毕业生数	招生数	在校生数	毕业生数	招生数	在校生数	毕业生数
总　计		379808	381896	1119505	349295	367368	1068012	30513
其中:女		163366	153062	467596	147549	146760	443824	15817
按办学类型分	调整后中等职业学校	-	-	-	-	-	-	-
	普通中专学校	138289	142788	423420	125330	137853	397456	12959
	成人中专学校	49973	48005	113253	41657	44789	104265	8316
	职业高中学校	144815	162898	470828	135577	156521	454499	9238
	其他中职机构	1443	781	3253	1443	781	3253	-
	附设中职班	45288	27424	108751	45288	27424	108539	-
按举办者分	1.中央部门(机构)	506	211	988	504	211	988	2
	2.地　方	275925	268935	834683	249581	257826	788267	26344
	教育部门	254516	251855	777955	231377	242810	738903	23139
	其他部门	21377	17056	56588	18172	14992	49224	3205
	地方企业	32	24	140	32	24	140	-
	3.民　办	103377	112750	283834	99210	109331	278757	4167
	4.中外合作办	-	-	-	-	-	-	-

举办者的中职学生及教职工情况

非全日制		教职工数							校外教师	行业导师	外籍教师
		计	其中:专任教师数								
招生数	在校生数		计	正高级	副高级	中级	初级	未定职级			
14528	**51493**	**61413**	**55777**	**339**	**10828**	**17893**	**14651**	**12066**	**8144**	**866**	**1**
6302	23772	34397	32838	137	5184	10257	9622	7638	4139	318	1
–	–	–	–	–	–	–	–	–	–	–	–
4935	25964	20309	16995	103	3456	5251	4026	4159	2945	410	1
3216	8988	9919	7617	81	1305	2350	1297	2584	3386	159	–
6377	16329	29618	25371	110	5038	8379	7555	4289	1759	289	–
–	–	1567	1314	4	338	549	352	71	54	8	–
–	212	–	4480	41	691	1364	1421	963	–	–	–
–	–	68	48	–	19	11	10	8	–	–	–
11109	46416	45777	42201	188	9671	15421	12168	4753	7114	597	–
9045	39052	40859	38583	159	8927	13760	11235	4502	3895	414	–
2064	7364	4886	3600	29	739	1653	932	247	3219	183	–
–	–	32	18	–	5	8	1	4	–	–	–
3419	5077	15568	13528	151	1138	2461	2473	7305	1030	269	1
–	–	–	–	–	–	–	–	–	–	–	–

中职学生分科类情况(总计)

	毕业生数			招生数	在校生数	预计毕业生数
	计	其中				
		获得职业类证书	获得职业技能等级证书			
总　　计	379808	240366	138659	381896	1119505	390225
其中:女	163366	103047	61390	153062	467596	156699
农林牧渔大类	18701	11722	8260	17557	50145	16501
资源环境与安全大类	3241	2552	417	2612	11887	6389
能源动力与材料大类	990	503	172	293	1380	698
土木建筑大类	17579	9710	5923	11063	42469	16356
水利大类	183	–	–	181	698	394
装备制造大类	27505	18070	9654	36479	99092	30107
生物与化工大类	720	546	410	1019	2561	688
轻工纺织大类	1613	1275	815	1717	5280	1587
食品药品与粮食大类	728	624	341	4587	7140	1489
交通运输大类	36333	27429	16139	39910	109400	35827
电子与信息大类	84268	54907	32372	93700	260517	90830
医药卫生大类	25466	11975	3710	26522	75467	27263
财经商贸大类	42882	27810	17473	35800	111222	40209
旅游大类	15463	10179	6778	18471	48722	16188
文化艺术大类	41320	27854	17417	41000	120043	42144
新闻传播大类	2725	1812	1087	2639	12934	6674
教育与体育大类	58525	32430	17107	45150	152406	53662
公安与司法大类	22	1	–	127	369	159
公共管理与服务大类	1544	967	584	3069	7773	3060

中职学生分科类情况（全日制学生）

	毕业生数			招生数	在校生数	预计毕业生数
	计	其中				
		获得职业类证书	获得职业技能等级证书			
总　　计	349295	236548	136968	367368	1068012	364691
其中:女	-	-	-	-	-	-
农林牧渔大类	14948	11722	8260	15016	42214	13894
资源环境与安全大类	3119	2552	417	2600	8700	3204
能源动力与材料大类	459	243	172	293	1054	372
土木建筑大类	13340	8336	5298	9128	35649	14230
水利大类	58	-	-	181	448	144
装备制造大类	26144	17770	9654	35888	97443	29020
生物与化工大类	262	115	-	1015	2557	688
轻工纺织大类	1613	1275	815	1702	5251	1573
食品药品与粮食大类	728	624	341	4499	7052	1489
交通运输大类	36170	27402	16139	39856	108352	35422
电子与信息大类	75696	53955	31821	89841	250165	86346
医药卫生大类	25466	11975	3710	26522	75467	27263
财经商贸大类	39797	27531	17466	34074	104528	36896
旅游大类	15462	10179	6778	18150	48325	16038
文化艺术大类	37787	27796	17359	37924	112633	38667
新闻传播大类	2581	1762	1087	2638	8324	3011
教育与体育大类	54139	32383	17107	44845	151762	53269
公安与司法大类	22	1	-	127	348	138
公共管理与服务大类	1504	927	544	3069	7740	3027

中职学生分科类情况（非全日制学生）

	毕业生数			招生数	在校生数	预计毕业生数
	计	其中				
		获得职业类证书	获得职业技能等级证书			
总　　计	30513	3818	1691	14528	51493	25534
其中:女	-	-	-	-	-	-
农林牧渔大类	3753	-	-	2541	7931	2607
资源环境与安全大类	122	-	-	12	3187	3185
能源动力与材料大类	531	260	-	-	326	326
土木建筑大类	4239	1374	625	1935	6820	2126
水利大类	125	-	-	-	250	250
装备制造大类	1361	300	-	591	1649	1087
生物与化工大类	458	431	410	4	4	-
轻工纺织大类	-	-	-	15	29	14
食品药品与粮食大类	-	-	-	88	88	-
交通运输大类	163	27	-	54	1048	405
电子与信息大类	8572	952	551	3859	10352	4484
医药卫生大类	-	-	-	-	-	-
财经商贸大类	3085	279	7	1726	6694	3313
旅游大类	1	-	-	321	397	150
文化艺术大类	3533	58	58	3076	7410	3477
新闻传播大类	144	50	-	1	4610	3663
教育与体育大类	4386	47	-	305	644	393
公安与司法大类	-	-	-	-	21	21
公共管理与服务大类	40	40	40	-	33	33

中职在校生分年龄情况(一)

	合计	14岁以下	15岁	16岁	17岁
总　　计	**1119505**	**9298**	**218742**	**327105**	**321140**
全日制学生	1068012	9296	218526	326636	320278
非全日制学生	51493	2	216	469	862

中职在校生分年龄情况(二)

	18岁	19岁	20岁	21岁	22岁以上
总　　计	**142515**	**33853**	**10050**	**3319**	**53483**
全日制学生	141042	32670	9125	2549	7890
非全日制学生	1473	1183	925	770	45593

招生、在校生来源情况(一)

	招生数					在校生数		
	合计	全日制学生	非全日制学生	应届毕业生	初中毕业生	合计	全日制学生	非全日制学生
总　　计	381896	367368	14528	333686	323701	1119505	1068012	51493
北 京 市	25	23	2	21	20	68	64	4
天 津 市	47	47	–	44	44	145	145	–
河 北 省	1478	1377	101	1006	996	3263	3158	105
山 西 省	848	673	175	596	594	1822	1640	182
内 蒙 古	97	83	14	72	71	260	244	16
辽 宁 省	345	315	30	175	173	534	500	34
吉 林 省	108	97	11	70	69	307	295	12
黑 龙 江	229	189	40	148	148	520	479	41
上 海 市	81	77	4	74	73	144	140	4
江 苏 省	1513	1322	191	1197	1192	3277	3070	207
浙 江 省	1154	765	389	239	233	1664	1273	391
安 徽 省	1871	1798	73	1600	1589	3758	3675	83
福 建 省	184	169	15	135	126	400	383	17
江 西 省	770	741	29	430	428	1624	1590	34
山 东 省	2043	2008	35	1833	1823	4392	4343	49
河 南 省	366061	352839	13222	321650	311752	1085213	1035112	50101
湖 北 省	1130	1110	20	1051	1047	2837	2812	25

招生、在校生来源情况(二)

	招 生 数					在校生数		
	合计	全日制学生	非全日制学生	应届毕业生	初中毕业生	合计	全日制学生	非全日制学生
湖南省	744	728	16	694	693	2137	2120	17
广东省	424	386	38	244	244	776	737	39
广 西	241	212	29	157	156	438	409	29
海南省	34	34	-	32	32	107	107	-
重庆市	294	288	6	266	265	816	810	6
四川省	702	664	38	614	610	1705	1667	38
贵州省	316	313	3	301	301	695	692	3
云南省	181	177	4	165	164	438	434	4
西 藏	10	6	4	6	6	20	16	4
陕西省	473	460	13	438	428	1073	1053	20
甘肃省	139	130	9	119	118	411	400	11
青海省	40	30	10	29	28	117	107	10
宁 夏	54	50	4	48	48	162	158	4
新 疆	258	255	3	230	228	375	372	3
香 港	1	1	-	1	1	5	5	-
澳 门	-	-	-	-	-	-	-	-
台 湾	1	1	-	1	1	2	2	-
华 侨	-	-	-	-	-	-	-	-

中 职 学 生

	上学年初报表在校生数	增加学生数				
		计	招生	复学	转入	其他
总　计	1193613	391864	381896	1826	4909	3233
其中:全日制学生	1117516	377123	367368	1826	4696	3233
非全日制学生	76097	14741	14528	–	213	–

在 校 生 中

	中共党员	共青团员	香港
总　计	110	130339	5
中职全日制学生	39	128153	5
其中:女	17	62018	2
中职非全日制学生	71	2186	–
其中:女	32	1064	–

变 动 情 况

减 少 学 生 数								本学年初报表在校生数
计	毕业	结业	休学	退学	死亡	转出	其他	
465972	**379808**	**377**	**499**	**62939**	**14**	**22334**	**1**	**1119505**
426627	349295	112	499	54566	14	22140	1	1068012
39345	30513	265	-	8373	-	194	-	51493

其 他 情 况

澳门	台湾	华侨	少数民族	残疾人
-	**2**	-	**6471**	**1102**
-	2	-	6322	1102
-	1	-	2549	437
-	-	-	149	-
-	-	-	71	-

对外开展培训情况（总计）

指 标 名 称	计量单位	上学年数量
培训项目数量	个	661
财政资金支付	个	321
非财政资金支付	个	66
免费公益项目	个	274
到账经费	万元	6499
培训时间	学时	216052
培训对象	人次	388332
企业职工	人次	13929
党政领导干部	人次	388
教　师	人次	165429
农村劳动者	人次	36291
在校学生	人次	163643
老 年 人	人次	1143
其　他	人次	7509
重点人群	-	-
退 役 军 人	人次	289
残 疾 人	人次	172
承担培训工作的校内教师	人	3191

对外开展培训情况（普通中专学校）

指 标 名 称	计量单位	上学年数量
培训项目数量	个	143
财政资金支付	个	54
非财政资金支付	个	18
免费公益项目	个	71
到账经费	万元	720
培训时间	学时	91364
培训对象	人次	111791
企业职工	人次	5065
党政领导干部	人次	11
教　师	人次	1355
农村劳动者	人次	17678
在校学生	人次	83092
老 年 人	人次	423
其　他	人次	4167
重点人群	-	-
退 役 军 人	人次	107
残 疾 人	人次	65
承担培训工作的校内教师	人	929

对外开展培训情况（成人中专学校）

指 标 名 称	计量单位	上学年数量
培训项目数量	个	155
财政资金支付	个	114
非财政资金支付	个	18
免费公益项目	个	23
到账经费	万元	2324
培训时间	学时	76960
培训对象	人次	90424
企业职工	人次	1772
党政领导干部	人次	—
教　师	人次	81114
农村劳动者	人次	590
在校学生	人次	5465
老 年 人	人次	410
其　他	人次	1073
重点人群	—	—
退役军人	人次	—
残 疾 人	人次	—
承担培训工作的校内教师	人	849

对外开展培训情况（职业高中学校）

指 标 名 称	计量单位	上学年数量
培训项目数量	个	269
财政资金支付	个	59
非财政资金支付	个	30
免费公益项目	个	180
到账经费	万元	1316
培训时间	学时	42020
培训对象	人次	111779
企业职工	人次	7092
党政领导干部	人次	377
教　师	人次	8622
农村劳动者	人次	18023
在校学生	人次	75086
老 年 人	人次	310
其　他	人次	2269
重点人群	—	—
退役军人	人次	182
残 疾 人	人次	107
承担培训工作的校内教师	人	967

对外开展培训情况（其他中职机构）

指 标 名 称	计量单位	上学年数量
培训项目数量	个	94
财政资金支付	个	94
非财政资金支付	个	-
免费公益项目	个	-
到账经费	万元	2139
培训时间	学时	5708
培训对象	人次	74338
企业职工	人次	-
党政领导干部	人次	-
教　师	人次	74338
农村劳动者	人次	-
在校学生	人次	-
老 年 人	人次	-
其　他	人次	-
重点人群	-	-
退役军人	人次	-
残疾人	人次	-
承担培训工作的校内教师	人	446

教 职 工 情 况（总计）

	教职工数						校外教师	行业导师	外籍教师
	合计	专任教师	行政人员	教辅人员	工勤人员	其他附设机构人员			
总　　计	61413	52614	3527	2478	2714	80	8144	866	1
其中:女	34397	31067	1337	1134	813	46	4139	318	1
在编人员	40497	35973	1802	1409	1296	17	-	-	-

教 职 工 情 况（普通中专学校）

	教职工数						校外教师	行业导师	外籍教师
	合计	专任教师	行政人员	教辅人员	工勤人员	其他附设机构人员			
总　　计	20309	17115	1374	724	1016	80	2945	410	1
其中:女	11347	10182	498	357	264	46	1873	160	1
在编人员	13258	11507	800	389	545	17	-	-	-

教 职 工 情 况（成人中专学校）

	教 职 工 数						校外教师	行业导师	外籍教师
	合计	专任教师	行政人员	教辅人员	工勤人员	其他附设机构人员			
总　　计	**9919**	**7682**	**883**	**751**	**603**	-	**3386**	**159**	-
其中:女	5219	4281	388	339	211	-	1259	37	-
在编人员	4102	3320	275	339	168	-	-	-	-

教 职 工 情 况（职业高中学校）

	教 职 工 数						校外教师	行业导师	外籍教师
	合计	专任教师	行政人员	教辅人员	工勤人员	其他附设机构人员			
总　　计	29618	26503	1181	920	1014	-	1759	289	-
其中:女	16904	15775	416	389	324	-	974	117	-
在编人员	21896	20078	670	633	515	-	-	-	-

教 职 工 情 况（其他中职机构）（一）

	教职工数					
	合计	专任教师	行政人员	教辅人员	工勤人员	其他附设机构人员
总　计	1567	1314	89	83	81	-
其中:女	927	829	35	49	14	-
在编人员	1241	1068	57	48	68	-

教 职 工 情 况（其他中职机构）（二）

	校外教师	行业导师	外籍教师
总　计	54	8	-
其中:女	33	4	-
在编人员	-	-	-

中 等 职 业 学 校 教

	本学年授课专任教师					本学年授课校外教师			
	总计	公共基础课	思政课	专业（技能）课程	双师型	总计	公共基础课	思政课	专业（技能）课程
总　　计	55024	23347	3749	31677	14325	7906	2268	228	5638
其中:女	32453	14880	2233	17573	8260	4015	1306	158	2709
正 高 级	335	126	23	209	141	217	97	4	120
副 高 级	10656	4974	811	5682	3275	1595	362	51	1233
中　　级	17633	7352	1156	10281	5786	2914	703	55	2211
初　　级	14532	5734	873	8798	3839	1129	346	30	783
未定职级	11868	5161	886	6707	1284	2051	760	88	1291

中 等 职 业 学 校 教

	本学年授课专任教师					本学年授课校外教师			
	总计	公共基础课	思政课	专业（技能）课程	双师型	总计	公共基础课	思政课	专业（技能）课程
总　　计	16572	6380	1124	10192	4865	2909	888	141	2021
其中:女	9915	4076	711	5839	2891	1854	550	95	1304
正 高 级	101	35	4	66	52	28	6	1	22
副 高 级	3363	1449	243	1914	1158	461	145	31	316
中　　级	5179	1862	308	3317	2012	802	200	37	602
初　　级	3958	1424	252	2534	1133	652	156	21	496
未定职级	3971	1610	317	2361	510	966	381	51	585

师授课分类情况（总计）

双师型	本学年授课行业导师		本学年授课外籍教师			本学年不授课专任教师			
	总计	专业（技能）课程	总计	公共基础课	专业（技能）课程	总计	进修	病休	其他
2098	**589**	**436**	**1**	**1**	**-**	**753**	**73**	**57**	**623**
1133	291	221	1	1	-	385	53	38	294
52	10	9	-	-	-	4	-	-	4
533	106	73	-	-	-	172	22	6	144
870	172	118	-	-	-	260	35	11	214
383	48	32	-	-	-	119	13	21	85
260	253	204	1	1	-	198	3	19	176

师授课分类情况（普通中专学校）

双师型	本学年授课行业导师		本学年授课外籍教师			本学年不授课专任教师			
	总计	专业（技能）课程	总计	公共基础课	专业（技能）课程	总计	进修	病休	其他
916	**274**	**222**	**1**	**1**	**-**	**423**	**10**	**33**	**380**
637	144	122	1	1	-	181	5	19	157
16	6	6	-	-	-	2	-	-	2
210	66	47	-	-	-	93	-	1	92
360	110	79	-	-	-	72	1	6	65
234	24	24	-	-	-	68	6	16	46
96	68	66	1	1	-	188	3	10	175

中 等 职 业 学 校 教

	本学年授课专任教师					本学年授课校外教师			
	总计	公共基础课	思政课	专业（技能）课程	双师型	总计	公共基础课	思政课	专业（技能）课程
总　　计	7521	3716	494	3805	1211	3381	862	26	2519
其中:女	4184	2391	321	1793	653	1259	407	22	852
正 高 级	81	29	6	52	39	151	78	-	73
副 高 级	1273	710	91	563	238	1016	182	9	834
中　　级	2301	1146	123	1155	400	1793	410	4	1383
初　　级	1282	567	80	715	235	187	101	4	86
未定职级	2584	1264	194	1320	299	234	91	9	143

中 等 职 业 学 校 教

	本学年授课专任教师					本学年授课校外教师			
	总计	公共基础课	思政课	专业（技能）课程	双师型	总计	公共基础课	思政课	专业（技能）课程
总　　计	25188	10780	1633	14408	6888	1562	499	57	1063
其中:女	14890	6846	868	8044	3914	869	336	38	533
正 高 级	108	52	12	56	33	31	9	2	22
副 高 级	5001	2275	360	2726	1606	97	28	8	69
中　　级	8259	3416	558	4843	2841	303	85	14	218
初　　级	7538	3074	419	4464	2034	280	89	5	191
未定职级	4282	1963	284	2319	374	851	288	28	563

师授课分类情况（成人中专学校）

双师型	本学年授课行业导师		本学年授课外籍教师			本学年不授课专任教师			
	总计	专业（技能）课程	总计	公共基础课	专业（技能）课程	总计	进修	病休	其他
795	63	22	-	-	-	96	48	-	48
289	37	12	-	-	-	63	33	-	30
22	1	-	-	-	-	-	-	-	-
279	11	1	-	-	-	32	16	-	16
393	21	3	-	-	-	49	25	-	24
55	6	-	-	-	-	15	7	-	8
46	24	18	-	-	-	-	-	-	-

师授课分类情况（职业高中学校）

双师型	本学年授课行业导师		本学年授课外籍教师			本学年不授课专任教师			
	总计	专业（技能）课程	总计	公共基础课	专业（技能）课程	总计	进修	病休	其他
372	244	184	-	-	-	183	-	15	168
196	106	83	-	-	-	109	-	10	99
13	3	3	-	-	-	2	-	-	2
39	28	24	-	-	-	37	-	4	33
113	41	36	-	-	-	120	-	3	117
89	18	8	-	-	-	17	-	2	15
118	154	113	-	-	-	7	-	6	1

中等职业学校教

	本学年授课专任教师					本学年授课校外教师			
	总计	公共基础课	思政课	专业(技能)课程	双师型	总计	公共基础课	思政课	专业(技能)课程
总　　计	1263	838	97	425	177	54	19	4	35
其中:女	797	522	70	275	133	33	13	3	20
正高级	4	2	-	2	2	7	4	1	3
副高级	328	230	30	98	42	21	7	3	14
中　级	530	373	43	157	74	16	8	-	8
初　级	333	215	18	118	57	10	-	-	10
未定职级	68	18	6	50	2	-	-	-	-

中等职业学校教

	合计	博士研究生			硕士研究生	
		总计	获取博士学位	获取硕士学位	总计	获取博士学位
1.专任教师	55777	35	22	6	5253	-
其中:女	32838	11	6	1	3565	-
正高级	339	14	9	2	61	-
副高级	10828	8	4	1	737	-
中　级	17893	7	3	3	1715	-
初　级	14651	-	-	-	1658	-
未定职级	12066	6	6	-	1082	-
2.校外教师	8144	23	22	-	575	-
其中:女	4139	6	5	-	285	-
两年以上	1187	-	-	-	95	-
正高级	217	10	10	-	43	-
副高级	1601	13	12	-	141	-
中　级	2917	-	-	-	191	-
初　级	1138	-	-	-	95	-
未定职级	2271	-	-	-	105	-
3.行业导师	866	1	1	-	89	-
4.外籍教师	1	-	-	-	-	-

师授课分类情况（其他中职机构）

双师型	本学年授课行业导师		本学年授课外籍教师			本学年不授课专任教师			
	总计	专业(技能)课程	总计	公共基础课	专业(技能)课程	总计	进修	病休	其他
15	**8**	**8**	-	-	-	**51**	**15**	**9**	**27**
11	4	4	-	-	-	32	15	9	8
1	-	-	-	-	-	-	-	-	-
5	1	1	-	-	-	10	6	1	3
4	-	-	-	-	-	19	9	2	8
5	-	-	-	-	-	19	-	3	16
-	7	7	-	-	-	3	-	3	-

师分学历（位）情况（总计）

	本 科			专 科			高中阶段以下
获取硕士学位	总计	获取博士学位	获取硕士学位	总计	获取博士学位	获取硕士学位	
4533	**47526**	-	**964**	**2926**	-	**5**	**37**
3166	28349	-	586	910	-	2	3
43	259	-	32	5	-	1	-
577	9899	-	356	183	-	1	1
1456	15318	-	343	844	-	2	9
1520	12212	-	104	775	-	1	6
937	9838	-	129	1119	-	-	21
337	**6420**	-	**127**	**1112**	-	-	**14**
182	3490	-	86	357	-	-	1
61	1053	-	18	34	-	-	5
13	164	-	3	-	-	-	-
87	1428	-	32	19	-	-	-
125	1964	-	70	759	-	-	3
83	956	-	13	85	-	-	2
29	1908	-	9	249	-	-	9
44	**603**	**13**	**2**	**167**	-	**2**	**6**
-	1	-	-	-	-	-	-

中等职业学校教

	合计	博士研究生			硕士研究生	
		总计	获取 博士学位	获取 硕士学位	总计	获取 博士学位
1．专任教师	16995	8	5	1	1672	-
其中：女	10096	1	1	-	1174	-
正　高　级	103	1	-	1	16	-
副　高　级	3456	4	2	-	227	-
中　　　级	5251	1	1	-	508	-
初　　　级	4026	-	-	-	576	-
未定职级	4159	2	2	-	345	-
2．校外教师	2945	10	10	-	265	-
其中：女	1873	3	3	-	157	-
两年以上	619	-	-	-	51	-
正　高　级	28	6	6	-	5	-
副　高　级	461	4	4	-	57	-
中　　　级	802	-	-	-	63	-
初　　　级	652	-	-	-	66	-
未定职级	1002	-	-	-	74	-
3．行业导师	410	-	-	-	27	-
4．外籍教师	1	-	-	-	-	-

中等职业学校教

	合计	博士研究生			硕士研究生	
		总计	获取 博士学位	获取 硕士学位	总计	获取 博士学位
1．专任教师	7617	12	4	5	606	-
其中：女	4247	3	-	1	373	-
正　高　级	81	6	4	1	26	-
副　高　级	1305	2	-	1	148	-
中　　　级	2350	4	-	3	206	-
初　　　级	1297	-	-	-	72	-
未定职级	2584	-	-	-	154	-
2．校外教师	3386	8	7	-	178	-
其中：女	1259	3	2	-	69	-
两年以上	97	-	-	-	19	-
正　高　级	151	-	-	-	26	-
副　高　级	1017	8	7	-	63	-
中　　　级	1795	-	-	-	63	-
初　　　级	187	-	-	-	9	-
未定职级	236	-	-	-	17	-
3．行业导师	159	-	-	-	16	-
4．外籍教师	-	-	-	-	-	-

师分学历（位）情况（普通中专学校）

	本科			专科			高中阶段以下
获取硕士学位	总计	获取博士学位	获取硕士学位	总计	获取博士学位	获取硕士学位	
1500	**14378**	**–**	**385**	**915**	**–**	**3**	**22**
1065	8647	–	242	271	–	1	3
10	82	–	21	4	–	–	–
183	3162	–	177	62	–	1	1
458	4548	–	139	191	–	1	3
543	3245	–	20	201	–	1	4
306	3341	–	28	457	–	–	14
184	**2563**	**–**	**112**	**104**	**–**	**–**	**3**
108	1672	–	80	40	–	–	1
37	552	–	18	14	–	–	2
5	17	–	3	–	–	–	–
55	397	–	21	3	–	–	–
52	729	–	68	7	–	–	3
62	564	–	13	22	–	–	–
10	856	–	7	72	–	–	–
18	**300**	**9**	**–**	**82**	**–**	**2**	**1**
–	**1**	**–**	**–**	**–**	**–**	**–**	**–**

师分学历（位）情况（成人中专学校）

	本科			专科			高中阶段以下
获取硕士学位	总计	获取博士学位	获取硕士学位	总计	获取博士学位	获取硕士学位	
406	**6082**	**–**	**166**	**917**	**–**	**2**	**–**
295	3540	–	87	331	–	1	–
16	48	–	4	1	–	1	–
80	1144	–	30	11	–	–	–
127	1813	–	37	327	–	1	–
39	1008	–	14	217	–	–	–
144	2069	–	81	361	–	–	–
29	**2326**	**–**	**15**	**874**	**–**	**–**	**–**
21	912	–	6	275	–	–	–
2	78	–	–	–	–	–	–
–	125	–	–	–	–	–	–
12	945	–	11	1	–	–	–
10	993	–	2	739	–	–	–
1	131	–	–	47	–	–	–
6	132	–	2	87	–	–	–
9	**139**	**4**	**2**	**–**	**–**	**–**	**4**
–	**–**	**–**	**–**	**–**	**–**	**–**	**–**

中等职业学校教

	合计	博士研究生			硕士研究生	
		总计	获取 博士学位	获取 硕士学位	总计	获取 博士学位
1. 专任教师	**25371**	**9**	**7**	**—**	**1468**	**—**
其中:女	14999	4	2	—	984	—
正　高　级	110	6	4	—	12	—
副　高　级	5038	1	1	—	192	—
中　　　级	8379	1	1	—	531	—
初　　　级	7555	—	—	—	467	—
未定职级	4289	1	1	—	266	—
2. 校外教师	**1759**	**5**	**5**	**—**	**125**	**—**
其中:女	974	—	—	—	54	—
两年以上	469	—	—	—	25	—
正　高　级	31	4	4	—	8	—
副　高　级	102	1	1	—	18	—
中　　　级	304	—	—	—	65	—
初　　　级	289	—	—	—	20	—
未定职级	1033	—	—	—	14	—
3. 行业导师	**289**	**1**	**1**	**—**	**46**	**—**
4. 外籍教师	**—**	**—**	**—**	**—**	**—**	**—**

中等职业学校教

	合计	博士研究生			硕士研究生	
		总计	获取 博士学位	获取 硕士学位	总计	获取 博士学位
1. 专任教师	**1314**	**—**	**—**	**—**	**132**	**—**
其中:女	829	—	—	—	107	—
正　高　级	4	—	—	—	—	—
副　高　级	338	—	—	—	13	—
中　　　级	549	—	—	—	51	—
初　　　级	352	—	—	—	53	—
未定职级	71	—	—	—	15	—
2. 校外教师	**54**	**—**	**—**	**—**	**7**	**—**
其中:女	33	—	—	—	5	—
两年以上	2	—	—	—	—	—
正　高　级	7	—	—	—	4	—
副　高　级	21	—	—	—	3	—
中　　　级	16	—	—	—	—	—
初　　　级	10	—	—	—	—	—
未定职级	—	—	—	—	—	—
3. 行业导师	**8**	**—**	**—**	**—**	**—**	**—**
4. 外籍教师	**—**	**—**	**—**	**—**	**—**	**—**

师分学历（位）情况（职业高中学校）

获取硕士学位	本科			专科			高中阶段以下
	总计	获取博士学位	获取硕士学位	总计	获取博士学位	获取硕士学位	
1209	**22897**	–	**191**	**982**	–	–	**15**
828	13738	–	116	273	–	–	–
12	92	–	2	–	–	–	–
154	4748	–	62	97	–	–	–
424	7559	–	62	282	–	–	6
416	6757	–	50	329	–	–	2
203	3741	–	15	274	–	–	7
122	**1484**	–	–	**134**	–	–	**11**
51	878	–	–	42	–	–	–
22	421	–	–	20	–	–	3
8	19	–	–	–	–	–	–
18	68	–	–	15	–	–	–
63	226	–	–	13	–	–	–
20	251	–	–	16	–	–	2
13	920	–	–	90	–	–	9
17	**156**	–	–	**85**	–	–	**1**
–	–	–	–	–	–	–	–

师分学历（位）情况（其他中职机构）

获取硕士学位	本科			专科			高中阶段以下
	总计	获取博士学位	获取硕士学位	总计	获取博士学位	获取硕士学位	
105	**1138**	–	**36**	**44**	–	–	–
90	701	–	32	21	–	–	–
–	4	–	–	–	–	–	–
8	321	–	10	4	–	–	–
37	476	–	23	22	–	–	–
47	281	–	3	18	–	–	–
13	56	–	–	–	–	–	–
2	**47**	–	–	–	–	–	–
2	28	–	–	–	–	–	–
–	2	–	–	–	–	–	–
–	3	–	–	–	–	–	–
2	18	–	–	–	–	–	–
–	16	–	–	–	–	–	–
–	10	–	–	–	–	–	–
–	–	–	–	–	–	–	–
–	**8**	–	–	–	–	–	–
–	–	–	–	–	–	–	–

专任教师分年龄情况（总计）

		合计	29岁以下	30-34岁	35-39岁	40-44岁	45-49岁	50-54岁	55-59岁	60-64岁	65岁以上
总　　计		**55777**	**11733**	**9052**	**8218**	**8717**	**7683**	**6581**	**3644**	**141**	**8**
其中:女		32838	8025	6024	5271	5174	4110	3123	1073	38	-
获博士学位		22	-	1	4	4	2	5	6	-	-
获硕士学位		5508	1220	1520	1039	821	464	307	132	5	-
按专业技术职务分	正　高　级	339	-	-	11	23	39	113	129	20	4
	副　高　级	10828	-	44	428	1611	2676	3477	2486	106	-
	中　　级	17893	499	1929	3604	4656	3703	2604	886	8	4
	初　　级	14651	4024	4482	2994	1828	931	300	90	2	-
	未定职级	12066	7210	2597	1181	599	334	87	53	5	-
按学历（学位）分	博士研究生	35	-	3	5	8	6	6	7	-	-
	其中:获博士学位	22	-	1	4	4	2	5	6	-	-
	获硕士学位	6	-	2	1	1	-	1	1	-	-
	硕士研究生	5253	1257	1622	1049	667	361	198	92	7	-
	其中:获博士学位	-	-	-	-	-	-	-	-	-	-
	获硕士学位	4533	1096	1430	903	581	307	157	55	4	-
	本　　科	47526	9900	7012	6723	7552	6874	6018	3321	118	8
	其中:获博士学位	-	-	-	-	-	-	-	-	-	-
	获硕士学位	964	124	88	135	237	157	147	75	1	-
	专　　科	2926	571	412	436	486	436	352	217	16	-
	其中:获博士学位	-	-	-	-	-	-	-	-	-	-
	获硕士学位	5	-	-	-	2	-	2	1	-	-
	高中阶段以下	37	5	3	5	4	6	7	7	-	-

专任教师分年龄情况（普通中专学校）

		合计	29岁以下	30-34岁	35-39岁	40-44岁	45-49岁	50-54岁	55-59岁	60-64岁	65岁以上
总　　计		16995	3645	2581	2476	2704	2208	2030	1297	52	2
其中:女		10096	2564	1794	1575	1594	1188	966	395	20	-
获博士学位		5	-	-	1	-	1	2	1	-	-
获硕士学位		1889	357	464	360	306	180	138	79	5	-
按专业技术职务分	正　高　级	103	-	-	-	3	11	32	50	6	1
	副　高　级	3456	-	18	147	516	784	1067	885	39	-
	中　　级	5251	174	561	1134	1360	953	752	312	4	1
	初　　级	4026	1000	1232	769	573	310	116	26	-	-
	未定职级	4159	2471	770	426	252	150	63	24	3	-
按学历（学位）分	博士研究生	8	-	-	1	-	3	2	2	-	-
	其中:获博士学位	5	-	-	1	-	1	2	1	-	-
	获硕士学位	1	-	-	-	-	-	-	1	-	-
	硕士研究生	1672	380	484	338	228	128	70	39	5	-
	其中:获博士学位	-	-	-	-	-	-	-	-	-	-
	获硕士学位	1500	344	444	306	196	116	65	25	4	-
	本　　科	14378	3035	1979	2023	2343	1946	1838	1172	40	2
	其中:获博士学位	-	-	-	-	-	-	-	-	-	-
	获硕士学位	385	13	20	54	108	64	72	53	1	-
	专　　科	915	229	118	110	129	130	115	77	7	-
	其中:获博士学位	-	-	-	-	-	-	-	-	-	-
	获硕士学位	3	-	-	-	2	-	1	-	-	-
	高中阶段以下	22	1	-	4	4	1	5	7	-	-

专任教师分年龄情况(成人中专学校)

		合计	29岁以下	30-34岁	35-39岁	40-44岁	45-49岁	50-54岁	55-59岁	60-64岁	65岁以上
总　计		7617	1760	1400	1171	1090	972	739	422	60	3
其中:女		4247	1100	779	702	623	528	364	137	14	-
获博士学位		4	-	-	-	1	1	-	2	-	-
获硕士学位		579	140	149	99	87	49	40	15	-	-
按专业技术职务分	正　高　级	81	-	-	4	8	10	21	24	13	1
	副　高　级	1305	-	6	82	210	323	361	276	47	-
	中　　　级	2350	89	321	481	556	464	331	106	-	2
	初　　　级	1297	322	360	314	180	88	23	10	-	-
	未定职级	2584	1349	713	290	136	87	3	6	-	-
按学历（学位）分	博士研究生	12	-	2	1	3	3	1	2	-	-
	其中:获博士学位	4	-	-	-	1	1	-	2	-	-
	获硕士学位	5	-	2	1	1	-	1	-	-	-
	硕士研究生	606	111	192	129	86	45	28	13	2	-
	其中:获博士学位	-	-	-	-	-	-	-	-	-	-
	获硕士学位	406	91	126	74	62	30	17	6	-	-
	本　　　科	6082	1507	1054	866	818	766	621	390	57	3
	其中:获博士学位	-	-	-	-	-	-	-	-	-	-
	获硕士学位	166	49	21	24	24	19	21	8	-	-
	专　　　科	917	142	152	175	183	158	89	17	1	-
	其中:获博士学位	-	-	-	-	-	-	-	-	-	-
	获硕士学位	2	-	-	-	-	-	1	1	-	-
	高中阶段以下	-	-	-	-	-	-	-	-	-	-

专任教师分年龄情况（职业高中学校）

		合计	29岁以下	30-34岁	35-39岁	40-44岁	45-49岁	50-54岁	55-59岁	60-64岁	65岁以上
总 计		25371	5219	3850	3566	4036	3907	3254	1512	26	1
其中:女		14999	3601	2669	2326	2408	2059	1524	409	3	-
获博士学位		7	-	-	-	2	-	2	3	-	-
获硕士学位		1400	343	374	241	192	149	88	13	-	-
按专业技术职务分	正高级	110	-	-	7	11	13	42	37	-	-
	副高级	5038	-	8	121	688	1375	1790	1038	18	-
	中级	8379	188	776	1548	2250	1981	1255	376	4	1
	初级	7555	2178	2269	1541	908	464	148	45	2	-
	未定职级	4289	2853	797	349	179	74	19	16	2	-
按学历（学位）分	博士研究生	9	-	-	-	4	-	2	3	-	-
	其中:获博士学位	7	-	-	-	2	-	2	3	-	-
	获硕士学位	-	-	-	-	-	-	-	-	-	-
	硕士研究生	1468	372	409	279	179	128	79	22	-	-
	其中:获博士学位	-	-	-	-	-	-	-	-	-	-
	获硕士学位	1209	301	339	227	159	112	60	11	-	-
	本科	22897	4663	3302	3143	3696	3646	3040	1388	18	1
	其中:获博士学位	-	-	-	-	-	-	-	-	-	-
	获硕士学位	191	42	35	14	33	37	28	2	-	-
	专科	982	180	136	143	157	128	131	99	8	-
	其中:获博士学位	-	-	-	-	-	-	-	-	-	-
	获硕士学位	-	-	-	-	-	-	-	-	-	-
	高中阶段以下	15	4	3	1	-	5	2	-	-	-

专任教师分年龄情况（其他中职机构）

		合计	29岁以下	30-34岁	35-39岁	40-44岁	45-49岁	50-54岁	55-59岁	60-64岁	65岁以上
总 计		1314	41	108	244	320	234	223	144	—	—
其中:女		829	27	88	178	227	149	120	40	—	—
获博士学位		—	—	—	—	—	—	—	—	—	—
获硕士学位		141	2	16	63	48	11	1	—	—	—
按专业技术职务分	正高级	4	—	—	—	—	1	2	1	—	—
	副高级	338	—	—	4	41	74	115	104	—	—
	中级	549	—	15	81	192	133	95	33	—	—
	初级	352	19	75	141	77	23	11	6	—	—
	未定职级	71	22	18	18	10	3	—	—	—	—
按学历（学位）分	博士研究生	—	—	—	—	—	—	—	—	—	—
	其中:获博士学位	—	—	—	—	—	—	—	—	—	—
	获硕士学位	—	—	—	—	—	—	—	—	—	—
	硕士研究生	132	4	17	59	32	13	4	3	—	—
	其中:获博士学位	—	—	—	—	—	—	—	—	—	—
	获硕士学位	105	2	16	56	25	6	—	—	—	—
	本科	1138	37	91	183	279	209	210	129	—	—
	其中:获博士学位	—	—	—	—	—	—	—	—	—	—
	获硕士学位	36	—	—	7	23	5	1	—	—	—
	专科	44	—	—	2	9	12	9	12	—	—
	其中:获博士学位	—	—	—	—	—	—	—	—	—	—
	获硕士学位	—	—	—	—	—	—	—	—	—	—
	高中阶段以下	—	—	—	—	—	—	—	—	—	—

中等职业学校专任教师教学领域所属大类情况(总计)

		合计	其中：女	正高级	副高级	中级	初级	未定职级
总　　计		55777	32838	339	10828	17893	14651	12066
其中:女		32838	–	137	5184	10257	9622	7638
实习指导课		2452	1161	12	321	816	715	588
专业课	农林牧渔大类	2451	1190	20	620	995	574	242
	资源环境与安全大类	226	106	1	32	52	33	108
	能源动力与材料大类	241	115	3	37	68	58	75
	土木建筑大类	1028	516	5	184	326	324	189
	水利大类	92	37	1	29	22	20	20
	装备制造大类	2268	930	12	451	795	609	401
	生物与化工大类	281	155	2	77	101	59	42
	轻工纺织大类	279	209	–	54	108	70	47
	食品药品与粮食大类	371	173	4	61	116	92	98
	交通运输大类	2034	861	9	248	542	612	623
	电子与信息大类	6102	3317	47	1072	1960	1655	1368
	医药卫生大类	2046	1351	16	350	836	512	332
	财经商贸大类	2850	1868	28	485	790	904	643
	旅游大类	1044	667	4	151	333	296	260
	文化艺术大类	4502	3176	34	676	1435	1453	904
	新闻传播大类	330	226	2	54	112	88	74
	教育与体育大类	6012	3231	31	1263	1955	1566	1197
	公安与司法大类	107	57	–	16	20	22	49
	公共管理与服务大类	577	339	2	76	172	146	181
公共基础课		22936	14314	118	4892	7155	5558	5213

中等职业学校专任教师教学领域所属大类情况（普通中专学校）

		合计	其中：女	正高级	副高级	中级	初级	未定职级
总　　计		16995	10096	103	3456	5251	4026	4159
其中:女		10096	–	41	1711	2989	2593	2762
实习指导课		552	264	–	84	221	182	65
专业课	农林牧渔大类	393	188	3	96	141	65	88
	资源环境与安全大类	44	23	–	10	10	6	18
	能源动力与材料大类	83	39	2	10	22	25	24
	土木建筑大类	312	138	3	77	93	82	57
	水利大类	50	26	1	20	12	15	2
	装备制造大类	713	262	4	169	234	154	152
	生物与化工大类	76	34	–	29	32	14	1
	轻工纺织大类	27	26	–	6	14	3	4
	食品药品与粮食大类	119	54	–	5	23	25	66
	交通运输大类	809	348	3	85	172	224	325
	电子与信息大类	2188	1160	15	408	708	493	564
	医药卫生大类	1063	705	11	208	442	229	173
	财经商贸大类	1070	709	11	231	305	287	236
	旅游大类	343	226	2	51	102	75	113
	文化艺术大类	1569	1136	8	215	530	452	364
	新闻传播大类	137	97	1	31	69	25	11
	教育与体育大类	1608	903	7	358	540	480	223
	公安与司法大类	45	21	–	9	8	7	21
	公共管理与服务大类	162	110	–	22	30	29	81
公共基础课		6184	3891	32	1416	1764	1336	1636

中等职业学校专任教师教学领域所属大类情况（成人中专学校）

		合计	其中：女	正高级	副高级	中级	初级	未定职级
总　计		7617	4247	81	1305	2350	1297	2584
其中:女		4247	–	25	639	1316	801	1466
实习指导课		412	230	12	20	65	55	260
专业课	农林牧渔大类	814	361	6	179	419	196	14
	资源环境与安全大类	21	5	1	3	10	2	5
	能源动力与材料大类	31	14	1	6	10	3	11
	土木建筑大类	91	49	1	15	21	12	42
	水利大类	28	7	–	4	4	3	17
	装备制造大类	174	81	3	14	62	46	49
	生物与化工大类	27	8	1	4	3	–	19
	轻工纺织大类	17	11	–	2	5	1	9
	食品药品与粮食大类	12	3	1	1	5	2	3
	交通运输大类	217	132	4	8	44	55	106
	电子与信息大类	388	192	11	36	114	57	170
	医药卫生大类	293	189	1	53	74	87	78
	财经商贸大类	196	121	8	19	26	40	103
	旅游大类	45	13	–	1	4	4	36
	文化艺术大类	232	139	7	22	35	49	119
	新闻传播大类	48	29	1	3	7	6	31
	教育与体育大类	1192	456	10	230	359	152	441
	公安与司法大类	13	8	–	4	2	2	5
	公共管理与服务大类	63	38	1	3	17	19	23
公共基础课		3715	2391	24	698	1129	561	1303

中等职业学校专任教师教学领域所属大类情况（职业高中学校）

		合计	其中：女	正高级	副高级	中级	初级	未定职级
总　　计		25371	14999	110	5038	8379	7555	4289
其中:女		14999	-	50	2299	4806	5071	2773
实习指导课		1149	499	-	179	414	355	201
专业课	农林牧渔大类	1192	620	8	337	417	292	138
	资源环境与安全大类	138	71	-	14	26	22	76
	能源动力与材料大类	77	39	-	11	21	23	22
	土木建筑大类	509	279	1	81	167	195	65
	水利大类	8	1	-	5	1	2	-
	装备制造大类	1215	531	5	245	449	340	176
	生物与化工大类	147	94	1	39	52	41	14
	轻工纺织大类	222	162	-	43	87	60	32
	食品药品与粮食大类	191	87	2	45	73	54	17
	交通运输大类	880	308	2	136	280	300	162
	电子与信息大类	2996	1686	14	553	1001	893	535
	医药卫生大类	506	337	4	70	238	129	65
	财经商贸大类	1167	754	2	193	376	389	207
	旅游大类	546	362	1	88	209	181	67
	文化艺术大类	2151	1515	10	377	709	765	290
	新闻传播大类	91	64	-	16	25	36	14
	教育与体育大类	2396	1420	7	502	764	714	409
	公安与司法大类	9	4	-	-	3	1	5
	公共管理与服务大类	261	129	-	36	107	78	40
公共基础课		10669	6536	53	2247	3374	3040	1955

中等职业学校专任教师教学领域所属大类情况（其他中职机构）

		合计	其中：女	正高级	副高级	中级	初级	未定职级
总 计		1314	829	4	338	549	352	71
其中:女		829	–	3	173	355	251	47
实习指导课		2	1	–	1	–	1	–
专业课	农林牧渔大类	–	–	–	–	–	–	–
	资源环境与安全大类	–	–	–	–	–	–	–
	能源动力与材料大类	–	–	–	–	–	–	–
	土木建筑大类	4	4	–	1	1	1	1
	水利大类	–	–	–	–	–	–	–
	装备制造大类	–	–	–	–	–	–	–
	生物与化工大类	–	–	–	–	–	–	–
	轻工纺织大类	5	4	–	2	1	2	–
	食品药品与粮食大类	–	–	–	–	–	–	–
	交通运输大类	54	36	–	7	27	9	11
	电子与信息大类	42	33	–	9	14	14	5
	医药卫生大类	–	–	–	–	–	–	–
	财经商贸大类	60	54	–	5	16	28	11
	旅游大类	22	13	1	3	2	4	12
	文化艺术大类	25	22	–	1	5	14	5
	新闻传播大类	7	5	–	–	1	3	3
	教育与体育大类	257	143	2	76	106	68	5
	公安与司法大类	–	–	–	–	–	–	–
	公共管理与服务大类	–	–	–	–	–	–	–
公共基础课		838	515	1	234	376	209	18

专 任 教 师

		上学年初报表专任教师数	增加教师数						
			合计	招聘			调入		校内
				计	其中：应届毕业生	其中：师范生	计	其中：外校	计
总计	**合　　计**	**54150**	**7563**	**5385**	**1523**	**590**	**946**	**467**	**1090**
	其中:女	31076	4853	3554	1111	434	535	273	665
普通中专学校	合　　计	15753	3136	2081	610	191	395	241	519
	其中:女	8893	2167	1512	467	140	229	142	328
成人中专学校	合　　计	7790	899	796	181	47	93	46	10
	其中:女	4339	509	445	116	30	59	40	5
职业高中学校	合　　计	24679	2585	2041	643	340	433	180	111
	其中:女	14254	1640	1351	477	258	227	91	62
其他中职机构	合　　计	1380	34	–	–	–	24	–	10
	其中:女	873	21	–	–	–	20	–	1

教 职 工 中

		中共党员	共青团员	民主党派
总计	**教 职 工**	**17665**	**2609**	**310**
	其中:女	**8262**	**1753**	**156**
	专任教师	**15928**	**2285**	**287**
	其中:女	**7959**	**1533**	**152**
普通中专学校	教 职 工	6807	847	155
	其中:女	3308	570	67
	专任教师	5474	631	133
	其中:女	2858	441	62
成人中专学校	教 职 工	2812	738	46
	其中:女	1216	456	29
	专任教师	1975	320	28
	其中:女	899	203	17
职业高中学校	教 职 工	7546	961	97
	其中:女	3502	692	52
	专任教师	6527	879	84
	其中:女	3124	620	47
其他中职机构	教 职 工	500	63	12
	其中:女	236	35	8
	专任教师	381	28	11
	其中:女	200	11	8

变 动 情 况

变动其中：学段调整	其他	减少教师数					校内变动		其他	本学年初报表专任教师数
		计	退休	死亡	调出	辞职	计	其中：学段调整		
304	**142**	**5936**	**864**	**21**	**1958**	**1772**	**1318**	**634**	**3**	**55777**
193	99	3091	377	8	950	962	793	382	1	32838
48	141	1894	378	7	886	315	308	44	–	16995
14	98	964	150	1	463	169	181	23	–	10096
–	–	1072	124	2	360	576	10	–	–	7617
–	–	601	68	2	193	334	4	–	–	4247
1	–	1893	302	12	703	660	215	17	1	25371
1	–	895	137	5	290	354	108	10	1	14999
–	–	100	38	–	9	5	48	–	–	1314
–	–	65	14	–	4	4	43	–	–	829

其 他 情 况

香港	澳门	台湾	华侨	少数民族
–	–	–	–	**574**
–	–	–	–	**347**
–	–	–	–	**536**
–	–	–	–	**329**
–	–	–	–	268
–	–	–	–	148
–	–	–	–	236
–	–	–	–	139
–	–	–	–	56
–	–	–	–	32
–	–	–	–	37
–	–	–	–	21
–	–	–	–	226
–	–	–	–	149
–	–	–	–	183
–	–	–	–	120
–	–	–	–	24
–	–	–	–	18
–	–	–	–	20
–	–	–	–	15

专任教师接受培训情况（总计）

指 标 名 称	计量单位	上学年数量
一、接受过培训的专任教师	人	40545
36学时以下	人	7327
37-72学时	人	11351
73-108学时	人	11244
109学时以上	人	10623
二、按层次划分	—	—
国家级	人	3493
省级	人	10398
地级	人	9884
县级	人	8927
校级	人	22800
国(境)外	人	—

专任教师接受培训情况（普通中专学校）

指 标 名 称	计量单位	上学年数量
一、接受过培训的专任教师	人	**12348**
36学时以下	人	2617
37－72学时	人	2975
73－108学时	人	3709
109学时以上	人	3047
二、按层次划分	-	-
国　家　级	人	1633
省　　　级	人	3443
地　　　级	人	3040
县　　　级	人	1614
校　　　级	人	7325
国（境）外	人	-

专任教师接受培训情况（成人中专学校）

指 标 名 称	计量单位	上学年数量
一、接受过培训的专任教师	人	**6254**
36 学时以下	人	1439
37－72 学时	人	1755
73－108 学时	人	1808
109 学时以上	人	1252
二、按层次划分	—	—
国　家　级	人	379
省　　　级	人	1722
地　　　级	人	1007
县　　　级	人	1801
校　　　级	人	3844
国(境)外	人	—

专任教师接受培训情况（职业高中学校）

指 标 名 称	计量单位	上学年数量
一、接受过培训的专任教师	人	**20955**
36 学时以下	人	3122
37 - 72 学时	人	6492
73 - 108 学时	人	5540
109 学时以上	人	5801
二、按层次划分	-	-
国　家　级	人	1289
省　　　级	人	5066
地　　　级	人	5580
县　　　级	人	4992
校　　　级	人	11380
国（境）外	人	-

专任教师接受培训情况（其他中职机构）

指 标 名 称	计量单位	上学年数量
一、接受过培训的专任教师	人	**988**
36 学时以下	人	149
37 - 72 学时	人	129
73 - 108 学时	人	187
109 学时以上	人	523
二、按层次划分	-	-
国　家　级	人	192
省　　　级	人	167
地　　　级	人	257
县　　　级	人	520
校　　　级	人	251
国（境）外	人	-

校 舍

	学校产权校舍建筑面积		
	上学年校舍建筑面积	增加面积	减少面积
总　计	**14877180.48**	**1691754.57**	**707964.04**
其中:C 级危房	22214.50	8699.35	4828.00
D 级危房	-	-	-
一、教学及辅助用房	**6862756.37**	**847492.20**	**365686.79**
普通教室	2989214.55	296490.25	138846.82
合班教室	145574.93	20958.76	12700.00
基础课实验室	496663.56	34530.48	37204.89
实训用房	2350888.19	312579.05	115644.89
图书阅览室	356555.75	30509.55	27099.07
心理咨询室	22390.76	7981.51	532.47
风雨操场	501468.63	144442.60	33658.65
二、行政办公用房	**965242.88**	**127643.71**	**31491.81**
行政办公室	803520.79	109030.12	26323.68
教 研 室	161722.09	18613.59	5168.13
三、生活用房	**6051422.26**	**605975.68**	**237903.83**
学生宿舍	4216992.22	417416.46	156324.03
食　　堂	1102196.55	110159.01	44709.87
单身教工宿舍	408372.51	39169.71	14803.54
其他附属用房	323860.98	39230.50	22066.39
四、教工住宅	**636484.46**	**4920.21**	**10647.09**
五、其他用房	**361274.51**	**105722.77**	**62234.52**
被外单位租(借)用	34260.60	-	9109.27

情　况（总计）

单位：平方米

本学年校舍建筑面积	正在施工校舍建筑面积	非学校产权校舍建筑面积		
		总计	独立使用	共同使用
15860971.01	**367766.56**	**5573601.19**	**4411536.39**	**1162064.80**
26085.85	–	295858.10	181727.63	114130.47
–	–	–	–	–
7344561.78	**158905.66**	**2802279.82**	**2100345.05**	**701934.77**
3146857.98	49148.87	1240541.26	1017697.94	222843.32
153833.69	1921.16	56521.22	47546.02	8975.20
493989.15	5676.74	162628.21	132873.47	29754.74
2547822.35	78838.87	590371.36	492227.97	98143.39
359966.23	18148.64	218926.25	111585.90	107340.35
29839.80	1140.92	9584.15	8465.35	1118.80
612252.58	4030.46	523707.37	289948.40	233758.97
1061394.78	**23066.40**	**304026.68**	**226274.99**	**77751.69**
886227.23	18645.61	265421.87	195710.63	69711.24
175167.55	4420.79	38604.81	30564.36	8040.45
6419494.11	**139974.36**	**2309775.97**	**1978488.25**	**331287.72**
4478084.65	101035.59	1717492.67	1509983.93	207508.74
1167645.69	20876.89	386994.85	298791.72	88203.13
432738.68	295.00	81809.57	62726.10	19083.47
341025.09	17766.88	123478.88	106986.50	16492.38
630757.58	**18815.12**	–	–	–
404762.76	27005.02	157518.72	106428.10	51090.62
25151.33	–	–	–	–

校 舍

	学校产权校舍建筑面积		
	上学年校舍建筑面积	增加面积	减少面积
总　　计	**5820599.78**	**650150.22**	**438958.89**
其中:C级危房	19057.50	8699.35	4828.00
D级危房	—	—	—
一、教学及辅助用房	**2681114.99**	**326218.61**	**222591.06**
普通教室	1069541.95	92588.92	89796.94
合班教室	59616.52	15462.58	3038.00
基础课实验室	265065.97	20017.63	22153.15
实训用房	846501.26	128585.29	73556.35
图书阅览室	159797.98	8939.62	22833.62
心理咨询室	8359.83	2489.00	104.00
风雨操场	272231.48	58135.57	11109.00
二、行政办公用房	**345872.09**	**48418.29**	**20373.64**
行政办公室	288014.11	43648.91	16017.64
教　研　室	57857.98	4769.38	4356.00
三、生活用房	**2201370.97**	**188760.44**	**129518.38**
学生宿舍	1559615.96	138811.55	86974.22
食　　堂	372549.40	40720.10	14837.00
单身教工宿舍	126630.94	6031.00	9991.16
其他附属用房	142574.67	3197.79	17716.00
四、教工住宅	**411443.31**	**3402.21**	**5777.00**
五、其他用房	**180798.42**	**83350.67**	**60698.81**
被外单位租(借)用	20403.27	—	9109.27

情　　况（普通中专学校）

单位：平方米

本学年校舍建筑面积	正在施工校舍建筑面积	非学校产权校舍建筑面积		
		总计	独立使用	共同使用
6031791.11	**206447.83**	**2687795.92**	**2267172.64**	**420623.28**
22928.85	–	146816.29	145816.29	1000.00
–	–	–	–	–
2784742.54	**76367.07**	**1303814.63**	**1086123.29**	**217691.34**
1072333.93	27406.91	628526.79	573306.89	55219.90
72041.10	1616.16	35840.70	33030.70	2810.00
262930.45	–	50651.41	49347.41	1304.00
901530.20	32015.55	256864.50	221022.50	35842.00
145903.98	10589.07	66193.47	57893.23	8300.24
10744.83	708.92	4799.00	4422.20	376.80
319258.05	4030.46	260938.76	147100.36	113838.40
373916.74	**11609.30**	**161148.82**	**125345.67**	**35803.15**
315645.38	9293.51	142734.19	108243.04	34491.15
58271.36	2315.79	18414.63	17102.63	1312.00
2260613.03	**106172.44**	**1137216.82**	**1015588.79**	**121628.03**
1611453.29	75492.51	854278.74	785781.68	68497.06
398432.50	16597.05	180235.00	142032.29	38202.71
122670.78	–	27500.47	21741.07	5759.40
128056.46	14082.88	75202.61	66033.75	9168.86
409068.52	–	–	–	–
203450.28	12299.02	85615.65	40114.89	45500.76
11294.00	–	–	–	–

	学校产权校舍建筑面积		
	上学年校舍建筑面积	增加面积	减少面积
总　计	**1985636.14**	**265077.21**	**90707.77**
其中:C 级危房	-	-	-
D 级危房	-	-	-
一、教学及辅助用房	**848480.44**	**126671.99**	**53316.73**
普通教室	436566.94	52771.22	19908.05
合班教室	16128.37	525.00	1360.00
基础课实验室	32710.89	3190.54	2285.01
实训用房	279240.64	41583.21	25425.44
图书阅览室	40957.58	12311.82	515.76
心理咨询室	2263.22	3676.02	142.47
风雨操场	40612.80	12614.18	3680.00
二、行政办公用房	**142116.30**	**30392.54**	**2848.92**
行政办公室	119242.66	29693.94	2124.04
教 研 室	22873.64	698.60	724.88
三、生活用房	**928917.49**	**105422.70**	**29823.94**
学生宿舍	665380.57	58564.97	22366.55
食　堂	157355.65	9909.96	4984.24
单身教工宿舍	66695.99	26469.77	1286.31
其他附属用房	39485.28	10478.00	1186.84
四、教工住宅	**38077.23**	**80.00**	**3498.44**
五、其他用房	**28044.68**	**2509.98**	**1219.74**
被外单位租(借)用	-	-	-

情　　况（成人中专学校）

单位：平方米

本学年校舍建筑面积	正在施工校舍建筑面积	非学校产权校舍建筑面积		
		总计	独立使用	共同使用
2160005.58	**53905.55**	**1332389.08**	**838655.50**	**493733.58**
-	-	139351.47	27861.00	111490.47
-	-	-	-	-
921835.70	**45525.59**	**765052.39**	**397367.25**	**367685.14**
469430.11	15151.96	314876.98	200358.72	114518.26
15293.37	-	12897.17	10697.32	2199.85
33616.42	4399.74	81406.53	54133.80	27272.73
295398.41	20910.32	108399.79	77379.79	31020.00
52753.64	5063.57	109079.10	14754.72	94324.38
5796.77	-	1910.61	1470.61	440.00
49546.98	-	136482.21	38572.29	97909.92
169659.92	**4314.10**	**73178.06**	**45707.14**	**27470.92**
146812.56	4314.10	67210.92	41832.03	25378.89
22847.36	-	5967.14	3875.11	2092.03
1004516.25	**3759.86**	**443174.76**	**347370.08**	**95804.68**
701578.99	2725.02	319864.99	257756.71	62108.28
162281.37	1034.84	92876.88	63690.80	29186.08
91879.45	-	14606.35	13095.77	1510.58
48776.44	-	15826.54	12826.80	2999.74
34658.79	-	-	-	-
29334.92	306.00	50983.87	48211.03	2772.84
-	-	-	-	-

校 舍

	学校产权校舍建筑面积		
	上学年校舍建筑面积	增加面积	减少面积
总　计	**6797805.44**	**770030.80**	**154799.11**
其中:C级危房	3157.00	-	-
D级危房	-	-	-
一、教学及辅助用房	**3220828.44**	**391045.14**	**67787.12**
普通教室	1432928.57	148829.88	29141.83
合班教室	60233.69	4971.00	8302.00
基础课实验室	179553.87	11122.31	202.50
实训用房	1208291.06	141746.50	16663.10
图书阅览室	151653.19	8958.11	3749.69
心理咨询室	11343.71	1724.49	268.00
风雨操场	176824.35	73692.85	9460.00
二、行政办公用房	**444395.97**	**48602.27**	**7469.25**
行政办公室	369913.50	35687.27	7382.00
教研室	74482.47	12915.00	87.25
三、生活用房	**2827344.07**	**309491.17**	**77855.12**
学生宿舍	1938669.62	219796.42	46276.87
食　堂	541414.24	57471.10	24888.63
单身教工宿舍	207240.96	6668.94	3526.07
其他附属用房	140019.25	25554.71	3163.55
四、教工住宅	**180411.66**	**1438.00**	**1371.65**
五、其他用房	**124825.30**	**19454.22**	**315.97**
被外单位租(借)用	13857.33	-	-

情况(职业高中学校)

单位:平方米

本学年校舍建筑面积	正在施工校舍建筑面积	非学校产权校舍建筑面积		
		总计	独立使用	共同使用
7413037.13	**107413.18**	**1502025.19**	**1296472.25**	**205552.94**
3157.00	-	9690.34	8050.34	1640.00
-	-	-	-	-
3544086.46	**37013.00**	**708685.80**	**612127.51**	**96558.29**
1552616.62	6590.00	277627.49	240557.33	37070.16
56902.69	305.00	6783.35	3618.00	3165.35
190473.68	1277.00	29544.27	28716.26	828.01
1333374.46	25913.00	222897.07	193665.68	29231.39
156861.61	2496.00	42828.68	38787.95	4040.73
12800.20	432.00	2718.54	2506.54	212.00
241057.20	-	126286.40	104275.75	22010.65
485528.99	**7143.00**	**65854.80**	**53547.18**	**12307.62**
398218.77	5038.00	53429.76	44694.56	8735.20
87310.22	2105.00	12425.04	8852.62	3572.42
3058980.12	**30042.06**	**709734.39**	**613697.38**	**96037.01**
2112189.17	22818.06	534003.94	465448.54	68555.40
573996.71	3245.00	109638.97	92521.63	17117.34
210383.83	295.00	35702.75	27889.26	7813.49
162410.41	3684.00	30388.73	27837.95	2550.78
180478.01	**18815.12**	-	-	-
143963.55	14400.00	17750.20	17100.18	650.02
13857.33	-	-	-	-

	学校产权校舍建筑面积		
	上学年校舍建筑面积	增加面积	减少面积
总　　计	**273139.12**	**6496.34**	**23498.27**
其中:C级危房	-	-	-
D级危房	-	-	-
一、教学及辅助用房	**112332.50**	**3556.46**	**21991.88**
普通教室	50177.09	2300.23	-
合班教室	9596.35	0.18	-
基础课实验室	19332.83	200.00	12564.23
实训用房	16855.23	664.05	-
图书阅览室	4147.00	300.00	-
心理咨询室	424.00	92.00	18.00
风雨操场	11800.00	-	9409.65
二、行政办公用房	**32858.52**	**230.61**	**800.00**
行政办公室	26350.52	-	800.00
教 研 室	6508.00	230.61	-
三、生活用房	**93789.73**	**2301.37**	**706.39**
学生宿舍	53326.07	243.52	706.39
食　　堂	30877.26	2057.85	-
单身教工宿舍	7804.62	-	-
其他附属用房	1781.78	-	-
四、教工住宅	**6552.26**	**-**	**-**
五、其他用房	**27606.11**	**407.90**	**-**
被外单位租(借)用	-	-	-

情 况（其他中职机构）

单位:平方米

本学年校舍建筑面积	正在施工校舍建筑面积	非学校产权校舍建筑面积		
		总计	独立使用	共同使用
256137.19	-	**51391.00**	**9236.00**	**42155.00**
-	-	-	-	-
-	-	-	-	-
93897.08	-	**24727.00**	**4727.00**	**20000.00**
52477.32	-	19510.00	3475.00	16035.00
9596.53	-	1000.00	200.00	800.00
6968.60	-	1026.00	676.00	350.00
17519.28	-	2210.00	160.00	2050.00
4447.00	-	825.00	150.00	675.00
498.00	-	156.00	66.00	90.00
2390.35	-	-	-	-
32289.13	-	**3845.00**	**1675.00**	**2170.00**
25550.52	-	2047.00	941.00	1106.00
6738.61	-	1798.00	734.00	1064.00
95384.71	-	**19650.00**	**1832.00**	**17818.00**
52863.20	-	9345.00	997.00	8348.00
32935.11	-	4244.00	547.00	3697.00
7804.62	-	4000.00	-	4000.00
1781.78	-	2061.00	288.00	1773.00
6552.26	-	-	-	-
28014.01	-	3169.00	1002.00	2167.00
-	-	-	-	-

资 产 情 况（总计）

	计量单位	学校产权	非学校产权		
			总计	独立使用	共同使用
一、占地面积	平方米	30062339.25	11892219.24	8136692.48	3755526.76
其中：绿化用地面积	平方米	5788757.33	1928814.18	1196536.56	732277.62
运动场地面积	平方米	4257404.53	1486064.50	920657.86	565406.64
二、校园足球场	个	248	96	56	40
11人制足球场	个	131	56	24	32
7人制足球场	个	66	25	18	7
5人制足球场	个	51	15	14	1
三、图 书	册	23843431	3787755	1544478	2243277
其中：当年新增	册	5294247	362724	313367	49357
四、数字资源量	—	—	—	—	—
电子图书	册	12746345	1830815	428898	1401917
电子期刊	册	264418	249392	78990	170402
学位论文	册	3615	4060138	130	4060008
音视频	小时	455733	27816	6859	20957
五、职业教育仿真实训资源量	套	7872	763	694	69
仿真实验软件	套	1686	172	152	20
仿真实训软件	套	4424	500	467	33
仿真实习软件	套	1762	91	75	16
六、数字终端数	台	225080	23333	14597	8736
其中：教师终端数	台	50083	4877	3001	1876
学生终端数	台	166177	17525	11072	6453
七、教 室	间	28158	9024	7358	1666
其中：网络多媒体教室	间	16285	3944	3313	631
八、固定资产总值	万元	2458813.99	421277.80	348950.57	72327.23
其中：教学科研实习仪器设备资产值	万元	502560.56	40945.04	27401.99	13543.05
其中：当年新增	万元	68608.27	9777.19	5213.31	4563.88

资　产　情　况（普通中专学校）

	计量单位	学校产权	非学校产权		
			总计	独立使用	共同使用
一、占地面积	平方米	**11171596.10**	**5623243.94**	**4713141.69**	**910102.25**
其中:绿化用地面积	平方米	2293846.10	865040.78	682442.72	182598.06
运动场地面积	平方米	1614045.99	641903.69	465184.53	176719.16
二、校园足球场	个	**110**	**45**	**33**	**12**
11人制足球场	个	56	23	16	7
7人制足球场	个	31	11	7	4
5人制足球场	个	23	11	10	1
三、图　书	册	**9970635**	**1365675**	**690560**	**675115**
其中:当年新增	册	2614629	207786	196470	11316
四、数字资源量	—	—	—	—	—
电子图书	册	4655623	616574	319954	296620
电子期刊	册	105091	76254	46223	30031
学位论文	册	626	10002	—	10002
音视频	小时	219562	7465	—	7465
五、职业教育仿真实训资源量	套	**4245**	**226**	**187**	**39**
仿真实验软件	套	1150	79	64	15
仿真实训软件	套	2194	73	61	12
仿真实习软件	套	901	74	62	12
六、数字终端数	台	**86374**	**9304**	**5393**	**3911**
其中:教师终端数	台	17370	2047	1213	834
学生终端数	台	66771	7204	4160	3044
七、教　室	间	**9770**	**4314**	**3706**	**608**
其中:网络多媒体教室	间	5824	1912	1620	292
八、固定资产总值	万元	**1017780.02**	**257953.00**	**220839.15**	**37113.85**
其中:教学科研实习仪器设备资产值	万元	211883.72	24681.40	16553.55	8127.85
其中:当年新增	万元	25526.93	7582.62	3971.99	3610.63

资 产 情 况（成人中专学校）

	计量单位	学校产权	非学校产权		
			总计	独立使用	共同使用
一、占地面积	平方米	3557944.13	2772903.42	1330567.71	1442335.71
其中:绿化用地面积	平方米	501432.34	593720.36	157931.33	435789.03
运动场地面积	平方米	642464.30	369028.72	155415.47	213613.25
二、校园足球场	个	25	23	10	13
11人制足球场	个	12	15	2	13
7人制足球场	个	8	5	5	-
5人制足球场	个	5	3	3	-
三、图　书	册	3460980	968699	552266	416433
其中:当年新增	册	926308	92596	69596	23000
四、数字资源量	-	-	-	-	-
电子图书	册	2049303	646448	31580	614868
电子期刊	册	22246	6878	2767	4111
学位论文	册	1445	1196	120	1076
音视频	小时	74215	4178	1099	3079
五、职业教育仿真实训资源量	套	965	62	62	-
仿真实验软件	套	206	-	-	-
仿真实训软件	套	556	62	62	-
仿真实习软件	套	203	-	-	-
六、数字终端数	台	28613	6335	2954	3381
其中:教师终端数	台	7454	1225	634	591
学生终端数	台	19604	4692	2261	2431
七、教　室	间	3956	2369	1743	626
其中:网络多媒体教室	间	2106	683	552	131
八、固定资产总值	万元	216028.70	44320.30	34040.33	10279.97
其中:教学科研实习仪器设备资产值	万元	38278.35	5521.08	3463.44	2057.64
其中:当年新增	万元	8458.57	17.10	13.00	4.10

资 产 情 况(职业高中学校)

	计量单位	学校产权	非学校产权		
			总计	独立使用	共同使用
一、占地面积	平方米	14923057.24	3027029.92	2080192.08	946837.84
其中:绿化用地面积	平方米	2924948.36	463649.04	354980.51	108668.53
运动场地面积	平方米	1948798.57	466708.09	297864.86	168843.23
二、校园足球场	个	112	28	13	15
11人制足球场	个	63	18	6	12
7人制足球场	个	27	9	6	3
5人制足球场	个	22	1	1	-
三、图 书	册	10060150	1363719	301652	1062067
其中:当年新增	册	1742989	62190	47301	14889
四、数字资源量	-	-	-	-	-
电子图书	册	5877674	567663	77364	490299
电子期刊	册	136871	166260	30000	136260
学位论文	册	1544	4048940	10	4048930
音视频	小时	161428	16013	5760	10253
五、职业教育仿真实训资源量	套	2609	475	445	30
仿真实验软件	套	330	93	88	5
仿真实训软件	套	1624	365	344	21
仿真实习软件	套	655	17	13	4
六、数字终端数	台	105490	7220	6250	970
其中:教师终端数	台	23703	1499	1154	345
学生终端数	台	77047	5263	4651	612
七、教 室	间	13812	2178	1840	338
其中:网络多媒体教室	间	8099	1294	1120	174
八、固定资产总值	万元	1186478.06	109383.03	94034.59	15348.44
其中:教学科研实习仪器设备资产值	万元	246296.03	9606.56	7369.99	2236.56
其中:当年新增	万元	33775.32	2158.06	1228.32	929.74

资 产 情 况（其他中职机构）

	计量单位	学校产权	非学校产权		
			总计	独立使用	共同使用
一、占地面积	平方米	409741.78	469041.96	12791.00	456250.96
其中:绿化用地面积	平方米	68530.53	6404.00	1182.00	5222.00
运动场地面积	平方米	52095.67	8424.00	2193.00	6231.00
二、校园足球场	个	1	—	—	—
11人制足球场	个	—	—	—	—
7人制足球场	个	—	—	—	—
5人制足球场	个	1	—	—	—
三、图　书	册	351666	89662	—	89662
其中:当年新增	册	10321	152	—	152
四、数字资源量	—	—	—	—	—
电子图书	册	163745	130	—	130
电子期刊	册	210	—	—	—
学位论文	册	—	—	—	—
音　视　频	小时	528	160	—	160
五、职业教育仿真实训资源量	套	53	—	—	—
仿真实验软件	套	—	—	—	—
仿真实训软件	套	50	—	—	—
仿真实习软件	套	3	—	—	—
六、数字终端数	台	4603	474	—	474
其中:教师终端数	台	1556	106	—	106
学生终端数	台	2755	366	—	366
七、教　　室	间	620	163	69	94
其中:网络多媒体教室	间	256	55	21	34
八、固定资产总值	万元	38527.21	9621.47	36.50	9584.97
其中:教学科研实习仪器设备资产值	万元	6102.46	1136.00	15.00	1121.00
其中:当年新增	万元	847.45	19.40	—	19.40

附设中职班情况

	校数（所）	毕业生数	招生数	在校生数	专任教师数				
					合计	研究生毕业	本科毕业	专科毕业	高中阶段以下毕业
总　　计	114	45288	27424	108751	4480	1381	3031	68	－
幼 儿 园	－	－	－	－	－	－	－	－	－
小　 学	－	－	－	－	－	－	－	－	－
小　 学	－	－	－	－	－	－	－	－	－
小学教学点	－	－	－	－	－	－	－	－	－
初　 中	1	51	60	148	10	－	10	－	－
初级中学	－	－	－	－	－	－	－	－	－
九年一贯制学校	1	51	60	148	10	－	10	－	－
职业初中	－	－	－	－	－	－	－	－	－
高　 中	2	－	－	－	－	－	－	－	－
完全中学	1								
高级中学	1								
十二年一贯制学校	－	－	－	－	－	－	－	－	－
专门学校	－	－	－	－	－	－	－	－	－
普通高等学校	14	8555	3432	15543	652	372	269	11	－
职业高等学校	86	35266	22406	88417	3618	962	2606	50	－
成人高等学校	3	1311	1414	4280	104	37	67	－	－
特殊教育学校	8	105	112	363	96	10	79	7	－
培养研究生的科研机构	－	－	－	－	－	－	－	－	－

职业技术培训机构

	学校数（所）	教学班（点）（个）	结业生数 计	结业生数 其中：女
总　　　计	1329	3621	394503	206056
一、职工技术培训学校(机构)	**20**	**454**	**42102**	**23176**
教育部门办	17	453	40035	21679
其他部门办	1	-	815	733
民　办	2	1	1252	764
中外合作办	-	-	-	-
二、农村成人文化技术培训学校(机构)	**1292**	**3082**	**348927**	**180911**
教育部门办	1276	3066	346615	179709
其中：县　办	178	636	86188	43685
乡　办	477	1282	192028	109910
村　办	621	1148	68399	26114
其他部门办	16	16	2312	1202
民　办	-	-	-	-
中外合作办	-	-	-	-
三、其他培训机构(含社会培训机构)	**17**	**85**	**3474**	**1969**
教育部门办	-	-	-	-
其他部门办	9	13	1238	603
民　办	8	72	2236	1366
中外合作办	-	-	-	-
总计中：少数民族	-	-	570	289
培训形式：资格证书培训	-	-	22557	11222
岗位证书培训	-	-	55141	19442
培训对象：党政管理培训	-	-	746	335
企业经营管理培训	-	-	120	52
专业技术培训	-	-	18009	8689
其中：幼儿园教师	-	-	987	798
中小学教师	-	-	3510	2407
中职学校教师	-	-	115	94
高等教育学校教师	-	-	-	-
职业技能培训	-	-	114765	54363
其中：农村劳动者	-	-	57204	25297
进城务工人员	-	-	33225	18620
其他培训	-	-	49890	29630
其中：学　　生	-	-	33098	14247
老年人	-	-	23199	17540

学生及教职工情况

注册学生数		教职工数		聘请校外教师数
计	其中：女	计	其中：专任教师数	
365186	**182947**	**6150**	**4426**	**1817**
52395	**26520**	**2390**	**2017**	**289**
47545	23358	2174	1866	252
2886	2123	102	68	17
1964	1039	114	83	20
-	-	-	-	-
307732	**153585**	**3493**	**2194**	**1473**
301232	150377	3445	2146	1473
88985	44160	1328	722	345
183675	97997	1000	611	536
28572	8220	1117	813	592
6500	3208	48	48	-
-	-	-	-	-
-	-	-	-	-
5059	**2842**	**267**	**215**	**55**
-	-	-	-	-
2812	1303	72	61	11
2247	1539	195	154	44
-	-	-	-	-
1075	549	36	36	-
-	-	-	-	-
-	-	-	-	-
-	-	-	-	-
-	-	-	-	-
-	-	-	-	-
-	-	-	-	-
-	-	-	-	-
-	-	-	-	-
-	-	-	-	-
-	-	-	-	-
-	-	-	-	-
-	-	-	-	-
-	-	-	-	-

职业技术培训机构资产情况(一)

	占地面积（平方米）	教学行政用房建筑面积（平方米）	图书（册）	数字终端数(个)		
				计	其中	
					教师终端数	学生终端数
总　　计	2113110.00	710843.00	1833725	11398	3615	7693
职工技术培训学校(机构)	1470636.00	407881.00	915180	7971	2238	5672
农村成人文化技术培训学校(机构)	619192.00	290041.00	874035	3027	1302	1712
其他培训机构(含社会培训机构)	23282.00	12921.00	44510	400	75	309

职业技术培训机构资产情况(二)

	教室(间)		固定资产总值(万元)	
	计	其中：网络多媒体教室	计	其中:教学科研实习仪器设备资产值
总　　计	3725	1091	150701.00	26544.00
职工技术培训学校(机构)	1396	636	130948.00	23181.00
农村成人文化技术培训学校(机构)	2208	407	18193.00	2876.00
其他培训机构(含社会培训机构)	121	48	1556.00	485.00

四、基础教育

基础教育校(园)数

单位:所

	合计	城区	镇区	乡村
总　　计	44942	8869	16329	19744
幼 儿 园	22633	5355	8646	8632
义务教育	21055	3008	7024	11023
小　　学	16429	1991	4759	9679
初　　中	4626	1017	2265	1344
初级中学	3369	648	1705	1016
九年一贯制学校	1257	369	560	328
职业初中	-	-	-	-
普通高中	1098	436	578	84
完全中学	138	64	71	3
高级中学	804	319	422	63
十二年一贯制学校	156	53	85	18
特殊教育学校	153	67	81	5
专门学校	3	3	-	-

注:依据国务院批复同意的《关于统计上划分城乡的规定》(国函〔2008〕60号)及国家统计局印发的《统计用区划代码和城乡划分代码编制规则》(国统字〔2009〕91号),城区是指在市辖区和不设区的市、区、市政府驻地的实际建设连接到的居民委员会和其他区域。镇区是指在城区以外的县人民政府驻地和其他镇,政府驻地的实际建设连接到的居民委员会和其他区域。与政府驻地的实际建设不连接,且常住人口在3000人以上的独立的工矿区、开发区、科研单位、大专院校等特殊区域及农场、林场的场部驻地视为镇区。乡村是指城区、镇区以外的其他区域。

基 础 教 育

	合计	城				
		计	教育部门	其他部门	地方企业	事业单位
幼 儿 园	22633	5355	895	33	125	41
其中:少数民族幼儿园	29	10	5	-	1	-
建立家长委员会	18737	4596	818	33	124	38
小　　学	16429	1991	1818	-	-	-
其中:独立设置少数民族学校	125	31	31	-	-	-
教学点数(个)	8917	208	208	-	-	-
普通中学	5724	1453	1024	5	1	-
其中:独立设置少数民族学校	28	7	7	-	-	-
初　　中	4626	1017	791	3	1	-
初级中学	3369	648	592	2	-	-
九年一贯制学校	1257	369	199	1	1	-
职业初中	-	-	-	-	-	-
普通高中	1098	436	233	2	-	-
完全中学	138	64	42	2	-	-
高级中学	804	319	185	-	-	-
十二年一贯制学校	156	53	6	-	-	-
特殊教育	153	67	62	2	-	-
盲人学校	1	1	1	-	-	-
聋人学校	49	10	10	-	-	-
弱智学校	27	20	19	-	-	-
其他学校	76	36	32	2	-	-

基 础 教 育

	事业单位	部队	集体	民办		中外合作办	镇区 计
				计	其中:普惠性民办幼儿园		
幼 儿 园	-	2	37	6349	4958	-	8632
其中:少数民族幼儿园	-	-	1	8	8	-	7
建立家长委员会	-	2	32	5273	4189	-	6893
小　　学	-	-	-	633	-	-	9679
其中:独立设置少数民族学校	-	-	-	-	-	-	47
教学点数(个)	-	-	-	-	-	-	7465
普通中学	-	-	-	683	-	1	1428
其中:独立设置少数民族学校	-	-	-	-	-	-	9
初　　中	-	-	-	418	-	-	1344
初级中学	-	-	-	92	-	-	1016
九年一贯制学校	-	-	-	326	-	-	328
职业初中	-	-	-	-	-	-	-
普通高中	-	-	-	265	-	1	84
完全中学	-	-	-	31	-	-	3
高级中学	-	-	-	160	-	1	63
十二年一贯制学校	-	-	-	74	-	-	18
特殊教育	-	-	-	1	-	-	5
盲人学校	-	-	-	-	-	-	-
聋人学校	-	-	-	-	-	-	1
弱智学校	-	-	-	-	-	-	1
其他学校	-	-	-	1	-	-	3

校　（园）　数(分城乡、分办别)(一)

单位:所

区					镇区			
部队	集体	民办		中外合作办	计	教育部门	其他部门	地方企业
		计	其中:普惠性民办幼儿园					
22	**41**	**4198**	**3140**	**–**	**8646**	**2224**	**6**	**28**
–	–	4	4	–	12	3	–	–
22	37	3524	2657	–	7248	1907	6	28
–	**–**	**173**	**–**	**–**	**4759**	**4126**	**–**	**–**
–	–	–	–	–	47	47	–	–
–	**–**	**–**	**–**	**–**	**1244**	**1244**	**–**	**–**
–	**–**	**422**	**–**	**1**	**2843**	**2158**	**1**	**–**
–	–	–	–	–	12	12	–	–
–	**–**	**222**	**–**	**–**	**2265**	**1846**	**1**	**–**
–	–	54	–	–	1705	1613	–	–
–	–	168	–	–	560	233	1	–
–	–	–	–	–	–	–	–	–
–	**–**	**200**	**–**	**1**	**578**	**312**	**–**	**–**
–	–	20	–	–	71	40	–	–
–	–	133	–	1	422	261	–	–
–	–	47	–	–	85	11	–	–
–	**–**	**3**	**–**	**–**	**81**	**79**	**1**	**–**
–	–	–	–	–	–	–	–	–
–	–	–	–	–	38	38	–	–
–	–	1	–	–	6	6	–	–
–	–	2	–	–	37	35	1	–

校　（园）　数(分城乡、分办别)(二)

单位:所

乡村								
教育部门	其他部门	地方企业	事业单位	部队	集体	民办		中外合作办
						计	其中:普惠性民办幼儿园	
3288	**3**	**–**	**1**	**1**	**41**	**5298**	**4431**	**–**
3	–	–	–	–	–	4	4	–
2683	3	–	1	1	28	4177	3575	–
8980	**–**	**1**	**–**	**–**	**–**	**698**	**–**	**–**
47	–	–	–	–	–	–	–	–
7463	**–**	**–**	**–**	**–**	**–**	**2**	**–**	**–**
1213	**–**	**–**	**–**	**–**	**–**	**215**	**–**	**–**
9	–	–	–	–	–	–	–	–
1178	**–**	**–**	**–**	**–**	**–**	**166**	**–**	**–**
999	–	–	–	–	–	17	–	–
179	–	–	–	–	–	149	–	–
–	–	–	–	–	–	–	–	–
35	**–**	**–**	**–**	**–**	**–**	**49**	**–**	**–**
1	–	–	–	–	–	2	–	–
32	–	–	–	–	–	31	–	–
2	–	–	–	–	–	16	–	–
5	**–**	**–**	**–**	**–**	**–**	**–**	**–**	**–**
–	–	–	–	–	–	–	–	–
1	–	–	–	–	–	–	–	–
1	–	–	–	–	–	–	–	–
3	–	–	–	–	–	–	–	–

基 础 教 育 班 数

单位:个

	合计	城区	镇区	乡村
总　　计	564691	154782	250147	159762
学前教育	137130	38820	55053	43257
义务教育	373899	96002	164113	113784
小学教育	268233	65592	106165	96476
小　　学	239655	54454	92550	92651
九年一贯制学校	25438	10010	12026	3402
十二年一贯制学校	3140	1128	1589	423
初中教育	105666	30410	57948	17308
初级中学	79258	20729	44636	13893
九年一贯制学校	20091	7305	9877	2909
十二年一贯制学校	3066	1035	1626	405
完全中学	3251	1341	1809	101
职业初中	-	-	-	-
普通高中教育	51599	19073	29864	2662
完全中学	6038	2757	3159	122
高级中学	41417	15001	24432	1984
十二年一贯制学校	4144	1315	2273	556
特殊教育	2052	876	1117	59
专门学校	11	11	-	-

学前教育班数

单位:个

	计	托班	小班	中班	大班	混合班
总　计	**137130**	**2861**	**36803**	**41815**	**51120**	**4531**
教育部门	52821	821	14351	15568	19106	2975
其他部门	618	23	195	202	197	1
地方企业	1381	40	373	436	505	27
事业单位	392	11	120	124	134	3
部　队	199	7	64	61	66	1
集　体	721	28	203	209	271	10
民　办	80998	1931	21497	25215	30841	1514
其中:普惠性民办幼儿园	64456	1518	17078	20106	24688	1066
中外合作办	—	—	—	—	—	—
城　区	**38820**	**870**	**10324**	**12061**	**14761**	**804**
教育部门	10714	178	3163	3387	3746	240
其他部门	530	21	166	172	171	—
地方企业	1137	33	304	361	413	26
事业单位	386	11	118	122	132	3
部　队	183	7	59	55	61	1
集　体	406	19	108	118	161	—
民　办	25464	601	6406	7846	10077	534
其中:普惠性民办幼儿园	19061	430	4744	5862	7670	355
中外合作办	—	—	—	—	—	—
镇　区	**55053**	**1281**	**14875**	**16971**	**20707**	**1219**
教育部门	19773	354	5432	6014	7367	606
其他部门	67	2	23	24	17	1
地方企业	243	7	69	75	92	—
事业单位	—	—	—	—	—	—
部　队	13	—	4	5	4	—
集　体	198	6	58	58	70	6
民　办	34759	912	9289	10795	13157	606
其中:普惠性民办幼儿园	27416	724	7309	8551	10429	403
中外合作办	—	—	—	—	—	—
乡　村	**43257**	**710**	**11604**	**12783**	**15652**	**2508**
教育部门	22334	289	5756	6167	7993	2129
其他部门	21	—	6	6	9	—
地方企业	1	—	—	—	—	1
事业单位	6	—	2	2	2	—
部　队	3	—	1	1	1	—
集　体	117	3	37	33	40	4
民　办	20775	418	5802	6574	7607	374
其中:普惠性民办幼儿园	17979	364	5025	5693	6589	308
中外合作办	—	—	—	—	—	—

小 学 班 数

单位:个

		合计	一年级	二年级	三年级	四年级	五年级	六年级	复式班
总 计		268233	44221	43981	45588	45016	45622	43795	10
其中	九年一贯制学校	25438	3670	3580	4091	4291	4694	5112	-
	十二年一贯制学校	3140	361	374	510	554	641	700	-
	其他学校附设班	1506	91	80	108	134	167	926	-
	独立设置少数民族学校	1889	293	303	318	314	335	326	-
教育部门		236247	40420	40079	40542	39272	39143	36781	10
其他部门		25	7	4	4	4	3	3	-
地方企业		17	1	1	3	3	4	5	-
民 办		31944	3793	3897	5039	5737	6472	7006	-
中外合作办		-	-	-	-	-	-	-	-
城 区		65592	11456	10625	11074	10732	10988	10717	-
教育部门		57486	10493	9645	9752	9268	9366	8962	-
其他部门		13	3	2	2	2	2	2	-
地方企业		11	-	-	2	2	3	4	-
民 办		8082	960	978	1318	1460	1617	1749	-
中外合作办		-	-	-	-	-	-	-	-
镇 区		106165	16380	16462	17629	17838	18803	19053	-
教育部门		90297	14557	14594	15191	15009	15529	15417	-
其他部门		12	4	2	2	2	1	1	-
地方企业		-	-	-	-	-	-	-	-
民 办		15856	1819	1866	2436	2827	3273	3635	-
中外合作办		-	-	-	-	-	-	-	-
乡 村		96476	16385	16894	16885	16446	15831	14025	10
教育部门		88464	15370	15840	15599	14995	14248	12402	10
其他部门		-	-	-	-	-	-	-	-
地方企业		6	1	1	1	1	1	1	-
民 办		8006	1014	1053	1285	1450	1582	1622	-
中外合作办		-	-	-	-	-	-	-	-

小 学 班 额 情 况

单位:个

		合计	一年级	二年级	三年级	四年级	五年级	六年级	复式班
总　计		268233	44221	43981	45588	45016	45622	43795	**10**
	25人以下	66707	14318	13977	12107	10761	8970	6564	10
	26－30人	18327	2734	2957	3118	3272	3300	2946	－
	31－35人	21263	2993	3072	3644	3911	3958	3685	－
	36－40人	27894	3524	3938	4508	5034	5317	5573	－
	41－45人	53407	7534	7773	8581	8811	9988	10720	－
	46－50人	32506	4477	4762	5298	5501	5996	6472	－
	51－55人	44724	7613	7142	7772	7343	7555	7299	－
	56－60人	1934	523	217	338	214	316	326	－
	61－65人	1371	493	116	190	158	217	197	－
	66人以上	100	12	27	32	11	5	13	－
城区	25人以下	3101	633	618	544	503	430	373	－
	26－30人	1784	277	307	283	341	317	259	－
	31－35人	2876	474	434	517	491	474	486	－
	36－40人	4563	621	639	745	821	873	864	－
	41－45人	12109	1849	2031	1910	1879	2165	2275	－
	46－50人	12217	1974	1857	2099	2019	2105	2163	－
	51－55人	26755	4959	4474	4592	4452	4302	3976	－
	56－60人	1231	358	163	219	123	169	199	－
	61－65人	952	310	102	165	100	153	122	－
	66人以上	4	1	－	－	3	－	－	－
镇区	25人以下	11912	2509	2482	2106	1905	1631	1279	－
	26－30人	5608	943	975	938	985	950	817	－
	31－35人	8293	1278	1218	1366	1522	1552	1357	－
	36－40人	14223	1934	2097	2358	2503	2518	2813	－
	41－45人	32927	4843	4749	5320	5436	6089	6490	－
	46－50人	16342	2148	2441	2555	2809	3079	3310	－
	51－55人	15796	2409	2420	2828	2542	2796	2801	－
	56－60人	590	133	41	105	76	127	108	－
	61－65人	378	172	12	21	52	56	65	－
	66人以上	96	11	27	32	8	5	13	－
乡村	25人以下	51694	11176	10877	9457	8353	6909	4912	10
	26－30人	10935	1514	1675	1897	1946	2033	1870	－
	31－35人	10094	1241	1420	1761	1898	1932	1842	－
	36－40人	9108	969	1202	1405	1710	1926	1896	－
	41－45人	8371	842	993	1351	1496	1734	1955	－
	46－50人	3947	355	464	644	673	812	999	－
	51－55人	2173	245	248	352	349	457	522	－
	56－60人	113	32	13	14	15	20	19	－
	61－65人	41	11	2	4	6	8	10	－
	66人以上	－	－	－	－	－	－	－	－

中 学 班 数

单位:个

		合计	初中					普通高中			
			计	一年级	二年级	三年级	四年级	计	一年级	二年级	三年级
总 计		157265	105666	35187	35376	35103	–	51599	17731	17347	16521
其中	九年一贯制学校	20091	20091	6800	6598	6693	–	–	–	–	–
	十二年一贯制学校	7210	3066	997	960	1109	–	4144	1512	1406	1226
	其他学校附设班	499	165	60	53	52	–	334	119	107	108
	独立设置少数民族学校	360	259	77	93	89	–	101	33	33	35
教育部门		125485	89442	30026	30364	29052	–	36043	12101	12024	11918
其他部门		45	32	9	10	13	–	13	4	4	5
地方企业		4	4	–	–	4	–	–	–	–	–
民 办		31702	16188	5152	5002	6034	–	15514	5615	5310	4589
中外合作办		29	–	–	–	–	–	29	11	9	9
城 区		49483	30410	10419	10121	9870	–	19073	6503	6410	6160
教育部门		38307	24793	8658	8371	7764	–	13514	4518	4538	4458
其他部门		40	27	7	9	11	–	13	4	4	5
地方企业		4	4	–	–	4	–	–	–	–	–
民 办		11112	5586	1754	1741	2091	–	5526	1973	1862	1691
中外合作办		20	–	–	–	–	–	20	8	6	6
镇 区		87812	57948	19235	19405	19308	–	29864	10260	10055	9549
教育部门		70209	49133	16411	16708	16014	–	21076	7076	7015	6985
其他部门		5	5	2	1	2	–	–	–	–	–
地方企业		–	–	–	–	–	–	–	–	–	–
民 办		17589	8810	2822	2696	3292	–	8779	3181	3037	2561
中外合作办		9	–	–	–	–	–	9	3	3	3
乡 村		19970	17308	5533	5850	5925	–	2662	968	882	812
教育部门		16969	15516	4957	5285	5274	–	1453	507	471	475
其他部门		–	–	–	–	–	–	–	–	–	–
地方企业		–	–	–	–	–	–	–	–	–	–
民 办		3001	1792	576	565	651	–	1209	461	411	337
中外合作办		–	–	–	–	–	–	–	–	–	–

中学班额情况

单位:个

		合计	初中					普通高中			
			计	一年级	二年级	三年级	四年级	计	一年级	二年级	三年级
总 计		157265	105666	35187	35376	35103	-	51599	17731	17347	16521
	25人以下	1318	944	367	294	283	-	374	108	128	138
	26-30人	1494	1200	470	360	370	-	294	94	89	111
	31-35人	3133	2422	915	807	700	-	711	284	229	198
	36-40人	6861	5561	1991	1764	1806	-	1300	397	422	481
	41-45人	18820	15668	5066	5293	5309	-	3152	1098	1131	923
	46-50人	54985	42176	13851	13864	14461	-	12809	4636	4460	3713
	51-55人	67537	36093	11915	12386	11792	-	31444	10732	10375	10337
	56-60人	1834	884	334	314	236	-	950	255	270	425
	61-65人	1048	659	255	274	130	-	389	89	171	129
	66人以上	235	59	23	20	16	-	176	38	72	66
城区	25人以下	464	252	98	71	83	-	212	58	76	78
	26-30人	425	287	130	73	84	-	138	51	39	48
	31-35人	971	616	232	179	205	-	355	115	115	125
	36-40人	1875	1258	391	404	463	-	617	174	197	246
	41-45人	4119	2979	991	942	1046	-	1140	367	385	388
	46-50人	13794	9457	3202	2993	3262	-	4337	1587	1515	1235
	51-55人	26286	14667	5028	5090	4549	-	11619	3981	3846	3792
	56-60人	799	399	142	164	93	-	400	125	129	146
	61-65人	593	443	189	185	69	-	150	28	71	51
	66人以上	157	52	16	20	16	-	105	17	37	51
镇区	25人以下	519	390	148	124	118	-	129	43	36	50
	26-30人	615	484	192	155	137	-	131	33	44	54
	31-35人	1292	988	361	352	275	-	304	139	111	54
	36-40人	3138	2562	963	771	828	-	576	182	183	211
	41-45人	10503	8693	2842	3008	2843	-	1810	644	666	500
	46-50人	33915	26130	8607	8607	8916	-	7785	2764	2723	2298
	51-55人	36469	18136	5903	6202	6031	-	18333	6264	6041	6028
	56-60人	879	368	159	110	99	-	511	109	137	265
	61-65人	422	190	53	76	61	-	232	61	95	76
	66人以上	60	7	7	-	-	-	53	21	19	13
乡村	25人以下	335	302	121	99	82	-	33	7	16	10
	26-30人	454	429	148	132	149	-	25	10	6	9
	31-35人	870	818	322	276	220	-	52	30	3	19
	36-40人	1848	1741	637	589	515	-	107	41	42	24
	41-45人	4198	3996	1233	1343	1420	-	202	87	80	35
	46-50人	7276	6589	2042	2264	2283	-	687	285	222	180
	51-55人	4782	3290	984	1094	1212	-	1492	487	488	517
	56-60人	156	117	33	40	44	-	39	21	4	14
	61-65人	33	26	13	13	-	-	7	-	5	2
	66人以上	18	-	-	-	-	-	18	-	16	2

特 殊 教

	合计	学前教育阶段	小学阶段					
			一年级	二年级	三年级	四年级	五年级	六年级
总　　计	**2052**	**14**	**240**	**239**	**243**	**242**	**234**	**229**
视力残疾班	92	1	10	10	8	9	10	8
听力残疾班	281	1	19	17	18	22	29	38
言语残疾班	51	-	6	7	5	8	3	4
肢体残疾班	12	-	-	1	-	3	3	1
智力残疾班	1447	5	179	174	190	178	173	167
精神残疾班	11	-	4	2	1	1	1	1
多重残疾班	158	7	22	28	21	21	15	10
特殊教育学校	**2052**	**14**	**240**	**239**	**243**	**242**	**234**	**229**
视力残疾班	92	1	10	10	8	9	10	8
听力残疾班	281	1	19	17	18	22	29	38
言语残疾班	51	-	6	7	5	8	3	4
肢体残疾班	12	-	-	1	-	3	3	1
智力残疾班	1447	5	179	174	190	178	173	167
精神残疾班	11	-	4	2	1	1	1	1
多重残疾班	158	7	22	28	21	21	15	10
小学附设特教班	-	-	-	-	-	-	-	-
视力残疾班	-	-	-	-	-	-	-	-
听力残疾班	-	-	-	-	-	-	-	-
言语残疾班	-	-	-	-	-	-	-	-
肢体残疾班	-	-	-	-	-	-	-	-
智力残疾班	-	-	-	-	-	-	-	-
精神残疾班	-	-	-	-	-	-	-	-
多重残疾班	-	-	-	-	-	-	-	-
初中附设特教班	-	-	-	-	-	-	-	-
视力残疾班	-	-	-	-	-	-	-	-
听力残疾班	-	-	-	-	-	-	-	-
言语残疾班	-	-	-	-	-	-	-	-
肢体残疾班	-	-	-	-	-	-	-	-
智力残疾班	-	-	-	-	-	-	-	-
精神残疾班	-	-	-	-	-	-	-	-
多重残疾班	-	-	-	-	-	-	-	-
其他学校附设特教班	-	-	-	-	-	-	-	-
视力残疾班	-	-	-	-	-	-	-	-
听力残疾班	-	-	-	-	-	-	-	-
言语残疾班	-	-	-	-	-	-	-	-
肢体残疾班	-	-	-	-	-	-	-	-
智力残疾班	-	-	-	-	-	-	-	-
精神残疾班	-	-	-	-	-	-	-	-
多重残疾班	-	-	-	-	-	-	-	-

育 班 数

单位:个

初中阶段				普通高中阶段			中等职业教育阶段			
一年级	二年级	三年级	四年级	一年级	二年级	三年级及以上	一年级	二年级	三年级	四年级以上
198	**189**	**190**	**3**	**9**	**10**	**9**	**1**	**-**	**2**	**-**
8	10	11	1	2	1	3	-	-	-	-
36	32	49	1	6	8	5	-	-	-	-
5	5	8	-	-	-	-	-	-	-	-
1	2	1	-	-	-	-	-	-	-	-
137	130	110	1	-	-	-	1	-	2	-
-	-	1	-	-	-	-	-	-	-	-
11	10	10	-	1	1	1	-	-	-	-
198	**189**	**190**	**3**	**9**	**10**	**9**	**1**	**-**	**2**	**-**
8	10	11	1	2	1	3	-	-	-	-
36	32	49	1	6	8	5	-	-	-	-
5	5	8	-	-	-	-	-	-	-	-
1	2	1	-	-	-	-	-	-	-	-
137	130	110	1	-	-	-	1	-	2	-
-	-	1	-	-	-	-	-	-	-	-
11	10	10	-	1	1	1	-	-	-	-
-	-	-	-	-	-	-	-	-	-	-
-	-	-	-	-	-	-	-	-	-	-
-	-	-	-	-	-	-	-	-	-	-
-	-	-	-	-	-	-	-	-	-	-
-	-	-	-	-	-	-	-	-	-	-
-	-	-	-	-	-	-	-	-	-	-
-	-	-	-	-	-	-	-	-	-	-
-	-	-	-	-	-	-	-	-	-	-
-	-	-	-	-	-	-	-	-	-	-
-	-	-	-	-	-	-	-	-	-	-
-	-	-	-	-	-	-	-	-	-	-
-	-	-	-	-	-	-	-	-	-	-
-	-	-	-	-	-	-	-	-	-	-
-	-	-	-	-	-	-	-	-	-	-
-	-	-	-	-	-	-	-	-	-	-
-	-	-	-	-	-	-	-	-	-	-
-	-	-	-	-	-	-	-	-	-	-
-	-	-	-	-	-	-	-	-	-	-
-	-	-	-	-	-	-	-	-	-	-
-	-	-	-	-	-	-	-	-	-	-

基 础 教 育

	毕 业 生 数				
	合计	城区	镇区	乡村	合计
总　　计	5426579	1619197	2667004	1140378	4868962
学前教育	1420650	415062	585842	419746	788163
义务教育	3228054	913389	1626838	687827	3176827
小学教育	1691383	470161	780064	441158	1489465
小　　学	1447368	387690	652002	407676	1324330
九年一贯制学校	214536	73831	111944	28761	151714
十二年一贯制学校	29479	8640	16118	4721	13421
初中教育	1536671	443228	846774	246669	1687362
初级中学	1151924	302711	650971	198242	1268928
九年一贯制学校	282376	101588	142846	37942	318192
十二年一贯制学校	49305	16738	24025	8542	45727
完全中学	53066	22191	28932	1943	54515
职业初中	－	－	－	－	－
普通高中教育	774723	289564	452513	32646	900599
完全中学	93623	43951	47709	1963	105418
高级中学	637411	231920	379499	25992	722036
十二年一贯制学校	43689	13693	25305	4691	73145
特殊教育	3036	1066	1811	159	3217
专门学校	116	116	－	－	156

学 生 数

招 生 数			在 校 生 数			
城区	镇区	乡村	合计	城区	镇区	乡村
1616711	2423648	828603	20595794	6508981	9968973	4117840
233285	336763	218115	3236241	989028	1366924	880289
1053178	1561071	562578	14710078	4546265	7060361	3103452
537322	637677	314466	9628783	3040171	4269731	2318881
460239	564733	299358	8444853	2553855	3707379	2183619
71706	66346	13662	1062518	444340	499034	119144
5377	6598	1446	121412	41976	63318	16118
515856	923394	248112	5081295	1506094	2790630	784571
361157	709855	197916	3838023	1046478	2159317	632228
117234	158949	42009	939392	345757	466078	127557
14874	24357	6496	142748	47216	75615	19917
22591	30233	1691	161132	66643	89620	4869
-	-	-	-	-	-	-
328642	524116	47841	2622690	963493	1526156	133041
47284	56051	2083	308212	140299	161457	6456
259136	426562	36338	2115925	761641	1254648	99636
22222	41503	9420	198553	61553	110051	26949
1450	1698	69	26655	10065	15532	1058
156	-	-	130	130	-	-

学 前 教 育

	入园（班）人数					
	合计	托班	小班	中班	大班	混合班
总　计	**788163**	**40779**	**639417**	**46522**	**44543**	**16902**
其中:女	379183	19374	308371	21943	21120	8375
教育部门	348767	13359	281639	18674	21405	13690
其他部门	5337	418	4674	145	100	—
地方企业	8624	636	6661	738	368	221
事业单位	3394	200	3004	115	75	—
部　队	1415	132	1180	93	10	—
集　体	4104	428	3059	271	318	28
民　办	416522	25606	339200	26486	22267	2963
其中:普惠性民办幼儿园	334586	20739	274453	20823	16823	1748
中外合作办	—	—	—	—	—	—
城　区	**233285**	**11710**	**190296**	**15292**	**13509**	**2478**
教育部门	93183	3298	79962	4347	4319	1257
其他部门	4622	388	4027	110	97	—
地方企业	6770	515	5364	488	188	215
事业单位	3369	200	2979	115	75	—
部　队	1346	132	1111	93	10	—
集　体	2274	272	1703	121	178	—
民　办	121721	6905	95150	10018	8642	1006
其中:普惠性民办幼儿园	91514	5080	71432	7996	6507	499
中外合作办	—	—	—	—	—	—
镇　区	**336763**	**19524**	**271521**	**20453**	**20097**	**5168**
教育部门	143290	6223	116429	7701	9380	3557
其他部门	613	30	545	35	3	—
地方企业	1848	121	1297	250	180	—
事业单位	—	—	—	—	—	—
部　队	55	—	55	—	—	—
集　体	1135	98	853	86	76	22
民　办	189822	13052	152342	12381	10458	1589
其中:普惠性民办幼儿园	150319	10611	121763	9293	7678	974
中外合作办	—	—	—	—	—	—
乡　村	**218115**	**9545**	**177600**	**10777**	**10937**	**9256**
教育部门	112294	3838	85248	6626	7706	8876
其他部门	102	—	102	—	—	—
地方企业	6	—	—	—	—	6
事业单位	25	—	25	—	—	—
部　队	14	—	14	—	—	—
集　体	695	58	503	64	64	6
民　办	104979	5649	91708	4087	3167	368
其中:普惠性民办幼儿园	92753	5048	81258	3534	2638	275
中外合作办	—	—	—	—	—	—

幼 儿 数(总计)

在园（班）人数							离园（班）人数
合计	其中：女	托班	小班	中班	大班	混合班	
3236241	1552857	42956	740946	1018764	1342912	90663	1420650
1552857	–	20241	356100	490587	642796	43133	680889
1278696	617943	13863	310318	396997	506677	50841	526114
19069	9091	439	5376	6509	6709	36	7343
37371	17836	643	8349	12203	15398	778	14079
12057	5757	200	3376	4045	4334	102	5041
5169	2466	132	1434	1712	1865	26	2079
18262	8594	451	4589	5483	7567	172	6128
1865617	891170	27228	407504	591815	800362	38708	859866
1515055	724319	21878	330190	481156	653471	28360	702985
–	–	–	–	–	–	–	–
989028	470817	12470	223861	316678	413811	22208	415062
326453	156771	3337	86185	107518	121771	7642	116245
16596	7885	401	4699	5662	5834	–	6350
30972	14673	522	6817	10210	12658	765	12080
11906	5686	200	3331	3999	4274	102	4961
4863	2318	132	1348	1598	1759	26	1948
10908	5040	295	2620	3316	4677	–	3323
587330	278444	7583	118861	184375	262838	13673	270155
451108	213921	5473	89660	141266	205047	9662	208046
–	–	–	–	–	–	–	–
1366924	655708	20614	314953	430742	570763	29852	585842
536372	259218	6609	129634	167769	218252	14108	213148
2011	974	38	575	713	649	36	783
6386	3155	121	1532	1993	2740	–	1990
–	–	–	–	–	–	–	–
255	119	–	72	97	86	–	116
4798	2311	98	1225	1446	1884	145	1816
817102	389931	13748	181915	258724	347152	15563	367989
656639	313664	11135	145864	208433	280589	10618	300180
–	–	–	–	–	–	–	–
880289	426332	9872	202132	271344	358338	38603	419746
415871	201954	3917	94499	121710	166654	29091	196721
462	232	–	102	134	226	–	210
13	8	–	–	–	–	13	9
151	71	–	45	46	60	–	80
51	29	–	14	17	20	–	15
2556	1243	58	744	721	1006	27	989
461185	222795	5897	106728	148716	190372	9472	221722
407308	196734	5270	94666	131457	167835	8080	194759
–	–	–	–	–	–	–	–

学 前 教 育

	入 园（班）人 数					
	合计	托班	小班	中班	大班	混合班
总　　计	**724269**	**38955**	**597318**	**43405**	**38430**	**6161**
其中:女	347911	18490	287875	20429	18070	3047
教育部门	287477	11721	241754	15638	15359	3005
其他部门	5337	418	4674	145	100	-
地方企业	8618	636	6661	738	368	215
事业单位	3394	200	3004	115	75	-
部　　队	1415	132	1180	93	10	-
集　　体	4104	428	3059	271	318	28
民　　办	413924	25420	336986	26405	22200	2913
其中:普惠性民办幼儿园	334586	20739	274453	20823	16823	1748
中外合作办	-	-	-	-	-	-
城　　区	**228074**	**11468**	**186777**	**14819**	**12732**	**2278**
教育部门	88434	3100	76847	3887	3543	1057
其他部门	4622	388	4027	110	97	-
地方企业	6770	515	5364	488	188	215
事业单位	3369	200	2979	115	75	-
部　　队	1346	132	1111	93	10	-
集　　体	2274	272	1703	121	178	-
民　　办	121259	6861	94746	10005	8641	1006
其中:普惠性民办幼儿园	91514	5080	71432	7996	6507	499
中外合作办	-	-	-	-	-	-
镇　　区	**318818**	**18792**	**259244**	**19757**	**18285**	**2740**
教育部门	126808	5594	105397	7066	7622	1129
其他部门	613	30	545	35	3	-
地方企业	1848	121	1297	250	180	-
事业单位	-	-	-	-	-	-
部　　队	55	-	55	-	-	-
集　　体	1135	98	853	86	76	22
民　　办	188359	12949	151097	12320	10404	1589
其中:普惠性民办幼儿园	150319	10611	121763	9293	7678	974
中外合作办	-	-	-	-	-	-
乡　　村	**177377**	**8695**	**151297**	**8829**	**7413**	**1143**
教育部门	72235	3027	59510	4685	4194	819
其他部门	102	-	102	-	-	-
地方企业	-	-	-	-	-	-
事业单位	25	-	25	-	-	-
部　　队	14	-	14	-	-	-
集　　体	695	58	503	64	64	6
民　　办	104306	5610	91143	4080	3155	318
其中:普惠性民办幼儿园	92753	5048	81258	3534	2638	275
中外合作办	-	-	-	-	-	-

幼 儿 数（幼儿园）

在 园 （班） 人 数							离园（班）人数
合计	其中：女	托班	小班	中班	大班	混合班	
2993053	**1434328**	**41101**	**695291**	**957456**	**1241836**	**57369**	**1281275**
1434328	–	19338	333901	460599	593428	27062	613063
1047341	505075	12194	267113	339272	410535	18227	392462
19069	9091	439	5376	6509	6709	36	7343
37358	17828	643	8349	12203	15398	765	14070
12057	5757	200	3376	4045	4334	102	5041
5169	2466	132	1434	1712	1865	26	2079
18262	8594	451	4589	5483	7567	172	6128
1853797	885517	27042	405054	588232	795428	38041	854152
1515055	724319	21878	330190	481156	653471	28360	702985
–	–	–	–	–	–	–	–
964120	**458910**	**12211**	**219907**	**310647**	**401878**	**19477**	**400945**
303565	145826	3122	82651	102155	110726	4911	103164
16596	7885	401	4699	5662	5834	–	6350
30972	14673	522	6817	10210	12658	765	12080
11906	5686	200	3331	3999	4274	102	4961
4863	2318	132	1348	1598	1759	26	1948
10908	5040	295	2620	3316	4677	–	3323
585310	277482	7539	118441	183707	261950	13673	269119
451108	213921	5473	89660	141266	205047	9662	208046
–	–	–	–	–	–	–	–
1295868	**621022**	**19878**	**301510**	**411694**	**539811**	**22975**	**549916**
471914	227692	5976	117501	150558	190139	7740	180578
2011	974	38	575	713	649	36	783
6386	3155	121	1532	1993	2740	–	1990
–	–	–	–	–	–	–	–
255	119	–	72	97	86	–	116
4798	2311	98	1225	1446	1884	145	1816
810504	386771	13645	180605	256887	344313	15054	364633
656639	313664	11135	145864	208433	280589	10618	300180
–	–	–	–	–	–	–	–
733065	**354396**	**9012**	**173874**	**235115**	**300147**	**14917**	**330414**
271862	131557	3096	66961	86559	109670	5576	108720
462	232	–	102	134	226	–	210
–	–	–	–	–	–	–	–
151	71	–	45	46	60	–	80
51	29	–	14	17	20	–	15
2556	1243	58	744	721	1006	27	989
457983	221264	5858	106008	147638	189165	9314	220400
407308	196734	5270	94666	131457	167835	8080	194759
–	–	–	–	–	–	–	–

学 前 教 育

	入园（班）人数					
	合计	托班	小班	中班	大班	混合班
总　计	**63894**	**1824**	**42099**	**3117**	**6113**	**10741**
其中：女	31272	884	20496	1514	3050	5328
教育部门	61290	1638	39885	3036	6046	10685
其他部门	-	-	-	-	-	-
地方企业	6	-	-	-	-	6
事业单位	-	-	-	-	-	-
部　队	-	-	-	-	-	-
集　体	-	-	-	-	-	-
民　办	2598	186	2214	81	67	50
其中:普惠性民办幼儿园	-	-	-	-	-	-
中外合作办	-	-	-	-	-	-
城　区	**5211**	**242**	**3519**	**473**	**777**	**200**
教育部门	4749	198	3115	460	776	200
其他部门	-	-	-	-	-	-
地方企业	-	-	-	-	-	-
事业单位	-	-	-	-	-	-
部　队	-	-	-	-	-	-
集　体	-	-	-	-	-	-
民　办	462	44	404	13	1	-
其中:普惠性民办幼儿园	-	-	-	-	-	-
中外合作办	-	-	-	-	-	-
镇　区	**17945**	**732**	**12277**	**696**	**1812**	**2428**
教育部门	16482	629	11032	635	1758	2428
其他部门	-	-	-	-	-	-
地方企业	-	-	-	-	-	-
事业单位	-	-	-	-	-	-
部　队	-	-	-	-	-	-
集　体	-	-	-	-	-	-
民　办	1463	103	1245	61	54	-
其中:普惠性民办幼儿园	-	-	-	-	-	-
中外合作办	-	-	-	-	-	-
乡　村	**40738**	**850**	**26303**	**1948**	**3524**	**8113**
教育部门	40059	811	25738	1941	3512	8057
其他部门	-	-	-	-	-	-
地方企业	6	-	-	-	-	6
事业单位	-	-	-	-	-	-
部　队	-	-	-	-	-	-
集　体	-	-	-	-	-	-
民　办	673	39	565	7	12	50
其中:普惠性民办幼儿园	-	-	-	-	-	-
中外合作办	-	-	-	-	-	-

幼 儿 数（附设幼儿班）

在 园（班）人 数							离 园（班）人 数
合计	其中：女	托班	小班	中班	大班	混合班	
243188	**118529**	**1855**	**45655**	**61308**	**101076**	**33294**	**139375**
118529	–	903	22199	29988	49368	16071	67826
231355	112868	1669	43205	57725	96142	32614	133652
–	–	–	–	–	–	–	–
13	8	–	–	–	–	13	9
–	–	–	–	–	–	–	–
–	–	–	–	–	–	–	–
11820	5653	186	2450	3583	4934	667	5714
–	–	–	–	–	–	–	–
–	–	–	–	–	–	–	–
24908	**11907**	**259**	**3954**	**6031**	**11933**	**2731**	**14117**
22888	10945	215	3534	5363	11045	2731	13081
–	–	–	–	–	–	–	–
–	–	–	–	–	–	–	–
–	–	–	–	–	–	–	–
–	–	–	–	–	–	–	–
2020	962	44	420	668	888	–	1036
–	–	–	–	–	–	–	–
–	–	–	–	–	–	–	–
71056	**34686**	**736**	**13443**	**19048**	**30952**	**6877**	**35926**
64458	31526	633	12133	17211	28113	6368	32570
–	–	–	–	–	–	–	–
–	–	–	–	–	–	–	–
–	–	–	–	–	–	–	–
–	–	–	–	–	–	–	–
6598	3160	103	1310	1837	2839	509	3356
–	–	–	–	–	–	–	–
–	–	–	–	–	–	–	–
147224	**71936**	**860**	**28258**	**36229**	**58191**	**23686**	**89332**
144009	70397	821	27538	35151	56984	23515	88001
–	–	–	–	–	–	–	–
13	8	–	–	–	–	13	9
–	–	–	–	–	–	–	–
–	–	–	–	–	–	–	–
–	–	–	–	–	–	–	–
3202	1531	39	720	1078	1207	158	1322
–	–	–	–	–	–	–	–
–	–	–	–	–	–	–	–

学 前 教 育 分

	入园（班）人数					
	合计	托班	小班	中班	大班	混合班
总　计	788163	40779	639417	46522	44543	16902
其中：女	379183	19374	308371	21943	21120	8375
少数民族	7207	468	5694	394	496	155
残疾人	209	17	116	35	32	9
2岁以下	40436	34930	5246	-	-	260
3岁	631746	5786	619405	1721	-	4834
4岁	62002	61	14597	43899	900	2545
5岁	50537	2	157	891	41833	7654
6岁以上	3442	-	12	11	1810	1609
教育部门	348767	13359	281639	18674	21405	13690
2岁以下	14079	11558	2427	-	-	94
3岁	277554	1778	271402	832	-	3542
4岁	27835	23	7695	17463	461	2193
5岁	27666	-	107	369	20142	7048
6岁以上	1633	-	8	10	802	813
其他部门	5337	418	4674	145	100	-
2岁以下	315	277	38	-	-	-
3岁	4716	141	4562	13	-	-
4岁	205	-	74	128	3	-
5岁	96	-	-	4	92	-
6岁以上	5	-	-	-	5	-
地方企业	8624	636	6661	738	368	221
2岁以下	700	488	181	-	-	31
3岁	6791	148	6405	73	-	165
4岁	755	-	75	650	5	25
5岁	346	-	-	15	331	-
6岁以上	32	-	-	-	32	-
事业单位	3394	200	3004	115	75	-
2岁以下	183	163	20	-	-	-
3岁	2967	37	2918	12	-	-
4岁	171	-	66	103	2	-
5岁	73	-	-	-	73	-

年龄幼儿数(总计)(一)

在园(班)人数							离园(班)人数
合计	其中:女	托班	小班	中班	大班	混合班	
3236241	**1552857**	**42956**	**740946**	**1018764**	**1342912**	**90663**	**1420650**
1552857	-	20241	356100	490587	642796	43133	680889
27140	11799	497	6643	8403	10822	775	12852
1054	354	25	158	272	518	81	494
42661	19861	36584	5720	2	-	355	-
749128	360863	6305	710903	24909	-	7011	
1031492	496170	65	23837	963851	31641	12098	-
1314740	630606	2	427	29652	1242864	41795	21747
98220	45357	-	59	350	68407	29404	1398903
1278696	**617943**	**13863**	**310318**	**396997**	**506677**	**50841**	**526114**
14556	6990	11872	2571	1	-	112	-
313140	151972	1966	297028	9760	-	4386	-
406504	196960	25	10451	375040	12159	8829	-
509938	245935	-	222	12067	468645	29004	8330
34558	16086	-	46	129	25873	8510	517784
19069	**9091**	**439**	**5376**	**6509**	**6709**	**36**	**7343**
389	139	298	91	-	-	-	-
5433	2577	141	5138	154	-	-	-
6497	3161	-	147	6227	123	-	-
6361	3062	-	-	128	6233	-	121
389	152	-	-	-	353	36	7222
37371	**17836**	**643**	**8349**	**12203**	**15398**	**778**	**14079**
742	354	490	203	-	-	49	-
8794	4292	153	7727	696	-	218	-
12580	5993	-	419	10991	892	278	-
13919	6635	-	-	513	13183	223	648
1336	562	-	-	3	1323	10	13431
12057	**5757**	**200**	**3376**	**4045**	**4334**	**102**	**5041**
183	87	163	20	-	-	-	-
3315	1519	37	3240	38	-	-	-
3984	1882	-	116	3807	61	-	-
4210	2053	-	-	200	3992	18	133

学 前 教 育 分

	入园（班）人数					
	合计	托班	小班	中班	大班	混合班
6岁以上	-	-	-	-	-	-
部　队	**1415**	**132**	**1180**	**93**	**10**	**-**
2岁以下	169	132	37	-	-	-
3岁	1129	-	1129	-	-	-
4岁	106	-	14	92	-	-
5岁	11	-	-	1	10	-
6岁以上	-	-	-	-	-	-
集　体	**4104**	**428**	**3059**	**271**	**318**	**28**
2岁以下	387	360	26	-	-	1
3岁	3054	68	2944	15	-	27
4岁	336	-	88	248	-	-
5岁	299	-	1	8	290	-
6岁以上	28	-	-	-	28	-
民　办	**416522**	**25606**	**339200**	**26486**	**22267**	**2963**
2岁以下	24603	21952	2517	-	-	134
3岁	335535	3614	330045	776	-	1100
4岁	32594	38	6585	25215	429	327
5岁	22046	2	49	494	20895	606
6岁以上	1744	-	4	1	943	796
其中：普惠性民办幼儿园	**334586**	**20739**	**274453**	**20823**	**16823**	**1748**
2岁以下	19723	17701	1917	-	-	105
3岁	271445	3009	267222	673	-	541
4岁	25537	28	5268	19758	352	131
5岁	16506	1	43	391	15716	355
6岁以上	1375	-	3	1	755	616
中外合作办	**-**	**-**	**-**	**-**	**-**	**-**
2岁以下	-	-	-	-	-	-
3岁	-	-	-	-	-	-
4岁	-	-	-	-	-	-
5岁	-	-	-	-	-	-
6岁以上	-	-	-	-	-	-

年 龄 幼 儿 数（总计）（二）

在园（班）人数							离园（班）人数
合计	其中：女	托班	小班	中班	大班	混合班	
365	216	-	-	-	281	84	4908
5169	**2466**	**132**	**1434**	**1712**	**1865**	**26**	**2079**
170	78	132	38	-	-	-	-
1473	677	-	1377	79	-	17	-
1703	812	-	19	1584	91	9	-
1743	864	-	-	48	1695	-	32
80	35	-	-	1	79	-	2047
18262	8594	451	4589	5483	7567	172	6128
415	186	383	31	-	-	1	-
4611	2120	68	4356	158	-	29	-
5630	2634	-	201	5122	276	31	-
7165	3454	-	1	198	6883	83	138
441	200	-	-	5	408	28	5990
1865617	891170	27228	407504	591815	800362	38708	859866
26206	12027	23246	2766	1	-	193	-
412362	197706	3940	392037	14024	-	2361	-
594594	284728	40	12484	561080	18039	2951	-
771404	368603	2	204	16498	742233	12467	12345
61051	28106	-	13	212	40090	20736	847521
1515055	724319	21878	330190	481156	653471	28360	702985
20848	9590	18603	2100	1	-	144	-
333413	159887	3244	317745	10991	-	1433	-
482277	231199	30	10181	456398	14054	1614	-
628804	300656	1	153	13572	606177	8901	9659
49713	22987	-	11	194	33240	16268	693326
-	-	-	-	-	-	-	-
-	-	-	-	-	-	-	-
-	-	-	-	-	-	-	-
-	-	-	-	-	-	-	-
-	-	-	-	-	-	-	-

学 前 教 育 分

	入园（班）人数					
	合计	托班	小班	中班	大班	混合班
总　　计	**233285**	**11710**	**190296**	**15292**	**13509**	**2478**
其中:女	111872	5464	91521	7218	6420	1249
少数民族	3435	202	2821	181	170	61
残 疾 人	61	-	39	9	12	1
2岁以下	11252	9942	1211	-	-	99
3岁	189118	1755	185144	747	-	1472
4岁	18738	13	3932	14184	321	288
5岁	12851	-	8	358	12152	333
6岁以上	1326	-	1	3	1036	286
教育部门	**93183**	**3298**	**79962**	**4347**	**4319**	**1257**
2岁以下	3301	2867	412	-	-	22
3岁	78692	429	77210	222	-	831
4岁	6595	2	2338	3977	151	127
5岁	4144	-	2	145	3752	245
6岁以上	451	-	-	3	416	32
其他部门	**4622**	**388**	**4027**	**110**	**97**	**-**
2岁以下	269	247	22	-	-	-
3岁	4082	141	3931	10	-	-
4岁	173	-	74	97	2	-
5岁	93	-	-	3	90	-
6岁以上	5	-	-	-	5	-
地方企业	**6770**	**515**	**5364**	**488**	**188**	**215**
2岁以下	513	367	115	-	-	31
3岁	5569	148	5201	56	-	164
4岁	491	-	48	418	5	20
5岁	170	-	-	14	156	-
6岁以上	27	-	-	-	27	-
事业单位	**3369**	**200**	**2979**	**115**	**75**	**-**
2岁以下	183	163	20	-	-	-
3岁	2942	37	2893	12	-	-
4岁	171	-	66	103	2	-
5岁	73	-	-	-	73	-

年龄幼儿数（城区）（一）

在园（班）人数							离园（班）人数
合计	其中：女	托班	小班	中班	大班	混合班	
989028	**470817**	**12470**	**223861**	**316678**	**413811**	**22208**	**415062**
470817	-	5751	107220	151568	195931	10347	197432
12876	5743	226	3249	4164	4910	327	6001
324	106	-	43	88	177	16	137
12074	5474	10562	1364	1	-	147	-
228109	109354	1894	215486	8477	-	2252	-
320137	152893	14	6930	298994	10965	3234	-
394716	187692	-	74	9080	377920	7642	8409
33992	15404	-	7	126	24926	8933	406653
326453	**156771**	**3337**	**86185**	**107518**	**121771**	**7642**	**116245**
3342	1569	2895	417	-	-	30	-
86108	41716	440	82579	2147	-	942	-
108837	52617	2	3177	101643	2587	1428	-
118855	56697	-	11	3714	111495	3635	2513
9311	4172	-	1	14	7689	1607	113732
16596	**7885**	**401**	**4699**	**5662**	**5834**	**-**	**6350**
335	114	260	75	-	-	-	-
4754	2246	141	4491	122	-	-	-
5666	2749	-	133	5427	106	-	-
5518	2650	-	-	113	5405	-	105
323	126	-	-	-	323	-	6245
30972	**14673**	**522**	**6817**	**10210**	**12658**	**765**	**12080**
554	245	369	136	-	-	49	-
7209	3504	153	6323	516	-	217	-
10572	4985	-	358	9231	710	273	-
11528	5471	-	-	460	10852	216	495
1109	468	-	-	3	1096	10	11585
11906	**5686**	**200**	**3331**	**3999**	**4274**	**102**	**4961**
183	87	163	20	-	-	-	-
3270	1496	37	3195	38	-	-	-
3938	1861	-	116	3761	61	-	-
4150	2026	-	-	200	3932	18	133

学 前 教 育 分

	入园（班）人数					
	合计	托班	小班	中班	大班	混合班
6岁以上	-	-	-	-	-	-
部　队	**1346**	**132**	**1111**	**93**	**10**	**-**
2岁以下	169	132	37	-	-	-
3岁	1060	-	1060	-	-	-
4岁	106	-	14	92	-	-
5岁	11	-	-	1	10	-
6岁以上	-	-	-	-	-	-
集　体	**2274**	**272**	**1703**	**121**	**178**	**-**
2岁以下	231	222	9	-	-	-
3岁	1709	50	1656	3	-	-
4岁	152	-	38	114	-	-
5岁	171	-	-	4	167	-
6岁以上	11	-	-	-	11	-
民　办	**121721**	**6905**	**95150**	**10018**	**8642**	**1006**
2岁以下	6586	5944	596	-	-	46
3岁	95064	950	93193	444	-	477
4岁	11050	11	1354	9383	161	141
5岁	8189	-	6	191	7904	88
6岁以上	832	-	1	-	577	254
其中:普惠性民办幼儿园	**91514**	**5080**	**71432**	**7996**	**6507**	**499**
2岁以下	4765	4340	404	-	-	21
3岁	71367	738	70060	419	-	150
4岁	8569	2	963	7430	126	48
5岁	6136	-	4	147	5938	47
6岁以上	677	-	1	-	443	233
中外合作办	**-**	**-**	**-**	**-**	**-**	**-**
2岁以下	-	-	-	-	-	-
3岁	-	-	-	-	-	-
4岁	-	-	-	-	-	-
5岁	-	-	-	-	-	-
6岁以上	-	-	-	-	-	-

年龄幼儿数（城区）（二）

在园（班）人数							离园（班）人数
合计	其中：女	托班	小班	中班	大班	混合班	
365	216	-	-	-	281	84	4828
4863	**2318**	**132**	**1348**	**1598**	**1759**	**26**	**1948**
170	78	132	38	-	-	-	-
1387	638	-	1291	79	-	17	-
1585	754	-	19	1473	84	9	-
1645	815	-	-	46	1599	-	32
76	33	-	-	-	76	-	1916
10908	**5040**	**295**	**2620**	**3316**	**4677**	**-**	**3323**
256	129	245	11	-	-	-	-
2696	1215	50	2554	92	-	-	-
3419	1570	-	55	3164	200	-	-
4362	2050	-	-	59	4303	-	59
175	76	-	-	1	174	-	3264
587330	**278444**	**7583**	**118861**	**184375**	**262838**	**13673**	**270155**
7234	3252	6498	667	1	-	68	-
122685	58539	1073	115053	5483	-	1076	-
186120	88357	12	3072	174295	7217	1524	-
248658	117983	-	63	4488	240334	3773	5072
22633	10313	-	6	108	15287	7232	265083
451108	**213921**	**5473**	**89660**	**141266**	**205047**	**9662**	**208046**
5133	2316	4660	449	1	-	23	-
92282	43916	810	86741	4175	-	556	-
142111	67380	3	2404	133475	5525	704	-
193834	92094	-	60	3514	187585	2675	3788
17748	8215	-	6	101	11937	5704	204258
-	-	-	-	-	-	-	-
-	-	-	-	-	-	-	-
-	-	-	-	-	-	-	-
-	-	-	-	-	-	-	-
-	-	-	-	-	-	-	-

学前教育分

	入园（班）人数					
	合计	托班	小班	中班	大班	混合班
总　　计	336763	19524	271521	20453	20097	5168
其中:女	161672	9246	130726	9686	9482	2532
少数民族	3076	200	2335	190	284	67
残疾人	102	16	48	22	12	4
2岁以下	19603	16816	2721	-	-	66
3岁	266584	2682	262538	521	-	843
4岁	26438	25	6176	19563	310	364
5岁	22868	1	85	369	19253	3160
6岁以上	1270	-	1	-	534	735
教育部门	143290	6223	116429	7701	9380	3557
2岁以下	6659	5374	1279	-	-	6
3岁	113647	838	112196	272	-	341
4岁	10532	11	2898	7322	88	213
5岁	11928	-	56	107	9055	2710
6岁以上	524	-	-	-	237	287
其他部门	613	30	545	35	3	-
2岁以下	46	30	16	-	-	-
3岁	532	-	529	3	-	-
4岁	32	-	-	31	1	-
5岁	3	-	-	1	2	-
6岁以上	-	-	-	-	-	-
地方企业	1848	121	1297	250	180	-
2岁以下	187	121	66	-	-	-
3岁	1221	-	1204	17	-	-
4岁	259	-	27	232	-	-
5岁	176	-	-	1	175	-
6岁以上	5	-	-	-	5	-
事业单位	-	-	-	-	-	-
2岁以下	-	-	-	-	-	-
3岁	-	-	-	-	-	-
4岁	-	-	-	-	-	-
5岁	-	-	-	-	-	-

年龄幼儿数（镇区）（一）

在园（班）人数							离园（班）人数
合计	其中：女	托班	小班	中班	大班	混合班	
1366924	**655708**	**20614**	**314953**	**430742**	**570763**	**29852**	**585842**
655708	-	9685	151199	207524	273051	14249	280503
11309	4796	202	2717	3392	4685	313	5480
525	187	24	82	133	232	54	187
20589	9591	17566	2913	1	-	109	-
317416	152794	3019	301735	11163	-	1499	-
433581	208648	28	10063	407115	14176	2199	-
557780	267190	1	213	12332	530344	14890	7741
37558	17485	-	29	131	26243	11155	578101
536372	**259218**	**6609**	**129634**	**167769**	**218252**	**14108**	**213148**
6956	3343	5596	1347	1	-	12	-
130124	63110	1000	124121	4547	-	456	-
169241	82097	13	4021	158529	5677	1001	-
217270	104645	-	117	4632	202809	9712	2971
12781	6023	-	28	60	9766	2927	210177
2011	**974**	**38**	**575**	**713**	**649**	**36**	**783**
54	25	38	16	-	-	-	-
577	282	-	545	32	-	-	-
697	343	-	14	666	17	-	-
617	298	-	-	15	602	-	16
66	26	-	-	-	30	36	767
6386	**3155**	**121**	**1532**	**1993**	**2740**	**-**	**1990**
188	109	121	67	-	-	-	-
1584	788	-	1404	180	-	-	-
2003	1005	-	61	1760	182	-	-
2384	1159	-	-	53	2331	-	153
227	94	-	-	-	227	-	1837
-	-	-	-	-	-	-	-
-	-	-	-	-	-	-	-
-	-	-	-	-	-	-	-
-	-	-	-	-	-	-	-
-	-	-	-	-	-	-	-

学 前 教 育 分

	入园（班）人数					
	合计	托班	小班	中班	大班	混合班
6岁以上	-	-	-	-	-	-
部　队	**55**	**-**	**55**	**-**	**-**	**-**
2岁以下	-	-	-	-	-	-
3岁	55	-	55	-	-	-
4岁	-	-	-	-	-	-
5岁	-	-	-	-	-	-
6岁以上	-	-	-	-	-	-
集　体	**1135**	**98**	**853**	**86**	**76**	**22**
2岁以下	110	93	17	-	-	-
3岁	822	5	786	9	-	22
4岁	122	-	49	73	-	-
5岁	77	-	1	4	72	-
6岁以上	4	-	-	-	4	-
民　办	**189822**	**13052**	**152342**	**12381**	**10458**	**1589**
2岁以下	12601	11198	1343	-	-	60
3岁	150307	1839	147768	220	-	480
4岁	15493	14	3202	11905	221	151
5岁	10684	1	28	256	9949	450
6岁以上	737	-	1	-	288	448
其中：普惠性民办幼儿园	150319	10611	121763	9293	7678	974
2岁以下	10076	9043	977	-	-	56
3岁	120310	1553	118322	166	-	269
4岁	11623	14	2440	8924	182	63
5岁	7758	1	24	203	7245	285
6岁以上	552	-	-	-	251	301
中外合作办	-	-	-	-	-	-
2岁以下	-	-	-	-	-	-
3岁	-	-	-	-	-	-
4岁	-	-	-	-	-	-
5岁	-	-	-	-	-	-
6岁以上	-	-	-	-	-	-

年 龄 幼 儿 数 (镇区)(二)

在 园 （ 班 ） 人 数							离 园（班）人 数
合计	其中：女	托班	小班	中班	大班	混合班	
-	-	-	-	-	-	-	-
255	**119**	-	72	97	86	-	116
-	-	-	-	-	-	-	-
72	32	-	72	-	-	-	-
101	47	-	-	94	7	-	-
78	38	-	-	2	76	-	-
4	2	-	-	1	3	-	116
4798	**2311**	98	1225	1446	1884	145	1816
113	33	93	20	-	-	-	-
1210	562	5	1123	58	-	24	-
1494	728	-	81	1327	68	18	-
1815	910	-	1	61	1678	75	43
166	78	-	-	-	138	28	1773
817102	**389931**	13748	181915	258724	347152	15563	367989
13278	6081	11718	1463	-	-	97	-
183849	88020	2014	174470	6346	-	1019	-
260045	124428	15	5886	244739	8225	1180	-
335616	160140	1	95	7569	322848	5103	4558
24314	11262	-	1	70	16079	8164	363431
656639	**313664**	11135	145864	208433	280589	10618	300180
10586	4852	9431	1062	-	-	93	-
147305	70608	1688	140143	4821	-	653	-
208938	100282	15	4611	197418	6171	723	-
270394	128940	1	48	6133	261022	3190	3599
19416	8982	-	-	61	13396	5959	296581
-	-	-	-	-	-	-	-
-	-	-	-	-	-	-	-
-	-	-	-	-	-	-	-
-	-	-	-	-	-	-	-
-	-	-	-	-	-	-	-

学前教育分

	入园（班）人数					
	合计	托班	小班	中班	大班	混合班
总　计	**218115**	**9545**	**177600**	**10777**	**10937**	**9256**
其中:女	105639	4664	86124	5039	5218	4594
少数民族	696	66	538	23	42	27
残 疾 人	46	1	29	4	8	4
2岁以下	9581	8172	1314	-	-	95
3岁	176044	1349	171723	453	-	2519
4岁	16826	23	4489	10152	269	1893
5岁	14818	1	64	164	10428	4161
6岁以上	846	-	10	8	240	588
教育部门	**112294**	**3838**	**85248**	**6626**	**7706**	**8876**
2岁以下	4119	3317	736	-	-	66
3岁	85215	511	81996	338	-	2370
4岁	10708	10	2459	6164	222	1853
5岁	11594	-	49	117	7335	4093
6岁以上	658	-	8	7	149	494
其他部门	**102**	**-**	**102**	**-**	**-**	**-**
2岁以下	-	-	-	-	-	-
3岁	102	-	102	-	-	-
4岁	-	-	-	-	-	-
5岁	-	-	-	-	-	-
6岁以上	-	-	-	-	-	-
地方企业	**6**	**-**	**-**	**-**	**-**	**6**
2岁以下	-	-	-	-	-	-
3岁	1	-	-	-	-	1
4岁	5	-	-	-	-	5
5岁	-	-	-	-	-	-
6岁以上	-	-	-	-	-	-
事业单位	**25**	**-**	**25**	**-**	**-**	**-**
2岁以下	-	-	-	-	-	-
3岁	25	-	25	-	-	-
4岁	-	-	-	-	-	-
5岁	-	-	-	-	-	-

年龄幼儿数（乡村）（一）

在园（班）人数							离园（班）人数
合计	其中：女	托班	小班	中班	大班	混合班	
880289	**426332**	**9872**	**202132**	**271344**	**358338**	**38603**	**419746**
426332	–	4805	97681	131495	173814	18537	202954
2955	1260	69	677	847	1227	135	1371
205	61	1	33	51	109	11	170
9998	4796	8456	1443	–	–	99	–
203603	98715	1392	193682	5269	–	3260	–
277774	134629	23	6844	257742	6500	6665	–
362244	175724	1	140	8240	334600	19263	5597
26670	12468	–	23	93	17238	9316	414149
415871	**201954**	**3917**	**94499**	**121710**	**166654**	**29091**	**196721**
4258	2078	3381	807	–	–	70	–
96908	47146	526	90328	3066	–	2988	–
128426	62246	10	3253	114868	3895	6400	–
173813	84593	–	94	3721	154341	15657	2846
12466	5891	–	17	55	8418	3976	193875
462	**232**	–	**102**	**134**	**226**	–	**210**
–	–	–	–	–	–	–	–
102	49	–	102	–	–	–	–
134	69	–	–	134	–	–	–
226	114	–	–	–	226	–	–
–	–	–	–	–	–	–	210
13	**8**	–	–	–	–	**13**	**9**
–	–	–	–	–	–	–	–
1	–	–	–	–	–	1	–
5	3	–	–	–	–	5	–
7	5	–	–	–	–	7	–
–	–	–	–	–	–	–	9
151	**71**	–	**45**	**46**	**60**	–	**80**
–	–	–	–	–	–	–	–
45	23	–	45	–	–	–	–
46	21	–	–	46	–	–	–
60	27	–	–	–	60	–	–

学 前 教 育 分

	入 园 （班） 人 数					
	合计	托班	小班	中班	大班	混合班
6岁以上	-	-	-	-	-	-
部　队	**14**	-	**14**	-	-	-
2岁以下	-	-	-	-	-	-
3岁	14	-	14	-	-	-
4岁	-	-	-	-	-	-
5岁	-	-	-	-	-	-
6岁以上	-	-	-	-	-	-
集　体	**695**	**58**	**503**	**64**	**64**	**6**
2岁以下	46	45	-	-	-	1
3岁	523	13	502	3	-	5
4岁	62	-	1	61	-	-
5岁	51	-	-	-	51	-
6岁以上	13	-	-	-	13	-
民　办	**104979**	**5649**	**91708**	**4087**	**3167**	**368**
2岁以下	5416	4810	578	-	-	28
3岁	90164	825	89084	112	-	143
4岁	6051	13	2029	3927	47	35
5岁	3173	1	15	47	3042	68
6岁以上	175	-	2	1	78	94
其中:普惠性民办幼儿园	**92753**	**5048**	**81258**	**3534**	**2638**	**275**
2岁以下	4882	4318	536	-	-	28
3岁	79768	718	78840	88	-	122
4岁	5345	12	1865	3404	44	20
5岁	2612	-	15	41	2533	23
6岁以上	146	-	2	1	61	82
中外合作办	-	-	-	-	-	-
2岁以下	-	-	-	-	-	-
3岁	-	-	-	-	-	-
4岁	-	-	-	-	-	-
5岁	-	-	-	-	-	-
6岁以上	-	-	-	-	-	-

年龄幼儿数（乡村）（二）

在园（班）人数							离园（班）人数
合计	其中：女	托班	小班	中班	大班	混合班	
-	-	-	-	-	-	-	80
51	**29**	-	**14**	**17**	**20**	-	**15**
-	-	-	-	-	-	-	-
14	7	-	14	-	-	-	-
17	11	-	-	17	-	-	-
20	11	-	-	-	20	-	-
-	-	-	-	-	-	-	15
2556	**1243**	**58**	**744**	**721**	**1006**	**27**	**989**
46	24	45	-	-	-	1	-
705	343	13	679	8	-	5	-
717	336	-	65	631	8	13	-
988	494	-	-	78	902	8	36
100	46	-	-	4	96	-	953
461185	**222795**	**5897**	**106728**	**148716**	**190372**	**9472**	**221722**
5694	2694	5030	636	-	-	28	-
105828	51147	853	102514	2195	-	266	-
148429	71943	13	3526	142046	2597	247	-
187130	90480	1	46	4441	179051	3591	2715
14104	6531	-	6	34	8724	5340	219007
407308	**196734**	**5270**	**94666**	**131457**	**167835**	**8080**	**194759**
5129	2422	4512	589	-	-	28	-
93826	45363	746	90861	1995	-	224	-
131228	63537	12	3166	125505	2358	187	-
164576	79622	-	45	3925	157570	3036	2272
12549	5790	-	5	32	7907	4605	192487
-	-	-	-	-	-	-	-
-	-	-	-	-	-	-	-
-	-	-	-	-	-	-	-
-	-	-	-	-	-	-	-
-	-	-	-	-	-	-	-
-	-	-	-	-	-	-	-

学前教育分

	入园（班）人数					
	合计	托班	小班	中班	大班	混合班
总　　计	724269	38955	597318	43405	38430	6161
其中:女	347911	18490	287875	20429	18070	3047
少数民族	6854	445	5552	361	380	116
残　疾　人	196	17	113	34	31	1
2岁以下	38444	33323	4877	-	-	244
3岁	589122	5572	579494	1585	-	2471
4岁	55365	58	12837	41048	804	618
5岁	38649	2	105	764	36076	1702
6岁以上	2689	-	5	8	1550	1126
教育部门	287477	11721	241754	15638	15359	3005
2岁以下	12293	10134	2081	-	-	78
3岁	237073	1567	233621	698	-	1187
4岁	21351	20	5996	14691	365	279
5岁	15871	-	55	242	14452	1122
6岁以上	889	-	1	7	542	339
其他部门	5337	418	4674	145	100	-
2岁以下	315	277	38	-	-	-
3岁	4716	141	4562	13	-	-
4岁	205	-	74	128	3	-
5岁	96	-	-	4	92	-
6岁以上	5	-	-	-	5	-
地方企业	8618	636	6661	738	368	215
2岁以下	700	488	181	-	-	31
3岁	6790	148	6405	73	-	164
4岁	750	-	75	650	5	20
5岁	346	-	-	15	331	-
6岁以上	32	-	-	-	32	-
事业单位	3394	200	3004	115	75	-
2岁以下	183	163	20	-	-	-
3岁	2967	37	2918	12	-	-
4岁	171	-	66	103	2	-
5岁	73	-	-	-	73	-

年 龄 幼 儿 数（幼儿园）（一）

在 园 （ 班 ） 人 数							离 园（班）人 数
合计	其中：女	托班	小班	中班	大班	混合班	
2993053	**1434328**	**41101**	**695291**	**957456**	**1241836**	**57369**	**1281275**
1434328	–	19338	333901	460599	593428	27062	613063
25991	11275	466	6444	8128	10289	664	12091
1020	341	25	154	267	508	66	474
40593	18899	34950	5319	2	–	322	–
701499	337599	6089	667801	23548	–	4061	–
963367	462838	60	21793	906372	29554	5588	–
1198493	573944	2	334	27240	1149312	21605	19565
89101	41048	–	44	294	62970	25793	1261710
1047341	**505075**	**12194**	**267113**	**339272**	**410535**	**18227**	**392462**
12694	6106	10421	2193	1	–	79	–
267932	129886	1753	256266	8467	–	1446	–
341951	165339	20	8494	320916	10151	2370	–
398943	191803	–	129	9809	379716	9289	6281
25821	11941	–	31	79	20668	5043	386181
19069	**9091**	**439**	**5376**	**6509**	**6709**	**36**	**7343**
389	139	298	91	–	–	–	–
5433	2577	141	5138	154	–	–	–
6497	3161	–	147	6227	123	–	–
6361	3062	–	–	128	6233	–	121
389	152	–	–	–	353	36	7222
37358	**17828**	**643**	**8349**	**12203**	**15398**	**765**	**14070**
742	354	490	203	–	–	49	–
8793	4292	153	7727	696	–	217	–
12575	5990	–	419	10991	892	273	–
13912	6630	–	–	513	13183	216	648
1336	562	–	–	3	1323	10	13422
12057	**5757**	**200**	**3376**	**4045**	**4334**	**102**	**5041**
183	87	163	20	–	–	–	–
3315	1519	37	3240	38	–	–	–
3984	1882	–	116	3807	61	–	–
4210	2053	–	–	200	3992	18	133

学 前 教 育 分

	入园（班）人数					
	合计	托班	小班	中班	大班	混合班
6岁以上	-	-	-	-	-	-
部　　队	**1415**	**132**	**1180**	**93**	**10**	**-**
2岁以下	169	132	37	-	-	-
3岁	1129	-	1129	-	-	-
4岁	106	-	14	92	-	-
5岁	11	-	-	1	10	-
6岁以上	-	-	-	-	-	-
集　　体	**4104**	**428**	**3059**	**271**	**318**	**28**
2岁以下	387	360	26	-	-	1
3岁	3054	68	2944	15	-	27
4岁	336	-	88	248	-	-
5岁	299	-	1	8	290	-
6岁以上	28	-	-	-	28	-
民　　办	**413924**	**25420**	**336986**	**26405**	**22200**	**2913**
2岁以下	24397	21769	2494	-	-	134
3岁	333393	3611	327915	774	-	1093
4岁	32446	38	6524	25136	429	319
5岁	21953	2	49	494	20828	580
6岁以上	1735	-	4	1	943	787
其中：普惠性民办幼儿园	**334586**	**20739**	**274453**	**20823**	**16823**	**1748**
2岁以下	19723	17701	1917	-	-	105
3岁	271445	3009	267222	673	-	541
4岁	25537	28	5268	19758	352	131
5岁	16506	1	43	391	15716	355
6岁以上	1375	-	3	1	755	616
中外合作办	**-**	**-**	**-**	**-**	**-**	**-**
2岁以下	-	-	-	-	-	-
3岁	-	-	-	-	-	-
4岁	-	-	-	-	-	-
5岁	-	-	-	-	-	-
6岁以上	-	-	-	-	-	-

年 龄 幼 儿 数（幼儿园）（二）

在 园 （班） 人 数							离园（班）人 数
合计	其中：女	托班	小班	中班	大班	混合班	
365	216	-	-	-	281	84	4908
5169	**2466**	**132**	**1434**	**1712**	**1865**	**26**	**2079**
170	78	132	38	-	-	-	-
1473	677	-	1377	79	-	17	-
1703	812	-	19	1584	91	9	-
1743	864	-	-	48	1695	-	32
80	35	-	-	1	79	-	2047
18262	**8594**	**451**	**4589**	**5483**	**7567**	**172**	**6128**
415	186	383	31	-	-	1	-
4611	2120	68	4356	158	-	29	-
5630	2634	-	201	5122	276	31	-
7165	3454	-	1	198	6883	83	138
441	200	-	-	5	408	28	5990
1853797	**885517**	**27042**	**405054**	**588232**	**795428**	**38041**	**854152**
26000	11949	23063	2743	1	-	193	-
409942	196528	3937	389697	13956	-	2352	-
591027	283020	40	12397	557725	17960	2905	-
766159	366078	2	204	16344	737610	11999	12212
60669	27942	-	13	206	39858	20592	841940
1515055	**724319**	**21878**	**330190**	**481156**	**653471**	**28360**	**702985**
20848	9590	18603	2100	1	-	144	-
333413	159887	3244	317745	10991	-	1433	-
482277	231199	30	10181	456398	14054	1614	-
628804	300656	1	153	13572	606177	8901	9659
49713	22987	-	11	194	33240	16268	693326
-	-	-	-	-	-	-	-
-	-	-	-	-	-	-	-
-	-	-	-	-	-	-	-
-	-	-	-	-	-	-	-
-	-	-	-	-	-	-	-
-	-	-	-	-	-	-	-

学 前 教 育 分

	入 园 （班） 人 数					
	合计	托班	小班	中班	大班	混合班
总　　计	63894	1824	42099	3117	6113	10741
其中:女	31272	884	20496	1514	3050	5328
少数民族	353	23	142	33	116	39
残 疾 人	13	-	3	1	1	8
2 岁以下	1992	1607	369	-	-	16
3 岁	42624	214	39911	136	-	2363
4 岁	6637	3	1760	2851	96	1927
5 岁	11888	-	52	127	5757	5952
6 岁以上	753	-	7	3	260	483
教育部门	61290	1638	39885	3036	6046	10685
2 岁以下	1786	1424	346	-	-	16
3 岁	40481	211	37781	134	-	2355
4 岁	6484	3	1699	2772	96	1914
5 岁	11795	-	52	127	5690	5926
6 岁以上	744	-	7	3	260	474
其他部门	-	-	-	-	-	-
2 岁以下	-	-	-	-	-	-
3 岁	-	-	-	-	-	-
4 岁	-	-	-	-	-	-
5 岁	-	-	-	-	-	-
6 岁以上	-	-	-	-	-	-
地方企业	6	-	-	-	-	6
2 岁以下	-	-	-	-	-	-
3 岁	1	-	-	-	-	1
4 岁	5	-	-	-	-	5
5 岁	-	-	-	-	-	-
6 岁以上	-	-	-	-	-	-
事业单位	-	-	-	-	-	-
2 岁以下	-	-	-	-	-	-
3 岁	-	-	-	-	-	-
4 岁	-	-	-	-	-	-
5 岁	-	-	-	-	-	-

年龄幼儿数(附设幼儿班)(一)

在园（班）人数							离园（班）人数
合计	其中：女	托班	小班	中班	大班	混合班	
243188	**118529**	**1855**	**45655**	**61308**	**101076**	**33294**	**139375**
118529	-	903	22199	29988	49368	16071	67826
1149	524	31	199	275	533	111	761
34	13	-	4	5	10	15	20
2068	962	1634	401	-	-	33	-
47629	23264	216	43102	1361	-	2950	-
68125	33332	5	2044	57479	2087	6510	-
116247	56662	-	93	2412	93552	20190	2182
9119	4309	-	15	56	5437	3611	137193
231355	**112868**	**1669**	**43205**	**57725**	**96142**	**32614**	**133652**
1862	884	1451	378	-	-	33	-
45208	22086	213	40762	1293	-	2940	-
64553	31621	5	1957	54124	2008	6459	-
110995	54132	-	93	2258	88929	19715	2049
8737	4145	-	15	50	5205	3467	131603
-	-	-	-	-	-	-	-
-	-	-	-	-	-	-	-
-	-	-	-	-	-	-	-
-	-	-	-	-	-	-	-
-	-	-	-	-	-	-	-
-	-	-	-	-	-	-	-
13	8	-	-	-	-	13	9
-	-	-	-	-	-	-	-
1	-	-	-	-	-	1	-
5	3	-	-	-	-	5	-
7	5	-	-	-	-	7	-
-	-	-	-	-	-	-	9
-	-	-	-	-	-	-	-
-	-	-	-	-	-	-	-
-	-	-	-	-	-	-	-
-	-	-	-	-	-	-	-
-	-	-	-	-	-	-	-

学 前 教 育 分

	入园（班）人数					
	合计	托班	小班	中班	大班	混合班
6岁以上	-	-	-	-	-	-
部　队	-	-	-	-	-	-
2岁以下	-	-	-	-	-	-
3岁	-	-	-	-	-	-
4岁	-	-	-	-	-	-
5岁	-	-	-	-	-	-
6岁以上	-	-	-	-	-	-
集　体	-	-	-	-	-	-
2岁以下	-	-	-	-	-	-
3岁	-	-	-	-	-	-
4岁	-	-	-	-	-	-
5岁	-	-	-	-	-	-
6岁以上	-	-	-	-	-	-
民　办	**2598**	**186**	**2214**	**81**	**67**	**50**
2岁以下	206	183	23	-	-	-
3岁	2142	3	2130	2	-	7
4岁	148	-	61	79	-	8
5岁	93	-	-	-	67	26
6岁以上	9	-	-	-	-	9
其中:普惠性民办幼儿园	-	-	-	-	-	-
2岁以下	-	-	-	-	-	-
3岁	-	-	-	-	-	-
4岁	-	-	-	-	-	-
5岁	-	-	-	-	-	-
6岁以上	-	-	-	-	-	-
中外合作办	-	-	-	-	-	-
2岁以下	-	-	-	-	-	-
3岁	-	-	-	-	-	-
4岁	-	-	-	-	-	-
5岁	-	-	-	-	-	-
6岁以上	-	-	-	-	-	-

年龄幼儿数(附设幼儿班)(二)

在园(班)人数							离园(班)人数
合计	其中:女	托班	小班	中班	大班	混合班	
-	-	-	-	-	-	-	-
-	-	-	-	-	-	-	-
-	-	-	-	-	-	-	-
-	-	-	-	-	-	-	-
-	-	-	-	-	-	-	-
-	-	-	-	-	-	-	-
-	-	-	-	-	-	-	-
-	-	-	-	-	-	-	-
-	-	-	-	-	-	-	-
-	-	-	-	-	-	-	-
-	-	-	-	-	-	-	-
-	-	-	-	-	-	-	-
11820	**5653**	**186**	**2450**	**3583**	**4934**	**667**	**5714**
206	78	183	23	-	-	-	-
2420	1178	3	2340	68	-	9	-
3567	1708	-	87	3355	79	46	-
5245	2525	-	-	154	4623	468	133
382	164	-	-	6	232	144	5581
-	-	-	-	-	-	-	-
-	-	-	-	-	-	-	-
-	-	-	-	-	-	-	-
-	-	-	-	-	-	-	-
-	-	-	-	-	-	-	-
-	-	-	-	-	-	-	-
-	-	-	-	-	-	-	-
-	-	-	-	-	-	-	-
-	-	-	-	-	-	-	-
-	-	-	-	-	-	-	-
-	-	-	-	-	-	-	-

小学学龄人口入学

	校内外学龄人口		在校学龄人口数		招生数	招生中接受学前教育		
	计	其中：女	计	其中：女		未接受过	一年	两年
总　　计	9397230	4438949	9397226	4438948	1489465	121	36693	24660
其中：女	4438949	－	4438948	－	715115	46	17400	11650
5岁以下	－	－	－	－	－	－	－	－
6岁	1287679	626080	1287677	626080	1286016	－	－	－
7岁	1490274	710644	1490274	710644	200701	－	－	－
8岁	1569315	741324	1569315	741324	2367	－	－	－
9岁	1639178	772395	1639178	772395	230	－	－	－
10岁	1691227	790011	1691227	790011	88	－	－	－
11岁	1719557	798495	1719555	798494	25	－	－	－
12岁	－	－	－	－	12	－	－	－
13岁	－	－	－	－	9	－	－	－
14岁	－	－	－	－	11	－	－	－
15岁以上	－	－	－	－	6	－	－	－

小学学龄人口入学

	校内外学龄人口		在校学龄人口数		招生数	招生中接受学前教育		
	计	其中：女	计	其中：女		未接受过	一年	两年
总　　计	2966602	1386528	2966602	1386528	537322	90	11653	6500
其中：女	1386528	－	1386528	－	255774	39	5453	3017
5岁以下	－	－	－	－	－	－	－	－
6岁	450246	217610	450246	217610	450048	－	－	－
7岁	502305	236947	502305	236947	86591	－	－	－
8岁	496519	231806	496519	231806	621	－	－	－
9岁	507138	236497	507138	236497	41	－	－	－
10岁	503975	232088	503975	232088	17	－	－	－
11岁	506419	231580	506419	231580	2	－	－	－
12岁	－	－	－	－	1	－	－	－
13岁	－	－	－	－	1	－	－	－
14岁	－	－	－	－	－	－	－	－
15岁以上	－	－	－	－	－	－	－	－

及在校学生情况(总计)

	在校生数							
三年	计	其中：女	一年级	二年级	三年级	四年级	五年级	六年级
1427991	**9628783**	**4540034**	**1489470**	**1477079**	**1616382**	**1622827**	**1712565**	**1710460**
686019	4540034	–	715119	705550	760728	764711	797424	796502
–	–	–	–	–	–	–	–	–
–	1287677	626080	1286016	1642	19	–	–	–
–	1490274	710644	200705	1287400	2150	18	1	–
–	1569315	741324	2368	183998	1379861	3055	33	–
–	1639178	772395	230	3667	228500	1401882	4849	50
–	1691227	790011	88	276	5403	211083	1466870	7507
–	1719555	798494	25	46	323	6214	232704	1480243
–	220728	97132	12	24	71	397	7366	212858
–	9751	3536	9	13	27	116	573	9013
–	853	339	11	6	14	39	129	654
–	225	79	6	7	14	23	40	135

及在校学生情况(城区)

	在校生数							
三年	计	其中：女	一年级	二年级	三年级	四年级	五年级	六年级
519079	**3040171**	**1418035**	**537324**	**488616**	**514712**	**494951**	**509094**	**495474**
247265	1418035	–	255775	231330	239437	230630	233452	227411
–	–	–	–	–	–	–	–	–
–	450246	217610	450048	198	–	–	–	–
–	502305	236947	86592	415406	299	8	–	–
–	496519	231806	622	72015	423475	404	3	–
–	507138	236497	41	938	89615	415375	1157	12
–	503975	232088	17	48	1257	77618	422305	2730
–	506419	231580	2	4	49	1470	84079	420815
–	71327	30775	1	4	8	63	1454	69797
–	2077	668	1	2	3	9	75	1987
–	130	52	–	–	3	2	18	107
–	35	12	–	1	3	2	3	26

小 学 学 龄 人 口 入 学

	校内外学龄人口		在校学龄人口数		招生数	招生中接受学前教育		
	计	其中:女	计	其中:女		未接受过	一年	两年
总　　计	4134186	1942113	4162966	1955648	637677	17	16350	11213
其中:女	1942113	–	1955648	–	305473	2	7714	5292
5 岁以下	–	–	–	–	–	–	–	–
6 岁	551070	267286	554859	269134	554137	–	–	–
7 岁	639143	303792	643483	305836	82416	–	–	–
8 岁	683319	321032	688052	323220	982	–	–	–
9 岁	717711	335917	722676	338305	84	–	–	–
10 岁	753891	349785	759202	352215	41	–	–	–
11 岁	789052	364301	794694	366938	11	–	–	–
12 岁	–	–	–	–	3	–	–	–
13 岁	–	–	–	–	–	–	–	–
14 岁	–	–	–	–	2	–	–	–
15 岁以上	–	–	–	–	1	–	–	–

小 学 学 龄 人 口 入 学

	校内外学龄人口		在校学龄人口数		招生数	招生中接受学前教育		
	计	其中:女	计	其中:女		未接受过	一年	两年
总　　计	2296442	1110308	2267658	1096772	314466	14	8690	6947
其中:女	1110308	–	1096772	–	153868	5	4233	3341
5 岁以下	–	–	–	–	–	–	–	–
6 岁	286363	141184	282572	139336	281831	–	–	–
7 岁	348826	169905	344486	167861	31694	–	–	–
8 岁	389477	188486	384744	186298	764	–	–	–
9 岁	414329	199981	409364	197593	105	–	–	–
10 岁	433361	208138	428050	205708	30	–	–	–
11 岁	424086	202614	418442	199976	12	–	–	–
12 岁	–	–	–	–	8	–	–	–
13 岁	–	–	–	–	8	–	–	–
14 岁	–	–	–	–	9	–	–	–
15 岁以上	–	–	–	–	5	–	–	–

及在校学生情况（镇区）

三年	在校生数							
	计	其中：女	一年级	二年级	三年级	四年级	五年级	六年级
610097	**4269731**	**2002509**	**637678**	**640382**	**706765**	**716436**	**772222**	**796248**
292465	2002509	–	305474	305055	330974	335492	357060	368454
–	–	–	–	–	–	–	–	–
–	554859	269134	554137	710	12	–	–	–
–	643483	305836	82417	559909	1150	6	1	–
–	688052	323220	982	78179	607086	1788	17	–
–	722676	338305	84	1439	96228	622245	2650	30
–	759202	352215	41	120	2150	89808	663963	3120
–	794694	366938	11	14	107	2424	102106	690032
–	102091	45130	3	7	20	124	3213	98724
–	4289	1584	–	2	6	29	228	4024
–	326	120	2	1	–	7	33	283
–	59	27	1	1	6	5	11	35

及在校学生情况（乡村）

三年	在校生数							
	计	其中：女	一年级	二年级	三年级	四年级	五年级	六年级
298815	**2318881**	**1119490**	**314468**	**348081**	**394905**	**411440**	**431249**	**418738**
146289	1119490	–	153870	169165	190317	198589	206912	200637
–	–	–	–	–	–	–	–	–
–	282572	139336	281831	734	7	–	–	–
–	344486	167861	31696	312085	701	4	–	–
–	384744	186298	764	33804	349300	863	13	–
–	409364	197593	105	1290	42657	364262	1042	8
–	428050	205708	30	108	1996	43657	380602	1657
–	418442	199976	12	28	167	2320	46519	369396
–	47310	21227	8	13	43	210	2699	44337
–	3385	1284	8	9	18	78	270	3002
–	397	167	9	5	11	30	78	264
–	131	40	5	5	5	16	26	74

小学分办别、

		毕业生数	招生数	招生中接受学前教育			
				未接受过	一年	两年	三年
总 计		**1691383**	**1489465**	**121**	**36693**	**24660**	**1427991**
其中:女		786509	715115	46	17400	11650	686019
少数民族		19259	23134	1	488	203	22442
总计中	九年一贯制学校	214536	151714	37	5267	3520	142890
	十二年一贯制学校	29479	13421	–	256	274	12891
	附设小学班	35376	2864	–	92	9	2763
	复式班	458	12	–	–	–	–
	小学教学点	52167	67739	6	2358	1897	63478
	独立设置少数民族学校	12494	9746	1	229	244	9272
	寄宿生	–	80242	2	2435	718	77087
	随迁子女	95918	104585	–	–	–	–
	外省迁入	9620	10797	–	–	–	–
	本省外县迁入	86298	93788	–	–	–	–
	进城务工人员随迁子女	72530	73936	–	–	–	–
	外省迁入	6446	6817	–	–	–	–
	本省外县迁入	66084	67119	–	–	–	–
	农村留守儿童	133119	93807	–	3168	2338	88301
	送教上门	425	369	–	–	–	–
教育部门		1400691	1364060	81	30910	23013	1310056
其他部门		78	327	32	–	–	295
地方企业		226	8	–	–	–	8
民　办		290388	125070	8	5783	1647	117632
中外合作办		–	–	–	–	–	–
城　区		**470161**	**537322**	**90**	**11653**	**6500**	**519079**
教育部门		401281	503009	52	10208	6199	486550
其他部门		78	150	32	–	–	118
地方企业		226	–	–	–	–	–
民　办		68576	34163	6	1445	301	32411
中外合作办		–	–	–	–	–	–
镇　区		**780064**	**637677**	**17**	**16350**	**11213**	**610097**
教育部门		621586	575559	15	13237	10071	552236
其他部门		–	177	–	–	–	177
地方企业		–	–	–	–	–	–
民　办		158478	61941	2	3113	1142	57684
中外合作办		–	–	–	–	–	–
乡　村		**441158**	**314466**	**14**	**8690**	**6947**	**298815**
教育部门		377824	285492	14	7465	6743	271270
其他部门		–	–	–	–	–	–
地方企业		–	8	–	–	–	8
民　办		63334	28966	–	1225	204	27537
中外合作办		–	–	–	–	–	–

分城乡学生情况

在校生数								预计毕业生数
计	其中：女	一年级	二年级	三年级	四年级	五年级	六年级	
9628783	**4540034**	**1489470**	**1477079**	**1616382**	**1622827**	**1712565**	**1710460**	**1710463**
4540034	–	715119	705550	760728	764711	797424	796502	796503
127130	58626	23134	21250	21824	20462	20460	20000	20000
1062518	474664	151715	146780	170165	177761	197490	218607	218607
121412	50546	13421	14291	19605	20837	25038	28220	28220
57103	27291	2864	2405	3490	4371	5881	38092	38092
34	14	12	14	3	4	1	–	–
395997	193006	67739	76753	76968	69445	61187	43905	43908
68291	32514	9746	10072	11545	11551	12634	12743	12743
1449947	638811	80242	98926	184339	259941	353869	472630	472630
630331	286576	104585	100441	107675	103940	107935	105755	105755
64603	28823	10797	10395	10904	10676	10968	10863	10863
565728	257753	93788	90046	96771	93264	96967	94892	94892
450320	207097	73936	69502	76134	74974	78289	77485	77485
40961	18830	6817	6305	6853	6848	7106	7032	7032
409359	188267	67119	63197	69281	68126	71183	70453	70453
789495	363623	93807	110833	130501	142046	154348	157960	157960
3973	1460	369	469	643	770	805	917	–
8465303	4047203	1364065	1347820	1438292	1415036	1466272	1433818	1433821
1032	496	327	152	157	140	129	127	127
429	192	8	10	65	66	114	166	166
1162019	492143	125070	129097	177868	207585	246050	276349	276349
–	–	–	–	–	–	–	–	–
3040171	**1418035**	**537324**	**488616**	**514712**	**494951**	**509094**	**495474**	**495474**
2733624	1292253	503011	453643	465854	440472	445694	424950	424950
588	279	150	95	81	88	87	87	87
364	165	–	–	50	59	96	159	159
305595	125338	34163	34878	48727	54332	63217	70278	70278
–	–	–	–	–	–	–	–	–
4269731	**2002509**	**637678**	**640382**	**706765**	**716436**	**772222**	**796248**	**796248**
3676115	1751349	575560	577245	618220	611362	644608	649120	649120
444	217	177	57	76	52	42	40	40
–	–	–	–	–	–	–	–	–
593172	250943	61941	63080	88469	105022	127572	147088	147088
–	–	–	–	–	–	–	–	–
2318881	**1119490**	**314468**	**348081**	**394905**	**411440**	**431249**	**418738**	**418741**
2055564	1003601	285494	316932	354218	363202	375970	359748	359751
–	–	–	–	–	–	–	–	–
65	27	8	10	15	7	18	7	7
263252	115862	28966	31139	40672	48231	55261	58983	58983
–	–	–	–	–	–	–	–	–

小学进城务工人员随迁子女、农村

		毕业生数	招生数	招生中接受学前教育			
				未接受过	一年	两年	三年
总计	随迁子女	**95918**	**104585**	—	—	—	—
	其中:外省迁入	9620	10797	—	—	—	—
	本省外县迁入	86298	93788	—	—	—	—
	进城务工人员随迁子女	**72530**	**73936**	—	—	—	—
	其中:外省迁入	6446	6817	—	—	—	—
	本省外县迁入	66084	67119	—	—	—	—
	农村留守儿童	**133119**	**93807**	—	3168	2338	88301
	送教上门	**425**	**369**	—	—	—	—
分城乡	城区						
	随迁子女	65379	66754	—	—	—	—
	其中:外省迁入	6470	6626	—	—	—	—
	本省外县迁入	58909	60128	—	—	—	—
	进城务工人员随迁子女	52520	51811	—	—	—	—
	其中:外省迁入	4659	4645	—	—	—	—
	本省外县迁入	47861	47166	—	—	—	—
	农村留守儿童	4060	2278	—	40	19	2219
	送教上门	81	61	—	—	—	—
	镇区						
	随迁子女	26221	30950	—	—	—	—
	其中:外省迁入	2713	3420	—	—	—	—
	本省外县迁入	23508	27530	—	—	—	—
	进城务工人员随迁子女	19843	22040	—	—	—	—
	其中:外省迁入	1761	2161	—	—	—	—
	本省外县迁入	18082	19879	—	—	—	—
	农村留守儿童	67331	39112	—	1547	837	36728
	送教上门	124	118	—	—	—	—
	乡村						
	随迁子女	4318	6881	—	—	—	—
	其中:外省迁入	437	751	—	—	—	—
	本省外县迁入	3881	6130	—	—	—	—
	进城务工人员随迁子女	167	85	—	—	—	—
	其中:外省迁入	26	11	—	—	—	—
	本省外县迁入	141	74	—	—	—	—
	农村留守儿童	61728	52417	—	1581	1482	49354
	送教上门	220	190	—	—	—	—
分办别	教育部门						
	随迁子女	88354	100304	—	—	—	—
	其中:外省迁入	8455	9874	—	—	—	—
	本省外县迁入	79899	90430	—	—	—	—
	进城务工人员随迁子女	68120	71694	—	—	—	—

留守儿童分城乡、分办别学生情况（一）

在校生数								预计毕业生数
计	其中：女	一年级	二年级	三年级	四年级	五年级	六年级	
630331	**286576**	**104585**	**100441**	**107675**	**103940**	**107935**	**105755**	**105755**
64603	28823	10797	10395	10904	10676	10968	10863	10863
565728	257753	93788	90046	96771	93264	96967	94892	94892
450320	**207097**	**73936**	**69502**	**76134**	**74974**	**78289**	**77485**	**77485**
40961	18830	6817	6305	6853	6848	7106	7032	7032
409359	188267	67119	63197	69281	68126	71183	70453	70453
789495	**363623**	**93807**	**110833**	**130501**	**142046**	**154348**	**157960**	**157960**
3973	**1460**	**369**	**469**	**643**	**770**	**805**	**917**	**-**
404310	184130	66754	63567	67997	66387	70091	69514	69514
39798	17633	6626	6395	6609	6607	6835	6726	6726
364512	166497	60128	57172	61388	59780	63256	62788	62788
317030	145867	51811	48513	52855	52039	55913	55899	55899
28218	12890	4645	4339	4658	4747	5000	4829	4829
288812	132977	47166	44174	48197	47292	50913	51070	51070
19228	8424	2278	2487	3008	3463	3864	4128	4128
525	197	61	76	81	104	89	114	-
186353	84709	30950	29924	32405	31223	31255	30596	30596
20544	9291	3420	3260	3495	3417	3412	3540	3540
165809	75418	27530	26664	28910	27806	27843	27056	27056
132680	60979	22040	20909	23190	22855	22239	21447	21447
12656	5910	2161	1954	2177	2090	2090	2184	2184
120024	55069	19879	18955	21013	20765	20149	19263	19263
350562	160155	39112	45615	55229	61408	70694	78504	78504
1226	445	118	147	183	225	236	317	-
39668	17737	6881	6950	7273	6330	6589	5645	5645
4261	1899	751	740	800	652	721	597	597
35407	15838	6130	6210	6473	5678	5868	5048	5048
610	251	85	80	89	80	137	139	139
87	30	11	12	18	11	16	19	19
523	221	74	68	71	69	121	120	120
419705	195044	52417	62731	72264	77175	79790	75328	75328
2222	818	190	246	379	441	480	486	-
593823	271162	100304	96423	101883	97175	100422	97616	97616
57787	25923	9874	9584	9764	9471	9634	9460	9460
536036	245239	90430	86839	92119	87704	90788	88156	88156
430369	198535	71694	67488	73058	71289	74010	72830	72830

小学进城务工人员随迁子女、农村

			毕业生数	招生数	招生中接受学前教育			
					未接受过	一年	两年	三年
分办别	教育部门	其中:外省迁入	5804	6383	–	–	–	–
		本省外县迁入	62316	65311	–	–	–	–
		农村留守儿童	95288	77897	–	2327	2116	73454
		送教上门	423	362	–	–	–	–
	其他部门	随迁子女	15	9	–	–	–	–
		其中:外省迁入	2	–	–	–	–	–
		本省外县迁入	13	9	–	–	–	–
		进城务工人员随迁子女	11	7	–	–	–	–
		其中:外省迁入	–	–	–	–	–	–
		本省外县迁入	11	7	–	–	–	–
		农村留守儿童	–	–	–	–	–	–
		送教上门	–	–	–	–	–	–
	地方企业	随迁子女	–	–	–	–	–	–
		其中:外省迁入	–	–	–	–	–	–
		本省外县迁入	–	–	–	–	–	–
		进城务工人员随迁子女	–	–	–	–	–	–
		其中:外省迁入	–	–	–	–	–	–
		本省外县迁入	–	–	–	–	–	–
		农村留守儿童	–	–	–	–	–	–
		送教上门	–	–	–	–	–	–
	民办	随迁子女	7549	4272	–	–	–	–
		其中:外省迁入	1163	923	–	–	–	–
		本省外县迁入	6386	3349	–	–	–	–
		进城务工人员随迁子女	4399	2235	–	–	–	–
		其中:外省迁入	642	434	–	–	–	–
		本省外县迁入	3757	1801	–	–	–	–
		农村留守儿童	37831	15910	–	841	222	14847
		送教上门	2	7	–	–	–	–
	中外合作办	随迁子女	–	–	–	–	–	–
		其中:外省迁入	–	–	–	–	–	–
		本省外县迁入	–	–	–	–	–	–
		进城务工人员随迁子女	–	–	–	–	–	–
		其中:外省迁入	–	–	–	–	–	–
		本省外县迁入	–	–	–	–	–	–
		农村留守儿童	–	–	–	–	–	–
		送教上门	–	–	–	–	–	–

留守儿童分城乡、分办别学生情况(二)

在校生数								预计毕业生数
计	其中:女	一年级	二年级	三年级	四年级	五年级	六年级	
37505	17323	6383	5964	6219	6245	6402	6292	6292
392864	181212	65311	61524	66839	65044	67608	66538	66538
612548	286859	77897	91436	104609	109022	115385	114199	114199
3913	1445	362	463	623	763	793	909	–
88	41	9	7	15	14	27	16	16
15	9	–	1	4	–	8	2	2
73	32	9	6	11	14	19	14	14
67	31	7	3	12	12	20	13	13
11	5	–	–	4	–	5	2	2
56	26	7	3	8	12	15	11	11
19	11	–	2	10	1	4	2	2
–	–	–	–	–	–	–	–	–
–	–	–	–	–	–	–	–	–
–	–	–	–	–	–	–	–	–
–	–	–	–	–	–	–	–	–
–	–	–	–	–	–	–	–	–
–	–	–	–	–	–	–	–	–
–	–	–	–	–	–	–	–	–
4	2	–	1	1	–	1	1	1
–	–	–	–	–	–	–	–	–
36420	15373	4272	4011	5777	6751	7486	8123	8123
6801	2891	923	810	1136	1205	1326	1401	1401
29619	12482	3349	3201	4641	5546	6160	6722	6722
19884	8531	2235	2011	3064	3673	4259	4642	4642
3445	1502	434	341	630	603	699	738	738
16439	7029	1801	1670	2434	3070	3560	3904	3904
176924	76751	15910	19394	25881	33023	38958	43758	43758
60	15	7	6	20	7	12	8	–
–	–	–	–	–	–	–	–	–
–	–	–	–	–	–	–	–	–
–	–	–	–	–	–	–	–	–
–	–	–	–	–	–	–	–	–
–	–	–	–	–	–	–	–	–
–	–	–	–	–	–	–	–	–
–	–	–	–	–	–	–	–	–
–	–	–	–	–	–	–	–	–

初级中学学龄人口

	校内外学龄人口		在校学龄人口数		招生数
	计	其中：女	计	其中：女	
总　　计	**4719611**	**2189096**	**4719611**	**2189096**	**1687362**
其中：女	2189096	—	2189096	—	781626
10 岁以下	—	—	—	—	24
11 岁	—	—	—	—	9859
12 岁	1345407	634861	1345350	634901	1324258
13 岁	1690742	782727	1690786	782695	336322
14 岁	1683462	771508	1683475	771500	15607
15 岁	—	—	—	—	1043
16 岁	—	—	—	—	153
17 岁	—	—	—	—	54
18 岁以上	—	—	—	—	42

初级中学学龄人口

	校内外学龄人口		在校学龄人口数		招生数
	计	其中：女	计	其中：女	
总　　计	**1384460**	**632191**	**1384400**	**632161**	**515856**
其中：女	632191	—	632161	—	236864
10 岁以下	—	—	—	—	7
11 岁	—	—	—	—	2870
12 岁	390668	183056	390611	183096	386606
13 岁	507904	231517	507888	231455	122616
14 岁	485888	217618	485901	217610	3573
15 岁	—	—	—	—	156
16 岁	—	—	—	—	17
17 岁	—	—	—	—	6
18 岁以上	—	—	—	—	5

入学及在校学生情况（总计）

在校生数					
计	其中：女	一年级	二年级	三年级	四年级
5081295	**2344417**	**1687382**	**1706794**	**1687119**	-
2344417	-	781633	786823	775961	-
31	26	24	5	2	-
10270	5109	9859	375	36	-
1345350	634901	1324262	20369	719	-
1690786	782695	336334	1327828	26624	-
1683475	771500	15611	338706	1329158	-
328845	141482	1043	17786	310016	-
19399	7436	153	1352	17894	-
2842	1131	54	316	2472	-
297	137	42	57	198	-

入学及在校学生情况（城区）

在校生数					
计	其中：女	一年级	二年级	三年级	四年级
1506094	**682212**	**515872**	**505499**	**484723**	-
682212	-	236870	229187	216155	-
12	10	7	3	2	-
2929	1216	2870	50	9	-
390611	183096	386609	3892	110	-
507888	231455	122625	377174	8089	-
485901	217610	3577	118985	363339	-
112464	46574	156	4852	107456	-
5483	1980	17	419	5047	-
730	237	6	107	617	-
76	34	5	17	54	-

初级中学学龄人口

	校内外学龄人口		在校学龄人口数		招生数
	计	其中：女	计	其中：女	
总　　计	**2588034**	**1207794**	**2606178**	**1216115**	**923394**
其中:女	1207794	-	1216115	-	429035
10岁以下	-	-	-	-	15
11岁	-	-	-	-	5401
12岁	747310	353431	752775	355997	738433
13岁	915433	426500	922012	429503	169569
14岁	925291	427863	931391	430615	9167
15岁	-	-	-	-	662
16岁	-	-	-	-	90
17岁	-	-	-	-	30
18岁以上	-	-	-	-	27

初级中学学龄人口

	校内外学龄人口		在校学龄人口数		招生数
	计	其中：女	计	其中：女	
总　　计	**747117**	**349111**	**729033**	**340820**	**248112**
其中:女	349111	-	340820	-	115727
10岁以下	-	-	-	-	2
11岁	-	-	-	-	1588
12岁	207429	98374	201964	95808	199219
13岁	267405	124710	260886	121737	44137
14岁	272283	126027	266183	123275	2867
15岁	-	-	-	-	225
16岁	-	-	-	-	46
17岁	-	-	-	-	18
18岁以上	-	-	-	-	10

入学及在校学生情况（镇区）

在校生数					
计	其中：女	一年级	二年级	三年级	四年级
2790630	**1297030**	**923398**	**935761**	**931471**	-
1297030	-	429036	434088	433906	-
17	16	15	2	-	-
5673	2990	5401	252	20	-
752775	355997	738434	13858	483	-
922012	429503	169572	737223	15217	-
931391	430615	9167	173779	748445	-
167406	73477	662	9739	157005	-
9999	3903	90	726	9183	-
1206	463	30	153	1023	-
151	66	27	29	95	-

入学及在校学生情况（乡村）

在校生数					
计	其中：女	一年级	二年级	三年级	四年级
784571	**365175**	**248112**	**265534**	**270925**	-
365175	-	115727	123548	125900	-
2	-	2	-	-	-
1668	903	1588	73	7	-
201964	95808	199219	2619	126	-
260886	121737	44137	213431	3318	-
266183	123275	2867	45942	217374	-
48975	21431	225	3195	45555	-
3917	1553	46	207	3664	-
906	431	18	56	832	-
70	37	10	11	49	-

初中分办别、

	毕业生数	招生数	合计	其中：女
总　　计	1536671	1687362	5081295	2344417
其中:女	700284	781626	2344417	-
少数民族	18184	21300	61693	27671
总计中 九年一贯制学校	282376	318192	939392	404943
十二年一贯制学校	49305	45727	142748	59465
完全中学	53066	54515	161132	73330
附设普通初中班	2606	2539	7372	3167
附设职业初中班	-	-	-	-
独立设置少数民族学校	3692	3390	11319	5322
寄宿生	-	1004965	3121455	1434370
随迁子女	78185	101231	294171	132234
其中:外省迁入	7319	9197	27302	12279
本省外县迁入	70866	92034	266869	119955
进城务工人员随迁子女	58852	70734	209949	94979
其中:外省迁入	4770	5485	16175	7325
本省外县迁入	54082	65249	193774	87654
农村留守儿童	140056	151793	471791	218566
送教上门	516	790	2423	924
教育部门	1248244	1452234	4337895	2048469
其他部门	622	232	1242	299
地方企业	183	-	162	78
民　　办	287622	234896	741996	295571
中外合作办	-	-	-	-
城　　区	443228	515856	1506094	682212
教育部门	347962	436707	1250043	588011
其他部门	532	189	1089	249
地方企业	183	-	162	78
民　　办	94551	78960	254800	93874
中外合作办	-	-	-	-
镇　　区	846774	923394	2790630	1297030
教育部门	685171	793122	2383226	1126278
其他部门	90	43	153	50
地方企业	-	-	-	-
民　　办	161513	130229	407251	170702
中外合作办	-	-	-	-
乡　　村	246669	248112	784571	365175
教育部门	215111	222405	704626	334180
其他部门	-	-	-	-
地方企业	-	-	-	-
民　　办	31558	25707	79945	30995
中外合作办	-	-	-	-

分城乡学生情况

在　校　生　数				预　计
一年级	二年级	三年级	四年级	毕业生数
1687382	**1706794**	**1687119**	-	**1687119**
781633	786823	775961	-	775961
21300	20466	19927	-	19927
318193	308915	312284	-	312284
45729	45138	51881	-	51881
54516	52536	54080	-	54080
2539	2456	2377	-	2377
-	-	-	-	-
3390	4099	3830	-	3830
1004966	1037694	1078795	-	1078795
101231	99580	93360	-	93360
9197	9210	8895	-	8895
92034	90370	84465	-	84465
70734	71229	67986	-	67986
5485	5413	5277	-	5277
65249	65816	62709	-	62709
151793	159154	160844	-	160844
790	839	794	-	-
1452253	1478326	1407316	-	1407316
232	405	605	-	605
-	-	162	-	162
234897	228063	279036	-	279036
-	-	-	-	-
515872	**505499**	**484723**	-	**484723**
436723	425420	387900	-	387900
189	380	520	-	520
-	-	162	-	162
78960	79699	96141	-	96141
-	-	-	-	-
923398	**935761**	**931471**	-	**931471**
793125	812639	777462	-	777462
43	25	85	-	85
-	-	-	-	-
130230	123097	153924	-	153924
-	-	-	-	-
248112	**265534**	**270925**	-	**270925**
222405	240267	241954	-	241954
-	-	-	-	-
-	-	-	-	-
25707	25267	28971	-	28971
-	-	-	-	-

初中进城务工人员随迁子女、农村

			毕业生数	招生数	合计
总计		随迁子女	78185	101231	294171
		其中:外省迁入	7319	9197	27302
		本省外县迁入	70866	92034	266869
		进城务工人员随迁子女	58852	70734	209949
		其中:外省迁入	4770	5485	16175
		本省外县迁入	54082	65249	193774
		农村留守儿童	140056	151793	471791
		送教上门	516	790	2423
分城乡	城区	随迁子女	52027	63984	186347
		其中:外省迁入	4736	5468	16397
		本省外县迁入	47291	58516	169950
		进城务工人员随迁子女	42040	48577	144579
		其中:外省迁入	3394	3579	10722
		本省外县迁入	38646	44998	133857
		农村留守儿童	4301	6092	18221
		送教上门	83	113	335
	镇区	随迁子女	23837	33042	96901
		其中:外省迁入	2332	3341	9758
		本省外县迁入	21505	29701	87143
		进城务工人员随迁子女	16587	22027	65063
		其中:外省迁入	1340	1897	5438
		本省外县迁入	15247	20130	59625
		农村留守儿童	95284	101705	318024
		送教上门	292	371	1246
	乡村	随迁子女	2321	4205	10923
		其中:外省迁入	251	388	1147
		本省外县迁入	2070	3817	9776
		进城务工人员随迁子女	225	130	307
		其中:外省迁入	36	9	15
		本省外县迁入	189	121	292
		农村留守儿童	40471	43996	135546
		送教上门	141	306	842
分办别	教育部门	随迁子女	68260	93652	268117
		其中:外省迁入	5950	8081	23602
		本省外县迁入	62310	85571	244515
		进城务工人员随迁子女	52546	66086	193295

留守儿童分城乡、分办别学生情况(一)

在 校 生 数					预 计
其中：女	一年级	二年级	三年级	四年级	毕业生数
132234	**101231**	**99580**	**93360**	—	**93360**
12279	9197	9210	8895	—	8895
119955	92034	90370	84465	—	84465
94979	**70734**	**71229**	**67986**	—	**67986**
7325	5485	5413	5277	—	5277
87654	65249	65816	62709	—	62709
218566	151793	159154	160844	—	160844
924	790	839	794	—	—
83850	63984	62431	59932	—	59932
7317	5468	5277	5652	—	5652
76533	58516	57154	54280	—	54280
65259	48577	48635	47367	—	47367
4806	3579	3470	3673	—	3673
60453	44998	45165	43694	—	43694
8135	6092	5938	6191	—	6191
136	113	103	119	—	—
43428	33042	33422	30437	—	30437
4430	3341	3523	2894	—	2894
38998	29701	29899	27543	—	27543
29604	22027	22508	20528	—	20528
2514	1897	1940	1601	—	1601
27090	20130	20568	18927	—	18927
146585	101705	107563	108756	—	108756
467	371	441	434	—	—
4956	4205	3727	2991	—	2991
532	388	410	349	—	349
4424	3817	3317	2642	—	2642
116	130	86	91	—	91
5	9	3	3	—	3
111	121	83	88	—	88
63846	43996	45653	45897	—	45897
321	306	295	241	—	—
121783	93652	91639	82826	—	82826
10811	8081	8131	7390	—	7390
110972	85571	83508	75436	—	75436
88229	66086	66272	60937	—	60937

初中进城务工人员随迁子女、农村

			毕业生数	招生数	合计
分办别	教育部门	其中:外省迁入	3932	4891	14174
		本省外县迁入	48614	61195	179121
		农村留守儿童	111059	124199	383983
		送教上门	515	790	2421
	其他部门	随迁子女	46	60	214
		其中:外省迁入	4	1	14
		本省外县迁入	42	59	200
		进城务工人员随迁子女	45	40	167
		其中:外省迁入	4	-	7
		本省外县迁入	41	40	160
		农村留守儿童	-	9	29
		送教上门	-	-	-
	地方企业	随迁子女	-	-	-
		其中:外省迁入	-	-	-
		本省外县迁入	-	-	-
		进城务工人员随迁子女	-	-	-
		其中:外省迁入	-	-	-
		本省外县迁入	-	-	-
		农村留守儿童	-	-	-
		送教上门	-	-	-
	民办	随迁子女	9879	7519	25840
		其中:外省迁入	1365	1115	3686
		本省外县迁入	8514	6404	22154
		进城务工人员随迁子女	6261	4608	16487
		其中:外省迁入	834	594	1994
		本省外县迁入	5427	4014	14493
		农村留守儿童	28997	27585	87779
		送教上门	1	-	2
	中外合作办	随迁子女	-	-	-
		其中:外省迁入	-	-	-
		本省外县迁入	-	-	-
		进城务工人员随迁子女	-	-	-
		其中:外省迁入	-	-	-
		本省外县迁入	-	-	-
		农村留守儿童	-	-	-
		送教上门	-	-	-

留守儿童分城乡、分办别学生情况(二)

在校生数					预计毕业生数
其中:女	一年级	二年级	三年级	四年级	
6538	4891	4883	4400	–	4400
81691	61195	61389	56537	–	56537
182553	124199	130997	128787	–	128787
923	790	839	792	–	–
59	60	99	55	–	55
5	1	11	2	–	2
54	59	88	53	–	53
50	40	79	48	–	48
2	–	6	1	–	1
48	40	73	47	–	47
1	9	11	9	–	9
–	–	–	–	–	–
–	–	–	–	–	–
–	–	–	–	–	–
–	–	–	–	–	–
–	–	–	–	–	–
–	–	–	–	–	–
–	–	–	–	–	–
–	–	–	–	–	–
–	–	–	–	–	–
10392	7519	7842	10479	–	10479
1463	1115	1068	1503	–	1503
8929	6404	6774	8976	–	8976
6700	4608	4878	7001	–	7001
785	594	524	876	–	876
5915	4014	4354	6125	–	6125
36012	27585	28146	32048	–	32048
1	–	–	2	–	–
–	–	–	–	–	–
–	–	–	–	–	–
–	–	–	–	–	–
–	–	–	–	–	–
–	–	–	–	–	–
–	–	–	–	–	–
–	–	–	–	–	–
–	–	–	–	–	–

普通高中分年龄在校生情况（总计）

	招生数	在 校 生 数				
		合计	其中：女	一年级	二年级	三年级
总　　计	900599	2622690	1297101	900611	880421	841658
其中:女	441564	1297101	-	441564	434561	420976
14 岁以下	23954	24638	14902	23954	533	151
15 岁	638993	691610	352878	639001	51810	799
16 岁	219993	885622	436705	219996	593303	72323
17 岁	15897	781107	381297	15898	211251	553958
18 岁	1438	212659	99989	1438	21053	190168
19 岁	286	24151	10021	286	2099	21766
20 岁	29	2470	1105	29	315	2126
21 岁	7	337	161	7	44	286
22 岁以上	2	96	43	2	13	81

普通高中分年龄在校生情况（城区）

	招生数	在 校 生 数				
		合计	其中：女	一年级	二年级	三年级
总　　计	328642	963493	475232	328654	324090	310749
其中:女	160854	475232	-	160854	159878	154500
14 岁以下	6856	7193	4248	6856	261	76
15 岁	237915	256211	130220	237923	17910	378
16 岁	78606	328964	162929	78609	225209	25146
17 岁	4446	289145	141361	4447	74077	210621
18 岁	625	74157	33279	625	5690	67842
19 岁	181	7018	2817	181	811	6026
20 岁	11	723	342	11	118	594
21 岁	1	61	30	1	11	49
22 岁以上	1	21	6	1	3	17

普通高中分年龄在校生情况(镇区)

	招生数	在 校 生 数				
		合计	其中:女	一年级	二年级	三年级
总　　计	524116	1526156	757359	524116	512146	489894
其中:女	257817	757359	-	257817	253078	246464
14 岁以下	15563	15893	9696	15563	257	73
15 岁	366420	397723	203561	366420	30899	404
16 岁	130240	512020	252443	130240	338321	43459
17 岁	10981	454410	222069	10981	126507	316922
18 岁	787	128116	61997	787	14689	112640
19 岁	101	16010	6717	101	1243	14666
20 岁	18	1646	717	18	188	1440
21 岁	5	266	123	5	32	229
22 岁以上	1	72	36	1	10	61

普通高中分年龄在校生情况(乡村)

	招生数	在 校 生 数				
		合计	其中:女	一年级	二年级	三年级
总　　计	47841	133041	64510	47841	44185	41015
其中:女	22893	64510	-	22893	21605	20012
14 岁以下	1535	1552	958	1535	15	2
15 岁	34658	37676	19097	34658	3001	17
16 岁	11147	44638	21333	11147	29773	3718
17 岁	470	37552	17867	470	10667	26415
18 岁	26	10386	4713	26	674	9686
19 岁	4	1123	487	4	45	1074
20 岁	-	101	46	-	9	92
21 岁	1	10	8	1	1	8
22 岁以上	-	3	1	-	-	3

普通高中分办别、

		毕业生数	招生数	合计
总　　计		**774723**	**900599**	**2622690**
	其中:女	387957	441564	1297101
	少数民族	10461	12949	36586
总计中	十二年一贯制学校	43689	73145	198553
	完全中学	93623	105418	308212
	附设普通高中班	4589	5868	16515
	独立设置少数民族学校	1657	1580	4986
	残　疾　人	796	662	2213
	寄　宿　生	－	795142	2278262
	随迁子女	14730	20274	58089
	其中:外省迁入	1529	2138	6448
	本省外县迁入	13201	18136	51641
	教育部门	585955	625039	1859525
	其他部门	212	214	672
	地方企业	－	－	－
	民　　办	188318	274892	761635
	中外合作办	238	454	858
城　　区		**289564**	**328642**	**963493**
	教育部门	217352	232471	695195
	其他部门	212	214	672
	地方企业	－	－	－
	民　　办	71798	95558	266879
	中外合作办	202	399	747
镇　　区		**452513**	**524116**	**1526156**
	教育部门	345575	366289	1088828
	其他部门	－	－	－
	地方企业	－	－	－
	民　　办	106902	157772	437217
	中外合作办	36	55	111
乡　　村		**32646**	**47841**	**133041**
	教育部门	23028	26279	75502
	其他部门	－	－	－
	地方企业	－	－	－
	民　　办	9618	21562	57539
	中外合作办	－	－	－

分城乡学生情况

在校生数				预计毕业生数
其中：女	一年级	二年级	三年级	
1297101	**900611**	**880421**	**841658**	**841658**
–	441564	434561	420976	420976
17729	12949	12328	11309	11309
90878	73145	66866	58542	58542
152823	105418	101976	100818	100818
8023	5868	5175	5472	5472
2355	1580	1619	1787	1787
935	662	792	759	759
1131814	795142	762950	720170	720170
28160	20274	18709	19106	19106
3124	2138	2098	2212	2212
25036	18136	16611	16894	16894
943245	625051	620271	614203	614203
203	214	208	250	250
–	–	–	–	–
353263	274892	259730	227013	227013
390	454	212	192	192
475232	**328654**	**324090**	**310749**	**310749**
351833	232483	233768	228944	228944
203	214	208	250	250
–	–	–	–	–
122850	95558	89928	81393	81393
346	399	186	162	162
757359	**524116**	**512146**	**489894**	**489894**
553129	366289	361804	360735	360735
–	–	–	–	–
–	–	–	–	–
204186	157772	150316	129129	129129
44	55	26	30	30
64510	**47841**	**44185**	**41015**	**41015**
38283	26279	24699	24524	24524
–	–	–	–	–
–	–	–	–	–
26227	21562	19486	16491	16491
–	–	–	–	–

特 殊 教 育

		毕业生数	招生数	合计	其中：女	学前教育阶段	在 小学阶段			
							一年级	二年级	三年级	四年级
总　　计		8814	10072	68332	26015	172	5375	6803	7626	8630
其中：女		3426	3927	26015	–	61	2082	2564	2851	3237
少数民族		67	63	348	108	1	44	29	35	48
总计中	寄宿生	–	2111	15690	5744	99	720	890	1074	1262
	特殊教育学校中：寄宿生	–	683	9273	3268	99	596	792	885	972
	送教上门	1925	2149	16849	6295	–	1377	1590	1718	2062
视力残疾		515	419	2626	995	9	164	210	262	306
听力残疾		1152	1186	8168	3455	12	559	717	816	972
言语残疾		318	457	3051	1092	2	261	342	370	454
肢体残疾		2479	2385	14713	5633	1	800	1163	1388	1646
智力残疾		3636	4676	33165	12464	38	2904	3539	3976	4459
精神残疾		172	188	1206	371	–	115	145	143	173
多重残疾		542	761	5403	2005	110	572	687	671	620
特殊教育学校		3036	3217	26655	9883	172	2494	2876	2816	3139
视力残疾		166	106	615	210	9	49	60	68	64
听力残疾		477	270	2892	1280	12	107	158	170	278
言语残疾		61	79	688	223	2	74	65	67	100
肢体残疾		129	105	898	318	1	105	82	57	88
智力残疾		1949	2372	18666	6783	38	1844	2064	2118	2339
精神残疾		23	32	198	69	–	30	26	27	22
多重残疾		231	253	2698	1000	110	285	421	309	248
特殊教育学校中：送教上门		984	990	10453	3911	–	1008	1121	1075	1292
视力残疾		5	2	30	13	–	5	3	7	1
听力残疾		4	10	109	34	–	4	10	4	39
言语残疾		19	32	299	92	–	27	14	19	35
肢体残疾		59	80	695	255	–	88	46	38	61
智力残疾		771	731	7663	2935	–	700	748	858	997
精神残疾		11	19	102	32	–	19	12	7	12
多重残疾		115	116	1555	550	–	165	288	142	147
小学附设特教班		–	–	–	–	–	–	–	–	–
视力残疾		–	–	–	–	–	–	–	–	–
听力残疾		–	–	–	–	–	–	–	–	–
言语残疾		–	–	–	–	–	–	–	–	–
肢体残疾		–	–	–	–	–	–	–	–	–
智力残疾		–	–	–	–	–	–	–	–	–
精神残疾		–	–	–	–	–	–	–	–	–
多重残疾		–	–	–	–	–	–	–	–	–
小学随班就读		2270	2511	24649	9585	–	2512	3458	4167	4721
视力残疾		128	111	1220	498	–	111	145	188	236
听力残疾		322	451	3714	1562	–	451	552	642	683
言语残疾		104	175	1570	562	–	175	244	281	312
肢体残疾		771	611	7243	2828	–	611	953	1154	1367
智力残疾		771	897	8920	3465	–	898	1257	1556	1756

学　生　数（总计）（一）

校		生				数							
		初中阶段				普通高中阶段			中等职业教育阶段				
五年级	六年级	一年级	二年级	三年级	四年级	一年级	二年级	三年级以上	一年级	二年级	三年级	四年级以上
9232	**9052**	**6668**	**7387**	**6949**	**39**	**118**	**143**	**111**	**10**	**–**	**17**	**–**
3532	3386	2575	2882	2655	15	48	73	46	2	–	6	–
48	46	27	27	43	–	–	–	–	–	–	–	–
1571	1888	2377	2641	2819	34	103	111	76	9	–	16	–
1101	1188	1073	1067	1151	34	103	111	76	9	–	16	–
2315	2393	1849	1941	1599	5	–	–	–	–	–	–	–
358	327	257	348	340	–	18	12	15	–	–	–	–
1057	997	807	914	1015	7	86	121	88	–	–	–	–
401	414	266	251	285	5	–	–	–	–	–	–	–
1957	1890	1717	2095	2056	–	–	–	–	–	–	–	–
4506	4631	3047	3241	2771	26	–	–	–	10	–	17	–
160	138	99	102	131	–	–	–	–	–	–	–	–
793	655	475	436	351	1	14	10	8	–	–	–	–
3327	**3444**	**2693**	**2758**	**2498**	**39**	**118**	**143**	**111**	**10**	**–**	**17**	**–**
58	63	59	87	53	–	18	12	15	–	–	–	–
317	322	343	374	509	7	86	121	88	–	–	–	–
80	97	75	58	65	5	–	–	–	–	–	–	–
129	95	132	91	118	–	–	–	–	–	–	–	–
2335	2546	1802	1931	1596	26	–	–	–	10	–	17	–
14	27	28	13	11	–	–	–	–	–	–	–	–
394	294	254	204	146	1	14	10	8	–	–	–	–
1510	1476	1059	1102	805	5	–	–	–	–	–	–	–
2	3	5	4	–	–	–	–	–	–	–	–	–
14	16	2	5	15	–	–	–	–	–	–	–	–
32	62	48	28	34	–	–	–	–	–	–	–	–
107	70	110	73	102	–	–	–	–	–	–	–	–
1076	1100	742	863	574	5	–	–	–	–	–	–	–
10	13	14	7	8	–	–	–	–	–	–	–	–
269	212	138	122	72	–	–	–	–	–	–	–	–
–	**–**	**–**	**–**	**–**	**–**	**–**	**–**	**–**	**–**	**–**	**–**	**–**
–	–	–	–	–	–	–	–	–	–	–	–	–
–	–	–	–	–	–	–	–	–	–	–	–	–
–	–	–	–	–	–	–	–	–	–	–	–	–
–	–	–	–	–	–	–	–	–	–	–	–	–
–	–	–	–	–	–	–	–	–	–	–	–	–
–	–	–	–	–	–	–	–	–	–	–	–	–
–	–	–	–	–	–	–	–	–	–	–	–	–
5100	**4691**	**–**	**–**	**–**	**–**	**–**	**–**	**–**	**–**	**–**	**–**	**–**
283	257	–	–	–	–	–	–	–	–	–	–	–
727	659	–	–	–	–	–	–	–	–	–	–	–
294	264	–	–	–	–	–	–	–	–	–	–	–
1600	1558	–	–	–	–	–	–	–	–	–	–	–
1812	1641	–	–	–	–	–	–	–	–	–	–	–

特 殊 教 育

	毕业生数	招生数	合计	其中：女	学前教育阶段	在小学阶段			
						一年级	二年级	三年级	四年级
精神残疾	64	70	604	167	—	70	103	91	123
多重残疾	110	196	1378	503	—	196	204	255	244
小学送教上门	**425**	**369**	**3973**	**1460**	**—**	**369**	**469**	**643**	**770**
视力残疾	5	4	45	16	—	4	5	6	6
听力残疾	7	1	52	19	—	1	7	4	11
言语残疾	19	12	189	56	—	12	33	22	42
肢体残疾	115	84	1045	352	—	84	128	177	191
智力残疾	195	162	1849	732	—	162	218	302	364
精神残疾	10	15	124	35	—	15	16	25	28
多重残疾	74	91	669	250	—	91	62	107	128
初中附设特教班	**—**	**—**	**—**	**—**	**—**	**—**	**—**	**—**	**—**
视力残疾	—	—	—	—	—	—	—	—	—
听力残疾	—	—	—	—	—	—	—	—	—
言语残疾	—	—	—	—	—	—	—	—	—
肢体残疾	—	—	—	—	—	—	—	—	—
智力残疾	—	—	—	—	—	—	—	—	—
精神残疾	—	—	—	—	—	—	—	—	—
多重残疾	—	—	—	—	—	—	—	—	—
初中随班就读	**2567**	**3185**	**10632**	**4163**	**—**	**—**	**—**	**—**	**—**
视力残疾	208	187	715	260	—	—	—	—	—
听力残疾	342	454	1478	578	—	—	—	—	—
言语残疾	114	161	522	218	—	—	—	—	—
肢体残疾	1296	1362	4808	1906	—	—	—	—	—
智力残疾	492	840	2521	976	—	—	—	—	—
精神残疾	42	51	189	66	—	—	—	—	—
多重残疾	73	130	399	159	—	—	—	—	—
初中送教上门	**516**	**790**	**2423**	**924**	**—**	**—**	**—**	**—**	**—**
视力残疾	8	11	31	11	—	—	—	—	—
听力残疾	4	10	32	16	—	—	—	—	—
言语残疾	20	30	82	33	—	—	—	—	—
肢体残疾	168	223	719	229	—	—	—	—	—
智力残疾	229	405	1209	508	—	—	—	—	—
精神残疾	33	20	91	34	—	—	—	—	—
多重残疾	54	91	259	93	—	—	—	—	—
其他学校附设特教班	**—**	**—**	**—**	**—**	**—**	**—**	**—**	**—**	**—**
视力残疾	—	—	—	—	—	—	—	—	—
听力残疾	—	—	—	—	—	—	—	—	—
言语残疾	—	—	—	—	—	—	—	—	—
肢体残疾	—	—	—	—	—	—	—	—	—
智力残疾	—	—	—	—	—	—	—	—	—
精神残疾	—	—	—	—	—	—	—	—	—
多重残疾	—	—	—	—	—	—	—	—	—

学　生　数(总计)(二)

校生数												
		初中阶段				普通高中阶段			中等职业教育阶段			
五年级	六年级	一年级	二年级	三年级	四年级	一年级	二年级	三年级以上	一年级	二年级	三年级	四年级以上
121	96	–	–	–	–	–	–	–	–	–	–	–
263	216	–	–	–	–	–	–	–	–	–	–	–
805	**917**	**–**	**–**	**–**	**–**	**–**	**–**	**–**	**–**	**–**	**–**	**–**
17	7	–	–	–	–	–	–	–	–	–	–	–
13	16	–	–	–	–	–	–	–	–	–	–	–
27	53	–	–	–	–	–	–	–	–	–	–	–
228	237	–	–	–	–	–	–	–	–	–	–	–
359	444	–	–	–	–	–	–	–	–	–	–	–
25	15	–	–	–	–	–	–	–	–	–	–	–
136	145	–	–	–	–	–	–	–	–	–	–	–
–	**–**	**–**	**–**	**–**	**–**	**–**	**–**	**–**	**–**	**–**	**–**	**–**
–	–	–	–	–	–	–	–	–	–	–	–	–
–	–	–	–	–	–	–	–	–	–	–	–	–
–	–	–	–	–	–	–	–	–	–	–	–	–
–	–	–	–	–	–	–	–	–	–	–	–	–
–	–	–	–	–	–	–	–	–	–	–	–	–
–	–	–	–	–	–	–	–	–	–	–	–	–
–	–	–	–	–	–	–	–	–	–	–	–	–
–	**–**	**3185**	**3790**	**3657**	**–**	**–**	**–**	**–**	**–**	**–**	**–**	**–**
–	–	187	253	275	–	–	–	–	–	–	–	–
–	–	454	529	495	–	–	–	–	–	–	–	–
–	–	161	172	189	–	–	–	–	–	–	–	–
–	–	1362	1747	1699	–	–	–	–	–	–	–	–
–	–	840	882	799	–	–	–	–	–	–	–	–
–	–	51	62	76	–	–	–	–	–	–	–	–
–	–	130	145	124	–	–	–	–	–	–	–	–
–	**–**	**790**	**839**	**794**	**–**	**–**	**–**	**–**	**–**	**–**	**–**	**–**
–	–	11	8	12	–	–	–	–	–	–	–	–
–	–	10	11	11	–	–	–	–	–	–	–	–
–	–	30	21	31	–	–	–	–	–	–	–	–
–	–	223	257	239	–	–	–	–	–	–	–	–
–	–	405	428	376	–	–	–	–	–	–	–	–
–	–	20	27	44	–	–	–	–	–	–	–	–
–	–	91	87	81	–	–	–	–	–	–	–	–
–	**–**	**–**	**–**	**–**	**–**	**–**	**–**	**–**	**–**	**–**	**–**	**–**
–	–	–	–	–	–	–	–	–	–	–	–	–
–	–	–	–	–	–	–	–	–	–	–	–	–
–	–	–	–	–	–	–	–	–	–	–	–	–
–	–	–	–	–	–	–	–	–	–	–	–	–
–	–	–	–	–	–	–	–	–	–	–	–	–
–	–	–	–	–	–	–	–	–	–	–	–	–
–	–	–	–	–	–	–	–	–	–	–	–	–

特 殊 教 育

	毕业生数	招生数	在						
			合计	其中:女	学前教育阶段	小学阶段			
						一年级	二年级	三年级	四年级
总　　计	**2080**	**2582**	**16493**	**6015**	**162**	**1636**	**1544**	**1975**	**1991**
其中:女	802	918	6015	–	55	582	569	705	669
少数民族	27	25	146	47	1	18	17	16	19
总计中 寄宿生	–	357	3694	1340	94	159	213	302	351
特殊教育学校中:寄宿生	–	252	3227	1157	94	157	210	297	340
送教上门	308	484	3386	1222	–	486	278	529	334
视力残疾	190	149	908	328	9	60	79	88	111
听力残疾	428	406	2898	1237	7	157	241	257	363
言语残疾	55	70	455	157	2	57	51	58	47
肢体残疾	438	401	2371	922	1	197	173	216	244
智力残疾	814	1345	8558	2964	33	1002	856	1206	1075
精神残疾	40	47	276	65	–	39	35	36	39
多重残疾	115	164	1027	342	110	124	109	114	112
特殊教育学校	**1066**	**1450**	**10065**	**3585**	**162**	**1124**	**932**	**1242**	**1195**
视力残疾	127	98	573	195	9	40	53	60	61
听力残疾	265	158	1538	672	7	36	88	95	198
言语残疾	9	28	185	50	2	36	16	26	22
肢体残疾	14	11	186	69	1	65	14	7	15
智力残疾	583	1043	6903	2382	33	850	689	989	845
精神残疾	7	11	59	16	–	17	9	6	6
多重残疾	61	101	621	201	110	80	63	59	48
特殊教育学校中:送教上门	144	310	2526	889	–	425	202	448	230
视力残疾	–	–	6	4	–	2	1	–	–
听力残疾	–	–	47	2	–	–	1	1	36
言语残疾	1	8	51	12	–	17	1	1	2
肢体残疾	6	5	155	60	–	61	9	5	10
智力残疾	129	263	2150	777	–	308	170	427	172
精神残疾	1	4	21	4	–	10	1	1	–
多重残疾	7	30	96	30	–	27	19	13	10
小学附设特教班	**–**	**–**	**–**	**–**	**–**	**–**	**–**	**–**	**–**
视力残疾	–	–	–	–	–	–	–	–	–
听力残疾	–	–	–	–	–	–	–	–	–
言语残疾	–	–	–	–	–	–	–	–	–
肢体残疾	–	–	–	–	–	–	–	–	–
智力残疾	–	–	–	–	–	–	–	–	–
精神残疾	–	–	–	–	–	–	–	–	–
多重残疾	–	–	–	–	–	–	–	–	–
小学随班就读	**410**	**451**	**3726**	**1405**	**–**	**451**	**536**	**652**	**692**
视力残疾	22	20	194	82	–	20	26	28	50
听力残疾	81	121	934	402	–	121	153	162	164
言语残疾	21	20	160	54	–	20	30	26	23
肢体残疾	145	117	1114	449	–	117	134	186	207
智力残疾	98	128	965	318	–	128	134	187	181

学 生 数（城区）（一）

校		生		数								
		初中阶段				普通高中阶段			中等职业教育阶段			
五年级	六年级	一年级	二年级	三年级	四年级	一年级	二年级	三年级以上	一年级	二年级	三年级	四年级以上
1916	**1857**	**1624**	**1782**	**1672**	**25**	**84**	**107**	**91**	**10**	**－**	**17**	**－**
707	674	607	677	629	9	32	54	38	2	－	6	－
22	18	15	8	12	－	－	－	－	－	－	－	－
392	389	496	503	545	25	69	75	56	9	－	16	－
370	368	393	358	390	25	69	75	56	9	－	16	－
342	418	382	365	252	－	－	－	－	－	－	－	－
86	101	85	133	111	－	18	12	15	－	－	－	－
344	304	291	368	354	7	52	85	68	－	－	－	－
50	59	36	50	40	5	－	－	－	－	－	－	－
292	270	281	331	366	－	－	－	－	－	－	－	－
1007	996	846	803	695	12	－	－	－	10	－	17	－
39	29	23	19	17	－	－	－	－	－	－	－	－
98	98	62	78	89	1	14	10	8	－	－	－	－
1100	**1075**	**1004**	**992**	**905**	**25**	**84**	**107**	**91**	**10**	**－**	**17**	**－**
56	60	54	84	51	－	18	12	15	－	－	－	－
169	139	164	214	216	7	52	85	68	－	－	－	－
19	20	15	12	12	5	－	－	－	－	－	－	－
22	16	23	9	14	－	－	－	－	－	－	－	－
787	784	696	633	558	12	－	－	－	10	－	17	－
1	7	9	3	1	－	－	－	－	－	－	－	－
46	49	43	37	53	1	14	10	8	－	－	－	－
253	304	269	262	133	－	－	－	－	－	－	－	－
－	1	－	2	－	－	－	－	－	－	－	－	－
6	2	1	－	－	－	－	－	－	－	－	－	－
6	9	9	4	2	－	－	－	－	－	－	－	－
19	10	22	9	10	－	－	－	－	－	－	－	－
212	275	232	245	109	－	－	－	－	－	－	－	－
－	4	4	1	－	－	－	－	－	－	－	－	－
10	3	1	1	12	－	－	－	－	－	－	－	－
－	－	－	－	－	－	－	－	－	－	－	－	－
－	－	－	－	－	－	－	－	－	－	－	－	－
－	－	－	－	－	－	－	－	－	－	－	－	－
－	－	－	－	－	－	－	－	－	－	－	－	－
－	－	－	－	－	－	－	－	－	－	－	－	－
－	－	－	－	－	－	－	－	－	－	－	－	－
727	**668**	－	－	－	－	－	－	－	－	－	－	－
29	41	－	－	－	－	－	－	－	－	－	－	－
171	163	－	－	－	－	－	－	－	－	－	－	－
28	33	－	－	－	－	－	－	－	－	－	－	－
249	221	－	－	－	－	－	－	－	－	－	－	－
180	155	－	－	－	－	－	－	－	－	－	－	－

特 殊 教 育

	毕业生数	招生数	合计	其中：女	学前教育阶段	在 小学阶段			
						一年级	二年级	三年级	四年级
精神残疾	21	21	154	34	—	21	23	25	30
多重残疾	22	24	205	66	—	24	36	38	37
小学送教上门	**81**	**61**	**525**	**197**	**—**	**61**	**76**	**81**	**104**
视力残疾	—	—	1	1	—	—	—	—	—
听力残疾	—	—	7	—	—	—	—	—	1
言语残疾	6	1	23	12	—	1	5	6	2
肢体残疾	23	15	139	50	—	15	25	23	22
智力残疾	43	24	233	92	—	24	33	30	49
精神残疾	1	1	17	3	—	1	3	5	3
多重残疾	8	20	105	39	—	20	10	17	27
初中附设特教班	**—**	**—**	**—**	**—**	**—**	**—**	**—**	**—**	**—**
视力残疾	—	—	—	—	—	—	—	—	—
听力残疾	—	—	—	—	—	—	—	—	—
言语残疾	—	—	—	—	—	—	—	—	—
肢体残疾	—	—	—	—	—	—	—	—	—
智力残疾	—	—	—	—	—	—	—	—	—
精神残疾	—	—	—	—	—	—	—	—	—
多重残疾	—	—	—	—	—	—	—	—	—
初中随班就读	**440**	**507**	**1842**	**692**	**—**	**—**	**—**	**—**	**—**
视力残疾	40	29	135	49	—	—	—	—	—
听力残疾	82	125	415	159	—	—	—	—	—
言语残疾	17	15	71	32	—	—	—	—	—
肢体残疾	230	226	827	322	—	—	—	—	—
智力残疾	52	91	296	100	—	—	—	—	—
精神残疾	6	10	37	8	—	—	—	—	—
多重残疾	13	11	61	22	—	—	—	—	—
初中送教上门	**83**	**113**	**335**	**136**	**—**	**—**	**—**	**—**	**—**
视力残疾	1	2	5	1	—	—	—	—	—
听力残疾	—	2	4	4	—	—	—	—	—
言语残疾	2	6	16	9	—	—	—	—	—
肢体残疾	26	32	105	32	—	—	—	—	—
智力残疾	38	59	161	72	—	—	—	—	—
精神残疾	5	4	9	4	—	—	—	—	—
多重残疾	11	8	35	14	—	—	—	—	—
其他学校附设特教班	**—**	**—**	**—**	**—**	**—**	**—**	**—**	**—**	**—**
视力残疾	—	—	—	—	—	—	—	—	—
听力残疾	—	—	—	—	—	—	—	—	—
言语残疾	—	—	—	—	—	—	—	—	—
肢体残疾	—	—	—	—	—	—	—	—	—
智力残疾	—	—	—	—	—	—	—	—	—
精神残疾	—	—	—	—	—	—	—	—	—
多重残疾	—	—	—	—	—	—	—	—	—

学 生 数(城区)(二)

校		生		数								
		初中阶段				普通高中阶段			中等职业教育阶段			
五年级	六年级	一年级	二年级	三年级	四年级	一年级	二年级	三年级以上	一年级	二年级	三年级	四年级以上
35	20	-	-	-	-	-	-	-	-	-	-	-
35	35	-	-	-	-	-	-	-	-	-	-	-
89	**114**	-	-	-	-	-	-	-	-	-	-	-
1	-	-	-	-	-	-	-	-	-	-	-	-
4	2	-	-	-	-	-	-	-	-	-	-	-
3	6	-	-	-	-	-	-	-	-	-	-	-
21	33	-	-	-	-	-	-	-	-	-	-	-
40	57	-	-	-	-	-	-	-	-	-	-	-
3	2	-	-	-	-	-	-	-	-	-	-	-
17	14	-	-	-	-	-	-	-	-	-	-	-
-	-	-	-	-	-	-	-	-	-	-	-	-
-	-	-	-	-	-	-	-	-	-	-	-	-
-	-	-	-	-	-	-	-	-	-	-	-	-
-	-	-	-	-	-	-	-	-	-	-	-	-
-	-	-	-	-	-	-	-	-	-	-	-	-
-	-	-	-	-	-	-	-	-	-	-	-	-
-	-	-	-	-	-	-	-	-	-	-	-	-
-	-	**507**	**687**	**648**	-	-	-	-	-	-	-	-
-	-	29	47	59	-	-	-	-	-	-	-	-
-	-	125	152	138	-	-	-	-	-	-	-	-
-	-	15	33	23	-	-	-	-	-	-	-	-
-	-	226	286	315	-	-	-	-	-	-	-	-
-	-	91	127	78	-	-	-	-	-	-	-	-
-	-	10	14	13	-	-	-	-	-	-	-	-
-	-	11	28	22	-	-	-	-	-	-	-	-
-	-	**113**	**103**	**119**	-	-	-	-	-	-	-	-
-	-	2	2	1	-	-	-	-	-	-	-	-
-	-	2	2	-	-	-	-	-	-	-	-	-
-	-	6	5	5	-	-	-	-	-	-	-	-
-	-	32	36	37	-	-	-	-	-	-	-	-
-	-	59	43	59	-	-	-	-	-	-	-	-
-	-	4	2	3	-	-	-	-	-	-	-	-
-	-	8	13	14	-	-	-	-	-	-	-	-
-	-	-	-	-	-	-	-	-	-	-	-	-
-	-	-	-	-	-	-	-	-	-	-	-	-
-	-	-	-	-	-	-	-	-	-	-	-	-
-	-	-	-	-	-	-	-	-	-	-	-	-
-	-	-	-	-	-	-	-	-	-	-	-	-
-	-	-	-	-	-	-	-	-	-	-	-	-

特 殊 教 育

		毕业生数	招生数	在						
				合计	其中：女	学前教育阶段	小学阶段			
							一年级	二年级	三年级	四年级
总　　计		4643	4864	32368	12406	10	2275	3216	3051	3578
其中：女		1779	1951	12406	–	6	908	1203	1140	1361
少数民族		32	22	127	36	–	15	7	10	15
总计中	寄宿生	–	1201	9016	3304	5	424	562	613	668
	特殊教育学校中:寄宿生	–	388	5572	1937	5	394	530	537	576
	送教上门	1159	1159	9834	3691	–	691	1031	790	1213
视力残疾		233	163	941	368	–	41	70	82	100
听力残疾		556	557	3669	1537	5	280	299	334	350
言语残疾		175	219	1325	488	–	93	137	129	170
肢体残疾		1314	1243	6736	2591	–	291	459	498	617
智力残疾		1987	2243	16231	6119	5	1258	1771	1612	2019
精神残疾		75	91	507	170	–	42	56	60	50
多重残疾		303	348	2959	1133	–	270	424	336	272
特殊教育学校		**1811**	**1698**	**15532**	**5867**	**10**	**1302**	**1857**	**1503**	**1814**
视力残疾		37	8	38	14	–	8	7	8	2
听力残疾		206	112	1310	588	5	70	67	71	77
言语残疾		52	50	450	152	–	35	47	39	77
肢体残疾		94	93	597	201	–	38	60	42	62
智力残疾		1244	1268	11032	4094	5	947	1316	1087	1412
精神残疾		14	21	123	48	–	12	14	21	12
多重残疾		164	146	1982	770	–	192	346	235	172
特殊教育学校中:送教上门		743	670	7362	2779	–	573	884	607	988
视力残疾		3	2	22	8	–	2	2	7	–
听力残疾		2	10	53	27	–	3	9	2	3
言语残疾		18	24	219	70	–	8	13	17	32
肢体残疾		35	75	436	151	–	26	30	28	41
智力残疾		570	458	5133	1988	–	387	554	419	783
精神残疾		8	15	68	23	–	9	9	6	8
多重残疾		107	86	1431	512	–	138	267	128	121
小学附设特教班		–	–	–	–	–	–	–	–	–
视力残疾		–	–	–	–	–	–	–	–	–
听力残疾		–	–	–	–	–	–	–	–	–
言语残疾		–	–	–	–	–	–	–	–	–
肢体残疾		–	–	–	–	–	–	–	–	–
智力残疾		–	–	–	–	–	–	–	–	–
精神残疾		–	–	–	–	–	–	–	–	–
多重残疾		–	–	–	–	–	–	–	–	–
小学随班就读		**925**	**855**	**8347**	**3245**	**–**	**855**	**1212**	**1365**	**1539**
视力残疾		66	32	466	191	–	32	62	70	97
听力残疾		158	210	1560	641	–	210	231	263	267
言语残疾		36	54	480	184	–	54	83	86	82
肢体残疾		323	226	2668	1051	–	226	356	403	496
智力残疾		283	251	2578	977	–	251	382	438	505

学 生 数（镇区）（一）

校		生		数								
		初中阶段				普通高中阶段			中等职业教育阶段			
五年级	六年级	一年级	二年级	三年级	四年级	一年级	二年级	三年级以上	一年级	二年级	三年级	四年级以上
3974	**4278**	**3743**	**4205**	**3934**	**14**	**34**	**36**	**20**	—	—	—	—
1534	1621	1439	1633	1512	6	16	19	8	—	—	—	—
13	16	7	16	28	—	—	—	—	—	—	—	—
834	1088	1397	1629	1697	9	34	36	20	—	—	—	—
652	777	614	671	717	9	34	36	20	—	—	—	—
1421	1411	1089	1181	1002	5	—	—	—	—	—	—	—
111	109	127	154	147	—	—	—	—	—	—	—	—
439	479	409	430	554	—	34	36	20	—	—	—	—
141	178	166	136	175	—	—	—	—	—	—	—	—
738	747	985	1217	1184	—	—	—	—	—	—	—	—
2045	2342	1665	1917	1583	14	—	—	—	—	—	—	—
51	61	56	55	76	—	—	—	—	—	—	—	—
449	362	335	296	215	—	—	—	—	—	—	—	—
2075	**2248**	**1550**	**1627**	**1442**	**14**	**34**	**36**	**20**	—	—	—	—
2	2	5	2	2	—	—	—	—	—	—	—	—
135	181	174	153	287	—	34	36	20	—	—	—	—
46	70	55	35	46	—	—	—	—	—	—	—	—
95	66	88	66	80	—	—	—	—	—	—	—	—
1453	1671	1001	1199	927	14	—	—	—	—	—	—	—
13	17	16	9	9	—	—	—	—	—	—	—	—
331	241	211	163	91	—	—	—	—	—	—	—	—
1185	1094	718	740	568	5	—	—	—	—	—	—	—
2	2	5	2	—	—	—	—	—	—	—	—	—
6	14	1	3	12	—	—	—	—	—	—	—	—
23	46	36	17	27	—	—	—	—	—	—	—	—
76	47	70	49	69	—	—	—	—	—	—	—	—
810	774	461	546	394	5	—	—	—	—	—	—	—
10	6	8	5	7	—	—	—	—	—	—	—	—
258	205	137	118	59	—	—	—	—	—	—	—	—
—	—	—	—	—	—	—	—	—	—	—	—	—
—	—	—	—	—	—	—	—	—	—	—	—	—
—	—	—	—	—	—	—	—	—	—	—	—	—
—	—	—	—	—	—	—	—	—	—	—	—	—
—	—	—	—	—	—	—	—	—	—	—	—	—
1663	**1713**	—	—	—	—	—	—	—	—	—	—	—
101	104	—	—	—	—	—	—	—	—	—	—	—
301	288	—	—	—	—	—	—	—	—	—	—	—
90	85	—	—	—	—	—	—	—	—	—	—	—
585	602	—	—	—	—	—	—	—	—	—	—	—
484	518	—	—	—	—	—	—	—	—	—	—	—

特 殊 教 育

	毕业生数	招生数	合计	其中：女	学前教育阶段	在 小学阶段			
						一年级	二年级	三年级	四年级
精神残疾	14	21	173	43	—	21	33	29	25
多重残疾	45	61	422	158	—	61	65	76	67
小学送教上门	**124**	**118**	**1226**	**445**	**—**	**118**	**147**	**183**	**225**
视力残疾	3	1	18	6	—	1	1	4	1
听力残疾	4	—	20	9	—	—	1	—	6
言语残疾	4	4	54	11	—	4	7	4	11
肢体残疾	38	27	319	112	—	27	43	53	59
智力残疾	50	60	583	232	—	60	73	87	102
精神残疾	5	9	58	20	—	9	9	10	13
多重残疾	20	17	174	55	—	17	13	25	33
初中附设特教班	**—**	**—**	**—**	**—**	**—**	**—**	**—**	**—**	**—**
视力残疾	—	—	—	—	—	—	—	—	—
听力残疾	—	—	—	—	—	—	—	—	—
言语残疾	—	—	—	—	—	—	—	—	—
肢体残疾	—	—	—	—	—	—	—	—	—
智力残疾	—	—	—	—	—	—	—	—	—
精神残疾	—	—	—	—	—	—	—	—	—
多重残疾	—	—	—	—	—	—	—	—	—
初中随班就读	**1491**	**1822**	**6017**	**2382**	**—**	**—**	**—**	**—**	**—**
视力残疾	120	116	405	152	—	—	—	—	—
听力残疾	185	230	762	293	—	—	—	—	—
言语残疾	70	95	297	125	—	—	—	—	—
肢体残疾	767	805	2812	1124	—	—	—	—	—
智力残疾	282	473	1405	549	—	—	—	—	—
精神残疾	24	25	95	38	—	—	—	—	—
多重残疾	43	78	241	101	—	—	—	—	—
初中送教上门	**292**	**371**	**1246**	**467**	**—**	**—**	**—**	**—**	**—**
视力残疾	7	6	14	5	—	—	—	—	—
听力残疾	3	5	17	6	—	—	—	—	—
言语残疾	13	16	44	16	—	—	—	—	—
肢体残疾	92	92	340	103	—	—	—	—	—
智力残疾	128	191	633	267	—	—	—	—	—
精神残疾	18	15	58	21	—	—	—	—	—
多重残疾	31	46	140	49	—	—	—	—	—
其他学校附设特教班	**—**	**—**	**—**	**—**	**—**	**—**	**—**	**—**	**—**
视力残疾	—	—	—	—	—	—	—	—	—
听力残疾	—	—	—	—	—	—	—	—	—
言语残疾	—	—	—	—	—	—	—	—	—
肢体残疾	—	—	—	—	—	—	—	—	—
智力残疾	—	—	—	—	—	—	—	—	—
精神残疾	—	—	—	—	—	—	—	—	—
多重残疾	—	—	—	—	—	—	—	—	—

学 生 数 (镇区)(二)

校		生		数								
		初中阶段				普通高中阶段			中等职业教育阶段			
五年级	六年级	一年级	二年级	三年级	四年级	一年级	二年级	三年级以上	一年级	二年级	三年级	四年级以上
26	39	-	-	-	-	-	-	-	-	-	-	-
76	77	-	-	-	-	-	-	-	-	-	-	-
236	**317**	-	-	-	-	-	-	-	-	-	-	-
8	3	-	-	-	-	-	-	-	-	-	-	-
3	10	-	-	-	-	-	-	-	-	-	-	-
5	23	-	-	-	-	-	-	-	-	-	-	-
58	79	-	-	-	-	-	-	-	-	-	-	-
108	153	-	-	-	-	-	-	-	-	-	-	-
12	5	-	-	-	-	-	-	-	-	-	-	-
42	44	-	-	-	-	-	-	-	-	-	-	-
-	-	-	-	-	-	-	-	-	-	-	-	-
-	-	-	-	-	-	-	-	-	-	-	-	-
-	-	-	-	-	-	-	-	-	-	-	-	-
-	-	-	-	-	-	-	-	-	-	-	-	-
-	-	-	-	-	-	-	-	-	-	-	-	-
-	-	**1822**	**2137**	**2058**	-	-	-	-	-	-	-	-
-	-	116	150	139	-	-	-	-	-	-	-	-
-	-	230	272	260	-	-	-	-	-	-	-	-
-	-	95	90	112	-	-	-	-	-	-	-	-
-	-	805	1023	984	-	-	-	-	-	-	-	-
-	-	473	483	449	-	-	-	-	-	-	-	-
-	-	25	31	39	-	-	-	-	-	-	-	-
-	-	78	88	75	-	-	-	-	-	-	-	-
-	-	**371**	**441**	**434**	-	-	-	-	-	-	-	-
-	-	6	2	6	-	-	-	-	-	-	-	-
-	-	5	5	7	-	-	-	-	-	-	-	-
-	-	16	11	17	-	-	-	-	-	-	-	-
-	-	92	128	120	-	-	-	-	-	-	-	-
-	-	191	235	207	-	-	-	-	-	-	-	-
-	-	15	15	28	-	-	-	-	-	-	-	-
-	-	46	45	49	-	-	-	-	-	-	-	-
-	-	-	-	-	-	-	-	-	-	-	-	-
-	-	-	-	-	-	-	-	-	-	-	-	-
-	-	-	-	-	-	-	-	-	-	-	-	-
-	-	-	-	-	-	-	-	-	-	-	-	-
-	-	-	-	-	-	-	-	-	-	-	-	-
-	-	-	-	-	-	-	-	-	-	-	-	-

特 殊 教 育

		毕业生数	招生数	在		学前教育阶段	小学阶段			
				合计	其中：女		一年级	二年级	三年级	四年级
总　　计		**2091**	**2626**	**19471**	**7594**	**－**	**1464**	**2043**	**2600**	**3061**
其中：女		845	1058	7594	－	－	592	792	1006	1207
少数民族		8	16	75	25	－	11	5	9	14
总计中	寄宿生	－	553	2980	1100	－	137	115	159	243
	特殊教育学校中：寄宿生	－	43	474	174	－	45	52	51	56
	送教上门	458	506	3629	1382	－	200	281	399	515
视力残疾		92	107	777	299	－	63	61	92	95
听力残疾		168	223	1601	681	－	122	177	225	259
言语残疾		88	168	1271	447	－	111	154	183	237
肢体残疾		727	741	5606	2120	－	312	531	674	785
智力残疾		835	1088	8376	3381	－	644	912	1158	1365
精神残疾		57	50	423	136	－	34	54	47	84
多重残疾		124	249	1417	530	－	178	154	221	236
特殊教育学校		**159**	**69**	**1058**	**431**	**－**	**68**	**87**	**71**	**130**
视力残疾		2	－	4	1	－	1	－	－	1
听力残疾		6	－	44	20	－	1	3	4	3
言语残疾		－	1	53	21	－	3	2	2	1
肢体残疾		21	1	115	48	－	2	8	8	11
智力残疾		122	61	731	307	－	47	59	42	82
精神残疾		2	－	16	5	－	1	3	－	4
多重残疾		6	6	95	29	－	13	12	15	28
特殊教育学校中：送教上门		97	10	565	243	－	10	35	20	74
视力残疾		2	－	2	1	－	1	－	－	1
听力残疾		2	－	9	5	－	1	－	1	－
言语残疾		－	－	29	10	－	2	－	1	1
肢体残疾		18	－	104	44	－	1	7	5	10
智力残疾		72	10	380	170	－	5	24	12	42
精神残疾		2	－	13	5	－	－	2	－	4
多重残疾		1	－	28	8	－	－	2	1	16
小学附设特教班		**－**	**－**	**－**	**－**	**－**	**－**	**－**	**－**	**－**
视力残疾		－	－	－	－	－	－	－	－	－
听力残疾		－	－	－	－	－	－	－	－	－
言语残疾		－	－	－	－	－	－	－	－	－
肢体残疾		－	－	－	－	－	－	－	－	－
智力残疾		－	－	－	－	－	－	－	－	－
精神残疾		－	－	－	－	－	－	－	－	－
多重残疾		－	－	－	－	－	－	－	－	－
小学随班就读		**935**	**1205**	**12576**	**4935**	**－**	**1206**	**1710**	**2150**	**2490**
视力残疾		40	59	560	225	－	59	57	90	89
听力残疾		83	120	1220	519	－	120	168	217	252
言语残疾		47	101	930	324	－	101	131	169	207
肢体残疾		303	268	3461	1328	－	268	463	565	664
智力残疾		390	518	5377	2170	－	519	741	931	1070

学 生 数（乡村）（一）

校		生	数									
		初中阶段				普通高中阶段			中等职业教育阶段			
五年级	六年级	一年级	二年级	三年级	四年级	一年级	二年级	三年级以上	一年级	二年级	三年级	四年级以上
3342	**2917**	**1301**	**1400**	**1343**	-	-	-	-	-	-	-	-
1291	1091	529	572	514	-	-	-	-	-	-	-	-
13	12	5	3	3	-	-	-	-	-	-	-	-
345	411	484	509	577	-	-	-	-	-	-	-	-
79	43	66	38	44	-	-	-	-	-	-	-	-
552	564	378	395	345	-	-	-	-	-	-	-	-
161	117	45	61	82	-	-	-	-	-	-	-	-
274	214	107	116	107	-	-	-	-	-	-	-	-
210	177	64	65	70	-	-	-	-	-	-	-	-
927	873	451	547	506	-	-	-	-	-	-	-	-
1454	1293	536	521	493	-	-	-	-	-	-	-	-
70	48	20	28	38	-	-	-	-	-	-	-	-
246	195	78	62	47	-	-	-	-	-	-	-	-
152	**121**	**139**	**139**	**151**	-	-	-	-	-	-	-	-
-	1	-	1	-	-	-	-	-	-	-	-	-
13	2	5	7	6	-	-	-	-	-	-	-	-
15	7	5	11	7	-	-	-	-	-	-	-	-
12	13	21	16	24	-	-	-	-	-	-	-	-
95	91	105	99	111	-	-	-	-	-	-	-	-
-	3	3	1	1	-	-	-	-	-	-	-	-
17	4	-	4	2	-	-	-	-	-	-	-	-
72	78	72	100	104	-	-	-	-	-	-	-	-
-	-	-	-	-	-	-	-	-	-	-	-	-
2	-	-	2	3	-	-	-	-	-	-	-	-
3	7	3	7	5	-	-	-	-	-	-	-	-
12	13	18	15	23	-	-	-	-	-	-	-	-
54	51	49	72	71	-	-	-	-	-	-	-	-
-	3	2	1	1	-	-	-	-	-	-	-	-
1	4	-	3	1	-	-	-	-	-	-	-	-
-	-	-	-	-	-	-	-	-	-	-	-	-
-	-	-	-	-	-	-	-	-	-	-	-	-
-	-	-	-	-	-	-	-	-	-	-	-	-
-	-	-	-	-	-	-	-	-	-	-	-	-
-	-	-	-	-	-	-	-	-	-	-	-	-
-	-	-	-	-	-	-	-	-	-	-	-	-
2710	**2310**	-	-	-	-	-	-	-	-	-	-	-
153	112	-	-	-	-	-	-	-	-	-	-	-
255	208	-	-	-	-	-	-	-	-	-	-	-
176	146	-	-	-	-	-	-	-	-	-	-	-
766	735	-	-	-	-	-	-	-	-	-	-	-
1148	968	-	-	-	-	-	-	-	-	-	-	-

特 殊 教 育

	毕业生数	招生数	在						
			合计	其中：女	学前教育阶段	小学阶段			
						一年级	二年级	三年级	四年级
精神残疾	29	28	277	90	-	28	47	37	68
多重残疾	43	111	751	279	-	111	103	141	140
小学送教上门	**220**	**190**	**2222**	**818**	**-**	**190**	**246**	**379**	**441**
视力残疾	2	3	26	9	-	3	4	2	5
听力残疾	3	1	25	10	-	1	6	4	4
言语残疾	9	7	112	33	-	7	21	12	29
肢体残疾	54	42	587	190	-	42	60	101	110
智力残疾	102	78	1033	408	-	78	112	185	213
精神残疾	4	5	49	12	-	5	4	10	12
多重残疾	46	54	390	156	-	54	39	65	68
初中附设特教班	-	-	-	-	-	-	-	-	-
视力残疾	-	-	-	-	-	-	-	-	-
听力残疾	-	-	-	-	-	-	-	-	-
言语残疾	-	-	-	-	-	-	-	-	-
肢体残疾	-	-	-	-	-	-	-	-	-
智力残疾	-	-	-	-	-	-	-	-	-
精神残疾	-	-	-	-	-	-	-	-	-
多重残疾	-	-	-	-	-	-	-	-	-
初中随班就读	**636**	**856**	**2773**	**1089**	**-**	**-**	**-**	**-**	**-**
视力残疾	48	42	175	59	-	-	-	-	-
听力残疾	75	99	301	126	-	-	-	-	-
言语残疾	27	51	154	61	-	-	-	-	-
肢体残疾	299	331	1169	460	-	-	-	-	-
智力残疾	158	276	820	327	-	-	-	-	-
精神残疾	12	16	57	20	-	-	-	-	-
多重残疾	17	41	97	36	-	-	-	-	-
初中送教上门	**141**	**306**	**842**	**321**	**-**	**-**	**-**	**-**	**-**
视力残疾	-	3	12	5	-	-	-	-	-
听力残疾	1	3	11	6	-	-	-	-	-
言语残疾	5	8	22	8	-	-	-	-	-
肢体残疾	50	99	274	94	-	-	-	-	-
智力残疾	63	155	415	169	-	-	-	-	-
精神残疾	10	1	24	9	-	-	-	-	-
多重残疾	12	37	84	30	-	-	-	-	-
其他学校附设特教班	-	-	-	-	-	-	-	-	-
视力残疾	-	-	-	-	-	-	-	-	-
听力残疾	-	-	-	-	-	-	-	-	-
言语残疾	-	-	-	-	-	-	-	-	-
肢体残疾	-	-	-	-	-	-	-	-	-
智力残疾	-	-	-	-	-	-	-	-	-
精神残疾	-	-	-	-	-	-	-	-	-
多重残疾	-	-	-	-	-	-	-	-	-

学 生 数（乡村）(二)

校		生		数								
		初中阶段				普通高中阶段			中等职业教育阶段			
五年级	六年级	一年级	二年级	三年级	四年级	一年级	二年级	三年级以上	一年级	二年级	三年级	四年级以上
60	37	-	-	-	-	-	-	-	-	-	-	-
152	104	-	-	-	-	-	-	-	-	-	-	-
480	**486**	-	-	-	-	-	-	-	-	-	-	-
8	4	-	-	-	-	-	-	-	-	-	-	-
6	4	-	-	-	-	-	-	-	-	-	-	-
19	24	-	-	-	-	-	-	-	-	-	-	-
149	125	-	-	-	-	-	-	-	-	-	-	-
211	234	-	-	-	-	-	-	-	-	-	-	-
10	8	-	-	-	-	-	-	-	-	-	-	-
77	87	-	-	-	-	-	-	-	-	-	-	-
-	-	-	-	-	-	-	-	-	-	-	-	-
-	-	-	-	-	-	-	-	-	-	-	-	-
-	-	-	-	-	-	-	-	-	-	-	-	-
-	-	-	-	-	-	-	-	-	-	-	-	-
-	-	-	-	-	-	-	-	-	-	-	-	-
-	-	-	-	-	-	-	-	-	-	-	-	-
-	-	856	966	951	-	-	-	-	-	-	-	-
-	-	42	56	77	-	-	-	-	-	-	-	-
-	-	99	105	97	-	-	-	-	-	-	-	-
-	-	51	49	54	-	-	-	-	-	-	-	-
-	-	331	438	400	-	-	-	-	-	-	-	-
-	-	276	272	272	-	-	-	-	-	-	-	-
-	-	16	17	24	-	-	-	-	-	-	-	-
-	-	41	29	27	-	-	-	-	-	-	-	-
-	-	306	295	241	-	-	-	-	-	-	-	-
-	-	3	4	5	-	-	-	-	-	-	-	-
-	-	3	4	4	-	-	-	-	-	-	-	-
-	-	8	5	9	-	-	-	-	-	-	-	-
-	-	99	93	82	-	-	-	-	-	-	-	-
-	-	155	150	110	-	-	-	-	-	-	-	-
-	-	1	10	13	-	-	-	-	-	-	-	-
-	-	37	29	18	-	-	-	-	-	-	-	-
-	-	-	-	-	-	-	-	-	-	-	-	-
-	-	-	-	-	-	-	-	-	-	-	-	-
-	-	-	-	-	-	-	-	-	-	-	-	-
-	-	-	-	-	-	-	-	-	-	-	-	-
-	-	-	-	-	-	-	-	-	-	-	-	-
-	-	-	-	-	-	-	-	-	-	-	-	-
-	-	-	-	-	-	-	-	-	-	-	-	-

中小学校学生

	上学年体检学生数		
	合计	其中：肥胖学生	其中：近视学生
总　　计	**16036852**	**1039285**	**3961167**
小　　学	8174196	523049	1323124
初级中学	3467382	222676	1085798
九年一贯制学校	1820577	111384	399111
职业初中	-	-	-
完全中学	369265	30298	157638
高级中学	1808608	128714	887104
十二年一贯制学校	396824	23164	108392
城　　区	**4797154**	**455174**	**1752403**
小　　学	2291517	230447	628190
初级中学	882622	85011	408179
九年一贯制学校	684477	58424	191306
职业初中	-	-	-
完全中学	166312	21617	91045
高级中学	649612	52768	393731
十二年一贯制学校	122614	6907	39952
镇　　区	**7916580**	**427894**	**1745640**
小　　学	3528419	190116	460937
初级中学	1984070	107252	542115
九年一贯制学校	913557	42796	170451
职业初中	-	-	-
完全中学	191141	8465	64276
高级中学	1084744	67964	454326
十二年一贯制学校	214649	11301	53535
乡　　村	**3323118**	**156217**	**463124**
小　　学	2354260	102486	233997
初级中学	600690	30413	135504
九年一贯制学校	222543	10164	37354
职业初中	-	-	-
完全中学	11812	216	2317
高级中学	74252	7982	39047
十二年一贯制学校	59561	4956	14905

体质健康情况

_	上学年参加国家学生体质健康标准测试人数			
合计	优秀	良好	及格	不及格
16566392	**3882845**	**6283237**	**5962167**	**438143**
8449228	1970598	3230770	3058391	189469
3586250	818391	1375894	1266837	125128
1855569	488396	686196	638195	42782
—	—	—	—	—
394109	86809	136474	156121	14705
1871604	409677	698330	707906	55691
409632	108974	155573	134717	10368
5024783	**939580**	**1699550**	**2162583**	**223070**
2394886	420182	806931	1073682	94091
935605	171758	307134	398795	57918
702868	154580	242632	280431	25225
—	—	—	—	—
180227	30664	57032	81686	10845
679966	121344	243513	285210	29899
131231	41052	42308	42779	5092
8138534	**2012603**	**3203900**	**2759931**	**162100**
3642936	881836	1433418	1263964	63718
2037467	488448	823682	671711	53626
923090	268237	356820	284469	13564
—	—	—	—	—
202070	48509	76235	73473	3853
1113882	270856	424452	395460	23114
219089	54717	89293	70854	4225
3403075	**930662**	**1379787**	**1039653**	**52973**
2411406	668580	990421	720745	31660
613178	158185	245078	196331	13584
229611	65579	86744	73295	3993
—	—	—	—	—
11812	7636	3207	962	7
77756	17477	30365	27236	2678
59312	13205	23972	21084	1051

中小学、特殊教

		上学年初报表在校生数	增加学生数				
			合计	招生	复学	转入	其他
总计	学前教育	3714844	1247009	788163	3221	455596	29
	其中:女	1779369	597220	379183	1381	216646	10
	少数民族	31673	10884	7207	25	3652	-
	小学教育	9873924	2057083	1489465	1705	565913	-
	其中:女	4637009	973324	715115	618	257591	-
	少数民族	122396	30916	23134	38	7744	-
	初中教育	4930153	1842638	1687362	3619	151657	-
	其中:女	2265409	844883	781626	1529	61728	-
	少数民族	58052	24716	21300	111	3305	-
	普通高中教育	2504510	946670	900599	3074	42997	-
	其中:女	1245851	463802	441564	1129	21109	-
	少数民族	34285	13851	12949	91	811	-
	特殊教育	26163	4368	3217	4	1147	-
	其中:女	9805	1572	1177	2	393	-
	少数民族	133	31	24	-	7	-
城区	学前教育	1120569	354105	233285	930	119890	-
	其中:女	532182	168953	111872	370	56711	-
	少数民族	15025	4965	3435	23	1507	-
	小学教育	2936919	648558	537322	521	110715	-
	其中:女	1362508	303870	255774	180	47916	-
	少数民族	59510	15334	12713	27	2594	-
	初中教育	1427152	559832	515856	1935	42041	-
	其中:女	643740	251885	236864	767	14254	-
	少数民族	26232	11213	9683	77	1453	-
	普通高中教育	922359	346473	328642	1372	16459	-
	其中:女	458110	168796	160854	593	7349	-
	少数民族	15629	6250	5763	57	430	-
	特殊教育	9422	1885	1450	2	433	-
	其中:女	3456	607	465	1	141	-
	少数民族	88	23	17	-	6	-

育学生变动情况（一）

减少学生数								本学年初报表在校生数
合计	毕业	结业	休学	退学	死亡	转出	其他	
1725612	**1420650**	**-**	**200**	**1882**	**2**	**302878**	**-**	**3236241**
823732	680889	-	103	874	1	141865	-	1552857
15416	12852	-	1	21	-	2542	-	27140
2302224	**1691383**	**-**	**1534**	**8**	**126**	**608919**	**254**	**9628783**
1070299	786509	-	533	2	42	283078	135	4540034
26185	19259	-	20	-	2	6904	-	127130
1691496	**1536671**	**-**	**3583**	**8**	**67**	**151167**	**-**	**5081295**
765875	700284	-	1481	4	20	64086	-	2344417
21075	18184	-	59	-	-	2832	-	61693
828490	**774723**	**1213**	**3049**	**1592**	**20**	**47851**	**42**	**2622690**
412552	387957	444	1418	750	4	21979	-	1297101
11550	10461	7	61	9	1	1011	-	36586
3876	**3036**	**-**	**39**	**15**	**22**	**764**	**-**	**26655**
1494	1169	-	3	7	8	307	-	9883
33	27	-	-	-	-	6	-	131
485646	**415062**	**-**	**110**	**1078**	**-**	**69396**	**-**	**989028**
230318	197432	-	73	510	-	32303	-	470817
7114	6001	-	1	19	-	1093	-	12876
545306	**470161**	**-**	**587**	**8**	**50**	**74500**	**-**	**3040171**
248343	215353	-	206	2	16	32766	-	1418035
10614	8730	-	11	-	1	1872	-	64230
480890	**443228**	**-**	**2091**	**3**	**29**	**35539**	**-**	**1506094**
213413	197415	-	895	2	7	15094	-	682212
9463	8376	-	46	-	-	1041	-	27982
305339	**289564**	**720**	**1613**	**876**	**14**	**12552**	**-**	**963493**
151674	144184	229	780	363	2	6116	-	475232
5247	4956	5	27	8	1	250	-	16632
1242	**1066**	**-**	**11**	**8**	**14**	**143**	**-**	**10065**
478	413	-	2	4	6	53	-	3585
17	15	-	-	-	-	2	-	94

中小学、特殊教

		上学年初报表在校生数	增加学生数				
			合计	招生	复学	转入	其他
镇区	学前教育	1520590	544542	336763	1421	206358	-
	其中:女	727714	260344	161672	623	98049	-
	少数民族	13247	4674	3076	2	1596	-
	小学教育	4324620	935023	637677	832	296514	-
	其中:女	2014497	443357	305473	321	137563	-
	少数民族	49655	12737	8583	9	4145	-
	初中教育	2722077	1004740	923394	1378	79968	-
	其中:女	1257868	465072	429035	640	35397	-
	少数民族	26892	11373	9869	28	1476	-
	普通高中教育	1463890	550460	524116	1589	24755	-
	其中:女	729666	270965	257817	486	12662	-
	少数民族	16946	6869	6486	25	358	-
	特殊教育	15615	2389	1698	2	689	-
	其中:女	5892	927	683	1	243	-
	少数民族	39	8	7	-	1	-
乡村	学前教育	1073685	348362	218115	870	129348	29
	其中:女	519473	167923	105639	388	61886	10
	少数民族	3401	1245	696	-	549	-
	小学教育	2612385	473502	314466	352	158684	-
	其中:女	1260004	226097	153868	117	72112	-
	少数民族	13231	2845	1838	2	1005	-
	初中教育	780924	278066	248112	306	29648	-
	其中:女	363801	127926	115727	122	12077	-
	少数民族	4928	2130	1748	6	376	-
	普通高中教育	118261	49737	47841	113	1783	-
	其中:女	58075	24041	22893	50	1098	-
	少数民族	1710	732	700	9	23	-
	特殊教育	1126	94	69	-	25	-
	其中:女	457	38	29	-	9	-
	少数民族	6	-	-	-	-	-

育学生变动情况（二）

减少学生数								本学年初报表在校生数
合计	毕业	结业	休学	退学	死亡	转出	其他	
698208	**585842**	**-**	**23**	**530**	**-**	**111813**	**-**	**1366924**
332350	280503	-	6	217	-	51624	-	655708
6612	5480	-	-	1	-	1131	-	11309
989912	**780064**	**-**	**582**	**-**	**38**	**209228**	**-**	**4269731**
455345	359924	-	200	-	12	95209	-	2002509
11581	8281	-	9	-	-	3291	-	50813
936187	**846774**	**-**	**1206**	**5**	**24**	**88178**	**-**	**2790630**
425910	388491	-	477	2	7	36933	-	1297030
9850	8257	-	12	-	-	1581	-	28415
488194	**452513**	**437**	**1305**	**615**	**4**	**33278**	**42**	**1526156**
243272	227087	183	569	352	-	15081	-	757359
5806	5052	2	31	1	-	720	-	18009
2472	**1811**	**-**	**28**	**7**	**7**	**619**	**-**	**15532**
952	692	-	1	3	2	254	-	5867
16	12	-	-	-	-	4	-	31
541758	**419746**	**-**	**67**	**274**	**2**	**121669**	**-**	**880289**
261064	202954	-	24	147	1	57938	-	426332
1690	1371	-	-	1	-	318	-	2955
767006	**441158**	**-**	**365**	**-**	**38**	**325191**	**254**	**2318881**
366611	211232	-	127	-	14	155103	135	1119490
3990	2248	-	-	-	1	1741	-	12087
274419	**246669**	**-**	**286**	**-**	**14**	**27450**	**-**	**784571**
126552	114378	-	109	-	6	12059	-	365175
1762	1551	-	1	-	-	210	-	5296
34957	**32646**	**56**	**131**	**101**	**2**	**2021**	**-**	**133041**
17606	16686	32	69	35	2	782	-	64510
497	453	-	3	-	-	41	-	1945
162	**159**	**-**	**-**	**-**	**1**	**2**	**-**	**1058**
64	64	-	-	-	-	-	-	431
-	-	-	-	-	-	-	-	6

在 校 生 中 死 亡

	合计	事 故 灾 难 类								社会安全类	
		溺水	交通	拥挤踩踏	房屋倒塌	坠楼坠崖	中毒	爆炸	火灾	打架斗殴	校园伤害
学前教育	**2**	**1**	**-**	**-**	**-**	**-**	**-**	**-**	**-**	**-**	**-**
校 园 内	-	-	-	-	-	-	-	-	-	-	-
校 园 外	2	1	-	-	-	-	-	-	-	-	-
小学教育	**126**	**11**	**19**	**-**	**-**	**6**	**-**	**-**	**-**	**-**	**-**
校 园 内	6	-	-	-	-	-	-	-	-	-	-
校 园 外	120	11	19	-	-	6	-	-	-	-	-
初中教育	**67**	**8**	**11**	**-**	**-**	**3**	**-**	**-**	**-**	**-**	**-**
校 园 内	3	-	-	-	-	1	-	-	-	-	-
校 园 外	64	8	11	-	-	2	-	-	-	-	-
普通高中教育	**20**	**1**	**3**	**-**	**-**	**1**	**-**	**-**	**-**	**-**	**-**
校 园 内	5	-	-	-	-	-	-	-	-	-	-
校 园 外	15	1	3	-	-	1	-	-	-	-	-
特殊教育	**22**	**2**	**-**	**-**	**-**	**-**	**-**	**-**	**-**	**-**	**-**
校 园 内	-	-	-	-	-	-	-	-	-	-	-
校 园 外	22	2	-	-	-	-	-	-	-	-	-

在 校 生 中 死 亡

	合计	事 故 灾 难 类								社会安全类	
		溺水	交通	拥挤踩踏	房屋倒塌	坠楼坠崖	中毒	爆炸	火灾	打架斗殴	校园伤害
学前教育	**-**	**-**	**-**	**-**	**-**	**-**	**-**	**-**	**-**	**-**	**-**
校 园 内	-	-	-	-	-	-	-	-	-	-	-
校 园 外	-	-	-	-	-	-	-	-	-	-	-
小学教育	**50**	**1**	**7**	**-**	**-**	**5**	**-**	**-**	**-**	**-**	**-**
校 园 内	2	-	-	-	-	-	-	-	-	-	-
校 园 外	48	1	7	-	-	5	-	-	-	-	-
初中教育	**29**	**2**	**5**	**-**	**-**	**3**	**-**	**-**	**-**	**-**	**-**
校 园 内	1	-	-	-	-	1	-	-	-	-	-
校 园 外	28	2	5	-	-	2	-	-	-	-	-
普通高中教育	**14**	**-**	**3**	**-**	**-**	**1**	**-**	**-**	**-**	**-**	**-**
校 园 内	4	-	-	-	-	-	-	-	-	-	-
校 园 外	10	-	3	-	-	1	-	-	-	-	-
特殊教育	**14**	**-**	**-**	**-**	**-**	**-**	**-**	**-**	**-**	**-**	**-**
校 园 内	-	-	-	-	-	-	-	-	-	-	-
校 园 外	14	-	-	-	-	-	-	-	-	-	-

的 主 要 原 因 (总计)

刑事案件	自然灾害类								其他			
	山体滑坡	泥石流	洪水	地震	暴雨	冰雹	雪灾	龙卷风	自杀	猝死	传染病	其他
-	-	-	-	-	-	-	-	-	-	-	-	1
-	-	-	-	-	-	-	-	-	-	-	-	-
-	-	-	-	-	-	-	-	-	-	-	-	1
1	-	-	-	-	-	-	-	-	4	18	6	61
-	-	-	-	-	-	-	-	-	1	3	1	1
1	-	-	-	-	-	-	-	-	3	15	5	60
-	-	-	-	-	-	-	-	-	6	18	3	18
-	-	-	-	-	-	-	-	-	-	2	-	-
-	-	-	-	-	-	-	-	-	6	16	3	18
-	-	-	-	-	-	-	-	-	3	4	-	8
-	-	-	-	-	-	-	-	-	2	2	-	1
-	-	-	-	-	-	-	-	-	1	2	-	7
-	-	-	-	-	-	-	-	-	-	5	2	13
-	-	-	-	-	-	-	-	-	-	-	-	-
-	-	-	-	-	-	-	-	-	-	5	2	13

的 主 要 原 因 (城区)

刑事案件	自然灾害类								其他			
	山体滑坡	泥石流	洪水	地震	暴雨	冰雹	雪灾	龙卷风	自杀	猝死	传染病	其他
-	-	-	-	-	-	-	-	-	-	-	-	-
-	-	-	-	-	-	-	-	-	-	-	-	-
-	-	-	-	-	-	-	-	-	-	-	-	-
1	-	-	-	-	-	-	-	-	2	5	5	24
-	-	-	-	-	-	-	-	-	-	1	1	-
1	-	-	-	-	-	-	-	-	2	4	4	24
-	-	-	-	-	-	-	-	-	4	5	2	8
-	-	-	-	-	-	-	-	-	-	-	-	-
-	-	-	-	-	-	-	-	-	4	5	2	8
-	-	-	-	-	-	-	-	-	3	4	-	3
-	-	-	-	-	-	-	-	-	2	2	-	-
-	-	-	-	-	-	-	-	-	1	2	-	3
-	-	-	-	-	-	-	-	-	-	2	2	10
-	-	-	-	-	-	-	-	-	-	-	-	-
-	-	-	-	-	-	-	-	-	-	2	2	10

在 校 生 中 死 亡

	合计	事 故 灾 难 类								社会安全类	
		溺水	交通	拥挤踩踏	房屋倒塌	坠楼坠崖	中毒	爆炸	火灾	打架斗殴	校园伤害
学前教育	**-**	**-**	**-**	**-**	**-**	**-**	**-**	**-**	**-**	**-**	**-**
校 园 内	-	-	-	-	-	-	-	-	-	-	-
校 园 外	-	-	-	-	-	-	-	-	-	-	-
小学教育	**38**	**3**	**5**	**-**	**-**	**1**	**-**	**-**	**-**	**-**	**-**
校 园 内	2	-	-	-	-	-	-	-	-	-	-
校 园 外	36	3	5	-	-	1	-	-	-	-	-
初中教育	**24**	**1**	**5**	**-**	**-**	**-**	**-**	**-**	**-**	**-**	**-**
校 园 内	2	-	-	-	-	-	-	-	-	-	-
校 园 外	22	1	5	-	-	-	-	-	-	-	-
普通高中教育	**4**	**1**	**-**	**-**	**-**	**-**	**-**	**-**	**-**	**-**	**-**
校 园 内	1	-	-	-	-	-	-	-	-	-	-
校 园 外	3	1	-	-	-	-	-	-	-	-	-
特殊教育	**7**	**2**	**-**	**-**	**-**	**-**	**-**	**-**	**-**	**-**	**-**
校 园 内	-	-	-	-	-	-	-	-	-	-	-
校 园 外	7	2	-	-	-	-	-	-	-	-	-

在 校 生 中 死 亡

	合计	事 故 灾 难 类								社会安全类	
		溺水	交通	拥挤踩踏	房屋倒塌	坠楼坠崖	中毒	爆炸	火灾	打架斗殴	校园伤害
学前教育	**2**	**1**	**-**	**-**	**-**	**-**	**-**	**-**	**-**	**-**	**-**
校 园 内	-	-	-	-	-	-	-	-	-	-	-
校 园 外	2	1	-	-	-	-	-	-	-	-	-
小学教育	**38**	**7**	**7**	**-**	**-**	**-**	**-**	**-**	**-**	**-**	**-**
校 园 内	2	-	-	-	-	-	-	-	-	-	-
校 园 外	36	7	7	-	-	-	-	-	-	-	-
初中教育	**14**	**5**	**1**	**-**	**-**	**-**	**-**	**-**	**-**	**-**	**-**
校 园 内	-	-	-	-	-	-	-	-	-	-	-
校 园 外	14	5	1	-	-	-	-	-	-	-	-
普通高中教育	**2**	**-**	**-**	**-**	**-**	**-**	**-**	**-**	**-**	**-**	**-**
校 园 内	-	-	-	-	-	-	-	-	-	-	-
校 园 外	2	-	-	-	-	-	-	-	-	-	-
特殊教育	**1**	**-**	**-**	**-**	**-**	**-**	**-**	**-**	**-**	**-**	**-**
校 园 内	-	-	-	-	-	-	-	-	-	-	-
校 园 外	1	-	-	-	-	-	-	-	-	-	-

的主要原因(镇区)

	自然灾害类								其他			
刑事案件	山体滑坡	泥石流	洪水	地震	暴雨	冰雹	雪灾	龙卷风	自杀	猝死	传染病	其他
–	**–**	**–**	**–**	**–**	**–**	**–**	**–**	**–**	**–**	**–**	**–**	**–**
–	–	–	–	–	–	–	–	–	–	–	–	–
–	–	–	–	–	–	–	–	–	–	–	–	–
–	**–**	**–**	**–**	**–**	**–**	**–**	**–**	**–**	**2**	**6**	**1**	**20**
–	–	–	–	–	–	–	–	–	1	1	–	–
–	–	–	–	–	–	–	–	–	1	5	1	20
–	**–**	**–**	**–**	**–**	**–**	**–**	**–**	**–**	**2**	**10**	**–**	**6**
–	–	–	–	–	–	–	–	–	–	2	–	–
–	–	–	–	–	–	–	–	–	2	8	–	6
–	**–**	**–**	**–**	**–**	**–**	**–**	**–**	**–**	**–**	**–**	**–**	**3**
–	–	–	–	–	–	–	–	–	–	–	–	1
–	–	–	–	–	–	–	–	–	–	–	–	2
–	**–**	**–**	**–**	**–**	**–**	**–**	**–**	**–**	**–**	**2**	**–**	**3**
–	–	–	–	–	–	–	–	–	–	–	–	–
–	–	–	–	–	–	–	–	–	–	2	–	3

的主要原因(乡村)

	自然灾害类								其他			
刑事案件	山体滑坡	泥石流	洪水	地震	暴雨	冰雹	雪灾	龙卷风	自杀	猝死	传染病	其他
–	**–**	**–**	**–**	**–**	**–**	**–**	**–**	**–**	**–**	**–**	**–**	**1**
–	–	–	–	–	–	–	–	–	–	–	–	–
–	–	–	–	–	–	–	–	–	–	–	–	1
–	**–**	**–**	**–**	**–**	**–**	**–**	**–**	**–**	**–**	**7**	**–**	**17**
–	–	–	–	–	–	–	–	–	–	1	–	1
–	–	–	–	–	–	–	–	–	–	6	–	16
–	**–**	**–**	**–**	**–**	**–**	**–**	**–**	**–**	**–**	**3**	**1**	**4**
–	–	–	–	–	–	–	–	–	–	–	–	–
–	–	–	–	–	–	–	–	–	–	3	1	4
–	**–**	**–**	**–**	**–**	**–**	**–**	**–**	**–**	**–**	**–**	**–**	**2**
–	–	–	–	–	–	–	–	–	–	–	–	–
–	–	–	–	–	–	–	–	–	–	–	–	2
–	**–**	**–**	**–**	**–**	**–**	**–**	**–**	**–**	**–**	**1**	**–**	**–**
–	–	–	–	–	–	–	–	–	–	–	–	–
–	–	–	–	–	–	–	–	–	–	1	–	–

中小学、特殊教育

	总计						
	合计	失能	家庭	厌学	路途遥远	出国	其他
小学教育	**8**	-	-	-	-	8	-
女	2	-	-	-	-	2	-
少数民族	-	-	-	-	-	-	-
初中教育	**8**	-	-	**2**	-	**5**	**1**
女	4	-	-	-	-	3	1
少数民族	-	-	-	-	-	-	-
普通高中教育	**1592**	**36**	**327**	**761**	**11**	**41**	**416**
女	750	21	145	359	3	11	211
少数民族	9	-	4	3	-	1	1
特殊教育	**15**	**7**	-	-	-	-	**8**
女	7	3	-	-	-	-	4
少数民族	-	-	-	-	-	-	-

中小学、特殊教育

	镇区						
	合计	失能	家庭	厌学	路途遥远	出国	其他
小学教育	-	-	-	-	-	-	-
女	-	-	-	-	-	-	-
少数民族	-	-	-	-	-	-	-
初中教育	**5**	-	-	**2**	-	**3**	-
女	2	-	-	-	-	2	-
少数民族	-	-	-	-	-	-	-
普通高中教育	**615**	**34**	**95**	**332**	-	**1**	**153**
女	352	19	52	196	-	-	85
少数民族	1	-	-	1	-	-	-
特殊教育	**7**	**7**	-	-	-	-	-
女	3	3	-	-	-	-	-
少数民族	-	-	-	-	-	-	-

学生退学的主要原因(一)

	城			区		
合计	失能	家庭	厌学	路途遥远	出国	其他
8	-	-	-	-	8	-
2	-	-	-	-	2	-
-	-	-	-	-	-	-
3	-	-	-	-	2	1
2	-	-	-	-	1	1
-	-	-	-	-	-	-
876	**2**	**232**	**374**	**11**	**39**	**218**
363	2	93	147	3	11	107
8	-	4	2	-	1	1
8	-	-	-	-	-	**8**
4	-	-	-	-	-	4
-	-	-	-	-	-	-

学生退学的主要原因(二)

	乡			村		
合计	失能	家庭	厌学	路途遥远	出国	其他
-	-	-	-	-	-	-
-	-	-	-	-	-	-
-	-	-	-	-	-	-
-	-	-	-	-	-	-
-	-	-	-	-	-	-
-	-	-	-	-	-	-
101	-	-	**55**	-	**1**	**45**
35	-	-	16	-	-	19
-	-	-	-	-	-	-
-	-	-	-	-	-	-
-	-	-	-	-	-	-
-	-	-	-	-	-	-

在校生中其他情况

		中共党员	共青团员	民主党派	香港	澳门	台湾	华侨	少数民族	残疾人
总计	学前教育	—	—	—	10	1	11	35	27140	1054
	其中:女	—	—	—	5	1	5	13	11799	354
	小学教育	—	—	—	183	5	61	104	127130	—
	其中:女	—	—	—	70	2	27	48	58626	—
	初中教育	—	197735	—	189	—	25	9	61693	—
	其中:女	—	97003	—	72	—	15	2	27671	—
	普通高中教育	1	648920	—	24	—	13	9	36586	2213
	其中:女	1	333701	—	8	—	5	6	17729	935
	特殊教育	—	209	—	—	—	—	—	131	—
	其中:女	—	87	—	—	—	—	—	24	—
城区	学前教育	—	—	—	10	1	9	31	12876	324
	其中:女	—	—	—	5	1	3	12	5743	106
	小学教育	—	—	—	158	4	46	98	64230	—
	其中:女	—	—	—	62	1	21	46	29670	—
	初中教育	—	43947	—	139	—	21	7	27982	—
	其中:女	—	20620	—	48	—	12	1	12437	—
	普通高中教育	—	222507	—	14	—	10	7	16632	767
	其中:女	—	116964	—	7	—	4	5	7992	317
	特殊教育	—	134	—	—	—	—	—	94	—
	其中:女	—	52	—	—	—	—	—	19	—
镇区	学前教育	—	—	—	—	—	2	3	11309	525
	其中:女	—	—	—	—	—	2	—	4796	187
	小学教育	—	—	—	23	1	11	5	50813	—
	其中:女	—	—	—	8	1	4	1	23568	—
	初中教育	—	112653	—	38	—	3	—	28415	—
	其中:女	—	55592	—	18	—	2	—	12908	—
	普通高中教育	1	402368	—	8	—	3	1	18009	1371
	其中:女	1	204400	—	1	—	1	—	8783	591
	特殊教育	—	75	—	—	—	—	—	31	—
	其中:女	—	35	—	—	—	—	—	5	—
乡村	学前教育	—	—	—	—	—	—	1	2955	205
	其中:女	—	—	—	—	—	—	1	1260	61
	小学教育	—	—	—	2	—	4	1	12087	—
	其中:女	—	—	—	—	—	2	1	5388	—
	初中教育	—	41135	—	12	—	1	2	5296	—
	其中:女	—	20791	—	6	—	1	1	2326	—
	普通高中教育	—	24045	—	2	—	—	1	1945	75
	其中:女	—	12337	—	—	—	—	1	954	27
	特殊教育	—	—	—	—	—	—	—	6	—
	其中:女	—	—	—	—	—	—	—	—	—

国际学生基本情况(一)

	总　计			城　区		
	毕(结)业生数	招生数	在校生(注册)	毕(结)业生数	招生数	在校生(注册)
学前教育	**106**	**57**	**145**	**52**	**51**	**137**
其中:女	58	21	59	22	18	54
小学教育	**687**	**102**	**410**	**687**	**96**	**384**
其中:女	395	46	204	395	43	192
初中教育	**5**	**10**	**33**	**4**	**9**	**30**
其中:女	1	4	18	1	4	18
普通高中教育	**8**	**14**	**28**	-	**5**	**5**
其中:女	3	3	8	-	2	2

国际学生基本情况(二)

	镇　区			乡　村		
	毕(结)业生数	招生数	在校生(注册)	毕(结)业生数	招生数	在校生(注册)
学前教育	**37**	**6**	**8**	**17**	-	-
其中:女	29	3	5	7	-	-
小学教育	-	**6**	**23**	-	-	**3**
其中:女	-	3	10	-	-	2
初中教育	**1**	-	**2**	-	**1**	**1**
其中:女	-	-	-	-	-	-
普通高中教育	**8**	**9**	**23**	-	-	-
其中:女	3	1	6	-	-	-

基础教育学校(机构)教职工数

	教职工数				其中:专任教师数			
	合计	城区	镇区	乡村	合计	城区	镇区	乡村
总　　计	1654918	509871	769316	375731	1396494	415241	658244	323009
幼 儿 园	379763	143399	154762	81602	217531	78239	91987	47305
小　　学	515941	139334	219113	157494	486422	132386	205645	148391
小学教学点	56845	1925	10519	44401	54813	1865	10112	42836
初级中学	295809	75573	164710	55526	282331	71988	157152	53191
九年一贯制学校	151358	54560	75206	21592	129393	47179	63768	18446
职业初中	-	-	-	-	-	-	-	-
完全中学	36604	16305	19392	907	32485	14368	17247	870
高级中学	172755	62757	101652	8346	155956	56222	92299	7435
十二年一贯制学校	40475	13415	21378	5682	32717	10688	17634	4395
特殊教育	5295	2530	2584	181	4779	2239	2400	140
专门学校	73	73	-	-	67	67	-	-

幼儿园教职工数

	教职工数								校外教师	外籍教师
	合计	园长	专任教师	保育员	卫生保健人员	行政人员	教辅人员	工勤人员		
总　计	379763	22956	217531	78832	11287	9670	4919	34568	3426	54
其中：女	355655	20046	215428	77918	10352	8385	4057	19469	3043	19
少数民族	2216	242	1374	215	51	98	39	197	14	—
在编人员	41501	5179	31617	1127	551	1558	787	682	—	—
接受过专业教育	317462	19268	203095	60663	8272	6852	3176	16136	2065	25
教育部门	109537	6143	69985	19162	2219	2238	1907	7883	3207	4
其他部门	2840	72	1574	544	81	154	63	352	2	—
地方企业	5910	205	3052	1243	184	342	107	777	5	—
事业单位	1754	62	923	359	58	100	24	228	—	—
部　　队	941	32	503	153	35	67	36	115	—	—
集　　体	2415	122	1341	500	78	63	36	275	1	—
民　　办	256366	16320	140153	56871	8632	6706	2746	24938	211	50
其中：普惠性民办幼儿园	200752	13071	109913	44909	6771	4843	2001	19244	169	5
中外合作办	—	—	—	—	—	—	—	—	—	—
城　区	143399	6357	78239	30481	4502	5619	2454	15747	684	46
教育部门	37731	1178	22345	7106	969	1334	1099	3700	611	3
其他部门	2548	53	1387	506	74	145	63	320	2	—
地方企业	4893	173	2546	1005	152	278	92	647	3	—
事业单位	1731	61	911	355	57	98	24	225	—	—
部　　队	875	27	459	147	33	65	34	110	—	—
集　　体	1402	58	790	290	41	41	34	148	—	—
民　　办	94219	4807	49801	21072	3176	3658	1108	10597	68	43
其中：普惠性民办幼儿园	68588	3629	36307	15603	2346	2481	732	7490	42	4
中外合作办	—	—	—	—	—	—	—	—	—	—
镇　区	154762	9185	91987	31768	4369	3050	1824	12579	1885	7
教育部门	44880	2333	30359	7537	775	646	579	2651	1804	1
其他部门	226	14	151	28	5	7	—	21	—	—
地方企业	1017	32	506	238	32	64	15	130	2	—
事业单位	—	—	—	—	—	—	—	—	—	—
部　　队	52	4	37	3	1	1	2	4	—	—
集　　体	617	37	328	140	23	17	1	71	1	—
民　　办	107970	6765	60606	23822	3533	2315	1227	9702	78	6
其中：普惠性民办幼儿园	84484	5359	47352	18791	2758	1712	899	7613	65	1
中外合作办	—	—	—	—	—	—	—	—	—	—
乡　村	81602	7414	47305	16583	2416	1001	641	6242	857	1
教育部门	26926	2632	17281	4519	475	258	229	1532	792	—
其他部门	66	5	36	10	2	2	—	11	—	—
地方企业	—	—	—	—	—	—	—	—	—	—
事业单位	23	1	12	4	1	2	—	3	—	—
部　　队	14	1	7	3	1	1	—	1	—	—
集　　体	396	27	223	70	14	5	1	56	—	—
民　　办	54177	4748	29746	11977	1923	733	411	4639	65	1
其中：普惠性民办幼儿园	47680	4083	26254	10515	1667	650	370	4141	62	—
中外合作办	—	—	—	—	—	—	—	—	—	—

小学学校教职工数(小学、教学点)

	教职工数						校外教师	外籍教师
	合计	专任教师	行政人员	教辅人员	工勤人员	其他		
总　　计	**572786**	**541235**	**10203**	**6859**	**13678**	**811**	**4793**	**38**
其中:女	447539	431147	3299	4479	8094	520	3931	18
少数民族	5398	5222	94	24	54	4	19	－
在编人员	457147	445777	6942	2792	1542	94	－	－
教育部门	514562	497942	7724	4620	3776	500	4664	1
其他部门	－	－	－	－	－	－	－	－
地方企业	11	9	－	－	2	－	－	－
民　　办	58213	43284	2479	2239	9900	311	129	37
中外合作办	－	－	－	－	－	－	－	－
城　　区	**141259**	**134251**	**2180**	**1494**	**3214**	**120**	**1285**	**35**
教育部门	128528	125002	1577	877	965	107	1265	－
其他部门	－	－	－	－	－	－	－	－
地方企业	－	－	－	－	－	－	－	－
民　　办	12731	9249	603	617	2249	13	20	35
中外合作办	－	－	－	－	－	－	－	－
镇　　区	**229632**	**215757**	**3901**	**2989**	**6585**	**400**	**2009**	**1**
教育部门	201063	194704	2746	1859	1534	220	1919	－
其他部门	－	－	－	－	－	－	－	－
地方企业	－	－	－	－	－	－	－	－
民　　办	28569	21053	1155	1130	5051	180	90	1
中外合作办	－	－	－	－	－	－	－	－
乡　　村	**201895**	**191227**	**4122**	**2376**	**3879**	**291**	**1499**	**2**
教育部门	184971	178236	3401	1884	1277	173	1480	1
其他部门	－	－	－	－	－	－	－	－
地方企业	11	9	－	－	2	－	－	－
民　　办	16913	12982	721	492	2600	118	19	1
中外合作办	－	－	－	－	－	－	－	－

中学学校教职工数

（初级中学、九年一贯制学校、职业初中、完全中学、高级中学、十二年一贯制学校）

	教职工数						校外教师	外籍教师
	合计	专任教师	行政人员	教辅人员	工勤人员	其他		
总　　计	**697001**	**632882**	**14893**	**14716**	**32690**	**1820**	**3013**	**56**
其中:女	471647	438793	4908	7947	18924	1075	2096	17
少数民族	7004	6582	119	119	152	32	13	－
在编人员	479069	460518	6497	7695	4044	315	－	－
教育部门	514026	490484	7085	9269	6421	767	2574	10
其他部门	300	153	75	63	9	－	6	－
地方企业	70	50	－	－	20	－	－	－
民　　办	182489	142105	7719	5380	26232	1053	417	45
中外合作办	116	90	14	4	8	－	16	1
城　　区	**222610**	**200445**	**5937**	**5259**	**10321**	**648**	**1089**	**43**
教育部门	160835	152934	2759	2897	1892	353	960	4
其他部门	266	119	75	63	9	－	6	－
地方企业	70	50	－	－	20	－	－	－
民　　办	61353	47276	3095	2295	8392	295	107	39
中外合作办	86	66	8	4	8	－	16	－
镇　　区	**382338**	**348100**	**7123**	**8089**	**17992**	**1034**	**1732**	**10**
教育部门	281788	269091	3264	5491	3604	338	1432	5
其他部门	34	34	－	－	－	－	－	－
地方企业	－	－	－	－	－	－	－	－
民　　办	100486	78951	3853	2598	14388	696	300	4
中外合作办	30	24	6	－	－	－	－	1
乡　　村	**92053**	**84337**	**1833**	**1368**	**4377**	**138**	**192**	**3**
教育部门	71403	68459	1062	881	925	76	182	1
其他部门	－	－	－	－	－	－	－	－
地方企业	－	－	－	－	－	－	－	－
民　　办	20650	15878	771	487	3452	62	10	2
中外合作办	－	－	－	－	－	－	－	－

特殊教育学校教职工数

	教职工数					校外教师	外籍教师
	合计	专任教师	行政人员	教辅人员	工勤人员		
总　　计	5295	4779	171	139	206	19	-
女	3948	3677	63	114	94	19	-
少数民族	85	79	5	-	1	-	-
在编人员	4709	4430	132	57	90	-	-
接受过专业教育	4392	4071	133	83	105	12	-

基础教育专任教师数

	合 计	城 区	镇 区	乡 村
总　　计	1397709	415560	659094	323055
学前教育	232851	79882	96070	56899
义务教育	967078	262552	448483	256043
小学教育	601010	159628	248870	192512
小　　学	530535	133260	214192	183083
九年一贯制学校	61964	23485	30079	8400
十二年一贯制学校	8511	2883	4599	1029
初中教育	366068	102924	199613	63531
初级中学	279356	71879	155565	51912
九年一贯制学校	66859	23519	33379	9961
十二年一贯制学校	9642	3184	5164	1294
完全中学	10211	4342	5505	364
职业初中	–	–	–	–
普通高中教育	193068	70952	112143	9973
完全中学	22237	10026	11705	506
高级中学	156657	56484	92738	7435
十二年一贯制学校	14174	4442	7700	2032
特殊教育	4645	2107	2398	140
专门学校	67	67	–	–

幼儿园专任教师年龄、职称情况

	合计	其中：女	24岁以下	25－29岁	30－34岁	35－39岁	40－44岁	45－49岁	50－54岁	55－59岁	60岁以上
总　　计	232851	229782	49104	69570	59474	30923	14413	5566	3221	567	13
其中:女	229782	－	48810	69032	59042	30617	13946	5192	2885	245	13
少数民族	1416	1392	232	365	354	218	132	63	44	8	－
正　高　级	18	17	－	－	－	－	1	1	10	6	－
副　高　级	2060	1728	－	－	－	61	395	632	761	210	1
中　　级	12051	11101	－	547	1734	2511	3752	1982	1341	184	－
助　理　级	22916	22174	1098	8128	7797	3397	1756	504	202	33	1
员　　级	8980	8859	2147	3994	2041	673	83	33	9	－	－
未定职级	186826	185903	45859	56901	47902	24281	8426	2414	898	134	11
城　　区	79882	79325	18371	22721	19470	11048	4854	2012	1268	134	4
正　高　级	15	14	－	－	－	－	1	1	7	6	－
副　高　级	630	610	－	－	－	26	120	186	245	52	1
中　　级	4138	4048	－	105	555	848	1136	805	657	32	－
助　理　级	9070	8894	312	2960	3137	1646	686	222	99	7	1
员　　级	3520	3483	780	1500	813	335	60	24	8	－	－
未定职级	62509	62276	17279	18156	14965	8193	2851	774	252	37	2
镇　　区	96070	95003	21574	29513	24229	11937	5504	2010	1120	176	7
正　高　级	1	1	－	－	－	－	－	－	1	－	－
副　高　级	871	761	－	－	－	15	165	281	334	76	－
中　　级	5013	4700	－	258	759	1105	1602	769	467	53	－
助　理　级	8858	8603	485	3238	3048	1198	641	163	72	13	－
员　　级	3304	3269	908	1507	676	191	15	6	1	－	－
未定职级	78023	77669	20181	24510	19746	9428	3081	791	245	34	7
乡　　村	56899	55454	9159	17336	15775	7938	4055	1544	833	257	2
正　高　级	2	2	－	－	－	－	－	－	2	－	－
副　高　级	559	357	－	－	－	20	110	165	182	82	－
中　　级	2900	2353	－	184	420	558	1014	408	217	99	－
助　理　级	4988	4677	301	1930	1612	553	429	119	31	13	－
员　　级	2156	2107	459	987	552	147	8	3	－	－	－
未定职级	46294	45958	8399	14235	13191	6660	2494	849	401	63	2

幼儿园园长、专任教师学历情况

	按 学 历 分						
	计	博士研究生	硕士研究生	本科	专科	高中阶段	高中阶段以下
总　　计	**255807**	**45**	**425**	**60727**	**162389**	**32059**	**162**
园　　长	22956	30	165	10323	11537	896	5
其中:女	20046	24	145	9017	10172	685	3
专任教师	232851	15	260	50404	150852	31163	157
其中:女	229782	15	250	49156	149229	30976	156
城　　区	**86239**	**11**	**279**	**25406**	**54658**	**5842**	**43**
园　　长	6357	9	99	3456	2665	125	3
其中:女	5974	8	89	3273	2500	102	2
专任教师	79882	2	180	21950	51993	5717	40
其中:女	79325	2	171	21661	51748	5703	40
镇　　区	**105255**	**17**	**105**	**23133**	**68942**	**12997**	**61**
园　　长	9185	14	52	4066	4717	336	—
其中:女	8176	12	44	3601	4262	257	—
专任教师	96070	3	53	19067	64225	12661	61
其中:女	95003	3	52	18648	63639	12600	61
乡　　村	**64313**	**17**	**41**	**12188**	**38789**	**13220**	**58**
园　　长	7414	7	14	2801	4155	435	2
其中:女	5896	4	12	2143	3410	326	1
专任教师	56899	10	27	9387	34634	12785	56
其中:女	55454	10	27	8847	33842	12673	55

中小学专任教师专业技术职务、年龄结构情况(总计)

	合计	其中：女	24岁以下	25—29岁	30—34岁	35—39岁	40—44岁	45—49岁	50—54岁	55—59岁	60岁以上
小学教育	**601010**	**481052**	**33929**	**103903**	**115023**	**85779**	**117584**	**78227**	**50014**	**16323**	**228**
其中:女	481052	-	30605	94365	103671	72950	90362	54773	31936	2288	102
少数民族	5923	4890	215	896	1262	961	1164	773	548	101	3
正　高　级	101	78	-	-	-	-	3	23	50	24	1
副　高　级	59308	36013	-	-	2	994	11373	20916	19057	6933	33
中　　　级	213439	158485	-	3807	18882	35303	76120	45990	25633	7669	35
助　理　级	200320	172279	5290	54848	70888	34635	22784	7812	3196	856	11
员　　　级	15852	14013	3570	8026	3118	945	145	24	21	3	-
未定职级	111990	100184	25069	37222	22133	13902	7159	3462	2057	838	148
初中教育	**366068**	**255057**	**22887**	**65439**	**65852**	**48597**	**54533**	**53480**	**39546**	**15560**	**174**
其中:女	255057	-	18938	54257	53251	36581	36230	31624	21060	3076	40
少数民族	3671	2674	186	643	761	602	582	477	320	97	3
正　高　级	152	87	-	-	-	-	5	32	66	48	1
副　高　级	71416	37354	-	-	-	1183	9893	23466	25429	11410	35
中　　　级	111224	72826	-	2475	13133	23117	32913	24780	11645	3128	33
助　理　级	112839	90444	4363	35664	40669	17973	8578	3702	1485	400	5
员　　　级	7420	5871	1972	3743	1324	339	25	12	4	1	-
未定职级	63017	48475	16552	23557	10726	5985	3119	1488	917	573	100
普通高中教育	**193068**	**120407**	**18454**	**36455**	**33253**	**27092**	**31829**	**19873**	**16286**	**9320**	**506**
其中:女	120407	-	14004	27586	23981	17899	18059	9982	7176	1657	63
少数民族	2184	1459	209	472	493	341	317	145	131	76	-
正　高　级	211	79	-	-	-	-	7	27	76	84	17
副　高　级	34449	13560	-	-	2	1030	6041	8692	10972	7467	245
中　　　级	53482	31661	-	1368	6454	12961	18613	8765	4113	1168	40
助　理　级	56364	41355	3220	16950	18999	9555	5421	1485	533	198	3
员　　　级	5258	3842	1530	2270	990	359	77	20	8	4	-
未定职级	43304	29910	13704	15867	6808	3187	1670	884	584	399	201

中小学专任教师专业技术职务、年龄结构情况（城区）

	合计	其中：女	24岁以下	25－29岁	30－34岁	35－39岁	40－44岁	45－49岁	50－54岁	55－59岁	60岁以上
小学教育	159628	137488	7506	27258	31583	24718	28840	21418	15433	2829	43
其中：女	137488	－	6675	24847	28874	21999	24709	17370	12172	816	26
少数民族	2776	2404	93	399	603	490	474	398	283	33	3
正 高 级	75	60	－	－	－	－	3	18	33	20	1
副 高 级	12280	9460	－	－	－	155	2086	4367	4456	1206	10
中 级	55719	46251	－	446	3649	8442	17994	14121	9704	1353	10
助 理 级	60152	53502	1175	15127	20972	12096	7322	2400	915	144	1
员 级	3286	2918	608	1571	746	291	46	15	9	－	－
未定职级	28116	25297	5723	10114	6216	3734	1389	497	316	106	21
初中教育	102924	74639	5534	14992	18113	14810	16251	15160	12764	5219	81
其中：女	74639	－	4439	12246	14992	11771	11667	10016	7918	1565	25
少数民族	1612	1230	76	219	321	294	280	213	152	54	3
正 高 级	112	66	－	－	－	－	1	23	52	36	－
副 高 级	19331	11821	－	－	－	249	2298	5447	7512	3799	26
中 级	32346	22616	－	352	2796	6253	9673	7776	4387	1092	17
助 理 级	32544	26281	1092	8341	11461	6189	3253	1484	591	129	4
员 级	1251	975	421	553	184	74	10	6	2	1	－
未定职级	17340	12880	4021	5746	3672	2045	1016	424	220	162	34
普通高中教育	70952	44951	5489	11835	11701	10276	13179	7615	6405	4243	209
其中：女	44951	－	4209	9157	8676	7089	7804	4066	3000	920	30
少数民族	931	659	64	166	210	164	154	74	63	36	－
正 高 级	135	52	－	－	－	－	7	14	55	52	7
副 高 级	14292	5888	－	－	1	371	2537	3344	4437	3474	128
中 级	21452	13419	－	464	2273	5209	8013	3463	1555	465	10
助 理 级	19538	14824	809	5615	6866	3391	2053	524	181	96	3
员 级	1604	1091	408	717	282	113	60	17	6	1	－
未定职级	13931	9677	4272	5039	2279	1192	509	253	171	155	61

中小学专任教师专业技术职务、年龄结构情况(镇区)

	合计	其中：女	24岁以下	25-29岁	30-34岁	35-39岁	40-44岁	45-49岁	50-54岁	55-59岁	60岁以上
小学教育	248870	207342	15344	42749	50162	38530	47772	30360	18527	5324	102
其中：女	207342	—	13936	38966	45538	33522	39014	22800	12587	930	49
少数民族	2174	1806	83	350	464	352	458	244	186	37	—
正高级	24	17	—	—	—	—	—	5	15	4	—
副高级	24013	16063	—	—	1	509	4800	8640	7643	2410	10
中级	86062	68359	—	1821	9004	16384	30542	17230	8792	2272	17
助理级	81419	71401	2305	22239	29683	14439	8634	2747	1108	257	7
员级	6584	5830	1632	3356	1217	334	36	3	5	1	—
未定职级	50768	45672	11407	15333	10257	6864	3760	1735	964	380	68
初中教育	199613	139169	12798	37124	37075	26771	29036	28821	20288	7630	70
其中：女	139169	—	10619	30813	29721	19978	19159	17044	10556	1268	11
少数民族	1656	1177	78	322	350	256	258	228	127	37	—
正高级	34	18	—	—	—	—	4	8	13	8	1
副高级	37564	19380	—	—	—	672	5307	12811	13172	5599	3
中级	60598	39552	—	1595	7925	12859	17588	13274	5841	1501	15
助理级	62328	49898	2439	20171	22656	9823	4430	1875	730	203	1
员级	4678	3662	1217	2304	909	226	14	6	2	—	—
未定职级	34411	26659	9142	13054	5585	3191	1693	847	530	319	50
普通高中教育	112143	68968	11463	21953	19705	15529	17468	11637	9371	4761	256
其中：女	68968	—	8618	16376	13966	10019	9658	5639	3973	688	31
少数民族	1163	744	135	279	259	165	154	67	65	39	—
正高级	68	25	—	—	—	—	—	12	19	28	9
副高级	19062	7268	—	—	1	590	3265	5083	6237	3786	100
中级	30065	17059	—	840	3890	7175	9976	5060	2438	660	26
助理级	34293	24667	2274	10382	11266	5843	3178	927	329	94	—
员级	3430	2563	1058	1441	670	237	16	3	2	3	—
未定职级	25225	17386	8131	9290	3878	1684	1033	552	346	190	121

中小学专任教师专业技术职务、年龄结构情况（乡村）

	合计	其中：女	24岁以下	25–29岁	30–34岁	35–39岁	40–44岁	45–49岁	50–54岁	55–59岁	60岁以上
小学教育	192512	136222	11079	33896	33278	22531	40972	26449	16054	8170	83
其中：女	136222	–	9994	30552	29259	17429	26639	14603	7177	542	27
少数民族	973	680	39	147	195	119	232	131	79	31	–
正高级	2	1	–	–	–	–	–	–	2	–	–
副高级	23015	10490	–	–	1	330	4487	7909	6958	3317	13
中级	71658	43875	–	1540	6229	10477	27584	14639	7137	4044	8
助理级	58749	47376	1810	17482	20233	8100	6828	2665	1173	455	3
员级	5982	5265	1330	3099	1155	320	63	6	7	2	–
未定职级	33106	29215	7939	11775	5660	3304	2010	1230	777	352	59
初中教育	63531	41249	4555	13323	10664	7016	9246	9499	6494	2711	23
其中：女	41249	–	3880	11198	8538	4832	5404	4564	2586	243	4
少数民族	403	267	32	102	90	52	44	36	41	6	–
正高级	6	3	–	–	–	–	–	1	1	4	–
副高级	14521	6153	–	–	–	262	2288	5208	4745	2012	6
中级	18280	10658	–	528	2412	4005	5652	3730	1417	535	1
助理级	17967	14265	832	7152	6552	1961	895	343	164	68	–
员级	1491	1234	334	886	231	39	1	–	–	–	–
未定职级	11266	8936	3389	4757	1469	749	410	217	167	92	16
普通高中教育	9973	6488	1502	2667	1847	1287	1182	621	510	316	41
其中：女	6488	–	1177	2053	1339	791	597	277	203	49	2
少数民族	90	56	10	27	24	12	9	4	3	1	–
正高级	8	2	–	–	–	–	–	1	2	4	1
副高级	1095	404	–	–	–	69	239	265	298	207	17
中级	1965	1183	–	64	291	577	624	242	120	43	4
助理级	2533	1864	137	953	867	321	190	34	23	8	–
员级	224	188	64	112	38	9	1	–	–	–	–
未定职级	4148	2847	1301	1538	651	311	128	79	67	54	19

小学分课程专任

	合计	其中：女	道德与法治	语文	数学	外语 计	外语 其中 英语	外语 其中 日语	外语 其中 俄语
总　　计	601010	481052	22482	223181	189125	52665	52660	2	1
其中:女	481052	–	14840	196034	151625	47581	47578	2	1
少数民族	5923	4890	265	2235	1599	524	524	–	–
博士研究生	15	6	2	2	2	–	–	–	–
硕士研究生	6953	6090	183	2370	1451	890	889	–	–
本科毕业	431749	359237	13648	165136	135643	41154	41150	2	1
专科毕业	158160	113418	8347	54511	50773	10494	10494	–	–
高中阶段毕业	4133	2301	302	1162	1256	127	127	–	–
高中阶段以下毕业	–	–	–	–	–	–	–	–	–

小学分课程专任

	合计	其中：女	道德与法治	语文	数学	外语 计	外语 其中 英语	外语 其中 日语	外语 其中 俄语
总　　计	159628	137488	5453	57947	45375	13448	13443	2	1
其中:女	137488	–	4205	54612	40152	12761	12758	2	1
少数民族	2776	2404	137	1007	640	237	237	–	–
博士研究生	6	3	1	1	–	–	–	–	–
硕士研究生	4521	4038	110	1569	875	521	520	–	–
本科毕业	126513	111095	3932	47116	36127	11311	11307	2	1
专科毕业	27990	22037	1379	9137	8248	1602	1602	–	–
高中阶段毕业	598	315	31	124	125	14	14	–	–
高中阶段以下毕业	–	–	–	–	–	–	–	–	–

教师学历情况（总计）

体育与健康	科学	艺术			综合实践活动	信息技术	劳动与技术	其他	本学年不授课专任教师
		计	其中						
			音乐	美术					
31688	**15872**	**42578**	**22084**	**20297**	**5598**	**9157**	**6473**	**1442**	**749**
11411	10089	35899	18955	16863	3369	5062	3747	928	467
424	132	535	303	210	33	81	59	27	9
3	1	3	3	—	—	1	—	1	—
755	355	690	307	377	31	138	21	56	13
20329	10077	30940	16169	14654	3438	6213	3744	915	512
10065	5294	10706	5499	5136	2040	2744	2555	423	208
536	145	239	106	130	89	61	153	47	16
—	—	—	—	—	—	—	—	—	—

教师学历情况（城区）

体育与健康	科学	艺术			综合实践活动	信息技术	劳动与技术	其他	本学年不授课专任教师
		计	其中						
			音乐	美术					
10154	**5193**	**14335**	**7290**	**6940**	**1727**	**2794**	**2103**	**704**	**395**
4229	3779	12691	6601	6049	1215	1645	1447	487	265
244	67	330	195	121	14	40	32	21	7
1	1	1	1	—	—	1	—	—	—
516	257	472	206	261	23	109	15	44	10
7287	3669	11477	5925	5484	1263	2088	1456	504	283
2179	1242	2347	1146	1169	431	585	613	133	94
171	24	38	12	26	10	11	19	23	8
—	—	—	—	—	—	—	—	—	—

小学分课程专任

	合计	其中：女	道德与法治	语文	数学	外语 计	外语 其中 英语	外语 其中 日语	外语 其中 俄语
总　　计	248870	207342	9608	89402	79087	22462	22462	-	-
其中:女	207342	-	6809	81088	67381	20744	20744	-	-
少数民族	2174	1806	88	824	651	217	217	-	-
博士研究生	6	1	1	-	-	-	-	-	-
硕士研究生	1545	1347	39	509	349	229	229	-	-
本科毕业	177586	152038	5752	65835	56921	17389	17389	-	-
专科毕业	68209	52937	3709	22622	21313	4797	4797	-	-
高中阶段毕业	1524	1019	107	436	504	47	47	-	-
高中阶段以下毕业	-	-	-	-	-	-	-	-	-

小学分课程专任

	合计	其中：女	道德与法治	语文	数学	外语 计	外语 其中 英语	外语 其中 日语	外语 其中 俄语
总　　计	192512	136222	7421	75832	64663	16755	16755	-	-
其中:女	136222	-	3826	60334	44092	14076	14076	-	-
少数民族	973	680	40	404	308	70	70	-	-
博士研究生	3	2	-	1	2	-	-	-	-
硕士研究生	887	705	34	292	227	140	140	-	-
本科毕业	127650	96104	3964	52185	42595	12454	12454	-	-
专科毕业	61961	38444	3259	22752	21212	4095	4095	-	-
高中阶段毕业	2011	967	164	602	627	66	66	-	-
高中阶段以下毕业	-	-	-	-	-	-	-	-	-

教师学历情况（镇区）

体育与健康	科学	艺术			综合实践活动	信息技术	劳动与技术	其他	本学年不授课专任教师
		计	其中						
			音乐	美术					
12838	**6981**	**18310**	**9422**	**8822**	**2472**	**3964**	**3041**	**493**	**212**
4991	4589	15696	8211	7454	1527	2316	1753	320	128
129	42	155	81	69	15	33	18	1	1
2	—	2	2	—	—	—	—	1	—
172	61	149	64	84	3	18	3	11	2
8203	4372	12869	6640	6192	1469	2643	1691	303	139
4306	2494	5202	2677	2498	962	1281	1284	172	67
155	54	88	39	48	38	22	63	6	4
—	—	—	—	—	—	—	—	—	—

教师学历情况（乡村）

体育与健康	科学	艺术			综合实践活动	信息技术	劳动与技术	其他	本学年不授课专任教师
		计	其中						
			音乐	美术					
8696	**3698**	**9933**	**5372**	**4535**	**1399**	**2399**	**1329**	**245**	**142**
2191	1721	7512	4143	3360	627	1101	547	121	74
51	23	50	27	20	4	8	9	5	1
—	—	—	—	—	—	—	—	—	—
67	37	69	37	32	5	11	3	1	1
4839	2036	6594	3604	2978	706	1482	597	108	90
3580	1558	3157	1676	1469	647	878	658	118	47
210	67	113	55	56	41	28	71	18	4
—	—	—	—	—	—	—	—	—	—

初中分课程专任

	合计	其中：女	道德与法治	语文	数学	外语 计	外语 其中 英语	外语 其中 日语	外语 其中 俄语	科学	物理
总　　计	366068	255057	22793	71390	68828	61208	61196	7	2	1489	22092
其中:女	255057	-	15619	56774	49308	52646	52638	4	2	816	11635
少数民族	3671	2674	239	773	628	704	704	-	-	3	171
博士研究生	61	44	8	13	7	3	3	-	-	-	2
硕士研究生	13134	10980	1075	2137	1926	2487	2484	1	2	15	775
本科毕业	313867	223370	18856	63114	60324	54211	54202	6	-	1170	18866
专科毕业	38562	20573	2835	6095	6534	4496	4496	-	-	302	2437
高中阶段毕业	444	90	19	31	37	11	11	-	-	2	12
高中阶段以下毕业	-	-	-	-	-	-	-	-	-	-	-

初中分课程专任

	合计	其中：女	道德与法治	语文	数学	外语 计	外语 其中 英语	外语 其中 日语	外语 其中 俄语	科学	物理
总　　计	102924	74639	6706	19136	18364	17292	17283	5	2	234	6548
其中:女	74639	-	5012	15710	13425	15228	15221	3	2	135	3699
少数民族	1612	1230	105	322	238	315	315	-	-	-	67
博士研究生	8	6	-	1	1	-	-	-	-	-	1
硕士研究生	7653	6498	664	1210	1117	1355	1352	1	2	3	488
本科毕业	87091	64052	5492	16760	15883	14934	14928	4	-	197	5512
专科毕业	7921	4064	549	1162	1356	1003	1003	-	-	34	541
高中阶段毕业	251	19	1	3	7	-	-	-	-	-	6
高中阶段以下毕业	-	-	-	-	-	-	-	-	-	-	-

教师学历情况(总计)

化学	生物学	地理	历史	体育与健康	艺术			综合实践活动	信息科技	劳动	其他	本学年不授课专任教师
					计	其中						
						音乐	美术					
13875	**15440**	**15866**	**21101**	**19434**	**18798**	**9482**	**9278**	**2742**	**6318**	**3106**	**854**	**734**
8961	10585	10190	13480	4954	14023	7294	6724	1088	3039	1134	465	340
110	119	131	193	276	204	112	92	21	67	21	6	5
3	6	5	9	3	—	—	—	—	—	—	2	—
694	783	562	909	874	543	243	300	24	228	19	69	14
11884	12736	13181	17501	15299	15968	8110	7822	2044	5248	2223	621	621
1288	1907	2107	2672	3011	2276	1124	1150	661	840	846	158	97
6	8	11	10	247	11	5	6	13	2	18	4	2
—	—	—	—	—	—	—	—	—	—	—	—	—

教师学历情况(城区)

化学	生物学	地理	历史	体育与健康	艺术			综合实践活动	信息科技	劳动	其他	本学年不授课专任教师
					计	其中						
						音乐	美术					
4079	**4489**	**4386**	**6052**	**6629**	**5137**	**2533**	**2598**	**540**	**2012**	**607**	**332**	**381**
2875	3359	3148	4338	1722	3954	2025	1929	249	1107	288	209	181
58	46	59	78	156	108	58	50	8	37	6	4	5
1	—	1	2	1	—	—	—	—	—	—	—	—
412	465	333	557	519	314	137	177	12	142	8	42	12
3389	3689	3681	5033	4953	4375	2176	2193	410	1708	473	265	337
276	335	370	459	936	444	218	226	116	162	122	24	32
1	—	1	1	220	4	2	2	2	—	4	1	—
—	—	—	—	—	—	—	—	—	—	—	—	—

初中分课程专任

	合计	其中：女	道德与法治	语文	数学	外语 计	外语 其中 英语	外语 其中 日语	外语 其中 俄语	科学	物理
总　　计	199613	139169	12140	39672	38438	33762	33759	2	-	854	11769
其中：女	139169	-	8278	31369	27535	28844	28843	1	-	477	6172
少数民族	1656	1177	108	369	313	316	316	-	-	3	85
博士研究生	50	38	7	12	6	3	3	-	-	-	1
硕士研究生	4447	3664	340	750	649	919	919	-	-	7	238
本科毕业	172543	122927	10121	35249	33874	30208	30205	2	-	675	10107
专科毕业	22456	12503	1664	3644	3891	2626	2626	-	-	171	1419
高中阶段毕业	117	37	8	17	18	6	6	-	-	1	4
高中阶段以下毕业	-	-	-	-	-	-	-	-	-	-	-

初中分课程专任

	合计	其中：女	道德与法治	语文	数学	外语 计	外语 其中 英语	外语 其中 日语	外语 其中 俄语	科学	物理
总　　计	63531	41249	3947	12582	12026	10154	10154	-	-	401	3775
其中：女	41249	-	2329	9695	8348	8574	8574	-	-	204	1764
少数民族	403	267	26	82	77	73	73	-	-	-	19
博士研究生	3	-	1	-	-	-	-	-	-	-	-
硕士研究生	1034	818	71	177	160	213	213	-	-	5	49
本科毕业	54233	36391	3243	11105	10567	9069	9069	-	-	298	3247
专科毕业	8185	4006	622	1289	1287	867	867	-	-	97	477
高中阶段毕业	76	34	10	11	12	5	5	-	-	1	2
高中阶段以下毕业	-	-	-	-	-	-	-	-	-	-	-

教师学历情况（镇区）

化学	生物学	地理	历史	体育与健康	艺术			综合实践活动	信息科技	劳动	其他	本学年不授课专任教师
					计	其中						
						音乐	美术					
7392	**8302**	**8676**	**11475**	**9655**	**10367**	**5268**	**5080**	**1557**	**3196**	**1771**	**402**	**185**
4712	5655	5478	7171	2600	7800	4072	3727	628	1513	661	207	69
42	57	54	94	87	79	45	34	11	25	11	2	—
2	5	4	6	2	—	—	—	—	—	—	2	—
228	264	183	294	282	181	87	94	6	70	11	24	1
6399	6903	7232	9553	7869	8844	4511	4315	1171	2647	1272	275	144
759	1124	1250	1616	1488	1335	667	667	374	477	481	99	38
4	6	7	6	14	7	3	4	6	2	7	2	2
—	—	—	—	—	—	—	—	—	—	—	—	—

教师学历情况（乡村）

化学	生物学	地理	历史	体育与健康	艺术			综合实践活动	信息科技	劳动	其他	本学年不授课专任教师
					计	其中						
						音乐	美术					
2404	**2649**	**2804**	**3574**	**3150**	**3294**	**1681**	**1600**	**645**	**1110**	**728**	**120**	**168**
1374	1571	1564	1971	632	2269	1197	1068	211	419	185	49	90
10	16	18	21	33	17	9	8	2	5	4	—	—
—	1	—	1	—	—	—	—	—	—	—	—	—
54	54	46	58	73	48	19	29	6	16	—	3	1
2096	2144	2268	2915	2477	2749	1423	1314	463	893	478	81	140
253	448	487	597	587	497	239	257	171	201	243	35	27
1	2	3	3	13	—	—	—	5	—	7	1	—
—	—	—	—	—	—	—	—	—	—	—	—	—

普通高中分课程

	合计	其中：女	思想政治	语文	数学	外语				历史	物理
						计	其　中				
							英语	日语	俄语		
总　　计	193068	120407	12685	30687	30222	29387	28688	509	190	11991	15998
其中:女	120407	-	8242	21606	17826	23113	22535	424	154	7085	6883
少数民族	2184	1459	142	430	292	394	384	5	5	110	148
博士研究生	36	11	1	1	3	6	6	-	-	1	5
硕士研究生	22377	16466	1615	3134	3076	3646	3511	75	60	1612	1639
本科毕业	168178	102666	10912	27133	26790	25414	24854	430	130	10227	14163
专科毕业	2472	1263	157	417	353	320	316	4	-	151	191
高中阶段毕业	5	1	-	2	-	1	1	-	-	-	-
高中阶段以下毕业	-	-	-	-	-	-	-	-	-	-	-

普通高中分课程

	合计	其中：女	思想政治	语文	数学	外语				历史	物理
						计	其　中				
							英语	日语	俄语		
总　　计	70952	44951	4679	11022	10919	10685	10471	146	68	4443	5917
其中:女	44951	-	3166	7962	6371	8564	8385	124	55	2711	2559
少数民族	931	659	48	176	110	166	160	1	5	46	65
博士研究生	17	8	1	1	3	-	-	-	-	1	2
硕士研究生	10675	8165	742	1462	1453	1694	1637	34	23	814	786
本科毕业	59585	36489	3879	9462	9360	8908	8751	112	45	3583	5087
专科毕业	671	288	57	96	103	82	82	-	-	45	42
高中阶段毕业	4	1	-	1	-	1	1	-	-	-	-
高中阶段以下毕业	-	-	-	-	-	-	-	-	-	-	-

专任教师学历情况（总计）

化学	生物学	地理	技术			体育与健康	艺术			综合实践活动	劳动	其他	本学年不授课专任教师
			计	其中			计	其中					
				信息技术	通用技术			音乐	美术				
15884	**14108**	**11430**	**4314**	**3927**	**371**	**8023**	**6665**	**3075**	**3527**	**323**	**151**	**588**	**612**
9730	9592	6803	2202	2056	145	1805	4617	2262	2310	156	71	391	285
129	131	104	51	50	1	111	128	70	58	-	-	8	6
4	12	2	-	-	-	-	-	-	-	-	-	-	1
2433	2367	1183	302	286	16	718	515	209	287	11	3	95	28
13282	11590	10106	3914	3550	348	7158	6032	2806	3182	291	129	480	557
165	138	139	98	91	7	146	118	60	58	21	19	13	26
-	1	-	-	-	-	1	-	-	-	-	-	-	-
-	-	-	-	-	-	-	-	-	-	-	-	-	-

专任教师学历情况（城区）

化学	生物学	地理	技术			体育与健康	艺术			综合实践活动	劳动	其他	本学年不授课专任教师
			计	其中			计	其中					
				信息技术	通用技术			音乐	美术				
5764	**5020**	**4264**	**1720**	**1535**	**182**	**3148**	**2754**	**1215**	**1505**	**118**	**45**	**276**	**178**
3647	3488	2632	891	816	75	736	1887	932	933	50	18	185	84
52	59	54	27	26	1	55	66	34	32	-	-	5	2
4	4	-	-	-	-	-	-	-	-	-	-	-	1
1139	1118	608	142	135	7	342	294	117	162	9	2	58	12
4585	3876	3625	1545	1372	170	2752	2417	1076	1322	99	38	208	161
36	21	31	33	28	5	53	43	22	21	10	5	10	4
-	1	-	-	-	-	1	-	-	-	-	-	-	-
-	-	-	-	-	-	-	-	-	-	-	-	-	-

普通高中分课程

	合计	其中：女	思想政治	语文	数学	外语				历史	物理
						计	其　中				
							英语	日语	俄语		
总　　计	112143	68968	7339	18132	17744	17198	16780	313	105	6920	9302
其中:女	68968	-	4628	12481	10510	13318	12975	260	83	3984	3999
少数民族	1163	744	88	237	165	210	208	2	-	59	78
博士研究生	18	2	-	-	-	6	6	-	-	-	3
硕士研究生	10528	7399	798	1515	1476	1717	1659	29	29	722	781
本科毕业	99825	60596	6443	16298	16021	15240	14884	280	76	6092	8372
专科毕业	1771	971	98	318	247	235	231	4	-	106	146
高中阶段毕业	1	-	-	1	-	-	-	-	-	-	-
高中阶段以下毕业	-	-	-	-	-	-	-	-	-	-	-

普通高中分课程

	合计	其中：女	思想政治	语文	数学	外语				历史	物理
						计	其　中				
							英语	日语	俄语		
总　　计	9973	6488	667	1533	1559	1504	1437	50	17	628	779
其中:女	6488	-	448	1163	945	1231	1175	40	16	390	325
少数民族	90	56	6	17	17	18	16	2	-	5	5
博士研究生	1	1	-	-	-	-	-	-	-	-	-
硕士研究生	1174	902	75	157	147	235	215	12	8	76	72
本科毕业	8768	5581	590	1373	1409	1266	1219	38	9	552	704
专科毕业	30	4	2	3	3	3	3	-	-	-	3
高中阶段毕业	-	-	-	-	-	-	-	-	-	-	-
高中阶段以下毕业	-	-	-	-	-	-	-	-	-	-	-

专任教师学历情况(镇区)

| 化学 | 生物学 | 地理 | 技术 | | | 体育与健康 | 艺术 | | | 综合实践活动 | 劳动 | 其他 | 本学年不授课专任教师 |
| | | | 计 | 其中 | | | 计 | 其中 | | | | | |
				信息技术	通用技术			音乐	美术				
9314	**8357**	**6528**	**2377**	**2202**	**163**	**4462**	**3535**	**1701**	**1807**	**170**	**82**	**284**	**399**
5557	5572	3773	1182	1125	56	986	2473	1216	1234	87	43	186	189
74	68	49	24	24	—	49	56	32	24	—	—	2	4
—	7	2	—	—	—	—	—	—	—	—	—	—	—
1173	1137	506	139	132	7	330	195	83	109	1	1	22	15
8016	7097	5912	2175	2009	154	4045	3267	1580	1663	158	67	259	363
125	116	108	63	61	2	87	73	38	35	11	14	3	21
—	—	—	—	—	—	—	—	—	—	—	—	—	—
—	—	—	—	—	—	—	—	—	—	—	—	—	—

专任教师学历情况(乡村)

| 化学 | 生物学 | 地理 | 技术 | | | 体育与健康 | 艺术 | | | 综合实践活动 | 劳动 | 其他 | 本学年不授课专任教师 |
| | | | 计 | 其中 | | | 计 | 其中 | | | | | |
				信息技术	通用技术			音乐	美术				
806	**731**	**638**	**217**	**190**	**26**	**413**	**376**	**159**	**215**	**35**	**24**	**28**	**35**
526	532	398	129	115	14	83	257	114	143	19	10	20	12
3	4	1	—	—	—	7	6	4	2	—	—	1	—
—	1	—	—	—	—	—	—	—	—	—	—	—	—
121	112	69	21	19	2	46	26	9	16	1	—	15	1
681	617	569	194	169	24	361	348	150	197	34	24	13	33
4	1	—	2	2	—	6	2	—	2	—	—	—	1
—	—	—	—	—	—	—	—	—	—	—	—	—	—
—	—	—	—	—	—	—	—	—	—	—	—	—	—

中小学县级及

	合 计
总 计	**291142**
城 区	89132
镇 区	141150
乡 村	60860

特殊教育专任教师

	合计	其中：女	24岁以下	25-29岁	30-34岁
总　　计	**4645**	**3573**	**169**	**377**	**617**
其中：女	3573	—	152	324	546
少数民族	76	62	1	5	14
正 高 级	4	2	—	—	—
副 高 级	1009	705	—	—	—
中 　　级	1960	1504	—	4	124
助 理 级	1207	962	25	260	397
员 　　级	107	84	16	38	27
未定职级	358	316	128	75	69
城　　区	**2107**	**1637**	**88**	**201**	**290**
正 高 级	1	—	—	—	—
副 高 级	447	311	—	—	—
中 　　级	880	676	—	—	62
助 理 级	519	427	13	135	171
员 　　级	26	18	6	8	7
未定职级	234	205	69	58	50
镇　　区	**2398**	**1832**	**70**	**159**	**302**
正 高 级	3	2	—	—	—
副 高 级	541	383	—	—	—
中 　　级	1037	795	—	4	58
助 理 级	649	504	12	119	206
员 　　级	51	43	6	19	19
未定职级	117	105	52	17	19
乡　　村	**140**	**104**	**11**	**17**	**25**
正 高 级	—	—	—	—	—
副 高 级	21	11	—	—	—
中 　　级	43	33	—	—	4
助 理 级	39	31	—	6	20
员 　　级	30	23	4	11	1
未定职级	7	6	7	—	—

以上骨干教师情况

小　学	初　中	高　中
146781	**98898**	**45463**
42770	28381	17981
61010	54099	26041
43001	16418	1441

分年龄职务情况

35－ 39岁	40－ 44岁	45－ 49岁	50－ 54岁	55－ 59岁	60岁 以上
561	**913**	**896**	**865**	**247**	－
446	725	665	627	88	－
18	15	10	11	2	－
－	1	－	1	2	－
11	134	299	390	175	－
281	580	503	407	61	－
201	174	83	60	7	－
22	2	－	1	1	－
46	22	11	6	1	－
240	**360**	**387**	**402**	**139**	－
－	－	－	－	－	1
2	57	118	170	100	－
128	232	227	200	31	－
70	59	35	30	6	－
4	1	－	－	－	－
36	11	7	2	1	－
297	**525**	**489**	**452**	**104**	－
－	1	－	1	1	－
9	75	171	215	71	－
147	327	269	202	30	－
127	110	45	29	1	－
4	1	－	1	1	－
10	11	4	4	－	－
24	**28**	**20**	**11**	**4**	－
－	－	－	－	－	－
－	2	10	5	4	－
6	21	7	5	－	－
4	5	3	1	－	－
14	－	－	－	－	－
－	－	－	－	－	－

中小学、特殊教育

		上学年初报表专任教师数	增加教师数							
			合计	录用毕业生			调入		校内变动	
				计	其中：应届毕业生	其中：师范生	计	其中：外校	计	其中：学段调整
总计	学前教育	254153	29253	20670	4277	2816	6662	1866	1239	359
	其中:女	250515	28152	20335	4199	2763	6098	1728	1054	293
	小学教育	607249	69250	23038	8683	5217	42244	16146	2968	1234
	其中:女	477958	52649	19761	7518	4569	29945	11679	2125	921
	初中教育	360795	38670	18736	8993	5272	17561	7453	1704	524
	其中:女	247213	28377	14744	7422	4369	12125	5285	1085	353
	普通高中教育	184224	23125	18302	9792	6724	3437	1441	1168	436
	其中:女	112007	16256	13167	7301	5223	2203	843	751	301
	特殊教育	4523	378	163	95	82	159	70	11	6
	其中:女	3431	290	136	81	71	115	47	8	5
城区	学前教育	86282	9600	7594	1860	1307	1393	440	299	105
	其中:女	85690	9422	7472	1816	1274	1354	434	290	103
	小学教育	155266	17293	7970	3094	1975	8012	3854	724	313
	其中:女	133008	14499	6935	2713	1749	6526	3201	546	231
	初中教育	100116	11612	6219	3083	1912	4251	1978	698	167
	其中:女	71471	8833	4918	2556	1587	3174	1469	454	120
	普通高中教育	68021	7821	6383	3285	2227	1019	390	372	149
	其中:女	42095	5532	4623	2479	1720	645	226	238	103
	特殊教育	2102	149	96	52	44	34	20	6	3
	其中:女	1616	103	80	44	39	18	11	5	3

专任教师变动情况（一）

	减少教师数								本学年初报表专任教师数
其他	合计	退休	死亡	调出	辞职	校内变动		其他	
						计	其中：学段调整		
682	50555	450	16	16174	30043	2540	376	1332	232851
665	48885	372	14	15188	29633	2360	327	1318	229782
1000	75489	7155	169	50294	13196	3695	956	980	601010
818	49555	3219	70	32624	10534	2370	705	738	481052
669	33397	4748	104	17854	7658	2476	992	557	366068
423	20533	2148	36	11390	5069	1527	688	363	255057
218	14281	2183	78	3932	6375	1268	218	445	193068
135	7856	900	24	2246	3799	606	130	281	120407
45	256	135	3	40	17	58	12	3	4645
31	148	76	1	24	16	30	7	1	3573
314	16000	224	3	3110	11242	727	102	694	79882
306	15787	215	2	3058	11125	703	101	684	79325
587	12931	1763	42	6250	3677	741	274	458	159628
492	10019	1288	24	4783	3024	527	233	373	137488
444	8804	1827	40	3072	2597	903	289	365	102924
287	5665	1092	18	2061	1679	556	184	259	74639
47	4890	1093	42	682	2437	536	53	100	70952
26	2676	476	14	416	1484	269	30	17	44951
13	144	66	2	23	9	41	10	3	2107
—	82	34	1	17	8	21	5	1	1637

中小学、特殊教育

		上学年初报表专任教师数	增加教师数							
			合计	录用毕业生			调入		校内变动	
				计	其中：应届毕业生	其中：师范生	计	其中：外校	计	其中：学段调整
镇区	学前教育	102725	12059	8688	1759	1161	2837	777	374	81
	其中:女	101547	11687	8561	1732	1146	2648	741	323	71
	小学教育	245464	28584	8942	3224	1912	18132	6870	1197	523
	其中:女	202728	22381	7584	2740	1642	13638	5204	910	399
	初中教育	197601	20181	9058	3965	2335	10275	4326	720	259
	其中:女	135574	14657	7084	3253	1934	7051	3053	455	178
	普通高中教育	107585	13276	10040	5547	3827	2315	1030	750	263
	其中:女	64529	9288	7198	4116	2998	1494	610	487	182
	特殊教育	2280	217	58	37	32	122	47	5	3
	其中:女	1712	177	48	32	27	95	34	3	2
乡村	学前教育	65146	7594	4388	658	348	2432	649	566	173
	其中:女	63278	7043	4302	651	343	2096	553	441	119
	小学教育	206519	23373	6126	2365	1330	16100	5422	1047	398
	其中:女	142222	15769	5242	2065	1178	9781	3274	669	291
	初中教育	63078	6877	3459	1945	1025	3035	1149	286	98
	其中:女	40168	4887	2742	1613	848	1900	763	176	55
	普通高中教育	8618	2028	1879	960	670	103	21	46	24
	其中:女	5383	1436	1346	706	505	64	7	26	16
	特殊教育	141	12	9	6	6	3	3	—	—
	其中:女	103	10	8	5	5	2	2	—	—

专任教师变动情况(二)

	减少教师数								本学年初报表专任教师数
其他	合计	退休	死亡	调出	辞职	校内变动 计	校内变动 其中：学段调整	其他	
160	**18714**	**132**	**9**	**6063**	**11125**	**993**	**79**	**392**	**96070**
155	18231	109	9	5776	10991	959	73	387	95003
313	**25178**	**2246**	**39**	**15074**	**6330**	**1218**	**349**	**271**	**248870**
249	17767	1115	16	10574	5039	830	254	193	207342
128	**18169**	**2169**	**45**	**10482**	**4173**	**1180**	**540**	**120**	**199613**
67	11062	866	9	6586	2774	757	395	70	139169
171	**8718**	**1023**	**32**	**3183**	**3452**	**691**	**163**	**337**	**112143**
109	4849	398	8	1800	2054	329	99	260	68968
32	**99**	**62**	**1**	**17**	**2**	**17**	**2**	**–**	**2398**
31	57	39	–	7	2	9	2	–	1832
208	**15841**	**94**	**4**	**7001**	**7676**	**820**	**195**	**246**	**56899**
204	14867	48	3	6354	7517	698	153	247	55454
100	**37380**	**3146**	**88**	**28970**	**3189**	**1736**	**333**	**251**	**192512**
77	21769	816	30	17267	2471	1013	218	172	136222
97	**6424**	**752**	**19**	**4300**	**888**	**393**	**163**	**72**	**63531**
69	3806	190	9	2743	616	214	109	34	41249
–	**673**	**67**	**4**	**67**	**486**	**41**	**2**	**8**	**9973**
–	331	26	2	30	261	8	1	4	6488
–	**13**	**7**	**–**	**–**	**6**	**–**	**–**	**–**	**140**
–	9	3	–	–	6	–	–	–	104

教 职 工

	总计							
	中共党员	共青团员	民主党派	香港	澳门	台湾	华侨	少数民族
教 职 工	**253365**	**68719**	**2242**	-	-	**2**	-	**14703**
其中:女	150876	61525	1544	-	-	1	-	11446
学前教育	15119	20339	660	-	-	-	-	2216
其中:女	13154	19984	620	-	-	-	-	2087
小学教育	96180	17268	423	-	-	2	-	5398
其中:女	61980	15878	331	-	-	1	-	4404
初中教育	84701	16874	481	-	-	-	-	4179
其中:女	45981	14611	288	-	-	-	-	3025
普通高中教育	55645	14095	665	-	-	-	-	2825
其中:女	28696	10924	296	-	-	-	-	1868
特殊教育	1720	143	13	-	-	-	-	85
其中:女	1065	128	9	-	-	-	-	62
专任教师	**227326**	**59981**	**1781**	-	-	**2**	-	**13270**
其中:女	139209	54115	1202	-	-	1	-	10477
学前教育	9780	16015	354	-	-	-	-	1416
其中:女	9329	15882	351	-	-	-	-	1392
小学教育	97072	20009	420	-	-	2	-	5923
其中:女	65382	18456	331	-	-	1	-	4890
初中教育	74480	13854	465	-	-	-	-	3671
其中:女	40468	11935	276	-	-	-	-	2674
普通高中教育	44519	9978	532	-	-	-	-	2184
其中:女	23071	7729	237	-	-	-	-	1459
特殊教育	1475	125	10	-	-	-	-	76
其中:女	959	113	7	-	-	-	-	62

其他情况（一）

			城		区		
中共党员	共青团员	民主党派	香港	澳门	台湾	华侨	少数民族
104254	**31113**	**1764**	-	-	**2**	-	**6900**
71242	28423	1176	-	-	1	-	5647
8074	11250	391	-	-	-	-	1235
7436	11075	367	-	-	-	-	1172
36601	8863	345	-	-	2	-	2461
28255	8162	273	-	-	1	-	2115
33211	5912	428	-	-	-	-	1858
21065	5170	263	-	-	-	-	1415
25329	5001	587	-	-	-	-	1287
13817	3941	264	-	-	-	-	905
1039	87	13	-	-	-	-	59
669	75	9	-	-	-	-	40
94574	**27950**	**1432**	-	-	**2**	-	**6143**
66107	25595	939	-	-	1	-	5095
5474	9084	197	-	-	-	-	772
5337	9006	197	-	-	-	-	762
39141	10301	343	-	-	2	-	2776
30772	9485	274	-	-	1	-	2404
28727	4568	416	-	-	-	-	1612
18154	3941	252	-	-	-	-	1230
20370	3923	466	-	-	-	-	931
11251	3098	209	-	-	-	-	659
862	74	10	-	-	-	-	52
593	65	7	-	-	-	-	40

教 职 工

	镇　　区							
	中共党员	共青团员	民主党派	香港	澳门	台湾	华侨	少数民族
教 职 工	**105958**	**26915**	**291**	-	-	-	-	**6008**
其中:女	59838	23692	213	-	-	-	-	4537
学前教育	5009	6919	148	-	-	-	-	724
其中:女	4271	6803	140	-	-	-	-	679
小学教育	34141	4978	32	-	-	-	-	1957
其中:女	22201	4593	25	-	-	-	-	1624
初中教育	38596	7950	46	-	-	-	-	1875
其中:女	19650	6848	23	-	-	-	-	1316
普通高中教育	27571	7029	65	-	-	-	-	1428
其中:女	13340	5411	25	-	-	-	-	898
特殊教育	641	39	-	-	-	-	-	24
其中:女	376	37	-	-	-	-	-	20
专任教师	**95377**	**23133**	**201**	-	-	-	-	**5519**
其中:女	55266	20516	140	-	-	-	-	4241
学前教育	3226	5171	72	-	-	-	-	504
其中:女	3059	5135	71	-	-	-	-	494
小学教育	34891	6246	31	-	-	-	-	2174
其中:女	23496	5776	24	-	-	-	-	1806
初中教育	34651	6716	44	-	-	-	-	1656
其中:女	17726	5743	23	-	-	-	-	1177
普通高中教育	22033	4966	54	-	-	-	-	1163
其中:女	10639	3830	22	-	-	-	-	744
特殊教育	576	34	-	-	-	-	-	22
其中:女	346	32	-	-	-	-	-	20

其 他 情 况 (二)

			乡		村		
中共党员	共青团员	民主党派	香港	澳门	台湾	华侨	少数民族
43153	**10691**	**187**	-	-	-	-	**1795**
19796	9410	155	-	-	-	-	1262
2036	2170	121	-	-	-	-	257
1447	2106	113	-	-	-	-	236
25438	3427	46	-	-	-	-	980
11524	3123	33	-	-	-	-	665
12894	3012	7	-	-	-	-	446
5266	2593	2	-	-	-	-	294
2745	2065	13	-	-	-	-	110
1539	1572	7	-	-	-	-	65
40	17	-	-	-	-	-	2
20	16	-	-	-	-	-	2
37375	**8898**	**148**	-	-	-	-	**1608**
17836	8004	123	-	-	-	-	1141
1080	1760	85	-	-	-	-	140
933	1741	83	-	-	-	-	136
23040	3462	46	-	-	-	-	973
11114	3195	33	-	-	-	-	680
11102	2570	5	-	-	-	-	403
4588	2251	1	-	-	-	-	267
2116	1089	12	-	-	-	-	90
1181	801	6	-	-	-	-	56
37	17	-	-	-	-	-	2
20	16	-	-	-	-	-	2

专 任 教 师 接

		接受过培训的专任教师数	按 学 时 分			
			36学时以下	37－72学时	73－108学时	109学时以上
总计	幼儿园	220465	45626	66643	59003	49193
	小学	527612	37769	107790	187970	194083
	初中	390693	37078	91229	139773	122613
	普通高中	204809	22904	42184	69016	70705
	特殊教育学校	－	－	－	－	－
城区	幼儿园	79418	17688	23345	19514	18871
	小学	130371	9328	23209	43853	53981
	初中	113151	10762	23989	41033	37367
	普通高中	76427	7706	14734	24563	29424
	特殊教育学校	－	－	－	－	－
镇区	幼儿园	91378	18385	27907	25833	19253
	小学	206983	15781	43810	74044	73348
	初中	209659	19845	50095	74542	65177
	普通高中	116629	13428	24633	41523	37045
	特殊教育学校	－	－	－	－	－
乡村	幼儿园	49669	9553	15391	13656	11069
	小学	190258	12660	40771	70073	66754
	初中	67883	6471	17145	24198	20069
	普通高中	11753	1770	2817	2930	4236
	特殊教育学校	－	－	－	－	－

受 培 训 情 况 (总计)

按 层 次 划 分					
国家级	省级	地级	县级	学校级	国(境)外
8375	**16095**	**32215**	**86420**	**150893**	-
72500	**116957**	**140107**	**337153**	**329140**	-
55242	**86420**	**124496**	**226378**	**264978**	-
28230	**65541**	**81940**	**84056**	**126118**	-
-	-	-	-	-	-
3983	6213	14531	21093	60191	-
22426	31919	49851	78391	96698	-
17578	22889	42366	55773	83056	-
13120	25498	34809	24923	50197	-
-	-	-	-	-	-
3314	7081	12304	40617	60415	-
27360	44627	51095	135821	130356	-
28387	49439	62914	129848	139707	-
13925	37733	42622	55153	66754	-
-	-	-	-	-	-
1078	2801	5380	24710	30287	-
22714	40411	39161	122941	102086	-
9277	14092	19216	40757	42215	-
1185	2310	4509	3980	9167	-
-	-	-	-	-	-

基 础 教 育 学

	学校占地面积（平方米）	校舍建筑			
		计	教学及辅助用房	行政办公用房	生活用房
总　　计	**495247244.64**	**225750918.06**	107125468.69	19963297.00	82317056.07
幼儿园	60252221.85	33461645.74	24976554.87	2882429.49	2836692.13
小　学	205499137.90	75629062.03	40547304.52	7562794.97	20781543.84
初级中学	98772578.83	44954133.96	16640117.49	4014405.22	21308993.80
九年一贯制学校	43415961.23	23670619.79	8793967.62	1832729.67	11418551.46
完全中学	10328093.86	6573477.72	2310720.42	547819.19	3237874.49
高级中学	63047013.68	33161133.16	11155729.50	2567839.93	18115175.16
十二年一贯制学校	12541531.73	7646658.95	2403533.51	475593.25	4410936.45
特殊教育	1390705.56	654186.71	297540.76	79685.28	207288.74

基 础 教 育 学

	学校占地面积（平方米）	校舍建筑			
		计	教学及辅助用房	行政办公用房	生活用房
总　　计	**109140890.43**	**63492611.86**	31074977.81	6084612.24	20693346.30
幼儿园	15248653.05	10585739.05	7898908.07	817243.57	881994.21
小　学	28411533.35	15656701.89	8937251.05	1797629.69	2914887.35
初级中学	19456216.90	10388633.88	4538350.31	1223686.20	3585695.20
九年一贯制学校	13773623.94	8236344.59	3189274.12	694117.96	3622443.73
完全中学	4553015.26	2842285.40	1072900.03	257703.92	1359608.95
高级中学	22612146.88	12539490.08	4429712.81	1054109.81	6523136.53
十二年一贯制学校	4478469.32	2924091.19	857620.02	196925.59	1705880.38
特殊教育	607231.73	319325.78	150961.40	43195.50	99699.95

校 办 学 条 件(总计)

面积（平方米）			图书（册）	固定资产总值(万元)	
其他用房	其中：租用外单位	其中：被外单位（借）用		计	其中：仪器设备总值
16345096.30	**450712.93**	**5577799.37**	**459960453**	**32416267.54**	**3307397.20**
2765969.25	18848.38	2606362.19	36053991	5261452.35	699601.23
6737418.70	69142.04	561153.81	212103571	9498962.75	1146858.61
2990617.45	75937.82	304851.21	120616896	5248411.63	596629.05
1625371.04	103469.04	584278.72	39199811	4384944.83	301923.82
477063.62	75107.65	116425.88	8879889	1021799.22	69605.70
1322388.57	86096.50	1198960.57	37102559	5405684.38	389228.41
356595.74	17271.60	205641.99	5278558	1489451.16	87950.09
69671.93	4839.90	125.00	725178	105538.00	15578.16

校 办 学 条 件(城区)

面积（平方米）			图书（册）	固定资产总值(万元)	
其他用房	其中：租用外单位	其中：被外单位（借）用		计	其中：仪器设备总值
5639675.51	**231731.04**	**3136666.87**	**130522335**	**9942386.66**	**1069576.80**
987593.20	15608.75	1505127.11	11297112	1570736.64	231778.99
2006933.80	39146.87	280123.49	54331891	2392435.08	327695.08
1040902.17	51150.24	213025.71	30254157	1535845.47	184556.01
730508.78	77023.84	319151.53	13954100	1418495.97	110196.84
152072.50	2796.98	29180.30	4176720	488970.55	34929.13
532530.93	30229.76	719465.57	14472276	2069097.65	152501.65
163665.20	14271.60	70468.16	1690079	410068.80	20275.33
25468.93	1503.00	125.00	346000	56736.50	7643.76

基 础 教 育 学

	学校占地面积（平方米）	校 舍 建 筑			
		计	教学及辅助用房	行政办公用房	生活用房
总　　计	216422548.26	105681003.54	47826118.10	8696860.14	42495311.24
幼 儿 园	24201602.79	13932761.10	10505771.69	1186438.04	1140792.52
小　　学	68402774.91	28770644.50	15345604.83	2721120.92	8414085.80
初级中学	54303005.55	25241592.55	9019002.70	2056927.53	12699171.85
九年一贯制学校	21349738.74	11646931.59	4299415.27	876608.26	5837262.30
完全中学	5567640.10	3626460.59	1189422.39	276269.69	1839186.39
高级中学	35510827.15	18409841.98	6065886.65	1343170.75	10362136.33
十二年一贯制学校	6455877.50	3742756.32	1263804.36	202672.43	2100739.25
特殊教育	631081.52	310014.91	137210.21	33652.52	101936.80

基 础 教 育 学

	学校占地面积（平方米）	校 舍 建 筑			
		计	教学及辅助用房	行政办公用房	生活用房
总　　计	169683805.95	56577302.66	28224372.78	5181824.62	19128398.53
幼 儿 园	20801966.01	8943145.59	6571875.11	878747.88	813905.40
小　　学	108684829.64	31201715.64	16264448.64	3044044.36	9452570.69
初级中学	25013356.38	9323907.53	3082764.48	733791.49	5024126.75
九年一贯制学校	8292598.55	3787343.61	1305278.23	262003.45	1958845.43
完全中学	207438.50	104731.73	48398.00	13845.58	39079.15
高级中学	4924039.65	2211801.10	660130.04	170559.37	1229902.30
十二年一贯制学校	1607184.91	979811.44	282109.13	75995.23	604316.82
特殊教育	152392.31	24846.02	9369.15	2837.26	5651.99

校　办　学　条　件(镇区)

面积（平方米）			图书（册）	固定资产总值（万元）	
其他用房	其中：租用外单位	其中：被外单位（借）用		计	其中：仪器设备总值
6662714.06	**162146.22**	**2075653.64**	**216739816**	**15747160.33**	**1515634.91**
1099758.85	1043.73	910061.73	14561865	2351638.81	307049.34
2289832.95	14442.44	260521.98	86943011	3799919.92	455168.74
1466490.47	23753.58	90871.50	67679164	2914558.15	313676.12
633645.76	26445.20	237777.57	19334130	2335298.96	149809.10
321582.12	72310.67	87245.58	4519609	519995.67	33405.57
638648.25	17813.70	367186.45	20520153	2886190.96	204279.52
175540.28	3000.00	121988.83	2823453	895027.16	45172.14
37215.38	3336.90	–	358431	44530.70	7074.39

校　办　学　条　件(乡村)

面积（平方米）			图书（册）	固定资产总值（万元）	
其他用房	其中：租用外单位	其中：被外单位（借）用		计	其中：仪器设备总值
4042706.73	**56835.67**	**365478.86**	**112698302**	**6726720.54**	**722185.48**
678617.20	2195.90	191173.35	10195014	1339076.91	160772.90
2440651.95	15552.73	20508.34	70828669	3306607.75	363994.79
483224.81	1034.00	954.00	22683575	798008.00	98396.92
261216.50	–	27349.62	5911581	631149.90	41917.88
3409.00	–	–	183560	12833.00	1271.00
151209.39	38053.04	112308.55	2110130	450395.77	32447.25
17390.26	–	13185.00	765026	184355.19	22502.62
6987.62	–	–	20747	4294.01	882.13

幼　儿　园

	总计 上学年校舍建筑面积	总计 增加面积	总计 减少面积
总　计	**32199579.18**	**1874746.84**	**612680.28**
其中 C级危房	4005.08	–	–
其中 D级危房	–	–	–
其中 租用外单位	2551667.62	126136.15	71441.58
一、教学及辅助用房	**23940521.95**	**1427331.71**	**391298.79**
班级活动单元	22349335.58	1242378.92	364360.11
活动室	13910190.17	726434.38	213229.52
寝　室	4805338.22	227590.11	80465.16
卫生间	2340699.39	120656.71	33295.02
其　他	1293107.80	167697.72	37370.41
综合活动室	1591186.37	184952.79	26938.68
二、行政办公用房	**2767353.20**	**166749.58**	**51673.29**
办公室	1600063.50	88679.32	26762.12
保健观察室	559067.55	26972.85	8257.51
其　他	608222.15	51097.41	16653.66
三、生活用房	**2721676.49**	**174257.56**	**59241.92**
厨　房	1641897.53	97432.44	26404.17
其　他	1079778.96	76825.12	32837.75
四、其他用房	**2770027.54**	**106407.99**	**110466.28**
被外单位租(借)用	18908.38	60.00	120.00

幼　儿　园

	镇区 上学年校舍建筑面积	镇区 增加面积	镇区 减少面积
总　计	**13279221.93**	**873779.61**	**220240.44**
其中 C级危房	–	–	–
其中 D级危房	–	–	–
其中 租用外单位	893951.05	39299.14	23188.46
一、教学及辅助用房	**9967423.92**	**680067.86**	**141720.09**
班级活动单元	9290913.12	599231.84	132016.99
活动室	5822364.45	357084.97	74958.72
寝　室	1962517.30	115558.82	28914.06
卫生间	969294.96	54812.58	11143.72
其　他	536736.41	71775.47	17000.49
综合活动室	676510.80	80836.02	9703.10
二、行政办公用房	**1133023.15**	**72451.70**	**19036.81**
办公室	654151.97	40543.04	7685.73
保健观察室	230263.71	12145.50	3016.78
其　他	248607.47	19763.16	8334.30
三、生活用房	**1087994.95**	**76825.49**	**24027.92**
厨　房	655223.44	47247.62	7893.16
其　他	432771.51	29577.87	16134.76
四、其他用房	**1090779.91**	**44434.56**	**35455.62**
被外单位租(借)用	1103.73	40.00	100.00

校　舍　情　况(一)

单位:平方米

本学年校舍建筑面积	城区			
	上学年校舍建筑面积	增加面积	减少面积	本学年校舍建筑面积
33461645.74	**10230192.79**	**616632.47**	**261086.21**	**10585739.05**
4005.08	4005.08	–	–	4005.08
–	–	–	–	–
2606362.19	1470867.84	79899.49	45640.22	1505127.11
24976554.87	**7587333.71**	**481239.62**	**169665.26**	**7898908.07**
23227354.39	7083052.53	411397.78	157623.71	7336826.60
14423395.03	4336602.85	233471.33	97925.15	4472149.03
4952463.17	1664243.87	74183.27	35474.95	1702952.19
2428061.08	722940.12	38966.43	15293.10	746613.45
1423435.11	359265.69	64776.75	8930.51	415111.93
1749200.48	504281.18	69841.84	12041.55	562081.47
2882429.49	**792197.39**	**48394.78**	**23348.60**	**817243.57**
1661980.70	442167.57	23689.30	14351.99	451504.88
577782.89	136361.73	6500.46	3457.09	139405.10
642665.90	213668.09	18205.02	5539.52	226333.59
2836692.13	**856028.89**	**52648.06**	**26682.74**	**881994.21**
1712925.80	509710.39	26643.04	14153.38	522200.05
1123766.33	346318.50	26005.02	12529.36	359794.16
2765969.25	**994632.80**	**34350.01**	**41389.61**	**987593.20**
18848.38	15608.75	20.00	20.00	15608.75

校　舍　情　况(二)

单位:平方米

本学年校舍建筑面积	乡村			
	上学年校舍建筑面积	增加面积	减少面积	本学年校舍建筑面积
13932761.10	**8690164.46**	**384334.76**	**131353.63**	**8943145.59**
–	–	–	–	–
–	–	–	–	–
910061.73	186848.73	6937.52	2612.90	191173.35
10505771.69	**6385764.32**	**266024.23**	**79913.44**	**6571875.11**
9758127.97	5975369.93	231749.30	74719.41	6132399.82
6104490.70	3751222.87	135878.08	40345.65	3846755.30
2049162.06	1178577.05	37848.02	16076.15	1200348.92
1012963.82	648464.31	26877.70	6858.20	668483.81
591511.39	397105.70	31145.50	11439.41	416811.79
747643.72	410394.39	34274.93	5194.03	439475.29
1186438.04	**842132.66**	**45903.10**	**9287.88**	**878747.88**
687009.28	503743.96	24446.98	4724.40	523466.54
239392.43	192442.11	8326.89	1783.64	198985.36
260036.33	145946.59	13129.23	2779.84	156295.98
1140792.52	**777652.65**	**44784.01**	**8531.26**	**813905.40**
694577.90	476963.70	23541.78	4357.63	496147.85
446214.62	300688.95	21242.23	4173.63	317757.55
1099758.85	**684614.83**	**27623.42**	**33621.05**	**678617.20**
1043.73	2195.90	–	–	2195.90

小　学　学　校

	总计			
	上学年校舍建筑面积	增加面积	减少面积	本学年校舍建筑面积
总　计	**73980200.15**	**3628684.61**	**1979822.73**	**75629062.02**
其中 C级危房	93151.63	35414.21	26378.54	102187.30
其中 D级危房	1783.40	2563.96	760.00	3587.36
其中 租用外单位	491613.33	78631.73	9091.25	561153.81
一、教学及辅助用房	**39792021.76**	**1831346.05**	**1076063.29**	**40547304.51**
普通教室	30962422.15	988695.72	706184.97	31244932.89
专用教室	3851512.29	340938.13	178803.50	4013646.92
理化生实验室	3799.83	–	3799.83	–
其　他	3847712.46	340938.13	175003.67	4013646.92
公共教学用房	4978087.32	501712.20	191074.82	5288724.70
图书阅览室	1935348.71	67702.74	33505.27	1969546.18
室内体育用房	576681.47	74863.19	22419.75	629124.91
心理辅导室	312341.72	34077.47	5512.24	340906.95
其　他	2153715.42	325068.80	129637.56	2349146.66
二、行政办公用房	**7435109.05**	**315337.83**	**187651.91**	**7562794.97**
教师办公室	5514516.54	182758.53	107139.00	5590136.07
其　他	1920592.51	132579.30	80512.91	1972658.90
三、生活用房	**20065040.91**	**1092733.86**	**376230.93**	**20781543.84**
教工值班宿舍	1882224.49	80843.10	58164.34	1904903.25
教师周转宿舍	1629302.07	175266.60	31490.75	1773077.92
学生宿舍	5525938.23	280479.18	69125.85	5737291.56
学生餐厅	4444512.60	185139.31	40850.07	4588801.84
厕　所	3742916.26	125089.40	41913.91	3826091.75
其　他	2840147.26	245916.27	134686.01	2951377.52
四、其他用房	**6688028.43**	**389266.87**	**339876.60**	**6737418.70**
被外单位租(借)用	46004.54	30995.30	7857.80	69142.04

校 舍 情 况（小学、教学点）（一）

单位：平方米

	城	区	
上学年校舍建筑面积	增加面积	减少面积	本学年校舍建筑面积
14987839.90	**1148905.91**	**480043.92**	**15656701.88**
33421.54	3482.80	6111.00	30793.34
40.00	1944.00	40.00	1944.00
252959.38	32797.11	5633.00	280123.49
8474810.79	**672956.91**	**210516.65**	**8937251.04**
6391665.48	334574.63	122547.97	6603692.13
847711.83	129903.77	31968.43	945647.17
811.50	-	811.50	-
846900.33	129903.77	31156.93	945647.17
1235433.48	208478.51	56000.25	1387911.74
328461.85	22891.92	8795.29	342558.48
233979.96	33932.36	6247.16	261665.16
71492.54	7052.30	1262.32	77282.52
601499.13	144601.93	39695.48	706405.58
1733735.29	**121579.70**	**57685.30**	**1797629.69**
1205253.03	58227.54	31061.86	1232418.71
528482.26	63352.16	26623.44	565210.98
2781696.69	**223529.86**	**90339.20**	**2914887.35**
194437.57	6801.90	9725.56	191513.91
108552.27	10477.03	8139.07	110890.23
548598.14	38645.23	9661.52	577581.85
496954.17	47171.99	9755.27	534370.89
723206.92	47721.63	14374.15	756554.40
709947.62	72712.08	38683.63	743976.07
1997597.13	**130839.44**	**121502.77**	**2006933.80**
19646.37	20000.50	500.00	39146.87

小 学 学 校

		镇 区			
		上学年校舍建筑面积	增加面积	减少面积	本学年校舍建筑面积
总 计		**27987953.38**	**1500591.47**	**717900.35**	**28770644.50**
其中	C级危房	19806.72	16223.13	8482.72	27547.13
	D级危房	-	64.00	-	64.00
	租用外单位	228187.36	33401.62	1067.00	260521.98
一、教学及辅助用房		**14908199.09**	**800632.11**	**363226.37**	**15345604.83**
普通教室		11771463.34	487033.74	241873.35	12016623.73
专用教室		1363964.93	132973.45	55027.85	1441910.53
理化生实验室		1426.82	-	1426.82	-
其他		1362538.11	132973.45	53601.03	1441910.53
公共教学用房		1772770.82	180624.92	66325.17	1887070.57
图书阅览室		641405.63	27273.20	8529.39	660149.44
室内体育用房		208559.25	29048.37	11533.94	226073.68
心理辅导室		107170.40	14995.93	1596.75	120569.58
其他		815635.54	109307.42	44665.09	880277.87
二、行政办公用房		**2691206.61**	**111346.41**	**81432.10**	**2721120.92**
教师办公室		1967134.66	79200.62	48000.65	1998334.63
其他		724071.95	32145.79	33431.45	722786.29
三、生活用房		**8116174.52**	**465959.31**	**168048.03**	**8414085.80**
教工值班宿舍		732518.93	34471.18	26912.20	740077.91
教师周转宿舍		614732.86	79084.97	10711.20	683106.63
学生宿舍		2645281.30	152350.99	41080.66	2756551.63
学生餐厅		1792485.00	90950.86	20588.79	1862847.07
厕所		1335990.29	54225.48	14165.95	1376049.82
其他		995166.14	54875.83	54589.23	995452.74
四、其他用房		**2272373.16**	**122653.64**	**105193.85**	**2289832.95**
被外单位租(借)用		18732.24	3068.00	7357.80	14442.44

校 舍 情 况（小学、教学点）（二）

单位：平方米

	乡 村		
上学年校舍建筑面积	增加面积	减少面积	本学年校舍建筑面积
31004406.87	**979187.23**	**781878.46**	**31201715.64**
39923.37	15708.28	11784.82	43846.83
1743.40	555.96	720.00	1579.36
10466.59	12433.00	2391.25	20508.34
16409011.88	**357757.03**	**502320.27**	**16264448.64**
12799293.33	167087.35	341763.65	12624617.03
1639835.53	78060.91	91807.22	1626089.22
1561.51	—	1561.51	—
1638274.02	78060.91	90245.71	1626089.22
1969883.02	112608.77	68749.40	2013742.39
965481.23	17537.62	16180.59	966838.26
134142.26	11882.46	4638.65	141386.07
133678.78	12029.24	2653.17	143054.85
736580.75	71159.45	45276.99	762463.21
3010167.15	**82411.72**	**48534.51**	**3044044.36**
2342128.85	45330.37	28076.49	2359382.73
668038.30	37081.35	20458.02	684661.63
9167169.70	**403244.69**	**117843.70**	**9452570.69**
955267.99	39570.02	21526.58	973311.43
906016.94	85704.60	12640.48	979081.06
2332058.79	89482.96	18383.67	2403158.08
2155073.43	47016.46	10506.01	2191583.88
1683719.05	23142.29	13373.81	1693487.53
1135033.50	118328.36	41413.15	1211948.71
2418058.14	**135773.79**	**113179.98**	**2440651.95**
7625.93	7926.80	—	15552.73

中学学校校舍情况（初级中学、

		总	计		
		上学年校舍建筑面积	增加面积	减少面积	本学年校舍建筑面积
总 计		112347475.66	6548419.91	2889871.99	116006023.58
其中	C级危房	150206.20	62055.05	24660.88	187600.37
	D级危房	1020.00	4096.00	5116.00	—
	租用外单位	2447850.78	193986.80	231679.21	2410158.37
一、教学及辅助用房		39529763.75	2638437.81	864133.02	41304068.54
普通教室		26564126.16	1375539.89	453190.84	27486475.21
专用教室		6614335.75	553000.62	195403.16	6971933.21
理化生实验室		4532454.85	192066.17	96785.02	4627736.00
其他		2081880.90	360934.45	98618.14	2344197.21
公共教学用房		6351301.84	709897.30	215539.02	6845660.12
图书阅览室		2355250.14	115596.66	37218.76	2433628.04
室内体育用房		1587575.86	183457.48	42650.27	1728383.07
心理辅导室		315574.87	35210.86	4467.71	346318.02
其他		2092900.97	375632.30	131202.28	2337330.99
二、行政办公用房		9245524.45	479432.54	286569.73	9438387.26
教师办公室		6248008.42	292281.94	115853.37	6424436.99
其他		2997516.03	187150.60	170716.36	3013950.27
三、生活用房		56607882.96	3049357.91	1165709.51	58491531.36
教工值班宿舍		4225860.60	170055.24	153752.28	4242163.56
教师周转宿舍		3849210.73	405882.81	93117.04	4161976.50
学生宿舍		30578601.52	1559584.65	448308.63	31689877.54
学生餐厅		11016017.94	476020.89	143158.78	11348880.05
厕所		3434732.76	169019.80	39371.75	3564380.81
其他		3503459.41	268794.52	288001.03	3484252.90
四、其他用房		6964304.50	381191.65	573459.73	6772036.42
被外单位租（借）用		301183.25	94105.36	37406.00	357882.61

九年一贯制学校、职业初中、完全中学、高级中学、十二年一贯制学校)(一)

单位:平方米

城 区			
上学年校舍建筑面积	增加面积	减少面积	本学年校舍建筑面积
35440120.13	**2579678.43**	**1088953.42**	**36930845.14**
84149.95	18275.48	11461.35	90964.08
—	—	—	—
1317953.49	99432.01	66094.23	1351291.27
13382066.91	**992261.54**	**286471.16**	**14087857.29**
8469112.17	490069.32	145510.53	8813670.96
2361669.43	197237.54	75178.74	2483728.23
1601175.16	83507.27	45580.55	1639101.88
760494.27	113730.27	29598.19	844626.35
2551285.31	304954.68	65781.89	2790458.10
869545.17	48424.12	13897.79	904071.50
790225.14	76481.12	16055.56	850650.70
108377.35	11448.92	1960.13	117866.14
783137.65	168600.52	33868.41	917869.76
3326491.46	**190158.45**	**90106.43**	**3426543.48**
2147705.52	119857.31	32670.66	2234892.17
1178785.94	70301.14	57435.77	1191651.31
15988176.87	**1228994.45**	**420406.53**	**16796764.79**
1026798.30	87212.81	66181.54	1047829.57
631705.37	152833.73	17298.28	767240.82
8645750.14	596624.80	122019.12	9120355.82
3184880.78	167283.80	55066.03	3297098.55
1136376.31	72414.73	18562.56	1190228.48
1362665.97	152624.58	141279.00	1374011.55
2743384.89	**168263.99**	**291969.30**	**2619679.58**
138374.34	46153.08	9055.00	175472.42

中学学校校舍情况（初级中学、

		镇	区		
		上学年校舍建筑面积	增加面积	减少面积	本学年校舍建筑面积
总　计		60995804.25	3140233.23	1468454.45	62667583.03
其中	C级危房	52653.01	33083.57	12949.30	72787.28
	D级危房	1020.00	4096.00	5116.00	-
	租用外单位	958738.60	76216.81	129885.48	905069.93
一、教学及辅助用房		20977768.27	1322115.09	462351.99	21837531.37
普通教室		14558644.24	739227.10	240132.60	15057738.74
专用教室		3379680.50	266990.56	95186.68	3551484.38
理化生实验室		2335729.32	87486.94	35441.38	2387774.88
其他		1043951.18	179503.62	59745.30	1163709.50
公共教学用房		3039443.53	315897.43	127032.71	3228308.25
图书阅览室		1194869.84	52180.26	13756.14	1233293.96
室内体育用房		660742.74	79646.54	25212.70	715176.58
心理辅导室		157153.81	17773.18	1610.98	173316.01
其他		1026677.14	166297.45	86452.89	1106521.70
二、行政办公用房		4696040.90	229820.38	170212.62	4755648.66
教师办公室		3242248.48	149331.81	69322.80	3322257.49
其他		1453792.42	80488.57	100889.82	1433391.17
三、生活用房		31998284.43	1414309.10	574097.41	32838496.12
教工值班宿舍		2453973.57	55002.62	65492.16	2443484.03
教师周转宿舍		2348835.10	186947.10	67262.14	2468520.06
学生宿舍		17605603.27	744556.33	262185.50	18087974.10
学生餐厅		6152919.88	249574.98	67885.58	6334609.28
厕所		1802567.63	79327.39	16241.43	1865653.59
其他		1634384.98	98900.68	95030.60	1638255.06
四、其他用房		3323710.65	173988.66	261792.43	3235906.88
被外单位租（借）用		123721.87	47952.28	28351.00	143323.15

九年一贯制学校、职业初中、完全中学、高级中学、十二年一贯制学校)(二)

单位：平方米

乡　　　村			
上学年校舍建筑面积	增加面积	减少面积	本学年校舍建筑面积
15911551.28	**828508.25**	**332464.12**	**16407595.41**
13403.24	10696.00	250.23	23849.01
—	—	—	—
171158.69	18337.98	35699.50	153797.17
5169928.57	**324061.18**	**115309.87**	**5378679.88**
3536369.75	146243.47	67547.71	3615065.51
872985.82	88772.52	25037.74	936720.60
595550.37	21071.96	15763.09	600859.24
277435.45	67700.56	9274.65	335861.36
760573.00	89045.19	22724.42	826893.77
290835.13	14992.28	9564.83	296262.58
136607.98	27329.82	1382.01	162555.79
50043.71	5988.76	896.60	55135.87
283086.18	40734.33	10880.98	312939.53
1222992.09	**59453.71**	**26250.68**	**1256195.12**
858054.42	23092.82	13859.91	867287.33
364937.67	36360.89	12390.77	388907.79
8621421.66	**406054.36**	**171205.57**	**8856270.45**
745088.73	27839.81	22078.58	750849.96
868670.26	66101.98	8556.62	926215.62
4327248.11	218403.52	64104.01	4481547.62
1678217.28	59162.11	20207.17	1717172.22
495788.82	17277.68	4567.76	508498.74
506408.46	17269.26	51691.43	471986.29
897208.96	38939.00	19698.00	916449.96
39087.04	—	—	39087.04

初中学校

		总计			
		上学年校舍建筑面积	增加面积	减少面积	本学年校舍建筑面积
总　计		**66831339.40**	**3366597.40**	**1573183.05**	**68624753.75**
其中	C级危房	110154.24	57602.65	18030.22	149726.67
	D级危房	1020.00	—	1020.00	—
	租用外单位	826901.49	95654.38	33425.94	889129.93
一、教学及辅助用房		**24410970.12**	**1510079.64**	**486964.65**	**25434085.11**
普通教室		16851868.30	747322.76	294819.71	17304371.35
专用教室		4105011.86	353699.97	100720.05	4357991.78
理化生实验室		2790713.14	115706.83	46740.36	2859679.61
其他		1314298.72	237993.14	53979.69	1498312.17
公共教学用房		3454089.96	409056.91	91424.89	3771721.98
图书阅览室		1216848.47	56548.96	16803.80	1256593.63
室内体育用房		724355.64	78117.77	17934.14	784539.27
心理辅导室		223291.65	23860.24	2337.57	244814.32
其他		1289594.20	250529.94	54349.38	1485774.76
二、行政办公用房		**5799659.56**	**227413.90**	**179938.57**	**5847134.89**
教师办公室		3869633.28	124672.68	58044.36	3936261.60
其他		1930026.28	102741.22	121894.21	1910873.29
三、生活用房		**32006665.68**	**1363597.28**	**642717.70**	**32727545.26**
教工值班宿舍		2486508.86	79948.01	95485.44	2470971.43
教师周转宿舍		2411497.94	270761.18	32522.94	2649736.18
学生宿舍		16233361.64	574253.32	210089.24	16597525.72
学生餐厅		6455365.25	175174.78	89402.71	6541137.32
厕所		2228161.94	94889.16	22905.36	2300145.74
其他		2191770.05	168570.83	192312.01	2168028.87
四、其他用房		**4614044.04**	**265506.58**	**263562.13**	**4615988.49**
被外单位租（借）用		133507.58	55086.28	9187.00	179406.86

校舍情况（初级中学、九年一贯制学校）（一）

单位：平方米

	城	区	
上学年校舍建筑面积	增加面积	减少面积	本学年校舍建筑面积
17909684.78	**1320577.79**	**605284.10**	**18624978.47**
48159.30	13823.08	8259.00	53723.38
—	—	—	—
492323.48	68241.20	28387.44	532177.24
7368060.85	**539664.15**	**180100.57**	**7727624.43**
4808160.59	264643.40	90985.26	4981818.73
1272030.87	117152.46	45337.34	1343845.99
844965.45	42520.37	25209.73	862276.09
427065.42	74632.09	20127.61	481569.90
1287869.39	157868.29	43777.97	1401959.71
371169.42	19615.59	9802.79	380982.22
387806.70	30245.80	12987.37	405065.13
72182.50	6593.64	1114.70	77661.44
456710.77	101413.26	19873.11	538250.92
1884382.34	**103391.65**	**69969.83**	**1917804.16**
1210615.80	56967.52	18448.68	1249134.64
673766.54	46424.13	51521.15	668669.52
6895893.60	**557419.70**	**245174.37**	**7208138.93**
390513.07	39029.82	30962.54	398580.35
235012.10	93332.49	6196.95	322147.64
3359007.67	248312.14	54774.91	3552544.90
1464807.06	60894.51	42967.56	1482734.01
658030.65	38081.44	11516.13	684595.96
788523.05	77769.30	98756.28	767536.07
1761347.99	**120102.29**	**110039.33**	**1771410.95**
113540.08	23689.00	9055.00	128174.08

初 中 学 校

		镇 区			
		上学年校舍建筑面积	增加面积	减少面积	本学年校舍建筑面积
总 计		36075404.99	1550129.72	737010.57	36888524.14
其中	C级危房	48841.93	33083.57	9771.22	72154.28
	D级危房	1020.00	—	1020.00	—
	租用外单位	310896.89	21413.18	3661.00	328649.07
一、教学及辅助用房		12785290.99	761789.47	228662.49	13318417.97
普通教室		9076037.05	385232.60	153518.06	9307751.59
专用教室		2099835.35	186955.55	41041.94	2245748.96
理化生实验室		1433899.71	56195.58	14966.45	1475128.84
其 他		665935.64	130759.97	26075.49	770620.12
公共教学用房		1609418.59	189601.32	34102.49	1764917.42
图书阅览室		617247.46	28238.51	4886.18	640599.79
室内体育用房		266405.75	38544.20	3564.76	301385.19
心理辅导室		107452.44	12099.64	757.98	118794.10
其 他		618312.94	110718.97	24893.57	704138.34
二、行政办公用房		2935284.42	90291.54	92040.17	2933535.79
教师办公室		1979911.40	50543.34	31997.31	1998457.43
其 他		955373.02	39748.20	60042.86	935078.36
三、生活用房		18247540.79	570456.47	281563.11	18536434.15
教工值班宿舍		1472013.66	33221.72	45444.32	1459791.06
教师周转宿舍		1403274.64	113288.16	17899.99	1498662.81
学生宿舍		9548650.66	224047.70	107042.11	9665656.25
学生餐厅		3637739.99	77281.82	31245.98	3683775.83
厕 所		1179006.96	44749.34	8266.47	1215489.83
其 他		1006854.88	77867.73	71664.24	1013058.37
四、其他用房		2107288.79	127592.24	134744.80	2100136.23
被外单位租（借）用		18933.50	31397.28	132.00	50198.78

校 舍 情 况（初级中学、九年一贯制学校）（二）

单位：平方米

乡 村			
上学年校舍建筑面积	增加面积	减少面积	本学年校舍建筑面积
12846249.63	**495889.89**	**230888.38**	**13111251.14**
13153.01	10696.00	-	23849.01
-	-	-	-
23681.12	6000.00	1377.50	28303.62
4257618.28	**208626.02**	**78201.59**	**4388042.71**
2967670.66	97446.76	50316.39	3014801.03
733145.64	49591.96	14340.77	768396.83
511847.98	16990.88	6564.18	522274.68
221297.66	32601.08	7776.59	246122.15
556801.98	61587.30	13544.43	604844.85
228431.59	8694.86	2114.83	235011.62
70143.19	9327.77	1382.01	78088.95
43656.71	5166.96	464.89	48358.78
214570.49	38397.71	9582.70	243385.50
979992.80	**33730.71**	**17928.57**	**995794.94**
679106.08	17161.82	7598.37	688669.53
300886.72	16568.89	10330.20	307125.41
6863231.29	**235721.11**	**115980.22**	**6982972.18**
623982.13	7696.47	19078.58	612600.02
773211.20	64140.53	8426.00	828925.73
3325703.31	101893.48	48272.22	3379324.57
1352818.20	36998.45	15189.17	1374627.48
391124.33	12058.38	3122.76	400059.95
396392.12	12933.80	21891.49	387434.43
745407.26	**17812.05**	**18778.00**	**744441.31**
1034.00	-	-	1034.00

普通高中学校

		总计			
		上学年校舍建筑面积	增加面积	减少面积	本学年校舍建筑面积
总计		45516136.26	3181822.51	1316688.94	47381269.83
其中	C级危房	40051.96	4452.40	6630.66	37873.70
	D级危房	-	4096.00	4096.00	-
	租用外单位	1620949.29	98332.42	198253.27	1521028.44
一、教学及辅助用房		15118793.63	1128358.17	377168.37	15869983.43
普通教室		9712257.86	628217.13	158371.13	10182103.86
专用教室		2509323.89	199300.65	94683.11	2613941.43
理化生实验室		1741741.71	76359.34	50044.66	1768056.39
其他		767582.18	122941.31	44638.45	845885.04
公共教学用房		2897211.88	300840.39	124114.13	3073938.14
图书阅览室		1138401.67	59047.70	20414.96	1177034.41
室内体育用房		863220.22	105339.71	24716.13	943843.80
心理辅导室		92283.22	11350.62	2130.14	101503.70
其他		803306.77	125102.36	76852.90	851556.23
二、行政办公用房		3445864.89	252018.64	106631.16	3591252.37
教师办公室		2378375.14	167609.26	57809.01	2488175.39
其他		1067489.75	84409.38	48822.15	1103076.98
三、生活用房		24601217.28	1685760.63	522991.81	25763986.10
教工值班宿舍		1739351.74	90107.23	58266.84	1771192.13
教师周转宿舍		1437712.79	135121.63	60594.10	1512240.32
学生宿舍		14345239.88	985331.33	238219.39	15092351.82
学生餐厅		4560652.69	300846.11	53756.07	4807742.73
厕所		1206570.82	74130.64	16466.39	1264235.07
其他		1311689.36	100223.69	95689.02	1316224.03
四、其他用房		2350260.46	115685.07	309897.60	2156047.93
被外单位租（借）用		167675.67	39019.08	28219.00	178475.75

校 舍 情 况（完全中学、高级中学、十二年一贯制学校）（一）

单位：平方米

	城	区	
上学年校舍建筑面积	增加面积	减少面积	本学年校舍建筑面积
17530435.35	**1259100.64**	**483669.32**	**18305866.67**
35990.65	4452.40	3202.35	37240.70
—	—	—	—
825630.01	31190.81	37706.79	819114.03
6014006.06	**452597.39**	**106370.59**	**6360232.86**
3660951.58	225425.92	54525.27	3831852.23
1089638.56	80085.08	29841.40	1139882.24
756209.71	40986.90	20370.82	776825.79
333428.85	39098.18	9470.58	363056.45
1263415.92	147086.39	22003.92	1388498.39
498375.75	28808.53	4095.00	523089.28
402418.44	46235.32	3068.19	445585.57
36194.85	4855.28	845.43	40204.70
326426.88	67187.26	13995.30	379618.84
1442109.12	**86766.80**	**20136.60**	**1508739.32**
937089.72	62889.79	14221.98	985757.53
505019.40	23877.01	5914.62	522981.79
9092283.27	**671574.75**	**175232.16**	**9588625.86**
636285.23	48182.99	35219.00	649249.22
396693.27	59501.24	11101.33	445093.18
5286742.47	348312.66	67244.21	5567810.92
1720073.72	106389.29	12098.47	1814364.54
478345.66	34333.29	7046.43	505632.52
574142.92	74855.28	42522.72	606475.48
982036.90	**48161.70**	**181929.97**	**848268.63**
24834.26	22464.08	—	47298.34

普通高中学校

		镇 区			
		上学年校舍建筑面积	增加面积	减少面积	本学年校舍建筑面积
总 计		24920399.26	1590103.51	731443.88	25779058.89
其中	C级危房	3811.08	–	3178.08	633.00
	D级危房	–	4096.00	4096.00	–
	租用外单位	647841.71	54803.63	126224.48	576420.86
一、教学及辅助用房		8192477.28	560325.62	233689.50	8519113.40
普通教室		5482607.19	353994.50	86614.54	5749987.15
专用教室		1279845.15	80035.01	54144.74	1305735.42
理化生实验室		901829.61	31291.36	20474.93	912646.04
其　他		378015.54	48743.65	33669.81	393089.38
公共教学用房		1430024.94	126296.11	92930.22	1463390.83
图书阅览室		577622.38	23941.75	8869.96	592694.17
室内体育用房		394336.99	41102.34	21647.94	413791.39
心理辅导室		49701.37	5673.54	853.00	54521.91
其　他		408364.20	55578.48	61559.32	402383.36
二、行政办公用房		1760756.48	139528.84	78172.45	1822112.87
教师办公室		1262337.08	98788.47	37325.49	1323800.06
其　他		498419.40	40740.37	40846.96	498312.81
三、生活用房		13750743.64	843852.63	292534.30	14302061.97
教工值班宿舍		981959.91	21780.90	20047.84	983692.97
教师周转宿舍		945560.46	73658.94	49362.15	969857.25
学生宿舍		8056952.61	520508.63	155143.39	8422317.85
学生餐厅		2515179.89	172293.16	36639.60	2650833.45
厕　所		623560.67	34578.05	7974.96	650163.76
其　他		627530.10	21032.95	23366.36	625196.69
四、其他用房		1216421.86	46396.42	127047.63	1135770.65
被外单位租(借)用		104788.37	16555.00	28219.00	93124.37

校舍情况（完全中学、高级中学、十二年一贯制学校）(二)

单位：平方米

	乡	村	
上学年校舍建筑面积	增加面积	减少面积	本学年校舍建筑面积
3065301.65	**332618.36**	**101575.74**	**3296344.27**
250.23	–	250.23	–
–	–	–	–
147477.57	12337.98	34322.00	125493.55
912310.29	**115435.16**	**37108.28**	**990637.17**
568699.09	48796.71	17231.32	600264.48
139840.18	39180.56	10696.97	168323.77
83702.39	4081.08	9198.91	78584.56
56137.79	35099.48	1498.06	89739.21
203771.02	27457.89	9179.99	222048.92
62403.54	6297.42	7450.00	61250.96
66464.79	18002.05	–	84466.84
6387.00	821.80	431.71	6777.09
68515.69	2336.62	1298.28	69554.03
242999.29	**25723.00**	**8322.11**	**260400.18**
178948.34	5931.00	6261.54	178617.80
64050.95	19792.00	2060.57	81782.38
1758190.37	**170333.25**	**55225.35**	**1873298.27**
121106.60	20143.34	3000.00	138249.94
95459.06	1961.45	130.62	97289.89
1001544.80	116510.04	15831.79	1102223.05
325399.08	22163.66	5018.00	342544.74
104664.49	5219.30	1445.00	108438.79
110016.34	4335.46	29799.94	84551.86
151801.70	**21126.95**	**920.00**	**172008.65**
38053.04	–	–	38053.04

特 殊 教 育 学

		总计			
		上学年校舍建筑面积	增加面积	减少面积	本学年校舍建筑面积
总 计		**642553.41**	**19876.81**	**8243.51**	**654186.71**
其中	C级危房	9752.00	343.00	—	10095.00
	D级危房	528.00	—	—	528.00
	租用外单位	—	125.00	—	125.00
一、教学及辅助用房		**288745.53**	**10425.11**	**1629.88**	**297540.76**
普通教室		137615.40	3356.90	1167.84	139804.46
专用教室		97846.20	4986.32	144.00	102688.52
公共活动及康复用房		53283.93	2081.89	318.04	55047.78
图书阅览室		12922.22	167.99	—	13090.21
体育康复训练室		14149.28	944.13	12.48	15080.93
心理咨询室		5105.15	202.72	160.00	5147.87
其　他		21107.28	767.05	145.56	21728.77
二、行政办公用房		**78994.05**	**1458.77**	**767.54**	**79685.28**
教师办公室		47261.13	1106.54	166.64	48201.03
其　他		31732.92	352.23	600.90	31484.25
三、生活用房		**205520.04**	**6518.11**	**4749.41**	**207288.74**
学生宿舍		104085.41	2735.01	190.24	106630.18
学生餐厅		39828.38	2638.44	—	42466.82
学生厕所		25495.42	445.55	100.24	25840.73
其　他		36110.83	699.11	4458.93	32351.01
四、其他用房		**69293.79**	**1474.82**	**1096.68**	**69671.93**
被外单位租(借)用		4736.90	103.00	—	4839.90

校 校 舍 情 况 (一)

单位:平方米

	城 区		
上学年校舍建筑面积	增加面积	减少面积	本学年校舍建筑面积
315372.78	**10412.16**	**6459.16**	**319325.78**
9752.00	343.00	-	10095.00
528.00	-	-	528.00
-	125.00	-	125.00
144092.40	**8066.26**	**1197.26**	**150961.40**
68730.92	2548.00	1091.00	70187.92
49666.14	4460.00	42.00	54084.14
25695.34	1058.26	64.26	26689.34
5567.90	127.00	-	5694.90
6875.21	358.20	-	7233.41
2113.26	135.26	-	2248.52
11138.97	437.80	64.26	11512.51
43395.50	**566.90**	**766.90**	**43195.50**
23583.59	566.90	166.00	23984.49
19811.91	-	600.90	19211.01
102682.95	**1354.00**	**4337.00**	**99699.95**
57418.46	282.00	120.00	57580.46
17777.89	776.00	-	18553.89
10869.36	165.00	76.00	10958.36
16617.24	131.00	4141.00	12607.24
25201.93	**425.00**	**158.00**	**25468.93**
1400.00	103.00	-	1503.00

特殊教育学

		镇 区			
		上学年校舍建筑面积	增加面积	减少面积	本学年校舍建筑面积
总 计		303127.11	7550.10	662.30	310014.91
其中	C级危房	-	-	-	-
	D级危房	-	-	-	-
	租用外单位	-	-	-	-
一、教学及辅助用房		135573.08	2000.27	363.14	137210.21
	普通教室	65635.76	679.63	76.84	66238.55
	专用教室	43707.67	333.07	102.00	43938.74
	公共活动及康复用房	26229.65	987.57	184.30	27032.92
	图书阅览室	7051.96	22.96	-	7074.92
	体育康复训练室	6927.62	567.90	12.30	7483.22
	心理咨询室	2793.76	67.46	160.00	2701.22
	其 他	9456.31	329.25	12.00	9773.56
二、行政办公用房		33032.21	620.95	0.64	33652.52
	教师办公室	22332.08	513.30	0.64	22844.74
	其 他	10700.13	107.65	-	10807.78
三、生活用房		97276.40	4928.88	268.48	101936.80
	学生宿舍	44594.28	2337.34	70.24	46861.38
	学生餐厅	21115.85	1781.88	-	22897.73
	学生厕所	13742.56	241.55	24.24	13959.87
	其 他	17823.71	568.11	174.00	18217.82
四、其他用房		37245.42	-	30.04	37215.38
	被外单位租(借)用	3336.90	-	-	3336.90

校 校 舍 情 况 (二)

单位：平方米

	乡 村		
上学年校舍建筑面积	增加面积	减少面积	本学年校舍建筑面积
24053.52	**1914.55**	**1122.05**	**24846.02**
-	-	-	-
-	-	-	-
-	-	-	-
9080.05	**358.58**	**69.48**	**9369.15**
3248.72	129.27	-	3377.99
4472.39	193.25	-	4665.64
1358.94	36.06	69.48	1325.52
302.36	18.03	-	320.39
346.45	18.03	0.18	364.30
198.13	-	-	198.13
512.00	-	69.30	442.70
2566.34	**270.92**	-	**2837.26**
1345.46	26.34	-	1371.80
1220.88	244.58	-	1465.46
5560.69	**235.23**	**143.93**	**5651.99**
2072.67	115.67	-	2188.34
934.64	80.56	-	1015.20
883.50	39.00	-	922.50
1669.88	-	143.93	1525.95
6846.44	**1049.82**	**908.64**	**6987.62**
-	-	-	-

幼儿园资产等

	占地面积（平方米）	
	计	其
		绿化用地面积
总计	**60252221.85**	**9751779.35**
城区	15248653.05	2489873.17
镇区	24201602.79	3892956.11
乡村	20801966.01	3368950.07

小学学校占地面积

	占地面积(平方米)			校园足球场(个)			
	合计	其中		计	其中		
		绿化用地面积	运动场地面积		11人制足球场	7人制足球场	5人制足球场
总计	**205499137.90**	**28987711.63**	**56219184.01**	**5662**	**340**	**1022**	**4300**
城区	28411533.35	4357846.76	9916991.81	1213	86	335	792
镇区	68402774.91	9206280.54	20563506.36	1900	187	445	1268
乡村	108684829.64	15423584.33	25738685.84	2549	67	242	2240

办学条件情况

中	图书（册）	固定资产总值（万元）	
运动场地面积		计	其中：玩教具资产值
19861921.96	**36053991**	**5261452.35**	**699601.23**
5455155.30	11297112	1570736.64	231778.99
7854577.16	14561865	2351638.81	307049.34
6552189.50	10195014	1339076.91	160772.90

及其他办学条件（小学、教学点）

图书（册）	数字终端数（台）			教室（间）		固定资产总值（万元）	
	计	其中		计	其中：网络多媒体教室	计	其中：教学仪器设备资产值
		教师终端数	学生终端数				
212103571	**1113649**	**407884**	**685371**	**372758**	**224047**	**9498962.75**	**1146858.61**
54331891	285975	119488	161049	70291	55206	2392435.08	327695.08
86943011	433863	158200	268546	132922	86656	3799919.92	455168.74
70828669	393811	130196	255776	169545	82185	3306607.75	363994.79

中学学校占地面积及其他办学条件

	占地面积(平方米)			校园足球场(个)			
	合计	其　　中		计	其　　中		
		绿化用地面积	运动场地面积		11人制足球场	7人制足球场	5人制足球场
总　　　计	228105179.33	42647477.58	54108261.73	4127	1421	1367	1339
初　　　中	142188540.06	23090481.90	37533065.11	3091	828	1110	1153
初级中学	98772578.83	15396169.01	26671891.34	2156	547	799	810
九年一贯制学校	43415961.23	7694312.89	10861173.77	935	281	311	343
普通高中	85916639.27	19556995.68	16575196.62	1036	593	257	186
完全中学	10328093.86	2411214.06	2425219.80	150	77	41	32
高级中学	63047013.68	14550842.03	12036708.03	700	429	157	114
十二年一贯制学校	12541531.73	2594939.59	2113268.79	186	87	59	40
城　　　区	64873472.30	13494735.46	16644526.23	1325	490	422	413
初　　　中	33229840.84	6151274.00	9993942.28	890	261	311	318
初级中学	19456216.90	3488592.57	6322466.52	543	158	190	195
九年一贯制学校	13773623.94	2662681.43	3671475.76	347	103	121	123
普通高中	31643631.46	7343461.46	6650583.95	435	229	111	95
完全中学	4553015.26	1108513.66	1235787.99	74	35	19	20
高级中学	22612146.88	5220646.41	4704150.54	294	170	66	58
十二年一贯制学校	4478469.32	1014301.39	710645.42	67	24	26	17
镇　　　区	123187089.04	22694376.45	28495942.75	2067	762	698	607
初　　　中	75652744.29	12016239.30	19816113.03	1552	444	577	531
初级中学	54303005.55	8234933.25	14541091.57	1128	301	440	387
九年一贯制学校	21349738.74	3781306.05	5275021.46	424	143	137	144
普通高中	47534344.75	10678137.15	8679829.72	515	318	121	76
完全中学	5567640.10	1275600.40	1140163.81	74	40	22	12
高级中学	35510827.15	8186843.21	6431105.75	344	225	75	44
十二年一贯制学校	6455877.50	1215693.54	1108560.16	97	53	24	20
乡　　　村	40044617.99	6458365.67	8967792.75	735	169	247	319
初　　　中	33305954.93	4922968.60	7723009.80	649	123	222	304
初级中学	25013356.38	3672643.19	5808333.25	485	88	169	228
九年一贯制学校	8292598.55	1250325.41	1914676.55	164	35	53	76
普通高中	6738663.06	1535397.07	1244782.95	86	46	25	15
完全中学	207438.50	27100.00	49268.00	2	2	-	-
高级中学	4924039.65	1143352.41	901451.74	62	34	16	12
十二年一贯制学校	1607184.91	364944.66	294063.21	22	10	9	3

（初级中学、九年一贯制学校、完全中学、高级中学、十二年一贯制学校）

图书（册）	数字终端数（台）			教室（间）		固定资产总值（万元）	
	计	其 中		计	其中：网络多媒体教室	计	其中:教学仪器设备资产值
		教师终端数	学生终端数				
211077713	**1155812**	**478952**	**651995**	**276753**	**196263**	**17550291.23**	**1445337.08**
159816707	**766591**	**312132**	**439393**	**183621**	**130974**	**9633356.46**	**898552.87**
120616896	550076	222721	315577	116605	83719	5248411.63	596629.05
39199811	216515	89411	123816	67016	47255	4384944.83	301923.82
51261006	**389221**	**166820**	**212602**	**93132**	**65289**	**7916934.76**	**546784.21**
8879889	60609	26973	31088	12926	9911	1021799.22	69605.70
37102559	282374	120706	155181	64428	43387	5405684.38	389228.41
5278558	46238	19141	26333	15778	11991	1489451.16	87950.09
64547332	**399863**	**172988**	**216841**	**88071**	**65167**	**5922478.45**	**502458.96**
44208257	**241059**	**104061**	**131600**	**53036**	**40066**	**2954341.44**	**294752.85**
30254157	157034	67630	85167	29731	22972	1535845.47	184556.01
13954100	84025	36431	46433	23305	17094	1418495.97	110196.84
20339075	**158804**	**68927**	**85241**	**35035**	**25101**	**2968137.01**	**207706.11**
4176720	28082	13612	12846	5800	4513	488970.55	34929.13
14472276	112068	48507	60771	23831	16599	2069097.65	152501.65
1690079	18654	6808	11624	5404	3989	410068.80	20275.33
114876509	**603263**	**247656**	**343523**	**149451**	**105295**	**9551070.91**	**746342.45**
87013294	**394532**	**159383**	**227684**	**97091**	**69391**	**5249857.11**	**463485.22**
67679164	293139	118267	169146	63734	46069	2914558.15	313676.12
19334130	101393	41116	58538	33357	23322	2335298.96	149809.10
27863215	**208731**	**88273**	**115839**	**52360**	**35904**	**4301213.80**	**282857.22**
4519609	31870	13200	17746	6860	5152	519995.67	33405.57
20520153	154899	65577	85970	37010	24389	2886190.96	204279.52
2823453	21962	9496	12123	8490	6363	895027.16	45172.14
31653872	**152686**	**58308**	**91631**	**39231**	**25801**	**2076741.87**	**196535.67**
28595156	**131000**	**48688**	**80109**	**33494**	**21517**	**1429157.91**	**140314.79**
22683575	99903	36824	61264	23140	14678	798008.00	98396.92
5911581	31097	11864	18845	10354	6839	631149.90	41917.88
3058716	**21686**	**9620**	**11522**	**5737**	**4284**	**647583.96**	**56220.87**
183560	657	161	496	266	246	12833.00	1271.00
2110130	15407	6622	8440	3587	2399	450395.77	32447.25
765026	5622	2837	2586	1884	1639	184355.19	22502.62

特殊教育学校占地

	占地面积(平方米)			校园足球场(个)			
	合计	其中		计	其中		
		绿化用地面积	运动场地面积		11人制足球场	7人制足球场	5人制足球场
总　计	**1390705.56**	**235389.84**	**280675.90**	30	4	6	20
城　区	607231.73	123133.44	127876.81	17	2	4	11
镇　区	631081.52	99106.18	139014.85	12	2	2	8
乡　村	152392.31	13150.22	13784.24	1	－	－	1

小　学　学　校

	体育运动场(馆)面积达标校数	体育器械配备达标校数	音乐器材配备达标校数	美术器材配备达标校数	数学自然实验仪器达标校数	有校医院(卫生室)校数
总　计	14851	15643	15584	15582	15426	8004
城　区	1673	1866	1867	1868	1844	1326
镇　区	4296	4546	4541	4537	4477	2395
乡　村	8882	9231	9176	9177	9105	4283

面积及其他办学条件

图书（册）	数字终端数（台）			教室（间）		固定资产总值（万元）	
	计	其中		计	其中：网络多媒体教室	计	其中：教学仪器设备资产值
		教师终端数	学生终端数				
725178	7587	4470	2959	2369	1304	105561.21	15600.28
346000	3621	2344	1232	1121	597	56736.50	7643.76
358431	3753	2023	1617	1161	664	44530.70	7074.39
20747	213	103	110	87	43	4294.01	882.13

办　学　条　件

单位：所

有专职校医校数	有专职保健人员校数	有学校首席信息官校数	建立家长委员会校数	与外方缔结"友好学校"数量	接入互联网校数	无线网全覆盖校数
1603	1562	5811	14740	26	16353	13873
465	388	868	1860	20	1965	1630
557	474	1804	4351	6	4743	4015
581	700	3139	8529	-	9645	8228

中学学校办学条件（初级中学、

	体育运动场（馆）面积达标校数	体育器械配备达标校数	音乐器材配备达标校数	美术器材配备达标校数	理科实验仪器达标校数	有校医院（卫生室）校数
总　　计	**5256**	**5497**	**5456**	**5453**	**5464**	**3964**
初级中学	3095	3284	3270	3267	3293	2187
九年一贯制学校	1158	1194	1177	1178	1171	858
完全中学	131	135	134	133	132	126
高级中学	721	730	722	721	715	662
十二年一贯制学校	151	154	153	154	153	131
城　　区	1296	1371	1356	1360	1355	1158
初级中学	557	613	607	607	616	509
九年一贯制学校	338	348	341	345	336	278
完全中学	59	62	62	61	62	61
高级中学	292	297	295	296	289	266
十二年一贯制学校	50	51	51	51	52	44
镇　　区	2625	2737	2721	2718	2722	1975
初级中学	1583	1674	1671	1669	1677	1109
九年一贯制学校	520	534	526	526	527	386
完全中学	69	70	69	69	67	62
高级中学	370	374	371	369	368	347
十二年一贯制学校	83	85	84	85	83	71
乡　　村	1335	1389	1379	1375	1387	831
初级中学	955	997	992	991	1000	569
九年一贯制学校	300	312	310	307	308	194
完全中学	3	3	3	3	3	3
高级中学	59	59	56	56	58	49
十二年一贯制学校	18	18	18	18	18	16

九年一贯制学校、完全中学、高级中学、十二年一贯制学校）

单位：所

有专职校医校数	有专职保健人员校数	有预防艾滋病教育和性教育相关课程和活动的校数	有学校首席信息官校数	建立家长委员会校数	与外方缔结"友好学校"数量	接入互联网校数	无线网全覆盖校数
1990	**1393**	**5342**	**2619**	**5343**	**52**	**5680**	**4442**
779	557	3148	1476	3184	15	3344	2630
473	383	1153	568	1162	3	1248	969
98	68	132	71	129	5	138	102
543	321	760	426	723	29	794	616
97	64	149	78	145	-	156	125
777	**522**	**1359**	**738**	**1337**	**34**	**1428**	**1114**
285	192	599	343	609	14	632	497
192	149	342	176	331	2	365	281
50	30	62	27	61	2	64	50
216	128	304	167	288	16	314	242
34	23	52	25	48	-	53	44
947	**657**	**2666**	**1300**	**2675**	**17**	**2827**	**2240**
362	266	1607	739	1628	1	1696	1347
202	155	515	255	525	1	557	450
45	37	67	43	65	3	71	50
287	166	397	222	377	12	418	324
51	33	80	41	80	-	85	69
266	**214**	**1317**	**581**	**1331**	**1**	**1425**	**1088**
132	99	942	394	947	-	1016	786
79	79	296	137	306	-	326	238
3	1	3	1	3	-	3	2
40	27	59	37	58	1	62	50
12	8	17	12	17	-	18	12

基础教育学校卫生、通电情况（总计）

单位：所

	按学校供水方式分			按学校厕所情况分			洗手设施			通电
	自备水源	网管供水	无水源	卫生厕所	非卫生厕所	无厕所	有水和肥皂	只有水	既没有水也没有肥皂	
总　　计	6923	37696	283	43915	543	444	42028	2512	362	44597
幼 儿 园	2720	19657	237	22077	177	360	21768	552	294	22363
小　　学	2954	13442	25	16050	330	41	15100	1279	42	16389
初级中学	833	2518	12	3319	25	19	2970	378	15	3352
九年一贯制学校	213	1039	4	1239	8	9	1098	152	6	1251
完全中学	16	122	-	136	-	2	121	17	-	138
高级中学	138	658	5	785	3	13	684	112	5	795
十二年一贯制学校	29	127	-	156	-	-	141	15	-	156
特殊教育学校	20	133	-	153	-	-	146	7	-	153

基础教育学校卫生、通电情况（城区）

单位：所

	按学校供水方式分			按学校厕所情况分			洗手设施			通电
	自备水源	网管供水	无水源	卫生厕所	非卫生厕所	无厕所	有水和肥皂	只有水	既没有水也没有肥皂	
总　　计	534	8217	96	8666	13	168	8397	321	129	8749
幼 儿 园	204	5078	69	5216	7	128	5201	57	93	5281
小　　学	190	1780	13	1965	-	18	1848	117	18	1969
初级中学	57	578	8	630	2	11	577	55	11	635
九年一贯制学校	39	326	4	360	3	6	317	47	5	365
完全中学	4	60	-	63	-	1	57	7	-	64
高级中学	28	287	2	312	1	4	285	30	2	315
十二年一贯制学校	5	48	-	53	-	-	47	6	-	53
特殊教育学校	7	60	-	67	-	-	65	2	-	67

基础教育学校卫生、通电情况（镇区）

单位：所

	按学校供水方式分			按学校厕所情况分			洗手设施			通电
	自备水源	网管供水	无水源	卫生厕所	非卫生厕所	无厕所	有水和肥皂	只有水	既没有水也没有肥皂	
总　　计	2755	13469	88	16072	122	118	15256	948	108	16217
幼 儿 园	1129	7425	78	8500	37	95	8372	167	93	8548
小　　学	904	3852	3	4682	70	7	4346	406	7	4755
初级中学	488	1212	4	1685	13	6	1490	210	4	1701
九年一贯制学校	102	457	-	557	1	1	489	69	1	559
完全中学	10	61	-	70	-	1	61	10	-	71
高级中学	93	325	3	412	1	8	345	73	3	417
十二年一贯制学校	17	68	-	85	-	-	76	9	-	85
特殊教育学校	12	69	-	81	-	-	77	4	-	81

基础教育学校卫生、通电情况（乡村）

单位：所

	按学校供水方式分			按学校厕所情况分			洗手设施			通电
	自备水源	网管供水	无水源	卫生厕所	非卫生厕所	无厕所	有水和肥皂	只有水	既没有水也没有肥皂	
总　　计	3634	16010	99	19177	408	158	18375	1243	125	19631
幼 儿 园	1387	7154	90	8361	133	137	8195	328	108	8534
小　　学	1860	7810	9	9403	260	16	8906	756	17	9665
初级中学	288	728	-	1004	10	2	903	113	-	1016
九年一贯制学校	72	256	-	322	4	2	292	36	-	327
完全中学	2	1	-	3	-	-	3	-	-	3
高级中学	17	46	-	61	1	1	54	9	-	63
十二年一贯制学校	7	11	-	18	-	-	18	-	-	18
特殊教育学校	1	4	-	5	-	-	4	1	-	5

附　设　班

	校　数（机构）（所）	班　数（个）	离班人数	入班人数	在班人数
附设幼儿班情况	8729	14383	139375	63894	243188
附设小学班情况	339	1506	35376	2864	57103
附设普通初中班情况	19	165	2606	2539	7372
附设普通高中班情况	22	334	4589	5868	16515
附设特教班情况	1	–	–	–	–

成　人　中　、小　学

	合计	教学班（点）（个）	离校人数		入校
			计	其中：女	计
一、成人中学	**29**	**156**	**2864**	**1203**	**2916**
其中:少数民族	–	–	27	–	27
(一)职工中学	–	–	–	–	–
高　　中	–	–	–	–	–
初　　中	–	–	–	–	–
(二)农民中学	29	156	2864	1203	2916
高　　中	–	–	–	–	–
初　　中	29	156	2864	1203	2916
二、成人小学	**5**	**7**	**245**	**110**	**171**
其中:少数民族	–	–	–	–	–
职工小学	–	–	–	–	–
农民小学	5	7	245	110	171
小 学 班	–	–	–	–	–
扫 盲 班	–	–	–	–	–

情 况

	专 任 教 师 数				
合计	研究生毕业	本科毕业	专科毕业	高中阶段毕业	高中阶段毕业以下
15320	5	4345	8319	2630	21
3570	14	2804	739	13	-
496	13	446	37	-	-
1079	75	962	42	-	-
-	-	-	-	-	-

基 本 情 况

人数		在校生数		教职工数		其中:专任教师数	
	其中:女	计	其中:女	计	其中:女	计	其中:女
	1288	4376	1923	221	90	179	76
	-	64	-	1	-	1	-
	-	-	-	-	-	-	-
	-	-	-	-	-	-	-
	-	-	-	-	-	-	-
	1288	4376	1923	221	90	179	76
	-	-	-	-	-	-	-
	1288	4376	1923	221	90	179	76
	80	191	91	17	6	13	6
	-	-	-	-	-	-	-
	-	-	-	-	-	-	-
	80	191	91	17	6	13	6
	-	-	-	-	-	-	-
	-	-	-	-	-	-	-

五、各省辖市直管县教育基本情况

小　　学　　基

省辖市直管县	校数(所)			教学点数(个)	乡镇中心小学校数	班数(个)	毕业生数	招生数	
	计	公办	民办					计	其中：受过学前教育
河南省	16429	14925	1504	8917	3062	268233	1691383	1489465	1489344
郑州市	931	865	66	53	113	23716	158058	215875	215802
开封市	628	555	73	458	114	10901	68789	54065	54064
洛阳市	759	716	43	256	143	15360	100735	103174	103162
平顶山市	748	673	75	634	229	10927	69478	59475	59473
安阳市	806	766	40	344	168	11496	78649	59647	59644
鹤壁市	253	226	27	106	69	3960	26474	20592	20591
新乡市	973	901	72	217	161	13461	91934	73835	73831
焦作市	505	482	23	121	134	7449	46922	46901	46901
濮阳市	677	564	113	252	156	11469	76328	61265	61262
许昌市	766	641	125	270	189	10954	72519	58592	58592
漯河市	327	310	17	18	39	5169	34866	32358	32358
三门峡市	205	204	1	114	61	4089	27265	27432	27430
南阳市	1339	1217	122	1255	449	24597	166331	119450	119448
商丘市	1453	1344	109	666	163	22150	119945	109280	109280
信阳市	688	642	46	769	197	14036	93060	73710	73710
周口市	1548	1346	202	1428	137	24237	140284	123081	123073
驻马店市	1661	1555	106	856	155	21165	118101	87845	87845
济源示范区	73	73	-	10	20	1486	9554	11681	11678
巩义市	70	69	1	27	15	1358	9429	10591	10591
兰考县	166	155	11	51	9	2634	14199	14104	14104
汝州市	294	272	22	63	23	3306	19556	15647	15646
滑县	298	274	24	175	27	4008	27248	17806	17806
长垣市	219	215	4	8	67	2784	17595	14679	14676
邓州市	186	169	17	410	137	4621	27146	17647	17647
永城市	310	272	38	11	19	4103	25624	19722	19722
固始县	136	121	15	33	27	2627	18999	14498	14498
鹿邑县	157	130	27	135	18	2900	15165	14883	14880
新蔡县	253	168	85	177	23	3270	17130	11630	11630

注：本表直管县单列，下同。

本 情 况（总计）

在校学生数			预计毕业学生数	教职工数（按办学类型）				教小学学生的专任教师数	校外教师	外籍教师
计	其中：寄宿生	其中：教学点在校生数		计	其中：女	其中：专任教师数				
						计	其中：女			
9628783	**1449947**	**395997**	**1710463**	**572786**	**447539**	**541235**	**431147**	**601010**	**4793**	**38**
1123625	84275	4649	166238	57872	49364	55271	47711	61710	176	35
370478	70654	22628	69635	23025	18135	21129	17235	23857	114	—
620788	105866	21446	103262	32961	25863	31424	24996	35453	255	1
384896	68686	20173	69902	24721	19650	23591	19014	25436	451	—
405827	26588	8132	78945	23317	19040	22224	18584	24493	317	—
137464	19885	3032	25612	8712	6928	8025	6478	8388	248	—
492513	61710	10784	91639	26948	22244	25322	21292	28573	48	—
280083	37846	5448	47870	16191	12847	15456	12454	17302	36	—
413408	43657	8938	75086	23140	18326	21353	17428	24713	133	—
398263	92883	9191	73576	22870	17620	20622	16170	24848	11	—
203991	34815	598	35489	9903	7509	9295	7268	12345	2	—
157439	31815	2324	26935	9412	6882	9010	6729	10409	16	—
844438	158541	54874	163170	51336	39454	49529	38668	55357	839	—
731996	74815	52458	121497	44187	31031	40726	29560	45221	32	—
504974	48395	18405	94818	33795	26264	32128	25561	34928	180	1
828341	215152	71633	145297	52414	39009	49718	37397	55111	19	1
621137	90884	27905	118806	46121	36339	43996	35238	43788	15	—
62601	4456	256	9702	2751	2086	2667	2067	3089	—	—
58471	10539	2121	9143	3337	2687	3237	2623	3676	—	—
91942	15980	5450	16042	5010	4073	4835	3982	5441	4	—
104901	19426	1594	18229	6224	5042	5830	4809	6240	24	—
130230	21092	2615	25924	8265	6759	8059	6661	8594	910	—
101028	18055	107	17968	5446	4868	5003	4562	5914	393	—
131005	33382	24263	26272	8202	5869	7837	5747	8425	570	—
141544	21702	637	25934	8085	5945	7375	5680	7437	—	—
102701	4428	2607	19515	6865	5410	6600	5292	7165	—	—
96971	21149	8878	16586	5564	4039	5242	3905	6521	—	—
87728	13271	4851	17371	6112	4256	5731	4036	6576	—	—

小 学 基

省辖市直管县	校数（所）			教学点数（个）	乡镇中心小学校数	班数（个）	毕业生数	招生数	
	计	公办	民办					计	其中：受过学前教育
河南省	1991	1818	173	208	220	65592	470161	537322	537232
郑州市	374	333	41	2	17	13373	92379	131356	131291
开封市	105	101	4	19	9	2853	19477	21508	21508
洛阳市	187	178	9	22	21	5328	34509	45543	45533
平顶山市	89	83	6	12	6	2455	16710	20477	20476
安阳市	128	115	13	6	16	3997	31094	29976	29973
鹤壁市	40	40	-	4	11	1122	9484	8504	8503
新乡市	159	152	7	4	7	3797	28393	29477	29475
焦作市	75	72	3	13	16	2346	16477	20413	20413
濮阳市	30	28	2	5	3	2023	15838	17176	17176
许昌市	144	120	24	20	30	4214	30652	31487	31487
漯河市	52	49	3	1	7	1937	13242	16545	16545
三门峡市	58	57	1	4	8	1808	12107	15230	15230
南阳市	52	47	5	10	3	2571	21220	20224	20224
商丘市	66	59	7	2	9	2395	15252	19044	19044
信阳市	49	44	5	13	11	2041	14432	16910	16910
周口市	116	101	15	49	7	4140	32481	26862	26857
驻马店市	41	40	1	-	2	1579	10890	12108	12108
济源示范区	29	29	-	1	5	1045	7003	9714	9713
巩义市	22	21	1	4	3	688	4768	6640	6640
兰考县	-	-	-	-	-	-	-	-	-
汝州市	37	30	7	1	5	992	6797	7247	7247
滑县	-	-	-	-	-	-	-	-	-
长垣市	62	59	3	1	13	1670	11776	10982	10980
邓州市	32	28	4	14	9	1234	10002	7943	7943
永城市	44	32	12	1	2	1984	15178	11956	11956
固始县	-	-	-	-	-	-	-	-	-
鹿邑县	-	-	-	-	-	-	-	-	-
新蔡县	-	-	-	-	-	-	-	-	-

本情况（城区）

在校学生数			预计毕业学生数	教职工数（按办学类型）				教小学学生的专任教师数	校外教师	外籍教师
计	其中：寄宿生	其中：教学点在校生数		计	其中：女	其中：专任教师数				
						计	其中：女			
3040171	**218737**	**15953**	**495474**	**141259**	**119820**	**134251**	**115633**	**159628**	**1285**	**35**
663650	34308	37	97503	33321	29151	31676	28042	36149	77	33
124933	7507	488	20993	6435	5554	6128	5387	7054	24	—
241490	22258	2580	36779	11459	9790	11036	9538	13212	67	—
112413	3497	455	17968	5904	4838	5765	4782	6267	215	—
179588	6104	159	32215	8069	6931	7771	6759	9256	125	—
51201	1373	46	9173	2696	2159	2591	2123	2711	22	—
174872	6780	391	29654	8138	6997	7800	6781	8641	18	—
109628	8331	926	17320	4964	4069	4783	3966	5849	—	—
98165	5372	44	16789	3075	2619	2865	2494	4305	87	—
188396	24954	1359	32284	7315	6093	6861	5800	10133	11	—
91557	4160	53	13987	3357	2828	3219	2759	4188	2	—
80905	6093	79	12671	4438	3603	4246	3505	4841	7	—
124562	2218	2065	22274	4906	3983	4659	3840	5578	256	—
108531	2665	38	16099	5025	4018	4615	3817	4999	—	—
98526	1939	471	16301	4893	4258	4714	4145	5075	13	1
184247	39072	4498	34249	7673	6217	7161	5924	10090	1	1
70246	292	—	11803	3894	3310	3808	3278	3939	—	—
49702	1863	147	7302	1861	1540	1815	1524	2208	—	—
33233	2668	423	4647	1623	1388	1561	1339	1980	—	—
—	—	—	—	—	—	—	—	—	—	—
44108	5180	—	6826	2382	2003	2115	1832	2299	18	—
—	—	—	—	—	—	—	—	—	—	—
71357	13238	—	12412	3116	2893	2790	2641	3607	289	—
54717	7615	1615	10631	2349	1974	2251	1932	3112	53	—
84144	11250	79	15594	4366	3604	4021	3425	4135	—	—
—	—	—	—	—	—	—	—	—	—	—
—	—	—	—	—	—	—	—	—	—	—
—	—	—	—	—	—	—	—	—	—	—

小 学 基

省辖市直管县	校数（所）			教学点数（个）	乡镇中心小学校数	班数（个）	毕业生数	招生数	
	计	公办	民办					计	其中：受过学前教育
河南省	4759	4126	633	1244	1430	106165	780064	637677	637660
郑州市	226	211	15	8	48	6360	42752	58527	58527
开封市	176	144	32	92	48	4136	30762	21413	21412
洛阳市	285	266	19	55	93	6865	49419	45283	45281
平顶山市	207	181	26	72	73	4011	30738	24758	24757
安阳市	187	181	6	44	57	3590	28373	19973	19973
鹤壁市	85	74	11	20	38	1722	12472	9832	9832
新乡市	262	228	34	30	73	4812	33701	29694	29694
焦作市	180	166	14	16	55	3112	21784	19550	19550
濮阳市	218	174	44	46	59	5480	39853	33086	33083
许昌市	193	155	38	44	60	2918	21153	14221	14221
漯河市	88	82	6	2	23	1826	13897	10974	10974
三门峡市	69	69	-	14	28	1371	10447	9553	9552
南阳市	558	494	64	166	250	13629	111035	75173	75172
商丘市	394	338	56	105	73	9414	62786	53735	53735
信阳市	216	193	23	51	93	6630	52057	41621	41621
周口市	441	360	81	280	86	9270	63622	52756	52755
驻马店市	383	329	54	58	101	9222	71383	51011	51011
济源示范区	17	17	-	2	9	238	1646	1336	1334
巩义市	39	39	-	4	12	490	3760	3178	3178
兰考县	72	63	9	20	5	1747	9824	10683	10683
汝州市	54	47	7	6	13	632	4447	3104	3103
滑县	67	54	13	14	21	1738	13184	10270	10270
长垣市	35	35	-	-	17	352	2382	1657	1656
邓州市	48	39	9	32	35	940	8746	3921	3921
永城市	64	52	12	1	15	807	5167	4143	4143
固始县	67	56	11	4	18	1859	14429	12261	12261
鹿邑县	57	43	14	29	11	1601	10678	8955	8952
新蔡县	71	36	35	29	16	1393	9567	7009	7009

本　　情　　况(镇区)

在校学生数			预计毕业学生数	教职工数(按办学类型)				教小学学生的专任教师数	校外教师	外籍教师
计	其中:寄宿生	其中:教学点在校生数		计	其中:女	其中:专任教师数				
						计	其中:女			
4269731	722286	88063	796248	229632	186816	215757	179217	248870	2009	1
308184	26923	1705	45019	15320	13136	14704	12748	15964	50	1
153557	36999	5342	30913	8377	6785	7428	6235	8966	77	-
292356	55609	6637	50628	14853	11655	14129	11266	15811	162	-
165236	30805	5552	31418	9521	7930	8854	7512	9845	187	-
141511	12367	1318	28966	7920	6691	7592	6571	8237	176	-
66367	11392	1159	12271	4029	3357	3579	3031	3821	74	-
191237	23705	3221	33932	10076	8601	9290	8106	10616	17	-
124864	19820	1916	22139	6905	5688	6515	5465	7347	28	-
219118	21955	2571	40205	11461	9440	10565	8976	12504	39	-
108216	34309	1673	21339	6947	5639	6058	5030	6538	-	-
74441	15707	86	14394	3233	2520	3059	2440	4887	-	-
56456	13696	1064	10265	3206	2340	3107	2318	3539	3	-
545944	113159	13099	110960	28606	23256	27669	22876	33155	497	-
359626	51099	9371	64131	18620	14111	17062	13348	21006	11	-
284975	25035	2011	53843	15098	12178	14257	11790	16602	121	-
355620	80436	17331	64191	19732	15848	18491	15084	21341	5	-
363921	65311	2916	73982	21056	17649	19966	17026	21896	8	-
8651	1693	68	1573	526	335	508	332	514	-	-
20325	5987	322	3675	1350	1051	1318	1038	1318	-	-
67725	14223	2300	11980	3120	2653	2975	2574	3561	3	-
22262	5047	365	4020	1271	1067	1187	1023	1156	6	-
67215	11702	233	12540	3889	3392	3792	3338	4187	466	-
12131	2423	-	2245	707	603	681	595	779	24	-
32680	12730	3467	8114	2016	1541	1923	1502	1982	55	-
28781	4475	8	5649	1333	987	1228	965	1221	-	-
83438	3388	619	15297	4974	4047	4762	3952	5157	-	-
61536	14096	3202	11887	2855	2273	2689	2184	3873	-	-
53358	8195	507	10672	2631	2043	2369	1892	3047	-	-

小 学 基

省辖市直管县	校数(所)			教学点数(个)	乡镇中心小学校数	班数(个)	毕业生数	招生数	
	计	公办	民办					计	其中:受过学前教育
河南省	**9679**	**8981**	**698**	**7465**	**1412**	**96476**	**441158**	**314466**	**314452**
郑州市	331	321	10	43	48	3983	22927	25992	25984
开封市	347	310	37	347	57	3912	18550	11144	11144
洛阳市	287	272	15	179	29	3167	16807	12348	12348
平顶山市	452	409	43	550	150	4461	22030	14240	14240
安阳市	491	470	21	294	95	3909	19182	9698	9698
鹤壁市	128	112	16	82	20	1116	4518	2256	2256
新乡市	552	521	31	183	81	4852	29840	14664	14662
焦作市	250	244	6	92	63	1991	8661	6938	6938
濮阳市	429	362	67	201	94	3966	20637	11003	11003
许昌市	429	366	63	206	99	3822	20714	12884	12884
漯河市	187	179	8	15	9	1406	7727	4839	4839
三门峡市	78	78	-	96	25	910	4711	2649	2648
南阳市	729	676	53	1079	196	8397	34076	24053	24052
商丘市	993	947	46	559	81	10341	41907	36501	36501
信阳市	423	405	18	705	93	5365	26571	15179	15179
周口市	991	885	106	1099	44	10827	44181	43463	43461
驻马店市	1237	1186	51	798	52	10364	35828	24726	24726
济源示范区	27	27	-	7	6	203	905	631	631
巩义市	9	9	-	19	-	180	901	773	773
兰考县	94	92	2	31	4	887	4375	3421	3421
汝州市	203	195	8	56	5	1682	8312	5296	5296
滑县	231	220	11	161	6	2270	14064	7536	7536
长垣市	122	121	1	7	37	762	3437	2040	2040
邓州市	106	102	4	364	93	2447	8398	5783	5783
永城市	202	188	14	9	2	1312	5279	3623	3623
固始县	69	65	4	29	9	768	4570	2237	2237
鹿邑县	100	87	13	106	7	1299	4487	5928	5928
新蔡县	182	132	50	148	7	1877	7563	4621	4621

本　　情　　况（乡村）

在校学生数			预计毕业学生数	教职工数（按办学类型）				教小学学生的专任教师数	校外教师	外籍教师
计	其中：寄宿生	其中：教学点在校生数		计	其中：女	其中：专任教师数				
						计	其中：女			
2318881	**508924**	**291981**	**418741**	**201895**	**140903**	**191227**	**136297**	**181771**	**1499**	**2**
151791	23044	2907	23716	9231	7077	8891	6921	8891	49	1
91988	26148	16798	17729	8213	5796	7573	5613	7408	13	-
86942	27999	12229	15855	6649	4418	6259	4192	5991	26	1
107247	34384	14166	20516	9296	6882	8972	6720	8946	49	-
84728	8117	6655	17764	7328	5418	6861	5254	6707	16	-
19896	7120	1827	4168	1987	1412	1855	1324	1790	152	-
126404	31225	7172	28053	8734	6646	8232	6405	8061	13	-
45591	9695	2606	8411	4322	3090	4158	3023	3934	8	-
96125	16330	6323	18092	8604	6267	7923	5958	7576	7	-
101651	33620	6159	19953	8608	5888	7703	5340	7667	-	-
37993	14948	459	7108	3313	2161	3017	2069	2987	-	-
20078	12026	1181	3999	1768	939	1657	906	1653	6	-
173932	43164	39710	29936	17824	12215	17201	11952	16017	86	-
263839	21051	43049	41267	20542	12902	19049	12395	18307	21	-
121473	21421	15923	24674	13804	9828	13157	9626	12393	46	-
288474	95644	49804	46857	25009	16944	24066	16389	22426	13	-
186970	25281	24989	33021	21171	15380	20222	14934	17788	7	-
4248	900	41	827	364	211	344	211	344	-	-
4913	1884	1376	821	364	248	358	246	358	-	-
24217	1757	3150	4062	1890	1420	1860	1408	1860	1	-
38531	9199	1229	7383	2571	1972	2528	1954	2479	-	-
63015	9390	2382	13384	4376	3367	4267	3323	4172	444	-
17540	2394	107	3311	1623	1372	1532	1326	1485	80	-
43608	13037	19181	7527	3837	2354	3663	2313	3312	462	-
28619	5977	550	4691	2386	1354	2126	1290	2014	-	-
19263	1040	1988	4218	1891	1363	1838	1340	1781	-	-
35435	7053	5676	4699	2709	1766	2553	1721	2148	-	-
34370	5076	4344	6699	3481	2213	3362	2144	3276	-	-

初 中 基

省辖市直管县	校数(所) 计	公办	民办	班数(个)	毕业生数	招生数	在校学 计	其中：寄宿生	一年级
河南省	4626	3820	806	105666	1536671	1687362	5081295	3121455	1687382
郑州市	410	318	92	9874	147114	166503	490963	233349	166511
开封市	174	127	47	4193	61265	65255	202168	136532	65255
洛阳市	314	259	55	6371	92983	100292	301048	196940	100292
平顶山市	173	147	26	4347	62305	69396	215498	139008	69396
安阳市	214	189	25	5053	73456	77769	238269	108214	77769
鹤壁市	58	53	5	1648	25125	26265	79080	40649	26266
新乡市	292	241	51	5705	77906	91298	271799	156700	91299
焦作市	178	147	31	2865	40871	45525	134136	72133	45533
濮阳市	161	143	18	4670	65835	74391	225124	107021	74391
许昌市	196	144	52	4217	67346	70843	210002	156019	70843
漯河市	102	96	6	2200	34239	35106	107647	61400	35106
三门峡市	102	95	7	1681	23256	24913	77601	53838	24913
南阳市	403	346	57	10829	167575	169816	517744	358480	169818
商丘市	363	302	61	7097	91948	114914	333613	167792	114914
信阳市	276	241	35	5958	78612	94840	288755	144562	94840
周口市	408	307	101	8633	130382	140350	417452	319301	140350
驻马店市	265	238	27	7670	107175	117814	363146	222595	117814
济源示范区	31	28	3	614	9101	9681	29131	10793	9681
巩义市	26	24	2	538	9107	9167	27179	19479	9167
兰考县	51	37	14	974	12812	15125	45142	40663	15125
汝州市	59	48	11	1192	17760	20031	59188	52699	20031
滑县	53	45	8	1751	23332	26275	80301	68777	26275
长垣市	41	34	7	1076	13519	18203	52274	52161	18203
邓州市	62	58	4	1675	27476	25936	80092	63887	25936
永城市	57	45	12	1539	23181	25973	73750	38496	25973
固始县	54	47	7	1246	20431	19405	61657	34812	19405
鹿邑县	53	32	21	992	14497	15177	47543	26170	15177
新蔡县	50	29	21	1058	18062	17099	50993	38985	17099

本 情 况(总计)

生 数 分年级		预计毕业生数	教职工数(按办学类型)				教初中学生的专任教师数	校外教师	外籍教师
			计	其中:女	其中:专任教师数				
二年级	三年级				计	其中:女			
1706794	**1687119**	**1687119**	**447167**	**314913**	**411724**	**296623**	**366068**	**2158**	**44**
165209	159243	159243	43766	32613	39866	30500	34922	55	13
68259	68654	68654	16976	11863	14971	10865	13232	179	-
101315	99441	99441	26887	18971	24970	17974	22428	37	29
72692	73410	73410	18415	13015	17266	12419	16208	58	1
79970	80530	80530	18190	12790	16713	11997	15841	71	-
26309	26505	26505	5608	3914	5389	3836	5491	8	-
90101	90399	90399	21096	15228	19093	14062	18076	16	-
44939	43664	43664	12911	9242	11739	8646	10154	28	-
75665	75068	75068	18801	13647	17347	13011	15148	226	-
70537	68622	68622	19820	14467	17984	13421	14736	-	-
36436	36105	36105	11178	8235	10544	7920	7856	26	-
26656	26032	26032	7862	5197	7239	4905	6510	39	-
175436	172490	172490	46029	33187	43112	31560	39085	246	-
111553	107146	107146	31248	20824	27536	18943	23966	24	-
97541	96374	96374	27051	17166	25098	16253	22642	82	-
140927	136175	136175	40149	28605	36550	26653	29556	3	-
122470	122862	122862	29994	20208	28755	19748	27773	47	-
9718	9732	9732	2790	1907	2589	1823	2167	-	-
8936	9076	9076	2904	2186	2756	2080	2317	-	-
14877	15140	15140	3661	2741	3454	2643	2848	8	-
18271	20886	20886	5086	3778	4891	3694	4468	-	-
26679	27347	27347	5257	4014	5126	3966	5087	580	-
17227	16844	16844	4293	3497	3732	3119	3200	110	1
26954	27202	27202	6312	4425	6114	4363	5795	315	-
24272	23505	23505	5411	3482	5024	3334	4811	-	-
20868	21384	21384	5888	3522	5435	3303	4830	-	-
15473	16893	16893	5356	3615	4701	3305	3173	-	-
17504	16390	16390	4228	2574	3730	2280	3748	-	-

初 中 基

省辖市直管县	校数(所)			班数(个)	毕业生数	招生数	在 校 学		
	计	公办	民办				计	其中：寄宿生	一年级
河南省	1017	795	222	30410	443228	515856	1506094	591661	515872
郑州市	225	162	63	5729	85230	97474	287833	95052	97482
开封市	36	29	7	1283	20157	21023	64272	37582	21023
洛阳市	89	71	18	2205	32765	34935	102356	51202	34935
平顶山市	40	34	6	1008	14731	16835	50099	16471	16835
安阳市	66	52	14	1994	26578	33577	95609	16921	33577
鹤壁市	20	20	—	588	9527	9409	28656	4926	9410
新乡市	50	42	8	1807	23752	30281	89837	24581	30282
焦作市	50	37	13	999	14738	16571	47485	15284	16577
濮阳市	35	30	5	1308	18744	22194	65660	18592	22194
许昌市	81	54	27	1921	28896	34326	96912	50829	34326
漯河市	26	24	2	900	13234	15820	45671	12150	15820
三门峡市	29	24	5	729	10322	11252	34108	21195	11252
南阳市	25	22	3	1459	22361	24940	72455	21411	24940
商丘市	24	19	5	961	11950	17650	49794	10571	17650
信阳市	24	22	2	965	12185	16568	49642	10440	16568
周口市	74	53	21	2306	36317	40047	114924	77586	40047
驻马店市	22	21	1	717	10325	11303	34861	3124	11303
济源示范区	14	12	2	446	6973	7574	22436	5676	7574
巩义市	11	9	2	287	4699	4978	14597	7087	4978
兰考县	—	—	—	—	—	—	—	—	—
汝州市	17	12	5	390	5173	6556	19491	15122	6556
滑县	—	—	—	—	—	—	—	—	—
长垣市	17	13	4	793	9589	14013	39601	39582	14013
邓州市	18	17	1	594	9665	10454	29501	16910	10454
永城市	24	16	8	1021	15317	18076	50294	19367	18076
固始县	—	—	—	—	—	—	—	—	—
鹿邑县	—	—	—	—	—	—	—	—	—
新蔡县	—	—	—	—	—	—	—	—	—

本　　情　　况（城区）

生　数		预计毕业生数	教职工数（按办学类型）				教初中学生的专任教师数	校外教师	外籍教师
分年级			计	其中：女	其中：专任教师数				
二年级	三年级				计	其中：女			
505499	**484723**	**484723**	**130133**	**95751**	**119167**	**89693**	**102924**	**716**	**37**
96134	94217	94217	26798	19891	24202	18440	20297	33	7
21489	21760	21760	4919	3602	4202	3187	4198	136	–
34394	33027	33027	9289	6985	8654	6629	7825	2	29
16679	16585	16585	4829	3286	4455	3097	4017	–	–
32250	29782	29782	7319	5257	6590	4820	5691	12	–
9516	9730	9730	2049	1373	2002	1356	2043	2	–
30384	29171	29171	5070	3601	4722	3419	5272	–	–
15786	15122	15122	4956	3683	4513	3469	3717	27	–
21953	21513	21513	5394	3970	4901	3704	3960	54	–
32557	30029	30029	10426	8040	9290	7364	6617	–	–
15313	14538	14538	4206	3255	3922	3088	2946	19	–
11814	11042	11042	3446	2400	3163	2272	2716	9	–
24650	22865	22865	4732	3664	4540	3585	4482	81	–
17283	14861	14861	3069	2096	2906	2042	3119	22	–
16850	16224	16224	4126	2910	3918	2800	3655	2	–
39037	35840	35840	12085	8723	10965	8100	8171	–	–
12007	11551	11551	2885	2038	2785	2010	2576	–	–
7521	7341	7341	2066	1474	1920	1406	1527	–	–
4882	4737	4737	1794	1473	1671	1378	1252	–	–
–	–	–	–	–	–	–	–	–	–
5936	6999	6999	1598	1191	1529	1153	1333	–	–
–	–	–	–	–	–	–	–	–	–
13144	12444	12444	3128	2683	2706	2365	2204	106	1
9541	9506	9506	2253	1698	2179	1680	1988	211	–
16379	15839	15839	3696	2458	3432	2329	3318	–	–
–	–	–	–	–	–	–	–	–	–
–	–	–	–	–	–	–	–	–	–
–	–	–	–	–	–	–	–	–	–

初 中 基

省辖市直管县	校数(所)			班数(个)	毕业生数	招生数	在校学		
	计	公办	民办				计	其中:寄宿生	一年级
河南省	2265	1847	418	57948	846774	923394	2790630	1876334	923398
郑州市	123	108	15	3188	49628	53329	157858	105249	53329
开封市	83	52	31	2103	31312	32363	101111	64005	32363
洛阳市	172	144	28	3606	52147	57363	173718	125630	57363
平顶山市	81	67	14	2399	33170	38897	119958	78697	38897
安阳市	77	68	9	2221	34146	33587	105412	68353	33587
鹤壁市	32	29	3	1016	15339	16354	48737	34503	16354
新乡市	123	103	20	2729	37337	44493	131168	90714	44493
焦作市	80	66	14	1468	21245	23353	69788	43809	23355
濮阳市	83	71	12	2793	38253	44804	134308	68334	44804
许昌市	69	54	15	1595	27161	25892	79635	74789	25892
漯河市	55	51	4	1053	16754	15802	50319	37705	15802
三门峡市	43	42	1	747	10128	11220	35198	25184	11220
南阳市	297	246	51	8027	123736	124964	383414	280929	124966
商丘市	176	133	43	4305	58678	70817	203776	111137	70817
信阳市	133	108	25	3616	47992	59576	178000	83834	59576
周口市	202	144	58	4513	66528	74267	218089	163961	74267
驻马店市	171	149	22	5699	78689	88488	271287	168513	88488
济源示范区	12	11	1	131	1726	1708	5416	4204	1708
巩义市	12	12	-	204	3601	3415	10236	10046	3415
兰考县	32	21	11	819	10377	13222	38464	34676	13222
汝州市	12	12	-	300	5071	5111	15163	13819	5111
滑县	27	22	5	1338	17531	20709	62230	52474	20709
长垣市	12	11	1	159	2262	2508	7169	7111	2508
邓州市	34	31	3	838	13926	12012	39420	36237	12012
永城市	20	18	2	359	5389	5683	16492	13085	5683
固始县	39	33	6	1109	18353	17671	55683	30238	17671
鹿邑县	32	20	12	800	13117	12035	38967	20447	12035
新蔡县	33	21	12	813	13178	13751	39614	28651	13751

本 情 况（镇区）

生数 分年级		预计毕业生数	教职工数（按办学类型）				教初中学生的专任教师数	校外教师	外籍教师
二年级	三年级		计	其中：女	其中：专任教师数				
					计	其中：女			
935761	**931471**	**931471**	**239916**	**169058**	**220920**	**159198**	**199613**	**1252**	**4**
53566	50963	50963	12611	9648	11874	9231	11525	14	3
34027	34721	34721	8894	6275	7803	5759	6497	41	-
58428	57927	57927	15124	10365	13967	9773	12553	9	-
40748	40313	40313	9530	6921	8960	6613	8599	54	1
34756	37069	37069	7785	5512	7158	5179	7161	30	-
16224	16159	16159	3374	2414	3218	2361	3345	6	-
42957	43718	43718	10135	7539	9229	7050	8716	11	-
23442	22991	22991	6173	4471	5569	4135	4896	1	-
45438	44066	44066	10964	8115	10148	7777	9169	167	-
26860	26883	26883	6343	4421	5894	4165	5427	-	-
17151	17366	17366	5609	4113	5329	3985	3828	7	-
12047	11931	11931	3386	2213	3148	2090	2918	24	-
130077	128371	128371	35950	25958	33457	24445	29610	164	-
66814	66145	66145	20068	13765	17124	12184	14209	-	-
59900	58524	58524	15477	10070	14214	9427	12914	58	-
73384	70438	70438	20141	14425	18239	13389	15215	3	-
91404	91395	91395	21876	14981	20969	14633	20368	46	-
1791	1917	1917	561	340	508	324	502	-	-
3268	3553	3553	895	577	877	571	877	-	-
12594	12648	12648	3034	2327	2837	2230	2251	6	-
4075	5977	5977	1049	770	1020	768	1099	-	-
20585	20936	20936	3646	2838	3553	2799	3749	529	-
2257	2404	2404	581	403	521	379	534	4	-
13618	13790	13790	3187	2115	3097	2088	2988	78	-
5490	5319	5319	1114	652	1046	644	1018	-	-
18824	19188	19188	4882	2913	4480	2714	4108	-	-
12313	14619	14619	4292	2893	3775	2656	2747	-	-
13723	12140	12140	3235	2024	2906	1829	2790	-	-

初 中 基

省辖市直管县	校数(所)			班数（个）	毕业生数	招生数	在校学		
	计	公办	民办				计	其中：寄宿生	一年级
河南省	1344	1178	166	17308	246669	248112	784571	653460	248112
郑州市	62	48	14	957	12256	15700	45272	33048	15700
开封市	55	46	9	807	9796	11869	36785	34945	11869
洛阳市	53	44	9	560	8071	7994	24974	20108	7994
平顶山市	52	46	6	940	14404	13664	45441	43840	13664
安阳市	71	69	2	838	12732	10605	37248	22940	10605
鹤壁市	6	4	2	44	259	502	1687	1220	502
新乡市	119	96	23	1169	16817	16524	50794	41405	16524
焦作市	48	44	4	398	4888	5601	16863	13040	5601
濮阳市	43	42	1	569	8838	7393	25156	20095	7393
许昌市	46	36	10	701	11289	10625	33455	30401	10625
漯河市	21	21	-	247	4251	3484	11657	11545	3484
三门峡市	30	29	1	205	2806	2441	8295	7459	2441
南阳市	81	78	3	1343	21478	19912	61875	56140	19912
商丘市	163	150	13	1831	21320	26447	80043	46084	26447
信阳市	119	111	8	1377	18435	18696	61113	50288	18696
周口市	132	110	22	1814	27537	26036	84439	77754	26036
驻马店市	72	68	4	1254	18161	18023	56998	50958	18023
济源示范区	5	5	-	37	402	399	1279	913	399
巩义市	3	3	-	47	807	774	2346	2346	774
兰考县	19	16	3	155	2435	1903	6678	5987	1903
汝州市	30	24	6	502	7516	8364	24534	23758	8364
滑县	26	23	3	413	5801	5566	18071	16303	5566
长垣市	12	10	2	124	1668	1682	5504	5468	1682
邓州市	10	10	-	243	3885	3470	11171	10740	3470
永城市	13	11	2	159	2475	2214	6964	6044	2214
固始县	15	14	1	137	2078	1734	5974	4574	1734
鹿邑县	21	12	9	192	1380	3142	8576	5723	3142
新蔡县	17	8	9	245	4884	3348	11379	10334	3348

本　　　情　　　况（乡村）

生　数 分年级		预计毕业生数	教职工数（按办学类型）				教初中学生的专任教师数	校外教师	外籍教师
			计	其中：女	其中：专任教师数				
二年级	三年级				计	其中：女			
265534	**270925**	**270925**	**77118**	**50104**	**71637**	**47732**	**63531**	**190**	**3**
15509	14063	14063	4357	3074	3790	2829	3100	8	3
12743	12173	12173	3163	1986	2966	1919	2537	2	—
8493	8487	8487	2474	1621	2349	1572	2050	26	—
15265	16512	16512	4056	2808	3851	2709	3592	4	—
12964	13679	13679	3086	2021	2965	1998	2989	29	—
569	616	616	185	127	169	119	103	—	—
16760	17510	17510	5891	4088	5142	3593	4088	5	—
5711	5551	5551	1782	1088	1657	1042	1541	—	—
8274	9489	9489	2443	1562	2298	1530	2019	5	—
11120	11710	11710	3051	2006	2800	1892	2692	—	—
3972	4201	4201	1363	867	1293	847	1082	—	—
2795	3059	3059	1030	584	928	543	876	6	—
20709	21254	21254	5347	3565	5115	3530	4993	1	—
27456	26140	26140	8111	4963	7506	4717	6638	2	—
20791	21626	21626	7448	4186	6966	4026	6073	22	—
28506	29897	29897	7923	5457	7346	5164	6170	—	—
19059	19916	19916	5233	3189	5001	3105	4829	1	—
406	474	474	163	93	161	93	138	—	—
786	786	786	215	136	208	131	188	—	—
2283	2492	2492	627	414	617	413	597	2	—
8260	7910	7910	2439	1817	2342	1773	2036	—	—
6094	6411	6411	1611	1176	1573	1167	1338	51	—
1826	1996	1996	584	411	505	375	462	—	—
3795	3906	3906	872	612	838	595	819	26	—
2403	2347	2347	601	372	546	361	475	—	—
2044	2196	2196	1006	609	955	589	722	—	—
3160	2274	2274	1064	722	926	649	426	—	—
3781	4250	4250	993	550	824	451	958	—	—

普通高中

省辖市直管县	校数(所) 计	公办	民办	班数(个)	毕业生数	招生数	在校 计	其中:女	其中:寄宿生
河南省	1098	582	514	51599	774723	900599	2622690	1297101	2278262
郑州市	133	74	57	4807	69258	85393	238323	117149	221478
开封市	51	26	25	2199	35784	38185	115725	58107	93698
洛阳市	83	52	31	3141	50484	53070	156184	81117	150553
平顶山市	43	25	18	2216	32745	37337	113510	56837	109747
安阳市	60	25	35	2469	34350	43651	124376	60956	102406
鹤壁市	20	9	11	792	12402	14784	40474	19533	33873
新乡市	74	39	35	2719	40832	46839	137318	67944	118103
焦作市	37	17	20	1473	23449	24474	71912	35920	65230
濮阳市	52	19	33	2026	29395	37734	102596	50183	72731
许昌市	46	20	26	2319	32016	39574	117276	57181	101685
漯河市	21	13	8	1046	16638	18294	53461	26848	37801
三门峡市	24	17	7	872	12632	13777	40520	21353	37912
南阳市	122	69	53	5743	77710	100278	291148	144012	272656
商丘市	40	24	16	2926	45918	52392	150197	75061	119090
信阳市	69	43	26	3189	53536	49866	163663	76371	124437
周口市	64	33	31	4017	62095	70771	205215	101758	191395
驻马店市	46	26	20	3302	50089	59620	171322	84378	128070
济源示范区	7	5	2	305	5298	5324	15715	7833	15453
巩义市	7	5	2	323	4603	6370	17177	8718	17177
兰考县	5	3	2	399	6325	7459	21372	11061	20774
汝州市	11	6	5	600	9829	10843	31609	15413	31609
滑县	16	6	10	761	10063	15004	37926	18711	37727
长垣市	11	2	9	544	7452	9085	28277	13122	28277
邓州市	17	10	7	972	12941	16984	50106	25097	49499
永城市	8	4	4	681	9868	13046	35871	17903	27388
固始县	12	5	7	762	14242	11906	38857	17896	27695
鹿邑县	6	2	4	440	7848	7997	24272	12022	16139
新蔡县	13	3	10	556	6921	10542	28288	14617	25659

注:郑州市除公办、民办外还有两所具有法人资格的中外合作办学校。

基本情况（总计）

学生数			预计毕业生数	教职工数（按办学类型）				教高中学生的专任教师数	校外教师	外籍教师
分年级				计	其中：女	其中：专任教师数				
一年级	二年级	三年级				计	其中：女			
900611	**880421**	**841658**	**841658**	**249834**	**156734**	**221158**	**142170**	**193068**	**1073**	**36**
85393	78105	74825	74825	22903	14706	19485	12996	17939	55	13
38185	39285	38255	38255	9444	6056	8212	5419	6996	—	—
53070	52376	50738	50738	16048	10451	14388	9612	12168	15	22
37337	38915	37258	37258	10837	6835	9412	5956	8599	8	—
43651	40607	40118	40118	12401	8178	10304	6934	8583	76	—
14784	12397	13293	13293	4273	2765	3557	2362	2978	—	—
46839	45690	44789	44789	14446	9367	12316	8271	9786	166	—
24474	23773	23665	23665	7064	4615	6243	4198	5598	17	—
37734	33084	31778	31778	10585	6586	9109	5930	7510	273	—
39574	40194	37508	37508	10279	6693	9313	6155	8464	9	—
18294	17559	17608	17608	4487	2731	3916	2409	3722	7	—
13777	13582	13161	13161	5307	3323	4518	2820	3839	—	—
100278	99907	90963	90963	28804	18793	26420	17666	22815	105	1
52392	50414	47391	47391	13704	8088	11717	7234	9743	36	—
49866	58155	55642	55642	15412	8146	14147	7650	12785	15	—
70771	68548	65896	65896	18387	11094	16460	10181	15557	145	—
59620	57238	54464	54464	16549	10180	15587	9765	13417	49	—
5324	5063	5328	5328	1387	794	1282	768	1282	—	—
6370	6020	4787	4787	1459	928	1438	919	1438	—	—
7459	6946	6967	6967	1440	901	1331	857	1331	—	—
10843	10472	10294	10294	2547	1631	2405	1554	2326	3	—
15004	11710	11212	11212	3694	2509	3588	2461	2933	—	—
9085	9872	9320	9320	3099	2257	2183	1640	1717	—	—
16996	17275	15835	15835	4627	2941	4375	2852	3580	94	—
13046	12419	10406	10406	2108	1329	1971	1295	1971	—	—
11906	12881	14070	14070	2805	1329	2665	1245	2608	—	—
7997	8274	8001	8001	2271	1365	1952	1235	1590	—	—
10542	9660	8086	8086	3467	2143	2864	1786	1793	—	—

普通高中

省辖市直管县	校数(所) 计	公办	民办	班数(个)	毕业生数	招生数	在校 计	其中：女	其中：寄宿生
河南省	436	235	200	18976	289564	328642	963493	475232	760813
郑州市	85	49	35	3138	48840	55568	158286	78049	142134
开封市	25	12	13	937	16420	15419	47472	23012	32302
洛阳市	37	21	16	1237	18477	20164	58427	29410	54038
平顶山市	16	11	5	577	8863	10158	29440	14419	26140
安阳市	27	11	16	1038	14925	18439	52444	25524	34778
鹤壁市	8	4	4	302	4709	5376	15142	7100	10431
新乡市	26	16	10	1101	17266	18188	57653	29188	41778
焦作市	15	8	7	601	9515	9808	29815	15070	24163
濮阳市	18	8	10	560	8274	10716	29934	14447	12027
许昌市	29	14	15	1540	22137	26884	79272	38758	64804
漯河市	8	5	3	440	7260	7871	23334	11657	10836
三门峡市	13	10	3	447	6572	6915	20357	10710	17749
南阳市	28	13	15	941	14261	14207	46456	22904	33214
商丘市	11	6	5	749	11986	13299	37442	18731	25288
信阳市	13	7	6	662	10090	10757	33404	15975	21295
周口市	26	13	13	1388	20838	25448	71187	34757	61258
驻马店市	7	4	3	490	7624	9021	25294	12064	9334
济源示范区	4	3	1	257	4466	4486	13255	6632	13220
巩义市	6	4	2	299	4377	5833	15890	8099	15890
兰考县	-	-	-	-	-	-	-	-	-
汝州市	4	3	1	264	4547	4572	13907	7040	13907
滑县	-	-	-	-	-	-	-	-	-
长垣市	10	2	8	521	7452	8585	27167	12644	27167
邓州市	13	7	6	824	10797	14434	42763	21462	42391
永城市	7	4	3	663	9868	12494	35152	17580	26669
固始县	-	-	-	-	-	-	-	-	-
鹿邑县	-	-	-	-	-	-	-	-	-
新蔡县	-	-	-	-	-	-	-	-	-

基 本 情 况（城区）

学生数			预计毕业生数	教职工数（按办学类型）				教高中学生的专任教师数	校外教师	外籍教师
分年级				计	其中：女	其中：专任教师数				
一年级	二年级	三年级				计	其中：女			
328654	324090	310749	310749	92477	58676	81278	53078	70952	387	28
55568	51908	50810	50810	14485	9012	12217	7978	11598	53	6
15419	16170	15883	15883	4552	2886	3862	2508	2940	—	—
20164	19103	19160	19160	7037	4795	6171	4276	4764	—	22
10158	9884	9398	9398	2468	1462	2244	1376	2184	8	—
18439	17325	16680	16680	5318	3490	4385	2879	3707	55	—
5376	4691	5075	5075	1625	1037	1250	825	1089	—	—
18188	19870	19595	19595	6197	4009	5578	3717	4137	23	—
9808	9891	10116	10116	2740	1768	2455	1653	2169	17	—
10716	10012	9206	9206	2934	1740	2603	1588	2171	102	—
26884	26837	25551	25551	6900	4653	6281	4292	5763	9	—
7871	7746	7717	7717	1953	1171	1632	995	1703	—	—
6915	6803	6639	6639	2519	1455	2255	1338	2107	—	—
14207	16547	15702	15702	5098	3451	4673	3264	3615	5	—
13299	12620	11523	11523	4005	2320	3590	2210	2870	—	—
10757	11677	10970	10970	3060	1823	2771	1690	2597	2	—
25448	24042	21697	21697	6840	4008	6105	3662	5476	82	—
9021	8125	8148	8148	2110	1333	1841	1221	1841	—	—
4486	4271	4498	4498	1172	671	1086	647	1086	—	—
5833	5599	4458	4458	1365	875	1346	867	1346	—	—
—	—	—	—	—	—	—	—	—	—	—
4572	4669	4666	4666	1109	711	1082	701	1082	3	—
—	—	—	—	—	—	—	—	—	—	—
8585	9262	9320	9320	2786	1987	2000	1484	1651	—	—
14446	14786	13531	13531	4151	2723	3931	2644	3136	28	—
12494	12252	10406	10406	2053	1296	1920	1263	1920	—	—
—	—	—	—	—	—	—	—	—	—	—
—	—	—	—	—	—	—	—	—	—	—
—	—	—	—	—	—	—	—	—	—	—

普通高中

省辖市直管县	校数(所) 计	公办	民办	班数(个)	毕业生数	招生数	在校 计	其中：女	其中：寄宿生
河南省	578	312	265	29864	452513	524116	1526156	757359	1387142
郑州市	32	13	18	1058	12780	18059	50318	23988	49636
开封市	26	14	12	1262	19364	22766	68253	35095	61396
洛阳市	42	28	14	1757	29636	30468	90033	47836	88856
平顶山市	23	11	12	1396	19722	22714	71143	35449	70720
安阳市	26	13	13	1116	15663	19915	56151	27778	51847
鹤壁市	11	5	6	473	7693	9008	24550	12150	22660
新乡市	40	20	20	1472	22111	25945	72987	35949	69647
焦作市	21	9	12	864	13934	14216	41647	20661	40617
濮阳市	33	11	22	1408	20866	26268	71235	35085	60017
许昌市	11	5	6	571	7737	9778	28791	14060	28304
漯河市	12	8	4	574	9378	10138	29692	14991	26530
三门峡市	8	6	2	360	5563	5838	17725	9425	17725
南阳市	86	52	34	4634	62093	83320	236771	117703	231521
商丘市	28	18	10	2167	33932	38605	112267	56107	93314
信阳市	47	32	15	2379	41586	37198	123158	57114	96724
周口市	35	19	16	2475	39887	43032	126298	63206	122540
驻马店市	39	22	17	2812	42465	50599	146028	72314	118736
济源示范区	2	1	1	12	204	206	621	307	621
巩义市	1	1	-	24	226	537	1287	619	1287
兰考县	5	3	2	399	6325	7459	21372	11061	20774
汝州市	2	2	-	69	1055	1409	3669	1812	3669
滑县	15	6	9	757	10063	14904	37727	18637	37727
长垣市	1	-	1	23	-	500	1110	478	1110
邓州市	3	3	-	137	2018	2377	6849	3427	6614
永城市	-	-	-	-	-	-	-	-	-
固始县	12	5	7	762	14242	11906	38857	17896	27695
鹿邑县	6	2	4	440	7848	7997	24272	12022	16139
新蔡县	11	3	8	463	6122	8954	23345	12189	20716

基 本 情 况（镇区）

学生数			预计毕业生数	教职工数（按办学类型）				教高中学生的专任教师数	校外教师	外籍教师
分年级				计	其中：女	其中：专任教师数				
一年级	二年级	三年级				计	其中：女			
524116	512146	489894	489894	142422	88077	127180	80412	112143	684	8
18059	16870	15389	15389	5732	3954	4915	3445	4004	–	7
22766	23115	22372	22372	4892	3170	4350	2911	4056	–	–
30468	30395	29170	29170	8156	5088	7527	4833	6854	15	–
22714	24775	23654	23654	7301	4685	6236	3968	5602	–	–
19915	18038	18198	18198	5468	3621	4576	3113	3856	21	–
9008	7571	7971	7971	2588	1695	2253	1504	1835	–	–
25945	23616	23426	23426	7347	4712	6084	4072	5196	143	–
14216	13882	13549	13549	4176	2737	3686	2466	3395	–	–
26268	22734	22233	22233	7436	4705	6338	4234	5220	171	–
9778	9970	9043	9043	2143	1223	1895	1091	1966	–	–
10138	9663	9891	9891	2399	1460	2170	1329	1977	7	–
5838	6009	5878	5878	1833	1134	1648	1034	1441	–	–
83320	80437	73014	73014	22403	14425	20500	13510	18480	100	1
38605	37794	35868	35868	9656	5736	8085	4992	6831	36	–
37198	43668	42292	42292	11684	5978	10774	5655	9586	13	–
43032	42239	41027	41027	10875	6627	9720	6070	9545	63	–
50599	49113	46316	46316	14439	8847	13746	8544	11576	49	–
206	207	208	208	62	29	57	28	57	–	–
537	421	329	329	94	53	92	52	92	–	–
7459	6946	6967	6967	1440	901	1331	857	1331	–	–
1409	1206	1054	1054	333	201	328	199	249	–	–
14904	11611	11212	11212	3647	2479	3542	2431	2887	–	–
500	610	–	–	313	270	183	156	66	–	–
2377	2366	2106	2106	417	184	400	182	400	66	–
–	–	–	–	–	–	–	–	–	–	–
11906	12881	14070	14070	2805	1329	2665	1245	2608	–	–
7997	8274	8001	8001	2271	1365	1952	1235	1590	–	–
8954	7735	6656	6656	2512	1469	2127	1256	1443	–	–

普通高中

省辖市直管县	校数(所) 计	公办	民办	班数(个)	毕业生数	招生数	在校 计	其中:女	其中:寄宿生
河 南 省	84	35	49	2662	32646	47841	133041	64510	130307
郑 州 市	16	12	4	599	7638	11766	29719	15112	29708
开 封 市	—	—	—	—	—	—	—	—	—
洛 阳 市	4	3	1	147	2371	2438	7724	3871	7659
平顶山市	4	3	1	243	4160	4465	12927	6969	12887
安 阳 市	7	1	6	315	3762	5297	15781	7654	15781
鹤 壁 市	1	—	1	17	—	400	782	283	782
新 乡 市	8	3	5	134	1455	2706	6678	2807	6678
焦 作 市	1	—	1	8	—	450	450	189	450
濮 阳 市	1	—	1	29	255	750	1427	651	687
许 昌 市	6	1	5	186	2142	2912	9213	4363	8577
漯 河 市	1	—	1	10	—	285	435	200	435
三门峡市	3	1	2	65	497	1024	2438	1218	2438
南 阳 市	8	4	4	168	1356	2751	7921	3405	7921
商 丘 市	1	—	1	10	—	488	488	223	488
信 阳 市	9	4	5	148	1860	1911	7101	3282	6418
周 口 市	3	1	2	154	1370	2291	7730	3795	7597
驻马店市	—	—	—	—	—	—	—	—	—
济源示范区	1	1	—	36	628	632	1839	894	1612
巩 义 市	—	—	—	—	—	—	—	—	—
兰 考 县	—	—	—	—	—	—	—	—	—
汝 州 市	5	1	4	267	4227	4862	14033	6561	14033
滑 县	1	—	1	4	—	100	199	74	—
长 垣 市	—	—	—	—	—	—	—	—	—
邓 州 市	1	—	1	11	126	173	494	208	494
永 城 市	1	—	1	18	—	552	719	323	719
固 始 县	—	—	—	—	—	—	—	—	—
鹿 邑 县	—	—	—	—	—	—	—	—	—
新 蔡 县	2	—	2	93	799	1588	4943	2428	4943

基本情况（乡村）

学生数			预计毕业生数	教职工数（按办学类型）				教高中学生的专任教师数	校外教师	外籍教师
分年级				计	其中：女	其中：专任教师数				
一年级	二年级	三年级				计	其中：女			
47841	**44185**	**41015**	**41015**	**14935**	**9981**	**12700**	**8680**	**9973**	**2**	**-**
11766	9327	8626	8626	2686	1740	2353	1573	2337	2	-
-	-	-	-	-	-	-	-	-	-	-
2438	2878	2408	2408	855	568	690	503	550	-	-
4465	4256	4206	4206	1068	688	932	612	813	-	-
5297	5244	5240	5240	1615	1067	1343	942	1020	-	-
400	135	247	247	60	33	54	33	54	-	-
2706	2204	1768	1768	902	646	654	482	453	-	-
450	-	-	-	148	110	102	79	34	-	-
750	338	339	339	215	141	168	108	119	-	-
2912	3387	2914	2914	1236	817	1137	772	735	-	-
285	150	-	-	135	100	114	85	42	-	-
1024	770	644	644	955	734	615	448	291	-	-
2751	2923	2247	2247	1303	917	1247	892	720	-	-
488	-	-	-	43	32	42	32	42	-	-
1911	2810	2380	2380	668	345	602	305	602	-	-
2291	2267	3172	3172	672	459	635	449	536	-	-
-	-	-	-	-	-	-	-	-	-	-
632	585	622	622	153	94	139	93	139	-	-
-	-	-	-	-	-	-	-	-	-	-
-	-	-	-	-	-	-	-	-	-	-
4862	4597	4574	4574	1105	719	995	654	995	-	-
100	99	-	-	47	30	46	30	46	-	-
-	-	-	-	-	-	-	-	-	-	-
173	123	198	198	59	34	44	26	44	-	-
552	167	-	-	55	33	51	32	51	-	-
-	-	-	-	-	-	-	-	-	-	-
-	-	-	-	-	-	-	-	-	-	-
1588	1925	1430	1430	955	674	737	530	350	-	-

学 前 教 育

省辖市直管县	园数(所) 计	公办	民办	班数(个)	入园(班)人数 计	其中:女	在园 计	其中:女	托班
河南省	22633	6788	15845	137130	788163	379183	3236241	1552857	42956
郑州市	1942	590	1352	14243	93301	44393	381240	180389	3182
开封市	899	241	658	5013	33283	15780	124184	59034	934
洛阳市	1336	353	983	9552	55869	27070	240974	116642	9121
平顶山市	1100	357	743	5241	30811	14772	127454	61073	572
安阳市	1075	326	749	5475	30932	15281	120148	58701	2549
鹤壁市	388	98	290	2019	11023	5451	43285	21395	1470
新乡市	1483	436	1047	7326	38779	18761	162717	78401	1097
焦作市	803	205	598	5009	27633	13326	114168	55484	4419
濮阳市	1053	305	748	5566	32876	15710	124737	58997	3521
许昌市	1099	345	754	5715	33538	16332	136804	66224	1636
漯河市	516	234	282	2981	15724	7548	78303	38173	255
三门峡市	426	142	284	2590	15976	7860	67135	32595	744
南阳市	1704	468	1236	10740	61884	29549	241412	114987	4106
商丘市	1509	542	967	10960	57712	27771	260689	124833	1062
信阳市	1328	412	916	6778	41512	19616	159191	74925	1480
周口市	2011	681	1330	12301	71705	34897	284381	137922	759
驻马店市	1148	216	932	8989	44969	21820	195889	94119	2563
济源示范区	166	67	99	1032	7620	3674	27578	13188	761
巩义市	124	48	76	951	5871	2729	27095	12802	15
兰考县	248	68	180	1275	9735	4447	31878	15300	145
汝州市	400	129	271	1778	8797	4262	36354	17410	31
滑县	362	33	329	1971	10630	5387	40856	20061	160
长垣市	305	81	224	1593	7034	3364	37019	17907	546
邓州市	324	185	139	2118	10936	5138	40681	18900	517
永城市	242	36	206	1959	9194	4330	46181	21948	438
固始县	224	40	184	1179	7368	3391	28026	12846	684
鹿邑县	264	142	122	1581	7482	3633	32492	16010	67
新蔡县	154	8	146	1195	5969	2891	25370	12591	122

基 本 情 况（总计）

（班）人　数				离园(班)人数		教职工数				校外教师	外籍教师
小班	中班	大班	混合班	计	其中：女	计	其中：女	园长	专任教师数		
740946	**1018764**	**1342912**	**90663**	**1420650**	**680889**	**379763**	**355655**	**22956**	**217531**	**3426**	**54**
83897	123915	167099	3147	148721	70488	57644	53404	2093	30232	165	48
31786	40409	50363	692	54422	26011	15075	14017	882	8598	43	—
56753	73783	95868	5449	92911	45120	30310	28351	1662	15664	65	—
27828	40764	56901	1389	63218	30413	15882	14844	1109	9068	304	—
30526	38324	46751	1998	55283	26886	15633	14767	1024	8048	54	—
10752	13404	16760	899	20480	10077	5498	5061	385	3012	70	—
39720	52485	67354	2061	71662	33929	21800	20343	1520	11299	461	4
29573	36862	43136	178	46179	22287	14241	13404	850	7688	164	1
31349	41378	47695	794	53789	25613	15143	14353	1086	8062	127	—
29961	42922	60240	2045	59640	29140	17449	16010	950	9401	1	—
15181	22692	36359	3816	32522	15671	9513	8754	535	5338	108	—
17588	22138	26423	242	27784	13495	8795	8071	465	4769	159	—
58360	73949	94723	10274	109237	51642	23659	22469	1588	15816	577	—
51927	79657	111447	16596	113635	54499	25269	23708	1605	15005	284	—
35519	48958	65278	7956	78521	37343	18352	17133	1291	11406	198	—
64430	92287	117674	9231	122145	58905	27589	26268	2049	17591	6	—
42501	59188	78815	12822	90318	43277	19778	18524	1180	12923	—	—
7359	8720	10517	221	11644	5716	4230	3932	202	2108	2	—
5882	8377	12785	36	10751	4994	3730	3396	131	1891	11	1
8226	10385	12950	172	15355	7265	3349	3221	238	1873	—	—
8424	11660	15230	1009	16580	7942	4220	4007	386	2603	15	—
10009	13182	16990	515	19239	9421	3014	2839	307	1795	340	—
8189	11342	14665	2277	15791	7484	4028	3893	280	2483	31	—
8852	12209	16658	2445	20483	9610	3219	3050	260	2507	239	—
7757	13592	23930	464	26237	12532	4168	4069	263	3114	—	—
6905	9181	10619	637	13846	6412	3270	3128	230	1935	—	—
7230	10322	13838	1035	16310	7789	2708	2510	243	1734	—	—
4462	6679	11844	2263	13947	6928	2197	2129	142	1568	2	—

学 前 教 育

省辖市直管县	园数(所)			班数(个)	入园(班)人数		在园		
	计	公办	民办		计	其中:女	计	其中:女	托班
河南省	5355	1157	4198	38820	233285	111872	989028	470817	12470
郑州市	1063	259	804	8637	59402	28248	228038	107664	2200
开封市	220	55	165	1529	10280	4909	39011	18535	325
洛阳市	425	137	288	3369	19533	9462	87198	42118	2010
平顶山市	252	63	189	1529	7997	3748	36914	17396	282
安阳市	338	66	272	2231	12717	6278	53545	25818	953
鹤壁市	109	31	78	626	3797	1973	14446	7151	122
新乡市	333	59	274	2266	11336	5498	53870	25641	481
焦作市	238	42	196	1725	9668	4616	42271	20242	1376
濮阳市	142	28	114	1017	6332	3018	25129	11753	609
许昌市	330	80	250	2261	13577	6649	54688	26579	845
漯河市	127	43	84	1145	7054	3355	33658	16208	57
三门峡市	162	36	126	1285	8259	4042	35127	17057	406
南阳市	168	18	150	1105	5572	2644	27633	12996	477
商丘市	148	12	136	1145	5409	2518	29729	13771	26
信阳市	283	19	264	1477	8333	3912	34494	16053	637
周口市	280	61	219	2246	13213	6360	57406	27498	88
驻马店市	99	16	83	703	3721	1805	19251	9120	259
济源示范区	99	29	70	755	6188	2994	21166	10130	503
巩义市	56	18	38	516	3713	1710	15540	7319	—
兰考县	—	—	—	—	—	—	—	—	—
汝州市	124	18	106	605	3065	1456	12845	6116	11
滑县	—	—	—	—	—	—	—	—	—
长垣市	141	29	112	970	4273	1991	23813	11348	406
邓州市	81	27	54	577	4116	1976	15422	7127	153
永城市	137	11	126	1101	5730	2710	27834	13177	244
固始县	—	—	—	—	—	—	—	—	—
鹿邑县	—	—	—	—	—	—	—	—	—
新蔡县	—	—	—	—	—	—	—	—	—

基 本 情 况（城区）

（班）人数				离园（班）人数		教职工数				校外教师	外籍教师
小班	中班	大班	混合班	计	其中：女	计	其中：女	园长	专任教师数		
223861	**316678**	**413811**	**22208**	**415062**	**197432**	**143399**	**85299**	**6357**	**78239**	**684**	**46**
52192	75292	96140	2214	89256	42179	36078	19804	1194	18762	100	41
10571	12678	15350	87	17093	7928	6252	3514	257	3291	23	－
20510	27576	34741	2361	35610	17257	13157	7251	584	6655	27	－
7563	12231	16659	179	16185	7672	5685	3436	300	3118	10	－
13325	17670	21089	508	22988	11108	7527	4249	408	3775	22	－
3753	4675	5640	256	7137	3563	2273	1304	134	1187	39	－
11735	16909	23265	1480	23197	10879	8743	5126	450	4656	3	4
10517	13868	16488	22	16578	7973	6087	3377	296	3122	5	－
6363	8468	9676	13	10924	5183	3864	2131	179	1959	74	－
11726	17113	24071	933	23523	11387	8293	4882	311	4624	1	－
6210	9677	15078	2636	12512	6018	4130	2580	153	2399	16	－
9391	11465	13837	28	14764	7127	4896	2807	204	2628	2	－
6756	8780	10547	1073	14256	6565	3510	2394	180	2042	192	－
5139	9469	13293	1802	13441	6117	4357	2585	170	2303	－	－
8172	11174	13995	516	14254	6881	5314	3202	342	2842	31	－
11107	18392	25595	2224	22339	10621	6571	5347	348	4554	－	－
3586	5602	7506	2298	8370	3935	2394	1596	114	1409	－	－
5715	6760	8092	96	8893	4379	3176	1695	134	1595	2	－
3713	4931	6896	－	5980	2800	2136	1179	69	1147	－	1
－	－	－	－	－	－	－	－	－	－	－	－
2890	3995	5279	670	5459	2560	1988	1338	139	1198	－	－
－	－	－	－	－	－	－	－	－	－	－	－
4939	7058	9427	1983	9546	4460	2720	1814	149	1639	29	－
3338	4669	6506	756	7666	3550	1422	1291	86	1088	108	－
4650	8226	14641	73	15091	7290	2826	2397	156	2246	－	－
－	－	－	－	－	－	－	－	－	－	－	－
－	－	－	－	－	－	－	－	－	－	－	－

学 前 教 育

省辖市直管县	园数(所)			班数（个）	入园(班)人数		在园		
	计	公办	民办		计	其中:女	计	其中:女	托班
河南省	8646	2297	6349	55053	336763	161672	1366924	655708	20614
郑州市	495	164	331	3697	21926	10433	102977	48803	713
开封市	295	70	225	1739	12407	5838	44840	21288	324
洛阳市	603	131	472	4459	26877	13011	113606	54821	5172
平顶山市	374	104	270	1948	12736	6183	50125	24180	172
安阳市	321	85	236	1773	9443	4689	38729	19117	945
鹤壁市	164	43	121	863	5075	2375	19018	9271	881
新乡市	488	138	350	2691	16143	7759	62960	30353	272
焦作市	308	74	234	1958	12392	6035	46138	22702	1511
濮阳市	421	105	316	2456	15478	7289	57346	27038	2038
许昌市	263	87	176	1471	8756	4353	36831	17906	369
漯河市	180	77	103	1049	5180	2491	27481	13500	86
三门峡市	151	49	102	922	5924	2928	24378	11855	290
南阳市	1069	270	799	6670	41716	19863	159335	75728	2858
商丘市	591	175	416	4996	28972	14017	125113	60068	712
信阳市	590	148	442	3229	22230	10449	84072	39500	683
周口市	794	219	575	4936	31748	15474	122379	59292	443
驻马店市	584	104	480	4365	25712	12413	111147	53311	1691
济源示范区	30	16	14	166	942	458	4140	1973	144
巩义市	47	21	26	333	1697	794	8927	4193	-
兰考县	141	27	114	812	6200	2736	19982	9495	104
汝州市	68	19	49	352	1740	837	7623	3612	20
滑县	124	17	107	801	5074	2588	19549	9439	125
长垣市	46	16	30	229	1109	552	5459	2747	37
邓州市	80	46	34	485	2909	1367	11311	5326	234
永城市	53	10	43	391	1972	915	10106	4804	89
固始县	172	29	143	917	5978	2745	22880	10439	549
鹿邑县	113	47	66	734	3305	1572	16464	8041	50
新蔡县	81	6	75	611	3122	1508	14008	6906	102

基　本　情　况(镇区)

(班) 人　数				离园(班)人数		教职工数				校外教师	外籍教师
小班	中班	大班	混合班	计	其中：女	计	其中：女	园长	专任教师数		
314953	430742	570763	29852	585842	280503	154762	103179	9185	91987	1885	7
20750	32563	48238	713	39287	18777	14461	8191	527	7794	36	6
11162	14635	18515	204	18662	8969	4992	3455	299	3141	17	—
26772	34158	45722	1782	42689	20729	13113	8059	768	6967	26	—
11288	15707	22273	685	27192	13105	5952	3909	396	3607	164	—
9789	12324	15099	572	17431	8546	5084	2985	312	2665	20	—
4430	5733	7542	432	8116	3907	2230	1420	159	1252	28	—
16417	20543	25344	384	26356	12472	8069	4607	503	4085	163	—
12089	14933	17546	59	19595	9478	5409	3417	327	3010	139	1
14038	19124	21978	168	23350	11080	7042	4268	462	3711	30	—
7946	11230	16747	539	15983	7846	4143	2563	237	2326	—	—
5370	8008	13429	588	11709	5544	3336	2038	197	1899	85	—
6210	8163	9538	177	9890	4825	2818	1660	169	1524	145	—
39296	50032	62713	4436	68478	32372	16446	12877	1047	11286	356	—
25027	37859	54069	7446	52608	25380	12299	8299	679	7565	162	—
19318	26176	34819	3076	39381	18764	9360	6679	623	6098	162	—
28566	40281	50817	2272	49899	23996	12804	8997	869	7951	3	—
25131	34832	46285	3208	47217	22579	12318	9576	630	8214	—	—
1061	1276	1600	59	1665	816	666	356	40	328	—	—
1696	2694	4501	36	4018	1840	1230	616	45	581	1	—
5063	6442	8262	111	9548	4472	2327	1388	144	1258	—	—
1647	2333	3474	149	3515	1701	711	522	68	437	6	—
4695	6231	8329	169	8567	4174	1767	1171	131	997	272	—
1302	1758	2262	100	2544	1209	568	410	45	365	—	—
2526	3488	4596	467	5406	2529	958	843	68	760	68	—
1677	3085	5146	109	6049	2825	769	570	52	489	—	—
5738	7657	8660	276	11123	5065	2745	1760	179	1585	—	—
3118	5035	7518	743	8579	4039	1649	1271	123	1014	—	—
2831	4442	5741	892	6985	3464	1496	1272	86	1078	2	—

学 前 教 育

省辖市直管县	园数(所)			班数(个)	入园(班)人数		在园		
	计	公办	民办		计	其中:女	计	其中:女	托班
河南省	8632	3334	5298	43257	218115	105639	880289	426332	9872
郑州市	384	167	217	1909	11973	5712	50225	23922	269
开封市	384	116	268	1745	10596	5033	40333	19211	285
洛阳市	308	85	223	1724	9459	4597	40170	19703	1939
平顶山市	474	190	284	1764	10078	4841	40415	19497	118
安阳市	416	175	241	1471	8772	4314	27874	13766	651
鹤壁市	115	24	91	530	2151	1103	9821	4973	467
新乡市	662	239	423	2369	11300	5504	45887	22407	344
焦作市	257	89	168	1326	5573	2675	25759	12540	1532
濮阳市	490	172	318	2093	11066	5403	42262	20206	874
许昌市	506	178	328	1983	11205	5330	45285	21739	422
漯河市	209	114	95	787	3490	1702	17164	8465	112
三门峡市	113	57	56	383	1793	890	7630	3683	48
南阳市	467	180	287	2965	14596	7042	54444	26263	771
商丘市	770	355	415	4819	23331	11236	105847	50994	324
信阳市	455	245	210	2072	10949	5255	40625	19372	160
周口市	937	401	536	5119	26744	13063	104596	51132	228
驻马店市	465	96	369	3921	15536	7602	65491	31688	613
济源示范区	37	22	15	111	490	222	2272	1085	114
巩义市	21	9	12	102	461	225	2628	1290	15
兰考县	107	41	66	463	3535	1711	11896	5805	41
汝州市	208	92	116	821	3992	1969	15886	7682	—
滑县	238	16	222	1170	5556	2799	21307	10622	35
长垣市	118	36	82	394	1652	821	7747	3812	103
邓州市	163	112	51	1056	3911	1795	13948	6447	130
永城市	52	15	37	467	1492	705	8241	3967	105
固始县	52	11	41	262	1390	646	5146	2407	135
鹿邑县	151	95	56	847	4177	2061	16028	7969	17
新蔡县	73	2	71	584	2847	1383	11362	5685	20

基 本 情 况（乡村）

(班)人数				离园(班)人数		教职工数				校外教师	外籍教师
小班	中班	大班	混合班	计	其中：女	计	其中：女	园长	专任教师数		
202132	271344	358338	38603	419746	202954	81602	61350	7414	47305	857	1
10955	16060	22721	220	20178	9532	7105	3952	372	3676	29	1
10053	13096	16498	401	18667	9114	3831	2578	326	2166	3	—
9471	12049	15405	1306	14612	7134	4040	2547	310	2042	12	—
8977	12826	17969	525	19841	9636	4245	2680	413	2343	130	—
7412	8330	10563	918	14864	7232	3022	1982	304	1608	12	—
2569	2996	3578	211	5227	2607	995	701	92	573	3	—
11568	15033	18745	197	22109	10578	4988	3174	567	2558	295	—
6967	8061	9102	97	10006	4836	2745	1951	227	1556	20	—
10948	13786	16041	613	19515	9350	4237	3047	445	2392	23	—
10289	14579	19422	573	20134	9907	5013	2807	402	2451	—	—
3601	5007	7852	592	8301	4109	2047	1164	185	1040	7	—
1987	2510	3048	37	3130	1543	1081	682	92	617	12	—
12308	15137	21463	4765	26503	12705	3703	3790	361	2488	29	—
21761	32329	44085	7348	47586	23002	8613	6352	756	5137	122	—
8029	11608	16464	4364	24886	11698	3678	3277	326	2466	5	—
24757	33614	41262	4735	49907	24288	8214	7270	832	5086	3	—
13784	18754	25024	7316	34731	16763	5066	5840	436	3300	—	—
583	684	825	66	1086	521	388	200	28	185	—	—
473	752	1388	—	753	354	364	179	17	163	10	—
3163	3943	4688	61	5807	2793	1022	681	94	615	—	—
3887	5332	6477	190	7606	3681	1521	1146	179	968	9	—
5314	6951	8661	346	10672	5247	1247	1019	176	798	68	—
1948	2526	2976	194	3701	1815	740	596	86	479	2	—
2988	4052	5556	1222	7411	3531	839	1005	106	659	63	—
1430	2281	4143	282	5097	2417	573	523	55	379	—	—
1167	1524	1959	361	2723	1347	525	455	51	350	—	—
4112	5287	6320	292	7731	3750	1059	1157	120	720	—	—
1631	2237	6103	1371	6962	3464	701	595	56	490	—	—

特 殊 教 育

省辖市直管县	校数(所)			班数（个）	特殊教育总计					毕业生数
	计	公办	民办		毕业生数	招生数	在校学生数			
							计	其中：女	其中：寄宿生	
河南省	153	149	4	2052	8814	10072	68332	26015	15690	3036
郑州市	12	12	-	153	691	753	4753	1709	1021	239
开封市	8	8	-	83	279	316	2202	802	561	129
洛阳市	15	15	-	188	646	795	4601	1806	888	252
平顶山市	8	8	-	105	361	448	3001	1174	827	126
安阳市	7	6	1	84	468	383	2681	1002	448	185
鹤壁市	2	2	-	22	190	182	1157	423	196	18
新乡市	7	7	-	72	647	647	3775	1522	781	123
焦作市	8	8	-	90	347	292	2020	764	289	184
濮阳市	7	6	1	118	323	366	2594	1001	252	108
许昌市	6	6	-	62	268	317	2035	737	419	47
漯河市	7	5	2	68	280	302	1847	726	829	80
三门峡市	6	6	-	61	195	229	1505	556	477	32
南阳市	13	13	-	175	688	866	7136	2763	2237	197
商丘市	9	9	-	152	496	621	4384	1643	876	295
信阳市	9	9	-	169	516	651	4002	1470	709	205
周口市	9	9	-	129	527	675	5446	2102	1399	194
驻马店市	9	9	-	132	663	817	5735	2214	1588	231
济源示范区	1	1	-	16	136	123	474	180	116	76
巩义市	1	1	-	19	61	54	424	161	169	23
兰考县	1	1	-	18	96	67	687	266	184	57
汝州市	1	1	-	20	102	105	1009	382	263	7
滑县	1	1	-	24	221	198	1264	524	294	37
长垣市	1	1	-	19	96	90	760	253	200	44
邓州市	1	1	-	23	136	243	1364	490	255	23
永城市	1	1	-	21	69	115	1044	387	103	5
固始县	1	1	-	8	117	171	1136	426	96	-
鹿邑县	1	1	-	10	23	32	374	136	78	5
新蔡县	1	1	-	11	172	214	922	396	135	114

基 本 情 况

其中:特殊教育学校(机构)				其中:初中、小学随班就读学生					教职工数		校外教师	外籍教师
招生数	在校学生数			毕业生数	招生数	在校学生数			计	其中:专任教师数		
	计	其中:女	其中:寄宿生			计	其中:女	其中:寄宿生				
3217	26655	9883	9273	4837	5696	35281	13748	6417	5295	4779	19	—
228	1885	651	746	357	423	2354	869	275	529	508	—	—
138	1033	394	236	136	162	1054	367	325	195	173	7	—
396	2195	871	431	350	349	2080	799	457	366	356	—	—
151	1353	548	399	215	247	1475	559	428	266	257	—	—
134	1081	400	354	193	171	1156	445	94	264	211	—	—
39	186	57	74	130	119	773	295	122	57	48	—	—
72	901	329	516	405	423	2273	944	265	216	186	—	—
108	967	354	217	124	134	865	336	72	196	162	1	—
138	1307	481	122	191	207	1168	471	130	227	202	4	—
75	507	185	58	182	189	1295	475	361	266	144	—	—
132	800	268	606	168	136	758	340	223	221	174	7	—
64	651	237	315	114	120	663	246	162	145	140	—	—
229	3015	1190	1468	396	506	3298	1282	769	448	406	—	—
306	2276	861	719	188	287	1905	704	157	433	415	—	—
211	1466	483	469	258	357	2107	836	240	255	242	—	—
147	2025	772	710	296	454	3029	1174	689	413	405	—	—
250	2153	803	974	411	552	3404	1356	614	374	349	—	—
57	170	49	89	42	44	202	91	27	60	59	—	—
19	221	85	109	35	34	190	74	60	34	33	—	—
9	269	98	63	37	58	409	163	121	28	22	—	—
21	377	132	116	81	71	574	232	147	28	27	—	—
15	224	87	96	152	145	868	366	198	25	23	—	—
18	304	86	105	47	53	350	134	95	69	68	—	—
103	387	129	67	111	139	967	358	188	33	32	—	—
17	342	118	69	43	72	459	183	34	49	42	—	—
28	139	49	36	100	110	752	292	60	26	26	—	—
18	213	74	73	18	14	148	57	5	44	41	—	—
94	208	92	36	57	120	705	300	99	28	28	—	—

义务教育阶段

省辖市直管县	学校（机构数）(所)					
	学校数				小学教学点	附设小学班
	计	小学	初中	九年一贯制学校		
河 南 省	21055	16429	3369	1257	8917	1506
郑 州 市	1341	931	307	103	53	31
开 封 市	802	628	124	50	458	139
洛 阳 市	1073	759	225	89	256	15
平顶山市	921	748	135	38	634	12
安 阳 市	1020	806	180	34	344	107
鹤 壁 市	311	253	51	7	106	19
新 乡 市	1265	973	201	91	217	6
焦 作 市	683	505	128	50	121	-
濮 阳 市	838	677	110	51	252	209
许 昌 市	962	766	114	82	270	4
漯 河 市	429	327	60	42	18	57
三门峡市	307	205	73	29	114	15
南 阳 市	1742	1339	299	104	1255	59
商 丘 市	1816	1453	277	86	666	106
信 阳 市	964	688	205	71	769	52
周 口 市	1956	1548	251	157	1428	191
驻马店市	1926	1661	224	41	856	114
济源示范区	104	73	23	8	10	-
巩 义 市	96	70	20	6	27	-
兰 考 县	217	166	48	3	51	133
汝 州 市	353	294	46	13	63	12
滑 县	351	298	49	4	175	-
长 垣 市	260	219	31	10	8	19
邓 州 市	248	186	49	13	410	14
永 城 市	367	310	55	2	11	120
固 始 县	190	136	37	17	33	-
鹿 邑 县	210	157	16	37	135	72
新 蔡 县	303	253	31	19	177	-

学校基本情况(一)

附设初中班	在校生数						
	计	小学学生数					
		计	小学	小学教学点	附设小学班	九年一贯制学校	十二年一贯制学校
165	**14710078**	**9628783**	**7991753**	**395997**	**57103**	**1062518**	**121412**
–	1614588	1123625	1006082	4649	1671	107023	4200
4	572646	370478	300942	22628	5432	37146	4330
2	921836	620788	523171	21446	518	60606	15047
76	600394	384896	335536	20173	452	27318	1417
4	644096	405827	357481	8132	4118	26649	9447
–	216544	137464	126973	3032	563	6163	733
11	764312	492513	420633	10784	228	54381	6487
6	414219	280083	240055	5448	–	29321	5259
31	638532	413408	327783	8938	8943	63885	3859
–	608265	398263	312784	9191	178	73277	2833
20	311638	203991	150594	598	2352	47483	2964
–	235040	157439	133662	2324	612	16517	4324
4	1362182	844438	658162	54874	2206	105964	23232
7	1065609	731996	595060	52458	3829	73729	6920
–	793729	504974	421280	18405	2127	60914	2248
–	1245793	828341	620432	71633	6728	129006	542
–	984283	621137	544509	27905	3719	37905	7099
–	91732	62601	55366	256	–	6979	–
–	85650	58471	49103	2121	–	7247	–
–	137084	91942	74699	5450	4479	7314	–
–	164089	104901	97823	1594	499	4985	–
–	210531	130230	122201	2615	–	3757	1657
–	153302	101028	82835	107	745	12359	4982
–	211097	131005	88899	24263	542	13004	4297
–	215294	141544	134372	637	4407	2128	–
–	164358	102701	91303	2607	–	8467	324
–	144514	96971	54874	8878	2755	28938	1526
–	138721	87728	65139	4851	–	10053	7685

义务教育阶段

省辖市直管县	在校生 初中学生数				
	计	初中	九年一贯制学校	附设初中班	十二年一贯制学校
河 南 省	**5081295**	**3830651**	**939392**	**7372**	**142748**
郑 州 市	490963	384532	90282	-	3609
开 封 市	202168	148019	38964	114	4214
洛 阳 市	301048	234280	51950	51	10580
平顶山市	215498	178997	27132	3671	1381
安 阳 市	238269	201821	22095	119	11199
鹤 壁 市	79080	64458	7217	-	1182
新 乡 市	271799	179648	54431	274	8310
焦 作 市	134136	112229	18434	316	2667
濮 阳 市	225124	148025	49995	1653	8257
许 昌 市	210002	138544	60722	-	3092
漯 河 市	107647	78479	26082	778	2308
三门峡市	77601	58190	14179	-	2281
南 阳 市	517744	378824	104372	117	26958
商 丘 市	333613	259888	49981	279	9117
信 阳 市	288755	213233	58724	-	2993
周 口 市	417452	278867	124393	-	826
驻马店市	363146	297825	43640	-	10998
济源示范区	29131	24580	4551	-	-
巩 义 市	27179	22892	4287	-	-
兰 考 县	45142	37727	7415	-	-
汝 州 市	59188	42779	15644	-	-
滑 县	80301	69902	2202	-	8197
长 垣 市	52274	41996	8256	-	2022
邓 州 市	80092	64346	7330	-	8416
永 城 市	73750	71902	1848	-	-
固 始 县	61657	52320	8334	-	716
鹿 邑 县	47543	20685	23220	-	1807
新 蔡 县	50993	25663	13712	-	11618

学校基本情况（二）

数				专任教师数（按教授学生分）		
		其中：寄宿生数				
完全中学	计	小学	初中	计	小学	初中
161132	**4571402**	**1449947**	**3121455**	**967078**	**601010**	**366068**
12540	317624	84275	233349	96632	61710	34922
10857	207186	70654	136532	37089	23857	13232
4187	302806	105866	196940	57881	35453	22428
4317	207694	68686	139008	41644	25436	16208
3035	134802	26588	108214	40334	24493	15841
6223	60534	19885	40649	13879	8388	5491
29136	218410	61710	156700	46649	28573	18076
490	109979	37846	72133	27456	17302	10154
17194	150678	43657	107021	39861	24713	15148
7644	248902	92883	156019	39584	24848	14736
-	96215	34815	61400	20201	12345	7856
2951	85653	31815	53838	16919	10409	6510
7473	517021	158541	358480	94442	55357	39085
14348	242607	74815	167792	69187	45221	23966
13805	192957	48395	144562	57570	34928	22642
13366	534453	215152	319301	84667	55111	29556
10683	313479	90884	222595	71561	43788	27773
-	15249	4456	10793	5256	3089	2167
-	30018	10539	19479	5993	3676	2317
-	56643	15980	40663	8289	5441	2848
765	72125	19426	52699	10708	6240	4468
-	89869	21092	68777	13681	8594	5087
-	70216	18055	52161	9114	5914	3200
-	97269	33382	63887	14220	8425	5795
-	60198	21702	38496	12248	7437	4811
287	39240	4428	34812	11995	7165	4830
1831	47319	21149	26170	9694	6521	3173
-	52256	13271	38985	10324	6576	3748

义务教育阶段在

省辖市直管县	合计	小 学					
		计	一年级	二年级	三年级	四年级	五年级
河南省	**14710078**	**9628783**	**1489470**	**1477079**	**1616382**	**1622827**	**1712565**
郑州市	1614588	1123625	215877	187925	197427	176565	179593
开封市	572646	370478	54065	53659	61311	62943	68865
洛阳市	921836	620788	103174	99140	105631	103720	105861
平顶山市	600394	384896	59475	59398	64288	63593	68240
安阳市	644096	405827	59647	57960	63853	70935	74487
鹤壁市	216544	137464	20592	20206	22283	23378	25393
新乡市	764312	492513	73836	72879	81549	83644	88966
焦作市	414219	280083	46903	45322	46409	46207	47372
濮阳市	638532	413408	61265	60627	68269	72354	75807
许昌市	608265	398263	58592	60147	66576	67007	72365
漯河市	311638	203991	32358	31924	34255	33962	36003
三门峡市	235040	157439	27432	24656	25664	26119	26633
南阳市	1362182	844438	119450	123478	136762	143613	157965
商丘市	1065609	731996	109280	117524	128932	126490	128273
信阳市	793729	504974	73710	75892	82843	85682	92029
周口市	1245793	828341	123081	128990	141361	141990	147622
驻马店市	984283	621137	87845	90586	102138	105235	116527
济源示范区	91732	62601	11681	10654	10451	10355	9758
巩义市	85650	58471	10591	9359	10606	9153	9619
兰考县	137084	91942	14104	13678	15692	16168	16258
汝州市	164089	104901	15647	16566	18268	17475	18719
滑县	210531	130230	17806	18422	20878	22600	24600
长垣市	153302	101028	14679	15578	16840	17549	18414
邓州市	211097	131005	17647	18117	21051	22708	25210
永城市	215294	141544	19722	20923	24244	24592	26129
固始县	164358	102701	14498	15169	17111	17604	18804
鹿邑县	144514	96971	14883	15502	17468	15982	16550
新蔡县	138721	87728	11630	12798	14222	15204	16503

校生分年级情况（总计）

六年级	其中		初中				
	复式班	少数民族	计	一年级	二年级	三年级	其中：少数民族
1710460	**34**	**127130**	**5081295**	**1687382**	**1706794**	**1687119**	**61693**
166238	-	24340	490963	166511	165209	159243	10632
69635	-	6196	202168	65255	68259	68654	2715
103262	-	7836	301048	100292	101315	99441	3105
69902	29	7940	215498	69396	72692	73410	3785
78945	-	778	238269	77769	79970	80530	304
25612	-	296	79080	26266	26309	26505	154
91639	-	5807	271799	91299	90101	90399	2906
47870	-	6451	134136	45533	44939	43664	2945
75086	-	991	225124	74391	75665	75068	418
73576	-	5243	210002	70843	70537	68622	2698
35489	-	3046	107647	35106	36436	36105	1236
26935	5	1308	77601	24913	26656	26032	579
163170	-	20048	517744	169818	175436	172490	12122
121497	-	10983	333613	114914	111553	107146	5793
94818	-	1400	288755	94840	97541	96374	614
145297	-	12341	417452	140350	140927	136175	5554
118806	-	5290	363146	117814	122470	122862	2828
9702	-	925	29131	9681	9718	9732	403
9143	-	129	27179	9167	8936	9076	83
16042	-	569	45142	15125	14877	15140	287
18226	-	340	59188	20031	18271	20886	182
25924	-	116	80301	26275	26679	27347	72
17968	-	131	52274	18203	17227	16844	74
26272	-	2099	80092	25936	26954	27202	1050
25934	-	13	73750	25973	24272	23505	5
19515	-	1600	61657	19405	20868	21384	648
16586	-	365	47543	15177	15473	16893	116
17371	-	549	50993	17099	17504	16390	385

义务教育阶段在

省辖市直管县	合计	小学					
		计	一年级	二年级	三年级	四年级	五年级
河南省	4546265	3040171	537324	488616	514712	494951	509094
郑州市	951483	663650	131357	110195	115875	103775	104945
开封市	189205	124933	21508	19527	21269	20547	21089
洛阳市	343846	241490	45543	39905	40571	39570	39122
平顶山市	162512	112413	20477	18588	19175	17806	18399
安阳市	275197	179588	29976	27089	28196	30826	31286
鹤壁市	79857	51201	8504	7627	8319	8462	9116
新乡市	264709	174872	29477	27353	29415	29104	29869
焦作市	157113	109628	20414	18305	18312	17668	17609
濮阳市	163825	98165	17176	15108	15942	16614	16536
许昌市	285308	188396	31487	30418	31474	30328	32405
漯河市	137228	91557	16545	15216	16094	14649	15066
三门峡市	115013	80905	15230	13519	13317	13053	13115
南阳市	197017	124562	20224	19061	20393	20344	22266
商丘市	158325	108531	19044	18476	19846	17326	17740
信阳市	148168	98526	16910	16190	16751	15896	16478
周口市	299171	184247	26862	27933	30499	31360	33344
驻马店市	105107	70246	12108	11362	11889	11093	11991
济源示范区	72138	49702	9714	8569	8355	8130	7632
巩义市	47830	33233	6640	5492	6133	5131	5190
兰考县	-	-	-	-	-	-	-
汝州市	63599	44108	7247	7389	7930	7270	7446
滑县	-	-	-	-	-	-	-
长垣市	110958	71357	10982	11308	11805	12318	12532
邓州市	84218	54717	7943	7820	8792	9226	10305
永城市	134438	84144	11956	12166	14360	14455	15613
固始县	-	-	-	-	-	-	-
鹿邑县	-	-	-	-	-	-	-
新蔡县	-	-	-	-	-	-	-

校生分年级情况（城区）

六年级	其中		初中				
	复式班	少数民族	计	一年级	二年级	三年级	其中：少数民族
495474	**–**	**64230**	**1506094**	**515872**	**505499**	**484723**	**27982**
97503	–	18051	287833	97482	96134	94217	7680
20993	–	4540	64272	21023	21489	21760	1981
36779	–	5395	102356	34935	34394	33027	2030
17968	–	3671	50099	16835	16679	16585	1249
32215	–	541	95609	33577	32250	29782	207
9173	–	192	28656	9410	9516	9730	89
29654	–	2737	89837	30282	30384	29171	1208
17320	–	3199	47485	16577	15786	15122	1470
16789	–	575	65660	22194	21953	21513	247
32284	–	3288	96912	34326	32557	30029	1615
13987	–	2186	45671	15820	15313	14538	935
12671	–	637	34108	11252	11814	11042	199
22274	–	5442	72455	24940	24650	22865	2831
16099	–	3532	49794	17650	17283	14861	1441
16301	–	889	49642	16568	16850	16224	364
34249	–	5283	114924	40047	39037	35840	2600
11803	–	1332	34861	11303	12007	11551	542
7302	–	765	22436	7574	7521	7341	327
4647	–	57	14597	4978	4882	4737	51
–	–	–	–	–	–	–	–
6826	–	231	19491	6556	5936	6999	88
–	–	–	–	–	–	–	–
12412	–	93	39601	14013	13144	12444	58
10631	–	1581	29501	10454	9541	9506	768
15594	–	13	50294	18076	16379	15839	2
–	–	–	–	–	–	–	–
–	–	–	–	–	–	–	–
–	–	–	–	–	–	–	–

义务教育阶段在

省辖市直管县	合计	小 学					
		计	一年级	二年级	三年级	四年级	五年级
河南省	7060361	4269731	637678	640382	706765	716436	772222
郑州市	466042	308184	58527	52297	54614	48583	49144
开封市	254668	153557	21413	21233	24567	25877	29554
洛阳市	466074	292356	45283	46109	50132	48981	51223
平顶山市	285194	165236	24758	24623	27016	27166	30255
安阳市	246923	141511	19973	19809	22324	24642	25797
鹤壁市	115104	66367	9832	9724	10941	11362	12237
新乡市	322405	191237	29694	29004	32401	32481	33725
焦作市	194652	124864	19551	19742	20699	20971	21762
濮阳市	353426	219118	33086	32476	36112	37610	39629
许昌市	187851	108216	14221	15365	18113	18710	20468
漯河市	124760	74441	10974	11232	11836	12283	13722
三门峡市	91654	56456	9553	8412	9072	9463	9691
南阳市	929358	545944	75173	78472	86698	91659	102982
商丘市	563402	359626	53735	56554	61659	60660	62887
信阳市	462975	284975	41621	42697	46512	48527	51775
周口市	573709	355620	52756	53874	59646	60355	64798
驻马店市	635208	363921	51011	51700	58486	59701	69041
济源示范区	14067	8651	1336	1416	1402	1514	1410
巩义市	30561	20325	3178	3040	3566	3176	3690
兰考县	106189	67725	10683	9518	11362	11899	12283
汝州市	37425	22262	3104	3346	3901	3706	4185
滑县	129445	67215	10270	10017	10837	11449	12102
长垣市	19300	12131	1657	1801	2049	2061	2318
邓州市	72100	32680	3921	4024	4940	5425	6256
永城市	45273	28781	4143	4366	4891	4785	4947
固始县	139121	83438	12261	12605	14018	14192	15065
鹿邑县	100503	61536	8955	9196	10407	9978	11113
新蔡县	92972	53358	7009	7730	8564	9220	10163

校生分年级情况(镇区)

六年级	其 中		初 中				
	复式班	少数民族	计	一年级	二年级	三年级	其中：少数民族
796248	-	50813	2790630	923398	935761	931471	28415
45019	-	4400	157858	53329	53566	50963	2336
30913	-	1414	101111	32363	34027	34721	635
50628	-	2122	173718	57363	58428	57927	896
31418	-	3629	119958	38897	40748	40313	2010
28966	-	196	105412	33587	34756	37069	86
12271	-	100	48737	16354	16224	16159	61
33932	-	2358	131168	44493	42957	43718	1425
22139	-	2937	69788	23355	23442	22991	1247
40205	-	331	134308	44804	45438	44066	154
21339	-	1037	79635	25892	26860	26883	654
14394	-	798	50319	15802	17151	17366	300
10265	-	577	35198	11220	12047	11931	345
110960	-	12469	383414	124966	130077	128371	8029
64131	-	5315	203776	70817	66814	66145	3662
53843	-	447	178000	59576	59900	58524	222
64191	-	6255	218089	74267	73384	70438	2715
73982	-	3183	271287	88488	91404	91395	1956
1573	-	154	5416	1708	1791	1917	75
3675	-	49	10236	3415	3268	3553	17
11980	-	476	38464	13222	12594	12648	241
4020	-	84	15163	5111	4075	5977	44
12540	-	53	62230	20709	20585	20936	43
2245	-	32	7169	2508	2257	2404	9
8114	-	421	39420	12012	13618	13790	251
5649	-	-	16492	5683	5490	5319	3
15297	-	1311	55683	17671	18824	19188	575
11887	-	200	38967	12035	12313	14619	114
10672	-	465	39614	13751	13723	12140	310

义务教育阶段在

省辖市直管县	合计	小 学					
		计	一年级	二年级	三年级	四年级	五年级
河南省	3103452	2318881	314468	348081	394905	411440	431249
郑州市	197063	151791	25993	25433	26938	24207	25504
开封市	128773	91988	11144	12899	15475	16519	18222
洛阳市	111916	86942	12348	13126	14928	15169	15516
平顶山市	152688	107247	14240	16187	18097	18621	19586
安阳市	121976	84728	9698	11062	13333	15467	17404
鹤壁市	21583	19896	2256	2855	3023	3554	4040
新乡市	177198	126404	14665	16522	19733	22059	25372
焦作市	62454	45591	6938	7275	7398	7568	8001
濮阳市	121281	96125	11003	13043	16215	18130	19642
许昌市	135106	101651	12884	14364	16989	17969	19492
漯河市	49650	37993	4839	5476	6325	7030	7215
三门峡市	28373	20078	2649	2725	3275	3603	3827
南阳市	235807	173932	24053	25945	29671	31610	32717
商丘市	343882	263839	36501	42494	47427	48504	47646
信阳市	182586	121473	15179	17005	19580	21259	23776
周口市	372913	288474	43463	47183	51216	50275	49480
驻马店市	243968	186970	24726	27524	31763	34441	35495
济源示范区	5527	4248	631	669	694	711	716
巩义市	7259	4913	773	827	907	846	739
兰考县	30895	24217	3421	4160	4330	4269	3975
汝州市	63065	38531	5296	5831	6437	6499	7088
滑县	81086	63015	7536	8405	10041	11151	12498
长垣市	23044	17540	2040	2469	2986	3170	3564
邓州市	54779	43608	5783	6273	7319	8057	8649
永城市	35583	28619	3623	4391	4993	5352	5569
固始县	25237	19263	2237	2564	3093	3412	3739
鹿邑县	44011	35435	5928	6306	7061	6004	5437
新蔡县	45749	34370	4621	5068	5658	5984	6340

校生分年级情况（乡村）

六年级	其中		初中				
	复式班	少数民族	计	一年级	二年级	三年级	其中：少数民族
418738	**34**	**12087**	**784571**	**248112**	**265534**	**270925**	**5296**
23716	-	1889	45272	15700	15509	14063	616
17729	-	242	36785	11869	12743	12173	99
15855	-	319	24974	7994	8493	8487	179
20516	29	640	45441	13664	15265	16512	526
17764	-	41	37248	10605	12964	13679	11
4168	-	4	1687	502	569	616	4
28053	-	712	50794	16524	16760	17510	273
8411	-	315	16863	5601	5711	5551	228
18092	-	85	25156	7393	8274	9489	17
19953	-	918	33455	10625	11120	11710	429
7108	-	62	11657	3484	3972	4201	1
3999	5	94	8295	2441	2795	3059	35
29936	-	2137	61875	19912	20709	21254	1262
41267	-	2136	80043	26447	27456	26140	690
24674	-	64	61113	18696	20791	21626	28
46857	-	803	84439	26036	28506	29897	239
33021	-	775	56998	18023	19059	19916	330
827	-	6	1279	399	406	474	1
821	-	23	2346	774	786	786	15
4062	-	93	6678	1903	2283	2492	46
7380	-	25	24534	8364	8260	7910	50
13384	-	63	18071	5566	6094	6411	29
3311	-	6	5504	1682	1826	1996	7
7527	-	97	11171	3470	3795	3906	31
4691	-	-	6964	2214	2403	2347	-
4218	-	289	5974	1734	2044	2196	73
4699	-	165	8576	3142	3160	2274	2
6699	-	84	11379	3348	3781	4250	75

义务教育阶段在

省辖市直管县	合计	小 学					
		计	一年级	二年级	三年级	四年级	五年级
河 南 省	6884451	4540034	715119	705550	760728	764711	797424
郑 州 市	732199	521704	102394	88256	91575	82028	82033
开 封 市	266470	172379	25640	25546	28446	29326	31634
洛 阳 市	444420	299650	49907	48216	50358	50234	50855
平顶山市	283683	182750	28834	28610	30417	29985	31873
安 阳 市	300725	191632	29141	27895	30228	33390	34431
鹤 壁 市	101555	65157	10169	9934	10513	11110	11679
新 乡 市	354420	230652	35488	34633	37780	39247	41220
焦 作 市	196993	134078	22810	21879	22287	22014	22488
濮 阳 市	295279	192090	28815	28920	31581	33542	34902
许 昌 市	285202	188823	28849	28994	31632	31704	33495
漯 河 市	147605	97711	15765	15531	16559	16429	16888
三门峡市	113975	76535	13454	12042	12364	12850	12779
南 阳 市	636331	395408	56844	58655	64098	66883	72942
商 丘 市	500546	345824	52343	55656	60986	59964	59710
信 阳 市	367485	234466	34450	35477	38194	39795	42681
周 口 市	591784	396080	59813	62560	67574	67643	69942
驻马店市	460529	292623	42037	43209	48395	49624	54319
济源示范区	43920	30128	5673	5226	4960	5014	4663
巩 义 市	40847	27859	5134	4602	5075	4271	4405
兰 考 县	64115	43181	6738	6431	7367	7660	7549
汝 州 市	78360	50276	7555	8015	8611	8424	8954
滑 县	97930	61438	8638	8973	9918	10611	11356
长 垣 市	70443	47043	7177	7382	7941	8106	8361
邓 州 市	99021	61318	8319	8530	9826	10794	11692
永 城 市	100418	65693	9389	9795	11277	11226	12067
固 始 县	74075	46468	6705	6926	7672	7843	8562
鹿 邑 县	68923	46668	7310	7480	8338	7585	7975
新 蔡 县	67198	42400	5728	6177	6756	7409	7969

校生分年级情况(其中:女)

六年级	其中		初中				
	复式班	少数民族	计	一年级	二年级	三年级	其中：少数民族
796502	**14**	**58626**	**2344417**	**781633**	**786823**	**775961**	**27671**
75418	–	11234	210495	73291	70599	66605	4319
31787	–	2892	94091	30751	30973	32367	1267
50080	–	3769	144770	48152	48960	47658	1452
33031	13	3644	100933	32987	33910	34036	1741
36547	–	357	109093	35342	36386	37365	131
11752	–	126	36398	12207	12203	11988	78
42284	–	2646	123768	41960	41135	40673	1333
22600	–	3078	62915	21592	21045	20278	1355
34330	–	478	103189	34119	34429	34641	167
34149	–	2390	96379	32556	32472	31351	1234
16539	–	1368	49894	16259	16903	16732	582
13046	1	617	37440	11947	12843	12650	271
75986	–	9341	240923	78788	81637	80498	5292
57165	–	4802	154722	53660	51784	49278	2759
43869	–	618	133019	43612	44990	44417	242
68548	–	5904	195704	65581	66101	64022	2562
55039	–	2392	167906	54561	57178	56167	1333
4592	–	370	13792	4635	4552	4605	167
4372	–	64	12988	4418	4178	4392	49
7436	–	232	20934	7057	6919	6958	143
8717	–	139	28084	9454	8638	9992	77
11942	–	41	36492	12076	12044	12372	32
8076	–	52	23400	8221	7754	7425	34
12157	–	956	37703	12336	12737	12630	545
11939	–	9	34725	12044	11374	11307	–
8760	–	682	27607	8656	9319	9632	263
7980	–	170	22255	7025	7229	8001	49
8361	–	255	24798	8346	8531	7921	194

义务教育阶段在

省辖市直管县	合计	小 学					
		计	一年级	二年级	三年级	四年级	五年级
河南省	7825627	5088749	774351	771529	855654	858116	915141
郑州市	882389	601921	113483	99669	105852	94537	97560
开封市	306176	198099	28425	28113	32865	33617	37231
洛阳市	477416	321138	53267	50924	55273	53486	55006
平顶山市	316711	202146	30641	30788	33871	33608	36367
安阳市	343371	214195	30506	30065	33625	37545	40056
鹤壁市	114989	72307	10423	10272	11770	12268	13714
新乡市	409892	261861	38348	38246	43769	44397	47746
焦作市	217226	146005	24093	23443	24122	24193	24884
濮阳市	343253	221318	32450	31707	36688	38812	40905
许昌市	323063	209440	29743	31153	34944	35303	38870
漯河市	164033	106280	16593	16393	17696	17533	19115
三门峡市	121065	80904	13978	12614	13300	13269	13854
南阳市	725851	449030	62606	64823	72664	76730	85023
商丘市	565063	386172	56937	61868	67946	66526	68563
信阳市	426244	270508	39260	40415	44649	45887	49348
周口市	654009	432261	63268	66430	73787	74347	77680
驻马店市	523754	328514	45808	47377	53743	55611	62208
济源示范区	47812	32473	6008	5428	5491	5341	5095
巩义市	44803	30612	5457	4757	5531	4882	5214
兰考县	72969	48761	7366	7247	8325	8508	8709
汝州市	85729	54625	8092	8551	9657	9051	9765
滑县	112601	68792	9168	9449	10960	11989	13244
长垣市	82859	53985	7502	8196	8899	9443	10053
邓州市	112076	69687	9328	9587	11225	11914	13518
永城市	114876	75851	10333	11128	12967	13366	14062
固始县	90283	56233	7793	8243	9439	9761	10242
鹿邑县	75591	50303	7573	8022	9130	8397	8575
新蔡县	71523	45328	5902	6621	7466	7795	8534

校生分年级情况（其中：男）

六年级	其中		初中				
	复式班	少数民族	计	一年级	二年级	三年级	其中：少数民族
913958	**20**	**68504**	**2736878**	**905749**	**919971**	**911158**	**34022**
90820	-	13106	280468	93220	94610	92638	6313
37848	-	3304	108077	34504	37286	36287	1448
53182	-	4067	156278	52140	52355	51783	1653
36871	16	4296	114565	36409	38782	39374	2044
42398	-	421	129176	42427	43584	43165	173
13860	-	170	42682	14059	14106	14517	76
49355	-	3161	148031	49339	48966	49726	1573
25270	-	3373	71221	23941	23894	23386	1590
40756	-	513	121935	40272	41236	40427	251
39427	-	2853	113623	38287	38065	37271	1464
18950	-	1678	57753	18847	19533	19373	654
13889	4	691	40161	12966	13813	13382	308
87184	-	10707	276821	91030	93799	91992	6830
64332	-	6181	178891	61254	59769	57868	3034
50949	-	782	155736	51228	52551	51957	372
76749	-	6437	221748	74769	74826	72153	2992
63767	-	2898	195240	63253	65292	66695	1495
5110	-	555	15339	5046	5166	5127	236
4771	-	65	14191	4749	4758	4684	34
8606	-	337	24208	8068	7958	8182	144
9509	-	201	31104	10577	9633	10894	105
13982	-	75	43809	14199	14635	14975	40
9892	-	79	28874	9982	9473	9419	40
14115	-	1143	42389	13600	14217	14572	505
13995	-	4	39025	13929	12898	12198	5
10755	-	918	34050	10749	11549	11752	385
8606	-	195	25288	8152	8244	8892	67
9010	-	294	26195	8753	8973	8469	191

中小学在校生、专任教师分

省辖市直管县	在校生数 合计	按学校类型分			按学生类型分		
		普通高中	初中	小学	普通高中	初中	小学
河南省	**17332768**	**3047982**	**5839933**	**8444853**	**2622690**	**5081295**	**9628783**
郑州市	1852911	258672	581837	1012402	238323	490963	1123625
开封市	688371	135126	224243	329002	115725	202168	370478
洛阳市	1078020	185998	346887	545135	156184	301048	620788
平顶山市	713904	120625	237118	356161	113510	215498	384896
安阳市	768472	148057	250684	369731	124376	238269	405827
鹤壁市	257018	48612	77838	130568	40474	79080	137464
新乡市	901630	181251	288734	431645	137318	271799	492513
焦作市	486131	80328	160300	245503	71912	134136	280083
濮阳市	741128	131906	263558	345664	102596	225124	413408
许昌市	725541	130845	272543	322153	117276	210002	398263
漯河市	365099	58733	152822	153544	53461	107647	203991
三门峡市	275560	50076	88886	136598	40520	77601	157439
南阳市	1653330	348811	589277	715242	291148	517744	844438
商丘市	1215806	180582	383877	651347	150197	333613	731996
信阳市	957392	182709	332871	441812	163663	288755	504974
周口市	1451008	219949	532266	698793	205215	417452	828341
驻马店市	1155605	200102	379370	576133	171322	363146	621137
济源示范区	107447	15715	36110	55622	15715	29131	62601
巩义市	102827	17177	34426	51224	17177	27179	58471
兰考县	158456	21372	52456	84628	21372	45142	91942
汝州市	195698	32374	63408	99916	31609	59188	104901
滑县	248457	47780	75861	124816	37926	80301	130230
长垣市	181579	35281	62611	83687	28277	52274	101028
邓州市	261203	62819	84680	113704	50106	80092	131005
永城市	251165	35871	75878	139416	35871	73750	141544
固始县	203215	40184	69121	93910	38857	61657	102701
鹿邑县	168786	29436	72843	66507	24272	47543	96971
新蔡县	167009	47591	49428	69990	28288	50993	87728

学校类型和学生类型情况

专任教师数						
合计	按学校类型分			按授课学生类型分		
	普通高中	初中	小学	普通高中	初中	小学
1160146	**221158**	**411724**	**541235**	**193068**	**366068**	**601010**
114571	19485	39866	55271	17939	34922	61710
44085	8212	14971	21129	6996	13232	23857
70049	14388	24970	31424	12168	22428	35453
50243	9412	17266	23591	8599	16208	25436
48917	10304	16713	22224	8583	15841	24493
16857	3557	5389	8025	2978	5491	8388
56435	12316	19093	25322	9786	18076	28573
33054	6243	11739	15456	5598	10154	17302
47371	9109	17347	21353	7510	15148	24713
48048	9313	17984	20622	8464	14736	24848
23923	3916	10544	9295	3722	7856	12345
20758	4518	7239	9010	3839	6510	10409
117257	26420	43112	49529	22815	39085	55357
78930	11717	27536	40726	9743	23966	45221
70355	14147	25098	32128	12785	22642	34928
100224	16460	36550	49718	15557	29556	55111
84978	15587	28755	43996	13417	27773	43788
6538	1282	2589	2667	1282	2167	3089
7431	1438	2756	3237	1438	2317	3676
9620	1331	3454	4835	1331	2848	5441
13034	2405	4891	5830	2326	4468	6240
16614	3588	5126	8059	2933	5087	8594
10831	2183	3732	5003	1717	3200	5914
17800	4375	6114	7837	3580	5795	8425
14219	1971	5024	7375	1971	4811	7437
14603	2665	5435	6600	2608	4830	7165
11284	1952	4701	5242	1590	3173	6521
12117	2864	3730	5731	1793	3748	6576

小学班额及

省辖市直管县	班额情况（个）										
	计	25人以下	26－30人	31－35人	36－40人	41－45人	46－50人	51－55人	56－60人	61－65人	66人以上
河南省	**268233**	**66707**	**18327**	**21263**	**27894**	**53407**	**32506**	**44724**	**1934**	**1371**	**100**
郑州市	23716	1284	775	1111	1517	2436	4152	10406	946	1033	56
开封市	10901	3207	842	919	1022	2017	1374	1465	37	18	–
洛阳市	15360	2095	967	1231	1741	3359	2484	3142	198	100	43
平顶山市	10927	3103	754	755	908	1497	1833	2073	3	1	–
安阳市	11496	2961	823	884	1077	2559	1237	1933	20	2	–
鹤壁市	3960	1137	220	239	416	784	323	764	59	18	–
新乡市	13461	3129	1084	1167	1495	2116	2020	2359	89	1	1
焦作市	7449	1743	457	495	800	1242	729	1801	64	118	–
濮阳市	11469	2599	861	929	1210	2835	1191	1771	67	6	–
许昌市	10954	2571	1015	1016	1109	1420	1480	2318	17	8	–
漯河市	5169	966	333	323	436	814	974	1323	–	–	–
三门峡市	4089	720	234	312	440	745	678	960	–	–	–
南阳市	24597	6864	1508	1660	2731	5640	3100	3094	–	–	–
商丘市	22150	6193	1914	2316	2875	6059	1649	1125	18	1	–
信阳市	14036	3655	599	801	1287	2418	2175	3101	–	–	–
周口市	24237	6619	1918	2403	2955	5652	2133	2106	391	60	–
驻马店市	21165	8457	1501	1701	2106	4627	1298	1475	–	–	–
济源示范区	1486	204	62	77	127	203	232	581	–	–	–
巩义市	1358	163	56	96	122	140	189	592	–	–	–
兰考县	2634	636	273	242	265	730	362	126	–	–	–
汝州市	3306	1116	327	439	365	253	257	549	–	–	–
滑县	4008	942	493	574	661	1284	54	–	–	–	–
长垣市	2784	626	164	216	320	774	324	343	16	1	–
邓州市	4621	1992	338	342	416	691	459	382	1	–	–
永城市	4103	1014	227	296	491	1284	755	30	3	3	–
固始县	2627	530	93	126	256	407	495	720	–	–	–
鹿邑县	2900	716	228	323	456	1025	136	10	5	1	–
新蔡县	3270	1465	261	270	290	396	413	175	–	–	–

构 成 情 况（总计）

占总班数的比例（%）										大班额比例（%）
25人以下	26-30人	31-35人	36-40人	41-45人	46-50人	51-55人	56-60人	61-65人	66人以上	
24.87	**6.83**	**7.93**	**10.40**	**19.91**	**12.12**	**16.67**	**0.72**	**0.51**	**0.04**	**1.27**
5.41	3.27	4.68	6.40	10.27	17.51	43.88	3.99	4.36	0.24	8.58
29.42	7.72	8.43	9.38	18.50	12.60	13.44	0.34	0.17	—	0.50
13.64	6.30	8.01	11.33	21.87	16.17	20.46	1.29	0.65	0.28	2.22
28.40	6.90	6.91	8.31	13.70	16.77	18.97	0.03	0.01	—	0.04
25.76	7.16	7.69	9.37	22.26	10.76	16.81	0.17	0.02	—	0.19
28.71	5.56	6.04	10.51	19.80	8.16	19.29	1.49	0.45	—	1.94
23.24	8.05	8.67	11.11	15.72	15.01	17.52	0.66	0.01	0.01	0.68
23.40	6.14	6.65	10.74	16.67	9.79	24.18	0.86	1.58	—	2.44
22.66	7.51	8.10	10.55	24.72	10.38	15.44	0.58	0.05	—	0.64
23.47	9.27	9.28	10.12	12.96	13.51	21.16	0.16	0.07	—	0.23
18.69	6.44	6.25	8.43	15.75	18.84	25.59	—	—	—	—
17.61	5.72	7.63	10.76	18.22	16.58	23.48	—	—	—	—
27.91	6.13	6.75	11.10	22.93	12.60	12.58	—	—	—	—
27.96	8.64	10.46	12.98	27.35	7.44	5.08	0.08	0.00	—	0.09
26.04	4.27	5.71	9.17	17.23	15.50	22.09	—	—	—	—
27.31	7.91	9.91	12.19	23.32	8.80	8.69	1.61	0.25	—	1.86
39.96	7.09	8.04	9.95	21.86	6.13	6.97	—	—	—	—
13.73	4.17	5.18	8.55	13.66	15.61	39.10	—	—	—	—
12.00	4.12	7.07	8.98	10.31	13.92	43.59	—	—	—	—
24.15	10.36	9.19	10.06	27.71	13.74	4.78	—	—	—	—
33.76	9.89	13.28	11.04	7.65	7.77	16.61	—	—	—	—
23.50	12.30	14.32	16.49	32.04	1.35	—	—	—	—	—
22.49	5.89	7.76	11.49	27.80	11.64	12.32	0.57	0.04	—	0.61
43.11	7.31	7.40	9.00	14.95	9.93	8.27	0.02	—	—	0.02
24.71	5.53	7.21	11.97	31.29	18.40	0.73	0.07	0.07	—	0.15
20.18	3.54	4.80	9.74	15.49	18.84	27.41	—	—	—	—
24.69	7.86	11.14	15.72	35.34	4.69	0.34	0.17	0.03	—	0.21
44.80	7.98	8.26	8.87	12.11	12.63	5.35	—	—	—	—

小学班额及

省辖市直管县	班额情况（个）										
	计	25人以下	26－30人	31－35人	36－40人	41－45人	46－50人	51－55人	56－60人	61－65人	66人以上
河南省	**65592**	**3101**	**1784**	**2876**	**4563**	**12109**	**12217**	**26755**	**1231**	**952**	**4**
郑州市	13373	291	303	510	725	1060	2215	6930	610	729	－
开封市	2853	288	126	158	171	436	579	1052	27	16	－
洛阳市	5328	238	223	337	487	1070	1009	1813	116	32	3
平顶山市	2455	203	45	72	132	212	664	1123	3	1	－
安阳市	3997	147	110	180	352	1308	652	1228	20	－	－
鹤壁市	1122	78	42	59	100	130	137	501	57	18	－
新乡市	3797	214	105	164	308	546	774	1625	60	－	1
焦作市	2346	130	58	74	240	503	159	1000	64	118	－
濮阳市	2023	30	23	49	145	216	406	1146	8	－	－
许昌市	4214	329	197	253	298	465	847	1800	17	8	－
漯河市	1937	67	35	52	75	326	504	878	－	－	－
三门峡市	1808	93	63	117	169	336	316	714	－	－	－
南阳市	2571	91	30	48	82	283	578	1459	－	－	－
商丘市	2395	68	36	49	183	859	668	526	6	－	－
信阳市	2041	109	35	38	66	120	356	1317	－	－	－
周口市	4140	287	112	220	256	1225	786	997	231	26	－
驻马店市	1579	48	25	47	138	811	51	459	－	－	－
济源示范区	1045	30	29	48	72	103	197	566	－	－	－
巩义市	688	39	11	43	28	37	50	480	－	－	－
兰考县	－	－	－	－	－	－	－	－	－	－	－
汝州市	992	79	35	115	95	64	121	483	－	－	－
滑县	－	－	－	－	－	－	－	－	－	－	－
长垣市	1670	104	62	93	182	644	257	316	11	1	－
邓州市	1234	80	44	42	81	379	269	339	－	－	－
永城市	1984	58	35	108	178	976	622	3	1	3	－
固始县	－	－	－	－	－	－	－	－	－	－	－
鹿邑县	－	－	－	－	－	－	－	－	－	－	－
新蔡县	－	－	－	－	－	－	－	－	－	－	－

构 成 情 况（城区）

			占 总 班 数 的 比 例 (%)							大班额比例 (%)
25人以下	26-30人	31-35人	36-40人	41-45人	46-50人	51-55人	56-60人	61-65人	66人以上	
4.73	2.72	4.38	6.96	18.46	18.63	40.79	1.88	1.45	0.01	3.33
2.18	2.27	3.81	5.42	7.93	16.56	51.82	4.56	5.45	—	10.01
10.09	4.42	5.54	5.99	15.28	20.29	36.87	0.95	0.56	—	1.51
4.47	4.19	6.33	9.14	20.08	18.94	34.03	2.18	0.60	0.06	2.83
8.27	1.83	2.93	5.38	8.64	27.05	45.74	0.12	0.04	—	0.16
3.68	2.75	4.50	8.81	32.72	16.31	30.72	0.50	—	—	0.50
6.95	3.74	5.26	8.91	11.59	12.21	44.65	5.08	1.60	—	6.68
5.64	2.77	4.32	8.11	14.38	20.38	42.80	1.58	—	0.03	1.61
5.54	2.47	3.15	10.23	21.44	6.78	42.63	2.73	5.03	—	7.76
1.48	1.14	2.42	7.17	10.68	20.07	56.65	0.40	—	—	0.40
7.81	4.67	6.00	7.07	11.03	20.10	42.71	0.40	0.19	—	0.59
3.46	1.81	2.68	3.87	16.83	26.02	45.33	—	—	—	—
5.14	3.48	6.47	9.35	18.58	17.48	39.49	—	—	—	—
3.54	1.17	1.87	3.19	11.01	22.48	56.75	—	—	—	—
2.84	1.50	2.05	7.64	35.87	27.89	21.96	0.25	—	—	0.25
5.34	1.71	1.86	3.23	5.88	17.44	64.53	—	—	—	—
6.93	2.71	5.31	6.18	29.59	18.99	24.08	5.58	0.63	—	6.21
3.04	1.58	2.98	8.74	51.36	3.23	29.07	—	—	—	—
2.87	2.78	4.59	6.89	9.86	18.85	54.16	—	—	—	—
5.67	1.60	6.25	4.07	5.38	7.27	69.77	—	—	—	—
—	—	—	—	—	—	—	—	—	—	—
7.96	3.53	11.59	9.58	6.45	12.20	48.69	—	—	—	—
—	—	—	—	—	—	—	—	—	—	—
6.23	3.71	5.57	10.90	38.56	15.39	18.92	0.66	0.06	—	0.72
6.48	3.57	3.40	6.56	30.71	21.80	27.47	—	—	—	—
2.92	1.76	5.44	8.97	49.19	31.35	0.15	0.05	0.15	—	0.20
—	—	—	—	—	—	—	—	—	—	—
—	—	—	—	—	—	—	—	—	—	—
—	—	—	—	—	—	—	—	—	—	—

小 学 班 额 及

省辖市直管县	计	25人以下	26-30人	31-35人	36-40人	41-45人	46-50人	51-55人	56-60人	61-65人	66人以上
河南省	106165	11912	5608	8293	14223	32927	16342	15796	590	378	96
郑州市	6360	229	135	253	359	682	1323	2743	296	284	56
开封市	4136	796	254	344	439	1258	660	381	2	2	-
洛阳市	6865	480	317	489	892	1928	1288	1291	78	62	40
平顶山市	4011	448	216	259	429	947	916	796	-	-	-
安阳市	3590	498	228	283	411	1024	479	665	-	2	-
鹤壁市	1722	265	96	89	234	608	175	254	1	-	-
新乡市	4812	603	317	430	649	1104	1028	656	25	-	-
焦作市	3112	479	169	203	373	595	527	766	-	-	-
濮阳市	5480	576	304	401	622	2228	689	596	58	6	-
许昌市	2918	521	211	311	427	651	419	378	-	-	-
漯河市	1826	246	120	106	202	351	389	412	-	-	-
三门峡市	1371	117	77	106	197	348	285	241	-	-	-
南阳市	13629	1406	732	986	1983	4660	2357	1505	-	-	-
商丘市	9414	1113	515	883	1500	4263	643	492	4	1	-
信阳市	6630	436	215	375	801	1803	1426	1574	-	-	-
周口市	9270	1320	527	860	1478	3147	883	917	117	21	-
驻马店市	9222	945	512	862	1376	3356	1184	987	-	-	-
济源示范区	238	44	17	14	41	81	27	14	-	-	-
巩义市	490	51	21	32	80	77	122	107	-	-	-
兰考县	1747	256	104	106	166	667	332	116	-	-	-
汝州市	632	106	72	113	122	110	76	33	-	-	-
滑县	1738	130	79	142	321	1042	24	-	-	-	-
长垣市	352	80	22	45	73	72	41	15	4	-	-
邓州市	940	170	72	156	197	217	110	18	-	-	-
永城市	807	125	48	101	210	233	87	3	-	-	-
固始县	1859	112	42	76	181	343	431	674	-	-	-
鹿邑县	1601	158	85	155	264	819	105	10	5	-	-
新蔡县	1393	202	101	113	196	313	316	152	-	-	-

构 成 情 况（镇区）

			占 总 班 数 的 比 例（%）							大班额比例（%）
25人以下	26–30人	31–35人	36–40人	41–45人	46–50人	51–55人	56–60人	61–65人	66人以上	
11.22	**5.28**	**7.81**	**13.40**	**31.01**	**15.39**	**14.88**	**0.56**	**0.36**	**0.09**	**1.00**
3.60	2.12	3.98	5.64	10.72	20.80	43.13	4.65	4.47	0.88	10.00
19.25	6.14	8.32	10.61	30.42	15.96	9.21	0.05	0.05	–	0.10
6.99	4.62	7.12	12.99	28.08	18.76	18.81	1.14	0.90	0.58	2.62
11.17	5.39	6.46	10.70	23.61	22.84	19.85	–	–	–	–
13.87	6.35	7.88	11.45	28.52	13.34	18.52	–	0.06	–	0.06
15.39	5.57	5.17	13.59	35.31	10.16	14.75	0.06	–	–	0.06
12.53	6.59	8.94	13.49	22.94	21.36	13.63	0.52	–	–	0.52
15.39	5.43	6.52	11.99	19.12	16.93	24.61	–	–	–	–
10.51	5.55	7.32	11.35	40.66	12.57	10.88	1.06	0.11	–	1.17
17.85	7.23	10.66	14.63	22.31	14.36	12.95	–	–	–	–
13.47	6.57	5.81	11.06	19.22	21.30	22.56	–	–	–	–
8.53	5.62	7.73	14.37	25.38	20.79	17.58	–	–	–	–
10.32	5.37	7.23	14.55	34.19	17.29	11.04	–	–	–	–
11.82	5.47	9.38	15.93	45.28	6.83	5.23	0.04	0.01	–	0.05
6.58	3.24	5.66	12.08	27.19	21.51	23.74	–	–	–	–
14.24	5.69	9.28	15.94	33.95	9.53	9.89	1.26	0.23	–	1.49
10.25	5.55	9.35	14.92	36.39	12.84	10.70	–	–	–	–
18.49	7.14	5.88	17.23	34.03	11.34	5.88	–	–	–	–
10.41	4.29	6.53	16.33	15.71	24.90	21.84	–	–	–	–
14.65	5.95	6.07	9.50	38.18	19.00	6.64	–	–	–	–
16.77	11.39	17.88	19.30	17.41	12.03	5.22	–	–	–	–
7.48	4.55	8.17	18.47	59.95	1.38	–	–	–	–	–
22.73	6.25	12.78	20.74	20.45	11.65	4.26	1.14	–	–	1.14
18.09	7.66	16.60	20.96	23.09	11.70	1.91	–	–	–	–
15.49	5.95	12.52	26.02	28.87	10.78	0.37	–	–	–	–
6.02	2.26	4.09	9.74	18.45	23.18	36.26	–	–	–	–
9.87	5.31	9.68	16.49	51.16	6.56	0.62	0.31	–	–	0.31
14.50	7.25	8.11	14.07	22.47	22.68	10.91	–	–	–	–

小 学 班 额 及

省辖市直管县	班 额 情 况 （个）									
	计	25人以下	26-30人	31-35人	36-40人	41-45人	46-50人	51-55人	56-60人	61-65人	66人以上
河 南 省	96476	51694	10935	10094	9108	8371	3947	2173	113	41	-
郑 州 市	3983	764	337	348	433	694	614	733	40	20	-
开 封 市	3912	2123	462	417	412	323	135	32	8	-	-
洛 阳 市	3167	1377	427	405	362	361	187	38	4	6	-
平顶山市	4461	2452	493	424	347	338	253	154	-	-	-
安 阳 市	3909	2316	485	421	314	227	106	40	-	-	-
鹤 壁 市	1116	794	82	91	82	46	11	9	1	-	-
新 乡 市	4852	2312	662	573	538	466	218	78	4	1	-
焦 作 市	1991	1134	230	218	187	144	43	35	-	-	-
濮 阳 市	3966	1993	534	479	443	391	96	29	1	-	-
许 昌 市	3822	1721	607	452	384	304	214	140	-	-	-
漯 河 市	1406	653	178	165	159	137	81	33	-	-	-
三门峡市	910	510	94	89	74	61	77	5	-	-	-
南 阳 市	8397	5367	746	626	666	697	165	130	-	-	-
商 丘 市	10341	5012	1363	1384	1192	937	338	107	8	-	-
信 阳 市	5365	3110	349	388	420	495	393	210	-	-	-
周 口 市	10827	5012	1279	1323	1221	1280	464	192	43	13	-
驻马店市	10364	7464	964	792	592	460	63	29	-	-	-
济源示范区	203	130	16	15	14	19	8	1	-	-	-
巩 义 市	180	73	24	21	14	26	17	5	-	-	-
兰 考 县	887	380	169	136	99	63	30	10	-	-	-
汝 州 市	1682	931	220	211	148	79	60	33	-	-	-
滑 县	2270	812	414	432	340	242	30	-	-	-	-
长 垣 市	762	442	80	78	65	58	26	12	1	-	-
邓 州 市	2447	1742	222	144	138	95	80	25	1	-	-
永 城 市	1312	831	144	87	103	75	46	24	2	-	-
固 始 县	768	418	51	50	75	64	64	46	-	-	-
鹿 邑 县	1299	558	143	168	192	206	31	-	-	1	-
新 蔡 县	1877	1263	160	157	94	83	97	23	-	-	-

构 成 情 况（乡村）

			占 总 班 数 的 比 例（%）							大班额比例（%）
25人以下	26-30人	31-35人	36-40人	41-45人	46-50人	51-55人	56-60人	61-65人	66人以上	
53.58	**11.33**	**10.46**	**9.44**	**8.68**	**4.09**	**2.25**	**0.12**	**0.04**	**-**	**0.16**
19.18	8.46	8.74	10.87	17.42	15.42	18.40	1.00	0.50	-	1.51
54.27	11.81	10.66	10.53	8.26	3.45	0.82	0.20	-	-	0.20
43.48	13.48	12.79	11.43	11.40	5.90	1.20	0.13	0.19	-	0.32
54.97	11.05	9.50	7.78	7.58	5.67	3.45	-	-	-	-
59.25	12.41	10.77	8.03	5.81	2.71	1.02	-	-	-	-
71.15	7.35	8.15	7.35	4.12	0.99	0.81	0.09	-	-	0.09
47.65	13.64	11.81	11.09	9.60	4.49	1.61	0.08	0.02	-	0.10
56.96	11.55	10.95	9.39	7.23	2.16	1.76	-	-	-	-
50.25	13.46	12.08	11.17	9.86	2.42	0.73	0.03	-	-	0.03
45.03	15.88	11.83	10.05	7.95	5.60	3.66	-	-	-	-
46.44	12.66	11.74	11.31	9.74	5.76	2.35	-	-	-	-
56.04	10.33	9.78	8.13	6.70	8.46	0.55	-	-	-	-
63.92	8.88	7.46	7.93	8.30	1.96	1.55	-	-	-	-
48.47	13.18	13.38	11.53	9.06	3.27	1.03	0.08	-	-	0.08
57.97	6.51	7.23	7.83	9.23	7.33	3.91	-	-	-	-
46.29	11.81	12.22	11.28	11.82	4.29	1.77	0.40	0.12	-	0.52
72.02	9.30	7.64	5.71	4.44	0.61	0.28	-	-	-	-
64.04	7.88	7.39	6.90	9.36	3.94	0.49	-	-	-	-
40.56	13.33	11.67	7.78	14.44	9.44	2.78	-	-	-	-
42.84	19.05	15.33	11.16	7.10	3.38	1.13	-	-	-	-
55.35	13.08	12.54	8.80	4.70	3.57	1.96	-	-	-	-
35.77	18.24	19.03	14.98	10.66	1.32	-	-	-	-	-
58.01	10.50	10.24	8.53	7.61	3.41	1.57	0.13	-	-	0.13
71.19	9.07	5.88	5.64	3.88	3.27	1.02	0.04	-	-	0.04
63.34	10.98	6.63	7.85	5.72	3.51	1.83	0.15	-	-	0.15
54.43	6.64	6.51	9.77	8.33	8.33	5.99	-	-	-	-
42.96	11.01	12.93	14.78	15.86	2.39	-	-	0.08	-	0.08
67.29	8.52	8.36	5.01	4.42	5.17	1.23	-	-	-	-

初 中 班 额 及

省辖市直管县	班额情况（个）										
	计	25人以下	26－30人	31－35人	36－40人	41－45人	46－50人	51－55人	56－60人	61－65人	66人以上
河南省	**105666**	**944**	**1200**	**2422**	**5561**	**15668**	**42176**	**36093**	**884**	**659**	**59**
郑州市	9874	95	102	188	492	964	2794	4599	164	476	－
开封市	4193	35	38	118	257	677	1338	1712	12	－	6
洛阳市	6371	114	120	215	428	1181	2108	1933	187	78	7
平顶山市	4347	32	36	79	122	366	1359	2348	5	－	－
安阳市	5053	50	65	116	329	910	2183	1386	14	－	－
鹤壁市	1648	17	15	28	80	265	673	569	1	－	－
新乡市	5705	72	79	183	416	912	1886	2002	72	37	46
焦作市	2865	59	86	111	216	443	863	1087	－	－	－
濮阳市	4670	53	46	81	162	640	2120	1558	10	－	－
许昌市	4217	28	36	72	112	324	1260	2385	－	－	－
漯河市	2200	19	22	35	72	261	747	1044	－	－	－
三门峡市	1681	33	51	103	151	253	510	580	－	－	－
南阳市	10829	53	83	217	550	1922	4802	3202	－	－	－
商丘市	7097	47	84	201	508	1371	3173	1697	16	－	－
信阳市	5958	57	95	146	350	758	1764	2788	－	－	－
周口市	8633	32	62	99	377	1204	4744	1720	333	62	－
驻马店市	7670	54	42	95	320	1513	4050	1579	17	－	－
济源示范区	614	9	12	60	45	77	62	349	－	－	－
巩义市	538	－	4	6	17	34	126	345	－	6	－
兰考县	974	13	22	42	64	216	426	191	－	－	－
汝州市	1192	6	9	15	38	125	353	646	－	－	－
滑县	1751	3	7	28	59	320	1334	－	－	－	－
长垣市	1076	1	9	53	57	103	442	385	26	－	－
邓州市	1675	1	7	26	104	306	771	460	－	－	－
永城市	1539	4	14	30	75	230	899	287	－	－	－
固始县	1246	27	19	19	82	111	219	769	－	－	－
鹿邑县	992	7	6	20	39	124	655	114	27	－	－
新蔡县	1058	23	29	36	39	58	515	358	－	－	－

构　成　情　况（总计）

占　总　班　数　的　比　例（%）										大班额比例（%）
25人以下	26-30人	31-35人	36-40人	41-45人	46-50人	51-55人	56-60人	61-65人	66人以上	
0.89	**1.14**	**2.29**	**5.26**	**14.83**	**39.91**	**34.16**	**0.84**	**0.62**	**0.06**	**1.52**
0.96	1.03	1.90	4.98	9.76	28.30	46.58	1.66	4.82	—	6.48
0.83	0.91	2.81	6.13	16.15	31.91	40.83	0.29	—	0.14	0.43
1.79	1.88	3.37	6.72	18.54	33.09	30.34	2.94	1.22	0.11	4.27
0.74	0.83	1.82	2.81	8.42	31.26	54.01	0.12	—	—	0.12
0.99	1.29	2.30	6.51	18.01	43.20	27.43	0.28	—	—	0.28
1.03	0.91	1.70	4.85	16.08	40.84	34.53	0.06	—	—	0.06
1.26	1.38	3.21	7.29	15.99	33.06	35.09	1.26	0.65	0.81	2.72
2.06	3.00	3.87	7.54	15.46	30.12	37.94	—	—	—	—
1.13	0.99	1.73	3.47	13.70	45.40	33.36	0.21	—	—	0.21
0.66	0.85	1.71	2.66	7.68	29.88	56.56	—	—	—	—
0.86	1.00	1.59	3.27	11.86	33.95	47.45	—	—	—	—
1.96	3.03	6.13	8.98	15.05	30.34	34.50	—	—	—	—
0.49	0.77	2.00	5.08	17.75	44.34	29.57	—	—	—	—
0.66	1.18	2.83	7.16	19.32	44.71	23.91	0.23	—	—	0.23
0.96	1.59	2.45	5.87	12.72	29.61	46.79	—	—	—	—
0.37	0.72	1.15	4.37	13.95	54.95	19.92	3.86	0.72	—	4.58
0.70	0.55	1.24	4.17	19.73	52.80	20.59	0.22	—	—	0.22
1.47	1.95	9.77	7.33	12.54	10.10	56.84	—	—	—	—
—	0.74	1.12	3.16	6.32	23.42	64.13	—	1.12	—	1.12
1.33	2.26	4.31	6.57	22.18	43.74	19.61	—	—	—	—
0.50	0.76	1.26	3.19	10.49	29.61	54.19	—	—	—	—
0.17	0.40	1.60	3.37	18.28	76.19	—	—	—	—	—
0.09	0.84	4.93	5.30	9.57	41.08	35.78	2.42	—	—	2.42
0.06	0.42	1.55	6.21	18.27	46.03	27.46	—	—	—	—
0.26	0.91	1.95	4.87	14.94	58.41	18.65	—	—	—	—
2.17	1.52	1.52	6.58	8.91	17.58	61.72	—	—	—	—
0.71	0.60	2.02	3.93	12.50	66.03	11.49	2.72	—	—	2.72
2.17	2.74	3.40	3.69	5.48	48.68	33.84	—	—	—	—

初 中 班 额 及

省辖市直管县	班额情况（个）									
	计	25人以下	26-30人	31-35人	36-40人	41-45人	46-50人	51-55人	56-60人	61-65人	66人以上
河南省	30410	252	287	616	1258	2979	9457	14667	399	443	52
郑州市	5729	38	53	89	297	476	1615	2715	107	339	-
开封市	1283	10	8	38	49	94	294	773	11	-	6
洛阳市	2205	45	55	119	187	481	659	511	94	54	-
平顶山市	1008	26	12	24	25	51	203	664	3	-	-
安阳市	1994	4	22	39	119	363	700	738	9	-	-
鹤壁市	588	4	4	14	50	63	155	297	1	-	-
新乡市	1807	43	15	22	61	175	476	874	58	37	46
焦作市	999	11	30	33	70	130	304	421	-	-	-
濮阳市	1308	9	4	10	16	111	389	763	6	-	-
许昌市	1921	13	13	20	38	107	497	1233	-	-	-
漯河市	900	2	13	6	37	25	203	614	-	-	-
三门峡市	729	14	17	53	44	107	197	297	-	-	-
南阳市	1459	4	5	25	51	174	432	768	-	-	-
商丘市	961	2	1	6	17	37	211	683	4	-	-
信阳市	965	4	5	14	20	64	135	723	-	-	-
周口市	2306	10	12	16	41	186	1211	730	87	13	-
驻马店市	717	4	4	1	8	45	475	180	-	-	-
济源示范区	446	-	1	29	20	33	23	340	-	-	-
巩义市	287	-	-	2	14	24	32	215	-	-	-
兰考县	-	-	-	-	-	-	-	-	-	-	-
汝州市	390	6	4	4	10	56	56	254	-	-	-
滑县	-	-	-	-	-	-	-	-	-	-	-
长垣市	793	1	1	20	23	52	337	340	19	-	-
邓州市	594	-	-	19	26	58	190	301	-	-	-
永城市	1021	2	8	13	35	67	663	233	-	-	-
固始县	-	-	-	-	-	-	-	-	-	-	-
鹿邑县	-	-	-	-	-	-	-	-	-	-	-
新蔡县	-	-	-	-	-	-	-	-	-	-	-

构 成 情 况（城区）

占总班数的比例（%）										大班额比例（%）
25人以下	26-30人	31-35人	36-40人	41-45人	46-50人	51-55人	56-60人	61-65人	66人以上	
0.83	**0.94**	**2.03**	**4.14**	**9.80**	**31.10**	**48.23**	**1.31**	**1.46**	**0.17**	**2.94**
0.66	0.93	1.55	5.18	8.31	28.19	47.39	1.87	5.92	-	7.78
0.78	0.62	2.96	3.82	7.33	22.92	60.25	0.86	-	0.47	1.33
2.04	2.49	5.40	8.48	21.81	29.89	23.17	4.26	2.45	-	6.71
2.58	1.19	2.38	2.48	5.06	20.14	65.87	0.30	-	-	0.30
0.20	1.10	1.96	5.97	18.20	35.11	37.01	0.45	-	-	0.45
0.68	0.68	2.38	8.50	10.71	26.36	50.51	0.17	-	-	0.17
2.38	0.83	1.22	3.38	9.68	26.34	48.37	3.21	2.05	2.55	7.80
1.10	3.00	3.30	7.01	13.01	30.43	42.14	-	-	-	-
0.69	0.31	0.76	1.22	8.49	29.74	58.33	0.46	-	-	0.46
0.68	0.68	1.04	1.98	5.57	25.87	64.19	-	-	-	-
0.22	1.44	0.67	4.11	2.78	22.56	68.22	-	-	-	-
1.92	2.33	7.27	6.04	14.68	27.02	40.74	-	-	-	-
0.27	0.34	1.71	3.50	11.93	29.61	52.64	-	-	-	-
0.21	0.10	0.62	1.77	3.85	21.96	71.07	0.42	-	-	0.42
0.41	0.52	1.45	2.07	6.63	13.99	74.92	-	-	-	-
0.43	0.52	0.69	1.78	8.07	52.52	31.66	3.77	0.56	-	4.34
0.56	0.56	0.14	1.12	6.28	66.25	25.10	-	-	-	-
-	0.22	6.50	4.48	7.40	5.16	76.23	-	-	-	-
-	-	0.70	4.88	8.36	11.15	74.91	-	-	-	-
-	-	-	-	-	-	-	-	-	-	-
1.54	1.03	1.03	2.56	14.36	14.36	65.13	-	-	-	-
-	-	-	-	-	-	-	-	-	-	-
0.13	0.13	2.52	2.90	6.56	42.50	42.88	2.40	-	-	2.40
-	-	3.20	4.38	9.76	31.99	50.67	-	-	-	-
0.20	0.78	1.27	3.43	6.56	64.94	22.82	-	-	-	-
-	-	-	-	-	-	-	-	-	-	-
-	-	-	-	-	-	-	-	-	-	-

初 中 班 额 及

省辖市直管县	班额情况（个）									
	计	25人以下	26-30人	31-35人	36-40人	41-45人	46-50人	51-55人	56-60人	61-65人	66人以上
河南省	57948	390	484	988	2562	8693	26130	18136	368	190	7
郑州市	3188	33	25	61	118	371	878	1554	31	117	—
开封市	2103	18	16	58	136	346	714	814	1	—	—
洛阳市	3606	49	37	65	183	600	1260	1313	68	24	7
平顶山市	2399	3	16	26	58	186	774	1336	—	—	—
安阳市	2221	31	21	37	117	291	1207	514	3	—	—
鹤壁市	1016	5	9	14	23	195	501	269	—	—	—
新乡市	2729	10	31	71	181	406	1004	1018	8	—	—
焦作市	1468	21	36	39	91	226	463	592	—	—	—
濮阳市	2793	28	28	34	93	382	1493	731	4	—	—
许昌市	1595	5	8	37	30	150	451	914	—	—	—
漯河市	1053	14	5	11	24	184	491	324	—	—	—
三门峡市	747	4	17	25	63	103	288	247	—	—	—
南阳市	8027	27	54	163	409	1420	3804	2150	—	—	—
商丘市	4305	14	35	65	242	781	2331	829	8	—	—
信阳市	3616	20	30	48	125	427	1226	1740	—	—	—
周口市	4513	11	24	44	186	617	2667	711	204	49	—
驻马店市	5699	40	26	71	185	1091	3014	1255	17	—	—
济源示范区	131	4	6	17	25	36	34	9	—	—	—
巩义市	204	—	2	—	3	10	74	115	—	—	—
兰考县	819	11	15	32	36	164	379	182	—	—	—
汝州市	300	—	1	—	1	33	88	177	—	—	—
滑县	1338	—	2	1	16	178	1141	—	—	—	—
长垣市	159	—	2	13	17	36	68	23	—	—	—
邓州市	838	1	6	4	59	180	434	154	—	—	—
永城市	359	2	1	5	32	102	168	49	—	—	—
固始县	1109	22	9	16	67	83	156	756	—	—	—
鹿邑县	800	2	4	14	26	60	557	113	24	—	—
新蔡县	813	15	18	17	16	35	465	247	—	—	—

构 成 情 况（镇区）

占 总 班 数 的 比 例（%）										大班额比例（%）
25人以下	26-30人	31-35人	36-40人	41-45人	46-50人	51-55人	56-60人	61-65人	66人以上	
0.67	**0.84**	**1.70**	**4.42**	**15.00**	**45.09**	**31.30**	**0.64**	**0.33**	**0.01**	**0.98**
1.04	0.78	1.91	3.70	11.64	27.54	48.75	0.97	3.67	-	4.64
0.86	0.76	2.76	6.47	16.45	33.95	38.71	0.05	-	-	0.05
1.36	1.03	1.80	5.07	16.64	34.94	36.41	1.89	0.67	0.19	2.75
0.13	0.67	1.08	2.42	7.75	32.26	55.69	-	-	-	-
1.40	0.95	1.67	5.27	13.10	54.34	23.14	0.14	-	-	0.14
0.49	0.89	1.38	2.26	19.19	49.31	26.48	-	-	-	-
0.37	1.14	2.60	6.63	14.88	36.79	37.30	0.29	-	-	0.29
1.43	2.45	2.66	6.20	15.40	31.54	40.33	-	-	-	-
1.00	1.00	1.22	3.33	13.68	53.46	26.17	0.14	-	-	0.14
0.31	0.50	2.32	1.88	9.40	28.28	57.30	-	-	-	-
1.33	0.47	1.04	2.28	17.47	46.63	30.77	-	-	-	-
0.54	2.28	3.35	8.43	13.79	38.55	33.07	-	-	-	-
0.34	0.67	2.03	5.10	17.69	47.39	26.78	-	-	-	-
0.33	0.81	1.51	5.62	18.14	54.15	19.26	0.19	-	-	0.19
0.55	0.83	1.33	3.46	11.81	33.90	48.12	-	-	-	-
0.24	0.53	0.97	4.12	13.67	59.10	15.75	4.52	1.09	-	5.61
0.70	0.46	1.25	3.25	19.14	52.89	22.02	0.30	-	-	0.30
3.05	4.58	12.98	19.08	27.48	25.95	6.87	-	-	-	-
-	0.98	-	1.47	4.90	36.27	56.37	-	-	-	-
1.34	1.83	3.91	4.40	20.02	46.28	22.22	-	-	-	-
-	0.33	-	0.33	11.00	29.33	59.00	-	-	-	-
-	0.15	0.07	1.20	13.30	85.28	-	-	-	-	-
-	1.26	8.18	10.69	22.64	42.77	14.47	-	-	-	-
0.12	0.72	0.48	7.04	21.48	51.79	18.38	-	-	-	-
0.56	0.28	1.39	8.91	28.41	46.80	13.65	-	-	-	-
1.98	0.81	1.44	6.04	7.48	14.07	68.17	-	-	-	-
0.25	0.50	1.75	3.25	7.50	69.63	14.13	3.00	-	-	3.00
1.85	2.21	2.09	1.97	4.31	57.20	30.38	-	-	-	-

初 中 班 额 及

省辖市直管县	班 额 情 况 （个）									
	计	25人以下	26-30人	31-35人	36-40人	41-45人	46-50人	51-55人	56-60人	61-65人	66人以上
河南省	17308	302	429	818	1741	3996	6589	3290	117	26	-
郑州市	957	24	24	38	77	117	301	330	26	20	-
开封市	807	7	14	22	72	237	330	125	-	-	-
洛阳市	560	20	28	31	58	100	189	109	25	-	-
平顶山市	940	3	8	29	39	129	382	348	2	-	-
安阳市	838	15	22	40	93	256	276	134	2	-	-
鹤壁市	44	8	2	-	7	7	17	3	-	-	-
新乡市	1169	19	33	90	174	331	406	110	6	-	-
焦作市	398	27	20	39	55	87	96	74	-	-	-
濮阳市	569	16	14	37	53	147	238	64	-	-	-
许昌市	701	10	15	15	44	67	312	238	-	-	-
漯河市	247	3	4	18	11	52	53	106	-	-	-
三门峡市	205	15	17	25	44	43	25	36	-	-	-
南阳市	1343	22	24	29	90	328	566	284	-	-	-
商丘市	1831	31	48	130	249	553	631	185	4	-	-
信阳市	1377	33	60	84	205	267	403	325	-	-	-
周口市	1814	11	26	39	150	401	866	279	42	-	-
驻马店市	1254	10	12	23	127	377	561	144	-	-	-
济源示范区	37	5	5	14	-	8	5	-	-	-	-
巩义市	47	-	2	4	-	-	20	15	-	6	-
兰考县	155	2	7	10	28	52	47	9	-	-	-
汝州市	502	-	4	11	27	36	209	215	-	-	-
滑县	413	3	5	27	43	142	193	-	-	-	-
长垣市	124	-	6	20	17	15	37	22	7	-	-
邓州市	243	-	1	3	19	68	147	5	-	-	-
永城市	159	-	5	12	8	61	68	5	-	-	-
固始县	137	5	10	3	15	28	63	13	-	-	-
鹿邑县	192	5	2	6	13	64	98	1	3	-	-
新蔡县	245	8	11	19	23	23	50	111	-	-	-

构 成 情 况（乡村）

		占 总 班 数 的 比 例 （％）								大班额比例（％）
25人以下	26－30人	31－35人	36－40人	41－45人	46－50人	51－55人	56－60人	61－65人	66人以上	
1.74	**2.48**	**4.73**	**10.06**	**23.09**	**38.07**	**19.01**	**0.68**	**0.15**	**－**	**0.83**
2.51	2.51	3.97	8.05	12.23	31.45	34.48	2.72	2.09	－	4.81
0.87	1.73	2.73	8.92	29.37	40.89	15.49	－	－	－	－
3.57	5.00	5.54	10.36	17.86	33.75	19.46	4.46	－	－	4.46
0.32	0.85	3.09	4.15	13.72	40.64	37.02	0.21	－	－	0.21
1.79	2.63	4.77	11.10	30.55	32.94	15.99	0.24	－	－	0.24
18.18	4.55	－	15.91	15.91	38.64	6.82	－	－	－	－
1.63	2.82	7.70	14.88	28.31	34.73	9.41	0.51	－	－	0.51
6.78	5.03	9.80	13.82	21.86	24.12	18.59	－	－	－	－
2.81	2.46	6.50	9.31	25.83	41.83	11.25	－	－	－	－
1.43	2.14	2.14	6.28	9.56	44.51	33.95	－	－	－	－
1.21	1.62	7.29	4.45	21.05	21.46	42.91	－	－	－	－
7.32	8.29	12.20	21.46	20.98	12.20	17.56	－	－	－	－
1.64	1.79	2.16	6.70	24.42	42.14	21.15	－	－	－	－
1.69	2.62	7.10	13.60	30.20	34.46	10.10	0.22	－	－	0.22
2.40	4.36	6.10	14.89	19.39	29.27	23.60	－	－	－	－
0.61	1.43	2.15	8.27	22.11	47.74	15.38	2.32	－	－	2.32
0.80	0.96	1.83	10.13	30.06	44.74	11.48	－	－	－	－
13.51	13.51	37.84	－	21.62	13.51	－	－	－	－	－
－	4.26	8.51	－	－	42.55	31.91	－	12.77	－	12.77
1.29	4.52	6.45	18.06	33.55	30.32	5.81	－	－	－	－
－	0.80	2.19	5.38	7.17	41.63	42.83	－	－	－	－
0.73	1.21	6.54	10.41	34.38	46.73	－	－	－	－	－
－	4.84	16.13	13.71	12.10	29.84	17.74	5.65	－	－	5.65
－	0.41	1.23	7.82	27.98	60.49	2.06	－	－	－	－
－	3.14	7.55	5.03	38.36	42.77	3.14	－	－	－	－
3.65	7.30	2.19	10.95	20.44	45.99	9.49	－	－	－	－
2.60	1.04	3.13	6.77	33.33	51.04	0.52	1.56	－	－	1.56
3.27	4.49	7.76	9.39	9.39	20.41	45.31	－	－	－	－

普通高中班额

省辖市直管县	班额情况（个）									
	计	25人以下	26-30人	31-35人	36-40人	41-45人	46-50人	51-55人	56-60人	61-65人	66人以上
河南省	51599	374	294	711	1300	3152	12809	31444	950	389	176
郑州市	4807	110	59	188	127	303	1243	2616	118	36	7
开封市	2199	23	6	14	31	227	268	1333	110	162	25
洛阳市	3141	64	52	71	96	202	1143	1136	278	30	69
平顶山市	2216	5	9	23	55	124	455	1545	-	-	-
安阳市	2469	22	17	49	62	125	554	1570	58	12	-
鹤壁市	792	7	4	14	19	50	148	550	-	-	-
新乡市	2719	27	19	48	101	245	566	1554	88	68	3
焦作市	1473	6	4	75	154	120	308	798	5	2	1
濮阳市	2026	8	6	36	97	116	464	1299	-	-	-
许昌市	2319	3	9	16	38	153	836	1264	-	-	-
漯河市	1046	7	4	12	42	36	200	745	-	-	-
三门峡市	872	27	22	45	63	141	254	320	-	-	-
南阳市	5743	23	29	49	110	445	1310	3770	7	-	-
商丘市	2926	2	1	8	22	140	927	1767	32	27	-
信阳市	3189	3	4	15	84	199	705	2179	-	-	-
周口市	4017	14	30	11	60	202	1228	2308	155	9	-
驻马店市	3302	4	10	13	29	117	897	2133	94	5	-
济源示范区	305	-	-	-	8	11	36	250	-	-	-
巩义市	323	-	-	-	2	10	8	303	-	-	-
兰考县	399	1	1	2	-	1	8	386	-	-	-
汝州市	600	-	-	2	5	4	77	512	-	-	-
滑县	761	6	4	10	30	33	305	373	-	-	-
长垣市	544	10	1	6	41	10	100	327	1	2	46
邓州市	972	-	1	1	-	13	318	639	-	-	-
永城市	681	-	2	1	14	6	97	561	-	-	-
固始县	762	2	-	1	-	67	161	531	-	-	-
鹿邑县	440	-	-	-	-	1	57	317	4	36	25
新蔡县	556	-	-	1	10	51	136	358	-	-	-

及构成情况

			占 总 班 数 的 比 例 （%）							大班额比例（%）
25人以下	26-30人	31-35人	36-40人	41-45人	46-50人	51-55人	56-60人	61-65人	66人以上	
0.72	**0.57**	**1.38**	**2.52**	**6.11**	**24.82**	**60.94**	**1.84**	**0.75**	**0.34**	**2.94**
2.29	1.23	3.91	2.64	6.30	25.86	54.42	2.45	0.75	0.15	3.35
1.05	0.27	0.64	1.41	10.32	12.19	60.62	5.00	7.37	1.14	13.51
2.04	1.66	2.26	3.06	6.43	36.39	36.17	8.85	0.96	2.20	12.00
0.23	0.41	1.04	2.48	5.60	20.53	69.72	－	－	－	－
0.89	0.69	1.98	2.51	5.06	22.44	63.59	2.35	0.49	－	2.84
0.88	0.51	1.77	2.40	6.31	18.69	69.44	－	－	－	－
0.99	0.70	1.77	3.71	9.01	20.82	57.15	3.24	2.50	0.11	5.85
0.41	0.27	5.09	10.45	8.15	20.91	54.18	0.34	0.14	0.07	0.54
0.39	0.30	1.78	4.79	5.73	22.90	64.12	－	－	－	－
0.13	0.39	0.69	1.64	6.60	36.05	54.51	－	－	－	－
0.67	0.38	1.15	4.02	3.44	19.12	71.22	－	－	－	－
3.10	2.52	5.16	7.22	16.17	29.13	36.70	－	－	－	－
0.40	0.50	0.85	1.92	7.75	22.81	65.65	0.12	－	－	0.12
0.07	0.03	0.27	0.75	4.78	31.68	60.39	1.09	0.92	－	2.02
0.09	0.13	0.47	2.63	6.24	22.11	68.33	－	－	－	－
0.35	0.75	0.27	1.49	5.03	30.57	57.46	3.86	0.22	－	4.08
0.12	0.30	0.39	0.88	3.54	27.17	64.60	2.85	0.15	－	3.00
－	－	－	2.62	3.61	11.80	81.97	－	－	－	－
－	－	－	0.62	3.10	2.48	93.81	－	－	－	－
0.25	0.25	0.50	－	0.25	2.01	96.74	－	－	－	－
－	－	0.33	0.83	0.67	12.83	85.33	－	－	－	－
0.79	0.53	1.31	3.94	4.34	40.08	49.01	－	－	－	－
1.84	0.18	1.10	7.54	1.84	18.38	60.11	0.18	0.37	8.46	9.01
－	0.10	0.10	－	1.34	32.72	65.74	－	－	－	－
－	0.29	0.15	2.06	0.88	14.24	82.38	－	－	－	－
0.26	－	0.13	－	8.79	21.13	69.69	－	－	－	－
－	－	－	－	0.23	12.95	72.05	0.91	8.18	5.68	14.77
－	－	0.18	1.80	9.17	24.46	64.39	－	－	－	－

中小学在校生中随迁子

省辖市直管县	普通高中			初　　中				
	随迁子女			随迁子女			其中:进城务工人员	
	计	外省迁入	本省外县迁　　入	计	外省迁入	本省外县迁　　入	计	外省迁入
河 南 省	**58089**	**6448**	**51641**	**294171**	**27302**	**266869**	**209949**	**16175**
郑 州 市	30305	2803	27502	115787	10066	105721	85670	6835
开 封 市	5050	227	4823	5051	517	4534	3305	336
洛 阳 市	4936	1056	3880	20740	2262	18478	13381	1324
平顶山市	1363	110	1253	10061	864	9197	7421	642
安 阳 市	674	185	489	10398	1403	8995	7736	908
鹤 壁 市	473	38	435	1664	73	1591	1402	40
新 乡 市	882	50	832	7558	535	7023	4914	300
焦 作 市	638	74	564	7380	782	6598	5351	478
濮 阳 市	911	222	689	23492	1294	22198	19269	816
许 昌 市	294	65	229	5190	488	4702	2422	140
漯 河 市	612	57	555	5912	241	5671	4339	129
三门峡市	829	206	623	5835	792	5043	4129	416
南 阳 市	3765	558	3207	21504	1348	20156	13471	702
商 丘 市	1217	123	1094	2674	69	2605	1647	27
信 阳 市	681	41	640	15269	1264	14005	12563	723
周 口 市	1606	113	1493	8899	1132	7767	6075	662
驻马店市	1889	236	1653	17026	1879	15147	11768	649
济源示范区	–	–	–	1791	441	1350	1009	244
巩 义 市	79	19	60	1645	307	1338	1348	233
兰 考 县	23	6	17	803	237	566	443	138
汝 州 市	375	43	332	201	38	163	68	15
滑　　县	5	2	3	495	89	406	212	49
长 垣 市	266	82	184	1028	161	867	599	101
邓 州 市	1122	112	1010	1148	177	971	515	73
永 城 市	29	–	29	1309	490	819	260	76
固 始 县	49	15	34	197	68	129	66	–
鹿 邑 县	15	4	11	276	60	216	180	31
新 蔡 县	1	1	–	838	225	613	386	88

女和农村留守儿童情况

随迁子女	农村留守儿童	小学						
		随迁子女			其中:进城务工人员随迁子女			农村留守儿童
本省外县迁入		计	外省迁入	本省外县迁入	计	外省迁入	本省外县迁入	
193774	**471791**	**630331**	**64603**	**565728**	**450320**	**40961**	**409359**	**789495**
78835	1268	278623	27606	251017	200787	18536	182251	1474
2969	9459	11573	1573	10000	7970	1269	6701	18201
12057	10275	53681	6712	46969	36260	3495	32765	24556
6779	17124	18135	1087	17048	14336	635	13701	27832
6828	6135	18252	2468	15784	16400	1934	14466	7279
1362	1338	3232	268	2964	2476	169	2307	2703
4614	3245	16279	1479	14800	10792	847	9945	5207
4873	1608	12561	2150	10411	7694	1144	6550	2051
18453	12459	34176	2969	31207	25392	2140	23252	26878
2282	13024	17698	1285	16413	5373	451	4922	25099
4210	7501	11416	619	10797	7563	409	7154	14012
3713	1801	12146	1974	10172	8454	1164	7290	3911
12769	61420	49994	2945	47049	40113	2126	37987	92905
1620	36924	4764	336	4428	3123	177	2946	73791
11840	71775	22482	3048	19434	15692	1888	13804	92949
5413	75947	16955	1851	15104	12410	1085	11325	141383
11119	67898	30652	1856	28796	24719	1118	23601	103133
765	259	2752	735	2017	2112	530	1582	429
1115	147	2829	578	2251	1757	313	1444	200
305	2788	1185	248	937	536	66	470	7015
53	3834	320	63	257	119	9	110	7805
163	1534	897	176	721	679	113	566	3372
498	511	3806	516	3290	2321	342	1979	845
442	19324	1892	356	1536	1483	225	1258	32279
184	8163	2092	909	1183	900	445	455	17324
66	16776	710	290	420	170	49	121	21514
149	6970	458	115	343	246	52	194	14447
298	12284	771	391	380	443	230	213	20901

小学和初中专任教师

省辖市直管县	小学 专任教师专业技术职务情况							小学 占专任教师总数的比例(%)				
	计	正高级	副高级	中级	助理级	员级	未定职级	正高级	副高级	中级	助理级	员级
河南省	**601010**	101	59308	213439	200320	15852	111990	**0.017**	9.87	35.51	33.33	**2.64**
郑州市	61710	16	2911	17177	27741	908	12957	0.03	4.72	27.84	44.95	1.47
开封市	23857	2	2094	9220	6306	808	5427	0.008	8.78	38.65	26.43	3.39
洛阳市	35453	7	3070	12901	12691	679	6105	0.02	8.66	36.39	35.80	1.92
平顶山市	25436	2	2372	8665	8706	1098	4593	0.01	9.33	34.07	34.23	4.32
安阳市	24493	3	2726	8425	7573	278	5488	0.01	11.13	34.40	30.92	1.14
鹤壁市	8388	2	1184	3276	2296	120	1510	0.02	14.12	39.06	27.37	1.43
新乡市	28573	8	2628	7824	10620	752	6741	0.03	9.20	27.38	37.17	2.63
焦作市	17302	2	1770	6465	6205	255	2605	0.01	10.23	37.37	35.86	1.47
濮阳市	24713	12	2323	8451	8424	867	4636	0.05	9.40	34.20	34.09	3.51
许昌市	24848	9	2285	8557	7625	702	5670	0.04	9.20	34.44	30.69	2.83
漯河市	12345	2	1885	5419	3481	405	1153	0.02	15.27	43.90	28.20	3.28
三门峡市	10409	2	964	4107	4421	102	813	0.02	9.26	39.46	42.47	0.98
南阳市	55357	8	5389	19227	19703	2910	8120	0.01	9.73	34.73	35.59	5.26
商丘市	45221	4	6231	20461	10713	642	7170	0.009	13.78	45.25	23.69	1.42
信阳市	34928	7	3406	12035	13407	1080	4993	0.02	9.75	34.46	38.38	3.09
周口市	55111	2	6211	20505	16071	1679	10643	0.00	11.27	37.21	29.16	3.05
驻马店市	43788	9	4290	16932	14203	854	7500	0.021	9.80	38.67	32.44	1.95
济源示范区	3089	1	347	1073	1210	8	450	0.03	11.23	34.74	39.17	0.26
巩义市	3676	1	350	1501	1537	123	164	0.03	9.52	40.83	41.81	3.35
兰考县	5441	-	829	1647	1743	146	1076	-	15.24	30.27	32.03	2.68
汝州市	6240	-	496	1717	1515	232	2280	-	7.95	27.52	24.28	3.72
滑县	8594	-	570	1879	2747	238	3160	-	6.63	21.86	31.96	2.77
长垣市	5914	-	615	2031	2400	59	809	-	10.40	34.34	40.58	1.00
邓州市	8425	-	1137	3745	2130	414	999	-	13.50	44.45	25.28	4.91
永城市	7437	2	951	2729	2163	240	1352	0.03	12.79	36.69	29.08	3.23
固始县	7165	-	812	2814	2264	103	1172	-	11.33	39.27	31.60	1.44
鹿邑县	6521	-	613	2409	1434	131	1934	-	9.40	36.94	21.99	2.01
新蔡县	6576	-	849	2247	991	19	2470	-	12.91	34.17	15.07	0.29

专业技术职务及构成情况

	初中												
	专任教师专业技术职务情况							占专任教师总数的比例(%)					
未定职级	计	正高级	副高级	中级	助理级	员级	未定职级	正高级	副高级	中级	助理级	员级	未定职级
18.63	**366068**	**152**	**71416**	**111224**	**112839**	**7420**	**63017**	**0.04**	**19.51**	**30.38**	**30.82**	**2.03**	**17.21**
21.00	34922	31	4453	9201	14231	380	6626	0.09	12.75	26.35	40.75	1.09	18.97
22.75	13232	4	2559	4605	3185	398	2481	0.03	19.34	34.80	24.07	3.01	18.75
17.22	22428	15	4056	6944	7500	156	3757	0.07	18.08	30.96	33.44	0.70	16.75
18.06	16208	2	3121	4260	5313	259	3253	0.01	19.26	26.28	32.78	1.60	20.07
22.41	15841	3	3424	4726	4064	181	3443	0.02	21.61	29.83	25.65	1.14	21.73
18.00	5491	5	1348	1747	1329	46	1016	0.09	24.55	31.82	24.20	0.84	18.50
23.59	18076	14	3643	4683	5556	329	3851	0.08	20.15	25.91	30.74	1.82	21.30
15.06	10154	3	2356	3429	3152	56	1158	0.03	23.20	33.77	31.04	0.55	11.40
18.76	15148	8	2834	4632	4964	709	2001	0.05	18.71	30.58	32.77	4.68	13.21
22.82	14736	9	3036	4446	4198	485	2562	0.06	20.60	30.17	28.49	3.29	17.39
9.34	7856	2	2455	2368	2228	90	713	0.03	31.25	30.14	28.36	1.15	9.08
7.81	6510	3	1327	2225	2449	21	485	0.05	20.38	34.18	37.62	0.32	7.45
14.67	39085	4	6268	10761	13842	1711	6499	0.010	16.04	27.53	35.42	4.38	16.63
15.86	23966	14	5910	8468	5222	539	3813	0.058	24.66	35.33	21.79	2.25	15.91
14.30	22642	8	5250	7353	6724	502	2805	0.04	23.19	32.48	29.70	2.22	12.39
19.31	29556	5	4937	8750	8971	694	6199	0.02	16.70	29.60	30.35	2.35	20.97
17.13	27773	15	6468	9700	8006	136	3448	0.05	23.29	34.93	28.83	0.49	12.41
14.57	2167	–	429	679	798	3	258	–	19.80	31.33	36.83	0.14	11.91
4.46	2317	–	468	821	875	52	101	–	20.20	35.43	37.76	2.24	4.36
19.78	2848	–	691	587	980	39	551	–	24.26	20.61	34.41	1.37	19.35
36.54	4468	–	486	853	1365	65	1699	–	10.88	19.09	30.55	1.45	38.03
36.77	5087	1	761	971	1412	43	1899	0.02	14.96	19.09	27.76	0.85	37.33
13.68	3200	–	623	852	1244	65	416	–	19.47	26.63	38.88	2.03	13.00
11.86	5795	2	1157	2184	1613	200	639	0.03	19.97	37.69	27.83	3.45	11.03
18.18	4811	1	966	1440	1332	177	895	0.02	20.08	29.93	27.69	3.68	18.60
16.36	4830	2	1142	2020	884	44	738	0.04	23.64	41.82	18.30	0.91	15.28
29.66	3173	–	461	1391	774	25	522	–	14.53	43.84	24.39	0.79	16.45
37.56	3748	1	787	1128	628	15	1189	0.03	21.00	30.10	16.76	0.40	31.72

普通高中和幼儿园专任教师

省辖市直管县	普通高中											
	专任教师专业技术职务情况							占专任教师总数的比例（%）				
	计	正高级	副高级	中级	助理级	员级	未定职级	正高级	副高级	中级	助理级	员级
河 南 省	**193068**	**211**	**34449**	**53482**	**56364**	**5258**	**43304**	**0.11**	**17.84**	**27.70**	**29.19**	**2.72**
郑 州 市	17939	50	2947	5252	6595	322	2773	0.28	16.43	29.28	36.76	1.79
开 封 市	6996	13	1177	2022	1781	240	1763	0.19	16.82	28.90	25.46	3.43
洛 阳 市	12168	22	2466	3742	3939	97	1902	0.18	20.27	30.75	32.37	0.80
平顶山市	8599	5	1317	2016	2136	447	2678	0.06	15.32	23.44	24.84	5.20
安 阳 市	8583	3	1346	2220	1889	59	3066	0.03	15.68	25.87	22.01	0.69
鹤 壁 市	2978	9	502	664	756	1	1046	0.30	16.86	22.30	25.39	0.03
新 乡 市	9786	12	1596	2389	3037	192	2560	0.12	16.31	24.41	31.03	1.96
焦 作 市	5598	5	1142	1700	1692	117	942	0.09	20.40	30.37	30.23	2.09
濮 阳 市	7510	7	1293	2040	1956	548	1666	0.09	17.22	27.16	26.05	7.30
许 昌 市	8464	11	1525	2033	2328	372	2195	0.13	18.02	24.02	27.50	4.40
漯 河 市	3722	6	1027	1349	881	35	424	0.16	27.59	36.24	23.67	0.94
三门峡市	3839	4	942	1353	1282	3	255	0.10	24.54	35.24	33.39	0.08
南 阳 市	22815	7	3216	5038	7774	1027	5753	0.03	14.10	22.08	34.07	4.50
商 丘 市	9743	9	2261	3623	2148	239	1463	0.09	23.21	37.19	22.05	2.45
信 阳 市	12785	18	2687	4245	3628	276	1931	0.14	21.02	33.20	28.38	2.16
周 口 市	15557	12	3038	4702	4046	549	3210	0.08	19.53	30.22	26.01	3.53
驻马店市	13417	10	2407	3457	3974	293	3276	0.07	17.94	25.77	29.62	2.18
济源示范区	1282	2	322	450	374	2	132	0.16	25.12	35.10	29.17	0.16
巩 义 市	1438	-	264	465	489	33	187	-	18.36	32.34	34.01	2.29
兰 考 县	1331	2	236	449	506	22	116	0.15	17.73	33.73	38.02	1.65
汝 州 市	2326	1	264	378	952	19	712	0.04	11.35	16.25	40.93	0.82
滑 县	2933	1	336	476	720	29	1371	0.03	11.46	16.23	24.55	0.99
长 垣 市	1717	1	268	384	494	42	528	0.06	15.61	22.36	28.77	2.45
邓 州 市	3580	-	516	694	743	258	1369	-	14.41	19.39	20.75	7.21
永 城 市	1971	-	375	675	549	3	369	-	19.03	34.25	27.85	0.15
固 始 县	2608	-	484	808	642	12	662	-	18.56	30.98	24.62	0.46
鹿 邑 县	1590	1	234	455	659	6	235	0.06	14.72	28.62	41.45	0.38
新 蔡 县	1793	-	261	403	394	15	720	-	14.56	22.48	21.97	0.84

专业技术职务及构成情况

	幼 儿 园												
	专任教师专业技术职务情况							占专任教师总数的比例（%）					
未定职级	计	正高级	副高级	中级	助理级	员级	未定职级	正高级	副高级	中级	助理级	员级	未定职级
22.43	232851	18	2060	12051	22916	8980	186826	0.008	0.88	5.18	9.84	3.86	80.23
15.46	30329	4	162	1473	5260	1511	21919	0.01	0.53	4.86	17.34	4.98	72.27
25.20	8831	4	51	612	985	591	6588	0.05	0.58	6.93	11.15	6.69	74.60
15.63	16402	2	63	458	929	317	14633	0.01	0.38	2.79	5.66	1.93	89.21
31.14	9142	–	92	571	1382	513	6584	–	1.01	6.25	15.12	5.61	72.02
35.72	8398	–	71	299	394	227	7407	–	0.85	3.56	4.69	2.70	88.20
35.12	3126	–	28	95	130	17	2856	–	0.90	3.04	4.16	0.54	91.36
26.16	11641	–	57	337	832	315	10100	–	0.49	2.89	7.15	2.71	86.76
16.83	8072	–	32	358	1146	288	6248	–	0.40	4.44	14.20	3.57	77.40
22.18	8607	2	39	326	404	191	7645	0.02	0.45	3.79	4.69	2.22	88.82
25.93	9475	1	44	259	436	237	8498	0.01	0.46	2.73	4.60	2.50	89.69
11.39	5421	–	75	332	442	211	4361	–	1.38	6.12	8.15	3.89	80.45
6.64	4778	–	32	344	641	269	3492	–	0.67	7.20	13.42	5.63	73.08
25.22	18111	1	370	1421	2082	1327	12910	0.01	2.04	7.85	11.50	7.33	71.28
15.02	16117	4	118	854	842	230	14069	0.02	0.73	5.30	5.22	1.43	87.29
15.10	12414	–	154	889	1482	403	9486	–	1.24	7.16	11.94	3.25	76.41
20.63	20095	–	188	984	1700	916	16307	–	0.94	4.90	8.46	4.56	81.15
24.42	16350	–	236	1129	1771	326	12888	–	1.44	6.91	10.83	1.99	78.83
10.30	2108	–	12	44	101	8	1943	–	0.57	2.09	4.79	0.38	92.17
13.00	1891	–	14	72	185	127	1493	–	0.74	3.81	9.78	6.72	78.95
8.72	1873	–	2	7	5	33	1826	–	0.11	0.37	0.27	1.76	97.49
30.61	2695	–	13	86	257	307	2032	–	0.48	3.19	9.54	11.39	75.40
46.74	1954	–	11	35	46	17	1845	–	0.56	1.79	2.35	0.87	94.42
30.75	2570	–	8	36	111	76	2339	–	0.31	1.40	4.32	2.96	91.01
38.24	3033	–	65	347	439	309	1873	–	2.14	11.44	14.47	10.19	61.75
18.72	3265	–	29	136	336	57	2707	–	0.89	4.17	10.29	1.75	82.91
25.38	2032	–	30	92	242	65	1603	–	1.48	4.53	11.91	3.20	78.89
14.78	2345	–	48	346	241	78	1632	–	2.05	14.75	10.28	3.33	69.59
40.16	1776	–	16	109	95	14	1542	–	0.90	6.14	5.35	0.79	86.82

小学和初中专任教师

省辖市直管县	小学									
	专任教师学历情况						占专任教师总数的比例(%)			
	计	研究生毕业	本科毕业	专科毕业	高中阶段毕业	高中阶段毕业以下	研究生毕业	本科毕业	专科毕业	高中阶段毕业
河南省	**601010**	**6968**	**431749**	**158160**	**4133**	**-**	**1.16**	**71.84**	**26.32**	**0.69**
郑州市	61710	3435	49187	8716	372	-	5.57	79.71	14.12	0.60
开封市	23857	225	15627	7821	184	-	0.94	65.50	32.78	0.77
洛阳市	35453	710	26773	7690	280	-	2.00	75.52	21.69	0.79
平顶山市	25436	102	16532	8522	280	-	0.40	64.99	33.50	1.10
安阳市	24493	133	19908	4320	132	-	0.54	81.28	17.64	0.54
鹤壁市	8388	72	6503	1783	30	-	0.86	77.53	21.26	0.36
新乡市	28573	574	20930	6857	212	-	2.01	73.25	24.00	0.74
焦作市	17302	115	12387	4562	238	-	0.66	71.59	26.37	1.38
濮阳市	24713	173	17894	6345	301	-	0.70	72.41	25.67	1.22
许昌市	24848	149	15183	9312	204	-	0.60	61.10	37.48	0.82
漯河市	12345	46	8884	3312	103	-	0.37	71.96	26.83	0.83
三门峡市	10409	65	7907	2390	47	-	0.62	75.96	22.96	0.45
南阳市	55357	219	36892	17841	405	-	0.40	66.64	32.23	0.73
商丘市	45221	148	25945	18892	236	-	0.33	57.37	41.78	0.52
信阳市	34928	226	26469	8044	189	-	0.65	75.78	23.03	0.54
周口市	55111	136	37660	16978	337	-	0.25	68.33	30.81	0.61
驻马店市	43788	187	36699	6847	55	-	0.43	83.81	15.64	0.13
济源示范区	3089	48	2527	504	10	-	1.55	81.81	16.32	0.32
巩义市	3676	10	3085	572	9	-	0.27	83.92	15.56	0.24
兰考县	5441	25	4005	1379	32	-	0.46	73.61	25.34	0.59
汝州市	6240	35	4181	1964	60	-	0.56	67.00	31.47	0.96
滑县	8594	15	5138	3319	122	-	0.17	59.79	38.62	1.42
长垣市	5914	28	4564	1267	55	-	0.47	77.17	21.42	0.93
邓州市	8425	13	5136	3192	84	-	0.15	60.96	37.89	1.00
永城市	7437	20	5862	1531	24	-	0.27	78.82	20.59	0.32
固始县	7165	21	5796	1327	21	-	0.29	80.89	18.52	0.29
鹿邑县	6521	12	3902	2508	99	-	0.18	59.84	38.46	1.52
新蔡县	6576	26	6173	365	12	-	0.40	93.87	5.55	0.18

学历及构成情况

	初中										
	专任教师学历情况						占专任教师总数的比例(%)				
高中阶段毕业以下	计	研究生毕业	本科毕业	专科毕业	高中阶段毕业	高中阶段毕业以下	研究生毕业	本科毕业	专科毕业	高中阶段毕业	高中阶段毕业以下
–	**366068**	**13195**	**313867**	**38562**	**444**	**–**	**3.60**	**85.74**	**10.53**	**0.12**	**–**
–	34922	6199	25850	2647	226	–	17.75	74.02	7.58	0.65	–
–	13232	347	10579	2300	6	–	2.62	79.95	17.38	0.05	–
–	22428	1252	19282	1857	37	–	5.58	85.97	8.28	0.16	–
–	16208	417	13740	2039	12	–	2.57	84.77	12.58	0.07	–
–	15841	322	14659	853	7	–	2.03	92.54	5.38	0.04	–
–	5491	167	4814	510	–	–	3.04	87.67	9.29	–	–
–	18076	741	15367	1957	11	–	4.10	85.01	10.83	0.06	–
–	10154	173	8780	1168	33	–	1.70	86.47	11.50	0.32	–
–	15148	400	13625	1122	1	–	2.64	89.95	7.41	0.01	–
–	14736	297	12263	2169	7	–	2.02	83.22	14.72	0.05	–
–	7856	162	6967	727	–	–	2.06	88.68	9.25	–	–
–	6510	117	5758	630	5	–	1.80	88.45	9.68	0.08	–
–	39085	496	33328	5238	23	–	1.27	85.27	13.40	0.06	–
–	23966	301	19844	3816	5	–	1.26	82.80	15.92	0.02	–
–	22642	525	20107	2003	7	–	2.32	88.80	8.85	0.03	–
–	29556	285	25950	3293	28	–	0.96	87.80	11.14	0.09	–
–	27773	465	26077	1230	1	–	1.67	93.89	4.43	0.00	–
–	2167	122	1842	193	10	–	5.63	85.00	8.91	0.46	–
–	2317	37	2107	173	–	–	1.60	90.94	7.47	–	–
–	2848	17	2432	396	3	–	0.60	85.39	13.90	0.11	–
–	4468	72	3868	528	–	–	1.61	86.57	11.82	–	–
–	5087	37	4232	813	5	–	0.73	83.19	15.98	0.10	–
–	3200	83	2775	337	5	–	2.59	86.72	10.53	0.16	–
–	5795	33	4462	1297	3	–	0.57	77.00	22.38	0.05	–
–	4811	56	4408	345	2	–	1.16	91.62	7.17	0.04	–
–	4830	32	4474	323	1	–	0.66	92.63	6.69	0.02	–
–	3173	26	2550	591	6	–	0.82	80.37	18.63	0.19	–
–	3748	14	3727	7	–	–	0.37	99.44	0.19	–	–

普通高中和幼儿园专任

省辖市直管县	普通高中									
	专任教师学历情况						占专任教师总数的比例(%)			
	计	研究生毕业	本科毕业	专科毕业	高中阶段毕业	高中阶段毕业以下	研究生毕业	本科毕业	专科毕业	高中阶段毕业
河 南 省	193068	22413	168178	2472	5	—	11.61	87.11	1.28	0.003
郑 州 市	17939	4612	13269	58	—	—	25.71	73.97	0.32	—
开 封 市	6996	571	6358	64	3	—	8.16	90.88	0.91	0.04
洛 阳 市	12168	1534	10579	55	—	—	12.61	86.94	0.45	—
平顶山市	8599	959	7584	56	—	—	11.15	88.20	0.65	—
安 阳 市	8583	965	7586	32	—	—	11.24	88.38	0.37	—
鹤 壁 市	2978	272	2641	65	—	—	9.13	88.68	2.18	—
新 乡 市	9786	1115	8498	173	—	—	11.39	86.84	1.77	—
焦 作 市	5598	511	5035	52	—	—	9.13	89.94	0.93	—
濮 阳 市	7510	679	6650	181	—	—	9.04	88.55	2.41	—
许 昌 市	8464	605	7825	34	—	—	7.15	92.45	0.40	—
漯 河 市	3722	396	3290	36	—	—	10.64	88.39	0.97	—
三门峡市	3839	309	3484	45	1	—	8.05	90.75	1.17	0.03
南 阳 市	22815	2345	20238	232	—	—	10.28	88.70	1.02	—
商 丘 市	9743	1072	8438	233	—	—	11.00	86.61	2.39	—
信 阳 市	12785	1727	10916	142	—	—	13.51	85.38	1.11	—
周 口 市	15557	1733	13087	737	—	—	11.14	84.12	4.74	—
驻马店市	13417	1019	12332	66	—	—	7.59	91.91	0.49	—
济源示范区	1282	126	1156	—	—	—	9.83	90.17	—	—
巩 义 市	1438	315	1121	2	—	—	21.91	77.96	0.14	—
兰 考 县	1331	83	1241	7	—	—	6.24	93.24	0.53	—
汝 州 市	2326	165	2154	7	—	—	7.09	92.61	0.30	—
滑 县	2933	261	2613	59	—	—	8.90	89.09	2.01	—
长 垣 市	1717	169	1539	9	—	—	9.84	89.63	0.52	—
邓 州 市	3580	199	3355	25	1	—	5.56	93.72	0.70	0.03
永 城 市	1971	250	1719	2	—	—	12.68	87.21	0.10	—
固 始 县	2608	243	2337	28	—	—	9.32	89.61	1.07	—
鹿 邑 县	1590	78	1440	72	—	—	4.91	90.57	4.53	—
新 蔡 县	1793	100	1693	—	—	—	5.58	94.42	—	—

教师学历及构成情况

	幼儿园										
	专任教师学历情况						占专任教师总数的比例(%)				
高中阶段毕业以下	计	研究生毕业	本科毕业	专科毕业	高中阶段毕业	高中阶段毕业以下	研究生毕业	本科毕业	专科毕业	高中阶段毕业	高中阶段毕业以下
–	**232851**	**275**	**50404**	**150852**	**31163**	**157**	**0.12**	**21.65**	**64.78**	**13.38**	**0.07**
–	30329	165	10288	18053	1818	5	0.54	33.92	59.52	5.99	0.02
–	8831	17	2029	5770	1008	7	0.19	22.98	65.34	11.41	0.08
–	16402	20	3293	10216	2853	20	0.12	20.08	62.29	17.39	0.12
–	9142	1	2081	5973	1086	1	0.01	22.76	65.34	11.88	0.01
–	8398	4	1314	5433	1632	15	0.05	15.65	64.69	19.43	0.18
–	3126	2	610	2178	317	19	0.06	19.51	69.67	10.14	0.61
–	11641	12	2575	7742	1297	15	0.10	22.12	66.51	11.14	0.13
–	8072	1	2213	5066	791	1	0.01	27.42	62.76	9.80	0.01
–	8607	–	1316	5862	1418	11	–	15.29	68.11	16.47	0.13
–	9475	3	1333	6484	1655	–	0.03	14.07	68.43	17.47	–
–	5421	1	1323	3363	734	–	0.02	24.41	62.04	13.54	–
–	4778	–	1285	2867	608	18	–	26.89	60.00	12.72	0.38
–	18111	7	3406	11282	3378	38	0.04	18.81	62.29	18.65	0.21
–	16117	2	2112	11450	2553	–	0.01	13.10	71.04	15.84	–
–	12414	16	3161	7443	1793	1	0.13	25.46	59.96	14.44	0.01
–	20095	2	3312	13917	2863	1	0.01	16.48	69.26	14.25	0.00
–	16350	3	4244	10242	1861	–	0.02	25.96	62.64	11.38	–
–	2108	2	431	1534	141	–	0.09	20.45	72.77	6.69	–
–	1891	3	483	1168	235	2	0.16	25.54	61.77	12.43	0.11
–	1873	–	113	1515	245	–	–	6.03	80.89	13.08	–
–	2695	1	629	1882	183	–	0.04	23.34	69.83	6.79	–
–	1954	–	222	1105	627	–	–	11.36	56.55	32.09	–
–	2570	1	276	1884	407	2	0.04	10.74	73.31	15.84	0.08
–	3033	1	395	2014	622	1	0.03	13.02	66.40	20.51	0.03
–	3265	–	605	2329	331	–	–	18.53	71.33	10.14	–
–	2032	–	432	1349	251	–	–	21.26	66.39	12.35	–
–	2345	9	443	1527	366	–	0.38	18.89	65.12	15.61	–
–	1776	2	480	1204	90	–	0.11	27.03	67.79	5.07	–

小学专任教师

省辖市直管县	合计	其中：女	专任教师年龄情况						
			24岁以下	25－29岁	30－34岁	35－39岁	40－44岁	45－49岁	50－54岁
河南省	601010	481052	33929	103903	115023	85779	117584	78227	50014
郑州市	61710	53113	4096	15530	14349	8952	8812	5535	3536
开封市	23857	19542	1318	3405	3858	4079	4869	3486	2223
洛阳市	35453	28414	1763	5662	6587	4923	6164	5179	3967
平顶山市	25436	20607	1698	4012	4974	2765	4668	4242	2282
安阳市	24493	20492	1217	4117	4849	3493	4391	3370	2534
鹤壁市	8388	6786	365	1295	1608	1213	1504	1049	948
新乡市	28573	24011	1715	5394	6088	3925	4299	3289	2872
焦作市	17302	14038	539	1910	3297	2637	3671	3045	1797
濮阳市	24713	20158	1335	3975	5364	4144	4208	3096	2009
许昌市	24848	19921	1137	3269	4434	3675	5730	3494	2283
漯河市	12345	9873	531	1492	1806	1337	3271	2179	1336
三门峡市	10409	7904	231	852	1391	1176	2680	2419	1346
南阳市	55357	43717	3988	10201	10821	7497	9941	7473	4111
商丘市	45221	33264	1680	6261	5526	6038	12503	7362	4465
信阳市	34928	27785	2348	7602	8355	5303	5364	2786	2079
周口市	55111	41713	2554	8063	9338	8178	14171	6803	4147
驻马店市	43788	34821	2751	8735	9395	6615	7233	4777	3105
济源示范区	3089	2382	92	332	524	490	700	538	319
巩义市	3676	3000	31	446	717	333	905	715	440
兰考县	5441	4526	357	970	1109	723	1171	649	324
汝州市	6240	5173	688	1410	1125	647	935	823	419
滑县	8594	7106	643	1507	1715	1246	1614	1090	595
长垣市	5914	5391	345	1092	1114	927	1239	647	438
邓州市	8425	6228	517	1314	1398	1140	1902	1302	703
永城市	7437	5724	482	1304	1126	995	1761	1021	560
固始县	7165	5725	494	1506	1742	1381	949	447	354
鹿邑县	6521	4898	464	1104	1048	894	1701	725	402
新蔡县	6576	4740	550	1143	1365	1053	1228	686	420

年龄及构成情况

		占专任教师总数的比例（%）								
55－59岁	60岁以上	24岁以下	25－29岁	30－34岁	35－39岁	40－44岁	45－49岁	50－54岁	55－59岁	60岁以上
16323	**228**	**5.65**	**17.29**	**19.14**	**14.27**	**19.56**	**13.02**	**8.32**	**2.72**	**0.04**
888	12	6.64	25.17	23.25	14.51	14.28	8.97	5.73	1.44	0.02
596	23	5.52	14.27	16.17	17.10	20.41	14.61	9.32	2.50	0.10
1194	14	4.97	15.97	18.58	13.89	17.39	14.61	11.19	3.37	0.04
762	33	6.68	15.77	19.55	10.87	18.35	16.68	8.97	3.00	0.13
514	8	4.97	16.81	19.80	14.26	17.93	13.76	10.35	2.10	0.03
404	2	4.35	15.44	19.17	14.46	17.93	12.51	11.30	4.82	0.02
975	16	6.00	18.88	21.31	13.74	15.05	11.51	10.05	3.41	0.06
402	4	3.12	11.04	19.06	15.24	21.22	17.60	10.39	2.32	0.02
570	12	5.40	16.08	21.71	16.77	17.03	12.53	8.13	2.31	0.05
802	24	4.58	13.16	17.84	14.79	23.06	14.06	9.19	3.23	0.10
382	11	4.30	12.09	14.63	10.83	26.50	17.65	10.82	3.09	0.09
313	1	2.22	8.19	13.36	11.30	25.75	23.24	12.93	3.01	0.01
1316	9	7.20	18.43	19.55	13.54	17.96	13.50	7.43	2.38	0.02
1383	3	3.72	13.85	12.22	13.35	27.65	16.28	9.87	3.06	0.01
1091	-	6.72	21.76	23.92	15.18	15.36	7.98	5.95	3.12	-
1830	27	4.63	14.63	16.94	14.84	25.71	12.34	7.52	3.32	0.05
1171	6	6.28	19.95	21.46	15.11	16.52	10.91	7.09	2.67	0.01
94	-	2.98	10.75	16.96	15.86	22.66	17.42	10.33	3.04	-
88	1	0.84	12.13	19.50	9.06	24.62	19.45	11.97	2.39	0.03
135	3	6.56	17.83	20.38	13.29	21.52	11.93	5.95	2.48	0.06
191	2	11.03	22.60	18.03	10.37	14.98	13.19	6.71	3.06	0.03
178	6	7.48	17.54	19.96	14.50	18.78	12.68	6.92	2.07	0.07
112	-	5.83	18.46	18.84	15.67	20.95	10.94	7.41	1.89	-
149	-	6.14	15.60	16.59	13.53	22.58	15.45	8.34	1.77	-
183	5	6.48	17.53	15.14	13.38	23.68	13.73	7.53	2.46	0.07
292	-	6.89	21.02	24.31	19.27	13.24	6.24	4.94	4.08	-
179	4	7.12	16.93	16.07	13.71	26.08	11.12	6.16	2.74	0.06
129	2	8.36	17.38	20.76	16.01	18.67	10.43	6.39	1.96	0.03

初中专任教师

省辖市直管县	合计	其中：女	专任教师年龄情况						
			24岁以下	25-29岁	30-34岁	35-39岁	40-44岁	45-49岁	50-54岁
河南省	366068	255057	22887	65439	65852	48597	54533	53480	39546
郑州市	34922	26268	2765	7865	7474	4525	5019	3608	2736
开封市	13232	9269	752	1838	2305	1879	2057	2401	1469
洛阳市	22428	15700	1178	3719	4090	3087	2820	3166	3147
平顶山市	16208	11399	1481	3412	2932	1671	1859	2164	1782
安阳市	15841	11172	905	2767	2872	2064	2123	2532	1984
鹤壁市	5491	3842	303	764	1004	793	763	767	671
新乡市	18076	12975	1203	3198	2890	2067	2421	2766	2473
焦作市	10154	7219	240	1027	1559	1291	1654	2124	1727
濮阳市	15148	11043	739	2519	2878	2396	2275	2350	1388
许昌市	14736	10407	743	2298	2707	2003	2272	2207	1711
漯河市	7856	5605	312	1148	1202	843	1170	1590	1158
三门峡市	6510	4288	172	549	1024	896	1206	1404	1017
南阳市	39085	27651	3540	8838	6906	4819	4715	5388	3604
商丘市	23966	15747	1008	3767	3736	3188	4602	4061	2624
信阳市	22642	14072	1601	3822	3744	3136	3548	3069	2478
周口市	29556	20601	1444	5133	5645	4415	5666	3960	2272
驻马店市	27773	18545	1465	4786	5135	4080	4231	3930	2895
济源示范区	2167	1508	113	298	354	237	304	491	288
巩义市	2317	1703	14	325	456	197	424	418	406
兰考县	2848	2099	157	476	644	379	316	472	297
汝州市	4468	3289	551	1295	930	400	368	478	283
滑县	5087	3860	502	1054	933	516	475	720	678
长垣市	3200	2597	253	618	582	425	479	423	329
邓州市	5795	4069	424	974	1029	872	929	863	529
永城市	4811	3158	336	914	909	688	680	669	437
固始县	4830	2803	252	912	772	620	855	517	534
鹿邑县	3173	2018	137	473	569	536	704	425	232
新蔡县	3748	2150	297	650	571	574	598	517	397

年龄及构成情况

		占专任教师总数的比例(%)								
55－59岁	60岁以上	24岁以下	25－29岁	30－34岁	35－39岁	40－44岁	45－49岁	50－54岁	55－59岁	60岁以上
15560	**174**	**6.25**	**17.88**	**17.99**	**13.28**	**14.90**	**14.61**	**10.80**	**4.25**	**0.05**
910	20	7.92	22.52	21.40	12.96	14.37	10.33	7.83	2.61	0.06
511	20	5.68	13.89	17.42	14.20	15.55	18.15	11.10	3.86	0.15
1197	24	5.25	16.58	18.24	13.76	12.57	14.12	14.03	5.34	0.11
897	10	9.14	21.05	18.09	10.31	11.47	13.35	10.99	5.53	0.06
588	6	5.71	17.47	18.13	13.03	13.40	15.98	12.52	3.71	0.04
426	–	5.52	13.91	18.28	14.44	13.90	13.97	12.22	7.76	–
1044	14	6.66	17.69	15.99	11.44	13.39	15.30	13.68	5.78	0.08
528	4	2.36	10.11	15.35	12.71	16.29	20.92	17.01	5.20	0.04
594	9	4.88	16.63	19.00	15.82	15.02	15.51	9.16	3.92	0.06
785	10	5.04	15.59	18.37	13.59	15.42	14.98	11.61	5.33	0.07
427	6	3.97	14.61	15.30	10.73	14.89	20.24	14.74	5.44	0.08
241	1	2.64	8.43	15.73	13.76	18.53	21.57	15.62	3.70	0.02
1268	7	9.06	22.61	17.67	12.33	12.06	13.79	9.22	3.24	0.02
976	4	4.21	15.72	15.59	13.30	19.20	16.94	10.95	4.07	0.02
1244	–	7.07	16.88	16.54	13.85	15.67	13.55	10.94	5.49	–
1002	19	4.89	17.37	19.10	14.94	19.17	13.40	7.69	3.39	0.06
1251	–	5.27	17.23	18.49	14.69	15.23	14.15	10.42	4.50	–
82	–	5.21	13.75	16.34	10.94	14.03	22.66	13.29	3.78	–
77	–	0.60	14.03	19.68	8.50	18.30	18.04	17.52	3.32	–
103	4	5.51	16.71	22.61	13.31	11.10	16.57	10.43	3.62	0.14
154	9	12.33	28.98	20.81	8.95	8.24	10.70	6.33	3.45	0.20
207	2	9.87	20.72	18.34	10.14	9.34	14.15	13.33	4.07	0.04
89	2	7.91	19.31	18.19	13.28	14.97	13.22	10.28	2.78	0.06
175	–	7.32	16.81	17.76	15.05	16.03	14.89	9.13	3.02	–
176	2	6.98	19.00	18.89	14.30	14.13	13.91	9.08	3.66	0.04
368	–	5.22	18.88	15.98	12.84	17.70	10.70	11.06	7.62	–
97	–	4.32	14.91	17.93	16.89	22.19	13.39	7.31	3.06	–
143	1	7.92	17.34	15.23	15.31	15.96	13.79	10.59	3.82	0.03

普通高中专任教师

省辖市直管县	专任教师年龄情况								
	合计	其中：女	24岁以下	25－29岁	30－34岁	35－39岁	40－44岁	45－49岁	50－54岁
河南省	**193068**	**120407**	**18454**	**36455**	**33253**	**27092**	**31829**	**19873**	**16286**
郑州市	17939	11765	1184	3250	3582	2537	3503	1696	1299
开封市	6996	4488	642	1225	1169	872	1188	848	683
洛阳市	12168	7755	888	1931	2039	1889	2228	1258	1147
平顶山市	8599	5358	1241	1753	1366	1102	1344	751	619
安阳市	8583	5538	833	1610	1472	1330	1651	760	574
鹤壁市	2978	1942	300	629	578	440	389	219	206
新乡市	9786	6336	1053	1593	1489	1107	1724	1073	1112
焦作市	5598	3668	240	719	1018	965	999	716	590
濮阳市	7510	4709	547	1273	1378	1099	1331	867	612
许昌市	8464	5486	793	1678	1582	1158	1290	820	640
漯河市	3722	2194	186	390	504	539	767	576	458
三门峡市	3839	2254	102	395	505	634	918	590	467
南阳市	22815	14760	3994	5926	3679	2243	2296	1910	1849
商丘市	9743	5707	453	1296	1527	1678	1894	1385	1039
信阳市	12785	6754	814	2326	2317	2186	2171	1378	964
周口市	15557	9524	979	2840	2875	2438	2730	1779	1208
驻马店市	13417	8232	1631	2945	2220	1794	1757	1176	1176
济源示范区	1282	768	68	119	152	165	346	225	153
巩义市	1438	919	99	226	264	210	319	148	96
兰考县	1331	857	90	130	281	245	222	165	135
汝州市	2326	1503	317	641	473	270	199	151	152
滑县	2933	1973	419	588	629	312	487	177	169
长垣市	1717	1247	290	436	218	130	370	139	82
邓州市	3580	2181	902	925	390	241	299	325	301
永城市	1971	1295	35	400	313	482	380	169	136
固始县	2608	1218	138	553	440	515	435	269	226
鹿邑县	1590	942	118	256	368	227	268	207	90
新蔡县	1793	1034	98	402	425	284	324	96	103

年龄及构成情况

		占专任教师总数的比例（％）								
55－59岁	60岁以上	24岁以下	25－29岁	30－34岁	35－39岁	40－44岁	45－49岁	50－54岁	55－59岁	60岁以上
9320	**506**	**9.56**	**18.88**	**17.22**	**14.03**	**16.49**	**10.29**	**8.44**	**4.83**	**0.26**
820	68	6.60	18.12	19.97	14.14	19.53	9.45	7.24	4.57	0.38
355	14	9.18	17.51	16.71	12.46	16.98	12.12	9.76	5.07	0.20
709	79	7.30	15.87	16.76	15.52	18.31	10.34	9.43	5.83	0.65
416	7	14.43	20.39	15.89	12.82	15.63	8.73	7.20	4.84	0.08
331	22	9.71	18.76	17.15	15.50	19.24	8.85	6.69	3.86	0.26
204	13	10.07	21.12	19.41	14.78	13.06	7.35	6.92	6.85	0.44
591	44	10.76	16.28	15.22	11.31	17.62	10.96	11.36	6.04	0.45
327	24	4.29	12.84	18.19	17.24	17.85	12.79	10.54	5.84	0.43
392	11	7.28	16.95	18.35	14.63	17.72	11.54	8.15	5.22	0.15
472	31	9.37	19.83	18.69	13.68	15.24	9.69	7.56	5.58	0.37
280	22	5.00	10.48	13.54	14.48	20.61	15.48	12.31	7.52	0.59
207	21	2.66	10.29	13.15	16.51	23.91	15.37	12.16	5.39	0.55
913	5	17.51	25.97	16.13	9.83	10.06	8.37	8.10	4.00	0.02
466	5	4.65	13.30	15.67	17.22	19.44	14.22	10.66	4.78	0.05
626	3	6.37	18.19	18.12	17.10	16.98	10.78	7.54	4.90	0.02
675	33	6.29	18.26	18.48	15.67	17.55	11.44	7.76	4.34	0.21
688	30	12.16	21.95	16.55	13.37	13.10	8.76	8.76	5.13	0.22
54	－	5.30	9.28	11.86	12.87	26.99	17.55	11.93	4.21	－
63	13	6.88	15.72	18.36	14.60	22.18	10.29	6.68	4.38	0.90
53	10	6.76	9.77	21.11	18.41	16.68	12.40	10.14	3.98	0.75
123	－	13.63	27.56	20.34	11.61	8.56	6.49	6.53	5.29	－
136	16	14.29	20.05	21.45	10.64	16.60	6.03	5.76	4.64	0.55
41	11	16.89	25.39	12.70	7.57	21.55	8.10	4.78	2.39	0.64
177	20	25.20	25.84	10.89	6.73	8.35	9.08	8.41	4.94	0.56
55	1	1.78	20.29	15.88	24.45	19.28	8.57	6.90	2.79	0.05
32	－	5.29	21.20	16.87	19.75	16.68	10.31	8.67	1.23	－
55	1	7.42	16.10	23.14	14.28	16.86	13.02	5.66	3.46	0.06
59	2	5.47	22.42	23.70	15.84	18.07	5.35	5.74	3.29	0.11

幼儿园专任教师

省辖市直管县	专任教师年龄情况								
	合计	其中：女	24岁以下	25－29岁	30－34岁	35－39岁	40－44岁	45－49岁	50－54岁
河南省	**232851**	**229782**	**49104**	**69570**	**59474**	**30923**	**14413**	**5566**	**567**
郑州市	30329	29990	8044	8785	7429	3714	1526	501	26
开封市	8831	8765	1347	2613	2416	1505	561	248	10
洛阳市	16402	16317	3389	4462	4040	2637	1083	440	38
平顶山市	9142	9046	1803	2607	2408	1230	667	259	27
安阳市	8398	8333	1382	2223	2407	1499	525	212	16
鹤壁市	3126	3091	815	1339	521	244	92	49	9
新乡市	11641	11561	1979	3163	3287	2011	738	258	24
焦作市	8072	7985	975	2126	2430	1352	817	252	11
濮阳市	8607	8554	1749	2736	2371	1056	412	180	14
许昌市	9475	9428	2102	2753	2553	1225	552	187	14
漯河市	5421	5343	875	1203	1471	964	562	236	9
三门峡市	4778	4728	703	886	1363	976	480	268	13
南阳市	18111	17670	4643	4991	3866	2063	1405	654	85
商丘市	16117	15947	3054	5498	4383	1934	798	257	9
信阳市	12414	12064	2703	3959	3081	1523	656	256	77
周口市	20095	19869	4147	6771	5407	2196	1028	329	42
驻马店市	16350	15959	3997	5394	3627	1635	920	413	86
济源示范区	2108	2088	219	481	634	469	226	63	5
巩义市	1891	1864	149	492	555	372	173	90	1
兰考县	1873	1869	344	646	523	265	66	18	1
汝州市	2695	2672	616	787	760	321	137	49	6
滑县	1954	1931	473	533	462	284	121	55	8
长垣市	2570	2567	721	709	645	320	113	42	4
邓州市	3033	2919	714	932	681	321	237	90	7
永城市	3265	3242	779	1295	769	248	120	34	1
固始县	2032	2001	264	853	592	182	84	28	6
鹿邑县	2345	2246	438	762	486	265	251	77	13
新蔡县	1776	1733	680	571	307	112	63	21	5

年龄及构成情况

55-59岁	60岁以上	占专任教师总数的比例（%）								
		24岁以下	25-29岁	30-34岁	35-39岁	40-44岁	45-49岁	50-54岁	55-59岁	60岁以上
3221	**13**	**21.09**	**29.88**	**25.54**	**13.28**	**6.19**	**2.39**	**0.24**	**1.38**	**0.01**
304	-	26.52	28.97	24.49	12.25	5.03	1.65	0.09	1.00	-
130	1	15.25	29.59	27.36	17.04	6.35	2.81	0.11	1.47	0.01
313	-	20.66	27.20	24.63	16.08	6.60	2.68	0.23	1.91	-
140	1	19.72	28.52	26.34	13.45	7.30	2.83	0.30	1.53	0.01
134	-	16.46	26.47	28.66	17.85	6.25	2.52	0.19	1.60	-
57	-	26.07	42.83	16.67	7.81	2.94	1.57	0.29	1.82	-
181	-	17.00	27.17	28.24	17.28	6.34	2.22	0.21	1.55	-
109	-	12.08	26.34	30.10	16.75	10.12	3.12	0.14	1.35	-
89	-	20.32	31.79	27.55	12.27	4.79	2.09	0.16	1.03	-
89	-	22.18	29.06	26.94	12.93	5.83	1.97	0.15	0.94	-
100	1	16.14	22.19	27.14	17.78	10.37	4.35	0.17	1.84	0.02
88	1	14.71	18.54	28.53	20.43	10.05	5.61	0.27	1.84	0.02
402	2	25.64	27.56	21.35	11.39	7.76	3.61	0.47	2.22	0.01
182	2	18.95	34.11	27.19	12.00	4.95	1.59	0.06	1.13	0.01
159	-	21.77	31.89	24.82	12.27	5.28	2.06	0.62	1.28	-
172	3	20.64	33.69	26.91	10.93	5.12	1.64	0.21	0.86	0.01
278	-	24.45	32.99	22.18	10.00	5.63	2.53	0.53	1.70	-
11	-	10.39	22.82	30.08	22.25	10.72	2.99	0.24	0.52	-
59	-	7.88	26.02	29.35	19.67	9.15	4.76	0.05	3.12	-
10	-	18.37	34.49	27.92	14.15	3.52	0.96	0.05	0.53	-
18	1	22.86	29.20	28.20	11.91	5.08	1.82	0.22	0.67	0.04
17	1	24.21	27.28	23.64	14.53	6.19	2.81	0.41	0.87	0.05
16	-	28.05	27.59	25.10	12.45	4.40	1.63	0.16	0.62	-
51	-	23.54	30.73	22.45	10.58	7.81	2.97	0.23	1.68	-
19	-	23.86	39.66	23.55	7.60	3.68	1.04	0.03	0.58	-
23	-	12.99	41.98	29.13	8.96	4.13	1.38	0.30	1.13	-
53	-	18.68	32.49	20.72	11.30	10.70	3.28	0.55	2.26	-
17	-	38.29	32.15	17.29	6.31	3.55	1.18	0.28	0.96	-

小学专任教师

省辖市直管县	合计	其中：女	道德与法治	语文	数学	外语 计	外语 其中 英语	外语 其中 日语	外语 其中 俄语
河南省	601010	481052	22482	223181	189125	52665	52660	2	1
郑州市	61710	53113	2093	22220	16523	5771	5768	1	-
开封市	23857	19542	959	8943	7100	2038	2038	-	-
洛阳市	35453	28414	1251	12996	10094	3943	3941	1	1
平顶山市	25436	20607	956	9280	8295	2201	2201	-	-
安阳市	24493	20492	899	9100	7001	2085	2085	-	-
鹤壁市	8388	6786	267	3376	2374	605	605	-	-
新乡市	28573	24011	956	10956	8458	2581	2581	-	-
焦作市	17302	14038	686	6268	5085	1463	1463	-	-
濮阳市	24713	20158	872	9691	7843	1601	1601	-	-
许昌市	24848	19921	880	9421	7911	2136	2136	-	-
漯河市	12345	9873	418	4603	4211	850	850	-	-
三门峡市	10409	7904	394	3638	3066	1176	1176	-	-
南阳市	55357	43717	2226	20355	18978	5276	5276	-	-
商丘市	45221	33264	1784	16863	14456	4116	4116	-	-
信阳市	34928	27785	1643	11997	11161	3611	3611	-	-
周口市	55111	41713	2230	20757	18142	5257	5257	-	-
驻马店市	43788	34821	1273	17052	15317	2176	2176	-	-
济源示范区	3089	2382	148	1072	841	245	245	-	-
巩义市	3676	3000	232	1231	986	393	393	-	-
兰考县	5441	4526	206	2121	1797	446	446	-	-
汝州市	6240	5173	210	2462	2108	790	790	-	-
滑县	8594	7106	291	2981	2810	505	505	-	-
长垣市	5914	5391	150	2306	2090	398	398	-	-
邓州市	8425	6228	328	3282	3008	642	642	-	-
永城市	7437	5724	247	2611	2247	762	762	-	-
固始县	7165	5725	330	2366	2324	645	645	-	-
鹿邑县	6521	4898	316	2372	2222	733	733	-	-
新蔡县	6576	4740	237	2861	2677	220	220	-	-

分 课 程 情 况

体育与健康	科学	艺术			综合实践活动	信息科技	劳动	其他	本学年不授课专任教师
		计	其中						
			音乐	美术					
31688	**15872**	**42578**	**22084**	**20297**	**5598**	**9157**	**6473**	**1442**	**749**
4135	2525	5431	2740	2669	741	1025	740	357	149
1429	611	1855	933	910	200	348	263	63	48
1982	1106	2706	1406	1294	305	589	357	88	36
1274	607	1895	1016	875	202	314	271	84	57
1563	658	2174	1111	1053	258	338	279	61	77
492	158	781	411	368	39	153	76	24	43
1665	644	2130	1111	1005	265	528	340	42	8
974	522	1373	720	648	182	357	312	70	10
1371	615	1814	931	872	222	343	229	67	45
1288	496	1840	938	894	167	450	218	37	4
631	261	870	446	416	103	175	161	55	7
565	293	786	413	370	81	192	149	33	36
2099	1501	2988	1545	1426	433	865	542	64	30
2333	1002	2820	1508	1302	511	705	576	42	13
1693	1077	2278	1193	1079	392	595	410	20	51
2450	1223	2976	1543	1417	496	701	631	198	50
2547	868	3263	1743	1510	414	547	318	7	6
212	110	283	146	137	28	64	43	15	28
213	168	276	144	131	58	51	56	12	—
246	117	349	173	175	35	65	49	3	7
134	97	256	113	134	41	68	31	30	13
652	172	907	461	444	62	88	84	38	4
282	91	464	234	217	27	74	32	—	—
238	299	389	203	185	75	114	46	3	1
532	119	699	392	304	44	110	59	5	2
314	302	466	239	226	114	171	105	18	10
227	148	311	166	144	51	67	54	6	14
147	82	198	105	92	52	60	42	—	—

初中专任教师

省辖市直管县	合计	其中：女	道德与法治	语文	数学	外语 计	外语 其中 英语	外语 其中 日语	外语 其中 俄语	科学	物理
河南省	366068	255057	22793	71390	68828	61208	61196	7	2	1489	22092
郑州市	34922	26268	2275	6242	6221	5877	5875	-	-	49	2180
开封市	13232	9269	743	2722	2565	2250	2250	-	-	79	734
洛阳市	22428	15700	1532	4156	3940	3643	3636	5	2	51	1442
平顶山市	16208	11399	1034	3126	3039	2818	2818	-	-	63	958
安阳市	15841	11172	1034	2854	2789	2648	2647	1	-	35	1024
鹤壁市	5491	3842	369	1101	968	927	926	1	-	12	341
新乡市	18076	12975	1219	3286	3159	3037	3037	-	-	48	1136
焦作市	10154	7219	687	1821	1825	1603	1603	-	-	7	684
濮阳市	15148	11043	1000	2703	2590	2414	2414	-	-	88	857
许昌市	14736	10407	873	3055	2820	2367	2367	-	-	48	891
漯河市	7856	5605	475	1581	1516	1410	1410	-	-	33	487
三门峡市	6510	4288	502	1156	1079	1053	1053	-	-	4	433
南阳市	39085	27651	2392	8064	8044	6704	6704	-	-	140	2462
商丘市	23966	15747	1324	4931	4571	3601	3601	-	-	240	1360
信阳市	22642	14072	1487	4439	4297	3940	3940	-	-	110	1404
周口市	29556	20601	1675	6349	6034	5129	5128	-	-	171	1602
驻马店市	27773	18545	1429	5707	5601	4748	4748	-	-	121	1500
济源示范区	2167	1508	149	382	379	343	343	-	-	6	153
巩义市	2317	1703	138	474	435	380	380	-	-	5	146
兰考县	2848	2099	171	587	546	481	481	-	-	6	174
汝州市	4468	3289	275	906	871	761	761	-	-	19	255
滑县	5087	3860	324	905	863	795	795	-	-	6	302
长垣市	3200	2597	232	621	539	500	500	-	-	14	203
邓州市	5795	4069	375	1177	1121	984	984	-	-	5	350
永城市	4811	3158	296	849	863	816	816	-	-	49	301
固始县	4830	2803	336	892	877	838	838	-	-	33	310
鹿邑县	3173	2018	176	625	610	543	543	-	-	19	178
新蔡县	3748	2150	271	679	666	598	598	-	-	28	225

分 课 程 情 况

化学	生物学	地理	历史	体育与健康	艺术 计	艺术 其中 音乐	艺术 其中 美术	综合实践活动	信息科技	劳动	其他	本学年不授课专任教师
13875	**15440**	**15866**	**21101**	**19434**	**18798**	**9482**	**9278**	**2742**	**6318**	**3106**	**854**	**734**
1318	1566	1477	2130	2822	1604	792	812	121	665	166	119	90
494	486	520	713	703	720	357	363	95	196	104	66	42
888	968	989	1410	1242	1128	568	555	145	620	194	58	22
612	720	759	951	743	771	383	388	125	232	154	34	69
650	688	728	950	958	964	494	470	118	202	106	44	49
217	226	221	313	346	328	161	165	17	72	17	5	11
719	774	780	1122	1080	966	472	490	156	349	185	32	28
407	465	471	614	580	549	276	273	71	232	113	19	6
618	676	674	926	887	966	488	474	151	386	152	49	11
559	617	654	841	725	836	402	434	68	265	81	20	16
279	313	326	427	393	323	163	156	44	115	67	59	8
250	315	324	466	330	303	159	144	52	129	57	30	27
1523	1625	1674	2220	1518	1477	766	711	251	620	313	46	12
931	1004	1042	1280	1219	1325	668	656	303	483	300	39	13
849	954	980	1322	1041	1010	521	487	223	324	180	45	37
959	1181	1236	1558	1219	1338	678	658	247	401	289	99	69
975	1006	1070	1374	1542	1871	959	908	194	418	216	—	1
88	94	94	130	111	129	70	59	18	54	11	10	16
79	93	96	130	117	94	45	49	29	36	33	20	12
116	118	128	180	130	151	72	79	13	29	17	1	—
153	207	217	262	145	149	75	68	21	44	17	10	156
188	208	217	296	371	450	222	228	25	45	61	23	8
134	147	146	212	189	186	89	93	10	46	20	—	1
234	261	289	332	207	268	136	132	63	80	46	3	—
190	192	203	249	302	307	163	144	44	80	59	5	6
191	217	229	286	214	225	119	106	43	69	57	13	—
112	137	142	170	143	180	93	87	43	43	40	5	7
142	182	180	237	157	180	91	89	52	83	51	—	17

普通高中专任

省辖市直管县	合计	其中：女	思想政治	语文	数学	外语				历史	物理	化学
						计	其 中					
							英语	日语	俄语			
河南省	193068	120407	12685	30687	30222	29387	28688	509	190	11991	15998	15884
郑州市	17939	11765	1092	2709	2786	2752	2710	29	13	1107	1543	1537
开封市	6996	4488	444	1101	1061	1048	1030	15	3	440	584	600
洛阳市	12168	7755	804	1891	1849	1814	1761	38	15	800	1013	1028
平顶山市	8599	5358	641	1291	1268	1247	1218	26	3	570	743	716
安阳市	8583	5538	564	1280	1315	1272	1257	11	4	550	688	695
鹤壁市	2978	1942	208	492	461	469	461	7	1	198	226	218
新乡市	9786	6336	639	1601	1547	1567	1544	15	8	595	806	777
焦作市	5598	3668	390	846	844	816	802	9	5	376	449	460
濮阳市	7510	4709	493	1129	1139	1114	1087	21	6	471	663	646
许昌市	8464	5486	572	1349	1280	1263	1240	12	11	541	695	658
漯河市	3722	2194	241	608	582	562	554	6	2	214	327	311
三门峡市	3839	2254	242	613	559	548	543	5	-	226	306	309
南阳市	22815	14760	1568	3504	3518	3424	3307	107	10	1465	1969	1954
商丘市	9743	5707	653	1649	1581	1502	1491	4	7	553	767	773
信阳市	12785	6754	855	2088	2068	2030	1978	46	6	774	1106	1079
周口市	15557	9524	970	2564	2490	2419	2332	46	41	897	1311	1322
驻马店市	13417	8232	877	2277	2261	2075	1989	59	27	852	982	965
济源示范区	1282	768	83	203	177	176	171	5	-	83	106	96
巩义市	1438	919	105	200	208	202	202	-	-	98	141	130
兰考县	1331	857	89	204	210	198	197	1	-	79	123	118
汝州市	2326	1503	183	328	322	320	311	7	2	173	174	180
滑县	2933	1973	194	488	478	431	422	8	1	177	224	237
长垣市	1717	1247	105	282	270	284	279	5	-	88	144	154
邓州市	3580	2181	262	541	530	534	516	15	3	251	323	311
永城市	1971	1295	78	380	365	314	303	1	10	83	132	146
固始县	2608	1218	144	501	467	440	429	8	3	152	194	196
鹿邑县	1590	942	78	253	260	254	245	-	9	77	133	149
新蔡县	1793	1034	111	315	326	312	309	3	-	101	126	119

教 师 分 课 程 情 况

生物学	地理	技术 计	技术 其中 信息技术	技术 其中 通用技术	体育与健康	艺术 计	艺术 其中 音乐	艺术 其中 美术	综合实践活动	劳动	其他	本学年不授课专任教师
14108	**11430**	**4314**	**3927**	**371**	**8023**	**6665**	**3075**	**3527**	**323**	**151**	**588**	**612**
1303	1044	372	321	50	794	752	253	464	15	10	78	45
519	423	157	148	7	328	211	97	114	13	3	49	15
879	742	272	260	11	572	432	207	225	23	3	41	5
638	574	176	157	19	375	289	129	159	15	9	27	20
617	520	206	180	25	382	374	158	214	22	15	46	37
215	180	57	52	5	134	114	52	62	-	2	4	-
700	560	197	174	22	428	318	153	164	14	7	16	14
425	365	135	132	3	247	218	115	100	-	1	26	-
568	445	154	137	17	325	307	141	164	16	8	25	7
576	538	202	199	2	431	314	146	165	6	4	28	7
252	195	91	78	13	170	148	73	74	5	-	13	3
255	233	96	94	2	176	219	119	100	5	1	17	34
1780	1359	502	461	39	870	732	342	389	25	20	55	70
677	555	272	253	19	427	293	137	156	10	5	3	23
967	740	236	203	29	439	328	168	160	20	8	36	11
1168	851	336	316	20	582	361	172	189	34	10	49	193
871	815	313	295	18	471	573	285	288	36	10	10	29
85	77	38	35	3	76	57	24	33	2	-	23	-
120	92	41	38	3	62	37	15	22	1	-	-	1
108	76	34	30	4	51	39	18	21	-	2	-	-
177	168	43	40	2	88	90	47	43	29	3	2	46
218	161	59	57	2	103	96	41	49	7	13	7	40
143	88	40	38	2	59	50	24	26	5	3	2	-
309	234	96	85	11	114	47	25	22	3	2	11	12
118	90	65	30	35	109	83	42	33	4	4	-	-
187	137	42	37	3	80	63	27	36	4	1	-	-
120	75	30	30	-	65	70	37	33	3	3	20	-
113	93	52	47	5	65	50	28	22	6	4	-	-

小学学校占地面积

省辖市直管县	占地面积(平方米)			校园足球场(个)			
	计	其中		计	其中		
		绿化用地面积	运动场地面积		11人制足球场	7人制足球场	5人制足球场
河南省	**205499137.90**	**28987711.63**	**56219184.01**	**5662**	**340**	**1022**	**4300**
郑州市	13399401.39	2458853.45	3743522.28	568	44	206	318
开封市	8781571.02	1446023.59	2346509.54	316	9	38	269
洛阳市	10474251.69	1316879.71	3341747.30	523	24	97	402
平顶山市	7522680.55	899303.26	2082692.27	232	14	29	189
安阳市	6701216.76	748179.86	2098876.92	182	6	27	149
鹤壁市	3660470.74	520832.66	939192.93	75	13	20	42
新乡市	9600276.13	1650726.03	3094387.61	424	17	80	327
焦作市	6277792.79	949673.36	1863168.22	251	12	25	214
濮阳市	9183309.05	1482909.65	2450458.06	273	24	54	195
许昌市	10036534.00	1534260.97	2406617.89	205	16	52	137
漯河市	3481789.02	444353.91	1033377.63	132	7	22	103
三门峡市	2804969.88	453740.81	762536.08	105	3	26	76
南阳市	19683899.43	2419609.24	5134459.85	373	31	79	263
商丘市	16919637.08	1952805.27	5241559.45	190	24	34	132
信阳市	11654486.58	1519590.87	2885078.94	200	22	30	148
周口市	19565214.35	2920879.09	4417761.97	327	17	46	264
驻马店市	20268475.88	2896017.01	5064918.53	766	16	63	687
济源示范区	1159036.94	180796.46	284673.39	26	5	6	15
巩义市	1124760.93	137161.67	337926.84	43	2	10	31
兰考县	1998819.90	188476.40	828136.59	106	6	18	82
汝州市	2111683.56	294150.35	532614.93	38	3	6	29
滑县	3571721.64	643809.06	821830.93	38	1	11	26
长垣市	1910736.64	399829.12	502416.85	43	4	10	29
邓州市	4181388.62	513054.86	1014513.03	34	—	3	31
永城市	3236064.40	304234.60	1318378.75	83	8	16	59
固始县	1857940.40	214439.59	649538.06	53	7	8	38
鹿邑县	1598520.53	179951.78	423094.37	23	2	5	16
新蔡县	2732488.00	317169.00	599194.80	33	3	1	29

及其他办学条件（小学、教学点）

图 书（册）	数字终端数（台）			教室（间）		固定资产总值（万元）	
	计	其中		计	其中：网络多媒体教室	计	其中:教学仪器设备资产值
		教师终端数	学生终端数				
212103571	**1113649**	**407884**	**685371**	**372758**	**224047**	**9498962.75**	**1146858.61**
23070329	121596	53572	65811	26663	22836	1274536.04	141962.35
8235085	38988	11550	27012	13970	7378	268216.45	48813.00
12687444	75209	27936	44496	19535	14013	515822.93	70908.48
8485109	42337	17322	24411	14336	8864	358209.19	38414.56
9843480	38995	16254	21382	15330	9046	288677.35	39736.60
3220170	15796	7542	8058	5344	3951	207690.38	21608.63
10693788	71653	24165	46553	18160	13596	500940.51	59932.66
6213813	36489	16415	19056	9714	7116	208436.64	31358.74
8855427	42700	17853	24178	15926	8639	415802.59	49180.07
8036110	34049	11710	22019	14305	8591	332481.48	34599.17
3955005	13592	5713	7778	5805	4042	177357.62	17525.73
3509046	20418	9066	11091	4952	3745	191650.44	18643.02
19799446	96630	36077	58850	36702	19698	806133.23	72808.04
16018948	88287	23661	64051	31663	16613	625822.00	106901.59
11639284	53355	16709	35693	21881	9703	574783.77	49982.49
15392152	74983	28610	45306	34117	16455	841499.89	82556.38
17228306	109600	37272	69069	36641	20635	702106.74	107195.23
971675	6449	2876	3510	1597	1445	58751.58	6136.50
1631862	7946	3656	4227	1707	1322	85127.23	11167.39
1932882	6968	2445	4443	3236	2002	81705.80	12891.39
1962507	11125	2832	8211	4461	2265	99879.67	9638.16
3293196	18187	7788	10118	6512	4049	134397.06	20956.00
1821491	14365	6337	7468	3443	2588	129892.60	8862.18
3387637	16886	4931	11708	7332	3026	137925.80	14056.62
3943960	21641	3986	17527	6683	4233	153997.29	25420.73
2249066	12917	2899	9922	3826	2633	121263.21	18496.42
1704362	8446	3361	4922	3624	2022	88164.06	14413.47
2321991	14042	5346	8501	5293	3541	117691.18	12692.97

初中学校占地面积

省辖市直管县	占地面积(平方米)			校园足球场(个)			
	计	其中		计	其中		
		绿化用地面积	运动场地面积		11人制足球场	7人制足球场	5人制足球场
河南省	**142188540.06**	**23090481.90**	**37533065.11**	**3091**	**828**	**1110**	**1153**
郑州市	12964536.05	2705197.91	3560392.32	365	91	143	131
开封市	5226038.09	755092.19	1421119.06	119	25	40	54
洛阳市	9323076.34	1432240.92	2950816.30	299	60	100	139
平顶山市	4632063.14	726007.12	1049907.48	109	19	42	48
安阳市	5276782.26	800004.74	1610561.73	117	30	39	48
鹤壁市	2126018.68	360066.91	588533.02	41	20	15	6
新乡市	7809306.06	1599254.51	2113618.36	195	43	60	92
焦作市	5028112.85	960618.99	1339129.72	151	32	52	67
濮阳市	5737851.69	945929.20	1727854.86	131	40	49	42
许昌市	6641203.64	1252959.87	1564480.11	124	42	34	48
漯河市	3624133.45	499297.31	1150276.20	93	32	47	14
三门峡市	2620025.73	475929.47	720130.21	76	18	22	36
南阳市	13145281.78	2111157.90	3350153.88	242	74	84	84
商丘市	10439840.62	1416416.30	2998242.82	155	52	63	40
信阳市	9084483.10	1594580.11	1925310.73	206	57	73	76
周口市	12209609.48	2018292.76	2703404.16	194	44	73	77
驻马店市	9062773.22	1007618.31	2066660.61	162	41	63	58
济源示范区	1251634.65	249335.90	345994.50	25	12	7	6
巩义市	920014.45	120088.00	263589.00	21	6	9	6
兰考县	1557002.17	216410.00	505148.80	43	15	16	12
汝州市	1378444.91	202371.95	296536.24	31	9	9	13
滑县	1541846.74	224528.04	345172.59	21	6	9	6
长垣市	1764380.41	405116.19	468659.15	31	12	10	9
邓州市	2077699.16	234666.32	509141.90	30	14	9	7
永城市	1831593.22	158080.04	739096.15	29	18	6	5
固始县	2018629.73	283742.05	542000.16	41	6	22	13
鹿邑县	1239658.16	189288.12	355194.15	28	7	10	11
新蔡县	1656500.28	146190.77	321940.90	12	3	4	5

及其他办学条件

图书（册）	数字终端数（台）			教室（间）		固定资产总值（万元）	
	计	其中		计	其中：网络多媒体教室	计	其中：教学仪器设备资产值
		教师终端数	学生终端数				
159816707	**766591**	**312132**	**439393**	**183621**	**130974**	**9633356.46**	**898552.87**
15742054	94401	40213	52396	17458	13748	1228884.97	123425.52
6114606	26227	8873	16873	7209	4308	299923.01	35211.66
9794135	59134	22764	34006	12077	9090	560354.03	56842.23
6450217	27444	11933	15325	6196	4405	277449.54	23191.52
7639378	30524	12823	16410	7432	5749	301948.37	32930.96
2341992	11244	5810	5378	2289	1704	195828.51	16212.96
8274178	40239	17991	21499	9701	7511	451638.77	43395.17
5119747	27828	12453	14526	5459	4021	227240.17	26608.09
6776319	32413	15251	16315	7753	5814	377285.79	35302.83
6319839	25263	10017	15083	7966	5874	342227.28	29034.57
4280831	14672	5891	8554	4382	3136	258189.16	20252.27
3031559	15145	7846	7046	3268	2244	206354.86	16400.61
16720478	71195	28353	41696	17453	12342	991372.42	71732.55
11931304	51256	15867	34809	13925	9087	584594.55	76746.20
9435798	37465	14190	22789	10681	6547	583282.92	43035.38
11822146	56898	24007	32222	16640	11230	937028.12	71111.60
10977153	60700	24197	35262	12022	8427	530070.31	66159.59
893320	5737	2826	2553	1075	952	85121.60	7191.91
1119160	4531	2727	1762	891	783	124185.59	7997.96
1361548	4727	1139	3520	1754	1158	103881.21	5428.66
1109666	5748	2120	3611	1791	1207	138898.20	9697.94
1495958	7270	4344	2850	1969	1649	66158.99	11253.35
1508408	8623	4326	3966	2002	1506	153076.30	5789.24
2612162	10635	3783	6558	2578	1574	102951.86	9437.76
2431671	13119	2796	10233	2688	1976	96825.19	17369.21
1682753	8821	3070	5537	2384	1738	154973.50	14912.88
1632715	6453	3099	3308	2464	1744	118077.09	11205.62
1197612	8879	3423	5306	2114	1450	135534.15	10674.65

普通高中学校占地

省辖市直管县	占地面积（平方米）			校园足球场（个）			
	计	其中		计	其中		
		绿化用地面积	运动场地面积		11人制足球场	7人制足球场	5人制足球场
河南省	**85916639.27**	**19556995.68**	**16575196.62**	**1036**	**593**	**257**	**186**
郑州市	8678632.07	2301198.93	1895724.70	131	74	29	28
开封市	2555261.98	424025.37	636937.50	44	17	19	8
洛阳市	6493298.02	1583485.18	1318735.87	80	51	11	18
平顶山市	3583975.97	930523.30	671698.32	34	27	5	2
安阳市	4155912.60	1038357.04	970210.28	63	36	15	12
鹤壁市	1578128.57	437312.96	269937.45	24	13	8	3
新乡市	5426220.03	1258297.82	1249596.08	85	48	20	17
焦作市	3039865.37	514180.63	616949.19	39	17	13	9
濮阳市	3832723.83	847017.06	728584.71	41	22	9	10
许昌市	3861939.61	820343.42	697630.13	44	23	13	8
漯河市	1799687.36	484275.52	302188.13	17	11	5	1
三门峡市	1830516.03	589668.48	407737.71	18	13	2	3
南阳市	9238220.29	2127777.18	1532242.15	101	57	21	23
商丘市	3967202.29	610932.93	659086.27	48	21	14	13
信阳市	5716644.07	1317009.63	927703.39	58	34	17	7
周口市	5469573.65	1166793.39	1065421.42	51	33	10	8
驻马店市	4376688.57	948514.49	920568.11	55	35	14	6
济源示范区	657786.38	168390.20	113715.63	7	4	3	—
巩义市	714342.00	78910.00	105172.00	8	4	3	1
兰考县	408805.88	101992.00	85714.00	9	5	2	2
汝州市	1136402.32	312771.64	144736.14	7	6	1	—
滑县	1625644.94	473833.05	224010.38	11	6	3	2
长垣市	1083436.19	228202.77	246492.78	8	5	3	—
邓州市	1596802.13	250178.24	232155.54	17	6	8	3
永城市	746504.69	87828.98	137242.00	10	5	4	1
固始县	951255.20	183530.00	161682.00	9	5	4	—
鹿邑县	564448.88	125799.01	98857.28	6	5	1	—
新蔡县	826720.35	145846.46	154467.46	11	10	—	1

面积及其他办学条件

图书（册）	数字终端数(台)			教室(间)		固定资产总值(万元)	
	计	其中		计	其中:网络多媒体教室	计	其中:教学仪器设备资产值
		教师终端数	学生终端数				
51261006	**389221**	**166820**	**212602**	**93132**	**65289**	**7916934.76**	**546784.21**
5633515	43854	18927	23357	8725	6059	909269.06	72849.63
2097478	14652	6859	7627	3834	2188	151509.43	12813.38
3790219	28256	12191	14827	6464	4710	531376.38	33677.47
1679426	15791	6968	8662	3369	2360	360740.31	20827.46
2865067	18292	8124	9299	4486	3386	429413.99	24135.33
685976	12712	3986	8354	1489	1248	185530.01	15118.18
3605094	26163	11159	14019	5989	4529	496686.99	29060.55
1848082	11397	5473	5516	2942	1969	161703.55	8994.71
1889887	16544	7807	8411	4141	3236	317997.70	31439.17
1876064	14238	5270	8895	3987	2555	346989.78	22410.93
930454	7100	3057	3949	1738	789	176451.57	9965.03
917240	9166	4699	4254	1981	1354	152584.98	9827.92
4205766	41593	18603	22182	10108	6892	885576.80	48560.03
2460195	17345	6834	10432	5537	3524	378801.13	38055.53
3115599	19215	7575	11091	5534	3275	427002.94	24157.05
6754487	27295	11380	15453	6781	5125	634330.84	43271.14
2061184	23342	9508	13406	5257	4083	393806.64	25160.97
466334	3128	1637	1440	369	326	52730.58	2883.54
327768	2940	1687	1144	437	375	54414.85	3810.70
175530	2092	866	1206	438	254	40509.80	1826.00
529676	4246	2179	1982	797	700	74383.99	2970.99
692000	5652	2340	3114	1474	1040	100144.76	4416.86
564703	4068	2314	1551	1055	876	104856.95	9390.42
742761	6814	2333	4361	2251	1551	208774.79	11929.37
310184	3144	1344	1788	783	622	42255.70	4571.30
294731	4161	1421	2720	1094	586	90801.31	5441.07
340231	2056	836	1206	749	583	78876.67	4311.38
401355	3965	1443	2356	1323	1094	129413.26	24908.10

幼儿园占地面积、校舍

省辖市直管县	占地面积（平方米）		
	计	其中	
		绿化用地面积	室外游戏场地
河南省	60252221.85	9751779.35	19861921.96
郑州市	6562124.63	1221954.75	2412609.85
开封市	2655314.19	500849.34	871481.97
洛阳市	3670734.51	555460.41	1274703.08
平顶山市	2364521.91	339142.38	768783.94
安阳市	2049334.80	290168.81	768493.98
鹤壁市	951580.61	126085.88	314276.06
新乡市	3516251.14	548519.29	1255940.21
焦作市	2536631.87	428286.03	845111.03
濮阳市	3144732.96	487643.75	1005641.91
许昌市	3535771.64	657835.16	1100787.37
漯河市	1644279.33	274823.78	575720.34
三门峡市	1395751.76	220777.46	464754.45
南阳市	4021408.61	641366.70	1327182.10
商丘市	4474189.67	702377.49	1395691.60
信阳市	2887632.44	462822.75	856359.57
周口市	4972774.03	790613.95	1573143.82
驻马店市	2835065.67	435358.15	880706.10
济源示范区	574948.06	121538.16	210104.95
巩义市	547745.18	97270.46	174548.35
兰考县	617979.41	85135.40	189228.92
汝州市	855027.69	131623.51	265759.91
滑县	741338.54	104984.09	264681.42
长垣市	637984.05	113253.93	213772.67
邓州市	667751.72	98875.40	197707.35
永城市	874122.66	107600.84	239236.74
固始县	544181.50	82453.72	160686.07
鹿邑县	554847.19	56032.16	149715.20
新蔡县	418196.08	68925.60	105093.00

建筑面积及其他办学条件

图 书（册）	固定资产总值（万元）	
	计	其中：玩教具资产值
36053991	**5261452.35**	**699601.23**
5263481	574419.94	89328.25
1859840	185784.93	27877.36
1941868	320080.68	47796.24
1281930	202112.56	25719.21
1284377	176628.05	27145.97
402584	110306.94	11545.97
1620113	268547.61	34268.16
1278541	140569.09	24355.88
1879432	195229.68	26973.28
1841984	271600.98	39241.71
838832	111831.83	16309.40
581986	130705.74	15424.23
2660047	381899.78	44994.09
2818994	427239.49	51043.02
1985785	359227.82	41426.62
2838930	463924.04	62093.51
1861912	309353.31	39461.55
229026	31654.72	7022.64
240256	79938.32	8620.10
444532	37406.15	4936.04
349811	71567.18	7517.35
297980	36170.55	5619.57
259809	54898.53	6226.80
689426	68824.51	7531.27
430533	83632.19	6703.80
374090	83045.20	10766.56
201731	34028.71	4115.88
296161	50823.78	5536.77

特殊教育学校占地面积、校舍

省辖市直管县	占地面积(平方米)			校园足球场(个)			
	计	其　中		计	其　中		
		绿化用地面　　积	运动场地面　　积		11人制足球场	7人制足球场	5人制足球场
河 南 省	1390705.56	235389.84	280675.90	30	4	6	20
郑 州 市	119688.95	13677.28	23209.06	2	1	-	1
开 封 市	42658.00	10397.00	9217.00	3	1	-	2
洛 阳 市	62507.66	7477.53	17443.50	3	-	-	3
平顶山市	155660.02	14693.24	22782.15	1	-	1	-
安 阳 市	80321.20	7809.56	9779.17	-	-	-	-
鹤 壁 市	23157.56	4201.00	5480.00	-	-	-	-
新 乡 市	41087.94	6723.25	11626.20	1	-	-	1
焦 作 市	93621.00	18585.90	22477.00	1	-	-	1
濮 阳 市	98010.00	20091.00	10484.00	2	1	-	1
许 昌 市	42293.00	11030.00	7960.00	-	-	-	-
漯 河 市	47920.40	8428.00	10262.37	1	-	-	1
三门峡市	34107.01	4945.00	8876.32	2	-	-	2
南 阳 市	124172.04	21201.34	19662.57	2	-	1	1
商 丘 市	86683.27	19313.46	19725.88	3	-	2	1
信 阳 市	87844.92	21006.88	19203.48	1	-	-	1
周 口 市	78761.12	17949.40	16099.10	3	1	-	2
驻马店市	65148.00	7442.00	17353.60	1	-	-	1
济源示范区	15850.00	6181.00	3440.00	-	-	-	-
巩 义 市	11015.00	2600.00	3600.00	1	-	1	-
兰 考 县	1435.00	20.00	927.50	-	-	-	-
汝 州 市	6100.00	1950.00	1320.00	-	-	-	-
滑　　县	2972.47	160.00	400.00	-	-	-	-
长 垣 市	13400.00	4214.00	6676.00	-	-	-	-
邓 州 市	15000.00	1200.00	540.00	1	-	-	1
永 城 市	15656.00	2400.00	5610.00	1	-	-	1
固 始 县	10000.00	823.00	3631.00	1	-	1	-
鹿 邑 县	9995.00	670.00	1890.00	-	-	-	-
新 蔡 县	5640.00	200.00	1000.00	-	-	-	-

建筑面积及其他办学条件

图书(册)	数字终端数(台)			教室(间)		固定资产总值(万元)	
	计	其中		计	其中:网络多媒体教室	计	其中:教学仪器设备资产值
		教师终端数	学生终端数				
725178	**7587**	**4470**	**2959**	**2369**	**1304**	**105561.21**	**15600.28**
84316	810	576	234	233	113	9513.76	2864.71
15680	275	177	98	73	37	4366.53	198.34
39113	697	380	294	203	106	8542.93	1926.91
41201	270	185	85	96	73	5282.16	573.47
16130	248	159	77	114	61	3405.59	673.91
6196	105	51	35	37	11	2054.24	390.00
26968	311	196	104	92	70	5443.62	704.90
22981	338	210	120	130	93	4300.52	587.91
28102	254	212	42	86	44	6235.81	196.12
30619	173	103	69	93	24	3587.73	516.15
23280	172	82	89	100	43	5537.28	478.08
24325	298	148	150	75	25	2905.43	397.04
53801	847	469	351	198	100	9466.67	1183.78
83772	467	216	249	190	75	6539.75	739.42
40833	449	221	222	154	66	7343.73	857.57
81406	546	271	264	116	71	5704.88	997.94
48588	583	353	208	185	134	5411.34	943.06
10078	86	60	26	24	17	1350.21	131.50
5700	74	43	31	18	15	2854.00	433.00
2000	23	23	-	6	6	170.50	80.50
5536	41	26	15	15	15	265.30	131.70
4600	105	50	55	16	14	552.33	120.22
7806	110	83	25	19	19	1612.14	97.00
7880	60	40	20	30	30	421.66	41.50
1680	60	40	20	21	12	1248.00	153.00
2451	55	26	24	9	9	433.70	3.34
7636	60	46	12	24	12	521.40	89.20
2500	70	24	40	12	9	490.00	90.00

小 学 学 校 校

省辖市直管县	计	其中	
		C级危房	D级危房
河南省	**75629062.02**	**102187.30**	**3587.36**
郑州市	7799118.14	35587.18	-
开封市	2726306.97	-	-
洛阳市	4519832.96	6655.97	-
平顶山市	3029087.12	-	-
安阳市	2689243.73	3697.94	-
鹤壁市	1288197.68	1193.00	-
新乡市	3720791.64	15524.80	-
焦作市	2115964.32	6109.00	-
濮阳市	2982763.79	-	-
许昌市	3169422.68	-	-
漯河市	1349337.90	-	-
三门峡市	1369133.14	-	-
南阳市	7377507.96	2516.00	-
商丘市	5375961.19	-	-
信阳市	3990671.21	18115.53	-
周口市	6896217.88	-	-
驻马店市	6163050.73	7075.12	-
济源示范区	434094.19	1408.00	2008.00
巩义市	510148.03	-	-
兰考县	668925.02	-	-
汝州市	837087.78	1065.16	1579.36
滑县	1200092.14	-	-
长垣市	776019.83	1160.60	-
邓州市	1275951.53	2079.00	-
永城市	1134782.05	-	-
固始县	761112.57	-	-
鹿邑县	609961.38	-	-
新蔡县	858278.47	-	-

舍建筑面积(小学、教学点)(一)

单位:平方米

租用外单位	计	一、教学及辅助用房		
		其 中		
		普通教室	专用教室	公共教学用房
561153.81	**40547304.51**	**31244932.89**	**4013646.92**	**5288724.70**
155868.87	3506249.67	2383772.81	390897.84	731579.02
9436.40	1525109.31	1157243.49	178185.32	189680.50
31232.10	2216659.05	1608255.66	278542.98	329860.41
11493.60	1506820.88	1168406.52	144436.10	193978.26
38161.31	1641666.28	1290975.74	151231.30	199459.24
7149.24	664704.53	490187.75	73205.87	101310.91
70389.68	2196628.81	1570146.71	288442.54	338039.56
39415.62	1056860.50	774699.95	148988.85	133171.70
17970.89	1726997.81	1385444.55	142702.10	198851.16
10400.00	1620161.22	1319653.93	119512.27	180995.02
1180.00	642607.24	512340.55	57634.77	72631.92
11557.00	598287.70	438600.64	68923.66	90763.40
30147.00	3708369.87	2954913.47	335745.21	417711.19
14777.50	3459779.42	2762865.80	299702.63	397210.99
40990.77	2211023.36	1782168.63	163676.09	265178.64
2291.52	3357713.06	2664007.91	319781.42	373923.73
36929.00	3738106.46	2959290.95	329631.95	449183.56
-	196159.06	149186.34	21794.50	25178.22
-	287986.57	188909.82	42340.12	56736.63
-	359573.50	272395.78	27731.61	59446.11
4232.00	494159.85	405311.15	45654.28	43194.42
15953.45	682383.80	511964.06	95698.34	74721.40
-	446038.39	289221.94	69714.29	87102.16
11577.86	673610.21	540653.80	57915.66	75040.75
-	759147.21	606779.06	79716.80	72651.35
-	493553.73	427442.76	28315.92	37795.05
-	310320.47	262059.67	19916.35	28344.45
-	466626.56	368033.46	33608.15	64984.95

小 学 学 校 校

省辖市直管县	二、行政办公用房		三、	
	计	其中：教师办公室	计	教工值班宿舍
河南省	7562794.97	5590136.07	20781543.84	1904903.25
郑州市	769674.91	492865.62	1701937.63	116790.30
开封市	222338.60	170238.59	699870.87	46107.50
洛阳市	537519.11	349425.45	1363697.61	171546.08
平顶山市	346015.36	280081.12	872226.71	97291.15
安阳市	331240.80	251576.18	494001.91	67874.62
鹤壁市	155563.42	122813.89	365311.97	38323.51
新乡市	392092.08	247581.56	1046402.53	70262.16
焦作市	269752.56	203482.40	493514.38	41779.11
濮阳市	260052.09	198032.48	693129.40	55453.47
许昌市	387534.42	316530.25	957268.52	73294.02
漯河市	137727.78	107793.24	444079.90	39901.50
三门峡市	175211.56	123899.16	436384.16	47782.52
南阳市	872637.90	628164.47	2216813.00	295497.55
商丘市	378725.40	303308.17	1233593.72	47934.04
信阳市	340935.05	266372.80	1244753.51	162835.19
周口市	618317.80	492684.52	2454200.30	113691.27
驻马店市	546030.72	414338.00	1492827.27	174696.01
济源示范区	53872.11	30150.19	128755.47	15525.03
巩义市	62762.37	44318.03	120142.78	14530.99
兰考县	52535.31	37248.10	214234.39	5666.00
汝州市	87787.61	74024.87	215372.29	21287.11
滑县	134788.61	114757.71	305144.59	38525.70
长垣市	83222.41	60428.53	246135.03	30806.34
邓州市	115720.70	90731.70	387289.43	49241.84
永城市	83621.77	57254.97	252200.19	16236.00
固始县	52907.39	39785.02	201057.57	8392.00
鹿邑县	39860.98	28317.50	210111.61	5656.94
新蔡县	54346.15	43931.55	291087.10	37975.30

舍 建 筑 面 积(小学、教学点)(二)

单位:平方米

生活用房			四、其他用房	
其中			计	其中
教师周转宿舍	学生宿舍	学生餐厅		被外单位租(借)用
1773077.92	**5737291.56**	**4588801.84**	**6737418.70**	**69142.04**
142090.68	352257.24	332428.62	1821255.93	19769.60
25528.26	282982.02	134688.82	278988.19	254.01
130754.57	377138.32	253905.04	401957.19	7822.98
50918.69	290119.93	183701.24	304024.17	662.00
51627.95	78710.98	54831.67	222334.74	5631.46
10655.89	147144.79	59919.47	102617.76	769.00
71814.75	235032.51	140471.29	85668.22	2951.39
30671.46	143570.92	104835.64	295836.88	555.50
60154.12	183365.75	142452.57	302584.49	–
54854.12	378240.35	221487.41	204458.52	1436.00
52416.14	135833.13	81951.86	124922.98	725.60
28624.93	131576.81	79500.75	159249.72	5355.00
243143.55	570202.72	491062.94	579687.19	2777.00
36016.70	306659.13	425159.14	303862.65	–
249556.80	224653.13	261122.51	193959.29	8707.54
132499.16	872585.76	713344.03	465986.72	1754.96
194813.54	352102.56	239933.79	386086.28	8188.00
19273.77	25591.87	29211.35	55307.55	–
9114.00	32806.05	31064.44	39256.31	–
23404.62	50449.60	82088.10	42581.82	432.00
9688.88	71716.72	41784.77	39768.03	–
20617.96	90289.68	45437.31	77775.14	–
20454.34	56154.74	50730.92	624.00	–
21946.00	128084.68	84237.75	99331.19	–
6109.00	77620.00	79045.23	39812.88	–
37050.60	15932.66	56392.97	13593.88	–
17627.62	59713.51	68789.13	49668.32	–
21649.82	66756.00	99223.08	46218.66	1350.00

初中学校校

省辖市直管县	计	其中		
		C 级危房	D 级危房	租用外单位
河 南 省	**68624753.75**	**149726.67**	**-**	**889129.93**
郑 州 市	8085734.33	60994.40	-	195503.03
开 封 市	2354372.77	1939.14	-	33253.98
洛 阳 市	4616616.11	5261.00	-	117505.44
平顶山市	2715681.22	-	-	2605.00
安 阳 市	2465754.83	3615.57	-	59245.63
鹤 壁 市	1081630.91	-	-	-
新 乡 市	3328526.61	17442.61	-	66067.95
焦 作 市	2142706.61	3178.00	-	92035.48
濮 阳 市	2450121.87	3160.00	-	86431.10
许 昌 市	3149496.07	-	-	17168.00
漯 河 市	1634788.37	-	-	19674.83
三门峡市	1414261.18	-	-	16072.22
南 阳 市	6641855.38	2372.00	-	34144.00
商 丘 市	4381096.48	-	-	8598.00
信 阳 市	3774302.27	12368.01	-	4680.10
周 口 市	5907179.24	1740.00	-	32754.17
驻马店市	4134513.73	33685.94	-	27933.00
济源示范区	491707.26	1990.00	-	-
巩 义 市	554460.75	-	-	21541.00
兰 考 县	770365.98	-	-	280.00
汝 州 市	875394.71	1980.00	-	-
滑 县	703553.71	-	-	47983.00
长 垣 市	973673.59	-	-	5654.00
邓 州 市	905855.02	-	-	-
永 城 市	674073.53	-	-	-
固 始 县	870873.54	-	-	-
鹿 邑 县	716920.41	-	-	-
新 蔡 县	809237.27			

舍 建 筑 面 积（一）

单位：平方米

一、教学及辅助用房			
计	其中		
	普通教室	专用教室	公共教学用房
25434085.11	**17304371.35**	**4357991.78**	**3771721.98**
2904900.22	1594186.15	571819.52	738894.55
898164.66	670500.84	129368.79	98295.03
1646045.88	1039816.03	356792.97	249436.88
906368.51	609810.75	143904.06	152653.70
1065437.72	685822.66	212605.45	167009.61
403741.95	267969.68	77852.39	57919.88
1406482.94	973298.24	232877.53	200307.17
709375.07	426961.45	162312.27	120101.35
1012604.14	713266.86	167824.21	131513.07
1096917.43	814940.45	148265.75	133711.23
634184.13	422118.49	123782.84	88282.80
497957.40	311421.62	101040.50	85495.28
2353996.47	1620977.14	410923.04	322096.29
1959740.40	1421363.73	300041.71	238334.96
1396486.45	1019689.59	204975.09	171821.77
1934842.11	1414828.05	300157.98	219856.08
1554833.00	1106319.18	246257.66	202256.16
139876.56	96955.99	25752.24	17168.33
172926.78	93860.41	33599.37	45467.00
267924.22	198641.31	36747.45	32535.46
293272.12	222194.67	38842.55	32234.90
244903.83	167565.81	49330.48	28007.54
332245.02	220762.23	53801.67	57681.12
353530.82	262971.97	49311.00	41247.85
357539.20	269510.00	67179.20	20850.00
373198.43	267953.61	54130.82	51114.00
252124.60	200389.19	28572.14	23163.27
264465.05	190275.25	29923.10	44266.70

初 中 学 校 校

省辖市直管县	二、行政办公用房		三、	
	计	其中：教师办公室	计	教工值班宿舍
河南省	5847134.89	3936261.60	32727545.26	2470971.43
郑州市	728999.74	451568.99	3323276.62	184454.20
开封市	157689.17	111278.06	1127309.42	79259.75
洛阳市	446135.18	277108.60	2183210.45	219781.65
平顶山市	253355.66	168417.38	1334412.26	119439.39
安阳市	236367.52	159207.50	1024961.08	86469.26
鹤壁市	128875.52	86538.03	448259.95	14459.05
新乡市	284931.94	189015.70	1592873.78	94582.16
焦作市	224898.86	141303.06	922427.27	72389.81
濮阳市	214112.76	152534.71	1018764.00	62673.75
许昌市	285599.79	195791.66	1594784.60	135261.45
漯河市	176309.48	114156.09	728199.74	56329.69
三门峡市	155366.47	86055.46	626910.89	53454.57
南阳市	568463.81	404791.30	3315275.03	306537.55
商丘市	276599.35	206148.86	1916051.98	117546.32
信阳市	309627.54	200127.41	1963044.53	212238.92
周口市	412240.74	314024.70	3284771.48	159880.66
驻马店市	350205.35	234411.17	2064129.66	186792.97
济源示范区	45948.07	30949.47	247597.24	20899.83
巩义市	61815.71	38336.50	274969.26	19612.00
兰考县	40865.90	31190.80	416600.43	28971.32
汝州市	90794.42	61639.86	458506.09	36160.00
滑县	53769.62	45077.62	378834.56	18856.53
长垣市	68700.66	53924.87	546556.26	26835.92
邓州市	60294.75	40892.75	442756.70	47202.00
永城市	38357.62	26831.00	262366.71	17905.00
固始县	59385.40	43674.00	429440.55	35413.00
鹿邑县	45966.14	26934.90	391334.88	7323.88
新蔡县	71457.72	44331.15	409919.84	50240.80

舍　建　筑　面　积(二)

单位:平方米

生活用房			四、其他用房	
其中			计	其中
教师周转宿舍	学生宿舍	学生餐厅		被外单位租(借)用
2649736.18	**16597525.72**	**6541137.32**	**4615988.49**	**179406.86**
242493.29	1604482.60	615021.78	1128557.75	37269.62
84719.07	586349.59	249278.12	171209.52	-
161835.22	1103875.46	382832.79	341224.60	6413.80
154631.07	656724.74	234533.22	221544.79	11371.10
80734.98	488890.03	199639.16	138988.51	11174.99
9304.56	261262.88	102485.27	100753.49	2560.00
123300.72	777034.10	303558.61	44237.95	-
48053.62	466193.57	191412.99	286005.41	31514.10
67600.59	505329.37	213481.22	204640.97	1978.00
115856.16	812727.18	357384.85	172194.25	3461.00
61646.67	339772.42	163834.19	96095.02	4234.00
47391.07	330140.75	110258.20	134026.42	2056.60
342824.01	1623260.09	614555.49	404120.07	13686.00
104416.39	1034451.06	442739.00	228704.75	1541.00
227021.55	889271.45	387560.39	105143.75	8824.00
275125.70	1819881.53	662468.04	275324.91	-
197484.69	1021100.34	396880.22	165345.72	9296.00
21043.79	96931.90	59237.07	58285.39	-
12428.00	139680.60	58244.18	44749.00	-
20977.79	251194.70	80781.21	44975.43	-
40792.18	228344.21	94159.65	32822.08	-
34016.66	225137.61	68757.04	26045.70	7855.00
35634.12	319850.73	126471.01	26171.65	26171.65
31191.00	222408.85	96602.00	49272.75	-
17467.71	150883.00	49825.00	15810.00	-
29250.00	229264.15	99053.00	8849.16	-
41530.57	199087.10	103441.36	27494.79	-
20965.00	213995.71	76642.26	63394.66	-

普通高中学校

省辖市直管县	计	其中		
		C级危房	D级危房	租用外单位
河南省	47381269.83	37873.70	—	1521028.44
郑州市	5531941.09	25810.20	—	460750.53
开封市	1274002.35	1323.00	—	—
洛阳市	3658633.44	2633.00	—	161854.25
平顶山市	1900275.13	—	—	4847.00
安阳市	2368008.47	—	—	171835.89
鹤壁市	776419.99	—	—	12390.00
新乡市	3017182.65	4946.50	—	80998.41
焦作市	1537703.32	145.00	—	12699.16
濮阳市	1870857.37	—	—	43364.17
许昌市	1974133.11	—	—	9150.00
漯河市	896179.49	—	—	—
三门峡市	1038083.97	—	—	9168.16
南阳市	4847949.41	—	—	108528.30
商丘市	2297816.98	—	—	56473.87
信阳市	3027348.53	3016.00	—	30039.77
周口市	3281271.98	—	—	69394.72
驻马店市	2466389.63	—	—	43188.66
济源示范区	324324.78	—	—	—
巩义市	271076.99	—	—	—
兰考县	198530.14	—	—	—
汝州市	553219.08	—	—	124542.90
滑县	846052.35	—	—	82459.00
长垣市	729411.27	—	—	39343.65
邓州市	893025.80	—	—	—
永城市	248827.00	—	—	—
固始县	592435.71	—	—	—
鹿邑县	381591.87	—	—	—
新蔡县	578577.93	—	—	—

校舍建筑面积(一)

单位:平方米

一、教学及辅助用房			
计	其中		
	普通教室	专用教室	公共教学用房
15869983.43	**10182103.86**	**2613941.43**	**3073938.14**
1804981.49	917413.17	292720.22	594848.10
465333.84	353571.07	59209.48	52553.29
1091954.55	588119.67	231058.35	272776.53
615212.00	396944.27	102876.39	115391.34
834629.35	477800.71	163888.88	192939.76
292617.28	155534.60	66929.07	70153.61
1087046.67	636533.95	146274.70	304238.02
525006.81	309984.28	82584.72	132437.81
677295.11	480084.48	95540.72	101669.91
693557.53	469366.72	113371.43	110819.38
303704.98	208179.89	54817.62	40707.47
368461.58	244416.93	64790.60	59254.05
1511075.35	1038968.61	257458.84	214647.90
878035.06	635013.40	131172.83	111848.83
1065947.71	736106.94	169083.05	160757.72
1103274.37	810144.79	162746.54	130383.04
762069.52	566554.71	90340.38	105174.43
78529.23	38015.20	27854.33	12659.70
93798.71	40638.71	23206.00	29954.00
71680.58	38711.46	22630.34	10338.78
190813.94	96353.02	34987.39	59473.53
224611.23	155309.61	41328.99	27972.63
229465.22	138161.86	54949.93	36353.43
317614.12	218120.29	43761.96	55731.87
103575.00	69263.00	25388.00	8924.00
182886.10	131414.08	34134.36	17337.66
135223.01	92055.67	10640.38	32526.96
161583.09	139322.77	10195.93	12064.39

普通高中学校

省辖市直管县	二、行政办公用房		三、	
	计	其中：教师办公室	计	教工值班宿舍
河南省	3591252.37	2488175.39	25763986.10	1771192.13
郑州市	460002.14	284517.42	2792908.62	155735.19
开封市	115836.46	85064.80	610197.16	44858.45
洛阳市	296285.78	177941.90	2074846.19	155740.22
平顶山市	131919.84	92853.48	1092070.14	52460.84
安阳市	205079.60	128659.09	1244680.57	72569.08
鹤壁市	72724.02	56853.48	391229.28	21928.87
新乡市	216827.08	135071.93	1690001.65	81783.01
焦作市	119099.46	99258.94	797767.63	68255.59
濮阳市	127238.85	87455.38	943865.71	84073.22
许昌市	158104.29	87388.19	1082865.59	81578.18
漯河市	44405.70	34300.26	505688.53	19263.30
三门峡市	82953.85	77044.67	563740.28	45609.14
南阳市	398641.90	260572.09	2645254.88	184322.89
商丘市	120285.61	103719.04	1162512.07	30826.30
信阳市	226356.01	173289.08	1725503.15	258633.14
周口市	211953.98	170169.95	1888946.45	40781.16
驻马店市	182918.84	126970.59	1388165.22	132577.34
济源示范区	23747.41	20517.14	194726.59	7752.05
巩义市	30644.00	26762.00	121909.85	4921.00
兰考县	30468.58	22955.00	95465.98	2442.00
汝州市	41006.70	30513.14	308805.20	4765.69
滑　县	44856.76	33593.25	474515.48	15091.00
长垣市	60880.41	38593.83	437980.64	76164.52
邓州市	70260.41	38174.62	482244.14	39895.55
永城市	17687.00	9906.00	124298.00	12761.00
固始县	39905.66	34005.62	368985.95	28060.32
鹿邑县	15787.70	12416.50	190056.64	160.00
新蔡县	45374.33	39608.00	364754.51	48183.08

校舍建筑面积(二)

单位:平方米

生活用房			四、其他用房	
其中			计	其中
教师周转宿舍	学生宿舍	学生餐厅		被外单位租(借)用
1512240.32	**15092351.82**	**4807742.73**	**2156047.93**	**178475.75**
188744.89	1574521.23	480759.22	474048.84	2600.00
20777.05	360858.27	124792.34	82634.89	8063.00
85294.59	1253340.28	371723.51	195546.92	52324.64
110999.17	635370.56	210694.20	61073.15	448.00
56925.47	733453.36	225752.82	83618.95	–
4186.52	246245.72	79101.79	19849.41	3132.50
47236.55	925385.40	297069.98	23307.25	20243.25
3424.00	509476.13	153782.34	95829.42	784.00
18196.60	564095.89	211589.88	122457.70	4934.00
63267.57	639830.93	224920.57	39605.70	–
36035.14	311649.21	99540.46	42380.28	893.00
21620.23	347868.63	99642.32	22928.26	10056.10
201600.74	1571650.59	486477.99	292977.28	1750.00
51688.23	793485.50	228965.20	136984.24	–
168268.81	865101.62	304813.00	9541.66	–
185287.71	1147019.43	347923.18	77097.18	18022.26
98658.85	785160.88	247699.26	133236.05	–
13719.45	105458.66	29342.86	27321.55	–
11748.00	71868.00	30120.85	24724.43	–
108.00	62986.29	23783.91	915.00	–
23940.11	161127.55	78988.43	12593.24	–
23545.43	309091.87	89234.31	102068.88	53809.00
7813.73	247590.91	74538.57	1085.00	–
26011.97	260145.45	114711.45	22907.13	1416.00
952.00	80098.00	20825.00	3267.00	–
28539.00	211110.80	49875.52	658.00	–
5841.82	113607.30	34398.80	40524.52	–
7808.69	204753.36	66674.97	6866.00	–

小学学校办学条件

省辖市直管县	机构数	体育运动场(馆)面积达标校数	体育器械配备达标校数	音乐器材配备达标校数	美术器材配备达标校数	数学自然实验仪器达标校数	有校医院(卫生室)校数
河南省	16429	14851	15643	15584	15582	15426	8004
郑州市	931	841	886	886	887	864	768
开封市	628	545	588	589	585	577	184
洛阳市	759	656	718	716	716	710	429
平顶山市	748	697	738	738	739	733	466
安阳市	806	736	788	789	786	785	295
鹤壁市	253	227	239	238	239	236	62
新乡市	973	893	956	956	952	943	585
焦作市	505	472	485	482	480	482	301
濮阳市	677	600	608	604	599	589	285
许昌市	766	593	693	686	692	652	467
漯河市	327	313	323	323	323	321	59
三门峡市	205	170	200	201	201	198	113
南阳市	1339	1206	1232	1228	1229	1221	595
商丘市	1453	1314	1365	1365	1359	1348	500
信阳市	688	672	683	683	683	683	338
周口市	1548	1283	1388	1352	1361	1352	473
驻马店市	1661	1646	1650	1651	1650	1648	1277
济源示范区	73	57	69	68	67	70	39
巩义市	70	61	68	68	68	66	49
兰考县	166	166	166	166	166	166	44
汝州市	294	244	269	264	267	260	130
滑县	298	281	292	292	294	288	76
长垣市	219	178	216	218	218	217	105
邓州市	186	169	177	177	177	178	73
永城市	310	310	310	310	310	310	41
固始县	136	133	134	134	134	132	43
鹿邑县	157	136	150	148	148	145	10
新蔡县	253	252	252	252	252	252	197

达标及配套设施情况（一）

单位：所、人

有专职校医校数	有专职保健人员校数	有学校首席信息官校数	建立家长委员会校数	与外方缔结"友好学校"数量	有心理辅导室校数	安全保卫人员	
						校数	人数
1603	1562	5811	14740	20	5009	16121	35803
334	222	523	882	10	500	904	3008
64	47	92	510	1	173	614	1359
81	60	293	705	-	254	750	1834
109	84	374	700	2	134	744	1782
22	30	514	724	-	307	756	1529
19	19	192	194	-	90	252	520
32	38	533	888	-	347	950	1873
50	57	248	453	-	146	488	1111
58	56	174	606	-	202	663	1264
282	381	199	715	-	239	742	1314
8	6	42	252	1	96	323	501
10	11	31	184	1	107	201	546
91	89	153	1162	1	384	1300	3409
106	107	138	1368	1	376	1449	2849
55	60	295	655	1	251	682	1925
114	123	813	1356	1	327	1523	3339
38	56	498	1402	1	546	1648	3058
2	1	17	70	-	37	73	169
36	12	28	66	-	27	69	205
11	8	52	145	-	61	164	253
10	17	163	276	-	46	290	501
8	12	30	293	-	84	298	693
4	2	58	196	-	111	202	357
16	19	31	155	-	37	185	685
19	17	204	306	-	21	310	413
9	12	27	117	-	35	136	283
6	7	13	112	-	29	154	327
9	9	76	248	-	42	251	696

小学学校办学条件

省辖市直管县	政府购买学位数(个)			心理健康教育教师		自备水源
	学校	计	其中:用于进城务工人员随迁子女的学位数	校数	人数	
河 南 省	1589	1072254	7058	2127	2584	2954
郑 州 市	56	84754	2793	141	186	132
开 封 市	105	75903	962	33	52	50
洛 阳 市	61	48877	399	67	85	274
平顶山市	50	29597	440	25	28	289
安 阳 市	52	38171	551	84	104	145
鹤 壁 市	21	10099	-	11	12	59
新 乡 市	88	48892	461	45	49	75
焦 作 市	37	20051	-	36	47	64
濮 阳 市	102	43576	270	70	100	113
许 昌 市	155	82040	19	483	504	185
漯 河 市	2	1807	-	10	12	16
三门峡市	3	6095	-	12	14	38
南 阳 市	78	64945	-	86	108	650
商 丘 市	147	89051	36	462	524	41
信 阳 市	42	47233	127	182	273	96
周 口 市	261	168366	399	78	102	117
驻马店市	76	41875	56	187	216	254
济源示范区	-	-	-	4	6	12
巩 义 市	-	-	-	7	12	6
兰 考 县	11	6737	26	7	8	1
汝 州 市	7	14205	-	6	11	178
滑 县	28	20454	13	9	10	3
长 垣 市	8	9419	127	6	6	8
邓 州 市	23	8466	286	15	22	31
永 城 市	14	18339	-	28	47	9
固 始 县	19	8796	-	22	32	22
鹿 邑 县	43	26322	93	6	9	10
新 蔡 县	100	58184	-	5	5	76

达标及配套设施情况（二）

单位：所、人

学校供水方式		学校厕所情况			洗手设施			通电
网管供水	无水源	卫生厕所	非卫生厕所	无厕所	有水和肥皂	只有水	既没有水也没有肥皂	
13442	**25**	**16050**	**330**	**41**	**15100**	**1279**	**42**	**16389**
789	4	915	1	9	897	21	7	921
577	1	623	-	5	596	30	2	627
483	2	708	48	3	693	64	2	757
458	1	747	-	1	706	41	1	748
660	1	805	-	1	777	28	1	802
194	-	246	7	-	239	14	-	253
896	1	961	7	4	857	112	3	970
439	2	502	1	2	489	14	2	502
564	-	652	25	-	637	40	-	675
581	-	737	29	-	679	84	3	766
311	-	327	-	-	311	16	-	327
166	-	195	9	-	201	3	-	204
689	-	1302	34	3	1153	186	-	1339
1411	1	1450	2	1	1430	22	1	1452
592	-	688	-	-	642	46	-	688
1429	2	1403	142	3	1150	392	6	1546
1401	6	1655	-	6	1649	5	7	1654
61	-	65	8	-	71	2	-	73
63	1	69	-	1	69	-	1	69
165	-	166	-	-	166	-	-	166
116	-	294	-	-	294	-	-	294
295	-	286	12	-	287	9	2	298
211	-	219	-	-	174	45	-	219
155	-	184	2	-	155	30	1	186
301	-	310	-	-	310	-	-	310
114	-	136	-	-	98	38	-	136
146	1	155	2	-	123	33	1	156
175	2	250	1	2	247	4	2	251

初中学校办学条件

省辖市直管县	校数	体育运动场（馆）面积达标校数	体育器械配备达标校数	音乐器材配备达标校数	美术器材配备达标校数	理科实验仪器达标校数	有校医院（卫生室）校数
河 南 省	4626	4253	4478	4447	4445	4464	3045
郑 州 市	410	383	396	387	387	385	382
开 封 市	174	157	168	168	167	165	85
洛 阳 市	314	282	306	304	303	305	206
平顶山市	173	163	171	172	172	171	134
安 阳 市	214	195	209	203	204	210	115
鹤 壁 市	58	54	58	58	58	58	31
新 乡 市	292	269	284	285	285	282	195
焦 作 市	178	167	176	175	173	177	137
濮 阳 市	161	147	154	155	155	156	99
许 昌 市	196	151	174	170	171	177	155
漯 河 市	102	99	101	101	101	101	50
三门峡市	102	92	101	100	100	100	65
南 阳 市	403	377	393	389	388	392	256
商 丘 市	363	336	349	348	347	353	193
信 阳 市	276	270	276	275	275	275	165
周 口 市	408	358	384	379	380	378	236
驻马店市	265	257	258	258	258	257	235
济源示范区	31	27	29	29	29	30	20
巩 义 市	26	24	26	26	26	26	25
兰 考 县	51	51	51	51	51	50	21
汝 州 市	59	50	56	55	55	57	27
滑 县	53	48	52	52	52	52	28
长 垣 市	41	39	40	41	41	40	31
邓 州 市	62	56	59	59	59	58	39
永 城 市	57	57	57	57	57	57	34
固 始 县	54	52	54	52	53	53	25
鹿 邑 县	53	42	46	48	48	49	12
新 蔡 县	50	50	50	50	50	50	44

达标及配套设施情况(一)

单位:所、人

有专职校医校数	有专职保健人员校数	有预防艾滋病教育和性教育相关课程和活动的校数	有学校首席信息官校数	建立家长委员会校数	与外方缔结"友好学校"数量	有心理辅导室校数	安全保卫人员 校数	安全保卫人员 人数
1252	940	4301	2044	4346	18	4626	4550	14865
231	139	389	263	382	5	410	397	1973
48	34	146	33	156	2	174	169	476
66	45	300	124	303	1	314	307	990
66	56	166	99	167	-	173	172	529
44	36	198	158	198	-	214	207	677
12	8	57	45	57	-	58	58	197
36	24	242	164	264	1	292	283	877
25	35	169	89	161	-	178	174	607
43	41	146	53	152	-	161	161	514
148	109	184	67	187	1	196	189	615
23	16	81	22	94	1	102	102	327
18	11	96	21	96	1	102	101	281
83	63	375	125	372	4	403	398	1512
70	63	359	59	350	-	363	362	938
51	55	276	160	271	-	276	275	768
128	90	366	253	379	-	408	404	1157
41	32	259	98	246	1	265	259	725
3	3	31	9	29	1	31	31	109
25	8	24	12	26	-	26	26	81
10	9	47	14	50	-	51	49	89
7	7	55	40	54	-	59	58	181
9	6	48	4	53	-	53	53	223
9	5	34	9	38	-	41	40	234
18	11	51	20	58	-	62	62	176
12	12	57	42	56	-	57	57	144
8	9	53	23	52	-	54	54	162
10	6	42	11	47	-	53	52	152
8	7	50	27	48	-	50	50	151

初中学校办学条件

省辖市直管县	政府购买学位数（个）			心理健康教育教师		自备水源
	学校	计	其中:用于进城务工人员随迁子女的学位数	校数	人数	
河南省	553	773607	6471	1523	2692	1046
郑州市	37	76972	2496	176	266	56
开封市	39	53352	1003	38	67	20
洛阳市	32	40019	377	61	132	118
平顶山市	12	16743	398	41	67	70
安阳市	15	22303	397	78	148	69
鹤壁市	5	3479	—	13	18	15
新乡市	37	36638	—	45	94	54
焦作市	20	12126	—	55	94	46
濮阳市	13	25548	388	50	121	25
许昌市	43	49371	19	163	200	46
漯河市	—	1807	—	26	45	11
三门峡市	2	6095	—	25	38	31
南阳市	27	47634	—	72	128	197
商丘市	57	65769	35	210	370	16
信阳市	24	37016	314	141	284	45
周口市	87	117145	680	94	191	37
驻马店市	15	24997	39	91	143	81
济源示范区	—	—	—	11	20	13
巩义市	—	—	—	9	17	6
兰考县	12	6950	—	8	10	3
汝州市	7	13685	—	8	20	40
滑县	7	18500	—	8	13	—
长垣市	6	11904	43	6	7	1
邓州市	4	7186	190	30	58	20
永城市	6	13921	—	17	32	2
固始县	7	6280	—	25	52	9
鹿邑县	20	17024	92	17	41	3
新蔡县	19	41143	—	5	16	12

达标及配套设施情况(二)

单位:所、人

学校供水方式		学校厕所情况			洗手设施			通电
网管供水	无水源	卫生厕所	非卫生厕所	无厕所	有水和肥皂	只有水	既没有水也没有肥皂	
3557	**16**	**4558**	**33**	**28**	**4068**	**530**	**21**	**4603**
344	7	397	-	10	382	17	8	400
153	1	173	-	1	157	16	1	173
196	-	308	4	2	273	40	1	314
102	-	172	-	-	150	22	-	172
142	2	211	-	2	200	11	2	211
43	-	58	-	-	56	2	-	58
236	-	288	1	1	240	50	-	290
131	1	177	-	1	167	10	1	177
136	-	161	-	-	146	14	1	161
150	-	191	4	1	154	42	-	195
91	-	102	-	-	92	10	-	102
71	-	100	1	1	99	3	-	102
205	1	396	4	3	342	59	2	403
347	-	363	-	-	355	8	-	363
231	-	276	-	-	258	18	-	276
371	-	392	16	-	269	139	-	408
180	4	260	-	5	254	7	4	261
18	-	30	1	-	29	2	-	31
20	-	26	-	-	24	2	-	26
48	-	51	-	-	51	-	-	51
19	-	58	-	1	58	-	1	59
53	-	53	-	-	48	5	-	53
40	-	41	-	-	28	13	-	41
42	-	62	-	-	52	10	-	62
55	-	57	-	-	57	-	-	57
45	-	54	-	-	32	22	-	54
50	-	51	2	-	47	6	-	53
38	-	50	-	-	48	2	-	50

普通高中学校办学条件

省辖市直管县	校数	体育运动场（馆）面积达标校数	体育器械配备达标校数	音乐器材配备达标校数	美术器材配备达标校数	理科实验仪器达标校数	有校医院（卫生室）校数
河南省	1098	1003	1019	1009	1008	1000	919
郑州市	133	127	131	129	127	126	126
开封市	51	49	50	49	49	49	46
洛阳市	83	70	69	69	69	69	60
平顶山市	43	37	39	40	40	38	39
安阳市	60	57	59	57	58	58	52
鹤壁市	20	16	17	18	18	17	16
新乡市	74	64	65	63	63	64	57
焦作市	37	32	33	33	34	28	32
濮阳市	52	50	51	50	50	48	42
许昌市	46	38	39	38	39	40	35
漯河市	21	19	20	21	21	21	18
三门峡市	24	23	23	23	23	22	16
南阳市	122	109	112	112	110	111	86
商丘市	40	40	40	40	40	40	38
信阳市	69	66	63	62	61	62	59
周口市	64	53	57	57	57	57	56
驻马店市	46	46	46	45	46	46	45
济源示范区	7	7	7	7	7	7	2
巩义市	7	5	5	5	5	5	5
兰考县	5	5	5	5	5	5	5
汝州市	11	11	11	11	11	10	9
滑县	16	14	14	14	14	14	15
长垣市	11	11	11	11	11	11	10
邓州市	17	16	14	13	13	14	15
永城市	8	8	8	8	8	8	8
固始县	12	11	11	11	11	11	9
鹿邑县	6	6	6	5	5	6	5
新蔡县	13	13	13	13	13	13	13

达标及配套设施情况（一）

单位：所、人

有专职校医校数	有专职保健人员校数	有预防艾滋病教育和性教育相关课程和活动的校数	有学校首席信息官校数	建立家长委员会校数	与外方缔结"友好学校"数量	有心理辅导室校数	安全保卫人员	
							校数	人数
738	453	1041	575	575	34	727	1071	8224
112	54	130	82	82	9	99	132	1047
29	21	49	17	17	2	29	49	312
39	29	71	43	43	1	57	79	508
33	22	40	36	36	-	25	41	312
41	29	59	52	52	1	46	59	467
13	10	20	17	17	3	11	20	152
44	26	68	40	40	-	48	71	623
21	16	31	12	12	8	23	34	260
31	21	48	18	18	-	26	51	354
31	17	44	17	17	-	20	42	317
15	8	21	9	9	4	16	21	145
12	6	23	3	3	1	18	24	163
68	44	115	46	46	-	81	120	1044
36	24	40	13	13	3	32	40	360
41	30	69	49	49	1	50	69	459
51	31	62	37	37	1	40	64	530
38	21	46	29	29	-	36	46	378
2	2	6	3	3	-	5	6	57
5	4	6	2	2	-	4	6	32
4	3	5	2	2	-	3	5	23
7	7	11	9	9	-	9	11	99
12	3	15	4	4	-	14	15	142
9	2	10	7	7	-	5	10	74
13	8	14	5	5	-	6	17	120
6	2	8	7	7	-	5	8	50
9	6	12	4	4	-	10	12	69
5	2	5	-	-	-	4	6	40
11	5	13	12	12	-	5	13	87

普通高中学校办学条件

省辖市直管县	政府购买学位数(个)			心理健康教育教师		自备水源
	学校	计	其中:用于进城务工人员随迁子女的学位数	校数	人数	
河南省	99	145360	2268	679	1412	183
郑州市	2	4377	1229	103	166	11
开封市	7	6628	275	36	70	11
洛阳市	13	18999	377	35	64	12
平顶山市	2	1507	-	23	44	9
安阳市	9	8946	12	49	102	11
鹤壁市	1	918	-	9	18	1
新乡市	7	7198	-	41	72	13
焦作市	3	3857	-	18	41	4
濮阳市	7	9612	-	34	71	4
许昌市	7	8049	8	25	39	10
漯河市	2	1807	-	12	33	1
三门峡市	1	3414	-	16	29	2
南阳市	4	9758	-	49	95	32
商丘市	6	13316	-	34	96	4
信阳市	4	1578	99	47	108	10
周口市	2	2164	16	54	143	15
驻马店市	6	8703	-	34	83	8
济源示范区	-	-	-	5	11	2
巩义市	-	-	-	4	5	2
兰考县	-	-	-	4	11	1
汝州市	-	-	-	9	18	7
滑县	1	3166	-	10	17	4
长垣市	2	2814	-	3	8	-
邓州市	5	6593	190	8	24	6
永城市	-	-	-	3	7	-
固始县	1	1040	-	8	13	2
鹿邑县	4	1613	62	4	17	-
新蔡县	3	19303	-	2	7	1

达标及配套设施情况(二)

单位:所、人

学校供水方式		学校厕所情况			洗手设施			通电
网管供水	无水源	卫生厕所	非卫生厕所	无厕所	有水和肥皂	只有水	既没有水也没有肥皂	
907	**5**	**1077**	**3**	**15**	**946**	**144**	**5**	**1089**
122	-	132	-	1	122	11	-	133
40	-	51	-	-	45	6	-	51
69	-	77	1	3	67	14	-	80
34	-	41	-	2	39	4	-	43
48	1	59	-	1	52	7	1	59
19	-	20	-	-	17	3	-	20
59	1	71	-	2	59	13	1	72
32	1	35	-	2	33	3	1	36
48	-	52	-	-	48	4	-	52
35	1	44	-	2	36	9	1	45
20	-	21	-	-	18	3	-	21
22	-	24	-	-	23	1	-	24
90	-	120	1	1	96	26	-	122
36	-	40	-	-	36	4	-	40
59	-	69	-	-	67	2	-	69
49	-	63	1	-	51	13	-	64
38	-	46	-	-	43	3	-	46
5	-	7	-	-	7	-	-	7
4	1	6	-	1	6	-	1	6
4	-	5	-	-	4	1	-	5
4	-	11	-	-	11	-	-	11
12	-	16	-	-	12	4	-	16
11	-	11	-	-	9	2	-	11
11	-	17	-	-	14	3	-	17
8	-	8	-	-	8	-	-	8
10	-	12	-	-	9	3	-	12
6	-	6	-	-	2	4	-	6
12	-	13	-	-	12	1	-	13

小学学校信息化建设情况

单位:所

省辖市直管县	机构数	接入互联网校数					
		计	按接入方式分				
			ADSL	光纤	无线	其他	未接入互联网
河南省	**16429**	**16420**	**29**	**16234**	**89**	**–**	**68**
郑州市	931	925	2	907	9	–	7
开封市	628	628	–	625	–	–	3
洛阳市	759	759	2	751	–	–	6
平顶山市	748	748	1	732	10	–	5
安阳市	806	806	–	797	1	–	8
鹤壁市	253	252	1	250	1	–	–
新乡市	973	972	3	961	4	–	4
焦作市	505	505	6	495	–	–	4
濮阳市	677	677	1	658	15	–	3
许昌市	766	766	3	752	8	–	3
漯河市	327	327	–	326	1	–	–
三门峡市	205	204	–	201	2	–	1
南阳市	1339	1339	3	1325	6	–	5
商丘市	1453	1453	–	1452	–	–	1
信阳市	688	688	–	682	5	–	1
周口市	1548	1548	6	1528	11	–	3
驻马店市	1661	1661	–	1651	1	–	9
济源示范区	73	73	–	72	1	–	–
巩义市	70	70	–	69	–	–	1
兰考县	166	166	–	166	–	–	–
汝州市	294	294	–	291	3	–	–
滑县	298	298	–	297	1	–	–
长垣市	219	219	–	218	–	–	1
邓州市	186	186	–	184	2	–	–
永城市	310	310	1	309	–	–	–
固始县	136	136	–	129	7	–	–
鹿邑县	157	157	–	155	1	–	1
新蔡县	253	253	–	251	–	–	2

初中学校信息化建设情况

单位:所

省辖市直管县	校数	接入互联网校数					未接入互联网
		计	按接入方式分				
			ADSL	光纤	无线	其他	
河南省	4626	4619	3	4569	20	—	27
郑州市	410	407	1	395	3	—	8
开封市	174	174	—	172	—	—	2
洛阳市	314	314	—	314	—	—	—
平顶山市	173	172	—	168	4	—	—
安阳市	214	213	—	210	1	—	2
鹤壁市	58	58	—	58	—	—	—
新乡市	292	290	—	288	1	—	1
焦作市	178	178	—	176	—	—	2
濮阳市	161	161	—	157	4	—	—
许昌市	196	196	—	193	1	—	2
漯河市	102	102	—	102	—	—	—
三门峡市	102	102	—	102	—	—	—
南阳市	403	403	—	401	—	—	2
商丘市	363	363	—	363	—	—	—
信阳市	276	276	—	274	2	—	—
周口市	408	408	1	404	2	—	1
驻马店市	265	265	—	259	—	—	6
济源示范区	31	31	1	30	—	—	—
巩义市	26	26	—	26	—	—	—
兰考县	51	51	—	51	—	—	—
汝州市	59	59	—	56	2	—	1
滑县	53	53	—	53	—	—	—
长垣市	41	41	—	41	—	—	—
邓州市	62	62	—	62	—	—	—
永城市	57	57	—	57	—	—	—
固始县	54	54	—	54	—	—	—
鹿邑县	53	53	—	53	—	—	—
新蔡县	50	50	—	50	—	—	—

普通高中学校

省辖市直管县	校 数	计	ADSL
河 南 省	1098	1095	3
郑 州 市	133	133	-
开 封 市	51	51	1
洛 阳 市	83	81	-
平顶山市	43	43	-
安 阳 市	60	60	-
鹤 壁 市	20	20	-
新 乡 市	74	73	1
焦 作 市	37	37	-
濮 阳 市	52	52	-
许 昌 市	46	46	-
漯 河 市	21	21	-
三门峡市	24	24	-
南 阳 市	122	122	-
商 丘 市	40	40	1
信 阳 市	69	69	-
周 口 市	64	64	-
驻马店市	46	46	-
济源示范区	7	7	-
巩 义 市	7	7	-
兰 考 县	5	5	-
汝 州 市	11	11	-
滑 县	16	16	-
长 垣 市	11	11	-
邓 州 市	17	17	-
永 城 市	8	8	-
固 始 县	12	12	-
鹿 邑 县	6	6	-
新 蔡 县	13	13	

信息化建设情况

单位：所

接入互联网校数			未接入互联网
按接入方式分			
光纤	无线	其他	
1072	**7**	-	13
133	-	-	-
50	-	-	-
79	-	-	2
41	1	-	1
59	1	-	-
20	-	-	-
69	1	-	2
36	1	-	-
51	-	-	1
44	1	-	1
21	-	-	-
24	-	-	-
119	1	-	2
39	-	-	-
66	-	-	3
64	-	-	-
46	-	-	-
7	-	-	-
6	1	-	-
5	-	-	-
11	-	-	-
15	-	-	1
11	-	-	-
17	-	-	-
8	-	-	-
12	-	-	-
6	-	-	-
13	-	-	-

各省辖市及省直管县普惠性幼儿园

省辖市直管县	园 数 （所）				普惠性幼儿园占比（%）
	总计	其中：公办幼儿园	其中：民办		
			小计	其中：普惠性民办	
河 南 省	22633	6788	15845	12529	85.35
郑 州 市	1942	590	1352	1092	86.61
开 封 市	899	241	658	477	79.87
洛 阳 市	1336	353	983	801	86.38
平顶山市	1100	357	743	593	86.36
安 阳 市	1075	326	749	590	85.21
鹤 壁 市	388	98	290	229	84.28
新 乡 市	1483	436	1047	696	76.33
焦 作 市	803	205	598	463	83.19
濮 阳 市	1053	305	748	504	76.83
许 昌 市	1099	345	754	602	86.17
漯 河 市	516	234	282	238	91.47
三门峡市	426	142	284	180	75.59
南 阳 市	1704	468	1236	960	83.80
商 丘 市	1509	542	967	622	77.14
信 阳 市	1328	412	916	759	88.18
周 口 市	2011	681	1330	1158	91.45
驻马店市	1148	216	932	904	97.56
济源示范区	166	67	99	67	80.72
巩 义 市	124	48	76	72	96.77
兰 考 县	248	68	180	165	93.95
汝 州 市	400	129	271	210	84.75
滑 县	362	33	329	291	89.50
长 垣 市	305	81	224	182	86.23
邓 州 市	324	185	139	130	97.22
永 城 市	242	36	206	146	75.21
固 始 县	224	40	184	170	93.75
鹿 邑 县	264	142	122	82	84.85
新 蔡 县	154	8	146	146	100.00

占比和普惠性幼儿园覆盖率

在园幼儿数				普惠性幼儿园覆盖率（%）	公办幼儿园在园幼儿数占比（%）
总计	其中：公办幼儿园	其中:民办			
		小计	其中：普惠性民办		
3236241	**1370624**	**1865617**	**1515055**	**89.17**	**42.35**
381240	159907	221333	178321	88.72	41.94
124184	54054	70130	56400	88.94	43.53
240974	108620	132354	108807	90.23	45.08
127454	58193	69261	56878	90.28	45.66
120148	52212	67936	57014	90.91	43.46
43285	18090	25195	20831	89.92	41.79
162717	61419	101298	76199	84.58	37.75
114168	58285	55883	46523	91.80	51.05
124737	48030	76707	60547	87.04	38.51
136804	62636	74168	58360	88.44	45.79
78303	35406	42897	35639	90.73	45.22
67135	27718	39417	29927	85.86	41.29
241412	124199	117213	96638	91.48	51.45
260689	105806	154883	105040	80.88	40.59
159191	60083	99108	78604	87.12	37.74
284381	105620	178761	154139	91.34	37.14
195889	71674	124215	116228	95.92	36.59
27578	13832	13746	10071	86.67	50.16
27095	15182	11913	11173	97.27	56.03
31878	15150	16728	15600	96.46	47.52
36354	17160	19194	15906	90.96	47.20
40856	17088	23768	20512	92.03	41.82
37019	13963	23056	17600	85.26	37.72
40681	22712	17969	16558	96.53	55.83
46181	9341	36840	28086	81.04	20.23
28026	5706	22320	19207	88.89	20.36
32492	15817	16675	11598	84.37	48.68
25370	12721	12649	12649	100.00	50.14

小 学 毛

省辖市直管县	合 计			其中:女			其中:男	
	校内外学龄人口总数	在校生总数	毛入学率（%）	校内外学龄人口总数	在校生总数	毛入学率（%）	校内外学龄人口总数	在校生总数
河南省	**9397230**	**9628783**	**102.46**	**4438949**	**4540034**	**102.28**	**4958281**	**5088749**
郑州市	1084190	1123625	103.64	504048	521704	103.50	580142	601921
开封市	362220	370478	102.28	169091	172379	101.94	193129	198099
洛阳市	597477	620788	103.90	289205	299650	103.61	308272	321138
平顶山市	374138	384896	102.88	178080	182750	102.62	196058	202146
安阳市	399961	405827	101.47	188979	191632	101.40	210982	214195
鹤壁市	133549	137464	102.93	63474	65157	102.65	70075	72307
新乡市	484327	492513	101.69	227269	230652	101.49	257058	261861
焦作市	274541	280083	102.02	131412	134078	102.03	143129	146005
濮阳市	403085	413408	102.56	187762	192090	102.31	215323	221318
许昌市	392604	398263	101.44	186379	188823	101.31	206225	209440
漯河市	196226	203991	103.96	94435	97711	103.47	101791	106280
三门峡市	153109	157439	102.83	74563	76535	102.64	78546	80904
南阳市	822301	844438	102.69	385662	395408	102.53	436639	449030
商丘市	730046	731996	100.27	344940	345824	100.26	385106	386172
信阳市	501441	504974	100.70	232811	234466	100.71	268630	270508
周口市	791644	828341	104.64	380218	396080	104.17	411426	432261
驻马店市	609661	621137	101.88	287972	292623	101.62	321689	328514
济源示范区	61914	62601	101.11	29808	30128	101.07	32106	32473
巩义市	57092	58471	102.42	27219	27859	102.35	29873	30612
兰考县	91174	91942	100.84	42887	43181	100.69	48287	48761
汝州市	100500	104901	104.38	48298	50276	104.10	52202	54625
滑县	128423	130230	101.41	60683	61438	101.24	67740	68792
长垣市	98326	101028	102.75	45951	47043	102.38	52375	53985
邓州市	129369	131005	101.26	60620	61318	101.15	68749	69687
永城市	141544	141544	100.00	65693	65693	100.00	75851	75851
固始县	98543	102701	104.22	44593	46468	104.20	53950	56233
鹿邑县	93084	96971	104.18	44939	46668	103.85	48145	50303
新蔡县	86741	87728	101.14	41958	42400	101.05	44783	45328

入 学 率

	城 区			镇 区			乡 村		
毛入学率(%)	校内外学龄人口总数	在校生总数	毛入学率(%)	校内外学龄人口总数	在校生总数	毛入学率(%)	校内外学龄人口总数	在校生总数	毛入学率(%)
102.63	**2966602**	**3040171**	**102.48**	**4134186**	**4269731**	**103.28**	**2296442**	**2318881**	**100.98**
103.75	642058	663650	103.36	295098	308184	104.43	147034	151791	103.24
102.57	122708	124933	101.81	121121	153557	126.78	118391	91988	77.70
104.17	234791	241490	102.85	280375	292356	104.27	82311	86942	105.63
103.11	109927	112413	102.26	159562	165236	103.56	104649	107247	102.48
101.52	175992	179588	102.04	140156	141511	100.97	83813	84728	101.09
103.19	49400	51201	103.65	64831	66367	102.37	19318	19896	102.99
101.87	172814	174872	101.19	187580	191237	101.95	123933	126404	101.99
102.01	106688	109628	102.76	122618	124864	101.83	45235	45591	100.79
102.78	96304	98165	101.93	212906	219118	102.92	93875	96125	102.40
101.56	185594	188396	101.51	106890	108216	101.24	100120	101651	101.53
104.41	87932	91557	104.12	71567	74441	104.02	36727	37993	103.45
103.00	79025	80905	102.38	54899	56456	102.84	19185	20078	104.65
102.84	123645	124562	100.74	529227	545944	103.16	169429	173932	102.66
100.28	108522	108531	100.01	358436	359626	100.33	263088	263839	100.29
100.70	98434	98526	100.09	282396	284975	100.91	120611	121473	100.71
105.06	172950	184247	106.53	341602	355620	104.10	277092	288474	104.11
102.12	68537	70246	102.49	357139	363921	101.90	183985	186970	101.62
101.14	49162	49702	101.10	8563	8651	101.03	4189	4248	101.41
102.47	32471	33233	102.35	19949	20325	101.88	4672	4913	105.16
100.98	—	—	—	67052	67725	101.00	24122	24217	100.39
104.64	42085	44108	104.81	21219	22262	104.92	37196	38531	103.59
101.55	—	—	—	66260	67215	101.44	62163	63015	101.37
103.07	69710	71357	102.36	11632	12131	104.29	16984	17540	103.27
101.36	53709	54717	101.88	32570	32680	100.34	43090	43608	101.20
100.00	84144	84144	100.00	28781	28781	100.00	28619	28619	100.00
104.23	—	—	—	80318	83438	103.88	18225	19263	105.70
104.48	—	—	—	58667	61536	104.89	34417	35435	102.96
101.22	—	—	—	52772	53358	101.11	33969	34370	101.18

初 中 毛

省辖市直管县	合计			其中:女			其中:男	
	校内外学龄人口总数	在校生总数	毛入学率(%)	校内外学龄人口总数	在校生总数	毛入学率(%)	校内外学龄人口总数	在校生总数
河南省	**4719611**	**5081295**	**107.66**	**2189096**	**2344417**	**107.10**	**2530515**	**2736878**
郑州市	437494	490963	112.22	189096	210495	111.32	248398	280468
开封市	186246	202168	108.55	87159	94091	107.95	99087	108077
洛阳市	272679	301048	110.40	132022	144770	109.66	140657	156278
平顶山市	195466	215498	110.25	92169	100933	109.51	103297	114565
安阳市	225710	238269	105.56	103267	109093	105.64	122443	129176
鹤壁市	74179	79080	106.61	34359	36398	105.93	39820	42682
新乡市	257197	271799	105.68	117489	123768	105.34	139708	148031
焦作市	126718	134136	105.85	59740	62915	105.31	66978	71221
濮阳市	202659	225124	111.09	93982	103189	109.80	108677	121935
许昌市	198556	210002	105.76	91401	96379	105.45	107155	113623
漯河市	96908	107647	111.08	45155	49894	110.49	51753	57753
三门峡市	71306	77601	108.83	34620	37440	108.15	36686	40161
南阳市	483022	517744	107.19	225895	240923	106.65	257127	276821
商丘市	333227	333613	100.12	154532	154722	100.12	178695	178891
信阳市	275686	288755	104.74	127047	133019	104.70	148639	155736
周口市	366182	417452	114.00	173729	195704	112.65	192453	221748
驻马店市	346921	363146	104.68	160903	167906	104.35	186018	195240
济源示范区	27552	29131	105.73	13126	13792	105.07	14426	15339
巩义市	23588	27179	115.22	11359	12988	114.34	12229	14191
兰考县	43171	45142	104.57	20077	20934	104.27	23094	24208
汝州市	52478	59188	112.79	24971	28084	112.47	27507	31104
滑县	77021	80301	104.26	35131	36492	103.87	41890	43809
长垣市	49871	52274	104.82	22447	23400	104.25	27424	28874
邓州市	77365	80092	103.52	36499	37703	103.30	40866	42389
永城市	73501	73750	100.34	34596	34725	100.37	38905	39025
固始县	54180	61657	113.80	24557	27607	112.42	29623	34050
鹿邑县	40606	47543	117.08	19346	22255	115.04	21260	25288
新蔡县	50122	50993	101.74	24422	24798	101.54	25700	26195

入　　学　　率

毛入学率(%)	城区			镇区			乡村		
	校内外学龄人口总数	在校生总数	毛入学率(%)	校内外学龄人口总数	在校生总数	毛入学率(%)	校内外学龄人口总数	在校生总数	毛入学率(%)
108.15	**1384460**	**1506094**	**108.79**	**2588034**	**2790630**	**107.83**	**747117**	**784571**	**105.01**
112.91	257567	287833	111.75	139400	157858	113.24	40527	45272	111.71
109.07	58697	64272	109.50	75382	101111	134.13	52167	36785	70.51
111.11	92893	102356	110.19	157287	173718	110.45	22499	24974	111.00
110.91	45437	50099	110.26	110029	119958	109.02	40000	45441	113.60
105.50	89675	95609	106.62	101845	105412	103.50	34190	37248	108.94
107.19	26314	28656	108.90	46397	48737	105.04	1468	1687	114.92
105.96	84461	89837	106.37	125458	131168	104.55	47278	50794	107.44
106.33	43966	47485	108.00	66634	69788	104.73	16118	16863	104.62
112.20	59004	65660	111.28	121052	134308	110.95	22603	25156	111.29
106.04	91730	96912	105.65	74758	79635	106.52	32068	33455	104.33
111.59	40983	45671	111.44	45534	50319	110.51	10391	11657	112.18
109.47	31029	34108	109.92	32714	35198	107.59	7563	8295	109.68
107.66	69707	72455	103.94	355478	383414	107.86	57837	61875	106.98
100.11	49427	49794	100.74	203757	203776	100.01	80043	80043	100.00
104.77	46968	49642	105.69	169891	178000	104.77	58827	61113	103.89
115.22	97831	114924	117.47	195076	218089	111.80	73275	84439	115.24
104.96	32994	34861	105.66	259407	271287	104.58	54520	56998	104.55
106.33	21154	22436	106.06	5139	5416	105.39	1259	1279	101.59
116.04	12366	14597	118.04	9236	10236	110.83	1986	2346	118.13
104.82	—	—	—	36850	38464	104.38	6321	6678	105.65
113.08	16109	19491	120.99	13764	15163	110.16	22605	24534	108.53
104.58	—	—	—	60030	62230	103.66	16991	18071	106.36
105.29	37914	39601	104.45	6733	7169	106.48	5224	5504	105.36
103.73	27940	29501	105.59	38806	39420	101.58	10619	11171	105.20
100.31	50294	50294	100.00	16492	16492	100.00	6715	6964	103.71
114.94	—	—	—	48697	55683	114.35	5483	5974	108.95
118.95	—	—	—	32835	38967	118.68	7771	8576	110.36
101.93	—	—	—	39353	39614	100.66	10769	11379	105.66

小 学 毕 业

省辖市直管县	合计			其中:女			其中:男	
	小学毕业生数	升入初中阶段学生	升学率(%)	小学毕业生数	升入初中阶段学生	升学率(%)	小学毕业生数	升入初中阶段学生
河南省	**1691383**	**1687362**	**99.76**	**786509**	**781626**	**99.38**	**904874**	**905736**
郑州市	158058	166503	105.34	71517	73291	102.48	86541	93212
开封市	68789	65255	94.86	31682	30751	97.06	37107	34504
洛阳市	100735	100292	99.56	48230	48152	99.84	52505	52140
平顶山市	69478	69396	99.88	32873	32987	100.35	36605	36409
安阳市	78649	77769	98.88	35967	35342	98.26	42682	42427
鹤壁市	26474	26265	99.21	12356	12206	98.79	14118	14059
新乡市	91934	91298	99.31	42308	41959	99.18	49626	49339
焦作市	46922	45525	97.02	22356	21587	96.56	24566	23938
濮阳市	76328	74391	97.46	35068	34119	97.29	41260	40272
许昌市	72519	70843	97.69	33301	32556	97.76	39218	38287
漯河市	34866	35106	100.69	16232	16259	100.17	18634	18847
三门峡市	27265	24913	91.37	13169	11947	90.72	14096	12966
南阳市	166331	169816	102.10	77218	78788	102.03	89113	91028
商丘市	119945	114914	95.81	56077	53660	95.69	63868	61254
信阳市	93060	94840	101.91	42695	43612	102.15	50365	51228
周口市	140284	140350	100.05	66053	65581	99.29	74231	74769
驻马店市	118101	117814	99.76	54795	54561	99.57	63306	63253
济源示范区	9554	9681	101.33	4557	4635	101.71	4997	5046
巩义市	9429	9167	97.22	4508	4418	98.00	4921	4749
兰考县	14199	15125	106.52	6587	7057	107.14	7612	8068
汝州市	19556	20031	102.43	9386	9454	100.72	10170	10577
滑县	27248	26275	96.43	12531	12076	96.37	14717	14199
长垣市	17595	18203	103.46	7911	8221	103.92	9684	9982
邓州市	27146	25936	95.54	12701	12336	97.13	14445	13600
永城市	25624	25973	101.36	11879	12044	101.39	13745	13929
固始县	18999	19405	102.14	8698	8656	99.52	10301	10749
鹿邑县	15165	15177	100.08	7617	7025	92.23	7548	8152
新蔡县	17130	17099	99.82	8237	8346	101.32	8893	8753

生 升 学 率

升学率(%)	城区			镇区			乡村		
	小学毕业生数	升入初中阶段学生	升学率(%)	小学毕业生数	升入初中阶段学生	升学率(%)	小学毕业生数	升入初中阶段学生	升学率(%)
100.10	470161	515856	109.72	780064	923394	118.37	441158	248112	56.24
107.71	92379	97474	105.52	42752	53329	124.74	22927	15700	68.48
92.99	19477	21023	107.94	30762	32363	105.20	18550	11869	63.98
99.30	34509	34935	101.23	49419	57363	116.07	16807	7994	47.56
99.46	16710	16835	100.75	30738	38897	126.54	22030	13664	62.02
99.40	31094	33577	107.99	28373	33587	118.38	19182	10605	55.29
99.58	9484	9409	99.21	12472	16354	131.13	4518	502	11.11
99.42	28393	30281	106.65	33701	44493	132.02	29840	16524	55.38
97.44	16477	16571	100.57	21784	23353	107.20	8661	5601	64.67
97.61	15838	22194	140.13	39853	44804	112.42	20637	7393	35.82
97.63	30652	34326	111.99	21153	25892	122.40	20714	10625	51.29
101.14	13242	15820	119.47	13897	15802	113.71	7727	3484	45.09
91.98	12107	11252	92.94	10447	11220	107.40	4711	2441	51.81
102.15	21220	24940	117.53	111035	124964	112.54	34076	19912	58.43
95.91	15252	17650	115.72	62786	70817	112.79	41907	26447	63.11
101.71	14432	16568	114.80	52057	59576	114.44	26571	18696	70.36
100.72	32481	40047	123.29	63622	74267	116.73	44181	26036	58.93
99.92	10890	11303	103.79	71383	88488	123.96	35828	18023	50.30
100.98	7003	7574	108.15	1646	1708	103.77	905	399	44.09
96.50	4768	4978	104.40	3760	3415	90.82	901	774	85.90
105.99	-	-	-	9824	13222	134.59	4375	1903	43.50
104.00	6797	6556	96.45	4447	5111	114.93	8312	8364	100.63
96.48	-	-	-	13184	20709	157.08	14064	5566	39.58
103.08	11776	14013	119.00	2382	2508	105.29	3437	1682	48.94
94.15	10002	10454	104.52	8746	12012	137.34	8398	3470	41.32
101.34	15178	18076	119.09	5167	5683	109.99	5279	2214	41.94
104.35	-	-	-	14429	17671	122.47	4570	1734	37.94
108.00	-	-	-	10678	12035	112.71	4487	3142	70.02
98.43	-	-	-	9567	13751	143.73	7563	3348	44.27

初 中 毕 业

省辖市直管县	初中毕业生数	计
河 南 省	**1536671**	**1353892**
郑 州 市	147114	212763
开 封 市	61265	71188
洛 阳 市	92983	85647
平顶山市	62305	52612
安 阳 市	73456	57700
鹤 壁 市	25125	21434
新 乡 市	77906	71330
焦 作 市	40871	39271
濮 阳 市	65835	51563
许 昌 市	67346	53014
漯 河 市	34239	33216
三门峡市	23256	21973
南 阳 市	167575	136662
商 丘 市	91948	68699
信 阳 市	78612	61964
周 口 市	130382	91986
驻马店市	107175	81445
济源示范区	9101	8952
巩 义 市	9107	7562
兰 考 县	12812	8271
汝 州 市	17760	13458
滑 县	23332	18090
长 垣 市	13519	11374
邓 州 市	27476	21022
永 城 市	23181	16023
固 始 县	20431	16084
鹿 邑 县	14497	8775
新 蔡 县	18062	11814

生 升 学 率

升 入 高 中 阶 段 学 校			升学率
普通高中	中等职业教育	技工学校	（％）
900599	**323701**	**129592**	**88.11**
85393	86439	40931	144.62
38185	12336	20667	116.20
53070	27915	4662	92.11
37337	7150	8125	84.44
43651	12866	1183	78.55
14784	4266	2384	85.31
46839	14011	10480	91.56
24474	11343	3454	96.09
37734	11608	2221	78.32
39574	11884	1556	78.72
18294	10367	4555	97.01
13777	3874	4322	94.48
100278	31338	5046	81.55
52392	14411	1896	74.72
49866	11314	784	78.82
70771	12814	8401	70.55
59620	14261	7564	75.99
5324	2267	1361	98.36
6370	1192	-	83.04
7459	812	-	64.56
10843	2615	-	75.78
15004	3086	-	77.53
9085	2289	-	84.13
16984	4038	-	76.51
13046	2977	-	69.12
11906	4178	-	78.72
7997	778	-	60.53
10542	1272	-	65.41

中初等教

省辖市直管县	总计						城	
	中职学校	普通高中	初中	小学	学前教育	特殊教育学校	普通高中	初中
河南省	**1845**	**2374**	**1031**	**486**	**132**	**174**	**2199**	**1366**
郑州市	2695	1780	1158	1081	196	157	1855	1243
开封市	1514	2269	1075	479	133	129	1899	1512
洛阳市	2562	1882	912	689	170	146	1579	1066
平顶山市	2099	2640	1191	449	115	169	1840	1242
安阳市	2150	2073	1046	444	107	154	1942	1375
鹤壁市	2302	2024	1236	502	106	93	1893	1372
新乡市	1741	1847	802	432	107	129	2194	1377
焦作市	1514	1944	734	475	134	121	1988	916
濮阳市	1739	1940	1230	484	112	187	1585	1629
许昌市	1659	2481	1017	408	123	85	2696	1132
漯河市	1404	2382	1025	461	150	114	2776	1739
三门峡市	680	1688	710	652	157	109	1566	1109
南阳市	1331	2337	1199	492	120	232	1659	2405
商丘市	1572	3755	854	410	158	253	3404	1616
信阳市	1627	2372	985	612	110	163	2570	1997
周口市	1394	3206	988	401	124	225	2738	1410
驻马店市	1961	3724	1289	328	137	239	3613	1585
济源示范区	1531	2245	940	758	166	170	3314	1603
巩义市	1044	2454	1045	701	219	221	2648	1327
兰考县	521	4274	885	450	129	269	—	—
汝州市	1271	2874	990	333	87	377	3477	1147
滑县	1961	2370	1360	410	85	224	—	—
长垣市	8026	2571	1226	378	108	304	2717	2238
邓州市	5374	2947	1156	478	104	387	3289	1171
永城市	1678	4484	1294	433	175	342	5022	2096
固始县	2500	3238	1123	671	121	139	—	—
鹿邑县	1128	4045	828	350	93	213	—	—
新蔡县	1090	2176	788	257	93	208	—	—

育 校 均 规 模

		其		中					
区			镇	区			乡	村	
小学	学前教育	普通高中	初中	小学	学前教育	普通高中	初中	小学	学前教育
1272	**180**	**2622**	**1157**	**754**	**150**	**1573**	**565**	**193**	**85**
1555	214	1572	1220	1260	208	1799	729	422	131
1018	177	2625	1154	707	148	-	669	200	96
1084	202	2144	973	889	176	1931	453	234	112
1168	144	3093	1379	695	134	3232	860	194	84
1200	153	2160	1281	694	118	2254	487	151	61
1232	133	2232	1330	713	111	782	281	133	73
974	158	1825	940	627	127	835	417	184	65
1199	176	1983	854	608	142	450	345	163	88
2147	177	2150	1401	819	131	1427	575	198	76
874	166	2429	1150	508	137	1536	614	207	88
1333	260	2282	875	537	153	435	533	182	80
1226	217	2216	783	702	161	813	218	181	67
1877	152	2683	1232	780	135	990	705	172	76
1529	191	4010	1087	724	201	488	489	210	118
1848	118	2620	1225	1100	136	789	514	220	70
1009	182	3609	1064	646	148	2577	637	221	85
1624	180	3744	1460	831	169	-	792	129	88
1482	214	311	451	502	138	1839	256	143	61
1178	278	1287	853	513	190	-	782	354	125
-	-	4274	1202	749	142	-	351	221	111
1154	101	1835	1200	406	105	2807	818	164	73
-	-	2515	2001	946	138	199	695	255	57
892	147	1110	559	303	115	-	459	139	60
1148	173	2283	1159	584	133	494	1117	228	55
1857	201	-	825	408	169	719	536	132	114
-	-	3238	1402	1154	131	-	398	203	87
-	-	4045	1104	598	124	-	408	208	70
-	-	2122	1026	551	120	2472	325	143	62

中初等教

省辖市直管县	总计					城区		
	普通高中	初中	小学	学前教育	特殊教育	普通高中	初中	小学
河南省	**51**	**48**	**36**	**24**	**13**	**51**	**50**	**47**
郑州市	50	50	47	27	12	50	50	50
开封市	53	48	34	25	12	51	50	44
洛阳市	50	47	40	25	12	47	46	45
平顶山市	51	50	35	24	13	51	50	46
安阳市	50	47	35	22	13	51	48	45
鹤壁市	51	48	35	21	8	50	49	46
新乡市	51	48	37	22	13	52	50	46
焦作市	49	47	38	23	11	50	48	47
濮阳市	51	48	36	22	11	51	50	49
许昌市	51	50	36	24	8	51	50	45
漯河市	51	49	39	26	12	51	51	47
三门峡市	46	46	39	26	11	46	47	45
南阳市	51	48	34	22	17	49	50	48
商丘市	51	47	33	24	15	50	52	45
信阳市	51	48	36	23	9	50	51	48
周口市	51	48	34	23	16	51	50	45
驻马店市	52	47	29	22	16	52	49	44
济源示范区	52	47	42	27	11	52	50	48
巩义市	53	51	43	28	12	53	51	48
兰考县	54	46	35	25	15	-	-	-
汝州市	53	50	32	20	19	53	50	44
滑县	50	46	32	21	9	-	-	-
长垣市	52	49	36	23	16	52	50	43
邓州市	52	48	28	19	17	52	50	44
永城市	53	48	34	24	16	53	49	42
固始县	51	49	39	24	17	-	-	-
鹿邑县	55	48	33	21	21	-	-	-
新蔡县	51	48	27	21	19	-	-	-

育 平 均 班 额

	其 中							
	镇 区				乡 村			
学前教育	普通高中	初中	小学	学前教育	普通高中	初中	小学	学前教育
25	**51**	**48**	**40**	**25**	**50**	**45**	**24**	**20**
26	48	50	48	28	50	47	38	26
26	54	48	37	26	-	46	24	23
26	51	48	43	25	53	45	27	23
24	51	50	41	26	53	48	24	23
24	50	47	39	22	50	44	22	19
23	52	48	39	22	46	38	18	19
24	50	48	40	23	50	43	26	19
25	48	48	40	24	56	42	23	19
25	51	48	40	23	49	44	24	20
24	50	50	37	25	50	48	27	23
29	52	48	41	26	44	47	27	22
27	49	47	41	26	38	40	22	20
25	51	48	40	24	47	46	21	18
26	52	47	38	25	49	44	26	22
23	52	49	43	26	48	44	23	20
26	51	48	38	25	50	47	27	20
27	52	48	39	25	-	45	18	17
28	52	41	36	25	51	35	21	20
30	54	50	41	27	-	50	27	26
-	54	47	39	25	-	43	27	26
21	53	51	35	22	53	49	23	19
-	50	47	39	24	50	44	28	18
25	48	45	34	24	-	44	23	20
27	50	47	35	23	45	46	18	13
25	-	46	36	26	40	44	22	18
-	51	50	45	25	-	44	25	20
-	55	49	38	22	-	45	27	19
-	50	49	38	23	53	46	18	19

中初等教育平均每一教

省辖市直管县	总计						城	
	中职学校	普通高中	初中	小学	学前教育	特殊教育	普通高中	初中
河南省	**16.83**	**12.13**	**13.04**	**14.64**	**7.88**	**5.03**	**12.05**	**14.09**
郑州市	19.97	11.23	13.29	17.46	6.60	3.56	11.56	13.37
开封市	18.48	14.31	13.20	14.05	7.91	5.30	13.43	13.70
洛阳市	19.75	11.59	12.90	16.52	7.48	6.00	10.91	12.93
平顶山市	13.77	11.13	12.68	14.39	7.95	5.09	12.05	11.95
安阳市	14.81	11.94	13.77	15.68	7.34	4.09	11.36	15.39
鹤壁市	16.78	11.38	13.88	14.92	7.47	3.26	10.45	14.01
新乡市	17.27	12.50	13.67	16.01	7.25	4.17	13.12	16.74
焦作市	15.80	11.37	12.39	15.16	7.58	4.93	12.08	12.65
濮阳市	17.15	12.30	13.93	14.55	7.76	5.76	12.24	16.45
许昌市	15.66	12.42	13.75	14.08	7.74	1.91	12.38	14.47
漯河市	13.96	12.32	13.60	15.27	8.12	3.62	11.56	15.98
三门峡市	13.74	9.44	11.31	14.45	7.62	4.49	8.90	12.12
南阳市	15.80	11.90	12.80	13.89	8.66	6.73	12.49	16.94
商丘市	12.64	13.18	12.28	14.65	9.41	5.26	12.17	15.00
信阳市	14.78	11.85	12.31	13.01	7.93	5.75	11.61	13.33
周口市	15.56	11.96	13.26	13.20	9.02	4.90	11.96	13.76
驻马店市	17.32	12.09	12.65	12.41	7.96	5.76	11.99	13.35
济源示范区	11.31	11.33	12.94	20.22	6.52	2.83	11.31	14.05
巩义市	12.09	11.77	11.85	15.35	7.26	6.50	11.64	11.98
兰考县	10.43	14.84	14.33	16.00	9.52	9.61	—	—
汝州市	14.16	12.71	12.47	15.97	8.25	13.46	12.54	13.09
滑县	11.27	12.93	14.43	15.10	10.18	8.96	—	—
长垣市	13.72	11.38	14.58	15.23	8.19	4.41	11.68	16.07
邓州市	42.31	13.58	13.42	13.80	10.45	11.73	13.36	14.72
永城市	19.29	17.02	14.02	16.70	10.16	6.98	17.12	14.02
固始县	16.38	14.33	11.74	13.68	8.28	5.35	—	—
鹿邑县	9.89	12.96	13.60	11.46	9.07	4.84	—	—
新蔡县	13.54	13.73	11.69	11.45	6.50	7.43	—	—

职工负担学生数情况

		其		中					
区		镇	区			乡	村		
小学	学前教育	普通高中	初中	小学	学前教育	普通高中	初中	小学	学前教育
18.04	**6.72**	**12.25**	**13.01**	**16.01**	**8.37**	**11.58**	**11.39**	**10.72**	**8.98**
17.46	6.29	10.59	13.41	18.70	7.12	10.78	12.47	15.44	7.07
16.69	6.23	15.13	13.20	15.50	8.72	-	12.44	10.51	9.59
17.92	6.52	12.20	12.99	17.50	8.11	11.43	12.26	11.94	8.56
17.68	6.40	10.49	13.27	15.69	8.41	13.38	12.14	10.96	9.39
19.06	6.85	12.33	13.09	16.56	7.44	12.52	11.68	11.01	8.41
18.29	6.36	11.92	13.80	15.34	8.18	13.03	13.98	9.51	8.43
19.09	6.02	12.24	13.61	16.62	7.70	10.41	11.14	12.44	8.69
18.30	6.87	10.91	12.87	16.12	8.06	11.12	10.04	10.03	8.23
20.96	6.49	12.40	13.38	15.81	7.85	9.56	10.84	10.59	8.79
17.39	6.59	12.90	13.71	14.36	8.69	11.81	11.39	11.03	8.84
20.67	8.00	12.97	12.81	14.65	8.24	11.90	9.52	10.40	8.19
16.04	7.17	11.01	11.63	15.44	8.61	7.83	7.52	8.66	7.03
20.32	7.28	11.72	12.45	15.68	8.74	12.63	11.48	9.25	9.62
20.09	6.50	13.60	12.34	15.82	9.66	11.35	11.08	12.26	10.53
18.60	6.27	11.99	13.25	15.87	8.59	10.63	9.77	7.90	8.64
15.84	7.77	11.93	13.16	15.31	9.19	12.57	12.73	10.73	9.75
17.10	7.46	12.11	12.89	15.26	8.02	-	11.25	8.72	8.05
23.17	6.66	10.02	9.74	16.35	6.22	12.02	9.93	10.74	5.86
16.23	7.28	13.69	11.44	15.06	7.26	-	12.55	12.53	7.22
-	-	14.84	15.09	18.02	8.59	-	10.65	12.66	11.64
17.92	6.31	13.32	13.73	17.52	10.07	12.70	11.52	13.41	9.95
-	-	13.05	15.36	16.35	9.72	4.23	12.32	13.99	10.83
17.75	7.60	8.73	11.54	15.00	9.28	-	9.67	10.49	9.52
16.32	9.87	16.42	12.58	15.61	11.12	8.37	13.11	11.30	10.66
18.73	9.73	-	14.80	19.58	11.62	13.07	12.61	11.37	10.34
-	-	14.33	12.26	15.67	8.23	-	9.20	8.45	8.58
-	-	12.96	13.06	13.06	8.48	-	15.78	9.77	9.99
-	-	13.99	12.83	15.07	6.50	13.02	7.97	8.72	6.49

中初等教育

省辖市直管县	总计						城	
	中职学校	普通高中	初中	小学	学前教育	特殊教育	普通高中	初中
河南省	**20.07**	**13.58**	**13.88**	**16.02**	**13.90**	**5.74**	**13.58**	**14.63**
郑 州 市	24.24	13.29	14.06	18.21	12.57	3.88	13.65	14.18
开 封 市	24.66	16.54	15.28	15.53	14.06	6.34	16.15	15.31
洛 阳 市	22.23	12.84	13.42	17.51	14.69	6.17	12.26	13.08
平顶山市	15.73	13.20	13.30	15.13	13.94	6.12	13.48	12.47
安 阳 市	18.63	14.49	15.04	16.57	14.31	5.69	14.15	16.80
鹤 壁 市	18.49	13.59	14.40	16.39	13.85	3.88	13.90	14.03
新 乡 市	21.27	14.03	15.04	17.24	13.98	4.84	13.94	17.04
焦 作 市	18.70	12.85	13.21	16.19	14.14	7.06	13.75	12.78
濮 阳 市	21.74	13.66	14.86	16.73	14.49	6.47	13.79	16.58
许 昌 市	18.05	13.86	14.25	16.03	14.44	3.52	13.76	14.65
漯 河 市	18.39	14.36	13.70	16.52	14.44	4.60	13.70	15.50
三门峡市	15.95	10.55	11.92	15.13	14.05	4.65	9.66	12.56
南 阳 市	20.25	12.76	13.25	15.25	13.33	7.43	12.85	16.17
商 丘 市	16.04	15.42	13.92	16.19	16.17	5.54	13.05	15.96
信 阳 市	16.39	12.80	12.75	14.46	12.82	6.43	12.86	13.58
周 口 市	16.08	13.19	14.12	15.03	14.15	5.00	13.00	14.06
驻马店市	20.71	12.77	13.08	14.19	11.98	6.20	13.74	13.53
济源示范区	14.74	12.26	13.44	20.27	13.08	2.88	12.21	14.69
巩 义 市	13.08	11.95	11.73	15.91	14.33	6.70	11.81	11.66
兰 考 县	11.50	16.06	15.85	16.90	17.02	12.23	—	—
汝 州 市	15.45	13.59	13.25	16.81	13.49	13.96	12.85	14.62
滑 县	11.81	12.93	15.79	15.15	20.91	9.74	—	—
长 垣 市	13.64	16.47	16.34	17.08	14.40	4.47	16.45	17.97
邓 州 市	39.53	14.00	13.82	15.55	13.41	12.09	13.64	14.84
永 城 市	21.34	18.20	15.33	19.03	14.14	8.14	18.31	15.16
固 始 县	16.83	14.90	12.77	14.33	13.79	5.35	—	—
鹿 邑 县	7.78	15.27	14.98	14.87	13.86	5.20	—	—
新 蔡 县	15.46	15.78	13.61	13.34	14.28	7.43	—	—

生 师 比 情 况

		其			中				
区				镇 区				乡 村	
小学	学前教育	普通高中	初中	小学	学前教育	普通高中	初中	小学	学前教育
19.05	**12.38**	**13.61**	**13.98**	**17.16**	**14.23**	**13.34**	**12.35**	**12.05**	**15.47**
18.36	12.09	12.57	13.70	19.30	13.21	12.72	14.60	15.82	13.66
17.71	11.83	16.83	15.56	17.13	14.00	-	14.50	11.74	17.30
18.28	12.98	13.14	13.84	18.49	15.41	14.04	12.18	13.52	17.39
17.94	11.67	12.70	13.95	16.78	13.88	15.90	12.65	11.50	17.06
19.40	13.78	14.56	14.72	17.18	14.15	15.47	12.46	12.10	15.69
18.89	12.17	13.38	14.57	17.37	14.62	14.48	16.38	10.72	15.39
20.24	11.35	14.05	15.05	18.01	15.12	14.74	12.43	13.57	16.81
18.74	13.47	12.27	14.25	17.00	14.68	13.24	10.94	11.10	14.37
22.80	12.79	13.65	14.65	17.52	14.69	11.99	12.46	12.16	15.43
18.59	11.83	14.64	14.67	16.55	15.58	12.53	12.43	12.43	18.21
21.86	13.73	15.02	13.14	15.23	14.47	10.36	10.77	11.62	16.04
16.71	13.37	12.30	12.06	15.95	15.94	8.38	9.47	9.90	12.29
22.33	12.34	12.81	12.95	16.47	13.11	11.00	12.39	10.46	14.66
21.71	12.18	16.43	14.34	17.12	16.06	11.62	12.06	13.73	17.98
19.41	11.82	12.85	13.78	17.17	13.47	11.80	10.06	9.17	12.48
18.26	11.37	13.23	14.33	16.66	14.74	14.42	13.69	12.18	15.50
17.83	12.95	12.61	13.32	16.62	12.18	-	11.80	10.41	11.41
22.51	13.27	10.89	10.79	16.83	12.62	13.23	9.27	11.57	12.28
16.78	13.55	13.99	11.67	15.42	15.36	-	12.48	13.00	16.12
-	-	16.06	17.09	19.02	15.88	-	11.19	12.88	19.34
19.19	10.62	14.73	13.80	19.26	16.29	14.10	12.05	13.84	15.62
-	-	13.07	16.60	16.05	18.43	4.33	13.51	14.30	23.86
19.78	14.23	16.82	13.43	15.57	14.71	-	11.91	11.48	14.73
17.58	12.71	17.12	13.19	16.49	13.96	11.23	13.64	13.09	13.81
20.35	12.39	-	16.20	23.57	19.29	14.10	14.66	13.75	16.65
-	-	14.90	13.55	16.18	14.13	-	8.27	9.59	12.46
-	-	15.27	14.19	15.89	13.50	-	20.13	13.38	14.25
-	-	16.18	14.20	17.51	11.67	14.12	11.88	9.74	19.73

中初等教育生

省辖市直管县	总计						城	
	中职学校	普通高中	初中	小学	学前教育	特殊教育	普通高中	初中
河南省	**37.79**	**28.34**	**24.38**	**24.50**	**20.13**	**52.17**	**28.39**	**18.12**
郑州市	26.86	33.75	22.28	13.26	17.26	63.50	29.20	19.25
开封市	51.99	18.91	23.32	27.14	22.27	41.30	18.14	19.98
洛阳市	30.20	34.91	26.88	19.23	16.19	28.48	38.27	23.79
平顶山市	46.69	29.71	19.84	21.15	18.72	115.05	28.11	17.50
安阳市	55.88	28.07	21.06	18.33	17.85	74.30	28.56	15.10
鹤壁市	21.79	32.46	27.31	28.16	23.16	124.50	38.01	22.11
新乡市	52.63	30.04	27.07	22.25	22.25	45.60	24.35	15.12
焦作市	40.48	37.84	31.43	25.57	23.49	96.82	36.12	22.55
濮阳市	31.51	29.44	21.91	27.27	26.75	74.99	22.90	14.15
许昌市	56.49	30.25	24.37	31.17	26.18	83.42	29.95	19.98
漯河市	46.77	32.55	23.84	23.03	21.28	59.90	38.41	16.23
三门峡市	46.63	36.55	29.48	20.63	20.83	52.39	33.51	21.33
南阳市	28.70	26.95	22.31	27.61	19.62	41.18	25.14	9.24
商丘市	43.00	21.97	27.22	26.13	18.81	38.09	20.03	15.56
信阳市	61.42	31.29	27.29	26.51	19.85	59.92	43.82	15.77
周口市	49.30	24.87	22.94	28.27	19.98	38.89	23.72	15.54
驻马店市	35.90	21.87	23.89	35.41	18.00	30.26	22.54	19.83
济源示范区	42.98	41.86	34.66	20.84	20.85	93.24	38.15	24.64
巩义市	37.92	41.59	26.72	21.96	20.22	49.84	40.76	22.53
兰考县	83.77	19.13	29.68	24.94	19.39	5.33	—	—
汝州市	48.66	35.10	21.74	21.24	24.55	16.18	29.17	19.65
滑县	56.86	34.02	20.32	28.62	24.17	13.27	—	—
长垣市	25.35	30.71	28.18	23.04	19.33	44.08	30.97	20.19
邓州市	14.89	25.42	24.54	36.95	19.85	38.76	25.56	19.06
永城市	17.86	20.81	24.14	23.97	20.64	45.78	19.83	17.43
固始县	28.13	23.67	29.20	19.78	20.09	71.94	—	—
鹿邑县	84.76	19.18	17.02	25.07	22.59	46.92	—	—
新蔡县	51.25	17.37	33.51	39.04	29.29	27.12	—	—

注：1. 小学数据包含独立设置小学学校、小学教学点的学生数与办学条件数据。
2. 初中数据包含初级中学、九年一贯制学校（含小学部）的学生数与办学条件数据。
3. 普通高中数据包含高级中学、完全中学（含初中部）、十二年一贯制学校（含小学部和初中部）的学生数与办学条件数。

均学校占地面积

单位:平方米

				其		中			
区		镇 区				乡 村			
小学	学前教育	普通高中	初中	小学	学前教育	普通高中	初中	小学	学前教育
11.15	**15.82**	**27.26**	**24.25**	**18.61**	**18.68**	**38.95**	**37.91**	**50.21**	**28.38**
9.22	14.86	39.06	25.63	14.74	18.01	48.94	31.83	26.72	26.54
13.81	15.70	19.55	20.97	21.36	20.84	-	36.02	52.42	30.94
13.42	14.32	31.90	27.28	15.76	15.34	39.22	36.51	45.63	23.44
10.40	16.79	28.62	17.84	15.60	16.58	38.89	27.73	40.29	23.18
8.67	14.78	26.72	22.43	15.29	17.08	31.13	35.81	41.68	25.23
16.21	18.71	28.08	25.94	24.29	22.58	85.17	109.72	71.97	32.09
11.23	16.13	33.58	27.47	18.92	21.27	45.33	41.70	43.15	31.08
11.54	18.95	39.65	32.47	23.46	22.36	22.29	57.93	60.37	34.07
8.53	17.22	32.27	22.57	21.29	23.29	16.53	44.25	52.43	38.29
16.47	20.13	30.65	26.48	27.28	26.96	31.21	38.12	54.96	33.03
9.96	13.59	27.40	26.96	19.61	23.08	49.79	45.93	54.06	33.46
12.52	16.01	44.60	30.41	20.92	19.70	23.98	68.72	57.39	46.70
7.13	18.35	27.33	23.03	19.42	17.99	28.02	34.17	62.26	27.09
11.15	13.81	22.09	25.24	19.72	16.22	182.24	38.62	39.63	23.75
8.12	16.99	27.15	24.27	14.28	17.55	50.16	44.52	68.72	28.64
13.03	15.03	23.90	23.53	18.36	17.73	50.80	33.58	46.33	26.44
14.12	12.25	21.78	21.47	18.23	16.59	-	38.15	72.98	23.96
10.29	14.95	95.49	74.62	40.51	35.01	50.44	79.49	93.85	49.96
14.22	16.98	51.76	33.03	23.87	23.02	-	36.23	58.11	29.85
-	-	19.13	26.74	19.85	18.37	-	49.85	36.91	21.09
11.63	19.10	20.02	22.92	18.94	25.18	45.74	22.69	34.63	28.76
-	-	33.81	14.98	16.96	16.27	85.45	35.41	40.72	34.22
15.01	15.18	27.64	52.27	29.48	21.33	-	70.68	45.10	30.03
11.82	14.80	21.24	27.09	25.17	20.05	67.51	31.47	67.73	27.54
10.66	16.47	-	37.92	25.05	22.93	69.00	39.99	63.04	36.54
-	-	23.67	26.53	14.10	18.91	-	46.53	47.51	25.98
-	-	19.18	15.31	18.11	16.04	-	22.73	34.89	31.25
-	-	14.84	27.88	20.74	24.64	24.51	63.10	62.96	39.21

中初等教育生

省辖市直管县	总计						城	
	中职学校	普通高中	初中	小学	学前教育	特殊教育	普通高中	初中
河南省	**20.06**	**15.63**	**11.77**	**9.02**	**11.18**	**24.54**	**16.43**	**10.16**
郑州市	17.67	21.51	13.90	7.72	11.59	36.32	19.24	12.81
开封市	25.80	9.43	10.50	8.43	10.58	19.99	10.44	10.38
洛阳市	18.10	19.67	13.31	8.30	10.16	23.44	22.70	12.61
平顶山市	23.26	15.75	11.63	8.52	10.52	23.77	15.10	10.81
安阳市	26.31	15.99	9.84	7.36	10.38	25.44	16.83	7.90
鹤壁市	15.30	15.97	13.90	9.91	13.90	61.61	17.17	9.96
新乡市	17.99	16.70	11.54	8.62	12.71	28.75	15.31	8.17
焦作市	25.32	19.14	13.39	8.62	12.84	33.85	18.82	11.32
濮阳市	17.81	14.37	9.36	8.86	12.32	27.78	10.30	6.98
许昌市	25.92	15.46	11.56	9.84	12.87	37.64	16.25	9.75
漯河市	21.65	16.21	10.75	8.92	10.50	27.32	17.76	8.54
三门峡市	27.93	20.73	15.91	10.07	11.76	35.04	17.52	13.35
南阳市	16.42	14.14	11.27	10.35	11.81	17.45	14.21	6.52
商丘市	20.79	12.72	11.42	8.30	9.41	20.24	13.23	7.41
信阳市	22.52	16.57	11.34	9.08	11.94	31.83	19.66	8.59
周口市	29.69	14.92	11.10	9.96	10.25	19.94	17.36	8.76
驻马店市	14.60	12.33	10.90	10.77	10.36	17.39	13.36	8.73
济源示范区	20.73	20.64	13.62	7.80	10.28	41.50	20.65	11.46
巩义市	26.13	15.78	16.11	9.96	11.96	44.07	16.03	15.81
兰考县	26.18	9.29	14.69	8.35	8.82	5.16	—	—
汝州市	29.05	17.09	13.81	8.42	12.82	10.83	19.07	13.96
滑县	25.79	17.71	9.27	9.61	11.33	13.17	—	—
长垣市	21.04	20.67	15.55	9.36	11.87	33.02	20.73	13.34
邓州市	—	14.22	10.70	11.28	10.56	12.08	14.68	8.18
永城市	9.59	6.94	8.88	8.41	10.21	20.37	6.75	6.95
固始县	18.38	14.74	12.60	8.10	11.79	29.55	—	—
鹿邑县	38.61	12.96	9.84	9.57	9.17	27.14	—	—
新蔡县	11.37	12.16	16.37	12.26	15.91	18.47	—	—

注：1. 小学数据包含独立设置小学学校、小学教学点的学生数与办学条件数据。
  2. 初中数据包含初级中学、九年一贯制学校(含小学部)的学生数与办学条件数据。
  3. 普通高中数据包含高级中学、完全中学(含初中部)、十二年一贯制学校(含小学部和初中部)的学生数与办学条件数。

均校舍建筑面积

单位:平方米

	其 中								
区		镇 区				乡 村			
小学	学前教育	普通高中	初中	小学	学前教育	普通高中	初中	小学	学前教育
6.15	**10.98**	**14.78**	**11.82**	**7.83**	**10.75**	**19.05**	**14.92**	**14.41**	**12.20**
6.59	10.76	24.67	15.30	8.26	11.84	28.03	16.69	11.24	14.86
6.23	11.52	8.60	10.08	7.32	9.35	-	11.98	12.81	11.04
6.81	10.34	16.58	13.48	7.26	9.74	27.24	14.98	15.57	11.01
5.90	11.77	16.45	10.92	7.21	9.94	13.36	14.44	13.10	10.13
4.61	10.32	15.10	10.82	6.56	8.77	16.46	13.14	13.88	12.90
6.39	12.88	14.99	13.96	8.86	13.88	28.54	56.48	22.53	15.72
5.38	11.97	18.12	11.74	8.08	12.35	15.21	15.47	14.10	14.12
5.99	12.23	19.47	13.50	7.88	12.94	16.70	20.21	16.02	13.75
4.56	11.68	16.10	9.79	7.91	11.85	7.51	14.90	13.78	13.43
6.97	12.23	13.02	13.15	8.88	12.69	15.49	15.40	14.70	13.82
6.36	8.38	15.31	11.65	8.21	11.46	11.72	17.22	15.08	13.10
7.24	10.45	25.76	15.54	10.00	11.83	16.77	31.57	23.44	17.53
5.49	13.39	14.25	11.67	8.60	11.42	12.30	14.61	18.03	12.22
6.36	11.51	12.18	11.27	7.11	8.94	107.78	13.88	10.47	9.37
4.71	12.59	15.60	10.69	6.52	11.23	20.16	15.23	18.35	13.08
6.42	10.10	13.06	11.82	7.76	9.73	19.83	13.06	14.05	11.12
6.81	8.01	12.18	10.35	7.97	10.31	-	14.96	17.06	11.53
4.91	9.19	36.24	23.52	14.06	12.44	15.28	18.82	25.98	16.51
7.13	11.00	12.67	17.60	11.76	13.28	-	12.78	18.29	13.20
-	-	9.29	13.91	6.89	9.00	-	20.00	11.77	8.52
6.06	14.42	7.94	11.63	8.71	11.72	18.01	14.80	11.16	12.00
-	-	17.72	8.46	7.62	9.30	15.39	11.58	11.69	13.91
7.31	11.47	20.04	25.63	11.75	11.75	-	23.28	14.53	13.12
5.78	9.64	6.41	12.23	9.81	9.84	70.47	12.62	17.20	12.87
5.70	9.03	-	12.55	9.20	11.21	16.01	14.14	15.79	14.19
-	-	14.74	11.88	6.94	11.53	-	17.24	13.76	13.09
-	-	12.96	9.74	7.22	7.84	-	10.17	12.87	10.93
-	-	10.19	15.50	8.03	14.41	17.72	20.93	17.80	19.11

中初等教育生均学

省辖市直管县	总计					普通高中
	中职学校	普通高中	初中	小学	特殊教育	
河南省	**5.92**	**4.98**	**2.85**	**0.68**	**4.00**	**5.00**
郑州市	5.94	6.12	2.76	0.35	4.08	5.42
开封市	8.58	2.67	2.62	0.87	4.69	2.72
洛阳市	5.37	6.74	3.18	0.69	2.91	7.66
平顶山市	7.14	5.27	2.81	0.82	3.62	4.67
安阳市	6.71	4.95	1.95	0.22	2.82	5.00
鹤壁市	4.34	5.07	3.36	1.13	4.75	5.02
新乡市	5.66	5.12	2.69	0.54	5.75	4.29
焦作市	6.85	6.34	2.91	0.58	3.66	5.81
濮阳市	4.67	4.33	1.93	0.54	1.85	2.65
许昌市	6.34	5.01	2.98	1.17	11.61	5.00
漯河市	7.49	5.64	2.23	0.90	4.37	6.05
三门峡市	7.72	6.95	3.71	0.97	5.34	5.44
南阳市	4.16	4.59	2.76	0.80	3.50	4.10
商丘市	5.60	4.39	2.70	0.47	4.35	4.03
信阳市	6.31	4.73	2.67	0.51	2.96	6.01
周口市	7.54	5.21	3.42	1.26	4.93	6.33
驻马店市	3.66	3.92	2.69	0.62	1.98	3.49
济源示范区	6.26	6.71	2.68	0.46	5.24	7.27
巩义市	3.52	4.18	4.06	0.64	21.04	4.24
兰考县	9.95	2.95	4.79	0.63	1.04	-
汝州市	8.34	4.98	3.60	0.72	2.06	5.21
滑县	7.24	6.47	2.97	0.72	0.67	-
长垣市	10.03	7.02	5.11	0.68	10.40	6.93
邓州市	-	4.14	2.63	1.13	2.08	4.34
永城市	3.45	2.23	1.99	0.57	6.18	2.19
固始县	5.08	5.25	3.32	0.17	4.41	-
鹿邑县	12.06	3.86	2.73	0.94	7.23	-
新蔡县	3.04	4.30	4.33	0.95	4.24	-

注：1. 小学数据包含独立设置小学学校、小学教学点的学生数与办学条件数据。
2. 初中数据包含初级中学、九年一贯制学校（含小学部）的学生数与办学条件数据。
3. 普通高中数据包含高级中学、完全中学（含初中部）、十二年一贯制学校（含小学部和初中部）的学生数与办学条件数。

生宿舍建筑面积

单位：平方米

城区		其中					
		镇区			乡村		
初中	小学	普通高中	初中	小学	普通高中	初中	小学
1.94	**0.23**	**4.83**	**3.10**	**0.75**	**6.37**	**3.85**	**1.11**
2.43	0.19	6.82	3.20	0.46	8.72	3.54	0.76
1.82	0.14	2.63	2.92	1.15	-	3.06	1.37
2.35	0.21	5.98	3.63	0.71	7.22	3.56	1.91
1.59	0.21	5.52	2.83	0.80	5.15	4.20	1.45
1.01	0.04	4.49	2.79	0.27	6.35	2.54	0.46
1.06	0.09	4.77	4.37	1.25	17.70	10.49	3.46
1.05	0.13	5.80	3.23	0.59	5.89	3.70	1.07
1.88	0.11	6.75	3.38	0.77	5.84	4.49	1.10
1.18	0.19	5.05	2.02	0.50	1.54	3.91	0.89
2.14	0.61	5.06	4.03	1.32	4.97	4.01	1.79
1.15	0.17	5.40	2.59	0.96	4.45	5.90	2.28
3.32	0.29	9.14	3.51	1.34	5.53	6.88	2.91
0.70	0.13	4.74	2.97	0.80	4.00	3.91	1.19
0.87	0.07	4.37	2.75	0.60	46.78	3.49	0.49
0.95	0.06	4.32	2.60	0.45	6.48	4.18	1.01
2.71	0.84	4.30	3.68	1.10	8.47	3.92	1.63
0.86	0.02	3.99	2.66	0.75	-	4.06	0.60
2.18	-	8.02	4.87	1.85	2.24	4.35	2.47
3.51	0.09	3.55	5.01	1.34	-	4.85	0.66
-	-	2.95	4.68	0.76	-	5.52	0.33
3.97	0.52	2.19	3.22	1.29	5.63	3.53	0.60
-	-	6.48	2.70	0.70	4.95	3.72	0.75
4.59	0.45	8.03	8.16	1.52	-	6.12	0.90
1.02	0.26	1.69	3.75	1.75	15.79	3.35	1.46
1.41	0.43	-	3.16	0.64	4.30	3.37	0.93
-	-	5.25	3.26	0.15	-	3.68	0.26
-	-	3.86	2.75	0.76	-	2.68	1.19
-	-	3.75	4.22	0.90	5.85	4.92	1.03

中初等教育生

省辖市直管县	总计				城区	
	中职学校	普通高中	初中	小学	普通高中	初中
河 南 省	**27778.91**	**26115.85**	**16516.51**	**11324.80**	**26632.27**	**16111.11**
郑 州 市	20350.75	35360.17	21120.78	12610.04	30958.89	19417.31
开 封 市	22795.98	11212.46	13381.71	8289.29	13201.54	15774.50
洛 阳 市	34498.36	28568.93	16156.17	9471.30	29273.81	15506.46
平顶山市	32334.78	29905.93	11884.90	10070.29	24584.66	13406.78
安 阳 市	44257.70	29003.29	12050.70	7895.71	23658.39	14524.77
鹤 壁 市	26810.61	38165.48	25158.47	15975.57	22720.64	16232.26
新 乡 市	19946.98	27496.26	15656.89	11611.52	32563.76	11052.24
焦 作 市	51355.31	20130.41	14203.93	8490.19	16548.79	13975.57
濮 阳 市	17022.12	24422.47	14405.44	12348.58	11603.61	13155.38
许 昌 市	17756.77	27176.30	12556.82	10326.31	30875.95	12613.55
漯 河 市	23175.87	31910.94	16981.21	11730.62	47773.11	19357.74
三门峡市	41803.63	30470.68	23215.68	14093.39	25116.48	23683.97
南 阳 市	19015.72	25838.38	16826.88	11305.65	25877.83	9246.15
商 丘 市	30359.48	20976.68	15239.77	9664.94	14881.97	10442.16
信 阳 市	46700.98	23370.66	17522.79	13072.63	30292.66	13616.85
周 口 市	46001.47	28839.91	17604.51	12159.26	31405.68	16237.13
驻马店市	32033.94	19680.30	13972.38	12265.72	18395.69	13787.37
济源示范区	62134.59	33554.30	23572.86	10562.65	33524.29	23441.07
巩 义 市	40656.24	31678.90	36073.20	16618.62	33696.83	50203.58
兰 考 县	85789.64	18954.61	19803.49	10194.24	—	—
汝 州 市	40725.17	22976.46	21905.47	10046.54	19717.28	21261.83
滑 县	39159.49	20959.56	8721.08	10767.61	—	—
长 垣 市	23563.57	29720.51	24448.79	15660.65	27594.95	22603.34
邓 州 市	—	33234.34	12157.75	12188.35	35833.62	12857.46
永 城 市	13701.25	11779.91	12760.64	11406.45	10853.92	12360.06
固 始 县	25891.96	22596.38	22420.61	12912.70	—	—
鹿 邑 县	91345.12	26795.99	16209.81	13829.22	—	—
新 蔡 县	12461.36	27192.80	27420.52	16815.43	—	—

注:1.小学数据包含独立设置小学学校、小学教学点的学生数与办学条件数据。
2.初中数据包含初级中学、九年一贯制学校(含小学部)的学生数与办学条件数据。
3.普通高中数据包含高级中学、完全中学(含初中部)、十二年一贯制学校(含小学部和初中部)的学生数与办学条件数。

均固定资产总值

单位:元

	其　中						
	镇　区				乡　村		
小学	普通高中	初中	小学	普通高中	初中	小学
9390.64	**24663.42**	**16825.48**	**10339.18**	**37429.79**	**16265.38**	**15274.38**
11968.39	48340.71	23448.06	12165.63	33607.98	25112.99	16120.87
5583.77	9570.06	12820.35	8029.11	—	10957.79	12047.59
8189.15	25978.47	16255.38	8772.69	49398.46	18084.75	15075.45
7469.35	31589.87	11961.07	9467.50	31951.00	9904.97	13617.66
5452.57	26093.47	10509.53	7827.19	54680.92	8672.62	12662.45
9726.10	44709.81	21890.51	16509.20	115465.47	182991.73	30535.60
7188.95	23586.35	17172.33	12706.35	21075.68	18428.73	16247.10
6911.41	22631.94	14290.60	8592.30	22910.09	14619.20	11534.76
9156.64	29741.34	15606.35	12534.20	9732.36	11944.84	14237.98
9442.54	21331.02	12300.01	8900.33	16588.93	12953.04	13008.79
12104.87	20571.16	15388.37	9465.20	28612.32	13489.55	14093.02
11452.30	42442.55	19999.34	13727.24	14211.31	37038.88	27561.22
6357.19	25172.81	18757.40	10389.37	36307.38	12647.18	16789.37
7475.43	22632.00	15974.31	9185.67	184456.97	15672.70	11103.11
10077.39	21019.43	18656.17	9113.39	35119.21	17281.88	24272.44
9677.42	24939.78	19801.37	10904.90	63883.50	14084.10	14695.71
10307.05	19866.17	14214.42	9894.56	—	12934.11	17098.90
8731.56	32083.03	26284.87	11982.24	34267.40	16781.19	27638.09
22664.96	6764.41	12767.87	10296.90	—	11930.60	9874.59
—	18954.61	20542.25	9155.06	—	14739.29	12636.02
8901.38	3454.33	7237.03	10459.49	32374.78	29900.91	11198.06
—	20975.76	7667.03	9097.19	17085.43	11694.50	12502.20
14457.83	55054.53	31993.27	19176.47	—	31915.54	17378.92
7110.01	2716.00	11299.77	12667.94	164453.44	13135.87	16331.39
9765.88	—	12816.80	9789.78	57051.46	15377.43	17903.96
—	22596.38	23038.42	11972.37	—	18424.82	17498.10
—	26795.99	16777.48	10155.28	—	14315.38	19002.82
—	19805.22	26324.14	13348.30	48072.01	33173.48	21345.94

中初等教育生均

省辖市直管县	总计				城区	
	中职学校	普通高中	初中	小学	普通高中	初中
河南省	**5243.24**	**1803.70**	**1540.58**	**1367.30**	**1863.69**	**1607.40**
郑州市	5084.74	2833.02	2121.31	1404.55	2418.49	2222.52
开封市	3583.32	948.25	1571.04	1508.58	1015.01	1723.94
洛阳市	4601.97	1810.64	1638.88	1301.99	1989.53	1801.17
平顶山市	7112.12	1726.63	993.44	1079.94	2128.35	1580.38
安阳市	7454.11	1630.14	1314.27	1086.85	1700.21	1346.46
鹤壁市	10188.55	3109.97	2082.91	1662.14	2856.45	2566.43
新乡市	5452.38	1608.77	1504.37	1389.20	1389.27	1426.82
焦作市	5800.27	1119.75	1663.17	1277.33	859.60	1810.92
濮阳市	5118.36	2414.55	1347.92	1460.56	1474.59	1186.45
许昌市	5315.87	1755.23	1065.32	1074.59	1606.55	932.23
漯河市	4734.91	1802.16	1332.00	1159.17	3121.88	1495.20
三门峡市	9720.11	1962.60	1845.13	1370.95	2138.21	2018.66
南阳市	4264.84	1416.83	1217.54	1021.10	1899.46	1048.47
商丘市	3976.54	2107.38	2000.69	1650.94	2574.45	2224.36
信阳市	4795.82	1322.16	1292.85	1136.78	1010.52	1130.94
周口市	7591.30	1967.33	1336.02	1192.90	2015.09	1112.48
驻马店市	4085.84	1257.41	1743.93	1872.69	909.26	1860.96
济源示范区	15748.48	1834.89	1991.67	1103.25	1867.52	1909.66
巩义市	10325.91	2218.49	2323.23	2180.11	2346.36	2625.52
兰考县	4079.28	854.39	1034.90	1608.43	—	—
汝州市	5757.51	917.71	1529.45	969.47	822.60	1734.22
滑县	3842.47	924.42	1483.42	1678.95	—	—
长垣市	11462.65	2661.61	924.64	1068.48	2701.27	798.98
邓州市	—	1899.01	1114.52	1242.17	2120.02	1061.56
永城市	2456.51	1274.37	2289.10	1882.89	1238.99	2081.49
固始县	5822.01	1354.04	2157.50	1969.59	—	—
鹿邑县	3240.25	1464.66	1538.32	2260.87	—	—
新蔡县	2743.41	5233.78	2159.64	1813.54	—	—

注：1. 小学数据包含独立设置小学学校、小学教学点的学生数与办学条件数据。
　　2. 初中数据包含初级中学、九年一贯制学校(含小学部)的学生数与办学条件数据。
　　3. 普通高中数据包含高级中学、完全中学(含初中部)、十二年一贯制学校(含小学部和初中部)的学生数与办学条件数。

教学仪器设备值

单位：元

	其 中					
	镇 区			乡 村		
小学	普通高中	初中	小学	普通高中	初中	小学
1286.25	**1621.92**	**1485.44**	**1238.47**	**3249.52**	**1596.94**	**1681.42**
1478.81	2856.33	2067.13	1224.90	5181.25	1622.19	1462.65
1415.22	893.13	1520.64	1361.21	-	1459.53	1846.40
1472.11	1415.38	1444.58	1026.44	4428.44	2254.52	1764.06
813.64	1741.65	780.58	1018.02	810.30	852.29	1443.46
939.36	1579.97	1319.14	1007.18	1588.17	1199.85	1497.36
1830.42	3236.39	1508.19	1471.60	3629.16	7060.07	1845.97
1352.55	1692.90	1504.66	1202.77	2702.90	1604.14	1728.91
1542.73	1289.71	1545.24	999.25	1646.60	1669.11	1435.17
980.19	2801.84	1381.64	1468.57	1459.85	1702.28	1784.52
900.01	2341.94	1030.50	1073.35	1514.14	1729.84	1309.78
1181.52	837.32	1213.26	976.31	1941.51	1144.01	1365.68
1556.25	2072.56	1516.64	961.43	1140.00	2578.81	1833.55
828.74	1297.09	1241.73	957.93	1461.12	1261.92	1309.21
1350.40	1911.27	1900.69	1614.20	8217.21	2161.78	1814.38
874.42	1349.97	1233.30	983.13	2332.79	1582.99	1693.39
1105.88	1661.54	1524.59	1085.43	6200.57	1208.89	1353.31
1730.27	1307.78	1748.96	1678.74	-	1643.29	2261.59
986.41	3945.02	2323.53	1296.91	887.21	2341.76	1965.98
2581.33	639.70	1956.52	1713.06	-	1306.55	1944.53
-	854.39	940.51	1296.77	-	1681.94	2340.73
1006.30	937.62	723.30	807.16	1005.67	1790.14	1028.69
-	927.02	1436.72	1563.02	301.51	1615.14	1799.34
961.91	2188.91	1376.16	1132.63	-	1506.84	1374.87
1129.57	234.08	1167.28	1022.92	161.94	1083.21	1500.95
1516.41	-	2827.42	1962.93	3004.17	2536.93	2910.16
-	1354.04	2130.00	1754.03	-	2335.38	3020.74
-	1464.66	1524.69	1605.28	-	1583.82	3184.05
-	3032.87	2191.94	1673.05	11454.13	1990.13	1997.12

中初等教

省辖市直管县	总计						城	
	中职学校	普通高中	初中	小学	幼儿园	特殊教育	普通高中	初中
河南省	**25.12**	**16.91**	**27.40**	**25.29**	**12.05**	**27.21**	**18.25**	**24.11**
郑州市	22.22	21.91	27.06	22.83	13.84	44.73	23.12	25.77
开封市	35.50	15.52	27.28	25.45	15.60	15.18	20.08	25.81
洛阳市	17.24	20.38	28.24	23.30	8.57	17.82	24.82	26.46
平顶山市	30.14	13.92	27.63	23.85	10.15	30.45	14.79	28.24
安阳市	23.06	19.35	30.49	26.92	11.19	14.92	22.57	26.44
鹤壁市	16.86	14.11	30.09	24.77	9.80	33.31	13.47	33.93
新乡市	23.98	19.96	28.68	24.79	10.25	29.93	22.58	28.01
焦作市	38.04	23.01	32.00	25.31	11.84	23.77	22.46	28.30
濮阳市	21.35	14.51	25.87	26.30	15.99	21.50	14.16	21.54
许昌市	30.47	14.69	23.19	24.96	13.64	60.39	15.82	19.35
漯河市	36.68	16.83	28.16	26.16	10.86	29.10	13.57	24.43
三门峡市	49.33	18.32	34.11	25.80	8.69	37.37	22.41	26.11
南阳市	25.85	12.27	28.38	27.77	12.98	17.84	12.11	22.95
商丘市	30.97	13.62	31.10	24.74	11.85	36.81	16.51	27.08
信阳市	27.04	17.05	28.35	26.47	13.65	27.85	12.25	21.26
周口市	27.60	30.71	22.21	22.24	11.41	40.20	16.52	16.24
驻马店市	25.63	10.30	28.94	30.10	11.82	22.57	11.87	26.13
济源示范区	5.38	29.67	24.74	17.47	8.30	59.28	28.04	20.15
巩义市	31.99	19.08	32.51	31.86	8.87	25.79	18.54	28.80
兰考县	7.48	8.21	25.96	24.12	13.94	7.43	—	—
汝州市	23.37	16.36	17.50	19.74	10.04	14.68	19.11	15.08
滑县	28.58	14.48	19.72	26.38	9.72	20.54	—	—
长垣市	18.93	16.01	24.09	21.96	7.87	25.68	16.52	20.52
邓州市	—	11.82	30.85	29.94	20.50	20.36	11.10	25.58
永城市	7.52	8.65	32.05	29.21	10.16	4.91	8.68	26.97
固始县	13.36	7.33	24.35	23.95	13.81	17.63	—	—
鹿邑县	20.25	11.56	22.41	26.73	8.21	35.85	—	—
新蔡县	27.04	8.43	24.23	33.18	20.74	12.02	—	—

注:1. 小学数据包含独立设置小学学校、小学教学点的学生数与办学条件数据。
2. 初中数据包含初级中学、九年一贯制学校(含小学部)的学生数与办学条件数据。
3. 普通高中数据包含高级中学、完全中学(含初中部)、十二年一贯制学校(含小学部和初中部)的学生数与办学条件数。

育 生 均 图 书

单位：册

		其			中				
区		镇 区				乡 村			
小学	幼儿园	普通高中	初中	小学	幼儿园	普通高中	初中	小学	幼儿园
21.33	**11.72**	**15.98**	**27.89**	**23.66**	**11.24**	**17.68**	**32.54**	**32.72**	**13.91**
22.23	15.05	17.65	29.21	22.18	11.05	23.79	28.83	26.55	14.10
23.41	16.75	11.76	26.38	21.78	13.69	-	32.49	33.51	16.65
22.85	8.50	16.26	28.69	21.70	8.53	27.42	32.35	29.66	8.83
19.73	9.05	13.97	26.82	22.96	9.74	11.87	29.00	29.39	11.67
21.26	9.05	18.22	31.17	26.49	10.68	13.51	41.23	38.42	16.29
23.41	8.02	11.60	26.90	23.22	10.25	127.30	44.87	33.38	11.89
23.19	10.28	17.19	28.60	23.19	9.18	23.74	29.72	29.53	11.75
22.29	11.90	23.28	33.58	25.40	11.38	26.61	37.94	31.40	12.61
16.68	15.01	14.92	25.99	24.70	15.08	2.43	39.76	36.28	17.98
20.03	13.67	9.43	26.56	24.40	13.55	18.06	31.41	32.16	13.68
23.45	9.33	19.83	30.14	26.83	11.83	4.41	36.47	30.69	12.27
22.33	7.60	16.97	36.82	26.33	9.28	9.69	63.45	40.23	11.84
20.41	12.03	12.66	28.45	25.97	12.64	6.76	34.96	37.11	15.01
18.89	10.32	12.00	30.41	23.52	10.76	163.93	35.09	28.51	13.76
18.59	14.53	18.03	27.74	22.74	12.00	21.87	35.40	41.26	16.89
19.23	10.50	40.49	23.66	19.66	10.24	17.84	28.24	26.51	13.69
21.22	7.95	10.07	28.10	25.34	11.30	-	34.76	41.59	14.79
14.48	6.96	49.68	42.83	24.46	8.59	34.69	45.97	35.10	20.35
29.94	8.71	25.78	39.87	30.76	9.62	-	34.10	47.86	7.26
-	-	8.21	23.99	21.70	14.66	-	39.41	29.79	12.75
13.18	11.04	8.69	20.20	19.80	10.90	16.06	17.92	27.83	8.82
-	-	14.53	17.19	21.45	6.70	3.52	26.85	31.51	13.55
18.62	7.35	9.85	41.65	24.16	7.72	-	35.01	31.45	9.53
23.89	22.20	17.45	35.03	25.98	15.13	14.57	31.46	38.15	24.21
23.70	7.34	-	43.20	30.55	13.49	6.95	42.50	44.52	18.25
-	-	7.33	23.37	22.09	13.91	-	30.63	33.03	13.30
-	-	11.56	21.68	25.58	7.43	-	24.87	28.36	9.24
-	-	7.29	24.41	27.21	17.82	11.67	23.28	40.98	26.99

中 初 等 教 育 危

省辖市直管县	总　　计						城	
	中职学校	普通高中	初中	小学	学前教育	特殊教育	普通高中	初中
河 南 省	**1.03**	**0.08**	**0.22**	**0.14**	**0.01**	**1.62**	**0.20**	**0.29**
郑 州 市	0.96	0.47	0.75	0.46	0.07	10.22	0.78	0.37
开 封 市	-	0.10	0.08	-	-	2.56	0.21	0.28
洛 阳 市	-	0.07	0.11	0.15	-	-	0.15	0.35
平顶山市	4.92	-	-	-	-	-	-	-
安 阳 市	-	-	0.15	0.14	0.03	11.25	-	-
鹤 壁 市	-	-	-	0.09	-	-	-	-
新 乡 市	0.62	0.16	0.52	0.42	0.02	-	0.40	2.06
焦 作 市	-	0.01	0.15	0.29	-	-	0.02	0.45
濮 阳 市	-	-	0.13	-	-	-	-	0.51
许 昌 市	-	-	-	-	-	-	-	-
漯 河 市	-	-	-	-	-	-	-	-
三门峡市	-	-	-	-	-	-	-	-
南 阳 市	0.30	-	0.04	0.03	-	-	-	-
商 丘 市	-	-	-	-	-	-	-	-
信 阳 市	-	0.10	0.33	0.45	-	-	0.43	-
周 口 市	-	-	0.03	-	-	-	-	0.12
驻马店市	-	-	0.81	0.11	-	-	-	2.07
济源示范区	-	-	0.40	0.79	-	-	-	-
巩 义 市	-	-	-	-	-	-	-	-
兰 考 县	-	-	-	-	-	-	-	-
汝 州 市	42.04	-	0.23	0.32	-	-	-	-
滑 县	-	-	-	-	-	-	-	-
长 垣 市	-	-	-	0.15	-	-	-	-
邓 州 市	-	-	-	0.16	-	-	-	-
永 城 市	-	-	-	-	-	-	-	-
固 始 县	-	-	-	-	-	-	-	-
鹿 邑 县	-	-	-	-	-	-	-	-
新 蔡 县	-	-	-	-	-	-	-	-

房比例情况

单位:%

其 中									
区			镇 区				乡 村		
小学	学前教育	普通高中	初中	小学	学前教育	普通高中	初中	小学	学前教育
0.21	**0.04**	-	**0.20**	**0.10**	-	-	**0.18**	**0.15**	-
0.39	0.13	0.04	1.50	0.11	-	-	0.54	1.13	-
-	-	-	-	-	-	-	-	-	-
0.22	-	-	-	0.12	-	-	-	0.10	-
-	-	-	-	-	-	-	-	-	-
0.45	0.07	-	0.33	-	-	-	-	0.04	-
-	-	-	-	-	-	-	-	0.28	-
0.99	0.07	-	0.14	0.14	-	-	0.09	0.35	-
-	-	-	-	0.28	-	-	-	0.52	-
-	-	-	-	-	-	-	-	-	-
-	-	-	-	-	-	-	-	-	-
-	-	-	-	-	-	-	-	-	-
-	-	-	0.05	0.05	-	-	-	0.02	-
-	-	-	-	-	-	-	-	-	-
-	-	-	0.23	0.83	-	-	0.66	0.26	-
-	-	-	-	-	-	-	-	-	-
-	-	-	0.62	-	-	-	0.99	0.22	-
1.58	-	-	-	0.05	-	-	6.53	-	-
-	-	-	-	-	-	-	-	-	-
-	-	-	1.18	-	-	-	-	0.69	-
-	-	-	-	-	-	-	-	-	-
-	-	-	-	0.85	-	-	-	0.04	-
-	-	-	-	0.67	-	-	-	-	-
-	-	-	-	-	-	-	-	-	-
-	-	-	-	-	-	-	-	-	-
-	-	-	-	-	-	-	-	-	-
-	-	-	-	-	-	-	-	-	-

小学其他生均办学

省辖市直管县	生均绿化用地面积（平方米）	生均运动场面积（平方米）	每百名学生拥有数字终端数（台）	每百名学生拥有学生数字终端数（台）	每百名学生拥有心理健康教师数	每百名学生拥有县级及以上骨干教师数
河南省	**3.46**	**6.70**	**13.28**	**8.17**	**0.04**	**1.52**
郑州市	2.43	3.70	12.03	6.51	0.02	1.12
开封市	4.47	7.25	12.05	8.35	0.02	1.18
洛阳市	2.42	6.14	13.81	8.17	0.02	1.44
平顶山市	2.53	5.86	11.90	6.86	0.01	1.74
安阳市	2.05	5.74	10.67	5.85	0.03	1.67
鹤壁市	4.01	7.22	12.15	6.20	0.01	1.37
新乡市	3.83	7.17	16.61	10.79	0.01	1.23
焦作市	3.87	7.59	14.86	7.76	0.02	1.67
濮阳市	4.40	7.28	12.68	7.18	0.03	1.33
许昌市	4.77	7.47	10.58	6.84	0.18	1.59
漯河市	2.94	6.83	8.99	5.14	0.01	1.44
三门峡市	3.34	5.61	15.01	8.16	0.01	2.03
南阳市	3.39	7.20	13.55	8.25	0.02	1.36
商丘市	3.02	8.09	13.63	9.89	0.10	1.05
信阳市	3.46	6.56	12.13	8.12	0.07	1.81
周口市	4.22	6.38	10.83	6.55	0.02	1.45
驻马店市	5.06	8.85	19.15	12.07	0.05	3.69
济源示范区	3.25	5.12	11.59	6.31	0.01	0.90
巩义市	2.68	6.60	15.51	8.25	0.02	2.24
兰考县	2.35	10.33	8.69	5.54	0.01	1.97
汝州市	2.96	5.36	11.19	8.26	0.01	0.98
滑县	5.16	6.58	14.57	8.11	0.01	0.64
长垣市	4.82	6.06	17.32	9.00	0.01	1.66
邓州市	4.53	8.97	14.92	10.35	0.02	0.42
永城市	2.25	9.77	16.03	12.98	0.03	1.28
固始县	2.28	6.92	13.75	10.57	0.04	1.32
鹿邑县	2.82	6.64	13.25	7.72	0.02	1.59
新蔡县	4.53	8.56	20.06	12.15	0.01	1.35

条件及相关比例情况

平均每个教室中学生数	教室中网络多媒体教室比例（%）	有校医院（卫生室）学校比例（%）	有专职校医学校比例（%）	有专职保健人员学校比例（%）	有网管供水学校比例（%）	有卫生厕所学校比例（%）
22.50	**60.11**	**48.72**	**9.81**	**9.56**	**81.87**	**97.69**
37.91	85.65	82.49	36.52	24.49	85.39	98.28
23.16	52.81	29.30	10.19	7.48	91.88	99.20
27.88	71.73	56.52	10.67	7.91	63.64	93.28
24.81	61.83	62.30	14.57	11.23	61.23	99.87
23.85	59.01	36.60	2.73	3.72	81.89	99.88
24.33	73.93	24.51	7.51	7.51	76.68	97.23
23.76	74.87	60.12	3.39	4.01	92.19	98.77
25.27	73.26	59.60	9.90	11.29	86.93	99.41
21.14	54.24	42.10	8.57	8.27	83.31	96.31
22.51	60.06	60.97	36.81	49.74	75.85	96.21
26.05	69.63	18.04	2.45	1.83	95.11	100.00
27.46	75.63	55.12	5.37	5.85	81.46	95.12
19.43	53.67	44.44	6.80	6.65	51.46	97.24
20.45	52.47	34.41	7.30	7.36	97.11	99.79
20.09	44.34	49.13	7.99	8.72	86.05	100.00
20.29	48.23	30.56	7.36	7.95	92.31	90.63
15.62	56.32	76.88	2.29	3.37	84.35	99.64
34.83	90.48	53.42	2.74	1.37	83.56	89.04
30.01	77.45	70.00	51.43	17.14	90.00	98.57
24.77	61.87	26.51	6.63	4.82	99.40	100.00
22.29	50.77	44.22	3.40	5.78	39.46	100.00
19.17	62.18	25.50	2.68	4.03	98.99	95.97
24.09	75.17	47.95	1.83	0.91	96.35	100.00
15.43	41.27	39.25	8.60	10.22	83.33	98.92
20.20	63.34	13.23	6.13	5.48	97.10	100.00
24.55	68.82	31.62	6.62	8.82	83.82	100.00
17.59	55.79	6.37	3.82	4.46	92.99	98.73
13.22	66.90	77.87	3.56	3.56	69.17	98.81

初中其他生均办学

省辖市直管县	生均绿化用地面积（平方米）	生均运动场面积（平方米）	每百名学生拥有数字终端数（台）	每百名学生拥有学生数字终端数（台）	每百名学生拥有心理健康教师数	每百名学生拥有县级及以上骨干教师数
河南省	**3.96**	**6.44**	**13.14**	**7.53**	**0.04**	**1.95**
郑州市	4.65	6.12	16.22	9.01	0.04	1.58
开封市	3.37	6.34	11.70	7.53	0.02	1.14
洛阳市	4.13	8.51	17.05	9.80	0.03	1.91
平顶山市	3.11	4.50	11.76	6.56	0.02	1.86
安阳市	3.19	6.43	12.18	6.55	0.04	1.97
鹤壁市	4.63	7.56	14.45	6.91	0.02	1.53
新乡市	5.54	7.33	13.95	7.45	0.02	1.49
焦作市	6.00	8.37	17.39	9.08	0.05	2.25
濮阳市	3.61	6.60	12.38	6.23	0.03	1.91
许昌市	4.60	5.74	9.27	5.53	0.07	2.02
漯河市	3.28	7.57	9.65	5.63	0.03	1.99
三门峡市	5.35	8.10	17.04	7.93	0.04	2.64
南阳市	3.58	5.69	12.08	7.08	0.02	1.73
商丘市	3.69	7.82	13.36	9.07	0.09	1.29
信阳市	4.79	5.78	11.26	6.85	0.08	2.58
周口市	3.79	5.08	10.69	6.05	0.03	1.60
驻马店市	2.66	5.45	16.00	9.29	0.03	4.54
济源示范区	6.90	9.58	15.89	7.07	0.06	1.46
巩义市	3.49	7.66	13.16	5.12	0.05	3.40
兰考县	4.13	9.63	9.01	6.71	0.02	2.31
汝州市	3.19	4.68	9.07	5.69	0.03	1.27
滑县	2.96	4.55	9.58	3.76	0.01	0.80
长垣市	6.47	7.49	13.77	6.33	0.01	1.80
邓州市	2.77	6.01	12.56	7.74	0.06	0.89
永城市	2.08	9.74	17.29	13.49	0.04	1.29
固始县	4.11	7.84	12.76	8.01	0.07	2.12
鹿邑县	2.60	4.88	8.86	4.54	0.05	1.80
新蔡县	2.96	6.51	17.96	10.73	0.02	1.78

条件及相关比例情况

平均每个教室中学生数	教室中网络多媒体教室比例（%）	有校医院（卫生室）学校比例（%）	有专职校医学校比例（%）	有专职保健人员学校比例（%）	有网管供水学校比例（%）	有卫生厕所学校比例（%）
31.76	**71.33**	**65.97**	**27.22**	**20.47**	**76.89**	**98.53**
33.33	78.75	93.90	57.07	34.63	83.90	96.83
31.09	59.76	48.85	27.59	19.54	87.93	99.43
28.72	75.27	65.61	21.02	14.33	62.42	98.09
37.68	71.09	78.03	38.73	32.95	58.96	99.42
33.71	77.35	54.21	21.03	17.29	66.36	98.60
34.01	74.44	53.45	20.69	13.79	74.14	100.00
29.74	77.43	67.47	13.01	8.90	80.82	98.63
29.31	73.66	76.97	14.04	19.66	73.60	99.44
33.78	74.99	61.49	26.71	25.47	84.47	100.00
34.21	73.74	79.08	75.51	55.61	76.53	97.45
34.70	71.57	49.02	22.55	15.69	89.22	100.00
27.20	68.67	63.73	17.65	10.78	69.61	98.04
33.76	70.72	63.52	20.60	15.63	50.87	98.26
27.55	65.26	53.17	19.28	17.36	95.59	100.00
31.16	61.30	59.78	18.48	19.93	83.70	100.00
31.99	67.49	57.84	31.37	22.06	90.93	96.08
31.56	70.10	88.68	15.47	12.08	67.92	98.11
33.59	88.56	64.52	9.68	9.68	58.06	96.77
38.64	87.88	96.15	96.15	30.77	76.92	100.00
29.91	66.02	41.18	19.61	17.65	94.12	100.00
35.40	67.39	45.76	11.86	11.86	32.20	98.31
38.53	83.75	52.83	16.98	11.32	100.00	100.00
31.27	75.22	75.61	21.95	12.20	97.56	100.00
32.85	61.06	62.90	29.03	17.74	67.74	100.00
28.23	73.51	59.65	21.05	21.05	96.49	100.00
28.99	72.90	46.30	14.81	16.67	83.33	100.00
29.56	70.78	22.64	18.87	11.32	94.34	96.23
23.38	68.59	88.00	16.00	14.00	76.00	100.00

普通高中其他生均办学

省辖市直管县	生均绿化用地面积（平方米）	生均运动场面积（平方米）	每百名学生拥有数字终端数（台）	每百名学生拥有学生数字终端数（台）	每百名学生拥有心理健康教师数	每百名学生拥有县级及以上骨干教师数
河 南 省	**6.45**	**5.47**	**12.84**	**7.01**	**0.05**	**1.73**
郑 州 市	8.95	7.37	17.05	9.08	0.06	1.93
开 封 市	3.14	4.71	10.84	5.64	0.05	1.33
洛 阳 市	8.51	7.09	15.19	7.97	0.03	1.42
平顶山市	7.71	5.57	13.09	7.18	0.04	1.29
安 阳 市	7.01	6.55	12.35	6.28	0.07	1.59
鹤 壁 市	9.00	5.55	26.15	17.19	0.04	2.15
新 乡 市	6.97	6.92	14.48	7.76	0.04	1.70
焦 作 市	6.40	7.68	14.19	6.87	0.05	1.37
濮 阳 市	6.51	5.60	12.71	6.46	0.05	1.34
许 昌 市	6.42	5.46	11.15	6.97	0.03	1.49
漯 河 市	8.76	5.47	12.84	7.14	0.06	1.66
三门峡市	11.78	8.14	18.30	8.50	0.06	3.07
南 阳 市	6.21	4.47	12.14	6.47	0.03	1.60
商 丘 市	3.38	3.65	9.61	5.78	0.05	1.33
信 阳 市	7.21	5.08	10.52	6.07	0.06	2.28
周 口 市	5.30	4.84	12.41	7.03	0.07	1.86
驻马店市	4.74	4.60	11.67	6.70	0.04	3.48
济源示范区	10.72	7.24	19.90	9.16	0.07	1.94
巩 义 市	4.59	6.12	17.12	6.66	0.03	3.42
兰 考 县	4.77	4.01	9.79	5.64	0.05	1.00
汝 州 市	9.66	4.47	13.12	6.12	0.06	1.19
滑 县	9.92	4.69	11.83	6.52	0.04	0.92
长 垣 市	6.47	6.99	11.53	4.40	0.02	1.62
邓 州 市	3.98	3.70	10.85	6.94	0.04	1.26
永 城 市	2.45	3.83	8.76	4.98	0.02	0.72
固 始 县	4.57	4.02	10.35	6.77	0.03	0.92
鹿 邑 县	4.27	3.36	6.98	4.10	0.06	1.32
新 蔡 县	3.06	3.25	8.33	4.95	0.01	0.75

条件及相关比例情况

平均每个教室中学生数	教室中网络多媒体教室比例（%）	有校医院（卫生室）学校比例（%）	有专职校医学校比例（%）	有专职保健人员学校比例（%）	有网管供水学校比例（%）	有卫生厕所学校比例（%）
32.55	**70.10**	**83.97**	**67.49**	**41.53**	**82.60**	**98.09**
29.47	69.44	94.74	84.21	40.60	91.73	99.25
35.24	57.07	90.20	56.86	41.18	78.43	100.00
28.77	72.87	74.70	49.40	37.35	83.13	92.77
35.80	70.05	90.70	76.74	51.16	79.07	95.35
33.00	75.48	86.67	68.33	48.33	80.00	98.33
32.65	83.81	80.00	65.00	50.00	95.00	100.00
30.16	75.62	78.38	60.81	36.49	79.73	95.95
27.30	66.93	86.49	56.76	43.24	86.49	94.59
31.44	78.15	80.77	59.62	40.38	92.31	100.00
32.02	64.08	76.09	67.39	36.96	76.09	95.65
31.82	45.40	85.71	71.43	38.10	95.24	100.00
25.28	68.35	66.67	50.00	25.00	91.67	100.00
33.91	68.18	70.49	55.74	36.07	73.77	98.36
32.61	63.64	95.00	90.00	60.00	90.00	100.00
33.02	59.18	85.51	59.42	43.48	85.51	100.00
32.44	75.58	87.50	79.69	48.44	76.56	98.44
38.06	77.67	97.83	82.61	45.65	82.61	100.00
42.59	88.35	28.57	28.57	28.57	71.43	100.00
39.31	85.81	71.43	71.43	57.14	57.14	85.71
48.79	57.99	100.00	80.00	60.00	80.00	100.00
40.62	87.83	81.82	63.64	63.64	36.36	100.00
32.42	70.56	93.75	75.00	18.75	75.00	100.00
33.44	83.03	90.91	81.82	18.18	100.00	100.00
27.91	68.90	88.24	76.47	47.06	64.71	100.00
45.81	79.44	100.00	75.00	25.00	100.00	100.00
36.73	53.56	75.00	75.00	50.00	83.33	100.00
39.30	77.84	83.33	83.33	33.33	100.00	100.00
35.97	82.69	100.00	84.62	38.46	92.31	100.00

中初等教育每

省辖市直管县	上年度常住人口总数（万人）	高中阶段 合计		中等职业教育		普通高中	
		在校生数	每万人口在校生	在校生数	每万人口在校生	在校生数	每万人口在校生
河南省	9815	4075269	415	1119505	114	2622690	267
郑州市	1221	655541	537	308990	253	238323	195
开封市	395	216654	549	55107	140	115725	293
洛阳市	708	262684	371	91257	129	156184	221
平顶山市	396	160192	404	26363	67	113510	286
安阳市	423	167852	397	40244	95	124376	294
鹤壁市	157	60881	388	13827	88	40474	258
新乡市	523	211053	404	49868	95	137318	263
焦作市	352	117986	335	38112	108	71912	204
濮阳市	370	147330	398	35368	96	102596	277
许昌市	438	164798	376	42424	97	117276	268
漯河市	237	97224	411	32231	136	53461	226
三门峡市	202	68076	337	13414	66	40520	201
南阳市	828	401107	485	99076	120	291148	352
商丘市	640	208072	325	50255	79	150197	235
信阳市	505	212895	422	46802	93	163663	324
周口市	777	272211	350	48627	63	205215	264
驻马店市	599	236877	396	47313	79	171322	286
济源示范区	73	26548	363	6694	91	15715	215
巩义市	80	20499	256	3322	41	17177	215
兰考县	77	22936	300	1564	20	21372	279
汝州市	96	41773	437	10164	106	31609	330
滑县	114	45771	400	7845	69	37926	331
长垣市	90	38153	426	9876	110	28277	316
邓州市	122	62085	510	11979	98	50106	411
永城市	126	45536	362	9665	77	35871	285
固始县	100	51358	512	12501	125	38857	388
鹿邑县	89	26528	297	2256	25	24272	271
新蔡县	78	32649	419	4361	56	28288	363

万人口在校生数

技工学校		初中		小学		学前教育	
在校生数	每万人口在校生	在校生数	每万人口在校生	在校生数	每万人口在校生	在校生数	每万人口在校生
333074	**34**	**5081295**	**518**	**9628783**	**981**	**3236241**	**330**
108228	89	490963	402	1123625	920	381240	312
45822	116	202168	512	370478	938	124184	314
15243	22	301048	425	620788	877	240974	340
20319	51	215498	544	384896	971	127454	322
3232	8	238269	563	405827	959	120148	284
6580	42	79080	504	137464	877	43285	276
23867	46	271799	520	492513	942	162717	311
7962	23	134136	381	280083	796	114168	324
9366	25	225124	608	413408	1117	124737	337
5098	12	210002	479	398263	909	136804	312
11532	49	107647	455	203991	861	78303	331
14142	70	77601	384	157439	779	67135	332
10883	13	517744	625	844438	1020	241412	292
7620	12	333613	521	731996	1144	260689	407
2430	5	288755	572	504974	1001	159191	316
18369	24	417452	537	828341	1066	284381	366
18242	30	363146	607	621137	1038	195889	327
4139	57	29131	398	62601	855	27578	377
-	-	27179	339	58471	730	27095	338
-	-	45142	590	91942	1202	31878	417
-	-	59188	619	104901	1096	36354	380
-	-	80301	701	130230	1138	40856	357
-	-	52274	583	101028	1127	37019	413
-	-	80092	657	131005	1075	40681	334
-	-	73750	586	141544	1124	46181	367
-	-	61657	615	102701	1024	28026	280
-	-	47543	531	96971	1084	32492	363
-	-	50993	655	87728	1126	25370	326

高中阶段教育在校

省辖市直管县	招生结构 高中阶段教育					中等职业教育占高中阶段的比例（%）
	合计	普通高中	中等职业教育			
			小计	中职学校（教育部门管）	技工学校	
河 南 省	1412087	900599	511488	381896	129592	36.22
郑 州 市	238975	85393	153582	112651	40931	64.27
开 封 市	79522	38185	41337	20670	20667	51.98
洛 阳 市	87196	53070	34126	29464	4662	39.14
平顶山市	52780	37337	15443	7318	8125	29.26
安 阳 市	57765	43651	14114	12931	1183	24.43
鹤 壁 市	22161	14784	7377	4993	2384	33.29
新 乡 市	72036	46839	25197	14717	10480	34.98
焦 作 市	42886	24474	18412	14958	3454	42.93
濮 阳 市	52311	37734	14577	12356	2221	27.87
许 昌 市	57823	39574	18249	16693	1556	31.56
漯 河 市	34579	18294	16285	11730	4555	47.10
三门峡市	22506	13777	8729	4407	4322	38.79
南 阳 市	141199	100278	40921	35875	5046	28.98
商 丘 市	69300	52392	16908	15012	1896	24.40
信 阳 市	63568	49866	13702	12918	784	21.55
周 口 市	93084	70771	22313	13912	8401	23.97
驻马店市	82280	59620	22660	15096	7564	27.54
济源示范区	8952	5324	3628	2267	1361	40.53
巩 义 市	7562	6370	1192	1192	-	15.76
兰 考 县	8271	7459	812	812	-	9.82
汝 州 市	13959	10843	3116	3116	-	22.32
滑 县	18241	15004	3237	3237	-	17.75
长 垣 市	11391	9085	2306	2306	-	20.24
邓 州 市	21022	16984	4038	4038	-	19.21
永 城 市	16023	13046	2977	2977	-	18.58
固 始 县	16106	11906	4200	4200	-	26.08
鹿 邑 县	8775	7997	778	778	-	8.87
新 蔡 县	11814	10542	1272	1272	-	10.77

生和招生结构情况

在 校 生 结 构					中等职业教育占高中阶段的比例（%）
高 中 阶 段 教 育					
合计	普通高中	中 等 职 业 教 育			
		小计	中职学校（教育部门管）	技工学校	
4075269	**2622690**	**1452579**	**1119505**	**333074**	**39.12**
655541	238323	417218	308990	108228	64.74
216654	115725	100929	55107	45822	54.97
262684	156184	106500	91257	15243	39.89
160192	113510	46682	26363	20319	35.33
167852	124376	43476	40244	3232	32.05
60881	40474	20407	13827	6580	31.50
211053	137318	73735	49868	23867	41.15
117986	71912	46074	38112	7962	41.47
147330	102596	44734	35368	9366	33.37
164798	117276	47522	42424	5098	36.38
97224	53461	43763	32231	11532	48.74
68076	40520	27556	13414	14142	44.12
401107	291148	109959	99076	10883	35.36
208072	150197	57875	50255	7620	30.56
212895	163663	49232	46802	2430	23.07
272211	205215	66996	48627	18369	25.37
236877	171322	65555	47313	18242	30.93
26548	15715	10833	6694	4139	37.33
20499	17177	3322	3322	-	18.14
22936	21372	1564	1564	-	6.91
41773	31609	10164	10164	-	19.53
45771	37926	7845	7845	-	22.57
38153	28277	9876	9876	-	28.26
62085	50106	11979	11979	-	24.49
45536	35871	9665	9665	-	28.36
51358	38857	12501	12501	-	23.45
26528	24272	2256	2256	-	8.80
32649	28288	4361	4361	-	12.35

中等职业教

省辖市直管县	校 数（所）				毕业生数	招生数	学　　生		
								在　校	
	计	公办	民办	其中：中央部门			计	其中：女	其中：寄宿生
河南省	546	356	190	1	379808	381896	1119505	467596	855414
郑州市	103	47	56	-	107673	112651	308990	106183	231293
开封市	31	20	11	-	17982	20670	55107	26076	27395
洛阳市	35	23	12	-	29780	29464	91257	40178	68406
平顶山市	11	9	2	-	8667	7318	26363	13586	19730
安阳市	15	9	6	-	13216	12931	40244	18038	31191
鹤壁市	5	5	-	-	5170	4993	13827	5644	6988
新乡市	25	14	11	-	19516	14717	49868	21064	36062
焦作市	22	18	4	-	9245	14958	38112	18832	31707
濮阳市	19	16	3	-	12319	12356	35368	14415	22854
许昌市	24	18	6	-	12595	16693	42424	18904	35214
漯河市	22	15	7	-	11014	11730	32231	14227	27518
三门峡市	18	15	3	-	4847	4407	13414	6038	11155
南阳市	70	43	27	1	27067	35875	99076	41928	84902
商丘市	26	23	3	-	16186	15012	50255	23994	42585
信阳市	26	18	8	-	17274	12918	46802	19870	38214
周口市	33	16	17	-	17105	13912	48627	21468	35061
驻马店市	22	22	-	-	20245	15096	47313	19344	35842
济源示范区	3	3	-	-	1941	2267	6694	2767	6649
巩义市	3	1	2	-	1175	1192	3322	1284	3322
兰考县	3	2	1	-	465	812	1564	598	1564
汝州市	8	4	4	-	6636	3116	10164	5835	6012
滑县	4	3	1	-	2085	3237	7845	3251	7845
长垣市	1	1	-	-	4571	2306	9876	3579	8822
邓州市	1	1	-	-	4778	4038	11979	7834	8505
永城市	5	4	1	-	2586	2977	9665	4032	8967
固始县	5	2	3	-	3368	4200	12501	5419	11439
鹿邑县	2	1	1	-	556	778	2256	857	1811
新蔡县	4	3	1	-	1746	1272	4361	2351	4361

注：本表不含技工学校数据。

育 基 本 情 况(总计)

数					教职工数					
学生数				预计毕业生数	计	其中		校外教师	行业导师	外籍教师
一年级	二年级	三年级	四年级以上			专任教师数	其他附设机构人员			
382617	**370202**	**365731**	**955**	**390225**	**61413**	**52614**	**80**	**8144**	**866**	**1**
113301	95308	100034	347	111647	14347	11507	–	3848	375	–
20670	16530	17907	–	22337	2540	2129	–	758	106	–
29464	31278	30495	20	31031	4539	4039	–	320	86	–
7318	8940	10105	–	10135	1676	1517	–	28	–	–
12931	13769	13544	–	13525	2178	1880	–	131	36	1
5016	3488	5323	–	5401	686	590	–	87	–	–
14718	16600	18550	–	18811	2672	2204	17	204	45	–
14958	11930	11174	50	14212	2108	1821	63	122	32	–
12356	10607	11967	438	11940	1930	1598	–	346	–	–
16693	13511	12220	–	14038	2543	2330	–	222	20	–
11730	10891	9610	–	10389	2212	1944	–	149	3	–
4407	4413	4594	–	4851	891	769	–	289	–	–
35888	32903	30206	79	31645	6047	5189	–	356	68	–
15012	19174	16048	21	16476	3233	2744	–	98	32	–
12918	16816	17068	–	17384	2925	2601	–	203	23	–
13946	19640	15041	–	15686	3471	2960	–	335	12	–
15096	17143	15074	–	15394	2490	2265	–	216	–	–
2267	2251	2176	–	2176	406	356	–	–	–	–
1192	880	1250	–	1250	259	236	–	–	–	–
812	402	350	–	453	150	136	–	–	–	–
3116	2737	4311	–	4329	718	658	–	–	28	–
3237	2281	2327	–	1810	696	664	–	109	–	–
2306	3403	4167	–	4167	648	619	–	–	–	–
4038	3905	4036	–	2984	127	123	–	251	–	–
2977	3578	3110	–	3110	435	420	–	40	–	–
4200	5554	2747	–	2747	838	743	–	22	–	–
778	970	508	–	508	326	290	–	10	–	–
1272	1300	1789	–	1789	322	282	–	–	–	–

中 等 职 业 教

省辖市直管县	校 数 （所）			毕业生数	招生数	学 生		
	计	公办	民办			在 校		
						计	其中：女	其中：寄宿生
河南省	**176**	**115**	**61**	**138289**	**142788**	**423420**	**190379**	**290613**
郑州市	30	21	9	29504	32396	95920	31957	63123
开封市	13	7	6	11225	14178	32787	17677	15439
洛阳市	25	14	11	24858	25230	79115	34755	56784
平顶山市	11	9	2	7298	6450	23085	12017	16452
安阳市	7	3	4	2412	3547	9070	3956	7945
鹤壁市	1	1	-	1389	443	2190	891	1000
新乡市	8	3	5	3310	3354	11105	4881	5260
焦作市	6	4	2	4655	6187	17676	10824	14961
濮阳市	3	2	1	613	412	1994	637	1432
许昌市	6	5	1	3300	6085	14631	8468	10038
漯河市	4	1	3	663	1723	2826	1203	2748
三门峡市	10	10	-	4340	4041	12199	5580	10704
南阳市	11	11	-	10250	11172	31460	13850	23122
商丘市	8	6	2	6713	6392	20540	12659	15645
信阳市	9	4	5	2577	3083	5560	2801	4449
周口市	7	3	4	7610	2852	16260	6737	8041
驻马店市	4	4	-	5551	5266	16738	6755	11822
济源示范区	1	1	-	-	-	-	-	-
巩义市	1	-	1	-	-	-	-	-
兰考县	-	-	-	-	-	-	-	-
汝州市	4	3	1	6636	2757	9756	5674	5909
滑县	-	-	-	-	-	-	-	-
长垣市	-	-	-	-	-	-	-	-
邓州市	1	1	-	2075	1943	5374	2596	1900
永城市	1	-	1	205	1077	2633	1042	2400
固始县	5	2	3	3105	4200	12501	5419	11439
鹿邑县	-	-	-	-	-	-	-	-
新蔡县	-	-	-	-	-	-	-	-

育 基 本 情 况（普通中专学校）

数				预计毕业生数	教职工数			校外教师	行业导师	外籍教师
学 生 数					计	其 中				
一年级	二年级	三年级	四年级以上			专任教师数	其他附设机构人员			
142845	142039	137969	567	147374	20309	17115	80	2945	410	1
32396	31817	31707	-	32869	3425	2819	-	533	115	-
14178	9967	8642	-	11289	1339	1133	-	712	84	-
25230	27636	26249	-	26802	3730	3259	-	312	86	-
6450	7878	8757	-	8787	1676	1517	-	28	-	-
3547	3041	2482	-	2483	608	518	-	4	2	1
466	373	1351	-	1351	148	113	-	-	-	-
3354	3902	3849	-	3849	728	556	17	99	28	-
6187	6025	5414	50	6160	999	787	63	92	32	-
412	689	455	438	542	212	129	-	-	-	-
6085	4415	4131	-	5825	735	662	-	24	20	-
1723	682	421	-	570	231	180	-	14	-	-
4041	4120	4038	-	4295	818	707	-	271	-	-
11172	9252	10957	79	11591	1448	1166	-	220	-	-
6392	7683	6465	-	6878	1395	1131	-	39	9	-
3083	822	1655	-	1954	358	260	-	17	6	-
2886	6620	6754	-	7224	516	480	-	204	-	-
5266	5899	5573	-	5818	380	282	-	103	-	-
-	-	-	-	-	-	-	-	-	-	-
-	-	-	-	-	5	-	-	-	-	-
-	-	-	-	-	-	-	-	-	-	-
2757	2688	4311	-	4329	555	508	-	-	28	-
-	-	-	-	-	-	-	-	-	-	-
-	-	-	-	-	-	-	-	-	-	-
1943	1625	1806	-	1806	127	123	-	251	-	-
1077	1351	205	-	205	113	113	-	-	-	-
4200	5554	2747	-	2747	763	672	-	22	-	-
-	-	-	-	-	-	-	-	-	-	-
-	-	-	-	-	-	-	-	-	-	-

中 等 职 业 教

省辖市直管县	校数(所)			毕业生数	招生数	学生		
							在	校
	计	公办	民办			计	其中：女	其中：寄宿生
河 南 省	**128**	**81**	**47**	**49973**	**48005**	**113253**	**34504**	**98449**
郑 州 市	53	8	45	45008	47667	112012	-	97387
开 封 市	5	5	-	118	211	489	33904	445
洛 阳 市	5	4	1	165	127	606	145	471
平顶山市	-	-	-	-	-	-	387	-
安 阳 市	3	2	1	-	-	-	-	-
鹤 壁 市	-	-	-	-	-	-	-	-
新 乡 市	1	1	-	-	-	-	-	-
焦 作 市	6	6	-	-	-	-	-	-
濮 阳 市	4	4	-	-	-	-	-	-
许 昌 市	6	6	-	-	-	-	-	-
漯 河 市	4	4	-	-	-	-	-	-
三门峡市	5	5	-	86	-	-	-	-
南 阳 市	8	8	-	-	-	-	-	-
商 丘 市	9	9	-	391	-	146	-	146
信 阳 市	3	3	-	-	-	-	68	-
周 口 市	-	-	-	-	-	-	-	-
驻马店市	9	9	-	4205	-	-	-	-
济源示范区	1	1	-	-	-	-	-	-
巩 义 市	-	-	-	-	-	-	-	-
兰 考 县	1	1	-	-	-	-	-	-
汝 州 市	1	1	-	-	-	-	-	-
滑 县	1	1	-	-	-	-	-	-
长 垣 市	-	-	-	-	-	-	-	-
邓 州 市	-	-	-	-	-	-	-	-
永 城 市	1	1	-	-	-	-	-	-
固 始 县	-	-	-	-	-	-	-	-
鹿 邑 县	-	-	-	-	-	-	-	-
新 蔡 县	2	2	-	-	-	-	-	-

育 基 本 情 况(成人中专学校)

数					教职工数			校外教师	行业导师	外籍教师
学生数				预计毕业生数	计	其中				
一年级	二年级	三年级	四年级以上			专任教师数	其他附设机构人员			
48655	**31274**	**33300**	**24**	**41434**	**9919**	**7682**	**–**	**3386**	**159**	**–**
48317	30921	32750	24	40765	7122	5315	–	3312	159	–
211	115	163	–	282	217	187	–	5	–	–
127	238	241	–	241	155	142	–	8	–	–
–	–	–	–	–	–	–	–	–	–	–
–	–	–	–	–	45	34	–	–	–	–
–	–	–	–	–	–	–	–	–	–	–
–	–	–	–	–	–	–	–	–	–	–
–	–	–	–	–	147	132	–	–	–	–
–	–	–	–	–	136	102	–	–	–	–
–	–	–	–	–	255	218	–	8	–	–
–	–	–	–	–	123	94	–	–	–	–
–	–	–	–	–	52	49	–	18	–	–
–	–	–	–	–	249	211	–	–	–	–
–	–	146	–	146	536	451	–	19	–	–
–	–	–	–	–	131	55	–	4	–	–
–	–	–	–	–	–	–	–	–	–	–
–	–	–	–	–	374	347	–	12	–	–
–	–	–	–	–	36	33	–	–	–	–
–	–	–	–	–	–	–	–	–	–	–
–	–	–	–	–	60	56	–	–	–	–
–	–	–	–	–	66	66	–	–	–	–
–	–	–	–	–	120	110	–	–	–	–
–	–	–	–	–	–	–	–	–	–	–
–	–	–	–	–	–	–	–	–	–	–
–	–	–	–	–	50	46	–	–	–	–
–	–	–	–	–	–	–	–	–	–	–
–	–	–	–	–	–	–	–	–	–	–
–	–	–	–	–	45	34	–	–	–	–

中 等 职 业 教

省辖市直管县	校 数（所）			毕业生数	招生数	学 生		
							在 校	
	计	公办	民办			计	其中：女	其中：寄宿生
河南省	242	160	82	144815	162898	470828	195464	373131
郑州市	20	18	2	21247	24657	69670	29389	41833
开封市	13	8	5	4124	5832	13668	5204	8398
洛阳市	5	5	-	2962	3795	9939	4414	9939
平顶山市	-	-	-	-	-	-	-	-
安阳市	5	4	1	6556	7705	23181	10536	15449
鹤壁市	4	4	-	2782	3817	9322	4034	4609
新乡市	16	10	6	9944	10331	32419	12471	28067
焦作市	10	8	2	3328	6685	15622	6239	12435
濮阳市	12	10	2	10955	11373	31046	13002	19617
许昌市	12	7	5	8502	9726	25184	9689	22567
漯河市	14	10	4	9617	9732	28063	12502	23826
三门峡市	3	-	3	9	10	39	14	39
南阳市	51	24	27	14715	22508	61678	25672	55842
商丘市	9	8	1	6188	5675	20181	8206	17907
信阳市	14	11	3	13840	8777	36736	14745	29852
周口市	26	13	13	8637	10546	29741	13403	24399
驻马店市	9	9	-	9159	8627	26396	10117	21669
济源示范区	1	1	-	1111	1718	4592	1884	4547
巩义市	2	1	1	1032	1176	3132	1210	3132
兰考县	2	1	1	465	812	1564	598	1564
汝州市	3	-	3	-	359	408	161	103
滑县	3	2	1	2085	3237	7845	3251	7845
长垣市	1	1	-	3493	1946	8026	3060	8026
邓州市	-	-	-	-	-	-	-	-
永城市	3	3	-	1499	1804	5759	2455	5294
固始县	-	-	-	263	-	-	-	-
鹿邑县	2	1	1	556	778	2256	857	1811
新蔡县	2	1	1	1746	1272	4361	2351	4361

育基本情况(职业高中学校)

数				预计毕业生数	教职工数			校外教师	行业导师	外籍教师
学 生 数					计	其 中				
一年级	二年级	三年级	四年级以上			专任教师数	其他附设机构人员			
162911	**159934**	**147983**	**-**	**155919**	**29618**	**26503**	**-**	**1759**	**289**	**-**
24657	20689	24324	-	26584	3357	3033	-	-	93	-
5832	3767	4069	-	5740	984	809	-	41	22	-
3795	3242	2902	-	2902	654	638	-	-	-	-
-	-	-	-	-	-	-	-	-	-	-
7705	8589	6887	-	6903	1525	1328	-	127	34	-
3817	2397	3108	-	3186	538	477	-	87	-	-
10331	11843	10245	-	10506	1792	1529	-	80	17	-
6685	4675	4262	-	6554	962	902	-	30	-	-
11373	9167	10506	-	10445	1578	1363	-	346	-	-
9726	8218	7240	-	7364	1553	1450	-	190	-	-
9732	9764	8567	-	9197	1858	1670	-	135	3	-
10	-	29	-	29	21	13	-	-	-	-
22521	21888	17269	-	18074	4196	3668	-	136	68	-
5675	7611	6895	-	6895	1302	1162	-	40	23	-
8777	13818	14141	-	14158	2372	2226	-	166	17	-
10546	12160	7035	-	7217	2441	2025	-	131	12	-
8627	9703	8066	-	8141	1736	1636	-	101	-	-
1718	1514	1360	-	1360	370	323	-	-	-	-
1176	880	1076	-	1076	254	236	-	-	-	-
812	402	350	-	453	90	80	-	-	-	-
359	49	-	-	-	97	84	-	-	-	-
3237	2281	2327	-	1810	576	554	-	109	-	-
1946	2933	3147	-	3147	585	572	-	-	-	-
-	-	-	-	-	-	-	-	-	-	-
1804	2074	1881	-	1881	272	261	-	40	-	-
-	-	-	-	-	-	-	-	-	-	-
778	970	508	-	508	228	216	-	-	-	-
1272	1300	1789	-	1789	277	248	-	-	-	-

中 等 职 业

省辖市直管县	毕业生数			招 生 数			
	计	其中 获得职业资格证书	其中 获得职业技能等级证书	计	其中:应届毕业生 计	其中: 初中毕业生	其中: 五年制高职中职段
河 南 省	**379808**	**240366**	**138659**	**381896**	**333686**	**323701**	**34109**
郑 州 市	107673	65466	33712	112651	92510	86439	9585
开 封 市	17982	10564	5731	20670	12470	12336	618
洛 阳 市	29780	22019	13364	29464	28681	27915	1076
平顶山市	8667	6442	5145	7318	7150	7150	394
安 阳 市	13216	9159	6276	12931	12885	12866	1606
鹤 壁 市	5170	4051	2333	4993	4648	4266	455
新 乡 市	19516	13735	9437	14717	14119	14011	2396
焦 作 市	9245	4393	1899	14958	11375	11343	1351
濮 阳 市	12319	10672	5894	12356	11608	11608	152
许 昌 市	12595	8594	7977	16693	12473	11884	1897
漯 河 市	11014	8302	4984	11730	10866	10367	355
三门峡市	4847	1649	1047	4407	4171	3874	136
南 阳 市	27067	15574	7610	35875	31530	31338	4301
商 丘 市	16186	11456	6275	15012	14411	14411	3442
信 阳 市	17274	14405	4837	12918	11911	11314	1015
周 口 市	17105	8566	5047	13912	12941	12814	773
驻马店市	20245	9426	8709	15096	14283	14261	1172
济源示范区	1941	16	-	2267	2267	2267	597
巩 义 市	1175	1175	982	1192	1192	1192	16
兰 考 县	465	356	352	812	812	812	-
汝 州 市	6636	574	9	3116	2743	2615	350
滑 县	2085	831	605	3237	3086	3086	-
长 垣 市	4571	3433	3433	2306	2289	2289	93
邓 州 市	4778	3711	1600	4038	4038	4038	1212
永 城 市	2586	1016	190	2977	2977	2977	96
固 始 县	3368	2909	307	4200	4200	4178	1021
鹿 邑 县	556	449	1	778	778	778	-
新 蔡 县	1746	1423	903	1272	1272	1272	-

注:本表不含技工学校数据。

教 育 学 生 数

在校生数						预计毕业生数	
合计	其中：女	一年级	二年级	三年级	四年级以上	计	其中：五年制高职中职段
1119505	467596	382617	370202	365731	955	390225	38959
308990	106183	113301	95308	100034	347	111647	13172
55107	26076	20670	16530	17907	-	22337	367
91257	40178	29464	31278	30495	20	31031	1020
26363	13586	7318	8940	10105	-	10135	677
40244	18038	12931	13769	13544	-	13525	1607
13827	5644	5016	3488	5323	-	5401	687
49868	21064	14718	16600	18550	-	18811	1305
38112	18832	14958	11930	11174	50	14212	1346
35368	14415	12356	10607	11967	438	11940	760
42424	18904	16693	13511	12220	-	14038	2174
32231	14227	11730	10891	9610	-	10389	1369
13414	6038	4407	4413	4594	-	4851	230
99076	41928	35888	32903	30206	79	31645	4018
50255	23994	15012	19174	16048	21	16476	3386
46802	19870	12918	16816	17068	-	17384	1089
48627	21468	13946	19640	15041	-	15686	1195
47313	19344	15096	17143	15074	-	15394	1435
6694	2767	2267	2251	2176	-	2176	702
3322	1284	1192	880	1250	-	1250	174
1564	598	812	402	350	-	453	-
10164	5835	3116	2737	4311	-	4329	728
7845	3251	3237	2281	2327	-	1810	-
9876	3579	2306	3403	4167	-	4167	131
11979	7834	4038	3905	4036	-	2984	-
9665	4032	2977	3578	3110	-	3110	808
12501	5419	4200	5554	2747	-	2747	579
2256	857	778	970	508	-	508	-
4361	2351	1272	1300	1789	-	1789	-

中等职业教育在

省辖市直管县	中共党员	共青团员	香 港
河 南 省	110	130339	5
郑 州 市	87	32313	4
开 封 市	-	8630	-
洛 阳 市	4	10229	-
平顶山市	-	3255	-
安 阳 市	-	3313	-
鹤 壁 市	-	1075	-
新 乡 市	-	4136	-
焦 作 市	1	7332	-
濮 阳 市	-	6269	1
许 昌 市	2	5179	-
漯 河 市	-	2480	-
三门峡市	3	1138	-
南 阳 市	6	10087	-
商 丘 市	-	8761	-
信 阳 市	-	6610	-
周 口 市	1	5368	-
驻马店市	-	5398	-
济源示范区	-	363	-
巩 义 市	-	279	-
兰 考 县	-	113	-
汝 州 市	6	1301	-
滑 县	-	441	-
长 垣 市	-	553	-
邓 州 市	-	2069	-
永 城 市	-	1105	-
固 始 县	-	1066	-
鹿 邑 县	-	204	-
新 蔡 县	-	1272	-

校生中其他情况

澳 门	台 湾	华 侨	少数民族	残疾人
-	2	-	6471	1102
-	1	-	2354	261
-	-	-	293	22
-	-	-	307	123
-	-	-	277	26
-	-	-	27	95
-	-	-	2	22
-	-	-	136	56
-	-	-	385	83
-	-	-	17	32
-	-	-	297	25
-	-	-	193	48
-	-	-	49	21
-	1	-	878	5
-	-	-	377	55
-	-	-	46	52
-	-	-	312	52
-	-	-	120	5
-	-	-	99	22
-	-	-	-	24
-	-	-	-	1
-	-	-	13	7
-	-	-	-	13
-	-	-	6	-
-	-	-	210	36
-	-	-	-	-
-	-	-	73	16
-	-	-	-	-
-	-	-	-	-

中等职业教育专任教师专业

省辖市直管县	专任教师数	专业技术职务情况					占专任教师总数的比例(%)			
		正高级	副高级	中级	初级	未定职级	正高级	副高级	中级	初级
河南省	55777	339	10828	17893	14651	12066	0.61	19.41	32.08	26.27
郑州市	12746	131	1831	3371	3048	4365	1.03	14.37	26.45	23.91
开封市	2235	6	423	778	544	484	0.27	18.93	34.81	24.34
洛阳市	4106	14	733	1238	1154	967	0.34	17.85	30.15	28.11
平顶山市	1676	7	436	645	370	218	0.42	26.01	38.48	22.08
安阳市	2160	9	519	753	499	380	0.42	24.03	34.86	23.10
鹤壁市	748	5	213	293	154	83	0.67	28.48	39.17	20.59
新乡市	2344	21	495	742	530	556	0.90	21.12	31.66	22.61
焦作市	2038	10	524	846	562	96	0.49	25.71	41.51	27.58
濮阳市	1627	7	404	579	497	140	0.43	24.83	35.59	30.55
许昌市	2351	11	478	706	815	341	0.47	20.33	30.03	34.67
漯河市	1753	32	398	626	373	324	1.83	22.70	35.71	21.28
三门峡市	841	2	217	374	241	7	0.24	25.80	44.47	28.66
南阳市	4893	27	840	1447	1452	1127	0.55	17.17	29.57	29.68
商丘市	3133	16	711	1277	809	320	0.51	22.69	40.76	25.82
信阳市	2856	5	465	875	803	708	0.18	16.28	30.64	28.12
周口市	3024	15	587	1089	962	371	0.50	19.41	36.01	31.81
驻马店市	2285	9	509	779	537	451	0.39	22.28	34.09	23.50
济源示范区	454	2	113	195	120	24	0.44	24.89	42.95	26.43
巩义市	254	-	118	81	46	9	-	46.46	31.89	18.11
兰考县	136	-	20	34	58	24	-	14.71	25.00	42.65
汝州市	658	3	125	154	117	259	0.46	19.00	23.40	17.78
滑县	664	2	102	220	269	71	0.30	15.36	33.13	40.51
长垣市	724	2	167	178	377	-	0.28	23.07	24.59	52.07
邓州市	303	1	48	77	53	124	0.33	15.84	25.41	17.49
永城市	453	2	95	131	84	141	0.44	20.97	28.92	18.54
固始县	743	-	106	149	46	442	-	14.27	20.05	6.19
鹿邑县	290	-	66	147	64	13	-	22.76	50.69	22.07
新蔡县	282	-	85	109	67	21	-	30.14	38.65	23.76

技术职务、学历及构成情况

	学历构成情况					占专任教师总数的比例（%）				
未定职级	博士研究生	硕士研究生	本科	专科	高中阶段及以下	博士研究生	硕士研究生	本科	专科	高中阶段及以下
21.63	35	5253	47526	2926	37	**0.06**	**9.42**	**85.21**	**5.25**	**0.07**
34.25	20	1884	9705	1131	6	0.16	14.78	76.14	8.87	0.05
21.66	3	255	1850	118	9	0.13	11.41	82.77	5.28	0.40
23.55	-	309	3619	176	2	-	7.53	88.14	4.29	0.05
13.01	-	67	1536	73	-	-	4.00	91.65	4.36	-
17.59	-	169	1939	50	2	-	7.82	89.77	2.31	0.09
11.10	-	86	650	12	-	-	11.50	86.90	1.60	-
23.72	1	180	2075	87	1	0.04	7.68	88.52	3.71	0.04
4.71	1	115	1746	175	1	0.05	5.64	85.67	8.59	0.05
8.60	-	81	1443	96	7	-	4.98	88.69	5.90	0.43
14.50	-	265	1983	101	2	-	11.27	84.35	4.30	0.09
18.48	4	287	1343	115	4	0.23	16.37	76.61	6.56	0.23
0.83	-	51	750	39	1	-	6.06	89.18	4.64	0.12
23.03	2	246	4532	113	-	0.04	5.03	92.62	2.31	-
10.21	2	514	2524	93	-	0.06	16.41	80.56	2.97	-
24.79	-	216	2570	70	-	-	7.56	89.99	2.45	-
12.27	2	132	2720	170	-	0.07	4.37	89.95	5.62	-
19.74	-	92	2161	32	-	-	4.03	94.57	1.40	-
5.29	-	81	373	-	-	-	17.84	82.16	-	-
3.54	-	14	239	1	-	-	5.51	94.09	0.39	-
17.65	-	4	132	-	-	-	2.94	97.06	-	-
39.36	-	15	620	23	-	-	2.28	94.22	3.50	-
10.69	-	19	628	17	-	-	2.86	94.58	2.56	-
-	-	75	649	-	-	-	10.36	89.64	-	-
40.92	-	35	261	7	-	-	11.55	86.14	2.31	-
31.13	-	23	425	5	-	-	5.08	93.82	1.10	-
59.49	-	23	532	188	-	-	3.10	71.60	25.30	-
4.48	-	11	244	33	2	-	3.79	84.14	11.38	0.69
7.45	-	4	277	1	-	-	1.42	98.23	0.35	-

中等职业教育专任

省辖市直管县	专任教师分年龄情况								
	计	29岁以下	30-34岁	35-39岁	40-44岁	45-49岁	50-54岁	55-59岁	60-64岁	65岁以上
河南省	55777	11733	9052	8218	8717	7683	6581	3644	141	8
郑州市	12746	3209	2635	2365	1953	1212	848	451	68	5
开封市	2235	364	343	407	370	362	244	134	10	1
洛阳市	4106	851	604	559	658	600	533	292	9	-
平顶山市	1676	292	177	192	225	291	350	143	6	-
安阳市	2160	339	239	255	406	399	366	154	1	1
鹤壁市	748	143	114	78	107	89	117	100	-	-
新乡市	2344	445	302	221	316	432	351	271	6	-
焦作市	2038	192	233	308	289	308	450	253	5	-
濮阳市	1627	170	163	175	292	397	299	131	-	-
许昌市	2351	525	448	317	331	290	268	169	3	-
漯河市	1753	359	324	242	243	253	240	81	11	-
三门峡市	841	23	65	142	171	209	168	61	2	-
南阳市	4893	1524	738	484	513	638	580	411	5	-
商丘市	3133	555	687	611	520	361	271	125	3	-
信阳市	2856	756	499	397	409	292	305	198	-	-
周口市	3024	487	373	469	703	456	328	202	5	1
驻马店市	2285	442	310	345	316	364	312	189	7	-
济源示范区	454	28	56	67	109	97	85	12	-	-
巩义市	254	8	19	13	72	46	67	29	-	-
兰考县	136	33	30	10	12	27	15	9	-	-
汝州市	658	239	87	46	66	78	83	59	-	-
滑县	664	134	80	79	142	103	86	40	-	-
长垣市	724	138	197	130	107	76	49	27	-	-
邓州市	303	125	56	43	19	14	14	32	-	-
永城市	453	111	86	76	75	48	40	17	-	-
固始县	743	176	92	106	158	115	60	36	-	-
鹿邑县	290	8	26	35	99	79	32	11	-	-
新蔡县	282	57	69	46	36	47	20	7	-	-

教师年龄及构成情况

占专任教师总数的比例（%）								
29岁以下	30－34岁	35－39岁	40－44岁	45－49岁	50－54岁	55－59岁	60－64岁	65岁以上
21.04	**16.23**	**14.73**	**15.63**	**13.77**	**11.80**	**6.53**	**0.25**	**0.01**
25.18	20.67	18.55	15.32	9.51	6.65	3.54	0.53	0.04
16.29	15.35	18.21	16.55	16.20	10.92	6.00	0.45	0.04
20.73	14.71	13.61	16.03	14.61	12.98	7.11	0.22	–
17.42	10.56	11.46	13.42	17.36	20.88	8.53	0.36	–
15.69	11.06	11.81	18.80	18.47	16.94	7.13	0.05	0.05
19.12	15.24	10.43	14.30	11.90	15.64	13.37	–	–
18.98	12.88	9.43	13.48	18.43	14.97	11.56	0.26	–
9.42	11.43	15.11	14.18	15.11	22.08	12.41	0.25	–
10.45	10.02	10.76	17.95	24.40	18.38	8.05	–	–
22.33	19.06	13.48	14.08	12.34	11.40	7.19	0.13	–
20.48	18.48	13.80	13.86	14.43	13.69	4.62	0.63	–
2.73	7.73	16.88	20.33	24.85	19.98	7.25	0.24	–
31.15	15.08	9.89	10.48	13.04	11.85	8.40	0.10	–
17.71	21.93	19.50	16.60	11.52	8.65	3.99	0.10	–
26.47	17.47	13.90	14.32	10.22	10.68	6.93	–	–
16.10	12.33	15.51	23.25	15.08	10.85	6.68	0.17	0.03
19.34	13.57	15.10	13.83	15.93	13.65	8.27	0.31	–
6.17	12.33	14.76	24.01	21.37	18.72	2.64	–	–
3.15	7.48	5.12	28.35	18.11	26.38	11.42	–	–
24.26	22.06	7.35	8.82	19.85	11.03	6.62	–	–
36.32	13.22	6.99	10.03	11.85	12.61	8.97	–	–
20.18	12.05	11.90	21.39	15.51	12.95	6.02	–	–
19.06	27.21	17.96	14.78	10.50	6.77	3.73	–	–
41.25	18.48	14.19	6.27	4.62	4.62	10.56	–	–
24.50	18.98	16.78	16.56	10.60	8.83	3.75	–	–
23.69	12.38	14.27	21.27	15.48	8.08	4.85	–	–
2.76	8.97	12.07	34.14	27.24	11.03	3.79	–	–
20.21	24.47	16.31	12.77	16.67	7.09	2.48	–	–

中等职业教育分大

省辖市直管县	专任教师数		专						
	计	其中：实习指导课	农林牧渔大类	资源环境与安全大类	能源动力与材料大类	土木建筑大类	水利大类	装备制造大类	生物与化工大类
河南省	55777	2452	2451	226	241	1028	92	2268	281
郑州市	12746	582	946	32	81	164	25	432	36
开封市	2235	133	60	-	13	45	-	75	3
洛阳市	4106	207	103	6	24	91	4	190	15
平顶山市	1676	21	37	-	-	12	27	69	6
安阳市	2160	67	71	2	4	44	-	78	5
鹤壁市	748	48	25	6	14	5	2	32	2
新乡市	2344	21	108	59	2	57	-	75	-
焦作市	2038	41	70	3	16	51	-	35	31
濮阳市	1627	48	23	5	11	29	-	40	22
许昌市	2351	116	35	30	5	23	-	169	-
漯河市	1753	87	95	2	-	5	-	64	2
三门峡市	841	86	26	17	1	15	2	60	15
南阳市	4893	291	144	2	5	76	2	282	42
商丘市	3133	73	185	9	12	45	-	162	13
信阳市	2856	445	137	32	13	98	3	85	18
周口市	3024	92	65	8	12	108	15	109	1
驻马店市	2285	39	137	3	8	41	3	99	9
济源示范区	454	-	17	-	-	2	-	40	19
巩义市	254	-	8	-	2	-	6	27	20
兰考县	136	-	4	-	-	-	-	5	-
汝州市	658	1	29	-	1	2	-	7	10
滑县	664	-	27	-	-	30	-	3	-
长垣市	724	25	26	-	-	78	1	36	-
邓州市	303	2	5	-	6	-	-	23	-
永城市	453	5	49	2	5	7	2	9	2
固始县	743	-	7	8	-	-	-	47	10
鹿邑县	290	-	12	-	-	6	-	-	-
新蔡县	282	22	-	-	-	-	-	15	-

类专任教师情况

业				课								公共基础课
轻工纺织大类	食品药品与粮食大类	交通运输大类	电子与信息大类	医药卫生大类	财经商贸大类	旅游大类	文化艺术大类	新闻传播大类	教育与体育大类	公安与司法大类	公共管理与服务大类	
279	**371**	**2034**	**6102**	**2046**	**2850**	**1044**	**4502**	**330**	**6012**	**107**	**577**	**22936**
74	35	723	1522	344	965	207	1016	95	1213	47	196	4593
24	23	47	242	275	67	26	180	3	446	–	13	693
14	18	160	448	51	158	110	427	97	222	1	76	1891
1	4	43	145	314	84	8	135	–	165	11	2	613
5	1	50	257	16	208	46	216	1	151	3	8	994
16	18	21	78	12	27	12	69	1	75	1	19	313
2	18	48	238	23	57	47	176	8	188	–	32	1206
2	6	40	142	226	75	71	211	3	199	–	5	852
–	–	77	272	–	44	5	185	–	239	–	6	669
5	2	84	306	52	131	49	182	6	395	1	20	856
22	47	62	129	198	61	24	109	14	147	–	5	767
–	3	13	86	46	25	18	83	1	63	1	–	366
7	19	89	527	181	245	76	357	3	787	9	12	2028
5	5	94	321	63	80	47	198	1	417	3	50	1423
21	43	99	223	58	116	79	131	13	325	6	67	1289
52	18	106	353	43	89	64	289	26	368	3	14	1281
10	29	109	295	23	146	42	118	11	214	–	–	988
1	5	1	26	2	15	6	44	–	22	–	–	254
–	12	8	27	–	19	10	26	6	25	–	–	58
–	–	–	7	–	3	1	11	–	8	–	–	97
–	–	35	67	45	31	34	74	4	80	20	21	198
–	4	15	52	–	29	15	38	9	18	–	–	424
–	15	28	84	30	65	8	93	2	5	1	3	249
–	2	7	23	24	15	5	20	–	24	–	5	144
18	2	5	88	1	37	3	6	–	2	–	3	212
–	42	48	104	19	23	16	75	11	32	–	3	298
–	–	–	14	–	–	–	18	–	135	–	–	105
–	–	22	26	–	35	15	15	15	47	–	17	75

中等职业教育专任教师授课

省辖市直管县	总计	专任教师授课情况								
		本学年授课专任教师					本学年不授课专任教师			
		计	公共基础课	其中：思政课	专业（技能）课程	其中：双师型	计	进修	病休	其他
河南省	55777	55024	23347	3749	31677	14325	753	73	57	623
郑州市	12746	12648	4875	870	7773	3164	98	3	28	67
开封市	2235	2235	713	102	1522	648	-	-	-	-
洛阳市	4106	4105	1891	244	2214	979	1	-	-	1
平顶山市	1676	1569	613	139	956	356	107	-	8	99
安阳市	2160	2160	994	145	1166	653	-	-	-	-
鹤壁市	748	735	324	64	411	277	13	-	-	13
新乡市	2344	2341	1235	164	1106	580	3	-	3	-
焦作市	2038	1948	831	92	1117	590	90	2	4	84
濮阳市	1627	1573	688	85	885	351	54	53	1	-
许昌市	2351	2348	873	214	1475	774	3	-	3	-
漯河市	1753	1704	764	111	940	441	49	-	6	43
三门峡市	841	833	367	45	466	298	8	-	-	8
南阳市	4893	4845	2025	328	2820	1214	48	-	3	45
商丘市	3133	3133	1423	282	1710	740	-	-	-	-
信阳市	2856	2856	1297	219	1559	669	-	-	-	-
周口市	3024	2929	1304	182	1625	764	95	15	1	79
驻马店市	2285	2285	1016	164	1269	582	-	-	-	-
济源示范区	454	421	254	23	167	47	33	-	-	33
巩义市	254	254	58	9	196	145	-	-	-	-
兰考县	136	136	97	15	39	26	-	-	-	-
汝州市	658	507	198	37	309	123	151	-	-	151
滑县	664	664	424	17	240	48	-	-	-	-
长垣市	724	724	249	51	475	405	-	-	-	-
邓州市	303	303	144	27	159	69	-	-	-	-
永城市	453	453	212	31	241	91	-	-	-	-
固始县	743	743	298	60	445	129	-	-	-	-
鹿邑县	290	290	105	12	185	53	-	-	-	-
新蔡县	282	282	75	17	207	109	-	-	-	-

和教职工、专任教师其他情况

教职工和专任教师其他情况											
教职工						其中:专任教师					
中共党员	共青团员	民主党派	华侨	港澳台	少数民族	中共党员	共青团员	民主党派	华侨	港澳台	少数民族
17665	**2609**	**310**	**-**	**-**	**574**	**15928**	**2285**	**287**	**-**	**-**	**536**
4627	966	90	-	-	206	4052	614	78	-	-	187
757	47	51	-	-	56	602	69	41	-	-	51
1334	208	19	-	-	25	1195	145	18	-	-	22
577	79	21	-	-	13	548	79	19	-	-	13
668	73	30	-	-	9	715	203	33	-	-	10
175	6	6	-	-	4	212	43	10	-	-	3
579	54	4	-	-	10	538	47	4	-	-	9
827	7	11	-	-	11	695	8	9	-	-	11
482	46	20	-	-	-	464	49	17	-	-	1
965	73	15	-	-	24	742	126	12	-	-	28
540	123	4	-	-	23	446	96	5	-	-	21
355	3	5	-	-	2	266	2	5	-	-	2
1591	223	18	-	-	85	1473	212	18	-	-	73
793	22	1	-	-	25	734	37	-	-	-	20
661	337	-	-	-	5	589	314	2	-	-	7
809	152	1	-	-	48	745	105	2	-	-	42
694	45	11	-	-	16	675	36	11	-	-	15
102	6	3	-	-	1	138	8	3	-	-	3
89	-	-	-	-	-	92	2	-	-	-	-
25	13	-	-	-	-	23	13	-	-	-	-
201	50	-	-	-	-	180	29	-	-	-	-
140	-	-	-	-	1	131	-	-	-	-	1
252	-	-	-	-	-	252	-	-	-	-	-
40	31	-	-	-	1	97	3	-	-	-	8
106	25	-	-	-	-	99	25	-	-	-	-
136	19	-	-	-	9	123	19	-	-	-	9
79	-	-	-	-	-	47	-	-	-	-	-
61	1	-	-	-	-	55	1	-	-	-	-

中等职业教育专任

省辖市直管县	接受过培训的专任教师	按学时分			
		36学时以下	37-72学时	73-108学时	109学时以上
河南省	**40545**	**7327**	**11351**	**11244**	**10623**
郑州市	8488	2329	2189	2124	1846
开封市	1454	324	336	486	308
洛阳市	2955	605	988	889	473
平顶山市	1062	10	—	397	655
安阳市	1724	23	994	451	256
鹤壁市	380	173	48	100	59
新乡市	1593	516	542	255	280
焦作市	1737	89	502	732	414
濮阳市	1271	49	356	256	610
许昌市	1819	503	281	565	470
漯河市	1091	123	103	714	151
三门峡市	778	70	216	414	78
南阳市	4098	541	1439	1123	995
商丘市	1797	273	447	388	689
信阳市	2264	784	380	330	770
周口市	2504	622	768	697	417
驻马店市	2147	113	462	662	910
济源示范区	353	—	—	162	191
巩义市	236	—	183	31	22
兰考县	122	11	23	36	52
汝州市	419	23	228	16	152
滑县	501	14	354	102	31
长垣市	235	55	89	34	57
邓州市	374	20	69	166	119
永城市	368	—	—	40	328
固始县	307	43	70	68	126
鹿邑县	248	14	64	6	164
新蔡县	220	—	220	—	—

注：按层次分中有同一个教师参加不同层次培训的情况，所以按层次分之和大于接受培训的专任教师总人数。

教师接受培训情况

按 层 次 划 分					
国家级	省级	地级	县级	校级	国(境)外
3493	**10398**	**9884**	**8927**	**22800**	**-**
553	1968	1587	1200	5876	-
54	389	160	395	654	-
189	762	717	1121	1694	-
392	235	818	115	374	-
73	163	716	30	791	-
25	133	92	-	130	-
152	534	272	373	711	-
92	659	704	702	851	-
101	490	256	271	370	-
196	329	285	340	1097	-
158	269	634	165	477	-
246	200	160	171	598	-
324	1120	637	1061	2095	-
65	287	575	354	1061	-
125	534	421	551	1172	-
281	538	719	569	1135	-
129	942	505	532	1490	-
60	140	327	-	352	-
28	16	21	187	12	-
7	82	2	2	79	-
18	43	129	187	186	-
26	89	19	129	362	-
21	79	15	31	199	-
86	115	25	8	374	-
44	34	12	195	367	-
24	120	35	103	35	-
12	34	41	21	162	-
12	94	-	114	96	-

中等职业学校占地面积及

省辖市直管县	占地面积(平方米)			校园足球场(个)		
	计	其中		计	其中	
		绿化用地面积	运动场地面积		11人制足球场	7人制足球场
河南省	38199031.73	6985293.89	5178062.39	304	155	84
郑州市	7540630.54	1258241.63	1163874.09	52	26	16
开封市	2440762.02	220125.07	251942.52	25	10	10
洛阳市	2707880.61	535852.68	363830.47	20	14	3
平顶山市	1077750.83	219170.36	151603.05	11	5	4
安阳市	1802228.39	551857.22	278719.87	20	9	3
鹤壁市	250792.23	60029.60	49008.96	4	1	3
新乡市	2290825.07	313791.46	229995.10	17	8	6
焦作市	1347800.68	362507.91	257518.26	18	9	5
濮阳市	1043010.12	262671.75	148287.10	7	5	—
许昌市	2249319.23	412090.03	254191.60	24	13	8
漯河市	1444820.09	198675.32	190281.79	15	6	3
三门峡市	570681.54	106635.34	89296.96	3	2	1
南阳市	2672858.27	435029.32	436996.20	22	14	3
商丘市	1757125.62	173664.92	258347.13	15	8	5
信阳市	2597768.46	412953.23	200131.43	8	4	3
周口市	2268692.32	502984.36	289562.13	20	6	7
驻马店市	1548571.58	364689.30	219061.45	6	5	1
济源示范区	197361.64	75000.00	5000.00	1	—	1
巩义市	118765.93	23767.00	33869.00	1	1	—
兰考县	131020.00	32640.00	24380.00	1	1	—
汝州市	494582.74	153697.00	51615.01	7	2	2
滑县	446065.38	70722.00	50283.12	1	1	—
长垣市	203474.61	41087.30	45814.70	2	2	—
邓州市	80000.40	5936.35	7500.00	—	—	—
永城市	149910.00	56869.00	24486.00	2	1	—
固始县	351636.67	62185.74	65058.00	2	2	—
鹿邑县	191215.00	55620.00	21432.45	—	—	—
新蔡县	223481.76	16800.00	15976.00	—	—	—

其他办学条件(总计:学校产权+非学校产权独立使用)(一)

	图　书（册）		数　字　资　源　量			
5人制足球场	计	其中：当年新增	电子图书（册）	电子期刊（册）	学位论文（册）	音视频（小时）
65	**25387909**	**5607614**	**13175243**	**343408**	**3745**	**462593**
10	6239268	1942957	4330876	89036	1699	189232
5	1666379	489482	940966	74565	–	23202
3	1545935	453346	463487	46521	–	6209
2	695750	175008	600000	6468	–	3293
8	743570	145149	200047	448	102	960
–	194114	24213	238321	3249	226	4303
3	1043798	167376	683443	120	–	6317
4	1266595	169203	649184	26020	–	67358
2	706614	8833	1056709	49720	–	4668
3	1213089	305527	364057	1000	1000	5950
6	1133025	270048	400071	2574	–	779
–	603701	17097	265117	5	5	10356
5	2407240	423028	746722	33347	194	11521
2	1265471	203898	532823	5265	71	87253
1	1143648	66522	75583	730	3	2061
7	1270223	195237	290074	2752	124	5810
–	1105477	204941	733393	381	60	9730
–	24689	–	133	–	–	500
–	100200	28200	1844	2	–	2100
–	11700	5200	–	–	–	–
3	237504	79683	78298	55	–	2880
–	224200	92000	300800	–	–	–
–	151970	42189	50000	237	–	–
–	–	–	–	–	–	–
1	63117	–	365	25	–	–
–	167054	88201	152804	888	261	18093
–	45678	276	26	–	–	18
–	117900	10000	20100	–	–	–

中等职业学校占地面积及

省辖市直管县	职业教育仿真实训资源量（套）				数字
	计	其中			计
		仿真实验软件	仿真实训软件	仿真实习软件	
河　南　省	8566	1838	4891	1837	239677
郑　州　市	1930	404	1215	311	64562
开　封　市	1176	348	242	586	10860
洛　阳　市	776	25	735	16	18963
平顶山市	30	-	30	-	5944
安　阳　市	17	2	13	2	8608
鹤　壁　市	193	10	150	33	5192
新　乡　市	136	25	92	19	10255
焦　作　市	86	15	66	5	8111
濮　阳　市	58	14	32	12	6384
许　昌　市	586	100	360	126	9506
漯　河　市	660	13	644	3	10264
三门峡市	43	3	32	8	3523
南　阳　市	164	24	120	20	19481
商　丘　市	414	104	277	33	8329
信　阳　市	84	14	40	30	9804
周　口　市	498	128	268	102	12281
驻马店市	370	337	19	14	10651
济源示范区	74	-	74	-	1441
巩　义　市	20	-	13	7	1356
兰　考　县	-	-	-	-	175
汝　州　市	31	7	19	5	2517
滑　　县	-	-	-	-	2804
长　垣　市	23	-	23	-	2207
邓　州　市	-	-	-	-	-
永　城　市	84	26	33	25	824
固　始　县	1113	239	394	480	3769
鹿　邑　县	-	-	-	-	281
新　蔡　县	-	-	-	-	1585

其他办学条件(总计:学校产权+非学校产权独立使用)(二)

终端数(台)		教室(间)		固定资产总值(万元)		
其中		计	其中:网络多媒体教室	计	其中:教学、实习仪器设备资产值	
教师终端数	学生终端数				计	当年新增
53084	**173535**	**35516**	**19598**	**2807764.56**	**529962.55**	**73821.58**
12290	47212	7753	4933	571404.32	142768.25	19185.19
2489	8153	2206	938	107013.44	16821.51	1869.31
3669	14981	2987	1697	309312.29	41261.25	4266.88
1121	4579	814	458	74644.85	16418.32	1986.91
2009	6369	1264	629	142735.51	24040.26	2219.43
1102	4054	475	250	30864.37	11729.06	2068.45
2707	7346	1585	918	86817.22	23730.95	2353.68
1928	6341	1552	838	171002.93	19313.74	1024.50
1964	4405	963	707	56346.62	16942.78	2009.09
2631	4362	1283	658	70698.60	21165.12	4500.72
2215	6112	1114	569	71587.94	14625.65	1277.60
1066	2267	634	294	51159.28	11895.47	243.72
4245	14657	2561	1740	177108.59	39721.84	6987.52
2508	5922	2109	935	124070.07	16250.93	2007.79
2173	7430	1895	683	197526.46	20284.41	2859.42
3013	8754	2661	1100	211680.35	34932.13	7597.45
2272	8299	1369	873	138175.19	17623.85	2750.66
449	992	123	107	28532.20	7231.70	152.05
296	1072	107	84	12733.54	3234.08	405.76
80	97	47	47	13417.50	638.00	1.50
440	2131	440	175	41393.06	5851.93	4199.75
524	1643	408	90	30720.62	3014.42	1165.22
563	1632	187	164	18912.12	9199.92	100.00
–	–	–	–	–	–	–
179	547	234	122	11498.09	2061.50	90.09
775	2925	415	366	32367.53	7278.09	2144.38
60	198	114	82	20607.46	731.00	204.50
316	1055	216	141	5434.40	1196.40	150.00

中等职业学校占地面积

省辖市直管县	占地面积(平方米)			校园足球场(个)		
	计	其中		计	其中	
		绿化用地面积	运动场地面积		11人制足球场	7人制足球场
河南省	30062339.25	5788757.33	4257404.53	248	131	66
郑州市	5322369.32	912045.96	865291.00	36	20	11
开封市	1245871.75	121989.52	179895.15	18	8	6
洛阳市	2261294.28	508183.68	321364.47	19	13	3
平顶山市	523997.65	133582.36	96904.05	6	3	3
安阳市	1617453.39	527027.24	224893.24	16	7	1
鹤壁市	250792.23	60029.60	49008.96	4	1	3
新乡市	2054374.99	269313.86	203221.27	15	8	6
焦作市	843053.52	218288.33	189736.50	14	7	3
濮阳市	1007249.12	257041.75	132789.10	7	5	—
许昌市	1606337.23	278837.60	183953.60	15	9	4
漯河市	1274863.09	183740.32	163822.79	13	4	3
三门峡市	538786.03	102035.34	74295.96	3	2	1
南阳市	2437000.76	410043.92	388528.17	22	14	3
商丘市	1560188.54	134429.21	230565.79	13	6	5
信阳市	1767926.71	358446.55	166909.32	8	4	3
周口市	2207891.52	498862.36	271076.13	19	6	7
驻马店市	1409353.94	357967.64	210121.45	6	5	1
济源示范区	197361.64	75000.00	5000.00	1	—	1
巩义市	110965.93	21400.00	31140.00	1	1	—
兰考县	99040.00	27640.00	20380.00	1	1	—
汝州市	191607.99	35571.00	28630.01	4	1	2
滑县	357265.38	65510.00	40283.12	1	1	—
长垣市	181050.41	34360.00	45142.00	2	2	—
邓州市	80000.40	5936.35	7500.00	—	—	—
永城市	149910.00	56869.00	24486.00	2	1	—
固始县	351636.67	62185.74	65058.00	2	2	—
鹿邑县	191215.00	55620.00	21432.45	—	—	—
新蔡县	223481.76	16800.00	15976.00	—	—	—

及其他办学条件(学校产权)(一)

5人制足球场	图 书(册)		数 字 资 源 量			
	计	其中:当年新增	电子图书(册)	电子期刊(册)	学位论文(册)	音视频(小时)
51	23843431	5294247	12746345	264418	3615	455734
5	5613091	1864361	4243082	86269	1569	187883
4	1441235	325162	940356	74185	—	23202
3	1545935	453346	208035	678	—	6209
—	646250	175008	600000	6468	—	3293
8	743570	145149	200047	448	102	960
—	194114	24213	238321	3249	226	4303
1	954995	137376	683443	120	—	6317
4	1228494	131102	649184	26020	—	67358
2	706614	8833	1056709	49720	—	4668
2	1016990	303527	363857	1000	1000	5820
6	1133025	270048	400071	2574	—	779
—	591931	16997	264467	5	5	6876
5	2381740	422828	726722	3347	194	9621
2	1265471	203898	532823	5265	71	87253
1	970264	66472	11691	730	3	2061
6	1245223	195237	290074	2752	124	5810
—	1105477	204941	733393	381	60	9730
—	24689	—	133	—	—	500
—	100200	28200	1844	2	—	2100
—	6700	5200	—	—	—	—
1	237504	79683	78298	55	—	2880
—	144200	92000	300500	—	—	—
—	151970	42189	50000	237	—	—
—	—	—	—	—	—	—
1	63117	—	365	25	—	—
—	167054	88201	152804	888	261	18093
—	45678	276	26	—	—	18
—	117900	10000	20100	—	—	—

中等职业学校占地面积

省辖市直管县	职业教育仿真实训资源量(套)				数字
	计	其 中			计
		仿真实验软件	仿真实训软件	仿真实习软件	
河 南 省	7872	1686	4424	1762	225080
郑 州 市	1742	319	1122	301	58250
开 封 市	1026	298	192	536	9632
洛 阳 市	776	25	735	16	18768
平顶山市	30	-	30	-	5524
安 阳 市	17	2	13	2	8608
鹤 壁 市	193	10	150	33	5192
新 乡 市	109	14	84	11	9576
焦 作 市	86	15	66	5	7961
濮 阳 市	51	12	30	9	6384
许 昌 市	584	99	360	125	8182
漯 河 市	349	13	333	3	7784
三门峡市	43	3	32	8	3313
南 阳 市	164	24	120	20	19380
商 丘 市	414	104	277	33	8265
信 阳 市	75	11	37	27	9128
周 口 市	498	128	268	102	12225
驻马店市	370	337	19	14	10651
济源示范区	74	-	74	-	1441
巩 义 市	20	-	13	7	1356
兰 考 县	-	-	-	-	135
汝 州 市	31	7	19	5	2517
滑 县	-	-	-	-	2142
长 垣 市	23	-	23	-	2207
邓 州 市	-	-	-	-	-
永 城 市	84	26	33	25	824
固 始 县	1113	239	394	480	3769
鹿 邑 县	-	-	-	-	281
新 蔡 县	-	-	-	-	1585

及其他办学条件(学校产权)(二)

终端数(台)		教室(间)		固定资产总值(万元)		
其中		计	其中:网络多媒体教室	计	其中:教学、实习仪器设备资产值	
教师终端数	学生终端数				计	当年新增
50083	**166177**	**28158**	**16285**	**2458813.99**	**502560.56**	**68608.27**
11143	44607	5148	3682	496656.34	133204.85	17126.99
2335	7156	1209	512	96734.44	14639.61	1769.31
3653	14732	2738	1576	304206.31	40782.95	4189.88
1001	4303	538	368	45579.85	15028.32	1986.91
2009	6249	1144	606	133896.76	23927.96	2129.13
1102	4054	475	250	30864.37	11729.06	2068.45
2408	7075	1314	782	78876.87	21569.18	2287.55
1896	5759	970	473	83032.15	18795.54	826.30
1964	4285	843	652	53058.62	16942.78	2009.09
2187	4010	931	491	54935.87	16344.56	4162.72
1743	5966	968	540	69597.45	14405.81	1277.60
1056	2246	613	283	49712.28	11830.87	243.72
4224	14370	2274	1553	157028.88	38671.96	6223.04
2444	5687	1874	798	95833.47	15232.70	1607.79
2037	6758	1223	568	179267.28	18469.21	2759.42
3007	8651	2558	1066	210256.85	34579.13	7597.45
2272	8202	1272	823	126149.19	17567.05	2750.66
449	992	123	107	28532.20	7231.70	152.05
296	1058	93	81	12533.54	3134.08	405.76
62	70	20	20	12069.50	611.00	1.50
440	1997	306	95	23613.74	4830.93	3178.75
462	1593	358	84	27711.62	2564.42	1165.22
563	1632	187	164	18758.92	9199.92	100.00
–	–	–	–	–	–	–
179	547	234	122	11498.09	2061.50	90.09
775	2925	415	366	32367.53	7278.09	2144.38
60	198	114	82	20607.46	731.00	204.50
316	1055	216	141	5434.40	1196.40	150.00

中等职业学校占地面积

省辖市直管县	占地面积(平方米)			校园足球场(个)		
	计	其中		计	其中	
		绿化用地面积	运动场地面积		11人制足球场	7人制足球场
河南省	8136692.48	1196536.56	920657.86	56	24	18
郑州市	2218261.22	346195.67	298583.09	16	6	5
开封市	1194890.27	98135.55	72047.37	7	2	4
洛阳市	446586.33	27669.00	42466.00	1	1	—
平顶山市	553753.18	85588.00	54699.00	5	2	1
安阳市	184775.00	24829.98	53826.63	4	2	2
鹤壁市	—	—	—	—	—	—
新乡市	236450.08	44477.60	26773.83	2	—	—
焦作市	504747.16	144219.58	67781.76	4	2	2
濮阳市	35761.00	5630.00	15498.00	—	—	—
许昌市	642982.00	133252.43	70238.00	9	4	4
漯河市	169957.00	14935.00	26459.00	2	2	—
三门峡市	31895.51	4600.00	15001.00	—	—	—
南阳市	235857.51	24985.40	48468.03	—	—	—
商丘市	196937.08	39235.71	27781.34	2	2	—
信阳市	829841.75	54506.68	33222.11	—	—	—
周口市	60800.80	4122.00	18486.00	1	—	—
驻马店市	139217.64	6721.66	8940.00	—	—	—
济源示范区	—	—	—	—	—	—
巩义市	7800.00	2367.00	2729.00	—	—	—
兰考县	31980.00	5000.00	4000.00	—	—	—
汝州市	302974.75	118126.00	22985.00	3	1	—
滑县	88800.00	5212.00	10000.00	—	—	—
长垣市	22424.20	6727.30	672.70	—	—	—
邓州市	—	—	—	—	—	—
永城市	—	—	—	—	—	—
固始县	—	—	—	—	—	—
鹿邑县	—	—	—	—	—	—
新蔡县	—	—	—	—	—	—

及其他办学条件(非学校产权独立使用)(一)

	图书(册)		数 字 资 源 量			
5人制足球场	计	其中:当年新增	电子图书(册)	电子期刊(册)	学位论文(册)	音视频(小时)
14	**1544478**	**313367**	**428898**	**78990**	**130**	**6859**
5	626177	78596	87794	2767	130	1349
1	225144	164320	610	380	—	—
—	—	—	255452	45843	—	—
2	49500	—	—	—	—	—
—	—	—	—	—	—	—
—	—	—	—	—	—	—
2	88803	30000	—	—	—	—
—	38101	38101	—	—	—	—
—	—	—	—	—	—	—
1	196099	2000	200	—	—	130
—	—	—	—	—	—	—
—	11770	100	650	—	—	3480
—	25500	200	20000	30000	—	1900
—	—	—	—	—	—	—
—	173384	50	63892	—	—	—
1	25000	—	—	—	—	—
—	—	—	—	—	—	—
—	—	—	—	—	—	—
—	5000	—	—	—	—	—
2	—	—	—	—	—	—
—	80000	—	300	—	—	—
—	—	—	—	—	—	—
—	—	—	—	—	—	—
—	—	—	—	—	—	—
—	—	—	—	—	—	—

中等职业学校占地面积

省辖市直管县	职业教育仿真实训资源量(套)				数字
	计	其中			计
		仿真实验软件	仿真实训软件	仿真实习软件	
河 南 省	**694**	**152**	**467**	**75**	**14597**
郑 州 市	188	85	93	10	6312
开 封 市	150	50	50	50	1228
洛 阳 市	-	-	-	-	195
平顶山市	-	-	-	-	420
安 阳 市	-	-	-	-	-
鹤 壁 市	-	-	-	-	-
新 乡 市	27	11	8	8	679
焦 作 市	-	-	-	-	150
濮 阳 市	7	2	2	3	-
许 昌 市	2	1	-	1	1324
漯 河 市	311	-	311	-	2480
三门峡市	-	-	-	-	210
南 阳 市	-	-	-	-	101
商 丘 市	-	-	-	-	64
信 阳 市	9	3	3	3	676
周 口 市	-	-	-	-	56
驻马店市	-	-	-	-	-
济源示范区	-	-	-	-	-
巩 义 市	-	-	-	-	-
兰 考 县	-	-	-	-	40
汝 州 市	-	-	-	-	-
滑 县	-	-	-	-	662
长 垣 市	-	-	-	-	-
邓 州 市	-	-	-	-	-
永 城 市	-	-	-	-	-
固 始 县	-	-	-	-	-
鹿 邑 县	-	-	-	-	-
新 蔡 县	-	-	-	-	-

及其他办学条件(非学校产权独立使用)(二)

终端数(台)		教室(间)		固定资产总值(万元)		
其中		计	其中:网络多媒体教室	计	其中:教学、实习仪器设备资产值	
教师终端数	学生终端数				计	当年新增
3001	**11072**	**7358**	**3313**	**348950.57**	**27401.99**	**5213.31**
1147	4661	2605	1251	74747.98	9563.39	2058.20
154	1074	997	426	10279.00	2181.90	100.00
16	179	249	121	5105.98	478.30	77.00
120	300	276	90	29065.00	1390.00	–
–	–	120	23	8838.75	112.30	90.30
–	–	–	–	–	–	–
299	380	271	136	7940.35	2161.78	66.13
32	118	582	365	87970.78	518.20	198.20
–	–	120	55	3288.00	–	–
444	880	352	167	15762.73	4820.56	338.00
472	2008	146	29	1990.49	219.84	–
10	200	21	11	1447.00	64.60	–
21	80	287	187	20079.71	1049.88	764.48
64	–	235	137	28236.60	1018.24	400.00
136	520	672	115	18259.18	1815.20	100.00
6	50	103	34	1423.50	353.00	–
–	–	97	50	12026.00	56.80	–
–	–	–	–	–	–	–
–	–	14	3	200.00	100.00	–
18	22	27	27	1348.00	27.00	–
–	–	134	80	17779.32	1021.00	1021.00
62	600	50	6	3009.00	450.00	–
–	–	–	–	153.20	–	–
–	–	–	–	–	–	–
–	–	–	–	–	–	–
–	–	–	–	–	–	–
–	–	–	–	–	–	–
–	–	–	–	–	–	–

中等职业学校占地面积及其他

省辖市直管县	占地面积(平方米)			校园足球场(个)		
	计	其中		计	其中	
		绿化用地面积	运动场地面积		11人制足球场	7人制足球场
河南省	**15884737.79**	**2976288.82**	**2079230.52**	**143**	**72**	**38**
郑州市	2272680.24	438098.52	278272.29	12	4	6
开封市	1871287.91	156542.53	167190.96	15	7	4
洛阳市	2397242.16	462310.00	319399.38	19	13	3
平顶山市	1077750.83	219170.36	151603.05	11	5	4
安阳市	603468.44	202164.08	145488.60	15	6	2
鹤壁市	84699.49	23000.00	9000.00	1	—	1
新乡市	459346.90	57506.30	80194.20	8	5	1
焦作市	627467.34	190230.00	85012.00	6	2	2
濮阳市	265333.43	96779.00	9196.10	1	1	—
许昌市	986872.23	136677.03	147835.60	16	9	5
漯河市	378698.00	17441.00	36959.00	3	1	—
三门峡市	531763.54	100835.34	84004.96	3	2	1
南阳市	705629.02	146025.79	128177.09	7	5	2
商丘市	971477.79	70276.92	118524.51	9	5	2
信阳市	1028201.22	190444.86	80064.77	3	1	1
周口市	335316.60	88736.00	64761.00	5	1	2
驻马店市	424056.84	157675.00	56076.00	2	2	—
济源示范区	—	—	—	—	—	—
巩义市	7800.00	2367.00	2729.00	—	—	—
兰考县	—	—	—	—	—	—
汝州市	420146.74	151625.00	40130.01	5	1	2
滑县	—	—	—	—	—	—
长垣市	—	—	—	—	—	—
邓州市	80000.40	5936.35	7500.00	—	—	—
永城市	7862.00	562.00	2254.00	—	—	—
固始县	347636.67	61885.74	64858.00	2	2	—
鹿邑县	—	—	—	—	—	—
新蔡县	—	—	—	—	—	—

办学条件（普通中专学校：学校产权＋非学校产权独立使用）（一）

5人制足球场	图书（册）		数字资源量			
	计	其中：当年新增	电子图书（册）	电子期刊（册）	学位论文（册）	音视频（小时）
33	**10661195**	**2811099**	**4975577**	**151314**	**626**	**219562**
2	1957630	716687	841020	60833	115	15070
4	976163	439335	359204	602	－	9562
3	1392188	451988	462464	46521	－	6209
2	695750	175008	600000	6468	－	3293
7	288875	119029	25950	90	－	60
－	67604	317	70000	－	－	－
2	365480	87060	8293	－	－	5810
2	536297	75523	443067	25784	－	61643
－	43304	2354	－	－	－	2693
2	605642	135778	25000	－	－	500
2	167824	17015	39400	2305	－	－
－	515845	16682	263133	5	5	776
－	871408	154457	653000	－	111	1694
2	629200	167052	408426	5165	71	83577
1	371417	60020	64088	－	－	219
2	252624	5000	205886	2252	3	863
－	532328	－	299542	381	60	7000
－	－	－	－	－	－	－
－	28000	28000	－	－	－	－
－	－	－	－	－	－	－
2	203947	71593	54300	20	－	2500
－	－	－	－	－	－	－
－	－	－	－	－	－	－
－	－	－	－	－	－	－
－	2615	－	－	－	－	－
－	157054	88201	152804	888	261	18093
－	－	－	－	－	－	－
－	－	－	－	－	－	－

中等职业学校占地面积及其他

省辖市直管县	职业教育仿真实训资源量(套)				数字
	计	其　中			计
		仿真实验软件	仿真实训软件	仿真实习软件	
河 南 省	4432	1214	2255	963	91767
郑 州 市	358	105	194	59	19271
开 封 市	836	334	221	281	6625
洛 阳 市	776	25	735	16	15518
平顶山市	30	-	30	-	5944
安 阳 市	10	2	6	2	2368
鹤 壁 市	186	10	143	33	2534
新 乡 市	63	25	22	16	3867
焦 作 市	67	7	55	5	3842
濮 阳 市	-	-	-	-	216
许 昌 市	7	2	4	1	2617
漯 河 市	13	-	10	3	1165
三门峡市	43	3	32	8	2927
南 阳 市	104	1	97	6	7128
商 丘 市	390	103	260	27	4104
信 阳 市	11	4	3	4	2763
周 口 市	80	27	33	20	1889
驻马店市	326	322	2	2	3056
济源示范区	-	-	-	-	-
巩 义 市	-	-	-	-	66
兰 考 县	-	-	-	-	-
汝 州 市	19	5	14	-	2027
滑 县	-	-	-	-	-
长 垣 市	-	-	-	-	-
邓 州 市	-	-	-	-	-
永 城 市	-	-	-	-	132
固 始 县	1113	239	394	480	3708
鹿 邑 县	-	-	-	-	-
新 蔡 县	-	-	-	-	-

办学条件(普通中专学校:学校产权+非学校产权独立使用)(二)

终端数(台)		教室(间)		固定资产总值(万元)		
其 中		计	其 中:网络多媒体教室	计	其中:教学、实习仪器设备资产值	
教师终端数	学生终端数				计	当年新增
18583	**70931**	**13476**	**7444**	**1238619.17**	**228437.28**	**29498.92**
3288	15355	1888	1311	185621.77	48644.76	5412.31
1374	5140	1547	699	52828.11	9840.29	397.61
3118	12073	2300	1387	242698.86	35208.55	3371.06
1121	4603	814	458	74644.85	16418.32	1986.91
532	1694	447	230	49619.46	4730.46	888.86
432	2102	150	110	16139.93	6290.36	805.88
1087	2750	532	272	38536.73	10386.55	1036.26
793	2881	516	367	106787.40	10690.72	525.23
123	93	186	79	4710.80	780.50	200.20
892	1535	377	172	32006.40	8396.90	156.60
349	816	157	45	6334.04	1136.78	101.41
925	1991	512	263	45736.07	11221.00	223.72
1103	5838	632	423	73033.67	19929.56	2331.52
971	3089	975	443	62577.79	9322.19	1725.18
584	2108	920	227	71904.87	4284.23	1484.43
340	1518	326	225	30835.00	9640.00	669.00
487	2569	401	222	72987.38	9069.47	1898.60
–	–	–	–	–	–	–
14	50	14	3	500.00	100.00	–
–	–	–	–	–	–	–
274	1753	343	136	38584.33	4973.79	4139.75
–	–	–	–	–	–	–
–	–	–	–	–	–	–
–	–	–	–	–	–	–
22	88	36	10	2290.00	210.00	–
754	2885	403	362	30241.69	7162.85	2144.38
–	–	–	–	–	–	–
–	–	–	–	–	–	–

中等职业学校占地面积及其他

省辖市直管县	占地面积(平方米)			校园足球场(个)		
	计	其中		计	其中	
		绿化用地面积	运动场地面积		11人制足球场	7人制足球场
河 南 省	4888511.84	659363.67	797879.77	35	14	13
郑 州 市	3780576.44	535741.08	662138.57	29	14	10
开 封 市	78809.00	7430.00	31750.00	1	—	—
洛 阳 市	24150.92	675.00	4162.00	—	—	—
平顶山市	—	—	—	—	—	—
安 阳 市	150344.00	2100.00	4000.00	—	—	—
鹤 壁 市	—	—	—	—	—	—
新 乡 市	—	—	—	—	—	—
焦 作 市	31807.00	3491.00	3679.50	—	—	—
濮 阳 市	42090.00	12430.00	14920.00	—	—	—
许 昌 市	192403.00	31229.00	15829.00	1	—	1
漯 河 市	50435.00	7780.00	6436.00	—	—	—
三门峡市	17312.00	820.00	1392.00	—	—	—
南 阳 市	88250.30	6580.00	9050.00	1	—	—
商 丘 市	168482.47	26618.00	23505.42	1	—	1
信 阳 市	38798.97	2647.33	2308.70	1	—	1
周 口 市	—	—	—	—	—	—
驻马店市	83644.34	10957.26	8350.58	—	—	—
济源示范区	1278.64	—	—	—	—	—
巩 义 市	—	—	—	—	—	—
兰 考 县	10000.00	1000.00	400.00	—	—	—
汝 州 市	12673.00	300.00	800.00	1	—	—
滑 县	28100.00	2000.00	6800.00	—	—	—
长 垣 市	—	—	—	—	—	—
邓 州 市	—	—	—	—	—	—
永 城 市	15340.00	1265.00	1658.00	—	—	—
固 始 县	—	—	—	—	—	—
鹿 邑 县	—	—	—	—	—	—
新 蔡 县	74016.76	6300.00	700.00	—	—	—

办学条件(成人中专学校:学校产权+非学校产权独立使用)(一)

	图书(册)		数字资源量			
5人制足球场	计	其中:当年新增	电子图书(册)	电子期刊(册)	学位论文(册)	音视频(小时)
8	**4013246**	**995904**	**2080883**	**25013**	**1565**	**75314**
5	2818334	926782	1553347	25003	1565	58788
1	83653	–	–	–	–	10
–	62720	100	1023	–	–	–
–	–	–	–	–	–	–
–	18000	–	–	–	–	–
–	–	–	–	–	–	–
–	–	–	–	–	–	–
–	169633	35	6	10	–	4580
–	29543	140	–	–	–	–
–	168108	30100	400	–	–	260
–	118156	156	180	–	–	110
–	71211	50	1334	–	–	6100
1	98621	490	–	–	–	96
–	167798	34591	3463	–	–	2582
–	58485	1400	–	–	–	–
–	–	–	–	–	–	–
–	51550	1860	201030	–	–	2708
–	16041	–	–	–	–	–
–	–	–	–	–	–	–
–	1700	200	–	–	–	–
1	17468	–	20000	–	–	80
–	25200	–	300000	–	–	–
–	–	–	–	–	–	–
–	–	–	–	–	–	–
–	4525	–	–	–	–	–
–	–	–	–	–	–	–
–	–	–	–	–	–	–
–	32500	–	100	–	–	–

中等职业学校占地面积及其他

省辖市直管县	职业教育仿真实训资源量(套)				数字
	计	其　中			计
		仿真实验软件	仿真实训软件	仿真实习软件	
河　南　省	**1027**	**206**	**618**	**203**	**31567**
郑　州　市	1027	206	618	203	23772
开　封　市	-	-	-	-	618
洛　阳　市	-	-	-	-	242
平顶山市	-	-	-	-	-
安　阳　市	-	-	-	-	120
鹤　壁　市	-	-	-	-	-
新　乡　市	-	-	-	-	-
焦　作　市	-	-	-	-	736
濮　阳　市	-	-	-	-	179
许　昌　市	-	-	-	-	555
漯　河　市	-	-	-	-	343
三门峡市	-	-	-	-	242
南　阳　市	-	-	-	-	740
商　丘　市	-	-	-	-	1342
信　阳　市	-	-	-	-	495
周　口　市	-	-	-	-	-
驻马店市	-	-	-	-	1085
济源示范区	-	-	-	-	49
巩　义　市	-	-	-	-	-
兰　考　县	-	-	-	-	35
汝　州　市	-	-	-	-	140
滑　　县	-	-	-	-	340
长　垣　市	-	-	-	-	-
邓　州　市	-	-	-	-	-
永　城　市	-	-	-	-	188
固　始　县	-	-	-	-	-
鹿　邑　县	-	-	-	-	-
新　蔡　县	-	-	-	-	346

办学条件(成人中专学校:学校产权+非学校产权独立使用)(二)

终端数(台)		教室(间)		固定资产总值(万元)		
其中		计	其中:网络多媒体教室	计	其中:教学、实习仪器设备资产值	
教师终端数	学生终端数				计	当年新增
8088	**21865**	**5699**	**2658**	**250069.03**	**41741.79**	**8471.57**
5314	17355	4165	2154	195103.66	33584.75	8069.45
268	320	85	43	2240.49	463.15	4.10
123	112	83	37	2036.74	413.50	12.91
-	-	-	-	-	-	-
20	90	30	2	7000.00	1020.00	-
-	-	-	-	-	-	-
-	-	-	-	-	-	-
209	427	77	17	2811.55	674.84	4.63
118	-	24	4	525.09	101.90	-
169	386	142	47	3333.08	1083.26	9.00
47	286	40	11	4470.15	406.84	86.57
111	131	37	10	806.21	148.47	19.00
255	476	151	72	2631.04	614.65	23.40
701	596	398	141	16546.31	1474.99	187.51
50	440	87	11	1661.05	72.87	2.10
-	-	-	-	-	-	-
345	707	224	63	6460.26	785.86	47.70
49	-	3	2	436.46	6.67	-
-	-	-	-	-	-	-
32	-	-	-	497.50	48.00	1.50
60	-	45	2	993.74	308.34	-
130	123	26	12	651.70	170.70	3.70
-	-	-	-	-	-	-
-	-	-	-	-	-	-
46	120	30	4	1182.00	150.00	-
-	-	-	-	-	-	-
-	-	-	-	-	-	-
41	296	52	26	682.00	213.00	-

中等职业学校占地面积及其他

省辖市直管县	占地面积(平方米)			校园足球场(个)		
	计	其中		计	其中	
		绿化用地面积	运动场地面积		11人制足球场	7人制足球场
河南省	17003249.32	3279928.87	2246663.43	125	69	33
郑州市	1435175.76	282196.03	218726.23	10	8	-
开封市	490665.11	56152.54	53001.56	9	3	6
洛阳市	286487.53	72867.68	40269.09	1	1	-
平顶山市	-	-	-	-	-	-
安阳市	1048415.95	347593.14	129231.27	5	3	1
鹤壁市	166092.74	37029.60	40008.96	3	1	2
新乡市	1739284.14	243473.96	141734.34	9	3	5
焦作市	688526.34	168786.91	168826.76	12	7	3
濮阳市	717586.69	148462.75	121171.00	6	4	-
许昌市	1070044.00	244184.00	90527.00	7	4	2
漯河市	1015687.09	173454.32	146886.79	12	5	3
三门峡市	21606.00	4980.00	3900.00	-	-	-
南阳市	1853742.13	281285.53	295819.11	14	9	1
商丘市	617165.36	76770.00	116317.20	5	3	2
信阳市	1507322.31	217876.04	115461.96	4	3	1
周口市	1809546.85	382852.03	198778.02	15	5	5
驻马店市	1040870.40	196057.04	154634.87	4	3	1
济源示范区	196083.00	75000.00	5000.00	1	-	1
巩义市	110965.93	21400.00	31140.00	1	1	-
兰考县	121020.00	31640.00	23980.00	1	1	-
汝州市	61763.00	1772.00	10685.00	1	1	-
滑县	417965.38	68722.00	43483.12	1	1	-
长垣市	188800.61	40927.30	44814.70	2	2	-
邓州市	-	-	-	-	-	-
永城市	126708.00	55042.00	20574.00	2	1	-
固始县	-	-	-	-	-	-
鹿邑县	122260.00	40904.00	16416.45	-	-	-
新蔡县	149465.00	10500.00	15276.00	-	-	-

办学条件（职业高中学校：学校产权＋非学校产权独立使用）（一）

5人制足球场	图书（册）		数字资源量			
	计	其中：当年新增	电子图书（册）	电子期刊（册）	学位论文（册）	音视频（小时）
23	**10361802**	**1790290**	**5955038**	**166871**	**1554**	**167188**
2	1382212	299051	1932009	2990	19	115374
—	606563	50147	581762	73963	—	13630
—	91027	1258	—	—	—	—
—	—	—	—	—	—	—
1	436695	26120	174097	358	102	900
—	126510	23896	168321	3249	226	4303
1	618354	79070	525100	120	—	477
2	560665	93645	206111	226	—	1135
2	633767	6339	1056709	49720	—	1975
1	439339	139649	338657	1000	1000	5190
4	847045	252877	360491	269	—	669
—	16645	365	650	—	—	3480
4	1377054	267581	84964	33347	83	9731
—	468473	2255	120934	100	—	1094
—	686377	3818	11495	730	3	1842
5	931433	183493	83774	500	121	4449
—	521599	203081	232821	—	—	21
—	8648	—	133	—	—	500
—	72200	200	1844	2	—	2100
—	10000	5000	—	—	—	—
—	16089	8090	3998	35	—	300
—	199000	92000	800	—	—	—
—	147470	42189	50000	237	—	—
—	—	—	—	—	—	—
1	55977	—	365	25	—	—
—	—	—	—	—	—	—
—	23260	166	3	—	—	18
—	85400	10000	20000	—	—	—

中等职业学校占地面积及其他

省辖市直管县	职业教育仿真实训资源量（套）				数字
	计	其 中			计
		仿真实验软件	仿真实训软件	仿真实习软件	
河 南 省	**3054**	**418**	**1968**	**668**	**111740**
郑 州 市	492	93	353	46	19952
开 封 市	340	14	21	305	3617
洛 阳 市	-	-	-	-	3203
平顶山市	-	-	-	-	-
安 阳 市	7	-	7	-	6120
鹤 壁 市	7	-	7	-	2658
新 乡 市	73	-	70	3	5680
焦 作 市	19	8	11	-	3533
濮 阳 市	58	14	32	12	5989
许 昌 市	579	98	356	125	6334
漯 河 市	647	13	634	-	8756
三门峡市	-	-	-	-	354
南 阳 市	60	23	23	14	10999
商 丘 市	24	1	17	6	2883
信 阳 市	73	10	37	26	6525
周 口 市	418	101	235	82	8788
驻马店市	44	15	17	12	6510
济源示范区	74	-	74	-	1392
巩 义 市	20	-	13	7	1290
兰 考 县	-	-	-	-	140
汝 州 市	12	2	5	5	350
滑 县	-	-	-	-	2464
长 垣 市	23	-	23	-	2197
邓 州 市	-	-	-	-	-
永 城 市	84	26	33	25	504
固 始 县	-	-	-	-	-
鹿 邑 县	-	-	-	-	263
新 蔡 县	-	-	-	-	1239

办学条件(职业高中学校:学校产权+非学校产权独立使用)(二)

终端数(台)		教室(间)		固定资产总值(万元)		
其中		计	其中:网络多媒体教室	计	其中:教学、实习仪器设备资产值	
教师终端数	学生终端数				计	当年新增
24857	**81698**	**15652**	**9219**	**1280512.64**	**253666.03**	**35003.64**
3498	15198	1563	1331	167616.98	56239.13	4895.39
847	2770	574	196	51944.84	6518.07	1467.60
428	2726	604	273	64576.69	5639.20	882.90
–	–	–	–	–	–	–
1457	4465	787	397	86116.05	18289.80	1330.57
670	1952	325	140	14724.44	5438.71	1262.58
1478	4140	884	614	44160.71	12819.66	1313.42
926	2569	959	454	61403.97	7948.18	494.63
1723	4192	753	624	51110.73	16060.38	1808.88
1570	2969	764	439	35359.12	11684.96	4335.12
1819	6872	917	513	60783.75	13082.03	1089.62
30	324	85	21	4617.00	526.00	1.00
2718	7816	1702	1222	99728.35	18726.28	4621.61
836	2002	736	351	44945.97	5453.75	95.10
1529	4730	854	437	123470.30	15813.12	1354.29
1671	6713	2120	808	174892.93	24894.80	6924.15
1440	4926	744	588	58727.55	7768.52	804.36
400	992	120	105	28095.74	7225.03	152.05
282	1008	93	81	12233.54	3134.08	405.76
48	92	47	47	12920.00	590.00	–
106	244	52	37	1814.99	569.80	60.00
394	2070	382	78	30068.92	2843.72	1161.52
553	1632	177	164	18594.12	9141.92	100.00
–	–	–	–	–	–	–
111	339	168	108	8026.09	1701.50	90.09
–	–	–	–	–	–	–
48	198	78	76	19827.46	574.00	203.00
275	759	164	115	4752.40	983.40	150.00

中等职业学校校舍

省辖市直管县	合计	其中		计	普通教室
		C级危房	D级危房		
河南省	**20272507.40**	**207813.48**	**-**	**9444906.83**	**4164555.92**
郑州市	4960331.79	47767.69	-	2318367.98	1095732.11
开封市	1211180.54	-	-	530342.60	255966.39
洛阳市	1622620.01	-	-	749286.35	321169.91
平顶山市	536904.32	26426.50	-	273321.73	132930.54
安阳市	848487.77	-	-	426767.37	188692.86
鹤壁市	176161.33	-	-	89602.30	23403.26
新乡市	783060.57	4828.00	-	335420.73	166747.44
焦作市	842957.09	-	-	373062.04	133954.42
濮阳市	589679.94	-	-	272646.42	107251.49
许昌市	1031968.98	-	-	513753.92	159890.64
漯河市	668747.96	-	-	309953.46	137213.29
三门峡市	341801.08	-	-	148565.11	69532.53
南阳市	1529418.40	4643.00	-	665720.11	310393.02
商丘市	849502.70	-	-	414172.73	222368.63
信阳市	952434.17	-	-	433334.21	168661.49
周口市	1366133.23	-	-	699276.51	271160.62
驻马店市	629689.75	-	-	287978.76	140608.03
济源示范区	95200.00	-	-	46852.04	23421.04
巩义市	81840.60	-	-	52714.60	14930.00
兰考县	40947.00	-	-	15228.00	6618.00
汝州市	295313.74	124148.29	-	142690.76	50801.00
滑县	202330.66	-	-	91083.33	46741.97
长垣市	168851.72	-	-	55689.50	22928.10
邓州市	-	-	-	-	-
永城市	80484.00	-	-	36027.00	23922.00
固始县	229767.37	-	-	104875.97	42830.50
鹿邑县	87104.68	-	-	44483.30	18729.64
新蔡县	49588.00	-	-	13690.00	7957.00

建筑面积（总计:学校产权＋非学校产权独立使用）（一）

单位:平方米

	一、 教 学 及 辅 助 用 房				
合班教室	基础课实验室	实训用房	图书阅览室	心理咨询室	风雨操场
201379.71	**626862.62**	**3040050.32**	**471552.13**	**38305.15**	**902200.98**
60408.91	138733.94	714603.86	118898.08	8872.78	181118.30
13649.63	57412.45	110251.69	17582.88	3876.60	71602.96
18400.00	99726.16	190566.60	48116.99	2993.38	68313.31
4080.00	20113.70	82328.42	9389.34	385.00	24094.73
4742.03	25658.00	146450.37	17233.19	2131.82	41859.10
232.00	1269.80	53739.64	2079.00	262.60	8616.00
4641.88	11736.00	96672.66	8649.65	968.49	46004.61
8295.93	26631.20	136752.13	23436.62	1551.74	42440.00
625.00	6938.60	138393.77	7111.00	600.00	11726.56
8021.68	37202.72	233331.12	34832.76	1620.00	38855.00
2113.00	9667.00	119088.89	7748.28	892.00	33231.00
-	24290.87	42358.05	5324.38	220.00	6839.28
21406.76	25178.29	207136.65	35618.78	2564.68	63421.93
11671.78	23499.23	73816.77	39767.16	2010.00	41039.16
15263.29	17570.78	166604.31	22257.14	2246.21	40730.99
17715.35	50936.60	242758.99	20664.15	2472.80	93568.00
2613.00	20287.56	101782.46	14199.75	1221.00	7266.96
680.00	-	22027.00	364.00	360.00	-
1210.00	308.00	31492.60	590.00	284.00	3900.00
-	900.00	1320.00	200.00	90.00	6100.00
2489.47	12181.48	29013.37	15933.34	72.01	32200.09
225.00	2288.80	12195.32	3954.74	215.50	25462.00
-	339.00	22505.40	9742.00	175.00	-
-	-	-	-	-	-
655.00	4291.00	6029.00	733.00	397.00	-
2057.00	9293.44	31883.29	3328.20	1672.54	13811.00
183.00	283.00	21863.96	3363.70	60.00	-
-	125.00	5084.00	434.00	90.00	-

中等职业学校校舍

省辖市直管县	二、行政办公用房			三、	
	计	行政办公室	教研室	计	学生宿舍
河 南 省	1287669.77	1081937.86	205731.91	8397982.36	5988068.58
郑 州 市	279132.13	241763.43	37368.70	2239336.33	1666979.91
开 封 市	88697.49	74333.49	14364.00	531349.36	402637.93
洛 阳 市	111089.16	101190.16	9899.00	668892.22	481663.84
平顶山市	34360.48	23343.56	11016.92	211097.41	164920.44
安 阳 市	52671.95	43193.43	9478.52	356561.57	216373.11
鹤 壁 市	14966.67	11643.18	3323.49	65296.19	49924.94
新 乡 市	55407.13	46643.13	8764.00	363653.80	246454.83
焦 作 市	62785.87	49329.87	13456.00	332997.20	228208.86
濮 阳 市	41908.51	39269.51	2639.00	235999.75	154473.65
许 昌 市	71214.75	59264.89	11949.86	353242.71	252456.05
漯 河 市	27722.51	22239.51	5483.00	298631.99	231436.76
三门峡市	25159.00	24309.00	850.00	132997.78	94537.78
南 阳 市	92624.48	72539.65	20084.83	583760.39	387197.97
商 丘 市	54541.88	46314.47	8227.41	301266.97	228717.81
信 阳 市	58261.56	48092.18	10169.38	365523.13	266995.54
周 口 市	59268.27	47204.34	12063.93	525956.19	347126.20
驻马店市	66272.03	55305.76	10966.27	254573.84	157749.02
济源示范区	5388.20	3689.20	1699.00	37431.90	28754.20
巩 义 市	7563.00	3638.00	3925.00	19153.00	11012.00
兰 考 县	2667.00	2187.00	480.00	21624.00	15560.00
汝 州 市	17228.05	14941.05	2287.00	119909.97	84741.93
滑 县	21433.00	19623.40	1809.60	87367.64	56760.87
长 垣 市	8936.00	7626.00	1310.00	93742.50	80503.00
邓 州 市	—	—	—	—	—
永 城 市	3827.00	3434.00	393.00	38234.00	28963.00
固 始 县	16471.00	13861.00	2610.00	98730.20	63480.10
鹿 邑 县	4863.65	4703.65	160.00	37175.32	27197.84
新 蔡 县	3209.00	2255.00	954.00	23477.00	13241.00

建筑面积（总计：学校产权＋非学校产权独立使用）（二）

单位：平方米

生活用房			四、	五、其他用房	
食堂	单身教工宿舍	其他附属用房	教工住宅	计	被外单位租（借）用
1466437.41	**495464.78**	**448011.59**	**630757.58**	**511190.86**	**25151.33**
343611.13	136183.23	92562.06	59711.38	63783.97	-
76046.96	14660.14	38004.33	24791.04	36000.05	-
122700.53	37924.27	26603.58	37778.60	55573.68	-
32489.03	1821.00	11866.94	4362.00	13762.70	-
65437.48	42850.97	31900.01	-	12486.88	8624.00
12802.06	-	2569.19	6196.98	99.19	-
83927.35	15390.42	17881.20	13604.00	14974.91	2400.00
49130.08	17998.54	37659.72	45675.88	28436.10	-
51157.11	13988.97	16380.02	30830.56	8294.70	-
72533.41	13587.00	14666.25	42550.00	51207.60	-
45318.89	7400.00	14476.34	8648.00	23792.00	-
16959.17	6167.83	15333.00	24066.00	11013.19	-
110836.54	39272.67	46453.21	162654.41	24659.01	6028.00
55658.84	12593.97	4296.35	6268.12	73253.00	-
64012.46	15907.27	18607.86	74900.95	20414.32	-
84591.37	71998.56	22240.06	43429.70	38202.56	-
63101.22	28573.00	5150.60	20200.00	665.12	-
7223.40	-	1454.30	-	5527.86	5233.33
2408.00	2700.00	3033.00	2300.00	110.00	-
4500.00	1036.00	528.00	1070.00	358.00	-
30432.52	3440.54	1294.98	14354.96	1130.00	660.00
14409.46	1493.00	14704.31	1000.00	1446.69	-
8433.00	2873.40	1933.10	593.00	9890.72	-
-	-	-	-	-	-
8314.00	731.00	226.00	1948.00	448.00	-
32625.10	308.00	2317.00	1808.00	7882.20	2206.00
4868.30	315.00	4794.18	-	582.41	-
2910.00	6250.00	1076.00	2016.00	7196.00	-

中等职业学校

省辖市直管县	合计	其中		计	普通教室
		C级危房	D级危房		
河南省	15860971.01	26085.85	-	7344561.78	3146857.98
郑州市	3414151.04	11856.35	-	1544177.38	653147.10
开封市	658397.47	-	-	325401.96	132689.84
洛阳市	1441105.07	-	-	691542.62	300312.91
平顶山市	325568.13	9586.50	-	159375.12	59423.54
安阳市	715639.32	-	-	376031.64	167201.89
鹤壁市	176161.33	-	-	89602.30	23403.26
新乡市	637187.77	-	-	276011.53	133566.24
焦作市	524481.12	-	-	214536.79	70503.22
濮阳市	559211.94	-	-	255811.42	100416.49
许昌市	675563.66	-	-	334587.39	105421.02
漯河市	556349.96	-	-	264914.96	120680.79
三门峡市	321347.57	-	-	133119.60	66108.53
南阳市	1339301.89	4643.00	-	556462.60	270165.94
商丘市	720373.99	-	-	346395.61	181489.27
信阳市	809211.38	-	-	336321.11	136743.88
周口市	1347087.23	-	-	690096.51	265263.62
驻马店市	594895.66	-	-	272666.28	130060.51
济源示范区	95200.00	-	-	46852.04	23421.04
巩义市	78300.60	-	-	50822.60	14510.00
兰考县	19460.00	-	-	8228.00	1218.00
汝州市	126965.45	-	-	68195.22	33601.68
滑县	147330.66	-	-	54143.33	41141.97
长垣市	130735.72	-	-	50189.50	22928.10
邓州市	-	-	-	-	-
永城市	80484.00	-	-	36027.00	23922.00
固始县	229767.37	-	-	104875.97	42830.50
鹿邑县	87104.68	-	-	44483.30	18729.64
新蔡县	49588.00	-	-	13690.00	7957.00

校舍建筑面积(学校产权)(一)

单位:平方米

	一、教 学 及 辅 助 用 房				
合班教室	基础课实验室	实训用房	图书阅览室	心理咨询室	风雨操场
153833.69	**493989.15**	**2547822.35**	**359966.23**	**29839.80**	**612252.58**
40815.89	81161.54	561284.85	94691.12	6371.27	106705.61
10889.63	36907.91	78668.66	13976.32	2211.60	50058.00
13017.00	98750.16	175692.87	47616.99	2907.38	53245.31
600.00	16785.70	57955.81	3708.34	280.00	20621.73
4742.03	25519.00	142929.53	8732.19	2027.50	24879.50
232.00	1269.80	53739.64	2079.00	262.60	8616.00
2769.88	4285.00	88939.66	6609.65	836.49	39004.61
7165.93	26351.20	71688.78	16100.66	287.00	22440.00
625.00	6938.60	133793.77	6911.00	400.00	6726.56
7533.68	10793.00	169878.69	12923.00	1222.00	26816.00
2113.00	9187.00	114118.89	6548.28	792.00	11475.00
—	24290.87	37661.54	4041.38	118.00	899.28
20026.76	14879.03	171975.35	28995.98	2044.00	48375.54
11671.78	23499.23	65455.81	31967.16	1690.00	30622.36
5163.29	15010.23	129545.72	15836.89	1540.11	32480.99
17715.35	50160.60	242128.99	20464.15	2396.80	91967.00
2133.00	20287.56	101692.46	14023.75	1161.00	3308.00
680.00	—	22027.00	364.00	360.00	—
330.00	200.00	31142.60	480.00	260.00	3900.00
—	300.00	320.00	200.00	90.00	6100.00
2489.47	12181.48	5120.76	4529.73	72.01	10200.09
225.00	899.80	10195.32	1565.74	115.50	—
—	339.00	17005.40	9742.00	175.00	—
—	—	—	—	—	—
655.00	4291.00	6029.00	733.00	397.00	—
2057.00	9293.44	31883.29	3328.20	1672.54	13811.00
183.00	283.00	21863.96	3363.70	60.00	—
—	125.00	5084.00	434.00	90.00	—

中等职业学校

省辖市直管县	二、行政办公用房			三、	
	计	行政办公室	教研室	计	学生宿舍
河南省	**1061394.78**	**886227.23**	**175167.55**	**6419494.11**	**4478084.65**
郑州市	212950.81	181789.42	31161.39	1557926.93	1149066.73
开封市	48006.64	36237.64	11769.00	251266.39	175410.20
洛阳市	105616.28	95953.28	9663.00	551011.89	381929.04
平顶山市	21211.68	15726.76	5484.92	126856.63	97618.41
安阳市	43093.28	34177.08	8916.20	284027.52	167944.91
鹤壁市	14966.67	11643.18	3323.49	65296.19	49924.94
新乡市	52225.11	44011.11	8214.00	284012.22	183286.25
焦作市	37889.46	26798.46	11091.00	204177.35	140348.93
濮阳市	39895.51	37256.51	2639.00	224379.75	146873.65
许昌市	53099.50	45684.50	7415.00	229323.77	159055.11
漯河市	22610.51	17507.51	5103.00	242125.49	193221.06
三门峡市	24007.00	23207.00	800.00	129141.78	92637.78
南阳市	85383.48	67334.65	18048.83	510522.39	334215.47
商丘市	50286.88	43459.47	6827.41	244570.38	181856.43
信阳市	54860.29	45634.78	9225.51	324474.71	235825.80
周口市	57089.27	45762.34	11326.93	519451.19	342629.20
驻马店市	62978.66	52680.39	10298.27	238385.60	147892.46
济源示范区	5388.20	3689.20	1699.00	37431.90	28754.20
巩义市	7315.00	3550.00	3765.00	17753.00	10212.00
兰考县	1880.00	1400.00	480.00	7924.00	3360.00
汝州市	4507.90	3220.90	1287.00	38777.37	24973.27
滑县	18826.00	17623.40	1202.60	71914.64	47639.87
长垣市	8936.00	7626.00	1310.00	61126.50	50527.00
邓州市	—	—	—	—	—
永城市	3827.00	3434.00	393.00	38234.00	28963.00
固始县	16471.00	13861.00	2610.00	98730.20	63480.10
鹿邑县	4863.65	4703.65	160.00	37175.32	27197.84
新蔡县	3209.00	2255.00	954.00	23477.00	13241.00

校舍建筑面积（学校产权）（二）

单位：平方米

生活用房			四、	五、其他用房	
食堂	单身教工宿舍	其他附属用房	教工住宅	计	被外单位租（借）用
1167645.69	**432738.68**	**341025.09**	**630757.58**	**404762.76**	**25151.33**
240385.18	107898.36	60576.66	59711.38	39384.54	—
44937.96	9260.14	21658.09	24791.04	8931.44	—
107291.65	37556.27	24234.93	37778.60	55155.68	—
25750.08	—	3488.14	4362.00	13762.70	—
46566.48	40050.12	29466.01	—	12486.88	8624.00
12802.06	—	2569.19	6196.98	99.19	—
74854.35	14130.42	11741.20	13604.00	11334.91	2400.00
29555.14	11438.42	22834.86	45675.88	22201.64	—
47137.11	13988.97	16380.02	30830.56	8294.70	—
50417.66	12827.00	7024.00	42550.00	16003.00	—
38417.43	7400.00	3087.00	8648.00	18051.00	—
16059.17	6167.83	14277.00	24066.00	11013.19	—
98328.04	32410.67	45568.21	162654.41	24279.01	6028.00
46788.17	11643.97	4281.81	6268.12	72853.00	—
59394.04	11447.01	17807.86	74900.95	18654.32	—
83293.37	71896.56	21632.06	43429.70	37020.56	—
57582.96	28573.00	4337.18	20200.00	665.12	—
7223.40	—	1454.30	—	5527.86	5233.33
2008.00	2500.00	3033.00	2300.00	110.00	—
3000.00	1036.00	528.00	1070.00	358.00	—
11068.58	1440.54	1294.98	14354.96	1130.00	660.00
10274.46	596.00	13404.31	1000.00	1446.69	—
5793.00	2873.40	1933.10	593.00	9890.72	—
—	—	—	—	—	—
8314.00	731.00	226.00	1948.00	448.00	—
32625.10	308.00	2317.00	1808.00	7882.20	2206.00
4868.30	315.00	4794.18	—	582.41	—
2910.00	6250.00	1076.00	2016.00	7196.00	—

中等职业学校校舍

省辖市直管县	合计	其中		计	普通教室
		C级危房	D级危房		
河 南 省	**4411536.39**	**181727.63**	-	**2100345.05**	**1017697.94**
郑 州 市	1546180.75	35911.34	-	774190.60	442585.01
开 封 市	552783.07	-	-	204940.64	123276.55
洛 阳 市	181514.94	-	-	57743.73	20857.00
平顶山市	211336.19	16840.00	-	113946.61	73507.00
安 阳 市	132848.45	-	-	50735.73	21490.97
鹤 壁 市	-	-	-	-	-
新 乡 市	145872.80	4828.00	-	59409.20	33181.20
焦 作 市	318475.97	-	-	158525.25	63451.20
濮 阳 市	30468.00	-	-	16835.00	6835.00
许 昌 市	356405.32	-	-	179166.53	54469.62
漯 河 市	112398.00	-	-	45038.50	16532.50
三门峡市	20453.51	-	-	15445.51	3424.00
南 阳 市	190116.51	-	-	109257.51	40227.08
商 丘 市	129128.71	-	-	67777.12	40879.36
信 阳 市	143222.79	-	-	97013.10	31917.61
周 口 市	19046.00	-	-	9180.00	5897.00
驻马店市	34794.09	-	-	15312.48	10547.52
济源示范区	-	-	-	-	-
巩 义 市	3540.00	-	-	1892.00	420.00
兰 考 县	21487.00	-	-	7000.00	5400.00
汝 州 市	168348.29	124148.29	-	74495.54	17199.32
滑 县	55000.00	-	-	36940.00	5600.00
长 垣 市	38116.00	-	-	5500.00	-
邓 州 市	-	-	-	-	-
永 城 市	-	-	-	-	-
固 始 县	-	-	-	-	-
鹿 邑 县	-	-	-	-	-
新 蔡 县	-	-	-	-	-

建筑面积(非学校产权独立使用)(一)

单位:平方米

一、教学及辅助用房

合班教室	基础课实验室	实训用房	图书阅览室	心理咨询室	风雨操场
47546.02	**132873.47**	**492227.97**	**111585.90**	**8465.35**	**289948.40**
19593.02	57572.40	153319.01	24206.96	2501.51	74412.69
2760.00	20504.54	31583.03	3606.56	1665.00	21544.96
5383.00	976.00	14873.73	500.00	86.00	15068.00
3480.00	3328.00	24372.61	5681.00	105.00	3473.00
—	139.00	3520.84	8501.00	104.32	16979.60
—	—	—	—	—	—
1872.00	7451.00	7733.00	2040.00	132.00	7000.00
1130.00	280.00	65063.35	7335.96	1264.74	20000.00
—	—	4600.00	200.00	200.00	5000.00
488.00	26409.72	63452.43	21909.76	398.00	12039.00
—	480.00	4970.00	1200.00	100.00	21756.00
—	—	4696.51	1283.00	102.00	5940.00
1380.00	10299.26	35161.30	6622.80	520.68	15046.39
—	—	8360.96	7800.00	320.00	10416.80
10100.00	2560.55	37058.59	6420.25	706.10	8250.00
—	776.00	630.00	200.00	76.00	1601.00
480.00	—	90.00	176.00	60.00	3958.96
—	—	—	—	—	—
880.00	108.00	350.00	110.00	24.00	—
—	600.00	1000.00	—	—	—
—	—	23892.61	11403.61	—	22000.00
—	1389.00	2000.00	2389.00	100.00	25462.00
—	—	5500.00	—	—	—
—	—	—	—	—	—
—	—	—	—	—	—
—	—	—	—	—	—

中等职业学校校舍

省辖市直管县	二、行政办公用房			三、	
	计	行政办公室	教研室	计	学生宿舍
河南省	**226274.99**	**195710.63**	**30564.36**	**1978488.25**	**1509983.93**
郑州市	66181.32	59974.01	6207.31	681409.40	517913.18
开封市	40690.85	38095.85	2595.00	280082.97	227227.73
洛阳市	5472.88	5236.88	236.00	117880.33	99734.80
平顶山市	13148.80	7616.80	5532.00	84240.78	67302.03
安阳市	9578.67	9016.35	562.32	72534.05	48428.20
鹤壁市	—	—	—	—	—
新乡市	3182.02	2632.02	550.00	79641.58	63168.58
焦作市	24896.41	22531.41	2365.00	128819.85	87859.93
濮阳市	2013.00	2013.00	—	11620.00	7600.00
许昌市	18115.25	13580.39	4534.86	123918.94	93400.94
漯河市	5112.00	4732.00	380.00	56506.50	38215.70
三门峡市	1152.00	1102.00	50.00	3856.00	1900.00
南阳市	7241.00	5205.00	2036.00	73238.00	52982.50
商丘市	4255.00	2855.00	1400.00	56696.59	46861.38
信阳市	3401.27	2457.40	943.87	41048.42	31169.74
周口市	2179.00	1442.00	737.00	6505.00	4497.00
驻马店市	3293.37	2625.37	668.00	16188.24	9856.56
济源示范区	—	—	—	—	—
巩义市	248.00	88.00	160.00	1400.00	800.00
兰考县	787.00	787.00	—	13700.00	12200.00
汝州市	12720.15	11720.15	1000.00	81132.60	59768.66
滑县	2607.00	2000.00	607.00	15453.00	9121.00
长垣市	—	—	—	32616.00	29976.00
邓州市	—	—	—	—	—
永城市	—	—	—	—	—
固始县	—	—	—	—	—
鹿邑县	—	—	—	—	—
新蔡县	—	—	—	—	—

建筑面积(非学校产权独立使用)(二)

单位:平方米

生活用房			四、	五、其他用房	
食堂	单身教工宿舍	其他附属用房	教工住宅	计	被外单位租(借)用
298791.72	**62726.10**	**106986.50**	**–**	**106428.10**	**–**
103225.95	28284.87	31985.40	–	24399.43	–
31109.00	5400.00	16346.24	–	27068.61	–
15408.88	368.00	2368.65	–	418.00	–
6738.95	1821.00	8378.80	–	–	–
18871.00	2800.85	2434.00	–	–	–
–	–	–	–	–	–
9073.00	1260.00	6140.00	–	3640.00	–
19574.94	6560.12	14824.86	–	6234.46	–
4020.00	–	–	–	–	–
22115.75	760.00	7642.25	–	35204.60	–
6901.46	–	11389.34	–	5741.00	–
900.00	–	1056.00	–	–	–
12508.50	6862.00	885.00	–	380.00	–
8870.67	950.00	14.54	–	400.00	–
4618.42	4460.26	800.00	–	1760.00	–
1298.00	102.00	608.00	–	1182.00	–
5518.26	–	813.42	–	–	–
–	–	–	–	–	–
400.00	200.00	–	–	–	–
1500.00	–	–	–	–	–
19363.94	2000.00	–	–	–	–
4135.00	897.00	1300.00	–	–	–
2640.00	–	–	–	–	–
–	–	–	–	–	–
–	–	–	–	–	–
–	–	–	–	–	–
–	–	–	–	–	–
–	–	–	–	–	–

中等职业学校校舍建筑面积

省辖市直管县	合计	其中		计	普通教室
		C级危房	D级危房		
河 南 省	**8298963.75**	**168745.14**	-	**3870865.83**	**1645640.82**
郑 州 市	1357423.35	8699.35	-	695267.02	374343.58
开 封 市	846768.76	-	-	349147.68	167474.19
洛 阳 市	1310289.15	-	-	575675.71	239268.22
平顶山市	536904.32	26426.50	-	273321.73	132930.54
安 阳 市	288228.05	-	-	152063.91	70419.69
鹤 壁 市	68736.73	-	-	33444.38	8087.99
新 乡 市	287526.92	4828.00	-	128947.94	47584.93
焦 作 市	377490.56	-	-	162541.11	56602.14
濮 阳 市	102793.05	-	-	41272.43	15997.09
许 昌 市	401951.28	-	-	196115.40	47106.40
漯 河 市	148877.00	-	-	70814.50	17680.50
三门峡市	304810.98	-	-	125740.91	59052.41
南 阳 市	511801.40	4643.00	-	195302.60	75065.30
商 丘 市	443177.02	-	-	208857.56	107243.48
信 阳 市	374903.82	-	-	174672.41	55259.97
周 口 市	238502.00	-	-	139759.00	47150.00
驻马店市	209908.77	-	-	120182.70	44042.29
济源示范区	-	-	-	-	-
巩 义 市	3540.00	-	-	1892.00	420.00
兰 考 县	-	-	-	-	-
汝 州 市	255648.22	124148.29	-	120634.87	36641.60
滑 县	-	-	-	-	-
长 垣 市	-	-	-	-	-
邓 州 市	-	-	-	-	-
永 城 市	8007.00	-	-	3916.00	2680.00
固 始 县	221675.37	-	-	101295.97	40590.50
鹿 邑 县	-	-	-	-	-
新 蔡 县	-	-	-	-	-

(普通中专学校:学校产权+非学校产权独立使用)(一)

单位:平方米

一、教学及辅助用房					
合班教室	基础课实验室	实训用房	图书阅览室	心理咨询室	风雨操场
105071.80	**312277.86**	**1122552.70**	**203797.21**	**15167.03**	**466358.41**
30183.73	57399.01	133096.95	43784.97	1338.50	55120.28
11470.60	34570.94	62667.57	10607.82	2753.60	59602.96
18070.00	58851.18	169442.05	24804.91	2883.38	62355.97
4080.00	20113.70	82328.42	9389.34	385.00	24094.73
2465.50	799.00	28320.90	9155.90	439.82	40463.10
—	—	23848.39	1292.00	216.00	—
2022.60	8598.00	37374.01	3919.60	512.80	28936.00
3043.93	14899.20	73168.05	9379.05	1008.74	4440.00
—	450.00	24355.34	450.00	20.00	—
958.68	21998.72	87909.60	19160.00	112.00	18870.00
—	480.00	24303.00	1650.00	145.00	26556.00
—	23466.07	38783.05	3721.38	118.00	600.00
4908.76	7369.03	71404.43	9577.68	852.40	26125.00
8405.89	17272.00	24289.45	13918.14	1435.00	36293.60
11340.11	4012.78	70019.57	9024.97	916.24	24098.77
4386.00	6538.00	63914.00	4302.00	278.00	13191.00
1000.00	14424.40	49088.01	11530.00	98.00	—
—	—	—	—	—	—
880.00	108.00	350.00	110.00	24.00	—
—	—	—	—	—	—
435.00	10846.39	26006.62	14883.25	22.01	31800.00
—	—	—	—	—	—
—	—	—	—	—	—
—	1236.00	—	—	—	—
1421.00	8845.44	31883.29	3136.20	1608.54	13811.00
—	—	—	—	—	—
—	—	—	—	—	—

中等职业学校校舍建筑面积

省辖市直管县	二、行政办公用房			三、	
	计	行政办公室	教研室	计	学生宿舍
河 南 省	**499262.41**	**423888.42**	**75373.99**	**3276201.82**	**2397234.97**
郑 州 市	58092.38	45347.88	12744.50	564340.25	431897.20
开 封 市	64238.53	56064.53	8174.00	387956.20	301558.73
洛 阳 市	91863.58	82436.58	9427.00	550671.58	395031.11
平顶山市	34360.48	23343.56	11016.92	211097.41	164920.44
安 阳 市	23544.43	20518.91	3025.52	109906.71	62825.03
鹤 壁 市	5317.67	2580.18	2737.49	23777.70	18611.64
新 乡 市	13605.60	11389.37	2216.23	125094.38	97221.68
焦 作 市	17601.71	16539.71	1062.00	138400.94	99517.84
濮 阳 市	3664.70	3664.70	-	54093.35	39540.26
许 昌 市	29220.66	25049.80	4170.86	139795.22	102117.51
漯 河 市	5757.00	5297.00	460.00	66564.50	45847.70
三门峡市	22667.00	21927.00	740.00	121978.88	87918.61
南 阳 市	25036.27	19720.20	5316.07	159118.96	98549.41
商 丘 市	22038.99	17870.99	4168.00	140342.47	114084.24
信 阳 市	27286.06	24338.66	2947.40	136103.96	103009.74
周 口 市	11849.00	10151.00	1698.00	61575.00	44718.00
驻马店市	13621.19	11921.19	1700.00	76104.88	44717.80
济源示范区	-	-	-	-	-
巩 义 市	248.00	88.00	160.00	1400.00	800.00
兰 考 县	-	-	-	-	-
汝 州 市	13920.16	12664.16	1256.00	106078.23	78154.93
滑 县	-	-	-	-	-
长 垣 市	-	-	-	-	-
邓 州 市	-	-	-	-	-
永 城 市	202.00	202.00	-	3239.00	2713.00
固 始 县	15127.00	12773.00	2354.00	98562.20	63480.10
鹿 邑 县	-	-	-	-	-
新 蔡 县	-	-	-	-	-

(普通中专学校:学校产权+非学校产权独立使用)(二)

单位:平方米

生　活　用　房			四、	五、其他用房	
食堂	单身教工宿舍	其他附属用房	教工住宅	计	被外单位租(借)用
540464.79	144411.85	194090.21	409068.52	243565.17	11294.00
66015.96	34372.18	32054.91	31637.09	8086.61	—
51756.68	6177.00	28463.79	22281.00	23145.35	—
101238.48	35165.02	19236.97	37553.60	54524.68	—
32489.03	1821.00	11866.94	4362.00	13762.70	—
24422.16	13627.51	9032.01	—	2713.00	—
5070.06	—	96.00	6196.98	—	—
21552.00	6040.70	280.00	10589.00	9290.00	2400.00
17244.73	6524.54	15113.83	43263.88	15682.92	—
13753.09	800.00	—	—	3762.57	—
31252.71	2409.00	4016.00	34783.00	2037.00	—
9344.46	—	11372.34	—	5741.00	—
15019.27	4884.00	14157.00	24066.00	10358.19	—
23435.33	5877.01	31257.21	123608.93	8734.64	6028.00
22840.00	2580.89	837.34	1000.00	70938.00	—
17957.22	4929.00	10208.00	33584.08	3257.31	—
7533.00	6268.00	3056.00	19330.00	5989.00	—
20376.08	10428.00	583.00	—	—	—
—	—	—	—	—	—
400.00	200.00	—	—	—	—
—	—	—	—	—	—
25613.43	2000.00	309.87	14354.96	660.00	660.00
—	—	—	—	—	—
—	—	—	—	—	—
—	—	—	—	—	—
526.00	—	—	650.00	—	—
32625.10	308.00	2149.00	1808.00	4882.20	2206.00
—	—	—	—	—	—
—	—	—	—	—	—

中等职业学校校舍建筑面积

省辖市直管县	合计	其 中		计	普通教室
		C 级危房	D 级危房		
河 南 省	2998661.08	27861.00	—	1319202.95	669788.83
郑 州 市	2513028.11	27861.00	—	1103184.62	526989.08
开 封 市	34785.51	—	—	11348.50	8907.30
洛 阳 市	29202.71	—	—	14430.46	9124.46
平顶山市	—	—	—	—	—
安 阳 市	50460.00	—	—	32559.00	2285.00
鹤 壁 市	—	—	—	—	—
新 乡 市	—	—	—	—	—
焦 作 市	28210.00	—	—	9994.00	8114.00
濮 阳 市	9613.00	—	—	3965.00	3780.00
许 昌 市	78945.60	—	—	20073.00	16527.24
漯 河 市	20275.00	—	—	9640.00	7405.00
三门峡市	7228.00	—	—	5030.00	3834.00
南 阳 市	35480.71	—	—	18193.06	15608.06
商 丘 市	76010.99	—	—	45677.84	32788.68
信 阳 市	20305.12	—	—	6834.15	5354.70
周 口 市	—	—	—	—	—
驻马店市	52152.48	—	—	18348.82	14729.69
济源示范区	1960.00	—	—	284.00	—
巩 义 市	—	—	—	—	—
兰 考 县	1500.00	—	—	40.00	—
汝 州 市	9273.57	—	—	7015.80	6129.42
滑 县	7413.28	—	—	2652.70	1621.20
长 垣 市	—	—	—	—	—
邓 州 市	—	—	—	—	—
永 城 市	17251.00	—	—	7307.00	4371.00
固 始 县	—	—	—	—	—
鹿 邑 县	—	—	—	—	—
新 蔡 县	5566.00	—	—	2625.00	2220.00

（成人中专学校：学校产权＋非学校产权独立使用）（一）

单位：平方米

一、教　学　及　辅　助　用　房

合班教室	基础课实验室	实训用房	图书阅览室	心理咨询室	风雨操场
25990.69	**87750.22**	**372778.20**	**67508.36**	**7267.38**	**88119.27**
18754.53	79184.93	331601.10	56375.83	5654.88	84624.27
-	1125.51	484.00	531.69	300.00	-
330.00	160.00	3110.00	796.00	110.00	800.00
-	-	-	-	-	-
-	-	30274.00	-	-	-
-	-	-	-	-	-
-	-	-	-	-	-
630.00	670.00	-	457.00	123.00	-
125.00	-	-	60.00	-	-
1386.00	516.00	-	1623.76	20.00	-
-	425.00	50.00	1715.00	45.00	-
-	-	911.00	183.00	102.00	-
288.00	480.00	1017.00	635.00	165.00	-
1565.78	1361.23	4360.25	2831.90	75.00	2695.00
-	885.00	504.65	89.80	-	-
-	-	-	-	-	-
1066.00	890.75	200.00	1282.38	180.00	-
200.00	-	-	44.00	40.00	-
-	-	-	-	-	-
-	-	-	40.00	-	-
765.38	-	-	121.00	-	-
225.00	319.80	46.20	325.00	115.50	-
-	-	-	-	-	-
-	-	-	-	-	-
655.00	1607.00	-	337.00	337.00	-
-	-	-	-	-	-
-	-	-	-	-	-
-	125.00	220.00	60.00	-	-

中等职业学校校舍建筑面积

省辖市直管县	二、行政办公用房			三、	
	计	行政办公室	教研室	计	学生宿舍
河南省	**215367.06**	**188644.59**	**26722.47**	**1351886.33**	**959335.70**
郑州市	149255.21	132723.62	16531.59	1225224.91	885714.51
开封市	5529.81	5529.81	–	16957.20	9120.52
洛阳市	3342.00	2870.00	472.00	10156.25	5160.00
平顶山市	–	–	–	–	–
安阳市	5680.00	5680.00	–	12221.00	6345.00
鹤壁市	–	–	–	–	–
新乡市	–	–	–	–	–
焦作市	6305.00	4679.00	1626.00	6572.00	2718.00
濮阳市	1194.00	894.00	300.00	3160.00	1200.00
许昌市	5914.00	5914.00	–	9924.00	8624.00
漯河市	2620.00	2620.00	–	5808.00	3071.00
三门峡市	982.00	982.00	–	1216.00	400.00
南阳市	4501.00	4067.00	434.00	10855.65	7190.65
商丘市	5291.98	4251.02	1040.96	23576.17	12684.34
信阳市	1852.63	1458.31	394.32	5232.55	3041.68
周口市	–	–	–	–	–
驻马店市	16334.66	11486.66	4848.00	8549.00	5395.00
济源示范区	888.00	389.00	499.00	788.00	–
巩义市	–	–	–	–	–
兰考县	1460.00	1220.00	240.00	–	–
汝州市	899.77	899.77	–	1358.00	800.00
滑县	785.00	622.40	162.60	2455.60	1162.00
长垣市	–	–	–	–	–
邓州市	–	–	–	–	–
永城市	2112.00	2112.00	–	7832.00	6709.00
固始县	–	–	–	–	–
鹿邑县	–	–	–	–	–
新蔡县	420.00	246.00	174.00	–	–

（成人中专学校：学校产权＋非学校产权独立使用）（二）

单位：平方米

生　活　用　房			四、	五、其他用房	
食堂	单身教工宿　舍	其他附属用　　房	教工住宅	计	被外单位租（借）用
225972.17	**104975.22**	**61603.24**	**34658.79**	**77545.95**	-
205941.36	88593.24	44975.80	9944.00	25419.37	-
2034.68	-	5802.00	-	950.00	-
1385.00	2759.25	852.00	225.00	1049.00	-
-	-	-	-	-	-
1720.00	4156.00	-	-	-	-
-	-	-	-	-	-
-	-	-	-	-	-
80.00	1794.00	1980.00	-	5339.00	-
580.00	1380.00	-	950.00	344.00	-
1300.00	-	-	2401.00	40633.60	-
1105.00	300.00	1332.00	1557.00	650.00	-
-	-	816.00	-	-	-
1902.00	1556.00	207.00	1700.00	231.00	-
6476.10	2400.73	2015.00	-	1465.00	-
543.03	-	1647.84	6385.79	-	-
-	-	-	-	-	-
930.00	1440.00	784.00	8480.00	440.00	-
-	-	788.00	-	-	-
-	-	-	-	-	-
-	-	-	-	-	-
248.00	-	310.00	-	-	-
604.00	596.00	93.60	1000.00	519.98	-
-	-	-	-	-	-
-	-	-	-	-	-
1123.00	-	-	-	-	-
-	-	-	-	-	-
-	-	-	-	-	-
-	-	-	2016.00	505.00	-

中等职业学校校舍建筑面积

省辖市直管县	合计	其中		计	普通教室
		C级危房	D级危房		
河 南 省	8709509.38	11207.34	–	4156213.97	1793173.95
郑 州 市	1013885.95	11207.34	–	487310.27	180213.01
开 封 市	329626.27	–	–	169846.42	79584.90
洛 阳 市	283128.15	–	–	159180.18	72777.23
平顶山市	–	–	–	–	–
安 阳 市	509799.72	–	–	242144.46	115988.17
鹤 壁 市	107424.60	–	–	56157.92	15315.27
新 乡 市	437654.24	–	–	191364.91	107808.63
焦 作 市	437256.53	–	–	200526.93	69238.28
濮 阳 市	477273.89	–	–	227408.99	87474.40
许 昌 市	551072.10	–	–	297565.52	96257.00
漯 河 市	499595.96	–	–	229498.96	112127.79
三门峡市	29762.10	–	–	17794.20	6646.12
南 阳 市	959543.28	–	–	442003.68	213909.89
商 丘 市	330314.69	–	–	159637.33	82336.47
信 阳 市	549452.30	–	–	247736.24	105916.59
周 口 市	1050577.77	–	–	533953.56	209385.62
驻马店市	367628.50	–	–	149447.24	81836.05
济源示范区	93240.00	–	–	46568.04	23421.04
巩 义 市	78300.60	–	–	50822.60	14510.00
兰 考 县	39447.00	–	–	15188.00	6618.00
汝 州 市	30391.95	–	–	15040.09	8029.98
滑 县	194917.38	–	–	88430.63	45120.77
长 垣 市	163646.72	–	–	54016.50	21790.10
邓 州 市	–	–	–	–	–
永 城 市	55226.00	–	–	24804.00	16871.00
固 始 县	–	–	–	–	–
鹿 邑 县	76321.68	–	–	38702.30	14260.64
新 蔡 县	44022.00	–	–	11065.00	5737.00

（职业高中学校：学校产权＋非学校产权独立使用）（一）

单位：平方米

一、教 学 及 辅 助 用 房

合班教室	基础课实验室	实训用房	图书阅览室	心理咨询室	风雨操场
60520.69	**219189.94**	**1527040.14**	**195649.56**	**15306.74**	**345332.95**
11470.65	2150.00	235570.53	17085.28	1837.40	38983.40
2179.03	21716.00	47100.12	6443.37	823.00	12000.00
—	40714.98	18014.55	22516.08	—	5157.34
—	—	—	—	—	—
2276.53	24859.00	87855.47	8077.29	1692.00	1396.00
232.00	1269.80	29891.25	787.00	46.60	8616.00
2185.28	1988.00	58118.65	3760.05	435.69	17068.61
4622.00	11062.00	63584.08	13600.57	420.00	38000.00
500.00	6488.60	114038.43	6601.00	580.00	11726.56
5677.00	14688.00	145421.52	14049.00	1488.00	19985.00
2113.00	8762.00	94735.89	4383.28	702.00	6675.00
—	824.80	2664.00	1420.00	—	6239.28
12704.00	17329.26	134161.22	25055.10	1547.28	37296.93
1700.11	4866.00	45167.07	23017.12	500.00	2050.56
3273.00	12258.00	95822.09	12596.37	1237.97	16632.22
8759.00	39106.00	178684.99	15732.15	1908.80	80377.00
547.00	4972.41	52494.45	1387.37	943.00	7266.96
480.00	—	22027.00	320.00	320.00	—
330.00	200.00	31142.60	480.00	260.00	3900.00
—	900.00	1320.00	160.00	90.00	6100.00
1289.09	1335.09	3006.75	929.09	50.00	400.09
—	1969.00	12149.12	3629.74	100.00	25462.00
—	—	22505.40	9546.00	175.00	—
—	—	—	—	—	—
—	1448.00	6029.00	396.00	60.00	—
—	—	—	—	—	—
183.00	283.00	20671.96	3303.70	—	—
—	—	4864.00	374.00	90.00	—

中等职业学校校舍建筑面积

省辖市直管县	二、行政办公用房			三、	
	计	行政办公室	教研室	计	学生宿舍
河 南 省	539076.17	442913.33	96162.84	3672677.50	2577637.71
郑 州 市	65753.93	60191.93	5562.00	424659.84	329209.95
开 封 市	18929.15	12739.15	6190.00	126435.96	91958.68
洛 阳 市	15883.58	15883.58	—	108064.39	81472.73
平顶山市	—	—	—	—	—
安 阳 市	23447.52	16994.52	6453.00	234433.86	147203.08
鹤 壁 市	9649.00	9063.00	586.00	41518.49	31313.30
新 乡 市	34501.41	28455.64	6045.77	205604.92	139066.96
焦 作 市	38879.16	28111.16	10768.00	188024.26	125973.02
濮 阳 市	37049.81	34710.81	2339.00	178746.40	113733.39
许 昌 市	36080.09	28301.09	7779.00	203523.49	141714.54
漯 河 市	19345.51	14322.51	5023.00	226259.49	182518.06
三门峡市	1510.00	1400.00	110.00	9802.90	6219.17
南 阳 市	58558.81	45555.05	13003.76	411626.78	280105.91
商 丘 市	27210.91	24192.46	3018.45	137348.33	101949.23
信 阳 市	28218.87	21391.21	6827.66	223225.10	160258.60
周 口 市	36208.27	28535.34	7672.93	433813.83	284869.96
驻马店市	36316.18	31897.91	4418.27	169919.96	107636.22
济源示范区	4500.20	3300.20	1200.00	36643.90	28754.20
巩 义 市	7315.00	3550.00	3765.00	17753.00	10212.00
兰 考 县	1207.00	967.00	240.00	21624.00	15560.00
汝 州 市	2408.12	1377.12	1031.00	12473.74	5787.00
滑 县	20648.00	19001.00	1647.00	84912.04	55598.87
长 垣 市	7482.00	6172.00	1310.00	92257.50	79473.00
邓 州 市	—	—	—	—	—
永 城 市	1513.00	1120.00	393.00	27163.00	19541.00
固 始 县	—	—	—	—	—
鹿 邑 县	3671.65	3671.65	—	33365.32	24267.84
新 蔡 县	2789.00	2009.00	780.00	23477.00	13241.00

（职业高中学校：学校产权＋非学校产权独立使用）（二）

单位：平方米

生　活　用　房			四、	五、其他用房	
食堂	单身教工宿舍	其他附属用房	教工住宅	计	被外单位租（借）用
666518.34	**238273.09**	**190248.36**	**180478.01**	**161063.73**	**13857.33**
66700.73	13217.81	15531.35	15796.51	20365.40	－
22255.60	8483.14	3738.54	2510.04	11904.70	－
20077.05	－	6514.61	－	－	－
－	－	－	－	－	－
39295.32	25067.46	22868.00	－	9773.88	8624.00
7732.00	－	2473.19	－	99.19	－
40683.90	8726.06	17128.00	3015.00	3168.00	－
31805.35	9680.00	20565.89	2412.00	7414.18	－
36824.02	11808.97	16380.02	29880.56	4188.13	－
39980.70	11178.00	10650.25	5366.00	8537.00	－
34869.43	7100.00	1772.00	7091.00	17401.00	－
1939.90	1283.83	360.00	－	655.00	－
85027.21	31839.66	14654.00	34513.00	12841.01	－
26342.74	7612.35	1444.01	5268.12	850.00	－
45236.21	10978.27	6752.02	34138.08	16134.01	－
71928.79	58549.60	18465.48	24099.70	22502.41	－
41795.14	16705.00	3783.60	11720.00	225.12	－
7223.40	－	666.30	－	5527.86	5233.33
2008.00	2500.00	3033.00	2300.00	110.00	－
4500.00	1036.00	528.00	1070.00	358.00	－
4571.09	1440.54	675.11	－	470.00	－
13805.46	897.00	14610.71	－	926.71	－
8353.00	2873.40	1558.10	－	9890.72	－
－	－	－	－	－	－
6665.00	731.00	226.00	1298.00	448.00	－
－	－	－	－	－	－
3988.30	315.00	4794.18	－	582.41	－
2910.00	6250.00	1076.00	－	6691.00	－

中等职业教育

省辖市直管县	机构数（所）	其他办学条件情况					
		校外实习实训场地（个）	接入互联网校数（所）				
			计	ADSL	光纤	无线	未接入互联网
河南省	**546**	**4709**	**546**	**–**	**501**	**6**	**39**
郑州市	103	1273	103	–	82	1	20
开封市	31	384	31	–	29	–	2
洛阳市	35	312	35	–	34	–	1
平顶山市	11	43	11	–	10	1	–
安阳市	15	151	15	–	14	–	1
鹤壁市	5	108	5	–	5	–	–
新乡市	25	196	25	–	23	1	1
焦作市	22	170	22	–	21	–	1
濮阳市	19	130	19	–	18	–	1
许昌市	24	515	24	–	24	–	–
漯河市	22	68	22	–	21	1	–
三门峡市	18	38	18	–	18	–	–
南阳市	70	545	70	–	56	2	12
商丘市	26	209	26	–	26	–	–
信阳市	26	101	26	–	26	–	–
周口市	33	146	33	–	33	–	–
驻马店市	22	58	22	–	22	–	–
济源示范区	3	16	3	–	3	–	–
巩义市	3	46	3	–	3	–	–
兰考县	3	3	3	–	3	–	–
汝州市	8	72	8	–	8	–	–
滑县	4	5	4	–	4	–	–
长垣市	1	61	1	–	1	–	–
邓州市	1	12	1	–	1	–	–
永城市	5	5	5	–	5	–	–
固始县	5	24	5	–	5	–	–
鹿邑县	2	2	2	–	2	–	–
新蔡县	4	16	4	–	4	–	–

注:本表不含技工学校数据。

其 他 基 本 情 况

安全保卫人员	应届毕业生		上学年参加国家学生体质健康标准测试的人数				
	就业人数	升学人数	计	优秀	良好	及格	不及格
3187	**143099**	**160332**	**762384**	**114215**	**308910**	**304111**	**35148**
812	46934	46331	164223	26453	60483	63255	14032
120	7060	5847	29443	6369	11339	11274	461
222	13656	12825	75543	12528	30539	27975	4501
104	3296	3483	17622	997	5350	9910	1365
84	3338	4595	28609	1596	7455	17341	2217
43	2044	2127	8370	1233	2662	3506	969
136	5555	5701	32882	3278	11901	15722	1981
135	2851	4003	22138	3013	7880	10464	781
102	4458	5204	27330	6070	11715	8462	1083
129	6023	5639	30078	3849	11661	13312	1256
127	2614	7517	21479	1784	7891	11479	325
57	2210	1948	7916	740	2896	3856	424
308	7921	13873	74240	10922	28311	33358	1649
102	4882	6597	39692	7837	25019	6687	149
158	6718	8697	43496	8166	19239	15865	226
176	7932	8379	37894	5204	17414	14107	1169
102	4236	5666	37225	5254	17930	13745	296
15	286	799	3486	86	767	2475	158
8	502	530	2104	34	388	1384	298
8	289	176	1220	244	528	408	40
91	5292	1291	9258	513	4803	2660	1282
13	50	2035	8149	1240	2584	4307	18
31	109	3355	9759	2002	6006	1746	5
22	1722	353	5666	96	1982	3125	463
13	266	831	6826	1744	3968	1114	—
32	2292	799	11224	2303	6758	2163	—
9	237	311	2151	239	539	1373	—
28	326	1420	4361	421	902	3038	—

职业技术培训学校

省辖市直管县	校数(所) 计	其中 职工技术培训学校	其中 农民技术培训学校	结业生数 计	其中 职工技术培训学校	其中 农民技术培训学校	注册学生数 计	其中 职工技术培训学校	其中 农民技术培训学校	计
河南省	**1329**	**20**	**1292**	**394503**	**42102**	**348927**	**365186**	**52395**	**307732**	**6150**
郑州市	607	1	599	153687	12987	140288	149423	12987	136024	636
开封市	—	—	—	—	—	—	—	—	—	—
洛阳市	37	1	36	8057	752	7305	8557	1252	7305	521
平顶山市	—	—	—	—	—	—	—	—	—	—
安阳市	18	1	17	75772	15386	60386	4502	4502	—	319
鹤壁市	—	—	—	—	—	—	—	—	—	—
新乡市	25	—	25	2560	—	2560	2007	—	2007	343
焦作市	7	—	7	—	—	—	—	—	—	27
濮阳市	—	—	—	—	—	—	—	—	—	—
许昌市	—	—	—	—	—	—	—	—	—	—
漯河市	93	1	92	2761	1734	1027	2565	1538	1027	569
三门峡市	70	4	61	120491	5097	114054	113785	5518	106907	623
南阳市	45	2	38	6909	1791	4292	32794	4094	26300	446
商丘市	28	5	23	6897	2107	4790	13165	8375	4790	621
信阳市	25	1	24	2788	1647	245	12582	4592	7103	516
周口市	4	4	—	601	601	—	9537	9537	—	516
驻马店市	—	—	—	—	—	—	—	—	—	—
济源示范区	—	—	—	—	—	—	—	—	—	—
巩义市	—	—	—	—	—	—	—	—	—	—
兰考县	—	—	—	—	—	—	—	—	—	—
汝州市	22	—	22	4110	—	4110	5970	—	5970	542
滑县	—	—	—	—	—	—	—	—	—	—
长垣市	—	—	—	—	—	—	—	—	—	—
邓州市	118	—	118	7222	—	7222	7518	—	7518	364
永城市	—	—	—	—	—	—	—	—	—	—
固始县	—	—	—	—	—	—	—	—	—	—
鹿邑县	—	—	—	—	—	—	—	—	—	—
新蔡县	230	—	230	2648	—	2648	2781	—	2781	107

（机构）基本情况

教职工数		其中：专任教师数			校外教师	占地面积（平方米）	教学行政用房建筑面积（平方米）	图书（册）	固定资产总值（万元）
其中		计	其中						
职工技术培训学校	农民技术培训学校		职工技术培训学校	农民技术培训学校					
2390	**3493**	**4426**	**2017**	**2194**	**1817**	**2113111.17**	**710844.58**	**1833725**	**150704.47**
8	580	483	5	441	1119	278554.00	178955.00	303526	9546.10
–	–	–	–	–	–	–	–	–	–
29	492	367	17	350	142	25132.00	12495.00	11350	2133.00
–	–	–	–	–	–	–	–	–	–
319	–	314	314	–	65	267000.00	84909.00	207712	15597.00
–	–	–	–	–	–	–	–	–	–
–	343	32	–	32	77	37715.00	8343.00	28202	936.50
–	27	14	–	14	–	14160.00	1964.00	5000	29.54
–	–	–	–	–	–	–	–	–	–
–	–	–	–	–	–	–	–	–	–
110	459	539	99	440	20	119075.00	76963.00	162800	4766.00
217	331	376	170	171	214	208079.82	99648.45	123680	13042.80
316	92	441	312	92	6	171216.00	68279.00	357190	27095.18
525	96	533	444	89	29	334802.00	69928.00	126572	16448.66
350	60	406	247	53	10	257654.29	59572.90	200276	40292.64
516	–	409	409	–	21	307692.06	18676.23	162605	16169.17
–	–	–	–	–	–	–	–	–	–
–	–	–	–	–	–	–	–	–	–
–	–	–	–	–	–	–	–	–	–
–	–	–	–	–	–	–	–	–	–
–	542	218	–	218	10	8415.00	3265.00	6800	840.00
–	–	–	–	–	–	–	–	–	–
–	–	–	–	–	–	–	–	–	–
–	364	202	–	202	104	56616.00	16746.00	104512	3032.88
–	–	–	–	–	–	–	–	–	–
–	–	–	–	–	–	–	–	–	–
–	–	–	–	–	–	–	–	–	–
–	107	92	–	92	–	27000.00	11100.00	33500	775.00

成 人 中 小

省辖市直管县	校数（所）					离校人数					
	合计	成人中学		成人小学		合计	成人中学		成人小学		合计
		职工中学	农民中学	职工小学	农民小学		职工中学	农民中学	职工小学	农民小学	
河南省	**34**	**–**	**29**	**–**	**5**	**3109**	**–**	**2864**	**–**	**245**	**3087**
郑州市	–	–	–	–	–	–	–	–	–	–	–
开封市	–	–	–	–	–	–	–	–	–	–	–
洛阳市	–	–	–	–	–	–	–	–	–	–	–
平顶山市	–	–	–	–	–	–	–	–	–	–	–
安阳市	–	–	–	–	–	–	–	–	–	–	–
鹤壁市	–	–	–	–	–	–	–	–	–	–	–
新乡市	–	–	–	–	–	–	–	–	–	–	–
焦作市	–	–	–	–	–	–	–	–	–	–	–
濮阳市	–	–	–	–	–	–	–	–	–	–	–
许昌市	–	–	–	–	–	–	–	–	–	–	–
漯河市	–	–	–	–	–	–	–	–	–	–	–
三门峡市	–	–	–	–	–	–	–	–	–	–	–
南阳市	–	–	–	–	–	–	–	–	–	–	–
商丘市	–	–	–	–	–	–	–	–	–	–	–
信阳市	5	–	–	–	5	245	–	–	–	245	171
周口市	–	–	–	–	–	–	–	–	–	–	–
驻马店市	–	–	–	–	–	–	–	–	–	–	–
济源示范区	–	–	–	–	–	–	–	–	–	–	–
巩义市	–	–	–	–	–	–	–	–	–	–	–
兰考县	–	–	–	–	–	–	–	–	–	–	–
汝州市	–	–	–	–	–	–	–	–	–	–	–
滑县	–	–	–	–	–	–	–	–	–	–	–
长垣市	–	–	–	–	–	–	–	–	–	–	–
邓州市	29	–	29	–	–	2864	–	2864	–	–	2916
永城市	–	–	–	–	–	–	–	–	–	–	–
固始县	–	–	–	–	–	–	–	–	–	–	–
鹿邑县	–	–	–	–	–	–	–	–	–	–	–
新蔡县	–	–	–	–	–	–	–	–	–	–	–

学 基 本 情 况

入校人数				在校生数					教职工数					
成人中学		成人小学		合计	成人中学		成人小学		合计	成人中学	成人小学	其中:专任教师数		
职工中学	农民中学	职工小学	农民小学		职工中学	农民中学	职工小学	农民小学				计	成人中学	成人小学
–	**2916**	**–**	**171**	**4567**	**–**	**4376**	**–**	**191**	**238**	**221**	**17**	**192**	**179**	**13**
–	–	–	–	–	–	–	–	–	–	–	–	–	–	–
–	–	–	–	–	–	–	–	–	–	–	–	–	–	–
–	–	–	–	–	–	–	–	–	–	–	–	–	–	–
–	–	–	–	–	–	–	–	–	–	–	–	–	–	–
–	–	–	–	–	–	–	–	–	–	–	–	–	–	–
–	–	–	–	–	–	–	–	–	–	–	–	–	–	–
–	–	–	–	–	–	–	–	–	–	–	–	–	–	–
–	–	–	–	–	–	–	–	–	–	–	–	–	–	–
–	–	–	–	–	–	–	–	–	–	–	–	–	–	–
–	–	–	–	–	–	–	–	–	–	–	–	–	–	–
–	–	–	–	–	–	–	–	–	–	–	–	–	–	–
–	–	–	–	–	–	–	–	–	–	–	–	–	–	–
–	–	–	–	–	–	–	–	–	221	221	–	–	–	–
–	–	–	–	–	–	–	–	–	–	–	–	–	–	–
–	–	–	171	191	–	–	–	191	17	–	17	13	–	13
–	–	–	–	–	–	–	–	–	–	–	–	–	–	–
–	–	–	–	–	–	–	–	–	–	–	–	–	–	–
–	–	–	–	–	–	–	–	–	–	–	–	–	–	–
–	–	–	–	–	–	–	–	–	–	–	–	–	–	–
–	–	–	–	–	–	–	–	–	–	–	–	–	–	–
–	–	–	–	–	–	–	–	–	–	–	–	–	–	–
–	–	–	–	–	–	–	–	–	–	–	–	–	–	–
–	–	–	–	–	–	–	–	–	–	–	–	–	–	–
–	2916	–	–	4376	–	4376	–	–	–	–	–	179	179	–
–	–	–	–	–	–	–	–	–	–	–	–	–	–	–
–	–	–	–	–	–	–	–	–	–	–	–	–	–	–
–	–	–	–	–	–	–	–	–	–	–	–	–	–	–
–	–	–	–	–	–	–	–	–	–	–	–	–	–	–

技工学校基本情况

省辖市	校数（所）	毕业生数	招生数	在校生数	教职工数
河南省	95	109609	124003	314648	13643
郑州市	18	34647	43317	109418	2832
开封市	8	14132	14889	45654	1504
洛阳市	8	6158	8054	16108	595
平顶山市	8	5528	5488	17038	1192
安阳市	4	601	1053	2563	307
鹤壁市	2	2285	2578	7020	485
新乡市	5	8316	8562	20160	1329
焦作市	4	2173	3962	8878	659
濮阳市	4	2698	2205	6244	535
许昌市	2	2512	921	3237	444
漯河市	3	2511	5046	10663	397
三门峡市	4	6248	4781	11273	463
南阳市	11	3919	4613	10362	541
商丘市	4	4403	2312	5070	298
信阳市	3	914	1110	2049	219
周口市	2	4173	6977	17606	987
驻马店市	3	7094	6416	17158	679
济源示范区	2	1297	1719	4147	177

注：本表数据由省统计局提供。

六、各县(市)区教育基本情况

学 前 教 育

省、市、县(市)区名称	园数(所) 计	园数(所) 公办	园数(所) 民办	班数(个)	入园(班)人数 计	入园(班)人数 其中:女	在园 计	在园 其中:女	在园 托班
河南省	22633	6788	15845	137130	788163	379183	3236241	1552857	42956
郑州市	2066	638	1428	15194	99172	47122	408335	193191	3197
中原区	196	58	138	1627	10435	4995	42036	19947	140
二七区	190	47	143	1311	8099	3799	31675	14891	202
管城回族区	168	41	127	1430	8569	4103	35262	16472	250
金水区	291	77	214	2673	18785	8754	67346	31534	1603
上街区	44	16	28	303	1711	843	7561	3624	—
惠济区	107	19	88	679	4932	2379	16807	8004	215
中牟县	238	124	114	1557	9625	4617	44978	21550	586
巩义市	124	48	76	951	5871	2729	27095	12802	15
荥阳市	158	37	121	1050	7671	3789	29426	13988	146
新密市	167	53	114	941	6743	3253	28266	13466	5
新郑市	280	76	204	1938	11896	5541	57348	26855	25
登封市	103	42	61	734	4835	2320	20535	10058	10
开封市	1147	309	838	6288	43018	20227	156062	74334	1079
龙亭区	111	23	88	754	5557	2687	18759	9044	155
顺河回族区	38	15	23	260	1556	754	7021	3336	4
鼓楼区	24	10	14	157	958	455	3887	1814	99
禹王台区	24	7	17	147	849	372	3996	1781	62
祥符区	159	55	104	901	6197	2996	21378	10200	402
杞县	203	61	142	1050	7853	3640	25333	11880	28
通许县	140	44	96	670	3893	1826	15187	7323	76
尉氏县	200	26	174	1074	6420	3050	28623	13656	108
兰考县	248	68	180	1275	9735	4447	31878	15300	145
洛阳市	1336	353	983	9552	55869	27070	240974	116642	9121
老城区	45	12	33	291	1345	646	7443	3559	103
西工区	56	12	44	399	2130	1048	9409	4616	128
瀍河回族区	42	16	26	295	1812	889	7217	3525	—
涧西区	86	27	59	702	3996	1866	18301	8712	767
偃师区	107	20	87	749	3951	1914	19126	9368	1435
孟津区	87	32	55	595	3472	1706	15154	7250	311
洛龙区	147	66	81	1311	7574	3680	34656	16903	308
新安县	81	20	61	575	3610	1789	15013	7169	121
栾川县	43	25	18	435	3439	1582	11965	5622	202
嵩县	111	26	85	758	5364	2645	20184	9731	679
汝阳县	115	22	93	736	3237	1557	17178	8311	478
宜阳县	144	20	124	890	4945	2362	20841	9967	2080
洛宁县	66	25	41	433	2149	1080	11392	5711	1684
伊川县	206	30	176	1383	8845	4306	33095	16198	825
平顶山市	1500	486	1014	7019	39608	19034	163808	78483	603
新华区	106	21	85	584	2999	1398	13950	6675	74
卫东区	88	27	61	527	2881	1331	12156	5626	149
石龙区	10	2	8	52	181	90	1125	532	—
湛河区	72	19	53	405	1893	887	9813	4603	81

基 本 情 况 (总计)(一)

(班)人数				离园(班)人数		教职工数				校外教师	外籍教师
小班	中班	大班	混合班	计	其中:女	计	其中女	园长	专任教师数		
740946	1018764	1342912	90663	1420650	680889	379763	355655	22956	217531	3426	54
89779	132292	179884	3183	159472	75482	61374	56800	2224	32123	176	49
8562	14256	18849	229	16917	8260	6944	6482	215	3615	26	1
6294	10432	14360	387	11981	5767	5299	4961	216	2714	2	3
8192	11170	14876	774	12212	5729	6000	5595	197	3157	17	2
15590	21742	27212	1199	24097	11057	11560	10583	339	6000	58	35
1810	2463	3288	—	3477	1665	1293	1209	56	677	—	—
3857	5538	7112	85	6088	2943	2744	2521	104	1405	—	2
9599	14089	20427	277	16329	7712	5480	5129	266	3209	2	3
5882	8377	12785	36	10751	4994	3730	3396	131	1891	11	1
7230	9925	12057	68	12222	5836	3848	3592	177	2032	2	—
6361	9195	12624	81	11380	5483	3899	3562	148	1936	32	—
11619	18133	27524	47	24462	11527	7617	7063	274	4133	—	2
4783	6972	8770	—	9556	4509	2960	2707	101	1354	26	—
40012	50794	63313	864	69777	33276	18424	17238	1120	10471	43	—
5169	6315	7058	62	7860	3667	3129	2928	134	1649	21	—
1843	2259	2915	—	3413	1657	1257	1142	49	618	—	—
1090	1255	1443	—	1745	788	627	582	28	348	—	—
1071	1298	1565	—	1675	797	583	552	25	293	2	—
5667	6561	8692	56	9286	4401	2400	2238	151	1295	—	—
7201	8312	9792	—	10087	4820	2178	2050	156	1530	16	—
3611	4561	6390	549	7014	3397	1782	1608	144	878	4	—
6134	9848	12508	25	13342	6484	3119	2917	195	1987	—	—
8226	10385	12950	172	15355	7265	3349	3221	238	1873	—	—
56753	73783	95868	5449	92911	45120	30310	28351	1662	15664	65	—
1567	2378	3395	—	3010	1457	1137	1071	59	569	—	—
2082	2867	3428	904	5034	2476	1770	1618	74	925	3	—
1761	2634	2822	—	3503	1691	1192	1122	57	594	—	—
3842	5521	6187	1984	6252	2977	2913	2711	111	1555	10	—
4968	5761	6796	166	7055	3405	2171	1986	117	1023	22	—
3378	4498	6416	551	5428	2697	1982	1878	101	1036	—	—
8405	11301	14363	279	13594	6590	5200	4833	232	2460	5	—
2631	4342	7752	167	5645	2815	1993	1895	103	845	—	—
3194	3787	4767	15	4665	2179	1572	1496	59	845	11	—
4886	6562	7930	127	7834	3791	1840	1715	148	1003	6	—
3246	5031	7958	465	5554	2720	1475	1404	128	979	3	—
5679	5970	6791	321	8242	4055	2450	2305	159	1277	3	—
2744	3252	3712	—	3799	1848	1284	1183	74	795	—	—
8370	9879	13551	470	13296	6419	3331	3134	240	1758	2	—
36252	52424	72131	2398	79798	38355	20102	18851	1495	11671	319	—
2951	4827	6076	22	6228	2961	2475	2294	117	1340	2	—
2479	4000	5488	40	5197	2388	1918	1815	112	1053	—	—
181	326	519	99	589	278	142	136	12	93	—	—
2110	3337	4285	—	3730	1840	1404	1317	92	685	—	—

学 前 教 育

省、市、县(市)区名称	园数(所) 计	园数(所) 公办	园数(所) 民办	班数(个)	入园(班)人数 计	入园(班)人数 其中：女	在园 计	在园 其中：女	在园 托班
宝丰县	149	29	120	649	3887	1846	16667	7984	20
叶　县	267	122	145	1067	5468	2651	23223	11270	25
鲁山县	198	54	144	960	7035	3386	24778	11967	166
郏　县	122	33	89	591	4784	2397	16297	7971	-
舞钢市	88	50	38	406	1683	786	9445	4445	57
汝州市	400	129	271	1778	8797	4262	36354	17410	31
安阳市	**1437**	**359**	**1078**	**7446**	**41562**	**20668**	**161004**	**78762**	**2709**
文峰区	107	26	81	857	5008	2389	21089	10095	305
北关区	85	28	57	477	2698	1347	10865	5070	94
殷都区	171	36	135	678	4562	2234	14822	7242	267
龙安区	49	17	32	281	1817	900	6578	3178	13
安阳县	135	40	95	552	2069	999	10180	5003	556
汤阴县	149	78	71	638	2431	1257	12482	6279	270
滑　县	362	33	329	1971	10630	5387	40856	20061	160
内黄县	211	60	151	890	6647	3280	20294	9986	468
林州市	168	41	127	1102	5700	2875	23838	11848	576
鹤壁市	**388**	**98**	**290**	**2019**	**11023**	**5451**	**43285**	**21395**	**1470**
鹤山区	9	6	3	32	93	37	697	325	41
山城区	31	16	15	175	791	410	3622	1721	82
淇滨区	104	20	84	647	4177	2159	15164	7608	124
浚　县	149	33	116	820	3920	1935	16082	8088	973
淇　县	95	23	72	345	2042	910	7720	3653	250
新乡市	**1788**	**517**	**1271**	**8919**	**45813**	**22125**	**199736**	**96308**	**1643**
红旗区	112	15	97	833	4914	2408	20119	9726	-
卫滨区	52	8	44	367	1743	843	8988	4158	-
凤泉区	34	10	24	168	890	436	3986	1948	-
牧野区	71	11	60	493	1738	834	11696	5536	79
新乡县	95	35	60	483	2772	1276	10528	4972	-
获嘉县	117	52	65	472	2905	1398	10954	5233	-
原阳县	270	105	165	1189	6505	3095	25763	12421	112
延津县	118	25	93	558	3011	1451	11944	5674	9
封丘县	267	96	171	1122	5970	2945	24807	12122	26
卫辉市	152	29	123	565	2423	1199	11085	5508	230
辉县市	195	50	145	1076	5908	2876	22847	11103	641
长垣市	305	81	224	1593	7034	3364	37019	17907	546
焦作市	**803**	**205**	**598**	**5009**	**27633**	**13326**	**114168**	**55484**	**4419**
解放区	67	10	57	455	2689	1300	10893	5238	97
中站区	19	3	16	142	457	224	3391	1652	146
马村区	19	9	10	155	804	309	3767	1626	230
山阳区	124	27	97	784	4190	2053	17744	8463	614
修武县	64	16	48	355	1645	823	7205	3505	258
博爱县	86	24	62	471	1969	941	9666	4739	564
武陟县	177	53	124	1057	6974	3238	23374	11358	931
温　县	75	29	46	556	2475	1290	12843	6495	388

基 本 情 况（总计）（二）

（班）人数				离园（班）人数		教职工数				校外教师	外籍教师
小班	中班	大班	混合班	计	其中：女	计	其中				
							女	园长	专任教师数		
3614	5283	7733	17	8725	4160	1839	1702	150	1086	28	－
4890	7358	10700	250	11323	5445	2874	2707	232	1578	－	－
5133	7858	10816	805	15802	7648	2218	2066	205	1337	230	－
4742	5216	6305	34	7242	3584	1837	1724	115	1211	14	－
1728	2559	4979	122	4382	2109	1175	1083	74	685	30	－
8424	11660	15230	1009	16580	7942	4220	4007	386	2603	15	－
40535	51506	63741	2513	74522	36307	18647	17606	1331	9843	394	－
5503	7008	8123	150	8998	4300	3378	3147	132	1655	－	－
2813	3718	4219	21	4705	2291	1923	1816	113	893	8	－
3637	4943	5612	363	7906	3997	1982	1869	151	982	27	－
1656	2282	2591	36	3140	1428	972	909	54	481	7	－
2793	3151	3680	－	4830	2326	1382	1316	124	659	5	－
3017	3859	5288	48	5661	2814	1627	1573	120	865	4	－
10009	13182	16990	515	19239	9421	3014	2839	307	1795	340	－
5862	6376	7509	79	9532	4585	2398	2230	161	1344	2	－
5245	6987	9729	1301	10511	5145	1971	1907	169	1169	1	－
10752	13404	16760	899	20480	10077	5498	5061	385	3012	70	－
142	228	286	－	373	170	88	82	8	27	1	－
714	1111	1504	211	1937	994	500	467	41	242	－	－
3961	4923	5829	327	7034	3441	2426	2228	127	1288	38	－
4072	4839	5994	204	7422	3708	1611	1491	135	976	31	－
1863	2303	3147	157	3714	1764	873	793	74	479	－	－
47909	63827	82019	4338	87453	41413	25828	24236	1800	13782	492	4
4807	6666	7800	846	8297	3720	3484	3258	143	1810	3	4
1742	2657	3842	747	3540	1658	1534	1380	70	776	－	－
889	1224	1873	－	1858	839	606	577	45	286	－	－
2227	3518	5682	190	4607	2258	1857	1704	87	927	3	－
3149	3509	3870	－	4392	2031	1608	1499	91	801	－	－
3166	3611	4177	－	4955	2314	1695	1570	87	812	－	－
6571	8499	10576	5	11219	5383	2413	2234	254	1209	403	－
3505	3856	4574	－	5166	2424	1323	1231	109	700	－	－
5838	8084	10768	91	10643	5280	2716	2597	248	1499	8	－
2406	3497	4839	113	5046	2326	1355	1248	143	629	－	－
5420	7364	9353	69	11939	5696	3209	3045	243	1850	44	－
8189	11342	14665	2277	15791	7484	4028	3893	280	2483	31	－
29573	36862	43136	178	46179	22287	14241	13404	850	7688	164	1
2732	3721	4326	17	3828	1800	1891	1806	93	936	－	－
836	1161	1248	－	1386	665	388	362	23	190	－	－
1028	1174	1335	－	1447	740	490	468	19	281	－	－
4258	5592	7255	25	6953	3295	2494	2365	152	1341	4	－
1942	2300	2677	28	3610	1716	908	837	64	434	137	1
2673	2983	3446	－	4118	1988	1282	1188	89	612	－	－
6571	7695	8090	87	8641	3980	2403	2296	168	1521	2	－
3164	4126	5159	6	5370	2672	1229	1171	78	814	19	－

学 前 教 育

省、市、县(市)区名称	园数(所)			班数(个)	入园(班)人数		在园		托班
	计	公办	民办		计	其中：女	计	其中：女	
沁阳市	94	5	89	585	3428	1729	14482	7135	793
孟州市	78	29	49	449	3002	1419	10803	5273	398
濮阳市	**1053**	**305**	**748**	**5566**	**32876**	**15710**	**124737**	**58997**	**3521**
华龙区	235	35	200	1522	9194	4409	36505	17030	921
清丰县	178	28	150	839	4652	2144	17227	8172	1397
南乐县	117	29	88	712	3818	1816	14833	6987	420
范县	171	58	113	763	4959	2466	17596	8569	331
台前县	82	34	48	447	3257	1562	11489	5509	186
濮阳县	270	121	149	1283	6996	3313	27087	12730	266
许昌市	**1099**	**345**	**754**	**5715**	**33538**	**16332**	**136804**	**66224**	**1636**
魏都区	79	27	52	695	4830	2289	18534	8836	35
建安区	162	61	101	898	4807	2329	23251	11226	66
鄢陵县	177	65	112	809	4400	2030	19114	9011	208
襄城县	162	32	130	802	4788	2314	20405	9927	39
禹州市	361	97	264	1517	9482	4769	32568	16082	583
长葛市	158	63	95	994	5231	2601	22932	11142	705
漯河市	**516**	**234**	**282**	**2981**	**15724**	**7548**	**78303**	**38173**	**255**
源汇区	61	27	34	510	2328	1141	14564	7008	9
郾城区	85	35	50	589	4152	1920	16893	8260	55
召陵区	102	24	78	688	3306	1619	17814	8734	41
舞阳县	129	68	61	513	2461	1187	12158	5880	—
临颍县	139	80	59	681	3477	1681	16874	8291	150
三门峡市	**426**	**142**	**284**	**2590**	**15976**	**7860**	**67135**	**32595**	**744**
湖滨区	68	13	55	473	3178	1531	13161	6288	121
陕州区	49	32	17	309	2001	986	7403	3588	109
渑池县	70	26	44	365	2487	1229	9191	4508	206
卢氏县	63	32	31	355	2290	1111	9799	4733	—
义马市	25	6	19	184	835	420	4737	2302	212
灵宝市	151	33	118	904	5185	2583	22844	11176	96
南阳市	**2028**	**653**	**1375**	**12858**	**72820**	**34687**	**282093**	**133887**	**4623**
宛城区	162	20	142	1213	6319	2991	27610	13053	754
卧龙区	231	61	170	1256	6508	3089	30100	14213	806
南召县	140	28	112	718	3634	1755	16728	7975	155
方城县	138	25	113	1025	5719	2880	24680	12215	482
西峡县	86	37	49	732	3085	1407	13809	6396	—
镇平县	169	44	125	1077	6816	3261	24009	11438	—
内乡县	157	78	79	756	5287	2549	16911	7973	463
淅川县	94	25	69	720	4799	2156	17953	8324	605
社旗县	140	27	113	762	5101	2569	17370	8741	—
唐河县	225	64	161	1311	7657	3622	29513	14081	316
新野县	81	25	56	758	4403	2075	13077	6029	212
桐柏县	81	34	47	412	2556	1195	9652	4549	313
邓州市	324	185	139	2118	10936	5138	40681	18900	517
商丘市	**1751**	**578**	**1173**	**12919**	**66906**	**32101**	**306870**	**146781**	**1500**

基 本 情 况(总计)(三)

(班)人数				离园(班)人数		教职工数				校外教师	外籍教师
小班	中班	大班	混合班	计	其中：女	计	其中				
							女	园长	专任教师数		
3514	4604	5571	—	5961	3081	1935	1829	85	957	—	—
2855	3506	4029	15	4865	2350	1221	1082	79	602	2	—
31349	41378	47695	794	53789	25613	15143	14353	1086	8062	127	—
9265	12231	14028	60	15434	7251	5617	5347	285	2812	77	—
4010	5370	6386	64	7938	3806	2197	2102	179	1237	26	—
3702	4751	5618	342	6071	2929	1490	1352	127	827	—	—
4582	5786	6855	42	7688	3718	1917	1831	175	1032	—	—
3128	3913	4085	177	4393	2066	1144	1104	91	615	1	—
6662	9327	10723	109	12265	5843	2778	2617	229	1539	23	—
29961	42922	60240	2045	59640	29140	17449	16010	950	9401	1	—
3501	5730	8384	884	9002	4334	2712	2521	78	1444	1	—
4159	7178	11823	25	9297	4594	2767	2471	151	1331	—	—
4197	5819	8305	585	8903	4296	2077	1955	161	1283	—	—
4536	6749	9059	22	8517	4344	2259	2080	135	1195	—	—
9130	10488	12218	149	15202	7378	4541	4098	278	2461	—	—
4438	6958	10451	380	8719	4194	3093	2885	147	1687	—	—
15181	22692	36359	3816	32522	15671	9513	8754	535	5338	108	—
2385	3943	6141	2086	5604	2700	1651	1535	70	915	7	—
3175	4725	8056	882	7050	3516	2053	1901	92	1166	16	—
3409	5529	8602	233	6264	2878	2134	1998	110	1201	—	—
2534	3448	5820	356	5682	2741	1750	1595	131	959	—	—
3678	5047	7740	259	7922	3836	1925	1725	132	1097	85	—
17588	22138	26423	242	27784	13495	8795	8071	465	4769	159	—
3326	4453	5261	—	5789	2758	1929	1837	100	997	—	—
2019	2397	2849	29	2907	1440	1098	1000	59	591	5	—
2580	3013	3392	—	3810	1925	1033	940	70	568	—	—
2290	3355	4154	—	4144	2054	1015	946	69	565	153	—
1198	1402	1925	—	1990	957	588	559	33	315	—	—
6175	7518	8842	213	9144	4361	3132	2789	134	1733	1	—
67212	86158	111381	12719	129720	61252	26878	25519	1848	18323	816	—
6927	8697	10904	328	12331	5744	3350	3167	165	1750	46	—
7205	9234	11147	1708	14738	6861	3421	3255	250	2014	207	—
3453	4769	7593	758	7031	3451	1529	1455	123	1106	19	—
6168	7516	9941	573	11446	5417	2238	2175	138	1572	27	—
2690	3924	4721	2474	6896	3183	1120	1072	70	866	75	—
6268	7979	9316	446	10366	4996	2202	2098	148	1606	99	—
4140	5091	6799	418	6960	3176	1769	1654	116	1182	32	—
4388	5550	6970	440	7595	3576	1573	1516	115	1226	48	—
4278	4863	7352	877	8100	3967	1612	1543	125	1058	—	—
7710	9775	11286	426	13129	6152	3000	2816	205	1964	21	—
2685	3389	5110	1681	6371	3047	862	790	63	665	—	—
2448	3162	3584	145	4274	2072	983	928	70	807	3	—
8852	12209	16658	2445	20483	9610	3219	3050	260	2507	239	—
59684	93249	135377	17060	139872	67031	29437	27777	1868	18119	284	—

学 前 教 育

省、市、县(市)区名称	园数(所) 计	园数(所) 公办	园数(所) 民办	班数(个)	入园(班)人数 计	入园(班)人数 其中:女	在园 计	在园 其中:女	在园 托班
梁园区	166	16	150	1373	6269	2901	34597	16060	58
睢阳区	201	55	146	1142	5711	2743	28964	13611	-
民权县	217	90	127	1654	9451	4623	38046	18529	371
睢县	115	27	88	885	4700	2245	23160	11141	-
宁陵县	156	29	127	1127	4683	2263	24289	11652	99
柘城县	257	156	101	1455	7287	3429	31740	15278	20
虞城县	213	71	142	1835	10715	5282	45577	22182	406
夏邑县	184	98	86	1489	8896	4285	34316	16380	108
永城市	242	36	206	1959	9194	4330	46181	21948	438
信阳市	**1552**	**452**	**1100**	**7957**	**48880**	**23007**	**187217**	**87771**	**2164**
浉河区	187	22	165	821	3736	1756	18130	8516	429
平桥区	249	24	225	1211	7252	3434	28961	13476	454
罗山县	114	63	51	514	3289	1516	12514	5906	290
光山县	130	21	109	736	4668	2179	17820	8306	126
新县	109	20	89	392	2196	970	8246	3808	-
商城县	89	38	51	747	4278	1984	14990	7042	96
固始县	224	40	184	1179	7368	3391	28026	12846	684
潢川县	98	39	59	851	5497	2593	20356	9423	-
淮滨县	186	100	86	703	4538	2201	16091	7696	60
息县	166	85	81	803	6058	2983	22083	10752	25
周口市	**2275**	**823**	**1452**	**13882**	**79187**	**38530**	**316873**	**153932**	**826**
川汇区	112	34	78	950	6864	3339	25157	12261	75
淮阳区	152	33	119	1655	8462	4058	39392	18997	116
扶沟县	157	85	72	699	4932	2411	17388	8429	45
西华县	128	30	98	1034	4955	2465	20485	10209	247
商水县	246	88	158	1384	8984	4463	36037	17797	126
沈丘县	316	136	180	1423	8474	4048	32822	15831	-
郸城县	263	88	175	1754	10880	5208	40407	19355	19
太康县	411	145	266	1884	11175	5449	40076	19447	107
鹿邑县	264	142	122	1581	7482	3633	32492	16010	67
项城市	226	42	184	1518	6979	3456	32617	15596	24
驻马店市	**1302**	**224**	**1078**	**10184**	**50938**	**24711**	**221259**	**106710**	**2685**
驿城区	216	36	180	1305	6440	3115	32385	15268	395
西平县	152	52	100	751	2743	1321	17754	8555	394
上蔡县	196	18	178	1590	9043	4491	34952	17108	22
平舆县	89	12	77	1187	5330	2562	23129	11227	-
正阳县	84	15	69	770	4529	2159	17389	8176	-
确山县	64	12	52	543	3124	1506	12273	5837	41
泌阳县	137	6	131	1325	5417	2505	27331	12862	921
汝南县	130	47	83	841	4597	2316	17176	8552	23
遂平县	80	18	62	677	3746	1845	13500	6534	767
新蔡县	154	8	146	1195	5969	2891	25370	12591	122
济源示范区	**166**	**67**	**99**	**1032**	**7620**	**3674**	**27578**	**13188**	**761**

基 本 情 况(总计)(四)

(班)人数				离园(班)人数		教职工数				校外教师	外籍教师
小班	中班	大班	混合班	计	其中：女	计	其 中				
							女	园长	专任教师数		
5077	10459	16580	2423	14834	7025	4670	4433	206	2497	6	-
5683	9858	13423	-	15702	7406	3593	3314	196	1762	-	-
8710	11537	15937	1491	12618	6080	2987	2808	211	2189	38	-
4636	7467	10579	478	10694	5137	2251	2076	139	1257	59	-
3435	6372	9112	5271	9286	4488	2052	1906	173	1174	145	-
7277	10254	14039	150	16653	8118	2987	2844	252	2032	36	-
9809	13354	15858	6150	16090	7771	3711	3442	237	2127	-	-
7300	10356	15919	633	17758	8474	3018	2885	191	1967	-	-
7757	13592	23930	464	26237	12532	4168	4069	263	3114	-	-
42424	**58139**	**75897**	**8593**	**92367**	**43755**	**21622**	**20261**	**1521**	**13341**	**198**	**-**
4394	5816	7344	147	7874	3735	2713	2523	183	1457	5	-
6188	9329	12071	919	12508	6001	4191	3895	280	2186	32	-
2378	3258	4971	1617	7368	3469	1266	1177	90	848	12	-
3537	4839	8351	967	10265	4863	1890	1753	126	1256	21	-
2113	2688	3437	8	3825	1822	834	800	98	592	21	-
3219	4768	5484	1423	7073	3263	1429	1350	101	958	25	-
6905	9181	10619	637	13846	6412	3270	3128	230	1935	-	-
5344	6681	8208	123	9513	4403	1894	1776	114	1230	78	-
3639	5088	6803	501	8263	4041	2207	2051	132	1581	1	-
4707	6491	8609	2251	11832	5746	1928	1808	167	1298	3	-
71660	**102609**	**131512**	**10266**	**138455**	**66694**	**30297**	**28778**	**2292**	**19325**	**6**	**-**
5866	8569	10223	424	9777	4715	3159	2988	155	1982	-	-
7778	11827	17381	2290	15719	7553	2646	2516	146	1877	-	-
4317	5825	6798	403	7439	3492	1740	1652	135	1052	3	-
4041	6062	8034	2101	9332	4593	1916	1783	132	1153	1	-
8394	11887	15368	262	13097	6320	3603	3394	292	1898	-	-
8103	10993	13405	321	17253	8423	3335	3176	315	2064	-	-
9745	13064	16525	1054	17198	8126	3636	3468	228	2278	1	-
10696	13944	15176	153	19062	9314	4081	3898	390	2581	1	-
7230	10322	13838	1035	16310	7789	2708	2510	243	1734	-	-
5490	10116	14764	2223	13268	6369	3473	3393	256	2706	-	-
46963	**65867**	**90659**	**15085**	**104265**	**50205**	**21975**	**20653**	**1322**	**14491**	**2**	**-**
6275	9850	13276	2589	14255	6697	4449	4172	234	2578	-	-
3407	5427	7885	641	8394	4054	2103	1936	154	1340	-	-
8083	11129	13931	1787	16151	7730	3084	2836	197	1977	-	-
5332	7566	10228	3	11281	5438	2318	2229	91	1822	-	-
4259	5029	7025	1076	8790	4179	1076	1016	91	787	-	-
2392	3383	4673	1784	5534	2695	1423	1307	70	767	-	-
6473	8069	9998	1870	11011	5268	2249	2137	147	1339	-	-
3358	5038	6935	1822	8463	4061	1779	1651	114	1385	-	-
2922	3697	4864	1250	6439	3155	1297	1240	82	928	-	-
4462	6679	11844	2263	13947	6928	2197	2129	142	1568	2	-
7359	**8720**	**10517**	**221**	**11644**	**5716**	**4230**	**3932**	**202**	**2108**	**2**	**-**

学 前 教 育

省、市、县(市)区名称	园数(所) 计	园数(所) 公办	园数(所) 民办	班数(个)	入园(班)人数 计	入园(班)人数 其中:女	计	其中:女	在园 托班
河 南 省	5355	1157	4198	38820	233285	111872	989028	470817	12470
郑 州 市	1119	277	842	9153	63115	29958	243578	114983	2200
中 原 区	128	33	95	1086	7121	3391	27758	13066	65
二 七 区	152	33	119	1087	6569	3111	26077	12247	179
管城回族区	120	30	90	975	6150	2942	24169	11347	186
金 水 区	270	60	210	2557	17557	8168	64572	30284	1529
上 街 区	44	16	28	303	1711	843	7561	3624	—
惠 济 区	82	14	68	547	3895	1862	13562	6437	137
中 牟 县	1	1	—	5	19	9	150	81	—
巩 义 市	56	18	38	516	3713	1710	15540	7319	—
荥 阳 市	89	17	72	733	5751	2853	21242	10092	95
新 密 市	69	15	54	482	3847	1895	15606	7508	5
新 郑 市	61	25	36	451	3791	1740	15393	7122	4
登 封 市	47	15	32	411	2991	1434	11948	5856	—
开 封 市	220	55	165	1529	10280	4909	39011	18535	325
龙 亭 区	91	14	77	664	4855	2339	16287	7853	131
顺河回族区	36	15	21	252	1531	744	6882	3277	4
鼓 楼 区	22	10	12	146	925	437	3616	1692	99
禹王台区	20	7	13	128	782	338	3548	1603	44
祥 符 区	51	9	42	339	2187	1051	8678	4110	47
杞　　县	—	—	—	—	—	—	—	—	—
通 许 县	—	—	—	—	—	—	—	—	—
尉 氏 县	—	—	—	—	—	—	—	—	—
兰 考 县	—	—	—	—	—	—	—	—	—
洛 阳 市	425	137	288	3369	19533	9462	87198	42118	2010
老 城 区	45	12	33	291	1345	646	7443	3559	103
西 工 区	54	11	43	387	2114	1041	9078	4442	128
瀍河回族区	37	12	25	251	1710	830	6255	3043	—
涧 西 区	57	23	34	477	2829	1357	12404	5949	497
偃 师 区	68	14	54	539	2911	1418	14145	6907	887
孟 津 区	46	17	29	344	2213	1076	9345	4402	219
洛 龙 区	105	46	59	998	6031	2920	26353	12747	143
新 安 县	7	1	6	49	175	71	1345	657	16
栾 川 县	—	—	—	—	—	—	—	—	—
嵩　　县	—	—	—	—	—	—	—	—	—
汝 阳 县	—	—	—	—	—	—	—	—	—
宜 阳 县	2	—	2	13	46	24	296	145	17
洛 宁 县	—	—	—	—	—	—	—	—	—
伊 川 县	4	1	3	20	159	79	534	267	—
平顶山市	376	81	295	2134	11062	5204	49759	23512	293
新 华 区	66	11	55	405	2017	939	9917	4715	51
卫 东 区	80	25	55	498	2791	1288	11582	5359	113
石 龙 区	9	2	7	47	155	81	1031	488	—
湛 河 区	53	12	41	314	1404	657	7575	3566	71

基　本　情　况(城区)(一)

(班)人数				离园(班)人数		教职工数				校外教师	外籍教师
							其　中				
小班	中班	大班	混合班	计	其中:女	计	女	园长	专任教师数		
223861	**316678**	**413811**	**22208**	**415062**	**197432**	**143399**	**85299**	**6357**	**78239**	**684**	**46**
55905	**80223**	**103036**	**2214**	**95236**	**44979**	**38214**	**20983**	**1263**	**19909**	**100**	**42**
5822	9470	12241	160	11817	5723	4615	2547	139	2433	24	–
5079	8604	11846	369	10141	4856	4443	2454	179	2275	2	3
5815	8020	9732	416	8546	3920	4115	2217	136	2101	17	2
14717	20713	26520	1093	23424	10756	11048	6038	319	5747	57	34
1810	2463	3288	–	3477	1665	1293	725	56	677	–	–
3097	4508	5735	85	4949	2403	2195	1197	83	1126	–	2
27	57	66	–	31	16	12	11	1	10	–	–
3713	4931	6896	–	5980	2800	2136	1179	69	1147	–	1
5311	7225	8543	68	8785	4216	2668	1551	108	1452	–	–
3732	5174	6695	–	5909	2849	2030	1086	67	1030	–	–
3807	5023	6536	23	6508	3092	1918	1095	60	1070	–	–
2975	4035	4938	–	5669	2683	1741	883	46	841	–	–
10571	**12678**	**15350**	**87**	**17093**	**7928**	**6252**	**3514**	**257**	**3291**	**23**	**–**
4533	5507	6054	62	6894	3177	2853	1585	113	1495	21	–
1803	2217	2858	–	3331	1611	1226	646	47	604	–	–
1022	1172	1323	–	1599	717	595	354	25	333	–	–
979	1141	1384	–	1407	636	516	278	21	258	2	–
2234	2641	3731	25	3862	1787	1062	651	51	601	–	–
–	–	–	–	–	–	–	–	–	–	–	–
–	–	–	–	–	–	–	–	–	–	–	–
–	–	–	–	–	–	–	–	–	–	–	–
–	–	–	–	–	–	–	–	–	–	–	–
20510	**27576**	**34741**	**2361**	**35610**	**17257**	**13157**	**7251**	**584**	**6655**	**27**	**–**
1567	2378	3395	–	3010	1457	1137	622	59	569	–	–
2061	2819	3310	760	4956	2445	1716	955	71	901	3	–
1571	2280	2404	–	2815	1308	1025	560	52	512	–	–
2608	3822	4303	1174	4596	2202	2027	1160	74	1091	10	–
3635	4382	5138	103	5199	2551	1611	881	79	801	11	–
2172	2896	3963	95	3258	1627	1269	753	58	693	–	–
6369	8353	11317	171	10763	5158	4086	2169	176	1958	3	–
325	429	517	58	627	312	200	103	8	95	–	–
–	–	–	–	–	–	–	–	–	–	–	–
–	–	–	–	–	–	–	–	–	–	–	–
–	–	–	–	–	–	–	–	–	–	–	–
43	56	180	–	190	99	23	17	2	9	–	–
–	–	–	–	–	–	–	–	–	–	–	–
159	161	214	–	196	98	63	31	5	26	–	–
10453	**16226**	**21938**	**849**	**21644**	**10232**	**7673**	**4774**	**439**	**4316**	**10**	**–**
1962	3496	4408	–	4497	2159	1684	980	75	918	–	–
2380	3822	5227	40	5017	2297	1824	1101	104	995	–	–
155	291	486	99	529	258	131	97	10	88	–	–
1576	2618	3310	–	2993	1446	1152	669	67	567	–	–

学 前 教 育

省、市、县(市)区名称	园数(所) 计	公办	民办	班数(个)	入园(班)人数 计	其中:女	在园 计	其中:女	托班
宝 丰 县	—	—	—	—	—	—	—	—	—
叶 县	13	3	10	82	616	311	1940	954	4
鲁 山 县	—	—	—	—	—	—	—	—	—
郏 县	—	—	—	—	—	—	—	—	—
舞 钢 市	31	10	21	183	1014	472	4869	2314	43
汝 州 市	124	18	106	605	3065	1456	12845	6116	11
安 阳 市	**338**	**66**	**272**	**2231**	**12717**	**6278**	**53545**	**25818**	**953**
文 峰 区	70	17	53	561	3368	1607	14090	6727	206
北 关 区	79	25	54	454	2583	1286	10384	4843	94
殷 都 区	39	5	34	236	1351	679	5577	2688	96
龙 安 区	37	8	29	211	1288	639	5126	2483	—
安 阳 县	13	—	13	54	228	110	1041	497	20
汤 阴 县	—	—	—	—	—	—	—	—	—
滑 县	—	—	—	—	—	—	—	—	—
内 黄 县	—	—	—	—	—	—	—	—	—
林 州 市	100	11	89	715	3899	1957	17327	8580	537
鹤 壁 市	**109**	**31**	**78**	**626**	**3797**	**1973**	**14446**	**7151**	**122**
鹤 山 区	8	5	3	29	79	31	641	299	41
山 城 区	28	14	14	164	758	394	3441	1633	71
淇 滨 区	72	12	60	430	2960	1548	10341	5206	10
浚 县	—	—	—	—	—	—	—	—	—
淇 县	1	—	1	3	—	—	23	13	—
新 乡 市	**474**	**88**	**386**	**3236**	**15609**	**7489**	**77683**	**36989**	**887**
红 旗 区	64	8	56	497	3021	1480	12453	5974	—
卫 滨 区	52	8	44	367	1743	843	8988	4158	—
凤 泉 区	15	4	11	101	547	271	2552	1249	—
牧 野 区	70	11	59	490	1737	833	11663	5520	79
新 乡 县	—	—	—	—	—	—	—	—	—
获 嘉 县	—	—	—	—	—	—	—	—	—
原 阳 县	—	—	—	—	—	—	—	—	—
延 津 县	—	—	—	—	—	—	—	—	—
封 丘 县	—	—	—	—	—	—	—	—	—
卫 辉 市	35	7	28	214	1143	540	5417	2637	149
辉 县 市	97	21	76	597	3145	1531	12797	6103	253
长 垣 市	141	29	112	970	4273	1991	23813	11348	406
焦 作 市	**238**	**42**	**196**	**1725**	**9668**	**4616**	**42271**	**20242**	**1376**
解 放 区	66	9	57	451	2662	1288	10774	5192	97
中 站 区	18	3	15	116	409	208	2729	1332	109
马 村 区	9	3	6	109	593	198	2769	1156	100
山 阳 区	71	11	60	458	1594	797	10296	4817	310
修 武 县	—	—	—	—	—	—	—	—	—
博 爱 县	—	—	—	—	—	—	—	—	—
武 陟 县	—	—	—	—	—	—	—	—	—
温 县	—	—	—	—	—	—	—	—	—

基　本　情　况(城区)(二)

(班)人数				离园(班)人数		教职工数				校外教师	外籍教师
小班	中班	大班	混合班	计	其中:女	计	其中:女	其中:园长	其中:专任教师数		
–	–	–	–	–	–	–	–	–	–	–	–
462	653	807	14	492	244	259	180	13	167	–	–
–	–	–	–	–	–	–	–	–	–	–	–
–	–	–	–	–	–	–	–	–	–	–	–
1028	1351	2421	26	2657	1268	635	409	31	383	10	–
2890	3995	5279	670	5459	2560	1988	1338	139	1198	–	–
13325	**17670**	**21089**	**508**	**22988**	**11108**	**7527**	**4249**	**408**	**3775**	**22**	**–**
3641	4665	5428	150	5842	2757	2248	1201	86	1100	–	–
2661	3584	4045	–	4512	2208	1842	958	107	858	8	–
1387	1916	2178	–	2500	1302	893	496	47	450	8	–
1275	1808	2043	–	2448	1121	790	430	43	388	5	–
275	317	429	–	585	289	174	91	14	76	–	–
–	–	–	–	–	–	–	–	–	–	–	–
–	–	–	–	–	–	–	–	–	–	–	–
–	–	–	–	–	–	–	–	–	–	–	–
4086	5380	6966	358	7101	3431	1580	1073	111	903	1	–
3753	**4675**	**5640**	**256**	**7137**	**3563**	**2273**	**1304**	**134**	**1187**	**39**	**–**
124	213	263	–	354	160	82	32	7	25	1	–
672	1056	1457	185	1765	909	469	262	38	230	–	–
2946	3398	3916	71	4999	2484	1716	1006	88	929	38	–
–	–	–	–	–	–	–	–	–	–	–	–
11	8	4	–	19	10	6	4	1	3	–	–
16674	**23967**	**32692**	**3463**	**32743**	**15339**	**11463**	**6940**	**599**	**6295**	**32**	**4**
3082	4124	4780	467	4819	2140	2118	1190	84	1119	–	4
1742	2657	3842	747	3540	1658	1534	833	70	776	–	–
533	738	1281	–	1202	534	384	223	24	200	–	–
2215	3506	5673	190	4599	2254	1849	1028	86	924	3	–
–	–	–	–	–	–	–	–	–	–	–	–
–	–	–	–	–	–	–	–	–	–	–	–
–	–	–	–	–	–	–	–	–	–	–	–
–	–	–	–	–	–	–	–	–	–	–	–
–	–	–	–	–	–	–	–	–	–	–	–
1139	1688	2375	66	2213	988	737	407	43	371	–	–
3024	4196	5314	10	6824	3305	2121	1445	143	1266	–	–
4939	7058	9427	1983	9546	4460	2720	1814	149	1639	29	–
10517	**13868**	**16488**	**22**	**16578**	**7973**	**6087**	**3377**	**296**	**3122**	**5**	**–**
2705	3692	4263	17	3801	1787	1876	1007	92	928	–	–
672	993	955	–	1160	568	378	218	22	186	–	–
787	878	1004	–	1114	587	351	218	11	208	–	–
2269	3197	4520	–	3926	1775	1510	904	91	818	3	–
–	–	–	–	–	–	–	–	–	–	–	–
–	–	–	–	–	–	–	–	–	–	–	–
–	–	–	–	2	1	–	–	–	–	–	–
–	–	–	–	–	–	–	–	–	–	–	–

学 前 教 育

省、市、县(市)区名称	园数(所)			班数(个)	入园(班)人数		在园		在园托班
	计	公办	民办		计	其中:女	计	其中:女	
沁阳市	37	3	34	342	2380	1154	9053	4455	658
孟州市	37	13	24	249	2030	971	6650	3290	102
濮阳市	**142**	**28**	**114**	**1017**	**6332**	**3018**	**25129**	**11753**	**609**
华龙区	137	27	110	991	6240	2971	24736	11575	609
清丰县	—	—	—	—	—	—	—	—	—
南乐县	—	—	—	—	—	—	—	—	—
范　县	4	—	4	17	77	40	297	132	—
台前县	—	—	—	—	—	—	—	—	—
濮阳县	1	1	—	9	15	7	96	46	—
许昌市	**330**	**80**	**250**	**2261**	**13577**	**6649**	**54688**	**26579**	**845**
魏都区	78	26	52	691	4755	2256	18367	8758	35
建安区	44	14	30	330	1740	846	8728	4286	4
鄢陵县	1	—	1	5	16	13	128	75	—
襄城县	10	2	8	63	448	213	1672	857	—
禹州市	129	12	117	648	3829	1918	13163	6456	229
长葛市	68	26	42	524	2789	1403	12630	6147	577
漯河市	**127**	**43**	**84**	**1145**	**7054**	**3355**	**33658**	**16208**	**57**
源汇区	41	17	24	411	2011	1004	12353	5927	—
郾城区	53	20	33	452	3589	1643	13515	6556	16
召陵区	33	6	27	282	1454	708	7790	3725	41
舞阳县	—	—	—	—	—	—	—	—	—
临颍县	—	—	—	—	—	—	—	—	—
三门峡市	**162**	**36**	**126**	**1285**	**8259**	**4042**	**35127**	**17057**	**406**
湖滨区	57	9	48	418	2825	1357	11884	5689	101
陕州区	29	14	15	231	1618	787	6156	2999	93
渑池县	—	—	—	—	—	—	—	—	—
卢氏县	—	—	—	—	—	—	—	—	—
义马市	24	6	18	184	835	420	4737	2302	212
灵宝市	52	7	45	452	2981	1478	12350	6067	—
南阳市	**249**	**45**	**204**	**1682**	**9688**	**4620**	**43055**	**20123**	**630**
宛城区	70	5	65	491	2300	1089	11545	5416	313
卧龙区	98	13	85	614	3272	1555	16088	7580	164
南召县	—	—	—	—	—	—	—	—	—
方城县	—	—	—	—	—	—	—	—	—
西峡县	—	—	—	—	—	—	—	—	—
镇平县	—	—	—	—	—	—	—	—	—
内乡县	—	—	—	—	—	—	—	—	—
淅川县	—	—	—	—	—	—	—	—	—
社旗县	—	—	—	—	—	—	—	—	—
唐河县	—	—	—	—	—	—	—	—	—
新野县	—	—	—	—	—	—	—	—	—
桐柏县	—	—	—	—	—	—	—	—	—
邓州市	81	27	54	577	4116	1976	15422	7127	153
商丘市	**285**	**23**	**262**	**2246**	**11139**	**5228**	**57563**	**26948**	**270**

基　本　情　况（城区）（三）

（班）人数				离园（班）人数		教职工数				校外教师	外籍教师
							其　中				
小班	中班	大班	混合班	计	其中：女	计	女	园长	专　任教师数		
2256	2826	3313	–	3426	1751	1193	613	38	583	–	–
1828	2282	2433	5	3149	1504	779	417	42	399	2	–
6363	**8468**	**9676**	**13**	**10924**	**5183**	**3864**	**2131**	**179**	**1959**	**74**	**–**
6269	8357	9488	13	10673	5062	3823	2091	174	1930	74	–
–	–	–	–	–	–	–	–	–	–	–	–
–	–	–	–	–	–	–	–	–	–	–	–
79	72	146	–	212	102	32	26	4	22	–	–
–	–	–	–	–	–	–	–	–	–	–	–
15	39	42	–	39	19	9	14	1	7	–	–
11726	**17113**	**24071**	**933**	**23523**	**11387**	**8293**	**4882**	**311**	**4624**	**1**	**–**
3426	5685	8337	884	8967	4320	2703	1506	77	1436	1	–
1427	2607	4665	25	3198	1623	1111	628	46	592	–	–
16	55	57	–	90	40	17	8	1	7	–	–
397	570	705	–	459	228	192	114	8	108	–	–
3700	4212	4998	24	6291	3007	2449	1521	115	1417	–	–
2760	3984	5309	–	4518	2169	1821	1105	64	1064	–	–
6210	**9677**	**15078**	**2636**	**12512**	**6018**	**4130**	**2580**	**153**	**2399**	**16**	**–**
2064	3381	4959	1949	4394	2112	1437	917	55	815	–	–
2610	3792	6525	572	5540	2731	1660	1042	61	993	16	–
1536	2504	3594	115	2578	1175	1033	621	37	591	–	–
–	–	–	–	–	–	–	–	–	–	–	–
–	–	–	–	–	–	–	–	–	–	–	–
9391	**11465**	**13837**	**28**	**14764**	**7127**	**4896**	**2807**	**204**	**2628**	**2**	**–**
2955	4037	4791	–	5199	2487	1696	966	84	885	–	–
1648	2010	2405	–	2377	1176	917	503	39	478	2	–
–	–	–	–	–	–	–	–	–	–	–	–
–	–	–	–	–	–	–	–	–	–	–	–
1198	1402	1925	–	1944	935	588	345	33	315	–	–
3590	4016	4716	28	5244	2529	1695	993	48	950	–	–
10094	**13449**	**17053**	**1829**	**21922**	**10115**	**4932**	**3685**	**266**	**3130**	**300**	**–**
2910	3757	4565	–	5495	2567	1688	1083	66	898	5	–
3846	5023	5982	1073	8761	3998	1822	1311	114	1144	187	–
–	–	–	–	–	–	–	–	–	–	–	–
–	–	–	–	–	–	–	–	–	–	–	–
–	–	–	–	–	–	–	–	–	–	–	–
–	–	–	–	–	–	–	–	–	–	–	–
–	–	–	–	–	–	–	–	–	–	–	–
–	–	–	–	–	–	–	–	–	–	–	–
–	–	–	–	–	–	–	–	–	–	–	–
–	–	–	–	–	–	–	–	–	–	–	–
–	–	–	–	–	–	–	–	–	–	–	–
–	–	–	–	–	–	–	–	–	–	–	–
3338	4669	6506	756	7666	3550	1422	1291	86	1088	108	–
9789	**17695**	**27934**	**1875**	**28532**	**13407**	**7183**	**4982**	**326**	**4549**	**–**	**–**

学 前 教 育

省、市、县(市)区名称	园数(所)			班数(个)	入园(班)人数		在园		在园托班
	计	公办	民办		计	其中:女	计	其中:女	
梁园区	68	5	63	570	2588	1186	14893	6954	26
睢阳区	80	7	73	575	2821	1332	14836	6817	—
民权县	—	—	—	—	—	—	—	—	—
睢县	—	—	—	—	—	—	—	—	—
宁陵县	—	—	—	—	—	—	—	—	—
柘城县	—	—	—	—	—	—	—	—	—
虞城县	—	—	—	—	—	—	—	—	—
夏邑县	—	—	—	—	—	—	—	—	—
永城市	137	11	126	1101	5730	2710	27834	13177	244
信阳市	**283**	**19**	**264**	**1477**	**8333**	**3912**	**34494**	**16053**	**637**
浉河区	133	9	124	662	3048	1414	14557	6832	349
平桥区	150	10	140	815	5285	2498	19937	9221	288
罗山县	—	—	—	—	—	—	—	—	—
光山县	—	—	—	—	—	—	—	—	—
新县	—	—	—	—	—	—	—	—	—
商城县	—	—	—	—	—	—	—	—	—
固始县	—	—	—	—	—	—	—	—	—
潢川县	—	—	—	—	—	—	—	—	—
淮滨县	—	—	—	—	—	—	—	—	—
息县	—	—	—	—	—	—	—	—	—
周口市	**280**	**61**	**219**	**2246**	**13213**	**6360**	**57406**	**27498**	**88**
川汇区	86	28	58	705	5066	2476	18798	9244	38
淮阳区	62	14	48	653	3752	1766	16986	8071	26
扶沟县	—	—	—	—	—	—	—	—	—
西华县	—	—	—	—	—	—	—	—	—
商水县	4	1	3	32	117	57	915	444	—
沈丘县	2	1	1	6	28	14	98	47	—
郸城县	5	2	3	27	141	66	651	330	—
太康县	—	—	—	—	—	—	—	—	—
鹿邑县	—	—	—	—	—	—	—	—	—
项城市	121	15	106	823	4109	1981	19958	9362	24
驻马店市	**99**	**16**	**83**	**703**	**3721**	**1805**	**19251**	**9120**	**259**
驿城区	99	16	83	703	3721	1805	19251	9120	259
西平县	—	—	—	—	—	—	—	—	—
上蔡县	—	—	—	—	—	—	—	—	—
平舆县	—	—	—	—	—	—	—	—	—
正阳县	—	—	—	—	—	—	—	—	—
确山县	—	—	—	—	—	—	—	—	—
泌阳县	—	—	—	—	—	—	—	—	—
汝南县	—	—	—	—	—	—	—	—	—
遂平县	—	—	—	—	—	—	—	—	—
新蔡县	—	—	—	—	—	—	—	—	—
济源示范区	**99**	**29**	**70**	**755**	**6188**	**2994**	**21166**	**10130**	**503**

基　本　情　况（城区）（四）

（班）人数				离园（班）人数		教职工数				校外教师	外籍教师
							其　中				
小班	中班	大班	混合班	计	其中：女	计	女	园长	专　任教师数		
2374	4462	6229	1802	6011	2732	2329	1405	85	1261	–	–
2765	5007	7064	–	7430	3385	2028	1180	85	1042	–	–
–	–	–	–	–	–	–	–	–	–	–	–
–	–	–	–	–	–	–	–	–	–	–	–
–	–	–	–	–	–	–	–	–	–	–	–
–	–	–	–	–	–	–	–	–	–	–	–
–	–	–	–	–	–	–	–	–	–	–	–
–	–	–	–	–	–	–	–	–	–	–	–
4650	8226	14641	73	15091	7290	2826	2397	156	2246	–	–
8172	**11174**	**13995**	**516**	**14254**	**6881**	**5314**	**3202**	**342**	**2842**	**31**	**–**
3595	4668	5802	143	5996	2850	2299	1413	146	1253	5	–
4577	6506	8193	373	8258	4031	3015	1789	196	1589	26	–
–	–	–	–	–	–	–	–	–	–	–	–
–	–	–	–	–	–	–	–	–	–	–	–
–	–	–	–	–	–	–	–	–	–	–	–
–	–	–	–	–	–	–	–	–	–	–	–
–	–	–	–	–	–	–	–	–	–	–	–
–	–	–	–	–	–	–	–	–	–	–	–
–	–	–	–	–	–	–	–	–	–	–	–
–	–	–	–	–	–	–	–	–	–	–	–
11107	**18392**	**25595**	**2224**	**22339**	**10621**	**6571**	**5347**	**348**	**4554**	**–**	**–**
4470	6394	7604	292	7226	3487	2595	1719	125	1574	–	–
3300	4991	8075	594	7060	3405	1386	1447	63	961	–	–
–	–	–	–	–	–	–	–	–	–	–	–
–	–	–	–	–	–	–	–	–	–	–	–
155	287	473	–	354	163	89	46	6	41	–	–
28	32	38	–	43	14	13	10	2	8	–	–
141	227	270	13	284	141	78	44	4	40	–	–
–	–	–	–	–	–	–	–	–	–	–	–
–	–	–	–	–	–	–	–	–	–	–	–
3013	6461	9135	1325	7372	3411	2410	2081	148	1930	–	–
3586	**5602**	**7506**	**2298**	**8370**	**3935**	**2394**	**1596**	**114**	**1409**	**–**	**–**
3586	5602	7506	2298	8370	3935	2394	1596	114	1409	–	–
–	–	–	–	–	–	–	–	–	–	–	–
–	–	–	–	–	–	–	–	–	–	–	–
–	–	–	–	–	–	–	–	–	–	–	–
–	–	–	–	–	–	–	–	–	–	–	–
–	–	–	–	–	–	–	–	–	–	–	–
–	–	–	–	–	–	–	–	–	–	–	–
–	–	–	–	–	–	–	–	–	–	–	–
–	–	–	–	–	–	–	–	–	–	–	–
–	–	–	–	–	–	–	–	–	–	–	–
5715	**6760**	**8092**	**96**	**8893**	**4379**	**3176**	**1695**	**134**	**1595**	**2**	**–**

学 前 教 育

省、市、县(市)区名称	园数(所)			班数(个)	入园(班)人数			其中:女	在园托班
	计	公办	民办		计	其中:女	计		
河南省	8646	2297	6349	55053	336763	161672	1366924	655708	20614
郑州市	542	185	357	4030	23623	11227	111904	52996	713
中原区	65	24	41	534	3262	1583	14117	6806	75
二七区	14	1	13	67	329	143	1530	745	23
管城回族区	42	8	34	419	2199	1061	10189	4687	51
金水区	3	3	-	23	500	253	678	334	30
上街区	-	-	-	-	-	-	-	-	-
惠济区	1	1	-	10	107	61	289	141	-
中牟县	139	65	74	1094	7126	3390	33053	15728	513
巩义市	47	21	26	333	1697	794	8927	4193	-
荥阳市	13	6	7	57	258	132	1435	680	-
新密市	60	22	38	327	2107	975	9101	4250	-
新郑市	135	22	113	1016	5209	2435	28531	13412	21
登封市	23	12	11	150	829	400	4054	2020	-
开封市	436	97	339	2551	18607	8574	64822	30783	428
龙亭区	2	1	1	6	43	17	138	58	-
顺河回族区	-	-	-	-	-	-	-	-	-
鼓楼区	-	-	-	-	-	-	-	-	-
禹王台区	-	-	-	-	-	-	-	-	-
祥符区	22	9	13	156	1325	672	3747	1838	131
杞县	91	27	64	547	4532	2058	14260	6561	18
通许县	74	19	55	393	2444	1134	9503	4599	67
尉氏县	106	14	92	637	4063	1957	17192	8232	108
兰考县	141	27	114	812	6200	2736	19982	9495	104
洛阳市	603	131	472	4459	26877	13011	113606	54821	5172
老城区	-	-	-	-	-	-	-	-	-
西工区	-	-	-	-	-	-	-	-	-
瀍河回族区	4	3	1	35	63	39	731	366	-
涧西区	27	3	24	212	1061	466	5556	2607	243
偃师区	9	3	6	69	427	205	1762	872	195
孟津区	29	11	18	192	1008	514	4710	2324	73
洛龙区	9	1	8	72	368	175	2033	1026	107
新安县	65	15	50	468	3018	1517	12019	5721	95
栾川县	39	21	18	409	3225	1484	11252	5268	202
嵩县	81	17	64	573	4365	2153	15742	7594	542
汝阳县	71	13	58	522	2122	1024	12101	5808	224
宜阳县	99	16	83	666	3810	1832	16515	7924	1640
洛宁县	35	11	24	286	1476	762	8057	4091	1247
伊川县	135	17	118	955	5934	2840	23128	11220	604
平顶山市	442	123	319	2300	14476	7020	57748	27792	192
新华区	30	7	23	141	835	383	3238	1568	23
卫东区	6	1	5	20	62	29	405	182	36
石龙区	-	-	-	-	-	-	-	-	-
湛河区	-	-	-	-	-	-	-	-	-

基本情况（镇区）（一）

(班)人数				离园(班)人数		教职工数				校外教师	外籍教师
小班	中班	大班	混合班	计	其中：女	计	其中				
							女	园长	专任教师数		
314953	430742	570763	29852	585842	280503	154762	103179	9185	91987	1885	7
22446	35257	52739	749	43305	20617	15691	8807	572	8375	37	6
2693	4734	6546	69	5073	2526	2295	1237	74	1168	2	1
298	492	699	18	583	291	232	126	11	115	—	—
2159	2840	4848	291	3313	1638	1746	990	54	962	—	—
284	278	86	—	70	35	91	59	3	56	—	—
—	—	—	—	—	—	—	—	—	—	—	—
107	115	67	—	69	30	34	23	1	22	—	—
7100	10482	14716	242	11847	5575	3969	2467	160	2365	2	3
1696	2694	4501	36	4018	1840	1230	616	45	581	1	—
299	482	654	—	661	319	209	119	12	107	—	—
1853	2837	4330	81	4122	2009	1332	687	55	647	32	—
5158	8934	14406	12	11946	5619	3981	2227	134	2115	—	2
799	1369	1886	—	1603	735	572	256	23	237	—	—
16225	21077	26777	315	28210	13441	7319	4843	443	4399	17	—
43	44	51	—	53	27	21	14	2	12	—	—
—	—	—	—	—	—	—	—	—	—	—	—
—	—	—	—	—	—	—	—	—	—	—	—
—	—	—	—	—	—	—	—	—	—	—	—
901	1113	1581	21	1419	653	353	224	21	193	—	—
3897	4667	5678	—	5377	2583	1367	1102	84	1001	16	—
2509	2997	3772	158	4097	1924	1229	687	83	598	1	—
3812	5814	7433	25	7716	3782	2022	1428	109	1337	—	—
5063	6442	8262	111	9548	4472	2327	1388	144	1258	—	—
26772	34158	45722	1782	42689	20729	13113	8059	768	6967	26	—
—	—	—	—	—	—	—	—	—	—	—	—
—	—	—	—	—	—	—	—	—	—	—	—
142	275	314	—	515	292	141	70	4	66	—	—
1190	1612	1791	720	1567	728	833	475	35	441	—	—
482	496	589	—	711	355	175	83	9	74	10	—
912	1299	2025	401	1661	803	590	346	32	297	—	—
532	699	626	69	863	444	197	96	12	70	—	—
2119	3517	6249	39	4503	2263	1652	768	86	685	—	—
2991	3534	4510	15	4328	2008	1472	846	55	793	11	—
3909	5127	6089	75	5912	2830	1492	993	116	818	—	—
2155	3548	5964	210	3523	1734	1128	841	88	753	—	—
4593	4804	5309	169	6630	3259	1996	1170	119	1055	3	—
1912	2281	2617	—	2662	1279	951	621	42	590	—	—
5835	6966	9639	84	9814	4734	2486	1750	170	1325	2	—
12935	18040	25747	834	30707	14806	6663	4431	464	4044	170	—
864	1109	1220	22	1398	638	651	369	33	346	2	—
71	112	186	—	131	63	72	53	6	48	—	—
—	—	—	—	—	—	—	—	—	—	—	—
—	—	—	—	—	—	—	—	—	—	—	—

学 前 教 育

省、市、县(市)区名称	园数(所) 计	公办	民办	班数(个)	入园(班)人数 计	其中:女	在园 计	其中:女	在园托班
宝 丰 县	79	18	61	418	2803	1327	11940	5711	-
叶 县	93	28	65	439	2216	1072	9646	4686	21
鲁 山 县	98	27	71	491	3491	1706	12666	6091	78
郏 县	52	14	38	367	3093	1562	10592	5184	-
舞 钢 市	16	9	7	72	236	104	1638	758	14
汝 州 市	68	19	49	352	1740	837	7623	3612	20
安 阳 市	**445**	**102**	**343**	**2574**	**14517**	**7277**	**58278**	**28556**	**1070**
文 峰 区	35	9	26	281	1574	754	6688	3210	84
北 关 区	-	-	-	-	-	-	-	-	-
殷 都 区	81	16	65	282	1814	887	5847	2935	92
龙 安 区	2	2	-	16	170	80	383	180	-
安 阳 县	36	8	28	178	764	380	3599	1752	275
汤 阴 县	79	25	54	453	1706	896	9761	4894	245
滑 县	124	17	107	801	5074	2588	19549	9439	125
内 黄 县	52	9	43	376	2357	1149	8951	4383	219
林 州 市	36	16	20	187	1058	543	3500	1763	30
鹤 壁 市	**164**	**43**	**121**	**863**	**5075**	**2375**	**19018**	**9271**	**881**
鹤 山 区	-	-	-	-	-	-	-	-	-
山 城 区	2	1	1	7	22	11	118	57	-
淇 滨 区	22	5	17	154	837	396	3474	1696	56
浚 县	75	20	55	439	2500	1224	9378	4699	628
淇 县	65	17	48	263	1716	744	6048	2819	197
新 乡 市	**534**	**154**	**380**	**2920**	**17252**	**8311**	**68419**	**33100**	**309**
红 旗 区	43	6	37	312	1725	846	7181	3504	-
卫 滨 区	-	-	-	-	-	-	-	-	-
凤 泉 区	6	1	5	27	166	75	655	321	-
牧 野 区	-	-	-	-	-	-	-	-	-
新 乡 县	56	20	36	311	1888	843	7115	3347	-
获 嘉 县	63	22	41	337	2188	1050	8454	4011	-
原 阳 县	106	29	77	578	3539	1642	13563	6464	36
延 津 县	50	9	41	287	1662	809	6716	3227	-
封 丘 县	111	33	78	605	3518	1738	14091	6839	5
卫 辉 市	22	6	16	96	476	246	1954	1014	46
辉 县 市	31	12	19	138	981	510	3231	1626	185
长 垣 市	46	16	30	229	1109	552	5459	2747	37
焦 作 市	**308**	**74**	**234**	**1958**	**12392**	**6035**	**46138**	**22702**	**1511**
解 放 区	-	-	-	-	-	-	-	-	-
中 站 区	-	-	-	-	-	-	-	-	-
马 村 区	1	1	-	4	12	6	68	32	12
山 阳 区	25	6	19	190	1823	903	4731	2371	151
修 武 县	36	10	26	242	1293	643	5373	2600	172
博 爱 县	53	16	37	317	1477	706	7022	3473	303
武 陟 县	96	21	75	601	4988	2342	14587	7061	373
温 县	48	14	34	396	2021	1071	9884	5001	231

基 本 情 况（镇区）（二）

（班）人数				离园（班）人数		教职工数				校外教师	外籍教师
小班	中班	大班	混合班	计	其中：女	计	其中				
							女	园长	专任教师数		
2621	3718	5584	17	5667	2662	1251	817	88	749	28	–
2064	3084	4390	87	5525	2643	1309	768	89	695	–	–
2427	3995	5679	487	9279	4528	1243	867	107	791	120	–
3012	3325	4221	34	4567	2277	1266	939	59	889	14	–
229	364	993	38	625	294	160	96	14	89	–	–
1647	2333	3474	149	3515	1701	711	522	68	437	6	–
14484	**18555**	**23428**	**741**	**25998**	**12720**	**6851**	**4156**	**443**	**3662**	**292**	**–**
1802	2249	2553	–	2937	1438	1095	601	44	537	–	–
–	–	–	–	–	–	–	–	–	–	–	–
1416	2013	2110	216	3392	1712	704	406	73	338	16	–
107	130	123	23	133	64	40	19	3	20	–	–
976	1136	1212	–	1320	627	529	283	34	247	–	–
2286	3040	4190	–	4295	2100	1291	739	70	678	3	–
4695	6231	8329	169	8567	4174	1767	1171	131	997	272	–
2525	2842	3335	30	3703	1793	1175	715	56	677	1	–
677	914	1576	303	1651	812	250	222	32	168	–	–
4430	**5733**	**7542**	**432**	**8116**	**3907**	**2230**	**1420**	**159**	**1252**	**28**	**–**
–	–	–	–	–	–	–	–	–	–	–	–
24	36	32	26	37	22	20	8	2	8	–	–
574	1060	1528	256	1388	636	526	317	29	274	–	–
2421	2822	3473	34	3796	1903	986	686	76	596	28	–
1411	1815	2509	116	2895	1346	698	409	52	374	–	–
17719	**22301**	**27606**	**484**	**28900**	**13681**	**8637**	**5017**	**548**	**4450**	**163**	**–**
1542	2394	2866	379	3309	1522	1265	699	53	648	3	–
–	–	–	–	–	–	–	–	–	–	–	–
175	237	243	–	271	129	94	38	6	32	–	–
–	–	–	–	–	–	–	–	–	–	–	–
2078	2394	2643	–	2930	1339	1069	594	54	544	–	–
2415	2770	3269	–	3643	1694	1291	669	56	622	–	–
3536	4521	5470	–	5584	2667	1450	819	109	719	110	–
1983	2184	2549	–	2797	1292	775	467	48	420	–	–
3498	4464	6124	–	5512	2738	1556	966	122	810	7	–
419	634	850	5	909	417	202	104	22	80	–	–
771	945	1330	–	1401	674	367	251	33	210	43	–
1302	1758	2262	100	2544	1209	568	410	45	365	–	–
12089	**14933**	**17546**	**59**	**19595**	**9478**	**5409**	**3417**	**327**	**3010**	**139**	**1**
–	–	–	–	–	–	–	–	–	–	–	–
–	–	–	–	–	–	–	–	–	–	–	–
18	18	20	–	17	12	12	6	–	6	–	–
1240	1537	1788	15	1983	995	680	366	30	339	–	–
1454	1727	1992	28	2712	1264	642	337	38	303	124	1
2002	2124	2593	–	2949	1418	979	536	61	471	–	–
4067	4932	5215	–	5597	2603	1512	1080	94	972	–	–
2342	3198	4107	6	4067	2042	983	789	56	658	15	–

学 前 教 育

省、市、县(市)区名称	园数(所) 计	公办	民办	班数(个)	入园(班)人数 计	其中:女	在园 计	其中:女	托班
沁 阳 市	30	-	30	111	320	149	2266	1098	89
孟 州 市	19	6	13	97	458	215	2207	1066	180
濮 阳 市	**421**	**105**	**316**	**2456**	**15478**	**7289**	**57346**	**27038**	**2038**
华 龙 区	59	2	57	401	2446	1193	9130	4273	230
清 丰 县	79	14	65	452	2880	1254	10569	4935	1296
南 乐 县	48	12	36	323	2104	988	7497	3555	143
范 县	66	18	48	384	2472	1221	9275	4473	130
台 前 县	39	17	22	252	1837	907	6608	3182	116
濮 阳 县	130	42	88	644	3739	1726	14267	6620	123
许 昌 市	**263**	**87**	**176**	**1471**	**8756**	**4353**	**36831**	**17906**	**369**
魏 都 区	-	-	-	-	-	-	-	-	-
建 安 区	22	7	15	137	679	342	3719	1857	-
鄢 陵 县	84	23	61	448	2563	1202	11174	5276	115
襄 城 县	49	8	41	357	2074	1008	9682	4667	-
禹 州 市	77	30	47	338	2199	1174	7848	3940	201
长 葛 市	31	19	12	191	1241	627	4408	2166	53
漯 河 市	**180**	**77**	**103**	**1049**	**5180**	**2491**	**27481**	**13500**	**86**
源 汇 区	5	4	1	23	58	26	575	288	-
郾 城 区	7	4	3	48	172	92	1356	673	-
召 陵 区	27	4	23	212	1006	503	5662	2838	-
舞 阳 县	66	31	35	323	1620	773	8203	3986	-
临 颍 县	75	34	41	443	2324	1097	11685	5715	86
三门峡市	**151**	**49**	**102**	**922**	**5924**	**2928**	**24378**	**11855**	**290**
湖 滨 区	8	1	7	46	329	165	1132	544	20
陕 州 区	7	5	2	37	272	140	815	384	13
渑 池 县	52	17	35	305	2234	1109	8167	4020	206
卢 氏 县	45	16	29	296	1970	963	8332	4028	-
义 马 市	-	-	-	-	-	-	-	-	-
灵 宝 市	39	10	29	238	1119	551	5932	2879	51
南 阳 市	**1149**	**316**	**833**	**7155**	**44625**	**21230**	**170646**	**81054**	**3092**
宛 城 区	56	7	49	451	2465	1162	10459	4949	265
卧 龙 区	73	17	56	443	2445	1176	10168	4846	500
南 召 县	95	17	78	460	2316	1095	11070	5219	94
方 城 县	101	22	79	734	4399	2240	18898	9416	247
西 峡 县	71	25	46	530	2718	1236	12570	5822	-
镇 平 县	114	23	91	786	5565	2648	19192	9109	-
内 乡 县	101	37	64	606	4593	2199	14316	6736	441
淅 川 县	85	21	64	636	4426	1986	16388	7589	605
社 旗 县	100	23	77	493	3638	1836	11585	5826	-
唐 河 县	149	35	114	833	4929	2312	19097	9023	280
新 野 县	61	18	43	365	2038	953	7515	3393	196
桐 柏 县	63	25	38	333	2184	1020	8077	3800	230
邓 州 市	80	46	34	485	2909	1367	11311	5326	234
商 丘 市	**644**	**185**	**459**	**5387**	**30944**	**14932**	**135219**	**64872**	**801**

基　本　情　况(镇区)(三)

(班)人数				离园(班)人数		教职工数				校外教师	外籍教师
小班	中班	大班	混合班	计	其中：女	计	其中				
							女	园长	专任教师数		
451	759	967	—	1325	689	349	180	28	154	—	—
515	638	864	10	945	455	252	123	20	107	—	—
14038	**19124**	**21978**	**168**	**23350**	**11080**	**7042**	**4268**	**462**	**3711**	**30**	**—**
2322	3015	3516	47	3561	1661	1437	783	73	715	—	—
2194	3138	3941	—	4444	2078	1328	824	85	752	18	—
1906	2484	2964	—	2854	1399	886	557	62	463	—	—
2395	3056	3694	—	3903	1864	1050	610	76	551	—	—
1757	2271	2361	103	2369	1145	670	402	50	357	—	—
3464	5160	5502	18	6219	2933	1671	1092	116	873	12	—
7946	**11230**	**16747**	**539**	**15983**	**7846**	**4143**	**2563**	**237**	**2326**	**—**	**—**
—	—	—	—	—	—	—	—	—	—	—	—
648	1087	1984	—	1224	571	413	213	22	193	—	—
2320	3305	5102	332	5736	2771	1355	920	78	838	—	—
2129	3107	4446	—	4195	2136	1132	680	47	635	—	—
2164	2495	2988	—	3255	1590	747	473	60	409	—	—
685	1236	2227	207	1573	778	496	277	30	251	—	—
5370	**8008**	**13429**	**588**	**11709**	**5544**	**3336**	**2038**	**197**	**1899**	**85**	**—**
58	171	215	131	356	175	61	32	4	28	—	—
172	375	680	129	498	234	150	76	9	73	—	—
1001	1768	2839	54	1455	628	667	421	33	395	—	—
1701	2221	4050	231	3752	1813	1070	672	73	626	—	—
2438	3473	5645	43	5648	2694	1388	837	78	777	85	—
6210	**8163**	**9538**	**177**	**9890**	**4825**	**2818**	**1660**	**169**	**1524**	**145**	**—**
346	351	415	—	528	245	197	106	13	93	—	—
268	254	280	—	371	177	103	67	7	58	3	—
2324	2697	2940	—	3342	1681	894	527	56	488	—	—
1970	2825	3537	—	3464	1704	860	500	54	458	141	—
—	—	—	—	—	—	—	—	—	—	—	—
1302	2036	2366	177	2185	1018	764	460	39	427	1	—
41822	**53520**	**67309**	**4903**	**73884**	**34901**	**17404**	**13720**	**1115**	**12046**	**424**	**—**
2683	3174	4118	219	4308	1971	1230	859	63	633	36	—
2399	3106	3643	520	4183	1979	1188	849	84	660	19	—
2341	3230	5071	334	4870	2371	1087	907	85	794	19	—
4763	5907	7683	298	8297	3912	1791	1405	102	1269	27	—
2487	3695	4359	2029	6257	2896	1079	967	64	831	75	—
5154	6545	7441	52	7632	3707	1858	1473	111	1359	88	—
3547	4456	5820	52	5706	2606	1551	1103	90	1030	28	—
4095	5090	6361	237	6643	3122	1465	1294	106	1132	48	—
3203	3630	4496	256	4722	2280	1275	928	92	809	—	—
4950	6369	7404	94	8564	4021	2360	1666	146	1524	13	—
1549	2175	3332	263	3768	1810	730	719	50	565	—	—
2125	2655	2985	82	3528	1697	832	707	54	680	3	—
2526	3488	4596	467	5406	2529	958	843	68	760	68	—
26704	**40944**	**59215**	**7555**	**58657**	**28205**	**13068**	**8869**	**731**	**8054**	**162**	**—**

学 前 教 育

省、市、县(市)区名称	园数(所) 计	公办	民办	班数(个)	入园(班)人数 计	其中:女	在园 计	其中:女	托班
梁 园 区	59	5	54	466	2002	917	11761	5419	-
睢 阳 区	39	10	29	240	1262	658	6337	3076	-
民 权 县	98	30	68	919	5603	2727	21994	10633	213
睢 县	53	10	43	436	2463	1179	11526	5488	-
宁 陵 县	65	10	55	546	2977	1463	13220	6390	55
柘 城 县	98	45	53	706	3755	1770	16977	8319	20
虞 城 县	90	25	65	834	5282	2605	21737	10571	349
夏 邑 县	89	40	49	849	5628	2698	21561	10172	75
永 城 市	53	10	43	391	1972	915	10106	4804	89
信 阳 市	**762**	**177**	**585**	**4146**	**28208**	**13194**	**106952**	**49939**	**1232**
浉 河 区	13	3	10	53	305	157	1344	648	24
平 桥 区	54	7	47	224	1039	486	5530	2612	109
罗 山 县	64	30	34	362	2622	1206	9962	4728	290
光 山 县	90	13	77	492	3263	1527	13000	6098	101
新 县	85	8	77	305	1826	798	6725	3089	-
商 城 县	59	20	39	385	2749	1271	10196	4786	74
固 始 县	172	29	143	917	5978	2745	22880	10439	549
潢 川 县	78	25	53	651	4602	2164	16878	7784	-
淮 滨 县	83	22	61	440	3377	1641	11291	5398	60
息 县	64	20	44	317	2447	1199	9146	4357	25
周 口 市	**907**	**266**	**641**	**5670**	**35053**	**17046**	**138843**	**67333**	**493**
川 汇 区	18	5	13	170	1382	676	4655	2207	37
淮 阳 区	27	5	22	208	1285	643	5332	2619	23
扶 沟 县	65	27	38	414	3424	1701	11907	5736	45
西 华 县	69	19	50	489	2557	1275	11210	5571	142
商 水 县	112	33	79	738	5141	2563	20014	9869	90
沈 丘 县	144	47	97	849	5508	2616	21424	10300	-
郸 城 县	120	24	96	798	5365	2563	20329	9656	19
太 康 县	190	44	146	963	5611	2689	20514	9915	87
鹿 邑 县	113	47	66	734	3305	1572	16464	8041	50
项 城 市	49	15	34	307	1475	748	6994	3419	-
驻马店市	**665**	**110**	**555**	**4976**	**28834**	**13921**	**125155**	**60217**	**1793**
驿 城 区	71	9	62	448	2262	1080	10767	5020	134
西 平 县	65	17	48	411	1665	777	11131	5311	222
上 蔡 县	72	10	62	642	4033	2035	16120	7953	22
平 舆 县	68	7	61	630	3665	1768	15684	7588	-
正 阳 县	47	7	40	367	2858	1351	10932	5120	-
确 山 县	53	12	41	368	2349	1120	9242	4424	41
泌 阳 县	95	5	90	726	3423	1561	17293	8123	616
汝 南 县	53	22	31	358	2586	1297	9712	4807	10
遂 平 县	60	15	45	415	2871	1424	10266	4965	646
新 蔡 县	81	6	75	611	3122	1508	14008	6906	102
济源示范区	**30**	**16**	**14**	**166**	**942**	**458**	**4140**	**1973**	**144**

基　本　情　况(镇区)(四)

(班)人数				离园(班)人数		教职工数				校外教师	外籍教师
小班	中班	大班	混合班	计	其中：女	计	其中				
							女	园长	专任教师数		
1648	3578	6345	190	5229	2536	1553	1003	72	887	—	—
1279	2311	2747	—	3661	1842	670	333	39	306	—	—
5089	6687	9256	749	6094	2949	1869	1426	105	1343	37	—
2447	3947	5090	42	5287	2473	1235	788	71	729	59	—
1833	3297	5473	2562	5403	2593	1225	775	86	704	66	—
3735	5466	7752	4	8697	4259	1742	1294	104	1198	—	—
4390	6098	7488	3412	7977	3832	2004	1208	105	1109	—	—
4606	6475	9918	487	10260	4896	2001	1472	97	1289	—	—
1677	3085	5146	109	6049	2825	769	570	52	489	—	—
25056	33833	43479	3352	50504	23829	12105	8439	802	7683	162	—
362	449	509	—	552	279	134	77	10	61	—	—
1113	1820	2331	157	2410	1099	706	404	49	355	6	—
1897	2623	3850	1302	5402	2606	1017	724	65	672	12	—
2616	3418	6164	701	7071	3330	1483	1105	92	998	21	—
1721	2205	2793	6	3130	1508	662	547	86	468	17	—
2207	3403	3940	572	4640	2180	1114	812	73	740	25	—
5738	7657	8660	276	11123	5065	2745	1760	179	1585	—	—
4507	5570	6751	50	7280	3382	1658	1165	94	1059	78	—
2696	3678	4772	85	5227	2572	1589	1128	84	1095	—	—
2199	3010	3709	203	3669	1808	997	717	70	650	3	—
31684	45316	58335	3015	58478	28035	14453	10268	992	8965	3	—
1011	1650	1840	117	1682	824	471	416	21	348	—	—
965	1604	2021	719	1909	886	415	370	27	293	—	—
2995	4084	4686	97	4534	2088	1174	792	71	731	—	—
2236	3456	4884	492	4434	2158	1247	920	74	770	1	—
4571	6464	8728	161	6803	3241	2043	1299	138	1178	—	—
5312	7195	8796	121	10465	5178	2217	1535	156	1388	—	—
4716	6688	8749	157	7855	3656	2325	1574	121	1417	1	—
5432	7086	7797	112	9296	4497	2255	1565	201	1368	1	—
3118	5035	7518	743	8579	4039	1649	1271	123	1014	—	—
1328	2054	3316	296	2921	1468	657	526	60	458	—	—
27962	39274	52026	4100	54202	26043	13814	10848	716	9292	2	—
2239	3502	4751	141	4688	2206	1718	1020	77	951	—	—
2139	3315	5081	374	4921	2355	1266	895	74	825	—	—
3610	5234	6770	484	6452	3075	1525	1248	76	984	—	—
3665	5031	6988	—	7160	3375	1871	1765	70	1482	—	—
2845	3466	4530	91	4870	2269	754	764	56	575	—	—
2011	2952	3895	343	3747	1852	1271	850	61	685	—	—
4147	5271	6258	1001	6503	3145	1744	1273	105	1064	—	—
2138	3094	4291	179	4325	2073	1063	887	49	857	—	—
2337	2967	3721	595	4551	2229	1106	874	62	791	—	—
2831	4442	5741	892	6985	3464	1496	1272	86	1078	2	—
1061	1276	1600	59	1665	816	666	356	40	328	—	—

学 前 教 育

省、市、县(市)区名称	园数(所) 计	公办	民办	班数(个)	入园(班)人数 计	其中:女	在园 计	其中:女	在园托班
河 南 省	8632	3334	5298	43257	218115	105639	880289	426332	9872
郑 州 市	405	176	229	2011	12434	5937	52853	25212	284
中 原 区	3	1	2	7	52	21	161	75	-
二 七 区	24	13	11	157	1201	545	4068	1899	-
管城回族区	6	3	3	36	220	100	904	438	13
金 水 区	18	14	4	93	728	333	2096	916	44
上 街 区	-	-	-	-	-	-	-	-	-
惠 济 区	24	4	20	122	930	456	2956	1426	78
中 牟 县	98	58	40	458	2480	1218	11775	5741	73
巩 义 市	21	9	12	102	461	225	2628	1290	15
荥 阳 市	56	14	42	260	1662	804	6749	3216	51
新 密 市	38	16	22	132	789	383	3559	1708	-
新 郑 市	84	29	55	471	2896	1366	13424	6321	-
登 封 市	33	15	18	173	1015	486	4533	2182	10
开 封 市	491	157	334	2208	14131	6744	52229	25016	326
龙 亭 区	18	8	10	84	659	331	2334	1133	24
顺河回族区	2	-	2	8	25	10	139	59	-
鼓 楼 区	2	-	2	11	33	18	271	122	-
禹王台区	4	-	4	19	67	34	448	178	18
祥 符 区	86	37	49	406	2685	1273	8953	4252	224
杞 县	112	34	78	503	3321	1582	11073	5319	10
通 许 县	66	25	41	277	1449	692	5684	2724	9
尉 氏 县	94	12	82	437	2357	1093	11431	5424	-
兰 考 县	107	41	66	463	3535	1711	11896	5805	41
洛 阳 市	308	85	223	1724	9459	4597	40170	19703	1939
老 城 区	-	-	-	-	-	-	-	-	-
西 工 区	2	1	1	12	16	7	331	174	-
瀍河回族区	1	1	-	9	39	20	231	116	-
涧 西 区	2	1	1	13	106	43	341	156	27
偃 师 区	30	3	27	141	613	291	3219	1589	353
孟 津 区	12	4	8	59	251	116	1099	524	19
洛 龙 区	33	19	14	241	1175	585	6270	3130	58
新 安 县	9	4	5	58	417	201	1649	791	10
栾 川 县	4	4	-	26	214	98	713	354	-
嵩 县	30	9	21	185	999	492	4442	2137	137
汝 阳 县	44	9	35	214	1115	533	5077	2503	254
宜 阳 县	43	4	39	211	1089	506	4030	1898	423
洛 宁 县	31	14	17	147	673	318	3335	1620	437
伊 川 县	67	12	55	408	2752	1387	9433	4711	221
平顶山市	682	282	400	2585	14070	6810	56301	27179	118
新 华 区	10	3	7	38	147	76	795	392	-
卫 东 区	2	1	1	9	28	14	169	85	-
石 龙 区	1	-	1	5	26	9	94	44	-
湛 河 区	19	7	12	91	489	230	2238	1037	10

基 本 情 况（乡村）（一）

(班)人数				离园(班)人数		教职工数				校外教师	外籍教师
小班	中班	大班	混合班	计	其中：女	计	其中				
							女	园长	专任教师数		
202132	271344	358338	38603	419746	202954	81602	61350	7414	47305	857	1
11428	16812	24109	220	20931	9886	7469	4131	389	3839	39	1
47	52	62	—	27	11	34	16	2	14	—	—
917	1336	1815	—	1257	620	624	346	26	324	—	—
218	310	296	67	353	171	139	98	7	94	—	—
589	751	606	106	603	266	421	211	17	197	1	1
—	—	—	—	—	—	—	—	—	—	—	—
653	915	1310	—	1070	510	515	267	20	257	—	—
2472	3550	5645	35	4451	2121	1499	914	105	834	—	—
473	752	1388	—	753	354	364	179	17	163	10	—
1620	2218	2860	—	2776	1301	971	521	57	473	2	—
776	1184	1599	—	1349	625	537	277	26	259	—	—
2654	4176	6582	12	6008	2816	1718	996	80	948	—	—
1009	1568	1946	—	2284	1091	647	306	32	276	26	—
13216	17039	21186	462	24474	11907	4853	3259	420	2781	3	—
593	764	953	—	913	463	255	157	19	142	—	—
40	42	57	—	82	46	31	15	2	14	—	—
68	83	120	—	146	71	32	17	3	15	—	—
92	157	181	—	268	161	67	39	4	35	—	—
2532	2807	3380	10	4005	1961	985	586	79	501	—	—
3304	3645	4114	—	4710	2237	811	693	72	529	—	—
1102	1564	2618	391	2917	1473	553	351	61	280	3	—
2322	4034	5075	—	5626	2702	1097	720	86	650	—	—
3163	3943	4688	61	5807	2793	1022	681	94	615	—	—
9471	12049	15405	1306	14612	7134	4040	2547	310	2042	12	—
—	—	—	—	—	—	—	—	—	—	—	—
21	48	118	144	78	31	54	27	3	24	—	—
48	79	104	—	173	91	26	17	1	16	—	—
44	87	93	90	89	47	53	25	2	23	—	—
851	883	1069	63	1145	499	385	176	29	148	1	—
294	303	428	55	509	267	123	73	11	46	—	—
1504	2249	2420	39	1968	988	917	471	44	432	2	—
187	396	986	70	515	240	141	77	9	65	—	—
203	253	257	—	337	171	100	56	4	52	—	—
977	1435	1841	52	1922	961	348	252	32	185	6	—
1091	1483	1994	255	2031	986	347	278	40	226	3	—
1043	1110	1302	152	1422	697	431	271	38	213	—	—
832	971	1095	—	1137	569	333	227	32	205	—	—
2376	2752	3698	386	3286	1587	782	597	65	407	—	—
12864	18158	24446	715	27447	13317	5766	3826	592	3311	139	—
125	222	448	—	333	164	140	84	9	76	—	—
28	66	75	—	49	28	22	12	2	10	—	—
26	35	33	—	60	20	11	6	2	5	—	—
534	719	975	—	737	394	252	139	25	118	—	—

— 665 —

学 前 教 育

省、市、县(市)区名称	园数(所) 计	公办	民办	班数(个)	入园(班)人数 计	其中:女	在园 计	其中:女	托班
宝 丰 县	70	11	59	231	1084	519	4727	2273	20
叶 县	161	91	70	546	2636	1268	11637	5630	-
鲁 山 县	100	27	73	469	3544	1680	12112	5876	88
郏 县	70	19	51	224	1691	835	5705	2787	-
舞 钢 市	41	31	10	151	433	210	2938	1373	-
汝 州 市	208	92	116	821	3992	1969	15886	7682	-
安 阳 市	**654**	**191**	**463**	**2641**	**14328**	**7113**	**49181**	**24388**	**686**
文 峰 区	2	-	2	15	66	28	311	158	15
北 关 区	6	3	3	23	115	61	481	227	-
殷 都 区	51	15	36	160	1397	668	3398	1619	79
龙 安 区	10	7	3	54	359	181	1069	515	13
安 阳 县	86	32	54	320	1077	509	5540	2754	261
汤 阴 县	70	53	17	185	725	361	2721	1385	25
滑 县	238	16	222	1170	5556	2799	21307	10622	35
内 黄 县	159	51	108	514	4290	2131	11343	5603	249
林 州 市	32	14	18	200	743	375	3011	1505	9
鹤 壁 市	**115**	**24**	**91**	**530**	**2151**	**1103**	**9821**	**4973**	**467**
鹤 山 区	1	1	-	3	14	6	56	26	-
山 城 区	1	1	-	4	11	5	63	31	11
淇 滨 区	10	3	7	63	380	215	1349	706	58
浚 县	74	13	61	381	1420	711	6704	3389	345
淇 县	29	6	23	79	326	166	1649	821	53
新 乡 市	**780**	**275**	**505**	**2763**	**12952**	**6325**	**53634**	**26219**	**447**
红 旗 区	5	1	4	24	168	82	485	248	-
卫 滨 区	-	-	-	-	-	-	-	-	-
凤 泉 区	13	5	8	40	177	90	779	378	-
牧 野 区	1	-	1	3	1	1	33	16	-
新 乡 县	39	15	24	172	884	433	3413	1625	-
获 嘉 县	54	30	24	135	717	348	2500	1222	-
原 阳 县	164	76	88	611	2966	1453	12200	5957	76
延 津 县	68	16	52	271	1349	642	5228	2447	9
封 丘 县	156	63	93	517	2452	1207	10716	5283	21
卫 辉 市	95	16	79	255	804	413	3714	1857	35
辉 县 市	67	17	50	341	1782	835	6819	3374	203
长 垣 市	118	36	82	394	1652	821	7747	3812	103
焦 作 市	**257**	**89**	**168**	**1326**	**5573**	**2675**	**25759**	**12540**	**1532**
解 放 区	1	1	-	4	27	12	119	46	-
中 站 区	1	-	1	26	48	16	662	320	37
马 村 区	9	5	4	42	199	105	930	438	118
山 阳 区	28	10	18	136	773	353	2717	1275	153
修 武 县	28	6	22	113	352	180	1832	905	86
博 爱 县	33	8	25	154	492	235	2644	1266	261
武 陟 县	81	32	49	456	1986	896	8787	4297	558
温 县	27	15	12	160	454	219	2959	1494	157

基　本　情　况(乡村)(二)

(班)人数				离园(班)人数		教职工数				校外教师	外籍教师
							其　中				
小班	中班	大班	混合班	计	其中:女	计	女	园长	专任教师数		
993	1565	2149	–	3058	1498	588	375	62	337	–	–
2364	3621	5503	149	5306	2558	1306	822	130	716	–	–
2706	3863	5137	318	6523	3120	975	647	98	546	110	–
1730	1891	2084	–	2675	1307	571	372	56	322	–	–
471	844	1565	58	1100	547	380	223	29	213	20	–
3887	5332	6477	190	7606	3681	1521	1146	179	968	9	–
12726	**15281**	**19224**	**1264**	**25536**	**12479**	**4269**	**3001**	**480**	**2406**	**80**	**–**
60	94	142	–	219	105	35	24	2	18	–	–
152	134	174	21	193	83	81	41	6	35	–	–
834	1014	1324	147	2014	983	385	249	31	194	3	–
274	344	425	13	559	243	142	86	8	73	2	–
1542	1698	2039	–	2925	1410	679	401	76	336	5	–
731	819	1098	48	1366	714	336	223	50	187	1	–
5314	6951	8661	346	10672	5247	1247	1019	176	798	68	–
3337	3534	4174	49	5829	2792	1223	745	105	667	1	–
482	693	1187	640	1759	902	141	213	26	98	–	–
2569	**2996**	**3578**	**211**	**5227**	**2607**	**995**	**701**	**92**	**573**	**3**	**–**
18	15	23	–	19	10	6	3	1	2	–	–
18	19	15	–	135	63	11	5	1	4	–	–
441	465	385	–	647	321	184	94	10	85	–	–
1651	2017	2521	170	3626	1805	625	484	59	380	3	–
441	480	634	41	800	408	169	115	21	102	–	–
13516	**17559**	**21721**	**391**	**25810**	**12393**	**5728**	**3770**	**653**	**3037**	**297**	**–**
183	148	154	–	169	58	101	48	6	43	–	–
–	–	–	–	–	–	–	–	–	–	–	–
181	249	349	–	385	176	128	68	15	54	–	–
12	12	9	–	8	4	8	4	1	3	–	–
1071	1115	1227	–	1462	692	539	290	37	257	–	–
751	841	908	–	1312	620	404	213	31	190	–	–
3035	3978	5106	5	5635	2716	963	621	145	490	293	–
1522	1672	2025	–	2369	1132	548	331	61	280	–	–
2340	3620	4644	91	5131	2542	1160	788	126	689	1	–
848	1175	1614	42	1924	921	416	249	78	178	–	–
1625	2223	2709	59	3714	1717	721	562	67	374	1	–
1948	2526	2976	194	3701	1815	740	596	86	479	2	–
6967	**8061**	**9102**	**97**	**10006**	**4836**	**2745**	**1951**	**227**	**1556**	**20**	**–**
27	29	63	–	27	13	15	9	1	8	–	–
164	168	293	–	226	97	10	31	1	4	–	–
223	278	311	–	316	141	127	73	8	67	–	–
749	858	947	10	1044	525	304	225	31	184	1	–
488	573	685	–	898	452	266	153	26	131	13	–
671	859	853	–	1169	570	303	219	28	141	–	–
2504	2763	2875	87	3042	1376	891	681	74	549	2	–
822	928	1052	–	1303	630	246	204	22	156	4	–

学 前 教 育

省、市、县(市)区名称	园数(所) 计	园数(所) 公办	园数(所) 民办	班数(个)	入园(班)人数 计	入园(班)人数 其中:女	在园 计	在园 其中:女	在园 托班
沁 阳 市	27	2	25	132	728	426	3163	1582	46
孟 州 市	22	10	12	103	514	233	1946	917	116
濮 阳 市	**490**	**172**	**318**	**2093**	**11066**	**5403**	**42262**	**20206**	**874**
华 龙 区	39	6	33	130	508	245	2639	1182	82
清 丰 县	99	14	85	387	1772	890	6658	3237	101
南 乐 县	69	17	52	389	1714	828	7336	3432	277
范 县	101	40	61	362	2410	1205	8024	3964	201
台 前 县	43	17	26	195	1420	655	4881	2327	70
濮 阳 县	139	78	61	630	3242	1580	12724	6064	143
许 昌 市	**506**	**178**	**328**	**1983**	**11205**	**5330**	**45285**	**21739**	**422**
魏 都 区	1	1	-	4	75	33	167	78	-
建 安 区	96	40	56	431	2388	1141	10804	5083	62
鄢 陵 县	92	42	50	356	1821	815	7812	3660	93
襄 城 县	103	22	81	382	2266	1093	9051	4403	39
禹 州 市	155	55	100	531	3454	1677	11557	5686	153
长 葛 市	59	18	41	279	1201	571	5894	2829	75
漯 河 市	**209**	**114**	**95**	**787**	**3490**	**1702**	**17164**	**8465**	**112**
源 汇 区	15	6	9	76	259	111	1636	793	9
郾 城 区	25	11	14	89	391	185	2022	1031	39
召 陵 区	42	14	28	194	846	408	4362	2171	-
舞 阳 县	63	37	26	190	841	414	3955	1894	-
临 颍 县	64	46	18	238	1153	584	5189	2576	64
三门峡市	**113**	**57**	**56**	**383**	**1793**	**890**	**7630**	**3683**	**48**
湖 滨 区	3	3	-	9	24	9	145	55	-
陕 州 区	13	13	-	41	111	59	432	205	3
渑 池 县	18	9	9	60	253	120	1024	488	-
卢 氏 县	18	16	2	59	320	148	1467	705	-
义 马 市	1	-	1	-	-	-	-	-	-
灵 宝 市	60	16	44	214	1085	554	4562	2230	45
南 阳 市	**630**	**292**	**338**	**4021**	**18507**	**8837**	**68392**	**32710**	**901**
宛 城 区	36	8	28	271	1554	740	5606	2688	176
卧 龙 区	60	31	29	199	791	358	3844	1787	142
南 召 县	45	11	34	258	1318	660	5658	2756	61
方 城 县	37	3	34	291	1320	640	5782	2799	235
西 峡 县	15	12	3	202	367	171	1239	574	-
镇 平 县	55	21	34	291	1251	613	4817	2329	-
内 乡 县	56	41	15	150	694	350	2595	1237	22
淅 川 县	9	4	5	84	373	170	1565	735	-
社 旗 县	40	4	36	269	1463	733	5785	2915	-
唐 河 县	76	29	47	478	2728	1310	10416	5058	36
新 野 县	20	7	13	393	2365	1122	5562	2636	16
桐 柏 县	18	9	9	79	372	175	1575	749	83
邓 州 市	163	112	51	1056	3911	1795	13948	6447	130
商 丘 市	**822**	**370**	**452**	**5286**	**24823**	**11941**	**114088**	**54961**	**429**

基 本 情 况 (乡村)(三)

(班)人数				离园(班)人数		教职工数				校外教师	外籍教师
小班	中班	大班	混合班	计	其中：女	计	其中				
							女	园长	专任教师数		
807	1019	1291	—	1210	641	393	237	19	220	—	—
512	586	732	—	771	391	190	119	17	96	—	—
10948	13786	16041	613	19515	9350	4237	3047	445	2392	23	—
674	859	1024	—	1200	528	357	194	38	167	3	—
1816	2232	2445	64	3494	1728	869	571	94	485	8	—
1796	2267	2654	342	3217	1530	604	549	65	364	—	—
2108	2658	3015	42	3573	1752	835	520	95	459	—	—
1371	1642	1724	74	2024	921	474	292	41	258	1	—
3183	4128	5179	91	6007	2891	1098	921	112	659	11	—
10289	14579	19422	573	20134	9907	5013	2807	402	2451	—	—
75	45	47	—	35	14	9	9	1	8	—	—
2084	3484	5174	—	4875	2400	1243	616	83	546	—	—
1861	2459	3146	253	3077	1485	705	510	82	438	—	—
2010	3072	3908	22	3863	1980	935	523	80	452	—	—
3266	3781	4232	125	5656	2781	1345	731	103	635	—	—
993	1738	2915	173	2628	1247	776	418	53	372	—	—
3601	5007	7852	592	8301	4109	2047	1164	185	1040	7	—
263	391	967	6	854	413	153	111	11	72	7	—
393	558	851	181	1012	551	243	106	22	100	—	—
872	1257	2169	64	2231	1075	434	248	40	215	—	—
833	1227	1770	125	1930	928	680	371	58	333	—	—
1240	1574	2095	216	2274	1142	537	328	54	320	—	—
1987	2510	3048	37	3130	1543	1081	682	92	617	12	—
25	65	55	—	62	26	36	22	3	19	—	—
103	133	164	29	159	87	78	61	13	55	—	—
256	316	452	—	468	244	139	83	14	80	—	—
320	530	617	—	680	350	155	117	15	107	12	—
—	—	—	—	46	22	—	—	—	—	—	—
1283	1466	1760	8	1715	814	673	399	47	356	—	—
15296	19189	27019	5987	33914	16236	4542	4795	467	3147	92	—
1334	1766	2221	109	2528	1206	432	370	36	219	5	—
960	1105	1522	115	1794	884	411	249	52	210	1	—
1112	1539	2522	424	2161	1080	442	396	38	312	—	—
1405	1609	2258	275	3149	1505	447	418	36	303	—	—
203	229	362	445	639	287	41	149	6	35	—	—
1114	1434	1875	394	2734	1289	344	340	37	247	11	—
593	635	979	366	1254	570	218	176	26	152	4	—
293	460	609	203	952	454	108	132	9	94	—	—
1075	1233	2856	621	3378	1687	337	396	33	249	—	—
2760	3406	3882	332	4565	2131	640	628	59	440	8	—
1136	1214	1778	1418	2603	1237	132	396	13	100	—	—
323	507	599	63	746	375	151	140	16	127	—	—
2988	4052	5556	1222	7411	3531	839	1005	106	659	63	—
23191	34610	48228	7630	52683	25419	9186	6875	811	5516	122	—

学 前 教 育

省、市、县(市)区名称	园数(所) 计	园数(所) 公办	园数(所) 民办	班数(个)	入园(班)人数 计	入园(班)人数 其中:女	在园 计	在园 其中:女	在园 托班
梁园区	39	6	33	337	1679	798	7943	3687	32
睢阳区	82	38	44	327	1628	753	7791	3718	—
民权县	119	60	59	735	3848	1896	16052	7896	158
睢县	62	17	45	449	2237	1066	11634	5653	—
宁陵县	91	19	72	581	1706	800	11069	5262	44
柘城县	159	111	48	749	3532	1659	14763	6959	—
虞城县	123	46	77	1001	5433	2677	23840	11611	57
夏邑县	95	58	37	640	3268	1587	12755	6208	33
永城市	52	15	37	467	1492	705	8241	3967	105
信阳市	**507**	**256**	**251**	**2334**	**12339**	**5901**	**45771**	**21779**	**295**
浉河区	41	10	31	106	383	185	2229	1036	56
平桥区	45	7	38	172	928	450	3494	1643	57
罗山县	50	33	17	152	667	310	2552	1178	—
光山县	40	8	32	244	1405	652	4820	2208	25
新县	24	12	12	87	370	172	1521	719	—
商城县	30	18	12	362	1529	713	4794	2256	22
固始县	52	11	41	262	1390	646	5146	2407	135
潢川县	20	14	6	200	895	429	3478	1639	—
淮滨县	103	78	25	263	1161	560	4800	2298	—
息县	102	65	37	486	3611	1784	12937	6395	—
周口市	**1088**	**496**	**592**	**5966**	**30921**	**15124**	**120624**	**59101**	**245**
川汇区	8	1	7	75	416	187	1704	810	—
淮阳区	63	14	49	794	3425	1649	17074	8307	67
扶沟县	92	58	34	285	1508	710	5481	2693	—
西华县	59	11	48	545	2398	1190	9275	4638	105
商水县	130	54	76	614	3726	1843	15108	7484	36
沈丘县	170	88	82	568	2938	1418	11300	5484	—
郸城县	138	62	76	929	5374	2579	19427	9369	—
太康县	221	101	120	921	5564	2760	19562	9532	20
鹿邑县	151	95	56	847	4177	2061	16028	7969	17
项城市	56	12	44	388	1395	727	5665	2815	—
驻马店市	**538**	**98**	**440**	**4505**	**18383**	**8985**	**76853**	**37373**	**633**
驿城区	46	11	35	154	457	230	2367	1128	2
西平县	87	35	52	340	1078	544	6623	3244	172
上蔡县	124	8	116	948	5010	2456	18832	9155	—
平舆县	21	5	16	557	1665	794	7445	3639	—
正阳县	37	8	29	403	1671	808	6457	3056	—
确山县	11	—	11	175	775	386	3031	1413	—
泌阳县	42	1	41	599	1994	944	10038	4739	305
汝南县	77	25	52	483	2011	1019	7464	3745	13
遂平县	20	3	17	262	875	421	3234	1569	121
新蔡县	73	2	71	584	2847	1383	11362	5685	20
济源示范区	**37**	**22**	**15**	**111**	**490**	**222**	**2272**	**1085**	**114**

基 本 情 况 (乡村)(四)

(班)人数				离园(班)人数		教职工数				校外教师	外籍教师
小班	中班	大班	混合班	计	其中：女	计	其中				
							女	园长	专任教师数		
1055	2419	4006	431	3594	1757	788	539	49	349	6	-
1639	2540	3612	-	4611	2179	895	452	72	414	-	-
3621	4850	6681	742	6524	3131	1118	1008	106	846	1	-
2189	3520	5489	436	5407	2664	1016	737	68	528	-	-
1602	3075	3639	2709	3883	1895	827	540	87	470	79	-
3542	4788	6287	146	7956	3859	1245	995	148	834	36	-
5419	7256	8370	2738	8113	3939	1707	1155	132	1018	-	-
2694	3881	6001	146	7498	3578	1017	926	94	678	-	-
1430	2281	4143	282	5097	2417	573	523	55	379	-	-
9196	**13132**	**18423**	**4725**	**27609**	**13045**	**4203**	**3732**	**377**	**2816**	**5**	**-**
437	699	1033	4	1326	606	280	166	27	143	-	-
498	1003	1547	389	1840	871	470	301	35	242	-	-
481	635	1121	315	1966	863	249	222	25	176	-	-
921	1421	2187	266	3194	1533	407	416	34	258	-	-
392	483	644	2	695	314	172	133	12	124	4	-
1012	1365	1544	851	2433	1083	315	407	28	218	-	-
1167	1524	1959	361	2723	1347	525	455	51	350	-	-
837	1111	1457	73	2233	1021	236	286	20	171	-	-
943	1410	2031	416	3036	1469	618	525	48	486	1	-
2508	3481	4900	2048	8163	3938	931	821	97	648	-	-
28869	**38901**	**47582**	**5027**	**57638**	**28038**	**9273**	**8427**	**952**	**5806**	**3**	**-**
385	525	779	15	869	404	93	121	9	60	-	-
3513	5232	7285	977	6750	3262	845	1275	56	623	-	-
1322	1741	2112	306	2905	1404	566	386	64	321	3	-
1805	2606	3150	1609	4898	2435	669	640	58	383	-	-
3668	5136	6167	101	5940	2916	1471	809	148	679	-	-
2763	3766	4571	200	6745	3231	1105	800	157	668	-	-
4888	6149	7506	884	9059	4329	1233	1293	103	821	-	-
5264	6858	7379	41	9766	4817	1826	1489	189	1213	-	-
4112	5287	6320	292	7731	3750	1059	1157	120	720	-	-
1149	1601	2313	602	2975	1490	406	457	48	318	-	-
15415	**20991**	**31127**	**8687**	**41693**	**20227**	**5767**	**6435**	**492**	**3790**	**-**	**-**
450	746	1019	150	1197	556	337	255	43	218	-	-
1268	2112	2804	267	3473	1699	837	609	80	515	-	-
4473	5895	7161	1303	9699	4655	1559	1545	121	993	-	-
1667	2535	3240	3	4121	2063	447	896	21	340	-	-
1414	1563	2495	985	3920	1910	322	424	35	212	-	-
381	431	778	1441	1787	843	152	458	9	82	-	-
2326	2798	3740	869	4508	2123	505	687	42	275	-	-
1220	1944	2644	1643	4138	1988	716	708	65	528	-	-
585	730	1143	655	1888	926	191	258	20	137	-	-
1631	2237	6103	1371	6962	3464	701	595	56	490	-	-
583	**684**	**825**	**66**	**1086**	**521**	**388**	**200**	**28**	**185**	**-**	**-**

小 学 基 本

省、市、县(市)区名称	校数(所) 计	校数(所) 公办	校数(所) 民办	教学点数(个)	班数(个)	毕业生数	招生数 计	招生数 其中：受过学前教育	计
河南省	16429	14925	1504	8917	268233	1691383	1489465	1489344	9628783
郑州市	1001	934	67	80	25074	167487	226466	226393	1182096
中原区	88	86	2	-	2941	17968	35127	35124	153983
二七区	78	73	5	-	1900	11941	19167	19167	92063
管城回族区	70	66	4	-	2437	15290	24973	24973	120453
金水区	101	83	18	-	3933	25656	39883	39824	192542
上街区	8	8	-	-	309	1991	3124	3124	15881
惠济区	44	41	3	3	1131	6637	10933	10930	53635
中牟县	146	140	6	20	3035	20990	23761	23759	137371
巩义市	70	69	1	27	1358	9429	10591	10591	58471
荥阳市	58	53	5	-	1356	8579	12067	12067	63964
新密市	115	103	12	5	1666	11577	11257	11255	68778
新郑市	157	152	5	20	3284	22022	25989	25986	150562
登封市	66	60	6	5	1724	15407	9594	9593	74393
开封市	794	710	84	509	13535	82988	68169	68168	462420
龙亭区	52	52	-	5	1388	8933	12008	12008	61417
顺河回族区	24	23	1	3	625	3952	4329	4329	27193
鼓楼区	15	15	-	3	241	1792	1313	1313	9456
禹王台区	18	18	-	-	240	1930	1399	1399	9827
祥符区	146	140	6	103	1896	10890	6145	6145	50802
杞县	149	97	52	268	2916	16607	11455	11454	83474
通许县	45	39	6	48	1388	9834	6913	6913	51213
尉氏县	179	171	8	28	2207	14851	10503	10503	77096
兰考县	166	155	11	51	2634	14199	14104	14104	91942
洛阳市	759	716	43	256	15360	100735	103174	103162	620788
老城区	18	17	1	2	292	1573	2930	2930	13678
西工区	31	28	3	-	653	4433	4601	4601	26638
瀍河回族区	20	20	-	-	510	3159	4143	4143	22216
涧西区	44	41	3	-	1238	8138	12008	11998	61443
偃师区	44	42	2	24	1010	6293	6590	6590	38543
孟津区	62	62	-	8	887	5569	5925	5923	34240
洛龙区	64	63	1	8	2066	13137	17359	17359	92117
新安县	62	62	-	51	958	6716	5899	5899	36907
栾川县	38	37	1	3	703	5223	4595	4595	29459
嵩县	82	79	3	10	1255	9118	7476	7476	50390
汝阳县	59	54	5	35	1282	8822	6755	6755	47666
宜阳县	58	57	1	42	1263	8530	7474	7474	50715
洛宁县	58	55	3	25	951	5597	5305	5305	34448
伊川县	119	99	20	48	2292	14427	12114	12114	82328
平顶山市	1042	945	97	697	14233	89034	75122	75119	489797
新华区	46	43	3	9	1036	6825	7946	7944	44253
卫东区	24	23	1	-	670	5057	5692	5692	31347
石龙区	9	9	-	2	102	681	463	463	3172
湛河区	41	41	-	7	749	4395	6161	6161	31525

情　况（总计）（一）

在校学生数		预计毕业学生数	教职工数（按办学类型）				教小学学生的专任教师数	校外教师	外籍教师
其中：寄宿生	其中：教学点在校生数		计	其中：女	其中：专任教师数				
					计	其中：女			
1449947	395997	1710463	572786	447539	541235	431147	601010	4793	38
94814	6770	175381	61209	52051	58508	50334	65386	176	35
3362	−	18523	7405	6617	7083	6387	7885	40	−
1480	−	12494	4700	4116	4537	4006	5044	2	−
1382	−	15802	6553	5663	6343	5543	6523	2	9
2442	−	27032	10681	9320	9857	8726	11209	76	19
−	−	2153	772	651	763	644	857	−	−
2077	−	7194	2771	2438	2600	2333	3064	17	7
11600	3568	21515	7047	5787	6857	5693	7735	14	−
10539	2121	9143	3337	2687	3237	2623	3676	−	−
10863	−	9702	3015	2410	2876	2334	3278	22	−
18577	465	11394	3870	3050	3613	2907	3748	−	−
4899	362	23978	7989	6909	7816	6832	8351	3	−
27593	254	16451	3069	2403	2926	2306	4016	−	−
86634	28078	85677	28035	22208	25964	21217	29298	118	−
2527	134	9602	2923	2485	2832	2434	3431	2	−
603	26	4528	1467	1243	1412	1216	1631	−	−
174	59	1817	554	462	522	450	568	−	−
421	−	1920	561	444	523	430	565	22	−
13185	4264	10746	4307	3342	3994	3227	4109	3	−
20502	13981	16844	6141	4717	5658	4549	6511	20	−
22820	1768	9394	2948	2221	2398	1846	2886	6	−
10422	2396	14784	4124	3221	3790	3083	4156	61	−
15980	5450	16042	5010	4073	4835	3982	5441	4	−
105866	21446	103262	32961	25863	31424	24996	35453	255	1
364	384	1661	690	567	673	555	745	−	−
118	−	4622	1493	1303	1436	1269	1536	14	−
4031	−	3301	860	729	829	714	1305	−	−
1066	−	8840	2733	2293	2638	2230	2810	49	1
7317	2599	6416	2202	1809	2116	1759	2641	3	−
6128	111	5616	2040	1566	1982	1551	2271	−	−
10095	1030	14150	4380	3677	4205	3581	5119	3	−
5548	260	6535	1869	1325	1806	1311	2044	−	−
13784	458	5219	1566	1124	1446	1037	1631	60	−
13116	678	8757	2584	1907	2510	1888	2801	92	−
6035	3256	8678	2738	2087	2688	2074	2805	9	−
7969	5899	8891	2805	2177	2692	2104	2880	−	−
6001	1472	5954	1751	1293	1664	1252	1978	12	−
24294	5299	14622	5250	4006	4739	3671	4887	13	−
88112	21767	88131	30945	24692	29421	23823	31676	475	−
1871	179	7174	2577	2098	2531	2071	2829	24	−
654	−	5264	1537	1226	1505	1212	1651	95	−
547	118	562	290	200	276	195	276	−	−
724	496	4718	1779	1398	1753	1395	1926	88	−

小 学 基 本

省、市、县(市)区名称	校数(所) 计	公办	民办	教学点数(个)	班数(个)	毕业生数	招生数 计	其中：受过学前教育	计
宝 丰 县	115	100	15	52	1372	9965	7048	7048	48803
叶 县	140	120	20	206	2087	13152	9709	9709	70020
鲁 山 县	232	220	12	175	2732	15648	11540	11540	82792
郏 县	103	80	23	150	1434	8952	6726	6726	45893
舞 钢 市	38	37	1	33	745	4803	4190	4190	27091
汝 州 市	294	272	22	63	3306	19556	15647	15646	104901
安 阳 市	1104	1040	64	519	15504	105897	77453	77450	536057
文 峰 区	40	36	4	-	1318	10553	12527	12526	66369
北 关 区	34	30	4	-	756	5902	5753	5752	35512
殷 都 区	143	139	4	12	1341	10984	6978	6978	50538
龙 安 区	52	50	2	23	592	3377	2728	2728	18856
安 阳 县	132	128	4	7	923	6984	3677	3677	30421
汤 阴 县	76	76	-	60	1418	8662	5437	5437	41214
滑 县	298	274	24	175	4008	27248	17806	17806	130230
内 黄 县	170	149	21	68	2207	13423	8941	8941	68326
林 州 市	159	158	1	174	2941	18764	13606	13605	94591
鹤 壁 市	253	226	27	106	3960	26474	20592	20591	137464
鹤 山 区	8	8	-	5	97	635	238	238	2211
山 城 区	19	18	1	3	300	2285	1329	1329	10185
淇 滨 区	33	32	1	2	1046	8014	8849	8848	50333
浚 县	144	125	19	71	1872	10814	6985	6985	52013
淇 县	49	43	6	25	645	4726	3191	3191	22722
新 乡 市	1192	1116	76	225	16245	109529	88514	88507	593541
红 旗 区	56	46	10	4	1471	9141	12500	12499	67569
卫 滨 区	27	25	2	-	521	3766	4595	4595	23833
凤 泉 区	23	23	-	-	337	2367	1741	1741	12493
牧 野 区	37	37	-	1	545	3896	4379	4379	24689
新 乡 县	75	64	11	2	846	5699	3721	3721	28419
获 嘉 县	91	88	3	22	1003	6756	4608	4608	33787
原 阳 县	171	148	23	30	2168	13522	11375	11375	73118
延 津 县	100	95	5	42	1282	8231	4924	4924	38280
封 丘 县	142	128	14	22	1932	12389	9802	9802	68133
卫 辉 市	105	102	3	59	1183	8690	4774	4774	38476
辉 县 市	146	145	1	35	2173	17477	11416	11413	83716
长 垣 市	219	215	4	8	2784	17595	14679	14676	101028
焦 作 市	505	482	23	121	7449	46922	46901	46901	280083
解 放 区	19	18	1	3	576	4251	5760	5760	30113
中 站 区	10	10	-	-	183	1384	1364	1364	7997
马 村 区	8	8	-	-	237	1699	1525	1525	9505
山 阳 区	41	40	1	16	809	5297	6814	6814	35258
修 武 县	50	48	2	7	579	3288	2979	2979	18763
博 爱 县	44	44	-	12	747	5362	4090	4090	28161
武 陟 县	132	118	14	32	1704	10220	8625	8625	57822
温 县	75	71	4	10	939	5604	5147	5147	32570

情　况(总计)(二)

在校学生数		预计毕业学生数	教职工数(按办学类型)				教小学学生的专任教师数	校外教师	外籍教师
其中：寄宿生	其中：教学点在校生数		计	其中：女	其中：专任教师数				
					计	其中：女			
5113	2539	9272	3197	2550	3097	2516	3188	99	–
24827	6481	13529	4757	3813	4495	3648	4916	1	–
16337	7570	15797	5263	4190	5147	4146	5649	132	–
12343	1805	8884	3591	2830	3112	2498	3285	1	–
6270	985	4702	1730	1345	1675	1333	1716	11	–
19426	1594	18229	6224	5042	5830	4809	6240	24	–
47680	**10747**	**104869**	**31582**	**25799**	**30283**	**25245**	**33087**	**1227**	**–**
–	–	11140	3670	3211	3541	3139	3602	12	–
695	–	6372	1997	1669	1829	1562	1955	13	–
778	99	10604	2763	2226	2687	2196	2942	118	–
122	293	3634	1222	948	1199	938	1391	5	–
524	378	7092	2074	1657	1993	1637	2095	9	–
6130	1898	8536	2807	2241	2616	2196	2825	–	–
21092	2615	25924	8265	6759	8059	6661	8594	910	–
8526	2366	13742	4500	3747	4193	3620	4498	155	–
9813	3098	17825	4284	3341	4166	3296	5185	5	–
19885	**3032**	**25612**	**8712**	**6928**	**8025**	**6478**	**8388**	**248**	**–**
754	65	492	370	248	333	238	336	–	–
255	25	2069	852	608	784	582	784	1	–
1443	–	8516	2195	1849	2128	1818	2297	37	–
15651	2896	10150	3992	3228	3526	2869	3515	193	–
1782	46	4385	1303	995	1254	971	1456	17	–
79765	**10891**	**109607**	**32394**	**27112**	**30325**	**25854**	**34487**	**441**	**–**
2776	14	10139	3403	2941	3063	2698	3552	18	–
70	–	3949	1321	1149	1208	1069	1241	11	–
756	–	2367	654	524	633	516	808	–	–
242	–	3880	1376	1161	1358	1153	1383	–	–
4373	110	5645	1630	1272	1437	1159	1746	–	–
2290	720	6718	2140	1822	2099	1808	2320	2	–
18069	1607	13037	4286	3441	3900	3235	4088	6	–
10060	3290	7787	2260	1766	2033	1639	2395	3	–
12522	2086	12853	3752	3120	3615	3036	4451	1	–
3503	400	8146	2673	2206	2571	2162	2628	–	–
7049	2557	17118	3453	2842	3405	2817	3961	7	–
18055	107	17968	5446	4868	5003	4562	5914	393	–
37846	**5448**	**47870**	**16191**	**12847**	**15456**	**12454**	**17302**	**36**	**–**
1153	–	4501	1518	1274	1448	1223	1683	–	–
301	–	1344	500	385	486	381	527	–	–
1127	–	1671	479	348	452	338	693	–	–
1626	1160	5492	2031	1626	1943	1577	1984	3	–
512	117	3396	1414	1134	1349	1108	1420	–	–
5102	598	5269	1350	1012	1319	995	1780	5	–
18579	2302	10369	3755	3089	3443	2907	3600	4	–
2662	160	5786	2149	1705	2075	1666	2037	24	–

小学基本

省、市、县(市)区名称	校数(所) 计	公办	民办	教学点数(个)	班数(个)	毕业生数	招生数 计	其中：受过学前教育	计
沁阳市	85	85	-	33	974	6213	6232	6232	36061
孟州市	41	40	1	8	701	3604	4365	4365	23833
濮阳市	**677**	**564**	**113**	**252**	**11469**	**76328**	**61265**	**61262**	**413408**
华龙区	79	71	8	15	2792	21493	22355	22355	128258
清丰县	104	97	7	81	1769	10557	6836	6836	52486
南乐县	123	95	28	43	1629	11567	7036	7036	53970
范县	82	79	3	11	1255	8483	7191	7191	48038
台前县	77	66	11	9	986	6659	4660	4660	33374
濮阳县	212	156	56	93	3038	17569	13187	13184	97282
许昌市	**766**	**641**	**125**	**270**	**10954**	**72519**	**58592**	**58592**	**398263**
魏都区	41	37	4	-	1334	9739	12341	12341	65369
建安区	106	90	16	23	1541	10347	7547	7547	55818
鄢陵县	133	111	22	31	1630	10010	7100	7100	54852
襄城县	158	127	31	92	1780	12162	8477	8477	63074
禹州市	212	172	40	104	3025	18650	14286	14286	98256
长葛市	116	104	12	20	1644	11611	8841	8841	60894
漯河市	**327**	**310**	**17**	**18**	**5169**	**34866**	**32358**	**32358**	**203991**
源汇区	35	32	3	1	749	5355	5800	5800	33923
郾城区	44	43	1	12	1156	7679	9013	9013	50466
召陵区	66	55	11	5	1038	7092	6382	6382	42063
舞阳县	78	78	-	-	912	6163	4473	4473	32135
临颍县	104	102	2	-	1314	8577	6690	6690	45404
三门峡市	**205**	**204**	**1**	**114**	**4089**	**27265**	**27432**	**27430**	**157439**
湖滨区	30	30	-	-	671	4896	6284	6284	32162
陕州区	20	20	-	16	464	2460	2522	2522	13820
渑池县	31	31	-	50	711	5407	3945	3945	25354
卢氏县	34	34	-	34	671	4533	4156	4154	26820
义马市	10	10	-	4	236	1315	1698	1698	8641
灵宝市	80	79	1	10	1336	8654	8827	8827	50642
南阳市	**1525**	**1386**	**139**	**1665**	**29218**	**193477**	**137097**	**137095**	**975443**
宛城区	160	147	13	49	2903	21753	16726	16726	112529
卧龙区	79	75	4	49	2597	20617	17735	17734	115633
南召县	61	57	4	161	1749	11013	8038	8038	56516
方城县	200	177	23	139	2725	18714	12514	12514	91866
西峡县	62	61	1	169	1405	7126	5499	5499	37929
镇平县	146	130	16	203	2608	14619	10626	10626	74972
内乡县	108	106	2	27	1524	11047	6512	6512	50084
淅川县	88	85	3	20	1457	10576	7352	7352	53869
社旗县	102	96	6	100	1714	11205	8078	8078	57505
唐河县	195	168	27	96	2979	20213	13884	13884	102250
新野县	94	76	18	196	1959	12438	8203	8202	57790
桐柏县	44	39	5	46	977	7010	4283	4283	33495
邓州市	186	169	17	410	4621	27146	17647	17647	131005
商丘市	**1763**	**1616**	**147**	**677**	**26253**	**145569**	**129002**	**129002**	**873540**

情　况(总计)(三)

在校学生数		预计毕业学生数	教职工数(按办学类型)				教小学学生的专任教师数	校外教师	外籍教师
					其中:专任教师数				
其中:寄宿生	其中:教学点在校生数		计	其中:女	计	其中:女			
5311	235	6225	1762	1322	1742	1321	2182	–	–
1473	876	3817	1233	952	1199	938	1396	–	–
43657	**8938**	**75086**	**23140**	**18326**	**21353**	**17428**	**24713**	**133**	**–**
8030	248	21706	4374	3645	4063	3473	6239	90	–
3361	1993	10139	3554	2839	3411	2783	3653	1	–
10652	1746	10830	3554	2844	3199	2643	3358	–	–
2205	807	8470	2689	2122	2622	2091	2844	14	–
2942	595	6590	1780	1480	1721	1444	2156	10	–
16467	3549	17351	7189	5396	6337	4994	6463	18	–
92883	**9191**	**73576**	**22870**	**17620**	**20622**	**16170**	**24848**	**11**	**–**
1302	–	10117	2714	2293	2626	2232	3055	–	–
10194	1468	10883	3461	2614	2988	2296	3627	11	–
16063	689	10277	3923	3023	3577	2768	3653	–	–
27336	1545	12534	4461	3323	3870	2927	4100	–	–
25786	4809	18084	5140	3942	4607	3664	6380	–	–
12202	680	11681	3171	2425	2954	2283	4033	–	–
34815	**598**	**35489**	**9903**	**7509**	**9295**	**7268**	**12345**	**2**	**–**
2808	13	5507	1556	1230	1458	1181	1671	2	–
3905	580	7999	2354	1890	2243	1844	2505	–	–
9760	5	7311	1887	1431	1729	1359	2217	–	–
7675	–	6254	1868	1360	1757	1326	2297	–	–
10667	–	8418	2238	1598	2108	1558	3655	–	–
31815	**2324**	**26935**	**9412**	**6882**	**9010**	**6729**	**10409**	**16**	**–**
1243	–	4991	1671	1388	1560	1321	1790	5	–
3505	187	2292	875	630	826	616	1128	–	–
6041	871	4846	1319	926	1291	920	1861	–	–
7643	760	4689	1585	1020	1521	1003	1588	–	–
679	26	1323	629	490	616	488	658	–	–
12704	480	8794	3333	2428	3196	2381	3384	11	–
191923	**79137**	**189442**	**59538**	**45323**	**57366**	**44415**	**63782**	**1409**	**–**
5506	1841	21876	5488	4219	5129	4018	6106	154	–
2688	6509	20956	4904	3830	4757	3764	5514	325	–
13478	4894	10297	3487	2524	3404	2491	3892	1	–
26532	6840	17624	5358	4131	5052	3993	5550	50	–
8319	2455	7287	3118	2474	3063	2443	3115	60	–
17572	7576	14462	5113	3804	5048	3780	5582	162	–
17876	949	10500	3237	2360	3186	2341	3860	2	–
11893	452	10855	3582	2740	3475	2697	4190	–	–
10777	5994	10700	3572	2886	3507	2868	3871	5	–
24149	7013	20145	6361	4987	6093	4912	6544	63	–
15168	9451	11586	4734	3643	4517	3552	4524	5	–
4583	900	6882	2382	1856	2298	1809	2609	12	–
33382	24263	26272	8202	5869	7837	5747	8425	570	–
96517	**53095**	**147431**	**52272**	**36976**	**48101**	**35240**	**52658**	**32**	**–**

小 学 基 本

省、市、县(市)区名称	校数(所) 计	公办	民办	教学点数(个)	班数(个)	毕业生数	招生数 计	其中：受过学前教育	计
梁 园 区	151	150	1	32	2726	16487	19023	19023	110438
睢 阳 区	197	177	20	52	2620	15510	13320	13320	91820
民 权 县	142	118	24	120	2591	15279	12710	12710	88241
睢 县	239	234	5	21	2436	13360	11964	11964	77821
宁 陵 县	120	108	12	32	1725	10078	8616	8616	60244
柘 城 县	132	127	5	152	2971	13378	13413	13413	88695
虞 城 县	257	240	17	119	3690	19238	15436	15436	111917
夏 邑 县	215	190	25	138	3391	16615	14798	14798	102820
永 城 市	310	272	38	11	4103	25624	19722	19722	141544
信 阳 市	**824**	**763**	**61**	**802**	**16663**	**112059**	**88208**	**88208**	**607675**
浉 河 区	56	52	4	8	1199	9106	8879	8879	53554
平 桥 区	84	68	16	108	2101	15176	13564	13564	88047
罗 山 县	60	59	1	106	1361	9264	6127	6127	43698
光 山 县	123	117	6	119	1864	11400	8644	8644	61169
新 县	23	21	2	10	610	4145	3622	3622	23882
商 城 县	87	86	1	129	1487	7953	6975	6975	45950
固 始 县	136	121	15	33	2627	18999	14498	14498	102701
潢 川 县	104	98	6	44	1696	10733	8486	8486	60045
淮 滨 县	72	70	2	57	1670	11112	7999	7999	58186
息 县	79	71	8	188	2048	14171	9414	9414	70443
周 口 市	**1705**	**1476**	**229**	**1563**	**27137**	**155449**	**137964**	**137953**	**925312**
川 汇 区	59	57	2	17	1623	11753	12391	12386	74049
淮 阳 区	139	112	27	195	2870	17335	15446	15446	106095
扶 沟 县	108	108	-	140	1611	9710	7323	7323	51270
西 华 县	152	148	4	204	2035	11254	9055	9052	62438
商 水 县	183	167	16	169	2816	14582	13870	13870	91853
沈 丘 县	206	167	39	209	2955	17185	13967	13967	92818
郸 城 县	296	235	61	70	3610	20063	17835	17835	122962
太 康 县	247	208	39	254	3602	20078	18813	18813	124773
鹿 邑 县	157	130	27	135	2900	15165	14883	14880	96971
项 城 市	158	144	14	170	3115	18324	14381	14381	102083
驻马店市	**1914**	**1723**	**191**	**1033**	**24435**	**135231**	**99475**	**99475**	**708865**
驿 城 区	184	178	6	12	2902	17370	17585	17585	106883
西 平 县	190	186	4	68	1945	9145	7828	7828	52485
上 蔡 县	384	347	37	113	3919	20265	15466	15466	107661
平 舆 县	112	99	13	176	2811	16780	11114	11114	85251
正 阳 县	203	189	14	88	2185	13367	8214	8214	63992
确 山 县	128	123	5	63	1361	7124	4254	4254	31507
泌 阳 县	147	129	18	175	2598	14885	10887	10887	78984
汝 南 县	165	157	8	124	2014	10571	6954	6954	53352
遂 平 县	148	147	1	37	1430	8594	5543	5543	41022
新 蔡 县	253	168	85	177	3270	17130	11630	11630	87728
济源示范区	**73**	**73**	**-**	**10**	**1486**	**9554**	**11681**	**11678**	**62601**

情　况（总计）（四）

在校学生数		预计毕业学生数	教职工数（按办学类型）				教小学学生的专任教师数	校外教师	外籍教师
其中：寄宿生	其中：教学点在校生数		计	其中：女	其中：专任教师数				
					计	其中：女			
6889	752	17075	5357	3970	5083	3883	5664	—	—
6014	3281	15456	4964	3394	4544	3155	5079	1	—
7584	15656	13894	4392	3053	4133	2921	4890	10	—
8733	1453	13102	4506	3000	4240	2837	4434	—	—
7334	1411	10211	3525	2434	3242	2329	3801	11	—
10976	12802	14013	6541	4449	6347	4356	6860	—	—
17531	9388	19823	6982	4737	6028	4419	6903	—	—
9754	7715	17923	7920	5994	7109	5660	7590	10	—
21702	637	25934	8085	5945	7375	5680	7437	—	—
52823	**21012**	**114333**	**40660**	**31674**	**38728**	**30853**	**42093**	**180**	**1**
4081	207	9223	2800	2358	2708	2319	3084	6	1
7535	3181	16061	4888	4016	4629	3882	4798	12	—
5822	2572	8651	3801	2916	3621	2859	3689	9	—
5248	1138	11452	4367	3380	4046	3235	4561	1	—
1451	184	4393	1329	997	1310	995	1652	20	—
9329	3522	8175	3669	2765	3488	2679	3421	—	—
4428	2607	19515	6865	5410	6600	5292	7165	—	—
2461	1215	11138	4165	3297	3787	3137	3924	118	—
4440	3700	11332	4314	3245	4250	3227	4838	5	—
8028	2686	14393	4462	3290	4289	3228	4961	9	—
236301	**80511**	**161883**	**57978**	**43048**	**54960**	**41302**	**61632**	**19**	**1**
7015	891	11707	3417	2633	3293	2574	3926	3	1
41428	10588	18784	7089	5522	6340	5051	6952	4	—
13080	2831	9100	3793	2836	3719	2818	3940	—	—
17737	6343	11306	4256	3126	4228	3118	4372	—	—
19947	10828	15795	5673	4073	5551	4019	6348	1	—
16720	8601	16579	7683	5453	7245	5139	7955	2	—
44358	4788	21864	8143	5996	7510	5605	7346	9	—
34298	18172	21658	6881	5163	6476	4937	7256	—	—
21149	8878	16586	5564	4039	5242	3905	6521	—	—
20569	8591	18504	5479	4207	5356	4136	7016	—	—
104155	**32756**	**136177**	**52233**	**40595**	**49727**	**39274**	**50364**	**15**	**—**
1008	5	18294	6585	5500	6422	5423	6553	—	—
11359	2290	9320	3912	3124	3576	2959	3969	—	—
17574	4972	20233	7952	6151	7668	6016	7294	—	—
16836	5658	17019	6688	5283	6276	5052	6013	5	—
4566	2466	12700	3916	2781	3716	2695	3965	4	—
4837	1238	6578	3473	2763	3222	2616	2869	4	—
21544	4753	15667	6073	4822	5742	4654	5449	—	—
8100	5703	10760	4436	3503	4317	3418	4392	2	—
5060	820	8235	3086	2412	3057	2405	3284	—	—
13271	4851	17371	6112	4256	5731	4036	6576	—	—
4456	**256**	**9702**	**2751**	**2086**	**2667**	**2067**	**3089**	**—**	**—**

小　学　基　本

省、市、县(市)区名称	校数(所)			教学点数(个)	班数(个)	毕业生数	招生数		
	计	公办	民办				计	其中：受过学前教育	计
河南省	**1991**	**1818**	**173**	**208**	**65592**	**470161**	**537322**	**537232**	**3040171**
郑州市	**396**	**354**	**42**	**6**	**14061**	**97147**	**137996**	**137931**	**696883**
中原区	59	58	1	–	1736	12189	19715	19712	91974
二七区	50	48	2	–	1513	10293	15699	15699	75334
管城回族区	41	39	2	–	1670	11360	17647	17647	85098
金水区	89	71	18	–	3672	24654	36947	36888	179989
上街区	8	8	–	–	309	1991	3124	3124	15881
惠济区	24	21	3	–	730	4098	7410	7410	36231
中牟县	–	–	–	–	46	354	172	172	1713
巩义市	22	21	1	4	688	4768	6640	6640	33233
荥阳市	24	19	5	–	1004	6010	9998	9998	50141
新密市	34	28	6	1	825	5898	6971	6971	39277
新郑市	25	24	1	1	820	5769	6961	6958	39373
登封市	20	17	3	–	1048	9763	6712	6712	48639
开封市	**105**	**101**	**4**	**19**	**2853**	**19477**	**21508**	**21508**	**124933**
龙亭区	33	33	–	4	1243	8067	11473	11473	57599
顺河回族区	23	22	1	3	620	3931	4326	4326	27153
鼓楼区	13	13	–	2	227	1705	1291	1291	9158
禹王台区	10	10	–	–	185	1562	1202	1202	8131
祥符区	26	23	3	10	578	4212	3216	3216	22892
杞县	–	–	–	–	–	–	–	–	–
通许县	–	–	–	–	–	–	–	–	–
尉氏县	–	–	–	–	–	–	–	–	–
兰考县	–	–	–	–	–	–	–	–	–
洛阳市	**187**	**178**	**9**	**22**	**5328**	**34509**	**45543**	**45533**	**241490**
老城区	17	16	1	2	288	1544	2930	2930	13645
西工区	28	25	3	–	647	4415	4597	4597	26599
瀍河回族区	16	16	–	–	396	2528	3449	3449	18060
涧西区	28	27	1	–	928	6389	9485	9475	47837
偃师区	24	22	2	16	731	4713	5197	5197	29897
孟津区	22	22	–	1	532	3504	4032	4032	22865
洛龙区	42	41	1	1	1673	10487	14985	14985	77323
新安县	6	6	–	–	108	771	748	748	4564
栾川县	–	–	–	–	–	–	–	–	–
嵩县	–	–	–	–	–	–	–	–	–
汝阳县	–	–	–	–	–	–	–	–	–
宜阳县	–	–	–	2	7	56	43	43	243
洛宁县	–	–	–	–	–	–	–	–	–
伊川县	4	3	1	–	18	102	77	77	457
平顶山市	**126**	**113**	**13**	**13**	**3447**	**23507**	**27724**	**27723**	**156521**
新华区	24	21	3	5	670	4766	5453	5452	30189
卫东区	21	20	1	–	601	4457	5323	5323	28653
石龙区	8	8	–	1	91	664	453	453	3076
湛河区	18	18	–	2	567	3545	5385	5385	26293

情　况(城区)(一)

在校学生数		预计毕业学生数	教职工数(按办学类型)				教小学学生的专任教师数	校外教师	外籍教师
其中：寄宿生	其中：教学点在校生数		计	其中：女	其中：专任教师数				
					计	其中：女			
218737	**15953**	**495474**	**141259**	**119820**	**134251**	**115633**	**159628**	**1285**	**35**
36976	**460**	**102150**	**34944**	**30539**	**33237**	**29381**	**38129**	**77**	**33**
522	–	11909	4821	4282	4667	4185	5077	–	–
126	–	10202	3657	3233	3544	3155	3986	1	–
562	–	11559	4550	3962	4459	3910	4639	–	7
2442	–	25878	9899	8652	9111	8084	10446	76	19
–	–	2153	772	651	763	644	857	–	–
269	–	4810	1926	1714	1791	1623	2018	–	7
1713	–	396	–	–	–	–	145	–	–
2668	423	4647	1623	1388	1561	1339	1980	–	–
6099	–	7198	2098	1793	2010	1736	2363	–	–
5946	18	6013	2077	1747	1909	1651	1999	–	–
539	19	6296	1910	1721	1887	1711	2169	–	–
16090	–	11089	1611	1396	1535	1343	2450	–	–
7507	**488**	**20993**	**6435**	**5554**	**6128**	**5387**	**7054**	**24**	**–**
2068	86	8846	2551	2215	2470	2167	3038	2	–
603	26	4512	1456	1235	1402	1208	1621	–	–
174	53	1741	524	438	493	426	539	–	–
421	–	1555	428	348	403	341	445	22	–
4241	323	4339	1476	1318	1360	1245	1411	–	–
–	–	–	–	–	–	–	–	–	–
–	–	–	–	–	–	–	–	–	–
–	–	–	–	–	–	–	–	–	–
–	–	–	–	–	–	–	–	–	–
22258	**2580**	**36779**	**11459**	**9790**	**11036**	**9538**	**13212**	**67**	**–**
364	384	1651	684	563	667	551	739	–	–
118	–	4616	1478	1290	1422	1257	1522	14	–
2861	–	2600	706	617	679	602	1029	–	–
–	–	6980	2130	1796	2069	1755	2119	49	–
5243	1772	4936	1543	1328	1464	1278	1869	3	–
4897	–	3645	1136	930	1101	917	1425	–	–
7644	181	11455	3522	3077	3383	2991	4224	1	–
828	–	786	192	140	188	138	228	–	–
–	–	–	–	–	–	–	–	–	–
–	–	–	–	–	–	–	–	–	–
–	–	–	–	–	–	–	–	–	–
38	243	35	25	19	25	19	19	–	–
–	–	–	–	–	–	–	–	–	–
265	–	75	43	30	38	30	38	–	–
8677	**455**	**24794**	**8286**	**6841**	**7880**	**6614**	**8566**	**233**	**–**
1464	115	4971	1620	1318	1582	1298	1809	21	–
19	–	4706	1392	1110	1362	1098	1464	95	–
547	70	557	270	188	258	184	258	–	–
385	188	3812	1256	1043	1244	1040	1417	88	–

小 学 基 本

省、市、县(市)区名称	校数(所) 计	公办	民办	教学点数(个)	班数(个)	毕业生数	招生数 计	其中:受过学前教育	计
宝 丰 县	-	-	-	-	-	-	-	-	-
叶 县	4	3	1	1	159	969	979	979	7728
鲁 山 县	-	-	-	-	-	-	-	-	-
郏 县	-	-	-	-	-	-	-	-	-
舞 钢 市	14	13	1	3	367	2309	2884	2884	16474
汝 州 市	37	30	7	1	992	6797	7247	7247	44108
安 阳 市	**128**	**115**	**13**	**6**	**3997**	**31094**	**29976**	**29973**	**179588**
文 峰 区	24	20	4	-	844	7119	8185	8184	43070
北 关 区	24	20	4	-	685	5408	5421	5420	33272
殷 都 区	19	17	2	-	423	3865	3451	3451	20801
龙 安 区	15	14	1	-	288	1626	1957	1957	11878
安 阳 县	9	8	1	-	111	827	458	458	4177
汤 阴 县	-	-	-	-	-	-	-	-	-
滑 县	-	-	-	-	-	-	-	-	-
内 黄 县	-	-	-	-	-	-	-	-	-
林 州 市	37	36	1	6	1646	12249	10504	10503	66390
鹤 壁 市	**40**	**40**	**-**	**4**	**1122**	**9484**	**8504**	**8503**	**51201**
鹤 山 区	7	7	-	4	86	608	227	227	2085
山 城 区	15	15	-	-	263	2171	1276	1276	9564
淇 滨 区	17	17	-	-	767	6675	6984	6983	39416
浚 县	-	-	-	-	-	-	-	-	-
淇 县	1	1	-	-	6	30	17	17	136
新 乡 市	**221**	**211**	**10**	**5**	**5467**	**40169**	**40459**	**40455**	**246229**
红 旗 区	32	28	4	1	958	6162	8379	8378	45623
卫 滨 区	26	24	2	-	509	3653	4561	4561	23392
凤 泉 区	7	7	-	-	179	1267	1220	1220	7688
牧 野 区	37	37	-	-	545	3896	4379	4379	24689
新 乡 县	-	-	-	-	-	-	-	-	-
获 嘉 县	-	-	-	-	-	-	-	-	-
原 阳 县	-	-	-	-	-	-	-	-	-
延 津 县	-	-	-	-	-	-	-	-	-
封 丘 县	-	-	-	-	-	-	-	-	-
卫 辉 市	19	18	1	-	448	3337	3091	3091	19965
辉 县 市	38	38	-	3	1158	10078	7847	7846	53515
长 垣 市	62	59	3	1	1670	11776	10982	10980	71357
焦 作 市	**75**	**72**	**3**	**13**	**2346**	**16477**	**20413**	**20413**	**109628**
解 放 区	19	18	1	3	576	4251	5760	5760	30113
中 站 区	7	7	-	-	155	1264	1207	1207	7168
马 村 区	5	5	-	-	202	1398	1422	1422	8495
山 阳 区	14	13	1	8	478	3354	4642	4642	23380
修 武 县	-	-	-	-	-	-	-	-	-
博 爱 县	-	-	-	-	-	-	-	-	-
武 陟 县	3	3	-	-	18	52	66	66	356
温 县	-	-	-	-	-	-	-	-	-

情况（城区）（二）

在校学生数		预计毕业学生数	教职工数（按办学类型）				教小学学生的专任教师数	校外教师	外籍教师
其中：寄宿生	其中：教学点在校生数		计	其中：女	其中：专任教师数				
					计	其中：女			
–	–	–	–	–	–	–	–	–	–
207	20	1464	469	404	450	392	450	–	–
–	–	–	–	–	–	–	–	–	–
–	–	–	–	–	–	–	–	–	–
875	62	2458	897	775	869	770	869	11	–
5180	–	6826	2382	2003	2115	1832	2299	18	–
6104	159	32215	8069	6931	7771	6759	9256	125	–
–	–	7439	2408	2106	2345	2065	2325	12	–
695	–	5872	1823	1543	1682	1453	1808	6	–
–	–	3840	980	835	941	817	1091	106	–
–	–	1979	537	458	525	455	727	1	–
–	–	1031	162	134	158	134	265	–	–
–	–	–	–	–	–	–	–	–	–
–	–	–	–	–	–	–	–	–	–
–	–	–	–	–	–	–	–	–	–
5409	159	12054	2159	1855	2120	1835	3040	–	–
1373	46	9173	2696	2159	2591	2123	2711	22	–
754	46	475	339	232	303	222	306	–	–
–	–	1959	752	536	697	519	697	–	–
619	–	6714	1589	1377	1575	1368	1692	22	–
–	–	–	–	–	–	–	–	–	–
–	–	25	16	14	16	14	16	–	–
20018	391	42066	11254	9890	10590	9422	12248	307	–
1621	7	6868	2149	1894	2007	1792	2307	–	–
70	–	3828	1321	1149	1208	1069	1208	11	–
756	–	1320	278	237	271	234	432	–	–
242	–	3880	1376	1161	1358	1153	1383	–	–
–	–	–	–	–	–	–	–	–	–
–	–	–	–	–	–	–	–	–	–
–	–	–	–	–	–	–	–	–	–
1060	–	3471	1046	892	1010	876	1050	–	–
3031	384	10287	1968	1664	1946	1657	2261	7	–
13238	–	12412	3116	2893	2790	2641	3607	289	–
8331	926	17320	4964	4069	4783	3966	5849	–	–
1153	–	4501	1518	1274	1448	1223	1683	–	–
301	–	1238	412	309	403	308	435	–	–
706	–	1411	392	295	379	290	564	–	–
270	926	3559	1221	1011	1161	975	1194	–	–
–	–	–	–	–	–	–	–	–	–
–	–	40	31	25	30	25	30	–	–
–	–	–	–	–	–	–	–	–	–

小　学　基　本

省、市、县(市)区名称	校数(所)			教学点数(个)	班数(个)	毕业生数	招生数		计
	计	公办	民办				计	其中：受过学前教育	
沁 阳 市	17	17	-	2	527	4082	4416	4416	24775
孟 州 市	10	9	1	-	390	2076	2900	2900	15341
濮 阳 市	**30**	**28**	**2**	**5**	**2023**	**15838**	**17176**	**17176**	**98165**
华 龙 区	27	25	2	3	1919	15428	16468	16468	94235
清 丰 县	-	-	-	-	-	-	-	-	-
南 乐 县	-	-	-	-	-	-	-	-	-
范 县	1	1	-	-	54	103	458	458	2225
台 前 县	-	-	-	-	-	-	-	-	-
濮 阳 县	2	2	-	2	50	307	250	250	1705
许 昌 市	**144**	**120**	**24**	**20**	**4214**	**30652**	**31487**	**31487**	**188396**
魏 都 区	40	36	4	-	1328	9582	12310	12310	65175
建 安 区	23	19	4	2	600	4181	4117	4117	26284
鄢 陵 县	2	2	-	2	23	69	35	35	390
襄 城 县	7	7	-	2	110	831	626	626	4510
禹 州 市	40	31	9	13	1265	9126	8236	8236	53535
长 葛 市	32	25	7	1	888	6863	6163	6163	38502
漯 河 市	**52**	**49**	**3**	**1**	**1937**	**13242**	**16545**	**16545**	**91557**
源 汇 区	19	17	2	-	618	4452	5169	5169	29357
郾 城 区	22	22	-	1	902	6072	8177	8177	43509
召 陵 区	11	10	1	-	417	2718	3199	3199	18691
舞 阳 县	-	-	-	-	-	-	-	-	-
临 颍 县	-	-	-	-	-	-	-	-	-
三门峡市	**58**	**57**	**1**	**4**	**1808**	**12107**	**15230**	**15230**	**80905**
湖 滨 区	20	20	-	-	624	4586	5659	5659	30621
陕 州 区	8	8	-	1	295	1770	2132	2132	11266
渑 池 县	-	-	-	-	-	-	-	-	-
卢 氏 县	-	-	-	-	-	-	-	-	-
义 马 市	10	10	-	3	235	1313	1698	1698	8640
灵 宝 市	20	19	1	-	654	4438	5741	5741	30378
南 阳 市	**84**	**75**	**9**	**24**	**3805**	**31222**	**28167**	**28167**	**179279**
宛 城 区	33	29	4	-	1142	10030	8387	8387	53783
卧 龙 区	19	18	1	10	1429	11190	11837	11837	70779
南 召 县	-	-	-	-	-	-	-	-	-
方 城 县	-	-	-	-	-	-	-	-	-
西 峡 县	-	-	-	-	-	-	-	-	-
镇 平 县	-	-	-	-	-	-	-	-	-
内 乡 县	-	-	-	-	-	-	-	-	-
淅 川 县	-	-	-	-	-	-	-	-	-
社 旗 县	-	-	-	-	-	-	-	-	-
唐 河 县	-	-	-	-	-	-	-	-	-
新 野 县	-	-	-	-	-	-	-	-	-
桐 柏 县	-	-	-	-	-	-	-	-	-
邓 州 市	32	28	4	14	1234	10002	7943	7943	54717
商 丘 市	**110**	**91**	**19**	**3**	**4379**	**30430**	**31000**	**31000**	**192675**

情　况(城区)(三)

在校学生数 其中：寄宿生	在校学生数 其中：教学点在校生数	预计毕业学生数	教职工数(按办学类型) 计	教职工数(按办学类型) 其中：女	其中：专任教师数 计	其中：专任教师数 其中：女	教小学学生的专任教师数	校外教师	外籍教师
4459	–	4238	808	666	800	665	1186	–	–
1442	–	2333	582	489	562	480	757	–	–
5372	**44**	**16789**	**3075**	**2619**	**2865**	**2494**	**4305**	**87**	**–**
4869	–	16350	2992	2562	2786	2437	4098	87	–
–	–	–	–	–	–	–	–	–	–
–	–	–	–	–	–	–	–	–	–
–	–	101	29	26	28	26	75	–	–
–	–	–	–	–	–	–	–	–	–
503	44	338	54	31	51	31	132	–	–
24954	**1359**	**32284**	**7315**	**6093**	**6861**	**5800**	**10133**	**11**	**–**
1302	–	10082	2700	2283	2612	2222	3041	–	–
2123	268	4671	1314	1108	1161	999	1420	11	–
146	73	88	53	36	53	36	53	–	–
1149	–	930	204	176	203	175	282	–	–
10692	993	9486	1513	1235	1418	1195	2976	–	–
9542	25	7027	1531	1255	1414	1173	2361	–	–
4160	**53**	**13987**	**3357**	**2828**	**3219**	**2759**	**4188**	**2**	**–**
1792	–	4527	1124	927	1063	896	1306	2	–
1701	53	6525	1738	1507	1692	1482	1950	–	–
667	–	2935	495	394	464	381	932	–	–
–	–	–	–	–	–	–	–	–	–
–	–	–	–	–	–	–	–	–	–
6093	**79**	**12671**	**4438**	**3603**	**4246**	**3505**	**4841**	**7**	**–**
1148	–	4710	1512	1277	1416	1213	1625	5	–
2164	54	1770	561	450	542	440	759	–	–
–	–	–	–	–	–	–	–	–	–
–	–	–	–	–	–	–	–	–	–
679	25	1323	628	489	615	487	657	–	–
2102	–	4868	1737	1387	1673	1365	1800	2	–
9833	**3680**	**32905**	**7255**	**5957**	**6910**	**5772**	**8690**	**309**	**–**
1972	–	10465	2386	1885	2193	1771	2499	114	–
246	2065	11809	2520	2098	2466	2069	3079	142	–
–	–	–	–	–	–	–	–	–	–
–	–	–	–	–	–	–	–	–	–
–	–	–	–	–	–	–	–	–	–
–	–	–	–	–	–	–	–	–	–
–	–	–	–	–	–	–	–	–	–
–	–	–	–	–	–	–	–	–	–
–	–	–	–	–	–	–	–	–	–
–	–	–	–	–	–	–	–	–	–
–	–	–	–	–	–	–	–	–	–
–	–	–	–	–	–	–	–	–	–
7615	1615	10631	2349	1974	2251	1932	3112	53	–
13915	**117**	**31693**	**9391**	**7622**	**8636**	**7242**	**9134**	**–**	**–**

小 学 基 本

省、市、县(市)区名称	校数(所) 计	公办	民办	教学点数(个)	班数(个)	毕业生数	招生数 计	其中:受过学前教育	计
梁园区	26	25	1	-	1290	7746	11350	11350	60477
睢阳区	40	34	6	2	1105	7506	7694	7694	48054
民权县	-	-	-	-	-	-	-	-	-
睢　县	-	-	-	-	-	-	-	-	-
宁陵县	-	-	-	-	-	-	-	-	-
柘城县	-	-	-	-	-	-	-	-	-
虞城县	-	-	-	-	-	-	-	-	-
夏邑县	-	-	-	-	-	-	-	-	-
永城市	44	32	12	1	1984	15178	11956	11956	84144
信阳市	**49**	**44**	**5**	**13**	**2041**	**14432**	**16910**	**16910**	**98526**
浉河区	21	19	2	3	877	6633	7414	7414	42919
平桥区	28	25	3	10	1164	7799	9496	9496	55607
罗山县	-	-	-	-	-	-	-	-	-
光山县	-	-	-	-	-	-	-	-	-
新　县	-	-	-	-	-	-	-	-	-
商城县	-	-	-	-	-	-	-	-	-
固始县	-	-	-	-	-	-	-	-	-
潢川县	-	-	-	-	-	-	-	-	-
淮滨县	-	-	-	-	-	-	-	-	-
息　县	-	-	-	-	-	-	-	-	-
周口市	**116**	**101**	**15**	**49**	**4140**	**32481**	**26862**	**26857**	**184247**
川汇区	37	36	1	5	1253	9989	9915	9910	59631
淮阳区	35	29	6	27	1335	10240	8656	8656	61117
扶沟县	-	-	-	-	-	-	-	-	-
西华县	-	-	-	-	-	-	-	-	-
商水县	2	2	-	6	39	77	172	172	976
沈丘县	1	1	-	-	6	28	10	10	130
郸城县	3	2	1	-	111	499	498	498	4035
太康县	-	-	-	-	-	-	-	-	-
鹿邑县	-	-	-	-	-	-	-	-	-
项城市	38	31	7	11	1396	11648	7611	7611	58358
驻马店市	**41**	**40**	**1**	**-**	**1579**	**10890**	**12108**	**12108**	**70246**
驿城区	41	40	1	-	1579	10890	12108	12108	70246
西平县	-	-	-	-	-	-	-	-	-
上蔡县	-	-	-	-	-	-	-	-	-
平舆县	-	-	-	-	-	-	-	-	-
正阳县	-	-	-	-	-	-	-	-	-
确山县	-	-	-	-	-	-	-	-	-
泌阳县	-	-	-	-	-	-	-	-	-
汝南县	-	-	-	-	-	-	-	-	-
遂平县	-	-	-	-	-	-	-	-	-
新蔡县	-	-	-	-	-	-	-	-	-
济源示范区	**29**	**29**	**-**	**1**	**1045**	**7003**	**9714**	**9713**	**49702**

情　况（城区）（四）

在校学生数		预计毕业学生数	教职工数（按办学类型）				教小学学生的专任教师数	校外教师	外籍教师
其中：寄宿生	其中：教学点在校生数		计	其中：女	其中：专任教师数				
					计	其中：女			
395	—	8291	2882	2330	2732	2268	2767	—	—
2270	38	7808	2143	1688	1883	1549	2232	—	—
—	—	—	—	—	—	—	—	—	—
—	—	—	—	—	—	—	—	—	—
—	—	—	—	—	—	—	—	—	—
—	—	—	—	—	—	—	—	—	—
—	—	—	—	—	—	—	—	—	—
11250	79	15594	4366	3604	4021	3425	4135	—	—
1939	**471**	**16301**	**4893**	**4258**	**4714**	**4145**	**5075**	**13**	**1**
458	133	7042	2051	1792	2006	1761	2338	5	1
1481	338	9259	2842	2466	2708	2384	2737	8	—
—	—	—	—	—	—	—	—	—	—
—	—	—	—	—	—	—	—	—	—
—	—	—	—	—	—	—	—	—	—
—	—	—	—	—	—	—	—	—	—
—	—	—	—	—	—	—	—	—	—
—	—	—	—	—	—	—	—	—	—
39072	**4498**	**34249**	**7673**	**6217**	**7161**	**5924**	**10090**	**1**	**1**
6179	327	9861	2625	2012	2522	1963	3037	—	1
21268	2938	11480	2963	2431	2586	2207	3464	1	—
—	—	—	—	—	—	—	—	—	—
—	—	—	—	—	—	—	—	—	—
—	313	82	93	63	90	60	90	—	—
—	—	34	23	18	23	18	23	—	—
1212	—	774	46	33	46	33	196	—	—
—	—	—	—	—	—	—	—	—	—
10413	920	12018	1923	1660	1894	1643	3280	—	—
292	—	**11803**	**3894**	**3310**	**3808**	**3278**	**3939**	—	—
292	—	11803	3894	3310	3808	3278	3939	—	—
—	—	—	—	—	—	—	—	—	—
—	—	—	—	—	—	—	—	—	—
—	—	—	—	—	—	—	—	—	—
—	—	—	—	—	—	—	—	—	—
—	—	—	—	—	—	—	—	—	—
—	—	—	—	—	—	—	—	—	—
—	—	—	—	—	—	—	—	—	—
1863	**147**	**7302**	**1861**	**1540**	**1815**	**1524**	**2208**	—	—

小 学 基 本

省、市、县(市)区名称	校数(所)			教学点数(个)	班数(个)	毕业生数	招生数		计
	计	公办	民办				计	其中：受过学前教育	
河 南 省	4759	4126	633	1244	106165	780064	637677	637660	4269731
郑 州 市	265	250	15	12	6850	46512	61705	61705	328509
中 原 区	27	26	1	-	1193	5739	15201	15201	61504
二 七 区	5	3	2	-	77	578	524	524	3211
管城回族区	19	17	2	-	638	3105	6550	6550	30205
金 水 区	2	2	-	-	62	126	832	832	3206
上 街 区	-	-	-	-	-	-	-	-	-
惠 济 区	2	2	-	-	45	415	433	433	2359
中 牟 县	59	57	2	5	2060	15283	17446	17446	100931
巩 义 市	39	39	-	4	490	3760	3178	3178	20325
荥 阳 市	8	8	-	-	107	998	726	726	4675
新 密 市	45	40	5	2	548	4017	3139	3139	21016
新 郑 市	40	39	1	-	1346	9933	12304	12304	69357
登 封 市	19	17	2	1	284	2558	1372	1372	11720
开 封 市	248	207	41	112	5883	40586	32096	32095	221282
龙 亭 区	1	1	-	-	5	23	-	-	44
顺河回族区	-	-	-	-	-	-	-	-	-
鼓 楼 区	-	-	-	-	-	-	-	-	-
禹王台区	-	-	-	-	-	-	-	-	-
祥 符 区	26	26	-	19	312	1792	802	802	7080
杞 县	55	32	23	54	1465	10634	7569	7568	52084
通 许 县	22	19	3	10	991	8221	5685	5685	41513
尉 氏 县	72	66	6	9	1363	10092	7357	7357	52836
兰 考 县	72	63	9	20	1747	9824	10683	10683	67725
洛 阳 市	285	266	19	55	6865	49419	45283	45281	292356
老 城 区	-	-	-	-	-	-	-	-	-
西 工 区	-	-	-	-	-	-	-	-	-
瀍河回族区	2	2	-	-	69	452	470	470	2898
涧 西 区	12	12	-	-	252	1534	2132	2132	11551
偃 师 区	5	5	-	1	113	763	734	734	4359
孟 津 区	20	20	-	-	240	1550	1568	1566	9293
洛 龙 区	7	7	-	-	108	695	822	822	4707
新 安 县	34	34	-	11	700	5311	4707	4707	29147
栾 川 县	29	28	1	-	654	4891	4385	4385	27881
嵩 县	31	29	2	1	851	6920	5891	5891	38659
汝 阳 县	22	22	-	5	760	5993	4635	4635	32538
宜 阳 县	33	33	-	19	933	6522	6074	6074	40866
洛 宁 县	26	24	2	3	555	3978	4083	4083	25760
伊 川 县	64	50	14	15	1630	10810	9782	9782	64697
平顶山市	261	228	33	78	4643	35185	27862	27860	187498
新 华 区	14	14	-	-	298	1776	2324	2323	12754
卫 东 区	2	2	-	-	63	540	348	348	2540
石 龙 区	-	-	-	-	-	-	-	-	-
湛 河 区	1	1	-	-	21	54	218	218	995

情　况（镇区）（一）

在校学生数		预计毕业学生数	教职工数（按办学类型）				教小学学生的专任教师数	校外教师	外籍教师
其中：寄宿生	其中：教学点在校生数		计	其中：女	其中：专任教师数				
					计	其中：女			
722286	**88063**	**796248**	**229632**	**186816**	**215757**	**179217**	**248870**	**2009**	**1**
32910	**2027**	**48694**	**16670**	**14187**	**16022**	**13786**	**17282**	**50**	**1**
2840	—	6581	2553	2309	2385	2176	2777	40	—
588	—	557	245	206	207	181	207	—	—
820	—	3381	1600	1398	1491	1333	1491	—	1
—	—	145	175	153	174	153	174	—	—
—	—	—	—	—	—	—	—	—	—
—	—	440	134	117	128	114	128	—	—
6308	1356	15931	4707	4010	4625	3968	5303	10	—
5987	322	3675	1350	1051	1318	1038	1318	—	—
1413	—	955	324	215	299	207	299	—	—
8959	304	3832	1172	897	1099	855	1134	—	—
2162	—	10931	3611	3264	3549	3232	3704	—	—
3833	45	2266	799	567	747	529	747	—	—
51222	**7642**	**42893**	**11497**	**9438**	**10403**	**8809**	**12527**	**80**	—
—	—	19	14	9	13	8	13	—	—
—	—	—	—	—	—	—	—	—	—
—	—	—	—	—	—	—	—	—	—
—	—	—	—	—	—	—	—	—	—
1712	702	1681	695	491	651	486	657	—	—
10890	3269	11140	2927	2402	2693	2312	3537	11	—
17068	391	7833	2175	1741	1702	1396	2053	6	—
7329	980	10240	2566	2142	2369	2033	2706	60	—
14223	2300	11980	3120	2653	2975	2574	3561	3	—
55609	**6637**	**50628**	**14853**	**11655**	**14129**	**11266**	**15811**	**162**	—
—	—	—	—	—	—	—	—	—	—
—	—	—	—	—	—	—	—	—	—
148	—	485	128	98	126	98	176	—	—
165	—	1660	453	381	437	368	538	—	—
714	111	761	252	210	248	210	320	—	—
811	—	1573	641	473	628	472	610	—	—
785	—	807	285	203	277	201	272	2	—
3696	178	5129	1375	1045	1340	1037	1543	—	—
12809	—	4900	1408	1035	1298	949	1483	59	—
7430	107	6794	1858	1465	1807	1457	2060	75	—
3662	491	5957	1662	1353	1639	1348	1786	3	—
4664	3418	7077	1957	1599	1881	1552	2103	—	—
3424	72	4344	1066	844	1010	821	1265	12	—
17301	2260	11141	3768	2949	3438	2753	3655	11	—
35852	**5917**	**35438**	**10792**	**8997**	**10041**	**8535**	**11001**	**193**	—
407	—	1900	785	662	777	655	838	3	—
635	—	535	125	104	123	102	167	—	—
—	—	—	—	—	—	—	—	—	—
—	—	67	49	40	48	40	48	—	—

小 学 基 本

省、市、县(市)区名称	校数(所) 计	公办	民办	教学点数(个)	班数(个)	毕业生数	招生数 计	其中：受过学前教育	计
宝 丰 县	46	40	6	7	825	7102	5468	5468	35909
叶 县	47	41	6	25	813	6903	4422	4422	32637
鲁 山 县	47	46	1	26	1022	7273	6241	6241	43269
郏 县	44	31	13	11	866	6234	5218	5218	33240
舞 钢 市	6	6	—	3	103	856	519	519	3892
汝 州 市	54	47	7	6	632	4447	3104	3103	22262
安 阳 市	**254**	**235**	**19**	**58**	**5328**	**41557**	**30243**	**30243**	**208726**
文 峰 区	7	7	—	—	410	2915	4109	4109	21332
北 关 区	2	2	—	—	19	192	66	66	666
殷 都 区	50	49	1	1	521	4481	2589	2589	20045
龙 安 区	7	7	—	1	53	369	156	156	1337
安 阳 县	25	23	2	3	293	2063	1710	1710	11196
汤 阴 县	34	34	—	12	939	6903	4557	4557	33674
滑 县	67	54	13	14	1738	13184	10270	10270	67215
内 黄 县	28	25	3	3	854	7076	5121	5121	37864
林 州 市	34	34	—	24	501	4374	1665	1665	15397
鹤 壁 市	**85**	**74**	**11**	**20**	**1722**	**12472**	**9832**	**9832**	**66367**
鹤 山 区	—	—	—	—	—	—	—	—	—
山 城 区	2	1	1	1	22	78	49	49	544
淇 滨 区	9	8	1	1	205	995	1528	1528	8362
浚 县	45	38	7	16	984	7221	5347	5347	37029
淇 县	29	27	2	2	511	4178	2908	2908	20432
新 乡 市	**297**	**263**	**34**	**30**	**5164**	**36083**	**31351**	**31350**	**203368**
红 旗 区	20	14	6	1	465	2717	3941	3941	20663
卫 滨 区	1	1	—	—	12	113	34	34	441
凤 泉 区	4	4	—	—	54	399	213	213	1829
牧 野 区	—	—	—	—	—	—	—	—	—
新 乡 县	37	30	7	1	535	3868	2719	2719	19940
获 嘉 县	32	29	3	2	597	4523	3688	3688	24948
原 阳 县	62	52	10	6	1181	7680	7857	7857	46401
延 津 县	27	25	2	6	574	4176	3205	3205	22194
封 丘 县	47	42	5	9	965	6302	6106	6106	38960
卫 辉 市	18	17	1	3	173	1550	589	589	5740
辉 县 市	14	14	—	2	256	2373	1342	1342	10121
长 垣 市	35	35	—	—	352	2382	1657	1656	12131
焦 作 市	**180**	**166**	**14**	**16**	**3112**	**21784**	**19550**	**19550**	**124864**
解 放 区	—	—	—	—	—	—	—	—	—
中 站 区	—	—	—	—	—	—	—	—	—
马 村 区	1	1	—	—	6	70	12	12	214
山 阳 区	8	8	—	2	168	1018	1416	1416	6875
修 武 县	22	21	1	1	362	2252	2480	2480	14423
博 爱 县	25	25	—	2	590	4760	3466	3466	24495
武 陟 县	57	47	10	4	1018	7320	6180	6180	41615
温 县	32	29	3	2	636	4360	4140	4140	26277

情　况（镇区）（二）

在校学生数		预计毕业学生数	教职工数（按办学类型）				教小学学生的专任教师数	校外教师	外籍教师
其中：寄宿生	其中：教学点在校生数		计	其中：女	其中：专任教师数				
					计	其中：女			
2718	997	6887	1977	1654	1908	1625	1999	90	—
10967	1159	6838	1911	1570	1801	1513	2111	—	—
7540	3015	8065	1931	1667	1892	1655	2298	94	—
6664	249	6371	2496	2062	2065	1753	2144	—	—
1874	132	755	247	171	240	169	240	—	—
5047	365	4020	1271	1067	1187	1023	1156	6	—
24069	1551	41506	11809	10083	11384	9909	12424	642	—
—	—	3235	1114	985	1057	955	1142	—	—
—	—	158	45	36	31	24	31	7	—
299	98	4349	1036	829	1006	821	1062	4	—
—	32	297	129	94	128	94	128	1	—
391	103	2300	737	639	707	629	707	9	—
4506	370	7129	1920	1615	1817	1586	2006	—	—
11702	233	12540	3889	3392	3792	3338	4187	466	—
3625	130	7464	1982	1778	1935	1759	2140	155	—
3546	585	4034	957	715	911	703	1021	—	—
11392	1159	12271	4029	3357	3579	3031	3821	74	—
—	—	—	—	—	—	—	—	—	—
255	13	81	65	49	54	42	54	1	—
500	—	1353	476	384	433	364	445	11	—
10013	1140	6887	2452	2096	2077	1806	2120	47	—
624	6	3950	1036	828	1015	819	1202	15	—
26128	3221	36177	10783	9204	9971	8701	11395	41	—
1155	—	3040	1191	1000	998	861	1167	13	—
—	—	121	—	—	—	—	33	—	—
—	—	414	132	97	128	96	128	—	—
—	—	—	—	—	—	—	—	—	—
3165	61	3866	982	798	839	710	1102	—	—
1367	73	4567	1301	1169	1267	1155	1453	2	—
9384	584	7630	2436	2070	2238	1951	2333	2	—
3262	1291	4208	1182	992	1071	919	1217	—	—
3053	958	6525	2055	1823	2004	1791	2298	—	—
1230	40	1340	456	376	424	362	416	—	—
1089	214	2221	341	276	321	261	469	—	—
2423	—	2245	707	603	681	595	779	24	—
19820	1916	22139	6905	5688	6515	5465	7347	28	—
—	—	—	—	—	—	—	—	—	—
—	—	—	—	—	—	—	—	—	—
75	—	44	3	1	—	—	25	—	—
760	152	1056	380	320	364	309	393	3	—
426	45	2384	886	750	856	737	918	—	—
4367	205	4693	979	777	964	773	1466	5	—
11791	1411	7433	2449	2077	2202	1921	2355	2	—
1630	15	4574	1495	1224	1431	1190	1428	18	—

小 学 基 本

省、市、县(市)区名称	校数(所) 计	公办	民办	教学点数(个)	班数(个)	毕业生数	招生数 计	其中：受过学前教育	计
沁阳市	23	23	-	5	210	1312	1181	1181	7109
孟州市	12	12	-	-	122	692	675	675	3856
濮阳市	**218**	**174**	**44**	**46**	**5480**	**39853**	**33086**	**33083**	**219118**
华龙区	17	14	3	4	584	3994	5114	5114	26600
清丰县	31	28	3	10	988	7104	5494	5494	38183
南乐县	40	27	13	3	905	7930	4574	4574	35102
范县	23	21	2	2	708	5421	4982	4982	31182
台前县	25	23	2	1	584	4219	3485	3485	22433
濮阳县	82	61	21	26	1711	11185	9437	9434	65618
许昌市	**193**	**155**	**38**	**44**	**2918**	**21153**	**14221**	**14221**	**108216**
魏都区	-	-	-	-	-	-	-	-	-
建安区	8	6	2	3	173	1393	621	621	6434
鄢陵县	52	42	10	8	996	7107	5233	5233	38982
襄城县	43	33	10	10	759	6110	4261	4261	32116
禹州市	63	48	15	20	715	4582	2942	2942	21388
长葛市	27	26	1	3	275	1961	1164	1164	9296
漯河市	**88**	**82**	**6**	**2**	**1826**	**13897**	**10974**	**10974**	**74441**
源汇区	2	2	-	-	40	283	221	221	1741
郾城区	4	4	-	1	72	595	349	349	2662
召陵区	21	16	5	1	295	2009	1886	1886	12510
舞阳县	22	22	-	-	558	4687	3186	3186	23063
临颍县	39	38	1	-	861	6323	5332	5332	34465
三门峡市	**69**	**69**	**-**	**14**	**1371**	**10447**	**9553**	**9552**	**56456**
湖滨区	5	5	-	-	29	179	595	595	1157
陕州区	4	4	-	-	55	352	234	234	1528
渑池县	19	19	-	10	464	3815	3208	3208	19116
卢氏县	19	19	-	4	502	3624	3491	3490	22163
义马市	-	-	-	-	-	-	-	-	-
灵宝市	22	22	-	-	321	2477	2025	2025	12492
南阳市	**606**	**533**	**73**	**198**	**14569**	**119781**	**79094**	**79093**	**578624**
宛城区	33	26	7	4	940	7637	6273	6273	41201
卧龙区	29	26	3	8	794	7056	4701	4700	34588
南召县	30	28	2	10	893	6908	5580	5580	37554
方城县	63	52	11	15	1524	12333	8447	8447	61717
西峡县	36	35	1	21	893	6365	4905	4905	33883
镇平县	57	47	10	21	1387	10910	8111	8111	56801
内乡县	50	48	2	4	1098	9551	5946	5946	44750
淅川县	51	49	2	4	1205	9597	6503	6503	47924
社旗县	48	45	3	18	1034	10049	5428	5428	42002
唐河县	91	79	12	17	2037	16478	10014	10014	78073
新野县	41	31	10	37	1031	7764	5363	5363	37023
桐柏县	29	28	1	7	793	6387	3902	3902	30428
邓州市	48	39	9	32	940	8746	3921	3921	32680
商丘市	**458**	**390**	**68**	**106**	**10221**	**67953**	**57878**	**57878**	**388407**

情　况（镇区）（三）

在校学生数		预计毕业学生数	教职工数（按办学类型）				教小学学生的专任教师数	校外教师	外籍教师
其中：寄宿生	其中：教学点在校生数		计	其中：女	其中：专任教师数				
					计	其中：女			
749	88	1272	468	345	460	345	498	-	-
22	-	683	245	194	238	190	264	-	-
21955	**2571**	**40205**	**11461**	**9440**	**10565**	**8976**	**12504**	**39**	**-**
1023	82	3906	745	623	687	592	1463	3	-
2831	529	6960	2111	1740	2018	1701	2257	-	-
6955	82	8193	1948	1648	1716	1508	1903	-	-
538	373	5550	1562	1318	1516	1295	1621	14	-
2263	42	4206	977	832	944	813	1360	7	-
8345	1463	11390	4118	3279	3684	3067	3900	15	-
34309	**1673**	**21339**	**6947**	**5639**	**6058**	**5030**	**6538**	**-**	**-**
-	-	-	-	-	-	-	-	-	-
2597	156	1382	397	300	300	226	415	-	-
8850	256	7341	2422	2060	2175	1861	2233	-	-
14263	51	6500	2027	1640	1714	1434	1857	-	-
7803	1010	4105	1467	1146	1270	1037	1395	-	-
796	200	2011	634	493	599	472	638	-	-
15707	**86**	**14394**	**3233**	**2520**	**3059**	**2440**	**4887**	**-**	**-**
683	-	452	137	102	129	96	129	-	-
551	86	565	155	110	149	108	153	-	-
3003	-	2142	703	577	639	542	639	-	-
5453	-	4913	945	744	898	722	1358	-	-
6017	-	6322	1293	987	1244	972	2608	-	-
13696	**1064**	**10265**	**3206**	**2340**	**3107**	**2318**	**3539**	**3**	**-**
-	-	175	79	70	79	70	100	-	-
923	-	306	118	83	116	82	153	-	-
1718	408	3564	992	756	970	751	1277	-	-
5410	656	3821	1187	855	1152	845	1219	-	-
-	-	-	-	-	-	-	-	-	-
5645	-	2399	830	576	790	570	790	3	-
125889	**16566**	**119074**	**30622**	**24797**	**29592**	**24378**	**35137**	**552**	**-**
2494	281	7878	1618	1290	1536	1251	2154	39	-
2422	1189	6992	1555	1231	1479	1196	1625	154	-
4931	416	6790	1907	1507	1866	1491	2171	1	-
18281	1561	12090	2912	2377	2791	2331	3257	32	-
6512	784	6656	2073	1763	2035	1739	2232	53	-
10989	2317	11195	2540	2060	2501	2052	3093	149	-
15908	260	9285	2331	1872	2285	1855	2983	1	-
9813	221	9749	2989	2396	2892	2354	3653	-	-
9405	1083	9633	2163	1804	2114	1791	2608	3	-
18956	2192	16805	4312	3529	4161	3481	4778	53	-
9544	2399	7627	2345	1905	2219	1854	2546	-	-
3904	396	6260	1861	1522	1790	1481	2055	12	-
12730	3467	8114	2016	1541	1923	1502	1982	55	-
55574	**9379**	**69780**	**19953**	**15098**	**18290**	**14313**	**22227**	**11**	**-**

小学基本

省、市、县(市)区名称	校数(所) 计	校数(所) 公办	校数(所) 民办	教学点数(个)	班数(个)	毕业生数	招生数 计	招生数 其中:受过学前教育	计
梁园区	25	25	-	3	629	5190	4656	4656	26975
睢阳区	32	27	5	8	418	2580	1870	1870	14536
民权县	50	35	15	20	1368	9319	7769	7769	53139
睢县	53	48	5	1	1127	7757	6516	6516	42297
宁陵县	32	25	7	3	903	6652	5920	5920	39180
柘城县	40	37	3	17	1335	7716	7932	7932	50320
虞城县	83	76	7	25	1857	12863	9561	9561	68187
夏邑县	79	65	14	28	1777	10709	9511	9511	64992
永城市	64	52	12	1	807	5167	4143	4143	28781
信阳市	**283**	**249**	**34**	**55**	**8489**	**66486**	**53882**	**53882**	**368413**
浉河区	6	6	-	1	105	1271	632	632	4298
平桥区	23	18	5	3	463	4097	2588	2588	19900
罗山县	25	24	1	4	744	6768	4626	4626	32470
光山县	32	28	4	15	1021	8195	6532	6532	44807
新县	12	10	2	2	443	3413	3109	3109	20018
商城县	27	26	1	7	734	4647	5176	5176	32056
固始县	67	56	11	4	1859	14429	12261	12261	83438
潢川县	46	41	5	2	1187	7845	7319	7319	48588
淮滨县	20	19	1	9	973	7900	5792	5792	41666
息县	25	21	4	8	960	7921	5847	5847	41172
周口市	**498**	**403**	**95**	**309**	**10871**	**74300**	**61711**	**61707**	**417156**
川汇区	15	14	1	1	269	1309	2075	2075	11983
淮阳区	21	14	7	23	298	1632	1604	1604	10396
扶沟县	41	41	-	21	914	6810	4983	4983	34677
西华县	41	39	2	37	939	7331	5162	5161	37603
商水县	69	64	5	48	1369	8200	7481	7481	49672
沈丘县	80	60	20	52	1747	13298	9842	9842	64100
郸城县	64	38	26	14	1497	10256	9311	9311	62203
太康县	80	65	15	63	1601	10842	9179	9179	63136
鹿邑县	57	43	14	29	1601	10678	8955	8952	61536
项城市	30	25	5	21	636	3944	3119	3119	21850
驻马店市	**454**	**365**	**89**	**87**	**10615**	**80950**	**58020**	**58020**	**417279**
驿城区	20	17	3	-	712	4260	4659	4659	28629
西平县	50	47	3	5	926	6365	5341	5341	35162
上蔡县	69	56	13	3	1388	10062	7484	7484	52191
平舆县	52	44	8	23	1718	12892	8842	8842	66233
正阳县	32	26	6	5	790	6525	4996	4996	35077
确山县	32	29	3	1	613	5589	3005	3005	22451
泌阳县	59	46	13	9	1496	10821	7970	7970	57818
汝南县	39	35	4	9	849	7702	4245	4245	33713
遂平县	30	29	1	3	730	7167	4469	4469	32647
新蔡县	71	36	35	29	1393	9567	7009	7009	53358
济源示范区	**17**	**17**	**-**	**2**	**238**	**1646**	**1336**	**1334**	**8651**

情 况（镇区）（四）

在校学生数		预计毕业学生数	教职工数（按办学类型）				教小学学生的专任教师数	校外教师	外籍教师
其中:寄宿生	其中:教学点在校生数		计	其中:女	其中:专任教师数				
					计	其中:女			
6323	99	4811	858	641	826	633	1524	—	—
1231	504	2534	882	580	838	560	863	—	—
5933	2455	8804	2174	1658	1972	1545	2741	—	—
7367	83	7762	2124	1512	1985	1412	2338	—	—
4690	84	6904	1765	1351	1622	1292	1967	11	—
4766	1914	8167	2901	2156	2767	2083	3229	—	—
13779	2390	13101	3456	2544	3032	2390	3946	—	—
7010	1842	12048	4460	3669	4020	3433	4398	—	—
4475	8	5649	1333	987	1228	965	1221	—	—
28423	**2630**	**69140**	**20072**	**16225**	**19019**	**15742**	**21759**	**121**	**—**
1403	12	1073	257	202	249	202	284	—	—
2588	25	4062	971	770	907	737	1083	—	—
4158	134	6626	2112	1710	1992	1663	2116	7	—
4057	99	8374	2046	1664	1905	1592	2426	1	—
698	70	3671	893	701	883	701	1097	20	—
3519	356	5518	1730	1444	1638	1390	1767	—	—
3388	619	15297	4974	4047	4762	3952	5157	—	—
2205	45	8595	2690	2247	2448	2123	2701	89	—
3187	1101	8157	2279	1785	2236	1768	2747	2	—
3220	169	7767	2120	1655	1999	1614	2381	2	—
94532	**20533**	**76078**	**22587**	**18121**	**21180**	**17268**	**25214**	**5**	**—**
23	145	1463	527	440	510	432	617	3	—
3655	843	1637	739	570	675	528	678	1	—
7808	402	6437	2011	1672	1957	1661	2213	—	—
10292	1594	7547	1806	1472	1790	1468	2051	—	—
8609	3377	8601	2674	2098	2629	2086	3167	1	—
10321	3164	11908	4402	3421	4004	3133	4641	—	—
16948	795	11097	3368	2784	3031	2553	3071	—	—
14475	5929	11709	2940	2375	2709	2253	3406	—	—
14096	3202	11887	2855	2273	2689	2184	3873	—	—
8305	1082	3792	1265	1016	1186	970	1497	—	—
73506	**3423**	**84654**	**23687**	**19692**	**22335**	**18918**	**24943**	**8**	**—**
312	—	4479	1710	1505	1646	1461	1646	—	—
7811	214	6574	1689	1436	1559	1368	1987	—	—
9812	10	10245	3038	2571	2911	2506	2960	—	—
14054	1021	13451	4051	3380	3864	3258	4121	4	—
3201	180	6652	1516	1189	1409	1142	1870	1	—
4186	11	5452	1740	1438	1614	1367	1630	1	—
14828	1213	11639	3670	3048	3456	2928	3569	—	—
7195	249	8175	1969	1642	1857	1563	2114	2	—
3912	18	7315	1673	1440	1650	1433	1999	—	—
8195	507	10672	2631	2043	2369	1892	3047	—	—
1693	**68**	**1573**	**526**	**335**	**508**	**332**	**514**	**—**	**—**

小 学 基 本

省、市、县(市)区名称	校数(所) 计	公办	民办	教学点数(个)	班数(个)	毕业生数	招生数 计	其中：受过学前教育	计
河南省	9679	8981	698	7465	96476	441158	314466	314452	2318881
郑州市	340	330	10	62	4163	23828	26765	26757	156704
中原区	2	2	-	-	12	40	211	211	505
二七区	23	22	1	-	310	1070	2944	2944	13518
管城回族区	10	10	-	-	129	825	776	776	5150
金水区	10	10	-	-	199	876	2104	2104	9347
上街区	-	-	-	-	-	-	-	-	-
惠济区	18	18	-	3	356	2124	3090	3087	15045
中牟县	87	83	4	15	929	5353	6143	6141	34727
巩义市	9	9	-	19	180	901	773	773	4913
荥阳市	26	26	-	-	245	1571	1343	1343	9148
新密市	36	35	1	2	293	1662	1147	1145	8485
新郑市	92	89	3	19	1118	6320	6724	6724	41832
登封市	27	26	1	4	392	3086	1510	1509	14034
开封市	441	402	39	378	4799	22925	14565	14565	116205
龙亭区	18	18	-	1	140	843	535	535	3774
顺河回族区	1	1	-	-	5	21	3	3	40
鼓楼区	2	2	-	1	14	87	22	22	298
禹王台区	8	8	-	-	55	368	197	197	1696
祥符区	94	91	3	74	1006	4886	2127	2127	20830
杞县	94	65	29	214	1451	5973	3886	3886	31390
通许县	23	20	3	38	397	1613	1228	1228	9700
尉氏县	107	105	2	19	844	4759	3146	3146	24260
兰考县	94	92	2	31	887	4375	3421	3421	24217
洛阳市	287	272	15	179	3167	16807	12348	12348	86942
老城区	1	1	-	-	4	29	-	-	33
西工区	3	3	-	-	6	18	4	4	39
瀍河回族区	2	2	-	-	45	179	224	224	1258
涧西区	4	2	2	-	58	215	391	391	2055
偃师区	15	15	-	7	166	817	659	659	4287
孟津区	20	20	-	7	115	515	325	325	2082
洛龙区	15	15	-	7	285	1955	1552	1552	10087
新安县	22	22	-	40	150	634	444	444	3196
栾川县	9	9	-	3	49	332	210	210	1578
嵩县	51	50	1	9	404	2198	1585	1585	11731
汝阳县	37	32	5	30	522	2829	2120	2120	15128
宜阳县	25	24	1	21	323	1952	1357	1357	9606
洛宁县	32	31	1	22	396	1619	1222	1222	8688
伊川县	51	46	5	33	644	3515	2255	2255	17174
平顶山市	655	604	51	606	6143	30342	19536	19536	145778
新华区	8	8	-	4	68	283	169	169	1310
卫东区	1	1	-	-	6	60	21	21	154
石龙区	1	1	-	1	11	17	10	10	96
湛河区	22	22	-	5	161	796	558	558	4237

情　况（乡村）（一）

在校学生数		预计毕业学生数	教职工数（按办学类型）				教小学学生的专任教师数	校外教师	外籍教师
其中：寄宿生	其中：教学点在校生数		计	其中：女	其中：专任教师数				
					计	其中：女			
508924	**291981**	**418741**	**201895**	**140903**	**191227**	**136297**	**181771**	**1499**	**2**
24928	4283	24537	9595	7325	9249	7167	9249	49	1
-	-	33	31	26	31	26	31	-	-
766	-	1735	798	677	786	670	786	1	-
-	-	862	403	303	393	300	393	2	1
-	-	1009	607	515	572	489	572	-	-
-	-	-	-	-	-	-	-	-	-
1808	-	1944	711	607	681	596	681	17	-
3579	2212	5188	2340	1777	2232	1725	2232	4	-
1884	1376	821	364	248	358	246	358	-	-
3351	-	1549	593	402	567	391	567	22	-
3672	143	1549	621	406	605	401	605	-	-
2198	343	6751	2468	1924	2380	1889	2380	3	-
7670	209	3096	659	440	644	434	644	-	-
27905	**19948**	**21791**	**10103**	**7216**	**9433**	**7021**	**9268**	**14**	**-**
459	48	737	358	261	349	259	349	-	-
-	-	16	11	8	10	8	10	-	-
-	6	76	30	24	29	24	29	-	-
-	-	365	133	96	120	89	120	-	-
7232	3239	4726	2136	1533	1983	1496	1968	3	-
9612	10712	5704	3214	2315	2965	2237	2846	9	-
5752	1377	1561	773	480	696	450	665	-	-
3093	1416	4544	1558	1079	1421	1050	1421	1	-
1757	3150	4062	1890	1420	1860	1408	1860	1	-
27999	**12229**	**15855**	**6649**	**4418**	**6259**	**4192**	**5991**	**26**	**1**
-	-	10	6	4	6	4	6	-	-
-	-	6	15	13	14	12	14	-	-
1022	-	216	26	14	24	14	24	-	-
901	-	200	150	116	132	107	132	-	1
1360	716	719	407	271	404	271	403	-	-
420	111	398	263	163	253	162	236	-	-
1666	849	1888	573	397	545	389	543	-	-
1024	82	620	302	140	278	136	273	-	-
975	458	319	158	89	148	88	148	1	-
5686	571	1963	726	442	703	431	663	17	-
2373	2765	2721	1076	734	1049	726	1019	6	-
3267	2238	1779	823	559	786	533	758	-	-
2577	1400	1610	685	449	654	431	654	-	-
6728	3039	3406	1439	1027	1263	888	1118	2	-
43583	**15395**	**27899**	**11867**	**8854**	**11500**	**8674**	**11425**	**49**	**-**
-	64	303	172	118	172	118	172	-	-
-	-	23	20	12	20	12	20	-	-
-	48	5	20	12	18	11	18	-	-
339	308	839	474	315	461	315	461	-	-

小 学 基 本

省、市、县(市)区名称	校数(所) 计	校数(所) 公办	校数(所) 民办	教学点数(个)	班数(个)	毕业生数	招生数 计	招生数 其中：受过学前教育	计
宝丰县	69	60	9	45	547	2863	1580	1580	12894
叶县	89	76	13	180	1115	5280	4308	4308	29655
鲁山县	185	174	11	149	1710	8375	5299	5299	39523
郏县	59	49	10	139	568	2718	1508	1508	12653
舞钢市	18	18	-	27	275	1638	787	787	6725
汝州市	203	195	8	56	1682	8312	5296	5296	38531
安阳市	722	690	32	455	6179	33246	17234	17234	147743
文峰区	9	9	-	-	64	519	233	233	1967
北关区	8	8	-	-	52	302	266	266	1574
殷都区	74	73	1	11	397	2638	938	938	9692
龙安区	30	29	1	22	251	1382	615	615	5641
安阳县	98	97	1	4	519	4094	1509	1509	15048
汤阴县	42	42	-	48	479	1759	880	880	7540
滑县	231	220	11	161	2270	14064	7536	7536	63015
内黄县	142	124	18	65	1353	6347	3820	3820	30462
林州市	88	88	-	144	794	2141	1437	1437	12804
鹤壁市	128	112	16	82	1116	4518	2256	2256	19896
鹤山区	1	1	-	1	11	27	11	11	126
山城区	2	2	-	2	15	36	4	4	77
淇滨区	7	7	-	1	74	344	337	337	2555
浚县	99	87	12	55	888	3593	1638	1638	14984
淇县	19	15	4	23	128	518	266	266	2154
新乡市	674	642	32	190	5614	33277	16704	16702	143944
红旗区	4	4	-	2	48	262	180	180	1283
卫滨区	-	-	-	-	-	-	-	-	-
凤泉区	12	12	-	-	104	701	308	308	2976
牧野区	-	-	-	1	-	-	-	-	-
新乡县	38	34	4	1	311	1831	1002	1002	8479
获嘉县	59	59	-	20	406	2233	920	920	8839
原阳县	109	96	13	24	987	5842	3518	3518	26717
延津县	73	70	3	36	708	4055	1719	1719	16086
封丘县	95	86	9	13	967	6087	3696	3696	29173
卫辉市	68	67	1	56	562	3803	1094	1094	12771
辉县市	94	93	1	30	759	5026	2227	2225	20080
长垣市	122	121	1	7	762	3437	2040	2040	17540
焦作市	250	244	6	92	1991	8661	6938	6938	45591
解放区	-	-	-	-	-	-	-	-	-
中站区	3	3	-	-	28	120	157	157	829
马村区	2	2	-	-	29	231	91	91	796
山阳区	19	19	-	6	163	925	756	756	5003
修武县	28	27	1	6	217	1036	499	499	4340
博爱县	19	19	-	10	157	602	624	624	3666
武陟县	72	68	4	28	668	2848	2379	2379	15851
温县	43	42	1	8	303	1244	1007	1007	6293

情　况（乡村）（二）

在校学生数		预计毕业学生数	教职工数（按办学类型）				教小学学生的专任教师数	校外教师	外籍教师
其中：寄宿生	其中：教学点在校生数		计	其中：女	其中：专任教师数				
					计	其中：女			
2395	1542	2385	1220	896	1189	891	1189	9	—
13653	5302	5227	2377	1839	2244	1743	2244	1	—
8797	4555	7732	3332	2523	3255	2491	3229	38	—
5679	1556	2513	1095	768	1047	745	1047	1	—
3521	791	1489	586	399	566	394	566	—	—
9199	1229	7383	2571	1972	2528	1954	2479	—	—
17507	9037	31148	11704	8785	11128	8577	10879	460	—
—	—	466	148	120	139	119	135	—	—
—	—	342	129	90	116	85	116	—	—
479	1	2415	747	562	740	558	712	8	—
122	261	1358	556	396	546	389	536	3	—
133	275	3761	1175	884	1128	874	1123	—	—
1624	1528	1407	887	626	799	610	799	—	—
9390	2382	13384	4376	3367	4267	3323	4172	444	—
4901	2236	6278	2518	1969	2258	1861	2258	—	—
858	2354	1737	1168	771	1135	758	1028	5	—
7120	1827	4168	1987	1412	1855	1324	1790	152	—
—	19	17	31	16	30	16	30	—	—
—	12	29	35	23	33	21	33	—	—
324	—	449	130	88	120	86	120	4	—
5638	1756	3263	1540	1132	1449	1063	1384	146	—
1158	40	410	251	153	223	138	223	2	—
33619	7279	31364	10357	8018	9764	7731	9546	93	—
—	7	231	63	47	58	45	58	5	—
—	—	—	—	—	—	—	—	—	—
—	—	633	244	190	234	186	234	—	—
—	—	—	—	—	—	—	—	—	—
1208	49	1779	648	474	598	449	598	—	—
923	647	2151	839	653	832	653	832	—	—
8685	1023	5407	1850	1371	1662	1284	1642	4	—
6798	1999	3579	1078	774	962	720	952	3	—
9469	1128	6328	1697	1297	1611	1245	1610	1	—
1213	360	3335	1171	938	1137	924	1130	—	—
2929	1959	4610	1144	902	1138	899	1005	—	—
2394	107	3311	1623	1372	1532	1326	1485	80	—
9695	2606	8411	4322	3090	4158	3023	3934	8	—
—	—	—	—	—	—	—	—	—	—
—	—	106	88	76	83	73	69	—	—
346	—	216	84	52	73	48	73	—	—
596	82	877	430	295	418	293	397	—	—
86	72	1012	528	384	493	371	493	—	—
735	393	576	371	235	355	222	297	—	—
6788	891	2896	1275	987	1211	961	1139	2	—
1032	145	1212	654	481	644	476	609	6	—

小学基本

省、市、县(市)区名称	校数(所) 计	校数(所) 公办	校数(所) 民办	教学点数(个)	班数(个)	毕业生数	招生数 计	招生数 其中：受过学前教育	计
沁阳市	45	45	-	26	237	819	635	635	4177
孟州市	19	19	-	8	189	836	790	790	4636
濮阳市	**429**	**362**	**67**	**201**	**3966**	**20637**	**11003**	**11003**	**96125**
华龙区	35	32	3	8	289	2071	773	773	7423
清丰县	73	69	4	71	781	3453	1342	1342	14303
南乐县	83	68	15	40	724	3637	2462	2462	18868
范县	58	57	1	9	493	2959	1751	1751	14631
台前县	52	43	9	8	402	2440	1175	1175	10941
濮阳县	128	93	35	65	1277	6077	3500	3500	29959
许昌市	**429**	**366**	**63**	**206**	**3822**	**20714**	**12884**	**12884**	**101651**
魏都区	1	1	-	-	6	157	31	31	194
建安区	75	65	10	18	768	4773	2809	2809	23100
鄢陵县	79	67	12	21	611	2834	1832	1832	15480
襄城县	108	87	21	80	911	5221	3590	3590	26448
禹州市	109	93	16	71	1045	4942	3108	3108	23333
长葛市	57	53	4	16	481	2787	1514	1514	13096
漯河市	**187**	**179**	**8**	**15**	**1406**	**7727**	**4839**	**4839**	**37993**
源汇区	14	13	1	1	91	620	410	410	2825
郾城区	18	17	1	10	182	1012	487	487	4295
召陵区	34	29	5	4	326	2365	1297	1297	10862
舞阳县	56	56	-	-	354	1476	1287	1287	9072
临颍县	65	64	1	-	453	2254	1358	1358	10939
三门峡市	**78**	**78**	**-**	**96**	**910**	**4711**	**2649**	**2648**	**20078**
湖滨区	5	5	-	-	18	131	30	30	384
陕州区	8	8	-	15	114	338	156	156	1026
渑池县	12	12	-	40	247	1592	737	737	6238
卢氏县	15	15	-	30	169	909	665	664	4657
义马市	-	-	-	1	1	2	-	-	1
灵宝市	38	38	-	10	361	1739	1061	1061	7772
南阳市	**835**	**778**	**57**	**1443**	**10844**	**42474**	**29836**	**29835**	**217540**
宛城区	94	92	2	45	821	4086	2066	2066	17545
卧龙区	31	31	-	31	374	2371	1197	1197	10266
南召县	31	29	2	151	856	4105	2458	2458	18962
方城县	137	125	12	124	1201	6381	4067	4067	30149
西峡县	26	26	-	148	512	761	594	594	4046
镇平县	89	83	6	182	1221	3709	2515	2515	18171
内乡县	58	58	-	23	426	1496	566	566	5334
淅川县	37	36	1	16	252	979	849	849	5945
社旗县	54	51	3	82	680	1156	2650	2650	15503
唐河县	104	89	15	79	942	3735	3870	3870	24177
新野县	53	45	8	159	928	4674	2840	2839	20767
桐柏县	15	11	4	39	184	623	381	381	3067
邓州市	106	102	4	364	2447	8398	5783	5783	43608
商丘市	**1195**	**1135**	**60**	**568**	**11653**	**47186**	**40124**	**40124**	**292458**

情　况（乡村）（三）

在校学生数 其中：寄宿生	其中：教学点在校生数	预计毕业学生数	教职工数（按办学类型） 计	其中：女	其中：专任教师数 计	其中：女	教小学学生的专任教师数	校外教师	外籍教师
103	147	715	486	311	482	311	482	—	—
9	876	801	406	269	399	268	375	—	—
16330	**6323**	**18092**	**8604**	**6267**	**7923**	**5958**	**7576**	**7**	**—**
2138	166	1450	637	460	590	444	590	—	—
530	1464	3179	1443	1099	1393	1082	1383	1	—
3697	1664	2637	1606	1196	1483	1135	1341	—	—
1667	434	2819	1098	778	1078	770	1078	—	—
679	553	2384	803	648	777	631	777	3	—
7619	2042	5623	3017	2086	2602	1896	2407	3	—
33620	**6159**	**19953**	**8608**	**5888**	**7703**	**5340**	**7667**	**—**	**—**
—	—	35	14	10	14	10	14	—	—
5474	1044	4830	1750	1206	1527	1071	1527	—	—
7067	360	2848	1448	927	1349	871	1331	—	—
11924	1494	5104	2230	1507	1953	1318	1953	—	—
7291	2806	4493	2160	1561	1919	1432	1901	—	—
1864	455	2643	1006	677	941	638	941	—	—
14948	**459**	**7108**	**3313**	**2161**	**3017**	**2069**	**2987**	**—**	**—**
333	13	528	295	201	266	189	236	—	—
1653	441	909	461	273	402	254	402	—	—
6090	5	2234	689	460	626	436	626	—	—
2222	—	1341	923	616	859	604	859	—	—
4650	—	2096	945	611	864	586	864	—	—
12026	**1181**	**3999**	**1768**	**939**	**1657**	**906**	**1653**	**6**	**—**
95	—	106	80	41	65	38	65	—	—
418	133	216	196	97	168	94	164	—	—
4323	463	1282	327	170	321	169	321	—	—
2233	104	868	398	165	369	158	369	—	—
—	1	—	1	1	1	1	1	—	—
4957	480	1527	766	465	733	446	733	6	—
56201	**58891**	**37463**	**21661**	**14569**	**20864**	**14265**	**19329**	**548**	**—**
1040	1560	3533	1484	1044	1400	996	1317	1	—
20	3255	2155	829	501	812	499	810	29	—
8547	4478	3507	1580	1017	1538	1000	1464	—	—
8251	5279	5534	2446	1754	2261	1662	2170	18	—
1807	1671	631	1045	711	1028	704	883	7	—
6583	5259	3267	2573	1744	2547	1728	2463	13	—
1968	689	1215	906	488	901	486	877	1	—
2080	231	1106	593	344	583	343	537	—	—
1372	4911	1067	1409	1082	1393	1077	1255	2	—
5193	4821	3340	2049	1458	1932	1431	1766	10	—
5624	7052	3959	2389	1738	2298	1698	1978	5	—
679	504	622	521	334	508	328	497	—	—
13037	19181	7527	3837	2354	3663	2313	3312	462	—
27028	**43599**	**45958**	**22928**	**14256**	**21175**	**13685**	**20321**	**21**	**—**

小 学 基 本

省、市、县(市)区名称	校数(所) 计	公办	民办	教学点数(个)	班数(个)	毕业生数	招生数 计	其中:受过学前教育	计
梁园区	100	100	-	29	807	3551	3017	3017	22986
睢阳区	125	116	9	42	1097	5424	3756	3756	29230
民权县	92	83	9	100	1223	5960	4941	4941	35102
睢　县	186	186	-	20	1309	5603	5448	5448	35524
宁陵县	88	83	5	29	822	3426	2696	2696	21064
柘城县	92	90	2	135	1636	5662	5481	5481	38375
虞城县	174	164	10	94	1833	6375	5875	5875	43730
夏邑县	136	125	11	110	1614	5906	5287	5287	37828
永城市	202	188	14	9	1312	5279	3623	3623	28619
信阳市	**492**	**470**	**22**	**734**	**6133**	**31141**	**17416**	**17416**	**140736**
浉河区	29	27	2	4	217	1202	833	833	6337
平桥区	33	25	8	95	474	3280	1480	1480	12540
罗山县	35	35	-	102	617	2496	1501	1501	11228
光山县	91	89	2	104	843	3205	2112	2112	16362
新　县	11	11	-	8	167	732	513	513	3864
商城县	60	60	-	122	753	3306	1799	1799	13894
固始县	69	65	4	29	768	4570	2237	2237	19263
潢川县	58	57	1	42	509	2888	1167	1167	11457
淮滨县	52	51	1	48	697	3212	2207	2207	16520
息　县	54	50	4	180	1088	6250	3567	3567	29271
周口市	**1091**	**972**	**119**	**1205**	**12126**	**48668**	**49391**	**49389**	**323909**
川汇区	7	7	-	11	101	455	401	401	2435
淮阳区	83	69	14	145	1237	5463	5186	5186	34582
扶沟县	67	67	-	119	697	2900	2340	2340	16593
西华县	111	109	2	167	1096	3923	3893	3891	24835
商水县	112	101	11	115	1408	6305	6217	6217	41205
沈丘县	125	106	19	157	1202	3859	4115	4115	28588
郸城县	229	195	34	56	2002	9308	8026	8026	56724
太康县	167	143	24	191	2001	9236	9634	9634	61637
鹿邑县	100	87	13	106	1299	4487	5928	5928	35435
项城市	90	88	2	138	1083	2732	3651	3651	21875
驻马店市	**1419**	**1318**	**101**	**946**	**12241**	**43391**	**29347**	**29347**	**221340**
驿城区	123	121	2	12	611	2220	818	818	8008
西平县	140	139	1	63	1019	2780	2487	2487	17323
上蔡县	315	291	24	110	2531	10203	7982	7982	55470
平舆县	60	55	5	153	1093	3888	2272	2272	19018
正阳县	171	163	8	83	1395	6842	3218	3218	28915
确山县	96	94	2	62	748	1535	1249	1249	9056
泌阳县	88	83	5	166	1102	4064	2917	2917	21166
汝南县	126	122	4	115	1165	2869	2709	2709	19639
遂平县	118	118	-	34	700	1427	1074	1074	8375
新蔡县	182	132	50	148	1877	7563	4621	4621	34370
济源示范区	**27**	**27**	**-**	**7**	**203**	**905**	**631**	**631**	**4248**

情　况(乡村)(四)

在校学生数		预计毕业学生数	教职工数(按办学类型)				教小学学生的专任教师数	校外教师	外籍教师
其中:寄宿生	其中:教学点在校生数		计	其中:女	其中:专任教师数				
					计	其中:女			
171	653	3973	1617	999	1525	982	1373	—	—
2513	2739	5114	1939	1126	1823	1046	1823	1	—
1651	13201	5090	2218	1395	2161	1376	2069	10	—
1366	1370	5340	2382	1488	2255	1425	2096	—	—
2644	1327	3307	1760	1083	1620	1037	1611	—	—
6210	10888	5846	3640	2293	3580	2273	3481	—	—
3752	6998	6722	3526	2193	2996	2029	2957	—	—
2744	5873	5875	3460	2325	3089	2227	2897	10	—
5977	550	4691	2386	1354	2126	1290	2014	—	—
22461	**17911**	**28892**	**15695**	**11191**	**14995**	**10966**	**14174**	**46**	**—**
2220	62	1108	492	364	453	356	452	1	—
3466	2818	2740	1075	780	1014	761	978	4	—
1664	2438	2025	1689	1206	1629	1196	1573	2	—
1191	1039	3078	2321	1716	2141	1643	1990	—	—
753	114	722	436	296	427	294	421	—	—
5810	3166	2657	1939	1321	1850	1289	1628	—	—
1040	1988	4218	1891	1363	1838	1340	1781	—	—
256	1170	2543	1475	1050	1339	1014	1223	29	—
1253	2599	3175	2035	1460	2014	1459	1971	3	—
4808	2517	6626	2342	1635	2290	1614	2157	7	—
102697	**55480**	**51556**	**27718**	**18710**	**26619**	**18110**	**24574**	**13**	**—**
813	419	383	265	181	261	179	209	—	—
16505	6807	5667	3387	2521	3079	2316	2480	2	—
5272	2429	2663	1782	1164	1762	1157	1727	—	—
7445	4749	3759	2450	1654	2438	1650	2174	—	—
11338	7138	7112	2906	1912	2832	1873	2832	—	—
6399	5437	4637	3258	2014	3218	1988	3188	2	—
26198	3993	9993	4729	3179	4433	3019	4013	9	—
19823	12243	9949	3941	2788	3767	2684	3629	—	—
7053	5676	4699	2709	1766	2553	1721	2148	—	—
1851	6589	2694	2291	1531	2276	1523	2174	—	—
30357	**29333**	**39720**	**24652**	**17593**	**23584**	**17078**	**21064**	**7**	**—**
404	5	2012	981	685	968	684	968	—	—
3548	2076	2746	2223	1688	2017	1591	1982	—	—
7762	4962	9988	4914	3580	4757	3510	4272	—	—
2782	4637	3568	2637	1903	2412	1794	1852	1	—
1365	2286	6048	2400	1592	2307	1553	2059	3	—
651	1227	1126	1733	1325	1608	1249	1221	3	—
6716	3540	4028	2403	1774	2286	1726	1871	—	—
905	5454	2585	2467	1861	2460	1855	2278	—	—
1148	802	920	1413	972	1407	972	1285	—	—
5076	4344	6699	3481	2213	3362	2144	3276	—	—
900	**41**	**827**	**364**	**211**	**344**	**211**	**344**	**—**	**—**

初 中 基 本

省、市、县(市)区名称	校数(所) 计	公办	民办	班数(个)	毕业生数	招生数	在校 计	其中：寄宿生	一年级
河南省	4626	3820	806	105666	1536671	1687362	5081295	3121455	1687382
郑州市	436	342	94	10412	156221	175670	518142	252828	175678
中原区	57	44	13	1168	16370	20806	57544	22319	20806
二七区	43	29	14	803	12030	13583	38338	9054	13583
管城回族区	34	27	7	946	11719	17142	47059	12699	17142
金水区	59	46	13	1395	18708	24926	68114	13412	24934
上街区	4	4	-	92	1601	1613	4724	4344	1613
惠济区	17	13	4	380	5481	7366	19968	9155	7366
中牟县	41	38	3	1171	17531	20060	57101	31973	20060
巩义市	26	24	2	538	9107	9167	27179	19479	9167
荥阳市	23	20	3	481	7558	8383	24464	9409	8383
新密市	36	32	4	684	11018	11117	34539	24951	11117
新郑市	47	41	6	1212	19765	21302	63503	35485	21302
登封市	49	24	25	1542	25333	20205	75609	60548	20205
开封市	225	164	61	5167	74077	80380	247310	177195	80380
龙亭区	12	8	4	388	5969	6312	19183	8447	6312
顺河回族区	8	7	1	408	6351	6807	20711	14176	6807
鼓楼区	6	5	1	141	2212	2216	7087	2253	2216
禹王台区	3	3	-	103	1726	1821	5091	2017	1821
祥符区	30	28	2	635	8193	9502	29929	28276	9502
杞县	50	31	19	1050	15124	15346	48879	32746	15346
通许县	29	17	12	570	8069	9131	27516	19962	9131
尉氏县	36	28	8	898	13621	14120	43772	28655	14120
兰考县	51	37	14	974	12812	15125	45142	40663	15125
洛阳市	314	259	55	6371	92983	100292	301048	196940	100292
老城区	4	4	-	76	732	1247	3338	744	1247
西工区	10	9	1	241	3582	3438	10932	3155	3438
瀍河回族区	10	9	1	206	2221	3158	8480	5613	3158
涧西区	15	15	-	509	7536	8590	24851	5026	8590
偃师区	30	20	10	369	5793	5602	17350	10264	5602
孟津区	23	20	3	384	6245	5436	17087	9511	5436
洛龙区	32	25	7	898	13676	14649	42308	31454	14649
新安县	23	22	1	415	6456	6820	20200	14987	6820
栾川县	17	16	1	347	4743	5268	16034	14665	5268
嵩县	20	19	1	545	8220	8614	26928	22634	8614
汝阳县	25	19	6	529	7715	8544	26036	17879	8544
宜阳县	29	25	4	577	8665	8821	26911	18400	8821
洛宁县	33	28	5	392	4991	5824	17917	11771	5824
伊川县	43	28	15	883	12408	14281	42676	30837	14281
平顶山市	232	195	37	5539	80065	89427	274686	191707	89427
新华区	23	17	6	520	6774	8127	25253	9246	8127
卫东区	12	8	4	272	3785	4795	13501	2339	4795
石龙区	1	1	-	16	188	429	771	757	429
湛河区	10	8	2	229	3554	3999	11410	4845	3999

情　　况（总计）（一）

学生数 分年级			预计毕业生数	教职工数（按办学类型）				教初中学生的专任教师数	校外教师	外籍教师
二年级	三年级	四年级		计	其中：女	其中：专任教师数				
						计	其中：女			
1706794	1687119	–	1687119	483771	338524	444209	318184	366068	2080	20
174145	168319	–	168319	49248	36539	44587	33999	37239	55	11
19360	17378	–	17378	5448	4330	4979	4043	4185	1	3
12129	12626	–	12626	3975	3065	3617	2835	3093	14	–
16818	13099	–	13099	3926	3049	3643	2911	3299	12	2
23157	20023	–	20023	7306	5628	6523	5172	4954	15	2
1604	1507	–	1507	466	337	456	335	362	–	–
6762	5840	–	5840	2072	1601	1915	1522	1418	–	2
19498	17543	–	17543	5306	4034	5036	3884	4160	13	1
8936	9076	–	9076	2904	2186	2756	2080	2317	–	–
8116	7965	–	7965	2313	1611	2212	1556	1713	–	–
11313	12109	–	12109	2854	2009	2643	1875	2524	–	–
21361	20840	–	20840	5609	4430	5252	4241	4749	–	1
25091	30313	–	30313	7069	4259	5555	3545	4465	–	–
83136	83794	–	83794	22356	15706	19968	14529	16080	187	–
6402	6469	–	6469	2018	1513	1744	1336	1304	119	–
6820	7084	–	7084	2108	1387	1754	1185	1193	10	–
2397	2474	–	2474	709	535	635	499	473	5	–
1607	1663	–	1663	426	293	396	282	329	2	–
10419	10008	–	10008	2485	1583	2293	1504	2050	–	–
16144	17389	–	17389	4981	3553	4375	3285	3372	–	–
9593	8792	–	8792	2381	1614	2059	1469	1520	4	–
14877	14775	–	14775	3587	2487	3258	2326	2991	39	–
14877	15140	–	15140	3661	2741	3454	2643	2848	8	–
101315	99441	–	99441	28191	19846	26075	18722	22428	37	7
1157	934	–	934	331	239	325	236	258	–	–
3741	3753	–	3753	1045	798	988	756	845	–	–
2882	2440	–	2440	745	542	676	517	670	1	–
8311	7950	–	7950	2015	1506	1890	1424	1678	–	–
5910	5838	–	5838	2087	1513	1985	1461	1597	–	–
5587	6064	–	6064	1980	1447	1833	1379	1500	–	–
14237	13422	–	13422	3618	2640	3284	2437	3099	10	7
6638	6742	–	6742	1733	1251	1684	1242	1525	–	–
5398	5368	–	5368	1487	970	1307	851	1122	–	–
9129	9185	–	9185	2572	1783	2483	1737	1903	18	–
8927	8565	–	8565	2024	1401	1911	1354	1756	–	–
9046	9044	–	9044	2500	1661	2300	1539	2078	6	–
6057	6036	–	6036	2406	1662	2099	1477	1365	2	–
14295	14100	–	14100	3648	2433	3310	2312	3032	–	–
90963	94296	–	94296	25255	18008	23874	17314	20676	58	1
8693	8433	–	8433	2921	1959	2602	1804	1993	–	1
4524	4182	–	4182	1308	833	1207	776	1053	–	–
128	214	–	214	81	45	78	45	78	–	–
3763	3648	–	3648	1156	833	1093	803	920	–	–

初 中 基 本

省、市、县(市)区名称	校数(所) 计	公办	民办	班数(个)	毕业生数	招生数	在校 计	其中：寄宿生	一年级
宝丰县	20	18	2	603	8044	10146	30943	16012	10146
叶县	25	21	4	799	11018	13309	40342	33219	13309
鲁山县	46	41	5	1011	15260	15914	50454	36753	15914
郏县	25	22	3	584	8888	8173	26916	23793	8173
舞钢市	11	11	-	313	4794	4504	15908	12044	4504
汝州市	59	48	11	1192	17760	20031	59188	52699	20031
安阳市	267	234	33	6804	96788	104044	318570	176991	104044
文峰区	17	14	3	613	10449	10647	32019	9438	10647
北关区	11	8	3	327	3887	5845	16449	876	5845
殷都区	40	39	1	652	8917	9868	30910	6549	9868
龙安区	15	13	2	254	3269	4301	12329	3691	4301
安阳县	24	23	1	478	6775	6777	22919	13365	6777
汤阴县	20	15	5	604	9331	8546	26709	25439	8546
滑县	53	45	8	1751	23332	26275	80301	68777	26275
内黄县	37	33	4	867	13200	13403	40926	23958	13403
林州市	50	44	6	1258	17628	18382	56008	24898	18382
鹤壁市	58	53	5	1648	25125	26265	79080	40649	26266
鹤山区	4	4	-	50	711	687	2083	1543	687
山城区	7	7	-	134	2085	1766	5966	935	1766
淇滨区	14	14	-	585	8797	10127	29263	6095	10128
浚县	18	13	5	595	9563	9157	28617	26411	9157
淇县	15	15	-	284	3969	4528	13151	5665	4528
新乡市	333	275	58	6781	91425	109501	324073	208861	109502
红旗区	20	18	2	502	7204	9303	25443	6519	9303
卫滨区	6	5	1	186	2898	3142	9222	625	3142
凤泉区	8	7	1	165	2452	2599	8086	2559	2599
牧野区	10	8	2	299	4434	4729	14018	1557	4730
新乡县	21	17	4	371	5762	5383	16496	11820	5383
获嘉县	24	23	1	415	6252	6714	20268	11315	6714
原阳县	48	43	5	836	10343	13223	38767	26622	13223
延津县	36	23	13	522	7372	8007	24441	21369	8007
封丘县	49	35	14	771	10186	12532	35829	29682	12532
卫辉市	29	26	3	560	9668	8365	26227	15429	8365
辉县市	41	36	5	1078	11335	17301	53002	29203	17301
长垣市	41	34	7	1076	13519	18203	52274	52161	18203
焦作市	178	147	31	2865	40871	45525	134136	72133	45533
解放区	10	9	1	251	3972	4220	12209	2497	4226
中站区	7	6	1	120	1854	2121	5742	3199	2121
马村区	9	7	2	109	1569	1759	4948	2195	1759
山阳区	16	16	-	331	4644	5482	16176	8609	5482
修武县	16	12	4	204	2970	3102	9385	3103	3103
博爱县	20	15	5	281	4394	4335	13882	12024	4336
武陟县	29	24	5	592	8263	9446	28186	16388	9446
温县	21	19	2	346	4583	5624	15844	10384	5624

情 况（总计）（二）

学生数 分年级			预计毕业生数	教职工数（按办学类型）				教初中学生的专任教师数	校外教师	外籍教师
二年级	三年级	四年级		计	其中：女	其中：专任教师数				
						计	其中：女			
10339	10458	—	10458	2433	1825	2343	1782	2252	12	—
13791	13242	—	13242	3891	2817	3768	2772	2907	—	—
16833	17707	—	17707	4504	3204	4152	2990	3445	46	—
9036	9707	—	9707	2396	1701	2282	1639	2365	—	—
5585	5819	—	5819	1146	812	1130	810	1195	—	—
18271	20886	—	20886	5419	3979	5219	3893	4468	—	—
106649	**107877**	—	**107877**	**25979**	**18446**	**24096**	**17466**	**20928**	**651**	—
10378	10994	—	10994	2529	1820	2267	1639	1955	2	—
5837	4767	—	4767	1208	858	1069	775	943	11	—
10761	10281	—	10281	2304	1587	2172	1536	2076	33	—
4294	3734	—	3734	1203	842	1143	805	935	10	—
7598	8544	—	8544	1721	1181	1610	1167	1641	10	—
8764	9399	—	9399	2620	1866	2278	1683	1724	—	—
26679	27347	—	27347	5795	4391	5661	4343	5087	580	—
13771	13752	—	13752	3188	2275	2998	2208	3167	5	—
18567	19059	—	19059	5411	3626	4898	3310	3400	—	—
26309	**26505**	—	**26505**	**6568**	**4585**	**6170**	**4386**	**5491**	**8**	—
677	719	—	719	235	137	229	136	226	—	—
2034	2166	—	2166	719	416	669	393	583	—	—
9700	9435	—	9435	2165	1549	2098	1516	1859	2	—
9569	9891	—	9891	2219	1590	1983	1462	1834	3	—
4329	4294	—	4294	1230	893	1191	879	989	3	—
107328	**107243**	—	**107243**	**30805**	**22276**	**27526**	**20373**	**21276**	**126**	**1**
8334	7806	—	7806	2004	1451	1826	1370	1530	2	—
3169	2911	—	2911	926	656	825	600	613	—	—
2603	2884	—	2884	675	470	630	447	507	—	—
4879	4409	—	4409	1765	1123	1514	989	921	—	—
5367	5746	—	5746	1644	1185	1426	1094	1204	—	—
6813	6741	—	6741	1878	1424	1788	1373	1474	—	—
12733	12811	—	12811	3608	2610	3197	2393	2494	3	—
8031	8403	—	8403	2621	1805	2145	1520	1572	9	—
11893	11404	—	11404	4286	3260	3747	2873	2859	2	—
8766	9096	—	9096	2833	1910	2664	1824	1817	—	—
17513	18188	—	18188	4272	2885	4032	2771	3085	—	—
17227	16844	—	16844	4293	3497	3732	3119	3200	110	1
44939	**43664**	—	**43664**	**13274**	**9474**	**12046**	**8853**	**10154**	**28**	—
4128	3855	—	3855	1438	1068	1332	1027	1097	27	—
1842	1779	—	1779	605	427	512	388	432	—	—
1645	1544	—	1544	763	545	726	528	485	—	—
5471	5223	—	5223	1140	804	1104	794	1116	1	—
3121	3161	—	3161	942	659	864	626	793	—	—
4677	4869	—	4869	1624	1172	1380	996	1015	—	—
9370	9370	—	9370	2543	1804	2312	1697	1856	—	—
5318	4902	—	4902	1269	866	1132	811	1055	—	—

初 中 基 本

省、市、县(市)区名称	校数(所) 计	公办	民办	班数(个)	毕业生数	招生数	在校 计	其中:寄宿生	一年级
沁 阳 市	29	22	7	387	5666	5993	17876	9722	5993
孟 州 市	21	17	4	244	2956	3443	9888	4012	3443
濮 阳 市	**161**	**143**	**18**	**4670**	**65835**	**74391**	**225124**	**107021**	**74391**
华 龙 区	48	41	7	1589	21836	26920	79851	19016	26920
清 丰 县	22	22	-	596	9975	9091	28404	10973	9091
南 乐 县	23	17	6	649	8775	10194	30039	15114	10194
范 县	20	20	-	510	6859	8359	24609	20863	8359
台 前 县	16	14	2	415	6325	6516	19684	11389	6516
濮 阳 县	32	29	3	911	12065	13311	42537	29666	13311
许 昌 市	**196**	**144**	**52**	**4217**	**67346**	**70843**	**210002**	**156019**	**70843**
魏 都 区	20	17	3	540	7893	10234	27523	4918	10234
建 安 区	23	19	4	632	11021	10107	31558	26780	10107
鄢 陵 县	23	17	6	578	9395	9311	27951	23994	9311
襄 城 县	24	18	6	716	11797	11842	36790	36786	11842
禹 州 市	72	45	27	1065	17198	17993	51744	42488	17993
长 葛 市	34	28	6	686	10042	11356	34436	21053	11356
漯 河 市	**102**	**96**	**6**	**2200**	**34239**	**35106**	**107647**	**61400**	**35106**
源 汇 区	11	10	1	295	4996	5058	15029	4829	5058
郾 城 区	18	16	2	570	8401	9510	28855	13149	9510
召 陵 区	14	14	-	396	5399	6389	19147	10224	6389
舞 阳 县	21	20	1	397	6210	5863	18900	14761	5863
临 颍 县	38	36	2	542	9233	8286	25716	18437	8286
三门峡市	**102**	**95**	**7**	**1681**	**23256**	**24913**	**77601**	**53838**	**24913**
湖 滨 区	12	11	1	269	3684	4273	12368	4444	4273
陕 州 区	17	16	1	187	2215	2781	8267	6733	2781
渑 池 县	23	22	1	339	5206	5056	16188	8590	5056
卢 氏 县	17	17	-	276	3268	3989	12816	11723	3989
义 马 市	5	4	1	78	995	827	2888	2224	827
灵 宝 市	28	25	3	532	7888	7987	25074	20124	7987
南 阳 市	**465**	**404**	**61**	**12504**	**195051**	**195752**	**597836**	**422367**	**195754**
宛 城 区	44	35	9	1364	22709	21962	66984	40794	21964
卧 龙 区	36	34	2	1325	20270	21600	64242	29830	21600
南 召 县	33	31	2	682	10017	11169	33217	25280	11169
方 城 县	44	37	7	1234	19885	18808	58493	44048	18808
西 峡 县	32	30	2	533	8220	7811	24182	16009	7811
镇 平 县	39	37	2	915	14162	15028	43990	39110	15028
内 乡 县	25	21	4	728	12568	10932	35720	28910	10932
淅 川 县	25	21	4	718	9503	11063	33189	24968	11063
社 旗 县	32	24	8	663	9756	11042	32401	19753	11042
唐 河 县	42	33	9	1252	19148	19869	59889	42996	19869
新 野 县	25	20	5	913	13411	13248	42904	32767	13248
桐 柏 县	26	23	3	502	7926	7284	22533	14015	7284
邓 州 市	62	58	4	1675	27476	25936	80092	63887	25936
商 丘 市	**420**	**347**	**73**	**8636**	**115129**	**140887**	**407363**	**206288**	**140887**

情　况（总计）（三）

学生数 分年级			预计毕业生数	教职工数（按办学类型）				教初中学生的专任教师数	校外教师	外籍教师
二年级	三年级	四年级		计	其中：女	其中：专任教师数				
						计	其中：女			
6055	5828	–	5828	1748	1277	1573	1192	1419	–	–
3312	3133	–	3133	1202	852	1111	794	886	–	–
75665	**75068**	–	**75068**	**22556**	**15956**	**20518**	**15090**	**15148**	**226**	–
26534	26397	–	26397	8408	6145	7654	5747	5113	112	–
9400	9913	–	9913	2200	1540	2083	1525	2092	–	–
10162	9683	–	9683	2626	1882	2373	1784	1959	79	–
8189	8061	–	8061	2533	1707	2345	1634	1608	30	–
6501	6667	–	6667	2374	1739	2227	1670	1489	3	–
14879	14347	–	14347	4415	2943	3836	2730	2887	2	–
70537	**68622**	–	**68622**	**22006**	**15978**	**20095**	**14907**	**14736**	–	–
9184	8105	–	8105	2473	1818	2325	1756	1750	–	–
10716	10735	–	10735	3846	2737	3677	2674	2419	–	–
9289	9351	–	9351	2195	1523	2055	1439	1940	–	–
12240	12708	–	12708	3027	1997	2781	1862	2362	–	–
17662	16089	–	16089	6432	4841	5466	4252	3723	–	–
11446	11634	–	11634	4033	3062	3791	2924	2542	–	–
36436	**36105**	–	**36105**	**11178**	**8235**	**10544**	**7920**	**7856**	**26**	–
5094	4877	–	4877	1370	1008	1265	951	1015	–	–
9697	9648	–	9648	2366	1751	2172	1638	1910	19	–
6404	6354	–	6354	1847	1401	1787	1372	1299	7	–
6568	6469	–	6469	1826	1292	1720	1251	1443	–	–
8673	8757	–	8757	3769	2783	3600	2708	2189	–	–
26656	**26032**	–	**26032**	**8853**	**5833**	**8161**	**5504**	**6510**	**39**	–
4229	3866	–	3866	1481	1006	1290	945	858	33	–
2896	2590	–	2590	1682	1098	1551	1037	773	–	–
5502	5630	–	5630	1737	1197	1585	1099	1339	–	–
4518	4309	–	4309	1015	603	973	599	1023	–	–
999	1062	–	1062	456	312	400	270	343	–	–
8512	8575	–	8575	2482	1617	2362	1554	2174	6	–
202390	**199692**	–	**199692**	**54702**	**39101**	**51348**	**37287**	**44880**	**483**	–
22391	22629	–	22629	5062	3504	4758	3378	4382	76	–
22134	20508	–	20508	5506	4046	5270	3945	4213	17	–
11175	10873	–	10873	3237	2185	3069	2109	2505	–	–
19692	19993	–	19993	5124	3575	4905	3444	4346	3	–
8070	8301	–	8301	2266	1596	2173	1556	2112	–	–
14823	14139	–	14139	4122	2939	4018	2911	3659	7	–
12097	12691	–	12691	4400	3378	3534	2664	2828	–	–
11713	10413	–	10413	4080	2982	3832	2810	3082	–	–
10826	10533	–	10533	3058	2241	2965	2214	2417	1	–
20893	19127	–	19127	5312	3770	4988	3670	4362	–	–
14029	15627	–	15627	3736	2538	3334	2345	3116	60	–
7593	7656	–	7656	2487	1922	2388	1878	2063	4	–
26954	27202	–	27202	6312	4425	6114	4363	5795	315	–
135825	**130651**	–	**130651**	**39579**	**26162**	**35249**	**24038**	**28777**	**24**	–

初 中 基 本

省、市、县(市)区名称	校数(所) 计	公办	民办	班数(个)	毕业生数	招生数	在校 计	其中:寄宿生	一年级
梁园区	33	31	2	1171	15053	22198	60699	26083	22198
睢阳区	42	33	9	662	8070	10972	31648	17144	10972
民权县	49	45	4	828	9908	13691	38795	18382	13691
睢县	58	50	8	897	10260	13642	38613	13982	13642
宁陵县	32	21	11	549	7848	9016	26613	16145	9016
柘城县	54	45	9	835	10776	12964	37451	19401	12964
虞城县	47	36	11	1093	16572	16351	51124	33926	16351
夏邑县	48	41	7	1062	13461	16080	48670	22729	16080
永城市	57	45	12	1539	23181	25973	73750	38496	25973
信阳市	**330**	**288**	**42**	**7204**	**99043**	**114245**	**350412**	**179374**	**114245**
浉河区	23	22	1	589	7755	9430	29626	10279	9430
平桥区	33	30	3	982	13116	16093	49346	24786	16093
罗山县	25	23	2	653	9940	9507	31049	21126	9507
光山县	45	37	8	693	9546	10861	32386	20740	10861
新县	23	22	1	282	3821	4064	12733	6065	4064
商城县	30	27	3	526	6778	8570	25256	18762	8570
固始县	54	47	7	1246	20431	19405	61657	34812	19405
潢川县	29	26	3	637	7021	10426	30731	8327	10426
淮滨县	27	24	3	655	7537	10784	31168	12058	10784
息县	41	30	11	941	13098	15105	46460	22419	15105
周口市	**461**	**339**	**122**	**9625**	**144879**	**155527**	**464995**	**345471**	**155527**
川汇区	26	22	4	601	8286	10270	29774	19197	10270
淮阳区	51	42	9	1027	16972	17930	50907	44977	17930
扶沟县	24	20	4	578	7854	8982	27508	23171	8982
西华县	33	30	3	676	9761	10876	32893	27259	10876
商水县	50	32	18	948	13318	14717	43936	31561	14717
沈丘县	59	45	14	1057	15953	16659	49274	35865	16659
郸城县	49	31	18	1344	21557	21831	66611	55075	21831
太康县	60	48	12	1254	19472	20816	61311	51484	20816
鹿邑县	53	32	21	992	14497	15177	47543	26170	15177
项城市	56	37	19	1148	17209	18269	55238	30712	18269
驻马店市	**315**	**267**	**48**	**8728**	**125237**	**134913**	**414139**	**261580**	**134913**
驿城区	38	37	1	1185	16543	18601	56479	9910	18601
西平县	27	25	2	587	6903	8895	26714	19328	8895
上蔡县	45	38	7	1271	19473	19556	58644	46277	19556
平舆县	28	24	4	1032	13840	16827	50018	38820	16827
正阳县	29	26	3	889	14251	13772	43951	27260	13772
确山县	21	18	3	489	8514	6632	22637	17716	6632
泌阳县	33	29	4	1013	12725	14989	47046	27168	14989
汝南县	25	22	3	641	8333	10214	31111	22140	10214
遂平县	19	19	—	563	6593	8328	26546	13976	8328
新蔡县	50	29	21	1058	18062	17099	50993	38985	17099
济源示范区	**31**	**28**	**3**	**614**	**9101**	**9681**	**29131**	**10793**	**9681**

情　况（总计）（四）

学生数 分年级			预计毕业生数	教职工数（按办学类型）				教初中学生的专任教师数	校外教师	外籍教师
二年级	三年级	四年级		计	其中：女	其中:专任教师数 计	其中：女			
20129	18372	—	18372	5044	3180	4593	3005	3763	22	—
10965	9711	—	9711	3066	2043	2804	1881	2186	—	—
13062	12042	—	12042	3971	2682	3758	2612	2742	—	—
12842	12129	—	12129	3372	2389	3208	2324	2855	—	—
8724	8873	—	8873	2844	1965	2428	1720	1852	—	—
12443	12044	—	12044	4408	2837	3906	2576	3286	1	—
16749	18024	—	18024	6200	3885	4747	3097	3509	—	—
16639	15951	—	15951	5263	3699	4781	3489	3773	1	—
24272	23505	—	23505	5411	3482	5024	3334	4811	—	—
118409	**117758**	**—**	**117758**	**34430**	**21567**	**31878**	**20349**	**27472**	**82**	**—**
9926	10270	—	10270	2742	1883	2705	1878	2356	1	—
16556	16697	—	16697	4370	2834	3980	2622	3603	2	—
10405	11137	—	11137	2550	1607	2429	1559	2438	2	—
10506	11019	—	11019	3527	2222	3234	2076	2572	29	—
4241	4428	—	4428	1630	1012	1605	1009	1254	5	—
8302	8384	—	8384	2560	1498	2342	1369	2170	—	—
20868	21384	—	21384	6042	3592	5544	3346	4830	—	—
10578	9727	—	9727	3269	1985	2892	1841	2555	33	—
10635	9749	—	9749	3455	2282	3271	2188	2649	—	—
16392	14963	—	14963	4285	2652	3876	2461	3045	10	—
156400	**153068**	**—**	**153068**	**48986**	**34306**	**44391**	**31894**	**32729**	**3**	**—**
10096	9408	—	9408	3847	2594	3318	2305	2356	—	—
17056	15921	—	15921	7062	4852	6317	4483	3550	1	—
9645	8881	—	8881	2607	1914	2449	1854	2188	—	—
11152	10865	—	10865	3030	2194	2826	2065	2321	—	—
14571	14648	—	14648	4728	3399	4258	3106	3321	2	—
16964	15651	—	15651	5602	3839	5187	3615	4164	—	—
22936	21844	—	21844	4406	3047	3762	2672	3445	—	—
20192	20303	—	20303	5674	4073	5188	3836	4035	—	—
15473	16893	—	16893	5788	3864	5091	3538	3173	—	—
18315	18654	—	18654	6242	4530	5995	4420	4176	—	—
139974	**139252**	**—**	**139252**	**37015**	**24599**	**35094**	**23730**	**31521**	**47**	**—**
19209	18669	—	18669	5101	3706	4944	3649	4305	—	—
8942	8877	—	8877	2617	1808	2408	1708	1988	—	—
19911	19177	—	19177	4789	3118	4561	3005	4481	—	—
17121	16070	—	16070	4656	2831	4432	2730	3754	—	—
14544	15635	—	15635	3739	2343	3652	2332	3261	1	—
7726	8279	—	8279	2297	1572	2133	1489	1924	1	—
16294	15763	—	15763	4312	3007	4108	2931	3713	42	—
9468	11429	—	11429	3018	2003	2929	1975	2376	3	—
9255	8963	—	8963	2258	1637	2197	1631	1971	—	—
17504	16390	—	16390	4228	2574	3730	2280	3748	—	—
9718	**9732**	**—**	**9732**	**2790**	**1907**	**2589**	**1823**	**2167**	**—**	**—**

初 中 基 本

省、市、县(市)区名称	校数(所) 计	公办	民办	班数(个)	毕业生数	招生数	在校 计	其中:寄宿生	一年级
河南省	1017	795	222	30410	443228	515856	1506094	591661	515872
郑州市	236	171	65	6016	89929	102452	302430	102139	102460
中原区	35	25	10	593	8843	11134	30640	3832	11134
二七区	35	23	12	692	10438	12051	33731	7170	12051
管城回族区	21	17	4	553	6590	10270	27865	289	10270
金水区	52	39	13	1286	17912	22382	62456	11975	22390
上街区	4	4	−	92	1601	1613	4724	4344	1613
惠济区	13	11	2	317	5040	6142	17021	7543	6142
中牟县	1	−	1	34	351	355	1290	1290	355
巩义市	11	9	2	287	4699	4978	14597	7087	4978
荥阳市	11	9	2	358	5466	6688	18675	4648	6688
新密市	13	10	3	337	5048	5836	17714	8303	5836
新郑市	16	15	1	367	6248	6631	19729	5489	6631
登封市	24	9	15	1100	17693	14372	53988	40169	14372
开封市	36	29	7	1283	20157	21023	64272	37582	21023
龙亭区	10	7	3	365	5655	6100	18251	7575	6100
顺河回族区	8	7	1	408	6351	6807	20711	14176	6807
鼓楼区	6	5	1	141	2212	2216	7087	2253	2216
禹王台区	3	3	−	103	1726	1821	5091	2017	1821
祥符区	9	7	2	266	4213	4079	13132	11561	4079
杞县	−	−	−	−	−	−	−	−	−
通许县	−	−	−	−	−	−	−	−	−
尉氏县	−	−	−	−	−	−	−	−	−
兰考县	−	−	−	−	−	−	−	−	−
洛阳市	89	71	18	2205	32765	34935	102356	51202	34935
老城区	4	4	−	76	732	1247	3338	744	1247
西工区	10	9	1	241	3582	3438	10932	3155	3438
瀍河回族区	9	8	1	169	1690	2661	6879	4106	2661
涧西区	9	9	−	403	6146	7076	20194	3615	7076
偃师区	20	13	7	274	4415	4312	13142	6531	4312
孟津区	12	9	3	256	4149	3493	11016	5844	3493
洛龙区	24	18	6	747	11492	12050	34952	25350	12050
新安县	1	1	−	39	559	658	1903	1857	658
栾川县	−	−	−	−	−	−	−	−	−
嵩县	−	−	−	−	−	−	−	−	−
汝阳县	−	−	−	−	−	−	−	−	−
宜阳县	−	−	−	−	−	−	−	−	−
洛宁县	−	−	−	−	−	−	−	−	−
伊川县	−	−	−	−	−	−	−	−	−
平顶山市	57	46	11	1398	19904	23391	69590	31593	23391
新华区	15	13	2	351	5152	5481	17081	4820	5481
卫东区	10	8	2	263	3682	4707	13196	2034	4707
石龙区	1	1	−	16	188	429	771	757	429
湛河区	9	7	2	189	2796	3386	9316	2751	3386

情　　况(城区)(一)

学生数			预计毕业生数	教职工数(按办学类型)				教初中学生的专任教师数	校外教师	外籍教师
分年级				计	其中:女	其中:专任教师数				
二年级	三年级	四年级				计	其中:女			
505499	**484723**	**–**	**484723**	**130133**	**95751**	**119167**	**89693**	**95260**	**702**	**15**
101016	**98954**	**–**	**98954**	**28592**	**21364**	**25873**	**19818**	**20993**	**26**	**7**
10052	9454	–	9454	2842	2212	2534	2020	2124	1	3
10559	11121	–	11121	3379	2616	3081	2430	2622	6	–
10066	7529	–	7529	2231	1764	2147	1723	1967	11	1
21248	18818	–	18818	5987	4740	5542	4466	4236	8	2
1604	1507	–	1507	466	337	456	335	362	–	–
5680	5199	–	5199	1489	1176	1411	1133	1184	–	–
475	460	–	460	313	261	277	229	132	–	–
4882	4737	–	4737	1794	1473	1671	1378	1252	–	–
6130	5857	–	5857	1604	1147	1566	1128	1213	–	–
5859	6019	–	6019	1405	1045	1266	958	1176	–	–
6514	6584	–	6584	1872	1464	1781	1422	1499	–	1
17947	21669	–	21669	5210	3129	4141	2596	3226	–	–
21489	**21760**	**–**	**21760**	**4919**	**3602**	**4202**	**3187**	**3551**	**136**	**–**
6024	6127	–	6127	1539	1165	1331	1026	952	119	–
6820	7084	–	7084	1364	978	1064	799	895	10	–
2397	2474	–	2474	569	431	499	398	453	5	–
1607	1663	–	1663	310	207	285	199	285	2	–
4641	4412	–	4412	1137	821	1023	765	966	–	–
–	–	–	–	–	–	–	–	–	–	–
–	–	–	–	–	–	–	–	–	–	–
–	–	–	–	–	–	–	–	–	–	–
–	–	–	–	–	–	–	–	–	–	–
34394	**33027**	**–**	**33027**	**9289**	**6985**	**8654**	**6629**	**7187**	**2**	**7**
1157	934	–	934	331	239	325	236	253	–	–
3741	3753	–	3753	975	752	945	729	845	–	–
2308	1910	–	1910	656	477	589	452	448	1	–
6832	6286	–	6286	1378	1033	1349	1022	1299	–	–
4466	4364	–	4364	1507	1125	1420	1077	1083	–	–
3536	3987	–	3987	1446	1107	1313	1043	980	–	–
11708	11194	–	11194	2904	2179	2623	1997	2189	1	7
646	599	–	599	92	73	90	73	90	–	–
–	–	–	–	–	–	–	–	–	–	–
–	–	–	–	–	–	–	–	–	–	–
–	–	–	–	–	–	–	–	–	–	–
–	–	–	–	–	–	–	–	–	–	–
–	–	–	–	–	–	–	–	–	–	–
–	–	–	–	–	–	–	–	–	–	–
22615	**23584**	**–**	**23584**	**6427**	**4477**	**5984**	**4250**	**5278**	**–**	**–**
5688	5912	–	5912	1808	1214	1568	1096	1341	–	–
4422	4067	–	4067	1192	762	1130	723	1020	–	–
128	214	–	214	81	45	78	45	78	–	–
3063	2867	–	2867	1014	726	952	696	779	–	–

初 中 基 本

省、市、县(市)区名称	校数(所) 计	校数(所) 公办	校数(所) 民办	班数(个)	毕业生数	招生数	在校 计	在校 其中：寄宿生	在校 一年级
宝丰县	-	-	-	-	-	-	-	-	-
叶县	1	1	-	41	623	574	1979	1971	574
鲁山县	-	-	-	-	-	-	-	-	-
郏县	-	-	-	-	-	-	-	-	-
舞钢市	4	4	-	148	2290	2258	7756	4138	2258
汝州市	17	12	5	390	5173	6556	19491	15122	6556
安阳市	66	52	14	1994	26578	33577	95609	16921	33577
文峰区	11	10	1	385	6177	6862	20057	-	6862
北关区	9	6	3	299	3491	5532	15222	-	5532
殷都区	10	9	1	204	2600	3585	10210	1136	3585
龙安区	7	5	2	159	1595	3066	7797	2066	3066
安阳县	5	4	1	100	1088	1472	4710	1840	1472
汤阴县	-	-	-	-	-	-	-	-	-
滑县	-	-	-	-	-	-	-	-	-
内黄县	-	-	-	-	-	-	-	-	-
林州市	24	18	6	847	11627	13060	37613	11879	13060
鹤壁市	20	20	-	588	9527	9409	28656	4926	9410
鹤山区	4	4	-	50	711	687	2083	1543	687
山城区	6	6	-	125	1946	1683	5590	623	1683
淇滨区	10	10	-	413	6870	7039	20983	2760	7040
浚县	-	-	-	-	-	-	-	-	-
淇县	-	-	-	-	-	-	-	-	-
新乡市	67	55	12	2600	33341	44294	129438	64163	44295
红旗区	12	10	2	312	4666	5818	15960	3089	5818
卫滨区	6	5	1	182	2819	3116	9111	625	3116
凤泉区	2	1	1	97	1442	1607	5146	2555	1607
牧野区	10	8	2	299	4434	4729	14018	1557	4730
新乡县	-	-	-	-	-	-	-	-	-
获嘉县	-	-	-	-	-	-	-	-	-
原阳县	-	-	-	-	-	-	-	-	-
延津县	-	-	-	-	-	-	-	-	-
封丘县	-	-	-	-	-	-	-	-	-
卫辉市	6	6	-	280	4181	4462	13719	5436	4462
辉县市	14	12	2	637	6210	10549	31883	11319	10549
长垣市	17	13	4	793	9589	14013	39601	39582	14013
焦作市	50	37	13	999	14738	16571	47485	15284	16577
解放区	10	9	1	251	3972	4220	12209	2497	4226
中站区	6	5	1	108	1616	1926	5170	2629	1926
马村区	5	4	1	82	1142	1402	3849	1400	1402
山阳区	7	7	-	157	2257	2719	7688	622	2719
修武县	-	-	-	-	-	-	-	-	-
博爱县	-	-	-	-	-	-	-	-	-
武陟县	-	-	-	-	-	-	-	-	-
温县	-	-	-	-	-	-	-	-	-

情　　况（城区）（二）

学生数 分年级 二年级	三年级	四年级	预计毕业生数	教职工数（按办学类型） 计	其中：女	其中：专任教师数 计	其中：女	教初中学生的专任教师数	校外教师	外籍教师
–	–	–	–	–	–	–	–	–	–	–
709	696	–	696	148	97	147	97	147	–	–
–	–	–	–	–	–	–	–	–	–	–
–	–	–	–	–	–	–	–	–	–	–
2669	2829	–	2829	586	442	580	440	580	–	–
5936	6999	–	6999	1598	1191	1529	1153	1333	–	–
32250	**29782**	**–**	**29782**	**7319**	**5257**	**6590**	**4820**	**5280**	**12**	**–**
6616	6579	–	6579	1234	869	1186	848	1179	2	–
5421	4269	–	4269	1108	794	978	716	852	–	–
3634	2991	–	2991	887	627	805	594	651	6	–
2788	1943	–	1943	823	617	768	581	560	3	–
1319	1919	–	1919	329	216	288	216	218	1	–
–	–	–	–	–	–	–	–	–	–	–
–	–	–	–	–	–	–	–	–	–	–
–	–	–	–	–	–	–	–	–	–	–
12472	12081	–	12081	2938	2134	2565	1865	1820	–	–
9516	**9730**	**–**	**9730**	**2049**	**1373**	**2002**	**1356**	**1939**	**2**	**–**
677	719	–	719	235	137	229	136	226	–	–
1899	2008	–	2008	524	306	504	299	504	–	–
6940	7003	–	7003	1290	930	1269	921	1209	2	–
–	–	–	–	–	–	–	–	–	–	–
–	–	–	–	–	–	–	–	–	–	–
43528	**41615**	**–**	**41615**	**8198**	**6284**	**7428**	**5784**	**6072**	**106**	**1**
5242	4900	–	4900	1059	773	996	754	799	–	–
3138	2857	–	2857	478	351	409	308	409	–	–
1675	1864	–	1864	217	164	180	142	103	–	–
4879	4409	–	4409	543	383	441	315	386	–	–
–	–	–	–	–	–	–	–	–	–	–
–	–	–	–	–	–	–	–	–	–	–
–	–	–	–	–	–	–	–	–	–	–
–	–	–	–	–	–	–	–	–	–	–
–	–	–	–	–	–	–	–	–	–	–
4871	4386	–	4386	652	477	643	473	600	–	–
10579	10755	–	10755	2121	1453	2053	1427	1679	–	–
13144	12444	–	12444	3128	2683	2706	2365	2096	106	1
15786	**15122**	**–**	**15122**	**4956**	**3683**	**4513**	**3469**	**3537**	**27**	**–**
4128	3855	–	3855	1438	1068	1332	1027	1097	27	–
1658	1586	–	1586	511	361	432	329	387	–	–
1288	1159	–	1159	562	414	549	410	364	–	–
2477	2492	–	2492	590	404	563	395	529	–	–
–	–	–	–	–	–	–	–	–	–	–
–	–	–	–	–	–	–	–	–	–	–
–	–	–	–	–	–	–	–	–	–	–
–	–	–	–	–	–	–	–	–	–	–

初 中 基 本

省、市、县(市)区名称	校数(所)			班数(个)	毕业生数	招生数	在校		
	计	公办	民办				计	其中：寄宿生	一年级
沁阳市	13	7	6	262	4060	4253	12679	6607	4253
孟州市	9	5	4	139	1691	2051	5890	1529	2051
濮阳市	**35**	**30**	**5**	**1308**	**18744**	**22194**	**65660**	**18592**	**22194**
华龙区	32	27	5	1179	16982	20144	59371	12542	20144
清丰县	—	—	—	—	—	—	—	—	—
南乐县	—	—	—	—	—	—	—	—	—
范县	1	1	—	65	902	1073	3332	3095	1073
台前县	—	—	—	—	—	—	—	—	—
濮阳县	2	2	—	64	860	977	2957	2955	977
许昌市	**81**	**54**	**27**	**1921**	**28896**	**34326**	**96912**	**50829**	**34326**
魏都区	20	17	3	532	7625	10092	27187	4582	10092
建安区	8	7	1	269	4587	4616	13713	11833	4616
鄢陵县	—	—	—	—	—	—	—	—	—
襄城县	1	—	1	47	571	666	2398	2398	666
禹州市	36	19	17	651	10266	11723	32115	23710	11723
长葛市	16	11	5	422	5847	7229	21499	8306	7229
漯河市	**26**	**24**	**2**	**900**	**13234**	**15820**	**45671**	**12150**	**15820**
源汇区	7	6	1	221	3650	3920	11197	999	3920
郾城区	13	12	1	503	7364	8624	25761	10168	8624
召陵区	6	6	—	176	2220	3276	8713	983	3276
舞阳县	—	—	—	—	—	—	—	—	—
临颍县	—	—	—	—	—	—	—	—	—
三门峡市	**29**	**24**	**5**	**729**	**10322**	**11252**	**34108**	**21195**	**11252**
湖滨区	9	8	1	208	2936	3154	9388	3418	3154
陕州区	6	5	1	145	1822	2364	6979	5516	2364
渑池县	—	—	—	—	—	—	—	—	—
卢氏县	—	—	—	—	—	—	—	—	—
义马市	5	4	1	78	995	827	2888	2224	827
灵宝市	9	7	2	298	4569	4907	14853	10037	4907
南阳市	**43**	**39**	**4**	**2053**	**32026**	**35394**	**101956**	**38321**	**35394**
宛城区	15	12	3	689	11222	11935	34664	12442	11935
卧龙区	10	10	—	770	11139	13005	37791	8969	13005
南召县	—	—	—	—	—	—	—	—	—
方城县	—	—	—	—	—	—	—	—	—
西峡县	—	—	—	—	—	—	—	—	—
镇平县	—	—	—	—	—	—	—	—	—
内乡县	—	—	—	—	—	—	—	—	—
淅川县	—	—	—	—	—	—	—	—	—
社旗县	—	—	—	—	—	—	—	—	—
唐河县	—	—	—	—	—	—	—	—	—
新野县	—	—	—	—	—	—	—	—	—
桐柏县	—	—	—	—	—	—	—	—	—
邓州市	18	17	1	594	9665	10454	29501	16910	10454
商丘市	**48**	**35**	**13**	**1982**	**27267**	**35726**	**100088**	**29938**	**35726**

情　况（城区）（三）

学生数			预计毕业生数	教职工数（按办学类型）				教初中学生的专任教师数	校外教师	外籍教师
分年级				计	其中：女	其中:专任教师数				
二年级	三年级	四年级				计	其中：女			
4274	4152	–	4152	1104	851	965	779	685	–	–
1961	1878	–	1878	751	585	672	529	475	–	–
21953	**21513**	–	**21513**	**5394**	**3970**	**4901**	**3704**	**3477**	**54**	–
19877	19350	–	19350	4845	3547	4364	3286	3074	23	–
–	–	–	–	–	–	–	–	–	–	–
1161	1098	–	1098	219	155	218	155	171	30	–
915	1065	–	1065	330	268	319	263	232	1	–
32557	**30029**	–	**30029**	**10426**	**8040**	**9290**	**7364**	**6207**	–	–
9184	7911	–	7911	2051	1542	1944	1495	1553	–	–
4598	4499	–	4499	1254	961	1195	917	936	–	–
750	982	–	982	94	55	68	37	68	–	–
10973	9419	–	9419	4479	3472	3745	3032	2224	–	–
7052	7218	–	7218	2548	2010	2338	1883	1426	–	–
15313	**14538**	–	**14538**	**4206**	**3255**	**3922**	**3088**	**2916**	**19**	–
3807	3470	–	3470	1038	789	952	736	672	–	–
8640	8497	–	8497	2072	1573	1900	1468	1642	19	–
2866	2571	–	2571	1096	893	1070	884	602	–	–
–	–	–	–	–	–	–	–	–	–	–
–	–	–	–	–	–	–	–	–	–	–
11814	**11042**	–	**11042**	**3446**	**2400**	**3163**	**2272**	**2575**	**9**	–
3275	2959	–	2959	994	695	853	655	651	9	–
2437	2178	–	2178	743	546	663	490	446	–	–
–	–	–	–	–	–	–	–	–	–	–
–	–	–	–	–	–	–	–	–	–	–
999	1062	–	1062	372	245	350	233	308	–	–
5103	4843	–	4843	1337	914	1297	894	1170	–	–
34191	**32371**	–	**32371**	**6985**	**5362**	**6719**	**5265**	**5331**	**287**	–
11625	11104	–	11104	2309	1695	2170	1635	1869	76	–
13025	11761	–	11761	2423	1969	2370	1950	1921	–	–
–	–	–	–	–	–	–	–	–	–	–
–	–	–	–	–	–	–	–	–	–	–
–	–	–	–	–	–	–	–	–	–	–
–	–	–	–	–	–	–	–	–	–	–
–	–	–	–	–	–	–	–	–	–	–
–	–	–	–	–	–	–	–	–	–	–
9541	9506	–	9506	2253	1698	2179	1680	1541	211	–
33662	**30700**	–	**30700**	**6765**	**4554**	**6338**	**4371**	**5762**	**22**	–

初 中 基 本

省、市、县(市)区名称	校数(所)			班数(个)	毕业生数	招生数	在校		
	计	公办	民办				计	其中：寄宿生	一年级
梁 园 区	8	8	-	591	7773	11269	31683	3012	11269
睢 阳 区	16	11	5	370	4177	6381	18111	7559	6381
民 权 县	-	-	-	-	-	-	-	-	-
睢 县	-	-	-	-	-	-	-	-	-
宁 陵 县	-	-	-	-	-	-	-	-	-
柘 城 县	-	-	-	-	-	-	-	-	-
虞 城 县	-	-	-	-	-	-	-	-	-
夏 邑 县	-	-	-	-	-	-	-	-	-
永 城 市	24	16	8	1021	15317	18076	50294	19367	18076
信 阳 市	**24**	**22**	**2**	**965**	**12185**	**16568**	**49642**	**10440**	**16568**
浉 河 区	14	14	-	421	5355	7053	21301	2452	7053
平 桥 区	10	8	2	544	6830	9515	28341	7988	9515
罗 山 县	-	-	-	-	-	-	-	-	-
光 山 县	-	-	-	-	-	-	-	-	-
新 县	-	-	-	-	-	-	-	-	-
商 城 县	-	-	-	-	-	-	-	-	-
固 始 县	-	-	-	-	-	-	-	-	-
潢 川 县	-	-	-	-	-	-	-	-	-
淮 滨 县	-	-	-	-	-	-	-	-	-
息 县	-	-	-	-	-	-	-	-	-
周 口 市	**74**	**53**	**21**	**2306**	**36317**	**40047**	**114924**	**77586**	**40047**
川 汇 区	22	18	4	537	7309	9240	26810	16533	9240
淮 阳 区	21	16	5	773	14060	15108	39298	33646	15108
扶 沟 县	-	-	-	-	-	-	-	-	-
西 华 县	-	-	-	-	-	-	-	-	-
商 水 县	1	1	-	18	159	175	869	469	175
沈 丘 县	-	-	-	-	-	-	-	-	-
郸 城 县	4	2	2	90	719	1273	4243	4227	1273
太 康 县	-	-	-	-	-	-	-	-	-
鹿 邑 县	-	-	-	-	-	-	-	-	-
项 城 市	26	16	10	888	14070	14251	43704	22711	14251
驻马店市	**22**	**21**	**1**	**717**	**10325**	**11303**	**34861**	**3124**	**11303**
驿 城 区	22	21	1	717	10325	11303	34861	3124	11303
西 平 县	-	-	-	-	-	-	-	-	-
上 蔡 县	-	-	-	-	-	-	-	-	-
平 舆 县	-	-	-	-	-	-	-	-	-
正 阳 县	-	-	-	-	-	-	-	-	-
确 山 县	-	-	-	-	-	-	-	-	-
泌 阳 县	-	-	-	-	-	-	-	-	-
汝 南 县	-	-	-	-	-	-	-	-	-
遂 平 县	-	-	-	-	-	-	-	-	-
新 蔡 县	-	-	-	-	-	-	-	-	-
济源示范区	**14**	**12**	**2**	**446**	**6973**	**7574**	**22436**	**5676**	**7574**

情　况(城区)(四)

学生数			预计毕业生数	教职工数(按办学类型)				教初中学生的专任教师数	校外教师	外籍教师
分年级				计	其中:女	其中:专任教师数				
二年级	三年级	四年级				计	其中:女			
10906	9508	–	9508	1772	1140	1684	1122	1587	22	–
6377	5353	–	5353	1297	956	1222	920	857	–	–
–	–	–	–	–	–	–	–	–	–	–
–	–	–	–	–	–	–	–	–	–	–
–	–	–	–	–	–	–	–	–	–	–
–	–	–	–	–	–	–	–	–	–	–
–	–	–	–	–	–	–	–	–	–	–
–	–	–	–	–	–	–	–	–	–	–
16379	15839	–	15839	3696	2458	3432	2329	3318	–	–
16850	**16224**	**–**	**16224**	**4126**	**2910**	**3918**	**2800**	**3510**	**–**	**–**
7141	7107	–	7107	1957	1390	1938	1389	1603	–	–
9709	9117	–	9117	2169	1520	1980	1411	1907	–	–
–	–	–	–	–	–	–	–	–	–	–
–	–	–	–	–	–	–	–	–	–	–
–	–	–	–	–	–	–	–	–	–	–
–	–	–	–	–	–	–	–	–	–	–
–	–	–	–	–	–	–	–	–	–	–
–	–	–	–	–	–	–	–	–	–	–
–	–	–	–	–	–	–	–	–	–	–
–	–	–	–	–	–	–	–	–	–	–
39037	**35840**	**–**	**35840**	**12085**	**8723**	**10965**	**8100**	**7542**	**–**	**–**
9126	8444	–	8444	2938	1983	2475	1720	1919	–	–
13155	11035	–	11035	3937	2952	3460	2678	2150	–	–
–	–	–	–	–	–	–	–	–	–	–
–	–	–	–	–	–	–	–	–	–	–
247	447	–	447	50	35	49	35	49	–	–
–	–	–	–	–	–	–	–	–	–	–
1913	1057	–	1057	414	297	385	286	235	–	–
–	–	–	–	–	–	–	–	–	–	–
–	–	–	–	–	–	–	–	–	–	–
14596	14857	–	14857	4746	3456	4596	3381	3189	–	–
12007	**11551**	**–**	**11551**	**2885**	**2038**	**2785**	**2010**	**2576**	**–**	**–**
12007	11551	–	11551	2885	2038	2785	2010	2576	–	–
–	–	–	–	–	–	–	–	–	–	–
–	–	–	–	–	–	–	–	–	–	–
–	–	–	–	–	–	–	–	–	–	–
–	–	–	–	–	–	–	–	–	–	–
–	–	–	–	–	–	–	–	–	–	–
–	–	–	–	–	–	–	–	–	–	–
–	–	–	–	–	–	–	–	–	–	–
–	–	–	–	–	–	–	–	–	–	–
–	–	–	–	–	–	–	–	–	–	–
7521	**7341**	**–**	**7341**	**2066**	**1474**	**1920**	**1406**	**1527**	**–**	**–**

初 中 基 本

省、市、县(市)区名称	校数(所) 计	校数(所) 公办	校数(所) 民办	班数(个)	毕业生数	招生数	在校 计	在校 其中：寄宿生	一年级
河南省	2265	1847	418	57948	846774	923394	2790630	1876334	923398
郑州市	135	120	15	3392	53229	56744	168094	115295	56744
中原区	20	17	3	549	7471	9262	25697	18011	9262
二七区	3	2	1	32	546	456	1495	596	456
管城回族区	12	9	3	375	4849	6586	18332	12410	6586
金水区	2	2	-	49	428	855	2460	-	855
上街区	-	-	-	-	-	-	-	-	-
惠济区	-	-	-	-	-	-	-	-	-
中牟县	29	27	2	973	15409	17038	48617	25361	17038
巩义市	12	12	-	204	3601	3415	10236	10046	3415
荥阳市	6	6	-	79	1338	1113	3773	2761	1113
新密市	20	19	1	296	5147	4574	14459	14312	4574
新郑市	21	17	4	642	10699	10791	33540	23351	10791
登封市	10	9	1	193	3741	2654	9485	8447	2654
开封市	115	73	42	2922	41689	45585	139575	98681	45585
龙亭区	-	-	-	-	-	-	-	-	-
顺河回族区	-	-	-	-	-	-	-	-	-
鼓楼区	-	-	-	-	-	-	-	-	-
禹王台区	-	-	-	-	-	-	-	-	-
祥符区	7	7	-	114	1344	1611	5009	4996	1611
杞县	30	15	15	808	12225	11708	38044	23024	11708
通许县	20	11	9	479	7094	7900	23718	16179	7900
尉氏县	26	19	7	702	10649	11144	34340	19806	11144
兰考县	32	21	11	819	10377	13222	38464	34676	13222
洛阳市	172	144	28	3606	52147	57363	173718	125630	57363
老城区	-	-	-	-	-	-	-	-	-
西工区	-	-	-	-	-	-	-	-	-
瀍河回族区	1	1	-	15	232	195	658	565	195
涧西区	5	5	-	100	1330	1455	4467	1411	1455
偃师区	5	5	-	75	1129	1041	3426	3199	1041
孟津区	9	9	-	123	1935	1902	5869	3625	1902
洛龙区	4	3	1	72	1235	1154	3505	3286	1154
新安县	20	19	1	355	5572	5853	17349	12182	5853
栾川县	16	15	1	341	4647	5203	15832	14463	5203
嵩县	15	14	1	467	7034	7377	23115	18855	7377
汝阳县	18	12	6	415	5911	6928	20790	14220	6928
宜阳县	22	18	4	513	7666	7973	24076	16225	7973
洛宁县	21	17	4	282	3486	4442	13224	7791	4442
伊川县	36	26	10	848	11970	13840	41407	29808	13840
平顶山市	93	79	14	2699	38241	44008	135121	92516	44008
新华区	7	3	4	160	1499	2544	7847	4292	2544
卫东区	2	-	2	9	96	88	305	305	88
石龙区	-	-	-	-	-	-	-	-	-
湛河区	-	-	-	-	-	-	-	-	-

情　况（镇区）（一）

学生数			预计毕业生数	教职工数（按办学类型）				教初中学生的专任教师数	校外教师	外籍教师
分年级				计	其中：女	其中：专任教师数				
二年级	三年级	四年级				计	其中：女			
935761	**931471**	-	**931471**	**239916**	**169058**	**220920**	**159198**	**199613**	**1048**	**2**
56834	**54516**	-	**54516**	**13506**	**10225**	**12751**	**9802**	**12402**	**14**	**1**
8825	7610	-	7610	2005	1661	1878	1586	1966	-	-
524	515	-	515	141	98	134	97	134	-	-
6472	5274	-	5274	1290	1028	1222	986	1233	1	1
954	651	-	651	159	127	150	119	150	-	-
-	-	-	-	-	-	-	-	-	-	-
-	-	-	-	-	-	-	-	-	-	-
16348	15231	-	15231	3895	2944	3728	2860	3418	13	-
3268	3553	-	3553	895	577	877	571	877	-	-
1272	1388	-	1388	298	200	286	198	286	-	-
4680	5205	-	5205	1287	861	1215	814	1180	-	-
11396	11353	-	11353	2849	2292	2615	2154	2512	-	-
3095	3736	-	3736	687	437	646	417	646	-	-
46621	**47369**	-	**47369**	**11928**	**8602**	**10640**	**7989**	**8748**	**47**	-
-	-	-	-	-	-	-	-	-	-	-
-	-	-	-	-	-	-	-	-	-	-
-	-	-	-	-	-	-	-	-	-	-
1715	1683	-	1683	367	203	353	203	347	-	-
12410	13926	-	13926	3978	2923	3443	2679	2568	-	-
8207	7611	-	7611	1677	1146	1435	1022	1248	2	-
11695	11501	-	11501	2872	2003	2572	1855	2334	39	-
12594	12648	-	12648	3034	2327	2837	2230	2251	6	-
58428	**57927**	-	**57927**	**15124**	**10365**	**13967**	**9773**	**12553**	**9**	-
-	-	-	-	-	-	-	-	-	-	-
-	-	-	-	-	-	-	-	-	-	-
277	186	-	186	89	65	87	65	53	-	-
1412	1600	-	1600	401	312	394	309	313	-	-
1172	1213	-	1213	423	286	417	286	345	-	-
1968	1999	-	1999	513	326	500	322	500	-	-
1119	1232	-	1232	297	185	278	176	282	1	-
5676	5820	-	5820	1553	1120	1511	1111	1307	-	-
5334	5295	-	5295	1465	956	1286	837	1101	-	-
7913	7825	-	7825	1882	1297	1822	1271	1643	-	-
7140	6722	-	6722	1584	1098	1482	1053	1327	-	-
8037	8066	-	8066	2089	1432	1917	1323	1785	6	-
4485	4297	-	4297	1393	996	1139	828	965	2	-
13895	13672	-	13672	3435	2292	3134	2192	2932	-	-
44823	**46290**	-	**46290**	**10579**	**7691**	**9980**	**7381**	**9698**	**54**	**1**
2875	2428	-	2428	474	320	422	291	532	-	1
102	115	-	115	116	71	77	53	33	-	-
-	-	-	-	-	-	-	-	-	-	-
-	-	-	-	-	-	-	-	-	-	-

初 中 基 本

省、市、县(市)区名称	校数(所)			班数(个)	毕业生数	招生数	在校		
	计	公办	民办				计	其中:寄宿生	一年级
宝丰县	17	15	2	564	7308	9577	29098	14170	9577
叶 县	15	13	2	529	6889	9031	26781	19706	9031
鲁山县	19	17	2	637	9595	10585	32403	19561	10585
郏 县	18	16	2	433	6787	6068	20117	17262	6068
舞钢市	3	3	-	67	996	1004	3407	3401	1004
汝州市	12	12	-	300	5071	5111	15163	13819	5111
安阳市	104	90	14	3559	51677	54296	167642	120827	54296
文峰区	5	3	2	220	4156	3667	11626	9438	3667
北关区	1	1	-	16	204	180	675	406	180
殷都区	15	15	-	293	4380	4446	14279	3645	4446
龙安区	3	3	-	34	599	429	1559	689	429
安阳县	6	6	-	174	2541	2639	8469	4992	2639
汤阴县	17	12	5	563	8576	8071	24973	23932	8071
滑 县	27	22	5	1338	17531	20709	62230	52474	20709
内黄县	13	11	2	613	9107	10085	29859	14972	10085
林州市	17	17	-	308	4583	4070	13972	10279	4070
鹤壁市	32	29	3	1016	15339	16354	48737	34503	16354
鹤山区	-	-	-	-	-	-	-	-	-
山城区	1	1	-	9	139	83	376	312	83
淇滨区	3	3	-	145	1927	2672	7046	2540	2672
浚 县	15	12	3	586	9399	9120	28378	26189	9120
淇 县	13	13	-	276	3874	4479	12937	5462	4479
新乡市	135	114	21	2888	39599	47001	138337	97825	47001
红旗区	7	7	-	184	2453	3395	9198	3430	3395
卫滨区	-	-	-	4	79	26	111	-	26
凤泉区	1	1	-	16	208	198	715	-	198
牧野区	-	-	-	-	-	-	-	-	-
新乡县	17	14	3	335	5275	4895	15026	11054	4895
获嘉县	16	15	1	359	5346	6054	17961	9338	6054
原阳县	21	19	2	624	7797	10332	29879	19998	10332
延津县	17	10	7	329	3715	4955	16065	13590	4955
封丘县	26	21	5	470	6421	8466	22632	16633	8466
卫辉市	5	5	-	119	2642	1771	5638	4990	1771
辉县市	13	11	2	289	3401	4401	13943	11681	4401
长垣市	12	11	1	159	2262	2508	7169	7111	2508
焦作市	80	66	14	1468	21245	23353	69788	43809	23355
解放区	-	-	-	-	-	-	-	-	-
中站区	-	-	-	-	-	-	-	-	-
马村区	1	1	-	5	28	65	177	135	65
山阳区	5	5	-	139	1885	2225	6887	6712	2225
修武县	12	9	3	169	2580	2660	8015	2402	2661
博爱县	15	10	5	235	4012	3636	11863	10284	3637
武陟县	19	16	3	478	6931	7774	22926	12114	7774
温 县	13	11	2	287	3878	4827	13550	8294	4827

情　况（镇区）（二）

学生数 分年级			预计毕业生数	教职工数（按办学类型）				教初中学生的专任教师数	校外教师	外籍教师
二年级	三年级	四年级		计	其中：女	其中：专任教师数				
						计	其中：女			
9814	9707	-	9707	2240	1691	2162	1654	2071	12	-
9057	8693	-	8693	2092	1511	2030	1488	1927	-	-
10839	10979	-	10979	2736	1993	2451	1811	2041	42	-
6853	7196	-	7196	1613	1145	1564	1126	1741	-	-
1208	1195	-	1195	259	190	254	190	254	-	-
4075	5977	-	5977	1049	770	1020	768	1099	-	-
55341	**58005**	-	**58005**	**11431**	**8350**	**10711**	**7978**	**10910**	**559**	-
3668	4291	-	4291	981	746	827	629	719	-	-
217	278	-	278	54	35	53	35	53	-	-
4839	4994	-	4994	920	632	884	615	915	14	-
512	618	-	618	130	76	128	75	128	2	-
2791	3039	-	3039	630	445	583	432	583	9	-
8153	8749	-	8749	1608	1204	1415	1082	1565	-	-
20585	**20936**	-	**20936**	**3646**	**2838**	**3553**	**2799**	**3749**	**529**	-
9968	9806	-	9806	2254	1672	2117	1619	2187	5	-
4608	5294	-	5294	1208	702	1151	692	1011	-	-
16224	**16159**	-	**16159**	**3374**	**2414**	**3218**	**2361**	**3345**	**6**	-
-	-	-	-	-	-	-	-	-	-	-
135	158	-	158	66	27	65	27	65	-	-
2284	2090	-	2090	280	204	257	193	512	-	-
9547	9711	-	9711	1843	1311	1748	1283	1807	3	-
4258	4200	-	4200	1185	872	1148	858	961	3	-
45214	**46122**	-	**46122**	**10716**	**7942**	**9750**	**7429**	**9250**	**15**	-
2990	2813	-	2813	595	451	573	440	485	2	-
31	54	-	54	282	173	275	173	23	-	-
248	269	-	269	48	34	47	34	47	-	-
-	-	-	-	-	-	-	-	-	-	-
4827	5304	-	5304	1323	955	1132	871	1101	-	-
6032	5875	-	5875	1460	1136	1418	1117	1246	-	-
9628	9919	-	9919	1719	1316	1537	1212	1782	1	-
5389	5721	-	5721	1345	991	1073	814	955	8	-
7588	6578	-	6578	2274	1747	2154	1681	1809	-	-
1597	2270	-	2270	-	-	-	-	408	-	-
4627	4915	-	4915	1089	736	1020	708	860	-	-
2257	2404	-	2404	581	403	521	379	534	4	-
23442	**22991**	-	**22991**	**6173**	**4471**	**5569**	**4135**	**4896**	**1**	-
-	-	-	-	-	-	-	-	-	-	-
-	-	-	-	-	-	-	-	-	-	-
79	33	-	33	56	34	53	34	28	-	-
2495	2167	-	2167	411	322	406	321	452	1	-
2635	2719	-	2719	785	572	718	542	656	-	-
3924	4302	-	4302	1458	1084	1220	911	872	-	-
7594	7558	-	7558	1708	1256	1576	1193	1435	-	-
4578	4145	-	4145	1041	743	919	688	842	-	-

初 中 基 本

省、市、县(市)区名称	校数(所)			班数(个)	毕业生数	招生数	在校		
	计	公办	民办				计	其中:寄宿生	一年级
沁阳市	9	8	1	90	1121	1307	3820	2346	1307
孟州市	6	6	-	65	810	859	2550	1522	859
濮阳市	83	71	12	2793	38253	44804	134308	68334	44804
华龙区	11	10	1	321	3385	5449	16215	2365	5449
清丰县	12	12	-	488	7621	7839	23420	7308	7839
南乐县	18	12	6	529	6974	8401	24478	11054	8401
范县	10	10	-	325	4662	5434	16027	13140	5434
台前县	12	10	2	371	5629	6020	17748	10203	6020
濮阳县	20	17	3	759	9982	11661	36420	24264	11661
许昌市	69	54	15	1595	27161	25892	79635	74789	25892
魏都区	-	-	-	-	-	-	-	-	-
建安区	5	4	1	109	2025	1686	5489	5477	1686
鄢陵县	17	13	4	497	8295	8283	24530	20574	8283
襄城县	15	11	4	523	9047	8670	26937	26933	8670
禹州市	23	17	6	295	4987	4452	14046	13315	4452
长葛市	9	9	-	171	2807	2801	8633	8490	2801
漯河市	55	51	4	1053	16754	15802	50319	37705	15802
源汇区	-	-	-	-	-	-	-	-	-
郾城区	5	4	1	67	1037	886	3094	2981	886
召陵区	7	7	-	215	2998	3053	10248	9058	3053
舞阳县	15	14	1	323	5045	4831	15315	11231	4831
临颍县	28	26	2	448	7674	7032	21662	14435	7032
三门峡市	43	42	1	747	10128	11220	35198	25184	11220
湖滨区	2	2	-	53	669	1015	2678	724	1015
陕州区	2	2	-	17	178	204	597	592	204
渑池县	14	13	1	259	4021	3939	12488	5633	3939
卢氏县	14	14	-	266	2976	3878	12393	11300	3878
义马市	-	-	-	-	-	-	-	-	-
灵宝市	11	11	-	152	2284	2184	7042	6935	2184
南阳市	331	277	54	8865	137662	136976	422834	317166	136978
宛城区	14	9	5	405	6702	5797	19202	15319	5799
卧龙区	21	19	2	494	8148	7622	23610	18160	7622
南召县	18	16	2	452	6346	7486	22096	14769	7486
方城县	35	28	7	1056	17174	16158	50617	36917	16158
西峡县	28	26	2	507	7880	7573	23453	15282	7573
镇平县	32	31	1	850	13043	14092	41192	36371	14092
内乡县	23	19	4	707	12143	10690	34825	28015	10690
淅川县	21	17	4	684	9016	10690	31847	23626	10690
社旗县	27	20	7	603	8852	9971	29455	17186	9971
唐河县	36	27	9	1012	15286	16240	48570	35298	16240
新野县	22	17	5	818	12495	12226	38758	28642	12226
桐柏县	20	17	3	439	6651	6419	19789	11344	6419
邓州市	34	31	3	838	13926	12012	39420	36237	12012
商丘市	196	151	45	4664	64067	76500	220268	124222	76500

情　况（镇区）（三）

学生数 分年级			预计毕业生数	教职工数（按办学类型）				教初中学生的专任教师数	校外教师	外籍教师
				计	其中：女	其中：专任教师数				
二年级	三年级	四年级				计	其中：女			
1285	1228	–	1228	427	283	397	270	359	–	–
852	839	–	839	287	177	280	176	252	–	–
45438	**44066**	–	**44066**	**10964**	**8115**	**10148**	**7777**	**9169**	**96**	–
5225	5541	–	5541	2138	1740	1979	1650	1229	15	–
7779	7802	–	7802	1727	1240	1643	1225	1665	–	–
8274	7803	–	7803	2056	1515	1846	1431	1603	79	–
5356	5237	–	5237	1095	809	1063	800	1053	–	–
5779	5949	–	5949	1707	1268	1652	1249	1340	1	–
13025	11734	–	11734	2241	1543	1965	1422	2279	1	–
26860	**26883**	–	**26883**	**6343**	**4421**	**5894**	**4165**	**5427**	–	–
–	–	–	–	–	–	–	–	–	–	–
1918	1885	–	1885	533	398	509	390	394	–	–
8237	8010	–	8010	1888	1319	1773	1246	1694	–	–
9048	9219	–	9219	1967	1344	1776	1235	1684	–	–
4778	4816	–	4816	1272	890	1163	828	1021	–	–
2879	2953	–	2953	683	470	673	466	634	–	–
17151	**17366**	–	**17366**	**5609**	**4113**	**5329**	**3985**	**3828**	**7**	–
–	–	–	–	–	–	–	–	–	–	–
1057	1151	–	1151	294	178	272	170	268	–	–
3483	3712	–	3712	706	477	674	459	674	7	–
5325	5159	–	5159	1401	1014	1321	987	1124	–	–
7286	7344	–	7344	3208	2444	3062	2369	1762	–	–
12047	**11931**	–	**11931**	**3386**	**2213**	**3148**	**2090**	**2918**	**24**	–
848	815	–	815	182	119	149	104	170	24	–
225	168	–	168	77	48	77	48	83	–	–
4251	4298	–	4298	1474	1051	1327	953	1020	–	–
4355	4160	–	4160	976	578	936	574	986	–	–
–	–	–	–	–	–	–	–	–	–	–
2368	2490	–	2490	677	417	659	411	659	–	–
143695	**142161**	–	**142161**	**39137**	**28073**	**36554**	**26533**	**32598**	**152**	–
6351	7052	–	7052	1380	967	1295	928	1415	–	–
8189	7799	–	7799	1583	1113	1496	1078	1595	–	–
7517	7093	–	7093	1816	1258	1784	1250	1656	–	–
17150	17309	–	17309	4352	3012	4144	2882	3708	3	–
7832	8048	–	8048	2141	1522	2050	1482	1989	–	–
13906	13194	–	13194	3791	2729	3706	2708	3373	7	–
11832	12303	–	12303	4299	3316	3438	2602	2732	–	–
11257	9900	–	9900	3873	2870	3629	2698	2879	–	–
9920	9564	–	9564	2806	2059	2717	2032	2177	–	–
16871	15459	–	15459	4460	3155	4166	3059	3540	–	–
12544	13988	–	13988	3339	2314	3006	2121	2788	60	–
6708	6662	–	6662	2110	1643	2026	1605	1758	4	–
13618	13790	–	13790	3187	2115	3097	2088	2988	78	–
72304	**71464**	–	**71464**	**21182**	**14417**	**18170**	**12828**	**15227**	–	–

初 中 基 本

省、市、县(市)区名称	校数(所) 计	公办	民办	班数(个)	毕业生数	招生数	在校 计	其中：寄宿生	一年级
梁 园 区	12	10	2	468	5873	9163	23804	19267	9163
睢 阳 区	11	10	1	150	2072	2263	7172	4491	2263
民 权 县	26	22	4	575	6929	9732	27262	13634	9732
睢 县	27	19	8	553	6378	8911	24527	9889	8911
宁 陵 县	17	10	7	413	5918	7160	20696	11760	7160
柘 城 县	24	18	6	560	7562	9270	26005	10974	9270
虞 城 县	28	18	10	812	13231	12226	38807	24640	12226
夏 邑 县	31	26	5	774	10715	12092	35503	16482	12092
永 城 市	20	18	2	359	5389	5683	16492	13085	5683
信 阳 市	**172**	**141**	**31**	**4725**	**66345**	**77247**	**233683**	**114072**	**77247**
浉 河 区	4	4	-	93	1277	1376	4711	4218	1376
平 桥 区	11	11	-	263	3519	4013	13020	9658	4013
罗 山 县	18	16	2	516	7711	7613	24732	15134	7613
光 山 县	24	16	8	501	7418	8324	24173	12982	8324
新 县	11	10	1	222	3121	3510	10720	5165	3510
商 城 县	16	13	3	385	5067	6514	19129	12774	6514
固 始 县	39	33	6	1109	18353	17671	55683	30238	17671
潢 川 县	16	13	3	541	5929	9293	26791	6424	9293
淮 滨 县	14	11	3	489	5516	8385	23986	6258	8385
息 县	19	14	5	606	8434	10548	30738	11221	10548
周 口 市	**234**	**164**	**70**	**5313**	**79645**	**86302**	**257056**	**184408**	**86302**
川 汇 区	3	3	-	48	660	893	2372	2073	893
淮 阳 区	6	5	1	69	837	783	3310	3199	783
扶 沟 县	19	15	4	494	6708	7696	23477	19140	7696
西 华 县	21	18	3	512	7118	8488	25280	19657	8488
商 水 县	31	22	9	658	9007	10652	30667	19248	10652
沈 丘 县	44	30	14	919	14058	14800	43180	30725	14800
郸 城 县	27	14	13	839	13469	14096	41744	31777	14096
太 康 县	31	22	9	785	12343	13817	39609	32313	13817
鹿 邑 县	32	20	12	800	13117	12035	38967	20447	12035
项 城 市	20	15	5	189	2328	3042	8450	5829	3042
驻马店市	**204**	**170**	**34**	**6512**	**91867**	**102239**	**310901**	**197164**	**102239**
驿 城 区	11	11	-	402	5030	6512	18744	4096	6512
西 平 县	17	15	2	463	5558	7121	21532	14189	7121
上 蔡 县	28	24	4	926	14200	14222	42859	31245	14222
平 舆 县	22	18	4	972	13178	15927	47409	37061	15927
正 阳 县	16	13	3	583	9147	9581	29537	15747	9581
确 山 县	18	16	2	458	7988	6170	21252	16331	6170
泌 阳 县	25	21	4	833	10524	12444	38807	19953	12444
汝 南 县	19	16	3	549	7116	8847	26829	18034	8847
遂 平 县	15	15	-	513	5948	7664	24318	11857	7664
新 蔡 县	33	21	12	813	13178	13751	39614	28651	13751
济源示范区	**12**	**11**	**1**	**131**	**1726**	**1708**	**5416**	**4204**	**1708**

情　况（镇区）（四）

学生数 分年级			预计毕业生数	教职工数（按办学类型）				教初中学生的专任教师数	校外教师	外籍教师
				计	其中：女	其中：专任教师数				
二年级	三年级	四年级				计	其中：女			
7514	7127	—	7127	1356	939	1146	818	1413	—	—
2572	2337	—	2337	549	251	520	234	495	—	—
9062	8468	—	8468	2788	1929	2620	1871	1859	—	—
8054	7562	—	7562	2147	1648	2034	1602	1681	—	—
6992	6544	—	6544	2044	1422	1681	1204	1328	—	—
8455	8280	—	8280	2999	2032	2575	1793	2105	—	—
12124	14457	—	14457	4716	3086	3382	2327	2582	—	—
12041	11370	—	11370	3469	2458	3166	2335	2746	—	—
5490	5319	—	5319	1114	652	1046	644	1018	—	—
78724	**77712**	—	**77712**	**20359**	**12983**	**18694**	**12141**	**17022**	**57**	—
1564	1771	—	1771	448	296	442	296	399	—	—
4380	4627	—	4627	1094	683	1025	650	845	—	—
8333	8786	—	8786	2020	1303	1917	1261	1926	—	—
7470	8379	—	8379	2369	1555	2139	1423	1629	20	—
3574	3636	—	3636	1112	710	1093	707	876	3	—
6437	6178	—	6178	1851	1175	1669	1047	1523	—	—
18824	19188	—	19188	4882	2913	4480	2714	4108	—	—
9220	8278	—	8278	1980	1264	1711	1148	1973	32	—
8251	7350	—	7350	2068	1461	1916	1373	1831	—	—
10671	9519	—	9519	2535	1623	2302	1522	1912	2	—
85697	**85057**	—	**85057**	**24433**	**17318**	**22014**	**16045**	**17962**	**3**	—
786	693	—	693	361	256	354	254	189	—	—
1087	1440	—	1440	319	205	311	205	253	1	—
8222	7559	—	7559	2239	1656	2090	1597	1829	—	—
8509	8283	—	8283	2211	1619	2021	1490	1664	—	—
10112	9903	—	9903	3126	2259	2849	2113	2364	2	—
14630	13750	—	13750	4561	3234	4161	3012	3512	—	—
14590	13058	—	13058	2696	1838	2203	1533	2102	—	—
12802	12990	—	12990	3464	2506	3163	2360	2562	—	—
12313	14619	—	14619	4292	2893	3775	2656	2747	—	—
2646	2762	—	2762	1164	852	1087	825	740	—	—
105127	**103535**	—	**103535**	**25111**	**17005**	**23875**	**16462**	**23158**	**4**	—
6243	5989	—	5989	1436	1132	1414	1123	1453	—	—
7344	7067	—	7067	2070	1511	1910	1427	1490	—	—
14339	14298	—	14298	3003	1935	2927	1918	3269	—	—
16355	15127	—	15127	3541	2238	3385	2168	3535	—	—
9782	10174	—	10174	2482	1650	2421	1641	2072	—	—
7281	7801	—	7801	1811	1216	1676	1150	1792	1	—
13393	12970	—	12970	3213	2272	3048	2211	3016	—	—
8178	9804	—	9804	2298	1546	2221	1519	2000	3	—
8489	8165	—	8165	2022	1481	1967	1476	1741	—	—
13723	12140	—	12140	3235	2024	2906	1829	2790	—	—
1791	**1917**	—	**1917**	**561**	**340**	**508**	**324**	**502**	—	—

初 中 基 本

省、市、县(市)区名称	校数(所) 计	公办	民办	班数(个)	毕业生数	招生数	在校 计	其中：寄宿生	一年级
河南省	1344	1178	166	17308	246669	248112	784571	653460	248112
郑州市	65	51	14	1004	13063	16474	47618	35394	16474
中原区	2	2	-	26	56	410	1207	476	410
二七区	5	4	1	79	1046	1076	3112	1288	1076
管城回族区	1	1	-	18	280	286	862	-	286
金水区	5	5	-	60	368	1689	3198	1437	1689
上街区	-	-	-	-	-	-	-	-	-
惠济区	4	2	2	63	441	1224	2947	1612	1224
中牟县	11	11	-	164	1771	2667	7194	5322	2667
巩义市	3	3	-	47	807	774	2346	2346	774
荥阳市	6	5	1	44	754	582	2016	2000	582
新密市	3	3	-	51	823	707	2366	2336	707
新郑市	10	9	1	203	2818	3880	10234	6645	3880
登封市	15	6	9	249	3899	3179	12136	11932	3179
开封市	74	62	12	962	12231	13772	43463	40932	13772
龙亭区	2	1	1	23	314	212	932	872	212
顺河回族区	-	-	-	-	-	-	-	-	-
鼓楼区	-	-	-	-	-	-	-	-	-
禹王台区	-	-	-	-	-	-	-	-	-
祥符区	14	14	-	255	2636	3812	11788	11719	3812
杞县	20	16	4	242	2899	3638	10835	9722	3638
通许县	9	6	3	91	975	1231	3798	3783	1231
尉氏县	10	9	1	196	2972	2976	9432	8849	2976
兰考县	19	16	3	155	2435	1903	6678	5987	1903
洛阳市	53	44	9	560	8071	7994	24974	20108	7994
老城区	-	-	-	-	-	-	-	-	-
西工区	-	-	-	-	-	-	-	-	-
瀍河回族区	-	-	-	22	299	302	943	942	302
涧西区	1	1	-	6	60	59	190	-	59
偃师区	5	2	3	20	249	249	782	534	249
孟津区	2	2	-	5	161	41	202	42	41
洛龙区	4	4	-	79	949	1445	3851	2818	1445
新安县	2	2	-	21	325	309	948	948	309
栾川县	1	1	-	6	96	65	202	202	65
嵩县	5	5	-	78	1186	1237	3813	3779	1237
汝阳县	7	7	-	114	1804	1616	5246	3659	1616
宜阳县	7	7	-	64	999	848	2835	2175	848
洛宁县	12	11	1	110	1505	1382	4693	3980	1382
伊川县	7	2	5	35	438	441	1269	1029	441
平顶山市	82	70	12	1442	21920	22028	69975	67598	22028
新华区	1	1	-	9	123	102	325	134	102
卫东区	-	-	-	-	7	-	-	-	-
石龙区	-	-	-	-	-	-	-	-	-
湛河区	1	1	-	40	758	613	2094	2094	613

情 况（乡村）（一）

学生数 分年级			预计毕业生数	教职工数（按办学类型）				教初中学生的专任教师数	校外教师	外籍教师
				计	其中：女	其中：专任教师数				
二年级	三年级	四年级				计	其中：女			
265534	270925	–	270925	77118	50104	71637	47732	63531	190	3
16295	14849	–	14849	4572	3210	3998	2960	3288	8	3
483	314	–	314	106	78	95	72	95	–	–
1046	990	–	990	406	317	362	276	297	8	–
280	296	–	296	69	46	67	46	67	–	–
955	554	–	554	177	147	173	146	156	–	–
–	–	–	–	–	–	–	–	–	–	–
1082	641	–	641	496	389	450	359	213	–	2
2675	1852	–	1852	688	522	665	517	610	–	1
786	786	–	786	215	136	208	131	188	–	–
714	720	–	720	228	127	212	126	163	–	–
774	885	–	885	162	103	162	103	168	–	–
3451	2903	–	2903	853	652	836	652	738	–	–
4049	4908	–	4908	1172	693	768	532	593	–	–
15026	14665	–	14665	3790	2400	3583	2332	3134	4	–
378	342	–	342	139	111	121	98	90	–	–
–	–	–	–	–	–	–	–	–	–	–
–	–	–	–	–	–	–	–	–	–	–
–	–	–	–	–	–	–	–	–	–	–
4063	3913	–	3913	804	444	787	444	714	–	–
3734	3463	–	3463	1003	630	932	606	804	–	–
1386	1181	–	1181	502	317	440	300	272	2	–
3182	3274	–	3274	715	484	686	471	657	–	–
2283	2492	–	2492	627	414	617	413	597	2	–
8493	8487	–	8487	2474	1621	2349	1572	2050	26	–
–	–	–	–	–	–	–	–	–	–	–
–	–	–	–	–	–	–	–	–	–	–
297	344	–	344	–	–	–	–	64	–	–
67	64	–	64	41	19	41	19	20	–	–
272	261	–	261	157	102	148	98	99	–	–
83	78	–	78	21	14	20	14	20	–	–
1410	996	–	996	347	243	341	242	261	8	–
316	323	–	323	88	58	83	58	83	–	–
64	73	–	73	22	14	21	14	21	–	–
1216	1360	–	1360	366	250	338	230	260	18	–
1787	1843	–	1843	440	303	429	301	429	–	–
1009	978	–	978	308	167	293	166	293	–	–
1572	1739	–	1739	471	310	459	310	400	–	–
400	428	–	428	213	141	176	120	100	–	–
23525	24422	–	24422	6495	4625	6193	4482	5628	4	–
130	93	–	93	59	35	58	35	48	–	–
–	–	–	–	–	–	–	–	–	–	–
–	–	–	–	–	–	–	–	–	–	–
700	781	–	781	142	107	141	107	141	–	–

初 中 基 本

省、市、县(市)区名称	校数(所) 计	公办	民办	班数(个)	毕业生数	招生数	在校 计	其中：寄宿生	一年级
宝 丰 县	3	3	-	39	736	569	1845	1842	569
叶 县	9	7	2	229	3506	3704	11582	11542	3704
鲁 山 县	27	24	3	374	5665	5329	18051	17192	5329
郏 县	7	6	1	151	2101	2105	6799	6531	2105
舞 钢 市	4	4	-	98	1508	1242	4745	4505	1242
汝 州 市	30	24	6	502	7516	8364	24534	23758	8364
安 阳 市	**97**	**92**	**5**	**1251**	**18533**	**16171**	**55319**	**39243**	**16171**
文 峰 区	1	1	-	8	116	118	336	-	118
北 关 区	1	1	-	12	192	133	552	470	133
殷 都 区	15	15	-	155	1937	1837	6421	1768	1837
龙 安 区	5	5	-	61	1075	806	2973	936	806
安 阳 县	13	13	-	204	3146	2666	9740	6533	2666
汤 阴 县	3	3	-	41	755	475	1736	1507	475
滑 县	26	23	3	413	5801	5566	18071	16303	5566
内 黄 县	24	22	2	254	4093	3318	11067	8986	3318
林 州 市	9	9	-	103	1418	1252	4423	2740	1252
鹤 壁 市	**6**	**4**	**2**	**44**	**259**	**502**	**1687**	**1220**	**502**
鹤 山 区	-	-	-	-	-	-	-	-	-
山 城 区	-	-	-	-	-	-	-	-	-
淇 滨 区	1	1	-	27	-	416	1234	795	416
浚 县	3	1	2	9	164	37	239	222	37
淇 县	2	2	-	8	95	49	214	203	49
新 乡 市	**131**	**106**	**25**	**1293**	**18485**	**18206**	**56298**	**46873**	**18206**
红 旗 区	1	1	-	6	85	90	285	-	90
卫 滨 区	-	-	-	-	-	-	-	-	-
凤 泉 区	5	5	-	52	802	794	2225	4	794
牧 野 区	-	-	-	-	-	-	-	-	-
新 乡 县	4	3	1	36	487	488	1470	766	488
获 嘉 县	8	8	-	56	906	660	2307	1977	660
原 阳 县	27	24	3	212	2546	2891	8888	6624	2891
延 津 县	19	13	6	193	3657	3052	8376	7779	3052
封 丘 县	23	14	9	301	3765	4066	13197	13049	4066
卫 辉 市	18	15	3	161	2845	2132	6870	5003	2132
辉 县 市	14	13	1	152	1724	2351	7176	6203	2351
长 垣 市	12	10	2	124	1668	1682	5504	5468	1682
焦 作 市	**48**	**44**	**4**	**398**	**4888**	**5601**	**16863**	**13040**	**5601**
解 放 区	-	-	-	-	-	-	-	-	-
中 站 区	1	1	-	12	238	195	572	570	195
马 村 区	3	2	1	22	399	292	922	660	292
山 阳 区	4	4	-	35	502	538	1601	1275	538
修 武 县	4	3	1	35	390	442	1370	701	442
博 爱 县	5	5	-	46	382	699	2019	1740	699
武 陟 县	10	8	2	114	1332	1672	5260	4274	1672
温 县	8	8	-	59	705	797	2294	2090	797

情 况（乡村）（二）

学生数 分年级			预计毕业生数	教职工数（按办学类型）				教初中学生的专任教师数	校外教师	外籍教师
				计	其中：女	其中：专任教师数				
二年级	三年级	四年级				计	其中：女			
525	751	-	751	193	134	181	128	181	-	-
4025	3853	-	3853	999	724	944	706	833	-	-
5994	6728	-	6728	1579	1072	1513	1040	1404	4	-
2183	2511	-	2511	783	556	718	513	624	-	-
1708	1795	-	1795	301	180	296	180	361	-	-
8260	7910	-	7910	2439	1817	2342	1773	2036	-	-
19058	**20090**	-	**20090**	**4697**	**3197**	**4538**	**3165**	**4327**	**80**	-
94	124	-	124	25	11	25	11	25	-	-
199	220	-	220	46	29	38	24	38	11	-
2288	2296	-	2296	497	328	483	327	492	13	-
994	1173	-	1173	250	149	247	149	247	5	-
3488	3586	-	3586	762	520	739	519	739	-	-
611	650	-	650	150	104	141	103	159	-	-
6094	6411	-	6411	1611	1176	1573	1167	1338	51	-
3803	3946	-	3946	934	603	881	589	980	-	-
1487	1684	-	1684	422	277	411	276	309	-	-
569	**616**	-	**616**	**185**	**127**	**169**	**119**	**103**	-	-
-	-	-	-	-	-	-	-	-	-	-
-	-	-	-	-	-	-	-	-	-	-
476	342	-	342	88	72	88	72	48	-	-
22	180	-	180	52	34	38	26	27	-	-
71	94	-	94	45	21	43	21	28	-	-
18586	**19506**	-	**19506**	**6475**	**4499**	**5647**	**3968**	**4550**	**5**	-
102	93	-	93	42	32	41	32	21	-	-
-	-	-	-	-	-	-	-	-	-	-
680	751	-	751	196	137	193	137	179	-	-
-	-	-	-	-	-	-	-	-	-	-
540	442	-	442	165	113	149	106	103	-	-
781	866	-	866	268	185	263	182	228	-	-
3105	2892	-	2892	888	582	825	557	712	2	-
2642	2682	-	2682	760	538	642	469	617	1	-
4305	4826	-	4826	2012	1513	1593	1192	1050	2	-
2298	2440	-	2440	693	424	664	407	632	-	-
2307	2518	-	2518	867	564	772	511	546	-	-
1826	1996	-	1996	584	411	505	375	462	-	-
5711	**5551**	-	**5551**	**1782**	**1088**	**1657**	**1042**	**1541**	-	-
-	-	-	-	-	-	-	-	-	-	-
184	193	-	193	94	66	80	59	45	-	-
278	352	-	352	145	97	124	84	93	-	-
499	564	-	564	139	78	135	78	135	-	-
486	442	-	442	157	87	146	84	137	-	-
753	567	-	567	166	88	160	85	143	-	-
1776	1812	-	1812	472	316	429	297	421	-	-
740	757	-	757	228	123	213	123	213	-	-

初 中 基 本

省、市、县(市)区名称	校数(所) 计	校数(所) 公办	校数(所) 民办	班数(个)	毕业生数	招生数	在校 计	在校 其中：寄宿生	在校 一年级
沁阳市	7	7	-	35	485	433	1377	769	433
孟州市	6	6	-	40	455	533	1448	961	533
濮阳市	**43**	**42**	**1**	**569**	**8838**	**7393**	**25156**	**20095**	**7393**
华龙区	5	4	1	89	1469	1327	4265	4109	1327
清丰县	10	10	-	108	2354	1252	4984	3665	1252
南乐县	5	5	-	120	1801	1793	5561	4060	1793
范县	9	9	-	120	1295	1852	5250	4628	1852
台前县	4	4	-	44	696	496	1936	1186	496
濮阳县	10	10	-	88	1223	673	3160	2447	673
许昌市	**46**	**36**	**10**	**701**	**11289**	**10625**	**33455**	**30401**	**10625**
魏都区	-	-	-	8	268	142	336	336	142
建安区	10	8	2	254	4409	3805	12356	9470	3805
鄢陵县	6	4	2	81	1100	1028	3421	3420	1028
襄城县	8	7	1	146	2179	2506	7455	7455	2506
禹州市	13	9	4	119	1945	1818	5583	5463	1818
长葛市	9	8	1	93	1388	1326	4304	4257	1326
漯河市	**21**	**21**	**-**	**247**	**4251**	**3484**	**11657**	**11545**	**3484**
源汇区	4	4	-	74	1346	1138	3832	3830	1138
郾城区	-	-	-	-	-	-	-	-	-
召陵区	1	1	-	5	181	60	186	183	60
舞阳县	6	6	-	74	1165	1032	3585	3530	1032
临颍县	10	10	-	94	1559	1254	4054	4002	1254
三门峡市	**30**	**29**	**1**	**205**	**2806**	**2441**	**8295**	**7459**	**2441**
湖滨区	1	1	-	8	79	104	302	302	104
陕州区	9	9	-	25	215	213	691	625	213
渑池县	9	9	-	80	1185	1117	3700	2957	1117
卢氏县	3	3	-	10	292	111	423	423	111
义马市	-	-	-	-	-	-	-	-	-
灵宝市	8	7	1	82	1035	896	3179	3152	896
南阳市	**91**	**88**	**3**	**1586**	**25363**	**23382**	**73046**	**66880**	**23382**
宛城区	15	14	1	270	4785	4230	13118	13033	4230
卧龙区	5	5	-	61	983	973	2841	2701	973
南召县	15	15	-	230	3671	3683	11121	10511	3683
方城县	9	9	-	178	2711	2650	7876	7131	2650
西峡县	4	4	-	26	340	238	729	727	238
镇平县	7	6	1	65	1119	936	2798	2739	936
内乡县	2	2	-	21	425	242	895	895	242
淅川县	4	4	-	34	487	373	1342	1342	373
社旗县	5	4	1	60	904	1071	2946	2567	1071
唐河县	6	6	-	240	3862	3629	11319	7698	3629
新野县	3	3	-	95	916	1022	4146	4125	1022
桐柏县	6	6	-	63	1275	865	2744	2671	865
邓州市	10	10	-	243	3885	3470	11171	10740	3470
商丘市	**176**	**161**	**15**	**1990**	**23795**	**28661**	**87007**	**52128**	**28661**

情　　况(乡村)(三)

学生数			预计毕业生数	教职工数(按办学类型)				教初中学生的专任教师数	校外教师	外籍教师
分年级				计	其中:女	其中:专任教师数				
二年级	三年级	四年级				计	其中:女			
496	448	–	448	217	143	211	143	195	–	–
499	416	–	416	164	90	159	89	159	–	–
8274	**9489**	**–**	**9489**	**2443**	**1562**	**2298**	**1530**	**2019**	**5**	**–**
1432	1506	–	1506	411	276	366	257	327	3	–
1621	2111	–	2111	473	300	440	300	427	–	–
1888	1880	–	1880	490	322	470	318	356	–	–
1672	1726	–	1726	483	313	454	305	384	–	–
722	718	–	718	172	96	168	96	149	2	–
939	1548	–	1548	414	255	400	254	376	–	–
11120	**11710**	**–**	**11710**	**3051**	**2006**	**2800**	**1892**	**2692**	**–**	**–**
–	194	–	194	–	–	–	–	30	–	–
4200	4351	–	4351	1026	664	962	659	1069	–	–
1052	1341	–	1341	307	204	282	193	246	–	–
2442	2507	–	2507	556	350	534	345	526	–	–
1911	1854	–	1854	681	479	558	392	450	–	–
1515	1463	–	1463	481	309	464	303	371	–	–
3972	**4201**	**–**	**4201**	**1363**	**867**	**1293**	**847**	**1082**	**–**	**–**
1287	1407	–	1407	332	219	313	215	313	–	–
–	–	–	–	–	–	–	–	–	–	–
55	71	–	71	45	31	43	29	23	–	–
1243	1310	–	1310	425	278	399	264	319	–	–
1387	1413	–	1413	561	339	538	339	427	–	–
2795	**3059**	**–**	**3059**	**1030**	**584**	**928**	**543**	**876**	**6**	**–**
106	92	–	92	36	14	33	14	33	–	–
234	244	–	244	224	113	194	109	142	–	–
1251	1332	–	1332	263	146	258	146	319	–	–
163	149	–	149	39	25	37	25	37	–	–
–	–	–	–	–	–	–	–	–	–	–
1041	1242	–	1242	468	286	406	249	345	6	–
24504	**25160**	**–**	**25160**	**6219**	**4177**	**5953**	**4125**	**5812**	**27**	**–**
4415	4473	–	4473	924	598	887	589	893	–	–
920	948	–	948	222	134	210	131	210	–	–
3658	3780	–	3780	787	512	763	507	849	–	–
2542	2684	–	2684	772	563	761	562	638	–	–
238	253	–	253	125	74	123	74	123	–	–
917	945	–	945	331	210	312	203	286	–	–
265	388	–	388	101	62	96	62	96	–	–
456	513	–	513	207	112	203	112	203	–	–
906	969	–	969	252	182	248	182	240	1	–
4022	3668	–	3668	852	615	822	611	822	–	–
1485	1639	–	1639	397	224	328	224	328	–	–
885	994	–	994	377	279	362	273	305	–	–
3795	3906	–	3906	872	612	838	595	819	26	–
29859	**28487**	**–**	**28487**	**8712**	**5335**	**8052**	**5078**	**7113**	**2**	**–**

初 中 基 本

省、市、县(市)区名称	校数(所) 计	公办	民办	班数(个)	毕业生数	招生数	在校 计	其中：寄宿生	一年级
梁园区	13	13	-	112	1407	1766	5212	3804	1766
睢阳区	15	12	3	142	1821	2328	6365	5094	2328
民权县	23	23	-	253	2979	3959	11533	4748	3959
睢　县	31	31	-	344	3882	4731	14086	4093	4731
宁陵县	15	11	4	136	1930	1856	5917	4385	1856
柘城县	30	27	3	275	3214	3694	11446	8427	3694
虞城县	19	18	1	281	3341	4125	12317	9286	4125
夏邑县	17	15	2	288	2746	3988	13167	6247	3988
永城市	13	11	2	159	2475	2214	6964	6044	2214
信阳市	**134**	**125**	**9**	**1514**	**20513**	**20430**	**67087**	**54862**	**20430**
浉河区	5	4	1	75	1123	1001	3614	3609	1001
平桥区	12	11	1	175	2767	2565	7985	7140	2565
罗山县	7	7	-	137	2229	1894	6317	5992	1894
光山县	21	21	-	192	2128	2537	8213	7758	2537
新　县	12	12	-	60	700	554	2013	900	554
商城县	14	14	-	141	1711	2056	6127	5988	2056
固始县	15	14	1	137	2078	1734	5974	4574	1734
潢川县	13	13	-	96	1092	1133	3940	1903	1133
淮滨县	13	13	-	166	2021	2399	7182	5800	2399
息　县	22	16	6	335	4664	4557	15722	11198	4557
周口市	**153**	**122**	**31**	**2006**	**28917**	**29178**	**93015**	**83477**	**29178**
川汇区	1	1	-	16	317	137	592	591	137
淮阳区	24	21	3	185	2075	2039	8299	8132	2039
扶沟县	5	5	-	84	1146	1286	4031	4031	1286
西华县	12	12	-	164	2643	2388	7613	7602	2388
商水县	18	9	9	272	4152	3890	12400	11844	3890
沈丘县	15	15	-	138	1895	1859	6094	5140	1859
郸城县	18	15	3	415	7369	6462	20624	19071	6462
太康县	29	26	3	469	7129	6999	21702	19171	6999
鹿邑县	21	12	9	192	1380	3142	8576	5723	3142
项城市	10	6	4	71	811	976	3084	2172	976
驻马店市	**89**	**76**	**13**	**1499**	**23045**	**21371**	**68377**	**61292**	**21371**
驿城区	5	5	-	66	1188	786	2874	2690	786
西平县	10	10	-	124	1345	1774	5182	5139	1774
上蔡县	17	14	3	345	5273	5334	15785	15032	5334
平舆县	6	6	-	60	662	900	2609	1759	900
正阳县	13	13	-	306	5104	4191	14414	11513	4191
确山县	3	2	1	31	526	462	1385	1385	462
泌阳县	8	8	-	180	2201	2545	8239	7215	2545
汝南县	6	6	-	92	1217	1367	4282	4106	1367
遂平县	4	4	-	50	645	664	2228	2119	664
新蔡县	17	8	9	245	4884	3348	11379	10334	3348
济源示范区	**5**	**5**	**-**	**37**	**402**	**399**	**1279**	**913**	**399**

情　况（乡村）（四）

学生数 分年级			预计毕业生数	教职工数（按办学类型）				教初中学生的专任教师数	校外教师	外籍教师
二年级	三年级	四年级		计	其中：女	其中：专任教师数 计	其中：女			
1709	1737	–	1737	465	225	430	221	430	–	–
2016	2021	–	2021	765	515	653	432	492	–	–
4000	3574	–	3574	999	632	963	624	883	–	–
4788	4567	–	4567	1225	741	1174	722	1174	–	–
1732	2329	–	2329	800	543	747	516	524	–	–
3988	3764	–	3764	1409	805	1331	783	1181	1	–
4625	3567	–	3567	1031	553	927	533	927	–	–
4598	4581	–	4581	1417	949	1281	886	1027	1	–
2403	2347	–	2347	601	372	546	361	475	–	–
22835	**23822**	–	**23822**	**8454**	**4795**	**7921**	**4615**	**6795**	**22**	–
1221	1392	–	1392	337	197	325	193	305	1	–
2467	2953	–	2953	798	425	755	410	755	–	–
2072	2351	–	2351	530	304	512	298	512	2	–
3036	2640	–	2640	1158	667	1095	653	943	9	–
667	792	–	792	518	302	512	302	378	2	–
1865	2206	–	2206	709	323	673	322	647	–	–
2044	2196	–	2196	1006	609	955	589	722	–	–
1358	1449	–	1449	680	348	582	324	582	–	–
2384	2399	–	2399	968	591	938	585	818	–	–
5721	5444	–	5444	1750	1029	1574	939	1133	8	–
31666	**32171**	–	**32171**	**8987**	**6179**	**8272**	**5813**	**6596**	–	–
184	271	–	271	52	26	50	26	86	–	–
2814	3446	–	3446	1108	740	1030	708	680	–	–
1423	1322	–	1322	368	258	359	257	359	–	–
2643	2582	–	2582	819	575	805	575	657	–	–
4212	4298	–	4298	1358	986	1167	839	908	–	–
2334	1901	–	1901	768	475	755	474	652	–	–
6433	7729	–	7729	1296	912	1174	853	1108	–	–
7390	7313	–	7313	1822	1263	1694	1218	1473	–	–
3160	2274	–	2274	1064	722	926	649	426	–	–
1073	1035	–	1035	332	222	312	214	247	–	–
22840	**24166**	–	**24166**	**6226**	**3739**	**5825**	**3556**	**5787**	**1**	–
959	1129	–	1129	281	168	276	168	276	–	–
1598	1810	–	1810	547	297	498	281	498	–	–
5572	4879	–	4879	1337	869	1275	841	1212	–	–
766	943	–	943	274	142	259	136	219	–	–
4762	5461	–	5461	1257	693	1231	691	1189	1	–
445	478	–	478	174	123	150	108	132	–	–
2901	2793	–	2793	740	494	706	479	697	–	–
1290	1625	–	1625	387	247	376	246	376	–	–
766	798	–	798	236	156	230	155	230	–	–
3781	4250	–	4250	993	550	824	451	958	–	–
406	**474**	–	**474**	**163**	**93**	**161**	**93**	**138**	–	–

普 通 高 中

省、市、县(市)区名称	校数(所) 计	校数(所) 公办	校数(所) 民办	班数(个)	毕业生数	招生数	在校 计	在校 其中:女	在校 其中:寄宿生
河南省	1098	582	514	51599	774723	900599	2622690	1297101	2278262
郑州市	140	79	59	5130	73861	91763	255500	125867	238655
中原区	18	8	10	692	10030	11236	33040	14657	29280
二七区	14	9	5	427	6884	7977	22393	11154	18030
管城回族区	9	6	3	276	4064	5156	14143	7022	13613
金水区	25	12	12	754	11127	12168	34789	16345	27543
上街区	2	2	-	63	796	1257	3141	1551	3141
惠济区	9	5	4	334	5107	5731	16675	8833	16505
中牟县	18	11	7	549	6439	10091	26799	13460	26362
巩义市	7	5	2	323	4603	6370	17177	8718	17177
荥阳市	7	4	3	301	4414	5485	15420	7932	15337
新密市	8	5	3	386	6776	6740	19900	10034	19889
新郑市	18	8	9	697	8126	13142	34698	16728	34453
登封市	5	4	1	328	5495	6410	17325	9433	17325
开封市	56	29	27	2598	42109	45644	137097	69168	114472
龙亭区	7	3	4	240	3858	3659	12089	5712	7021
顺河回族区	6	4	2	166	2789	2991	8535	4355	3603
鼓楼区	2	1	1	86	1758	1318	4379	1945	2925
禹王台区	4	2	2	147	2513	2474	7433	3390	4193
祥符区	8	3	5	300	5657	4977	15117	7665	14641
杞县	8	5	3	497	8461	8328	24957	12118	24957
通许县	6	3	3	268	4649	4497	14366	7135	14350
尉氏县	10	5	5	495	6099	9941	28849	15787	22008
兰考县	5	3	2	399	6325	7459	21372	11061	20774
洛阳市	83	52	31	3141	50484	53070	156184	81117	150553
老城区	1	1	-	44	594	755	2049	1050	2040
西工区	4	2	2	114	1537	1746	5296	2591	4730
瀍河回族区	7	4	3	177	2582	2955	8376	4154	6781
涧西区	8	5	3	252	3716	3990	11816	6015	9976
偃师区	6	4	2	181	2996	3344	9867	4924	9752
孟津区	5	3	2	232	3966	3813	11435	5946	11340
洛龙区	14	7	7	402	6076	6170	17807	8911	17418
新安县	6	4	2	254	3969	4633	13005	6807	13005
栾川县	4	3	1	161	2384	2764	8029	4057	8029
嵩县	5	4	1	255	4220	4317	13343	7402	13165
汝阳县	4	4	-	221	3681	3758	11494	6201	11494
宜阳县	7	4	3	313	5546	5053	15401	8064	14676
洛宁县	4	2	2	168	3265	2911	9146	4866	9027
伊川县	8	5	3	367	5952	6861	19120	10129	19120
平顶山市	54	31	23	2816	42574	48180	145119	72250	141356
新华区	8	5	3	403	6054	6610	20620	9730	18624
卫东区	2	1	1	38	612	659	2008	1022	1842
石龙区	2	1	1	39	688	787	2035	854	2035
湛河区	3	2	1	152	2273	2628	7833	3830	7833

注:郑州市除公办、民办外还有两所具有法人资格的中外合作办学校。

基 本 情 况（总计）（一）

学生数			预计毕业生数	教职工数				教高中学生的专任教师数	校外教师	外籍教师
分年级				计	其中：女	其中：专任教师数				
一年级	二年级	三年级				计	其中：女			
900611	880421	841658	841658	249834	156734	221158	142170	193068	1073	36
91763	84125	79612	79612	24362	15634	20923	13915	19377	55	13
11236	11014	10790	10790	3423	2336	2973	2054	2493	—	—
7977	7348	7068	7068	2059	1363	1664	1203	1624	22	1
5156	4658	4329	4329	1379	830	1065	697	1068	—	4
12168	11384	11237	11237	3809	2393	3024	1986	2503	23	4
1257	941	943	943	271	168	258	165	258	—	—
5731	5272	5672	5672	1607	906	1348	802	1327	6	1
10091	8973	7735	7735	2735	1890	2446	1714	2078	2	2
6370	6020	4787	4787	1459	928	1438	919	1438	—	—
5485	5217	4718	4718	1517	915	1347	816	1296	—	—
6740	6548	6612	6612	1528	935	1384	873	1368	2	—
13142	11257	10299	10299	3171	2083	2745	1861	2693	—	1
6410	5493	5422	5422	1404	887	1231	825	1231	—	—
45644	46231	45222	45222	10884	6957	9543	6276	8327	—	—
3659	3936	4494	4494	1302	892	1138	813	693	—	—
2991	2767	2777	2777	945	559	855	507	507	—	—
1318	1600	1461	1461	434	281	303	200	283	—	—
2474	2784	2175	2175	660	442	574	387	488	—	—
4977	5083	5057	5057	1253	737	1013	619	979	—	—
8328	8616	8013	8013	1817	1137	1719	1091	1719	—	—
4497	5009	4860	4860	1239	826	1028	715	844	—	—
9941	9490	9418	9418	1794	1182	1582	1087	1483	—	—
7459	6946	6967	6967	1440	901	1331	857	1331	—	—
53070	52376	50738	50738	16048	10451	14388	9612	12168	15	22
755	694	600	600	159	112	152	109	152	—	—
1746	1759	1791	1791	493	311	415	265	415	—	—
2955	2762	2659	2659	1296	870	1104	788	634	—	—
3990	3965	3861	3861	1127	760	957	665	891	4	—
3344	3482	3041	3041	1021	666	934	641	789	—	—
3813	3866	3756	3756	1049	611	990	585	990	—	—
6170	5662	5975	5975	2791	2036	2333	1729	1501	—	22
4633	4177	4195	4195	1247	663	1165	637	1080	—	—
2764	2749	2516	2516	721	361	710	360	710	—	—
4317	4613	4413	4413	1129	709	1046	681	900	—	—
3758	3970	3766	3766	834	532	795	522	795	11	—
5053	5285	5063	5063	1415	920	1297	858	1198	—	—
2911	3107	3128	3128	775	508	706	479	625	—	—
6861	6285	5974	5974	1991	1392	1784	1293	1488	—	—
48180	49387	47552	47552	13384	8466	11817	7510	10925	11	—
6610	6302	7708	7708	1701	1048	1590	1012	1359	—	—
659	737	612	612	150	99	145	98	145	—	—
787	502	746	746	225	140	171	113	171	—	—
2628	2728	2477	2477	651	373	597	351	597	—	—

普通高中

省、市、县(市)区名称	校数(所) 计	公办	民办	班数(个)	毕业生数	招生数	在校 计	其中：女	其中：寄宿生
宝丰县	4	2	2	302	3518	4222	15009	7564	15009
叶县	7	3	4	331	5116	5733	16827	8211	16794
鲁山县	7	4	3	578	8372	9958	30290	15746	29936
郏县	6	4	2	231	3695	4282	11771	6272	11753
舞钢市	4	3	1	142	2417	2458	7117	3608	5921
汝州市	11	6	5	600	9829	10843	31609	15413	31609
安阳市	76	31	45	3230	44413	58655	162302	79667	140133
文峰区	7	3	4	265	3926	5283	13520	6178	7123
北关区	6	3	3	183	2116	3357	9276	4477	4910
殷都区	11	4	7	333	4552	5452	16582	8166	12864
龙安区	4	1	3	93	1089	1888	4634	2189	4634
安阳县	8	3	5	306	4008	5093	15096	7433	15014
汤阴县	8	3	5	332	4559	5722	16625	8153	16625
滑县	16	6	10	761	10063	15004	37926	18711	37727
内黄县	6	3	3	408	5343	7549	20384	10243	18385
林州市	10	5	5	549	8757	9307	28259	14117	22851
鹤壁市	20	9	11	792	12402	14784	40474	19533	33873
鹤山区	2	1	1	44	400	887	2003	962	1941
山城区	3	2	1	81	1166	1319	3864	1808	2893
淇滨区	7	2	5	314	5464	5736	16325	7738	11019
浚县	6	3	3	258	3724	5143	13271	6412	13271
淇县	2	1	1	95	1648	1699	5011	2613	4749
新乡市	85	41	44	3263	48284	55924	165595	81066	146380
红旗区	11	3	8	300	4101	5222	14183	6691	6502
卫滨区	5	4	1	109	1620	1675	5410	2653	2122
凤泉区	3	1	2	77	920	1210	3810	1787	2629
牧野区	5	5	—	174	2617	2928	8554	4160	2001
新乡县	7	3	4	254	3594	3957	11638	5495	11638
获嘉县	5	3	2	163	2386	2952	8271	4154	8271
原阳县	9	6	3	349	5497	6275	17175	8797	17029
延津县	5	2	3	267	4446	4473	13674	6483	13583
封丘县	13	5	8	324	4749	6416	16580	8066	16397
卫辉市	3	2	1	290	3881	5144	15443	7928	15443
辉县市	8	5	3	412	7021	6587	22580	11730	22488
长垣市	11	2	9	544	7452	9085	28277	13122	28277
焦作市	37	17	20	1473	23449	24474	71912	35920	65230
解放区	4	2	2	159	2131	2576	8126	3930	5431
中站区	1	1	—	52	785	884	2733	1347	2733
马村区	1	—	1	20	187	327	824	389	824
山阳区	7	3	4	200	2917	3619	10443	5202	9052
修武县	3	2	1	134	1963	1789	5338	2635	5338
博爱县	5	2	3	130	2145	2467	7035	3580	6117
武陟县	5	2	3	263	4344	4926	13490	6595	13378
温县	3	1	2	188	3196	2721	8295	4198	8295

基 本 情 况（总计）(二)

学生数			预计毕业生数	教职工数				教高中学生的专任教师数	校外教师	外籍教师
分年级				计	其中：女	其中：专任教师数				
一年级	二年级	三年级				计	其中：女			
4222	5568	5219	5219	1824	1273	1364	908	1364	-	-
5733	5398	5696	5696	1730	1234	1491	1081	1284	-	-
9958	11448	8884	8884	2404	1409	2104	1244	2091	-	-
4282	3865	3624	3624	1404	778	1319	745	1063	-	-
2458	2367	2292	2292	748	481	631	404	525	8	-
10843	10472	10294	10294	2547	1631	2405	1554	2326	3	-
58655	**52317**	**51330**	**51330**	**16095**	**10687**	**13892**	**9395**	**11516**	**76**	**-**
5283	4238	3999	3999	1216	824	1052	731	1020	-	-
3357	2953	2966	2966	814	471	677	421	677	2	-
5452	5398	5732	5732	1708	1034	1385	874	1201	50	-
1888	1560	1186	1186	464	314	333	216	333	-	-
5093	4799	5204	5204	1660	1082	1297	871	1149	21	-
5722	5235	5668	5668	1875	1319	1400	1034	1023	-	-
15004	11710	11212	11212	3694	2509	3588	2461	2933	-	-
7549	6685	6150	6150	2082	1441	1851	1272	1377	-	-
9307	9739	9213	9213	2582	1693	2309	1515	1803	3	-
14784	**12397**	**13293**	**13293**	**4273**	**2765**	**3557**	**2362**	**2978**		
887	579	537	537	172	119	147	107	147	-	-
1319	1184	1361	1361	390	224	353	206	339	-	-
5736	5009	5580	5580	1831	1204	1439	980	1003	-	-
5143	4003	4125	4125	1391	922	1195	808	1066	-	-
1699	1622	1690	1690	489	296	423	261	423	-	-
55924	**55562**	**54109**	**54109**	**17545**	**11624**	**14499**	**9911**	**11503**	**166**	**-**
5222	4610	4351	4351	1789	1165	1428	987	1065	18	-
1675	1888	1847	1847	625	424	565	397	328	-	-
1210	1263	1337	1337	652	442	554	388	292	5	-
2928	2837	2789	2789	1222	740	1073	674	538	-	-
3957	3874	3807	3807	1421	978	1066	770	834	-	-
2952	2529	2790	2790	819	543	722	503	708	-	-
6275	5530	5370	5370	1795	1182	1570	1078	1225	-	-
4473	4262	4939	4939	1433	932	1102	730	870	143	-
6416	5411	4753	4753	1460	842	1243	748	1243	-	-
5144	5094	5205	5205	1438	988	1313	923	1003	-	-
6587	8392	7601	7601	1792	1131	1680	1073	1680	-	-
9085	9872	9320	9320	3099	2257	2183	1640	1717	-	-
24474	**23773**	**23665**	**23665**	**7064**	**4615**	**6243**	**4198**	**5598**	**17**	**-**
2576	2790	2760	2760	580	398	498	362	498	11	-
884	872	977	977	233	141	181	123	181	6	-
327	321	176	176	90	63	62	43	62	-	-
3619	3291	3533	3533	1038	687	835	574	756	-	-
1789	1696	1853	1853	483	320	457	310	457	-	-
2467	2325	2243	2243	807	538	713	468	539	-	-
4926	4540	4024	4024	1410	910	1291	846	1185	-	-
2721	2780	2794	2794	742	481	647	447	647	-	-

普通高中

省、市、县(市)区名称	校数(所) 计	公办	民办	班数(个)	毕业生数	招生数	在校 计	其中:女	其中:寄宿生
沁 阳 市	5	2	3	230	4251	3509	10787	5410	9221
孟 州 市	3	2	1	97	1530	1656	4841	2634	4841
濮 阳 市	**52**	**19**	**33**	**2026**	**29395**	**37734**	**102596**	**50183**	**72731**
华 龙 区	23	10	13	873	12241	15929	43998	21114	23630
清 丰 县	6	2	4	257	3492	5286	13385	6887	10794
南 乐 县	10	2	8	225	3317	4202	11146	5611	10697
范　　县	3	1	2	239	4123	4378	12446	6264	12446
台 前 县	3	1	2	186	2827	3940	10016	4619	4507
濮 阳 县	7	3	4	246	3395	3999	11605	5688	10657
许 昌 市	**46**	**20**	**26**	**2319**	**32016**	**39574**	**117276**	**57181**	**101685**
魏 都 区	9	6	3	379	5524	6612	18374	9193	13600
建 安 区	5	2	3	274	3632	4281	13725	6763	13089
鄢 陵 县	6	3	3	292	3310	4847	14726	7159	14559
襄 城 县	7	3	4	422	6666	6670	21400	10491	21400
禹 州 市	14	3	11	617	8135	11089	31233	14929	26065
长 葛 市	5	3	2	335	4749	6075	17818	8646	12972
漯 河 市	**21**	**13**	**8**	**1046**	**16638**	**18294**	**53461**	**26848**	**37801**
源 汇 区	3	2	1	197	3229	3223	9807	4711	3953
郾 城 区	3	3	-	223	3674	4038	11787	5991	7424
召 陵 区	4	2	2	162	2294	2715	7980	4046	4414
舞 阳 县	5	2	3	173	2694	3195	9122	4766	7578
临 颍 县	6	4	2	291	4747	5123	14765	7334	14432
三门峡市	**24**	**17**	**7**	**872**	**12632**	**13777**	**40520**	**21353**	**37912**
湖 滨 区	6	4	2	168	2692	2394	7858	4113	5250
陕 州 区	3	3	-	99	1346	1535	4360	2268	4360
渑 池 县	3	2	1	176	2611	2822	8749	4696	8749
卢 氏 县	3	2	1	122	1974	2052	6031	3256	6031
义 马 市	2	1	1	47	505	595	1588	812	1588
灵 宝 市	7	5	2	260	3504	4379	11934	6208	11934
南 阳 市	**139**	**79**	**60**	**6715**	**90651**	**117262**	**341254**	**169109**	**322155**
宛 城 区	34	20	14	995	11758	18668	49148	23813	42242
卧 龙 区	27	12	15	673	9479	9576	32406	15896	24367
南 召 县	11	5	6	430	5390	7906	22116	10927	20053
方 城 县	7	4	3	464	6496	8560	24191	12500	23864
西 峡 县	4	3	1	271	4561	4801	13856	6559	13856
镇 平 县	5	3	2	392	5340	6322	19190	9340	19190
内 乡 县	5	4	1	446	6709	8297	23659	11633	23659
淅 川 县	8	5	3	459	7195	7519	23905	11689	23905
社 旗 县	5	3	2	320	4504	5710	16941	8574	16419
唐 河 县	7	4	3	635	6682	11106	32020	16429	32013
新 野 县	6	4	2	400	5780	8018	20966	10268	20966
桐 柏 县	3	2	1	258	3816	3795	12750	6384	12122
邓 州 市	17	10	7	972	12941	16984	50106	25097	49499
商 丘 市	**48**	**28**	**20**	**3607**	**55786**	**65438**	**186068**	**92964**	**146478**

基 本 情 况（总计）（三）

学生数			预计毕业生数	教职工数				教高中学生的专任教师数	校外教师	外籍教师
分年级				计	其中：女	其中：专任教师数				
一年级	二年级	三年级				计	其中：女			
3509	3546	3732	3732	1230	791	1116	742	830	—	—
1656	1612	1573	1573	451	286	443	283	443	—	—
37734	**33084**	**31778**	**31778**	**10585**	**6586**	**9109**	**5930**	**7510**	**273**	**—**
15929	14644	13425	13425	4285	2522	3814	2301	3311	173	—
5286	4339	3760	3760	1331	960	1146	872	884	100	—
4202	3386	3558	3558	1068	649	900	587	900	—	—
4378	3999	4069	4069	1093	622	955	565	890	—	—
3940	2910	3166	3166	835	565	733	514	629	—	—
3999	3806	3800	3800	1973	1268	1561	1091	896	—	—
39574	**40194**	**37508**	**37508**	**10279**	**6693**	**9313**	**6155**	**8464**	**9**	**—**
6612	5931	5831	5831	1713	1153	1560	1064	1406	8	—
4281	4941	4503	4503	1612	1104	1508	1040	1116	—	—
4847	5099	4780	4780	1203	696	1052	610	1052	—	—
6670	7537	7193	7193	1704	1064	1511	938	1419	—	—
11089	10587	9557	9557	2683	1781	2360	1622	2295	1	—
6075	6099	5644	5644	1364	895	1322	881	1176	—	—
18294	**17559**	**17608**	**17608**	**4487**	**2731**	**3916**	**2409**	**3722**	**7**	**—**
3223	3312	3272	3272	815	491	739	450	712	—	—
4038	3906	3843	3843	855	472	722	416	820	—	—
2715	2581	2684	2684	514	344	380	259	488	3	—
3195	2960	2967	2967	1007	677	880	584	617	4	—
5123	4800	4842	4842	1296	747	1195	700	1085	—	—
13777	**13582**	**13161**	**13161**	**5307**	**3323**	**4518**	**2820**	**3839**	**—**	**—**
2394	2703	2761	2761	875	543	789	502	736	—	—
1535	1437	1388	1388	638	391	617	390	467	—	—
2822	2933	2994	2994	1292	958	963	689	639	—	—
2052	1995	1984	1984	745	466	665	411	548	—	—
595	543	450	450	307	192	257	154	222	—	—
4379	3971	3584	3584	1450	773	1227	674	1227	—	—
117274	**117182**	**106798**	**106798**	**33431**	**21734**	**30795**	**20518**	**26395**	**199**	**1**
18668	15940	14540	14540	5678	3891	5202	3648	3923	39	1
9576	11839	10991	10991	4024	2830	3682	2672	2595	56	—
7906	7771	6439	6439	2728	1699	2512	1589	1928	4	—
8560	8263	7368	7368	2248	1491	2112	1436	2139	—	—
4801	4647	4408	4408	1641	1121	1522	1081	1290	—	—
6322	6398	6470	6470	1740	1098	1714	1091	1420	—	—
8297	8137	7225	7225	1828	1197	1651	1086	1651	—	—
7519	8156	8230	8230	1933	1136	1805	1094	1715	—	—
5710	5898	5333	5333	1315	832	1280	826	1280	—	—
11106	11656	9258	9258	2501	1579	2207	1448	2282	—	—
8018	6675	6273	6273	2190	1328	1813	1130	1575	6	—
3795	4527	4428	4428	978	591	920	565	1017	—	—
16996	17275	15835	15835	4627	2941	4375	2852	3580	94	—
65438	**62833**	**57797**	**57797**	**15812**	**9417**	**13688**	**8529**	**11714**	**36**	**—**

普 通 高 中

省、市、县(市)区名称	校数(所) 计	公办	民办	班数(个)	毕业生数	招生数	在校 计	其中：女	其中：寄宿生
梁 园 区	6	4	2	356	6175	6226	17881	8505	9955
睢 阳 区	8	3	5	520	7486	9452	25843	13066	20282
民 权 县	3	2	1	342	5605	5800	17436	9030	12280
睢 县	3	3	-	357	5018	5796	17418	8701	17418
宁 陵 县	3	2	1	195	2950	3788	10480	5539	10266
柘 城 县	7	3	4	378	5966	6839	20017	9567	16270
虞 城 县	4	3	1	407	6991	7194	21668	10900	14508
夏 邑 县	6	4	2	371	5727	7297	19454	9753	18111
永 城 市	8	4	4	681	9868	13046	35871	17903	27388
信 阳 市	**81**	**48**	**33**	**3951**	**67778**	**61772**	**202520**	**94267**	**152132**
浉 河 区	7	4	3	348	5051	5670	17946	8519	10394
平 桥 区	16	7	9	516	7477	7926	25452	12250	20846
罗 山 县	9	6	3	318	5160	6027	16437	7658	15612
光 山 县	8	5	3	430	8065	6447	22261	9558	14100
新 县	3	2	1	143	2553	2316	7444	3466	4381
商 城 县	8	7	1	357	6911	5006	18271	8400	17690
固 始 县	12	5	7	762	14242	11906	38857	17896	27695
潢 川 县	8	6	2	294	5185	4546	15584	6908	6860
淮 滨 县	6	3	3	331	5154	4953	17064	8348	15694
息 县	4	3	1	452	7980	6975	23204	11264	18860
周 口 市	**70**	**35**	**35**	**4457**	**69943**	**78768**	**229487**	**113780**	**207534**
川 汇 区	14	6	8	513	6005	8522	25239	12018	25198
淮 阳 区	9	5	4	471	6818	9203	24603	12623	22965
扶 沟 县	4	4	-	276	4855	4940	14805	7186	14805
西 华 县	4	3	1	284	4550	5058	14839	7638	14839
商 水 县	6	2	4	404	6334	7194	20900	10505	20628
沈 丘 县	5	3	2	462	7411	7592	22508	11181	21620
郸 城 县	10	3	7	577	9861	9773	29035	13873	26938
太 康 县	7	4	3	513	8270	9255	26337	13984	25723
鹿 邑 县	6	2	4	440	7848	7997	24272	12022	16139
项 城 市	5	3	2	517	7991	9234	26949	12750	18679
驻马店市	**59**	**29**	**30**	**3858**	**57010**	**70162**	**199610**	**98995**	**153729**
驿 城 区	8	4	4	594	9576	10501	30620	14835	12252
西 平 县	3	2	1	237	4261	3982	12443	5750	11720
上 蔡 县	6	2	4	621	8946	11355	31984	15840	30962
平 舆 县	5	4	1	317	5113	5604	16743	8267	13953
正 阳 县	7	3	4	397	4684	7839	20267	10003	13825
确 山 县	4	3	1	240	4444	4489	12862	6454	10623
泌 阳 县	5	3	2	412	6007	7102	20520	10288	11293
汝 南 县	5	3	2	267	4198	4918	14364	7248	12436
遂 平 县	3	2	1	217	2860	3830	11519	5693	11006
新 蔡 县	13	3	10	556	6921	10542	28288	14617	25659
济源示范区	**7**	**5**	**2**	**305**	**5298**	**5324**	**15715**	**7833**	**15453**

基 本 情 况（总计）（四）

学生数			预计毕业生数	教职工数		其中：专任教师数		教高中学生的专任教师数	校外教师	外籍教师
分年级				计	其中：女	计	其中：女			
一年级	二年级	三年级								
6226	6057	5598	5598	3207	2157	2661	1803	1313	36	-
9452	8792	7599	7599	2554	1444	2257	1366	1870	-	-
5800	5808	5828	5828	1071	623	1002	601	974	-	-
5796	6088	5534	5534	1246	710	1118	649	1118	-	-
3788	3308	3384	3384	757	393	591	363	591	-	-
6839	6760	6418	6418	1522	849	1288	747	1288	-	-
7194	7402	7072	7072	1575	880	1310	769	1173	-	-
7297	6199	5958	5958	1772	1032	1490	936	1416	-	-
13046	12419	10406	10406	2108	1329	1971	1295	1971	-	-
61772	**71036**	**69712**	**69712**	**18217**	**9475**	**16812**	**8895**	**15393**	**15**	**-**
5670	6300	5976	5976	1403	842	1316	810	1238	-	-
7926	9085	8441	8441	2567	1481	2250	1309	2154	2	-
6027	5515	4895	4895	1498	745	1349	704	1209	-	-
6447	7641	8173	8173	2130	1002	1793	871	1726	-	-
2316	2464	2664	2664	712	409	643	380	643	12	-
5006	6379	6886	6886	1610	680	1552	664	1552	-	-
11906	12881	14070	14070	2805	1329	2665	1245	2608	-	-
4546	5829	5209	5209	1775	950	1670	910	1122	1	-
4953	6254	5857	5857	1911	1029	1800	1002	1367	-	-
6975	8688	7541	7541	1806	1008	1774	1000	1774	-	-
78768	**76822**	**73897**	**73897**	**20658**	**12459**	**18412**	**11416**	**17147**	**145**	**-**
8522	8095	8622	8622	2731	1747	2403	1572	2142	40	-
9203	7873	7527	7527	2507	1434	2166	1299	1699	82	-
4940	5057	4808	4808	1252	775	1163	744	1163	-	-
5058	4823	4958	4958	1185	709	946	578	946	-	-
7194	7032	6674	6674	1879	1156	1714	1062	1661	15	-
7592	7713	7203	7203	1971	1212	1750	1095	1750	-	-
9773	9968	9294	9294	2757	1629	2532	1561	2532	8	-
9255	8424	8658	8658	2052	1312	1823	1186	1701	-	-
7997	8274	8001	8001	2271	1365	1952	1235	1590	-	-
9234	9563	8152	8152	2053	1120	1963	1084	1963	-	-
70162	**66898**	**62550**	**62550**	**20016**	**12323**	**18451**	**11551**	**15210**	**49**	**-**
10501	10007	10112	10112	2609	1701	2310	1569	2271	-	-
3982	4157	4304	4304	1028	661	976	641	955	-	-
11355	10811	9818	9818	3288	2156	3068	2030	2451	-	-
5604	5538	5601	5601	2050	1157	1963	1123	1390	-	-
7839	6926	5502	5502	1779	955	1717	937	1457	4	-
4489	4016	4357	4357	1327	882	1272	866	1023	-	-
7102	6722	6696	6696	2033	1172	1933	1122	1735	45	-
4918	5130	4316	4316	1310	778	1257	768	1206	-	-
3830	3931	3758	3758	1125	718	1091	709	929	-	-
10542	9660	8086	8086	3467	2143	2864	1786	1793	-	-
5324	**5063**	**5328**	**5328**	**1387**	**794**	**1282**	**768**	**1282**	**-**	**-**

普 通 高 中

省、市、县(市)区名称	校数(所) 计	校数(所) 公办	校数(所) 民办	班数(个)	毕业生数	招生数	在校 计	在校 其中：女	在校 其中：寄宿生
河 南 省	436	235	200	18976	289564	328642	963493	475232	760813
郑 州 市	91	53	37	3437	53217	61401	174176	86148	158024
中 原 区	13	5	8	409	6171	6976	20011	9090	16251
二 七 区	13	8	5	401	6546	7281	20942	10424	16579
管城回族区	4	3	1	95	1523	2129	5564	2856	5034
金 水 区	25	12	12	754	11127	12168	34789	16345	27543
上 街 区	2	2	—	63	796	1257	3141	1551	3141
惠 济 区	7	4	3	228	3622	3919	11637	5892	11467
中 牟 县	—	—	—	—	—	—	—	—	—
巩 义 市	6	4	2	299	4377	5833	15890	8099	15890
荥 阳 市	5	3	2	217	3214	3932	11336	5815	11253
新 密 市	7	5	2	374	6658	6635	19508	9871	19508
新 郑 市	5	4	1	344	4884	6557	18044	8983	18044
登 封 市	4	3	1	253	4299	4714	13314	7222	13314
开 封 市	25	12	13	937	16420	15419	47472	23012	32302
龙 亭 区	7	3	4	240	3858	3659	12089	5712	7021
顺河回族区	6	4	2	166	2789	2991	8535	4355	3603
鼓 楼 区	2	1	1	86	1758	1318	4379	1945	2925
禹王台区	4	2	2	147	2513	2474	7433	3390	4193
祥 符 区	6	2	4	298	5502	4977	15036	7610	14560
杞 县	—	—	—	—	—	—	—	—	—
通 许 县	—	—	—	—	—	—	—	—	—
尉 氏 县	—	—	—	—	—	—	—	—	—
兰 考 县	—	—	—	—	—	—	—	—	—
洛 阳 市	37	21	16	1237	18477	20164	58427	29410	54038
老 城 区	1	1	—	44	594	755	2049	1050	2040
西 工 区	4	2	2	114	1537	1746	5296	2591	4730
瀍河回族区	4	3	1	136	1965	2265	6466	3241	4936
涧 西 区	6	4	2	222	3393	3571	10568	5352	8883
偃 师 区	4	2	2	105	1806	2095	5601	2779	5486
孟 津 区	5	3	2	232	3473	3813	11435	5946	11340
洛 龙 区	12	6	6	360	5342	5495	15893	7953	15504
新 安 县	1	—	1	24	367	424	1119	498	1119
栾 川 县	—	—	—	—	—	—	—	—	—
嵩 县	—	—	—	—	—	—	—	—	—
汝 阳 县	—	—	—	—	—	—	—	—	—
宜 阳 县	—	—	—	—	—	—	—	—	—
洛 宁 县	—	—	—	—	—	—	—	—	—
伊 川 县	—	—	—	—	—	—	—	—	—
平顶山市	20	14	6	841	13410	14730	43347	21459	40047
新 华 区	6	4	2	238	3367	4115	11906	5707	9968
卫 东 区	2	1	1	38	612	659	2008	1022	1842
石 龙 区	2	1	1	39	688	787	2035	854	2035
湛 河 区	3	2	1	152	2273	2628	7833	3830	7833

基　本　情　况（城区）（一）

学生数			预计毕业生数	教职工数				教高中学生的专任教师数	校外教师	外籍教师
分年级				计	其中：女	其中：专任教师数				
一年级	二年级	三年级				计	其中：女			
328654	**324090**	**310749**	**310749**	**92477**	**58676**	**81278**	**53078**	**70952**	**387**	**28**
61401	**57507**	**55268**	**55268**	**15850**	**9887**	**13563**	**8845**	**12944**	**53**	**6**
6976	6583	6452	6452	1680	1079	1452	964	1452	–	–
7281	6916	6745	6745	1946	1290	1571	1139	1531	22	1
2129	1782	1653	1653	528	309	321	220	335	–	–
12168	11384	11237	11237	3809	2393	3024	1986	2503	23	4
1257	941	943	943	271	168	258	165	258	–	–
3919	3775	3943	3943	1145	648	950	580	929	6	1
–	–	–	–	–	–	–	–	–	–	–
5833	5599	4458	4458	1365	875	1346	867	1346	–	–
3932	3868	3536	3536	1069	613	972	556	921	–	–
6635	6393	6480	6480	1424	866	1301	818	1301	2	–
6557	5927	5560	5560	1509	988	1425	951	1425	–	–
4714	4339	4261	4261	1104	658	943	599	943	–	–
15419	**16170**	**15883**	**15883**	**4552**	**2886**	**3862**	**2508**	**2940**	**–**	**–**
3659	3936	4494	4494	1302	892	1138	813	693	–	–
2991	2767	2777	2777	945	559	855	507	507	–	–
1318	1600	1461	1461	434	281	303	200	283	–	–
2474	2784	2175	2175	660	442	574	387	488	–	–
4977	5083	4976	4976	1211	712	992	601	969	–	–
–	–	–	–	–	–	–	–	–	–	–
–	–	–	–	–	–	–	–	–	–	–
–	–	–	–	–	–	–	–	–	–	–
–	–	–	–	–	–	–	–	–	–	–
20164	**19103**	**19160**	**19160**	**7037**	**4795**	**6171**	**4276**	**4764**	**–**	**22**
755	694	600	600	159	112	152	109	152	–	–
1746	1759	1791	1791	493	311	415	265	415	–	–
2265	2161	2040	2040	834	558	778	540	464	–	–
3571	3546	3451	3451	969	657	828	569	782	–	–
2095	1697	1809	1809	708	480	656	461	511	–	–
3813	3866	3756	3756	1049	611	990	585	990	–	–
5495	5119	5279	5279	2601	1909	2177	1614	1360	–	22
424	261	434	434	224	157	175	133	90	–	–
–	–	–	–	–	–	–	–	–	–	–
–	–	–	–	–	–	–	–	–	–	–
–	–	–	–	–	–	–	–	–	–	–
–	–	–	–	–	–	–	–	–	–	–
–	–	–	–	–	–	–	–	–	–	–
–	–	–	–	–	–	–	–	–	–	–
14730	**14553**	**14064**	**14064**	**3577**	**2173**	**3326**	**2077**	**3266**	**11**	**–**
4115	4041	3750	3750	997	579	906	550	846	–	–
659	737	612	612	150	99	145	98	145	–	–
787	502	746	746	225	140	171	113	171	–	–
2628	2728	2477	2477	651	373	597	351	597	–	–

普 通 高 中

省、市、县(市)区名称	校数(所) 计	公办	民办	班数(个)	毕业生数	招生数	在校 计	其中：女	其中：寄宿生
宝丰县	-	-	-	-	-	-	-	-	-
叶　县	-	-	-	-	-	-	-	-	-
鲁山县	-	-	-	-	-	-	-	-	-
郏　县	-	-	-	-	-	-	-	-	-
舞钢市	3	3	-	110	1923	1969	5658	3006	4462
汝州市	4	3	1	264	4547	4572	13907	7040	13907
安阳市	**27**	**11**	**16**	**1038**	**14925**	**18439**	**52444**	**25524**	**34778**
文峰区	4	1	3	140	2074	2407	6950	3157	2444
北关区	4	3	1	139	2116	2674	7188	3563	2822
殷都区	5	2	3	174	2252	2824	8731	4236	5013
龙安区	4	1	3	93	1089	1888	4634	2189	4634
安阳县	2	-	2	53	654	917	2454	1149	2372
汤阴县	-	-	-	-	-	-	-	-	-
滑　县	-	-	-	-	-	-	-	-	-
内黄县	-	-	-	-	-	-	-	-	-
林州市	8	4	4	439	6740	7729	22487	11230	17493
鹤壁市	**8**	**4**	**4**	**302**	**4709**	**5376**	**15142**	**7100**	**10431**
鹤山区	2	1	1	44	400	887	2003	962	1941
山城区	3	2	1	81	1166	1319	3864	1808	2893
淇滨区	3	1	2	177	3143	3170	9275	4330	5597
浚　县	-	-	-	-	-	-	-	-	-
淇　县	-	-	-	-	-	-	-	-	-
新乡市	**36**	**18**	**18**	**1622**	**24718**	**26773**	**84820**	**41832**	**68945**
红旗区	7	2	5	188	2790	3330	9515	4526	4564
卫滨区	4	3	1	97	1438	1460	4800	2368	1702
凤泉区	3	1	2	77	920	1210	3810	1787	2629
牧野区	5	5	-	174	2617	2928	8554	4160	2001
新乡县	-	-	-	-	-	-	-	-	-
获嘉县	-	-	-	-	-	-	-	-	-
原阳县	-	-	-	-	-	-	-	-	-
延津县	-	-	-	-	-	-	-	-	-
封丘县	-	-	-	-	-	-	-	-	-
卫辉市	2	2	-	240	3516	4000	12926	6828	12926
辉县市	5	3	2	325	5985	5260	18048	9519	17956
长垣市	10	2	8	521	7452	8585	27167	12644	27167
焦作市	**15**	**8**	**7**	**601**	**9515**	**9808**	**29815**	**15070**	**24163**
解放区	4	2	2	159	2131	2576	8126	3930	5431
中站区	1	1	-	52	785	884	2733	1347	2733
马村区	-	-	-	-	-	-	-	-	-
山阳区	2	1	1	63	818	1183	3328	1749	1937
修武县	-	-	-	-	-	-	-	-	-
博爱县	-	-	-	-	-	-	-	-	-
武陟县	-	-	-	-	-	-	-	-	-
温　县	-	-	-	-	-	-	-	-	-

基 本 情 况（城区）（二）

学生数			预计毕业生数	教职工数				教高中学生的专任教师数	校外教师	外籍教师
分年级				计	其中：女	其中：专任教师数				
一年级	二年级	三年级				计	其中：女			
—	—	—	—	—	—	—	—	—	—	—
—	—	—	—	—	—	—	—	—	—	—
—	—	—	—	—	—	—	—	—	—	—
—	—	—	—	—	—	—	—	—	—	—
1969	1876	1813	1813	445	271	425	264	425	8	—
4572	4669	4666	4666	1109	711	1082	701	1082	3	—
18439	**17325**	**16680**	**16680**	**5318**	**3490**	**4385**	**2879**	**3707**	**55**	—
2407	2386	2157	2157	716	457	593	394	561	—	—
2674	2261	2253	2253	623	362	553	338	553	2	—
2824	2797	3110	3110	767	487	578	372	578	50	—
1888	1560	1186	1186	464	314	333	216	333	—	—
917	629	908	908	486	380	308	228	168	—	—
—	—	—	—	—	—	—	—	—	—	—
—	—	—	—	—	—	—	—	—	—	—
—	—	—	—	—	—	—	—	—	—	—
7729	7692	7066	7066	2262	1490	2020	1331	1514	3	—
5376	**4691**	**5075**	**5075**	**1625**	**1037**	**1250**	**825**	**1089**	—	—
887	579	537	537	172	119	147	107	147	—	—
1319	1184	1361	1361	390	224	353	206	339	—	—
3170	2928	3177	3177	1063	694	750	512	603	—	—
—	—	—	—	—	—	—	—	—	—	—
26773	**29132**	**28915**	**28915**	**8983**	**5996**	**7578**	**5201**	**5788**	**23**	—
3330	3103	3082	3082	1258	844	1077	759	791	18	—
1460	1692	1648	1648	517	333	462	310	281	—	—
1210	1263	1337	1337	652	442	554	388	292	5	—
2928	2837	2789	2789	1222	740	1073	674	538	—	—
—	—	—	—	—	—	—	—	—	—	—
—	—	—	—	—	—	—	—	—	—	—
—	—	—	—	—	—	—	—	—	—	—
—	—	—	—	—	—	—	—	—	—	—
4000	4207	4719	4719	1077	734	1030	715	853	—	—
5260	6768	6020	6020	1471	916	1382	871	1382	—	—
8585	9262	9320	9320	2786	1987	2000	1484	1651	—	—
9808	**9891**	**10116**	**10116**	**2740**	**1768**	**2455**	**1653**	**2169**	**17**	—
2576	2790	2760	2760	580	398	498	362	498	11	—
884	872	977	977	233	141	181	123	181	6	—
—	—	—	—	—	—	—	—	—	—	—
1183	1071	1074	1074	246	152	217	143	217	—	—
—	—	—	—	—	—	—	—	—	—	—
—	—	—	—	—	—	—	—	—	—	—
—	—	—	—	—	—	—	—	—	—	—
—	—	—	—	—	—	—	—	—	—	—

普 通 高 中

省、市、县(市)区名称	校数(所)			班数(个)	毕业生数	招生数	在校		
	计	公办	民办				计	其中：女	其中：寄宿生
沁 阳 市	5	2	3	230	4251	3509	10787	5410	9221
孟 州 市	3	2	1	97	1530	1656	4841	2634	4841
濮 阳 市	**18**	**8**	**10**	**560**	**8274**	**10716**	**29934**	**14447**	**12027**
华 龙 区	18	8	10	560	8274	10716	29934	14447	12027
清 丰 县	-	-	-	-	-	-	-	-	-
南 乐 县	-	-	-	-	-	-	-	-	-
范 县	-	-	-	-	-	-	-	-	-
台 前 县	-	-	-	-	-	-	-	-	-
濮 阳 县	-	-	-	-	-	-	-	-	-
许 昌 市	**29**	**14**	**15**	**1540**	**22137**	**26884**	**79272**	**38758**	**64804**
魏 都 区	8	6	2	357	5524	6612	18374	9193	13600
建 安 区	2	1	1	126	1490	1944	6132	3115	6132
鄢 陵 县	-	-	-	-	-	-	-	-	-
襄 城 县	2	1	1	134	2239	2034	7190	3529	7190
禹 州 市	12	3	9	588	8135	10219	29758	14275	24910
长 葛 市	5	3	2	335	4749	6075	17818	8646	12972
漯 河 市	**8**	**5**	**3**	**440**	**7260**	**7871**	**23334**	**11657**	**10836**
源 汇 区	3	2	1	197	3229	3223	9807	4711	3953
郾 城 区	2	2	-	154	2880	3208	9310	4748	4947
召 陵 区	3	1	2	89	1151	1440	4217	2198	1936
舞 阳 县	-	-	-	-	-	-	-	-	-
临 颍 县	-	-	-	-	-	-	-	-	-
三门峡市	**13**	**10**	**3**	**447**	**6572**	**6915**	**20357**	**10710**	**17749**
湖 滨 区	5	3	2	115	1805	1685	5350	2790	2742
陕 州 区	2	2	-	87	1255	1360	3956	2057	3956
渑 池 县	-	-	-	-	-	-	-	-	-
卢 氏 县	-	-	-	-	-	-	-	-	-
义 马 市	2	1	1	47	505	595	1588	812	1588
灵 宝 市	4	4	-	198	3007	3275	9463	5051	9463
南 阳 市	**41**	**20**	**21**	**1765**	**25058**	**28641**	**89219**	**44366**	**75605**
宛 城 区	15	7	8	456	5678	7809	22462	11022	16811
卧 龙 区	13	6	7	485	8583	6398	23994	11882	16403
南 召 县	-	-	-	-	-	-	-	-	-
方 城 县	-	-	-	-	-	-	-	-	-
西 峡 县	-	-	-	-	-	-	-	-	-
镇 平 县	-	-	-	-	-	-	-	-	-
内 乡 县	-	-	-	-	-	-	-	-	-
淅 川 县	-	-	-	-	-	-	-	-	-
社 旗 县	-	-	-	-	-	-	-	-	-
唐 河 县	-	-	-	-	-	-	-	-	-
新 野 县	-	-	-	-	-	-	-	-	-
桐 柏 县	-	-	-	-	-	-	-	-	-
邓 州 市	13	7	6	824	10797	14434	42763	21462	42391
商 丘 市	**18**	**10**	**8**	**1412**	**21854**	**25793**	**72594**	**36311**	**51957**

基　本　情　况（城区）（三）

学生数 分年级 一年级	学生数 分年级 二年级	学生数 分年级 三年级	预计毕业生数	教职工数 计	教职工数 其中：女	教职工数 其中：专任教师数 计	教职工数 其中：专任教师数 其中：女	教高中学生的专任教师数	校外教师	外籍教师
3509	3546	3732	3732	1230	791	1116	742	830	–	–
1656	1612	1573	1573	451	286	443	283	443	–	–
10716	**10012**	**9206**	**9206**	**2934**	**1740**	**2603**	**1588**	**2171**	**102**	**–**
10716	10012	9206	9206	2934	1740	2603	1588	2171	102	–
–	–	–	–	–	–	–	–	–	–	–
–	–	–	–	–	–	–	–	–	–	–
–	–	–	–	–	–	–	–	–	–	–
–	–	–	–	–	–	–	–	–	–	–
–	–	–	–	–	–	–	–	–	–	–
26884	**26837**	**25551**	**25551**	**6900**	**4653**	**6281**	**4292**	**5763**	**9**	**–**
6612	5931	5831	5831	1651	1124	1530	1048	1406	8	–
1944	2236	1952	1952	572	398	509	354	489	–	–
–	–	–	–	–	–	–	–	–	–	–
2034	2589	2567	2567	781	551	670	465	507	–	–
10219	9982	9557	9557	2532	1685	2250	1544	2185	1	–
6075	6099	5644	5644	1364	895	1322	881	1176	–	–
7871	**7746**	**7717**	**7717**	**1953**	**1171**	**1632**	**995**	**1703**	**–**	**–**
3223	3312	3272	3272	815	491	739	450	712	–	–
3208	3082	3020	3020	723	400	598	344	696	–	–
1440	1352	1425	1425	415	280	295	201	295	–	–
–	–	–	–	–	–	–	–	–	–	–
–	–	–	–	–	–	–	–	–	–	–
6915	**6803**	**6639**	**6639**	**2519**	**1455**	**2255**	**1338**	**2107**	**–**	**–**
1685	1784	1881	1881	606	365	534	330	523	–	–
1360	1318	1278	1278	542	343	528	343	426	–	–
–	–	–	–	–	–	–	–	–	–	–
–	–	–	–	–	–	–	–	–	–	–
595	543	450	450	307	192	257	154	222	–	–
3275	3158	3030	3030	1064	555	936	511	936	–	–
28653	**31333**	**29233**	**29233**	**9249**	**6174**	**8604**	**5908**	**6751**	**33**	**–**
7809	7664	6989	6989	2301	1459	2093	1376	1755	–	–
6398	8883	8713	8713	2797	1992	2580	1888	1860	5	–
–	–	–	–	–	–	–	–	–	–	–
–	–	–	–	–	–	–	–	–	–	–
–	–	–	–	–	–	–	–	–	–	–
–	–	–	–	–	–	–	–	–	–	–
–	–	–	–	–	–	–	–	–	–	–
–	–	–	–	–	–	–	–	–	–	–
–	–	–	–	–	–	–	–	–	–	–
–	–	–	–	–	–	–	–	–	–	–
–	–	–	–	–	–	–	–	–	–	–
–	–	–	–	–	–	–	–	–	–	–
14446	14786	13531	13531	4151	2723	3931	2644	3136	28	–
25793	**24872**	**21929**	**21929**	**6058**	**3616**	**5510**	**3473**	**4790**	**–**	**–**

普 通 高 中

省、市、县(市)区名称	校数(所)			班数(个)	毕业生数	招生数	在校		
	计	公办	民办				计	其中：女	其中：寄宿生
梁 园 区	3	3	-	229	4500	3847	11599	5665	5006
睢 阳 区	8	3	5	520	7486	9452	25843	13066	20282
民 权 县	-	-	-	-	-	-	-	-	-
睢 县	-	-	-	-	-	-	-	-	-
宁 陵 县	-	-	-	-	-	-	-	-	-
柘 城 县	-	-	-	-	-	-	-	-	-
虞 城 县	-	-	-	-	-	-	-	-	-
夏 邑 县	-	-	-	-	-	-	-	-	-
永 城 市	7	4	3	663	9868	12494	35152	17580	26669
信 阳 市	**13**	**7**	**6**	**662**	**10090**	**10757**	**33404**	**15975**	**21295**
浉 河 区	6	3	3	321	4567	5340	16628	7882	9076
平 桥 区	7	4	3	341	5523	5417	16776	8093	12219
罗 山 县	-	-	-	-	-	-	-	-	-
光 山 县	-	-	-	-	-	-	-	-	-
新 县	-	-	-	-	-	-	-	-	-
商 城 县	-	-	-	-	-	-	-	-	-
固 始 县	-	-	-	-	-	-	-	-	-
潢 川 县	-	-	-	-	-	-	-	-	-
淮 滨 县	-	-	-	-	-	-	-	-	-
息 县	-	-	-	-	-	-	-	-	-
周 口 市	**26**	**13**	**13**	**1388**	**20838**	**25448**	**71187**	**34757**	**61258**
川 汇 区	11	5	6	393	5297	6910	19372	9260	19351
淮 阳 区	9	5	4	471	6818	9203	24603	12623	22965
扶 沟 县	-	-	-	-	-	-	-	-	-
西 华 县	-	-	-	-	-	-	-	-	-
商 水 县	-	-	-	-	-	-	-	-	-
沈 丘 县	-	-	-	-	-	-	-	-	-
郸 城 县	1	-	1	7	732	101	263	124	263
太 康 县	-	-	-	-	-	-	-	-	-
鹿 邑 县	-	-	-	-	-	-	-	-	-
项 城 市	5	3	2	517	7991	9234	26949	12750	18679
驻马店市	**7**	**4**	**3**	**490**	**7624**	**9021**	**25294**	**12064**	**9334**
驿 城 区	7	4	3	490	7624	9021	25294	12064	9334
西 平 县	-	-	-	-	-	-	-	-	-
上 蔡 县	-	-	-	-	-	-	-	-	-
平 舆 县	-	-	-	-	-	-	-	-	-
正 阳 县	-	-	-	-	-	-	-	-	-
确 山 县	-	-	-	-	-	-	-	-	-
泌 阳 县	-	-	-	-	-	-	-	-	-
汝 南 县	-	-	-	-	-	-	-	-	-
遂 平 县	-	-	-	-	-	-	-	-	-
新 蔡 县	-	-	-	-	-	-	-	-	-
济源示范区	**4**	**3**	**1**	**257**	**4466**	**4486**	**13255**	**6632**	**13220**

基 本 情 况 (城区)(四)

学生数			预计毕业生数	教职工数				教高中学生的专任教师数	校外教师	外籍教师
分年级				计	其中：女	其中：专任教师数				
一年级	二年级	三年级				计	其中：女			
3847	3828	3924	3924	1451	876	1333	844	1000	—	—
9452	8792	7599	7599	2554	1444	2257	1366	1870	—	—
—	—	—	—	—	—	—	—	—	—	—
—	—	—	—	—	—	—	—	—	—	—
—	—	—	—	—	—	—	—	—	—	—
—	—	—	—	—	—	—	—	—	—	—
—	—	—	—	—	—	—	—	—	—	—
12494	12252	10406	10406	2053	1296	1920	1263	1920	—	—
10757	**11677**	**10970**	**10970**	**3060**	**1823**	**2771**	**1690**	**2597**	**2**	—
5340	5780	5508	5508	1306	781	1221	749	1143	—	—
5417	5897	5462	5462	1754	1042	1550	941	1454	2	—
—	—	—	—	—	—	—	—	—	—	—
—	—	—	—	—	—	—	—	—	—	—
—	—	—	—	—	—	—	—	—	—	—
—	—	—	—	—	—	—	—	—	—	—
—	—	—	—	—	—	—	—	—	—	—
—	—	—	—	—	—	—	—	—	—	—
25448	**24042**	**21697**	**21697**	**6840**	**4008**	**6105**	**3662**	**5476**	**82**	—
6910	6467	5995	5995	2128	1383	1847	1208	1685	—	—
9203	7873	7527	7527	2507	1434	2166	1299	1699	82	—
—	—	—	—	—	—	—	—	—	—	—
—	—	—	—	—	—	—	—	—	—	—
—	—	—	—	—	—	—	—	—	—	—
101	139	23	23	152	71	129	71	129	—	—
—	—	—	—	—	—	—	—	—	—	—
—	—	—	—	—	—	—	—	—	—	—
9234	9563	8152	8152	2053	1120	1963	1084	1963	—	—
9021	**8125**	**8148**	**8148**	**2110**	**1333**	**1841**	**1221**	**1841**	—	—
9021	8125	8148	8148	2110	1333	1841	1221	1841	—	—
—	—	—	—	—	—	—	—	—	—	—
—	—	—	—	—	—	—	—	—	—	—
—	—	—	—	—	—	—	—	—	—	—
—	—	—	—	—	—	—	—	—	—	—
—	—	—	—	—	—	—	—	—	—	—
—	—	—	—	—	—	—	—	—	—	—
—	—	—	—	—	—	—	—	—	—	—
4486	**4271**	**4498**	**4498**	**1172**	**671**	**1086**	**647**	**1086**	—	—

普通高中

省、市、县(市)区名称	校数(所) 计	校数(所) 公办	校数(所) 民办	班数(个)	毕业生数	招生数	在校 计	在校 其中:女	在校 其中:寄宿生
河南省	578	312	265	29864	452513	524116	1526156	757359	1387142
郑州市	33	14	18	1082	13006	18596	51605	24607	50923
中原区	4	2	2	240	3321	3495	10880	4650	10880
二七区	–	–	–	–	–	–	–	–	–
管城回族区	3	1	2	110	1552	1946	5424	2587	5424
金水区	–	–	–	–	–	–	–	–	–
上街区	–	–	–	–	–	–	–	–	–
惠济区	–	–	–	–	–	–	–	–	–
中牟县	16	9	7	495	6118	8925	24207	12301	23770
巩义市	1	1	–	24	226	537	1287	619	1287
荥阳市	–	–	–	–	–	–	–	–	–
新密市	–	–	–	–	–	–	–	–	–
新郑市	9	1	7	213	1789	3693	9807	4450	9562
登封市	–	–	–	–	–	–	–	–	–
开封市	31	17	14	1661	25689	30225	89625	46156	82170
龙亭区	–	–	–	–	–	–	–	–	–
顺河回族区	–	–	–	–	–	–	–	–	–
鼓楼区	–	–	–	–	–	–	–	–	–
禹王台区	–	–	–	–	–	–	–	–	–
祥符区	2	1	1	2	155	–	81	55	81
杞县	8	5	3	497	8461	8328	24957	12118	24957
通许县	6	3	3	268	4649	4497	14366	7135	14350
尉氏县	10	5	5	495	6099	9941	28849	15787	22008
兰考县	5	3	2	399	6325	7459	21372	11061	20774
洛阳市	42	28	14	1757	29636	30468	90033	47836	88856
老城区	–	–	–	–	–	–	–	–	–
西工区	–	–	–	–	–	–	–	–	–
瀍河回族区	1	–	1	2	38	–	38	18	38
涧西区	2	1	1	30	323	419	1248	663	1093
偃师区	1	1	–	–	–	–	–	–	–
孟津区	–	–	–	–	493	–	–	–	–
洛龙区	1	–	1	10	132	176	328	127	328
新安县	5	4	1	230	3602	4209	11886	6309	11886
栾川县	4	3	1	161	2384	2764	8029	4057	8029
嵩县	5	4	1	255	4220	4317	13343	7402	13165
汝阳县	4	4	–	221	3681	3758	11494	6201	11494
宜阳县	7	4	3	313	5546	5053	15401	8064	14676
洛宁县	4	2	2	168	3265	2911	9146	4866	9027
伊川县	8	5	3	367	5952	6861	19120	10129	19120
平顶山市	25	13	12	1465	20777	24123	74812	37261	74389
新华区	2	1	1	165	2687	2495	8714	4023	8656
卫东区	–	–	–	–	–	–	–	–	–
石龙区	–	–	–	–	–	–	–	–	–
湛河区	–	–	–	–	–	–	–	–	–

基 本 情 况（镇区）（一）

学生数			预计毕业生数	教职工数				教高中学生的专任教师数	校外教师	外籍教师
分年级				计	其中：女	其中：专任教师数				
一年级	二年级	三年级				计	其中：女			
524116	512146	489894	489894	142422	88077	127180	80412	112143	684	8
18596	17291	15718	15718	5826	4007	5007	3497	4096	—	7
3495	3740	3645	3645	1530	1103	1314	941	834	—	—
—	—	—	—	—	—	—	—	—	—	—
1946	1831	1647	1647	586	364	513	331	502	—	4
—	—	—	—	—	—	—	—	—	—	—
—	—	—	—	—	—	—	—	—	—	—
8925	8116	7166	7166	2565	1783	2306	1620	1938	—	2
537	421	329	329	94	53	92	52	92	—	—
—	—	—	—	—	—	—	—	—	—	—
3693	3183	2931	2931	1051	704	782	553	730	—	1
—	—	—	—	—	—	—	—	—	—	—
30225	30061	29339	29339	6332	4071	5681	3768	5387	—	—
—	—	—	—	—	—	—	—	—	—	—
—	—	—	—	—	—	—	—	—	—	—
—	—	81	81	42	25	21	18	10	—	—
8328	8616	8013	8013	1817	1137	1719	1091	1719	—	—
4497	5009	4860	4860	1239	826	1028	715	844	—	—
9941	9490	9418	9418	1794	1182	1582	1087	1483	—	—
7459	6946	6967	6967	1440	901	1331	857	1331	—	—
30468	30395	29170	29170	8156	5088	7527	4833	6854	15	—
—	—	—	—	—	—	—	—	—	—	—
—	—	—	—	—	—	—	—	—	—	—
—	—	38	38	40	24	28	18	12	—	—
419	419	410	410	158	103	129	96	109	4	—
—	—	—	—	—	—	—	—	—	—	—
—	—	—	—	—	—	—	—	—	—	—
176	51	101	101	70	33	42	22	27	—	—
4209	3916	3761	3761	1023	506	990	504	990	—	—
2764	2749	2516	2516	721	361	710	360	710	—	—
4317	4613	4413	4413	1129	709	1046	681	900	—	—
3758	3970	3766	3766	834	532	795	522	795	11	—
5053	5285	5063	5063	1415	920	1297	858	1198	—	—
2911	3107	3128	3128	775	508	706	479	625	—	—
6861	6285	5974	5974	1991	1392	1784	1293	1488	—	—
24123	25981	24708	24708	7634	4886	6564	4167	5851	—	—
2495	2261	3958	3958	704	469	684	462	513	—	—
—	—	—	—	—	—	—	—	—	—	—
—	—	—	—	—	—	—	—	—	—	—

普 通 高 中

省、市、县(市)区名称	校数(所) 计	公办	民办	班数(个)	毕业生数	招生数	在校 计	其中：女	其中：寄宿生
宝丰县	4	2	2	302	3518	4222	15009	7564	15009
叶县	7	3	4	331	5116	5733	16827	8211	16794
鲁山县	5	2	3	438	5973	7355	22698	11624	22384
郏县	5	3	2	160	2428	2909	7895	4027	7877
舞钢市	–	–	–	–	–	–	–	–	–
汝州市	2	2	–	69	1055	1409	3669	1812	3669
安阳市	41	19	22	1873	25726	34819	93878	46415	89574
文峰区	3	2	1	125	1852	2876	6570	3021	4679
北关区	–	–	–	–	–	–	–	–	–
殷都区	5	2	3	135	2239	2289	6832	3515	6832
龙安区	–	–	–	–	–	–	–	–	–
安阳县	6	3	3	253	3354	4176	12642	6284	12642
汤阴县	7	3	4	317	4559	5492	15992	7862	15992
滑县	15	6	9	757	10063	14904	37727	18637	37727
内黄县	4	2	2	227	2672	4085	11030	5469	9031
林州市	1	1	–	59	987	997	3085	1627	2671
鹤壁市	11	5	6	473	7693	9008	24550	12150	22660
鹤山区	–	–	–	–	–	–	–	–	–
山城区	–	–	–	–	–	–	–	–	–
淇滨区	4	1	3	137	2321	2566	7050	3408	5422
浚县	5	3	2	241	3724	4743	12489	6129	12489
淇县	2	1	1	95	1648	1699	5011	2613	4749
新乡市	41	20	21	1495	22111	26445	74097	36427	70757
红旗区	4	1	3	100	1311	1892	4668	2165	1938
卫滨区	1	1	–	12	182	215	610	285	420
凤泉区	–	–	–	–	–	–	–	–	–
牧野区	–	–	–	–	–	–	–	–	–
新乡县	7	3	4	254	3594	3957	11638	5495	11638
获嘉县	5	3	2	163	2386	2952	8271	4154	8271
原阳县	9	6	3	349	5497	6275	17175	8797	17029
延津县	3	2	1	190	3261	3319	9818	4833	9727
封丘县	8	3	5	278	4678	5064	14324	7169	14141
卫辉市	1	–	1	50	365	1144	2517	1100	2517
辉县市	2	1	1	76	837	1127	3966	1951	3966
长垣市	1	–	1	23	–	500	1110	478	1110
焦作市	21	9	12	864	13934	14216	41647	20661	40617
解放区	–	–	–	–	–	–	–	–	–
中站区	–	–	–	–	–	–	–	–	–
马村区	1	–	1	20	187	327	824	389	824
山阳区	5	2	3	137	2099	2436	7115	3453	7115
修武县	3	2	1	134	1963	1789	5338	2635	5338
博爱县	5	2	3	130	2145	2467	7035	3580	6117
武陟县	4	2	2	255	4344	4476	13040	6406	12928
温县	3	1	2	188	3196	2721	8295	4198	8295

基本情况(镇区)(二)

学生数			预计毕业生数	教职工数				教高中学生的专任教师数	校外教师	外籍教师
分年级				计	其中:女	其中:专任教师数				
一年级	二年级	三年级				计	其中:女			
4222	5568	5219	5219	1824	1273	1364	908	1364	—	—
5733	5398	5696	5696	1730	1234	1491	1081	1284	—	—
7355	8932	6411	6411	1980	1118	1688	953	1688	—	—
2909	2616	2370	2370	1063	591	1009	564	753	—	—
—	—	—	—	—	—	—	—	—	—	—
1409	1206	1054	1054	333	201	328	199	249	—	—
34819	29649	29410	29410	9115	6100	8118	5544	6743	21	—
2876	1852	1842	1842	500	367	459	337	459	—	—
—	—	—	—	—	—	—	—	—	—	—
2289	2224	2319	2319	743	431	661	407	563	—	—
—	—	—	—	—	—	—	—	—	—	—
4176	4170	4296	4296	1174	702	989	643	981	21	—
5492	5007	5493	5493	1740	1249	1307	964	968	—	—
14904	11611	11212	11212	3647	2479	3542	2431	2887	—	—
4085	3752	3193	3193	1155	792	1011	685	736	—	—
997	1033	1055	1055	156	80	149	77	149	—	—
9008	7571	7971	7971	2588	1695	2253	1504	1835	—	—
—	—	—	—	—	—	—	—	—	—	—
—	—	—	—	—	—	—	—	—	—	—
2566	2081	2403	2403	768	510	689	468	400	—	—
4743	3868	3878	3878	1331	889	1141	775	1012	—	—
1699	1622	1690	1690	489	296	423	261	423	—	—
26445	24226	23426	23426	7660	4982	6267	4228	5262	143	—
1892	1507	1269	1269	531	321	351	228	274	—	—
215	196	199	199	108	91	103	87	47	—	—
—	—	—	—	—	—	—	—	—	—	—
—	—	—	—	—	—	—	—	—	—	—
3957	3874	3807	3807	1421	978	1066	770	834	—	—
2952	2529	2790	2790	819	543	722	503	708	—	—
6275	5530	5370	5370	1795	1182	1570	1078	1225	—	—
3319	2938	3561	3561	755	421	655	375	624	143	—
5064	4676	4584	4584	1284	733	1081	647	1081	—	—
1144	887	486	486	361	254	283	208	150	—	—
1127	1479	1360	1360	273	189	253	176	253	—	—
500	610	—	—	313	270	183	156	66	—	—
14216	13882	13549	13549	4176	2737	3686	2466	3395	—	—
—	—	—	—	—	—	—	—	—	—	—
—	—	—	—	—	—	—	—	—	—	—
327	321	176	176	90	63	62	43	62	—	—
2436	2220	2459	2459	792	535	618	431	539	—	—
1789	1696	1853	1853	483	320	457	310	457	—	—
2467	2325	2243	2243	807	538	713	468	539	—	—
4476	4540	4024	4024	1262	800	1189	767	1151	—	—
2721	2780	2794	2794	742	481	647	447	647	—	—

普通高中

省、市、县(市)区名称	校数(所) 计	公办	民办	班数(个)	毕业生数	招生数	在校 计	其中:女	其中:寄宿生
沁 阳 市	-	-	-	-	-	-	-	-	-
孟 州 市	-	-	-	-	-	-	-	-	-
濮 阳 市	33	11	22	1408	20866	26268	71235	35085	60017
华 龙 区	4	2	2	255	3712	4463	12637	6016	10916
清 丰 县	6	2	4	257	3492	5286	13385	6887	10794
南 乐 县	10	2	8	225	3317	4202	11146	5611	10697
范 县	3	1	2	239	4123	4378	12446	6264	12446
台 前 县	3	1	2	186	2827	3940	10016	4619	4507
濮 阳 县	7	3	4	246	3395	3999	11605	5688	10657
许 昌 市	11	5	6	571	7737	9778	28791	14060	28304
魏 都 区	-	-	-	-	-	-	-	-	-
建 安 区	-	-	-	-	-	-	-	-	-
鄢 陵 县	5	3	2	254	3310	4272	13106	6444	12939
襄 城 县	4	2	2	288	4427	4636	14210	6962	14210
禹 州 市	2	-	2	29	-	870	1475	654	1155
长 葛 市	-	-	-	-	-	-	-	-	-
漯 河 市	12	8	4	574	9378	10138	29692	14991	26530
源 汇 区	-	-	-	-	-	-	-	-	-
郾 城 区	1	1	-	47	794	830	2477	1243	2477
召 陵 区	1	1	-	73	1143	1275	3763	1848	2478
舞 阳 县	5	2	3	173	2694	3195	9122	4766	7578
临 颍 县	5	4	1	281	4747	4838	14330	7134	13997
三门峡市	8	6	2	360	5563	5838	17725	9425	17725
湖 滨 区	1	1	-	53	887	709	2508	1323	2508
陕 州 区	1	1	-	12	91	175	404	211	404
渑 池 县	2	2	-	162	2611	2716	8427	4505	8427
卢 氏 县	3	2	1	122	1974	2052	6031	3256	6031
义 马 市	-	-	-	-	-	-	-	-	-
灵 宝 市	1	-	1	11	-	186	355	130	355
南 阳 市	89	55	34	4771	64111	85697	243620	121130	238135
宛 城 区	17	11	6	504	5640	10303	25016	11912	23761
卧 龙 区	12	6	6	171	761	2970	7984	3816	7536
南 召 县	9	4	5	350	4839	6499	18060	9299	15997
方 城 县	6	3	3	464	6496	8560	24191	12500	23864
西 峡 县	4	3	1	271	4561	4801	13856	6559	13856
镇 平 县	5	3	2	392	5340	6322	19190	9340	19190
内 乡 县	5	4	1	446	6709	8297	23659	11633	23659
淅 川 县	8	5	3	459	7195	7519	23905	11689	23905
社 旗 县	4	3	1	284	4274	5130	15174	7874	14652
唐 河 县	7	4	3	635	6682	11106	32020	16429	32013
新 野 县	6	4	2	400	5780	8018	20966	10268	20966
桐 柏 县	3	2	1	258	3816	3795	12750	6384	12122
邓 州 市	3	3	-	137	2018	2377	6849	3427	6614
商 丘 市	28	18	10	2167	33932	38605	112267	56107	93314

基 本 情 况(镇区)(三)

学生数			预计毕业生数	教职工数				教高中学生的专任教师数	校外教师	外籍教师
分年级				计	其中:女	其中:专任教师数				
一年级	二年级	三年级				计	其中:女			
–	–	–	–	–	–	–	–	–	–	–
–	–	–	–	–	–	–	–	–	–	–
26268	**22734**	**22233**	**22233**	**7436**	**4705**	**6338**	**4234**	**5220**	**171**	**–**
4463	4294	3880	3880	1136	641	1043	605	1021	71	–
5286	4339	3760	3760	1331	960	1146	872	884	100	–
4202	3386	3558	3558	1068	649	900	587	900	–	–
4378	3999	4069	4069	1093	622	955	565	890	–	–
3940	2910	3166	3166	835	565	733	514	629	–	–
3999	3806	3800	3800	1973	1268	1561	1091	896	–	–
9778	**9970**	**9043**	**9043**	**2143**	**1223**	**1895**	**1091**	**1966**	**–**	**–**
–	–	–	–	–	–	–	–	–	–	–
–	–	–	–	–	–	–	–	–	–	–
4272	4417	4417	4417	1069	614	944	540	944	–	–
4636	4948	4626	4626	923	513	841	473	912	–	–
870	605	–	–	151	96	110	78	110	–	–
–	–	–	–	–	–	–	–	–	–	–
10138	**9663**	**9891**	**9891**	**2399**	**1460**	**2170**	**1329**	**1977**	**7**	**–**
–	–	–	–	–	–	–	–	–	–	–
830	824	823	823	132	72	124	72	124	–	–
1275	1229	1259	1259	99	64	85	58	193	3	–
3195	2960	2967	2967	1007	677	880	584	617	4	–
4838	4650	4842	4842	1161	647	1081	615	1043	–	–
5838	**6009**	**5878**	**5878**	**1833**	**1134**	**1648**	**1034**	**1441**	**–**	**–**
709	919	880	880	269	178	255	172	213	–	–
175	119	110	110	96	48	89	47	41	–	–
2716	2807	2904	2904	634	385	588	367	588	–	–
2052	1995	1984	1984	745	466	665	411	548	–	–
–	–	–	–	–	–	–	–	–	–	–
186	169	–	–	89	57	51	37	51	–	–
85697	**82803**	**75120**	**75120**	**22820**	**14609**	**20900**	**13692**	**18880**	**166**	**1**
10303	7713	7000	7000	3038	2156	2780	2002	2021	39	1
2970	2804	2210	2210	1108	763	995	717	628	51	–
6499	6208	5353	5353	2031	1231	1829	1126	1590	4	–
8560	8263	7368	7368	2248	1491	2112	1436	2139	–	–
4801	4647	4408	4408	1641	1121	1522	1081	1290	–	–
6322	6398	6470	6470	1740	1098	1714	1091	1420	–	–
8297	8137	7225	7225	1828	1197	1651	1086	1651	–	–
7519	8156	8230	8230	1933	1136	1805	1094	1715	–	–
5130	5253	4791	4791	1167	734	1152	734	1152	–	–
11106	11656	9258	9258	2501	1579	2207	1448	2282	–	–
8018	6675	6273	6273	2190	1328	1813	1130	1575	6	–
3795	4527	4428	4428	978	591	920	565	1017	–	–
2377	2366	2106	2106	417	184	400	182	400	66	–
38605	**37794**	**35868**	**35868**	**9656**	**5736**	**8085**	**4992**	**6831**	**36**	**–**

普通高中

省、市、县(市)区名称	校数(所) 计	公办	民办	班数(个)	毕业生数	招生数	在校 计	其中：女	其中：寄宿生
梁园区	3	1	2	127	1675	2379	6282	2840	4949
睢阳区	-	-	-	-	-	-	-	-	-
民权县	3	2	1	342	5605	5800	17436	9030	12280
睢县	3	3	-	357	5018	5796	17418	8701	17418
宁陵县	2	2	-	185	2950	3300	9992	5316	9778
柘城县	7	3	4	378	5966	6839	20017	9567	16270
虞城县	4	3	1	407	6991	7194	21668	10900	14508
夏邑县	6	4	2	371	5727	7297	19454	9753	18111
永城市	-	-	-	-	-	-	-	-	-
信阳市	**59**	**37**	**22**	**3141**	**55828**	**49104**	**162015**	**75010**	**124419**
浉河区	-	-	-	-	-	-	-	-	-
平桥区	4	2	2	119	1667	1778	5981	2886	5970
罗山县	9	6	3	318	5160	6027	16437	7658	15612
光山县	7	4	3	402	7452	6117	20844	8926	12738
新县	3	2	1	143	2553	2316	7444	3466	4381
商城县	7	6	1	336	6435	4786	17190	7938	16609
固始县	12	5	7	762	14242	11906	38857	17896	27695
潢川县	8	6	2	294	5185	4546	15584	6908	6860
淮滨县	6	3	3	331	5154	4953	17064	8348	15694
息县	3	3	-	436	7980	6675	22614	10984	18860
周口市	**41**	**21**	**20**	**2915**	**47735**	**51029**	**150570**	**75228**	**138679**
川汇区	2	1	1	30	350	451	1470	699	1450
淮阳区	-	-	-	-	-	-	-	-	-
扶沟县	4	4	-	276	4855	4940	14805	7186	14805
西华县	4	3	1	284	4550	5058	14839	7638	14839
商水县	5	2	3	387	6124	6903	20040	10089	19901
沈丘县	5	3	2	462	7411	7592	22508	11181	21620
郸城县	9	3	6	570	9129	9672	28772	13749	26675
太康县	6	3	3	466	7468	8416	23864	12664	23250
鹿邑县	6	2	4	440	7848	7997	24272	12022	16139
项城市	-	-	-	-	-	-	-	-	-
驻马店市	**50**	**25**	**25**	**3275**	**48587**	**59553**	**169373**	**84503**	**139452**
驿城区	1	-	1	104	1952	1480	5326	2771	2918
西平县	3	2	1	237	4261	3982	12443	5750	11720
上蔡县	6	2	4	621	8946	11355	31984	15840	30962
平舆县	5	4	1	317	5113	5604	16743	8267	13953
正阳县	7	3	4	397	4684	7839	20267	10003	13825
确山县	4	3	1	240	4444	4489	12862	6454	10623
泌阳县	5	3	2	412	6007	7102	20520	10288	11293
汝南县	5	3	2	267	4198	4918	14364	7248	12436
遂平县	3	2	1	217	2860	3830	11519	5693	11006
新蔡县	11	3	8	463	6122	8954	23345	12189	20716
济源示范区	**2**	**1**	**1**	**12**	**204**	**206**	**621**	**307**	**621**

基本情况(镇区)(四)

学生数			预计毕业生数	教职工数				教高中学生的专任教师数	校外教师	外籍教师
分年级				计	其中:女	其中:专任教师数				
一年级	二年级	三年级				计	其中:女			
2379	2229	1674	1674	1756	1281	1328	959	313	36	—
—	—	—	—	—	—	—	—	—	—	—
5800	5808	5828	5828	1071	623	1002	601	974	—	—
5796	6088	5534	5534	1246	710	1118	649	1118	—	—
3300	3308	3384	3384	714	361	549	331	549	—	—
6839	6760	6418	6418	1522	849	1288	747	1288	—	—
7194	7402	7072	7072	1575	880	1310	769	1173	—	—
7297	6199	5958	5958	1772	1032	1490	936	1416	—	—
—	—	—	—	—	—	—	—	—	—	—
49104	**56549**	**56362**	**56362**	**14489**	**7307**	**13439**	**6900**	**12194**	**13**	**—**
1778	2045	2158	2158	534	278	476	245	476	—	—
6027	5515	4895	4895	1498	745	1349	704	1209	—	—
6117	7204	7523	7523	2034	953	1700	823	1633	—	—
2316	2464	2664	2664	712	409	643	380	643	12	—
4786	5959	6445	6445	1469	636	1413	621	1413	—	—
11906	12881	14070	14070	2805	1329	2665	1245	2608	—	—
4546	5829	5209	5209	1775	950	1670	910	1122	1	—
4953	6254	5857	5857	1911	1029	1800	1002	1367	—	—
6675	8398	7541	7541	1751	978	1723	970	1723	—	—
51029	**50513**	**49028**	**49028**	**13146**	**7992**	**11672**	**7305**	**11135**	**63**	**—**
451	467	552	552	155	55	121	55	121	40	—
—	—	—	—	—	—	—	—	—	—	—
4940	5057	4808	4808	1252	775	1163	744	1163	—	—
5058	4823	4958	4958	1185	709	946	578	946	—	—
6903	6771	6366	6366	1792	1110	1641	1021	1588	15	—
7592	7713	7203	7203	1971	1212	1750	1095	1750	—	—
9672	9829	9271	9271	2605	1558	2403	1490	2403	8	—
8416	7579	7869	7869	1915	1208	1696	1087	1574	—	—
7997	8274	8001	8001	2271	1365	1952	1235	1590	—	—
—	—	—	—	—	—	—	—	—	—	—
59553	**56848**	**52972**	**52972**	**16951**	**10316**	**15873**	**9800**	**13019**	**49**	**—**
1480	1882	1964	1964	499	368	469	348	430	—	—
3982	4157	4304	4304	1028	661	976	641	955	—	—
11355	10811	9818	9818	3288	2156	3068	2030	2451	—	—
5604	5538	5601	5601	2050	1157	1963	1123	1390	—	—
7839	6926	5502	5502	1779	955	1717	937	1457	4	—
4489	4016	4357	4357	1327	882	1272	866	1023	—	—
7102	6722	6696	6696	2033	1172	1933	1122	1735	45	—
4918	5130	4316	4316	1310	778	1257	768	1206	—	—
3830	3931	3758	3758	1125	718	1091	709	929	—	—
8954	7735	6656	6656	2512	1469	2127	1256	1443	—	—
206	**207**	**208**	**208**	**62**	**29**	**57**	**28**	**57**	**—**	**—**

普通高中

省、市、县(市)区名称	校数(所) 计	公办	民办	班数(个)	毕业生数	招生数	在校 计	其中:女	其中:寄宿生
河南省	84	35	49	2662	32646	47841	133041	64510	130307
郑州市	16	12	4	599	7638	11766	29719	15112	29708
中原区	1	1	-	43	538	765	2149	917	2149
二七区	1	1	-	26	338	696	1451	730	1451
管城回族区	2	2	-	59	989	1081	3155	1579	3155
金水区	-	-	-	-	-	-	-	-	-
上街区	-	-	-	-	-	-	-	-	-
惠济区	2	1	1	106	1485	1812	5038	2941	5038
中牟县	2	2	-	54	321	1166	2592	1159	2592
巩义市	-	-	-	-	-	-	-	-	-
荥阳市	2	1	1	84	1200	1553	4084	2117	4084
新密市	1	-	1	12	118	105	392	163	381
新郑市	4	3	1	140	1453	2892	6847	3295	6847
登封市	1	1	-	75	1196	1696	4011	2211	4011
开封市	-	-	-	-	-	-	-	-	-
龙亭区	-	-	-	-	-	-	-	-	-
顺河回族区	-	-	-	-	-	-	-	-	-
鼓楼区	-	-	-	-	-	-	-	-	-
禹王台区	-	-	-	-	-	-	-	-	-
祥符区	-	-	-	-	-	-	-	-	-
杞县	-	-	-	-	-	-	-	-	-
通许县	-	-	-	-	-	-	-	-	-
尉氏县	-	-	-	-	-	-	-	-	-
兰考县	-	-	-	-	-	-	-	-	-
洛阳市	4	3	1	147	2371	2438	7724	3871	7659
老城区	-	-	-	-	-	-	-	-	-
西工区	-	-	-	-	-	-	-	-	-
瀍河回族区	2	1	1	39	579	690	1872	895	1807
涧西区	-	-	-	-	-	-	-	-	-
偃师区	1	1	-	76	1190	1249	4266	2145	4266
孟津区	-	-	-	-	-	-	-	-	-
洛龙区	1	1	-	32	602	499	1586	831	1586
新安县	-	-	-	-	-	-	-	-	-
栾川县	-	-	-	-	-	-	-	-	-
嵩县	-	-	-	-	-	-	-	-	-
汝阳县	-	-	-	-	-	-	-	-	-
宜阳县	-	-	-	-	-	-	-	-	-
洛宁县	-	-	-	-	-	-	-	-	-
伊川县	-	-	-	-	-	-	-	-	-
平顶山市	9	4	5	510	8387	9327	26960	13530	26920
新华区	-	-	-	-	-	-	-	-	-
卫东区	-	-	-	-	-	-	-	-	-
石龙区	-	-	-	-	-	-	-	-	-
湛河区	-	-	-	-	-	-	-	-	-

基　本　情　况(乡村)(一)

学生数：分年级：一年级	学生数：分年级：二年级	学生数：分年级：三年级	预计毕业生数	教职工数：计	教职工数：其中：女	教职工数：其中：专任教师数：计	教职工数：其中：专任教师数：其中：女	教高中学生的专任教师数	校外教师	外籍教师
47841	**44185**	**41015**	**41015**	**14935**	**9981**	**12700**	**8680**	**9973**	**2**	**–**
11766	**9327**	**8626**	**8626**	**2686**	**1740**	**2353**	**1573**	**2337**	**2**	**–**
765	691	693	693	213	154	207	149	207	–	–
696	432	323	323	113	73	93	64	93	–	–
1081	1045	1029	1029	265	157	231	146	231	–	–
–	–	–	–	–	–	–	–	–	–	–
–	–	–	–	–	–	–	–	–	–	–
1812	1497	1729	1729	462	258	398	222	398	–	–
1166	857	569	569	170	107	140	94	140	2	–
–	–	–	–	–	–	–	–	–	–	–
1553	1349	1182	1182	448	302	375	260	375	–	–
105	155	132	132	104	69	83	55	67	–	–
2892	2147	1808	1808	611	391	538	357	538	–	–
1696	1154	1161	1161	300	229	288	226	288	–	–
–	**–**	**–**	**–**	**–**	**–**	**–**	**–**	**–**	**–**	**–**
–	–	–	–	–	–	–	–	–	–	–
–	–	–	–	–	–	–	–	–	–	–
–	–	–	–	–	–	–	–	–	–	–
–	–	–	–	–	–	–	–	–	–	–
–	–	–	–	–	–	–	–	–	–	–
–	–	–	–	–	–	–	–	–	–	–
–	–	–	–	–	–	–	–	–	–	–
–	–	–	–	–	–	–	–	–	–	–
–	–	–	–	–	–	–	–	–	–	–
2438	**2878**	**2408**	**2408**	**855**	**568**	**690**	**503**	**550**	**–**	**–**
–	–	–	–	–	–	–	–	–	–	–
–	–	–	–	–	–	–	–	–	–	–
690	601	581	581	422	288	298	230	158	–	–
–	–	–	–	–	–	–	–	–	–	–
1249	1785	1232	1232	313	186	278	180	278	–	–
–	–	–	–	–	–	–	–	–	–	–
499	492	595	595	120	94	114	93	114	–	–
–	–	–	–	–	–	–	–	–	–	–
–	–	–	–	–	–	–	–	–	–	–
–	–	–	–	–	–	–	–	–	–	–
–	–	–	–	–	–	–	–	–	–	–
–	–	–	–	–	–	–	–	–	–	–
–	–	–	–	–	–	–	–	–	–	–
–	–	–	–	–	–	–	–	–	–	–
9327	**8853**	**8780**	**8780**	**2173**	**1407**	**1927**	**1266**	**1808**	**–**	**–**
–	–	–	–	–	–	–	–	–	–	–
–	–	–	–	–	–	–	–	–	–	–
–	–	–	–	–	–	–	–	–	–	–
–	–	–	–	–	–	–	–	–	–	–

普通高中

省、市、县(市)区名称	校数（所）			班数（个）	毕业生数	招生数	在校		
	计	公办	民办				计	其中：女	其中：寄宿生
宝 丰 县	－	－	－	－	－	－	－	－	－
叶 县	－	－	－	－	－	－	－	－	－
鲁 山 县	2	2	－	140	2399	2603	7592	4122	7552
郏 县	1	1	－	71	1267	1373	3876	2245	3876
舞 钢 市	1	－	1	32	494	489	1459	602	1459
汝 州 市	5	1	4	267	4227	4862	14033	6561	14033
安 阳 市	**8**	**1**	**7**	**319**	**3762**	**5397**	**15980**	**7728**	**15781**
文 峰 区	－	－	－	－	－	－	－	－	－
北 关 区	2	－	2	44	－	683	2088	914	2088
殷 都 区	1	－	1	24	61	339	1019	415	1019
龙 安 区	－	－	－	－	－	－	－	－	－
安 阳 县	－	－	－	－	－	－	－	－	－
汤 阴 县	1	－	1	15	－	230	633	291	633
滑 县	1	－	1	4	－	100	199	74	－
内 黄 县	2	1	1	181	2671	3464	9354	4774	9354
林 州 市	1	－	1	51	1030	581	2687	1260	2687
鹤 壁 市	**1**	**－**	**1**	**17**	**－**	**400**	**782**	**283**	**782**
鹤 山 区	－	－	－	－	－	－	－	－	－
山 城 区	－	－	－	－	－	－	－	－	－
淇 滨 区	－	－	－	－	－	－	－	－	－
浚 县	1	－	1	17	－	400	782	283	782
淇 县	－	－	－	－	－	－	－	－	－
新 乡 市	**8**	**3**	**5**	**134**	**1455**	**2706**	**6678**	**2807**	**6678**
红 旗 区	－	－	－	－	－	－	－	－	－
卫 滨 区	－	－	－	－	－	－	－	－	－
凤 泉 区	－	－	－	－	－	－	－	－	－
牧 野 区	－	－	－	－	－	－	－	－	－
新 乡 县	－	－	－	－	－	－	－	－	－
获 嘉 县	－	－	－	－	－	－	－	－	－
原 阳 县	－	－	－	－	－	－	－	－	－
延 津 县	2	－	2	77	1185	1154	3856	1650	3856
封 丘 县	5	2	3	46	71	1352	2256	897	2256
卫 辉 市	－	－	－	－	－	－	－	－	－
辉 县 市	1	1	－	11	199	200	566	260	566
长 垣 市	－	－	－	－	－	－	－	－	－
焦 作 市	**1**	**－**	**1**	**8**	**－**	**450**	**450**	**189**	**450**
解 放 区	－	－	－	－	－	－	－	－	－
中 站 区	－	－	－	－	－	－	－	－	－
马 村 区	－	－	－	－	－	－	－	－	－
山 阳 区	－	－	－	－	－	－	－	－	－
修 武 县	－	－	－	－	－	－	－	－	－
博 爱 县	－	－	－	－	－	－	－	－	－
武 陟 县	1	－	1	8	－	450	450	189	450
温 县	－	－	－	－	－	－	－	－	－

基 本 情 况(乡村)(二)

学生数			预计毕业生数	教职工数				教高中学生的专任教师数	校外教师	外籍教师
分年级				计	其中:女	其中:专任教师数				
一年级	二年级	三年级				计	其中:女			
—	—	—	—	—	—	—	—	—	—	—
—	—	—	—	—	—	—	—	—	—	—
2603	2516	2473	2473	424	291	416	291	403	—	—
1373	1249	1254	1254	341	187	310	181	310	—	—
489	491	479	479	303	210	206	140	100	—	—
4862	4597	4574	4574	1105	719	995	654	995	—	—
5397	**5343**	**5240**	**5240**	**1662**	**1097**	**1389**	**972**	**1066**	**—**	**—**
—	—	—	—	—	—	—	—	—	—	—
683	692	713	713	191	109	124	83	124	—	—
339	377	303	303	198	116	146	95	60	—	—
—	—	—	—	—	—	—	—	—	—	—
—	—	—	—	—	—	—	—	—	—	—
230	228	175	175	135	70	93	70	55	—	—
100	99	—	—	47	30	46	30	46	—	—
3464	2933	2957	2957	927	649	840	587	641	—	—
581	1014	1092	1092	164	123	140	107	140	—	—
400	**135**	**247**	**247**	**60**	**33**	**54**	**33**	**54**	**—**	**—**
—	—	—	—	—	—	—	—	—	—	—
—	—	—	—	—	—	—	—	—	—	—
—	—	—	—	—	—	—	—	—	—	—
400	135	247	247	60	33	54	33	54	—	—
—	—	—	—	—	—	—	—	—	—	—
2706	**2204**	**1768**	**1768**	**902**	**646**	**654**	**482**	**453**	**—**	**—**
—	—	—	—	—	—	—	—	—	—	—
—	—	—	—	—	—	—	—	—	—	—
—	—	—	—	—	—	—	—	—	—	—
—	—	—	—	—	—	—	—	—	—	—
—	—	—	—	—	—	—	—	—	—	—
—	—	—	—	—	—	—	—	—	—	—
—	—	—	—	—	—	—	—	—	—	—
1154	1324	1378	1378	678	511	447	355	246	—	—
1352	735	169	169	176	109	162	101	162	—	—
—	—	—	—	—	—	—	—	—	—	—
200	145	221	221	48	26	45	26	45	—	—
—	—	—	—	—	—	—	—	—	—	—
450	**—**	**—**	**—**	**148**	**110**	**102**	**79**	**34**	**—**	**—**
—	—	—	—	—	—	—	—	—	—	—
—	—	—	—	—	—	—	—	—	—	—
—	—	—	—	—	—	—	—	—	—	—
—	—	—	—	—	—	—	—	—	—	—
—	—	—	—	—	—	—	—	—	—	—
—	—	—	—	—	—	—	—	—	—	—
450	—	—	—	148	110	102	79	34	—	—
—	—	—	—	—	—	—	—	—	—	—

普通高中

省、市、县(市)区名称	校数(所) 计	公办	民办	班数(个)	毕业生数	招生数	在校 计	其中:女	其中:寄宿生
沁阳市	-	-	-	-	-	-	-	-	-
孟州市	-	-	-	-	-	-	-	-	-
濮阳市	**1**	**-**	**1**	**29**	**255**	**750**	**1427**	**651**	**687**
华龙区	1	-	1	29	255	750	1427	651	687
清丰县	-	-	-	-	-	-	-	-	-
南乐县	-	-	-	-	-	-	-	-	-
范 县	-	-	-	-	-	-	-	-	-
台前县	-	-	-	-	-	-	-	-	-
濮阳县	-	-	-	-	-	-	-	-	-
许昌市	**6**	**1**	**5**	**186**	**2142**	**2912**	**9213**	**4363**	**8577**
魏都区	1	-	1	-	-	-	-	-	-
建安区	3	1	2	148	2142	2337	7593	3648	6957
鄢陵县	1	-	1	38	-	575	1620	715	1620
襄城县	1	-	1	-	-	-	-	-	-
禹州市	-	-	-	-	-	-	-	-	-
长葛市	-	-	-	-	-	-	-	-	-
漯河市	**1**	**-**	**1**	**10**	**-**	**285**	**435**	**200**	**435**
源汇区	-	-	-	-	-	-	-	-	-
郾城区	-	-	-	-	-	-	-	-	-
召陵区	-	-	-	-	-	-	-	-	-
舞阳县	-	-	-	-	-	-	-	-	-
临颍县	1	-	1	10	-	285	435	200	435
三门峡市	**3**	**1**	**2**	**65**	**497**	**1024**	**2438**	**1218**	**2438**
湖滨区	-	-	-	-	-	-	-	-	-
陕州区	-	-	-	-	-	-	-	-	-
渑池县	1	-	1	14	-	106	322	191	322
卢氏县	-	-	-	-	-	-	-	-	-
义马市	-	-	-	-	-	-	-	-	-
灵宝市	2	1	1	51	497	918	2116	1027	2116
南阳市	**9**	**4**	**5**	**179**	**1482**	**2924**	**8415**	**3613**	**8415**
宛城区	2	2	-	35	440	556	1670	879	1670
卧龙区	2	-	2	17	135	208	428	198	428
南召县	2	1	1	80	551	1407	4056	1628	4056
方城县	1	1	-	-	-	-	-	-	-
西峡县	-	-	-	-	-	-	-	-	-
镇平县	-	-	-	-	-	-	-	-	-
内乡县	-	-	-	-	-	-	-	-	-
淅川县	-	-	-	-	-	-	-	-	-
社旗县	1	-	1	36	230	580	1767	700	1767
唐河县	-	-	-	-	-	-	-	-	-
新野县	-	-	-	-	-	-	-	-	-
桐柏县	-	-	-	-	-	-	-	-	-
邓州市	1	-	1	11	126	173	494	208	494
商丘市	**2**	**-**	**2**	**28**	**-**	**1040**	**1207**	**546**	**1207**

基　本　情　况(乡村)(三)

学生数			预计毕业生数	教职工数				教高中学生的专任教师数	校外教师	外籍教师
分年级				计	其中:女	其中:专任教师数				
一年级	二年级	三年级				计	其中:女			
–	–	–	–	–	–	–	–	–	–	–
–	–	–	–	–	–	–	–	–	–	–
750	**338**	**339**	**339**	**215**	**141**	**168**	**108**	**119**	**–**	**–**
750	338	339	339	215	141	168	108	119	–	–
–	–	–	–	–	–	–	–	–	–	–
–	–	–	–	–	–	–	–	–	–	–
–	–	–	–	–	–	–	–	–	–	–
–	–	–	–	–	–	–	–	–	–	–
–	–	–	–	–	–	–	–	–	–	–
2912	**3387**	**2914**	**2914**	**1236**	**817**	**1137**	**772**	**735**	**–**	**–**
–	–	–	–	62	29	30	16	–	–	–
2337	2705	2551	2551	1040	706	999	686	627	–	–
575	682	363	363	134	82	108	70	108	–	–
–	–	–	–	–	–	–	–	–	–	–
–	–	–	–	–	–	–	–	–	–	–
–	–	–	–	–	–	–	–	–	–	–
285	**150**	**–**	**–**	**135**	**100**	**114**	**85**	**42**	**–**	**–**
–	–	–	–	–	–	–	–	–	–	–
–	–	–	–	–	–	–	–	–	–	–
–	–	–	–	–	–	–	–	–	–	–
–	–	–	–	–	–	–	–	–	–	–
285	150	–	–	135	100	114	85	42	–	–
1024	**770**	**644**	**644**	**955**	**734**	**615**	**448**	**291**	**–**	**–**
–	–	–	–	–	–	–	–	–	–	–
–	–	–	–	–	–	–	–	–	–	–
106	126	90	90	658	573	375	322	51	–	–
–	–	–	–	–	–	–	–	–	–	–
–	–	–	–	–	–	–	–	–	–	–
918	644	554	554	297	161	240	126	240	–	–
2924	**3046**	**2445**	**2445**	**1362**	**951**	**1291**	**918**	**764**	**–**	**–**
556	563	551	551	339	276	329	270	147	–	–
208	152	68	68	119	75	107	67	107	–	–
1407	1563	1086	1086	697	468	683	463	338	–	–
–	–	–	–	–	–	–	–	–	–	–
–	–	–	–	–	–	–	–	–	–	–
–	–	–	–	–	–	–	–	–	–	–
–	–	–	–	–	–	–	–	–	–	–
–	–	–	–	–	–	–	–	–	–	–
580	645	542	542	148	98	128	92	128	–	–
–	–	–	–	–	–	–	–	–	–	–
–	–	–	–	–	–	–	–	–	–	–
–	–	–	–	–	–	–	–	–	–	–
173	123	198	198	59	34	44	26	44	–	–
1040	**167**	**–**	**–**	**98**	**65**	**93**	**64**	**93**	**–**	**–**

普通高中

省、市、县(市)区名称	校数(所)			班数(个)	毕业生数	招生数	在校		
	计	公办	民办				计	其中：女	其中：寄宿生
梁园区	-	-	-	-	-	-	-	-	-
睢阳区	-	-	-	-	-	-	-	-	-
民权县	-	-	-	-	-	-	-	-	-
睢县	-	-	-	-	-	-	-	-	-
宁陵县	1	-	1	10	-	488	488	223	488
柘城县	-	-	-	-	-	-	-	-	-
虞城县	-	-	-	-	-	-	-	-	-
夏邑县	-	-	-	-	-	-	-	-	-
永城市	1	-	1	18	-	552	719	323	719
信阳市	**9**	**4**	**5**	**148**	**1860**	**1911**	**7101**	**3282**	**6418**
浉河区	1	1	-	27	484	330	1318	637	1318
平桥区	5	1	4	56	287	731	2695	1271	2657
罗山县	-	-	-	-	-	-	-	-	-
光山县	1	1	-	28	613	330	1417	632	1362
新县	-	-	-	-	-	-	-	-	-
商城县	1	1	-	21	476	220	1081	462	1081
固始县	-	-	-	-	-	-	-	-	-
潢川县	-	-	-	-	-	-	-	-	-
淮滨县	-	-	-	-	-	-	-	-	-
息县	1	-	1	16	-	300	590	280	-
周口市	**3**	**1**	**2**	**154**	**1370**	**2291**	**7730**	**3795**	**7597**
川汇区	1	-	1	90	358	1161	4397	2059	4397
淮阳区	-	-	-	-	-	-	-	-	-
扶沟县	-	-	-	-	-	-	-	-	-
西华县	-	-	-	-	-	-	-	-	-
商水县	1	-	1	17	210	291	860	416	727
沈丘县	-	-	-	-	-	-	-	-	-
郸城县	-	-	-	-	-	-	-	-	-
太康县	1	1	-	47	802	839	2473	1320	2473
鹿邑县	-	-	-	-	-	-	-	-	-
项城市	-	-	-	-	-	-	-	-	-
驻马店市	**2**	**-**	**2**	**93**	**799**	**1588**	**4943**	**2428**	**4943**
驿城区	-	-	-	-	-	-	-	-	-
西平县	-	-	-	-	-	-	-	-	-
上蔡县	-	-	-	-	-	-	-	-	-
平舆县	-	-	-	-	-	-	-	-	-
正阳县	-	-	-	-	-	-	-	-	-
确山县	-	-	-	-	-	-	-	-	-
泌阳县	-	-	-	-	-	-	-	-	-
汝南县	-	-	-	-	-	-	-	-	-
遂平县	-	-	-	-	-	-	-	-	-
新蔡县	2	-	2	93	799	1588	4943	2428	4943
济源示范区	**1**	**1**	**-**	**36**	**628**	**632**	**1839**	**894**	**1612**

基 本 情 况 (乡村)(四)

学生数			预计毕业生数	教职工数				教高中学生的专任教师数	校外教师	外籍教师
分年级				计	其中:女	其中:专任教师数				
一年级	二年级	三年级				计	其中:女			
-	-	-	-	-	-	-	-	-	-	-
-	-	-	-	-	-	-	-	-	-	-
-	-	-	-	-	-	-	-	-	-	-
-	-	-	-	-	-	-	-	-	-	-
488	-	-	-	43	32	42	32	42	-	-
-	-	-	-	-	-	-	-	-	-	-
-	-	-	-	-	-	-	-	-	-	-
-	-	-	-	-	-	-	-	-	-	-
552	167	-	-	55	33	51	32	51	-	-
1911	**2810**	**2380**	**2380**	**668**	**345**	**602**	**305**	**602**	**-**	**-**
330	520	468	468	97	61	95	61	95	-	-
731	1143	821	821	279	161	224	123	224	-	-
-	-	-	-	-	-	-	-	-	-	-
330	437	650	650	96	49	93	48	93	-	-
-	-	-	-	-	-	-	-	-	-	-
220	420	441	441	141	44	139	43	139	-	-
-	-	-	-	-	-	-	-	-	-	-
-	-	-	-	-	-	-	-	-	-	-
300	290	-	-	55	30	51	30	51	-	-
2291	**2267**	**3172**	**3172**	**672**	**459**	**635**	**449**	**536**	**-**	**-**
1161	1161	2075	2075	448	309	435	309	336	-	-
-	-	-	-	-	-	-	-	-	-	-
-	-	-	-	-	-	-	-	-	-	-
291	261	308	308	87	46	73	41	73	-	-
-	-	-	-	-	-	-	-	-	-	-
-	-	-	-	-	-	-	-	-	-	-
839	845	789	789	137	104	127	99	127	-	-
-	-	-	-	-	-	-	-	-	-	-
-	-	-	-	-	-	-	-	-	-	-
1588	**1925**	**1430**	**1430**	**955**	**674**	**737**	**530**	**350**	**-**	**-**
-	-	-	-	-	-	-	-	-	-	-
-	-	-	-	-	-	-	-	-	-	-
-	-	-	-	-	-	-	-	-	-	-
-	-	-	-	-	-	-	-	-	-	-
-	-	-	-	-	-	-	-	-	-	-
-	-	-	-	-	-	-	-	-	-	-
-	-	-	-	-	-	-	-	-	-	-
-	-	-	-	-	-	-	-	-	-	-
1588	1925	1430	1430	955	674	737	530	350	-	-
632	**585**	**622**	**622**	**153**	**94**	**139**	**93**	**139**	**-**	**-**

中小学在校生中随迁子女

省、市、县(市)区名称	普通高中 随迁子女 计	外省迁入	本省外县迁入	初 随迁子女 计	外省迁入	本省外县迁入	进城务 计
河南省	58089	6448	51641	294171	27302	266869	209949
郑州市	30384	2822	27562	117432	10373	107059	87018
中原区	2905	240	2665	15770	1078	14692	14256
二七区	5759	659	5100	12556	880	11676	11210
管城回族区	2126	190	1936	17742	2415	15327	13225
金水区	3680	452	3228	17859	1477	16382	12793
上街区	1372	129	1243	2673	141	2532	2673
惠济区	1431	141	1290	7447	454	6993	6791
中牟县	3815	244	3571	13220	879	12341	6448
巩义市	79	19	60	1645	307	1338	1348
荥阳市	394	26	368	3516	386	3130	697
新密市	687	111	576	2116	365	1751	804
新郑市	8136	611	7525	21903	1684	20219	16301
登封市	-	-	-	985	307	678	472
开封市	5073	233	4840	5854	754	5100	3748
龙亭区	2396	74	2322	1479	185	1294	960
顺河回族区	170	56	114	480	144	336	378
鼓楼区	2338	87	2251	816	54	762	493
禹王台区	62	-	62	575	61	514	132
祥符区	2	-	2	284	21	263	158
杞县	-	-	-	1041	15	1026	873
通许县	-	-	-	283	11	272	229
尉氏县	82	10	72	93	26	67	82
兰考县	23	6	17	803	237	566	443
洛阳市	4936	1056	3880	20740	2262	18478	13381
老城区	-	-	-	983	96	887	746
西工区	271	71	200	2367	315	2052	1719
瀍河回族区	1217	138	1079	1770	151	1619	1201
涧西区	1259	325	934	6609	572	6037	5065
偃师区	356	60	296	335	59	276	210
孟津区	175	121	54	956	133	823	544
洛龙区	1104	221	883	4441	484	3957	2445
新安县	173	42	131	750	84	666	246
栾川县	-	-	-	757	48	709	214
嵩县	129	19	110	349	62	287	170
汝阳县	54	9	45	217	37	180	146
宜阳县	20	3	17	784	66	718	462
洛宁县	178	47	131	279	126	153	152
伊川县	-	-	-	143	29	114	61
平顶山市	1738	153	1585	10262	902	9360	7489
新华区	732	104	628	3060	237	2823	2368
卫东区	80	-	80	2363	408	1955	2363
石龙区	-	-	-	88	5	83	68
湛河区	-	-	-	2176	48	2128	1783

和农村留守儿童情况(一)

中			小			学			
工人员随迁子女		农村留守儿童	随迁子女			进城务工人员随迁子女			农村留守儿童
外省迁入	本省外县迁入		计	外省迁入	本省外县迁入	计	外省迁入	本省外县迁入	
16175	**193774**	**471791**	**630331**	**64603**	**565728**	**450320**	**40961**	**409359**	**789495**
7068	**79950**	**1415**	**281452**	**28184**	**253268**	**202544**	**18849**	**183695**	**1674**
921	13335	84	34381	2685	31696	26659	1873	24786	22
808	10402	–	29453	2943	26510	20477	2006	18471	14
1328	11897	–	37036	4928	32108	30389	3881	26508	4
1083	11710	14	42222	4393	37829	30952	2955	27997	2
141	2532	–	8959	445	8514	8748	424	8324	–
421	6370	5	17804	1523	16281	11270	996	10274	1
523	5925	24	32841	3397	29444	22731	1971	20760	36
233	1115	147	2829	578	2251	1757	313	1444	200
128	569	152	9533	891	8642	4837	408	4429	414
123	681	226	4005	721	3284	1923	361	1562	233
1213	15088	261	60854	5362	55492	42134	3516	38618	221
146	326	502	1535	318	1217	667	145	522	527
474	**3274**	**12247**	**12758**	**1821**	**10937**	**8506**	**1335**	**7171**	**25216**
108	852	161	3216	664	2552	2096	553	1543	74
94	284	7	2439	238	2201	1831	205	1626	41
53	440	2	1522	160	1362	1004	95	909	42
37	95	5	1732	180	1552	1523	176	1347	29
2	156	1614	518	145	373	305	93	212	3171
15	858	3887	409	–	409	257	–	257	8518
7	222	1245	777	114	663	623	91	532	3454
20	62	2538	960	72	888	331	56	275	2872
138	305	2788	1185	248	937	536	66	470	7015
1324	**12057**	**10275**	**53681**	**6712**	**46969**	**36260**	**3495**	**32765**	**24556**
74	672	–	3408	236	3172	2694	184	2510	5
206	1513	1	6424	746	5678	5278	511	4767	–
86	1115	22	4469	534	3935	3554	284	3270	51
382	4683	45	16291	2105	14186	10865	855	10010	67
28	182	315	941	157	784	740	100	640	548
85	459	365	1671	191	1480	1135	125	1010	641
237	2208	379	14456	1828	12628	9264	1055	8209	697
44	202	221	1435	179	1256	906	139	767	457
13	201	546	1512	130	1382	905	69	836	1243
15	155	1563	473	103	370	209	48	161	3218
26	120	1160	492	100	392	190	48	142	4035
42	420	2084	1223	148	1075	331	48	283	4327
78	74	1849	601	193	408	110	27	83	4349
8	53	1725	285	62	223	79	2	77	4918
657	**6832**	**20958**	**18455**	**1150**	**17305**	**14455**	**644**	**13811**	**35637**
171	2197	95	6021	279	5742	5804	251	5553	211
408	1955	26	5195	315	4880	4026	237	3789	215
4	64	21	396	11	385	300	11	289	129
18	1765	206	4761	240	4521	3375	55	3320	758

中小学在校生中随迁子女

省、市、县(市)区名称	普通高中 随迁子女			初 随迁子女			进城务
	计	外省迁入	本省外县迁入	计	外省迁入	本省外县迁入	计
宝丰县	384	-	384	829	40	789	207
叶　县	78	3	75	494	40	454	448
鲁山县	63	-	63	631	44	587	23
郏　县	25	2	23	120	20	100	60
舞钢市	1	1	-	300	22	278	101
汝州市	375	43	332	201	38	163	68
安阳市	**679**	**187**	**492**	**10893**	**1492**	**9401**	**7948**
文峰区	75	2	73	3959	264	3695	3348
北关区	106	15	91	2501	323	2178	1502
殷都区	63	23	40	1187	249	938	1067
龙安区	41	37	4	751	230	521	741
安阳县	87	59	28	483	161	322	366
汤阴县	96	7	89	502	24	478	117
滑　县	5	2	3	495	89	406	212
内黄县	5	2	3	2	-	2	-
林州市	201	40	161	1013	152	861	595
鹤壁市	**473**	**38**	**435**	**1664**	**73**	**1591**	**1402**
鹤山区	-	-	-	123	8	115	110
山城区	1	-	1	332	39	293	192
淇滨区	337	24	313	1058	16	1042	1020
浚　县	8	1	7	56	1	55	29
淇　县	127	13	114	95	9	86	51
新乡市	**1148**	**132**	**1016**	**8586**	**696**	**7890**	**5513**
红旗区	-	-	-	2900	90	2810	2221
卫滨区	154	9	145	1052	70	982	1005
凤泉区	-	-	-	77	4	73	72
牧野区	520	25	495	1482	139	1343	837
新乡县	-	-	-	591	35	556	334
获嘉县	69	6	63	623	65	558	53
原阳县	-	-	-	63	6	57	36
延津县	77	7	70	202	30	172	48
封丘县	4	-	4	78	20	58	13
卫辉市	3	-	3	181	21	160	135
辉县市	55	3	52	309	55	254	160
长垣市	266	82	184	1028	161	867	599
焦作市	**638**	**74**	**564**	**7380**	**782**	**6598**	**5351**
解放区	203	19	184	2709	304	2405	1655
中站区	143	28	115	484	11	473	471
马村区	-	-	-	221	63	158	134
山阳区	-	-	-	2878	146	2732	2551
修武县	-	-	-	200	18	182	116
博爱县	83	6	77	110	11	99	93
武陟县	-	-	-	149	84	65	147
温　县	209	21	188	240	49	191	170

和农村留守儿童情况(二)

中			小			学			
工人员随迁子女		农村留守儿童	随迁子女			进城务工人员随迁子女			农村留守儿童
外省迁入	本省外县迁入		计	外省迁入	本省外县迁入	计	外省迁入	本省外县迁入	
5	202	712	131	50	81	1	–	1	1310
20	428	5227	190	50	140	96	15	81	7454
1	22	5619	680	106	574	209	51	158	9975
10	50	4412	251	8	243	128	–	128	6054
5	96	806	510	28	482	397	15	382	1726
15	53	3834	320	63	257	119	9	110	7805
957	**6991**	**7669**	**19149**	**2644**	**16505**	**17079**	**2047**	**15032**	**10651**
209	3139	97	8575	891	7684	8357	772	7585	35
176	1326	5	4030	802	3228	3707	697	3010	40
147	920	152	3252	360	2892	2967	211	2756	159
224	517	72	833	103	730	780	92	688	168
72	294	1741	121	32	89	100	25	75	720
–	117	1496	323	4	319	10	4	6	1162
49	163	1534	897	176	721	679	113	566	3372
–	–	1406	135	5	130	3	3	–	3780
80	515	1166	983	271	712	476	130	346	1215
40	**1362**	**1338**	**3232**	**268**	**2964**	**2476**	**169**	**2307**	**2703**
1	109	62	77	23	54	37	16	21	130
17	175	20	411	31	380	310	22	288	101
16	1004	214	2323	144	2179	1874	95	1779	200
–	29	700	80	16	64	55	9	46	1642
6	45	342	341	54	287	200	27	173	630
401	**5112**	**3756**	**20085**	**1995**	**18090**	**13113**	**1189**	**11924**	**6052**
64	2157	10	5623	376	5247	3775	219	3556	12
70	935	6	2362	148	2214	2265	132	2133	41
2	70	21	488	37	451	371	26	345	36
93	744	1	2604	282	2322	2358	259	2099	3
24	310	108	1092	131	961	734	77	657	258
9	44	90	1446	172	1274	67	17	50	192
4	32	166	1283	164	1119	479	60	419	480
–	48	697	577	17	560	360	12	348	1217
1	12	1457	230	53	177	71	14	57	2215
17	118	255	327	33	294	233	19	214	318
16	144	434	247	66	181	79	12	67	435
101	498	511	3806	516	3290	2321	342	1979	845
478	**4873**	**1608**	**12561**	**2150**	**10411**	**7694**	**1144**	**6550**	**2051**
190	1465	11	4430	727	3703	2551	408	2143	–
9	462	28	188	24	164	131	16	115	14
21	113	30	448	89	359	115	9	106	22
121	2430	66	4911	690	4221	3652	402	3250	66
8	108	73	196	45	151	184	35	149	70
5	88	516	802	126	676	449	74	375	629
84	63	420	206	91	115	163	86	77	502
37	133	304	546	151	395	364	102	262	408

中小学在校生中随迁子女

省、市、县(市)区名称	普通高中			初			
	随迁子女			随迁子女			进城务
	计	外省迁入	本省外县迁入	计	外省迁入	本省外县迁入	计
沁阳市	–	–	–	7	2	5	–
孟州市	–	–	–	382	94	288	14
濮阳市	**911**	**222**	**689**	**23492**	**1294**	**22198**	**19269**
华龙区	606	102	504	21636	820	20816	17951
清丰县	62	23	39	238	82	156	158
南乐县	120	35	85	311	138	173	193
范县	123	62	61	528	192	336	368
台前县	–	–	–	380	28	352	355
濮阳县	–	–	–	399	34	365	244
许昌市	**294**	**65**	**229**	**5190**	**488**	**4702**	**2422**
魏都区	203	36	167	3238	258	2980	1360
建安区	–	–	–	695	27	668	400
鄢陵县	43	–	43	238	18	220	31
襄城县	10	–	10	322	54	268	173
禹州市	35	29	6	421	67	354	279
长葛市	3	–	3	276	64	212	179
漯河市	**612**	**57**	**555**	**5912**	**241**	**5671**	**4339**
源汇区	88	–	88	840	48	792	673
郾城区	–	–	–	2632	109	2523	2089
召陵区	476	50	426	2135	42	2093	1366
舞阳县	8	1	7	211	28	183	166
临颍县	40	6	34	94	14	80	45
三门峡市	**829**	**206**	**623**	**5835**	**792**	**5043**	**4129**
湖滨区	325	96	229	3775	214	3561	3003
陕州区	208	18	190	122	22	100	83
渑池县	16	3	13	694	131	563	249
卢氏县	58	21	37	101	53	48	70
义马市	15	2	13	429	24	405	285
灵宝市	207	66	141	714	348	366	439
南阳市	**4887**	**670**	**4217**	**22652**	**1525**	**21127**	**13986**
宛城区	634	21	613	7978	296	7682	6297
卧龙区	1841	369	1472	8546	429	8117	4582
南召县	119	16	103	393	45	348	212
方城县	49	20	29	81	11	70	76
西峡县	16	16	–	1085	158	927	627
镇平县	23	2	21	318	28	290	196
内乡县	666	56	610	669	107	562	208
淅川县	266	19	247	900	123	777	525
社旗县	133	39	94	588	22	566	286
唐河县	15	–	15	362	41	321	234
新野县	3	–	3	165	31	134	117
桐柏县	–	–	–	419	57	362	111
邓州市	1122	112	1010	1148	177	971	515
商丘市	**1246**	**123**	**1123**	**3983**	**559**	**3424**	**1907**

和农村留守儿童情况(三)

中		农村留守儿童	小			学			农村留守儿童
工人员随迁子女			随迁子女			进城务工人员随迁子女			
外省迁入	本省外县迁入		计	外省迁入	本省外县迁入	计	外省迁入	本省外县迁入	
-	-	113	44	8	36	4	3	1	248
3	11	47	790	199	591	81	9	72	92
816	**18453**	**12459**	**34176**	**2969**	**31207**	**25392**	**2140**	**23252**	**26878**
526	17425	498	31227	1640	29587	23331	1282	22049	713
49	109	775	419	314	105	137	85	52	1610
81	112	1603	473	180	293	262	107	155	3578
122	246	6000	1255	500	755	1096	419	677	6820
10	345	1403	374	263	111	278	197	81	2483
28	216	2180	428	72	356	288	50	238	11674
140	**2282**	**13024**	**17698**	**1285**	**16413**	**5373**	**451**	**4922**	**25099**
9	1351	162	13436	694	12742	3010	221	2789	44
16	384	834	2002	154	1848	1156	44	1112	2315
-	31	3059	88	2	86	2	1	1	6060
33	140	6239	978	205	773	351	68	283	11047
38	241	2460	636	55	581	568	39	529	5325
44	135	270	558	175	383	286	78	208	308
129	**4210**	**7501**	**11416**	**619**	**10797**	**7563**	**409**	**7154**	**14012**
27	646	542	2244	51	2193	1192	32	1160	837
46	2043	734	5664	259	5405	4043	135	3908	1098
27	1339	2058	2348	135	2213	1348	105	1243	4446
19	147	2626	873	132	741	853	127	726	4444
10	35	1541	287	42	245	127	10	117	3187
416	**3713**	**1801**	**12146**	**1974**	**10172**	**8454**	**1164**	**7290**	**3911**
147	2856	47	8212	848	7364	6015	488	5527	14
16	67	121	278	86	192	218	68	150	249
29	220	431	1029	205	824	275	28	247	628
41	29	557	290	80	210	176	32	144	1236
10	275	1	883	59	824	838	50	788	22
173	266	644	1454	696	758	932	498	434	1762
775	**13211**	**80744**	**51886**	**3301**	**48585**	**41596**	**2351**	**39245**	**125184**
183	6114	3143	17626	795	16831	14077	546	13531	4946
173	4409	2719	23943	1108	22835	20450	939	19511	3566
23	189	1449	589	152	437	329	85	244	3684
11	65	6718	63	7	56	62	6	56	12632
126	501	2709	1205	213	992	986	168	818	1655
7	189	5921	1234	63	1171	1042	12	1030	9750
42	166	5727	820	147	673	579	71	508	7772
54	471	5665	1847	139	1708	1322	99	1223	7632
6	280	4898	867	66	801	256	15	241	8678
24	210	10608	642	63	579	320	36	284	17408
29	88	9691	167	17	150	120	6	114	12334
24	87	2172	991	175	816	570	143	427	2848
73	442	19324	1892	356	1536	1483	225	1258	32279
103	**1804**	**45087**	**6856**	**1245**	**5611**	**4023**	**622**	**3401**	**91115**

中小学在校生中随迁子女

省、市、县(市)区名称	普通高中 随迁子女			初 随迁子女			进城务
	计	外省迁入	本省外县迁入	计	外省迁入	本省外县迁入	计
梁园区	63	30	33	861	28	833	801
睢阳区	-	-	-	335	4	331	110
民权县	-	-	-	78	12	66	70
睢县	961	60	901	163	2	161	11
宁陵县	-	-	-	117	10	107	68
柘城县	28	-	28	438	-	438	-
虞城县	165	33	132	358	8	350	293
夏邑县	-	-	-	324	5	319	294
永城市	29	-	29	1309	490	819	260
信阳市	**730**	**56**	**674**	**15466**	**1332**	**14134**	**12629**
浉河区	-	-	-	2823	328	2495	2151
平桥区	250	23	227	9746	349	9397	8854
罗山县	45	1	44	558	232	326	172
光山县	176	2	174	262	-	262	49
新县	6	2	4	306	18	288	241
商城县	-	-	-	311	41	270	295
固始县	49	15	34	197	68	129	66
潢川县	34	8	26	475	33	442	349
淮滨县	133	-	133	610	175	435	415
息县	37	5	32	178	88	90	37
周口市	**1621**	**117**	**1504**	**9175**	**1192**	**7983**	**6255**
川汇区	778	31	747	3008	148	2860	1909
淮阳区	459	14	445	852	95	757	532
扶沟县	156	21	135	252	65	187	161
西华县	-	-	-	694	51	643	574
商水县	60	3	57	343	26	317	261
沈丘县	152	43	109	853	156	697	748
郸城县	1	1	-	1389	288	1101	710
太康县	-	-	-	210	69	141	141
鹿邑县	15	4	11	276	60	216	180
项城市	-	-	-	1298	234	1064	1039
驻马店市	**1890**	**237**	**1653**	**17864**	**2104**	**15760**	**12154**
驿城区	502	144	358	13280	1371	11909	8800
西平县	-	-	-	330	121	209	271
上蔡县	72	4	68	276	51	225	109
平舆县	857	51	806	1376	176	1200	1232
正阳县	316	29	287	185	4	181	107
确山县	20	-	20	230	43	187	180
泌阳县	108	8	100	1001	63	938	857
汝南县	14	-	14	252	39	213	212
遂平县	-	-	-	96	11	85	-
新蔡县	1	1	-	838	225	613	386
济源示范区	**-**	**-**	**-**	**1791**	**441**	**1350**	**1009**

和农村留守儿童情况(四)

中			小			学			
工人员随迁子女		农村留守儿童	随迁子女			进城务工人员随迁子女			农村留守儿童
外省迁入	本省外县迁入		计	外省迁入	本省外县迁入	计	外省迁入	本省外县迁入	
8	793	1405	2002	141	1861	1475	76	1399	2225
-	110	1771	1122	54	1068	1010	52	958	4597
12	58	3444	196	24	172	144	13	131	9581
-	11	4381	498	29	469	7	2	5	5463
-	68	4735	250	55	195	74	15	59	8072
-	-	3984	162	-	162	35	-	35	6849
3	290	6690	367	18	349	229	7	222	14661
4	290	10514	167	15	152	149	12	137	22343
76	184	8163	2092	909	1183	900	445	455	17324
723	**11906**	**88551**	**23192**	**3338**	**19854**	**15862**	**1937**	**13925**	**114463**
201	1950	1662	8977	1658	7319	7624	1238	6386	1853
261	8593	6189	9812	703	9109	6675	482	6193	6674
74	98	9082	1300	298	1002	378	12	366	11122
-	49	8959	225	28	197	123	9	114	11008
7	234	3643	165	26	139	94	12	82	4105
35	260	9414	510	32	478	217	16	201	12415
-	66	16776	710	290	420	170	49	121	21514
17	332	5691	423	54	369	290	32	258	10709
119	296	9955	711	232	479	251	85	166	14226
9	28	17180	359	17	342	40	2	38	20837
693	**5562**	**82917**	**17413**	**1966**	**15447**	**12656**	**1137**	**11519**	**155830**
77	1832	719	9461	433	9028	7660	261	7399	1867
63	469	3536	988	166	822	554	111	443	9620
27	134	3125	316	56	260	162	36	126	4374
19	555	6940	1060	94	966	974	84	890	10832
16	245	10221	628	12	616	569	7	562	20639
115	633	11173	655	219	436	400	113	287	16175
112	598	19375	1723	586	1137	837	262	575	33039
49	92	15684	278	99	179	81	41	40	31136
31	149	6970	458	115	343	246	52	194	14447
184	855	5174	1846	186	1660	1173	170	1003	13701
737	**11417**	**80182**	**31423**	**2247**	**29176**	**25162**	**1348**	**23814**	**124034**
250	8550	2664	25281	1194	24087	20977	731	20246	3476
102	169	4037	578	134	444	314	55	259	7015
47	62	19276	596	99	497	378	12	366	32633
174	1058	11548	847	73	774	520	57	463	14756
-	107	3811	184	11	173	136	-	136	6483
14	166	2959	191	94	97	120	59	61	3795
35	822	12556	1789	162	1627	1294	150	1144	20355
27	185	6003	902	29	873	767	6	761	10337
-	-	5044	284	60	224	213	48	165	4283
88	298	12284	771	391	380	443	230	213	20901
244	**765**	**259**	**2752**	**735**	**2017**	**2112**	**530**	**1582**	**429**

中 等 职 业 教

省、市、县(市)区名称	校数(所)			学				生	
						在	校	学	
	计	公办	民办	毕业生数	招生数	计	其中:女	其中:寄宿生	一年级
河南省	**546**	**356**	**190**	**379808**	**381896**	**1119505**	**467596**	**855414**	**382617**
郑州市	**106**	**48**	**58**	**108848**	**113843**	**312312**	**107467**	**234615**	**114493**
中原区	17	8	9	7433	7936	19534	7328	13297	8006
二七区	11	4	7	6354	6447	16181	8418	13170	6447
管城回族区	6	3	3	6327	5624	21669	8773	19025	5624
金水区	20	17	3	29109	35307	99342	36949	53922	35307
上街区	1	–	1	610	253	1184	674	1165	253
惠济区	4	2	2	11910	13310	35950	15815	19020	13310
中牟县	7	4	3	5318	5456	14005	4607	13567	5456
巩义市	3	1	2	1175	1192	3322	1284	3322	1192
荥阳市	11	3	8	15269	9825	31610	8769	29594	10405
新密市	4	1	3	1871	2988	8053	3709	7904	2988
新郑市	12	3	9	13339	11630	25988	8061	25155	11630
登封市	10	2	8	10133	13875	35474	3080	35474	13875
开封市	**34**	**22**	**12**	**18447**	**21482**	**56671**	**26674**	**28959**	**21482**
龙亭区	6	5	1	7374	3768	18773	6641	9342	3768
顺河回族区	8	3	5	3186	6063	12245	6056	7240	6063
鼓楼区	1	1	–	71	241	701	174	306	241
禹王台区	–	–	–	–	–	–	–	–	–
祥符区	3	2	1	1964	1179	4327	1664	4066	1179
杞县	3	2	1	691	546	1714	747	1714	546
通许县	6	3	3	4089	7918	14762	9860	3827	7918
尉氏县	4	4	–	607	955	2585	934	900	955
兰考县	3	2	1	465	812	1564	598	1564	812
洛阳市	**35**	**23**	**12**	**29780**	**29464**	**91257**	**40178**	**68406**	**29464**
老城区	5	3	2	6818	2596	13378	7715	4005	2596
西工区	–	–	–	–	–	–	–	–	–
瀍河回族区	–	–	–	289	–	–	–	–	–
涧西区	2	1	1	1442	1341	3772	2179	2439	1341
偃师区	2	2	–	1051	1080	3151	1352	3151	1080
孟津区	6	3	3	2409	2499	7926	3329	6012	2499
洛龙区	5	2	3	6176	6393	19379	5885	12649	6393
新安县	2	2	–	3677	3795	10748	4648	10748	3795
栾川县	1	1	–	1270	1492	4254	1805	3421	1492
嵩县	4	3	1	3682	4878	12800	6498	10235	4878
汝阳县	1	1	–	890	1768	6096	2745	6085	1768
宜阳县	4	3	1	656	926	2652	1063	2645	926
洛宁县	1	–	1	439	346	1558	700	1558	346
伊川县	2	2	–	981	2350	5543	2259	5458	2350
平顶山市	**19**	**13**	**6**	**15303**	**10434**	**36527**	**19421**	**25742**	**10434**
新华区	2	1	1	153	110	449	63	402	110
卫东区	1	1	–	3459	2316	8642	6387	5420	2316
石龙区	–	–	–	–	–	–	–	–	–
湛河区	2	2	–	3167	2220	8692	2998	5590	2220

注:本表不含技工学校。

育 基 本 情 况(一)

数				教职工数							
生数			预计毕业生数	计	其中					校外教师	行业导师
二年级	三年级	四年级及以上			专任教师	行政人员	教辅人员	工勤人员	其他附设机构人员		
370202	**365731**	**955**	**390225**	**61413**	**52614**	**3527**	**2478**	**2714**	**80**	**8144**	**866**
96188	**101284**	**347**	**112897**	**14606**	**11743**	**1287**	**852**	**724**	**–**	**3848**	**375**
5830	5698	–	7531	1328	1128	99	57	44	–	16	50
4677	5033	24	6234	772	607	79	53	33	–	89	1
8656	7389	–	7610	837	720	70	20	27	–	71	28
31781	32254	–	36456	4016	3160	336	335	185	–	3373	108
449	482	–	610	54	23	11	15	5	–	9	–
9106	13211	323	14993	1107	954	102	13	38	–	98	–
4243	4306	–	4543	866	773	47	18	28	–	36	4
880	1250	–	1250	259	236	10	–	13	–	–	–
10695	10510	–	11811	1691	1384	158	78	71	–	79	10
2926	2139	–	2139	451	412	16	6	17	–	40	27
5642	8716	–	9615	1442	824	277	186	155	–	35	49
11303	10296	–	10105	1783	1522	82	71	108	–	2	98
16932	**18257**	**–**	**22790**	**2690**	**2265**	**188**	**73**	**164**	**–**	**758**	**106**
6503	8502	–	9223	509	412	51	23	23	–	186	–
3287	2895	–	4018	824	693	57	14	60	–	8	78
241	219	–	219	68	44	19	1	4	–	–	–
–	–	–	–	–	–	–	–	–	–	–	–
1391	1757	–	1938	260	227	11	11	11	–	22	–
551	617	–	617	169	167	1	1	–	–	12	–
3751	3093	–	4914	519	411	40	18	50	–	522	6
806	824	–	1408	191	175	6	2	8	–	8	22
402	350	–	453	150	136	3	3	8	–	–	–
31278	**30495**	**20**	**31031**	**4539**	**4039**	**217**	**129**	**154**	**–**	**320**	**86**
4541	6241	–	6241	849	732	59	18	40	–	12	9
–	–	–	–	–	–	–	–	–	–	–	–
–	–	–	–	–	–	–	–	–	–	–	–
1103	1328	–	1328	184	172	8	1	3	–	39	–
1033	1038	–	1038	248	243	2	–	3	–	–	–
2812	2615	–	3015	391	346	34	5	6	–	110	–
6909	6057	20	6184	813	659	44	61	49	–	–	59
3242	3711	–	3711	489	478	1	4	6	–	–	–
1485	1277	–	1286	217	191	5	19	2	–	62	–
4176	3746	–	3746	431	357	35	15	24	–	45	18
2251	2077	–	2077	230	220	4	2	4	–	52	–
860	866	–	866	347	322	20	3	2	–	–	–
723	489	–	489	94	83	2	–	9	–	–	–
2143	1050	–	1050	246	236	3	1	6	–	–	–
11677	**14416**	**–**	**14464**	**2394**	**2175**	**77**	**42**	**100**	**–**	**28**	**28**
151	188	–	188	87	66	10	3	8	–	–	–
2686	3640	–	3640	414	393	2	2	17	–	24	–
–	–	–	–	–	–	–	–	–	–	–	–
2869	3603	–	3603	558	484	19	27	28	–	4	–

中 等 职 业 教

省、市、县(市)区名称	校数(所)			学生					
						在校学			
	计	公办	民办	毕业生数	招生数	计	其中：女	其中：寄宿生	一年级
宝丰县	2	1	1	220	436	1765	708	1765	436
叶县	1	1	–	694	711	1953	839	1953	711
鲁山县	1	1	–	212	382	1049	427	905	382
郏县	1	1	–	435	355	1194	444	1139	355
舞钢市	1	1	–	327	788	2619	1720	2556	788
汝州市	8	4	4	6636	3116	10164	5835	6012	3116
安阳市	**19**	**12**	**7**	**15301**	**16168**	**48089**	**21289**	**39036**	**16168**
文峰区	2	1	1	5762	3685	14725	6310	10113	3685
北关区	–	–	–	664	199	587	577	587	199
殷都区	3	2	1	1346	1728	4938	2034	3126	1728
龙安区	–	–	–	–	–	–	–	–	–
安阳县	1	1	–	1397	1668	4502	2084	4502	1668
汤阴县	2	2	–	1617	1348	4212	1617	4212	1348
滑县	4	3	1	2085	3237	7845	3251	7845	3237
内黄县	2	1	1	354	439	1423	698	1423	439
林州市	5	2	3	2076	3864	9857	4718	7228	3864
鹤壁市	**5**	**5**	**–**	**5170**	**4993**	**13827**	**5644**	**6988**	**5016**
鹤山区	1	1	–	356	834	2015	872	356	834
山城区	1	1	–	387	258	1110	405	564	258
淇滨区	1	1	–	2388	1176	4505	1610	2379	1199
浚县	1	1	–	940	1139	2799	1354	2178	1139
淇县	1	1	–	1099	1586	3398	1403	1511	1586
新乡市	**26**	**15**	**11**	**24087**	**17023**	**59744**	**24643**	**44884**	**17024**
红旗区	7	3	4	5096	5389	15269	6423	9251	5390
卫滨区	2	2	–	696	–	856	675	–	–
凤泉区	–	–	–	–	–	–	–	–	–
牧野区	1	1	–	208	314	1107	558	875	314
新乡县	2	1	1	366	691	1857	653	1417	691
获嘉县	2	1	1	5666	2382	9537	4338	6929	2382
原阳县	2	1	1	3477	1449	6079	2448	4430	1449
延津县	3	1	2	1758	2279	7246	2769	7246	2279
封丘县	2	1	1	103	225	804	302	743	225
卫辉市	1	1	–	171	249	554	191	284	249
辉县市	3	2	1	1975	1739	6559	2707	4887	1739
长垣市	1	1	–	4571	2306	9876	3579	8822	2306
焦作市	**22**	**18**	**4**	**9245**	**14958**	**38112**	**18832**	**31707**	**14958**
解放区	3	3	–	1653	1684	5640	3741	3594	1684
中站区	–	–	–	19	23	64	34	64	23
马村区	–	–	–	–	–	–	–	–	–
山阳区	3	2	1	2483	3663	9292	3839	7896	3663
修武县	2	2	–	95	1130	1550	921	476	1130
博爱县	2	2	–	710	907	2792	958	2664	907
武陟县	3	2	1	1709	2167	7384	5266	7116	2167
温县	2	2	–	301	341	1565	576	1565	341

育 基 本 情 况(二)

数				教职工数						校外教师	行业导师
生数			预计毕业生数	计	其中						
二年级	三年级	四年级及以上			专任教师	行政人员	教辅人员	工勤人员	其他附设机构人员		
806	523	–	523	162	150	12	–	–	–	–	–
709	533	–	533	133	122	5	2	4	–	–	–
349	318	–	318	97	90	3	–	4	–	–	–
385	454	–	454	88	84	1	–	3	–	–	–
985	846	–	876	137	128	3	5	1	–	–	–
2737	4311	–	4329	718	658	22	3	35	–	–	28
16050	**15871**	**–**	**15335**	**2874**	**2544**	**78**	**161**	**91**	**–**	**240**	**36**
4827	6213	–	6213	558	379	17	143	19	–	66	36
193	195	–	195	–	–	–	–	–	–	–	–
1742	1468	–	1468	382	343	15	2	22	–	–	–
–	–	–	–	–	–	–	–	–	–	–	–
1492	1342	–	1342	319	314	2	–	3	–	65	–
1247	1617	–	1617	221	215	1	–	5	–	–	–
2281	2327	–	1810	696	664	16	2	14	–	109	–
611	373	–	373	133	123	5	4	1	–	–	–
3657	2336	–	2317	565	506	22	10	27	–	–	–
3488	**5323**	**–**	**5401**	**686**	**590**	**80**	**3**	**13**	**–**	**87**	**–**
590	591	–	591	59	56	1	–	2	–	43	–
365	487	–	487	96	60	36	–	–	–	–	–
1091	2215	–	2215	148	113	35	–	–	–	–	–
593	1067	–	1145	227	207	6	3	11	–	21	–
849	963	–	963	156	154	2	–	–	–	23	–
20003	**22717**	**–**	**22978**	**3320**	**2823**	**161**	**157**	**162**	**17**	**204**	**45**
5561	4318	–	4318	628	529	36	29	34	–	99	28
–	856	–	856	79	41	16	5	–	17	–	–
–	–	–	–	–	–	–	–	–	–	–	–
467	326	–	326	43	42	1	–	–	–	–	–
625	541	–	541	307	210	20	54	23	–	3	–
2324	4831	–	4850	258	212	19	15	12	–	31	–
1577	3053	–	3084	371	325	22	11	13	–	–	3
2983	1984	–	2000	430	352	9	25	44	–	20	–
453	126	–	126	163	139	16	3	5	–	25	–
141	164	–	276	81	67	2	5	7	–	–	4
2469	2351	–	2434	312	287	8	4	13	–	26	10
3403	4167	–	4167	648	619	12	6	11	–	–	–
11930	**11174**	**50**	**14212**	**2108**	**1821**	**89**	**29**	**106**	**63**	**122**	**32**
1734	2222	–	2222	232	166	20	4	42	–	16	31
30	11	–	11	–	–	–	–	–	–	–	–
–	–	–	–	–	–	–	–	–	–	–	–
2989	2590	50	3336	581	506	36	4	35	–	76	1
264	156	–	1107	69	65	3	1	–	–	–	–
881	1004	–	1032	198	189	4	–	5	–	–	–
2760	2457	–	2475	380	295	8	9	5	63	–	–
836	388	–	388	160	141	10	8	1	–	–	–

中 等 职 业 教

省、市、县(市)区名称	校数(所)			学					生
						在	校	学	
	计	公办	民办	毕业生数	招生数	计	其中:女	其中:寄宿生	一年级
沁阳市	5	3	2	1314	4037	6971	2332	5478	4037
孟州市	2	2	–	961	1006	2854	1165	2854	1006
濮阳市	**19**	**16**	**3**	**12319**	**12356**	**35368**	**14415**	**22854**	**12356**
华龙区	7	6	1	5194	4044	12938	5338	7440	4044
清丰县	4	2	2	1486	1886	4797	2147	4427	1886
南乐县	2	2	–	767	1557	3722	1565	3027	1557
范县	2	2	–	542	344	1386	557	1386	344
台前县	1	1	–	465	549	1713	554	650	549
濮阳县	3	3	–	3865	3976	10812	4254	5924	3976
许昌市	**24**	**18**	**6**	**12595**	**16693**	**42424**	**18904**	**35214**	**16693**
魏都区	8	5	3	6152	9213	22512	10714	16832	9213
建安区	4	3	1	229	259	862	269	862	259
鄢陵县	2	2	–	1276	670	2629	985	2629	670
襄城县	3	2	1	1245	1690	4751	2011	4751	1690
禹州市	3	3	–	2461	2390	6590	2699	6582	2390
长葛市	4	3	1	1232	2471	5080	2226	3558	2471
漯河市	**22**	**15**	**7**	**11014**	**11730**	**32231**	**14227**	**27518**	**11730**
源汇区	6	4	2	2070	2545	6202	2539	5542	2545
郾城区	4	3	1	6779	5588	16627	6646	13605	5588
召陵区	3	1	2	1555	2013	5295	3310	4324	2013
舞阳县	5	4	1	300	623	1879	787	1860	623
临颍县	4	3	1	310	961	2228	945	2187	961
三门峡市	**18**	**15**	**3**	**4847**	**4407**	**13414**	**6038**	**11155**	**4407**
湖滨区	7	6	1	2975	1569	6352	3030	4830	1569
陕州区	2	2	–	493	680	1666	695	1566	680
渑池县	2	2	–	298	737	1552	679	1552	737
卢氏县	3	2	1	322	444	1055	386	1055	444
义马市	1	1	–	–	–	–	–	–	–
灵宝市	3	2	1	759	977	2789	1248	2152	977
南阳市	**71**	**44**	**27**	**31845**	**39913**	**111055**	**49762**	**93407**	**39926**
宛城区	16	6	10	4905	5309	16778	6265	13307	5309
卧龙区	12	5	7	6926	9159	23523	9820	15781	9159
南召县	6	5	1	1710	2357	6966	3780	5576	2357
方城县	4	4	–	2234	3047	8664	3825	8105	3047
西峡县	2	1	1	2439	1402	4910	1716	4909	1402
镇平县	3	2	1	1595	2205	6528	2742	6461	2205
内乡县	4	4	–	1667	2645	6470	2859	6470	2658
淅川县	4	3	1	791	1163	3226	1327	3226	1163
社旗县	4	3	1	1705	2288	6614	2796	5672	2288
唐河县	5	4	1	1369	2681	6389	2905	6389	2681
新野县	5	2	3	568	1762	4066	1781	4066	1762
桐柏县	5	4	1	1158	1857	4942	2112	4940	1857
邓州市	1	1	–	4778	4038	11979	7834	8505	4038
商丘市	**31**	**27**	**4**	**18772**	**17989**	**59920**	**28026**	**51552**	**17989**

育 基 本 情 况(三)

数				教职工数							
生数			预计毕业生数	计	其中					校外教师	行业导师
二年级	三年级	四年级及以上			专任教师	行政人员	教辅人员	工勤人员	其他附设机构人员		
1549	1385	–	2680	243	227	5	3	8	–	30	–
887	961	–	961	245	232	3	–	10	–	–	–
10607	**11967**	**438**	**11940**	**1930**	**1598**	**158**	**106**	**68**	**–**	**346**	**–**
4015	4441	438	4414	621	496	42	66	17	–	219	–
1217	1694	–	1694	291	218	34	29	10	–	4	–
1049	1116	–	1116	156	140	3	3	10	–	–	–
500	542	–	542	136	129	3	–	4	–	–	–
442	722	–	722	98	97	1	–	–	–	9	–
3384	3452	–	3452	628	518	75	8	27	–	114	–
13511	**12220**	**–**	**14038**	**2543**	**2330**	**88**	**29**	**96**	**–**	**222**	**20**
7089	6210	–	8028	877	784	31	18	44	–	131	–
385	218	–	218	163	121	15	6	21	–	–	–
1060	899	–	899	220	182	19	–	19	–	–	–
1434	1627	–	1627	393	382	2	5	4	–	–	–
2220	1980	–	1980	464	445	14	–	5	–	64	–
1323	1286	–	1286	426	416	7	–	3	–	27	20
10891	**9610**	**–**	**10389**	**2212**	**1944**	**134**	**67**	**67**	**–**	**149**	**3**
1788	1869	–	1869	384	325	45	7	7	–	14	–
5667	5372	–	5829	904	809	43	27	25	–	108	3
1888	1394	–	1724	406	339	25	23	19	–	13	–
719	537	–	537	280	256	14	5	5	–	14	–
829	438	–	430	238	215	7	5	11	–	–	–
4413	**4594**	**–**	**4851**	**891**	**769**	**76**	**17**	**29**	**–**	**289**	**–**
2074	2709	–	2852	284	193	65	11	15	–	256	–
521	465	–	579	203	193	5	2	3	–	18	–
598	217	–	217	65	55	4	4	2	–	–	–
271	340	–	340	117	107	2	–	8	–	15	–
–	–	–	–	6	6	–	–	–	–	–	–
949	863	–	863	216	215	–	–	1	–	–	–
36808	**34242**	**79**	**34629**	**6174**	**5312**	**300**	**306**	**256**	**–**	**607**	**68**
5411	5979	79	6595	956	773	78	34	71	–	72	2
6489	7875	–	7916	855	706	50	23	76	–	188	1
2718	1891	–	1891	482	334	22	107	19	–	33	–
2887	2730	–	2876	667	630	21	–	16	–	1	–
1643	1865	–	1930	290	216	17	52	5	–	8	–
2549	1774	–	1774	414	408	4	–	2	–	–	–
2005	1807	–	1807	419	360	12	36	11	–	40	–
1288	775	–	775	215	162	11	33	9	–	–	–
2074	2252	–	2252	395	377	12	–	6	–	–	–
2508	1200	–	1200	699	615	46	17	21	–	–	–
1539	765	–	1336	181	152	10	–	19	–	14	65
1792	1293	–	1293	474	456	13	4	1	–	–	–
3905	4036	–	2984	127	123	4	–	–	–	251	–
22752	**19158**	**21**	**19586**	**3668**	**3164**	**208**	**160**	**136**	**–**	**138**	**32**

中等职业教

省、市、县(市)区名称	校数(所)			学生					
	计	公办	民办	毕业生数	招生数	在校学			
						计	其中:女	其中:寄宿生	一年级
梁园区	6	5	1	4832	5152	16727	6865	11579	5152
睢阳区	4	3	1	3665	3106	10387	6776	9827	3106
民权县	3	2	1	718	1207	3771	1496	3731	1207
睢县	3	3	—	1607	1227	4246	1854	4246	1227
宁陵县	2	2	—	291	563	1544	720	1280	563
柘城县	2	2	—	1292	1195	3942	1625	2709	1195
虞城县	3	3	—	1805	1339	4933	2232	4508	1339
夏邑县	3	3	—	1976	1223	4705	2426	4705	1223
永城市	5	4	1	2586	2977	9665	4032	8967	2977
信阳市	**31**	**20**	**11**	**20642**	**17118**	**59303**	**25289**	**49653**	**17118**
浉河区	4	3	1	2145	1038	4284	1909	3865	1038
平桥区	7	2	5	4540	4548	14372	6019	12941	4548
罗山县	1	1	—	1400	1479	6457	2555	4050	1479
光山县	2	2	—	1698	529	3441	1650	2111	529
新县	2	2	—	2095	1397	6052	2478	5830	1397
商城县	2	2	—	414	685	2002	631	2002	685
固始县	5	2	3	3368	4200	12501	5419	11439	4200
潢川县	4	4	—	2379	822	4419	2417	1702	822
淮滨县	2	1	1	1505	615	2248	888	2248	615
息县	2	1	1	1098	1805	3527	1323	3465	1805
周口市	**35**	**17**	**18**	**17661**	**14690**	**50883**	**22325**	**36872**	**14724**
川汇区	11	3	8	8594	3870	20450	9719	13123	3870
淮阳区	2	1	1	474	1633	4757	1980	4757	1633
扶沟县	1	1	—	601	589	1610	561	1610	589
西华县	2	2	—	2004	1569	3916	1361	2393	1569
商水县	4	4	—	2178	2067	5451	2723	2781	2067
沈丘县	1	1	—	372	551	1587	809	1587	551
郸城县	4	2	2	1526	1161	4512	1929	4472	1161
太康县	4	1	3	332	1153	2246	837	1933	1153
鹿邑县	2	1	1	556	778	2256	857	1811	778
项城市	4	1	3	1024	1319	4098	1549	2405	1353
驻马店市	**26**	**25**	**1**	**21991**	**16368**	**51674**	**21695**	**40203**	**16368**
驿城区	6	6	—	6881	6469	20917	9227	14173	6469
西平县	2	2	—	725	881	2588	821	2588	881
上蔡县	2	2	—	430	730	2031	851	2031	730
平舆县	2	2	—	540	591	2046	895	1904	591
正阳县	2	2	—	2104	2603	6961	2903	5964	2603
确山县	2	2	—	252	331	879	391	801	331
泌阳县	2	2	—	8025	1332	4350	1550	2326	1332
汝南县	2	2	—	746	1429	5219	1903	4066	1429
遂平县	2	2	—	542	730	2322	803	1989	730
新蔡县	4	3	1	1746	1272	4361	2351	4361	1272
济源示范区	**3**	**3**	**—**	**1941**	**2267**	**6694**	**2767**	**6649**	**2267**

育　基　本　情　况(四)

数				教职工数						校外教师	行业导师
生数			预计毕业生数	计	其中						
二年级	三年级	四年级及以上			专任教师	行政人员	教辅人员	工勤人员	其他附设机构人员		
6791	4784	–	4784	668	523	76	17	52	–	29	23
3815	3445	21	3460	526	505	13	–	8	–	–	–
1421	1143	–	1547	240	180	28	18	14	–	52	–
1657	1362	–	1362	404	360	10	18	16	–	5	–
570	411	–	411	160	143	7	–	10	–	–	–
1416	1331	–	1340	328	283	8	23	14	–	12	9
1679	1915	–	1915	422	374	7	39	2	–	–	–
1825	1657	–	1657	485	376	57	45	7	–	–	–
3578	3110	–	3110	435	420	2	–	13	–	40	–
22370	**19815**	**–**	**20131**	**3763**	**3344**	**140**	**157**	**122**	**–**	**225**	**23**
1609	1637	–	1654	218	163	22	8	25	–	2	23
5855	3969	–	4268	663	579	28	32	24	–	104	–
2274	2704	–	2704	314	309	5	–	–	–	–	–
1252	1660	–	1660	299	293	4	2	–	–	–	–
2277	2378	–	2378	458	431	8	14	5	–	–	–
696	621	–	621	160	158	1	–	1	–	28	–
5554	2747	–	2747	838	743	46	16	33	–	22	–
1213	2384	–	2384	264	169	10	77	8	–	17	–
762	871	–	871	413	375	9	7	22	–	–	–
878	844	–	844	136	124	7	1	4	–	52	–
20610	**15549**	**–**	**16194**	**3797**	**3250**	**148**	**137**	**262**	**–**	**345**	**12**
8816	7764	–	8312	872	678	96	30	68	–	235	–
2163	961	–	961	352	308	12	21	11	–	20	–
457	564	–	564	161	130	1	–	30	–	–	–
1193	1154	–	1154	288	258	1	–	29	–	–	–
2543	841	–	841	419	412	2	3	2	–	25	–
533	503	–	503	203	180	8	12	3	–	26	–
1679	1672	–	1729	430	335	8	33	54	–	29	12
886	207	–	207	363	288	10	25	40	–	–	–
970	508	–	508	326	290	6	13	17	–	10	–
1370	1375	–	1415	383	371	4	–	8	–	–	–
18443	**16863**	**–**	**17183**	**2812**	**2547**	**93**	**53**	**119**	**–**	**216**	**–**
7440	7008	–	7253	426	318	57	21	30	–	103	–
994	713	–	713	199	179	9	–	11	–	–	–
840	461	–	461	210	205	2	–	3	–	–	–
795	660	–	660	201	196	4	–	1	–	–	–
2175	2183	–	2240	277	268	2	–	7	–	52	–
265	283	–	283	136	131	1	2	2	–	–	–
1585	1433	–	1451	406	388	6	–	12	–	28	–
2131	1659	–	1659	438	424	–	–	14	–	–	–
918	674	–	674	197	156	3	30	8	–	33	–
1300	1789	–	1789	322	282	9	–	31	–	–	–
2251	**2176**	**–**	**2176**	**406**	**356**	**5**	**–**	**45**	**–**	**–**	**–**

特 殊 教 育

省、市、县(市)区名称	校数(所)			班数(个)	特殊教育总计					毕业生数
	计	公办	民办		毕业生数	招生数	在校学生数			
							计	其中：女	其中：寄宿生	
河南省	153	149	4	2052	8814	10072	68332	26015	15690	3036
郑州市	13	13	-	172	752	807	5177	1870	1190	262
中原区	2	2	-	29	78	85	693	221	294	47
二七区	2	2	-	37	106	139	640	225	117	83
管城回族区	1	1	-	10	67	72	363	107	-	9
金水区	1	1	-	8	29	51	326	96	-	-
上街区	-	-	-	-	10	12	50	13	5	-
惠济区	-	-	-	-	23	43	192	82	-	-
中牟县	1	1	-	9	111	85	545	207	128	23
巩义市	1	1	-	19	61	54	424	161	169	23
荥阳市	1	1	-	12	16	20	239	85	66	9
新密市	1	1	-	19	59	70	518	190	169	20
新郑市	2	2	-	21	104	108	741	281	131	29
登封市	1	1	-	8	88	68	446	202	111	19
开封市	9	9	-	101	375	383	2889	1068	745	186
龙亭区	2	2	-	27	59	52	323	118	130	45
顺河回族区	1	1	-	3	12	17	108	43	4	-
鼓楼区	1	1	-	9	9	32	101	35	5	7
禹王台区	-	-	-	-	9	4	31	10	-	-
祥符区	1	1	-	14	83	89	645	194	213	-
杞县	1	1	-	14	63	49	273	111	5	63
通许县	1	1	-	4	30	64	459	182	137	8
尉氏县	1	1	-	12	14	9	262	109	67	6
兰考县	1	1	-	18	96	67	687	266	184	57
洛阳市	15	15	-	188	646	795	4601	1806	888	252
老城区	1	1	-	9	10	13	85	33	-	7
西工区	2	2	-	35	66	77	381	158	-	61
瀍河回族区	1	1	-	9	9	19	86	33	2	-
涧西区	1	1	-	9	25	29	188	64	2	6
偃师区	1	1	-	9	19	21	236	94	93	5
孟津区	1	1	-	7	35	51	245	96	20	4
洛龙区	1	1	-	12	26	166	388	134	25	-
新安县	1	1	-	25	91	62	397	161	123	59
栾川县	1	1	-	9	67	55	336	119	203	33
嵩县	1	1	-	18	22	29	402	161	140	7
汝阳县	1	1	-	13	70	86	569	236	85	10
宜阳县	1	1	-	8	63	53	355	139	98	16
洛宁县	1	1	-	10	35	38	304	129	28	11
伊川县	1	1	-	15	108	96	629	249	69	33
平顶山市	9	9	-	125	463	553	4010	1556	1090	133
新华区	1	1	-	6	24	18	157	61	5	2
卫东区	1	1	-	8	11	14	95	34	-	5
石龙区	-	-	-	-	5	6	36	15	9	-
湛河区	1	1	-	19	18	59	327	136	139	6

基　本　情　况（一）

特殊教育学校（机构）				初中、小学随班就读学生					教职工数		校外教师
招生数	在校学生数			毕业生数	招生数	在校学生数			计	其中：专任教师数	
	计	其中：女	其中：寄宿生			计	其中：女	其中：寄宿生			
3217	**26655**	**9883**	**9273**	**4837**	**5696**	**35281**	**13748**	**6417**	**5295**	**4779**	**19**
247	2106	736	855	392	457	2544	943	335	563	541	－
33	390	104	292	28	48	259	105	2	93	85	－
100	416	147	116	20	39	209	73	1	161	157	－
13	98	34	－	50	53	231	60	－	33	33	－
10	92	31	－	29	40	231	64	－	29	28	－
－	－	－	－	6	10	42	11	5	－	－	－
－	－	－	－	16	37	168	74	－	－	－	－
11	106	42	46	66	66	389	146	82	23	23	－
19	221	85	109	35	34	190	74	60	34	33	－
10	152	53	48	6	10	75	29	18	39	38	－
18	234	89	108	32	27	199	71	61	57	55	－
24	259	86	85	53	56	344	141	46	60	55	－
9	138	65	51	51	37	207	95	60	34	34	－
147	**1302**	**492**	**299**	**173**	**220**	**1463**	**530**	**446**	**223**	**195**	**7**
38	237	84	118	10	12	78	30	12	65	61	7
8	51	19	－	12	9	55	24	4	8	7	－
28	73	29	－	2	4	28	6	5	3	3	－
－	－	－	－	4	4	26	10	－	－	－	－
4	122	33	59	79	81	477	147	154	41	35	－
45	262	108	－	－	2	8	2	5	33	32	－
8	83	34	－	21	48	327	126	137	11	9	－
7	205	87	59	8	2	55	22	8	34	26	－
9	269	98	63	37	58	409	163	121	28	22	－
396	**2195**	**871**	**431**	**350**	**349**	**2080**	**799**	**457**	**366**	**356**	**－**
5	50	24	－	3	7	31	8	－	13	13	－
66	319	134	－	5	11	62	24	－	89	86	－
10	42	17	－	7	6	37	12	2	8	7	－
6	54	19	－	19	19	122	42	2	10	10	－
10	154	63	68	14	11	81	31	25	24	23	－
13	78	21	－	29	29	142	61	20	23	21	－
123	123	42	－	22	35	216	69	25	4	4	－
41	238	110	71	31	21	159	51	52	38	37	－
26	172	57	110	34	29	164	62	93	24	23	－
17	348	141	126	15	12	45	19	14	38	38	－
7	155	58	－	51	65	346	144	85	24	24	－
6	95	30	56	43	46	237	99	42	16	16	－
13	140	56	－	24	24	156	69	28	24	23	－
53	227	99	－	53	34	282	108	69	31	31	－
172	**1730**	**680**	**515**	**296**	**318**	**2049**	**791**	**575**	**294**	**284**	**－**
－	25	10	－	15	15	97	34	5	3	3	－
6	31	10	－	6	7	59	22	－	5	4	－
－	－	－	－	3	4	28	12	9	－	－	－
49	242	97	136	12	10	74	36	3	119	115	－

特 殊 教 育

省、市、县(市)区名称	校数(所)			班数(个)	特殊教育总计					毕业生数
	计	公办	民办		毕业生数	招生数	在校学生数			
							计	其中:女	其中:寄宿生	
宝 丰 县	1	1	-	19	57	60	473	185	145	8
叶 县	1	1	-	17	63	148	643	235	152	29
鲁 山 县	1	1	-	18	89	38	533	231	122	65
郏 县	1	1	-	8	58	86	504	192	131	-
舞 钢 市	1	1	-	10	36	19	233	85	124	11
汝 州 市	1	1	-	20	102	105	1009	382	263	7
安 阳 市	8	7	1	108	689	581	3945	1526	742	222
文 峰 区	1	1	-	29	82	94	431	153	124	63
北 关 区	1	1	-	9	18	16	122	34	1	8
殷 都 区	-	-	-	-	36	41	220	71	1	-
龙 安 区	-	-	-	-	21	15	98	27	-	-
安 阳 县	1	1	-	9	40	35	256	86	94	13
汤 阴 县	2	1	1	13	78	56	368	151	83	17
滑 县	1	1	-	24	221	198	1264	524	294	37
内 黄 县	1	1	-	15	95	37	579	230	138	68
林 州 市	1	1	-	9	98	89	607	250	7	16
鹤 壁 市	2	2	-	22	190	182	1157	423	196	18
鹤 山 区	-	-	-	-	14	15	100	46	3	-
山 城 区	-	-	-	-	23	26	104	39	1	-
淇 滨 区	1	1	-	13	36	56	360	121	83	13
浚 县	1	1	-	9	75	48	374	151	86	5
淇 县	-	-	-	-	42	37	219	66	23	-
新 乡 市	8	8	-	91	743	737	4535	1775	981	167
红 旗 区	-	-	-	-	17	26	136	58	1	-
卫 滨 区	-	-	-	-	13	11	54	23	-	-
凤 泉 区	-	-	-	-	17	14	78	36	-	-
牧 野 区	-	-	-	-	30	22	102	43	-	-
新 乡 县	1	1	-	6	33	28	215	82	42	16
获 嘉 县	1	1	-	10	76	67	420	159	83	28
原 阳 县	1	1	-	7	109	152	640	268	124	2
延 津 县	1	1	-	9	53	68	424	162	111	14
封 丘 县	1	1	-	10	102	90	569	241	131	20
卫 辉 市	1	1	-	9	115	83	464	191	75	23
辉 县 市	1	1	-	21	82	86	673	259	214	20
长 垣 市	1	1	-	19	96	90	760	253	200	44
焦 作 市	8	8	-	90	347	292	2020	764	289	184
解 放 区	1	1	-	6	14	15	160	67	1	-
中 站 区	1	1	-	19	40	14	136	49	-	35
马 村 区	-	-	-	-	14	24	95	41	-	-
山 阳 区	-	-	-	-	25	20	141	62	7	-
修 武 县	1	1	-	16	21	23	189	69	36	18
博 爱 县	1	1	-	9	73	54	300	112	50	52
武 陟 县	1	1	-	15	33	18	248	84	28	23
温 县	1	1	-	10	46	27	247	97	100	33

基 本 情 况 (二)

特殊教育学校(机构)				初中、小学随班就读学生					教职工数		校外教师
招生数	在校学生数			毕业生数	招生数	在校学生数			计	其中:专任教师数	
	计	其中:女	其中:寄宿生			计	其中:女	其中:寄宿生			
15	206	80	40	48	41	247	98	105	17	16	-
13	178	61	-	33	97	402	149	152	37	37	-
26	394	184	113	23	11	136	46	9	31	30	-
38	126	48	10	50	47	353	136	121	26	26	-
4	151	58	100	25	15	79	26	24	28	26	-
21	377	132	116	81	71	574	232	147	28	27	-
149	**1305**	**487**	**450**	**345**	**316**	**2024**	**811**	**292**	**289**	**234**	**—**
75	287	103	123	17	16	113	39	1	91	81	-
3	59	21	-	9	11	60	13	1	22	15	-
-	-	-	-	21	25	147	48	1	-	-	-
-	-	-	-	11	7	67	16	-	-	-	-
8	106	38	90	12	9	78	23	4	26	24	-
20	87	29	35	40	25	189	87	48	29	25	-
15	224	87	96	152	145	868	366	198	25	23	-
15	375	150	106	24	22	196	77	32	80	51	-
13	167	59	-	59	56	306	142	7	16	15	-
39	**186**	**57**	**74**	**130**	**119**	**773**	**295**	**122**	**57**	**48**	**—**
-	-	-	-	13	10	83	38	3	-	-	-
-	-	-	-	15	21	80	33	1	-	-	-
35	161	47	74	17	19	155	58	9	49	43	-
4	25	10	-	53	39	271	111	86	8	5	-
-	-	-	-	32	30	184	55	23	-	-	-
90	**1205**	**415**	**621**	**452**	**476**	**2623**	**1078**	**360**	**285**	**254**	**—**
-	-	-	-	7	15	92	35	1	-	-	-
-	-	-	-	13	6	35	17	-	-	-	-
-	-	-	-	10	7	38	15	-	-	-	-
-	-	-	-	18	9	63	25	-	-	-	-
12	134	51	41	16	15	67	26	1	23	22	-
24	190	70	44	46	40	218	81	39	21	20	-
4	85	29	85	85	107	458	194	39	17	14	-
3	73	20	61	32	50	299	120	50	19	18	-
6	127	48	73	64	66	353	164	58	22	19	-
2	84	29	41	67	52	272	120	34	24	22	-
21	208	82	171	47	56	378	147	43	90	71	-
18	304	86	105	47	53	350	134	95	69	68	-
108	**967**	**354**	**217**	**124**	**134**	**865**	**336**	**72**	**196**	**162**	**1**
5	82	30	-	12	10	76	36	1	18	18	-
9	117	41	-	4	1	13	6	-	65	49	-
-	-	-	-	4	12	62	26	-	-	-	-
-	-	-	-	18	13	104	46	7	-	-	-
16	142	50	36	3	7	47	19	-	17	15	-
22	122	46	20	19	32	173	65	30	19	19	-
11	187	68	18	10	7	61	16	10	34	29	-
16	179	66	92	13	11	68	31	8	23	15	-

特 殊 教 育

省、市、县(市)区名称	校数(所)			班数(个)	特殊教育总计					毕业生数
	计	公办	民办		毕业生数	招生数	在校学生数			
							计	其中：女	其中：寄宿生	
沁阳市	1	1	-	9	52	59	287	96	4	21
孟州市	1	1	-	6	29	38	217	87	63	2
濮阳市	7	6	1	118	323	366	2594	1001	252	108
华龙区	2	1	1	38	60	74	557	218	19	28
清丰县	1	1	-	9	85	69	451	176	11	17
南乐县	1	1	-	16	25	38	221	91	2	22
范县	1	1	-	20	59	54	463	182	108	14
台前县	1	1	-	14	24	58	281	102	6	2
濮阳县	1	1	-	21	70	73	621	232	106	25
许昌市	6	6	-	62	268	317	2035	737	419	47
魏都区	2	2	-	31	23	51	302	104	59	12
建安区	-	-	-	-	14	33	165	57	23	-
鄢陵县	1	1	-	3	41	48	355	138	105	-
襄城县	1	1	-	8	50	27	279	100	99	12
禹州市	1	1	-	13	100	121	661	256	99	13
长葛市	1	1	-	7	40	37	273	82	34	10
漯河市	7	5	2	68	280	302	1847	726	829	80
源汇区	2	2	-	27	48	39	304	121	242	41
郾城区	1	-	1	14	64	76	380	131	193	25
召陵区	2	1	1	11	53	58	359	141	173	4
舞阳县	1	1	-	8	58	49	348	153	111	7
临颍县	1	1	-	8	57	80	456	180	110	3
三门峡市	6	6	-	61	195	229	1505	556	477	32
湖滨区	1	1	-	8	14	20	146	62	15	-
陕州区	1	1	-	11	27	39	294	98	119	12
渑池县	1	1	-	11	47	49	281	119	44	4
卢氏县	1	1	-	9	40	37	283	114	134	5
义马市	1	1	-	8	4	9	89	25	28	-
灵宝市	1	1	-	14	63	75	412	138	137	11
南阳市	14	14	-	198	824	1109	8500	3253	2492	220
宛城区	2	2	-	23	101	126	806	368	337	31
卧龙区	1	1	-	5	67	105	542	213	110	5
南召县	1	1	-	11	69	74	629	248	231	31
方城县	1	1	-	16	23	8	331	128	205	10
西峡县	1	1	-	13	76	78	476	187	231	27
镇平县	1	1	-	20	20	30	531	182	189	14
内乡县	1	1	-	27	49	61	657	259	224	18
淅川县	1	1	-	9	95	87	683	252	130	7
社旗县	1	1	-	11	64	74	541	181	132	31
唐河县	1	1	-	11	51	110	1030	400	189	19
新野县	1	1	-	16	20	79	624	254	215	-
桐柏县	1	1	-	13	53	34	286	91	44	4
邓州市	1	1	-	23	136	243	1364	490	255	23
商丘市	10	10	-	173	565	736	5428	2030	979	300

基 本 情 况 (三)

特殊教育学校(机构)				初中、小学随班就读学生					教职工数		校外教师
招生数	在校学生数			毕业生数	招生数	在校学生数			计	其中：专任教师数	
	计	其中：女	其中：寄宿生			计	其中：女	其中：寄宿生			
25	87	35	-	24	19	138	41	4	10	8	-
4	51	18	51	17	22	123	50	12	10	9	1
138	**1307**	**481**	**122**	**191**	**207**	**1168**	**471**	**130**	**227**	**202**	**4**
49	393	149	-	32	25	156	66	19	118	104	
3	126	42	-	49	49	253	104	11	8	5	4
27	153	58	-	3	10	56	28	2	19	19	-
8	212	86	55	42	46	241	91	53	12	10	-
33	139	49	-	22	25	140	53	6	26	25	-
18	284	97	67	43	52	322	129	39	44	39	-
75	**507**	**185**	**58**	**182**	**189**	**1295**	**475**	**361**	**266**	**144**	**-**
43	246	82	58	11	8	52	22	1	202	83	-
-	-	-	-	8	28	137	51	23	-	-	-
3	25	10	-	39	43	304	122	105	6	5	-
5	50	17	-	36	22	227	83	99	10	10	-
23	138	66	-	60	60	384	137	99	34	34	-
1	48	10	-	28	28	191	60	34	14	12	-
132	**800**	**268**	**606**	**168**	**136**	**758**	**340**	**223**	**221**	**174**	**7**
34	277	112	235	7	4	23	9	7	71	69	-
54	237	57	173	27	19	112	66	20	35	24	-
31	149	45	113	44	21	160	76	60	91	57	-
-	57	21	42	44	42	231	102	69	18	18	-
13	80	33	43	46	50	232	87	67	6	6	7
64	**651**	**237**	**315**	**114**	**120**	**663**	**246**	**162**	**145**	**140**	**-**
11	89	37	12	14	9	57	25	3	15	15	-
17	153	54	60	15	22	140	43	59	28	25	-
4	105	40	32	36	32	136	65	12	23	22	-
10	126	47	97	22	20	122	50	37	30	29	-
6	47	15	20	3	3	37	9	8	20	20	-
16	131	44	94	24	34	171	54	43	29	29	-
332	**3402**	**1319**	**1535**	**507**	**645**	**4265**	**1640**	**957**	**481**	**438**	**-**
40	346	162	280	51	59	334	156	57	84	80	-
5	60	17	60	39	56	324	134	50	13	4	-
9	248	109	111	38	64	373	136	120	24	24	-
8	276	106	194	8	-	47	19	11	44	44	-
21	189	76	129	43	44	224	90	102	32	27	-
21	473	158	170	6	9	56	24	19	72	64	-
36	442	174	161	31	25	214	85	63	28	28	-
11	146	54	-	72	69	465	178	130	19	19	-
8	123	42	87	30	61	389	130	45	24	24	-
21	319	124	107	30	65	435	172	82	55	50	-
45	322	147	169	14	31	242	93	46	26	25	-
4	71	21	-	34	23	195	65	44	27	17	-
103	387	129	67	111	139	967	358	188	33	32	-
323	**2618**	**979**	**788**	**231**	**359**	**2364**	**887**	**191**	**482**	**457**	**-**

特殊教育

省、市、县(市)区名称	校数(所)			班数(个)	特殊教育总计					毕业生数
	计	公办	民办		毕业生数	招生数	在校学生数			
							计	其中：女	其中：寄宿生	
梁园区	2	2	-	29	87	91	627	240	128	42
睢阳区	1	1	-	26	64	62	560	227	106	33
民权县	1	1	-	20	6	63	293	117	104	4
睢县	1	1	-	11	39	75	529	168	64	-
宁陵县	1	1	-	11	63	42	334	121	56	54
柘城县	1	1	-	16	54	71	572	208	190	29
虞城县	1	1	-	14	117	167	982	374	150	74
夏邑县	1	1	-	25	66	50	487	188	78	59
永城市	1	1	-	21	69	115	1044	387	103	5
信阳市	**10**	**10**	**-**	**177**	**633**	**822**	**5138**	**1896**	**805**	**205**
浉河区	1	1	-	14	51	52	379	148	102	27
平桥区	1	1	-	12	63	101	547	191	162	8
罗山县	1	1	-	9	54	86	465	168	65	8
光山县	1	1	-	15	64	92	612	175	100	29
新县	1	1	-	64	28	50	215	77	28	-
商城县	1	1	-	13	38	37	246	113	108	32
固始县	1	1	-	8	117	171	1136	426	96	-
潢川县	1	1	-	23	101	70	502	186	28	66
淮滨县	1	1	-	13	59	92	581	237	29	20
息县	1	1	-	6	58	71	455	175	87	15
周口市	**10**	**10**	**-**	**139**	**550**	**707**	**5820**	**2238**	**1477**	**199**
川汇区	1	1	-	9	9	35	269	107	17	-
淮阳区	1	1	-	18	59	114	792	319	136	-
扶沟县	1	1	-	13	37	30	306	111	142	17
西华县	1	1	-	12	72	104	638	247	201	16
商水县	1	1	-	10	70	97	761	296	315	33
沈丘县	1	1	-	30	43	95	855	345	236	11
郸城县	1	1	-	15	84	112	980	362	230	42
太康县	1	1	-	11	113	50	422	159	79	69
鹿邑县	1	1	-	10	23	32	374	136	78	5
项城市	1	1	-	11	40	38	423	156	43	6
驻马店市	**10**	**10**	**-**	**143**	**835**	**1031**	**6657**	**2610**	**1723**	**345**
驿城区	1	1	-	13	136	116	711	259	47	39
西平县	1	1	-	9	80	59	556	207	224	53
上蔡县	1	1	-	15	89	236	849	351	368	12
平舆县	1	1	-	15	73	69	749	266	190	20
正阳县	1	1	-	11	78	63	634	266	89	17
确山县	1	1	-	11	45	44	436	185	153	28
泌阳县	1	1	-	31	61	105	870	346	262	21
汝南县	1	1	-	13	61	95	713	260	178	13
遂平县	1	1	-	14	40	30	217	74	77	28
新蔡县	1	1	-	11	172	214	922	396	135	114
济源示范区	**1**	**1**	**-**	**16**	**136**	**123**	**474**	**180**	**116**	**76**

基 本 情 况（四）

特殊教育学校（机构）				初中、小学随班就读学生					教职工数		校外教师
招生数	在校学生数			毕业生数	招生数	在校学生数			计	其中：专任教师数	
	计	其中：女	其中：寄宿生			计	其中：女	其中：寄宿生			
33	303	102	113	39	48	259	111	15	83	81	－
15	288	121	73	31	46	257	100	33	54	53	－
57	213	88	96	2	6	72	27	8	59	59	－
13	132	33	59	32	52	308	103	5	23	22	－
38	263	98	50	9	4	70	22	6	71	70	－
48	400	152	160	25	23	172	56	30	50	49	－
58	266	107	92	43	102	691	257	58	32	31	－
44	411	160	76	7	6	76	28	2	61	50	－
17	342	118	69	43	72	459	183	34	49	42	－
239	**1605**	**532**	**505**	**358**	**467**	**2859**	**1128**	**300**	**281**	**268**	－
24	235	86	85	21	19	105	47	17	51	50	－
15	123	42	105	35	59	288	107	57	31	31	－
7	99	27	28	35	59	274	114	37	24	22	－
42	302	56	66	33	34	243	88	34	45	42	－
19	64	23	14	18	25	110	39	14	18	14	－
34	195	93	97	3	3	40	15	11	24	23	－
28	139	49	36	100	110	752	292	60	26	26	－
41	257	93	12	34	29	242	93	16	17	15	－
22	76	23	－	36	69	493	209	29	14	14	－
7	115	40	62	43	60	312	124	25	31	31	－
165	**2238**	**846**	**783**	**314**	**468**	**3177**	**1231**	**694**	**457**	**446**	－
9	117	47	－	9	11	96	39	17	27	25	－
30	236	81	42	56	67	470	199	94	29	29	－
5	182	66	109	15	22	104	37	33	43	43	－
5	139	45	69	37	73	398	163	132	28	26	－
－	165	60	147	37	96	590	233	168	39	39	－
17	391	167	149	32	78	460	178	87	105	103	－
35	327	139	127	41	68	594	202	103	63	63	－
26	210	68	51	40	23	184	73	28	45	45	－
18	213	74	73	18	14	148	57	5	44	41	－
20	258	99	16	29	16	133	50	27	34	32	－
344	**2361**	**895**	**1010**	**468**	**672**	**4109**	**1656**	**713**	**402**	**377**	－
38	147	59	8	88	76	513	190	39	46	41	－
25	328	116	143	27	32	222	89	81	37	37	－
79	156	70	130	77	157	693	281	238	35	31	－
18	368	125	180	51	51	377	141	10	45	39	－
11	213	91	54	61	52	415	174	35	18	18	－
9	268	111	84	17	35	168	74	69	44	44	－
29	382	143	219	36	69	423	176	43	76	66	－
24	127	37	85	44	67	542	208	93	30	30	－
17	164	51	71	10	13	51	23	6	43	43	－
94	208	92	36	57	120	705	300	99	28	28	－
57	**170**	**49**	**89**	**42**	**44**	**202**	**91**	**27**	**60**	**59**	－

七、全国及各省区市教育基本情况

高等教育学校(机构)数

单位：所

地区	普通、职业高等学校					成人高等学校	
	计	其中：中央部门	普通本科学校	本科层次职业学校	高职(专科)院校	计	其中：中央部门
全国	**2822**	**118**	**1242**	**33**	**1547**	**252**	**13**
北京	92	39	67	-	25	23	8
天津	56	3	30	-	26	13	-
河北	128	4	58	3	67	5	1
山西	83	-	32	2	49	8	-
内蒙古	54	-	17	-	37	2	-
辽宁	114	5	62	1	51	18	2
吉林	66	2	37	-	29	14	-
黑龙江	78	3	39	-	39	16	-
上海	68	10	39	1	28	12	-
江苏	168	10	77	1	90	8	1
浙江	109	1	58	2	49	8	-
安徽	121	2	46	-	75	6	-
福建	89	2	38	1	50	3	-
江西	109	-	42	3	64	5	-
山东	156	3	67	3	86	11	-
河南	**168**	**1**	**57**	**1**	**110**	**10**	**-**
湖北	132	8	68	-	64	13	-
湖南	137	3	51	1	85	12	-
广东	162	4	66	3	93	14	-
广西	87	-	36	2	49	4	-
海南	22	-	8	1	13	1	-
重庆	72	2	26	1	45	3	-
四川	137	6	52	1	84	12	1
贵州	77	-	28	1	48	3	-
云南	88	1	32	-	56	1	-
西藏	7	-	4	-	3	-	-
陕西	97	6	55	2	40	14	-
甘肃	50	2	20	2	28	4	-
青海	12	-	4	-	8	2	-
宁夏	21	1	8	-	13	1	-
新疆	62	-	18	1	43	6	-
河南为全国%	5.95	0.85	4.59	3.03	7.11	3.97	-
河南居全国位次	1	19	9	10	1	13	6

高等学校（机

地 区	毕(结)业生数				授予学位数	招生数		
	合计	其中：女	博士	硕士		合计	其中：女	博士
全 国	**1014755**	**543513**	**87126**	**927629**	**1009805**	**1301679**	**659749**	**153275**
北 京	130172	67941	24463	105709	130106	165559	81285	37596
天 津	26164	14894	2260	23904	26355	32929	17467	4492
河 北	24048	13467	872	23176	23702	30152	15674	1533
山 西	16028	9356	615	15413	16072	21423	11590	1463
内 蒙 古	11348	6847	355	10993	11344	14199	8197	667
辽 宁	51929	27867	2772	49157	51279	60786	30564	4808
吉 林	27854	16714	2401	25453	27615	33286	19034	3802
黑 龙 江	32411	16587	2705	29706	32513	42229	19665	5501
上 海	65681	34823	7567	58114	65620	84106	42041	14066
江 苏	79481	39365	6539	72942	78655	104250	49551	11610
浙 江	38334	19788	3185	35149	37145	54279	26534	6343
安 徽	30218	14332	2595	27623	30037	40913	18180	4285
福 建	23438	12576	1710	21728	23121	30056	15458	2684
江 西	19218	10095	670	18548	19161	24857	12465	1352
山 东	46836	25845	2516	44320	46712	59591	31630	4624
河 南	**27533**	**16228**	**771**	**26762**	**27278**	**35205**	**19657**	**1588**
湖 北	58587	30286	5257	53330	58356	74025	36203	8962
湖 南	31845	17660	2834	29011	32493	40064	20595	4590
广 东	54905	29134	5180	49725	54418	72058	36002	8445
广 西	18840	10611	564	18276	18720	24135	13034	1142
海 南	4023	2343	155	3868	3993	5957	3207	569
重 庆	27658	16026	1369	26289	27573	36179	19874	2916
四 川	45483	23594	3374	42109	45935	55437	27426	5959
贵 州	10754	6640	276	10478	10681	14217	8717	836
云 南	20055	11621	718	19337	20038	26271	14821	1646
西 藏	1463	829	52	1411	1427	2139	1236	139
陕 西	54529	27407	3645	50884	53291	69533	33114	7860
甘 肃	16817	9092	1070	15747	16936	22025	11986	2113
青 海	3058	1926	80	2978	3007	3894	2300	246
宁 夏	4213	2579	163	4050	4241	5120	2995	353
新 疆	11832	7040	393	11439	11981	16805	9247	1085
河南为全国%	2.71	2.99	0.88	2.88	2.70	2.70	2.98	1.04
河南居全国位次	16	14	20	14	16	15	14	20

构）研究生数

	在 校 生 数				预 计 毕 业 生 数			
硕士	合计	其中：女	博士	硕士	合计	其中：女	博士	硕士
1148404	**3882940**	**1963385**	**612489**	**3270451**	**1361954**	**693253**	**221945**	**1140009**
127963	494566	238670	149988	344578	179891	87871	52428	127463
28437	98403	51560	17695	80708	33549	17586	5756	27793
28619	86972	45870	5967	81005	29355	15653	2392	26963
19960	60454	33118	5059	55395	20208	11291	1854	18354
13532	40100	23181	2753	37347	14661	8667	1433	13228
55978	179606	90347	20707	158899	62012	31290	8424	53588
29484	101297	57996	16313	84984	39782	23188	8108	31674
36728	121581	57222	22761	98820	39805	19514	9076	30729
70040	258362	127869	57036	201326	92388	45067	18343	74045
92640	319597	150261	49370	270227	112917	53157	18839	94078
47936	164293	81045	24714	139579	52926	26344	8215	44711
36628	118297	52038	16050	102247	39298	17381	4772	34526
27372	90495	46192	10571	79924	31848	16276	3800	28048
23505	71731	36081	4663	67068	24662	12438	1976	22686
54967	175734	93741	18296	157438	59838	31646	6351	53487
33617	**99012**	**55255**	**6088**	**92924**	**32157**	**18144**	**1995**	**30162**
65063	229801	113580	37677	192124	88254	44083	15470	72784
35474	123993	63626	19745	104248	44459	22709	8254	36205
63613	209528	104162	30877	178651	72442	36342	11397	61045
22993	68977	37157	4011	64966	24064	13089	1539	22525
5388	16890	8952	1822	15068	5781	3094	503	5278
33263	111902	62472	11094	100808	40769	23386	3550	37219
49478	166999	81812	22967	144032	59057	28641	8005	51052
13381	40993	24989	2807	38186	13349	7907	1140	12209
24625	77148	43380	6233	70915	26281	14595	2358	23923
2000	6194	3550	435	5759	1742	955	103	1639
61673	213399	102880	32843	180556	72977	36333	10670	62307
19912	64901	35096	8132	56769	22220	11827	2981	19239
3648	10695	6396	822	9873	3729	2306	309	3420
4767	13519	8174	1102	12417	5130	3138	463	4667
15720	47501	26713	3891	43610	16403	9335	1441	14962
2.93	2.55	2.81	0.99	2.84	2.36	2.62	0.90	2.65
14	16	15	20	15	17	15	21	16

高 等 教 育 普 通

地　　区	毕(结)业生数		授　予	招　生
	合计	其中：女	学位数	合计
全　　国	**4897422**	**2683330**	**4880205**	**4781609**
北　　京	135534	68540	135869	144457
天　　津	91377	49179	91474	94514
河　　北	243685	135352	243229	233553
山　　西	138436	77381	137718	125285
内 蒙 古	74608	43193	74409	65375
辽　　宁	182360	89050	182101	184841
吉　　林	130255	71142	129977	132373
黑 龙 江	144972	76543	144672	143488
上　　海	98285	53014	97570	104537
江　　苏	304220	161479	301536	306815
浙　　江	174640	99549	173814	171681
安　　徽	195681	98327	194825	184840
福　　建	143409	78543	143212	139086
江　　西	174979	90550	173959	180195
山　　东	321685	181150	322636	286097
河　　南	**349800**	**197446**	**349648**	**326198**
湖　　北	255222	133414	253300	240098
湖　　南	204927	113355	203794	230573
广　　东	329217	176561	329626	311217
广　　西	154815	94044	153974	153574
海　　南	32060	18199	31558	31913
重　　庆	132447	75485	132036	123062
四　　川	265688	147364	265611	266344
贵　　州	105794	64297	104606	92503
云　　南	136288	85137	135726	126150
西　　藏	6851	3577	6741	7479
陕　　西	188126	101586	186692	184320
甘　　肃	84330	44460	83878	78598
青　　海	11402	6486	11336	12270
宁　　夏	23688	13928	23479	26198
新　　疆	62641	34999	61199	73975
河南为全国%	**7.14**	**7.36**	**7.16**	**6.82**
河南居全国位次	**1**	**1**	**1**	**1**

本 科 学 生 数

数	在校生数		预计毕业生数	
其中：女	合计	其中：女	合计	其中：女
2950708	**20346933**	**10625155**	**5288254**	**2783982**
71886	568295	274459	142743	69416
50702	380429	197608	96991	49885
146197	985569	531415	256061	137903
77460	550715	296388	146862	81955
45113	293820	164310	79532	45161
102725	774231	376622	198216	94890
76038	542597	285753	139140	74851
80237	601630	303001	152703	78768
56716	424483	214554	110457	55790
166561	1277612	618642	323540	161758
107975	731380	386216	192314	99885
108233	787849	382315	203231	99213
85887	598927	310140	156271	78665
107299	739124	370534	185526	94701
189557	1259763	669195	336487	184360
225661	**1428713**	**769832**	**379838**	**210110**
142984	1030857	518171	269401	136216
129616	913956	476364	219784	116767
198507	1375855	702899	364517	185849
106509	659755	372238	176847	95447
19542	133821	72196	34679	18945
84881	550830	302584	148187	79175
174594	1142291	606876	297077	155282
62007	411369	233719	111283	65911
99776	567069	340730	154302	95063
4179	30574	15538	7505	4692
114850	792256	412451	208790	110586
48642	338906	178404	87653	46277
7155	48758	27578	10603	5872
16357	107224	59583	26642	14428
42862	298275	154840	71072	36161
7.65	7.02	7.25	7.18	7.55
1	1	1	1	1

高等教育职业

地区	毕(结)业生数 合计	其中：女	本科	专科	授予学位数	招生数 合计	其中：女	本科
全　国	**5572836**	**2642719**	**39924**	**5532912**	**39495**	**5640597**	**3060250**	**89899**
北　京	23332	10749	–	23332	–	28395	15433	–
天　津	77194	32575	–	7719	–	70322	33832	–
河　北	265255	130505	–	265255	–	290889	157238	8863
山　西	124704	54971	–	124704	–	114133	69287	6255
内 蒙 古	76469	33578	–	76469	–	76330	36149	–
辽　宁	186767	60813	35	186732	34	128483	64545	1670
吉　林	73667	34162	–	73667	–	79705	43460	–
黑 龙 江	109670	46885	–	109670	–	117155	54842	–
上　海	50136	23648	107	50029	106	48152	28271	2344
江　苏	325884	148757	1327	324557	1315	325095	181646	4299
浙　江	184329	91385	311	184018	308	156898	101383	4806
安　徽	254220	116045	–	254220	–	236204	130141	–
福　建	154380	75630	1997	152383	1928	175750	99986	2573
江　西	247701	115502	4173	243528	4151	270188	145694	7360
山　东	423540	214178	6377	417163	6367	462415	268345	9603
河　南	**483125**	**235644**	**3002**	**480123**	**2972**	**520626**	**276767**	**4370**
湖　北	249718	111149	–	249718	–	282198	138892	–
湖　南	257892	127296	–	257892	–	300633	152472	1709
广　东	531609	252638	6509	525100	6547	428212	221860	7945
广　西	214353	107115	3911	210442	3833	269170	137839	7258
海　南	42231	18319	3200	39031	3164	45315	23547	2514
重　庆	166967	73345	2916	164051	2845	159898	90603	3561
四　川	286548	145888	2186	284362	2184	340400	178543	2680
贵　州	147106	76067	–	147106	–	166965	86296	2457
云　南	186230	102361	–	186230	–	166584	107085	–
西　藏	4781	2376	–	4781	–	3888	2086	–
陕　西	186648	78280	2997	183651	2959	155439	81120	3971
甘　肃	105129	48446	–	105129	–	83719	53433	3666
青　海	10792	5643	–	10792	–	12379	6274	–
宁　夏	21544	11088	–	21544	–	18225	11241	–
新　疆	100915	57681	876	100039	782	106832	61940	1995
河南为全国%	8.67	8.92	7.52	8.68	7.53	9.23	9.04	4.86
河南居全国位次	2	2	6	2	6	1	1	8

本、专科学生数

	在校生数				预计毕业生数			
专科	合计	其中：女	本科	专科	合计	其中：女	本科	专科
5550698	17403213	8246764	324692	17078521	5714137	2624560	71120	5643017
28395	76237	36004	-	76237	25267	10423	-	25267
70322	216140	91853	-	216140	72739	29188	-	72739
282026	854267	410415	18085	836182	272873	126892	-	272873
107878	412144	190396	22436	389708	134852	57002	2856	131996
76330	246243	102064	-	246243	85825	34186	-	85825
126813	379261	165857	5977	373284	121799	49284	2001	119798
79705	278937	121325	-	278937	93375	37244	-	93375
117155	333700	146248	-	333700	113983	47173	-	113983
45808	147960	69260	6012	141948	48754	21189	654	48100
320796	1021434	472957	13365	1008069	326807	147392	2601	324206
152092	560083	275521	16356	543727	196819	93788	3157	193662
236204	791721	360848	-	791721	306183	126517	-	306183
173177	540950	261987	10831	530119	172137	81408	2783	169354
262828	807220	376260	25206	782014	249878	114531	5288	244590
452812	1412785	685288	41585	1371200	446696	218077	11861	434835
516256	1527444	737812	17103	1510341	509221	240086	5184	504037
282198	809049	372757	-	809049	252677	112798	-	252677
298924	864052	419196	3739	860313	259312	123776	327	258985
420267	1225517	608399	30376	1195141	404139	195403	9351	394788
261912	823415	395195	30790	792625	264166	121837	6431	257735
42801	138774	58849	13648	125126	40212	17792	4064	36148
156337	549340	246912	13788	535552	182126	79979	3145	178981
337720	1021839	479023	10337	1011502	310644	144647	2859	307785
164508	495824	247568	7532	488292	160570	79228	-	160570
166584	570004	293910	-	570004	200874	97620	-	200874
3888	12518	6086	-	12518	3633	1901	-	3633
151468	523976	233502	15197	508779	193526	83829	3870	189656
80053	323587	148283	15000	308587	108940	48094	2920	106020
12379	34007	17271	-	34007	11233	5762	-	11233
18225	70106	32858	-	70106	29154	11242	-	29154
104837	334679	182860	7329	327350	115723	66272	1768	113955
9.30	8.78	8.95	5.27	8.84	8.91	9.15	7.29	8.93
1	1	1	7	1	1	1	5	1

高等教育成人

地 区	毕(结)业生数				授予学位数	招生数		
	合计	其中：女	本科	专科		合计	其中：女	本科
全 国	**3631278**	**2103086**	**1947475**	**1683803**	**274902**	**4454878**	**2459158**	**2702145**
北 京	31955	15998	27679	4276	8603	31696	15206	27862
天 津	24528	14597	12969	11559	276	29579	15118	20193
河 北	188723	109846	93414	95309	6711	199793	115348	113759
山 西	42877	23308	29830	13047	4340	71341	36023	50466
内 蒙 古	11426	6558	9350	2076	477	11410	6024	7681
辽 宁	120274	63124	70897	49377	9803	143877	67381	91421
吉 林	128101	77481	71249	56852	3414	277497	170487	205756
黑 龙 江	56038	29580	38742	17296	6686	41961	20744	31604
上 海	45414	24977	32011	13403	6281	58155	30806	41240
江 苏	272407	135299	159065	113342	32429	295014	143545	161581
浙 江	177743	96368	87461	90282	28989	195197	102494	109158
安 徽	128602	81449	74395	54207	11245	216414	125293	110925
福 建	62631	38555	29105	33526	2729	73744	46251	46300
江 西	160041	91104	93396	66645	7049	117008	69876	75505
山 东	429796	253234	254700	175096	45372	524242	290469	324226
河 南	**299631**	**186225**	**141497**	**158134**	**9843**	**306258**	**180897**	**164832**
湖 北	160679	92624	95612	65067	6167	288382	157774	201330
湖 南	272533	148806	137835	134698	7957	332764	172763	220303
广 东	391038	237483	141372	249666	18030	470119	267371	205993
广 西	146694	91399	73277	73417	37744	141059	88974	81577
海 南	13175	8440	4817	8358	576	18073	9048	7542
重 庆	19517	11017	7453	12064	1491	38027	19723	19242
四 川	165281	99638	85131	80150	3860	177462	101138	106350
贵 州	27112	18047	17105	10007	4522	26963	15790	13463
云 南	82058	50940	51830	30228	4078	84461	51253	53552
西 藏	4444	2323	2782	1662	501	1023	608	849
陕 西	93964	47988	57864	36100	2590	156156	72417	118891
甘 肃	29181	16232	16479	12702	327	55000	28041	41732
青 海	4539	2967	3632	907	2166	6769	4172	5298
宁 夏	20125	13948	13961	6164	32	20671	12566	13411
新 疆	20751	13531	12565	8186	614	44763	21558	30103
河南为全国%	8.25	8.85	7.27	9.39	3.58	6.87	7.36	6.10
河南居全国位次	3	3	3	3	7	4	3	6

本、专科学生数

	在校生数				预计毕业生数			
专科	合计	其中：女	本科	专科	合计	其中：女	本科	专科
1752733	**10082275**	**5643045**	**6000262**	**4082013**	**4459786**	**2485011**	**2420855**	**2038931**
3834	80399	38456	71644	8755	37116	16943	32419	4697
9386	62713	31655	41002	21711	32668	16351	20530	12138
86034	439899	258705	235121	204778	194729	113262	95200	99529
20875	204938	104891	146709	58229	55730	28566	38277	17453
3729	25560	13975	18503	7057	12893	7296	9855	3038
52456	330198	164210	206918	123280	155071	77494	88957	66114
71741	448250	273207	328589	119661	157011	96779	109091	47920
10357	126053	65156	95886	30167	77051	40775	57336	19715
16915	143473	76506	102221	41252	51183	27322	35690	15493
133433	654995	322859	382210	272785	320994	160638	185359	135635
86039	411686	216082	216853	194833	205840	109164	101150	104690
105489	427796	251377	231644	196152	184165	106806	96895	87270
27444	219484	135083	123140	96344	83936	48330	36187	47749
41503	423941	247791	287126	136815	183664	99209	111835	71829
200016	1124505	623078	665730	458775	539953	305359	285801	254152
141426	**697356**	**417601**	**374452**	**322904**	**345464**	**211080**	**169636**	**175828**
87052	550021	305505	369110	180911	234389	128772	142920	91469
112461	716785	377519	457887	258898	326647	177448	188662	137985
264126	1167907	682673	517915	649992	466546	268229	172434	294112
59482	375554	235191	213297	162257	196225	111976	100442	95783
10531	35941	19596	15348	20593	15151	8509	5384	9767
18785	77033	39185	34260	42773	31794	16836	10909	20885
71112	413756	242892	244253	169503	196624	111927	104863	91761
13500	70197	42100	38045	32152	41653	25709	23138	18515
30909	280119	165400	176671	103448	81082	47856	49003	32079
174	9380	5587	7979	1401	4751	2861	4035	716
37265	299682	139615	210811	88871	128518	61711	80385	48133
13268	113844	59425	88101	25743	39184	22613	28446	10738
1471	14435	8623	11185	3250	5491	3361	4519	972
7260	52152	33811	35574	16578	23847	14440	15911	7936
14660	84223	45291	52078	32145	30416	17389	15586	14830
8.07	**6.92**	**7.40**	**6.24**	**7.91**	**7.75**	**8.49**	**7.01**	**8.62**
3	**4**	**3**	**5**	**3**	**3**	**3**	**5**	**3**

高等教育网络本科、

地　区	毕(结)业生数				授　予	
	合计	其中:女	本科	专科	学位数	合计
全　国	**2633542**	**1154532**	**1100611**	**1532931**	**129459**	**1634220**
北　京	1626581	705731	485820	1140761	31284	1298181
天　津	39247	18389	32641	6606	5950	–
河　北	–	–	–	–	–	–
山　西	–	–	–	–	–	–
内蒙古	–	–	–	–	–	–
辽　宁	106709	46905	90977	15732	15879	–
吉　林	70748	37375	49246	21502	8457	–
黑龙江	29235	10864	21310	7925	9504	–
上　海	49382	26834	25311	24071	3399	46688
江　苏	58400	25854	26771	31629	7321	40221
浙　江	164	103	164	–	26	–
安　徽	21	4	21	–	–	–
福　建	45044	28713	35238	9806	7285	–
江　西	–	–	–	–	–	–
山　东	33319	10996	23752	9567	8202	–
河　南	**24418**	**12181**	**23301**	**1117**	**2345**	**–**
湖　北	41905	14008	24761	17144	1111	–
湖　南	840	371	551	289	150	–
广　东	135496	64356	24779	110717	3412	195121
广　西	–	–	–	–	–	–
海　南	–	–	–	–	–	–
重　庆	56891	26428	47681	9210	8626	–
四　川	159575	61229	93827	65748	12906	–
贵　州	–	–	–	–	–	–
云　南	39111	14183	7007	32104	18	54009
西　藏	–	–	–	–	–	–
陕　西	99422	41797	71768	27654	3569	–
甘　肃	17034	8211	15685	1349	15	–
青　海	–	–	–	–	–	–
宁　夏	–	–	–	–	–	–
新　疆	–	–	–	–	–	–
河南为全国%	**0.93**	**1.06**	**2.12**	**0.07**	**1.81**	**–**
河南居全国位次	**16**	**14**	**14**	**17**	**14**	**6**

专科生学生数

招生数			在校生数			
其中：女	本科	专科	合计	其中：女	本科	专科
650220	**607030**	**1027190**	**7399703**	**3011013**	**2890562**	**4509141**
522347	488689	809492	5152584	2091736	1650835	3501749
–	–	–	41562	17603	38641	2921
–	–	–	–	–	–	–
–	–	–	–	–	–	–
–	–	–	176280	87339	150462	25818
–	–	–	105586	52638	74198	31388
–	–	–	61125	20083	36562	24563
22249	20145	26543	137850	69884	67185	70665
15092	19791	20430	211305	81989	100511	110794
–	–	–	–	–	–	–
–	–	–	77	13	77	–
–	–	–	52682	31842	42767	9915
–	–	–	–	–	–	–
–	–	–	50686	13896	38697	11989
–	–	–	47920	22149	42973	4947
–	–	–	92820	27749	49932	42888
–	–	–	–	–	–	–
71022	62740	132381	512912	205923	144740	368172
–	–	–	–	–	–	–
–	–	–	98745	42096	76454	22291
–	–	–	258547	90479	162581	95966
–	–	–	–	–	–	–
19510	15665	38344	176003	62922	40132	135871
–	–	–	–	–	–	–
–	–	–	188804	77307	142980	45824
–	–	–	34215	15365	30835	3380
–	–	–	–	–	–	–
–	–	–	–	–	–	–
–	–	–	0.65	0.74	1.49	0.11
6	6	6	15	13	11	15

高等教育学校（机

地 区	教 职 工 数				
	合计	专任教师	行政人员	教辅人员	工勤人员
全 国	**2946431**	**2099350**	**406894**	**244031**	**110961**
北 京	163805	79237	30711	20795	10567
天 津	50684	35103	8821	4728	1121
河 北	131651	99818	16256	8799	5679
山 西	65586	45219	8553	6866	2673
内 蒙 古	43031	29986	7178	4026	1496
辽 宁	100704	67673	17412	10471	4002
吉 林	59225	39012	10842	6050	2784
黑 龙 江	78069	52666	12680	6302	4212
上 海	88736	52461	16817	12241	2519
江 苏	185039	132228	27658	14853	5168
浙 江	119595	82966	19077	10210	1923
安 徽	103608	81971	10841	5814	3116
福 建	84809	60698	13956	6593	2350
江 西	102450	79967	8961	9869	3107
山 东	191131	147267	21727	14983	4020
河 南	**196934**	**157649**	**19981**	**9233**	**8321**
湖 北	147401	100407	21720	14547	6274
湖 南	121567	92137	14394	8823	4314
广 东	207046	144783	28001	16826	7234
广 西	88174	66271	11770	5806	3813
海 南	21577	14584	3060	2061	1486
重 庆	78388	61329	9610	4155	2045
四 川	156027	112734	19150	11484	6730
贵 州	60530	46504	7412	4378	1922
云 南	65431	48238	8474	5060	3310
西 藏	4084	2948	634	235	153
陕 西	117117	82910	17402	10329	4035
甘 肃	47666	36190	5140	2852	1592
青 海	8540	5222	1405	824	817
宁 夏	13475	9752	2110	1016	350
新 疆	44351	31420	5141	3802	3828
河南为全国%	6.68	7.51	4.91	3.78	7.50
河南居全国位次	2	1	6	12	2

构)教职工情况

专职科研人员	其他附设机构人员	校外教师	行业导师	外籍教师	离退休人员	附属中小学幼儿园职工
51802	**33393**	**446861**	**460558**	**19175**	**996931**	**29481**
12200	10295	13347	15448	1896	83728	3568
681	230	8097	8502	444	27075	279
410	689	18240	15618	440	39757	79
2050	225	6242	8619	49	28385	1280
193	152	4797	5436	91	19443	438
687	459	14407	16282	712	52389	470
387	150	12402	12103	333	31315	1232
1483	726	18107	9138	458	30041	102
3464	1234	14853	14931	2014	57830	1029
3126	2006	40711	40639	2423	66797	524
3378	2041	16215	21984	1960	33535	608
1304	562	17253	15748	208	25453	1100
854	358	15934	16945	711	20128	490
385	161	17022	13104	429	22614	2251
2347	787	22242	43602	919	52649	1914
908	**842**	**28864**	**20513**	**817**	**43216**	**721**
3114	1339	21858	23613	479	64062	1610
833	1066	23047	25566	356	44034	1666
7627	2575	29642	32451	1704	41467	1492
209	305	17385	18754	248	16711	1157
269	117	2310	2118	186	2608	373
645	604	13379	11474	364	23334	524
2807	3122	20449	27100	590	49088	941
171	143	8940	6638	129	17303	244
215	134	11041	14703	371	20085	314
20	94	130	97	—	1730	343
1302	1139	13921	9981	664	47355	1851
399	1493	7103	3160	111	12747	695
266	6	354	520	11	2780	632
41	206	2029	531	31	3081	14
27	133	6540	5240	27	16191	1540
1.75	2.52	6.46	4.45	4.26	4.33	2.45
13	11	3	8	7	10	15

高等教育专任教师学历、

地 区	合计	按 学 历 分					
		博士	硕士	本科	专科	高中及以下
全 国	**2074943**	**621699**	**827788**	**617426**	**7759**	**271**
北 京	78573	56986	15439	6071	74	3
天 津	35022	14439	12119	8261	192	11
河 北	98888	18083	42658	37600	533	14
山 西	44744	11996	19862	12694	192	—
内 蒙 古	28999	6424	12418	10023	129	5
辽 宁	67070	22197	26629	18068	167	9
吉 林	38708	13841	15816	9047	4	—
黑 龙 江	52254	14826	20295	16875	257	1
上 海	51881	31474	14889	5404	110	4
江 苏	131333	57686	44960	28533	150	4
浙 江	82966	34340	30342	18062	209	13
安 徽	80787	19752	34784	25726	516	9
福 建	59516	16816	21972	20434	291	3
江 西	78403	13807	32804	31481	303	8
山 东	145555	41991	59960	42920	668	16
河 南	**153271**	**28045**	**69529**	**54960**	**736**	**1**
湖 北	100120	32629	39444	27546	491	10
湖 南	90581	23255	35375	31544	378	29
广 东	144265	43504	58565	41577	567	52
广 西	66271	10947	32843	22316	152	13
海 南	14515	3864	5942	4636	73	—
重 庆	60443	15594	26053	18536	257	3
四 川	110745	25195	47570	37917	57	6
贵 州	46220	8345	18313	19322	236	4
云 南	47391	9378	19958	17828	219	8
西 藏	2937	521	1467	938	11	—
陕 西	81969	30046	33771	17720	405	27
甘 肃	36190	7790	14029	14204	158	9
青 海	5187	1237	1518	2410	19	3
宁 夏	9621	2262	4295	3046	18	—
新 疆	30518	4429	14169	11727	187	6
河南为全国%	**7.39**	**4.51**	**8.40**	**8.90**	**9.49**	**0.37**
河南居全国位次	**1**	**9**	**1**	**1**	**1**	**25**

专业技术职务情况

按 专 业 技 术 职 务 分				
正高级	副高级	中级	初级	未定职级
256528	**595972**	**763662**	**242982**	**215799**
22667	28145	22165	3360	2329
5162	8883	13191	5109	2404
10748	20290	33218	17588	11592
3246	9028	17245	9740	4378
3558	6740	10604	5203	2080
10075	19271	24791	9709	3435
6778	11574	13260	5262	1579
8729	13992	17474	7381	3964
10383	15755	17890	5066	2431
19405	33344	45426	21517	9303
12278	18379	29701	13571	7465
8160	15405	25491	16683	10590
6839	13962	18764	10010	7082
5766	13278	23712	13504	13831
15733	32679	50554	27086	16509
10506	**25105**	**49930**	**34690**	**24178**
13831	26608	30188	15813	9987
9884	17566	30500	17444	11141
16938	26198	43772	29223	16697
6335	11857	20147	11132	9039
1736	2972	4280	2656	1756
6720	11692	19834	11564	6811
10958	20861	34746	24021	15078
4554	9127	11959	8999	8063
4809	9966	14672	8295	7002
410	724	1046	406	338
11145	21857	27374	12252	7760
4860	8522	11286	6562	3691
675	1276	1478	696	818
1344	2234	2657	2051	1052
2296	4626	8215	5754	6249
4.10	4.21	6.54	14.28	11.20
10	6	2	1	1

高 等 教 育

地 区	占地面积(平方米)			校园足球场(个)		
	计	其中: 绿化用地 面 积	其中: 运动场地 面 积	计	11人制 足球场	7人制 足球场
全 国	**2041356881.44**	**672082179.62**	**145695987.08**	**6288**	**4093**	**844**
北 京	58642779.75	20660818.83	4171312.58	250	130	51
天 津	37106280.36	10397208.81	2733102.90	118	67	26
河 北	85204916.14	23773296.28	6941014.33	260	182	32
山 西	57078881.99	10480020.49	3097712.99	135	93	24
内 蒙 古	41790684.87	11191451.72	2800806.75	179	81	21
辽 宁	69826988.51	22805158.00	5828891.40	275	179	39
吉 林	35620100.15	12100743.75	2463507.45	109	75	16
黑 龙 江	60505561.05	15933823.91	4106530.71	142	102	14
上 海	38384348.03	14302156.46	2820561.57	191	101	44
江 苏	130401191.30	48151189.02	9399597.39	354	256	43
浙 江	75626229.19	24680339.54	6552140.08	291	183	39
安 徽	80251596.74	29848797.03	6187606.48	242	184	20
福 建	59775508.85	19846063.78	4240661.87	183	120	26
江 西	85506880.58	31220284.51	5761290.21	229	170	33
山 东	141754411.70	51046787.40	9973410.44	403	253	58
河 南	**136253054.63**	**39325842.03**	**9943953.48**	**318**	**263**	**28**
湖 北	98852476.73	37366002.97	6828691.92	286	191	42
湖 南	79180882.75	27223039.35	5789743.21	234	178	26
广 东	118977965.24	42783155.20	9229743.25	425	252	82
广 西	80740411.39	20121635.71	4245085.88	219	119	19
海 南	14684316.79	4196311.54	820167.53	41	26	6
重 庆	60521634.70	20494984.34	3878579.88	155	104	18
四 川	104452184.93	35579586.91	7395836.37	320	216	25
贵 州	48868051.40	17737491.79	3700509.18	149	105	16
云 南	49520120.17	19024475.30	3442480.66	196	105	26
西 藏	3797171.38	1094175.20	323974.74	17	11	2
陕 西	72004702.60	22159002.05	5998453.49	232	148	22
甘 肃	40964399.43	11209031.88	3027410.45	147	79	27
青 海	5908137.65	2043137.89	502264.28	27	15	3
宁 夏	12903377.92	5019131.67	798747.44	41	26	3
新 疆	56251634.52	20267036.26	2692198.17	120	79	13
河南为全国%	**6.67**	**5.85**	**6.83**	**5.06**	**6.43**	**3.32**
河南居全国位次	**2**	**4**	**2**	**5**	**1**	**11**

资 产 情 况 (学校产权)(一)

5人制足球场	图书(册)		数字资源量			
	计	其中：当年新增	电子图书(册)	电子期刊(册)	学位论文(册)	音视频(小时)
1351	**3205344967**	**169320670**	**2718323536**	**1356821567**	**9588456485**	**155632729**
69	130393629	7185925	128556368	80322908	551438632	9256223
25	55505869	2017990	58488700	28091687	257159317	9799946
46	143335945	9152460	84173198	15588358	218797424	3243624
18	64514413	2694739	59784051	20439400	279372363	6387001
77	42815701	2431609	39550656	9092907	142631093	5442446
57	110075298	3289132	95149051	40258127	335904160	8969923
18	74242541	2291390	61682261	18587428	285704600	3792543
26	86789239	2664868	76092770	25473910	277679471	4277596
46	85501925	2478233	33973655	9581034	54372676	1055217
55	208821269	6849452	242123881	92445888	1008437494	8766473
69	139275445	5486109	109778420	65277049	491314792	6929224
38	114057680	5668720	119947382	67238695	358068753	9738117
37	96580615	4349401	85165722	59329853	309507469	3381423
26	123409372	8652968	111532767	42794857	318493140	4746293
92	222462543	12413595	152076527	135301907	662689041	6428010
27	**222933617**	**13612503**	**152396710**	**63893519**	**527862368**	**5509405**
53	159700780	7957312	127839254	39684811	428406579	6442701
30	134220384	8192875	137650220	40095622	354374623	9979723
91	222559663	10293675	159567547	54613112	628684612	8139940
81	97515061	7932900	84164225	201832818	400486871	2306897
9	23114510	1441294	16573596	4698771	50465801	4695773
33	89296340	5236019	81103707	23065448	214812049	4898421
79	166305042	8646624	147457654	36808015	405955528	4602199
28	65239783	5033110	57826629	17423981	144947605	2372610
65	81978192	5071410	57923130	110808462	153794472	2259956
4	4888229	227271	5462041	2307204	37059752	365664
62	126549020	5180841	123659929	25394667	307056237	8161202
41	48802188	3543389	61647803	12240326	131897367	1508905
9	8026250	333998	6501529	1498316	23203682	277880
12	15710554	992352	10319348	2746867	62881648	400945
28	40723870	7998506	30154805	9885620	164996866	1496449
2.00	6.96	8.04	5.61	4.71	5.51	3.54
22	1	1	3	8	5	13

高 等 教 育

地区	职业教育仿真实训资源量(套)				数字
	计	仿真实验软件	仿真实训软件	仿真实习软件	计
全　　国	175583	31847	130039	13697	15887356
北　　京	968	179	778	11	935757
天　　津	2690	189	2399	102	305266
河　　北	12382	1716	10102	564	591422
山　　西	4632	308	4240	84	305628
内 蒙 古	2269	247	1896	126	250821
辽　　宁	6039	924	4589	526	616842
吉　　林	2520	440	2053	27	412394
黑 龙 江	2556	191	2048	317	400401
上　　海	5068	675	4200	193	557620
江　　苏	12643	2678	8204	1761	1255141
浙　　江	5225	761	4039	425	726349
安　　徽	5622	2499	2724	399	529861
福　　建	4733	982	3316	435	431243
江　　西	3377	1062	2098	217	446916
山　　东	7228	829	6095	304	969385
河　　南	14524	3403	10304	817	1012827
湖　　北	5097	974	3318	805	760324
湖　　南	5798	799	4540	459	603600
广　　东	22001	4860	15518	1623	1206306
广　　西	4134	1609	2334	191	482354
海　　南	720	67	612	41	101519
重　　庆	20827	1055	17089	2683	423549
四　　川	7328	1496	5570	262	753462
贵　　州	4240	1286	2685	269	314606
云　　南	2114	464	1589	61	298415
西　　藏	54	31	23	-	25665
陕　　西	2703	430	2138	135	638382
甘　　肃	2535	691	1258	586	234246
青　　海	1516	59	1442	15	54407
宁　　夏	1659	336	1149	174	75881
新　　疆	2381	607	1689	85	166767
河南为全国%	8.27	10.69	7.92	5.96	6.38
河南居全国位次	3	2	3	4	3

资 产 情 况（学校产权）（二）

终端数(台)		教室(间)		固定资产值(万元)		
其中:教师终端数	其中:学生终端数	计	其中:网络多媒体教室	计	其中:教学、科研仪器设备资产	
					计	当年新增
4072042	**10380332**	**740634**	**489309**	**358640537.82**	**85157206.65**	**9313449.02**
297065	532473	22064	15355	26090977.56	8196335.06	710942.39
79490	218332	10457	6276	8986374.02	2207994.68	202200.05
138852	410496	37155	24008	11948434.83	2474142.23	319095.14
77109	167947	20348	11965	7118301.47	1679666.59	355996.36
83510	150499	13625	9847	6006413.42	1357591.91	110928.48
133819	374756	28437	15984	12152608.02	2880662.05	303925.44
92111	248314	8583	5061	7120656.70	2076572.11	194760.69
124030	246128	21534	12242	9105791.54	2394031.48	239252.50
239521	281776	18477	13986	15175452.12	5198192.36	541889.57
338517	751477	46046	31926	25220671.76	6363544.20	556159.46
239935	437488	31626	22443	17535351.38	4140237.91	462585.08
128703	371234	33198	20840	11293136.53	2925741.29	383524.08
90848	318437	20024	12661	10857543.50	2566124.97	293891.97
86043	345363	38321	25402	10727337.83	1953103.27	222770.42
275397	657420	55796	36784	21715272.73	4976295.01	611131.99
179468	**731744**	**20219**	**13632**	**16574158.03**	**3941073.94**	**367913.71**
159281	514728	44304	26609	16396006.37	4129905.87	489375.84
165140	405633	33290	27700	11960461.60	2539340.94	336017.84
273853	801660	35938	27249	26397410.53	6659624.80	778778.06
81860	391233	24322	16324	10192760.04	2138375.90	245457.12
18184	70099	5218	3315	2453685.44	470037.63	72171.30
105214	296257	23459	16619	9283807.62	1646444.11	190061.03
178690	481308	38880	23831	15623960.02	3716225.99	365269.95
62973	215219	24725	15409	9211737.90	1171081.56	142845.37
53024	211635	11644	5673	8173289.04	1284618.96	161032.41
11878	10655	1078	852	534543.94	134813.05	19012.19
224708	368892	32243	20421	16898871.59	3318089.86	310280.54
72143	151952	16356	10516	6082905.25	1126670.54	122401.71
8148	41355	2048	1534	1174812.86	288493.43	37232.13
18548	54438	4784	3654	1868020.17	408443.59	41236.29
33980	121384	16435	11191	4759784.01	793731.39	125309.93
4.41	7.05	2.73	2.79	4.62	4.63	3.95
8	3	19	18	7	8	9

高 等 教 育

地 区	占地面积（平方米）			校园足球场（个）		
	计	其中：绿化用地面积	其中：运动场地面积	计	11人制足球场	7人制足球场
全　　国	**364370226.00**	**133875258.12**	**18640400.16**	**699**	**483**	**105**
北　　京	6585147.01	2037311.78	506064.13	27	17	5
天　　津	5339190.71	895868.58	333077.28	16	8	3
河　　北	16154457.52	5146693.35	918239.32	43	25	5
山　　西	4870212.55	1039729.45	565790.93	14	12	—
内 蒙 古	3198561.94	477108.05	424410.96	19	4	3
辽　　宁	6258087.09	1594629.77	413111.86	13	11	1
吉　　林	7488893.57	2573249.34	636229.12	26	18	5
黑 龙 江	8083480.14	2840095.94	988411.03	13	10	—
上　　海	2462478.76	690182.46	173852.36	13	5	3
江　　苏	24605044.64	8307683.28	1370236.53	62	42	9
浙　　江	13658243.43	3121736.40	684420.55	56	29	14
安　　徽	5109715.13	1476780.90	297153.14	12	11	1
福　　建	12250974.23	3235933.44	746695.80	30	20	1
江　　西	12245535.89	3467856.66	888752.80	12	9	3
山　　东	26020593.67	7719569.07	891765.46	37	29	4
河　　南	**21243852.87**	**4622244.56**	**1115901.12**	**42**	**34**	**7**
湖　　北	15102903.28	3433153.68	1405115.29	26	20	3
湖　　南	12672887.17	3675901.75	701995.33	28	20	6
广　　东	31534914.40	8201114.01	1487272.99	47	32	10
广　　西	9984846.29	2216249.94	532127.64	23	17	6
海　　南	2026290.60	495586.31	75729.00	2	2	—
重　　庆	9660719.77	2587057.14	226422.61	9	8	—
四　　川	33818901.65	9892751.99	1794670.19	67	52	9
贵　　州	7759828.45	4425835.45	361152.89	14	12	2
云　　南	5947935.83	1474094.05	401922.08	15	11	1
西　　藏	—	—	—	—	—	—
陕　　西	9728059.78	2462152.96	313251.12	14	9	3
甘　　肃	2723486.98	235214.72	89109.25	5	5	—
青　　海	33333.00	13333.00	1260.00	—	—	—
宁　　夏	706237.32	287784.53	53662.04	8	6	—
新　　疆	47095412.33	45228355.56	242597.34	6	5	1
河南为全国%	**5.83**	**3.45**	**5.99**	**6.01**	**7.04**	**6.67**
河南居全国位次	**6**	**7**	**4**	**6**	**3**	**5**

资　产　情　况（非学校产权独立使用）（一）

5人制足球场	图书（册）		数字资源量			
	计	其　中：当年新增	电子图书（册）	电子期刊（册）	学位论文（册）	音视频（小时）
111	**55087342**	**4442080**	**261955492**	**300961262**	**1064288214**	**19308571**
5	11873422	29553	23519925	5359053	57599948	1134719
5	53178	13345	782801	212014	6167300	57589
13	2632521	300	40174523	13985978	144307414	1182111
2	1691703	445815	2392000	1866920	15590351	286810
12	651610	19636	4255982	593459	20973393	439425
1	279318	–	3365542	174646	7619734	64417
3	253800	–	–	–	–	–
3	123710	8881	5387242	210492339	30572202	228186
5	272231	–	48575989	20208828	198768847	5026446
11	4357430	2024714	12133154	7284668	49966028	313876
13	2934163	182344	13079378	4443243	79370916	1646653
–	410671	20000	9636211	1039645	23708981	743596
9	3099416	23481	718796	1129497	5984476	16618
–	67879	22368	6317650	716347	2991506	376369
4	222000	–	3153413	511393	4551826	216840
1	7960650	811594	8143373	5621362	90902116	680164
3	1179522	110636	10012562	2334360	36649242	897660
2	3207431	309566	10436014	3302141	22689108	416847
5	3935338	52726	11363475	4323005	76626709	732740
–	1319722	12284	13228582	1807784	27898820	902886
–	178380	5500	3658345	1785733	9751103	372466
1	645077	86	3954618	2153618	24686467	1054530
6	1995436	247367	16040718	8667686	68649162	1619315
–	3670813	52826	3086812	991242	8183945	174279
3	1039813	32335	4314016	1506992	14770822	465173
–	13234	–	–	–	–	–
2	273307	–	–	139796	5253315	56175
–	584081	–	1865059	233427	14409267	116538
–	–	–	–	–	–	–
2	–	–	1600000	60000	12000000	70000
–	161486	16723	759312	16086	3645216	16144
0.90	14.45	18.27	3.11	1.87	8.54	3.52
20	2	2	12	6	3	11

高 等 教 育

地 区	职业教育仿真实训资源量(套)				数字计
	计	仿真实验软件	仿真实训软件	仿真实习软件	计
全 国	**12653**	**3822**	**7841**	**990**	**260082**
北 京	1026	4	1018	4	8727
天 津	70	4	62	4	2637
河 北	2115	1050	987	78	8293
山 西	7	-	7	-	7495
内 蒙 古	1	-	1	-	6098
辽 宁	108	19	70	19	3517
吉 林	-	-	-	-	1732
黑 龙 江	276	4	175	97	3999
上 海	427	117	197	113	558
江 苏	2451	1814	518	119	34678
浙 江	54	4	48	2	48882
安 徽	1145	267	819	59	8140
福 建	1777	26	1731	20	5089
江 西	194	43	149	2	4093
山 东	133	39	89	5	3885
河 南	**438**	**119**	**256**	**63**	**14031**
湖 北	89	7	74	8	13437
湖 南	219	14	202	3	7550
广 东	923	13	773	137	26218
广 西	101	32	52	17	4065
海 南	10	7	3	-	1050
重 庆	167	74	35	58	15622
四 川	514	95	275	144	15327
贵 州	66	3	63	-	3203
云 南	47	12	35	-	7738
西 藏	-	-	-	-	-
陕 西	74	20	45	9	1120
甘 肃	96	27	69	-	1770
青 海	-	-	-	-	-
宁 夏	2	-	-	2	-
新 疆	123	8	88	27	1128
河南为全国%	3.46	3.11	3.26	6.36	5.39
河南居全国位次	**8**	**4**	**8**	**7**	**6**

资 产 情 况（非学校产权独立使用）（二）

终端数(台)		教室(间)		固定资产值(万元)		
其中：教师终端数	其中：学生终端数	计	其中：网络多媒体教室	计	其中：教学、科研仪器设备资产	
					计	当年新增
62575	**189140**	**209251**	**115907**	**17500444.58**	**1239594.32**	**272752.32**
6413	2236	2054	1405	375139.00	147005.70	38028.16
961	1676	2952	1498	179293.43	4263.98	374.62
1546	6747	5582	2565	356974.77	51163.38	4833.90
2238	4425	5344	1729	463690.63	26943.64	3233.46
2468	3608	1509	649	135067.20	3034.60	597.75
857	2559	3693	1498	566738.42	22918.00	2448.74
475	1251	9966	6047	16930.04	10894.63	—
2190	1740	2172	1055	217134.92	24156.95	7451.96
114	444	1676	774	75199.65	6762.92	390.99
6011	28346	7739	4915	730426.57	111576.92	18018.01
10952	37397	4775	3106	1072818.25	148061.57	78007.08
857	7283	4602	2121	133523.54	16416.65	1909.49
144	4945	4261	2689	714390.42	30983.93	5328.57
519	3468	6576	2663	220124.58	24810.82	6370.30
1734	2151	9200	5176	950648.55	48731.42	5878.77
1964	**11166**	**56119**	**31524**	**1606545.63**	**95024.59**	**20536.69**
5022	8401	6509	3807	753066.53	53811.53	6499.48
1385	3963	4794	3889	931220.08	64047.11	16710.24
5865	19072	14413	9744	2426407.31	104089.08	24953.79
490	3434	2522	1203	314353.37	17420.64	2564.65
273	767	370	277	181846.08	3425.42	288.75
5310	10212	3250	1951	160909.45	9337.04	619.27
2737	11431	14922	9324	3597884.57	141313.37	20338.82
222	2775	2959	1324	518207.26	23977.05	4391.36
1256	6471	23690	11407	553712.24	22430.83	2219.61
—	—	—	—	—	—	—
1	922	4731	2199	28098.97	3526.34	—
332	1438	528	148	47796.09	6503.73	—
—	—	221	213	16108.11	986.00	—
—	—	620	223	31685.79	8333.65	77.52
239	812	1502	784	124503.13	7642.84	680.34
3.14	5.90	26.82	27.20	9.18	7.67	7.53
11	5	1	1	3	6	3

高等教育校舍情况

单位：平方米

地 区	学校产权校舍建筑面积	正在施工校舍建筑面积	非学校产权中独立使用建筑面积
全　　国	**949352271.78**	**72002878.86**	**249009736.47**
北　　京	45484680.09	2908578.21	3972898.74
天　　津	16610255.64	632191.82	3460681.88
河　　北	42544635.17	1824660.58	5620983.09
山　　西	22928770.95	1649213.92	3862553.37
内 蒙 古	15186665.35	1359122.17	1382754.80
辽　　宁	33180350.03	2343856.50	4753837.44
吉　　林	7899121.58	1234017.58	12039294.06
黑 龙 江	26498207.51	1008891.70	4333123.90
上　　海	26366997.78	3366903.88	2388342.13
江　　苏	64028528.96	2529474.16	11776895.61
浙　　江	44386262.97	2805936.05	8179429.71
安　　徽	42038748.63	2478350.82	3120113.54
福　　建	26215624.50	2743994.71	7756449.02
江　　西	41937083.20	1734498.64	6146829.58
山　　东	69011073.19	4778496.45	12929296.09
河　　南	**20337494.22**	**3981876.76**	**61154671.92**
湖　　北	55983235.42	3408626.42	7106919.50
湖　　南	40812178.39	2570866.92	6297659.22
广　　东	58877970.72	5358572.88	24681502.95
广　　西	34849859.72	2974579.46	4081193.93
海　　南	6658850.42	692285.78	1241132.27
重　　庆	28164551.40	2444517.59	4958054.22
四　　川	44155550.81	4791475.00	19397329.91
贵　　州	26473670.95	1556722.15	2639716.46
云　　南	8200187.63	3446744.20	19049224.61
西　　藏	1724097.94	134275.16	5558.35
陕　　西	51061717.52	3680848.01	3957406.79
甘　　肃	20955006.09	1749701.72	497056.49
青　　海	3038836.57	166454.27	129701.95
宁　　夏	4255612.71	279624.58	556556.52
新　　疆	19486445.72	1367520.77	1532568.42
河南为全国%	**2.14**	**5.53**	**24.56**
河南居全国位次	**22**	**4**	**1**

普通高中校数、班数

地 区	学校数(所)				班数(个)			
	合计	完全中学	高级中学	十二年一贯制学校	合计	一年级	二年级	三年级
全　国	15381	5277	8308	1796	577741	198177	193816	185748
北　京	363	177	39	147	6236	2215	2110	1911
天　津	205	113	73	19	4870	1707	1619	1544
河　北	818	258	483	77	36147	12523	11924	11700
山　西	510	213	243	54	14457	4564	4885	5008
内 蒙 古	318	116	176	26	10155	3458	3419	3278
辽　宁	436	47	357	32	14028	4632	4743	4653
吉　林	265	59	188	18	8992	2876	3057	3059
黑 龙 江	365	70	273	22	11458	3548	3930	3980
上　海	294	91	162	41	5456	1946	1856	1654
江　苏	664	76	513	75	30234	10583	10188	9463
浙　江	650	67	521	62	20878	7163	6987	6728
安　徽	676	240	352	84	25085	8543	8550	7992
福　建	598	455	98	45	16751	5962	5624	5165
江　西	568	256	222	90	24685	8257	8480	7948
山　东	782	102	583	97	41727	14781	13917	13029
河　南	**1098**	**138**	**804**	**156**	**51599**	**17731**	**17347**	**16521**
湖　北	577	54	462	61	21122	7354	7109	6659
湖　南	750	205	489	56	28682	9753	9670	9259
广　东	1165	556	385	224	45535	15857	15201	14477
广　西	548	180	339	29	24733	8468	8257	8008
海　南	142	92	12	38	4492	1569	1487	1436
重　庆	280	231	33	16	13364	4560	4532	4272
四　川	817	510	178	129	30648	10386	10264	9998
贵　州	505	134	315	56	19329	6557	6201	6571
云　南	650	344	265	41	21253	7304	7178	6771
西　藏	40	6	31	3	1587	527	534	526
陕　西	445	187	231	27	15243	5338	5043	4862
甘　肃	368	136	213	19	11323	3778	3830	3715
青　海	101	29	62	10	2755	919	915	921
宁　夏	70	18	50	2	3376	1127	1139	1110
新　疆	313	117	156	40	11541	4191	3820	3530
河南为全国%	**7.14**	**2.62**	**9.68**	**8.69**	**8.93**	**8.95**	**8.95**	**8.89**
河南居全国位次	**2**	**14**	**1**	**2**	**1**	**1**	**1**	**1**

普通高中

地区	毕业生数	招生数	合计
全国	**8604097**	**9678010**	**28036268**
北京	59193	79716	216891
天津	67176	78985	221427
河北	556851	629833	1826292
山西	221425	211836	677700
内蒙古	142561	145856	428434
辽宁	202603	208373	621038
吉林	147922	138568	436985
黑龙江	191950	168106	544476
上海	59074	75519	207861
江苏	414857	505021	1431830
浙江	277867	307946	887644
安徽	387947	423931	1232813
福建	219650	289859	803669
江西	380301	402305	1222717
山东	611440	715743	1985425
河南	**774723**	**900599**	**2622690**
湖北	313514	369665	1058079
湖南	440247	502641	1473029
广东	664568	784251	2228677
广西	394734	445026	1291996
海南	64063	75550	215363
重庆	214581	231430	678960
四川	470064	510643	1500614
贵州	318658	326917	944983
云南	336112	372271	1063293
西藏	25244	26710	79427
陕西	211239	256682	721635
甘肃	171028	178684	529748
青海	43261	45726	134532
宁夏	56270	58154	173608
新疆	164974	211464	574432
河南为全国%	9.00	9.31	9.35
河南居全国位次	1	1	1

教 育 学 生 数

在 校 生 数			
其中：女	一年级	二年级	三年级
13881808	**9687204**	**9401847**	**8947217**
107635	80253	74418	62220
110242	79058	73482	68887
918491	629843	603312	593137
338864	211864	229278	236558
219246	145966	144157	138311
315175	208394	209704	202940
220141	138596	148426	149963
275054	168115	187399	188962
102406	76113	72378	59370
671525	505891	482548	443391
429475	308069	297636	281939
570833	424146	420374	388293
388709	289948	269067	244654
559749	403603	422232	396882
974195	715782	659924	609719
1297101	**900611**	**880421**	**841658**
495256	370016	356166	331897
713051	502749	497422	472858
1092269	784993	744553	699131
670892	445688	430964	415344
104606	75690	71453	68220
344498	231867	231172	215921
768687	511500	502176	486938
478561	327193	300147	317643
567652	372690	354581	336022
43463	26802	26649	25976
358166	257238	238261	226136
264985	178893	180266	170589
70240	45914	44583	44035
91174	58219	58321	57068
319467	211500	190377	172555
9.34	9.30	9.36	9.41
1	1	1	1

普通高中教育专任教师分

地区	合计	其中：女	按学历分			
			博士研究生	硕士研究生	本科毕业	专科毕业
全国	**2214804**	**1301163**	**2941**	**307309**	**1886881**	**17451**
北京	23786	17415	1030	9510	13223	23
天津	18863	13857	62	4244	14528	29
河北	143188	99758	30	15492	126574	1086
山西	65051	43546	7	10016	54603	423
内蒙古	42117	27923	21	8398	33302	396
辽宁	54714	38834	28	8010	46291	370
吉林	35391	24646	61	5332	29889	109
黑龙江	45532	30696	12	5392	39797	319
上海	21236	14646	335	7981	12919	1
江苏	128075	70858	177	29751	98062	85
浙江	79897	45376	125	14905	64770	97
安徽	92196	42951	60	9681	81967	488
福建	61391	33677	38	7419	53334	598
江西	87550	46956	7	9181	75942	2350
山东	166895	98148	81	26043	139952	811
河南	**193068**	**120407**	**36**	**22377**	**168178**	**2472**
湖北	80325	39025	74	9692	69924	618
湖南	106416	55594	41	9804	95239	1313
广东	172114	99508	545	33311	137574	677
广西	88451	56295	12	5519	81707	1192
海南	16574	10152	9	1810	14604	150
重庆	45327	24760	34	6615	38390	286
四川	115660	61376	57	13642	101555	405
贵州	72889	37278	7	5798	66386	694
云南	77280	44937	11	5200	71642	415
西藏	6965	3865	2	500	6409	54
陕西	58595	34336	25	9933	48303	330
甘肃	48361	22657	4	6304	41107	943
青海	10698	6209	6	942	9612	134
宁夏	13302	8043	–	1768	11466	65
新疆	42897	27434	4	2739	39632	518
河南为全国%	**8.72**	**9.25**	**1.22**	**7.28**	**8.91**	**14.17**
河南居全国位次	**1**	**1**	**14**	**4**	**1**	**1**

学历、分专业技术职务情况

高中阶段毕业	高中阶段毕业以下	按专业技术职务分					
		正高级	副高级	中级	助理级	员级	未定职级
192	**30**	**10623**	**555023**	**743136**	**503155**	**35020**	**367847**
–	–	385	8524	6567	5395	161	2754
–	–	105	6622	7295	2828	148	1865
6	–	482	26012	47246	27196	4404	37848
2	–	193	13481	22841	17662	352	10522
–	–	179	11431	15345	9102	551	5509
15	–	126	24048	18401	6024	354	5761
–	–	329	11107	13940	6122	411	3482
8	4	162	13126	18877	9483	479	3405
–	–	256	5392	8370	5035	127	2056
–	–	785	41742	43557	24509	1599	15883
–	–	333	26542	26242	17033	501	9246
–	–	249	24583	28530	17964	2545	18325
2	–	266	17788	20451	13412	514	8960
61	9	287	20300	23631	18844	1959	22529
7	1	753	34339	59905	41862	1463	28573
5	–	211	34449	53482	56364	5258	43304
13	4	414	20756	29892	14660	1842	12761
14	5	524	25749	33721	22691	3481	20250
5	2	637	41513	62895	36271	1895	28903
21	–	323	16686	26332	25344	1848	17918
–	1	117	4118	5402	3657	71	3209
2	–	276	11060	17185	11783	191	4832
1	–	703	34110	40828	24413	795	14811
4	–	339	16082	24450	18145	1050	12823
9	3	527	22397	21995	20742	663	10956
–	–	26	1268	2443	2442	402	384
4	–	227	14448	23193	12643	416	7668
3	–	962	13167	20421	9798	116	3897
4	–	40	2374	3250	3274	254	1506
3	–	78	3272	4870	2792	416	1874
3	1	329	8537	11579	15665	754	6033
2.60	–	1.99	6.21	7.20	11.20	15.01	11.77
10	10	22	3	3	1	1	1

普通高中学校舍

地区	合计	一、教学			
		计	教室	专用教室	
				计	理化生实验室
全　国	**709484510.90**	**268987312.64**	**132666667.78**	**58663416.53**	**34613498.07**
北　京	14043269.83	6286880.21	2170249.56	1610684.22	617991.75
天　津	6247904.22	2793979.88	1236411.33	686224.98	369228.55
河　北	39552901.33	14256870.83	7806607.61	3162635.64	2200321.58
山　西	20979268.86	6976285.90	3179712.79	1710299.89	972250.97
内　蒙　古	11928321.96	4941051.04	1915185.11	1293068.51	603148.60
辽　宁	12920015.66	5158989.96	2263961.61	1080517.47	557926.87
吉　林	7247016.84	2667404.23	1359827.00	518982.04	293028.13
黑　龙　江	9546589.05	3842767.18	1838713.00	853612.07	494261.24
上　海	9247011.02	4207431.48	1440523.83	1081813.97	502593.87
江　苏	39496632.85	16689567.56	6781369.13	4155351.36	2356665.44
浙　江	30987020.86	11749879.50	4730399.85	2717948.12	1583077.53
安　徽	32508482.32	12163165.33	6745226.52	2450970.44	1660504.83
福　建	26857606.88	11398581.00	4568017.59	2893333.00	1761066.21
江　西	27587366.88	11457083.28	6254644.51	2103601.57	1320141.15
山　东	49166344.71	17028963.52	8067663.82	3971384.34	2389797.39
河　南	**47381269.83**	**15869983.43**	**10182103.86**	**2613941.43**	**1768056.39**
湖　北	23755592.13	7836673.43	4182817.34	1615709.15	1077637.71
湖　南	33705216.18	12450649.01	6440545.99	2179234.76	1417652.99
广　东	70634768.56	27356509.69	12434147.07	5841890.68	3211570.43
广　西	25691635.75	9027580.67	5360190.69	1687524.12	1036914.61
海　南	6880504.87	2550860.64	1347575.69	567447.24	308050.31
重　庆	17497487.35	7699206.54	4100531.59	1539897.48	902603.47
四　川	42186559.93	16948451.24	9862161.47	3270876.07	1931590.09
贵　州	24352092.93	7878766.62	3862278.71	1779366.29	1159193.54
云　南	26987437.61	9670577.57	5095507.59	1981935.07	1149763.33
西　藏	1935892.52	615367.91	293328.33	155557.61	95977.97
陕　西	18258572.69	6702029.54	3103300.31	1770382.76	964556.99
甘　肃	11281241.82	4149935.79	2184361.66	1045792.01	677578.10
青　海	3409722.24	1405270.44	611484.98	451789.51	228997.77
宁　夏	3404646.64	1485333.14	512913.85	461804.46	247503.22
新　疆	13806116.58	5721216.08	2734905.39	1409840.27	753847.04
河南为全国%	6.68	5.90	7.67	4.46	5.11
河南居全国位次	3	5	2	8	6

校 校 舍 情 况(一)

单位:平方米

建筑面积及辅助用房		公共教学用房			
其他	计	图书阅览室	室内体育用房	心理辅导室	其他
24049918.46	**77657228.33**	**20759712.99**	**27723171.39**	**2150399.49**	**27023944.46**
992692.47	2505946.43	378703.38	798444.61	46170.20	1282628.24
316996.43	871343.57	191326.49	387112.15	35461.71	257443.22
962314.06	3287627.58	1220250.04	983726.43	86143.99	997507.12
738048.92	2086273.22	674572.64	469092.34	65750.96	876857.28
689919.91	1732797.42	350837.56	694589.99	53121.23	634248.64
522590.60	1814510.88	412621.11	766445.25	40624.07	594820.45
225953.91	788595.19	155311.86	349534.17	26231.62	257517.54
359350.83	1150442.11	258174.84	573797.06	24172.25	294297.96
579220.10	1685093.68	320814.79	777560.04	45863.57	540855.28
1798685.92	5752847.07	1633694.59	2258210.62	138229.02	1722712.84
1134870.59	4301531.53	1094039.88	1934816.44	109901.93	1162773.28
790465.61	2966968.37	947871.53	908120.40	118026.21	992950.23
1132266.79	3937230.41	1076023.16	1280375.45	124614.83	1456216.97
783460.42	3098837.20	886175.48	1012976.61	75885.73	1123799.38
1581586.95	4989915.36	1234626.33	1686213.37	127204.79	1941870.87
845885.04	**3073938.14**	**1177034.41**	**943843.80**	**101503.70**	**851556.23**
538071.44	2038146.94	595113.42	767558.74	73227.51	602247.27
761581.77	3830868.26	1028638.90	1811350.77	93530.69	897347.90
2630320.25	9080471.94	1925832.42	3169050.86	196427.63	3789161.03
650609.51	1979865.86	683029.49	718780.45	77646.56	500409.36
259396.93	635837.71	197580.96	293370.96	13845.43	131040.36
637294.01	2058777.47	416672.75	659050.61	35452.35	947601.76
1339285.98	3815413.70	1011323.65	1133946.16	140697.62	1529446.27
620172.75	2237121.62	692793.17	758778.27	59007.95	726542.23
832171.74	2593134.91	725112.91	722848.23	58284.32	1086889.45
59579.64	166481.97	42424.72	79088.90	2488.77	42479.58
805825.77	1828346.47	489858.62	592172.60	71135.10	675180.15
368213.91	919782.12	321204.16	264889.57	42338.93	291349.46
222791.74	341995.95	98334.69	134748.71	11210.09	97702.46
214301.24	510614.83	116133.52	160014.95	12002.44	222463.92
655993.23	1576470.42	403581.52	632662.88	44198.29	496027.73
3.52	3.96	5.67	3.40	4.72	3.15
9	10	5	10	8	15

普 通 高 中 学

地 区	二、行政办公用房			校　舍	
	计	教师办公室	其他	计	教工值班宿舍
全　国	**52739900.99**	**31532012.13**	**21207888.86**	**341859089.11**	**21218025.05**
北　京	1558309.45	649678.15	908631.30	5694136.23	253896.03
天　津	714042.61	412993.14	301049.47	2159478.32	77001.27
河　北	2713721.37	1798674.88	915046.49	19922428.25	1119677.64
山　西	1722096.43	1097887.00	624209.43	10071830.32	867797.63
内 蒙 古	1097002.88	684874.55	412128.33	5020299.39	120016.08
辽　宁	1288410.65	689621.41	598789.24	6457245.45	191604.03
吉　林	693955.90	413622.01	280333.89	2988104.11	50915.70
黑 龙 江	918668.30	548282.48	370385.82	3899160.04	87339.27
上　海	981832.31	439535.73	542296.58	3134645.91	81691.65
江　苏	3426383.13	1926111.09	1500272.04	16058163.46	870553.25
浙　江	2242476.55	1210744.52	1031732.03	14137779.72	912208.54
安　徽	2273148.65	1299420.74	973727.91	16107446.40	1277520.00
福　建	1879364.57	958619.06	920745.51	11188323.51	210018.64
江　西	2042902.88	1164685.60	878217.28	12405138.95	347742.72
山　东	3963525.75	2465478.89	1498046.86	24385076.01	332292.13
河　南	**3591252.37**	**2488175.39**	**1103076.98**	**25763986.10**	**1771192.13**
湖　北	1714895.23	1108498.58	606396.65	12703471.03	1548530.87
湖　南	2012862.13	1267141.99	745720.14	17155464.05	1697381.65
广　东	4664658.57	2659489.04	2005169.53	35310707.01	3673330.44
广　西	1467829.26	993143.70	474685.56	14388078.91	984166.58
海　南	465270.47	278888.06	186382.41	3539774.71	275743.39
重　庆	1023513.39	600270.90	423242.49	7681435.87	490556.16
四　川	2466174.73	1480457.10	985717.63	20356898.80	1346295.25
贵　州	1577128.94	976687.51	600441.43	13440552.02	638588.45
云　南	1824029.23	1157080.29	666948.94	14214768.52	813484.66
西　藏	114881.85	81274.09	33607.76	1130811.78	22869.29
陕　西	1402605.82	951671.81	450934.01	8515485.26	728857.72
甘　肃	1016820.29	694267.74	322552.55	4887473.72	259509.67
青　海	325024.46	159145.11	165879.35	1529689.27	43303.95
宁　夏	328791.46	191248.41	137543.05	1386386.04	24958.16
新　疆	1228321.36	684343.16	543978.20	6224849.95	98982.10
河南为全国%	6.81	7.89	5.20	7.54	8.35
河南居全国位次	3	2	4	2	2

校校舍情况(二)

单位:平方米

建筑面积					
三、生活用房					四、其他用房
教师周转宿舍	学生宿舍	学生餐厅	厕所	其他	
25045643.89	**182801706.64**	**58078296.48**	**21414263.66**	**33301153.39**	**45898208.16**
263752.30	1490138.03	824210.74	523792.54	2338346.59	503943.94
60042.58	894982.64	444116.30	258950.38	424385.15	580403.41
771191.29	11716400.96	3982874.02	1014150.77	1318133.57	2659880.88
420754.02	5481933.90	1940975.16	606195.45	754174.16	2209056.21
135094.57	2719880.01	996237.60	439567.50	609503.63	869968.65
107754.10	3102806.49	1244292.64	481322.82	1329465.37	15369.60
56993.68	1516241.76	669577.30	260431.99	433943.68	897552.60
37550.97	2021334.23	743176.00	296570.04	713189.53	885993.53
107825.15	1319142.51	491150.30	345562.33	789273.97	923101.32
727102.00	8365593.76	3139510.32	1055683.25	1899720.88	3322518.70
848996.20	7836577.87	2605007.60	869687.72	1065301.79	2856885.09
1101943.56	9093140.80	2738950.21	851366.72	1044525.11	1964721.94
1460372.85	5699474.16	1719364.31	657273.70	1441819.85	2391337.80
1347672.21	7036572.60	2070173.93	804855.16	798122.33	1682241.77
1097105.68	12830347.31	4801987.31	1797455.39	3525888.19	3788779.43
1512240.32	**15092351.82**	**4807742.73**	**1264235.07**	**1316224.03**	**2156047.93**
1255178.64	6446120.06	2019362.06	577324.96	856954.44	1500552.44
2586715.31	8387955.39	2818974.81	824408.97	840027.92	2086240.99
2848207.01	17860884.78	4770362.95	2203523.72	3954398.11	3302893.29
1706724.24	8272104.93	2014135.26	742171.86	668776.04	808146.91
551841.09	1768653.81	505128.19	210414.25	227993.98	324599.05
582021.03	4424853.47	1301166.81	410540.84	472297.56	1093331.55
1350738.37	11732208.60	3233355.45	1206264.74	1488036.39	2415035.16
1346190.58	7939098.70	2056949.37	718512.98	741211.94	1455645.35
834916.35	7624455.65	2178920.05	994471.77	1768520.04	1278062.29
342527.44	466929.64	167260.89	50024.84	81199.68	74830.98
654983.00	4259538.49	1347349.81	716671.01	808085.23	1638452.07
313551.55	2452756.87	808184.94	441346.31	612124.38	1227012.02
118238.21	684208.15	256793.55	163737.89	263407.52	149738.07
31380.45	804265.13	283070.24	132660.78	110051.28	204136.00
466039.14	3460754.12	1097935.63	495087.91	606051.05	631729.19
6.04	8.26	8.28	5.90	3.95	4.70
4	2	1	3	10	9

普通高中学

地 区	占地面积(平方米)			校园足球场(个)			
	计	其中：绿化用地面积	其中：运动场地面积	计	11人制足球场	7人制足球场	5人制足球场
全　　国	**1240585243.05**	**331287426.06**	**307685204.91**	**16964**	**9997**	**4250**	**2717**
北　　京	18606389.10	4278076.04	5697007.83	457	180	153	124
天　　津	10449520.99	1884015.60	3592716.27	221	107	79	35
河　　北	68322671.17	14782347.37	16068707.53	898	552	218	128
山　　西	36725069.53	7491143.13	8034956.21	459	276	110	73
内　蒙　古	26099922.25	5384944.72	6629632.56	445	263	71	111
辽　　宁	25343984.11	5017406.67	6915033.08	471	276	138	57
吉　　林	13740142.49	2887924.54	4385503.70	249	138	75	36
黑　龙　江	21669867.33	3515392.68	5515813.23	311	188	85	38
上　　海	12651373.68	4142679.55	3243705.84	278	113	107	58
江　　苏	65637870.88	22350954.82	15891028.65	962	591	218	153
浙　　江	51353935.39	16979386.70	12312128.05	752	430	159	163
安　　徽	58894433.71	15598539.65	12907801.93	739	456	202	81
福　　建	44950224.43	12116429.40	12705762.36	693	375	163	155
江　　西	51945966.24	14583200.40	13690142.43	644	384	131	129
山　　东	88043866.14	24636515.03	20577133.88	1009	675	213	121
河　　南	**85916639.27**	**19556995.68**	**16575196.62**	**1036**	**593**	**257**	**186**
湖　　北	45413407.03	13297469.24	8979765.98	622	385	153	84
湖　　南	59102931.17	17040394.54	13962624.62	712	483	154	75
广　　东	106168286.59	32114329.51	28138888.75	1482	771	470	241
广　　西	43338008.64	11432566.58	10102371.04	557	331	134	92
海　　南	13725431.82	4139834.96	3226261.23	210	115	56	39
重　　庆	26017932.95	7330474.71	8248280.16	338	208	92	38
四　　川	66759371.53	16327368.70	21829406.37	994	550	259	185
贵　　州	44070873.63	12382472.90	10658480.81	494	316	112	66
云　　南	53788213.10	15861965.24	12684608.64	559	380	113	66
西　　藏	4437423.20	990336.91	718510.07	52	33	8	11
陕　　西	29691059.02	7071431.07	8022520.96	452	262	140	50
甘　　肃	21640259.06	4497178.89	5731439.59	346	186	102	58
青　　海	7058230.41	1854325.04	1690438.39	90	54	22	14
宁　　夏	8848689.87	2689087.45	1795467.84	104	70	10	24
新　　疆	30173248.32	9052238.34	7153870.29	328	256	46	26
河南为全国%	6.93	5.90	5.39	6.11	5.93	6.05	6.85
河南居全国位次	2	4	4	2	3	3	2

校 资 产 情 况

图书（册）	数字终端数（台）			教室（间）		固定资产总值（万元）	
	计	其中：教师终端数	其中：学生终端数	计	其中：网络多媒体教室	计	其中：教学仪器设备资产值
1166686525	**7784275**	**3016100**	**4426497**	**1389049**	**1057144**	**148551027.35**	**14692039.37**
22905094	279975	109562	135737	33222	30672	4452422.15	1075066.29
14242413	89042	42528	43753	14533	12561	1230182.72	185681.65
76561281	405414	182784	213790	86725	63143	6639182.80	556662.47
27597340	187898	80503	96348	42704	27712	4480712.54	325063.44
15530318	120236	55446	60938	20447	16462	3198081.14	289221.64
18945589	153809	66014	77970	25945	20265	2446815.01	249422.93
12653537	81185	38080	36181	19301	12010	1475389.54	148627.60
11214429	101040	44306	52481	23182	15853	1854125.20	200654.43
16049350	170654	75545	90167	18876	15891	3449246.58	489367.39
67940713	487037	174802	281211	68722	54357	9972845.96	894376.84
57091445	335819	125776	200057	51229	38864	7072853.68	814959.69
45450172	495694	123571	356236	65152	46981	5923348.21	531849.93
57852738	290351	120028	164461	56523	43609	5532220.10	661922.11
49983837	273299	112357	153386	58526	46561	4429108.14	524952.20
75368264	479688	229183	234783	91985	68861	10949298.48	852577.00
51261006	**389221**	**166820**	**212602**	**93132**	**65289**	**7916934.76**	**546784.21**
26468757	196335	84381	108225	44378	29400	5038974.21	395419.69
50749228	269525	105051	149996	59588	46060	6627898.56	585744.88
124042548	978422	328830	573793	128095	109493	14246355.05	1545899.29
47847523	241392	115469	118045	44887	35692	4362934.02	420349.68
11630387	78057	32151	44065	13247	10914	1443614.65	176198.44
26154267	171596	61466	101974	33154	29327	3701875.02	304307.45
79528572	453086	154289	283693	85844	66445	8604993.83	941268.76
42784866	229578	80952	136312	41026	32368	5426916.80	424141.27
42844399	263047	84773	173745	59131	39023	5906010.58	422683.68
2096092	16503	8675	7177	2709	2134	417266.69	24396.34
39531195	212667	81722	125165	37294	28616	4140876.41	444309.27
21666838	124742	49228	73966	24564	16899	2500804.00	219610.90
6477218	34682	13557	20795	8333	4478	1051492.05	70649.25
6342083	52238	15479	34071	7280	5672	899799.19	105348.53
17875026	122043	52772	65374	29315	21532	3158449.28	264522.11
4.39	5.00	5.53	4.80	6.70	6.18	5.33	3.72
8	7	5	7	2	4	5	10

中 等 职 业

地 区	中等职业学校					普通中等专业学校			
	合计	中央部门	地方公办	民办	具有独立法人资格的中外合作办	合计	中央部门	地方公办	民办
全　国	7085	18	4938	2128	1	3257	16	2290	951
北　京	76	8	51	17	–	28	7	20	1
天　津	59	–	48	11	–	37	–	31	6
河　北	628	3	415	210	–	280	3	105	172
山　西	337	–	216	121	–	85	–	73	12
内 蒙 古	171	–	113	58	–	52	–	20	32
辽　宁	264	–	172	92	–	104	–	88	16
吉　林	213	–	170	43	–	33	–	29	4
黑 龙 江	183	–	137	46	–	65	–	28	37
上　海	76	2	70	3	1	48	2	44	2
江　苏	211	–	174	37	–	156	–	132	24
浙　江	246	–	199	47	–	47	–	42	5
安　徽	245	–	157	88	–	230	–	148	82
福　建	167	–	145	22	–	166	–	144	22
江　西	272	1	164	107	–	103	1	88	14
山　东	413	1	266	146	–	273	–	176	97
河　南	546	1	355	190	–	176	1	114	61
湖　北	252	2	188	62	–	198	2	149	47
湖　南	497	–	256	241	–	26	–	26	–
广　东	372	–	266	106	–	284	–	195	89
广　西	241	–	168	73	–	241	–	168	73
海　南	57	–	30	27	–	25	–	18	7
重　庆	129	–	104	25	–	24	–	20	4
四　川	341	–	205	136	–	163	–	62	101
贵　州	184	–	140	44	–	62	–	58	4
云　南	293	–	255	38	–	84	–	69	15
西　藏	13	–	13	–	–	13	–	13	–
陕　西	228	–	147	81	–	26	–	24	2
甘　肃	177	–	139	38	–	95	–	84	11
青　海	30	–	25	5	–	28	–	24	4
宁　夏	31	–	23	8	–	10	–	6	4
新　疆	133	–	127	6	–	95	–	92	3
河南为全国%	7.71	5.56	7.19	8.93	–	5.40	6.25	4.98	6.41
河南居全国位次	2	5	2	3	2	7	5	8	7

注：本表不含技工学校校数。

学 校 （机 构） 数

单位：所

	成人中等专业学校					职业高中学校				
具有独立法人资格的中外合作办	合计	中央部门	地方公办	民办	具有独立法人资格的中外合作办	合计	中央部门	地方公办	民办	具有独立法人资格的中外合作办
–	**666**	**1**	**578**	**87**	**–**	**3156**	**1**	**2064**	**1090**	**1**
–	9	1	7	1	–	39	–	24	15	–
–	8	–	8	–	–	14	–	9	5	–
–	150	–	144	6	–	198	–	166	32	–
–	5	–	5	–	–	246	–	137	109	–
–	7	–	7	–	–	111	–	85	26	–
–	–	–	–	–	–	160	–	84	76	–
–	65	–	65	–	–	115	–	76	39	–
–	13	–	11	2	–	105	–	98	7	–
–	6	–	5	1	–	22	–	21	–	1
–	10	–	9	1	–	45	–	33	12	–
–	10	–	10	–	–	189	–	147	42	–
–	6	–	5	1	–	9	–	4	5	–
–	1	–	1	–	–	–	–	–	–	–
–	20	–	20	–	–	149	–	56	93	–
–	8	–	3	5	–	131	1	86	44	–
–	**128**	**–**	**81**	**47**	**–**	**242**	**–**	**160**	**82**	**–**
–	4	–	2	2	–	50	–	37	13	–
–	75	–	63	12	–	395	–	166	229	–
–	1	–	1	–	–	87	–	70	17	–
–	–	–	–	–	–	–	–	–	–	–
–	2	–	2	–	–	30	–	10	20	–
–	41	–	38	3	–	64	–	46	18	–
–	11	–	7	4	–	167	–	136	31	–
–	5	–	5	–	–	117	–	77	40	–
–	62	–	62	–	–	147	–	124	23	–
–	–	–	–	–	–	–	–	–	–	–
–	2	–	2	–	–	199	–	120	79	–
–	12	–	10	2	–	70	–	45	25	–
–	1	–	1	–	–	1	–	–	1	–
–	2	–	2	–	–	19	–	15	4	–
–	2	–	2	–	–	35	–	32	3	–
–	**19.22**	**–**	**14.01**	**54.02**	**–**	**7.67**	**–**	**7.75**	**7.52**	**–**
1	**2**	**2**	**2**	**1**	**1**	**3**	**2**	**3**	**4**	**2**

中等职业学校

地 区	毕业生数 计	其中：职业类证书	其中：职业技能等级证书	招生数	合计
全　　国	4154521	2104494	1129756	4540352	12984621
北　　京	15527	3535	2209	20637	58508
天　　津	30262	12758	5297	27969	82710
河　　北	315575	177917	95167	318570	892031
山　　西	104653	76871	44312	109521	330986
内 蒙 古	57881	24650	11882	65247	186579
辽　　宁	87543	25101	7023	86470	265921
吉　　林	42502	8904	968	35641	123115
黑 龙 江	55712	21794	8759	44248	158467
上　　海	41624	17119	10038	39476	107747
江　　苏	208127	139092	77398	232065	679094
浙　　江	184148	167660	119544	167860	502536
安　　徽	248619	149835	87049	246578	659728
福　　建	116258	52269	26357	142531	409032
江　　西	163273	33369	17990	162487	533712
山　　东	290260	103532	50111	300762	882941
河　　南	**379808**	**240366**	**138659**	**381896**	**1119505**
湖　　北	141791	60761	29693	139507	425182
湖　　南	226885	126603	69536	230421	703675
广　　东	277277	177500	87963	336508	965071
广　　西	161201	65577	35386	195407	510918
海　　南	36841	10348	6014	47092	131330
重　　庆	113077	61321	43529	130888	378800
四　　川	283033	141186	70640	299764	867123
贵　　州	105322	54474	23877	309014	687403
云　　南	190339	60052	18422	146282	392245
西　　藏	9261	1170	453	10805	31947
陕　　西	89485	19838	10191	101629	305390
甘　　肃	51561	26558	15736	65069	181352
青　　海	27631	7553	2338	31174	86864
宁　　夏	22641	8695	3790	24556	76090
新　　疆	76404	28086	9425	90278	248619
河南为全国%	9.14	11.42	12.27	8.41	8.62
河南居全国位次	1	1	1	1	1

注：本表不含技工学校数据。

（机 构）学 生 数

	在 校 学 生 数				预 计
其中：现代学徒制	一年级	二年级	三年级	四年级及以上	毕业生数
234564	4544496	4348312	4051604	40209	4212849
59	20671	19180	15985	2672	15931
41	28015	26354	27604	737	28188
1332	318580	283613	287585	2253	325261
5431	109521	110047	108878	2540	113710
1218	65260	61750	58985	584	61388
3490	86582	88318	84833	6188	86441
927	35642	43281	43980	212	46874
1281	44372	56284	56941	870	57430
2190	39770	34555	29951	3471	34997
13437	232141	228244	215901	2808	221587
53765	168038	167144	167220	134	173769
23366	246594	210994	201944	196	224580
5134	142975	136175	129882	-	129581
4958	163672	181397	188293	350	187760
6272	300786	294566	286020	1569	285878
14208	382617	370202	365731	955	390225
6474	140136	136148	146246	2652	146666
27694	230333	238939	232493	1910	236363
2982	336628	326570	301648	225	300955
5723	195177	178311	137139	291	148676
5	47037	41677	42186	430	41694
5470	130888	126651	120153	1108	120466
10983	299813	286336	279670	1304	289568
18947	309350	260630	117423	-	126024
8704	146293	121486	124207	259	138876
-	10876	10916	10144	11	10943
3447	101654	104202	98583	951	95040
1691	65108	70703	45344	197	47830
55	31174	26737	24923	4030	22313
-	24556	26716	24720	98	24289
5280	90237	80186	76992	1204	79546
6.06	8.42	8.51	9.03	2.38	9.26
5	1	1	1	14	1

中等职业学校

地 区	教职工			
	合计	专任教师	行政人员	教辅人员
全　　国	**864900**	**713855**	**55979**	**48945**
北　　京	8128	5258	1372	1021
天　　津	7209	5300	1100	515
河　　北	69494	57072	4868	4314
山　　西	31820	25690	2271	1836
内　蒙　古	18064	13970	1616	1534
辽　　宁	26235	19848	2934	2000
吉　　林	17594	13306	1708	2092
黑　龙　江	15542	11888	1457	1256
上　　海	10224	7311	1437	942
江　　苏	54331	47057	2329	2250
浙　　江	42764	38521	1075	1961
安　　徽	35244	30472	1747	1072
福　　建	23250	19748	1283	1327
江　　西	28009	22374	1569	2765
山　　东	66107	57353	3159	3421
河　　南	**61413**	**52614**	**3527**	**2478**
湖　　北	28817	23728	2065	1322
湖　　南	46354	38930	2907	2061
广　　东	59122	46844	3501	4280
广　　西	28330	21674	2873	2006
海　　南	5193	3821	539	284
重　　庆	22140	19195	1205	586
四　　川	52626	44091	2461	2300
贵　　州	21138	17487	1389	593
云　　南	21066	17567	1106	992
西　　藏	3317	2517	81	10
陕　　西	23123	18076	2204	1815
甘　　肃	15961	14000	693	478
青　　海	2777	2345	114	46
宁　　夏	4297	3564	390	170
新　　疆	15211	12234	999	1218
河南为全国%	7.10	7.37	6.30	5.06
河南居全国位次	3	3	2	5

注：本表不含技工学校数据。

（机构）教职工数

数		校外教师	行业导师	外籍教师
工勤人员	其他附设机构人员			
45713	**408**	**58998**	**20126**	**95**
477	–	323	219	9
246	48	469	37	1
3240	–	2792	830	–
1997	26	3452	210	–
944	–	720	212	–
1453	–	1278	634	3
488	–	626	783	1
941	–	744	321	1
529	5	992	449	22
2652	43	3438	1521	7
1203	4	3331	1695	18
1939	14	5934	962	–
813	79	1870	492	3
1301	–	1647	1216	1
2174	–	2545	449	3
2714	**80**	**8144**	**866**	**1**
1688	14	1720	219	–
2449	7	2262	348	–
4494	3	2870	1983	21
1777	–	1687	2388	3
549	–	416	242	–
1140	14	1796	1050	–
3748	26	3245	1706	–
1648	21	2211	360	–
1401	–	1191	185	–
709	–	31	228	–
1028	–	666	19	–
770	20	682	23	–
268	4	383	77	–
173	–	876	57	1
760	–	657	345	–
5.94	**19.61**	**13.80**	**4.30**	**1.05**
4	**1**	**1**	**9**	**10**

中等职业学校(机构)专任教师

地区	合计	按专业技术职务分					博士研究生		
		正高级	副高级	中级	初级	未定职级	计	其中:获取博士学位	其中:获取硕士学位
全国	734842	6055	167534	244415	161193	155645	715	602	22
北京	5703	95	1890	2144	1175	399	76	74	1
天津	5366	39	1750	2274	797	506	7	7	-
河北	58440	407	13651	20860	11110	12412	15	12	-
山西	26316	37	5061	8512	6219	6487	8	5	-
内蒙古	14620	75	3482	4829	3262	2972	4	4	-
辽宁	20514	847	6209	7744	2155	3559	17	10	2
吉林	13280	268	4777	4940	1982	1313	17	11	3
黑龙江	12159	199	3773	4015	2504	1668	1	1	-
上海	7658	79	1658	3796	1819	306	69	69	-
江苏	47512	411	15918	16999	8544	5640	131	78	2
浙江	39058	131	11832	13621	9283	4191	20	19	1
安徽	31539	218	8345	9376	7501	6099	22	21	1
福建	20536	84	4798	6984	4775	3895	11	10	-
江西	23962	168	3467	4881	4644	10802	11	11	-
山东	59389	834	12275	19793	12545	13942	39	36	2
河南	55777	339	10828	17893	14651	12066	35	22	6
湖北	23880	145	4559	8686	5897	4593	10	10	-
湖南	40428	287	6905	12447	9380	11409	73	66	-
广东	47182	120	8207	17656	9808	11391	41	39	1
广西	21547	208	3919	7012	5127	5281	19	16	-
海南	3890	24	796	1229	779	1062	4	4	-
重庆	19826	289	4066	6435	4455	4581	5	4	1
四川	45091	240	10102	12760	10254	11735	36	35	1
贵州	17789	98	2995	5585	4664	4447	10	7	-
云南	18898	65	6424	5917	3536	2956	3	3	-
西藏	2528	2	352	631	1293	250	-	-	-
陕西	18995	65	3416	6746	4280	4488	10	8	1
甘肃	13585	171	2989	5427	3140	1858	8	8	-
青海	2392	16	487	642	457	790	4	4	-
宁夏	3781	16	692	1062	879	1132	2	2	-
新疆	13201	78	1911	3519	4278	3415	7	6	-
河南为全国%	7.59	5.60	6.46	7.32	9.09	7.75	4.90	3.65	27.27
河南居全国位次	3	5	5	3	1	3	8	8	1

注:本表不含技工学校校数。

专业技术职务、学历(学位)情况

按 学 历 分									高中阶段及以下
硕士研究生			本科			专科			
计	其中:获取博士学位	其中:获取硕士学位	计	其中:获取博士学位	其中:获取硕士学位	计	其中:获取博士学位	其中:获取硕士学位	
68406	**22**	**60502**	**634071**	**22**	**24225**	**30486**	**-**	**52**	**1164**
1218	1	1166	4340	-	569	63	-	1	6
859	-	830	4437	-	547	54	-	1	9
3735	1	3099	51353	-	1384	3266	-	11	71
2052	-	1705	23156	-	749	1082	-	-	18
1374	-	1249	12682	1	303	525	-	4	35
1786	1	1612	18096	1	1431	594	-	1	21
1158	-	1003	11850	2	285	249	-	3	6
757	-	584	10968	-	271	409	-	1	24
2157	6	2108	5330	1	794	98	-	-	4
7960	3	7524	39036	2	5971	374	-	-	11
4216	-	3952	34264	1	1275	550	-	-	8
3058	-	2665	27859	-	1158	580	-	1	20
1639	1	1488	18102	-	833	729	-	4	55
1367	-	1264	20044	1	308	2483	-	1	57
6631	1	6062	51062	2	1751	1567	-	1	90
5253	**-**	**4533**	**47526**	**-**	**964**	**2926**	**-**	**5**	**37**
2068	-	1757	20561	1	153	1185	-	-	56
2878	-	2478	34529	-	440	2855	-	-	93
5213	4	4725	40126	7	2274	1712	-	2	90
1932	-	1030	18472	-	421	1047	-	-	77
228	-	206	3341	-	90	258	-	-	59
1696	-	1258	17167	1	411	898	-	2	60
2734	-	2585	40148	-	617	2124	-	11	49
1171	1	1069	15489	-	101	1075	-	-	44
1029	-	829	17045	-	372	737	-	-	84
182	-	136	2298	-	-	48	-	-	-
1959	1	1752	16261	1	229	749	-	3	16
810	-	657	12100	1	78	661	-	-	6
100	-	79	1977	-	25	302	-	-	9
366	2	352	3296	-	78	116	-	-	1
820	-	745	11156	-	343	1170	-	-	48
7.68	-	7.49	7.50	-	3.98	9.60	-	9.62	3.18
3	12	4	3	14	8	2	-	3	15

中等职业学校

地 区	占地面积(平方米)			校园足球场(个)		
	计	其中：绿化用地面积	其中：运动场地面积	计	11人制足球场	7人制足球场
全 国	**455514341.69**	**112902226.86**	**71524951.82**	**4878**	**3092**	**1074**
北 京	3323558.09	723981.87	736874.20	31	12	12
天 津	3054251.81	534528.70	487970.01	30	15	8
河 北	26110668.03	4680203.21	4518328.21	209	144	28
山 西	14188051.22	2232185.82	2219174.69	128	59	33
内 蒙 古	9809763.61	1978131.82	1714692.52	111	55	30
辽 宁	9883296.46	1647402.44	2019413.38	139	66	50
吉 林	5603754.88	1258271.79	1060205.29	60	30	16
黑 龙 江	8602274.69	1287674.89	1401212.23	76	31	29
上 海	2848254.87	831128.01	582478.71	43	12	26
江 苏	30619576.45	10741946.23	4350310.43	248	162	61
浙 江	21218227.93	6335371.67	3939437.82	219	118	59
安 徽	31883236.15	7956345.62	3932269.42	226	140	59
福 建	12290368.19	3171557.95	2145994.38	114	59	28
江 西	19852960.75	5369092.84	2964084.84	1003	907	51
山 东	35096260.12	8861528.23	5788416.42	296	198	64
河 南	**30062339.25**	**5788757.33**	**4257404.53**	**248**	**131**	**66**
湖 北	16476826.77	4565267.37	2523828.95	171	101	45
湖 南	25800401.43	6364490.65	3752722.00	192	120	44
广 东	22734446.79	7206257.69	4433299.21	225	135	68
广 西	15484581.44	4300299.92	2002917.77	123	61	30
海 南	1969668.23	498443.30	282670.08	21	8	12
重 庆	9865414.71	2666844.86	1622118.87	86	50	20
四 川	22436192.32	5297512.29	4219026.73	257	134	78
贵 州	16152626.97	4063232.84	2323556.88	128	78	33
云 南	15455575.14	4582277.04	1968196.51	103	46	34
西 藏	2558027.59	503496.61	203488.88	13	10	2
陕 西	9499177.06	2168366.44	1662389.77	126	56	37
甘 肃	9066551.08	1543510.22	1421380.45	98	42	28
青 海	2490709.82	402663.07	357747.80	20	15	5
宁 夏	5181696.92	1738916.42	530929.08	28	19	4
新 疆	15895602.92	3602539.72	2102411.76	106	78	14
河南为全国%	6.60	5.13	5.95	5.08	4.24	6.15
河南居全国位次	4	7	5	4	8	3

注：本表不含技工学校数据。

（机构）资产情况（学校产权）（一）

5人制足球场	图书（册）		数字资源量			
	计	其中：当年新增	电子图书（册）	电子期刊（册）	学位论文（册）	音视频（小时）
712	**364905554**	**54463298**	**246896913**	**11875743**	**96137117**	**5071532**
7	3405963	43263	2468427	314794	2186637	64029
7	2825016	126600	2147382	70675	5090	65437
37	24523257	3602907	15214295	299997	9803	246390
36	10116129	1911191	4632979	45427	99	118216
26	4992845	690045	3416032	11630	210	16819
23	8153635	1724775	5742437	196485	1124937	36879
14	4637031	304780	4495603	21611	78	14776
16	3995629	688610	1726762	30693	13	34815
5	5138469	290319	4063403	86871	1445311	424262
25	25199479	2165453	28881226	1808615	70386014	735820
42	24320716	2183569	8534534	33293	819	413488
27	22657335	1713625	22596558	441358	60913	394775
27	9006550	837414	8772891	499154	9875350	141527
45	14649319	3389775	8963594	266841	205629	95343
34	30003765	3993894	12897203	364060	307	184354
51	**23843431**	**5294247**	**12746345**	**264418**	**3615**	**455734**
25	10538839	1885333	5184694	222472	23820	196028
28	17622846	3576147	7842135	1191713	132777	135469
22	26143470	3215316	16486480	137374	34661	242885
32	16819973	1292204	13491514	3503028	8036243	94146
1	2196000	549594	2128518	8812	21	15255
16	7870526	2417261	5963556	282525	5071	60314
45	21453777	4122551	11456801	448785	1067	165454
17	10046955	1786491	9722940	689560	1741993	56040
23	7476710	1099561	4486261	26087	13895	139949
1	1185740	12293	1859921	1639	–	51375
33	10504130	1637015	5837854	331228	225101	134404
28	5341381	718280	4907962	113213	121929	46751
–	1588228	164775	960886	1600	–	6729
5	2259285	418590	4497071	11772	495601	122798
14	6389125	2607420	4770649	150013	113	161275
7.16	6.53	9.72	5.16	2.23	0.00	8.99
1	6	1	7	14	20	2

中等职业学校

地区	职业教育仿真实训资源量（套）				数字计
	计	仿真实验软件	仿真实训软件	仿真实习软件	
全　国	**196070**	**46323**	**134951**	**14796**	**3820957**
北　京	5173	105	5048	20	52874
天　津	854	128	642	84	37484
河　北	4922	1003	2988	931	255694
山　西	2238	403	1532	303	110058
内 蒙 古	1459	69	1335	55	59620
辽　宁	1279	222	984	73	107336
吉　林	1022	122	694	206	54492
黑 龙 江	1492	265	1127	100	52863
上　海	2693	199	2270	224	80212
江　苏	5066	1080	3002	984	288921
浙　江	3002	516	2249	237	215835
安　徽	4028	928	2344	756	182710
福　建	3781	587	3004	190	118999
江　西	5306	1013	3708	585	138662
山　东	109276	29169	78783	1324	270432
河　南	**7872**	**1686**	**4424**	**1762**	**225080**
湖　北	3704	1223	1630	851	127759
湖　南	3264	1071	1647	546	183423
广　东	3579	410	2856	313	364985
广　西	3043	521	2477	45	152845
海　南	607	193	254	160	23339
重　庆	3001	705	1639	657	95288
四　川	2752	940	1584	228	188487
贵　州	889	129	636	124	102727
云　南	1387	205	983	199	90859
西　藏	96	11	26	59	9625
陕　西	9579	2417	3914	3248	77040
甘　肃	1925	619	843	463	50331
青　海	241	8	232	1	16945
宁　夏	1486	234	1207	45	27861
新　疆	1054	142	889	23	58171
河南为全国%	**4.01**	**3.64**	**3.28**	**11.91**	**5.89**
河南居全国位次	**3**	**3**	**3**	**2**	**5**

（机构）资产情况（学校产权）（二）

终端数(台)		普通教室(间)		固定资产总值(万元)		
其中：教师终端数	其中：学生终端数	计	其中：网络多媒体教室	计	其中：教学科研实习仪器设备资产值	其中：当年新增
831350	**2850042**	**383762**	**262076**	**52835667.31**	**11870386.72**	**1385059.80**
10337	35592	3612	2560	941550.71	348519.67	11967.25
8342	25974	3020	2002	481495.95	135372.02	5204.04
65187	185563	29388	17555	2204513.27	523191.19	83563.10
23128	81115	12394	7140	1433728.70	301120.26	40801.95
16728	40689	6677	4613	1076746.24	250909.30	28904.26
21921	74269	8417	5679	1242496.02	310363.42	35213.16
18364	31330	5171	2546	739355.66	186618.69	12775.29
12322	39550	6350	3728	709769.87	184191.57	20856.45
22549	54400	4923	3911	1550875.01	512341.45	38747.89
61928	211906	28063	20556	4512962.48	975532.21	94004.38
49093	162343	17168	14764	3326016.87	818032.62	107006.00
35053	143788	22634	14188	2750147.35	534614.94	58404.36
23941	92157	10463	8308	1570593.93	388255.64	33233.75
26249	110742	14550	10745	1679370.69	370942.31	80930.88
70658	193724	29919	22024	4166480.13	857788.98	125040.21
50083	**166177**	**28158**	**16285**	**2458813.99**	**502560.56**	**68608.27**
29225	95686	13366	9357	1789374.86	352375.65	45177.52
36149	144160	19813	13825	2391498.57	472683.46	50692.97
62627	289627	20066	16640	3663418.38	982403.20	104344.94
30290	119104	10556	8542	1609452.19	524845.33	56474.78
4911	17191	2178	1593	415442.00	107582.87	16421.10
19105	70601	9930	8247	1449920.58	288785.78	46863.35
39698	143063	22553	15811	2851866.82	550211.65	61392.89
18177	73630	11655	6903	1663181.73	275362.25	24209.29
17925	71551	12319	7258	1871248.29	278103.69	33187.58
2832	6793	986	642	332966.04	35687.26	3527.41
19981	55983	9683	5302	900354.00	190747.88	24435.11
13213	36493	6703	3735	840984.20	163173.73	16534.54
3850	13001	1969	943	436911.67	120992.19	9099.34
5310	19263	2691	1819	517580.62	101206.81	13613.96
12174	44577	8387	4855	1256550.47	225870.13	33823.77
6.02	5.83	7.34	6.21	4.65	4.23	4.95
5	5	3	5	7	10	7

中等职业学校(机构)

地区	占地面积(平方米)			校园足球场(个)		
	计	其中：绿化用地面积	其中：运动场地面积	计	11人制足球场	7人制足球场
全 国	112148998.81	22020342.06	16116310.60	923	414	274
北 京	767296.05	229405.40	70599.66	1	—	—
天 津	1469796.79	262950.00	199297.78	10	6	4
河 北	9609970.40	1125371.87	1485809.53	81	41	21
山 西	4201229.68	651110.44	682048.12	36	15	12
内 蒙 古	2471683.87	426133.23	443803.84	35	9	12
辽 宁	4023187.47	480986.95	680850.89	61	32	19
吉 林	1769304.99	395578.32	325456.30	17	6	2
黑 龙 江	1599604.13	211478.14	323143.21	13	5	2
上 海	775823.80	134931.33	119492.60	8	3	5
江 苏	3507579.14	867407.73	736182.20	49	21	10
浙 江	2794273.16	536242.81	400156.84	17	9	3
安 徽	3818941.32	768322.95	352788.12	13	7	5
福 建	2060485.59	443188.31	204099.62	10	6	3
江 西	4782167.49	1410287.71	643886.38	43	22	10
山 东	9301952.68	1960841.52	1498645.79	75	42	22
河 南	8136692.48	1196536.56	920657.86	56	24	18
湖 北	1868595.54	319397.49	324814.68	28	15	5
湖 南	6392459.47	1372426.72	945069.68	57	23	23
广 东	10135722.92	2466143.29	1673654.66	81	25	31
广 西	4787335.93	1181263.29	569952.19	25	12	9
海 南	984794.21	129414.90	102715.69	4	—	4
重 庆	3679336.23	561323.61	306967.92	10	6	3
四 川	9364740.44	2079413.15	1389518.82	76	31	26
贵 州	4412031.86	722238.93	414149.39	27	13	4
云 南	2762593.78	599803.54	335526.29	15	7	5
西 藏	—	—	—	—	—	—
陕 西	2955801.88	579472.69	463374.73	32	13	7
甘 肃	2019817.91	532090.01	262083.60	28	12	5
青 海	127131.67	10900.00	21796.00	2	1	—
宁 夏	288589.05	111000.00	41146.00	6	3	2
新 疆	1280058.88	254681.17	178622.21	7	5	2
河南为全国%	7.26	5.43	5.71	6.07	5.80	6.57
河南居全国位次	5	6	6	7	6	7

资产情况（非学校产权中独立使用）（一）

5人制足球场	图书（册）		数字资源量			
	计	其中：当年新增	电子图书（册）	电子期刊（册）	学位论文（册）	音视频（小时）
235	**14603348**	**2146570**	**7498346**	**1346681**	**3601756**	**1169691**
1	200	200	1086	8315	12461	1978
—	243819	75500	630	—	—	600
19	1292163	158370	818067	16353	1125	8155
9	756989	52104	29077	131	—	593
14	113605	29530	10400	—	—	24
10	339613	187498	152104	—	—	486
9	158637	36477	180000	—	—	—
6	215892	113	7078	12	—	163
—	11000	100	3269	307138	—	22000
18	293168	55406	271738	10525	26875	2885
5	187419	500	119867	—	—	297
1	802575	26150	248800	1098	9610	31546
1	32510	4000	23000	250	—	309
11	742111	140800	276298	7466	20	5594
11	597300	109840	340814	37	24	684
14	1544478	313367	428898	78990	130	6859
8	298636	78750	136300	1310	11	2050
11	739711	118791	328148	5545	6	5334
25	615867	84813	539973	132	1111	3120
4	329205	28953	50550	7520	53	1096
—	1743798	6020	26277	1617	—	60
1	169780	49705	218330	—	—	—
19	1357792	346227	989244	398861	56	10133
10	1141959	188876	1749068	273862	3550000	50840
3	175989	329	9360	20	—	4000
—	—	—	—	—	—	—
12	239489	9400	102165	206130	120	1006783
11	438017	40908	437805	21369	154	4061
1	—	—	—	—	—	—
1	—	—	—	—	—	—
—	21626	3843	—	—	—	42
5.96	10.58	14.60	5.72	5.87	0.00	0.59
5	2	2	6	5	8	6

中等职业学校(机构)

地区	职业教育仿真实训资源量(套)				数字
	计	仿真实验软件	仿真实训软件	仿真实习软件	计
全　　国	4333	1176	2775	382	124507
北　　京	2	-	2	-	88
天　　津	2	-	2	-	1384
河　　北	244	82	144	18	12496
山　　西	40	9	24	7	2803
内　蒙　古	11	2	7	2	1206
辽　　宁	162	97	62	3	3704
吉　　林	12	1	11	-	1060
黑　龙　江	7	-	5	2	1923
上　　海	-	-	-	-	1226
江　　苏	63	1	61	1	1421
浙　　江	91	25	55	11	5202
安　　徽	171	18	135	18	7653
福　　建	407	280	112	15	1244
江　　西	171	28	135	8	4352
山　　东	85	10	52	23	7108
河　　南	**694**	**152**	**467**	**75**	**14597**
湖　　北	437	289	95	53	4023
湖　　南	225	79	81	65	5503
广　　东	293	20	267	6	4959
广　　西	32	3	28	1	2897
海　　南	170	-	152	18	2039
重　　庆	8	-	8	-	315
四　　川	119	26	73	20	15149
贵　　州	148	5	139	4	8248
云　　南	29	11	12	6	4506
西　　藏	-	-	-	-	-
陕　　西	688	36	626	26	2149
甘　　肃	3	2	1	-	5530
青　　海	-	-	-	-	-
宁　　夏	-	-	-	-	-
新　　疆	19	-	19	-	1722
河南为全国%	16.02	12.93	16.83	19.63	11.72
河南居全国位次	**1**	**3**	**2**	**1**	**2**

资产情况(非学校产权中独立使用)(二)

终端数(台)		普通教室(间)		固定资产总值(万元)		
其中：教师终端数	其中：学生终端数	计	其中：网络多媒体教室	计	其中：教学科研实习仪器设备资产值	其中：当年新增
25230	**93094**	**118201**	**60295**	**5704769.41**	**428534.15**	**61256.31**
19	-	421	177	29457.26	768.57	33.90
268	1116	972	423	54574.94	5556.75	407.13
2219	8694	10517	4127	282097.28	23275.79	2864.80
539	1465	3307	1600	182517.94	10838.21	2231.62
264	819	1218	549	75863.19	4571.34	174.97
716	2860	4173	1563	287249.20	15647.18	5701.30
128	881	2224	988	5284.69	25.00	-
356	1565	1844	804	54443.46	6307.10	551.76
306	812	645	382	12130.11	2507.16	89.88
570	749	2689	1503	173038.14	11496.50	2205.75
1136	3975	15107	1459	297021.15	14744.24	1105.76
1147	6404	2050	1114	139600.61	22050.31	1075.83
390	820	1047	546	64418.17	2461.71	728.71
1245	2987	3362	2333	165476.21	29383.90	1687.45
1693	4958	7434	4444	689638.87	34022.17	9850.09
3001	**11072**	**7358**	**3313**	**348950.57**	**27401.99**	**5213.31**
925	3059	1368	1048	120111.92	8970.98	590.03
810	4461	19444	14984	240854.58	24592.63	1226.30
1367	3542	7063	5164	560017.08	46714.67	5644.77
486	2411	3255	2032	322610.40	11419.04	755.16
282	1357	666	327	28552.91	2802.00	579.40
68	240	1972	692	168124.46	7768.16	2218.36
2483	12500	7573	4690	530187.78	44764.11	10641.65
2035	6003	2663	1291	249030.94	25916.10	1985.16
836	3416	2609	1475	246856.64	7965.22	336.36
-	-	-	-	-	-	-
816	1288	2928	1932	130520.01	5573.00	447.72
660	4490	3457	730	141947.94	22812.62	2469.82
-	-	46	41	4261.80	22.00	10.00
-	-	295	243	14936.26	576.00	-
465	1150	494	321	84994.91	7579.70	429.32
11.89	11.89	6.22	5.49	6.12	6.39	8.51
1	2	6	6	4	5	5

中等职业学校(机构)校舍情况

单位:平方米

地 区	学校产权校舍建筑面积	正在施工校舍建筑面积	非学校产权中独立使用校舍建筑面积
全 国	**240758910.20**	**11130711.16**	**61520277.14**
北 京	2112290.64	7995.96	183303.45
天 津	1630165.20	59901.00	699522.58
河 北	13655889.15	739396.75	5104862.40
山 西	7569357.68	578120.36	2065789.46
内 蒙 古	4024677.65	58223.00	850779.67
辽 宁	5073590.26	158107.43	2473649.24
吉 林	2219286.37	132982.43	1295580.15
黑 龙 江	3035685.51	43164.86	902632.12
上 海	2417716.33	14978.00	483107.46
江 苏	17233045.44	588684.91	1832302.39
浙 江	13026964.28	915481.05	1911903.18
安 徽	16585171.64	879972.29	1667152.44
福 建	6788567.25	596032.10	773286.83
江 西	9675504.84	750922.37	2734044.68
山 东	18142019.57	521903.61	5190873.60
河 南	**15860971.01**	**367766.56**	**4411536.39**
湖 北	9052474.02	315385.50	1034454.67
湖 南	13776983.81	547716.12	3908060.64
广 东	14394038.77	745097.77	5708258.40
广 西	8198636.01	479594.82	2797199.31
海 南	1392767.98	5233.32	463842.86
重 庆	6451375.37	155682.78	2024975.72
四 川	13236432.91	843116.61	5480576.67
贵 州	8526689.19	179228.61	1980933.30
云 南	7266807.62	553836.73	1620022.05
西 藏	942653.19	33371.63	—
陕 西	5290099.43	59311.36	2036070.77
甘 肃	4215266.11	244975.97	1146657.19
青 海	1152696.17	59983.28	41937.33
宁 夏	1800480.44	25647.96	204910.26
新 疆	6010606.36	468896.02	492051.93
河南为全国%	**6.59**	**3.30**	**7.17**
河南居全国位次	**4**	**15**	**5**

注:本表不含技工学校校数。

初中校数、班数

地　区	学校数(所)				班　数（个）				
	合计	初级中学	九年一贯制学校	职业初中	合计	一年级	二年级	三年级	四年级
全　国	52348	34014	18330	4	1139790	380856	376240	371357	11337
北　京	324	166	158	-	11107	3814	3615	3639	39
天　津	346	280	66	-	8800	2977	2850	2771	202
河　北	2525	1872	653	-	68387	23097	22650	22640	-
山　西	1346	892	454	-	25416	8456	8484	8476	-
内 蒙 古	715	463	252	-	15730	5169	5286	5234	41
辽　宁	1529	963	566	-	22704	7348	7593	7763	-
吉　林	1183	779	400	4	14815	4735	5027	5053	-
黑 龙 江	1398	835	563	-	19889	5603	5852	6016	2418
上　海	606	368	238	-	15308	4278	3882	3657	3491
江　苏	2336	1782	554	-	61683	20959	20533	20191	-
浙　江	1794	1257	537	-	41018	13973	13534	13483	28
安　徽	2763	1636	1127	-	51633	17367	17019	17247	-
福　建	1281	1015	266	-	34241	11518	11335	11388	-
江　西	2249	1312	937	-	45579	15047	15143	15389	-
山　东	3327	2175	1152	-	86446	27510	26897	26937	5102
河　南	4626	3369	1257	-	105666	35187	35376	35103	-
湖　北	2176	1527	649	-	39426	13326	13070	13014	16
湖　南	3390	1982	1408	-	56955	18999	19112	18844	-
广　东	3945	1947	1998	-	102934	35536	34599	32799	-
广　西	1764	1478	286	-	48494	16744	16246	15504	-
海　南	396	198	198	-	8969	3061	2979	2929	-
重　庆	843	653	190	-	22785	7481	7619	7685	-
四　川	3233	1538	1695	-	59774	19851	19953	19970	-
贵　州	1870	1409	461	-	40189	13627	13481	13081	-
云　南	1708	1406	302	-	40004	13295	13434	13275	-
西　藏	106	104	2	-	3166	1094	1056	1016	-
陕　西	1666	1080	586	-	29709	10433	10026	9250	-
甘　肃	1437	804	633	-	21625	7413	7219	6993	-
青　海	263	109	154	-	4992	1733	1671	1588	-
宁　夏	254	186	68	-	6047	2040	2031	1976	-
新　疆	949	429	520	-	26299	9185	8668	8446	-
河南为全国%	8.84	9.90	6.86	-	9.27	9.24	9.40	9.45	-
河南居全国位次	1	1	4	2	1	2	1	1	9

初 中 教 育

地　区	毕业生数	招生数	合计	其中：女
全　　国	**16235844**	**17546266**	**52436916**	**24425203**
北　　京	110365	134985	370920	178675
天　　津	114380	128662	381796	179386
河　　北	1005455	1124263	3332508	1554860
山　　西	348492	371381	1121739	541245
内　蒙　古	220612	214725	663109	316536
辽　　宁	327169	298994	932323	443739
吉　　林	188524	186575	590957	283369
黑　龙　江	225520	217907	792899	382380
上　　海	115020	171447	567211	271810
江　　苏	868420	945774	2772879	1279463
浙　　江	544113	601330	1734735	802329
安　　徽	758031	777420	2312674	1055874
福　　建	513823	528267	1577017	719673
江　　西	684266	682232	2080579	940335
山　　东	1245220	1276723	4003470	1820268
河　　南	**1536671**	**1687362**	**5081295**	**2344417**
湖　　北	578831	631950	1882355	856462
湖　　南	827167	898786	2707785	1253846
广　　东	1383120	1651870	4766647	2197743
广　　西	756584	845589	2455916	1141158
海　　南	129762	141940	415652	186669
重　　庆	380320	340095	1046154	497148
四　　川	919493	911581	2755193	1330899
贵　　州	592362	670760	1974519	924406
云　　南	598923	625952	1886645	899824
西　　藏	47946	55448	157638	77521
陕　　西	397142	479159	1352382	636975
甘　　肃	279095	328612	951952	451893
青　　海	73101	83784	237475	115592
宁　　夏	92554	97607	289410	139039
新　　疆	373363	435086	1241082	601669
河南为全国%	**9.46**	**9.62**	**9.69**	**9.60**
河南居全国位次	**1**	**1**	**1**	**1**

学 生 数

在 校 生 数				预 计
一年级	二年级	三年级	四年级	毕业生数
17556551	**17380264**	**17045879**	**454222**	**17028647**
135154	119529	114980	1257	114986
129341	124553	120132	7770	120511
1124263	1109125	1099120	-	1099058
371403	378240	372096	-	372096
214845	225739	220905	1620	221000
299025	311521	321777	-	321777
186644	201814	202499	-	202499
219712	231460	242782	98945	241514
171722	144652	131850	118987	119254
945793	924695	902391	-	902391
601385	573846	558618	886	558624
777807	763789	771078	-	771078
528371	523346	525300	-	525300
683563	691250	705766	-	705766
1276910	1252845	1249593	224122	1245841
1687382	**1706794**	**1687119**	-	**1687119**
633048	625376	623296	635	623256
898811	912492	896482	-	896482
1652982	1604834	1508831	-	1508831
845877	825190	784849	-	784849
142200	138606	134846	-	134846
340471	351206	354477	-	354477
911921	922625	920647	-	920647
671016	665744	637759	-	637759
626040	637101	623504	-	623504
55466	53001	49171	-	49171
479679	458372	414331	-	414331
328812	318568	304572	-	304572
83989	79511	73975	-	73975
97693	96960	94757	-	94757
435226	407480	398376	-	398376
9.61	9.82	9.90	-	9.91
1	1	1	9	1

初中教育专任教师学历、

地　区	合计	其中：女	按学历分			
			博士研究生	硕士研究生	本科毕业	专科毕业
全　国	**4083058**	**2529569**	**1115**	**230249**	**3569375**	**280665**
北　京	40382	31093	527	12676	26952	226
天　津	31754	23494	14	5173	26287	278
河　北	244726	181583	25	8494	219758	16306
山　西	103536	74777	–	5537	88495	9474
内蒙古	65005	46318	3	5325	56201	3466
辽　宁	98482	71645	8	7097	85687	5647
吉　林	65229	47377	14	4214	57846	3134
黑龙江	82764	55982	28	2901	73809	5976
上　海	48642	36504	74	11333	37101	134
江　苏	232510	137908	29	21480	209794	1202
浙　江	138107	87282	21	11483	124727	1873
安　徽	169734	82883	9	4995	152291	12437
福　建	118095	64572	8	6214	103526	8327
江　西	155780	86897	5	3523	132880	19319
山　东	315640	195094	12	21602	284812	9154
河　南	**366068**	**255057**	**61**	**13134**	**313867**	**38562**
湖　北	146365	81112	16	6899	121407	17890
湖　南	202032	124857	17	7774	176919	17197
广　东	341084	207222	177	28379	297542	14936
广　西	165963	100017	2	2712	144768	18339
海　南	31876	18128	5	1255	27896	2699
重　庆	84572	47648	9	6006	74507	4013
四　川	224090	125719	10	9676	189788	24605
贵　州	134816	67198	5	2178	121262	11302
云　南	138805	76584	4	2799	127864	8044
西　藏	13143	7198	3	264	12164	706
陕　西	109552	71152	11	10145	94921	4462
甘　肃	83961	40353	7	3125	73618	7184
青　海	17198	10431	5	640	15032	1513
宁　夏	21430	13169	–	982	19544	903
新　疆	91717	60315	6	2234	78110	11357
河南为全国%	**8.97**	**10.08**	**5.47**	**5.70**	**8.79**	**13.74**
河南居全国位次	**1**	**1**	**4**	**4**	**1**	**1**

专业技术职务情况

高中阶段毕业	高中阶段毕业以下	按专业技术职务分					
		正高级	副高级	中级	助理级	员级	未定职级
1628	**26**	**6600**	**880204**	**1493728**	**1061342**	**67589**	**573595**
1	-	145	11141	13450	11803	309	3534
2	-	20	10170	13282	5343	135	2804
140	3	271	46206	85471	58447	6497	47834
29	1	92	12034	33205	36861	676	20668
10	-	68	16862	25221	14512	696	7646
39	4	145	53443	27300	9871	1034	6689
20	1	316	18456	24165	15370	1025	5897
47	3	83	23407	35197	18520	786	4771
-	-	86	5904	22828	16258	310	3256
5	-	438	55965	93759	52057	3368	26923
3	-	158	35801	56285	33949	733	11181
2	-	113	34564	67321	37069	3570	27097
20	-	83	25295	45380	30471	1132	15734
49	4	120	33445	50931	43083	3813	24388
60	-	1042	71843	111459	85282	2305	43709
444	-	152	71416	111224	112839	7420	63017
150	3	209	26169	61717	34246	4142	19882
125	-	220	29282	80388	53436	8503	30203
50	-	316	53714	127789	77291	7253	74721
142	-	142	34167	58759	44927	3677	24291
18	3	62	5617	10233	9335	376	6253
36	1	108	12334	37072	26453	457	8148
11	-	209	48898	83304	65375	2641	23663
69	-	106	25234	53952	35460	1190	18874
91	3	356	57200	42171	28872	508	9698
6	-	3	2139	4791	4923	591	696
13	-	73	16445	41623	32890	1257	17264
27	-	1159	18909	33849	22675	522	6847
8	-	22	3800	6424	4471	285	2196
1	-	23	4798	8721	5343	680	1865
10	-	260	15546	26457	33910	1698	13846
27.27	-	2.30	8.11	7.45	10.63	10.98	10.99
1	11	13	2	3	1	2	2

初　中　学　校

地区	校舍				
		一、教学			
	合计	计	教室	专用教室	
				计	理化生实验室
全　　国	**815258433.96**	**354885089.76**	**191084036.13**	**78588344.53**	**39669879.39**
北　　京	5102697.88	2485377.43	982716.94	725344.68	223255.16
天　　津	3622859.75	2106933.35	1030368.86	478987.16	206810.48
河　　北	38908510.31	16784659.62	9838080.85	3780635.21	2316228.46
山　　西	16408736.76	6055271.07	2986912.34	1517500.40	708180.27
内 蒙 古	11432387.67	5326426.57	2073635.90	1586371.77	599294.61
辽　　宁	16796723.79	8072518.03	3997966.63	2035975.35	927417.14
吉　　林	10468817.58	4701788.71	2519407.43	1048421.15	562833.45
黑 龙 江	11799616.46	5913076.12	3181823.33	1416215.36	724890.08
上　　海	9993101.80	5549118.55	2194724.80	1426726.57	473401.76
江　　苏	52874190.62	26466555.06	12849937.64	6447565.08	3135519.92
浙　　江	43039882.82	18147708.07	8060769.29	4013472.84	1503501.57
安　　徽	38397568.60	17522055.44	10566910.59	3405083.53	1922803.44
福　　建	16572799.13	7204342.62	3256803.98	1712719.47	921666.19
江　　西	31007826.43	14476287.57	8329546.60	2796837.35	1381918.28
山　　东	71294398.08	33992440.34	16127657.79	8348204.60	3892165.67
河　　南	**68624753.75**	**25434085.11**	**17304371.35**	**4357991.78**	**2859679.61**
湖　　北	32950535.45	12726816.70	7462666.20	2570144.39	1458911.09
湖　　南	46196144.51	19551463.69	11327974.49	3753901.40	2103673.37
广　　东	77880020.12	36728991.03	18578421.92	7458994.32	3349094.83
广　　西	31335044.33	12199411.42	7674302.78	2462734.47	1466077.01
海　　南	5160824.49	2161068.52	1343502.02	408260.38	231489.01
重　　庆	14183371.07	5870895.58	3023359.33	1376625.54	650905.17
四　　川	42014739.80	18164873.39	11449902.96	3556969.00	2078921.42
贵　　州	27431005.33	9339249.10	5597875.33	2033308.12	1201775.19
云　　南	25013691.18	9320921.22	5201334.54	2124451.89	1206822.60
西　　藏	2927515.83	941365.08	527216.08	205907.56	115588.74
陕　　西	20852285.70	8345940.48	3925722.98	2158576.97	975328.59
甘　　肃	14193456.93	5838457.45	3209787.96	1450543.76	785998.04
青　　海	4520797.03	2061066.68	954653.20	674274.16	287264.36
宁　　夏	4251895.22	2020411.96	762279.53	724082.75	313894.16
新　　疆	20002235.54	9375513.80	4743402.49	2531517.52	1084569.72
河南为全国%	**8.42**	**7.17**	**9.06**	**5.55**	**7.21**
河南居全国位次	**3**	**4**	**2**	**4**	**4**

校　舍　情　况（一）

单位：平方米

建筑面积及辅助用房		公共教学用房			
其他	计	图书阅览室	室内体育用房	心理辅导室	其他
38918465.14	**85212709.10**	**20028990.65**	**23868088.77**	**3428252.65**	**37887377.03**
502089.52	777315.81	125187.19	207914.50	26691.77	417522.35
272176.68	597577.33	109894.06	193561.37	30532.37	263589.53
1464406.75	3165943.56	972832.40	568468.93	116441.53	1508200.70
809320.13	1550858.33	399034.09	195440.71	63349.59	893033.94
987077.16	1666418.90	268224.33	712196.25	65524.37	620473.95
1108558.21	2038576.05	392793.35	574006.06	76147.79	995628.85
485587.70	1133960.13	251080.17	298089.62	48862.52	535927.82
691325.28	1315037.43	227530.64	369976.93	53845.80	663684.06
953324.81	1927667.18	347456.92	801516.01	68265.14	710429.11
3312045.16	7169052.34	1991961.15	2620717.94	284109.06	2272264.19
2509971.27	6073465.94	1165090.85	2450705.04	226156.68	2231513.37
1482280.09	3550061.32	988788.82	860847.44	194857.99	1505567.07
791053.28	2234819.17	504090.40	552292.01	83476.43	1094960.33
1414919.07	3349903.62	818747.57	740165.80	146195.47	1644794.78
4456038.93	9516577.95	1970376.52	2262774.91	283847.43	4999579.09
1498312.17	**3771721.98**	**1256593.63**	**784539.27**	**244814.32**	**1485774.76**
1111233.30	2694006.11	675264.92	783798.58	134690.03	1100252.58
1650228.03	4469587.80	1008519.58	1459587.94	180515.94	1820964.34
4109899.49	10691574.79	1900270.15	3597806.19	330221.53	4863276.92
996657.46	2062374.17	611526.69	527764.86	99382.94	823699.68
176771.37	409306.12	120917.72	88078.19	12887.05	187423.16
725720.37	1470910.71	268008.27	285009.61	45372.23	872520.60
1478047.58	3158001.43	948942.61	750136.60	176812.67	1282109.55
831532.93	1708065.65	525308.14	345856.89	75433.02	761467.60
917629.29	1995134.79	536846.86	230272.58	59685.53	1168329.82
90318.82	208241.44	38923.92	78596.49	3584.03	87137.00
1183248.38	2261640.53	512122.93	411922.17	93868.72	1243726.71
664545.72	1178125.73	370139.19	182869.39	71840.41	553276.74
387009.80	432139.32	131879.62	172638.66	17213.85	110407.19
410188.59	534049.68	111004.78	113928.53	21490.97	287625.40
1446947.80	2100593.79	479633.18	646609.30	92135.47	882215.84
3.85	4.43	6.27	3.29	7.14	3.92
5	6	4	8	4	9

初 中 学 校

地 区	二、行政办公用房			校 舍	
	计	教师办公室	其他	计	教工值班宿舍
全　　国	64558246.69	39615628.22	24942618.47	331285379.84	23989253.97
北　　京	766174.00	325835.86	440338.14	1772984.81	71202.85
天　　津	458827.73	273207.72	185620.01	697631.62	25457.19
河　　北	2537168.65	1781978.45	755190.20	16716062.02	868931.12
山　　西	1503872.54	1012386.74	491485.80	6997996.57	672310.07
内 蒙 古	1111452.83	718230.30	393222.53	4040372.19	108975.22
辽　　宁	2276237.36	1124261.36	1151976.00	6429110.75	80676.59
吉　　林	1117049.02	671723.42	445325.60	3085415.83	36084.04
黑 龙 江	1331779.53	838973.34	492806.19	3183114.23	59737.97
上　　海	1236647.58	591085.71	645561.87	2081851.28	20296.09
江　　苏	4906899.80	2620823.83	2286075.97	16163861.31	792075.43
浙　　江	3369556.27	1834227.36	1535328.91	14989542.27	956009.13
安　　徽	3164358.94	1956865.71	1207493.23	14264607.54	1182990.65
福　　建	1308726.55	685280.32	623446.23	5873431.01	115033.41
江　　西	2570910.71	1501281.36	1069629.35	11727208.22	591327.92
山　　东	5839568.58	3749482.25	2090086.33	25514949.95	346294.53
河　　南	5847134.89	3936261.60	1910873.29	32727545.26	2470971.43
湖　　北	2361379.13	1465744.11	895635.02	15277691.18	2334816.87
湖　　南	2890270.61	2031960.38	858310.23	20280986.68	2495425.40
广　　东	5384307.60	3264251.63	2120055.97	31309545.98	3999763.77
广　　西	1481695.82	1065642.52	416053.30	16928703.70	1454133.38
海　　南	268726.16	181698.90	87027.26	2493468.02	317349.99
重　　庆	908406.03	531345.42	377060.61	5999296.27	450837.30
四　　川	2541684.25	1644263.09	897421.16	17955991.51	1230116.86
贵　　州	1897165.55	1136431.55	760734.00	14374349.84	601717.23
云　　南	1387329.21	884958.67	502370.54	13482312.59	1124098.81
西　　藏	164564.95	118348.40	46216.55	1754890.46	12144.11
陕　　西	1919712.07	1292825.75	626886.32	8137690.00	939684.61
甘　　肃	1327436.89	916020.34	411416.55	5660195.49	448847.45
青　　海	433669.04	234610.66	199058.38	1828759.10	39959.29
宁　　夏	413227.33	235821.19	177406.14	1470691.06	30240.46
新　　疆	1832307.07	989800.28	842506.79	8065123.10	111744.80
河南为全国%	9.06	9.94	7.66	9.88	10.30
河南居全国位次	1	1	4	1	3

校 舍 情 况（二）

单位：平方米

建 筑 面 积					
三、生 活 用 房					四、
教师周转宿舍	学生宿舍	学生餐厅	厕所	其他	其他用房
33357198.55	**139200177.68**	**62090155.76**	**27819133.35**	**44829460.53**	**64529717.67**
54817.51	201721.66	255609.67	236812.43	952820.69	78161.64
19795.18	59379.21	129650.41	168584.74	294764.89	359467.05
713449.63	9240940.68	3330705.10	1133800.99	1428234.50	2870620.02
278773.18	3429318.11	1287161.33	546349.34	784084.54	1851596.58
249488.29	1857124.87	739868.76	478781.28	606133.77	954136.08
148242.27	1204435.94	1355909.50	668724.54	2971121.91	18857.65
102287.01	918990.94	747441.53	402860.29	877752.02	1564564.02
92107.09	959729.35	548830.22	480010.15	1042699.45	1371646.58
39145.77	126070.44	534936.63	463770.69	897631.66	1125484.39
761351.12	4841699.72	4558520.17	1694848.70	3515366.17	5336874.45
826419.18	5023515.68	3657782.33	1424665.92	3101150.03	6533076.21
1655191.46	6070679.25	2695870.69	1185453.36	1474422.13	3446546.68
1226303.36	1953724.18	915025.48	524278.79	1139065.79	2186298.95
1797795.88	4944087.64	2183233.71	1097432.69	1113330.38	2233419.93
1457358.91	9684755.36	5950053.00	2946970.40	5129517.75	5947439.21
2649736.18	**16597525.72**	**6541137.32**	**2300145.74**	**2168028.87**	**4615988.49**
2125767.23	5649442.34	2603874.62	899419.13	1664370.99	2584648.44
3349755.03	7762234.70	3840263.48	1331409.46	1501898.61	3473423.53
3510863.93	11685291.26	3961261.45	2646508.54	5505857.03	4457175.51
2091347.94	9337781.95	2468722.06	799996.43	776721.94	725233.39
472223.79	1094648.76	330365.95	157102.42	121777.11	237561.79
637365.06	2878991.24	1118738.17	393394.43	519970.07	1404773.19
2543995.08	7802266.93	3171080.97	1342929.68	1865601.99	3352190.65
1948656.03	7920333.58	2178845.67	970990.95	753806.38	1820240.84
1493028.11	6680358.87	2240820.51	818091.40	1125914.89	823128.16
585964.50	753743.66	240488.70	57854.02	104695.47	66695.34
751188.18	2945961.54	1482874.57	842729.39	1175251.71	2448943.15
676206.43	2200823.28	957460.33	559088.71	817769.29	1367367.10
228669.63	670763.96	330455.10	225703.75	333207.37	197302.21
137880.35	671047.45	263850.18	202264.16	165408.46	347564.87
732025.24	4032789.41	1469318.15	818160.83	901084.67	729291.57
7.94	11.92	10.53	8.27	4.84	7.15
3	1	1	3	6	4

初 中 学 校

地 区	占地面积（平方米）			校园足球场（个）			
	计	其中：绿化用地面积	其中：运动场地面积	计	11人制足球场	7人制足球场	5人制足球场
全 国	1791345587.16	386952775.90	555877564.16	41937	13357	16580	12000
北 京	10199922.29	2075105.18	3483395.33	341	100	148	93
天 津	9453041.62	1432370.03	4067081.85	336	83	169	84
河 北	88000465.65	12118991.07	29378971.54	2011	651	794	566
山 西	34510968.43	5302761.74	9434330.00	728	203	268	257
内 蒙 古	35087908.18	6143549.03	9369694.85	812	381	266	165
辽 宁	46086891.46	6668816.11	17081681.36	1429	531	635	263
吉 林	33502051.67	7165728.18	8878617.64	884	261	307	316
黑 龙 江	41563654.97	5756440.38	11119412.43	906	303	333	270
上 海	16360560.57	5051922.83	5703596.06	579	99	344	136
江 苏	107949469.18	31537257.35	35355935.31	2698	1100	1117	481
浙 江	73195872.89	20801410.08	24308224.17	1844	604	689	551
安 徽	97821391.46	19479594.19	26688694.33	2367	640	1036	691
福 建	35641465.90	9035733.22	10240582.32	909	165	318	426
江 西	73068217.90	15651120.82	24575063.32	1852	499	707	646
山 东	163034222.22	37006706.76	55868730.11	3609	1817	1260	532
河 南	142188540.06	23090481.90	37533065.11	3091	828	1110	1153
湖 北	74440343.84	23025585.68	19010452.97	1830	612	743	475
湖 南	102544195.05	19299044.39	29035503.34	1692	591	613	488
广 东	140183707.53	35524775.64	48524216.99	3440	899	1496	1045
广 西	60569367.70	11786873.31	19953418.97	1076	379	403	294
海 南	16809023.45	3776221.44	3901441.38	357	139	154	64
重 庆	22910125.76	5024813.96	7560175.41	547	107	262	178
四 川	78656477.63	15266971.79	30033463.62	2156	408	831	917
贵 州	62376156.21	14573221.65	20688961.80	1259	307	592	360
云 南	60923836.03	14108679.42	18049995.56	1105	391	451	263
西 藏	7341870.03	1192869.27	1380930.99	132	64	37	31
陕 西	42746497.90	7501266.53	12274154.96	1517	208	646	663
甘 肃	33633566.17	6255082.48	9612467.73	1041	216	378	447
青 海	10431001.84	1819981.64	2816246.45	183	80	70	33
宁 夏	12475858.89	2865557.99	3871181.11	243	119	101	23
新 疆	57638914.68	16613841.84	16077877.15	963	572	302	89
河南为全国%	7.94	5.97	6.75	7.37	6.20	6.69	9.61
河南居全国位次	2	4	3	3	4	4	1

资　产　情　况

图书 (册)	数字终端数(台)			教室(间)		固定资产总值(万元)	
	计	其中: 教师 终端数	其中: 学生 终端数	计	其中: 网络多 媒体教室	计	其中:教学 仪器设备 资产值
2010030437	**11591164**	**4180056**	**6963706**	**2165268**	**1676597**	**146997396.84**	**17238722.73**
10661742	124782	48432	58027	15344	13486	1622892.21	371455.53
12138563	67812	33841	32380	12188	10239	801141.41	123916.30
136494881	554245	214865	330836	118444	88052	5742355.75	639134.88
34218845	235302	93734	127537	46561	31153	2765378.92	264806.99
21484673	154269	63534	87022	26208	22203	2517194.39	282632.70
53559924	342040	116499	197534	54378	42380	2667703.67	428522.40
28489491	142307	55244	76476	39088	22784	1914929.40	250506.84
27785185	179861	58265	113831	45920	31671	2040478.60	318361.22
29929842	241204	113673	115629	30590	27835	3933195.74	560692.71
126358940	836798	304062	477420	131617	108803	11936946.22	1188149.86
103682374	612187	217105	382274	91780	78582	8403786.45	1140390.82
89613202	930800	212747	691563	109638	82912	6404279.86	754647.91
39410019	206201	85420	117825	43189	32661	3167102.96	371186.10
68217874	338751	140737	189427	86630	67709	4260129.11	623150.45
184848748	966085	442802	492139	194832	158171	14002002.74	1526921.27
159816707	**766591**	**312132**	**439393**	**183621**	**130974**	**9633356.46**	**898552.87**
77857275	377621	142321	226995	80758	57323	5385504.20	536653.84
99169481	405549	132001	264935	116763	87086	7477261.14	878561.50
186096000	1416862	472610	848638	199533	174265	13258739.15	1937903.36
95680880	362562	165045	188176	65128	55817	4362838.49	573047.48
11228260	61037	24146	34476	12641	9626	968196.87	118640.48
22207421	141343	45254	88232	31242	26472	2597737.61	209109.36
89939527	513002	167882	328213	113570	82439	7492596.89	957658.86
74622067	362253	105166	237435	67717	53259	4436088.93	433315.07
61378258	309121	83617	223235	65849	44530	4907130.10	404522.27
4065463	28224	12428	15389	5080	3549	739307.47	40933.13
59533705	318175	107829	205263	54769	42075	3998858.74	450117.86
34766717	202825	63499	136876	40215	29925	3010093.70	293088.52
12139872	66925	19939	46471	13445	8226	1065949.05	85489.57
9840938	87573	25621	56484	12586	9466	1042021.36	134931.53
44793563	238857	99606	133575	55944	42924	4442199.21	441721.08
7.95	6.61	7.47	6.31	8.48	7.81	6.55	5.21
3	5	3	5	3	3	4	6

小 学 校 数 、教 学

地 区	学校数（所）	教学点数（个）	计	一年级
全　　国	**143472**	**66009**	**2835474**	**500764**
北　　京	714	-	32458	6206
天　　津	873	-	20991	3939
河　　北	11313	6064	174250	29847
山　　西	3805	1181	67026	11361
内　蒙　古	1635	515	37323	6465
辽　　宁	2320	759	53359	8782
吉　　林	1574	2273	35111	5506
黑　龙　江	1315	502	32036	5395
上　　海	664	-	24899	5237
江　　苏	4009	124	141629	23501
浙　　江	3144	72	103580	19387
安　　徽	6218	1769	127689	21770
福　　建	4886	1156	90128	15887
江　　西	5830	5770	110984	19417
山　　东	8654	829	197902	41819
河　　南	**16429**	**8917**	**268233**	**44221**
湖　　北	5145	2694	93591	16703
湖　　南	6604	5034	133579	23235
广　　东	10690	4586	284907	51887
广　　西	7858	8253	136600	24070
海　　南	1294	420	22852	3896
重　　庆	2567	727	52374	9178
四　　川	5119	2831	134475	23561
贵　　州	6156	1737	96640	17350
云　　南	9913	2766	107103	19830
西　　藏	825	33	9954	1727
陕　　西	4191	1507	78809	13764
甘　　肃	4465	4351	67456	11892
青　　海	698	345	12807	2303
宁　　夏	1037	377	15637	2861
新　　疆	3527	417	71092	9767
河南为全国%	11.45	13.51	9.46	8.83
河南居全国位次	1	1	2	2

点 数 及 班 数

班	数	（个）			
二年级	三年级	四年级	五年级	六年级	复式班
465299	**472611**	**469827**	**474190**	**450260**	**2523**
5305	5264	5546	5124	5013	—
3311	3356	3599	3498	3288	—
27463	27084	29821	29805	30009	221
10552	10690	11624	11376	11275	148
5762	6455	6239	6352	6050	—
8399	8950	9230	9021	8977	—
5400	5599	6063	6215	6328	—
5259	5538	5930	6214	3700	—
4964	4965	4935	4798	—	—
22784	23561	23480	24022	24281	—
16861	17142	16765	16752	16673	—
20947	21099	21157	21318	21256	142
14740	15225	14910	14860	14461	45
18533	18515	18169	18388	17341	621
32545	33866	32074	31810	25788	—
43981	**45588**	**45016**	**45622**	**43795**	**10**
15608	15522	14977	15326	15434	21
22369	21937	21677	22051	22248	62
46848	47901	45513	47795	44953	10
23192	22850	22208	22681	21049	550
3818	3869	3725	3789	3755	—
8726	8778	8433	8638	8613	8
22164	22211	21641	22404	22461	33
15752	15535	15678	16297	16026	2
17689	17312	17692	17524	17023	33
1752	1705	1639	1579	1552	—
12888	12904	13218	12893	12863	279
11211	11136	11249	11088	10579	301
2129	2124	2043	2099	2082	27
2694	2664	2545	2486	2377	10
11653	13266	13031	12365	11010	—
9.45	9.65	9.58	9.62	9.73	0.40
2	2	2	2	2	14

小　学　教　育

地　区	毕业生数	招生数	招生中接受学前教育				
			未接受过	一年	两年	三年	计
全　国	**17634893**	**18778830**	**76265**	**607292**	**483802**	**17611471**	**108360253**
北　京	146245	235253	1859	3052	2670	227672	1161797
天　津	124610	155683	1969	8004	5476	140234	818370
河　北	1142340	1044491	1172	34744	21667	986908	6531750
山　西	379269	398925	63	2039	3581	393242	2318407
内蒙古	214986	240138	148	3596	4642	231752	1408425
辽　宁	299767	331317	2824	50114	30430	247949	1993743
吉　林	188100	172337	113	28890	15403	127931	1095277
黑龙江	218840	179219	2864	45169	21804	109382	1059686
上　海	174669	201134	438	1267	1321	198108	937129
江　苏	952062	977441	64	130	647	976600	5885320
浙　江	607119	783753	140	4311	1519	777783	4113670
安　徽	777088	803571	875	10074	6038	786584	4722273
福　建	530308	638204	141	7414	3941	626708	3697864
江　西	682267	596725	8362	15493	14112	558758	3750629
山　东	1283619	1801986	10751	8884	16471	1765880	8120924
河　南	**1691383**	**1489465**	**121**	**36693**	**24660**	**1427991**	**9628783**
湖　北	628441	676828	3030	19728	15456	638614	3895006
湖　南	894578	844762	3388	30216	42927	768231	5184911
广　东	1693038	1999092	6972	105739	69527	1816854	11105243
广　西	836783	838807	8703	76041	46491	707572	5162921
海　南	142225	142449	1688	3632	2420	134709	870602
重　庆	332979	356644	180	2345	8908	345211	2058660
四　川	911654	953281	187	5565	9267	938262	5490451
贵　州	664946	691482	3811	21761	33587	632323	3945252
云　南	629815	701812	4854	56693	49275	590990	3864564
西　藏	59387	65867	7054	9576	4341	44896	383510
陕　西	479286	526845	1309	761	721	524054	3031907
甘　肃	331945	358454	571	1553	4354	351976	2040393
青　海	85073	87667	1234	5395	5246	75792	520101
宁　夏	97731	108650	833	5699	11695	90423	621276
新　疆	434340	376548	547	2714	5205	368082	2941409
河南为全国%	**9.59**	**7.93**	**0.16**	**6.04**	**5.10**	**8.11**	**8.89**
河南居全国位次	**2**	**3**	**28**	**6**	**7**	**3**	**2**

学　生　数

在校生数							预计毕业生数
其中：女	一年级	二年级	三年级	四年级	五年级	六年级	
50951580	**18784027**	**17021043**	**17830650**	**18036929**	**18639779**	**18047825**	**18588987**
560752	235371	189688	186072	199911	177975	172780	174555
388863	155708	125775	127432	140046	136888	132521	139516
3079197	1044493	930909	989377	1165396	1190269	1211306	1211665
1121900	398941	356666	356447	410104	397093	399156	399156
677399	240292	201177	248671	239630	245533	233122	234742
958339	331339	304255	330560	346675	339260	341654	341654
528034	172337	164842	170653	190628	196298	200519	200519
511932	179219	166120	180015	199097	211564	123671	217496
447838	201308	185205	186919	184935	178762	–	178762
2760420	977450	936295	973879	973618	1004483	1019595	1019595
1923722	783836	664642	676901	660305	664175	663811	664755
2192367	803634	757045	768229	779655	796414	817296	817296
1691797	638574	587608	629487	616708	620386	605101	605101
1722422	597177	570257	599858	617192	661118	705027	705029
3740488	1802206	1308532	1381798	1299341	1281499	1047548	1303605
4540034	**1489470**	**1477079**	**1616382**	**1622827**	**1712565**	**1710460**	**1710463**
1796228	678047	630178	644417	623413	652000	666951	667746
2428330	844786	818711	841063	846380	899143	934828	934828
5151249	1999234	1757768	1828229	1763564	1915899	1840549	1840542
2416004	839150	812929	859648	857266	932694	861234	861234
397106	142539	136841	143580	143596	152089	151957	151962
985877	356751	337431	344222	326514	345230	348512	348512
2647229	953545	883776	896945	878472	933240	944473	944473
1837483	691646	608280	623789	647073	690282	684182	684182
1852373	701934	591895	601457	644212	665347	659719	659719
188330	65922	67143	65171	63221	61551	60502	60502
1444431	527078	482975	489307	512352	508374	511821	511821
979081	358596	319744	329793	345990	347284	338986	339013
252924	88026	81593	86672	84342	89876	89592	89592
298803	108743	102107	104404	102028	102996	100998	100998
1430628	376675	463577	549273	552438	529492	469954	469954
8.91	**7.93**	**8.68**	**9.07**	**9.00**	**9.19**	**9.48**	**9.20**
2	**3**	**2**	**2**	**2**	**2**	**2**	**2**

小 学 学 校

地 区	教 职		
	合计	专任教师	行政人员
全　　国	**6260110**	**5818159**	**111164**
北　　京	67888	61546	2663
天　　津	50484	46306	2611
河　　北	412459	390261	9368
山　　西	169582	149456	3252
内　蒙　古	117289	100988	3717
辽　　宁	126453	112861	10119
吉　　林	99421	82601	6179
黑　龙　江	90809	77930	4191
上　　海	56683	50776	2104
江　　苏	337667	317278	2583
浙　　江	214055	205101	2193
安　　徽	238145	227817	3975
福　　建	207383	198416	2239
江　　西	206417	199278	328
山　　东	415138	404039	3706
河　　南	**572786**	**541235**	**10203**
湖　　北	209853	196057	3368
湖　　南	266440	258288	2596
广　　东	527569	483557	12128
广　　西	325032	295615	2095
海　　南	52212	47798	391
重　　庆	138322	130131	2208
四　　川	311156	291557	4974
贵　　州	233585	204988	2996
云　　南	232588	218785	1766
西　　藏	36513	26270	613
陕　　西	184114	169237	4999
甘　　肃	137944	134588	583
青　　海	29235	24995	98
宁　　夏	34366	33803	49
新　　疆	158522	136601	2869
河南为全国%	9.15	9.30	9.18
河南居全国位次	1	1	2

教 职 工 数

工　　　数			校外教师	外籍教师
教辅人员	工勤人员	其他		
125439	**189210**	**16138**	**36322**	**480**
2864	741	74	608	10
1029	496	42	354	2
4822	7919	89	840	-
9740	6947	187	1357	2
8657	3595	332	466	-
2578	564	331	158	2
9786	855	-	166	-
6648	1674	366	563	-
2213	1494	96	292	28
7400	9425	981	1420	39
2862	3704	195	717	43
1584	4111	658	1685	5
2169	3686	873	1375	-
4927	1871	13	359	-
4342	2857	194	2269	20
6859	**13678**	**811**	**4793**	**38**
2526	6926	976	4428	44
1811	3471	274	2474	6
6610	23841	1433	1190	187
3358	19855	4109	1717	11
372	2991	660	305	8
1320	4379	284	867	3
5638	8365	622	3372	7
3882	21714	5	398	19
1694	9100	1243	1368	5
540	9090	-	171	-
4045	5216	617	131	1
1328	1261	184	135	-
214	3928	-	214	-
97	305	112	258	-
13524	5151	377	1872	-
5.47	7.23	5.03	13.20	7.92
6	4	7	1	5

小学教育专任教师学历、

地　区	合计	其中：女	按学历分			
			博士研究生	硕士研究生	本科毕业	专科毕业
全　国	**6656261**	**4957625**	**278**	**163288**	**5030437**	**1412665**
北　京	78879	64101	79	10948	65189	2575
天　津	51484	41456	2	4901	41825	4526
河　北	405702	338178	12	5299	289361	108945
山　西	166104	138705	3	2838	125717	36271
内蒙古	112055	86795	–	3026	89884	18729
辽　宁	139545	111992	5	6412	99953	32432
吉　林	98251	78812	11	3365	77606	16462
黑龙江	94994	72119	8	1667	64818	27141
上　海	66965	56121	9	7784	53666	5388
江　苏	364112	280226	10	15626	333717	14532
浙　江	238447	186381	8	9707	211012	17499
安　徽	268243	183973	4	3382	199653	64298
福　建	209007	160637	1	2688	148710	53989
江　西	238843	177635	4	962	167424	68001
山　东	477406	347868	3	16017	422872	36673
河　南	**601010**	**481052**	**15**	**6953**	**431749**	**158160**
湖　北	224303	163978	11	6474	153684	61385
湖　南	310354	236027	14	4284	237645	66949
广　东	613411	468352	56	22887	494906	93024
广　西	301442	220909	1	1358	190649	103704
海　南	58141	37986	4	691	33651	22212
重　庆	134488	90498	1	4198	94447	35056
四　川	352007	243614	7	8790	231153	109944
贵　州	217558	131570	1	967	159222	54369
云　南	232114	141517	3	1625	170983	55935
西　藏	26630	15652	1	121	17013	9318
陕　西	190664	148042	3	7245	155778	27215
甘　肃	152108	90200	–	1605	118428	30281
青　海	29944	19444	1	322	21626	7699
宁　夏	35872	25642	–	448	27003	8140
新　疆	166178	118143	1	698	101093	61813
河南为全国%	**9.03**	**9.70**	**5.40**	**4.26**	**8.58**	**11.20**
河南居全国位次	**2**	**1**	**3**	**9**	**2**	**1**

分专业技术职务情况

		按 专 业 技 术 职 务 分					
高中阶段毕　　业	高中阶段毕业以下	正高级	副高级	中级	助理级	员级	未定职级
48902	**691**	**4847**	**798115**	**2634945**	**2033810**	**170388**	**1014156**
88	-	144	10131	31119	29404	715	7366
221	9	39	5613	28248	11237	244	6103
2052	33	146	43394	154488	131874	11598	64202
1268	7	35	3957	61090	65467	2885	32670
413	3	59	23413	44330	29540	1885	12828
727	16	99	44380	57992	17309	6360	13405
803	4	183	23303	43164	20678	2472	8451
1345	15	66	22548	40403	25792	1095	5090
118	-	62	2826	30266	28271	914	4626
225	2	350	31287	165446	114428	5072	47529
221	-	210	19490	113730	79359	1978	23680
906	-	105	30391	111995	78005	8705	39042
3575	44	133	9906	89241	60652	5075	44000
2364	88	127	16085	93512	81740	13664	33715
1825	16	592	62446	174958	161211	6239	71960
4133	**-**	**101**	**59308**	**213439**	**200320**	**15852**	**111990**
2705	44	115	14466	98232	66112	9346	36032
1451	11	115	28320	124226	99897	14413	43383
2509	29	236	40893	258159	142851	17707	153565
5703	27	101	52893	108380	86794	7819	45455
1521	62	50	4837	18529	21523	1212	11990
768	18	63	10850	58796	49640	740	14399
2111	2	239	54858	127750	119022	7516	42622
2883	116	51	18303	105299	61019	3519	29367
3465	103	110	91257	78150	44896	2380	15321
173	4	7	4793	9215	8933	1929	1753
403	20	45	11340	69344	68770	3899	37266
1792	2	1092	27091	57868	50283	1378	14396
283	13	11	5165	11477	6307	832	6152
280	1	23	7519	13437	10503	405	3985
2571	2	138	17052	42662	61973	12540	31813
8.45	-	2.08	7.43	8.10	9.85	9.30	11.04
2	27	17	3	2	1	2	2

小 学 学 校

地 区	合计	校　舍 一、教　学		
		计	教室	专用教室
全　国	**904512370.07**	**500553641.31**	**320671049.48**	**75187017.97**
北　京	8476839.88	4870579.86	2328546.85	1022873.19
天　津	5752216.34	3747064.08	2346505.31	553969.57
河　北	50977841.34	30866253.36	21643202.14	4537270.71
山　西	19517333.15	9048420.15	5398685.32	1514720.15
内 蒙 古	14667934.89	7595014.36	3746938.32	1848632.84
辽　宁	13678455.24	7766554.08	4698386.41	1354562.77
吉　林	9622727.42	5264453.08	3520236.70	764404.85
黑 龙 江	8573540.32	4962592.65	3124554.67	815069.32
上　海	7132100.08	4485010.58	2014698.00	958178.30
江　苏	56391603.92	33903119.83	19014358.14	6184018.35
浙　江	45423404.54	23806118.49	12062332.76	4485158.19
安　徽	35466027.75	21881813.82	15467755.37	2468183.33
福　建	30330438.51	16807241.69	9941878.20	2568159.91
江　西	31834059.26	18383150.04	12606243.95	2262540.88
山　东	62440290.29	37357611.24	21406990.33	6697550.61
河　南	**75629062.02**	**40547304.51**	**31244932.89**	**4013646.92**
湖　北	33779105.86	17301534.58	11745378.12	2039190.50
湖　南	44300194.98	23537035.87	15870873.76	2771171.31
广　东	80218477.09	47203481.61	28425584.49	7164893.58
广　西	44404917.17	26632090.24	20139095.82	2683116.58
海　南	6774488.89	3584676.69	2611438.31	420203.61
重　庆	23254655.00	12280886.62	7333514.52	1960441.25
四　川	44093203.04	23752976.05	16889474.75	3011341.34
贵　州	31692960.58	14412463.16	9919049.25	2000691.26
云　南	38622729.83	18743440.22	12238497.59	3061490.41
西　藏	6341695.70	2231487.56	1343469.10	323435.65
陕　西	25707945.98	12800673.46	7279002.44	2317471.23
甘　肃	16786110.13	8989154.30	6019006.46	1329053.73
青　海	5276301.21	2458723.74	1382743.98	506904.24
宁　夏	5499844.44	3219063.46	1684615.98	892429.04
新　疆	21845865.22	12113651.93	7223059.55	2656244.35
河南为全国%	8.36	8.10	9.74	5.34
河南居全国位次	2	2	1	6

校 舍 情 况（一）

单位：平方米

建筑面积及辅助用房				
公共教学用房				
小计	图书阅览室	室内体育用房	心理辅导室	其他
104695573.86	**25029360.83**	**24176388.93**	**5400812.94**	**50089011.16**
1519159.82	201170.31	318067.92	53309.66	946611.93
846589.20	156019.26	243253.78	47198.85	400117.31
4685780.51	1613015.98	608891.17	241297.86	2222575.50
2135014.68	487832.72	247241.44	98932.63	1301007.89
1999443.20	333145.40	684639.01	101082.09	880576.70
1713604.90	341074.94	375708.95	82304.70	914516.31
979811.53	287596.54	130622.06	51608.21	509984.72
1022968.66	174938.18	266607.00	46280.01	535143.47
1512134.28	269294.10	565054.78	55069.36	622716.04
8704743.34	1962319.73	3237894.32	357501.27	3147028.02
7258627.54	1160670.85	2545308.70	281631.59	3271016.40
3945875.12	1128820.85	831781.71	325752.71	1659519.85
4297203.58	906273.37	988820.37	189608.41	2212501.43
3514365.21	1014253.65	550467.50	213891.68	1735752.38
9253070.30	1941228.20	1576714.01	477333.38	5257794.71
5288724.70	**1969546.18**	**629124.91**	**340906.95**	**2349146.66**
3516965.96	839084.29	1057235.27	187744.85	1432901.55
4894990.80	1091637.17	1557535.26	217103.11	2028715.26
11613003.54	2178640.48	3239745.43	605875.38	5588742.25
3809877.84	1151852.99	637203.24	323764.69	1697056.92
553034.77	167138.28	90168.23	28749.46	266978.80
2986930.85	448168.43	739874.02	95057.61	1703830.79
3852159.96	1114247.28	735738.63	195861.16	1806312.89
2492722.65	724067.50	307180.68	133960.25	1327514.22
3443452.22	1091069.52	371721.07	157986.21	1822675.42
564582.81	75576.28	264443.40	8584.46	215978.67
3204199.79	749881.74	488862.16	166836.86	1798619.03
1641094.11	524203.39	166750.94	137683.37	812456.41
569075.52	150072.65	251401.10	17315.85	150285.92
642018.44	147921.88	112354.43	33593.68	348148.45
2234348.03	628598.69	355977.44	126986.64	1122785.26
5.05	7.87	2.60	6.31	4.69
5	2	13	4	5

小 学 学 校

地　区	二、行政办公用房			校　舍	
	计	教师办公室	其他	计	教工值班宿舍
全　国	**75584716.30**	**49178801.35**	**26405914.95**	**241684681.50**	**19762064.25**
北　京	1185720.84	533311.28	652409.56	2299803.87	74430.86
天　津	694258.81	453789.49	240469.32	883591.21	27653.11
河　北	3868068.96	2756561.12	1111507.84	11103523.10	787566.45
山　西	2021403.16	1379848.72	641554.44	5306060.08	593901.81
内蒙古	1455663.46	927365.29	528298.17	4268821.12	93576.07
辽　宁	1631959.95	860334.04	771625.91	4267721.74	37997.21
吉　林	1010073.42	639258.49	370814.93	1932416.21	25492.37
黑龙江	913265.26	587484.94	325780.32	1683003.23	25653.34
上　海	887938.04	432511.88	455426.16	1271295.06	2399.92
江　苏	5264237.03	2807661.06	2456575.97	11490417.97	364559.58
浙　江	3583469.35	1966265.70	1617203.65	11098670.37	736847.70
安　徽	2974214.51	2025784.46	948430.05	6621467.25	514198.02
福　建	2235994.99	1333828.34	902166.65	6289625.10	147207.83
江　西	2796891.70	1872601.28	924290.42	7630603.72	586452.08
山　东	5408470.46	3484893.42	1923577.04	12529017.35	240486.66
河　南	**7562794.97**	**5590136.07**	**1972658.90**	**20781543.84**	**1904903.25**
湖　北	2544037.80	1664985.12	879052.68	10756343.28	1651264.60
湖　南	3272758.82	2412008.58	860750.24	12803420.88	1898089.61
广　东	6101412.54	4001546.84	2099865.70	20952277.49	3624212.51
广　西	2401648.59	1858671.43	542977.16	12942558.42	505934.86
海　南	463175.00	312870.18	150304.82	2265694.59	432843.60
重　庆	1854054.76	1140843.58	713211.18	5951030.62	540311.92
四　川	2880244.68	1940565.53	939679.15	13735520.44	893356.33
贵　州	2423160.18	1521060.59	902099.59	11928777.37	641873.73
云　南	2276978.01	1566582.30	710395.71	15984311.21	1745712.49
西　藏	400680.79	291732.29	108948.50	3593714.90	55727.44
陕　西	2473385.52	1706078.03	767307.49	6782626.01	841192.68
甘　肃	1889445.19	1392258.26	497186.93	4253426.81	552880.26
青　海	422002.51	259953.59	162048.92	2128877.89	41828.15
宁　夏	523643.85	321544.53	202099.32	1145027.22	69285.59
新　疆	2163663.15	1136464.92	1027198.23	7003493.12	104224.22
河南为全国%	10.01	11.37	7.47	8.60	9.64
河南居全国位次	1	1	3	2	2

校 舍 情 况（二）

单位：平方米

建　筑　面　积					
三、生　活　用　房					四、
教师周转宿舍	学生宿舍	学生餐厅	厕所	其他	其他用房
33261859.47	**47051172.53**	**48635987.11**	**38966561.70**	**54007036.41**	**86689330.99**
47270.74	77334.61	241003.78	411355.96	1448407.92	120735.31
13504.94	3310.00	120721.40	327360.46	391041.30	427302.24
486038.75	3238315.93	1852235.36	2228794.95	2510571.66	5139995.92
248818.76	1625140.83	841884.06	829107.49	1167207.13	3141449.76
337488.45	1556671.19	737759.15	713302.34	830023.92	1348435.95
63422.78	208675.70	776148.19	629164.70	2552313.16	12219.47
52915.80	159760.74	379396.35	460454.25	854396.70	1415784.71
45613.19	222285.37	235602.85	393515.80	760332.68	1014679.18
1980.45	1128.72	282528.06	342921.58	640336.33	487856.40
478901.88	430287.63	3956717.58	2196054.93	4063896.37	5733829.09
817567.44	729960.93	3634107.21	1748669.28	3431517.81	6935146.33
924819.56	659052.87	1694025.88	1454183.63	1375187.29	3988532.17
1514426.67	532199.74	495957.10	1401146.27	2198687.49	4997576.73
1901449.51	962351.44	1522860.87	1448528.72	1208961.10	3023413.80
653161.26	915583.74	3187523.89	3158141.65	4374120.15	7145191.24
1773077.92	**5737291.56**	**4588801.84**	**3826091.75**	**2951377.52**	**6737418.70**
1799674.66	1949262.50	2267683.40	1173453.44	1915004.68	3177190.20
2200005.95	1982726.07	3167171.00	1653411.30	1902016.95	4686979.41
3594071.84	2489426.39	1746991.80	3336421.55	6161153.40	5961305.45
2842311.61	3399600.52	2143422.53	1789814.45	2261474.45	2428619.92
706620.45	496971.91	188462.17	244297.19	196499.27	460942.61
1184871.52	715791.78	1469682.17	815557.09	1224816.14	3168683.00
2912070.70	3308595.32	2929751.65	1664109.68	2027636.76	3724461.87
2578517.65	3803798.24	2236894.24	1396216.91	1271476.60	2928559.87
1944374.42	5634640.64	3268136.33	1520770.84	1870676.49	1618000.39
1288897.22	1243829.78	593822.89	132337.57	279100.00	115812.45
634059.84	1099771.52	1400977.19	1231216.45	1575408.33	3651260.99
578630.67	527573.79	712674.08	943425.45	938242.56	1654083.83
377291.31	719518.52	333041.56	242852.24	414346.11	266697.07
177091.26	109078.30	238086.87	323022.59	228462.61	612109.91
1082912.27	2511236.25	1391915.66	930861.19	982343.53	565057.02
5.33	12.19	9.43	9.82	5.46	7.77
9	1	1	1	5	3

小 学 学 校

地　区	占地面积(平方米)			校园足球场(个)			
	计	其中： 绿化用地 面　积	其中： 运动场地 面　积	计	11人制 足球场	7人制 足球场	5人制 足球场
全　　国	**2300395777.87**	**433566659.30**	**769264699.00**	**79383**	**8059**	**24527**	**46797**
北　　京	14356639.74	2391516.52	5780874.27	811	57	375	379
天　　津	13783105.36	1813461.47	6354079.40	775	60	345	370
河　　北	163044169.65	17756931.19	55942252.31	5877	409	1499	3969
山　　西	47843231.67	6841227.09	12883040.52	1451	107	287	1057
内　蒙　古	52795057.79	8525058.67	13364788.68	1855	242	921	692
辽　　宁	38955254.34	4703794.08	16444894.67	1923	329	821	773
吉　　林	48115775.96	9624006.50	11072659.00	1277	142	311	824
黑　龙　江	27460492.58	3420493.27	9153320.21	932	127	275	530
上　　海	11409154.44	3199686.63	4562948.77	616	60	279	277
江　　苏	118980933.58	33199969.28	43650594.36	4406	939	1835	1632
浙　　江	79740554.10	19749870.54	30260538.57	3087	393	889	1805
安　　徽	97096217.00	16782297.32	30864588.39	3555	330	1101	2124
福　　建	58201610.61	11925642.04	21817744.01	1962	72	432	1458
江　　西	82255999.19	14273878.76	30333566.48	2493	242	599	1652
山　　东	174967435.06	36542539.46	63757517.92	8122	1239	3070	3813
河　　南	**205499137.90**	**28987711.63**	**56219184.01**	**5662**	**340**	**1022**	**4300**
湖　　北	90989345.76	26610266.32	24277821.94	2903	352	830	1721
湖　　南	104501845.15	15985642.22	31176914.09	1955	284	649	1022
广　　东	182021469.39	41172599.92	68051290.40	6225	507	2211	3507
广　　西	106483718.88	16354021.85	45863133.63	2128	188	502	1438
海　　南	25392170.47	5120249.78	5632883.17	669	92	244	333
重　　庆	41350111.91	7835468.93	14408806.88	1471	95	401	975
四　　川	85975059.94	13426584.53	36937153.61	3050	212	861	1977
贵　　州	75739380.24	16139227.83	28143951.47	1921	155	599	1167
云　　南	99607069.12	19168760.43	30826818.69	2057	129	601	1327
西　　藏	18229765.96	2322514.95	3673601.00	717	32	342	343
陕　　西	56370862.40	9190989.71	17626871.43	3873	118	787	2968
甘　　肃	55825320.84	9777784.73	15243883.36	3069	100	404	2565
青　　海	15428828.93	2811960.16	3553177.90	391	74	179	138
宁　　夏	19972720.60	3846346.49	6482489.65	688	91	350	247
新　　疆	88003339.31	24066157.00	24903310.21	3462	542	1506	1414
河南为全国%	**8.93**	**6.69**	**7.31**	**7.13**	**4.22**	**4.17**	**9.19**
河南居全国位次	**1**	**4**	**3**	**4**	**8**	**7**	**1**

资 产 情 况

图书（册）	数字终端数(台)			教室(间)		固定资产总值(万元)	
	计	其中：教师终端数	其中：学生终端数	计	其中：网络多媒体教室	计	其中:教学仪器设备资产值
2739676323	**16795110**	**5641323**	**10551242**	**3832232**	**2909343**	**163398269.12**	**23324770.00**
28028175	263220	105288	128189	35882	33751	2762915.12	864756.87
25097169	133669	64936	65018	27441	23812	1263586.37	234926.71
205133373	1080789	343317	723754	283672	199609	7254674.97	1023799.62
48629299	370144	144775	199348	88903	62930	2915731.78	413701.36
29922219	240535	92007	142816	48027	40512	3384195.41	411304.88
57308821	364713	116048	224016	67121	54632	2034049.93	435698.80
31050638	155104	57658	85056	53462	29718	1771437.55	268178.80
21525582	168564	52053	110648	45125	33977	1548538.53	271298.49
28494422	214117	107960	97697	28871	27058	2811544.91	483423.99
178763723	1062665	368441	635032	196320	168384	13093713.52	1581442.88
143050542	848115	285970	544385	140970	128484	9400157.52	1564002.11
103756500	1337911	267838	1018664	161731	127354	6141898.21	984051.75
98217197	513783	201768	304362	131369	100765	5882530.37	881357.62
70786796	371543	171496	190641	148903	111213	4414235.78	722839.16
222953154	1194494	488199	664897	271205	221950	12896998.68	1686754.02
212103571	**1113649**	**407884**	**685371**	**372758**	**224047**	**9498962.75**	**1146858.61**
102944738	490260	167020	310871	127788	90557	5321422.82	669196.64
127044659	479873	153037	314525	175487	124560	6684284.79	944879.92
248830260	1969782	594489	1269267	314510	274702	12870098.73	2301854.55
168944662	731315	299139	410669	193435	145050	6776458.28	1094387.36
17072231	108360	40362	65195	25078	18532	1243705.20	173601.49
40517330	330998	102370	207013	79750	68560	4156561.47	440810.64
102629806	701316	227343	451061	172276	124689	8313230.39	1262336.97
96421049	497258	157899	310477	129778	103283	5229768.22	617133.63
99355955	553840	158535	391105	169399	112492	8046392.56	776346.45
7244716	70379	24636	44441	15592	10889	1902422.51	79287.19
97397588	568509	169998	387196	104089	83274	5390324.77	735309.81
46293228	308802	87088	217339	87132	63835	3401672.14	408455.44
13328421	79819	24094	54907	18535	12242	1306069.11	87303.22
13507619	149692	40202	99264	25381	19329	1356901.15	216299.02
53322880	321892	119473	198018	92242	69153	4323785.57	543171.99
7.74	**6.63**	**7.23**	**6.50**	**9.73**	**7.70**	**5.81**	**4.92**
3	**4**	**3**	**4**	**1**	**2**	**4**	**6**

专 门 学 校

地　　区	学校数 （所）	班　数 （个）	离校人数
全　　国	150	449	5753
北　　京	7	29	199
天　　津	1	-	-
河　　北	-	-	-
山　　西	1	8	181
内　蒙　古	-	-	-
辽　　宁	10	9	43
吉　　林	3	5	17
黑　龙　江	1	3	3
上　　海	10	57	199
江　　苏	2	11	92
浙　　江	1	25	202
安　　徽	3	1	3
福　　建	-	-	-
江　　西	9	33	616
山　　东	-	-	-
河　　南	3	11	116
湖　　北	1	7	7
湖　　南	5	21	145
广　　东	20	52	448
广　　西	11	16	314
海　　南	3	9	205
重　　庆	5	10	55
四　　川	11	29	699
贵　　州	27	83	1734
云　　南	9	19	311
西　　藏	-	-	-
陕　　西	1	2	4
甘　　肃	1	-	-
青　　海	-	-	-
宁　　夏	-	-	-
新　　疆	5	9	160
河南为全国%	2.00	2.45	2.02
河南居全国位次	13	11	14

基 本 情 况

入校人数	在校生数	教职工数	
		计	其中：专任教师数
8420	**9891**	**4532**	**2873**
195	443	279	239
−	−	32	21
−	−	−	−
−	401	83	76
−	−	−	−
41	150	239	188
5	20	42	29
10	10	45	19
224	666	334	269
135	155	69	56
255	459	81	56
9	6	29	27
−	−	−	−
1150	1124	309	158
−	−	−	−
156	**130**	**73**	**67**
23	50	44	39
235	510	145	90
912	1177	594	342
726	469	294	98
283	215	133	45
102	85	101	69
891	711	273	202
2522	2524	753	436
360	391	136	119
−	−	−	−
6	8	42	32
−	−	8	8
−	−	−	−
−	−	−	−
180	187	394	188
1.85	1.31	1.61	2.33
13	16	16	14

特 殊 教 育

地 区	学校数（所）	班数（个）	毕业生数	招生数	在						
					合计	其中：女	学前教育阶段	小学阶段			
								一年级	二年级	三年级	四年级
全　　国	**2345**	**33487**	**173140**	**154977**	**911981**	**331793**	**4553**	**68288**	**81047**	**92957**	**104003**
北　　京	20	407	1788	1296	7825	2620	12	533	595	747	955
天　　津	20	347	743	583	4444	1516	64	312	334	357	437
河　　北	163	1875	6918	5127	37471	13934	134	2176	2899	3708	4153
山　　西	88	1068	4312	3807	20123	7754	174	1643	1681	1914	2317
内 蒙 古	54	712	2638	2267	13465	5162	115	946	1185	1417	1400
辽　　宁	86	924	2307	2181	15786	5433	69	1268	1454	1740	2133
吉　　林	54	719	2264	1942	12279	4328	33	766	872	1099	1203
黑 龙 江	75	1042	2699	1599	14139	4986	–	704	909	1041	1338
上　　海	31	609	1870	1343	9315	3239	253	423	458	725	871
江　　苏	108	1701	7892	8283	45063	15267	517	3734	3971	4552	5244
浙　　江	87	1463	4777	5332	27069	9400	261	2332	2493	2714	2735
安　　徽	81	1142	6625	6821	42075	14814	238	3212	3887	4629	4563
福　　建	76	1314	5172	5502	30602	10107	151	2963	3268	3277	3596
江　　西	91	1738	8996	6663	37603	13334	166	2625	3237	3640	4016
山　　东	161	2722	10612	9554	54572	18997	652	4852	4919	5940	5929
河　　南	**153**	**2052**	**8814**	**10072**	**68332**	**26015**	**172**	**5375**	**6803**	**7626**	**8630**
湖　　北	88	985	4396	4151	28503	9546	38	2156	2815	2910	3524
湖　　南	98	1436	8244	7980	51740	17842	345	3766	4498	5607	5775
广　　东	154	2793	12048	13657	76278	25193	338	6869	8315	8511	9539
广　　西	95	1256	7608	7600	44154	15871	147	3355	4095	4505	5195
海　　南	17	222	1075	1136	6600	2054	20	539	628	703	775
重　　庆	39	464	5923	4453	25459	9665	56	1556	2149	2391	2637
四　　川	138	1724	16877	12571	64055	24830	224	4675	5403	6129	6948
贵　　州	78	1249	8298	7541	40692	15593	86	2973	3290	3722	4460
云　　南	86	1165	10925	7849	44794	17912	99	2771	3325	4172	4824
西　　藏	7	106	1410	1347	7080	3363	2	646	617	699	867
陕　　西	81	813	4301	2965	17935	6860	88	1191	1562	1814	2116
甘　　肃	47	532	3658	3294	19789	7733	–	1172	1464	1855	2238
青　　海	17	169	1838	1377	7446	3126	1	465	588	627	933
宁　　夏	16	221	1899	1488	6811	2671	45	484	568	693	751
新　　疆	36	517	6213	5196	30482	12628	53	1806	2765	3493	3901
河南为全国%	**6.52**	**6.13**	**5.09**	**6.50**	**7.49**	**7.84**	**3.78**	**7.87**	**8.39**	**8.20**	**8.30**
河南居全国位次	**4**	**3**	**6**	**3**	**2**	**1**	**10**	**2**	**2**	**2**	**2**

基 本 情 况

校 生 数		初中阶段				高中阶段			中等职业教育阶段			
五年级	六年级	一年级	二年级	三年级	四年级	一年级	二年级	三年级以上	一年级	二年级	三年级	四年级
113486	**116570**	**103164**	**102123**	**103690**	**3243**	**3207**	**2857**	**2819**	**3721**	**3214**	**2793**	**246**
883	913	821	818	1049	3	32	36	30	123	149	112	14
581	520	467	423	476	15	113	80	155	36	28	46	–
4858	5491	4542	4387	4826	18	103	64	63	18	19	12	–
2461	2436	2294	2341	2506	–	29	28	16	111	94	78	–
1544	1702	1578	1577	1447	17	86	101	94	119	68	69	–
1955	1855	1670	1699	1812	19	39	19	8	21	10	15	–
1542	1535	1358	1503	1740	9	43	56	62	169	148	132	9
1852	1319	2071	2024	1896	713	30	28	37	65	75	37	–
936	–	927	1063	1242	1222	25	16	23	322	291	295	223
5943	5247	5170	4404	4439	–	394	281	224	353	317	273	–
2893	2902	2533	2583	2705	1	347	348	419	690	607	506	–
4838	5761	4729	4699	5109	–	115	111	184	–	–	–	–
3932	3658	2959	2958	2979	–	199	169	183	120	99	91	–
4546	4892	4605	4675	4616	–	129	141	80	67	107	61	–
5827	6249	5857	5668	5781	1153	285	189	222	368	329	352	–
9232	**9052**	**6668**	**7387**	**6949**	**39**	**118**	**143**	**111**	**10**	**–**	**17**	–
3687	3825	2929	3226	3147	14	39	79	15	32	45	22	–
6347	7278	5963	5807	6051	–	139	64	41	32	–	27	–
9559	9885	7293	6884	7224	–	458	388	427	205	194	189	–
5808	6027	5186	4969	4680	18	65	36	68	–	–	–	–
843	888	647	720	670	–	–	–	–	61	48	58	–
3082	3401	3166	3114	3469	–	60	47	43	127	107	54	–
7784	8289	7629	8102	7533	–	117	103	95	420	346	258	–
5478	5481	5214	4969	4714	–	105	98	87	15	–	–	–
5637	5960	6057	5714	5949	–	–	–	–	127	86	73	–
891	896	802	829	774	–	3	8	–	27	12	7	–
2288	2633	1940	1940	2247	2	38	36	22	7	11	–	–
2537	2818	2511	2550	2519	–	37	53	35	–	–	–	–
933	1068	995	1015	776	–	13	21	11	–	–	–	–
757	763	863	725	1012	–	–	75	27	48	–	–	–
4032	3826	3720	3350	3353	–	46	39	37	28	24	9	–
8.13	7.77	6.46	7.23	6.70	1.20	3.68	5.01	3.94	0.27	–	0.61	–
2	2	3	2	3	4	8	6	8	26	24	20	4

特 殊 教 育 学

地 区	教 职		
	合计	专任教师	行政人员
全　　国	**90370**	**78034**	**3663**
北　　京	1384	1173	88
天　　津	825	689	81
河　　北	4462	4019	160
山　　西	2733	2342	119
内　蒙　古	2397	2033	121
辽　　宁	3151	2459	538
吉　　林	2106	1811	160
黑　龙　江	2593	2307	176
上　　海	1867	1547	128
江　　苏	4857	4192	131
浙　　江	3914	3588	55
安　　徽	2699	2425	67
福　　建	3323	2816	130
江　　西	2523	2303	33
山　　东	7614	6858	228
河　　南	**5295**	**4779**	**171**
湖　　北	2555	2256	95
湖　　南	3556	3181	133
广　　东	10052	8149	369
广　　西	3321	2753	50
海　　南	778	568	16
重　　庆	1364	1166	43
四　　川	4551	3972	143
贵　　州	2597	2215	74
云　　南	3094	2737	57
西　　藏	454	328	11
陕　　西	2333	1915	165
甘　　肃	1423	1250	35
青　　海	375	263	14
宁　　夏	543	514	11
新　　疆	1631	1426	61
河南为全国%	5.86	6.12	4.67
河南居全国位次	3	3	5

校教职工数

工　　数		校外教师	外籍教师
教辅人员	工勤人员		
3884	**4789**	**344**	-
98	25	9	-
31	24	3	-
121	162	13	-
128	144	8	-
133	110	7	-
79	75	-	-
79	56	-	-
53	57	4	-
98	94	4	-
269	265	13	-
82	189	24	-
117	90	4	-
180	197	7	-
81	106	40	-
280	248	6	-
139	**206**	**19**	-
74	130	38	-
146	96	7	-
801	733	35	-
197	321	6	-
20	174	-	-
24	131	9	-
153	283	35	-
64	244	-	-
118	182	10	-
11	104	1	-
133	120	6	-
86	52	-	-
8	90	27	-
11	7	6	-
70	74	3	-
3.58	4.30	5.52	-
8	7	7	-

特殊教育学校专任教师

地 区	合计	按 学 历 分				
		博 士研究生	硕 士研究生	本科毕业	专科毕业	高中阶段毕 业
全 国	77047	30	3141	60444	12869	534
北 京	1121	2	91	1003	25	-
天 津	689	-	50	581	56	2
河 北	3865	-	71	2844	901	45
山 西	2236	-	31	1655	506	44
内 蒙 古	2066	-	64	1658	332	12
辽 宁	2340	-	80	1845	406	9
吉 林	1821	-	53	1515	241	11
黑 龙 江	2327	-	35	1572	701	18
上 海	1698	3	252	1371	69	3
江 苏	4190	3	200	3730	254	3
浙 江	3444	1	193	2960	274	16
安 徽	2393	-	42	1837	499	15
福 建	2843	-	66	2140	614	22
江 西	2313	-	26	1499	778	9
山 东	6856	1	358	5633	796	68
河 南	**4645**	-	**55**	**3315**	**1228**	**47**
湖 北	2170	-	59	1564	524	22
湖 南	3201	-	95	2314	754	37
广 东	8099	19	864	6434	692	77
广 西	2774	-	42	2097	628	7
海 南	568	-	6	492	69	1
重 庆	1189	-	40	927	200	20
四 川	3957	-	142	3104	699	12
贵 州	2172	1	29	1803	333	5
云 南	2592	-	40	2242	309	1
西 藏	328	-	10	273	44	1
陕 西	1890	-	79	1387	408	13
甘 肃	1202	-	32	1003	164	3
青 海	240	-	10	190	40	-
宁 夏	432	-	9	359	61	3
新 疆	1386	-	17	1097	264	8
河南为全国%	**6.03**	-	**1.75**	**5.48**	**9.54**	**8.80**
河南居全国位次	**3**	**8**	**15**	**4**	**1**	**3**

学历、分专业技术职务情况

高中阶段毕业以下	按专业技术职务分					
	正高级	副高级	中级	助理级	员级	未定职级
29	**159**	**14652**	**29577**	**20643**	**2709**	**9307**
–	3	224	450	370	12	62
–	1	124	394	129	2	39
4	6	1256	1587	677	67	272
–	–	128	828	888	81	311
–	3	548	739	509	100	167
–	–	790	1098	238	108	106
1	6	562	813	320	37	83
1	5	771	990	430	49	82
–	5	125	908	568	11	81
–	3	754	1989	939	102	403
–	3	568	1335	1105	69	364
–	5	395	820	632	99	442
1	4	363	1229	739	82	426
1	4	391	707	669	266	276
–	29	1485	2628	1541	153	1020
–	**4**	**1009**	**1960**	**1207**	**107**	**358**
1	3	427	1006	507	60	167
1	9	611	1125	867	177	412
13	8	873	2367	2445	458	1948
–	5	298	959	873	175	464
–	–	62	131	258	29	88
2	2	166	563	366	5	87
–	13	841	1209	1234	70	590
1	2	265	1018	670	17	200
–	12	727	795	758	164	136
–	1	64	91	127	42	3
3	1	247	743	511	34	354
–	15	273	519	300	12	83
–	1	59	73	45	11	51
–	4	85	168	128	18	29
–	2	161	335	593	92	203
–	2.52	6.89	6.63	5.85	3.95	3.85
12	13	3	4	4	8	10

特 殊 教 育 学

地 区	合计	校 舍 一、教 学		
		计	普通教室	专用教室
全　　国	**13474600.17**	**6241761.28**	**2670381.72**	**1964945.66**
北　　京	158877.97	81548.65	30644.47	26152.57
天　　津	106281.87	57358.53	25264.78	18257.16
河　　北	597180.15	277992.17	108064.20	109687.61
山　　西	293292.79	120635.77	53846.86	38551.63
内 蒙 古	281797.56	127612.92	51441.43	45113.21
辽　　宁	317341.56	172009.23	51504.32	71091.15
吉　　林	231013.46	111731.67	49485.68	43032.46
黑 龙 江	281478.92	141224.44	47485.85	61743.49
上　　海	220166.64	111319.58	37456.95	42208.97
江　　苏	790764.47	390790.03	157529.21	136712.79
浙　　江	798175.19	316549.20	131455.02	99994.16
安　　徽	577916.00	289023.70	142279.03	92124.50
福　　建	541333.23	248936.54	98069.86	85213.10
江　　西	473050.68	222521.71	103737.23	59507.44
山　　东	1200326.12	566815.23	217369.07	171139.02
河　　南	**654186.71**	**297540.76**	**139804.46**	**102688.52**
湖　　北	442186.89	195334.37	100613.51	57601.98
湖　　南	511417.72	222513.01	117852.54	65493.21
广　　东	1540880.94	708803.50	276553.24	166386.21
广　　西	432389.13	202143.38	88835.56	65171.65
海　　南	105607.07	42911.97	20716.80	14186.46
重　　庆	219670.65	98642.80	54878.72	22229.67
四　　川	689989.37	324428.78	142485.18	92191.25
贵　　州	388011.77	170093.75	82080.30	51202.43
云　　南	486650.23	234815.70	122491.26	59732.86
西　　藏	75510.06	29511.11	11664.93	10813.74
陕　　西	318351.55	135317.85	58204.09	38451.14
甘　　肃	223062.20	93432.14	45193.64	26265.44
青　　海	116451.86	52103.10	16553.29	26446.78
宁　　夏	117030.06	61630.34	28681.29	19648.05
新　　疆	284207.35	136469.35	58138.95	45907.01
河南为全国%	**4.85**	**4.77**	**5.24**	**5.23**
河南居全国位次	**6**	**6**	**6**	**5**

校校舍情况(一)

单位:平方米

建筑面积及辅助用房				
	公共活动及康复用房			
计	图书阅览室	体育康复训练室	心理咨询室	其他
1606433.90	**222841.70**	**383075.29**	**93606.67**	**906910.24**
24751.61	2048.15	3081.30	852.44	18769.72
13836.59	2907.64	2108.57	851.47	7968.91
60240.36	13664.63	16203.82	4508.47	25863.44
28237.28	6729.95	8228.57	2404.64	10874.12
31058.28	3464.01	9245.11	1772.10	16577.06
49413.76	5537.25	16199.34	2818.19	24858.98
19213.53	3692.74	4867.26	1733.12	8920.41
31995.10	3797.84	10123.96	1950.02	16123.28
31653.66	6970.93	7049.65	2153.71	15479.37
96548.03	13953.38	25934.23	5722.98	50937.44
85100.02	9602.86	20553.82	4296.85	50646.49
54620.17	13006.68	12657.23	3748.47	25207.79
65653.58	8328.07	19868.21	3672.48	33784.82
59277.04	7053.33	10734.29	4471.48	37017.94
178307.14	19525.20	36421.21	8220.73	114140.00
55047.78	**13090.21**	**15080.93**	**5147.87**	**21728.77**
37118.88	6739.23	13463.62	2684.72	14231.31
39167.26	7867.14	14189.51	4369.79	12740.82
265864.05	20209.74	37168.15	7474.33	201011.83
48136.17	7204.27	10388.38	3978.50	26565.02
8008.71	1988.28	1927.14	616.02	3477.27
21534.41	2978.77	2814.66	1804.52	13936.46
89752.35	11983.17	23564.34	4419.76	49785.08
36811.02	5681.63	9159.95	3531.57	18437.87
52591.58	6956.84	12044.94	3351.23	30238.57
7032.44	775.09	5139.46	380.91	736.98
38662.62	5519.60	10882.79	2314.98	19945.25
21973.06	3458.81	7983.14	1843.02	8688.09
9103.03	1816.25	1465.32	499.52	5321.94
13301.00	1363.82	2424.63	515.76	8996.79
32423.39	4926.19	12101.76	1497.02	13898.42
3.43	5.87	3.94	5.50	2.40
9	5	9	4	13

特殊教育学

地区	校舍			
	二、行政办公用房			计
	计	教师办公室	其他	
全 国	1298819.63	699391.90	599427.73	4183303.12
北 京	24783.12	9000.53	15782.59	44011.18
天 津	11378.47	6107.07	5271.40	20541.24
河 北	57128.35	33117.08	24011.27	164783.32
山 西	31881.97	20184.78	11697.19	92330.16
内 蒙 古	29697.28	15747.80	13949.48	87877.77
辽 宁	37245.74	18129.27	19116.47	108086.59
吉 林	23033.87	13635.96	9397.91	60398.83
黑 龙 江	26680.61	15251.29	11429.32	77259.96
上 海	31843.51	12162.15	19681.36	58301.47
江 苏	77325.89	36865.17	40460.72	211927.99
浙 江	63151.53	29544.69	33606.84	225866.90
安 徽	52196.96	31355.40	20841.56	192948.04
福 建	55735.95	24957.89	30778.06	164500.22
江 西	54919.74	25545.36	29374.38	154634.87
山 东	138474.61	71017.18	67457.43	362848.73
河 南	**79685.28**	**48201.03**	**31484.25**	**207288.74**
湖 北	38685.91	20002.37	18683.54	149105.26
湖 南	48697.02	32576.36	16120.66	174336.21
广 东	111709.97	61687.82	50022.15	409728.62
广 西	30477.74	17566.62	12911.12	167670.15
海 南	5883.80	4765.98	1117.82	45249.33
重 庆	20569.60	11387.69	9181.91	71561.84
四 川	53330.94	29943.62	23387.32	219518.04
贵 州	38143.89	25507.64	12636.25	146234.55
云 南	45485.54	25343.07	20142.47	175713.57
西 藏	6026.05	4413.13	1612.92	35954.02
陕 西	39132.80	19769.20	19363.60	108407.97
甘 肃	22803.71	15758.85	7044.86	72262.12
青 海	13132.08	6123.29	7008.79	39824.12
宁 夏	7057.82	3590.20	3467.62	38017.67
新 疆	22519.88	10133.41	12386.47	96113.64
河南为全国%	**6.14**	**6.89**	**5.25**	**4.96**
河南居全国位次	**3**	**3**	**5**	**6**

校 校 舍 情 况（二）

单位：平方米

建 筑 面 积				
三、生 活 用 房				四、
学生宿舍	学生餐厅	学生厕所	其他	其他用房
1923776.04	**764437.96**	**488184.93**	**1006904.19**	**1750716.14**
8058.97	6097.66	6043.51	23811.04	8535.02
8304.18	3074.85	4688.42	4473.79	17003.63
71791.78	36800.49	20610.33	35580.72	97276.31
43091.50	16810.17	10680.21	21748.28	48444.89
36716.96	18205.39	12050.40	20905.02	36609.59
23693.00	20106.09	12982.51	51304.99	—
20767.15	13803.12	8013.92	17814.64	35849.09
25691.28	16021.30	8402.56	27144.82	36313.91
25502.27	7841.57	7728.78	17228.85	18702.08
95256.67	42283.62	23259.75	51127.95	110720.56
98639.97	47402.26	24741.02	55083.65	192607.56
93239.12	37842.49	20596.48	41269.95	43747.30
82777.91	27802.81	16151.50	37768.00	72160.52
77234.74	22354.41	21597.30	33448.42	40974.36
148540.69	63331.76	49649.41	101326.87	132187.55
106630.18	**42466.82**	**25840.73**	**32351.01**	**69671.93**
81638.91	28516.60	12166.41	26783.34	59061.35
79831.99	39813.27	16100.99	38589.96	65871.48
170420.73	54338.28	53088.74	131880.87	310638.85
94096.52	29848.24	18952.55	24772.84	32097.86
24581.31	7324.91	4880.23	8462.88	11561.97
37422.68	12619.77	7376.63	14142.76	28896.41
112198.15	39831.46	22917.17	44571.26	92711.61
87846.95	29682.38	12869.00	15836.22	33539.58
98471.50	33193.41	18621.78	25426.88	30635.42
14683.22	5611.56	1470.74	14188.50	4018.88
34154.81	16394.54	16636.90	41221.72	35492.93
31443.62	13423.57	8635.08	18759.85	34564.23
20338.84	5999.21	6612.95	6873.12	11392.56
23464.01	8572.70	3160.85	2820.11	10324.23
47246.43	17023.25	11658.08	20185.88	29104.48
5.54	5.56	5.29	3.21	3.98
4	4	3	13	8

特殊教育学

地区	占地面积（平方米）			校园足球场（个）			
	计	其中：绿化用地面积	其中：运动场地面积	计	11人制足球场	7人制足球场	5人制足球场
全　国	**26660765.69**	**5900300.69**	**6533281.46**	**724**	**74**	**210**	**440**
北　京	268723.39	49026.65	67795.53	4	-	2	2
天　津	205407.74	22588.47	63901.42	9	1	3	5
河　北	1309640.70	248147.65	335708.21	35	5	7	23
山　西	567647.26	73841.57	126771.60	14	1	1	12
内蒙古	702842.43	139420.56	216790.57	23	2	8	13
辽　宁	721825.75	110179.95	238655.84	33	2	13	18
吉　林	564389.62	111604.72	173821.00	22	-	7	15
黑龙江	625514.18	104683.02	227033.85	20	1	5	14
上　海	342658.51	118213.80	71032.69	13	1	4	8
江　苏	1516805.17	442979.66	355513.39	55	8	18	29
浙　江	1368012.03	403668.94	310587.39	30	4	11	15
安　徽	1393389.24	356736.30	305725.78	31	4	10	17
福　建	976094.47	253068.07	246606.27	26	1	6	19
江　西	858580.72	223372.93	254600.66	33	3	13	17
山　东	2576513.73	574030.15	638555.95	68	10	21	37
河　南	**1390705.56**	**235389.84**	**280675.90**	**30**	**4**	**6**	**20**
湖　北	837432.61	220287.55	207918.09	35	5	8	22
湖　南	1262652.97	375359.21	223721.52	19	1	4	14
广　东	2542489.29	485417.05	544629.94	53	10	15	28
广　西	689465.03	124610.82	171020.53	6	1	1	4
海　南	276097.12	62133.82	43093.78	7	1	3	3
重　庆	304773.67	51991.72	74364.46	9	1	1	7
四　川	996215.76	190642.27	296269.95	36	2	4	30
贵　州	887654.65	186252.37	274066.76	18	2	5	11
云　南	942294.77	215924.58	200494.19	20	-	4	16
西　藏	182129.18	32513.79	19513.34	5	-	5	-
陕　西	593763.39	111322.26	150962.34	24	-	8	16
甘　肃	417007.77	90800.55	120242.32	14	3	2	9
青　海	208810.99	40871.89	57434.25	4	-	2	2
宁　夏	352342.05	86168.29	82632.75	8	1	5	2
新　疆	778885.94	159052.24	153141.19	20	-	8	12
河南为全国%	5.22	3.99	4.30	4.14	5.41	2.86	4.55
河南居全国位次	**5**	**9**	**8**	**10**	**6**	**14**	**7**

校资产情况

图书（册）	数字终端数（台）			教室（间）		固定资产总值（万元）	
	计	其中：教师终端数	其中：学生终端数	计	其中：网络多媒体教室	计	其中：教学仪器设备资产值
12915219	157610	91003	58529	45249	26452	3328393.82	514184.03
271978	3642	2185	958	691	550	71141.09	15501.61
120878	2210	1291	718	480	340	42298.03	11929.16
783580	7396	4029	3173	2553	1188	122304.43	23945.75
325981	3794	1957	1478	1311	556	70275.32	11116.03
200296	3155	2118	885	888	513	77105.51	10019.74
587466	6020	3456	2114	1455	944	85619.85	24029.87
209020	3484	2079	1122	1013	435	58299.23	11062.66
325004	4190	2412	1625	1462	686	70051.31	18246.56
419587	5345	3048	1687	738	465	104596.91	16753.85
926823	10599	5246	4143	2518	1731	215157.29	27408.27
549699	7544	4438	2827	1978	1346	242639.20	21610.01
461429	6311	3177	2925	2179	1268	127424.97	19048.81
451233	5464	3603	1605	1649	1054	115039.83	18677.27
372930	4424	2533	1705	1661	1154	85627.25	13970.78
1149820	14660	9337	4911	4265	2370	309678.43	44406.75
725178	**7587**	**4470**	**2959**	**2369**	**1304**	**105561.21**	**15600.28**
282740	3887	2225	1568	1288	580	100773.48	13738.94
453357	5024	3108	1877	1640	1047	135411.29	17269.63
1130788	17201	10768	5949	3728	2349	355526.12	58578.72
495851	4658	3171	1371	1577	813	81951.98	12247.78
146803	1061	632	415	267	173	28699.15	3356.93
128936	3222	1575	1188	658	502	46012.55	8269.47
569483	7088	3963	2886	2334	1367	158613.81	22701.01
322852	4082	2362	1390	1177	795	66227.08	9861.14
558782	5067	2444	2494	1625	972	128807.49	17681.17
38167	390	279	111	226	95	22189.89	3830.03
344692	3437	1904	1398	1196	593	92228.26	15394.68
183140	2247	1158	1056	676	365	67462.75	7070.29
94992	873	366	501	447	221	34538.11	4366.09
159270	1592	680	868	344	177	40434.90	7611.99
124464	1956	989	622	856	499	66697.11	8878.76
5.61	4.81	4.91	5.06	5.24	4.93	3.17	3.03
5	4	4	5	5	6	11	14

学前教育基本情况

地区	园数（所）	班数（个）	入园（班）人数	在园（班）人数	离园（班）人数
全国	274414	1612437	11812117	40929784	18044024
北京	1991	19753	164082	515267	208037
天津	2127	12153	84987	290052	118736
河北	17818	94917	620857	1994319	927783
山西	6841	39994	255109	918413	365882
内蒙古	3958	24084	143450	554096	221735
辽宁	8397	36133	177786	728959	280171
吉林	3511	18079	87875	354022	156880
黑龙江	5019	20286	123918	385561	174037
上海	1692	20117	157705	484123	199583
江苏	8073	74726	595663	2098948	918418
浙江	7067	66680	529137	1775991	750266
安徽	11108	69268	521645	1803240	809253
福建	8165	50879	412880	1354419	628082
江西	11544	55273	378930	1324380	547963
山东	22464	125243	811357	3072401	1675257
河南	22633	137130	788163	3236241	1420650
湖北	9615	59226	421277	1553033	659166
湖南	15327	69730	519517	1837042	903264
广东	21662	164122	1390061	4586162	1973933
广西	12857	74570	607383	1930986	828719
海南	2527	14005	110830	363479	141861
重庆	5514	31703	211175	875734	350426
四川	12387	85455	586163	2315634	920967
贵州	10871	53832	491279	1530051	663990
云南	13804	59212	602360	1680159	706482
西藏	2474	7554	59386	152141	62295
陕西	7576	48484	341945	1197062	498388
甘肃	7713	35323	253688	855998	365266
青海	1637	7662	77260	203765	87647
宁夏	1458	8863	90202	240463	108776
新疆	6584	27981	196047	717643	370111
河南为全国%	8.25	8.50	6.67	7.91	7.87
河南居全国位次	1	2	3	2	3

幼儿园教职工数

地区	教职工数 合计	园长	专任教师	保育员	卫生保健人员	行政人员	教辅人员	工勤人员	校外教师	外籍教师
全国	5514369	266418	2962905	1203160	169525	139598	104803	667960	41565	3841
北京	96381	3139	47125	16513	5184	5510	4639	14271	1131	503
天津	52571	2312	25255	10828	1950	2511	1837	7878	234	57
河北	248201	17042	141370	49810	7932	5960	4016	22071	3366	20
山西	124159	6319	72624	21922	3693	3476	2757	13368	1184	7
内蒙古	85737	3582	50031	13209	2342	3602	3692	9279	523	11
辽宁	132084	9321	68903	28185	3392	3895	3154	15234	499	33
吉林	60498	3773	28811	13907	2700	2536	3680	5091	212	10
黑龙江	69085	5077	33924	14555	3469	1907	2372	7781	3081	2
上海	83753	1889	45684	20005	3879	2244	2411	7641	240	804
江苏	305701	7474	162864	76051	14925	5914	4890	33583	255	348
浙江	275485	6796	146779	66888	9073	2735	2576	40638	85	247
安徽	234745	11894	126189	57842	7634	4250	3204	23732	1190	45
福建	184227	8855	95722	41779	5083	2766	4478	25544	1122	81
江西	185601	9426	105267	44691	4265	1883	1904	18165	939	3
山东	409261	22898	253504	71929	8135	7316	5835	39644	2412	36
河南	379763	22956	217531	78832	11287	9670	4919	34568	3426	54
湖北	212162	9610	105116	50555	7218	8293	4581	26789	1856	113
湖南	235176	14274	111346	62524	8414	7611	3431	27576	1222	48
广东	651524	28534	327066	145320	22713	22855	12857	92179	580	989
广西	216730	12899	107184	51093	4622	3740	3209	33983	739	24
海南	58434	2777	28626	13288	1776	1166	654	10147	19	82
重庆	110943	5277	55188	26997	3239	3153	1510	15579	322	85
四川	279488	10662	145496	64090	8276	9010	4766	37188	9816	197
贵州	208695	9597	107052	51358	4445	3364	2420	30459	266	4
云南	159035	9269	90212	28904	3635	2835	2115	22065	6039	29
西藏	22694	657	10652	3813	39	76	2850	4607	54	—
陕西	178279	7991	97941	34126	5771	7943	3593	20914	23	—
甘肃	88127	5150	59544	11443	1700	1164	1288	7838	308	9
青海	23710	938	12944	5285	215	457	115	3756	3	—
宁夏	35435	1450	17899	7337	1037	906	1138	5668	7	—
新疆	106685	4580	65056	20081	1482	850	3912	10724	412	—
河南为全国%	6.89	8.62	7.34	6.55	6.66	6.93	4.69	5.18	8.24	1.41
河南居全国位次	3	2	3	2	3	2	3	5	3	12

学前教育专任教师分

地区	合计	按学历分				
		博士研究生	硕士研究生	本科毕业	专科毕业	高中阶段毕业
全国	**3073704**	**73**	**9294**	**1143476**	**1697640**	**210106**
北京	48381	15	675	28049	18898	742
天津	25339	–	476	14867	9117	722
河北	159434	5	309	44919	96007	17302
山西	76618	–	234	24780	43488	7703
内蒙古	51817	–	260	26456	23595	1469
辽宁	69089	1	283	18932	42520	6120
吉林	32924	–	182	13556	17527	1531
黑龙江	34156	3	45	12218	20531	1202
上海	45752	1	916	39387	5278	170
江苏	163663	1	705	109360	52699	798
浙江	146933	3	922	95516	49800	692
安徽	129872	3	129	46615	78322	4776
福建	100359	1	113	37917	53714	8293
江西	107162	4	55	20096	69727	13981
山东	255734	6	706	101763	140631	12421
河南	**232851**	**15**	**260**	**50404**	**150852**	**31163**
湖北	109542	4	260	27834	64519	15691
湖南	113416	–	105	24465	77390	11331
广东	337004	1	934	102488	207805	24711
广西	114695	–	56	29926	69766	13971
海南	28852	8	28	8768	17753	2061
重庆	59888	1	201	18069	39019	2482
四川	160865	–	414	49442	104364	6625
贵州	109590	–	94	44546	57724	6714
云南	91550	1	113	35751	48501	6000
西藏	10728	–	37	5200	5369	103
陕西	98440	–	495	42319	50989	4374
甘肃	62538	–	184	32987	27402	1869
青海	13268	–	13	4294	7845	1007
宁夏	18003	–	19	5158	12228	587
新疆	65241	–	71	27394	34260	3495
河南为全国%	**7.58**	**20.55**	**2.80**	**4.41**	**8.89**	**14.83**
河南居全国位次	**3**	**1**	**12**	**5**	**2**	**1**

学历、分专业技术职务情况

高中阶段以下毕业	按专业技术职务分					
	正高级	副高级	中级	助理级	员级	未定职级
13115	426	45593	261298	505037	152041	2109309
2	3	1339	6783	14858	5527	19871
157	3	696	4782	3935	359	15564
892	10	4259	18566	20548	6009	110042
413	3	301	5833	10704	2347	57430
37	1	1964	6854	10306	1624	31068
1233	10	1443	3361	2583	2673	59019
128	12	2223	3898	3254	1047	22490
157	2	1371	3642	4688	1159	23294
-	13	702	14668	18100	1388	10881
100	20	1660	24289	53699	5404	78591
-	16	1373	26361	64331	11278	43574
27	8	1085	7919	18888	10290	91682
321	8	700	11988	17203	5897	64563
3299	8	529	4470	10565	5807	85783
207	54	3094	11665	37002	12585	191334
157	18	2060	12051	22916	8980	186826
1234	12	717	5809	10629	5840	86535
125	10	489	4678	8673	5723	93843
1065	2	1028	15383	29635	20496	270460
976	5	565	5262	14083	3998	90782
234	4	81	1188	4069	1004	22506
116	13	614	3514	6958	1260	47529
20	25	2833	11146	23211	7412	116238
512	3	1049	10304	22033	3810	72391
1184	10	6978	10424	10820	3226	60092
19	-	356	1379	4012	2279	2702
263	3	735	7183	18173	3446	68900
96	141	4037	10819	16415	1024	30102
109	-	61	343	740	747	11377
11	-	241	538	1827	534	14863
21	9	1010	6198	20179	8868	28977
1.20	4.23	4.52	4.61	4.54	5.91	8.86
14	5	7	6	6	5	3

幼 儿 园

地 区	合计	校舍		
		小计	一、教学	
			计	活动室
全 国	**496729693.52**	**359360522.96**	**323365844.52**	**190429687.64**
北 京	6507318.70	4467197.28	3982004.98	2229946.79
天 津	3859170.28	2757635.89	2470058.53	1498341.65
河 北	20584172.76	15242081.55	13985210.74	8542859.59
山 西	9547357.45	6608028.49	6173796.30	3921235.14
内 蒙 古	8075374.96	5559341.06	4883623.53	2901108.39
辽 宁	9500267.62	7148548.01	6361348.55	3695897.19
吉 林	4256367.58	3008268.34	2716393.29	1555754.88
黑 龙 江	5676316.62	3996089.98	3649032.27	2077685.19
上 海	8087168.04	5745420.56	4707697.39	2858846.47
江 苏	33026086.41	23360270.42	20837550.19	12640690.07
浙 江	27643830.19	18822827.28	16031502.80	9089351.27
安 徽	21582538.90	16493971.41	14859088.08	9159313.52
福 建	17693821.14	12295327.80	11094083.47	6492836.23
江 西	19133129.65	14362821.69	12588428.43	6781710.53
山 东	38869254.17	27244278.70	24404056.75	15118432.30
河 南	**33461645.74**	**24976554.87**	**23227354.39**	**14423395.03**
湖 北	18620582.74	13674369.66	12570614.89	7332202.39
湖 南	22488181.15	16697028.49	15379681.45	8403699.15
广 东	52002960.58	37594790.73	33303058.10	20605428.26
广 西	18791973.57	14332689.62	13099959.74	7107935.99
海 南	4824143.81	3471696.57	3167831.60	1798965.04
重 庆	9320238.50	7068287.42	6438234.06	3832012.52
四 川	25319329.03	18800498.29	16792885.05	9963404.68
贵 州	18458819.11	13802111.81	12592024.47	6832233.10
云 南	16544959.73	12036323.53	11078669.76	5948633.28
西 藏	2262201.94	1397161.71	1251120.59	706397.81
陕 西	15212697.22	10459316.65	9482955.36	5713751.78
甘 肃	7956120.52	5421719.17	4926841.24	2929236.93
青 海	2291506.26	1633969.78	1503796.11	958084.12
宁 夏	3305418.78	2363675.67	2094750.00	1280574.93
新 疆	11826740.37	8518220.53	7712192.41	4029723.42
河南为全国%	6.74	6.95	7.18	7.57
河南居全国位次	3	3	3	3

校 舍 情 况（一）

单位：平方米

建筑面积及辅助用房			综合活动室
班级活动单元			
寝室	卫生间	其他	
74665378.01	**33172720.89**	**25098057.98**	**35994678.44**
823767.08	449800.88	478490.23	485192.30
433862.88	274261.59	263592.41	287577.36
3148020.12	1390097.78	904233.25	1256870.81
1238128.51	646379.83	368052.82	434232.19
1114814.24	510691.28	357009.62	675717.53
1479205.36	657153.67	529092.33	787199.46
691246.56	273478.93	195912.92	291875.05
955284.98	360186.65	255875.45	347057.71
942115.89	493017.28	413717.75	1037723.17
4570788.13	2184027.13	1442044.86	2522720.23
3313225.86	1644070.89	1984854.78	2791324.48
3062427.42	1450655.64	1186691.50	1634883.33
2459534.10	1232202.33	909510.81	1201244.33
2983755.41	1248243.00	1574719.49	1774393.26
4840613.09	2622645.97	1822365.39	2840221.95
4952463.17	**2428061.08**	**1423435.11**	**1749200.48**
3079406.84	1297020.74	861984.92	1103754.77
4426108.17	1607332.23	942541.90	1317347.04
6846657.35	3224910.12	2626062.37	4291732.63
3780745.18	1361573.87	849704.70	1232729.88
765059.64	333855.82	269951.10	303864.97
1601192.84	606943.21	398085.49	630053.36
3940655.54	1582044.98	1306779.85	2007613.24
3405266.14	1226770.80	1127754.43	1210087.34
3133386.81	1137964.34	858685.33	957653.77
324031.89	118229.74	102461.15	146041.12
2169035.41	1055546.52	544621.65	976361.29
1066660.75	545017.69	385925.87	494877.93
285855.23	165558.61	94298.15	130173.67
411595.11	235068.36	167511.60	268925.67
2420468.31	809909.93	452090.75	806028.12
6.63	7.32	5.67	4.86
2	3	6	7

幼 儿 园

校舍

地 区	二、行政办公用房			
	小计	办公室	保健观察室	其他
全 国	**39739918.85**	**21403504.80**	**7222126.66**	**11114287.39**
北 京	782905.85	389211.01	82691.52	311003.32
天 津	353828.12	179370.91	55531.30	118925.91
河 北	1658610.02	828341.56	456815.66	373452.80
山 西	904609.02	520991.04	155393.22	228224.76
内 蒙 古	667221.29	363032.24	106337.55	197851.50
辽 宁	935756.47	429375.29	178423.90	327957.28
吉 林	348921.32	177118.07	78429.74	93373.51
黑 龙 江	470643.45	225403.78	117205.32	128034.35
上 海	789654.21	359147.47	102085.28	328421.46
江 苏	2372515.68	1211107.67	370169.23	791238.78
浙 江	2072544.54	1003639.15	242166.38	826739.01
安 徽	1707832.83	967152.29	338333.50	402347.04
福 建	1303988.48	753468.03	183967.41	366553.04
江 西	1583769.22	797328.25	299085.52	487355.45
山 东	3286933.59	1674227.66	620869.66	991836.27
河 南	**2882429.49**	**1661980.70**	**577782.89**	**642665.90**
湖 北	1404200.59	747527.57	278526.22	378146.80
湖 南	1709980.60	976881.57	389582.92	343516.11
广 东	3479245.80	1959604.47	587598.86	932042.47
广 西	1258718.08	714231.55	268354.87	276131.66
海 南	366759.35	197240.09	73894.39	95624.87
重 庆	636239.86	368390.69	119955.80	147893.37
四 川	1888015.32	1056417.95	340422.67	491174.70
贵 州	1463156.86	817695.45	272008.02	373453.39
云 南	1347382.66	740875.78	257375.54	349131.34
西 藏	217478.01	134649.83	34184.14	48644.04
陕 西	1494306.69	828640.13	217907.81	447758.75
甘 肃	839865.74	523410.07	135150.37	181305.30
青 海	197547.68	136308.86	24232.88	37005.94
宁 夏	278553.30	154094.64	42038.09	82420.57
新 疆	1036304.73	506641.03	215606.00	314057.70
河南为全国%	7.25	7.76	8.00	5.78
河南居全国位次	3	3	3	5

校 舍 情 况（二）

单位：平方米

建筑面积			
三、生活用房			四、
小计	厨房	其他	其他用房
49130669.23	**24739846.05**	**24390823.18**	**48498582.48**
1186458.73	378933.07	807525.66	70756.84
407921.95	217549.08	190372.87	339784.32
1794121.56	966910.78	827210.78	1889359.63
910964.10	442367.43	468596.67	1123755.84
947821.50	449095.20	498726.30	900991.11
1415963.14	612517.61	803445.53	—
394840.70	226734.82	168105.88	504337.22
656940.83	337254.69	319686.14	552642.36
940573.44	412508.83	528064.61	611519.83
3320975.94	1454332.35	1866643.59	3972324.37
2747800.52	1186923.14	1560877.38	4000657.85
1686758.46	1010564.63	676193.83	1693976.20
1568577.63	769149.33	799428.30	2525927.23
1815082.97	867346.80	947736.17	1371455.77
3892334.26	2038005.43	1854328.83	4445707.62
2836692.13	**1712925.80**	**1123766.33**	**2765969.25**
1768862.06	1034216.77	734645.29	1773150.43
1985344.46	1134488.41	850856.05	2095827.60
5302020.31	2426678.08	2875342.23	5626903.74
1666160.45	1055218.75	610941.70	1534405.42
493381.62	253820.58	239561.04	492306.27
782366.31	447151.06	335215.25	833344.91
2333625.77	1238341.87	1095283.90	2297189.65
1666584.98	940804.90	725780.08	1526965.46
2001319.28	976302.70	1025016.58	1159934.26
476987.15	146686.47	330300.68	170575.07
1438273.10	713196.12	725076.98	1820800.78
706565.54	349602.37	356963.17	987970.07
331750.27	135263.79	196486.48	128238.53
302346.02	171534.32	130811.70	360843.79
1351254.05	633420.87	717833.18	920961.06
5.77	6.92	4.61	5.70
4	3	5	5

幼儿园资产情况

地区	占地面积（平方米）			图书（册）
	计	其中：绿化用地面积	其中：室外游戏场地	
全国	779092812.43	143412119.30	277026097.44	572380253
北京	9213013.87	1683768.01	3370668.94	8836630
天津	5881044.75	928516.44	2261419.60	4102858
河北	40378594.70	5283079.94	14070281.04	28758841
山西	16545916.13	2319135.87	5448043.60	10725285
内蒙古	17630528.47	3170255.25	5895423.21	7365938
辽宁	15615649.91	2365303.32	6076429.78	9997832
吉林	7175924.38	1026241.39	2536528.05	4612447
黑龙江	10035031.37	1398954.68	3590585.09	4895013
上海	10786393.33	3022799.73	3053602.85	7074032
江苏	52449881.32	12197217.27	21427508.43	49510602
浙江	35030606.02	7812368.81	13534301.86	39621879
安徽	34666876.39	6289353.26	11752577.01	21165820
福建	20585195.28	3882839.26	8234670.50	13850252
江西	27546149.82	4837352.81	10287703.69	15907943
山东	71550369.25	13447238.56	25424345.61	54535000
河南	60252221.85	9751779.35	19861921.96	36053991
湖北	29164455.35	6139639.37	9258292.05	21688007
湖南	32295222.49	5528581.44	9876222.58	29665098
广东	60443084.87	11357294.53	24810106.48	63055521
广西	22979628.21	4027705.18	9041060.55	17140392
海南	6698177.66	1335561.22	2389321.66	5319556
重庆	11791749.06	1775780.30	4312246.60	10207404
四川	33028629.86	5751962.20	11786006.76	22718235
贵州	28147543.26	4626296.10	11320511.59	21201405
云南	27880632.55	5129927.05	8709367.60	17931486
西藏	5635475.33	821525.00	1188094.13	1363841
陕西	24410093.49	3961753.39	8093967.83	22493370
甘肃	15328097.43	2447916.71	5310060.25	10660573
青海	5508091.16	891010.94	1543642.58	2176048
宁夏	6189124.88	1113691.00	2298853.02	3631758
新疆	34249409.99	9087270.92	10262332.54	6113196
河南为全国%	7.73	6.80	7.17	6.30
河南居全国位次	3	4	4	5